महामोह

अहल्या की जीवन कथा

महामोह

अहल्या की जीवन कथा

प्रतिभा राय

अनुवाद

डॉ. राजेन्द्र प्रसाद मिश्र

राजकमल प्रकाशन

ISBN : 978-81-267-2262-4

मूल्य : ₹ 795

पहला संस्करण : 2012
दूसरा संस्करण : 2016

प्रकाशक : राजकमल प्रकाशन प्रा. लि.
1-बी, नेताजी सुभाष मार्ग, दरियागंज
नई दिल्ली-110 002

शाखाएँ : अशोक राजपथ, साइंस कॉलेज के सामने, पटना-800 006
पहली मंज़िल, दरबारी बिल्डिंग, महात्मा गांधी मार्ग, इलाहाबाद-211 001
36 ए, शेक्सपियर सरणी, कोलकाता-700 017

वेबसाइट : www.rajkamalprakashan.com
ई-मेल : info@rajkamalprakashan.com

मुद्रक : बी.के. ऑफसेट
नवीन शाहदरा, दिल्ली-110 032

MAHAMOH
by Pratibha Ray
Translated by Dr. Rajendra Prasad Mishra

''मनुष्य को परम उपलब्धि होती है
श्रद्धा और सदिच्छा से
घृणा, प्रतिशोध और हताशा से
उपलब्धि नहीं होती।
यदि होती भी होगी, वह मोक्ष नहीं है।''

जो स्वयं रमणीय ही नहीं
जिनके स्पर्शमात्र में समस्त रमणीयता है,
सम्प्रीति के उसी सुरम्य देवता के चरणों में समर्पित

–प्रतिभा राय

पुरोवाक्

अहल्या एक पात्र नहीं, एक प्रतीक है। जब प्रतीक व्याख्यायित होता है, तब एक पात्र बन जाता है। जब पात्र विमोचित होता है, तब दिखने लगता है प्रतीक में छिपा अन्तर्निहित तत्त्व।

अहल्या 'सौन्दर्य' का प्रतीक है, इन्द्र 'भोग' का, गौतम 'अहं' का प्रतीक है तो राम 'त्याग' एवं 'भाव' का प्रतीक। सौन्दर्य का केवल स्थूल रूप ही नहीं होता–सूक्ष्म तत्त्व भी होता है। सौन्दर्य का तत्त्व न समझ पाने पर सौन्दर्य और सौन्दर्यग्राही दोनों ही सौन्दर्य का खंडित रूप ही देख पाते हैं। सौन्दर्य मोह पैदा करता है, और मोहभंग भी करता है। इन्द्र का रूप मोह उत्पन्न करता है, जबकि राम के रूप ने अहल्या का मोहभंग किया है। मोह और मोहभंग के उतार-चढ़ाव के बीच आत्ममुग्धा अहल्या स्वयं ही बन गईं मोह का कारण और स्वयं ही मोह का लक्ष्य। इन्द्र-मोह ने अहल्या को पाप की ओर प्रेरित किया था, जबकि राम-भाव ने प्रेरित किया था–मोक्ष की ओर। पाप से मोक्ष तक के उत्तरण पथ पर गौतम थे एक दंडाधिकारी प्रशासक मात्र। अहल्या की प्रेमाकांक्षा का रामाकांक्षा में बदल जाना ही अहल्या की तपस्या और मोक्ष है। अहल्या के तपस्या-पथ पर राम 'सिद्धि' होने पर भी इन्द्र और गौतम कोई गौण नहीं हैं। गौतम की स्थूल दृष्टि में अहल्या स्खलिता है–राम की दिव्यदृष्टि में अहल्या पावनी है। पाप और पुण्य के बीच समाज द्वारा बनाया गया अभेद्य दुर्ग राम के विचार-बाण से ध्वस्त हो गया–"पाप से मोक्ष की ओर जाने का मार्ग दुर्गम हो सकता है, अवरुद्ध नहीं। भोगवाद पतन है और अध्यात्मवाद उत्थान।" यही है अहल्या उपाख्यान का निष्कर्ष। हर युग में, हर जगह मनुष्य के अन्दर अहल्या होती है, होते हैं इन्द्र और गौतम, परन्तु करोड़ों में एक राम होते हैं। राम साधारण न होने के कारण ऐश्वरीय हैं। समाज की स्थूल दृष्टि में अहल्या असती है, परन्तु राम की सूक्ष्मदृष्टि में अहल्या सती है। इसलिए पुराण की प्रातः स्मरणीय पंच नारियों–अहल्या, द्रौपदी, तारा, कुन्ती, मन्दोदरी में अहल्या अग्रगण्या हैं।

"अहल्या द्रौपदी तारा कुन्ती मन्दोदरी तथा पंचकन्याः स्मरोनित्यं महापातक नाशकम्"

किन्तु मन में बार-बार यह प्रश्न उठता है—राम के स्पर्शमात्र से अहल्या का शाप तो दूर हो गया, पर कलंक तो नहीं मिटा? इन्द्र के स्पर्शमात्र से अहल्या का स्खलन हुआ—राम के स्पर्श से अहल्या को मुक्ति मिल जाने की बात क्या इतनी सरल और सहज है?

वेद की ओंकार ध्वनि से पली-बढ़ी ब्रह्मापुत्री अहल्या कोई सामान्य नारी नहीं—पिता के प्रभाव से वह वेदमती हैं। गौतम की पत्नी अहल्या पति की पद-मर्यादा के स्वाभिमान से एक मर्यादा सम्पन्न वैदिक नारी हैं। फिर भी देहवादी इन्द्र के स्पर्शमात्र से पिघलकर बह गई पाप के पथ पर। अहल्या जैसी नारी के लिए पाप करना भी उतना आसान नहीं है। अत: मनस्तात्त्विक और सामाजिक दृष्टिकोण से अहल्या के पतन और उत्थान का विश्लेषण करना विधेय है। अनेक जटिल मनस्तात्त्विक, सामाजिक, अर्थनैतिक कारणों से नारी हो या पुरुष, पाप करते हैं। इसलिए अहल्या के स्खलन का कारण सिर्फ देहभोग है, यह नहीं कहा जा सकता। जिस तरह मोक्ष प्राप्त करने के लिए अनेक वर्षों की साधना चाहिए, उसी तरह पाप करने के लिए वर्ष-प्रतिवर्ष का अभावबोध, यंत्रणा, मानसिक आघात, विरोध और उनसे उपजे विषाद और द्वन्द्व जिम्मेवार हैं। मोक्ष की तरह पाप करने के लिए भी कम साधना नहीं करनी पड़ती।

तो फिर पाप की उपेक्षा क्यों?

अनेक वेदज्ञ मनीषियों ने अहल्या, इन्द्र और गौतम का प्रतीकात्मक अर्थ लिया है। कभी अहल्या उषा होती हैं तो इन्द्रदेव होते हैं मेघ। उषा के ललाट पर मेघ की कालिख पोतकर इन्द्र बन गए 'अहल्याजार'। अनेक विद्वानों ने अहल्या को हल्य न हुई 'अ-कर्षित भूमि' के रूप में माना है। इन्द्रदेव ने वर्षादान करके अहल्या को फलदायिनी, उर्वरा और पूर्णगर्भा बनाया। यहाँ गौतम इन्द्रकृपा पर निर्भर एक कृषिजीवी आर्य हैं। स्वामी दयानन्द ने अहल्या को रात्रि, इन्द्र को सूर्य और गौतम को चन्द्रमा का रूपक माना है। यहाँ रात्रि और चन्द्रमा में पति-पत्नी का सम्बन्ध है, जबकि सूर्य हैं रात्रि और चन्द्रमा के विच्छेदकर्त्ता।

पृथ्वी के प्रथम महाकाव्य वाल्मीकिकृत 'रामायण' में पृथ्वी के अनन्य पुत्र मर्यादा पुरुष राम का आविर्भाव होता है। राम के चरित्र का मानव से ऐश्वरीय उत्थान के लिए रामायण में राम के यश, कीर्ति, वीरता, दया, क्षमा, त्याग, प्रेम, संयम, चरित्रवत्ता, न्याय, धर्म, उच्च विचार और विवेक की गाथा वर्णित है। राम के उत्थान-पथ पर अहल्या-उद्धार की आख्यायिका राम के अलौकिक विचारों और क्षमाशीलता को प्रकट करती है। सम्भव है, वेद में इन्द्र के लिए 'अहल्याजार' शब्द को आधार बनाकर रामायण में अहल्या, इन्द्र, गौतम की आख्यायिका का जन्म हुआ हो। 'महाभारत' में भी अहल्या और इन्द्र के उपाख्यान की सूचना मिलती है। वेद के दुर्बोध्य तत्त्व को सार्वजनिक करने के लिए पुराण की सृष्टि

हुई है। उस सूत्र से वेद की प्रतीकात्मक 'अहल्या' रामायण, महाभारत, स्कन्ध पुराण, ब्रह्मांड पुराण इत्यादि में एक पात्र बन गई हैं। एक कलंकित आख्यान की नायिका बन गई हैं ब्रह्मापुत्री अलौकिक सौन्दर्यमयी अहल्या।

'वाल्मीकि रामायण' में राम ईश्वर नहीं, मानव हैं। मुनि के अभिशाप से अहल्या इसमें शिला नहीं बनीं अथवा राम के चरण स्पर्श से शिला से उन्हें नया जन्म नहीं मिला। इसमें गौतम ने इन्द्र को सहस्र योनि होने का अभिशाप भी नहीं दिया। वाल्मीकि रामायण में अहल्या का शाप इस तरह है–"केवल वायु भक्षण करके, निराहार रहकर, लोगों की दृष्टि से परे, भस्मशायिनी बनकर वर्षों तपस्या करके आत्मकृत पाप का प्रायश्चित करोगी। तब जाकर राम का आगमन होगा और शापमोचन होगा।" अत: प्रायश्चित के बल पर, आत्मज्ञान और ब्रह्मज्ञान ही इसमें अहल्या की मुक्ति का कारण है। राम रमणीयभाव के मूर्त्तरूप होने के कारण अहल्या की शाप मुक्ति के निमित्तमात्र हैं। इसमें राम अहल्या के बाहर नहीं हैं, तत्त्वज्ञान के रूप में अन्तर में ही विराजमान हैं। राम अहल्या की आत्मा के आविष्कार हैं। वाल्मीकि का यह वर्णन अत्यन्त यथार्थवादी और मानवीय है। इसमें अलौकिकता या भाक्तिक मिथ्या नहीं है। 'रामायण' के 'बालकांड' में अहल्या के प्रसंग में वाल्मीकि ने कहा है–"अहल्या कामभाव के वशीभूत हो संज्ञान में रहकर इन्द्र को समर्पित हुई थीं।" यह अत्यन्त वास्तविक है किन्तु 'उत्तरकांड' में एवं कई अन्य भाषाओं के रामायण में अहल्या के प्रसंग में यह कहा गया है कि इन्द्र ने गौतम के छद्म रूप में नदी के घाट से लौटकर असमय में, ब्राह्ममुहूर्त्त में अहल्या के साथ सम्भोग किया। अत: अहल्या संज्ञान में रहकर इन्द्र को समर्पित नहीं हुई थीं। यह मनस्तात्त्विक दृष्टि से विश्वसनीय नहीं है। पति और जारपुरुष को छद्‌मवेश में पहचानने की शक्ति एक मूढ़ नारी में भी होती है। अहल्या तो वैसे भी वेदमती, बुद्धिमती नारी हैं। वाल्मीकि जैसे विद्वान पंडित का एक ही आख्यान को दो स्थलों पर दो तरह से वर्णन करने की विभ्रान्ति कतई स्वीकार्य नहीं है। भारतीय संस्कृति के आदर्शवादी पुरोधाओं द्वारा 'उत्तरकांड' में अहल्या प्रसंग रखना सम्भवत: विक्षेप है।

वाल्मीकि के बाद अनेक संस्कृत रामायण, तमिल के 'कम्ब रामायण', बांग्ला के 'कृतिवास रामायण', हिन्दी के 'अध्यात्म रामायण', तुलसीकृत 'रामचरितमानस' एवं नेपाली के 'भानुदेव रामायण' इत्यादि में अहल्या उद्धार के आख्यान ने भिन्न-भिन्न रूप लिया है किन्तु इन सबमें अहल्या का आख्यान अति संक्षिप्त है, भ्रान्तिपूर्ण है और यथार्थधर्मी नहीं है। अहल्या का प्रायश्चित और उनकी सिद्धि गौण है, राम की महानता ही मुख्य है। युग-युग से नारी का पापकर्त्ता, शापकर्त्ता और मोक्षकर्त्ता कोई-न-कोई इन्द्र, गौतम या राम अर्थात पुरुष ही है। मानो नारी एक अन्नमय पिंड मात्र है। पुरुष के स्पर्शमात्र से वह पिंड पंकिल हो जाता है, पाषाण

से नवयौवन प्राप्त करता है। नारी का उत्थान नारी स्वयं नहीं मानो कि पुरुष हो। ऐसे अनेक प्रश्न उठते हैं मन में अहल्या के स्मरण से। वाल्मीकि के अहल्या उपाख्यान में शब्द संकोचन ने युग-युग से अहल्या को एक देहलुब्धा नारी बना रखा है, जो राम के पावन स्पर्श से प्रातः स्मरणीया बन गई हैं। अहल्या के लिए अधिक व्याख्या करने का अवकाश किसे है? यह 'महामोह' उपन्यास इन समस्त प्रश्नों का 'उत्तर' नहीं है, एक प्रतिक्रिया मात्र है। उपन्यास रचने के बाद भी अहल्या अधिकतर अकथित रह गई हैं। यही लेखक की अपूर्णता है। यदि अहल्या को अपनी बात सुनाने का अवसर मिला होता तो वे किस बारे में कहतीं? दुख या सुख, पाप या पुण्य, नर्क या मोक्ष? जीवन केवल पाप नहीं, न ही केवल तप है। मोक्ष का अर्थ मनुष्य से देवता बनना नहीं, न ही मर्त्यलोक से स्वर्गलोक की यात्रा है। ऐसा मोक्ष स्वार्थपूर्ण होता है। पाप, ताप, तप और मोक्ष ही है जीवन—एवं मर्त्यभूमि है इन सबकी साधनाभूमि। अतः अहल्या ने स्वार्गारोहण नहीं किया। वे मर्त्यलोक की नारी हैं, मर्त्यलोक ही है उनकी साधना और सिद्धि की भूमि।

'महामोह' की अहल्या वैदिक नहीं हैं, पौराणिक नहीं हैं, ब्रह्मा की मानसपुत्री नहीं हैं—वह ईश्वर की कलाकृति हैं—चिरन्तन मानवी हैं। वैदिक से लेकर अनन्तकाल तक है उनकी यात्रा। वे अतीत में थीं—वर्तमान में हैं—भविष्य में रहेंगी। मोक्ष अहल्या की नियति नहीं, संघर्ष ही है उनकी नियति। अहल्या के माथे से कलंक का टीका नहीं मिटता। अतः अहल्या देवी नहीं हैं, अहल्या हैं मानवीय क्रान्ति। क्रान्ति के पथ पर विश्रान्ति कहाँ? अहल्या का संघर्ष केवल नारी का संघर्ष नहीं है—न्याय के अधिकार के लिए मनुष्य का संघर्ष है। वेद, पुराण इस संघर्ष-पथ पर एकाकार हैं। कभी दासीपुत्र सत्यकाम के मानवीय अधिकार के लिए संघर्ष तो कभी साध्वी अपाला का समाज की संकीर्ण विचारधारा के विरुद्ध संघर्ष है। अतः काल यहाँ कालातीत है। क्रान्ति ही यहाँ उत्थान है। नारद किस युग के हैं? वेद के युग के या पुराण के युग के? इसलिए प्रतीकात्मक पात्रों ने इसमें कालक्रम का अनुसरण नहीं किया, मूल्यबोध और तत्त्व का अनुसरण किया है। इसमें पात्र वेद और पुराण के पन्नों से उतर आए हैं साम्प्रतिक जीवनभूमि पर।

अब भी जातिगत, वर्णगत, लिंगगत विद्वेष और उनसे उपजे उत्पीड़न, रक्तपात और संघर्ष हो रहे हैं। अब भी अहल्याएँ बलि चढ़ रही हैं पुरुष के अहं एवं अभीष्ट यज्ञ में। अब भी इन्द्रगण अहल्या के बदले अपना अभीष्ट सिद्ध करते हैं। तो फिर अहल्या किस युग की है—वैदिक, पौराणिक या वर्तमान?

युगों से परे 'महामोह' है इन्द्र, गौतम और अहल्या के मोह एवं मोहभंग का आख्यान-भ्रान्ति और उत्थान की आख्यायिका।

—प्रतिभा राय

अनुक्रम

पाप

ऐ मेरे अन्तरंग पाप! मैं तुम्हारे प्रति कृतज्ञ हूँ कि तुम कभी किसी के प्रति अविश्वासी नहीं रहे। विपदा और प्रलय की घड़ी में सभी मुझे त्यागकर चले गए। मेरा पुण्य, मेरा यश, मेरा सौन्दर्य, मेरा संगीत, मेरी तपस्या, मेरे मित्र-परिजन, सखी-सहचरी, मेरे पति भी मुझे त्यागकर चले गए। अन्त में मेरी धमनियों का रक्त, मांस, हृदय और मेरी आत्मा का कोमलतम, पवित्रतम, निःस्वार्थ स्पन्दन और मेरे गर्भ से उत्पन्न मेरी सन्तानें भी मेरी गोद सूनी करके मुझसे दूर चली गईं। मृत्यु के समय जीव से जीवन अलग हो जाने की तरह मेरे प्रिय लोगों ने भी मुझसे मुँह मोड़ लिए। भू भुवः स्वः—इस त्रिलोक प्रलयकाल में संकर्षण के मुख से निकली क्रोधाग्नि से हहाकर जल जाने की तरह महर्षि के मुख से निकली क्रोधाग्नि से मेरा त्रिकाल, मेरा त्रिलोक, मेरी त्रिसत्ता—देह, मन, आत्मा-हहाकर जल उठीं। प्रलयकालीन अग्निताप से विचलित हो मुनीश्वरगण महर्लोक से जनलोक में चले जाने की तरह मेरे पाप के ताप से क्रोधित हो आश्रम त्यागकर हिमालय के हिमाच्छादित शिखरों की ओट में चले गए और मेरे मुख-दर्शन के पाप से बचकर तपस्या करने लगे। मेरी चेतना भी मुझसे दूर चले जाने-सी लगी। किन्तु ऐ मेरे चिर विश्वासी विदग्ध पाप! तुम दग्ध शरीर के अमिट दाग की तरह मेरी समग्र सत्ता से अविच्छिन्न रहे। प्रलयकालीन प्रचंड पवन से पछाड़ें खाकर सप्तसिन्धु ने मेरे चैतन्य को डुबो दिया। उन अस्थिर चित्त तरंगों में मेरी विवेक-बुद्धि समा गई, लेकिन मेरी अवचेतन की वासना मेरे पाप का स्तुतिगान करने से पीछे नहीं हटी।

काल क्रमानुसार वेदगर्भ ब्रह्मा की आयु भी समाप्त हो जाती है और उसी नियम से पुण्य की आयु भी चुक जाती है। लेकिन पाप की आयु कभी नहीं चुकती। पुण्य करने के लिए अनेक संकल्प करने होते हैं, पर पाप और दुख तो अनायास ही प्राप्त हो जाते हैं।

प्रत्येक मन्वन्तर में अलग-अलग मनुवंशी राजा, सप्तर्षि, देवता, इन्द्र और गन्धर्व अपने-अपने अधिकारों को भोगते हैं। किन्तु मनुष्य अपना पाप जन्म-जन्मान्तर भोगता है। इसलिए मेरे पाप को मेरे अलावा किसी और ने नहीं भोगा।

पुण्य और यश में भागीदार बनने सभी आगे आ जाते हैं, किन्तु पाप और कलंक में कोई भागीदार नहीं बनता। यहाँ तक कि पापी भी अपने पाप का फल भोगना नहीं चाहता। इसलिए ऐ मेरे निष्कपट पाप! सिर्फ तुम ही मेरे अपने बने रहे। आज इस परित्यक्त वन में आमने-सामने हैं–तुम और मैं। सच कहती हूँ, तुम मुझे पाप की तरह कदाकार नहीं लगते–अन्तरात्मा की तरह अन्तरंग लगते हो। इसलिए वास्तव में देखा जाए तो इस निर्जन भूमि पर हम दोनों कितने निकट आ गए हैं! मेरा पाप और मेरी अन्तरात्मा, दोनों एक-दूसरे के सम्मुख कितने निस्संकोच निष्कपट रूप से बोल-बतिया रहे हैं!

सुना है, बता देने से पाप का क्षय हो जाता है। क्या पाप का सचमुच क्षय हो जाता है? पाप तो अपनी जगह अटल रहता है। सम्भव है, पाप पर पुण्य की कूची घूम आने से पुण्य के रंग में वह कुछ समय तक छुप जाता हो। जीवन में सिर्फ एक पाप सहस्र पुण्यों को पैरों तले रौंदकर बेझिझक खुद को प्रकट करता चलता है। शायद पापी दुबारा पाप नहीं करता; किन्तु पूर्व पाप के कलंक से उसकी मुक्ति कहाँ! जो काल सब कुछ मिटाने में समर्थ है, वह पाप और कलंक की कालान्तर स्मृतियों को कैसे नहीं मिटा पाता, मुझे यही हतप्रभ करता है।

दुनिया के सारे पाप व्यक्तिगत होते हैं। मनुष्य किसी खास परिस्थिति में पड़कर निर्दिष्ट, निर्धारित पाप करता है किन्तु उसका दंडविधान आम फैसले से होता है। मेरा पाप बिल्कुल व्यक्तिगत है। मेरी परिस्थितियाँ भी निजी और विशेष हैं। क्यों किया मैंने यह पाप? किसने दी इस पाप की प्रेरणा? क्या सचमुच मेरा पाप आकस्मिक था? दुनिया की कोई घटना अचानक नहीं घटती। इसलिए मेरा यह पाप भी आकस्मिक नहीं था। इस पाप का पूर्वापर सम्बन्ध कहने बैठ जाऊँ तो छठा वेद लिख जाएगा। परन्तु वह छठे वेद की मर्यादा नहीं पा सकेगा, क्योंकि मैं परमपिता ब्रह्मा नहीं। किन्तु मुझसे उस बारे में भला पूछा ही किसने? क्या किसी ने मुझे पीड़ा भरे हृदय से कहा, 'तेरा पाप इतना विशाल है कि उसमें चौदह कोटि भुवन और उससे कहीं अधिक लोकों के पुण्य समा जाएँगे, पर अपने पाप को भू भुवः स्वः–इन तीन भागों में बाँटकर हमें दे दे, क्योंकि ये तीन लोक ही जीवों का भोग-स्थान हैं...हम सब इन भोग-स्थानों के वासी होने के नाते तेरे पाप के भागीदार हैं...तेरा यह पाप आकस्मिक नहीं...इस पाप का कार्य, कारण तू अकेली नहीं, हम सभी हैं, अर्थात यह सारा समाज है...यह समाज-व्यवस्था ही तेरे पाप की प्रेरक है। इसलिए यह समाज भी तेरे पाप का भागीदार है?'

कहाँ, किसी ने तो नहीं दिया ऐसा आश्वासन! मेरे आकाशव्यापी पाप को देखकर पुण्य भी स्तब्ध रह गया। मुझे लगा, पृथ्वी का और कोई भी पुण्य इस पाप के पदचिह्न को मेरे यात्रा-पथ से नहीं मिटा सकेगा। विषयी गुणों का रूपान्तर ही काल का आकार है किन्तु काल स्वतः शेष नहीं होता। वह अनादि

और अनन्त है। भले ही मेरी शापमुक्ति हो जाए, पर क्या इस अनन्त पाप से मुक्ति मिलेगी मुझे? शाप का काल निश्चित होता है, पर पाप का काल तो अनन्त है। मानो मेरा पाप स्वयं ही महाकाल है। काल को निमित्त बनाकर सृष्टिकर्त्ता के लीला के छल से स्वयं ही स्वयं को सृष्टि के रूप में प्रकट करने की तरह इन्द्रिय वासना और कामना को निमित्त बनाकर मनुष्य पाप ही प्रकट करता चलता है। मन कमजोर पड़ जाने पर वासना हावी होने को बाध्य है। सुना है, ब्रह्मा के दाहिने हाथ से धर्म, पीठ से अधर्म, हृदय से काम, भौंहों से क्रोध, निचले होंठ से लोभ, मुख से वाणी की अधिष्ठात्री देवी सरस्वती और पाँव से पाप का आश्रय असत्य उत्पन्न हुए हैं। यह भी सुना है कि ब्रह्मा की देह और मन से पूरे जगत की सृष्टि हुई है। फिर अज्ञानता की पाँच वृत्तियाँ रची ब्रह्मा ने। तम, मोह, महामोह, तमिस्त्र और अन्ध तमिस्त्र ब्रह्मा ने ही रचे हैं। तो फिर सृष्टिकर्त्ता ने तमाम पापों और पापमय पृथ्वी की रचना ही क्यों की? जो पापमयी पृथ्वी का सृजन करता है, उसे पाप नहीं लगता—जिसने इस पापमयी पृथ्वी की विवशता भोगी, उसे पाप लगेगा!

हर मनुष्य अपने भीतर बहुवचन होता है। कभी साधु तो कभी असाधु। जब वह साधु होता है, वह सोचता है—उसकी जैसी साधुता का उदाहरण कहीं और नहीं मिलेगा—वह है श्रेष्ठ साधु। और जब वह असाधु होता है, तब वह सोचता है—ऐसे असाधु, ऐसे पापी इस दुनिया में बहुत हैं—शायद सभी कमोबेश असाधु और पापी हैं। उससे भी बड़े-बड़े पापी हैं। वह तो तुच्छ पापी है। कहा जाए तो साधुता के अति निकट है वह—पुण्य के आस-पास। मैं भी यही सोचती थी। सोचती थी, मेरा पाप दुनिया में अजूबा नहीं है। यह तो एक स्वाभाविक पाप है। सम्भवतः एक छोटा-सा पाप, जिससे विश्वस्त्रष्टा की सृष्टि धूल-धूसरित नहीं हुई। इस पाप से मेरे अलावा एक नन्हा-सा जीव तक प्रभावित नहीं हुआ। इस पाप के पीछे जो प्रेरणा, उद्दीपन और उद्देश्य छुपा था, उन पर विचार किया गया होता तो मुझे यह दंड न मिलता। किन्तु पाप के अन्तराल में जलती पुण्य की दीपशिखा पाप की परछाईं में किसी को नहीं दिखती। इसलिए पाप सर्वदा दंडनीय है। यदि पाप की परछाईं इतनी घनी है—इतनी भयावह है, तो पाप की विकरालता की कल्पना नहीं की जा सकती।

जिस तरह मृत्युहीन जीवन असम्भव है, सम्भवतः उसी तरह पापहीन जीवन भी असम्भव है। दीये की बाती जलने पर ही अपनी आयु के समय का उपभोग करती है और उसके जीवन का उद्देश्य सफल होता है। यदि मैं जीना चाहती हूँ तो हर क्षण किसी-न-किसी बहाने मुझे मरना होगा—प्रकाश के जन्म के लिए अन्तरिक्ष का वक्ष चीरना ही होगा। इसलिए पुण्य की महिमा से दीक्षित होने के लिए सम्भवतः हर क्षण पाप की ज्वाला से पिघलने की आवश्यकता पड़ती है—जीवन पुण्य के बिना सम्भव है, किन्तु पाप के बिना जीवन कहाँ? यदि चाहें तो

सभी पुण्य कर सकते हैं किन्तु सभी पाप करना चाहें तो भी नहीं कर सकते। पाप करने के लिए मन में जो दृढ़ता और दुस्साहस होना चाहिए, वह सबमें नहीं होता। मनुष्य सुख पाने की आशा में पाप करता है, पर भोगता दु:ख ही है। पाप के डैनों पर दु:ख और अन्तर्दाह जो बैठे होते हैं, यह बात पाप करने से पहले भला किसे मालूम होती है।

यश और अपयश में यश की ही कामना की जाती है, किन्तु सत्कार्य करने पर यदि अपयश मिले तो अपयश की ही कामना सही है। किन्तु मैंने जो कार्य किया है, भला उसे सत्कार्य कौन कहेगा? पाप का उद्देश्य कितना ही महत्त्वपूर्ण क्यों न हो, पाप तो पाप है। जो मेरे लिए सत है, वह जगत के लिए असत है–अत: मैंने महापाप किया है। मन में प्रश्न उठें तो समझ लेना चाहिए कि प्राणशक्ति सही मार्ग पर चल रही है। आज मेरे मन में अनेक प्रश्न उठ रहे हैं। क्या प्रेम असत है? क्या करुणा कलंक है? क्या परोपकार घृणित है? क्या वात्सल्य दुर्बलता है? परन्तु मेरे इन प्रश्नों को सुनकर दुनिया हँसेगी। पूछेगी, क्या भोगलिप्सा प्रेम है? भला भोग में करुणा और परोपकार का प्रश्न ही कहाँ उठता है?

यदि मैं कहूँ–सिर्फ भोग नहीं, मेरे पाप के पीछे थी और भी अधिक जटिल मन:स्थिति, सम्भवत: निस्वार्थ प्रेम? अनन्त करुणा से उपजा परोपकार-त्याग, समर्पण, विरोध और प्रतिघात! हाँ, मैं सुन रही हूँ पूरे जगत का तिरस्कार! यहाँ प्रेम की परिणति निन्दा है, क्योंकि प्रेम यहाँ सम्मानित नहीं। यहाँ प्रेम में डर है, क्योंकि प्रेम में कितनी शक्ति है और प्रेम कितना निर्भय कर देता है, उस बारे में हमने कभी सोचने की कोशिश ही नहीं की। प्रेम यहाँ यंत्रणा है, क्योंकि प्रेम का अर्थ यहाँ कामना है, वासना है। प्रेम में यहाँ अथाह हताशा है क्योंकि हमारे प्रेम में अनन्त प्रत्याशाएँ होती हैं। प्रेम यहाँ घृणित है, क्योंकि प्रेम यहाँ निष्कलंक नहीं। प्रेम यहाँ लाता है व्यर्थता, क्योंकि उसकी हार-जीत में एक अन्य पक्ष भी होता है; लेकिन मैं पाप का गुणगान करते-करते प्रेम तक क्यों पहुँच गई? क्या पाप और प्रेम इतने निकट हैं–इतने अन्तरंग-हथेली के दोनों ओर की तरह?

अपने 'पाप' के बारे में सोचते समय स्वयं को अपने पाप का बहुत-सा हिस्सा दिखाई नहीं देता। आँखों का एक बड़ा दोष यह भी है कि वे अपने ही को देख नहीं पातीं। अपने ही शरीर का काफी हिस्सा सारी उम्र स्वयं से अनदेखा रह जाता है। मनुष्य ने अपने आयु-काल में बिताए काफी समय और क्षणों का सामना नहीं किया, पर वह समय उसके अन्दर से होकर गुजरा है। वह गुजरा है उस समग्र के भीतर आयु के कुछ हिस्से के उस पार तक। जाग्रत रहने पर भी न जाने कितनी भोरें–माहेन्द्र घड़ियाँ–निशार्ध, देखने से वह वंचित रह जाता है। उसी तरह सचेत रहकर भी न जाने अपने कितने 'पाप' वह देख नहीं पाता। और यदि देख भी लेता है तो उन्हें रोक नहीं पाता। कई छोटे-बड़े पाप हो जाते हैं तमाम विरोधों के

बावजूद। ठीक इसी तरह वह विशाल पाप भी घटित हो गया मेरे जीवन में। क्या मैंने सचमुच उस पाप का विरोध नहीं किया था? विरोध करने के बावजूद क्यों विवश हो गई उस परम प्रतीक्षित प्रियतम पाप के गहरे स्पर्श के लिए?

पुण्य में द्वन्द्व नहीं होता। इसलिए पुण्य निर्द्वन्द्व रूप से सम्पन्न हो जाता है, किन्तु बिना द्वन्द्व के एक छोटा-सा पाप तक नहीं हो पाता। द्वन्द्व समाप्त होने से पहले ही मेरे पाप ने मुझे अपने वश में कर लिया। द्वन्द्व के समाप्त होने तक की प्रतीक्षा करने का धैर्य भला पाप या पापी के मनोबल में कहाँ होता है? वेदवाणी का प्रथम स्फुरण, प्रथम शब्द 'अग्नि' की तरह मेरे जीवन के प्रथम पाप ने अग्नि बनकर मेरे जीवन और मृत्यु को भी दग्ध कर दिया। इस समय मैं जीवित हूँ या मृत?

जीवित होते हुए भी मैं मृत्यु-यंत्रणा से जर्जरित हूँ। मरी-सी पड़ी रहकर जीवन की समस्त ज्वालाओं से मैं दग्धीभूत हूँ। कितना विचित्र है मेरा वर्तमान और प्रारब्ध!

एक ओर यज्ञ और त्याग, दूसरी ओर परिग्रह और लोभ-यही है जीवन। जीवन में इन दोनों के महत्त्व को झुठलाया नहीं जा सकता। पाप रहित जीवन निष्कलंक हो सकता है, पर सम्भवतः परिपूर्ण नहीं। पाप क्षणभर के लिए जीवन का खालीपन दूर कर सकता है, परन्तु क्या जीवन को परिपूर्ण कर सकता है? क्या किसी का भी जीवन कभी परिपूर्ण होता है? पर आज इतने वर्षों बाद मैं भला अपने पाप का हिसाब लेकर क्यों बैठ गई? जब निन्दा, अपयश और कलंक की आँधी से हताश हो छुपकर उसी परित्यक्त अरण्य में जड़वत पड़ी थी, उस समय पाप ही था मेरा एकमात्र विश्वस्त बन्धु। मेरा वह अन्तरंग पाप ही मेरा हाथ पकड़कर मुझे भोग-जीवन से भाव-जीवन की ओर राह दिखाकर ले गया था। मेरे पाप ने ही मेरे अहंकार पर तेज प्रहार करके मुझे सतर्क कर दिया था, 'सौन्दर्य केवल देहगत नहीं होता, सौन्दर्य मनोगत भी होता है—आत्मागत भी होता है। सौन्दर्य पार्थिव नहीं, अपार्थिव है। यदि तू सचमुच सौन्दर्य की सारसत्ता है, तो अपने अन्तर को भी तू सुन्दरतम कर दे—रमणीय बना दे अपनी प्रिय धरती को।'

अन्तरात्मा से अन्तरतम और कौन है इस जगत में—जिसे तुम अपना सपना, अपना दुःख, पराजय, पाप, अपराध, मान-मनौव्वल और व्यर्थताएँ निःसंकोच बता सको? यदि ऐसा कोई है, तो वही तुम्हारे बाहर-तुम्हारे भीतर, तुम्हारे अतीत में, भविष्य में, तुम्हारे जीवन और मृत्यु में तुम्हारे साथ है। वह अदृश्य, अव्यक्त, अनन्त, अन्तर्यामी है। न जाने कब उस ज्योतिर्मय, चिन्मय, आनन्दमय का आविर्भाव मेरे भीतर होगा—कब उदित होगा वह परमयोग्य महासूर्य—कौन जाने! आज मैं अपने पाप की सफाई देने के लिए अपने अतीत की व्याख्या नहीं कर रही। इससे मेरे 'पाप' की अवमानना होगी। मैं अपने पाप का अपमान और अवमानना नहीं करना चाहती। अपने पाप की प्रगाढ़ अन्तरंगता को मैं निष्कपट

भाव से व्यक्त कर रही हूँ, ताकि यह दुनिया भले ही मुझे गलत समझे, पर मेरे पाप को गलत न समझे।

जन्म से लेकर आज तक मेरे जीवन में कैसी-कैसी विचित्र घटनाएँ घटित हो गई हैं, उन्हें किसी से कहने का अवसर मुझे नहीं मिला। मेरा जन्म, बचपन, शिक्षा, यौवन-प्राप्ति, विवाह, दाम्पत्य एवं अन्त में प्रेम और पाप–सब कुछ था एक-एक व्यतिक्रम। कैसे बीता मेरा एकाकी बचपन, कैशोर्य, दाम्पत्य–फिर वर्ष-प्रतिवर्ष कैसे बिताया समाज द्वारा परित्यक्त एकाकी जीवन–कैसे जीती रही घोर अरण्य में एकाकी, नहीं कहा कभी किसी से। यहाँ तक कि मेरे महर्षि पति ने भी शापमुक्ति के बाद यह तक नहीं पूछा, 'सुकुमारी! इतना बड़ा दुख, इतना बड़ा कलंक और प्रकृति की प्रतिकूल परिस्थितियों को सहते हुए कैसे जीवित रहीं तुम इतने दिनों तक? क्या बताओगी अपने एक दिन का अनुभव और आपबीती...?'

क्या उन्होंने एक बार भी उस बारे में नहीं सोचा? मानो मेरे परित्यक्त जीवन से उनका कोई सम्बन्ध ही नहीं था। मानो पाप वाले दिन वे मेरी आयु के हिस्से ही नहीं थे। वह बात सुनने से ही मानो मेरे तपोनिष्ठ पति को पाप छू जाता। जैसे कि कोई इतनी बड़ी घटना घटी ही न हो। कठोर तपस्या से मेरा शरीर कमजोर लगता है, इसके बावजूद उसका सौन्दर्य अटूट बना हुआ है, मेरा यौवन चिरन्तन लगता है, इसलिए यह मान लेना होगा कि मेरा अन्तर भी उसी तरह अटूट सुकुमार बचा होगा। बाह्य रूप को छोड़कर मानो मेरा कोई अन्तर्मन ही नहीं है। और यदि मेरा कोई अन्तर्मन है, तो उसकी अधीश्वरी मानो मैं नहीं। इसलिए अन्तर्मन की बात कहने का अधिकार भी मानो मेरा नहीं है। क्या किसी ने कभी मेरे अन्तर्मन की सुध ली थी जो आज लेगा? क्या नारी का भी कोई अन्तर्मन होता है? यदि होता भी है, उसका अधिकारी तो पुरुष है–उसका पिता, पति या अभिभावक है! सम्भवतः इसीलिए शाप देते समय पति ने कहा था, 'तू पत्थर-सी जड़वत पड़ी रहेगी, सबकी आँखों से अदृश्य। तू वायु भक्षण कर जीएगी...!' क्या कोई सन्देह जड़वत रह सकता है? जीते-जी पत्थर बन सकता है? क्या कोई वायु भक्षण करके जी सकता है?

तो फिर? तो क्या गौतम ने चाहा था कि अहल्या मर जाए? हाँ, यही सत्य है। सीधे-सीधे हत्या की होती तो नारी हत्या का अपराध लग जाता। नरहत्या पाप है...कहते हैं–नारी हत्या है महापाप। नारी को त्याग, समर्पण, दया, क्षमा, पुण्य आदि विशेषणों से विभूषित करके देवी के आसन पर बिठाया है इस समाज ने। नारी को अपने ही काम में लगाकर लाभ उठाने की यह एक सुनियोजित व्यवस्था है समाज की। यह समाज कौन है? निश्चित रूप से गौतम की तरह तर्कसिद्ध दार्शनिक, समाज के ऊँचे आसन पर बैठे पुण्यवन्त शास्त्रविद पुरुषगण हैं। नारी

की हत्या करना महापाप है—जिलाए रखकर शोषण करना पाप नहीं है—शोषित, लांछित, सताई हुई नारी की सहनशीलता, विनम्रता से ही उसका बड़प्पन प्रमाणित होता है। इसलिए समाज नारी को यातना देकर मानव से देवी बनाता है। आज अहल्या भी देवी है। यदि गौतम और उनका ऋषि-समाज अहल्या को बाधाओं और मृत्यु का सामना करने के लिए छोड़कर न चले गए होते तो अहल्या की महानता कैसे साबित होती? ऐ पुण्य के प्रतिनिधिगण! आपने अहल्या को प्रायश्चित करने का अवसर दिया, इसके लिए आपको शत-शत नमन है।

आज मैं अपनी आत्मकथा पंडित, शास्त्रविद, विद्वान व समाज के प्रतिष्ठित प्रतिनिधियों के लिए नहीं लिख रही—भविष्य के नारी-समाज के लिए भी नहीं लिख रही। लिख रही हूँ मेरी ही तरह विभिन्न परिस्थितियों में पड़कर समाज में परित्यक्त, पापग्रस्त, शोषित, लांछित, अवहेलित लोगों के लिए, जो लोग समाज की सेवा करते हैं, समाज की सारी गन्दगी अपने हाथों से बेझिझक साफ करके समाज को निर्मल-परिमल करते हैं, पर उन लोगों को समाज कहता है—शूद्र, और जो लोग अपना जन्मगत अधिकार और अपनी जन्मभूमि दूसरों को भोगने के लिए छोड़कर वन-जंगल, गिरि-कंदराओं में आश्रय लेते हैं, समाज उन्हें कहता है अनार्य—पृथ्वी की वन-सम्पदा, जल-सम्पदा की रक्षा करने की जिसने शपथ ली थी, समाज उसे कहता है—राक्षस।

दुनिया की चरम पीड़ा और यंत्रणा से शरीर के प्रत्येक जीवकोष को विदीर्ण करके, रक्ताक्त करके जो मृत्यु की देहरी पर खड़ी होकर जीवन-उन्मेष करती है—और मानव-जाति को जन्म देती है, समाज उसे कहता है, अबला, कमजोर, नर्क का द्वार! उसके लिए समाज के नीति-नियम अत्यन्त कठोर और अधिकतर अमानवीय होते हैं।

पाप का जन्मदाता परमात्मा नहीं...मनुष्य-निर्मित यह समाज अर्थात मनुष्य है। समाज की आवश्यकतानुसार पाप-पुण्य की परिभाषा भी बदल जाती है। सतीत्व की परिभाषा भी बदल जाती है समाज के स्वार्थ-साधन के पथ पर।

मेरा यह आत्मकथन उन लोगों के लिए है जो सिर्फ सुनते हैं, देखते हैं, सह जाते हैं, पर उफ तक नहीं करते। अपना पक्ष तक नहीं रखते। अन्याय नहीं करते, बल्कि अन्याय और अत्याचार को सिर झुकाकर, चुपचाप सह जाते हैं। अन्याय करना पाप है और अन्याय को मुँह बन्द करके प्रश्रय देना भी पाप है। पाप की विचित्र रूपरेखा तैयार करना मेरे आत्मकथन का अन्त:स्वर है। कौन है पतित—जो दूसरे को पतन की ओर धकेल देता है या जो असहाय-सा दूसरों के द्वारा पतित होकर पतन के गर्त में गिर पड़ता है? इस पृथ्वी के असहाय, पतित और पापियों को अपने पाप और लाचारी से सामना करने के लिए मेरी यह स्वीकारोक्ति है एक विनम्र आह्वान...

लेकिन आत्मकथा लिखने का निश्चय करके सम्भवत: मैंने एक अनुचित व्रत ले लिया है। गुणी आत्मकथा लिखकर अपना यश और पुण्य प्रकट नहीं कर पाता, न ही पापी आत्मकथा में सारा पाप प्रकट कर पाता है। अपनी महानता स्वयं प्रकट करना जितना असौजन्य है, अपने पाप को स्वयं प्रकट करना उतना ही अप्रिय। आत्मप्रशंसा और आत्मनिन्दा, दोनों मरणतुल्य हैं। मुझसे पहले कभी किसी के द्वारा अपनी आत्मकथा लिखकर अपने चरित्र की चर्चा करने की परम्परा नहीं रही। इसलिए मैं एक परम्परा-विरोधी और आत्मविरोधी कार्य करने को बाध्य हूँ। सम्भवत: यह पृथ्वी की प्रथम आत्मलिपि के रूप में जानी जाएगी। आत्मलिपि लिखने को मैं बाध्य न हुई होती यदि आदिश्लोक के रचयिता महर्षि वाल्मीकि ने रामायण की रचना न की होती। सीता के दो पुत्र—लव-कुश आश्रम-आश्रम घूमकर, 'रामायण' गा-गाकर वाल्मीकि के रामकाव्य को लोकप्रिय बना चुके थे। जब तक यह दुनिया रहेगी, तब तक 'रामायण' की लोकप्रियता रहेगी, ऐसी भविष्यवाणी ऋषि और वेदज्ञ कर चुके हैं। इसलिए मेरी आत्मकथा कौन पढ़ेगा—कौन प्रचार करेगा इसका, और भला सुनेगा भी कौन!

तब भी मैं आत्मकथा लिखने से पीछे नहीं हटूँगी। आदिकवि वाल्मीकि के 'रामायण' काव्य से प्रतियोगिता करके मैं अपना कवित्व प्रदर्शित के लिए आत्मकथा नहीं लिख रही हूँ, न ही सती सीता से ईर्ष्या करके मैं स्वयं को निर्दोष प्रमाणित करने के लिए अपना चरित्र चित्रण कर रही हूँ। वैदिक नारी होकर अपने जीवन की अनकही, अनसुनी, गोपनीय बातों की सविस्तार व्याख्या करने में मुझे कोई संकोच नहीं। क्योंकि यदि मैंने यह बात न बताई तो दुनिया में मेरा पाप हमेशा के लिए अव्यक्त रह जाएगा। 'वाल्मीकि रामायण' से मेरे बारे में जो पता चलता है, उसके द्वन्द्व और संशय के बीच मेरा पाप अत्यन्त घिनौना लगेगा। यही घिनौना पाप भविष्य में मनुष्य को पथभ्रष्ट करने में सहायक हो सकता है। 'मिथ्या' पाप से भी घिनौना है। अर्धसत्य मिथ्या से भी घिनौना। इसलिए सच बताना ही मेरा उद्देश्य है। वाल्मीकि ने मेरा उल्लेख न किया होता तो भी मैं रंचमात्र विरोध न करती। क्या कोई चाहेगा कि उसका कलंक हर काल में लिपिबद्ध रहे? यदि आदिकवि मेरा उल्लेख न करते तो क्या श्रीराम के पावन चरित्र की महानता प्रस्तुत करने में कुछ कमी रह जाती? वह चाहते तो सत्य घटना को निष्कपट रूप से लिख सकते थे, किन्तु मेरे बारे में उन्होंने इतनी संक्षिप्त सूचना दी कि केवल मेरा पाप और मेरी कमजोरी ही प्रकट हो सकी। कौन जाने सत्यद्रष्टा महर्षि ने यह पक्षपात क्यों किया?

सम्भवत: इसलिए कि वाल्मीकि केवल सत्यद्रष्टा नहीं थे, भविष्यद्रष्टा भी थे। वे जानते थे कि सीता के चरित्र की महानता पढ़ने के बाद मेरा चरित्र पाठकों के लिए अत्यन्त घृण्य हो जाएगा। शायद कालजयी रामकाव्य के पावन पृष्ठों को

मेरा पाप कलंकित कर देगा। केवल इतना ही नहीं, कहीं भविष्य की नारियाँ सीता का अनुसरण न करके मेरा अनुसरण करने पर लग जाएँ। सम्भवत: इसीलिए स्रष्टा शंकित और सन्दिग्ध हुए होंगे। सामाजिक प्रतिबद्धता को ध्यान में रखकर उन्होंने 'उत्तरकांड' में मेरे चरित्र को निष्कलंकित प्रमाणित करने की चेष्टा की थी और तभी शब्दों के प्रयोग में कंजूसी की होगी। सत्यद्रष्टा कवि सच्चाई जानने की चेष्टा न करके मेरे बारे में संक्षिप्त नीति अपनाने को क्यों बाध्य हुए, उस बारे में मैं भला क्या कह सकती हूँ? मैं उन्हें भी दोष नहीं देती। मैं तो उनके प्रत्यक्ष सम्पर्क में कभी आई ही नहीं। हालाँकि कई बार उनसे मेरी भेंट हुई थी, वह भी यज्ञादि कार्य के अनुष्ठान के समय। मेरे जीवन की वह चर्चित घटना घटित होने के बहुत बाद–मेरे शापमुक्त होने के बाद। इसलिए मेरे पुनर्जन्म के बारे में, उन्होंने लोगों से जो कुछ सुना, वही लिखा। हाँ–मैं सोचती हूँ, वही था मेरा पुनर्जन्म। मनुष्य अपने एक ही आयु-काल में कितनी बार जन्म लेता है, कितनी बार मृत्युवरण करता है–इस बारे में किसी और को अनुभव हो या न हो, मुझे है। महर्षि वाल्मीकि को भी अपने एक ही जीवनकाल में पुनर्जन्म की अनुभूति है। उन्होंने भी महापाप का सामना किया है।

एक बात और, मेरे पति गौतम महर्षि हैं और वाल्मीकि भी महर्षि हैं। इसलिए सच्चाई जानते हुए भी समधर्मा महर्षि वाल्मीकि ने मेरे पति के मान-सम्मान और यश को बनाए रखने के लिए 'उत्तरकांड' में शालीनतावश लिखा कि मेरे साथ छल हुआ था। अपनी इच्छा से मैंने देहदान नहीं किया। भ्रम में पड़कर पर-पुरुष को पति समझकर ऐसा किया था। यह सत्य का विचलन हो सकता है, परन्तु यह वाल्मीकि की उदारता का उदाहरण है। मेरे महर्षि-पति के लिए यह सन्तोषप्रद हो सकता है, पर मेरे लिए नहीं, क्योंकि सच स्वीकार करने का जन्मजात गुण मैंने अपने पिता से पाया था।

मेरा चरित्र-चित्रण करते समय सच को छोड़कर कल्पना का सहारा लेने के पीछे वाल्मीकि का एक और भी कारण हो सकता है।

दशरथपुत्र रघुकुलतिलक राम का अयन या अभियान अथवा जनकनन्दिनी सीता का अयन या अभियान लिखने के लिए ब्रह्मा से निर्देश पाकर वाल्मीकि ने रामकाव्य 'रामायण' की रचना की थी, अर्थात राम और सीता के चरित्र का विस्तृत चित्रण और महिमागान करना ही वाल्मीकि का उद्देश्य था। नहीं तो चरित्र-चित्रण में सिद्धहस्त वाल्मीकि ने उर्मिला, मांडवी, शूर्पणखा, सुग्रीव, बाली, कुम्भकर्ण जैसे पात्रों की अवहेलना न की होती। उर्मिला, मांडवी, श्रुतकीर्ति, स्वयंप्रभा जैसे अन्य अनेक पात्र सीता की तेजस्विता के आगे फीके पड़ गए हैं, परन्तु ये सीता से किसी भी गुण में कम नहीं थीं। वाल्मीकि ने उनके सुख-दुख का ठेका नहीं लिया था। हालाँकि एक महाकाव्य में सभी पात्रों को उनके पूरे तेज

के साथ चित्रित करना सम्भव भी नहीं होता। ऐसा किया गया होता तो 'रामायण' चौबीस हजार श्लोकों के बदले चौबीस करोड़ श्लोकों में बदल गई होती। सिर्फ नायक और नायिका का जयगान करना ही महाकाव्य की परम्परा है। एक और कारण है, लेखक की अन्तरंग अनुभूति, निष्कपट करुणा, श्रद्धा और उपलब्धि किसी कृति को स्वरूप प्रदान करता है। जनकनन्दिनी सीता को अपने को अपने प्राणप्रिय पति, परमप्रेमी, पत्नीभक्त श्रीराम द्वारा निर्वासित किए जाने पर पितृतुल्य महर्षि वाल्मीकि के आश्रम में शरण मिली थी। मिथिला नरेश महर्षि जनक भी वाल्मीकि के घनिष्ठ मित्र थे। जानकी को वाल्मीकि से पितृस्नेह मिला, अभय मिला, आशीर्वाद पाकर दो पुत्रों की जननी हुईं। वाल्मीकि की देख-रेख में पुत्रों को पाला और शिक्षा दिलाई। वर्षों तक जानकी का वाल्मीकि के साथ प्रत्यक्ष सम्पर्क तथा विचारों के आदान-प्रदान ने वाल्मीकि को उनके प्रति स्वाभाविक ही अधिक श्रद्धावान और संवेदनशील बना दिया होगा। सीता ने भी अपने जीवन की करुण कहानी का सविस्तार वर्णन महर्षि वाल्मीकि के सम्मुख किया होगा। इसमें कोई अस्वाभाविकता नहीं। उस समय वाल्मीकि ही थे सीता के पिता, बन्धु, सखा, सहायक और अभय-दाता। सीता के निर्वासन काल में ही वाल्मीकि ने रामायण की रचना की थी और बन्धु-पुत्री को पुनः प्रतिष्ठा दिलाने के लिए लव-कुश को रामायण-गायन सिखाकर उसका प्रचार-प्रसार कराया था। उस दृष्टि से रामकाव्य में राम और सीता का जयगान करना अत्यन्त स्वाभाविक है।

भला मैं वाल्मीकि की क्या लगती हूँ कि वे मेरे प्रति संवेदनशील और श्रद्धालु होकर मेरी अन्तरंग भावनाओं को समझने का प्रयास करते? मेरे बारे में उनकी अन्तरंग अनुभूति के अभाव ने मेरे चरित्र का मात्र एक रेखाचित्र आँका है।

कोई यह न सोचे कि मैं वाल्मीकि पर आक्षेप लगा रही हूँ। विश्वामित्र, वाल्मीकि, वशिष्ठ, अगस्त्य...ऋष्य शृंग आदि महर्षियों में से दो के प्रति मुझमें अगाध श्रद्धा और प्रगाढ़ भक्ति बचपन से ही है। वे हैं—महर्षि विश्वामित्र और महर्षि वाल्मीकि। इसका कारण यह है कि ये लोग पाप के घोर अरण्य में नितान्त निस्संग मार्ग पार कर पुण्य और सिद्धि के सुरभित उद्यान में पहुँचे हैं। ये दोनों सिद्ध पुरुष हैं। ये पाप के अत्यन्त अन्तरंग रहे। कौन जाने, पाप के प्रति मुझमें यह अहेतुक आकर्षण क्यों है? भला मैं यह कैसे कह सकती हूँ कि मैं ही नहीं, बल्कि मनुष्य मात्र ही पतंगे के आग में कूद पड़ने-सा, पाप के प्रति आकर्षण महसूस करता है?

आज जिन्हें लोग महर्षि कहते हैं, कल वे एक साधारण मनुष्य थे। उनके पाप ने ही उन्हें ज्ञानालोक प्राप्ति के लिए साधना करने को प्रेरित किया था।

सुना है, कभी महर्षि वाल्मीकि जगत के सबसे बड़े महापापी थे। महापापी से महर्षि बनना हर किसी के वश की बात नहीं। जो महान व्यक्तित्व का अधिकारी है, उसी के लिए यह सम्भव है। च्यवन ऋषि के पुत्र रत्नाकर आगे चलकर बने महर्षि वाल्मीकि–पृथ्वी के प्रथम महाकाव्य-रामकाव्य-के रचयिता। एक पक्षी की व्यथा से जिस वाल्मीकि के करुणा विगलित हृदय से निकली शाप की धारा ने श्लोक के जल से पृथ्वी को मंत्रित किया था। कहते हैं, कभी वे एक खूँखार दस्यु थे। नरसंहार और चोरी करके अपनी गृहस्थी चलाते थे। आगे चलकर तपस्या के बल पर दिव्य ज्ञान प्राप्त करके वे बने महर्षि और कवि। वाल्मीकि के बारे में एक ऐसा दुष्प्रचार किसने कब शुरू किया था, मैं नहीं जानती; किन्तु यह दुष्प्रचार सहस्र कंठों से प्रचारित होकर सच जैसा प्रतीत होने लगा। वाल्मीकि भी इस बारे में चुप हैं। अपने अतीत की निन्दा सुनकर भी उन्होंने इसका विरोध नहीं किया, न ही अपने बारे में रामकाव्य के प्रारम्भ में एक पंक्ति तक लिखी।

सम्भवतः उनकी कवि-प्रतिभा से हत्प्रभ कुछ ईर्ष्यालु लोगों ने ऐसी कुत्सित बातें फैलाई होंगी। दूसरों की निन्दा-गान और उनके अतीत में झाँकने में कुछ लोग जितना समय और दिमाग बर्बाद करते हैं, यदि उसका कुछ हिस्सा दूसरों के 'स्व' को पहचान कर उनके भविष्य की चिन्ता करते तो शायद यह धरती स्वर्ग में बदल जाती। मैं भी उन्हीं लोगों में से एक हूँ। इसलिए अपने पाप का जयगान करने से पहले धरती से उसके पापों की सूची माँग रही हूँ। ऐ मेरे विश्वस्त पाप! मैं अपनी चरित-चर्चा करने से पहले तुम्हारा जयगान करना चाहती हूँ। पाप, तुम कितने महान हो! स्वयं चिरकालिख में पड़े हुए निन्दित जीवन बिताते हुए भी पापी को पुण्य-मार्ग पर आगे बढ़ाने के लिए तुम सदा प्रेरित करते हो।

यदि च्यवन ऋषि के पुत्र रत्नाकर ने पाप-मार्ग पर न चलकर स्वाभाविक जीवन बिताया होता तो क्या उन्होंने महर्षि वाल्मीकि बनकर रामचन्द्र के प्रति अगाध श्रद्धा और विश्वास से रामायण की रचना की होती, कौन जाने!

ऐ पाप! दुनिया को रामकाव्य देनेवाले तुम्हीं हो। इसलिए मैं तुम्हारी जय-जयकार करती हूँ। मैं जानती हूँ, वाल्मीकि के अतीत से जुड़ी बातों में सच्चाई नहीं होगी। और यदि होगी भी तो क्या अन्तर पड़ता है? बल्कि यह तो वाल्मीकि की महानता ही दर्शाता है। हाँ, यदि महर्षि वाल्मीकि ने अपनी आत्मकथा लिखी होती तो उन्होंने अपने पाप और पुण्य पर विस्तार से चर्चा की होती। किन्तु वे अत्यन्त महान हैं। विनयशील होने के कारण अपनी आत्मकथा लिखकर अपनी महानता का ढिंढोरा पीटने का प्रयास न करके लिखा-रामकाव्य। मैं उनकी तरह महान नहीं हूँ। इसलिए मैं अपनी आत्मकथा लिखने बैठी हूँ। लेकिन इससे पहले न जाने क्यों मुझे वाल्मीकि का पाप याद आ रहा है!

मेरे पिता प्रजापिता ब्रह्मा और मेरे विश्व पर्यटक ब्रह्मांड विदित संवाददाता भाई देवर्षि नारद एक दिन ऋषियों के वेश में च्यवन-ऋषि के आश्रम की ओर चल पड़े। न जाने यह सच है या झूठ, ऋषि च्यवन के पुत्र रत्नाकर सहज सुख का मार्ग चुनकर चोरी, डकैती करके अपने परिवार का पालन-पोषण करते थे। क्रूरता, हिंसा, स्वार्थीपन, लोभ, मोह ने रत्नाकर के व्यक्तित्व को विकट बना दिया था। आवश्यकता पड़ने पर अर्थ लाभ के लिए नरहत्या करने से भी वे नहीं कतराते थे।

उस दिन रत्नाकर से वन में कोई पथिक नहीं टकराया। पथिकों की प्रतीक्षा करने में वृक्ष की डाल पर बैठे-बैठे उनका बहुत समय बीत गया। क्या आज मेरा परिवार भूखा ही रह जाएगा? पत्नी, पुत्र, कन्या, सहोदर, बहन के सुख के लिए आज वे परमात्मा की भी हत्या करने व उन्हें लूटने से नहीं घबराएँगे।

दूर से दो ऋषियों को अरण्य-मार्ग पर आते देख रत्नाकर वृक्ष से उतरकर रास्ते के किनारे घनी झाड़ियों की ओट में छिप गए। ऋषिगण धीरे-धीरे निकट आते गए। आगे-आगे ऋषि वेशधारी प्रजापिता वेदगर्भ ब्रह्मा और उनके पीछे-पीछे परछाईं की तरह मेरा भाई ब्रह्मचारी नारद। रत्नाकर ने मौका न चूकते हुए लोहे से बने तेज अस्त्र से ब्रह्मा के सिर पर जोर से प्रहार किया। कहते हैं, दस्यु की कपट से सृष्टिकर्त्ता ब्रह्मा की माया अधिक शक्तिशाली होने के कारण उनके सिर पर उस प्रहार से कोई क्षति नहीं हुई। वे सृष्टिकर्त्ता हैं, भला रत्नाकर उनके मृत्युदाता कैसे होते?

ब्रह्मा ने क्रोधित होते हुए रत्नाकर से पूछा, "कौन है तू पापी? बिना दोष के निरीह राहगीरों को जान से मारने की नीचवृत्ति क्यों करता है?"

रत्नाकर अपने कर्म के बारे में जितने सचेत थे, उतने ही स्पष्ट भी थे, इसलिए निष्कपट हो उत्तर दिया, "शरीर की रक्षा करना जीव का धर्म है। परिवार पालना मानव का धर्म। इसलिए शरीर की रक्षा करने और परिवार पालने से जुड़ी मेरी इस दैनन्दिन वृत्ति को नीच या निन्दनीय कहनेवाले तुम कौन हो? अब मैं तुम दोनों की हत्या करके सारा धन-द्रव्य लूट लूँगा और अपनी पत्नी, बच्चों को सन्तुष्ट और सुखी रखूँगा।" इतना कहकर रत्नाकर के पुनः अस्त्र उठाने पर सौम्यदर्शी मृदुभाषी चित्तविनोदी नारद ने मधुर स्वर में कहा, "युवक, हमें मारने से तुम्हें लाभ नहीं होगा, क्योंकि हम दोनों निर्धन संन्यासी हैं। फिर भी यदि तुम हमारी हत्या करना चाहते हो तो जरा हमारी बात सुनो। उसके बाद यदि तुम्हारा विवेक कहे तो हमारी हत्या कर देना।"

रत्नाकर ने क्रूर उपहास करते हुए उत्तर दिया, "तुम्हारे जैसे अनेक ऋषियों को मैं पहले भी मौत के घाट उतार चुका हूँ। तुम लोगों से जो भी कुछ मिलेगा, मेरे लिए पर्याप्त होगा। आज अभी तक नरहत्या नहीं की है मैंने, न ही कुछ

अर्जित कर पाया हूँ, इसलिए वृथा में पांडित्य प्रदर्शित न करके मरने के लिए तैयार हो जाओ।''

वेदज्ञ नारद ने धीमे स्वर में कहा, ''ऐ गृहस्थ युवक! पत्नी से विच्छिन्न हुए बिना तुम गृहमेधा बनो और गृहयज्ञ प्रज्वलित करो। पिता च्यवन ऋषि की उपयुक्त सन्तान बनो। तुम्हारी पत्नी तुमसे मृदु और शान्तिपूर्ण वाणी बोलकर तुम्हारे सुख-दुख में भागीदार बने। पर एक बार घर जाकर अपनी पत्नी और सन्तान से पूछकर आओ कि वे तुम्हारी इस कमाई में भागीदार बनने के साथ ही क्या तुम्हारे पाप के भी भागीदार बनेंगे? इस प्रश्न का उत्तर सुनने के बाद तुम हमारी हत्या करो तो हम समझेंगे कि हमारा ऋषि-सुलभ कर्त्तव्य पूरा हुआ और हम सन्तोषपूर्वक तुम्हारे हाथ से मृत्युवरण करेंगे।''

रत्नाकर ने झुँझलाते हुए कहा, ''मैं पाप-पुण्य कुछ नहीं जानता। इतने दिनों से मैं नरहत्या और हिंसा करके जीविका निर्वाह कर रहा हूँ। यदि वह पाप होता तो मेरा मार्ग अवरुद्ध करता। मेरी शक्ति अवरुद्ध करता। लेकिन मैं प्रतिदिन निर्विघ्न और स्वच्छन्द हो दस्यु-वृत्ति कर रहा हूँ। मेरी कोई क्षति नहीं होती। मेरा परिवार मेरे अर्जित धन के कारण मुझसे श्रद्धा और प्रेम करता है।''

इतने में वेदगर्भ ब्रह्मा ने प्रशान्त स्वर में कहा, ''ऐ पथभ्रष्ट गृहस्थ, इतने दिनों से तुम दुष्ट पाप के अधीन हो। पाप की कुत्सित सेवा करते-करते तुम्हारे अन्दर जो शक्ति पैदा हुई, उसने तुम्हारे अन्दर की मानव-शक्ति की हत्या करके दानव-शक्ति को जाग्रत किया है। इसलिए तुम पाप को पाप के रूप में पहचान नहीं पा रहे। पाप अग्नि की तरह कभी किसी का मार्ग अवरुद्ध नहीं करता। वह तो अपनी लपलपाती लपटें प्रसारित करके जीव को अपने आलिंगन में बाँधकर अति निकट कर लेता है और अन्त में उसके सारे मानवीय गुणों को मुट्ठी भर राख में बदल देता है। इस समय तुम्हारी इन्द्रियाँ विषयासक्त हो उठी हैं, पर याद रखो, चोरी-डकैती आदि दूषित विधियों से तुम जो धन अर्जित करते हो, वह धन नहीं, 'पाप' है। धन अर्जित करते हुए भी जो तृप्त नहीं, वह धनवान नहीं है। धन अर्जित करते हुए भी तुम अत्यन्त निर्धन हो। अज्ञान और अविद्या के कारण तुम मोहग्रस्त हो। जाओ, पत्नी और परिवार से पूछकर आओ, हिंसा और अधर्म के बल पर अर्जित तुम्हारा धन निद्वन्द्व हो भोग करने पर भी इसके लिए वे तुम्हारे साथ नर्क भोगने को तैयार हैं या नहीं...''

''हे ऋषि! मैं तो बलवान हूँ, मैं भला क्यों जाने लगा नर्क में? तुम जाओगे नर्क में, क्योंकि तुम बलहीन भिक्षुक हो। केवल वेद के श्लोक रटकर वृथा पांडित्य प्रदर्शित करना दुर्बल मनुष्य का काम है। अकारण मेरा दिन बर्बाद मत करो।''

रत्नाकर ने फिर से अस्त्र उठाया, किन्तु ब्रह्मा के वेदोच्चारण के तेज से वे दुर्बल और म्लान पड़ गए। उसके बाद अधिक खूँखार होकर पुनः अस्त्र उठाया

ही था कि वह अस्त्र उनके हाथ से छूट गया। देवर्षि नारद ने संगीतमय स्वर में कहा, ''युवक! हिंसा और रक्तपात शक्ति का परिचायक नहीं, बल्कि दुर्बलता है। क्षमा और प्रेम ही बलवान के लक्षण हैं। तुम जिस तरह का असत आचरण करते जा रहे हो, उससे क्रोधित हो मेरे पिता अब तक तुम्हें भस्म कर चुके होते। किन्तु विद्वान होने के कारण वे क्षमाशील और शान्त हैं। वे तुम्हें क्षमा करते जा रहे हैं। अब जाओ, जाकर अपनी पत्नी से पूछकर आओ कि वे तुम्हारे पाप में भागीदार होंगे या नहीं? हम तुम्हारे हाथों मृत्युवरण करने के लिए सत्यबद्ध हैं। ऋषि निर्धन हो सकता है, पर सत्यभ्रष्ट नहीं होता। हमारा विश्वास करो और सत्य की खोज में जाओ, तभी तुम्हें पाप और पुण्य की उपलब्धि होगी।''

इन ऋषियों में अवश्य कोई दैवीय शक्ति है—यह बात रत्नाकर समझ चुके थे। ऋषिद्वय को वहीं प्रतीक्षा करने को कहकर वे अपने घर की ओर चल पड़े।

मध्याह्न का सूर्य ढल चुका था। रत्नाकर को खाली हाथ घर लौटते देख उनकी प्राणप्रिया पत्नी क्षुब्ध हुई। भला वह करती भी क्या? बच्चे भूख से चिड़चिड़ाने लगे थे। पत्नी ने पूछा, ''आज की कमाई कहाँ गई? क्या आज मैं भोजन नहीं बनाऊँगी? आज तो घर में कुछ भी नहीं है। यह जानते हुए भी खाली हाथ कैसे लौट आए?''

रत्नाकर पत्नी के उलाहने से विचलित नहीं हुए। दैनन्दिन पारिवारिक उलाहने कोई नई बात नहीं है। अपनी कमाई पत्नी के हाथों में देते ही उसका सारा क्रोध प्रेम में बदल जाएगा। भोजन बनाकर प्रेम और श्रद्धा से परोस देगी। ऋषियों के दर्शन से लगता है रत्नाकर का चित शान्त था। उन्होंने अविचलित स्वर में कहा, ''आज दो ऋषियों की हत्या करने पर ही कुछ कमाई होगी। किन्तु वे ऋषि कहते हैं कि ऋषि-हत्या महापाप है, पर मैंने तो इससे पहले भी अनेक ऋषियों की हत्या की है। इसका अर्थ हुआ कि मैं बहुत-सा पाप अर्जित कर चुका हूँ। इतना पाप मैं अकेले क्यों भोगूँ? यदि तुम सभी मेरी कमाई में भागीदार हो, तो मेरे पाप में भी सभी को भागीदार होना चाहिए। यदि तुम इससे सहमत हो तो मैं तुरन्त उन ऋषि की हत्या करके उनसे जो कुछ मिलेगा, वह लाकर तुम्हें दे दूँगा। यही पूछने के लिए यहाँ आया हूँ।''

पत्नी आश्चर्यचकित होने के साथ-साथ झुँझलाई भी। उसने सोचा, सम्भवत: पति का मतिभ्रम हो गया है, नहीं तो निर्बोध की तरह ऐसी बात नहीं पूछते। यह बात कौन नहीं जानता कि अपना पाप अपना ही होता है? पति की ओर खीजभरी दृष्टि से देखते हुए उसने पूछा, ''क्या आज सुबह-सुबह खाली पेट में तुमने नशीला पदार्थ डाल लिया है? पाँच साल के अबोध बालक से पूछोगे तो वह भी यही कहेगा कि मनुष्य अपने कर्मों का फल स्वयं भोगता है। अर्जित-धन का बँटवारा किया जा सकता है, पर पाप नहीं बाँटा जा सकता। मैं तो चाहकर भी

तुम्हारे पापों का फल नहीं भोग सकती। और भोगूँ भी क्यों? मैंने तो कभी किसी की हत्या नहीं की, दस्युवृत्ति नहीं की, तो फिर मुझे क्यों लगेगा पाप?''

पत्नी की बात सुनकर स्तब्ध, सशंकित और व्यथित हो उठे रत्नाकर। अगले ही क्षण क्रोधित हो खीज उठे। त्रस्त स्वर में प्रश्न किया, ''मैंने लोगों की हत्या की, यह सच है। किन्तु किसके लिए की? तुम्हीं लोगों को पालने के लिए। इसलिए तुम लोग भी मेरे पाप के भागीदार बनने को बाध्य हो। यदि तुम इससे सहमत नहीं, तो मैं आज से नरहत्या नहीं करूँगा। इसके बाद तुम सभी कैसे जीओगे, यह तुम्हीं जानो।''

क्षुब्ध होते हुए पत्नी ने कहा, ''आज ये दो ऋषि तुम्हारा मतिभ्रम करने के लिए आए हैं। जो परिवार बनाता है, पालन भी वही करता है। यदि तुम अपने कर्त्तव्य का पालन नहीं करोगे तो परिवार का नाश होने पर तुम्हीं को पाप लगेगा। इसलिए तुम अपने परिवार को कैसे पालोगे, नहीं पालोगे, यह तुम पर निर्भर करता है। दाहिने हाथ से किया गया पाप बायाँ हाथ स्वीकार नहीं करता, क्या तुम यह नहीं जानते? यदि तुम दाहिना हाथ आग में डालोगे, तो क्या तुम्हारा बायाँ हाथ जलेगा?''

व्यथित रत्नाकर ने बारी-बारी से पुत्र-पुत्रियों से भी यही प्रश्न किया था। सभी ने वही एक उत्तर दिया, ''परिवार का पालन करना आपका दायित्व है। आप कैसे परिवार का पालन करेंगे, उससे हमें कोई लेना-देना नहीं। नरहत्या करते समय आपके हृदय ने ही निष्ठुर आचरण किया है। इसलिए पाप और पाप का परिणाम, दोनों आपके अपने हैं। आपके पाप से अर्जित धन हमारे पेट में खप चुका है, किन्तु पाप आपके पास संचित है। पाप से अर्जित धन तो व्यय हो जाता है, किन्तु पाप व्यय नहीं होता।''

भय, दुख और विस्मय से कातर रत्नाकर ने आँखों में आँसू भरकर बच्चों की ओर देखकर पूछा, ''किन्तु मैं तुम सबको बहुत चाहता हूँ। तुम लोगों को सुख से रखने के लिए मैंने धन अर्जित किया है। क्या तुम लोग भी पाप के भागीदार नहीं बनोगे?''

''नहीं, नहीं, यह कदापि सम्भव नहीं। दुनिया में पेट पालने की इतनी सारी वृत्तियाँ होते हुए आपने यह निन्दनीय पाप वृत्ति क्यों अपनाई? इसमें हम भागीदार क्यों बनें? आप जानते हैं, आपके इस कर्म के कारण हम भी समाज में निन्दित और लांछित होते हैं? बच्चों का पालन-पोषण करना पिता का धर्म है। यदि आपने अधर्म उपायों से पिता धर्म निभाया है तो वह आपका अधर्म है। उससे हमारा कोई सम्बन्ध नहीं। चाहकर भी हम आपके पाप का फल नहीं भोग पाएँगे।''

भय से घबराते हुए रत्नाकर ने अपनी पत्नी से प्रश्न किया, ''तुम मेरी सहधर्मिणी हो। यदि मेरा धर्म तुम्हारा हो सकता है, तो मेरा अधर्म और पाप भी तुम्हारा होना चाहिए। ऐसे में तुम मेरे पापों की भागीदार हुईं या नहीं?''

"अपनी-अपनी मृत्यु की तरह पाप भी नितान्त अपना होता है। क्या मैं तुम्हारी मृत्यु की भागीदार बन सकती हूँ? देह के घाव की तरह कर्म जिसका होता है, पाप भी उसी का होता है। क्या अपने शरीर के घाव को किसी दूसरे को कष्ट देते देखा है आपने? जब तुम आहत होकर घर लौटते हो, तब देह का सारा कष्ट तुम्हीं भोगते हो। मैं तुम्हारी सहधर्मिणी होते हुए भी तुम्हारी देह का कष्ट नहीं भोग पाती। आज जीविका का उपार्जन न करके ऐसी बहकी-बहकी बातें क्यों कर रहे हो?" पत्नी ने कटु-सत्य कह दिया। अब रत्नाकर को पत्नी का चेहरा सुन्दर नहीं, भयंकर और कुत्सित लग रहा था। बच्चे निष्पाप नहीं, बड़े स्वार्थी और भयावह लग रहे थे। रत्नाकर भय से काँप उठे। सोचा-संसार के सभी लोग बिलकुल एकाकी हैं। वे वेदगर्भ आदिदेव ब्रह्मा की शरण में लौट आए। करबद्ध होकर अनुनय किया, "हे पुण्यात्मा! आप कोई भी हों, कृपया मुझे बताएँ कि किस उपाय से मनुष्य यातनापूर्ण रौरव नर्क में जाने से बच सकता है? क्या नर्कभोग के अलावा पापी की कोई और गति नहीं है?"

सर्ववेदमय स्वरूप, सभी जीवों में वरिष्ठ कलाकार ब्रह्मा ने प्रशान्त स्वर में कहा, "हे रत्नाकर! मनुष्य इहलोक में जो-जो पाप करता है, यदि इहलोक में उसका प्रायश्चित न करे और पाप-पथ को न छोड़े तो मृत्यु के बाद उसे भयानक रौरव नर्क में यातनाएँ भोगनी पड़ती हैं।"

रत्नाकर ने पुनः विनती की, "हे महाभाग! कृपया मुझे प्रायश्चित और निवृत्ति का मार्ग बताएँ।"

ब्रह्मा ने करुणा विगलित स्वर में उपदेश दिया, "हे रत्नाकर! पाप-कर्म से छुटकारा पा जाने मात्र से प्रायश्चित नहीं हो जाता, क्योंकि मनुष्य का मन इतना अधिक वासनायुक्त होता है कि वह किसी एक पाप से छुटकारा पाकर किसी दूसरे पाप-कर्म में पुनः लिप्त हो जाता है। जीव-मात्र ही भूल करता है। ऐसा कौन है जिसने पाप नहीं किया है? जो पाप नहीं करता, वह मनुष्य नहीं, देवता है! किन्तु जो पाप करके प्रायश्चित नहीं करता, वह मनुष्य नहीं, दानव है। जो पाप करके स्वीकार कर लेता है, उसका प्रायश्चित करता है और पाप-मार्ग से निवृत्त होने का प्रयास करता है, वास्तव में वही मनुष्य पद का अधिकारी है। मैं अत्यन्त प्रसन्न हूँ कि तुम एक सन्तुलित मनुष्य हो। इसीलिए अपना अपराध स्वीकार करके प्रायश्चित करने को तैयार हो। किन्तु केवल प्रायश्चित करने की इच्छा करने मात्र से पाप का क्षय नहीं हो जाता। जब तक मनुष्य अज्ञानी होता है, तब तक पाप-वासना उसके हृदय में प्रज्वलित रहती है। तत्त्वज्ञान की प्राप्ति के बिना पाप-वासना नहीं मिटती।"

रत्नाकर ने उदास होते हुए करुण स्वर में कहा, "हे प्रभु, मैं तो महामूर्ख हूँ। भला मेरे लिए तत्त्वज्ञान की प्राप्ति कर पाना इस जन्म में कहाँ सम्भव है!

अर्थात नर्क तो मुझे भोगना ही पड़ेगा।'' इतना कहकर रत्नाकर सरल शिशु की तरह रोने लगे।

ऋषि नारद अत्यन्त मधुर स्वर में सान्त्वना देते हुए बोले, ''रत्नाकर! ज्ञान-प्राप्ति जाति, धर्म, आयु, लिंगभेद, राजा-प्रजा, देव-दानव इत्यादि बाधा-बन्धनों को नहीं मानती। जो व्यक्ति अनुशासित जीवन बिताते हुए जन-कल्याणकारी कार्य करता है, वह अनजाने ही धीरे-धीरे पाप-वासना से मुक्त हो जाता है। मन का वासनामुक्त होना ही तत्त्वज्ञान है। तपस्या, ब्रह्मचर्य, इन्द्रिय-दमन, स्थिर-मति, दान, सत्य, अन्तर की पवित्रता, यम और नियम आदि साधनाएँ करने का जिसमें दृढ़ संकल्प होता है, वही अतीत के समस्त पापों का नाश करने में समर्थ होता है; किन्तु भगवत विश्वास के बिना ये कार्य सम्भव नहीं होते। अतः भक्तिमार्ग ही श्रेष्ठ मार्ग है।''

''मैं वही मार्ग अपनाऊँगा प्रभु, क्योंकि संसार की गति देख विषय-वासना के प्रति मेरे मन में विराग पैदा हो गया है।''

रत्नाकर के इतना कहते ही नारद ने परिहास भरे स्वर में कहा, ''किन्तु भक्तिमार्ग भी उतना सरल और सुगम नहीं है। उस मार्ग में तुम्हारे अनेक शत्रु बाधा पहुँचाएँगे। उन शत्रुओं को जीत पाना तुम्हारे लिए उतना सहज नहीं होगा।''

रत्नाकर ने दृढ़ स्वर में कहा, ''जिसने बन्धु-कुटुम्ब त्याग दिया हो, उसके शत्रु कहाँ से आएँगे? कालक्रम में स्वार्थ बाधित होने पर बन्धु-कुटुम्ब ही शत्रु बन जाते हैं। हे महात्मा! आज कोई मेरा बन्धु या शत्रु नहीं है। आज मैं नितान्त एकाकी हूँ।''

आदिदेव ब्रह्मा ने मुस्कराते हुए उत्तर दिया, ''यह तुम्हारी अज्ञानता को ही प्रकट करता है। इस विश्व ब्रह्मांड में केवल परमात्मा ही एकाकी हैं। उनका कोई बन्धु-शत्रु नहीं है। मनुष्य मात्र ही शत्रुओं और बन्धुओं से घिरा हुआ है। मनुष्य के एकमात्र बन्धु परमेश्वर हैं। वे कभी भी, किसी भी परिस्थिति में किसी के शत्रु नहीं बनते। जब मनुष्य का भाग्य प्रतिकूल होता है, तब मनुष्य परमात्मा को शत्रु समझ लेता है। यह उसका भ्रम होता है। परमात्मा जब भी कुछ करते हैं, प्राणियों के मंगल के लिए ही करते हैं। मनुष्य यह समझ नहीं पाता, इसीलिए वह अपार कष्ट भोगता है। अतः हे रत्नाकर! न तो तुम बन्धुहीन हो और न ही शत्रुहीन।''

''कौन है मेरा शत्रु? मैंने तो संसार के साथ उन्हें भी त्याग दिया है। इसलिए वे लोग भला मेरी क्या क्षति करेंगे!''

रत्नाकर की दम्भभरी बातें सुनकर नारद मुस्करा उठे। परिहास-भरे स्वर में बोले, ''तुम्हारे शत्रु तुम्हारे ही अन्दर छुपे हैं। वे तुम्हें हर क्षण धर्म और तत्त्वज्ञान के मार्ग से डिगाने के लिए क्रियाशील हैं। इसलिए तुम स्वयं ही अपने शत्रु हो। बाहरी शत्रुओं को पराजित करना सहज है, परन्तु अपने भीतर बैठे शत्रुओं को

पराजित करना सहज नहीं। लेकिन आत्मज्ञान प्राप्त होने पर भीतरी शत्रु पराजित हो जाते हैं और तत्त्वज्ञान की प्राप्ति होती है। काम, क्रोध, लोभ, मोह, मद, ईर्ष्या–ये छह शत्रु मनुष्य के वास्तविक शत्रु हैं। इनका दमन करते ही मनुष्य दुःखमुक्त और पापमुक्त हो जाता है। अब तक तुमने जो पाप किए हैं, वे तुमने अपने पुत्र, कन्या, पत्नी के कहने पर नहीं किए। किए हैं अपने अन्दर बैठे स्वाभाविक षड्रिपुओं के कहने पर। इसलिए प्रत्येक पाप व्यक्तिगत होता है और प्रत्येक पुण्य भी व्यक्तिगत। अतः कोई चाहे भी तो उसमें भागीदारी नहीं कर सकता। अकारण ही तुम अपनी पत्नी, पुत्र–पुत्रियों के विरुद्ध मन में विद्वेषभाव ला रहे हो। एक बार अपने अन्दर झाँक लो तो सही शत्रु को पहचान लोगे और ईश्वर की महिमा से पापमुक्त हो जाओगे।''

रत्नाकर ने अपने अन्दर न झाँककर ब्रह्मा की ओर देखा और सहमे हुए बोले, ''मैं महा अज्ञानी हूँ। मुझे ईश्वर की महिमा समझाकर पापमुक्त करें।''

लोकपाल ब्रह्मा ने अपना परिचय प्रकट किए बिना कहा, ''वत्स! स्वयं ब्रह्मा अपनी योगसिद्ध चेतना के होते हुए भी एक हजार दिव्यवर्ष तक तपस्या करके ईश्वर की महिमा नहीं जान पाए। ईश्वर की माया–शक्ति अनन्त है। यह माया–शक्ति ही सांसारिक मनुष्य के मन में मोह पैदा करती है। उस मोह में बँधकर मुक्त स्वरूप आत्मा भी बन्धन में पड़ जाती है। मोह ही समस्त क्लेश का कारण है। जब जीवन की सारी इन्द्रियाँ विषय–वासना से निवृत्त हो परमात्मा में लीन हो जाती हैं, तब उसके सारे क्लेश दूर हो जाते हैं। तुम निकट की नदी में जाकर स्नान कर आओ। मैं तुम्हें बता दूँगा कि ईश्वर का नाम कैसे जपा जाता है।''

रत्नाकर अविलम्ब पूर्णगर्भा नदी तट की ओर चल पड़े। जिस तट पर नदी शुष्क लग रही थी, उस तट पर पहुँचकर नदी को लगभग सूखी देखकर लौट आए। ब्रह्मा से बोले, ''महाभाग! नदी सूख चुकी है। अब मैं क्या करूँ?''

परम करुणामय ब्रह्मा समझ गए कि रत्नाकर तीनों लोक में सबसे बड़े पापी हैं। उनके अपने ही पाप ने उनके चित्त को उद्विघ्न और विचलित कर रखा है। इसलिए उन्हें पूर्णगर्भा नदी सूखी दिखाई देना स्वाभाविक है। उन्होंने दयालु होकर रत्नाकर के कान में महामंत्र डालते हुए आदेश दिया, ''तुम यहीं बैठकर महामंत्र का जाप करते रहो। हमारे पुनः लौटकर आने तक तुम्हारा ध्यान ईश्वर से हटकर कहीं और न जाने पाए।''

रत्नाकर कायमनोवाक्य से जगत–कल्याण की कामना करते हुए हिंसारहित चित्त से ईश्वर का नाम जपने लगे। ब्रह्मा और नारद के ब्रह्मलोक चले जाने के बाद एकाग्रचित हो ईश्वर का नाम जपते–जपते रत्नाकर का बाह्यज्ञान लुप्त हो गया। शरीर होते हुए भी वे देहातीत की स्थिति में चले गए। उनका शरीर निश्चल होने के कारण उस पर दीमक लगने लगी। धीरे–धीरे दीमक रत्नाकर के शरीर को ग्रसने

लगी, किन्तु उनके हृदय की भगवत चेतना दृढ़ और अटूट बनी हुई थी। धीरे-धीरे दीमक रत्नाकर का सिर स्पर्श करते हुए ऊपर की ओर बढ़ गईं। बाहर से केवल दीमक की बाँबी-सा प्रतीत होता था। किन्तु उस बाँबी से महामंत्र ध्वनित हो रहा था। बाँबी पर निकले नानादि लता-गुल्मों ने रत्नाकर का अस्तित्व ढँक लिया था। पथिकों को वहाँ रत्नाकर की उपस्थिति का पता ही नहीं चलता था। रत्नाकर को ब्रह्माजी ने जो महामंत्र सिखाया था, उसका उच्चारण रत्नाकर नहीं कर सके, पर वे समझ गए कि वह महामंत्र था जगत कल्याणकारी ईश्वर का, अपने लिए नहीं, जगत-जन के कल्याण के लिए प्रार्थना। वे अपनी भाषा में निष्कपट हृदय से उस प्रेममंत्र का जाप करने लगे-'जय जगत, जय प्रेम, जय करुणा।'

इस बीच अनेक वर्ष बीत चुके थे। जगत की मंगलकामना करते-करते दीमक की बाँबी में ही रत्नाकर का यौवन बीत गया। उनके मन की हिंसा, क्रोध, क्रूरता, स्वार्थ लुप्त हो चुके थे। अपने ऊपर बनती बाँबी, वृक्ष-लताओं का भी वे विरोध नहीं करते थे। प्रकृति के स्वाभाविक विस्तार को अगोरे हुए स्थिर तपोमय चित्त से ध्यानमग्न थे। उनके शरीर पर कीट, पतंग, सरीसृप आदि विचरण करते थे, पर वे किसी के प्रति हिंसक आचरण नहीं करते थे। वे श्रद्धालु हृदय से जगत-कल्याण के लिए मंत्रोच्चारण कर रहे थे और क्रमशः कलुषमुक्त होते जा रहे थे।

ब्रह्माजी के एक मुहूर्त तथा पार्थिव जगत के अनेक वर्षों के बाद रत्नाकर का स्मरण ब्रह्माजी को पुनः उस निर्दिष्ट स्थान पर लौटा आया। न जाने किन परिस्थितियों में पड़कर दस्यु-वृत्ति करने के बावजूद रत्नाकर निष्कपट थे। अतः ब्रह्माजी की आज्ञा को शिरोधार्य करके रत्नाकर उसी निर्दिष्ट स्थान पर बैठकर महामंत्र जप रहे थे। किन्तु ब्रह्मा रत्नाकर को ढूँढ़ते-ढूँढ़ते निराश हो गए, तो क्या रत्नाकर पुनः दस्यु-वृत्ति करने चले गए? तब तो वे महाकपटी हैं!

ब्रह्मा इधर-उधर डोलने लगे। उन्हें एक बड़ी-सी बाँबी पर तरह-तरह की लताएँ, फूल, काँटे, गुल्म आदि दिखाई दिए। वहाँ और भी एक विचित्र बात देखी उन्होंने। बाँबी पर कीट, पतंग, पक्षियों के बच्चे, सरीसृप सभी एक साथ शान्तिपूर्ण रूप से रहे हैं। यह कैसे सम्भव है? सरीसृप भी यहाँ अहिंसक व शान्तिपूर्ण लग रहे थे। ब्रह्माजी को स्मरण हुआ कि उन्होंने ठीक इसी स्थान पर रत्नाकर को बैठकर नाम जपने को कहा था। जब वे उस बाँबी के चारों ओर प्रदक्षिणा कर रहे थे, उन्हें बाँबी में दो छोटे-छोटे बिल दिखाई दिए। बिल के अन्दर उन्हें दो उज्ज्वल मणियाँ चमकती-सी दिखीं। क्या कोई विषधारी सर्प है, किन्तु उन बिलों से सर्प की फुँकार के बदले मनमुग्धकारी मंत्रध्वनियाँ बाँसुरी के स्वर-सी गूँज रही थीं। रत्नाकर ने अभी-अभी आँखें खोलकर देखा था। ज्ञान, भक्ति, प्रेम, अनुभव, सहानुभूति, सहनशीलता, दया, क्षमा आदि महान गुणों से

विभूषित रत्नाकर की आँखें मणियों की तरह बिल के भीतर प्रकाश फैला रही थीं। दस्यु रत्नाकर अपनी साधना के बल पर सिद्धि प्राप्त करके महर्षि वाल्मीकि बन गए थे। वाल्मीक (दीमक की बाँबी) द्वारा उनके पूर्व पाप पूरी तरह नष्ट होकर उनका व्यक्तित्व पत्र-पुष्प से मंडित हो उठा था। ब्रह्मा ने मंत्रध्वनि करने की तरह पवित्र पुलक से पुकारा, "उठो महर्षि वाल्मीकि! तुम्हारे पाप नष्ट हो चुके हैं। तुम्हें दिव्यदृष्टि प्राप्त हुई है। आज से तुम महर्षि वाल्मीकि के रूप में जाने जाओगे, क्योंकि वाल्मीक से तुम्हारा पुनर्जन्म हुआ है। तुमने पाप की पूँजी के बदले पुण्य-फल प्राप्त किया है। तुम्हारा यह उत्तरण इस जगत में अनन्य है। इसलिए तुम ऋषिकुल में अग्रगण्य हो।"

ब्रह्मा ने अब वाल्मीकि के समक्ष स्वयं को गोपनीय न रख अपना दिव्यरूप धारण कर लिया और बारम्बार आशीर्वाद देकर हंसाकार व्योमयान में बैठकर आकाशमार्ग से ब्रह्मलोक लौट गए। श्मश्रु जटाओं से मंडित, दिव्य प्रकाश लिए हुए महर्षि वाल्मीकि बाँबी से बाहर निकल आए। तमसा नदी के तट पर आश्रम बनाकर जगत कल्याण के लिए सर्वदा विश्वस्त्रष्टा के नाम का जाप करने लगे।

वाल्मीकि के अतीत के बारे में एक ऐसी रोमांचकारी कहानी लोकमुख से प्रचारित है। पिता ब्रह्मा और भाई नारद से इस बात की सत्यता के बारे में पूछने पर दोनों कुछ मुस्कराकर चुप रहे। भाई से जिद करने पर भाई ने कहा था, "प्रत्येक मनुष्य साधारण होता है—और असाधारण भी। महान व्यक्तियों के अतीत के साथ ऐसी कलंकित कथाएँ थोड़ी-बहुत जोड़ दी जाती हैं। वे सच्ची भी हो सकती हैं—झूठी भी—या फिर छोटी-सी घटना को अतिरंजित भी किया जा सकता है। किसी व्यक्ति के कलुष-कालिमा से निकलकर महान कहलाने पर उसकी महानता अधिक प्रकट होगी, यह सोचकर सम्भवतः ऐसा किया जाता होगा। इसलिए ऐसी कथा गढ़कर प्रकारान्तर से किसी का जयगान भी किया जाता है। मनुष्य किसी भी पाप से मुक्त हो सकता है। सम्भवतः इसीलिए वाल्मीकि के अतीत के साथ इस तरह के पाप को जोड़ा गया है। पर कुछ भी हो, व्यक्ति के पाप का हिसाब न लगाकर पुण्य का जयगान करने पर अपना ही लाभ होता है। जो शापमुक्त होकर पुण्यलोक में आ चुका है, उसके पाप की चर्चा करने से उसकी कोई हानि नहीं होती—जो चर्चा करता है, उसी की क्षति होती है। पर इतना तो सच है कि वाल्मीकि प्रारम्भ में वेद-विरोधी थे। वे अपनी ही दुनिया में मस्त रहकर वेद की महिमा को हेय समझते थे। इसलिए वेद-विश्वासी मुनियों ने उन्हें दास या दस्यु कहा। आगे चलकर उनके वेदप्रेमी और वेदज्ञ बन जाने पर उन्हीं मुनियों ने उन्हें महर्षि की आख्या दी। दास या दस्यु कहलाने वाले लोगों का समुदाय वास्तव में दस्युवृत्ति के कारण 'दस्यु' के रूप में नामित नहीं हुआ बल्कि वेद-विरोधियों को ऋषि-मुनि उस नाम से नामित करते थे और

आगे चलकर इसका भ्रमात्मक अर्थ निकाल लिया गया। इसलिए दस्यु रत्नाकर ने दस्युवृत्ति नहीं भी की होगी। पर यदि वाल्मीकि के अतीत ने तुझे इतना मंथित किया है, तो इतना स्पष्ट है कि पाप का सामना करके उचित उत्तर देने का मनोबल तुझे वाल्मीकि की जीवनगाथा से मिला है। तूने कम-से-कम इतना समझ लिया है कि प्रत्येक मनुष्य एक-एक रत्नाकर है और प्रत्येक रत्नाकर के भीतर एक-एक वाल्मीकि नानादि कारणों से सहमा-सा होता है—स्वयं ही स्वयं को पहचान नहीं पाता वह। पहचानने की दृष्टि मिलते ही प्रत्येक मनुष्य का वाल्मीकि बन जाना असम्भव नहीं। यहाँ तक कि तेरे अन्दर भी एक वाल्मीकि है।''

''किन्तु मैं रत्नाकर तो नहीं हूँ न!'' मैंने चकित होते हुए प्रश्न किया।

''रत्नाकर भी जन्म से रत्नाकर नहीं थे। परिस्थितियों में पड़कर ही वे रत्नाकर बने होंगे।'' भैया ने रहस्यमयी हँसी हँसते हुए कहा। जैसे कि वे मेरे आगत पाप को साफ-साफ देख रहे हों!

साँझ की कली सवेरे पंखुड़ियाँ पसारकर फूल बन जाती है। दुनिया देखती है, रात्रि की बन्द कली अमृत-अधरों को पसारकर मुस्करा रही है। उसकी एक-एक पंखुड़ी पसारने की कठिन साधना कोई नहीं देखता। सूर्य के प्रकाश की तरह सिद्धि और साधना सभी देख लेते हैं, किन्तु उस सुख के पीछे की यंत्रणा और सिद्धि के पीछे की साधना का आभास-मात्र दुनिया को होता है, असली रूप दुनिया नहीं जानती। जानता वही है जिसने एक-एक पंखुड़ी पसारने की कठिन साधना की है, रात्रि के अँधेरे को ढोकर प्रभात की ओर डग बढ़ाया है।

रत्नाकर महर्षि वाल्मीकि में रूपान्तरित हो गए। ब्रह्मा का एक मुहूर्त ब्रह्मा के लिए कुछ नहीं, किन्तु दस्यु रत्नाकर जैसे एक वेद-विरोधी मर्त्य-मानव के लिए थी—वर्ष-प्रति-वर्ष की कठिन साधना और समग्र जीवन व यौवन की पूर्णाहुति। यातना, यंत्रणा, निन्दा, कुत्सा, निराशा, हताशा, निस्संगता, प्रकृति की प्रतिकूलता एवं अपनी इन्द्रियों के प्रतिरोध के विरुद्ध संग्राम करके ही रत्नाकर को सिद्धि मिली थी, यह बात रत्नाकर के अतिरिक्त कोई और नहीं जान सकता। यदि रत्नाकर ने अपनी आत्मकथा लिखी होती तो दुनिया स्तब्ध रह जाती उनकी साधना और तपस्या की पराकाष्ठा पढ़कर। मैं भी वे बातें विस्तार से वर्णन नहीं कर सकती, क्योंकि किसी का अनुभव और अनुभूति किसी दूसरे के लिए साकार कर पाना सम्भव नहीं। हालाँकि एक सीमा तक सम्भव भी है, पर वह केवल महर्षि वाल्मीकि जैसे प्रतिभावान कवि के लिए ही सम्भव है। मैं तो एक तुच्छ प्राणी हूँ। प्रतिभा से दूर-दूर का सम्बन्ध नहीं। कवि बनने की दैवीय कृपा

भी मुझे नहीं मिली। जो भी कृपा मिली, महर्षि वाल्मीकि को मिली। इसलिए यदि वाल्मीकि के यथाचर्चित अतीत में कुछ सच्चाई है तो वाल्मीकि को उनकी निष्ठा और साधना के लिए मैं शत-शत प्रणाम करती हूँ। पर उनकी साधना के यथार्थ स्वरूप का वर्णन करने से मैं स्वयं को अलग रखती हूँ। वाल्मीकि के बाद के जीवन के बारे में मैंने जो कुछ सुना है, वही बता रही हूँ :

गंगा के दक्षिण तट पर गंगा-तमसा की अन्तर्वेदी के निकट वाल्मीकि ने अपना आश्रम बनाकर बाकी बचा तापसी-जीवन बिताने का निश्चय किया।

स्वच्छ सलिला पुण्यतोया तमसा नदी, यमुना और गंगा के संगम स्थल से दस कोस पूर्व-दक्षिण की दिशा में प्रवाहित होकर सिरसा के निकट गंगा में मिली है। परम पावन यमुना का दक्षिण-पूर्वी क्षेत्र एवं तमसा नदी के बीच की चित्रकूट पर्वतमाला राष्ट्ररंजक महर्षि वाल्मीकि के अति प्रिय स्थान हैं। जीवन का बहुत-सा समय उन्होंने चित्रकूट पर्वतमाला के सघन अरण्य में बिताया है। तमसा के उद्‌गम स्थल से पचास कोस की परिधि में निकलीं नर्मदा, सोन, मन्दाकिनी महानदी आदि पवित्र नदियों के समूह ने वाल्मीकि आश्रम एवं चित्रकूट पर्वतमाला की तलहटी को चिरश्यामला किया है।

वाल्मीकि के पट्टशिष्य महर्षि भरद्वाज का आश्रम गंगा-यमुना की अन्तर्वेदी में स्थित था। यमुना पार करके तमसा-तट पर बने वाल्मीकि आश्रम पहुँचना अत्यन्त सुगम था, क्योंकि जलमार्ग से गंगा-यमुना के संगम से तमसा-गंगा का संगमस्थल सिरसा केवल दस कोस दूर था।

निकट ही गंगा प्रवाहित होने पर भी तमसा नदी में प्रतिदिन प्रत्यूष बेला में स्नान करके प्रकृति की मनोरम छटा में वे खो जाया करते थे। गंगा के संगम पर एवं तमसा के संगम स्थल से पूर्व-दक्षिण दिशा में नानादि वृक्षलता, फल-पुष्प शोभित वाल्मीकि का आश्रम कानन-सा प्रतीत होता था। गंगा, यमुना, तमसा, नर्मदा, सोन, महानदी समूह, चित्रकूट पर्वतश्रेणी एवं अन्यान्य पर्वत और स्वच्छ झरने, पर्वतों की तलहटी, महारण्य और उसमें शाल, शीशम, अर्जुन, कदम्ब, बरगद, पीपल, अशोक, आम, कटहल, जामुन, आँवला, चम्पा, चन्दन आदि के साथ असंख्य नामहीन फल-पुष्प, वृक्ष समूह ऋषि-आश्रम को गोद में उठाकर खुद पवित्र होने के साथ-साथ ऋषियों को श्यामल सौन्दर्य और शीतल छाया प्रदान करके उन्हें सात्त्विक आनन्द प्रदान कर रहे थे।

वृक्ष से केवल लताएँ ही नहीं, वृक्ष भी घमंड छोड़कर दूसरे वृक्ष के साथ शाखा से शाखा उलझाकर खुले मन से एक-दूसरे को साधे होने का भ्रम पैदा कर रहे थे।

वाल्मीकि, भरद्वाज एवं अन्य मुनिकुमारों के कंठ से निकले प्रणव ओंकार से मंत्रमुग्ध हो अरण्य के हिंस्रपशु भी शान्तिप्रिय और अहिंसक हो गए थे। बाघ, सिंह, भालू, वराह, मृग, सियार, नकुल, बकरी, भेड़ आदि पशु एवं हंस, सारस,

क्रौंच, कुक्कुट, शुक, मैना, भरद्वाज, चक्रवाक, गृध्र, मोर, कपोत आदि पक्षी समूह वन में साथ-साथ बन्धु सहोदर की तरह निर्भय विचरण कर रहे थे। समग्र परिवेश लगातार परमात्मा के नाम की पवित्र ध्वनि से मुखरित हो एक मंगलमय पावन वातावरण की सृष्टि कर रहा था। सूर्यदेव नित प्रभात में तमसा नदी के जल में स्नान करके पृथ्वी की तमसा का नाश करते थे। और नित संध्या में गोधूलि का गुलाल चित्रकूट पर्वतमाला और तमसा के जल में छींटकर शान्ति-प्रीति का सन्देश देते थे।

वाल्मीकि आश्रम के तपोवन में षड्ऋतु हमेशा एक साथ विराजकर संहति का संगीत सुनाने जैसा लगा करता था मानो ऋतुएँ उस पवित्र वनस्थली को छोड़ने की इच्छुक नहीं थीं। प्रकृति के उस नैसर्गिक परिवेश में रहकर सात्त्विक जीवन-यापन करके आत्मज्ञान प्राप्त करने के बाद महर्षि वाल्मीकि जगत-कल्याण हेतु अपनी शक्ति नियोजित करने के लिए अपने अन्तर में किसी रहस्यमयी सत्ता के निर्देश की प्रतीक्षा कर रहे थे।

प्रेम और करुणा मनुष्य की सहजात प्रवृत्तियाँ हैं। जिसका हृदय प्रेममय है, उसका हृदय करुणा से अवश्य भीगता है। प्रेम और करुणा मनुष्य को सामान्य से असामान्य बनाते हैं। प्रेम आनन्द देता है। करुणा से उपजता है अपार्थिव शोक। शोक से बड़ा और कोई शत्रु नहीं मनुष्य का, न ही शोक से बड़ा कोई मित्र ही है उसका। शोक मनुष्य को शक्तिहीन बनाता है और फिर शोकमुक्ति की प्रचेष्टा भर देती है उसमें रचनात्मक शक्ति–ऐ प्रेम! तुम्हारी जय हो! ऐ करुणा! तुझे शत-शत प्रणाम है!

तमसा के रमणीय तट पर अस्थिर चित्त से विचरण कर रहे हैं महर्षि वाल्मीकि, साथ अनुसरण कर रहे हैं शिष्य भरद्वाज। चारों ओर राममय लग रहा है मुनिश्रेष्ठ को। नारद जी की बात याद आ रही है किन्तु भाव की तीव्रता भाषा में प्रकट करने का मार्ग नहीं ढूँढ़ पा रहे हैं।

प्रकृति मनुष्य की श्रेष्ठ मित्र है। तमसा की कर्दमहीन स्वच्छ जलराशि को देख महर्षि वाल्मीकि के भाव चन्द्रोदय की तरह खुलने लगे हैं। उन्होंने हृदय शान्त करने से पहले तमसा के पवित्र जल में स्नान करने का निश्चय किया। तमसा-तट के सघन अरण्य की शोभा अवर्णनीय है। स्नान से पहले वाल्मीकि अरण्य की श्यामल शोभा में क्षण भर के लिए खो गए। इतने में जितेन्द्रिय मुनि ने देखा, एक जलकंठ क्रौंच मिथुन प्रेमपाश में आबद्ध हो संगमरत हैं। पक्षी युगल की पवित्र प्रेमलीला ने ऋषि के प्राण में निर्मल आनन्द का संचार किया। कितनी विचित्र और आनन्दमय है सृष्टि की लीला! कामवासना एवं इन्द्रिय सुख जीव के बन्धन का कारण हैं, और इन्द्रिय सुख के बिना सृष्टि अधूरी है। प्रेमहीन काम पाशविक आनन्द देता है, जबकि प्रेमपाश में बँधे प्रेमी-युगल की काम-क्रीड़ा

सृष्टिचक्र की मधुर मूर्च्छना का संचार करके दो शरीर, मन और आत्मा को स्वर्गिक आनन्द से एकाकार कर देती है। संगमरत क्रौंच मिथुन को देखकर ऋषि वाल्मीकि सृष्टि-प्रक्रिया के पवित्र उद्देश्य को प्रणाम कर ही रहे थे कि अकस्मात किसी अज्ञात व्याध के तीर से पुरुष पक्षी आहत होकर प्रेमिका पक्षी से अलग हो गया। अगले ही क्षण वह भूमि पर गिरकर यंत्रणा से तड़पते हुए मर गया। कामविच्युत प्रेमी क्रौंच का मृत शरीर देखकर असहाय विरहिणी प्रेयसी क्रौंची अत्यन्त करुण और मर्मस्पर्शी स्वर में विलाप करने लगी। प्रेम का आनन्द बदल गया करुण विरह में। महामुनि वाल्मीकि का प्रेम विह्वल हृदय सहसा करुणा से भर उठा। क्रौंची के शोक ने उनके हृदय को शोकाभिभूत कर दिया। शोक-भरे उनके करुणा विगलित हृदय से अनायास ही उच्चरित हुआ :

मा निषाद प्रतिष्ठं। त्वम गमः शाश्वतीः समाः
यद् क्रौंचमिथुनादेकमवधीः काममोहितम्।

अपने अधरों से उच्चरित शब्दसमूहों का अर्थ निकालकर स्वयं विस्मित और स्तब्ध रह गए महर्षि :

'ऐ निषाद, इस काममोहित क्रौंच युगल में से नर पक्षी को मारकर तूने जो अपराध किया है, उसके दंडस्वरूप आज से तू कहीं भी किसी भी समय प्रतिष्ठा प्राप्त नहीं कर सकेगा।'

निष्ठुर व्याध के उस अन्याय कार्य से वाल्मीकि इतने शोकविह्वल हो उठे थे कि अनजाने ही व्याघ को शाप दे डाला था, जबकि व्याघ ने अपनी वंशगत वृत्ति का निर्वाह मात्र किया था और वाल्मीकि की भी कोई क्षति नहीं की थी। तो फिर वाल्मीकि इतने व्यथित क्यों हो उठे? क्रौंच मिथुन क्या आश्रम के पालतू पक्षी थे या वाल्मीकि के विशेष प्रिय भाजन थे? नहीं, ऐसा भी नहीं था। वे मुक्त गगन के, विशाल अरण्य के दो सम्पर्कहीन विहंग थे। अपना भाग्य उन्होंने भोगा, पर इससे वाल्मीकि के हृदय में शोक की सृष्टि क्यों हुई?

तो क्या करुणा शोक की जननी है और शोक श्लोक की जननी?

वाल्मीकि सारा दिन शोकाभिभूत हो उन्हीं शब्दों का बारम्बार उच्चारण करते रहे। तमसा के शीतल, स्वच्छ जल में शुचिस्नान करने पर भी उनके हृदय का शोक समाप्त नहीं हुआ। उनकी आँखों के आगे बारम्बार चित्रित होने लगे संगमरत काममोहित क्रौंच मिथुन, नर क्रौंच का रक्ताक्त शरीर और उसकी यंत्रणापूर्ण मृत्यु। हृदय में प्रतिध्वनित हो उठी क्रौंची के विकल विलाप की ध्वनि। तब तक मुनिशिष्य भरद्वाज भी वाल्मीकि मुख से उच्चरित शब्दसमूहों को कंठस्थ करके चमकृत हो उठे थे। उस समय स्वयं प्रजापति ब्रह्मा वहाँ आ पहुँचे। मुनि ने भक्ति-भरे हृदय से ब्रह्मा को पाद्य-अर्घ अर्पण करके षाष्टांग प्रणाम किया। वेदोच्चारण करने के बदले पुनः निषाद के प्रति कहे गए शाप भरे शब्द

स्वतः उच्चारित करने लगे। अगले ही क्षण स्वयं को सँभालते हुए वेदगर्भ ब्रह्मा से विनयपूर्वक क्षमा माँगते हुए बोले, "वेदपति! अपराध क्षमा करें। आपकी वन्दना करने के बदले मैं यह सब क्या कह गया! काममोहित एक क्रौंच की हत्या एवं क्रौंची की विरह वेदना से शोकाभिभूत हो मेरे मुँह से पदबन्ध के समान अक्षरों के स्वर-लय युक्त ये शब्द-समूह व्याध को अभिशाप देते हुए स्वतः उच्चरित हुए हैं। तभी से मेरा चित्त शोक-विह्वल है और मैं बारम्बार उसी पदबन्ध के शब्दों की स्वतः आवृत्ति कर रहा हूँ। व्याघ की निष्ठुरता, वृथा हिंसाकांड, दुर्बल पर सबल का अत्याचार, पक्षी-युगल का प्रेम, संगम, विरह और विलाप सबने मिलकर मेरे चित्त को विचलित कर दिया है। समझ नहीं पा रहा, ऐसा क्यों हो रहा है। आप वेदमय आत्मा सर्वज्ञाता लोकपालक हैं, अतः इसका रहस्य मुझे समझाएँ।"

वेदपति ब्रह्मा ने अत्यन्त प्रसन्न मुद्रा में वाल्मीकि की ओर देखते हुए कहा, "हे महामुनि! तुमने पृथ्वी के प्रथम छन्दबद्ध पद्य की रचना की है, इसलिए तुम इस जगत में महाकवि के रूप में प्रसिद्ध रहोगे। 'शोकः श्लोक त्वमाशमत्' दूसरे के दुःख से कवि प्राण की कोमल संवेदना से जो श्लोक निकला है, वह इस पृथ्वी का प्रथम छन्द है—अनुष्टुप। उसके स्रष्टा तुम हो। वाग्देवी सरस्वती तुम पर प्रसन्न हुई हैं। तुम पर मेरा आशीर्वाद भी है। नारद से सुने रामचरित की रचना इन श्लोकों में करो। राम के जीवन में जो कुछ घट चुका है, वह तुम जानते हो एवं भविष्य में जो कुछ घटित होगा, वह भी तुम कालक्रम में जानोगे और उसकी प्रत्यक्ष अनुभूति तुम्हें होगी। किन्तु केवल अनुभूति का विस्तृत वर्णन करके उच्चकोटि का साहित्य सृजित करना सम्भव नहीं। अनुभूति के साथ सहानुभूति मिलाने से ही सृजित होगा आदि महाकाव्य। सहानुभूति तुम्हारे हृदय में है, इसलिए रामचरित हृदयस्पर्शी होगा और समग्र पृथ्वी पर जनप्रिय भी। जब तक पृथ्वी रहेगी, तब तक 'रामायण' की गाथा का प्रचार पृथ्वी पर होगा और भविष्य के कवियों द्वारा उससे नए-नए रूपों में युगधर्मी साहित्य का सृजन होता रहेगा। जिस तरह विशाल वृक्ष पर लताएँ आश्रित होती हैं, उसी तरह विशाल रामायण की आख्यायिकाओं पर आश्रित रहकर पृथ्वी के कवि कलाकार नए-नए सृजन से अपने समय का सारस्वत भंडार समृद्ध करते रहेंगे। मेरा यह वाक्य कभी मिथ्या नहीं होगा। जब तक 'रामायण' रहेगी, इस जगत में तुम्हारी कीर्ति अम्लान रहेगी। इसी विधि प्रेरित श्लोक से प्रारम्भ करके विश्व-कल्याण के लिए राम के अभियान काव्य की रचना करो। तुम्हारी विश्वप्रीति, गहरी अन्तर्दृष्टि, दूरदृष्टि, अहंकार-शून्य संवेदनशील हृदय, जीव-जगत के प्रति दया और करुणा, भगवत विश्वास, कठोर साधना एवं कर्त्तव्य के प्रति विश्वसनीयता निश्चित रूप से तुम्हें रामकाव्य की रचना करने में सहायक होंगे। यह मेरा आशीर्वाद है और भविष्यवाणी भी।"

इतना कहकर ब्रह्मा ब्रह्मलोक चले गए और वाल्मीकि ने एकाग्रचित्त होने की चेष्टा की। ब्रह्मा की बातों ने उनमें आत्मविश्वास जगाया। अपनी शक्ति और प्रतिभा के प्रति वे सचेत हुए। वे समझ गए कि शक्ति का दुरुपयोग ही पाप है। अब तक उन्होंने अपनी शक्ति का उचित उपयोग नहीं किया है। वेद-ज्ञान से दूर रहकर आत्मज्ञानरहित जीवन-यापन करना ही दस्युवृत्ति है। आज तक वे यही कर रहे थे। केवल आँखें मूँदकर ईश्वर का नाम जपते हुए निष्काम भाव से बैठे रहने से जगत का कल्याण नहीं होता। ज्ञान, भक्ति और कर्म मनुष्य की सर्वश्रेष्ठ सम्पदा होने पर भी उनका उचित मार्ग में सदुपयोग न करने के कारण मनुष्य अनजाने ही पाप करता रहता है। ज्ञानमार्ग में भेद-भाव करना पाप है। वास्तविक ज्ञानी पुरुष अद्वैतभाव में दृढ़ रहता है। वह अपने भीतर जिस शुद्ध चेतन आत्मा को देखता है, सबके भीतर भी वही देखता है। वह दूसरों में स्वयं को और स्वयं में सबको देखता है। ज्ञानी पुरुष जगत को समान दृष्टि से देखता है। इसलिए उसमें कपट नहीं होता। जगत का दुःख वह अपने भीतर अनुभव करके उसे दूर करने का मार्ग ढूँढ़ता है। अपने स्वार्थ और दूसरों के स्वार्थ में उसे अन्तर दिखाई नहीं देता। सम्भवतः इस अद्वैतभाव के कारण क्रौंच मिथुन के दुख से शोकाभिभूत होकर उन्होंने श्लोक की रचना कर डाली। भक्तिमार्ग में लक्ष्य को भूल जाना ही पाप है। भक्ति के लक्ष्य हैं प्रभु परमेश्वर, किन्तु प्रभु तक पहुँचने के लिए जीव और मानव के हृदय में पहुँचना होगा, क्योंकि वही है प्रभु का निवास। वन-जंगल में छुपकर यज्ञादि करके जगत-जन के सुख-दुख से मुँह मोड़ने से यज्ञ का अन्तिम फल केवल धुआँ बनकर शून्य में समा जरूर जाएगा, परमात्मा की प्राप्ति नहीं होगी। गृहस्थी से दूर रहकर इतने दिनों के शान्त यज्ञादि की अनुभूति से वाल्मीकि की यही उपलब्धि रही है। कर्म-मार्ग पर अपने धर्म को भूल जाना ही पाप है तो फिर धर्म क्या है?

परमात्मा को हृदय में धारण करके मानवजाति की रक्षा करना और पृथ्वी के प्राणियों में शान्तिपूर्ण सहावस्थान के लिए काम करना ही प्रत्येक मनुष्य का धर्म है। धर्म मनुष्य को जोड़ता है। वास्तव में धार्मिक वही होता है, जो मानवजाति से प्रेम करता है। अपनी पृथ्वी की रक्षा करता है। परमात्मा पर सभी विश्वास करते हैं, परन्तु परमात्मा के यथार्थ स्वरूप को सभी एक-सा न मानकर अलग-अलग परिकल्पना के आधार पर भिन्न-भिन्न मानते हैं। निर्विकार, निराकार, निर्गुण, निराधार परमात्मा को विकारयुक्त, आकारयुक्त, गुणयुक्त, आधारयुक्त मानकर मनुष्य-मनुष्य में भेद-भाव करना अधर्म है।

अनुकूल परिवेश में बीज से भ्रूण का अंकुरोद्गम होकर महाद्रुम में परिणत होने की तरह आदिवेद ब्रह्मा से अपनी शक्ति और प्रतिभा के बारे में उत्साहपूर्ण वाणी सुनकर आदिकवि वाल्मीकि ने रामायण की रचना करने का निश्चय किया

और कुश-आसन पर बैठकर पूर्व दिशा की ओर मुख करके श्रीराम-जानकी का स्मरण करने लगे, किन्तु न जाने क्यों मन में एकाग्रता नहीं आई। वे एक भी श्लोक की रचना नहीं कर पाए।

इतने में गंगा तट पर स्नान करने गईं मुनिकन्याएँ वाल्मीकि के पास घबराई हुई-सी आकर बोलीं, "महाभाग, हमने गंगातट पर एक सुलक्षणा सर्वांगसुन्दरी रमणी को विलाप करते हुए देखा है। वे अन्त:सत्वा जान पड़ती हैं। वे अभिशप्त किन्नरी या देवी-सी लग रही हैं। वे निश्चित रूप से विषम संकट में पड़कर आपके आश्रम के सन्निकट उपवन तक आ पहुँची हैं। वह साध्वी, सुकुमारी निश्चय ही अपनी सुरक्षा के लिए आपकी शरण में आई हैं। आप उन्हें देखेंगे तो अवश्य जान जाएँगे कि वे किसी महात्मा की अर्धांगिनी हैं। उन्हें आश्रम में लाकर आप उनकी सुरक्षा की व्यवस्था करें।"

वाल्मीकि ने सहसा शोकाकुल हृदय से सोचा, कहीं यह क्रंदनरता श्रेष्ठ नारी जनकनन्दिनी सीता तो नहीं? एक ऐसी आशंका वाल्मीकि के मन में होने का कारण भी था। रावण के मरने के बाद अशोक वन से जनकनन्दिनी सीता को एक सुशोभित डोली में बिठाकर विभीषण राम के पास ले आए। अनेक राक्षस और वानरगण उस समय युद्धभूमि में राम की जय-जयकार कर रहे थे। सीताजी के आने की सूचना मिलते ही राम-सीता के मिलन का दृश्य देखने के लिए उन लोगों की धक्का-मुक्की, गिरना-कुचलना देखकर सीताजी ने लज्जा से आँखें झुका लीं। यह देख चारुशील विभीषण ने वानर और राक्षसों को दूर हटाने के लिए कंचुकियों को आदेश दिया किन्तु रामचन्द्र ने इसका विरोध करते कहा, "जो वानर इतने दिनों से मुझसे जुड़े हुए हैं और जो राक्षस मुझसे पराजित होकर भी मेरी जय-जयकार कर रहे हैं, उन्हें दूर हटाने की कोई आवश्यकता नहीं। सीता अब असूर्यंपश्या नारी नहीं हैं। नारी का आवरण न तो पर्दा या प्राचीर है और न ही आभूषण, वस्त्र, अलंकार। नारी का वास्तविक आवरण और आभूषण है उसकी मर्यादा और चरित्र। इसके अलावा युद्धक्षेत्र, स्वजन वियोग, राष्ट्रविप्लव, यज्ञादि धार्मिक अनुष्ठान एवं स्वयंवर इत्यादि के समय स्त्रियों का बिना परदा के सबके सामने उपस्थित रहने में कोई दोष नहीं है। आज लंकापति रावण की मृत्यु होने के कारण सीता के लिए एक दु:खद दिवस है। इतने दिनों तक सीता ने रावण का आतिथ्य प्राप्त किया था। सुना है, रावण ने सीता को बड़े आडम्बर के साथ सौन्दर्यमय अशोक वाटिका में रखा था। रावण मेरे प्रति कटुवाक्यों का प्रयोग अवश्य करता था, पर सीता से मीठे वचन ही बोला करता था। इसलिए रावण के वियोग में सीता का दु:खी होना स्वाभाविक है। इसके अलावा यह युद्धभूमि है। इसलिए सीता का यहाँ बिना परदे के सबके सामने आना कोई प्रथा-विरोधी बात नहीं है। और फिर जिसे छुड़ाने के लिए मेरे प्रिय वानर मित्रों

ने इतना कष्ट सहा और जिन राक्षसों ने अपने प्रियजनों व राजा को हराया, उन्हें भी सीता को देखने का अधिकार है। जो सौन्दर्य रावण की मृत्यु और लंकापुरी के ध्वंस होने का कारण बना, उस सौन्दर्य को देखने का अधिकार सबको होना चाहिए या नहीं? इसलिए सीता को देखने से तुम किसी को वंचित मत करो।''

राम के श्लेष-भरे वाक्य सुनकर लक्ष्मण, सुग्रीव, हनुमान आदि अत्यन्त व्यथित हुए और सीता ने लज्जा से संकुचित हो उदास होकर धरती में समा जाने की इच्छा प्रकट की। राम के सामने पहुँचकर एक बार उनका मुख देख, आँखें झुकाकर सिसकियाँ रोकने की चेष्टा करने पर भी अपने आँसू नहीं रोक पाईं सीता। इतने दिनों के विरह के बाद भी पति ऐसी श्लेषभरी बातें क्यों कह रहे हैं, वे सचमुच नहीं समझ पाईं। सीता को अपने सामने देख रामचन्द्र किसी प्रकार की उत्कंठा या उल्लास न दिखाते हुए बड़े गम्भीर और शीतल स्वर में बोले, ''भद्रे, अब मेरा कर्त्तव्य समाप्त हुआ। पर-स्त्री अपहरणकारी राक्षस रावण का वध करना रघुकुलनन्दन के रूप में मेरा नैतिक कर्त्तव्य था। ऐसे हीन व्यक्ति के पापाचार का प्रतिशोध लेना पुरुषोचित कार्य था। पौरुष की मुझसे आशा की जा सकती है, और मैंने अपना पौरुष दिखाया भी। यदि तुम सोच रही हो कि तुम्हारे लिए मैंने यह भीषण संग्राम किया है तो यह तुम्हारा भ्रम है। मैंने अपने पौरुष और अपने इच्छ्वाकु वंश की मर्यादा को कलंकमुक्त करने के लिए ही यह असाध्य कार्य किया है।''

सीता स्तब्ध हो राम की बातें सुन रही थीं मानो वे पत्थर बन गई हों! राम ने पुनः कहा, ''सुनो सीते! तुम्हारे चरित्र को लेकर मेरे मन में सन्देह पैदा हुआ है। रावण तुम्हें अपनी जंघा पर बिठाकर लंका लाया था। उस कामुक राक्षस ने तुम्हारे शरीर का स्पर्श किया। दूसरे पुरुष के घर तुम इतने दिनों तक रहीं। इसलिए मैं तुम्हें कैसे स्वीकार कर लूँ? यदि मैं तुम्हें स्वीकार कर लेता हूँ तो जगत मुझे कामुक कहेगा। मुझमें इन्द्रियों को वश में रखने की अपार संयम शक्ति है। मैं अपना बाकी जीवन बिना अर्धांगिनी के बिता सकता हूँ और स्थिर चित्त से राज्य-शासन चला सकता हूँ। मैं तुम्हें अपने से मुक्त करता हूँ। तुम जहाँ जाना चाहो, जा सकती हो। अयोध्या में रहने की इच्छा हो तो भरत या लक्ष्मण के साथ रह सकती हो। लंका में रहने की इच्छा हो तो पुण्यवान विभीषण के साथ रह सकती हो। उद्यानशोभित किष्किन्धा में रहने की इच्छा तो मित्र सुग्रीव हैं ही। इसलिए जो करना हो, मन स्थिर करके करो। अब मेरा तुमसे कोई प्रयोजन नहीं।''

प्रियतम राम के मुख से ऐसे इतर वाक्य सुनकर सीता ने अग्नि में समाकर प्राण की आहूति देने का निश्चय किया और लक्ष्मण को चिता तैयार करने को कहा। वैदेही ने राम को प्रणाम करके चिता में प्रवेश करते हुए सबके समक्ष यह

घोषणा की कि वे कायमनोवाक्य से राम के अतिरिक्त किसी अन्य पुरुष के प्रति आकर्षित नहीं हुई हैं, अतः अग्निदेव उनकी रक्षा अवश्य करेंगे। इतना कहकर वे अग्नि में प्रवेश कर गईं। दैवीय कृपा से अन्तरिक्ष ने सहसा सीता के दुःख में वर्षा की झड़ी लगाकर अग्नि-शमन किया। देवगण, सन्त, संन्यासी मुनिगण ने सीता की जय-जयकार की। इसी समय प्रजापति ब्रह्मा ने उपस्थित होकर राम को सीता के पवित्र होने के बारे में बताया। तब राम ने सहसा अपना स्वर बदलते हुए कहा, ''प्रिये! तुम निर्मल और पवित्र हो, मैं यह जानता था। लेकिन दूसरों के मन से तुम्हारे बारे में संशय दूर करने के लिए मुझे तुम्हारे लिए ऐसे कटुवाक्यों का प्रयोग करना पड़ा।''

सीता को स्वीकार करके राम प्रफुल्लित दिखे। सरल हृदय जानकी पति के कोमल वचन सुनकर सारा दुःख भूल गईं। अन्य ऋषियों के मुख से यह सब सुनकर उस दिन महर्षि वाल्मीकि ने आशंका की थी कि जनमत से भयभीत श्रीराम ने सम्भवतः अयोध्यावासियों का सन्देह दूर करने के लिए पुनः सीता का त्याग किया होगा। मनुष्य का चरित्र विचित्र होता है। कौन कह सकता है कि कल सुबह अयोध्यावासी सीता के बारे में फिर ऐसा सन्देह प्रकट नहीं करेंगे? दिव्यद्रष्टा वाल्मीकि की आशंका सत्य निकली। श्रीराम की हृदयेश्वरी दशरथ की बड़ी वधू एवं बन्धुवर जनक की कन्या जानकी ही असहाय-सी विलाप कर रही थीं। विलाप के स्वर में वे अपने पति रामचन्द्र के सन्देह और प्रजा की सन्तुष्टि के लिए उन्हें महल से निकाले जाने की बात बार-बार कहकर अपने कर्म को धिक्कार रही थीं। सीता इतनी शोकाभिभूत थीं कि वाल्मीकि को देखकर हठात पहचान ही नहीं पाईं। सीता के शोक ने वाल्मीकि के हृदय को शोकाभिभूत कर दिया। क्रूर भाग्य ने प्रेमी युगल को अलग कर दिया है। राजवधू, राजकन्या, राजरानी सीता भावी अयोध्या नरेश को गर्भ में धारण किए हुए घने अरण्य में असहाय रमणी-सी बिलख रही हैं। वाल्मीकि ने अपना शोक नियन्त्रित करते हुए कहा, ''पुत्री जानकी! धर्म समाधि से मैं तुम्हारे आगमन के बारे में जान चुका था। श्रीरामचन्द्र ने किस कारण से तुम्हारा त्याग किया है, मैं वह भी जानता हूँ। श्री रामचन्द्र ने जान-बूझकर तुम्हें मेरे आश्रम के पास छोड़ आने के लिए लक्ष्मण को कहे जाने की बात का अनुमान भी मैं लगा सकता हूँ। इससे तुम्हारी और तुम्हारे गर्भ की सन्तान की उपयुक्त सुरक्षा हो सकेगी। यह परमज्ञानी रामचन्द्र जानते हैं। तुम्हारे ससुर महाराज दशरथ मेरे मित्र हैं। तुम्हारे पिता महर्षि जनक भी मेरे परम मित्र हैं। मैं रामचन्द्र के जन्म के समय, तुम्हारे जन्म के समय, तुम दोनों के विवाह के समय उपस्थित था। अरण्यवास के दौरान चित्रकूट में निवास करते समय श्रीरामचन्द्र, लक्ष्मण और तुम मेरे आश्रम में आए थे। मेरे आश्रम के परिवेश ने तुम्हें परम आनन्द दिया था, यह तुमने कहा था। तुम मेरी कन्या के

समान हो, इसलिए ससुर-गृह से सुख-प्रसव के लिए तुम पितृगृह आई हो, ऐसा सोचकर मेरे आश्रम में आनन्दपूर्वक रहो।''

मुनि कन्याओं ने सीता को सान्त्वना दी। महर्षि वाल्मीकि का दर्शन करने और उनकी स्नेहभरी बातें सुनकर इतने दुःख में भी सती सीता आह्लादित हुईं। उन्हें लगा, मानो वे पिता के घर आ गई हैं। मुनि कन्याओं के साथ बिना दुविधा के वे आश्रम की ओर चल पड़ीं।

वाल्मीकि ने शोकाभिभूत मन से पूरी घटना पर मनन करने के बाद अनुभव किया कि सीता की इस तरह अकस्मात उनके आश्रम में उपस्थिति विधि प्रेरित है और इसके पीछे परमात्मा का कोई महान उद्देश्य निहित है। 'रामायण' की रचना करने में सीता ही वाल्मीकि की प्रेरणा बनीं।

आश्रम में सीता के रहने के समय ही महाकवि वाल्मीकि ने रामायण महाकाव्य के चौबीस हजार श्लोक सात कांडों में लिखकर समाप्त किया। अनुष्टुप छन्द में प्रथम श्लोक एवं महाकाव्य के प्रमुख भाग की रचना करने पर भी उपजाति वंशस्थ, पुष्पिताश्री, मालिनी आदि छन्दों में भी कई श्लोक लिखकर महाकाव्य को सम्पूर्ण किया।

रामायण के कई सशक्त पात्रों में सबसे पवित्र, मधुर और मनोहारी पात्र हैं सीता। कवि-हृदय का समस्त सत्व उड़ेलकर सीता का चरित्र-चित्रण किया है महाकवि ने। इसमें कोई अस्वाभाविकता भी नहीं। पात्र से कवि की अन्तरंगता पर चरित्र-चित्रण की सफलता और गहराई निर्भर करती है। रामायण काव्य की रचना पूरी अनुभूति के साथ की है महामुनि वाल्मीकि ने। शृंगार, करुण, हास्य, रौद्र, वीभत्स, वीर आदि रसों से रंजित करने पर भी मूलतः यह करुण रस के सत्त्व से हृदयस्पर्शी हो उठा है, क्योंकि विरहिणी सीता के हृदय की पीड़ा ही वाल्मीकि के लिए परम प्रेरणा थी।

सीता के जुड़वें पुत्र लव और कुश ने बालक अवस्था प्राप्त करने पर प्रतिदिन वाल्मीकि से रामायण-गान सुन-सुनकर धीरे-धीरे रामायण के चौबीस हजार श्लोक कंठस्थ और हृदयस्थ कर लिए थे। द्रुत, मध्यम और विलम्बित आदि मर्मस्पर्शी स्वर और लय से दोनों बालक अपने पिता के जीवन की पवित्र, करुण और मंगलमय गाथा अपनी इच्छा से गाने लगे। जो भी उनके मुख से रामायण सुनता, वह अश्रु-आकुल हो उठता। एक दिन लव और कुश के कोमल किशोर कंठ से रामायण का गान सुनकर मैं अपने अश्रु नहीं रोक पाई। उनसे बार-बार रामायण सुनने लगी। जितनी भी बार सुना अपने बारे में, स्वयं ही सन्देही हो उठी। मेरे बारे में महर्षि वाल्मीकि ने 'आदिकांड' और 'उत्तरकांड' में जिस तरह विरोधाभास-भरी बातें लिखी हैं, उससे किसी भी ज्ञानी व्यक्ति के मन में संशय उत्पन्न होना स्वाभाविक है। इसके अलावा मेरे जीवन में जो भी कुछ

घटित हुआ, वह मेरे सिवाय और कौन जान सकता है? यदि महर्षि वाल्मीकि अपनी दिव्यदृष्टि से सारी घटनाएँ नहीं देख पाए तो फिर दूसरे लोग कैसे देख पाएँगे? इसलिए भविष्य में जो जैसा भी चाहेगा, मेरे बारे में सोचेगा और भविष्य में भी नारियाँ इससे गुमराह होती रहेंगी। इसलिए उपरोक्त कारणों से ही मैं अपनी जीवनी लिखने को बाध्य हुई हूँ।

शुरू में ही मैंने कहा है, मेरा यह आत्मकथन न तो श्रुतिशास्त्र के रूप में गिना जाएगा और न ही छठे वेद की आख्या पा सकेगा, क्योंकि ये बातें मंत्रद्रष्टा महर्षि ब्रह्मा के मुख से नहीं निकल रहीं, न ही वेदज्ञ व्यासदेव या वाल्मीकि द्वारा कही गई हैं। वेद मानव-हृदय को अतीन्द्रिय और अलौकिक ज्ञान से उद्‌भासित करता है। वेद ज्ञानार्थक है। मैं नहीं कहती कि मेरी यह आत्मकथा ज्ञानमूलक है, पर अनुभव और भावमूलक अवश्य है। और फिर वेद के निर्माता पुरुष हैं—भले ही वे विराट पुरुष हों या परमेश्वर अथवा ब्रह्मा। परन्तु मैं पुरुष नहीं हूँ—मैं इड़ा हूँ—मैं सुमधुर वाणी द्वारा प्रशंसनीया हूँ, मैं रन्ता हूँ, मैं सुरम्या हूँ, मैं यज्ञ में नयोग्य हव्वा हूँ। मैं आहूति हूँ—काम्या, कमनीया, स्वाहा हूँ, मैं आह्लाददायिनी चन्द्रा हूँ। दीये के समान स्वयं को जलाकर सबको प्रकाश देती हूँ, मैं ज्योता हूँ। मैं परम्परा को बचानेवाली, कुल उद्‌भासिनी, अखंडनीया, पृथ्वी रूपी अदिति हूँ। मैं कीर्तिमयी सन्तानप्रसविनी यशस्वनी विश्रुति हूँ, मैं शुद्ध सुमधुरभाषिणी कर्मकंठी सरस्वती हूँ। महापाप करने पर भी गर्भधारिणी होने के कारण मैं अवध्या, अधन्या हूँ—उफ, न जाने कितने नाम हैं मेरे! कितनी स्तुतियाँ हैं—कितने विशेषण! मैं मानव समाज की निर्माता हूँ, यह बात वेद स्वीकृत है, पर मैं वेद निर्माता नहीं। इसलिए मेरी इस आत्मवाणी को 'छठे वेद' की आख्या मिलने का सवाल ही कहाँ उठता है। वैदिककाल में मेरा जनम होने के कारण मेरे इस जीवन-काव्य को भ्रमवश भी कोई 'छठे वेद' की आख्या दें, ऐसी दृष्टता या दुरभिलाषा भी मुझमें नहीं। मैं जानती हूँ, मेरी इस आत्मकथा को पवित्रग्रंथ के रूप में भी दुनिया स्वीकार नहीं करेगी। इस ग्रंथ की चर्चा तक नहीं होगी। कौन जाने कोई इस ग्रंथ के पृष्ठ भी पलटेगा या नहीं। यदि ऐसा हुआ तो भी अन्त तक पढ़ेगा या नहीं, कौन जानता है? और यदि किसी सहृदय पाठक ने पूरा पढ़ भी लिया तो मेरे जीवन और जीवनी का कैसा मूल्यांकन करेगा, उसके प्रति भी मैं चिन्तित नहीं। पाठक की निन्दा, प्रशंसा, श्रद्धा और घृणा-सबके लिए मैंने अपना हृदय-रूपी आँचल पसार दिया है। यदि कोई श्रद्धा भरे ताजे फूल मेरे आँचल में नहीं डालता, तो फिर कोई अवांछित बासी फूल जरूर कहीं से बेझिझक झड़कर आ गिरेगा, यह मेरा मन कहता है। मैं जानती हूँ वनस्पतियों से भरी मेरी यह अदिति द्यवापृथ्वी मनुष्य के लिए इतनी निष्ठुर नहीं, जितना निष्ठुर मनुष्य के लिए मनुष्य होता है।

भविष्यदर्शी, आत्मदर्शी ऋषि के हृदय से सबसे पहले झंकृत हुआ था, 'अग्निमिले पुरोहितं।' आज मैं भी उसी प्रथम मंत्र की भावना को लेकर मंत्रित करती हूँ अपनी वाणी, 'हे अग्रणी, हे विश्वचेतना! मेरे पथ-प्रदर्शक बन, मुझे चिन्मय करें—मुझे सत्यंवदा करें।'

वेदमंत्र के ऋषि मंत्रद्रष्टा हैं, वे मंत्रस्रष्टा नहीं। मंत्र नित्य है; ऋषि अनित्य। मंत्रद्रष्टा ऋषि अपनी दिव्य दृष्टि से समस्त घटित-अघटित दृश्यों को प्रत्यक्ष देख लेते थे और उन्हें जो कुछ दिखता, उसे वाणीबद्ध कर लेते थे। मैं मंत्रद्रष्टा ऋषि का नहीं, मैंने सिर्फ तपस्या के बल पर अलौकिक शक्तियाँ पाई हैं। मैं अनुच्चरित शब्द भी सुन सकती हूँ। हालाँकि शब्द अक्षर होते हैं। वे हमेशा विद्यमान रहते हैं। पर सबको सुनाई नहीं देते। पूर्व संस्कारों के बल पर ही किसी-किसी को सुनाई पड़ते हैं।

परन्तु जो कुछ मैं सुनती हूँ, उसमें निहित सत्य और तत्त्व को कितना समझ पाती हूँ, उस बारे में मैं अपनी विचारक नहीं। मनुष्य दृश्य पदार्थ को देखता है, पर उसमें निहित सत्य और तत्त्व को नहीं देख पाता—यही मनुष्य की लाचारी है। तथ्य और सत्य के बीच बाधा उत्पन्न करनेवाली यह दृश्य-अदृश्य लाचारी ही माया है—जो स्रष्टा को सृजित पदार्थ की दृष्टि के दिगन्त में अदृश्य बनाकर रखती है। मैं भी मनुष्य हूँ और माया से मुक्त नहीं। इसलिए जिसका भी स्वर मुझे जैसा सुनाई पड़ा, मैंने उसे उसी तरह लिपिबद्ध कर दिया है—मेरे आत्मदर्शी श्रवण मुझे जो आत्मस्वर सुनाते हैं, मैं उसे हू-ब-हू लिखने लग जाती हूँ। अतीत के बिना कोई पुण्यात्मा नहीं होती, न ही भविष्य के बिना कोई पापी। कायमनोवाक्य से पाप न किया हो, ऐसा कोई नहीं जन्मा दुनिया में। अपना अतीत मनुष्य देख लेता है। भविष्य दिखाई देता है सिर्फ एक को जो अतीत, वर्तमान और भविष्य का सूत्रधार है, वह परमब्रह्म परमात्मा है—वह महाकाल है।

इसलिए आज मैं आत्मकथा लिखते समय केवल अपना अतीत ही सबके समक्ष रखूँगी। भविष्य की बातें बताएगा परमशक्तिशाली समय। यदि मेरे पाप से पुण्य बलशाली होगा, तो समय अपनी उदार कूची से मेरा भविष्य लिखेगा, वरना मेरे अतीत का पाप वाल्मीकि की कूची से जितना चित्रित हुआ है, उतने में ही भावी दुनिया के कठघरे में मैं पापी के रूप में खड़ी रहूँगी और काल-कालान्तर तक बनी रहूँगी अनन्त पाप की प्रतिनिधि।

किसी भी पाप की एक पृष्ठभूमि होती है। वह पृष्ठभूमि निर्दोष मनुष्य को पाप करने के लिए प्रेरित करती है, पर पाप का फल भोगता है अभागा पापी, एकाकी! पृष्ठभूमि का पाप के फल से कोई लेना-देना नहीं होता। फिर भी पाप का पूर्वापर प्रसंग लिखना आवश्यक है। सम्भवत: भविष्य के मनुष्य को

पाप के पथ से दूर रखने में यह किंचित सहायक हो सकता है, और पाप की पृष्ठभूमि से पाप के सोपान को हटाकर पुण्य का सोपान गढ़ सकता है।

अपने पाप की पृष्ठभूमि लिखने के लिए मुझे अपने जन्म और बाल्यावस्था में ही नहीं लौटना होगा, सृष्टि के प्रातः काल में भी लौटना होगा। तभी जाकर मेरे पाप की पृष्ठभूमि एवं मेरे पाप का उद्‌देश्य सबके समक्ष खुलकर आ सकेगा। यह आख्यान मैंने सुना था प्रथा से। प्रथा की उम्र कितनी है? मैं नहीं बता सकती। मेरे जन्म के पहले से वह मेरी देख-रेख से जुड़ी हुई है। सृष्टि का आदि-अन्त उसके नख-दर्पण में है। न जाने कितनी कहानियाँ, किंवदन्तियाँ, आख्यान उसने अपने श्रुतिपटल में लिख रखे हैं! अद्‌भुत है प्रथा की शक्ति! हजारों वर्ष की कथाओं की पोटली बाँध उसने सहेज कर रखा है। खुद ही बन चुकी है किसी बूढ़ी राक्षसी का जादुई पिटारा। किसी को डरा-कँपाकर रखा है उसने तो किसी को सम्मोहित करके। उसके निर्देश मेरे पिता ब्रह्मा और मुनि-ऋषिगण भी मानते हैं। प्रथा को मेरी देखभाल का दायित्व सौंपा गया था। इस कारण मुझे चाहिए कि मैं उसे मौसी कहकर बुलाऊँ। किन्तु वह वयस्का होने पर भी वृद्धा जैसी नहीं दिखती—वह अभी थकी नहीं है। मेरे साथ डग मिलाकर दम्भ से चलती है—और फिर उसका विश्वास है कि वह अनन्तकाल तक चलती रहेगी। जब तक मानव-संस्कृति रहेगी, तब तक वह अपनी जड़ें, शाखा-प्रशाखाएँ पसारे बैठी रहेगी। उसका युवा-सुलभ उत्साह और कर्मठता देखकर भला कौन उसे मौसी कहकर पुकारेगा! इसलिए मैं उसका नाम लेकर बुलाती हूँ और सहचरी-सा व्यवहार करती हूँ। लेकिन भीतर-ही-भीतर मैं उससे डरती हूँ। ऐसा कौन है जो उससे नहीं डरता? इस बात से वह भी अनभिज्ञ नहीं है। इसलिए कभी-कभी उसका क्रूर हो उठना स्वाभाविक है। प्रथा के सद्‌गुण, दुर्गुण के बारे में फिर बताऊँगी। इस समय उसके मुँह से सुने आख्यान से अपनी आत्मकथा का श्रीगणेश करती हूँ।

जगतस्त्रष्टा आदिदेव ब्रह्मा ने पृथ्वी पर असंख्य नर-नारियों की सृष्टि करने के बाद अहल्या नाम की नारी की सृष्टि क्यों की? उन्होंने मेरी सृष्टि न की होती तो विश्व-ब्रह्मांड अधूरा नहीं रह जाता। तो फिर किस महत भावना से प्रेरित होकर उन्होंने इतने जतन से मेरी सृष्टि की, यह भगवत रहस्य परमेश्वर को छोड़कर और मालूम ही किसे है कि मैं उस रहस्य को खोलकर रख सकूँ?

यह है सृष्टि से पहले की बात। उस समय समग्र विश्व-ब्रह्मांड जलमग्न था। सृष्टि-कार्य से कुछ देर विश्राम लेकर, विश्वकर्त्ता आत्मानन्द में डूबकर खुद को निष्क्रिय करके, अखंड चित्तशक्ति को अपने चित्त-राज्य में छिपाकर जलशय्या में अनन्त शयन करते हैं। यदि विश्वकर्त्ता शयन करेंगे, उन्हें जगाएगा कौन? जब विधाता निद्रामग्न, और सृष्टि गोपनीय रहेगी, तब कौन जाग रहा होगा जो उन्हें योगनिद्रा से जगाएगा? कालशक्ति ही सदा जागती रहती है। कालशक्ति ही

सृष्टि, कामना और जीव प्रवृत्ति को जाग्रत रखनेवाली एकमात्र विश्वसनीय प्रहरी है। कालशक्ति ही विधाता है। शेषशायी विश्वकर्त्ता के सोए होने के कारण दसों दिशाओं में घुप्प अँधेरा होता है। खुद-ही-खुद को देखने तक का प्रश्न कहाँ? लेकिन सिर्फ काल ही घुप्प अँधेरे में खुद को तथा अतीत और भविष्य को देख सकता है और सही समय आने पर, किसी को जगा तो किसी को घोर सुषुप्ति में सुला देता है।

विश्व सर्जना का ब्राह्ममुहूर्त्त होते ही निर्विकार महाकाल ने खुद-से-खुद को प्रकट करके स्रष्टा के चित्त से चित्तशक्ति और कर्मशक्ति को जाग्रत किया। तत्क्षण सृष्टिकर्त्ता ने आन्तरिक सूक्ष्म तत्त्व कलात्मक गुण से विभूषित होकर सृष्टि-रचना की प्रेरणा पाई। जो काल सृष्टि के प्रारम्भ से प्रलय तक आनन्द-निरानन्द समस्त अवस्थाओं को बारम्बार भोगता है, वह निर्लिप्त और निर्विकार होने को बाध्य है। अव्यक्त मूर्त्तकाल को निमित्त बनाकर सृष्टिकर्त्ता ने लीला के छल से अपनी नाभि से एक अपूर्व पद्मकोष के रूप में स्वयं को ही प्रकट किया। उसी पद्मकोष ने एक विशाल उज्ज्वल पद्मपुष्प के रूप में विकसित होकर नवोदित द्वितीय अरुण-सा अपनी आभा से अँधेरे का नाश किया। उसी तेजोमय पद्मासन पर परमस्रष्टा स्वयम्भू आदिदेव ब्रह्मा प्रकट हुए।

किन्तु ब्रह्मा अपने आसन, दिव्य पद्मपुष्प एवं प्रलयकालीन अनन्त जलराशि के अलावा और किसी को नहीं देख पाए। चारों ओर मायाछन्न था। उस पद्मनाड़ का अन्त कहाँ था? कितनी दूर तक गया था वह पद्मनाड़? कई युग बीत गए। ब्रह्मा को उस पद्मनाड़ का आदि-अन्त नहीं मिला। स्वयं सृजित ब्रह्मा ने अपनी योग परिपक्व बुद्धि को अनन्त अनुभूति से मंडित करने के लिए कितने दिव्य वर्षों तक तपस्या और साधना की, उसका हिसाब समय ही दे सकता है। फिर भी वह उस अद्भुत पद्मनाड़ का उद्गम स्थल नहीं ढूँढ़ पाए। युग-युग के योगनिष्ठ सुगन्ध से उस पद्म की प्रत्येक पंखुड़ी ने जब सुरभित होकर शून्य-जगत को सुगन्धित कर दिया, तब ब्रह्मा को यह हृदयबोध हुआ कि विश्व रचना के लिए सृष्टि का रहस्य खोलने की आवश्यकता नहीं; बल्कि उस रहस्य के पीछे पागलों की तरह भागना ही होगा। भगवत माया ही सृष्टि की प्रेरणा का मूल है। क्योंकि वह माया ही थी दृश्य और दृष्टि की कार्यकारिणी शक्ति। आदिदेव अपनी आन्तरिक चितशक्ति के बल पर पहले द्रष्टा और फिर स्रष्टा बनकर विश्व निर्माण करने को प्रेरित हुए। पहले वे चतुर्मुख होकर चारों दिशाओं को द्रष्टा बनकर देखने लगे और कालशक्ति द्वारा चितशक्ति मंथित होने पर प्रलयकालीन अँधेरे का विनाश करके इस अनिर्वचनीय विश्व को अव्यक्त से व्यक्त किया। मेरे पिता ब्रह्मा एक विचित्र चित्रकार हैं। विश्व-ब्रह्मांड की विशाल चित्रशाला के वे एक अनन्य शिल्पी हैं। उनकी प्रखर कल्पना ही जीव, जन्तु, नर, किन्नर, यक्ष,

राक्षस, देव, दानव के रूप में साकार हुईं। महाशून्य के परदे पर चित्रित हुआ स्वर्गलोक, ब्रह्मलोक, अन्तरिक्ष, मृत्युलोक, नागलोक, पाताललोक। श्यामल वनस्पति की अनन्त हरियाली में नाना रंगों के मधुस्रावी पुष्पों का साम्राज्य उग आया, किन्तु इस विचित्र, विपुला, विश्व को भोगेगा कौन? कौन करेगा स्रष्टा की सृष्टि का उचित सम्मान?

अपने लिए जीना जीव-धर्म है। मनुष्य अपने लिए खाता है, लेकिन सिर्फ अपने लिए कोई गाता नहीं, आँकता नहीं, लिखता नहीं, रचता नहीं। यदि किसी एक की सृष्टि किसी और के काम न आई तो उसकी सृष्टि कितनी ही उत्कृष्ट क्यों न हो, उसका क्या मूल्य है? इसलिए सृष्टि ढूँढ़ती है अनुरागी, रसग्राही समाज। स्रष्टा ढूँढ़ता है अपने दर्शक, पाठक, श्रोता, जिसका आनन्द स्रष्टा के मानस को देता है ब्राह्मानन्द प्राप्ति का महानुभव। तभी महान स्रष्टा ब्रह्मा ने सोचा कि इस जीव-शून्य पृथ्वी और वनस्पति का क्या मूल्य है?

काफी सोच-समझकर पिताजी ने जीव की सृष्टि की। प्राणियों में प्राण का संचार हुआ। वनस्पति और नद-नदी पृथ्वी के काम आए, किन्तु कला का सम्मान करने जैसी दृष्टि-शक्ति, वाक-शक्ति, चिन्तन-शक्ति, चित-शक्ति जीवों में नहीं थी। इन समस्त शक्तियों से महिमान्वित करके अन्त में प्रजापति ब्रह्मा की नवम सृष्टि तथा परमसृष्टि है 'नर'। इस 'नर' सृष्टि के अन्तस को उन्होंने योग, जप, विद्या, वैराग्य आदि अनेक सात्त्विक गुणों से विभूषित किया। 'नर' हुआ परम बुद्धिमान। वह हुआ स्रष्टा का रसग्राही गुणमुग्ध श्रोता और दर्शक। अपनी सृष्टि की रोचक अभिव्यक्ति से परमपिता ब्रह्मा पुलकित जरूर हुए पर सन्तुष्ट नहीं हुए। मनुष्य ने प्रकृति की अद्‌भुत शोभा का स्वागत किया, उसकी देखभाल की, लेकिन मनुष्य ने मनुष्य को प्रेम, स्नेह, श्रद्धा और सहयोग नहीं दिया। प्रत्येक मनुष्य ने सोचा—वह श्रेष्ठ है, वह सुन्दर है, वह सर्वोत्तम है। इसकी वजह क्या है? स्रष्टा अपनी सृष्टि के बारे में सोचते-सोचते आत्मालोचन में मग्न हो गए।

श्रेष्ठ जीव, 'नर' का मुखमंडल अंग-सौष्ठव, शरीर वैचित्र्य और स्वर एक-सा है। एक ही आकार, एक ही साँचे में ढला है 'नर' का शरीर तत्त्व और उसका स्वभाव। किसी में कोई नवीनता या विशेषता नहीं है। कोई आकर्षण, विकर्षण भी नहीं। इसलिए किसी का किसी के प्रति आग्रह प्रकट न करना और एक-दूसरे के प्रति आकर्षित न होना स्वाभाविक था। लेकिन जीव यदि जीव के प्रति संवेदनशील, स्नेहशील और श्रद्धाशील नहीं होता, तो यह दुनिया फिर से प्रलयकारी अँधेरे में डूब जाती। बड़े यत्न से ही बनी है यह दुनिया। अनाग्रह, अनासक्ति, अप्रेम, अनाकर्षण, अस्नेह और अयत्न के बीच सृष्टि का प्रसार और संरक्षण सम्भव नहीं होता। कौन लेगा सृष्टि के संरक्षण का दायित्व?

'नर' की सृष्टि अनेक गुणों से विभूषित करने के बावजूद वह बड़ा अव्यवस्थित है—सृष्टि के प्रति, अपने प्रति। उसमें एक-दूसरे के प्रति स्नेह, सौहार्द, सम्प्रीति नहीं है। पुष्प की सुगन्ध यदि पुष्प में ही बन्द रह जाए, कमल का मधु यदि भौंरों और मधुमक्खियों को आकर्षित न करे, यदि नदी केवल अपने गर्भ को ही पुष्ट करे, सूर्य यदि केवल अपने को ही आलोकित करे, बनस्पत्ति यदि खुद ही को छाया प्रदान करे, तो इसका क्या मूल्य? स्रष्टा सृष्टि-कल्याण का लक्ष्य लेकर तपोमग्न हो गए।

चित्रालय के सभी चित्र एक जैसे हैं। जैसा मैं हूँ, वैसा ही चित्र भी, तो फिर मैं चित्र को क्यों देखूँ, क्यों स्पर्श करूँ? सजा-सँवारकर रखूँ? जो मुझसे भिन्न है, जिसका मुझे अभाव है, यदि उसमें भाव है, तो फिर पैदा होगा महाभाव—दिन-प्रतिदिन स्रष्टा और 'नर' में असन्तोष बढ़ता गया। स्रष्टा सन्तुष्ट हो जाए तो सृष्टि-प्रतिभा मर जाती है, सम्भवतः यह सच है। स्रष्टा बेचारा असन्तुष्ट, अतृप्त, अभावबोध से सराबोर एक चेतनामय पिंड है। अपनी सृष्टि की जितनी प्रशंसा करता होगा, उतनी ही कटाक्ष भी करता होगा। नई-नई सृष्टि की कल्पना से भावमग्न होता होगा। तभी जाकर सृष्टि और सभ्यता का विकास और अग्रगति सम्भव है।

पिताजी की हमेशा यही हालत रही। अलग स्वाद की सृजन-पीड़ा एक दिन उनमें जाग उठी, उन्मेष हुआ एक अभिनव सृष्टि का।

एक परम विशेषता और अपूर्व श्रेष्ठता का स्पर्श देकर उन्होंने कूची चलाई। समस्त सारभूत सौन्दर्य के मेल से जिस प्रजा की सृष्टि प्रजापति ब्रह्मा ने की, वह पहले सृजित नर से अलग लगा, विशिष्ट लगा। अपनी सृष्टि की चतुराई से स्वयं मुग्ध हो उठे ब्रह्मा। उस विशिष्ट प्रजा से बोले, "तेरा नाम 'नारी' है—तू है नर की संगिनी। तू न-अरि है। तेरी दृष्टि में कोई शत्रु नहीं है।"

'नारी' के एक-एक अंग में जो विशेष कला-चातुर्य, अनुपम मधुरिमा खिल उठी, उसी ने आकर्षित किया पहले से सृजित प्रजा 'नर' को। नर नारी के प्रति आकर्षित हुआ। उसके लिए प्रयत्नशील हुआ। उसके लिए आग्रह, कुतूहल और आवेग प्रकट किया। उसमें कुछ ऐसे विशेष गुण का अभाव है, जो स्रष्टा के अनुभवी मानस में आगे चलकर सृजित नारी के लिए प्रस्फुटित हुआ है। हर काल में यही होता है। सभ्यता का विकास धीरे-धीरे अनुभव की कसौटी में परखे जाने के बाद ही सम्भव हुआ है। अभाव से भाव, भाव से महाभाव, यही सृष्टि के विकास का नियम है।

प्रजापिता ब्रह्मा अपने द्वारा सृजित परम नारियों को देखकर मुग्ध हुए—पर तृप्त नहीं हुए। उन अनिन्द्य सुन्दर नारियों के सुन्दर अंगों में भी तिल-तिल अनुपम तारतम्य देखा उन्होंने। नभमंडल में नक्षत्रपुंज की उज्ज्वलता में भी

तारतम्य है। सारे अनुपम तारतम्यों से छाँट-छाँटकर श्रेष्ठ तारतम्यों को एकत्र करके एक चित्रप्रतिम नारी की सृष्टि की जाए तो कैसा रहेगा?

स्रष्टा की आकांक्षा उद्भट नहीं है, पर गगनचुम्बी है। किसी एक में सारी विशेषताएँ मढ़ देने से, उसकी क्या हालत होगी, क्या उस बारे में कभी कल्पना करते हैं अभिलाषी स्रष्टा? किसी में यदि कोई अभाव न हो तो उस 'अभाव' का अभाव भी चरम अभावबोध से उसके अहं को अन्तरिक्ष तक उठाकर रसातल में पटक सकता है। क्या यह आशंका स्रष्टा में कभी हुई है? यदि किसी की समीक्षा करने का अवकाश नहीं होगा, तो उसके व्यक्तित्व की लगाम थामनेवाला भी कोई नहीं होगा, क्या यह बात स्रष्टा नहीं जानता?

सहस्र अनिन्द्य नारियों की सिर से पैर तक जाँच-पड़ताल करके, उनके श्रेष्ठ सौन्दर्य के अंग-अंग, तिल-तिल, रेणु-रेणु, जीवकोष के नक्शे से उठाकर अन्त में जिस ब्रह्मांड सुन्दरी नारी की सृष्टि प्रजापिता ब्रह्मा ने की, उसी का नाम रखा अ-हल्या। असौन्दर्य, हल्य, कुरूपता, अशोभा जिस नारी में नहीं है, वही है अ-हल्या, अनिन्द्या-अनन्या...

सौन्दर्य भयभीत करता है—तटस्थ, निर्वाक, निस्पन्द कर देता है, साँसें रोक देता है। दृष्टि-शक्ति को निष्प्रभ कर देता है। रक्तप्रवाह को स्थिर कर देता है, चेतन को जड़ कर देता है। मैं ही थी उस तटस्थ कर देने वाले सौन्दर्य की प्रतिमा।

अहल्या अनुपम है—यह बात त्रिलोक में गूँज उठी, त्रिकाल में दुन्दुभित हुई।

शिल्पी जब सृष्टि करता है, वह अपने लिए, अपने आनन्द के लिए, अपनी अन्तरात्मा को प्रकट करने के लिए करता है। सृष्टि-चेतना, सृष्टि-चिन्तन, सृष्टि-वेदना और यंत्रणा स्रष्टा के निजी अनुभव होते हैं किन्तु जब सृष्टि पूर्ण, विकसित और साकार हो जाती है, तब वह स्रष्टा की नहीं रह जाती। वह हो जाती है—समाज की, राष्ट्र की, सारी पृथ्वी की। वह सृष्टि जगत के लिए क्या सन्देश लेकर आएगी, यह कह पाना स्रष्टा के वश में नहीं होता। सृष्टि हमेशा स्रष्टा की भावना के नियंत्रण में होते हुए भी मुक्ताकाश की पंछी होती है। वह पंछी कौन-सा गीत गाएगा, जगत को कैसी बातें बताएगा, उसी सोच में कभी-कभी स्रष्टा अपनी सृष्टि की साकारता से चिन्तित हो उठता है, अपनी ही सृष्टि स्रष्टा को विचलित कर देती है।

पिता मेरे सौन्दर्य को लेकर चिन्तत नहीं थे, मेरा सौन्दर्य विश्व को क्या सन्देश देगा, यही था मेरे पिता की चिन्ता का विषय। सुन्दर चीज के लिए सबके मन में आकर्षण होता है। उसे पाने की कामना प्रत्येक चेतनप्राणी की जन्मजात प्रवृत्ति है। इसलिए अति सुन्दर चीज के लिए पागल होने में भला आश्चर्य कैसा?

प्रजापिता ब्रह्मा ने नारी की सृष्टि की नर को आकर्षित करके अपनी सृष्टि और सर्जना के प्रति प्रयत्नशील, आग्रही बनाने के लिए। सृष्टि की स्थिति और

प्रवाह के लिए यह आवश्यक था, किन्तु 'अहल्या' की सृष्टि किसके लिए की? नर, किन्नर, यक्ष, राक्षस, देवता–सभी अहल्या को पाने के लिए मन-ही-मन तथा प्रत्यक्ष रूप से प्रतिज्ञाबद्ध हैं। कहा जाए तो एक तरह से पागल। अहल्या किसकी होगी? क्यों हो वह किसी की? क्या अहल्या बाध्य है, किसी की होने के लिए, क्योंकि वह अनिन्द्या है–अनुपमा है!

उस समय भला कितनी रही होगी मेरी उम्र! शायद आठ या नौ। उस नासमझ उम्र से ही मैं काफी कुछ समझने लगी थी। मैं जानती थी कि दुनिया मुझे स्तब्ध हो ताकती रहती है। देवता, राक्षस, गन्धर्व, अप्सरा, यक्ष, किन्नर, यहाँ तक कि जंगल के खूँखार जानवर भी मुझे चकित हो अपलक ताकते रहते हैं। ब्रह्मा की सृष्टि में सुन्दर नारियों का अभाव नहीं है–स्वर्गलोक की अप्सराओं का सौन्दर्य अतुलनीय है। पर मुझमें ऐसी क्या विशेषता है कि मैं सबकी नयनाभिराम दृश्य बनकर शोभा पाऊँ?

प्रतिदिन देवतागण पिताजी के पास आते हैं। वे लोग मुझे देखते ही लाड़ करने लगते हैं–गोद में बिठा लेते हैं–मेरे कोमल गालों को चूमते हैं। सीने से लगाकर ढेरों मीठी-मीठी बातें करते हैं। बहुत-सी दुर्लभ चीजें उपहार में देते हैं। पिताजी विरोध नहीं करते, बल्कि अपनी सृष्टि के उत्कर्ष पर गर्व महसूस करते हैं।

मैं सोचती, मेरे रूप के कारण ही सभी मुझे इतना स्नेह-प्यार करते हैं। यदि मैं अहल्या न होकर हल्या हुई होती तो भी क्या मुझे इतना प्यार और स्नेह मिलता?

मेरे बचपन की सहेली ऋचा। वह मेरी दृष्टि में सुन्दर है। वह श्यामा है–वह दासकन्या है। कहते हैं, वह मेरे आगे दूध में कोयले जैसी है किन्तु उस जैसी नम्र, मधुर स्वभाव वाली लड़की नहीं है। इसका मतलब रूप ही मुख्य है–स्वभाव और चरित्र गौण! धीरे-धीरे मेरी उम्र बढ़ने लगी, और उसके साथ-साथ अपने रूप को लेकर मुझमें सचेतनता भी बढ़ी। कई बार अपना रूप देखकर मैं स्वयं ही मुग्ध हो जाया करती। खुद को खुद ही इतना चाहने लगी कि मेरे चारों ओर क्या कुछ हो रहा है, उस ओर ध्यान ही नहीं रहा। मेरे इस स्वभाव से पिताजी चिन्तित हो उठे। इतने चिन्तित कि उन्होंने घर पर एक दर्पण तक नहीं रखा। मुझे पास बिठाकर उपदेश देना प्रारम्भ कर दिया, "प्राणी का शरीर तुच्छ है–क्षणभंगुर है–रूप मूल्यहीन है। शारीरिक सुख क्षणिक है, अनित्य है। इसलिए शरीर के प्रति ध्यान न देकर अन्तरात्मा के प्रति ध्यान देने से ही प्राणी का जीवन सार्थक होता है। शरीर नाशवान है–व्यक्तित्व नाशवान नहीं। व्यक्तित्व के विकास के लिए प्रयत्नशील होने के बारे में वे जितना उपदेश देते, मैं शरीर की देखभाल के प्रति उतना ही प्रयत्नशील हो उठती। पिताजी के उपदेश सुनते-सुनते एक दिन पूछ बैठी, "शरीर, रूप, चेहरा–यदि ये तुच्छ हैं, अनित्य हैं तो फिर स्रष्टा ने सुन्दर रूपों की सृष्टि की ही क्यों? देवता, राजा, ऋषि सिर्फ सुन्दर कन्याओं से ही

विवाह क्यों करते हैं? असुन्दरियों से इनके विवाह करने का उदाहरण क्यों नहीं है? मुझमें और ऋचा में ऋचा अधिक सहनशील, नम्र, कम्र, कोमल होने पर भी आपके पास प्रतिदिन आनेवाले देवता और मुनिगण मुझे ही अधिक प्यार क्यों करते हैं? क्या यह मेरे सुन्दर रूप के कारण नहीं है?''

मेरे प्रश्न सुनकर पिताजी क्षणभर निर्वाक हो गए। कोई उत्तर नहीं दिया। काफी देर की चुप्पी के बाद मृदु स्वर में कहा, ''पुत्री अह्य, तूने जो कुछ कहा, वह सत्य है। किन्तु वह 'मोह' है। 'मोह' का चिरन्तन मूल्य नहीं होता। एक न एक दिन प्राणी के मन से रूप का मोह दूर हो जाता है। उस वक्त प्राणी का व्यक्तित्व ही रूप पर विजय प्राप्त करता है...।'' इतना गहरा दर्शन उस उम्र में मेरे दिमाग में नहीं घुस सकता था। मैंने केवल इतना समझा कि मेरे पिता मेरे मन को रूप केन्द्रित करना नहीं चाहते। किन्तु मैं रूप केन्द्रिकता से किस तरह मुक्त हो जाऊँ? सबकी आँखों में, भाषा में, स्पर्श में, मेरे रूप का जय-जयकार जो अहर्निश उद्घोषित होता रहता था!

मेरा रूप इतना अवर्णनीय है कि मेरी सृष्टि सामान्य नर-नारी के संगम से हुई है, यह विश्वास ही नहीं होता। इसलिए ब्रह्मा की श्रेष्ठ कलाकृति और मानस-कन्या के रूप में मेरा जन्म होने के बारे में अनेक किंवदन्तियाँ और कहानियाँ प्रचलित हैं। ये कहानियाँ मेरे रूप के विशेषण के सिवाय और कुछ नहीं हैं। ब्रह्मा ने मेरे पिंड की रक्षा की है और मेरा व्यक्तित्व गढ़ा है। इसलिए मुझे ब्रह्मा की श्रेष्ठ कलाकृति कहना असंगत नहीं होगा।

जिस तरह आकाश अपना अन्त नहीं ढूँढ़ पाता, उसी तरह मनुष्य अपने अन्तर तक नहीं पहुँच पाता। मैं क्या चाहती हूँ? क्या मिलने से मैं सुखी हो जाऊँगी? क्या है मेरी काम्यवस्तु?

मैं कुछ भी नहीं जानती। लक्ष्यहीन नाव की तरह मेरा बचपन बीत गया और किशोरावस्था आ पहुँची, पर मेरे लक्ष्यस्थल का कुल-किनारा कहाँ था? कौन मुझे लक्ष्य पथ की ओर ले जाएगा—लक्ष्य-स्थल का ठिकाना बताएगा?

पितामह ब्रह्मा की सृष्टि-प्रक्रिया और अपने जन्म-वृत्तान्त के बारे में मेरी देख-रेख करनेवाली प्रथा व अपनी चार अन्तरंग सहेलियों—त्वयी, आनीक्षिका, वार्ता और नीति से कितनी ही रोचक कहानी-किंवदन्तियाँ सुनने पर भी मैं सिर्फ अपने पिता का नाम जानती हूँ, मेरे पिता हैं ऋषि मुद्गल, माता का नाम और परिचय मैं नहीं जानती। गर्भधारिणी का नाम है जननी...माँ। इससे बड़ा परिचय माँ का और कुछ नहीं। इसलिए अपनी माँ का नाम न जानने का दुख मुझे नहीं

है, दुख है तो सिर्फ इस बात का कि मैंने माँ को नहीं देखा, माँ का प्यार, स्नेह, वात्सल्य क्या है नहीं जान सकी। मेरे पिता एक ऋषि होने के कारण सम्भवतः जगत के कल्याण के लिए या फिर मोक्ष पाने के लिए मुझे पितामह ब्रह्मा की देख-रेख में छोड़कर तपस्या करने हिमालय चले गए होंगे। यदि मैं कन्या न होकर पुत्र हुई होती तो शायद मेरे पिता ने मेरी शिक्षा समाप्त होने तक मुझे अपनी देख-रेख में रखा होता, और उसके बाद तपस्या करने जाते। कन्याओं की शिक्षा-दीक्षा पर उतना ध्यान नहीं दिया जाता। कन्याएँ लगभग गुरुकुल आश्रम नहीं जातीं। घर पर रहकर माताओं से शिक्षा प्राप्त करती हैं। मेरी माँ के न होने की वजह से मेरी शिक्षा का दायित्व पितामह ब्रह्मा पर है। भाई नारद कहते हैं, मैं बड़ी सौभाग्यशाली हूँ। पितामह ब्रह्मा का शिष्य अथवा शिष्या होना परम सौभाग्य की बात है। देवतागण बहुत साधना करने पर पितामह ब्रह्मा का शिष्यत्व प्राप्त कर पाते हैं। बाल्यावस्था से, समझ आने के पहले से, सम्भवतः जन्म से पितामह के स्नेह, देखभाल, प्यार और नियंत्रण में रहकर मैं वनवासिनी होते हुए भी राजकन्या-सी सुख में हूँ। पितामह ने पिता का स्थान लिया है। इसलिए मैं उन्हें 'पिताजी' कहकर बुलाती हूँ। पर माँ कहकर किसे बुलाऊँ? कौन देगा मुझे मातृ-स्नेह? कौन बताएगा मुझे जीवन के लक्ष्य स्थल का मार्ग? कौन गाकर सुनाएगा नारी जन्म की सार्थकता और स्वप्न के मधुर-गीत?

मातृस्नेह से वंचित कन्या हूँ मैं–कभी वन-लता-सी किसी गगनचुम्बी स्वप्नवृक्ष के सहारे सप्तलोक तक पसर जाती हूँ, उसका ओर-छोर तक नहीं मिलता। सखियाँ हमेशा मेरे रूप की ख्याति का गान कर करके मर्त्यलोक से ले जाकर स्वर्गलोक में बिठा देती हैं। मेरा चपल बालिका मन फिर मर्त्यलोक में रहना नहीं चाहता। मर्त्यलोक में रहने की बात होती तो स्रष्टा मुझे दिव्यरूपा अहल्या बनाकर क्यों गढ़ते?

मर्त्यवासी होता है मनुष्य। स्वर्गलोभी देवता मैं पितामह ब्रह्मा की श्रेष्ठकृति और आदरणीया कन्या होते हुए भी मर्त्य की रहनेवाली हूँ। इसलिए मधुस्रावी तटनी किनारे मेरे लिए बने इस सुरम्य वन के सादगी-भरे पर्ण कुटीर में अपनी चार सखियों और प्रथा की देख-रेख में रहती हूँ। स्वर्ग मेरे लिए निषिद्ध है। पर मेरा मन भला यह बात कहाँ मानता है! जो सुन्दरी अप्सराएँ स्वर्गलोग की शोभा बढ़ा रही हैं, वे मेरे पैर के तलवे के बराबर भी नहीं हैं, यह बात मैंने अपनी सखियों के मुँह से सुनी है। इसलिए मेरे मन में जाग उठी है स्वर्ग की इप्सा। मन कभी-कभी विरोध करने लग जाता स्वर्गवासी देवताओं का स्वार्थ और पक्षपात देखकर। स्वर्ग उनका निवास है। तमाम दुर्लभ वस्तुओं के वे अधिकारी हैं। इसके बावजूद मर्त्य की दुर्लभ वस्तुएँ उनकी अर्घथाली हैं। वे जब चाहें मर्त्य में अवतरित हो जाते हैं। चाहें तो मनुष्य को योगभ्रष्ट कराते हैं और चाहें तो मनुष्य

की वास-भूमि में भी अपने आधिपत्य का विस्तार करते हैं, तो फिर मनुष्य ही क्यों स्वर्ग की शोभा-सम्पदा से वंचित रहे? कम-से-कम अहल्या के लिए तो स्वर्ग का द्वार अपने आप खुल जाना चाहिए। अहल्या तो मर्त्यवासी नहीं है, वह तो अनिन्द्य, अनन्या है। मुझे स्वर्ग और देवताओं की अलौकिकता की कहानियाँ सुनाने में मेरी चारों सखियों की अपार श्रद्धा है। उनकी विद्या और उनका ज्ञान अपार है। पिता ब्रह्मा की वे अन्तरंग शिष्या हैं। वे मुझे वेदवर्णित देवताओं से परिचित कराती हैं। मेरे पिता ब्रह्मा हैं, वेदों के रचयिता, इसलिए वेद सुनने में मेरा आग्रह अपार है। पिता के आदेश से मैंने भी कम उम्र से ही वेद सुनने की आदत डाली है। हालाँकि वेदवर्णित वरुण, विष्णु, यम, रुद्र, अग्नि, इन्द्र, वशिष्ठ आदि में से इन्द्रगाथा सुनने में मेरा मन अधिक लगता है, क्योंकि वे देवराज इन्द्र हैं—त्रिलोक के स्वामी। उनकी वीरता, शौर्य, ऐश्वर्य, सौन्दर्य, दयाशीलता, दान और साहस की कोई तुलना नहीं। वे देवदुर्लभ हैं। देवता और ऋषिगण सतत उनकी जय-जयकार करके उन्हें सन्तुष्ट करने में जुटे रहते हैं। मेरे पिता ब्रह्मा दिव्यद्रष्टा हैं। चारों वेद में उन्होंने इन्द्र का अशेष गुणगान किया है। समग्र वेद की दस सौ अट्ठाईस सूक्तियों में से दो सौ पचास सूक्तियों में उन्होंने इन्द्र की यश-ख्याति का ही गान किया है। इसके अलावा अन्य देवताओं का यश-गान करते समय भी वह इन्द्र का यश-गान करना नहीं भूले। मैं ऋग्वेद का अध्ययन करते समय उसमें से एक-चौथाई इन्द्रगीत ही गाने को बाध्य होती हूँ। सखियों के सामगान से, भाई नारद की उक्तियों से, पिताजी के मुख से, ऋषियों की मंत्र-ध्वनि से इन्द्रदेव ही ध्वनित होते हैं। सात वर्ष की आयु में ही मैं इन्द्रदेव के विषय में बहुत-सा ज्ञान अर्जित कर चुकी थी और मन-ही-मन एक श्रेष्ठ पुरुष के रूप में इन्द्र की कल्पना कर चुकी थी। वेद का पृष्ठ पलटते ही इन्द्रगीत है। पृष्ठ पलटने की आवश्यकता ही नहीं...मेरे पिता ब्रह्मा के मुँह खोलते ही वेदध्वनि और इन्द्र-कीर्ति झंकृत हो उठती हैं हृदय तंत्री में। पिताजी मुझे वेद पढ़ाते हैं। मैं ध्यानमग्न हो पिता के मुख से वेद के देवताओं के बारे में मंत्रमुग्ध-सी सुना करती हूँ और स्वर्ग के सपनों में खो जाती हूँ। इन्द्र का पराक्रम और महत्त्व मुझे मंत्रमुग्ध कर देता है। प्रथा के मुँह से ब्रह्मांड का इतिहास सुनते-सुनते सोचा करती, इतिहास के पन्नों पर कितना सच है और कितना झूठ!

कश्यप ऋषि की पत्नी अदिति के पुत्र हैं देवतागण और कश्यप की एक अन्य पत्नी दिति के गर्भ से जन्मे हैं दैत्यगण। एक ही पिता की स्त्री से पैदा हुए हैं देवता और दैत्य। तो फिर उनके बीच युग-युगान्तर के अविनाशी वैर-भाव का क्या कारण है? प्रथा से कहानियाँ, किंवदन्तियाँ सुनना बहुत अच्छा लगता है। उन आख्यानों में निहित गूढ़ तत्त्व पिता समझा देते हैं। अमृतप्राप्ति की वासना ही मृत्यु का कारण है। भक्ति वासनायुक्त होने से जिस तरह अ--भक्ति और प्रवंचना

में बदल जाती है, अमरत्व मोक्ष-आधारित न होकर वासना-आधारित होने पर मृत्यु में बदल जाती है। वही घटित हुआ दैत्य और देवताओं के जीवन में। दोनों के मन में जाग उठी निरोग, अजर, अमर होने की तीव्र वासना। क्षीरसागर की अतल गहराई में है अमृत-भंडार। क्षीरसागर का मन्थन और अमृत प्राप्त करना बन गया दोनों के जीवन का लक्ष्य। मन्दराचल पर्वत को मथनी बनाकर, विषधर वासुकी नाग से बाँधकर समुद्र मन्थन प्रारम्भ हुआ। वासुकी के अनेक मुखों से हलाहल निकलने लगा और घायल फनधारी वासुकी मन्दराचल को डसने लगा। महाभयंकर हलाहल ऊपर आने लगा। उस विष-ज्वाला से देवता, मनुष्य और असुर तिलमिला उठे। तब देवतागण रुद्र की शरण में पहुँचे। श्रीहरि और शिव एक साथ वहाँ जा पहुँचे। शिवजी ने मुस्कान भरे मुख से श्रीहरि से कहा, ''आप सुरश्रेष्ठ हैं। समुद्र मन्थन करते समय जो चीज सबसे पहले निकली है, वह अग्रपूज्य के रूप में आपको मिलनी चाहिए। हे अग्रगण्य! समुद्र मन्थन से निकला विष ग्रहण करके देवताओं को संकट से उबारिए।''

विष्णु की लीला हमेशा से रहस्यमय रही है। किसी को कोई जिम्मेदारी सौंपे बिना वे वहाँ से अन्तर्धान हो गए। अब शिव भला क्या करते? अपने-अपने अन्दर के छोटे-से-छोटे स्वार्थ को विराट बनाकर समूह-स्वार्थ को बलि चढ़ा देना शिवजी की नीति के विपरीत है। जगत को विष-ज्वाला से मुक्त करने के लिए शिवजी ने सारा विष स्वयं पी लिया। जगत-कल्याण की पुण्य-भावना से वह हलाहल अमृत बनया। शिवजी का कंठ नीला पड़ गया। जगत की ज्वाला को आकंठ पान करके शिवजी के नीलकंठ हो जाने की घटना ने मेरे कोमल मन पर गहरा प्रभाव डाला था। पिताजी के मुख से शिवजी का उदार आख्यान सुनकर मैं शिवभक्त हो गई थी। तब तक शिवजी को अपनी आँखों से न देखे होने पर भी मैं उनके नीलकंठ की कल्पना करके उनके प्रति कृतज्ञ हो उठती थी। मैं नीलवर्ण के प्रेम में पड़ गई सात वर्ष की आयु से, अर्थात मैं अनजाने ही कालिमा और हलाहल के भ्रम में पड़ गई।

क्षीरसागर की मंजुल उर्मिमालाओं से स्पर्धा करके जलक्रीड़ा में रत थीं अनिन्दनीया अप्सराएँ। अमृतलोभी देव-असुर का समुद्र मन्थन उनकी जलक्रीड़ा में बाधा डाल रहा था। साठ करोड़ अप्सराएँ और उनसे भी अधिक उनकी सुन्दर परिचारिकाओं ने जल से प्रकट होकर अपने अनिर्वचनीय सौन्दर्य से देवताओं और असुरों को मुग्ध और मोहित कर लिया। मंजुकेशी, सुकेशी, मित्रकेशी, शुभंकेशी, चारुकेशी, प्रियकेशी, सुलोचना, सुनयना, सौदामिनी, सुकामिनी, सुभाषिनी, सुहासिनी, देवदत्ता, देवार्पिता, देवार्चना, देवसेना, देवप्रिया, देवांगना, मनोरमा, तिलोत्तमा, सुदत्ता, सुरमा, सुदर्शना, सुयशा, सुविद्या, सुमित्रा, सुमेधा, सुरूपा, सुप्रिया, सौभागिनी, सुरंजना, देवमुखी, देवभोग्या, देवरंजना, उत्तमा,

विश्वासिनी, विहंगिनी, विलासिनी, विमोहिनी, सुलग्ना, सुवेशिनी, रम्भा, मेनका और विश्वमोहिनी अप्सरा-श्रेष्ठ उर्वशी देव और असुरों की मोहित अवस्था देखकर प्रसन्न हुईं। जो जगत का कल्याण करता है, वही सौन्दर्य है। उनके सौन्दर्य ने देवता और असुरों के समुद्र मन्थन में बाधा डाली है। वे लोग अमृत, अमरत्व और अपना-अपना हित-अहित कर्त्तव्य भूलकर तटस्थ एकाग्रता लिए उर्वशी आदि अप्सराओं के सद्यःस्नात सुषमा का पान कर अपनी दर्शनेन्द्रियों को तृप्त कर रहे हैं। लेकिन दर्शनेन्द्रियाँ जितनी-जितनी तृप्त होती जा रही हैं, अतृप्त वासनाएँ उतनी ही तीव्र होती जा रही हैं। उर्वशी केवल सुन्दर ही नहीं, विदुषी भी हैं। देवताओं और असुरों के मनोभाव समझकर अप्सराओं की सुरक्षा को लेकर वे जितनी चिन्तित थीं, अप्सराओं को लेकर देव, असुर, मानव, यक्ष, गन्धर्वों में किस तरह का विवाद होगा, इस बारे में सोचकर वह कहीं अधिक उद्विग्न हुईं। क्या उनका सौन्दर्य त्रिलोक को मिटा देगा? तब तो सौन्दर्य के नाम पर उनके शरीर में हलाहल ही भर दिया है विधाता ने। सूर्य-किरणों से बनी मेघकण-सी तरल, सरल, छन्दमय उर्वशी अप्सराओं के लिए आश्रय-स्थल ढूँढ़ते हुए देव और असुरों से बोलीं, ''हे देवासुर! अब आपसी कलह भूलकर हम अप्सराओं को और स्वयं को बचाने का उपाय ढूँढ़िए। हम आपकी शरण में हैं।''

सौन्दर्य से परिपूर्ण उर्वशी की मधुरवाणी का देवासुरगण पर कोई असर नहीं हुआ। बल्कि अमृत के नशे से नहीं—अमरत्व के नशे से देवता और असुर पुनः सागर मन्थन करने लगे और उनकी असावधानी के कारण मन्दराचल पाताल की अतल गहराई में चला गया। कामना की विषज्वाला से पर्वत भी पातालगामी हो सकता है। देवतागण असहाय हो प्रार्थना करने लगे। कौन निकालेगा पाताल की अतल गहराई से मन्दराचल को? कोई-न-कोई तो सबको पाप की अतल गहराई से निकालता ही है। कौन है वह? अपने मन में बैठे चैतन्यरूपी ईश्वर को छोड़ वह शक्ति और किसमें है? अन्त में श्रीविष्णु ने स्वयं सागर की अतल गहराई तक जाकर मन्दराचल पर्वत का उद्धार करने की कठिन साधना की और सफल भी हुए। फिर उन्होंने देवताओं के चैतन्य में रहकर सागर-मन्थन किया। चैतन्य ही मन-मन्थन का मन्दराचल है, जिससे मिलती है अमृत अभिज्ञान की दुर्लभ उपलब्धि।

क्या कामना के समक्ष सब कुछ तुच्छ हो जाता है? क्या इसीलिए अप्सराएँ बनीं सर्वसाधारण की भोग्यवस्तु? हाय अप्सरा! अमरत्व की कामना के आगे दूसरे का सुख, दुख, जीवन का लक्ष्य धूल में मिल जाता है। अप्सराएँ भाग्य को स्वीकार न करके और करतीं भी क्या?

अनिन्द्य सुन्दरी सुरा की अभिमानी, वरुण कन्या देवी वारुणी ने समुद्र-गर्भ से स्वयं को प्रकट किया। दैत्यों ने वारुणी को स्वीकार नहीं किया, क्योंकि वे

सुरा की देवी थीं। इसलिए दैत्यगण उसी दिन से सुरापान से वंचित असुर कहलाए। समुद्र–मन्थन चलता रहा और अन्त में निकले पारिजात पुष्प, उच्चैःश्रवा अश्व, ऐरावत हाथी, जोकि देवश्रेष्ठ इन्द्र को प्राप्त हुए। इस पर किसी ने आपत्ति नहीं की। केवल अमृत के लिए ही देवताओं और दैत्यों में प्रबल युद्ध हुआ। युद्ध ने भयंकर रूप धारण कर लिया और सृष्टि का संहार होने लगा। प्रथा के मुख से सृष्टि–संहार के बारे में सुनकर भयभीत होते हुए मैंने सवाल किया, "अमृतप्राप्ति के लिए देवता और दैत्य, दोनों ने समुद्र–मन्थन किया। नीति की दृष्टि से अमृत दोनों को मिलना चाहिए। आपस में अमृत बाँटकर मैत्री–बन्धन में बँधने की बजाय वे युद्ध क्यों करने लगे?"

मेरी बात सुनकर निकट ही बैठे पिताजी गम्भीर हुए और प्रसन्न भी हुए। स्नेहसिक्त स्वर में बोले, "पुत्री अहल्या! तेरे बाल–मन ने जो नीतिगत प्रश्न उठाया है, वह प्रश्न देवता और दैत्यों के मन में नहीं उठा। अमृत एक ऐसी वस्तु है जिसके बँटने पर युद्ध अनिवार्य है। देवता और दैत्य युद्ध में मत्त रहकर मूल वस्तु अमृत को भूल गए और इस अवसर का लाभ उठाकर विष्णु अमृत लेकर भागे। दैत्य अमृत के मोह में अपना आपा खोकर विष्णु की अचिंत्य शक्ति जानते हुए भी उनसे अमृत छीनने लगे। अमरत्व की कामना से जर्जरित दैत्यगण विष्णु द्वारा एक–एक करके मारे गए। दैत्यों के मारे जाने पर इन्द्र ने बिना किसी बाधा के त्रिलोक प्राप्त किया और प्रसन्नचित्त होकर ऋषि समेत देवता और मानव पर शासन किया। देवता अमृतपान करके अमर हो गए और कश्यप की पत्नी दिति अपने पुत्रों को खोकर दुखी हो गईं।"

सच हो या कहानी, प्रथा के मुख से दैत्यों के विनाश की कथा सुनकर और दैत्य–माता दिति के दुख का अहसास करके मैं रो पड़ी। मुझे लगा, मेरे बाल–मन में जननी–हृदय का शोक भर गया है। पिता ने मेरे सिर पर हाथ फेरते हुए यह सब जान लिया। उन्होंने कहा, "पुत्री अहल्या! मैंने सोचा था देवताओं की विजय और अमृतप्राप्ति के आनन्द में तू दैत्यों के विनाश का दुःख भूल जाएगी। लेकिन मैं बहुत खुश हूँ कि तू केवल शरीर से ही कोमल और सुन्दर नहीं है–तेरा मन भी उदारता की महिमा से सौन्दर्यमय है। अवहेलितों और पराजितों के लिए भी तेरा हृदय कोमल करुणा से विगलित होने के कारण तेरा सौन्दर्य सौ गुना बढ़ गया है।"

अन्य दिनों की तरह आज मैं अपनी प्रशंसा सुनकर प्रफुल्लित नहीं हुई। दिति के दुख से उदास हो मैंने पुनः प्रश्न किया, "पिताजी! इस सृष्टि में इतनी विषमताएँ क्यों हैं? देवता, दैत्य, मानव, दानव–सभी यदि स्रष्टा की असीम कलात्मक प्रतिभा की देन हैं तो ये सभी साथ–साथ क्यों नहीं रह सकते? क्यों इनके लिए भिन्न–भिन्न लोक की परिकल्पना की स्रष्टा ने? क्या इस विषमता से एक दिन विद्वेष नहीं उपजेगा?"

मेरे मुख से यह तत्त्व-प्रश्न सुनकर पिताजी जितने आनन्दित हुए, उससे कहीं अधिक विस्मित हुए। शंकित स्वर में बोले, "अहल्या! यह सच है कि मैंने अपनी शिष्याओं को तेरी सहचरी के रूप में तैनात करके तुझे वेदमती बनाने का प्रयास किया है। मैंने प्रथा से कहा है बचपन से ही तुझे इस मिट्टी के इतिहास, इसकी संस्कृति और परम्परा से परिचित कराए। नारद को भी तेरी शिक्षा का भार सौंप रखा है। किन्तु मुझे लगता है, तेरी उम्र की तुलना में शिक्षा का बोझ अधिक हो गया है। अतः इस छोटी-सी उम्र में अनेक जटिल बातें सोच-सोचकर तू अपने मन को अधिक बोझिल कर रही है। तू जो सोच रही है, उन बातों पर यदि ऋषिगण और देवतागण विचार करते तो यह चौदह भुवन मैत्री-बन्धन में बँध जाता। लेकिन देवराज इन्द्र अचिंत्य ऐश्वर्य के स्वामी होते हुए भी परम शान्ति में नहीं हैं। इसीलिए अमृत और ऐश्वर्य का समान रूप से बँटवारा नहीं होता। स्वर्ग-राज्य में भी राजा और प्रजा में भेद-भाव है। समस्त ऐश्वर्य के स्वामी होते हुए भी इन्द्रदेव अपना आसन सुरक्षित नहीं समझते।" मैं इन्द्र के ऐश्वर्य के सम्बन्ध में आग्रही नहीं थी, न ही आग्रही थी उनके आसन की सुरक्षा के सम्बन्ध में! मैं आग्रही थी, माता दिति के बारे में अधिक जानने के लिए। इसलिए प्रश्न किया, "दिति का पुत्रशोक कैसे कम हुआ?"

पिताजी ने रहस्यमय मुस्कान बिखेरी। उस मुस्कान में थी–करुणा, श्लेष और क्षोभ। आपस में संघर्षरत आकाश के बादलों की ओर देखते हुए बोले, "इन्द्रहन्ता पुत्र-प्राप्ति के लिए दिति द्वारा कठोर तपस्या करना स्वाभाविक था। पति कश्यप ने पुत्रशोकातुर पत्नी को दिलासा देते हुए कहा–'सौराचार का पालन करते हुए तपस्या करने से इन्द्रहन्ता पुत्र की जननी होना सम्भव है।' अधीर जननी स्थिर मति हो कुशप्लव वन में कठोर तपस्या करने लगीं। देवराज इन्द्र अपनी मौसी दिति की तपस्या का उद्देश्य सम्भवतः नहीं जानते थे। इसलिए वे स्वयं मौसी की सेवा में जुट गए। दिति की तपस्या और सिद्धि के लिए अग्नि, कुश, काष्ठ, जल, फूल-मूल, घृत, मधु, दूध इत्यादि लाया करते थे। मौसी अपने पुत्रों के शोक से दुखी होकर शोकमुक्त होने के लिए तपस्या कर रही हैं, यही थी इन्द्र की धारणा। देवराज इन्द्र के अनेक सद्गुणों में से गुरुजनों के प्रति सेवा और सम्मान भाव रखना एक महान गुण था। वे चाहते तो मौसी की देख-रेख और सेवा के लिए परिचारिकाएँ नियुक्त कर सकते थे, किन्तु वे स्वयं दिति के पास बैठकर उनके चरण दबाते थे, उनका जूठन उठाते थे।

"मौसी होते हुए भी जिस इन्द्र की मृत्यु की कामना करके दिति तपस्या कर रही थीं, वही इन्द्र दिति की तपस्या में सहायक हो रहे थे। नारी का हृदय कान्त-कोमल और कठोर-निर्दयी होता है। दिति इन्द्र की सेवा से विगलित हो उठीं। इन्द्र को गोद में बिठाकर सरल जननी ने अपना पाप बताते हुए कहा–'वत्स! मैंने

जननी होकर भी स्वार्थवश राक्षसी का आचरण किया है। यह सच है कि तू ही मेरे पुत्रों के विनाश का कारण है। अमृत-कलश से एकाध बूँद मेरे बेटों की ओर छींट देता तो वे लोग उतने से ही सन्तुष्ट होकर तुम लोगों के प्रति हमेशा के लिए कृतज्ञ हो जाते। लेकिन उन्हें अमृत से वंचित रखकर तूने एक-एक की हत्या कर दी। उन्होंने भी बड़े श्रम से समुद्र-मन्थन किया था। सारा ऐश्वर्य तूने ले लिया। उन चीजों में उन्होंने हिस्सा नहीं माँगा। अमृत से वंचित होने पर क्षुब्ध हो उठना क्या उनके लिए स्वाभाविक नहीं था? इसलिए मैं इस अन्याय का बदला लेने के लिए तुम को मारनेवाले पुत्र की प्राप्ति के लिए तपस्या कर रही हूँ। लेकिन अब तेरी सेवा से प्रसन्न होकर मेरे दिव्य चक्षु खुल गए हैं। तेरी हत्या करने से मेरे मृत बेटे लौट नहीं आएँगे। तो फिर क्यों मेरे मन में यह विनाशकारी भावना उपजी? तेरी हत्या करने के बारे में सोचते समय मुझे अपनी बहन अदिति का खयाल कैसे नहीं आया? हाय! मैं कितनी नीच हूँ! इस समय मेरे गर्भ में इन्द्रहन्ता-पुत्र मुक्ति का मार्ग ढूँढ़ रहा है। किन्तु मैं उसे शुरू से ही उपदेश दूँगी जिससे कि वह तेरे प्रति वैर-भाव नहीं रखेगा। तुम दोनों भातृ-विवाद भुलाकर स्नेह-बन्धन में बँधकर त्रिलोक का अनन्त कल्याण करना। उसकी शिक्षा का सम्पूर्ण दायित्व मैं तुझको ही सौंप दूँगी। अब मैं तपस्या करूँगी इन्द्रमित्र पुत्रलाभ के लिए। तू निश्चिन्त रह बेटे! मैं वचन देती हूँ कि मेरे बलशाली बेटे द्वारा जीता गया त्रिभुवन तुझे ही प्राप्त होगा। तू सारे ऐश्वर्य का उपभोग करेगा। वह तेरा आज्ञाकारी होगा और तेरे अधीन रहेगा लेकिन एक शर्त पर। वह तेरे स्नेह और प्रेम के अधीन होगा, परन्तु आदेश और अहंकार की अधीनता वह स्वीकार नहीं करेगा। तू भी भला उसके प्रति स्नेहशील न होकर क्षमता प्रयोग क्यों करेगा?'

"दिति के सत्यवचन सुनकर इन्द्र चिन्तित हो उठे। जननी की तपस्या वृथा नहीं जाती। दिति के गर्भ से इन्द्रहन्ता पुत्र का ही जन्म होगा। वह अत्यन्त बलशाली होगा। परन्तु वह दिति का उपदेश मानकर इन्द्र के अधीन रहेगा, इसका क्या भरोसा? क्षमता का आसन कमल के पत्ते पर जल-बिन्दु की तरह हमेशा ढुलमुल रहता है। इसलिए इन्द्र क्षमता सम्पन्न होते हुए भी सतत सन्दिग्ध चित्त हैं।

"दिति की शुचिता और तपस्या से इन्द्रदेव भयभीत हो उठे थे। जननी की शुचिता ही सन्तान को शक्तिशाली बनाती है। दिति यदि अपनी शुचिता खोएँगी, तो उनके गर्भ का सन्तान कमजोरहीन वीर्य होगा। दिति अपनी शुचिता को लेकर दृढ़ निश्चित थीं। इन्द्र पर अगाध स्नेह और विश्वास के कारण दिति दोपहर के समय सो गईं। उनके खुले-बिखरे केश धरती का स्पर्श कर रहे थे। दिति की यह असंयत दिवा-निद्रा क्रमशः उनकी आदत बन गई। फलस्वरूप गर्भ की सन्तान कमजोर हो गई। इस अवसर का लाभ उठाकर इन्द्र ने वज्र से दिति के उदर में आघात किया। दिति का गर्भ भंग हुआ। शिशु-भ्रूण सात टुकड़ों में बँट जाने पर

गर्भ में असहनीय पीड़ा के कारण दिति रोने लगीं। वे समझ गईं कि इन्द्र ने इन्द्रासन के प्रति खतरे की आशंका से उनके गर्भस्थ सन्तान की हत्या करने की चेष्टा की है। दिति ने अपने भतीजे इन्द्र से प्रार्थना की–'वासव! तू तीनों लोक का राजा है। मेरे गर्भ के शिशु को तू ही बचा सकता है। तेरे अधीन अश्वनीकुमार द्वय और राजवैद्य धन्वन्तरि भी हैं। मेरे गर्भ को बचाने का पवित्र दायित्व तेरा है।'

"विचित्र है इन्द्र का मन। जिस भ्रूण के नाश के लिए उन्होंने निद्रित मौसी के उदर में निर्दयतापूर्वक वज्र-प्रहार किया था, उसी भ्रूण की रक्षा के लिए उनका हृदय अधीर हो उठा। स्वर्ग राज्य के चिकित्सा विशारद अश्विनीकुमार द्वय को बुलवाकर उन्होंने दिति को गर्भस्थ सन्तान को बचाने की उचित चिकित्सा करवाई। अपनी निष्ठुरता की आत्मग्लानि से इन्द्र स्वयं ही जलने लगे। किन्तु माता का मन आकाश-सा उदार होता है। दिति इन्द्र के पश्चाताप से मुग्ध हो उन्हें दिलासा देते हुए बोलीं–'हे इन्द्र! सिंहासनलोभी मन बड़ा निष्ठुर होता है। लेकिन तुझमें सिंहासन का मोह होते हुए भी तेरे मन में दया, प्रेम और करुणा का अभाव नहीं है। तभी तूने मेरे गर्भस्थ शिशु को बचा लिया। इसलिए तू दोषमुक्त है। मेरा यह गर्भस्थ भ्रूण सात खंडों में बँटकर भी अश्विनीकुमारों की चिकित्सा से पुनः जीवन पा गया है। ये सात खंड सात शिशु बनकर जन्म लेंगे और सात मरुत के रूप में आकाश के सात वातस्कन्दों के बीच विचरण करके त्रिलोक का कल्याण करेंगे। वे कल्याणकारी कार्यों में तेरी सहायता करेंगे।'

"इन्द्र दिति की उदारता से अभिभूत हो उठे और यह आश्वासन दिया कि दिति के सात पुत्र मरुतदेव के रूप में उसके मित्र बनकर रहेंगे। निर्दिष्ट समय में सात मरुत-आवह, प्रवह, संवह, उद्वह, विवह, परिवह और परावह दिति के गर्भ से पैदा हुए। वे ब्रह्मलोक, इन्द्रलोक एवं अन्तरिक्ष में विचरण करते हुए सृष्टि की रक्षा करने लगे। विशालपुरी में तपस्या करके इन्द्रहन्ता पुत्रलाभ की कामना अन्ततः सात मरुत के जन्म का कारण बनीं।"

गढ़-गुढ़कर कहानी कहने में प्रथा की बराबरी कोई नहीं कर सकता। मैं भूख-प्यास भूलकर उसकी बातें सुना करती, कभी-कभी मुस्कराने लगती, कभी-कभी अपनी रुलाई रोक नहीं पाती, और कभी-कभी चिन्तित व उदास बैठी रहती।

वेदपुरुषप्रजापिता ब्रह्मा उस दिन मेरा चिन्तित मुख देख पीड़ित मुस्कराहट बिखेरते हुए बोले, "बेटी अहल्या! इन्द्र वीर और देवराज हैं, फिर भी उनमें शान्ति नहीं है क्योंकि क्षमता और वासनायुक्त हृदय अपने आसन के प्रति असहाय मोह के कारण कभी-कभी पाप को प्रश्रय देता है।"

मैं देखती हूँ, पिताजी इन्द्र की जयगान करने के साथ-साथ उनके पाप को भी दर्शाना नहीं भूलते। पिताजी की यह निरपेक्षता मुझे अच्छी लगती है। लेकिन

मेरे भाई नारद जब इन्द्र का वृत्तान्त शुरू करते हैं, उसमें प्रशंसा के साथ निन्दा नहीं होती। भाई नारद के मतानुसार, जो इन्द्रलोक के स्वामी हैं, त्रिलोकपालक तैंतीस करोड़ देवताओं के प्रशासन-प्रमुख हैं, वे राज्य की सुरक्षा और प्रजा की खुशी के लिए कभी-कभी कूटनीति अपनाने को बाध्य होते हैं। राजनीति में पाप, व्यभिचार, अन्याय, दुर्नीति का सहारा लिए बिना ऐसा कौन है जो अपना आसन लम्बे समय तक सुदृढ़ रख सका है? जिसने कूटनीति का सहारा नहीं लिया, उसे जल्दी गद्दी छोड़नी पड़ी है। एक बार क्षमता का स्वाद चख लेने के बाद गद्दी से अलग होना, शरीर से सिर अलग होने-सा दुःखदायी होता है। शरीर से सिर अलग होना बल्कि एक तरह की मुक्ति है, क्योंकि तब पार्थिव यंत्रणा की अनुभूति नहीं रह जाती। किन्तु गद्दी से उतारा गया व्यक्ति स्वर्ग से नर्क में गिर पड़ने-सा दुःख, यंत्रणा और वेदना की तीव्रता का अनुभव करने के साथ-साथ फिर से गद्दी प्राप्त करने की कुत्सित साधना में अपने व्यक्तित्व और विवेक की बलि चढ़ाने से पीछे नहीं हटता। इसलिए यदि इन्द्र अपना पद बचाए रखने के लिए कोई अनीति कर बैठते हैं, तो उन्हें क्षमा किया जा सकता है। इन्द्र द्वारा पाप करने पर भी पापमुक्त होकर पुनः क्षमता प्राप्त करने के कई उदाहरण हैं।

राजनीति या कूटनीति के प्रति मुझमें कोई आग्रह नहीं। दरअसल वे गूढ़-गम्भीर बातें मेरे बालिका मन की चंचलता में टिक नहीं पातीं। क्या लाभ उन्हें समझकर--मुझे तो कभी क्षमतासीन होना है नहीं, फिर उन कुटिल बातों में सिर खपाकर मन को कष्ट क्यों दूँ? हालाँकि मेरे भाई नारद की वर्णन-चतुराई, कथा-शैली और वाक्पटुता से जो परिचित हैं, वे अपने पाप, मृत्यु, कलंक और पराजय की कथा भी उनके मुँह से सुनकर आनन्द प्राप्त करेंगे। प्रथा और भाई नारद से अनेक कहानियाँ-किंवदन्तियाँ सुनते-सुनते मेरी कल्पनाशक्ति और विचारशक्ति उम्र से कहीं अधिक प्रखर हो उठती हैं। भैया नारद को देखते ही मन प्रसन्न हो जाता है। मैं भैया की वीणा के तारों में अँगुलियाँ रखकर बेसुरा राग-तरंग छेड़कर लड़ियाते हुए उनसे कहा करती, ''इन्द्र देव की गद्दी छिनने की कहानी बड़ी रोचक होगी। मुझे वह कहानी सुनाएँ। नहीं तो आज मैं नहीं पढ़ूँगी। पिताजी पूछेंगे तो कह दूँगी, पढ़ाने के लिए आज भैया को समय ही नहीं मिला।''

पिताजी के निर्देश पर भैया नारद सप्ताह में दो बार मेरी पढ़ाई देखने के लिए मर्त्यलोक के रम्यवन में आते हैं। मैं उनसे पढ़ती कम-लड़ियाती ज्यादा। मेरी बातें सुनकर भैया सरस, आमोद और लाड़-प्यार से मेरी ओर देखकर डपटते हुए कहते, ''देख रहा हूँ कि पिताजी के लाड़-प्यार और सबसे अपने रूप की प्रशंसा सुन-सुनकर तू बहुत नकचढ़ी हो गई है। सोचती है, जब भी जो चाहेगी, तेरे लिए कुछ अप्राप्य नहीं है--यहाँ तक कि तू माँगेगी तो इन्द्रदेव अपना इन्द्रासन तक तेरे चरणों में रख देंगे।''

"हाँ, रख सकते हैं। देखूँ माँगकर? सुना है, वे महान दाता हैं। सबकी मनोकामना पूरी करते हैं।" भैया को चिढ़ाने के लिए मैंने शरारत करते हुए कहा।

"निराश होगी तू अहल्या। मैं इन्द्रदेव को जानता हूँ। वे बिना सिर के जी सकते हैं–बिना क्षमता के नहीं जी सकते। पर इसमें उनका क्या दोष? तैंतीस करोड़ देवता दिन-रात उन्हें घेर कर उनकी स्तुतिगान करते हैं, उनके राजत्व के बिना त्रिलोक में अराजकता फैल जाएगी। यदि सभी एक स्वर में ऐसा कहें, तो कोई भी अपने पद और आसन को अपनी आत्मा और पैतृक सम्पत्ति मान लेगा। मैं तो कहूँगा कि इन्द्रदेव से जो भी त्रुटियाँ या चूक हुई हैं, वह सब चाटुकार देवताओं और ऋषियों की स्तुतियों के कारण ही हुई हैं। जिस तरह 'तू त्रिलोक सुन्दरी है'–जैसे सबके चाटुकारितापूर्ण वाक्य सुन-सुनकर बाहरी सौन्दर्य को ही तू बड़ा समझकर अहंकार से फूली नहीं समाती।"

मैं खीज उठती भैया की बातों से–उनके बाण से उन्हीं को आघात पहुँचाते हुए प्रश्न करती, "उन चाटुकार देवताओं में मेरे भाई नारद अग्रणी हैं, ऐसा मैंने सुना है। क्या यह सच है?"

भैया जरा भी विचलित नहीं होते। मुस्कराते हुए कहते, "चाटुकार भी एक पदवी है। रोजी-रोटी का सवाल है। तू अभी बच्ची है–दो मुट्ठी आहार का इन्तजाम कहाँ से, कैसे होता है, तुझे क्या मालूम! मेरा जो पेशा है, उसमें कितने लोगों को किस-किस तरह से सन्तुष्ट करना पड़ता है, वह मैं ही जानता हूँ। इतना समझ ले कि चाटुकार सबकी स्तुतिगान करता है जबकि सभी उसकी निन्दा करते हैं। क्योंकि सभी जानते हैं कि चाटुकार जो कुछ गाता है, वह सचमुच की प्रशस्ति नहीं, झूठे चाटुवाक्य हैं।"

"क्या लोग जान-बूझकर चाटुकारितापूर्ण वाक्यों से प्रसन्न होते हैं–चाटु-वाक्यों को प्रश्रय देते हैं?" मैंने विस्मयपूर्वक प्रश्न करती।

भैया उन प्रसंगों को टालने के लिए कहते, "यही तो आश्चर्य है। बोलनेवाला व्यक्ति जानता है कि वह झूठ बोल रहा है–सुननेवाला जानता है कि वह झूठ सुन रहा है, तब भी झूठ पर भरोसा न करने पर आत्मविश्वास का बाँध टूट जाता है। छोड़ो ये बातें–फिर कभी सुनाऊँगा इन्द्र की गद्दी छिनने की कहानी। अब मुझे महर्षि गौतम के आश्रम में जाना होगा। पितामह का आदेश है। तेरी शिक्षा के बारे में विचार-विमर्श करने के लिए पिताजी ने उन्हें बुलवाया है।"

मैंने पूछा, "मुझे क्या पढ़ना है, क्या नहीं, उस बारे में पिताजी ने स्वयं न सोचकर गौतम नामक किसी मर्त्य-मानव को क्यों बुलवाया है?"

भैया की सारी बातों में मजाक और मनोरंजन होता है। मुस्कराते हुए बोले, "गौतम मर्त्यलोक के महर्षि हैं, भले ही वे मर्त्य के मानव हैं। तू क्या सोचती

है, तेरी पढ़ाई के बारे में उनसे विचार-विमर्श न करके ऐश्वर्यविलासी देवराज इन्द्र से करें?''

''हर बात में इन्द्र का नाम न लेने से क्या तुम्हारी चाटुकार की पदवी संकट में पड़ जाती है? महर्षि गौतम के बारे में बातचीत करते समय इन्द्र का प्रसंग उठने का क्या औचित्य है...'' मैं सचमुच चिढ़ गई थी भैया पर।

भैया तो कभी खीजते नहीं। आज भी नहीं खीजे। शान्तभाव से बोले, ''औचित्य है। इन्द्रदेव और गौतम कभी प्रजापिता ब्रह्मा के शिष्य थे। वे सहपाठी हैं। एक ज्ञानलोभी, दूसरा क्षमतालोभी, पर दोनों लोभग्रस्त। महर्षि गौतम इस समय देवर्षि बनने के लिए तपस्या की तैयारी कर रहे हैं। केवल इन्द्रदेव नहीं, समस्त देवलोक इस समय महर्षि गौतम की तपस्या और साधना को बड़े ध्यान से देख रहा है। महर्षि गौतम की तपस्या के पीछे इन्द्रपद की लालसा है या नहीं, उस बारे में सन्देह होना स्वाभाविक है। इन्द्रदेव को बहुत पहले गौतम से ईर्ष्या हुई थी। कारण यह था कि ज्ञानमार्ग में इन्द्रदेव गौतम से हमेशा पीछे रह जाते थे। सहपाठियों में ईर्ष्या होना स्वाभाविक है किन्तु महर्षि से देवर्षि बनने की गौतम की अभिलाषा से इन्द्रदेव बिलकुल सन्तुष्ट नहीं हैं। क्या यह भी एक तरह के पद की लालसा नहीं है? गौतम इन्द्र से श्रेष्ठ हैं या नहीं, देवसभा में गोपनीय चर्चा चल रही है किन्तु पितामह ब्रह्मा के सबसे प्रिय शिष्य गौतम हैं। क्योंकि ज्ञान अर्थ और ऐश्वर्य-अर्जन का मार्ग सुगम बना सकता है, जबकि अर्थ और ऐश्वर्य ज्ञानार्जन के मार्ग को दुर्गम बनाते हैं। इस दृष्टि से ज्ञान बड़ा है अर्थ से। ज्ञानी निर्धन होने पर भी सर्वत्र पूजा जाता है–किन्तु धनवान विद्या और ज्ञान से अछूता होने पर पूजना तो दूर, उसे कोई सम्मान तक नहीं देता। इस दृष्टि से क्या देवराज इन्द्र से अधिक पूजनीय नहीं है मर्त्यलोक के मनुष्य महर्षि गौतम?''

मैंने देवराज इन्द्र को तब नहीं देखा था। न ही देखा था महर्षि गौतम को। हालाँकि देवराज इन्द्र के यश और ऐश्वर्य की बातें सुनी थीं। सुनी थीं मैंने वेद के एक-एक छन्द में इन्द्रदेव की असंख्य स्तुतियाँ। इसलिए मैं इतनी आसानी से कैसे स्वीकार कर लेती कि महर्षि गौतम देवराज इन्द्र से अधिक श्रेष्ठ हैं? देवराज इन्द्र महर्षि गौतम की तरह विलक्षण पंडित भले ही न हों, पर विद्यारहित तो नहीं थे। पितामह ब्रह्मा के श्रेष्ठ शिष्य भले ही न हों पर शिष्य तो थे। इतना ही काफी था किसी को पूजनीय बनाने के लिए। किन्तु इस तुलना का क्या औचित्य था? भला मैं क्यों करती ऐश्वर्यशाली देवराज इन्द्र और संसार विरागी मर्त्य-मानव की तुलना?

सुन्दर-असुन्दर दोनों के स्रष्टा एक हैं। कलाकार की कूची से कभी खिल उठता है पुण्य तो कभी पाप। कभी शुभ तो कभी अशुभ। परन्तु कलाकार सुन्दरता पर गर्व करता है, असुन्दर सृष्टि को एक तरफ रख देता है कचरे की ढेरी

पर। कलाकार के हाथ का दोष हो अथवा रंगभरी कूची का, दोष उस असुन्दर सृष्टि का तो नहीं। बिना किसी दोष के भी असुन्दर का भाग्य सर्वदा कचरे की ढेरी पर होता है, जबकि सुन्दरता सिर-माथे पर।

मेरे पितामह ब्रह्मांड के स्रष्टा हैं। सुन्दर-असुन्दर, शुभ-अशुभ के कलाकार। स्रष्टा अहंकार के सिंहासन पर बैठा रहे तो सृष्टि सार्वजनिक नहीं होती, यह बात पितामह जानते हुए भी अहंकारमुक्त नहीं थे। विशेषकर मेरे रूप और सौन्दर्य को लेकर उनमें जो अहंकार था, वह देवसभा में चर्चा का विषय बन चुका था। प्रत्येक सभा में पितामह बातचीत का रुख किसी-न-किसी बहाने सौन्दर्य-तत्त्व की ओर मोड़ देते थे। सौन्दर्य-तत्त्व की चर्चा शुरू होते ही पिताजी मेरा प्रसंग छेड़कर मेरे रूप की प्रांजल चर्चा करते हुए देवसभा को स्तम्भित कर देते थे। पिताजी ने गर्व के साथ यह घोषणा की थी कि अहल्या अनन्य सुन्दर है और वे स्वयं एक दूसरी अहल्या की सृष्टि नहीं कर सकते। अर्थात मैं थी प्रथम और अन्तिम अहल्या। मुझसे पहले सृजित और मेरे बाद जितनी नारियाँ सृजित होंगी, वे सभी रूप में मुझसे कम सुन्दर होंगी। पिताजी द्वारा देवसभा में पूरे गर्व के साथ यह घोषणा करते समय साठ करोड़ अप्सराओं और इन्द्रपत्नी इन्द्राणी के चेहरे ईर्ष्या से मलिन होते मेरे भाई नारद ने स्वयं अपनी आँखों से देखने की बात कही थी।

मेरे रूप को लेकर पिताजी का अहंकार अनजाने ही अजगर की तरह मेरे मन में भी कुंडली मारकर बैठ चुका था, यह बात मैंने बहुत बाद में समझी थी। लेकिन उस उम्र में मैं अपने रूप के अहंकार से कुछ समय तक स्वप्न-राज्य के सर्वोच्च शिखर पर स्वयं को स्थापित कर चुकी थी। मेरे ऐसा सोचने के पीछे पर्याप्त कारण भी थे। मैं अति सुन्दर हूँ, यह बात केवल दर्पण ही नहीं कहा करता था, कहा करती थीं नर-किन्नर, पशु-पक्षी, सबकी आँखें। यहाँ तक कि फूल की पंखुड़ियों पर पड़ी ओस की बूँदें, घास पर पड़ा वर्षाजल भी मेरे सौन्दर्य की घोषणा गर्व के साथ किया करते। मैं कहीं से भी गुजरती तो मेरे चारों ओर की प्रकृति मेरे रूप के तेज से फीकी पड़ जाती। यहाँ तक कि स्वयं पिताजी और मेरे भाई नारद भी मेरे सौन्दर्य से मोहित हो जाते। मेरी ओर देखते ही पिताजी के वेदोच्चारण में बाधा पड़ जाती। भाई नारद का वीणा-स्वर बेसुरा पड़ जाता।

पिताजी और भाई को इस तरह मंत्रमुग्ध होकर मेरी ओर देखने पर मेरी छाती में एक अज्ञात भय पैदा होने लगता। उस सुकुमार उम्र में ही मैं बहुत गहराई से सोचने लग जाती थी। मुझे याद आ जाती प्रथा से सुनी पिताजी के अतीत की एक पाप-इच्छा। त्वयी, वार्ता, आनिक्षीका और नीति पिताजी की शिष्या होने के बावजूद उनके पाप-पुण्य की चर्चा करने से कतराती नहीं थीं। भला कतराएँ भी क्यों? गुरु हों, चाहे माता-पिता-पाप और पुण्य की परिभाषा सबके लिए समान है। पाप और पुण्य की चर्चा न हो तो भविष्य में उसका सन्देश कैसे जाएगा? ब्रह्मा

की पाप-कथा का वर्णन करते समय वार्ता का मुँह रुकता ही नहीं था। दूसरे लोग उसकी बातें पीते चले जाते। दूसरे का पाप और कलंक अमृत जैसा स्वादिष्ट होता है। लेकिन अमृत पीने से अमरत्व मिलता है और दूसरे की निन्दा-गान से होती है अकाल मृत्यु। मनुष्य मृत्यु से नहीं डरता तभी तो वह बार-बार चाहता है पुनर्जन्म। मैंने भी उस दिन स्तब्ध हो सुना था पिताजी के पाप का आख्यान।

पिताजी की कन्या सरस्वती जितनी विदुषी थीं, उतनी ही सुकुमारी और सुन्दर भी। कामरहित होने के कारण उनके सौन्दर्य की सात्त्विक आभा ने उन्हें अधिक आकर्षक बनाया था। एक दिन पिता अपनी कन्या सरस्वती के अपूर्व सौन्दर्य से काम मोहित हो गए। ब्रह्मा के दस पुत्र—मरीचि, अत्रि, अंगिरा, पुलह, पुलस्त्य, क्रतु, भृगु, वशिष्ठ, दक्ष, देवर्षि नारद आदि ऋषि अधर्म से जुड़ा उनका संकल्प देख व्यथित, लज्जित और मर्माहत होकर निर्भीक हो उनको धिक्कारते हुए बोले, ''हे प्रजापिता ब्रह्मा! आप हर काम कर सकते हैं—ब्रह्मांडकर्त्ता हैं। आपके दाहिने हाथ में धर्म, पीठ पर अधर्म विराजमान है। अधर्म को पीछे रख आपने दंड-विधान बनाए हैं। अपनी देह और मन से एवं कलात्मक चेतना से आपने सम्पूर्ण जगत की सृष्टि की है। आप स्वयं से सरस्वती और स्वयं से ही काम को उत्पन्न करा के अपनी कन्या के प्रति कामासक्त हो उठे हैं। आपसे पहले किसी ब्रह्मा ने ऐसे पाप का संकल्प नहीं लिया था। आपका यह पाप भविष्य में पिता-पुत्री के सम्बन्ध को पाप-जर्जर कर देगा। उसके बाद पृथ्वी पर कामरहित पवित्र सम्बन्ध जैसी कोई बात नहीं रह जाएगी। आपका यह अधर्ममय संकल्प शिल्पीमानस की सात्त्विक प्रतिभा को कलुषित कर देगा। भविष्य में रक्षक ही भक्षक बन जाएगा, कलाकार ही कला का व्यापार करेगा। आपके इस आचरण से हम सभी पुत्र अत्यन्त लज्जा अनुभव कर रहे हैं।''

कभी-कभी तरुण भी प्रवीण का पथप्रदर्शक बन जाता है। यह सच है कि पुत्रों की भर्त्सना से लज्जित हो ब्रह्माजी की काम-वासना क्षण में दूर हो गई पर आत्मग्लानि से जर्जरित हो उन्होंने अपना शरीर त्याग दिया। उस समय चारों ओर घना कोहरा घिर आया, जिससे ब्रह्मांड अन्धकारमय हो गया। ब्रह्मा की पाप-इच्छा से ही उपजा ब्रह्मांड का आद्य अन्धकार।

पिताजी के शरीर त्यागने की कहानी सुनकर मैं विव्रत और व्यथित हो उठी। विस्मित भी हुई। शरीर त्यागकर पिताजी ने विश्व का विस्तार कैसे किया, मैंने वार्ता से यह प्रश्न किया।

वार्ता ने मुस्कराकर कहा, ''तुम बड़ी भोली हो—शरीर त्यागने का अर्थ मृत्यु नहीं—और मृत्यु भी है। मनुष्य अपने जीवन में न जाने कितनी बार मरता है। मनुष्य अपने शरीर को प्रतिदिन त्यागकर नया शरीर धारण करता है। प्रतिदिन नए मनुष्य के रूप में वह जीवन जीता है। अपने कायमन चेतना से निकालकर फेंक

देता है न जाने कितनी भ्रान्तियाँ और कुरूपताएँ। जो ऐसा नहीं करता, वह जीता जरूर है पर उसमें जीवन का मंजुल स्पन्दन नहीं होता, वह हर रोज नई-नई मौत मरता है। ब्रह्मा तपोनिष्ठ, वेदमय हैं। इसलिए अपनी क्षणिक भ्रान्ति लिए उन्होंने हजारों वर्षों तक तपस्या की। अपने कामासक्त शरीर को पश्चाताप से जलाकर तपस्या से मंत्रजल से धोकर दिव्यरूप धारण किया। पाप करना जितना बड़ा पाप नहीं होता, पाप करके प्रायश्चित न करना उससे बड़ा पाप है। प्रायश्चित के बाद वे पुनः सृष्टि का विस्तार करने में जुट गए। पर वे जानते थे कि उनके कामरहित मरीचि आदि ऋषिपुत्र द्वारा सृष्टि का विस्तार करना सम्भव नहीं है। स्रष्टा होने के कारण उनकी उपलब्धि यह हुई कि सृष्टि-विस्तार के लिए काम भी आवश्यक है। प्रेममय काम-कला पाप नहीं, पर बीभत्स काम-वासना को चरितार्थ करने के लिए कामासक्त हो उठना पाप है। सृष्टि-विस्तार की कल्याणकारी भावना से ब्रह्माजी ने स्वयम्भू सार्वभौम सम्राट मनु और उनकी पत्नी महारानी शतरूपा को जन्म दिया। उन दोनों ने सृष्टि-विस्तार के लिए मैथुन मार्ग से पाँच सन्तानों को पैदा करके ब्रह्मा के उद्देश्य को पूरा किया।''

वार्ता का वर्णन बड़ा रोचक था। काम-वासना से पाप और पाप से सृष्टि कल्याणकारी होती है, इस बात ने पिता ब्रह्मा के व्यक्तित्व को मेरे सम्मुख छोटा नहीं, बल्कि महिमामय बना दिया। यह सब सच हो या कल्पना—बड़ा भाव-व्यंजक और शिक्षाप्रद था। मैंने सोचा—क्या सौन्दर्य दिगभ्रष्ट करने के लिए होता है? काम-वासना स्वाभाविक है, किन्तु उससे मुक्त होकर मन को वासनामुक्त करना देवोपम कार्य है, पर क्या सौन्दर्य के साथ काम-वासना गहरे जुड़ी हुई है? यदि यह बात सच है, तो फिर पिताजी ने मेरी देह में इतना सौन्दर्य क्यों भरा? सौन्दर्य की परिभाषा, उद्देश्य और लक्ष्य के बारे में अधिक गहराई में जाकर सोचने की उम्र मेरी नहीं थी। धीरे-धीरे अपने सौन्दर्य के अहंकार ने मुझे अपने वश में लेना शुरू कर दिया था। मैं अपने सौन्दर्य से स्वयंमुग्ध और विभोर होकर स्वप्न-विलासी हो उठी। केवल मैं ही नहीं, उस उम्र में सभी स्वप्नभूक अवश्य होते होंगे। मैं कुछ अधिक स्वप्नविलासी हो उठी थी। उसका कारण था—दुनिया के बारे में मुझे कोई विशेष अनुभव नहीं था। पति-पत्नी की दुनिया क्या है, पारिवारिक जीवन कैसा होता है, मेरी उम्र की लड़की को कैसा आचरण करना चाहिए—ये सब बातें मेरे अनुभव से परे थीं। मैं जिस आश्रम में पली-बढ़ी, वह आश्रम बिल्कुल एकान्त में था। पिता ब्रह्मा ने मेरे लालन-पालन के लिए ही वह आश्रम बनवाया था। पर वे वहाँ न रहकर रहते थे ब्रह्मलोक में। हालाँकि वे अक्सर मेरे पास आया करते थे। भैया नारद भी लगातार आया-जाया करते थे। मेरे साथ आश्रम में रहा करती थीं, प्रभा और मेरी चार सहचरियाँ और बचपन की सहेली ऋचा। मुझे कोई काम नहीं करना पड़ता था। सुबह से शाम तक मैं

मधुमक्खी की तरह वेद की सूक्तियाँ गुनगुनाती इस कुंज से उस कुंज में डोलती फिरती। मैं सिर्फ फल-फूल ही खाया करती थी। मुझे रसोई से कोई लेना-देना नहीं था। किसके लिए सीखती रसोई? माँ न होने के कारण नियंत्रण में रखकर गृहस्थी के काम सिखानेवाला कोई नहीं था। मैं बहुत खुला-खुला, स्वच्छन्द जीवन बिता रही थी।

वनलता-सी मैं अपनी इच्छा से, अपनी सूझ-बूझ से मन चाहे लिपटती चली जा रही थी जीवन पथ पर। कोई बाधा-बन्धन नहीं था। वर्षा-जल मुझे नहला देता था, सूर्यालोक मेरे भीगे केशों को सुखा देता, मरुतगण मेरा केश-विन्यास कर देते। वन-फूल मेरा जूड़ा सजा देते। घास-फूल के रंग मेरे पैरों को रंग देते थे। मेरे वस्त्र, आभूषण, खाद्य-पेय, प्रसाधन सब कुछ प्रकृति ही अनायास उड़ेल देती थी। इसलिए मैं थी प्रकृति-कन्या। मैं माँ-माँ कहकर पुकारती तो प्रकृति की प्रतिध्वनि मेरी पुकार का उत्तर देती थी। मेरे साथी, सहचरी, खेल के संगी थे उद्यान के पेड़-पौधे, जंगली झरने और पशु-पक्षी। उनकी भाषा मैं समझती थी—मेरी भाषा वे सभी समझते थे। अगर ऐसा न होता तो मेरे मन की बात समझकर वे लोग सारा कुछ इस तरह मेरे सामने न उड़ेल देते।

घर का ही काम नहीं करती थी। पशु-पक्षी, पेड़-लताओं की देख-रेख स्वयं करती थी। सिर्फ आश्रम के भीतर ही नहीं, आश्रम के बाहर अरण्य के सारे पेड़-पौधे, लता-गुल्म पशु-पक्षी, कीट-पतंग—सभी मेरे अन्तरंग थे। किसी का कष्ट मैं सह नहीं पाती थी। ठंड से ठिठुरकर घास-पत्तों की आँखें छलछला आने पर, मैं घास पर लोटकर स्वयं को भिगो लिया करती थी ठंड के आँसुओं से। घास-फूलों की आँखें पूँछ जाती थीं मेरे अंग के स्पर्श से। निदाघ की धूप से लता-पत्तों को झुलसते देख मैं रो-रोकर आँसुओं से भिगो देती थी उन्हें। हहाकर जलते लता-पत्र मेरे आँसुओं से ताजे और हरे-भरे हो जाते। अरण्य का काँटा गड़ने पर अपने पैरों से खून निकलता, मैं 'अहा' कहकर अपने पैर में गड़े काँटे को देखने लग जाती थी। मेरे पैर को बींधने के कष्ट से कहीं उसे पीड़ा तो नहीं हो रही! एक बार पत्थर से टकराकर अपने सिर से खून बहते देख मैंने पत्थर को छूकर जाँचा था—कहीं मेरा सिर पत्थर से भी अधिक सख्त तो नहीं? खून मेरे सिर से निकला या पत्थर से? मैंने स्वयं फूल तोड़कर जूड़े में, गले में, हाथ में, कमर में कभी नहीं पहना। फूल तोड़ने की पीड़ा दो प्रेमियों को अलग करने की पीड़ा से कुछ कम नहीं होती, ऐसा मैं सोचती हूँ। यहाँ तक कि अपने खाने के लिए मैं फल भी नहीं तोड़ती थी। फूल अपने आप झर जाते थे मेरे गले, जूड़े, शरीर पर सजने के लिए। फल अपने आप गिर पड़ते थे मेरे खाने के लिए।

पक्षी मेरे मनोरंजन के लिए सूर्योदय से पहले तरह-तरह के कूजन से अरण्य को मुखरित कर देते थे। मरुतगण अपने सुगन्ध से आकाश और पृथ्वी को

सुवासित कर देते थे। अकेलापन लगने पर जंगली लताएँ मुझे बाँहों में भींचकर मेरे गालों पर फूलों का चुम्बन आँक देती थीं। मैं चकित हो अपने गाल छूती और फिर फूलों का अधर यह देखने के लिए कि कौन कोमल है। मेरे चारों ओर फैली प्रकृति, पहाड़, झरना, नदी, घास और धूलकण भी मुझे अति प्रिय थे, उनके साथ था मेरा एक दिव्य सम्बन्ध। इसलिए अकेलेपन में भी पूर्णता के कोलाहल से मेरा कुँआरा हृदय मुखरित हो जाता था।

मैं दूसरे आश्रमों की मुनिकुमारियों के सम्पर्क में नहीं थी। पिताजी ने मेरे लिए हेमवन्त पर्वत की तलहटी में घने जंगल में, इस सुनसान में आश्रम क्यों बनवाया, उस समय मैं समझ नहीं सकी थी। बाद में समझी। मेरा अभूत, अपूर्व, अचिंत्य सौन्दर्य कहीं मुनि-ऋषियों की तपस्या भंग न कर दे और उनके बीच मुझे पाने की अनुचित कामना के कारण वैर-भाव और प्रतिद्वन्द्विता न होने लगे, इसी डर से मुझे लोगों की दृष्टि से छिपाकर रखा था। वास्तव में मनुष्य से मेरा कोई सम्पर्क नहीं था। किन्तु मैं अकेली भी नहीं थी। मेरी संगिनी थी मेरे चारों ओर की महाप्रकृति।

''मिट्टी सबका पालन करते हुए भी स्वयंप्रभा...रसपूर्णा...मधुमती है। फिर भी सूर्य की तुलना में तुच्छ है। उसी तरह अहल्या भी सर्वांगसुन्दरी, सौन्दर्य की अधिष्ठात्री, सौन्दर्य तत्त्व की सारभूता होते हुए भी इन्द्र की तुलना में तुच्छ है।''

एक दिन अचानक एक ऐसा दायित्वहीन मन्तव्य मुँह पर दे डाला त्वयि ने। एक ऐसी असंगत तुलना करने का उद्देश्य क्या था, यह त्वयि ही जानती है। पर मैं क्षुब्ध हुई। मैं ग्यारह वर्ष की बालिका होते हुए भी मेरे मन में अपनी सुन्दरता का अहंकार दृढ़ होने लगा था। उसका कारण पिता ब्रह्मा हैं, यह बात सभी जानते थे। अपनी कन्या अहल्या के सौन्दर्य को लेकर पिताजी को गर्व था। विशेषकर इन्द्र की देवसभा में जितनी अप्सराएँ हैं, वे सभी मुझसे सुन्दरता में कम हैं, ऐसा पिताजी प्रतिदिन गर्व के साथ घोषणा करते थे। लगातार ऐसा सुनकर इन्द्रदेव मेरी सुन्दरता के प्रति आग्रही हो उठते। कहते, ''तब तो अहल्या की जगह इन्द्रलोक में है।''

हालाँकि ऐसा कहने का औचित्य भी था। ब्रह्मांड की सारी दुर्लभ और श्रेष्ठ वस्तुओं का उपभोग करनेवाले इन्द्रदेव ही थे। इसलिए यदि अहल्या नारियों में श्रेष्ठ थी तो उसका भी इन्द्रभोक्ता होना नीतिगत था। अहल्या श्रेष्ठ सुन्दरी है और इन्द्रदेव सुरश्रेष्ठ। पर यदि इन्द्रदेव और अहल्या में तुलना की जाए तो सुन्दरता में इन्द्रदेव अहल्या से सौ गुना अधिक सुन्दर हैं, ऐसी मेरी चारों सखियों-त्वयि,

अन्वीक्षिका, नीति और वार्ता की दृढ़ राय थी। यही कारण है कि त्वयि ने मेरे मुँह पर एक ऐसी अप्रिय बात कह डाली।

केवल वैदिक ऋषियों के मानस को ही नहीं, देवता, अप्सरा, यक्ष, गन्धर्व, नर, किन्नर सबके मानस को इन्द्रदेव ने अपने प्रेममय, सुदर्शन व्यक्तित्व से अभिभूत कर रखा था।

इन्द्रदेव के बारे में हर वक्त पृथ्वी, अन्तरिक्ष, स्वर्गलोक, ब्रह्मलोक सर्वत्र कुछ-न-कुछ प्रिय-अप्रिय चर्चाएँ होती रहती थीं। वे एक बहुवांछित, बहुचर्चित, पर विवादास्पद पुरुष थे।

इसीलिए उनके जन्म, उनके माता-पिता, उनके परिवार और उनके अतीत, भविष्य और व्यक्तित्व के बारे में तरह-तरह की बातें सामने आती थीं। एक विवादास्पद पुरुष होने के कारण उनके प्रशंसक जितने थे, निन्दक भी उतने ही थे। उनकी निन्दा और प्रशंसा सुनते-सुनते इन्द्र के बारे में मेरे मन में कुतूहल जागना स्वाभाविक था। उस दिन मैं जिद कर बैठी इन्द्रदेव के बारे में सब कुछ सुनने के लिए—उनका जन्म, माता-पिता, सगे-सम्बन्धी, उनकी अभिरुचि, व्यक्तित्व का स्वरूप...। मेरे लिए यह थी एक रोमांचभरी कहानी, किंवदन्ती।

त्वयि, अन्वीक्षिका, वार्ता और नीति को किसी मौके की तलाश थी। सम्भवत: उन्हें भी इन्द्रगाथा सुनाने में आनन्द आता था। इसलिए बीच-बीच में इन्ददेव की कीर्ति मेरे सामने बखाना करती थीं। आज मैं इन्द्र की सारी कीर्ति सुनने को उत्सुक हो उठी। वे भी आग्रह से मुझे घेरकर बैठ गईं लताकुंज में। त्वयि ने प्रारम्भ किया इन्द्रदेव का जन्म-वृत्तान्त, मानो उसने सचमुच अपनी आँखों से देखा हो इन्द्रदेव का जन्म...! उसकी बातों से इतना तो पता चल ही रहा था कि वह इन्द्र के बारे में कोई दायित्वहीन मन्तव्य नहीं दे रही थी। जो कुछ कह रही थी, सोच-समझकर तर्क-प्रमाण के साथ कह रही थी। मेरी चारों सखियाँ एक जैसी दायित्व-सम्पन्न थीं। इसलिए उनकी बातों को मैं वेद की लकीर मानती थी। प्रथा अधिक उम्र की होने के कारण कभी-कभी मनगढ़न्त कहानियाँ और किंवदन्तियाँ सुनाया करती थी। उसकी विचारधारा बड़ी पारम्परिक और रूढ़िवादी थी। इसलिए उसके मुँह से इन्द्रगाथा सुने होने के बावजूद मैंने फिर से चारों सखियों के मुँह से सुनने की जिद की।

त्वयि ने बोलना प्रारम्भ किया, "सुनो सखी! इन्द्रदेव के त्रिलोकपालक और अकल्पनीय व्यक्तित्ववाले होने के कारण उनके बारे में तरह-तरह की अलौकिक कथाओं का प्रचार करना था लोकचरित्र का एक उदाहरण। यहाँ तक कि उनका जन्म-वृत्तान्त भी रहस्यमय हो उठा था। हालाँकि इन्द्र ऋषि कश्यप और अदिति के पुत्र के रूप में जाने जाते हैं, पर इन्द्र के वास्तविक माता-पिता के बारे में तरह-तरह की कथाएँ प्रचलित हैं। कोई कहता है, किसी अज्ञात

आर्यकुल की एक अभागिन कुँआरी माता ने इन्द्र जैसे तेजस्वी, स्वस्थ, सुन्दर पुत्र को त्याग दिया था। कोई कहता है, इन्द्र के पिता एक दास थे। देवताओं ने एक ऐसे अवैध दास सन्तान को त्यागने का निर्णय भी लिया था लेकिन दयामयी अदिति और हृदयवान ऋषि कश्यप ने शिशु इन्द्र को पुत्र के रूप में स्वीकार कर लिया था। आगे चलकर इन्द्र की प्रतिभा के प्रकाश से उनका कलंकित जन्म-वृत्तान्त छुप गया। किन्तु विलक्षण, स्वाभिमानी इन्द्र के स्मृति पटल से बचपन की लांछनभरी स्मृतियाँ नहीं मिटीं। शायद इसीलिए कभी-कभी इन्द्र इतने उग्र, दुर्धर्ष और ज्वालामुखी हो उठते थे। वे अपनी बाल्यावस्था में ही दास-पिता की हत्या करने दौड़ पड़े थे। उनके अवांछित जन्म के पीछे दास (अनार्य) वंश के पिता की भूमिका निश्चित रूप से आर्यकुल सम्भूता जननी से अधिक रही होगी। इन्द्रदेव का पितृकुल था अनार्य और मातृकुल आर्य। लेकिन बाल्यावस्था में अनार्यकुल के किसी भी पुरुष या रमणी ने उन्हें पुत्र के रूप में स्वीकार नहीं किया, क्योंकि अनार्य या दासगोष्ठ था मातृकेन्द्रित। इसलिए इन्द्र आर्यमाता का परिचय लेकर आर्य के रूप में स्वीकारे गए। आर्यकुलसम्भूत ऋषि कश्यप और माता अदिति ने इस बुद्धिमान, सुन्दर वीर और सद्गुण सम्पन्न अवांछित सन्तान को पुत्र के रूप में स्वीकार करके लालन-पालन किया। इन्हीं लोगों ने उन्हें समाज में प्रतिष्ठित होने की प्रेरणा दी थी। इसी वजह से इन्द्रदेव बचपन से ही मातृकुल के प्रति कृतज्ञ थे और पितृकुल को घृणा की दृष्टि से देखा करते थे। उनकी घृणा तर्कसंगत थी। प्रथमतः इन्द्र के अनार्यकुलसम्भूत पिता बचपन में ही उनकी हत्या करना चाहते थे और असहाय होकर उन्हें त्याग भी दिया था। एक अविवाहित आर्यकुमारी को गर्भवती करने के पीछे अनार्य पिता के प्रेम-भाव की अपेक्षा निश्चित ही काम-भाव अधिक रहा होगा। प्रेम-अनुशासित है—काम-उच्छृंखल। इसलिए अपने अवैध जन्म के लिए इन्द्र माता की अपेक्षा उच्छृंखल पिता को ही अधिक जिम्मेदार मानते थे। द्वितीयतः कश्यप और अदिति के पुत्र के रूप में परिचित होने के बाद अपना कलंकित जन्म-वृत्तान्त लोगों के मन से दूर करने के लिए उन्होंने आर्य-प्रतिनिधि बनकर अनार्यकुल का दमन करना शुरू कर दिया। आर्य लोगों के प्रति अपनी कृतज्ञता प्रकट करने के लिए भी अनार्य-दमन उनकी एक प्रतिज्ञा बन गई।

"कोई-कोई कहता, इन्द्र के पिता थे शिल्पी त्वष्टू। उन्होंने इन्द्र के लिए वज्र बनाया था। इन्द्र को सबसे पहले सोमपान कराया था। इन्द्र को दुर्धर्ष बनने की शिक्षा दी थी। शिक्षादाता, सुरक्षादाता भी पिता समान होते हैं। सम्भवतः इसी दृष्टि से त्वष्टू को भी कोई-कोई इन्द्र का पिता समझते हैं। इन्द्र के मन में बचपन से ही अपने पिता के परिचय को लेकर जो सन्देह उपजा उसी ने उन्हें उग्र, प्रतिशोधपरायण और अनार्य दमनकारी बना दिया था।"

मैं इन्द्र का जन्म-वृत्तान्त सुनकर क्षुब्ध हुई। किस पर क्षुब्ध हुई, नहीं जानती, पर जो समाज पापी से घृणा करने की बजाय निष्पापी से घृणा करता है, अवहेलना करता है, लांछित, निन्दित करके अन्त में उसे उग्र, प्रतिशोधकारी, दमनकारी बना देता है, और फिर उसे अपराधी घोषित करता है, मैं शायद उसी समाज के पुरोधाओं से क्षुब्ध होती रही अन्दर-ही-अन्दर। मेरी स्पष्टवादी और निरपेक्ष भावनाओं को मेरी सखियाँ पहचानती थीं। इसलिए बात का रुख बदलते हुए अन्वीक्षिका ने त्वयि के मुँह से बात छीनते हुए कहा, "जन्म तो मनुष्य के वश में नहीं होता। तो फिर उस बारे में इतनी माथा-पच्ची क्यों? अब इन्द्र के रूप, गुण, व्यक्तित्व की बातें सुनो अहल्या...जिस वजह से त्वयि ने आज तुम्हें 'तुच्छ' कहा, उस बारे में सुनो। तुमने इन्द्र का रूप तो देखा नहीं है। देखने पर जरूर जान जाओगी कि उनका रूप अवर्णनीय है। जितना मुझसे सम्भव होगा, उतना बता रही हूँ, पर इन्द्र मेरे वर्णन से सैकड़ों गुना सुन्दर हैं।"

"ठीक है—जितना बता सकती हो, बताओ..." मैंने उत्सुकता दिखाई इन्द्र के रूप के बारे में सुनने की।

अन्वि अति सतर्कतापूर्वक वर्णन करने लगी इन्द्र का रूप, "इन्द्रदेव ने अनन्य मानवीय गुण-रूप से विभूषित हो अपनी श्रेष्ठता स्थापित की है। इन्द्रदेव का शरीर केवल सुदीर्घ और विशाल नहीं, अत्यन्त सौम्य, सुडौल और सुदृढ़ भी है। मस्तक शरीर के अनुरूप सुगठित और सशक्त है। उनके वज्रबाहुद्वय दीर्घ और शक्तिशाली हैं। हस्तयुगल अत्यन्त सुन्दर और सुगठित। अरुणिम हैं उनकी हथेलियाँ। प्रशस्त शक्ति सम्पन्न हाथ अश्वों को दृढ़ता से नियन्त्रित करने में सक्षम हैं। कमल-कली-सी मांसल और सख्त अँगुलियाँ वज्रप्रक्षेपण में निपुण हैं। उनके कर-कमल इतने मनोहर हैं कि हाथ बढ़ाते ही त्रिलोक सम्मोहित हो उठता है। उनकी सुउच्च, सुन्दर गंडास्थि (गाल के ऊपरवाली हड्डी) से उनका स्वाभिमान और वीरत्व ही झलकता है। इन्द्रदेव का उदर विस्तृत और सख्त है, जिससे कि वे ढेर सारा सोमरस एक साथ पी लेते हैं। उनका कंठदेश सुडौल और सुगठित है। पेशीदार है उनका प्रशस्त पृष्ठदेश। आकाश जैसा प्रशस्त है उनका ललाट। दोनों आँखें पूर्वाह्न के सूर्य जैसी मनोरम और उज्ज्वल उदित चन्द्र-सा है उनका स्वर्णाभ गंडदेश। पर्वत शृंग-सी सुउच्च, सीधी नाक अति सुशोभित है। उनके बंकिम मधुवर्ण अधर सोमरस की तरह मादकतापूर्ण हैं। इसलिए वे सुश्रिप्र के नाम से भी जाने जाते हैं। कदम्ब-केसर की तरह उज्ज्वल पीतवर्ण है उनकी मुखकान्ति। स्वर्णवर्ण है उनका रत्नजड़ित मणिमय अंग। उनके घने कुंचित केश और श्मश्रु भी स्वर्णाभ-उज्ज्वल हैं। इन्द्रदेव के गले में अमूल्य रत्न, कटि में महामूल्य चन्द्रहार है। अँगुलियों में रत्नजड़ित अँगुरीय, कलाई में स्वर्णकंगन शोभित हैं। जब वे प्रसन्न होते हैं, उनकी नीलकमल-सी आँखों का पद्मकेसर

जैसा माधुर्यपूर्ण कटाक्ष उल्लसित और प्रेमासक्त कर देता है जड़-जगत को। इन्द्रदेव के हाथ-पैर के नाखून मोतियों जैसे प्रतीत होते हैं। उनमें नक्षत्रपुंज प्रतिफलित होते हैं। उनके चरण-कमल से लेकर सारे अंग एक से बढ़कर एक मनोरम हैं। एक अंग पर आँखें स्थिर और निश्चल होते ही दूसरा अंग ध्यान आकर्षित कर चित्त को चंचल कर देता है। उस दिव्य पुरुष के रूप और शरीर को समस्त सांसारिक वस्तुओं के सौन्दर्य का सारांश कहना अतिशयोक्ति नहीं होगी। जिस तरह सूर्य अपनी आभा से अपने मंडल को प्रकाशमान करने के साथ ही बाहरी ब्रह्मांड को भी प्रकाशित करते हैं, उसी तरह इन्द्र भी अपने रूप के तेज से स्वयं को प्रकाशमान करने के साथ-साथ दूसरों को भी सम्मोहित कर लेते हैं। वे अचेतन को अपने शौर्य और सौन्दर्य से चेतन बनाते हैं एवं चेतन को अपने अपूर्व सौन्दर्य के तेज से स्तब्ध कर देते हैं।''

अन्वि एक ही बार में इन्द्रदेव का आपादमस्तक वर्णन करते हुए अपनी भावनाओं से स्वयं ही सम्मोहित हो उठी और किसी कल्पलोक में मग्न हो गई। त्वयि, वार्ता और नीति आपस में कुछ बतियाते हुए भाव-विह्वल हो उठी थीं।

इन्द्रदेव के इस अचिंत्य सौन्दर्य वर्णन से मैं चकित रह गई थी। इस बात पर मुझे कोई सन्देह नहीं रह गया था कि मेरा रूप उनके सौन्दर्य की तुलना में 'तुच्छ' है, इस रसिक आर्यवीर इन्द्र को देखने के लिए मेरे किशोरी मन का कुतूहल सीमा लाँघ गया पर मैं जानती थी कि इन्द्रदेव से मेरी भेंट नहीं होगी। न जाने क्यों पिता ऐसा नहीं चाहते थे। हालाँकि पाँच-छह साल की आयु में इन्द्रदेव को देखे होने की कुछ धुँधली-धुँधली-सी छवि याद है मुझे। उसकी धूमिल स्मृति इन्द्ररूप के वर्णन से और भी धूमिल व रहस्यमय हो उठी।

मुझे अनमना देख वार्ता ने मेरी पीठ पर थपकी देते हुए कहा, ''इन्द्रदेव से तुम्हारी एक न एक दिन अवश्य भेंट होगी। तब तुम ग्यारह वर्ष की किशोरी नहीं होगी। उस समय तुम पूर्ण युवती हो चुकी होगी और किसी भाग्यवान जितेन्द्रिय पुरुष की पत्नी भी। इन्द्रदेव से तुम्हें किसी-न-किसी अनुग्रह की आवश्यकता पड़ेगी। तुम्हारे पति राजा हों या ऋषि, मनोकामना पूरी करने के लिए यज्ञ करेंगे और इन्द्रदेव ही यज्ञ में उपस्थित होकर उनकी सारी कामनाएँ पूरी करेंगे। सखि! इन्द्रदेव के सुगठित शरीर और वीरत्व में केवल उनका पौरुष ही नहीं है, उनके अजस्र सद्‌गुण भी हैं। वे परमदानी के रूप में प्रसिद्ध हैं। इसलिए 'मघवन' के नाम से परिचित हैं। अन्न, धन, पति, पत्नी, सन्तान, गोधन, पशुधन, विजय, सुख–वे सब कुछ बेझिझक दान करते हैं। वे अभीष्टदाता हैं। ऐसा नहीं है कि उनकी प्रार्थना करने पर ही वे दान देते हैं, बिना प्रार्थना के भी दान करने को वे सदा तत्पर रहे हैं। वे ऐसे दानी हैं कि पंगु को अंगदान, अन्धे को आँखें, गूँगे को जीभदान करने में भी पीछे नहीं हटते। ऐसी बातें सुनकर तुम सोचती होगी कि

इन्द्र के पास तो अचिंत्य ऐश्वर्य है, तो फिर वे परमदानी क्यों नहीं होंगे? पर इन्द्र की दानशीलता केवल भौतिक क्षेत्र तक ही सीमित नहीं है, वे बौद्धिक और आध्यात्मिक इच्छाएँ भी पूरी करते हैं। संग्राम के इच्छुओं को विजय, पुण्यकामियों को पुण्य, पुत्र की इच्छा करनेवाले को पुत्र, ज्ञान की इच्छा रखने वाले को ज्ञान, प्रेमी को प्रेम, तपस्वी को सिद्धि और यहाँ तक कि भोग की इच्छा करनेवालों को भोग और पापलिप्सावालों को पाप भी प्रदान करते हैं। माँगो तो वे त्रिलोक भी दान कर सकते हैं। इसलिए गृहस्थ हों या संन्यासी, भौतिक, बौद्धिक तथा आध्यात्मिक धर्म, अर्थ, काम, मोक्ष–किसी भी अभीष्ट सिद्धि के लिए तुम्हें इन्द्रदेव से ही तो प्रार्थना करनी होगी। उस समय इन्द्र भी तुम्हारे सौन्दर्य से स्तब्ध रह जाएँगे क्योंकि इन्द्र की तुलना में तुम्हारा सौन्दर्य कम पड़ सकता है, परन्तु तुम्हीं हो त्रिलोक की श्रेष्ठ सुन्दरी! वास्तव में इन्द्रदेव तुम्हें ही प्राप्त होना चाहिए, किन्तु पितामह ब्रह्मा तुम्हारे लिए इन्द्रदेव को उपयुक्त नहीं समझते।''

वार्ता ने कहा, ''पितामह सारे संसार का घट–सूत्र जोड़ते हैं। कौन किसके लिए उपयुक्त है, वे जानते हैं। विवाह–प्रसंग जोड़ने में वे हैं हमारे पुरखा और अनुभवी व्यक्ति। इसलिए यदि हमारी अहल्या के लिए इन्द्र को उपयुक्त नहीं समझते, तो उसमें कोई–न–कोई यथार्थ कारण अवश्य होगा।''

नीति ने मुँह बिदकाते हुए कहा, ''कारण क्या होगा! वही एक। मनुष्य में चाहे जितने भी सद्‌गुण हों, यदि वह संयमी नहीं है तो न वह स्वयं सुखी रहेगा, न ही जीवनसाथी को सुखी रख सकेगा। कहा भी गया है कि–भले ही हों गुण हजार, चरित्र नहीं तो सब बेकार! इन्द्रदेव के चरित्र के बारे में तरह–तरह की बातें कही जाती हैं।''

नीति पर खीज उठी वार्ता। कहा, ''अहल्या के सामने इन्द्रदेव के सद्‌गुणों का बखान करने के बाद दुर्गुणों के बारे में कुछ भी कहना उचित नहीं होगा, क्योंकि इन्द्रदेव का सद्‌गुण सर्वविदित है। उस बारे में किसी को कोई सन्देह नहीं, किन्तु उनके दुर्गुण कई बार अतिरंजित, मनगढ़न्त, ईर्ष्या–प्रेरित एवं भ्रमात्मक व्याख्याओं के कारण प्रचारित होते रहे हैं। हर सफल व्यक्ति के पीछे कोई–न–कोई कलंकभरी कहानी सुनने में आती ही है। कभी वह सच्ची होती है तो कभी झूठी, कभी–कभी तिल को ताड़ बनाकर छोटी–सी घटना को अतिरंजित कर दिया जाता है। इसलिए इन्द्र के चरित्र का अन्धकारमय पक्ष अभी रहने दो। अभी तो उनकी वीरता का जयनाद अहल्या को सुनने दो। एक सामान्य मनुष्य के रूप में दास–पिता के औरस से जन्म लेकर आज इन्द्रदेव किस तरह आर्यनेता से लोकपालक की पदवी तक पहुँचे, उस बारे में बताने का कोई लाभ भी है। दूसरे की निन्दा बखानने से क्या मिलेगा?''

मैंने इन्द्र की वीरता और यश–ख्याति के बारे में कुछ भी न सुन रखा हो, ऐसा नहीं था। पर इतने प्रांजल रूप से नहीं सुना था। इन्द्र और वृत्रासुर के संग्राम का

वृत्तान्त मैंने भैया नारद से कुछ-कुछ सुना था। विस्तार से सुनाने के लिए नारद भैया से मैंने कई बार अनुरोध किया, लेकिन उनके पास इतना समय ही कहाँ? संक्षेप में हर बात बताकर एक सन्देह के बीच छोड़कर अन्तर्धान हो जाना उनकी आदत है।

वार्ता इस बारे में काफी कुछ जानती है। इसलिए अब उसकी बारी है। वह इन्द्र की वीरगाथा का गुणगान करने लगी :

"इन्द्र के चरित्र का सर्वश्रेष्ठ गुण है—वीरता। उनका शारीरिक बल और बौद्धिक बल कोई किसी से कम नहीं कहा जा सकता। दोनों शक्तियों से बलवान इन्द्रदेव वीरता के आवेग से प्रेरित हो कभी शत्रु का विनाश करते हैं, तो कभी आर्यों के रक्षक के रूप में दास, दानव का दमन करते हैं। कभी-कभी अपनी दुर्धर्षता का दमन न कर पाकर अकारण ही विरोधी दल के निर्दोष लोगों की हत्या करने से भी वे पीछे नहीं हटते।

सिर्फ असुरों का वध करने तक ही इन्द्र की वीरता सीमित नहीं है। उन्होंने महान बलशाली वृत्र का भी वध करके पृथ्वी को जलदान दिया था और शस्य-श्यामला किया था। वे महावीर होने के कारण किसी के उद्धारकर्ता हैं तो किसी के संहारक। रणभूमि में आर्यों के प्रधान सेनापति बनकर उन्होंने अनार्यों को अनेक युद्धों में विजयी बनाया है।"

वृत्रासुर उपाख्यान कितनी ही बार सुने होने पर भी मेरा कुतूहल और रोमांच खत्म नहीं होता। वृत्रासुर उपाख्यान के साथ जो महान आत्मा दधीचि जुड़े हुए हैं, उनका स्मरण करते ही मैं रोमांचित हो उठती हूँ। इसलिए आज फिर से प्रांजल रूप से इन्द्र की वीरता की अमरगाथा के माध्यम से दधीचि उपाख्यान सुनने के लिए जिद कर बैठी। वार्ता भला मेरा अनुरोध कैसे टाल जाती? उसका तो काम ही है सुबह से लेकर साँझ तक मुझे कुछ-न-कुछ वार्ता सुनाना। इसलिए उसने गला साफ करते हुए फिर से शुरू कर दिया इन्द्रगाथा और वृत्रासुर उपाख्यान :

"एक दिन देवराज इन्द्र देवसभा में अपने स्वर्णकमलासन पर विराजमान थे। उनके साथ उनकी अनिन्द्य सुन्दरी पत्नी शचीदेवी बैठी देवसभा की शोभा बढ़ा रही थीं। उनचास मरुद्गण, अष्टवसु, एकादश रुद्र, द्वादश आदित्य, ऋभुगण, विश्वदेवा, साधुगण और अश्विनीकुमारद्वय इन्द्र की सेवा में रत थे। सिद्ध, चारण, गन्धर्व, विद्याधर और अपूर्व सुन्दरी अप्सराओं ने सभा-स्थल को मंडित कर इन्द्रसभा को रमणीय बना रखा था। त्रिलोक के समस्त ब्रह्मवादी देवर्षि, महर्षि, ब्रह्मर्षि और विद्वानमंडली मन्द-मधुर कंठ से वेदपाठ कर रहे थे। गन्धर्व और चारण अपने ललित कंठ से इन्द्र के रूप-गुण, व्यक्तित्व का स्तुतिगान कर रहे थे। सुन्दर परिचारिकाएँ हाथों में चँवर लिए डुला रही थीं। अप्सराएँ अपने मनमोहक नृत्य से ऋषियों के चित्त आलोड़ित कर रही थीं। इन्द्रदेव सोमरस के प्रभाव से अत्यन्त फुल्लित लग रहे थे।

देवगुरु आचार्य बृहस्पति यथासमय देवसभा में पधारे। देवगणों ने अपने–अपने आसन से उठकर देवगुरु को प्रणाम किया लेकिन इन्द्रदेव सिंहासन पर बैठे अप्सराओं के नृत्य का उपभोग करते रहे। सुर–असुरों में वन्दनीय देवगुरु बृहस्पति के प्रति सम्मान प्रकट करना तो दूर, उन्होंने उनकी ओर ध्यान तक नहीं दिया। ऐश्वर्य की यही रीति है। जब ऐश्वर्य पहुँच से दूर होता है, मनुष्य पूजा–पाठ करके ऐश्वर्यप्राप्ति के लिए साधनारत रहता है। जब ऐश्वर्य पर खड़े होकर मनुष्य पृथ्वी पर दृष्टि डालता है, तब उसे अपने अलावा कोई दूसरा पूज्य दिखाई ही नहीं देता और उसकी यही प्रवृत्ति उसे पुन: ऐश्वर्य से वंचित होने का मार्ग दिखा देती है।

इन्द्रदेव के ऐश्वर्य और क्षमता ने उन्हें मदमत्त कर रखा था। उन्होंने देवगुरु की अनदेखी की। देवगुरु सौजन्यपूर्वक सभा–स्थल छोड़कर चले गए। उन्होंने इन्द्रलोक का परित्याग किया। गुणी लोगों के कारण ही देश में ऐश्वर्य बढ़ता है, पर राजा होते हैं ऐश्वर्य के अखंड अधिकारी। गुणी जनों का अनादर और अपमान करके जो राजा सबके सामने अपनी क्षमता और श्रेष्ठता प्रदर्शित करते हैं, ऐसे राजा के राजसभा में भला बृहस्पति जैसे विद्वान कैसे रुक सकते थे? बृहस्पति के इन्द्रसभा त्यागकर चले जाने के बाद सारा कुछ सहसा मलिन और निष्प्रभ लगने लगा। अप्सराओं के नृत्य और गन्धर्वों के गीत की ताल, लय, छन्द बेसुरे हो गए। ऋषिगण अस्तगामी चाँद की तरह निष्प्रभ दिखने लगे और इन्द्रदेव अस्तसूर्य जैसे म्लान हो गए! वे अपने आचरण के लिए घोर लज्जा से अरुणाभ दिखने लगे। इन्द्रदेव में यही एक सद्‍गुण था। अपनी भूल वे तुरन्त समझ लेते थे और उसका प्रायश्चित भी करते थे। देवगुरु से क्षमायाचना करने के लिए वे स्वयं बृहस्पति के प्रासाद में जा पहुँचे लेकिन तब तक बृहस्पति अपमान से उपजे क्रोध के कारण देशान्तर पर चले गए थे। इन्द्रलोक उनके बिना श्रीहीन और विपन्न हो गया। इन्द्रदेव घोर अनुताप से दग्ध होने लगे।

जब अपने ही देश में पूज्य लोग उचित सम्मान न पाकर दूसरे देशों में चले जाते हैं, तब देश पर विदेशी शत्रुओं के आक्रमण की सम्भावना बढ़ जाती है। उससे बचने के लिए दूसरे देश की शरण में जाना पड़ता है। देवताओं का भी वही हुआ। इन्द्रलोक में देवताओं के मस्तिष्क, ज्ञान और विवेकस्वरूप गुरु बृहस्पति के अनुपस्थित होने के मौके का लाभ उठाकर देवताओं के चिर शत्रु दैत्यगणों ने देवताओं पर धावा बोल दिया। देवता बहुत कष्ट और साधना के बल पर साधारण स्तर से देव–स्तर को प्राप्त करते हैं। लेकिन एक बार देवत्व प्राप्त कर लेने पर अपनी स्तुति सुन–सुनकर, यज्ञ–हवि पर निर्भर रहकर, दूसरों से सेवा–पूजा पाकर अत्यन्त विलासी और समरविमुख हो जाते हैं। फलस्वरूप, दैत्यों के आक्रमण का सामना न कर पाकर वे पितामह ब्रह्मा की शरण में जा पहुँचे। इस तरह न जाने कितनी सहस्र बार वे लोग अपनी आत्मरक्षा न कर पाकर दूसरों की

शरण में गए, उसका कोई हिसाब मनुष्य के पास नहीं है। इसलिए मनुष्य बात-बात पर देवताओं की शरण में जाता है। भले ही देवतागण कुछ करें या न करें, मनुष्य के भीतर आत्मविश्वास भरकर उसे धैर्य, शक्ति, साहस और आशा प्रदान करते ही हैं। मनुष्य को पाप-मार्ग से दूर रखने में देवताओं की विशेष भूमिका होती है। भक्त को भय प्रदान करके पाप से दूर रखने में देवताओं का अविस्मरणीय योगदान होता है। और यदि वह भय धर्म से जुड़ जाए तो अभयवर बन जाता है, अभयवर अधर्म से जुड़ जाए तो वह विनाश में बदल जाता है। कभी-कभी ऐसा ही होता है क्षमतासम्पन्न अधिकारियों के जीवन में।

ब्रह्मा, विष्णु, महेश—सृष्टि स्थिति, प्रलय-जन्म, जीवन-मृत्यु, जीवन-रूपी नाटक के तीन सुन्दर चरण हैं। इन तीनों की शरण में मनुष्य, देवता, राक्षस, जीवगण—सभी जाने को बाध्य हैं। इन्द्र देवराज होते हुए भी आवश्यकता पड़ने पर शरणापन्न होने में संकोच नहीं करते। यही उनकी महानता है।

ब्रह्मा के उपदेशानुसार वज्र-निर्माता त्वष्टा के जितेन्द्रिय परम तपस्वी पुत्र विश्वरूप को गुरु के रूप में स्वीकार किया देवताओं ने। इन्द्रदेव ने अपने सद्गुणों से उन्हें प्रसन्न कर लिया। अपने भाई-बन्धुओं के शत्रु-पक्ष में रहने पर यश-क्षय होने की सम्भावना होते हुए भी विश्वरूप ने देवताओं का पौरोहित्य कार्य करने की सहमति दे दी। विश्वरूप के पिता त्वष्टा भले ही देवता थे, पर माता थीं अनार्यकुलसम्भूता असुर कन्या। इसलिए विश्वरूप को पितृकुल और मातृकुल दोनों के प्रति सहानुभूति थी। यज्ञ के समय वे सबकी जानकारी में देवताओं को हवि प्रदान करते थे और गुप्त रूप से मातृकुल के असुरों को भी हवि देकर उनकी मंगल कामना करते थे। यह विश्वरूप की महानता होते हुए भी देवताओं के प्रति कपटाचार और द्रोह-कार्य था। देवराज इन्द्र यह कपटाचार सह नहीं सके। इन्द्रदेव का जन्म भी आर्य-अनार्य के मिलन से हुआ था। किन्तु सबकी नजरों में वे आर्यों के मित्र और अनार्यों के शत्रु थे। इसमें उन्होंने कभी कपटाचार नहीं किया। यद्यपि कभी-कभी पितृकुल के नजदीकी असुरों के प्रति मन में सहानुभूति जगती थी, पर उन्होंने नीति की दृष्टि से कभी भी देवताओं के प्रति और देवताओं की निवास-भूमि के प्रति विश्वासघात नहीं किया। असुर कपटाचार करते थी तभी इन्द्रदेव असुरों से इतनी घृणा करते थे। इन्द्रदेव ने विश्वरूप के कपटाचार से क्रोधित होकर आगा-पीछा न सोच उनका सिर काटकर उनकी हत्या कर दी थी।''

''तब तो इन्द्रदेव को ब्रह्महत्या का पाप लगा होगा।'' त्वयि ने आतंकित स्वर में प्रश्न किया।

नीति को सारे नियमों की जानकारी थी। उसने सर्वज्ञ की तरह उत्तर दिया, ''हाँ, इन्द्रदेव पर ब्रह्महत्या का पाप लगा था, पर वे उससे मुक्त हो गए।''

''कैसे? कैसे मुक्त हो गए इतने बड़े पाप से?'' मैंने उत्कंठावश पूछा।

"इन्द्रदेव ने अपना सारा पाप वितरित कर दिया।"

"पाप वितरित कर दिया! वह कैसे-किसे? क्या पाप भी वितरित किया जा सकता है?" मुझमें विस्मय की सीमा नहीं रही।

नीति ने गम्भीर होकर सोचा और व्यंग्यपूर्ण स्वर में कहा, "क्षमतासीन व्यक्ति क्या नहीं कर सकता? क्षमता और पद से चिपके रहने के लिए राजा, महाराजा, नेता, नायक जघन्य पाप-कर्म करते हैं और सारा-का-सारा पाप किसी दूसरे के सिर मढ़ देते हैं। क्षमतासीन व्यक्ति तेज अस्त्र-सा होता है। मनुष्य का सिर काटकर भी दंड नहीं पाता। दंड वह पाता है जिसने बिना सोच-समझे क्षमतासीन व्यक्ति का आदेश मानकर अस्त्र-प्रयोग किया था। क्या कोई हत्या या रक्तपात करने के लिए अस्त्र को जिम्मेवार मानता है? इसलिए असहाय प्रजा ही राजा का पाप भोगती है।"

"किन असहाय प्रजाओं में इन्द्रदेव ने अपना पाप वितरित कर दिया?" मैंने तीक्ष्ण स्वर में प्रश्न किया।

"वे प्रजा थीं पृथ्वी, जल, वृक्ष और स्त्री-जाति..." ठहाका लगाते हुए कहा नीति ने।

"ये असहाय क्यों थीं? और फिर क्या स्त्री-जाति की तुलना पृथ्वी, जल, वृक्ष आदि जड़ और वनस्पति से की जा सकती है?" मैंने उष्म कंठ से विरोध किया।

नीति खीज उठी। बोली, "यह बात मुझसे न पूछकर इन्द्रदेव से पूछनी चाहिए।"

अन्वीक्षिका ने देखा कि इन्द्रदेव के पाप-वितरण को लेकर सखियों में वाक्युद्ध छिड़ने लगा है। उसने शान्त स्वर में मुझे समझाया, "ब्रह्महत्या जनित पाप-निवारण करने में इन्द्रदेव असमर्थ नहीं थे। इन्द्रदेव इतने पराक्रमी हैं कि वे अपने पाप का विनाश भी प्रायश्चित द्वारा कर सकते हैं। इसलिए उन्होंने इस पाप को सविनय और सगर्व अंजली पसारकर स्वीकार कर लिया था। उन्होंने एक वर्ष तक इस पाप को वहन किया था। उसके बाद उनके स्तावक और क्षुद्रस्वार्थी स्तुतिकारों ने उन्हें परामर्श देते हुए कहा, 'देवराज! राजा प्रजा के पुण्यफल भोगता है और राजा के पापों का फल प्रजा भोगती है। आप साधारण सम्राट नहीं हैं। आप त्रिलोकपालक देवराज इन्द्र हैं। आपको यह शोभा नहीं देता कि आप पाप ढोएँ। लोगों के मन से ब्रह्महत्या के पाप की बदनामी दूर करने के लिए आप पाप को चार हिस्सों में बाँटकर भूमि, जल, वृक्ष और स्त्री-जाति में बाँट दीजिए और पापमुक्त हो जाइए। यदि आप पाप का बोझ ढोते रहेंगे, तो भू, भुव, स्व, जन, मह, तप और सत्य इत्यादि सप्तलोक, अतल, वितल, सुतल, तलातल, महातल, रसातल, पाताल आदि सप्त अर्धलोक, आसमुद्र पृथ्वी आपको बदनाम करते रहेंगे। इससे प्रजाओं में आपके प्रति आस्था नहीं रह जाएगी इसलिए हे पापहन्ता! आप हमारा प्रस्ताव स्वीकार करें।" ऐसे स्तुतिवाक्य से भला कौन

प्रभावित नहीं होगा? और फिर अपना पाप दूसरों के सिर मँढ़ने के लिए यदि कोई तर्कसंगत प्रस्ताव आए तो भला उसे कौन स्वीकार नहीं करेगा?

प्रशंसकों के इस साधु प्रस्ताव से सहमत होकर इन्द्रदेव ने अपने पाप का चार हिस्सा करके भूमि, जल, वृक्ष और स्त्री-जाति में वितरित कर दिया।''

''किन्तु क्या यह अन्याय नहीं था?'' मैंने प्रतिवाद किया।

''क्या सिर्फ न्याय और धर्म से ही दुनिया चल रही है? राजा, क्षमतासम्पन्न व्यक्ति और स्वार्थी लोकपालकों के पाप और अधर्म के कुफल तो हमेशा निर्दोष जनता को ही भोगने पड़ते हैं। यही दुनिया की रीति है। फिर भी, दो तरह के व्यक्तियों पर पाप और अन्याय लाद दिए जाते हैं। समर्थ और असमर्थ–भूमि, जल, वृक्ष और स्त्री-जाति असमर्थ नहीं हैं। चूँकि ये दूसरों का पाप ग्रहण करके पुण्य में बदल सकते हैं, तभी दुनिया टिकी हुई है। लाचार व्यक्ति पर पाप लाद देने से उसका ध्वस्त हो जाता है। न जाने कितनी निर्दोष असमर्थ जनता दूसरों के पापानल से प्रतिदिन ध्वंस होती है। किन्तु भूमि, जल, वृक्ष और स्त्री-जाति दिव्यशक्तियों से युक्त और परोपकारी होने के कारण सप्तलोक के असंख्य पापाचार ग्रहण करके टिके हुए हैं–दूसरों की रक्षा कर पा रहे हैं!''

ये पापभागी निरपराधी किस तरह पाप को पुण्य में बदल देने में समर्थ हैं, मैं समझ नहीं पा रही थी। नीति ने मुझे यह समझा दिया, ''असंख्य पापों की गन्दगी बेझिझक स्वीकार कर भूमि उसे नया जन्म देती है–बदल देती है शस्य श्यामला महाप्रकृति में। गन्दगी, मृतदेह, भस्म, ध्वंसावशेष भू-गर्भ में स्थान पाने के बाद फिर सड़ाँधमय नहीं रह जाते। वे विचित्र वर्णाप्रकृति का रूप धारण कर जगत का कल्याण करते हैं।

''जल गन्दगी ग्रहण कर उसे धोकर निर्मल कर देता है। प्रवाहित जलधारा गन्दगी ग्रहण करके भी अपने जीवन का लक्ष्य स्थल नहीं भूलती। नदी अनेक बाधा-विघ्नों का सामना करते हुए अपना गति-पथ भले ही बदल ले, पर लक्ष्य-पथ कभी नहीं बदलती। सिर्फ इतना ही नहीं, जल को गन्दगी के साथ बाँधे रखने पर भी वह उर्ध्वगामी हो निर्मल जल बरसाकर पृथ्वी को पुष्ट कर सकता है। और जल जिससे भी जुड़ता है उसे सिर्फ निर्मल ही नहीं करता–उसे समृद्ध करता है, उसमें वृद्धि करता है।

''वृक्ष तो पाप से बहुत दूर रहता है। पार्थिव आघात उसके उत्तरणपथ पर बाधक नहीं होता। वृक्ष के अखंड मनोबल के कारण उसका अंग-हानि होने पर भी उस जगह से नया जीवन, नए अंग का अंकुर निकलकर उसे फिर से स्वयं-सम्पूर्ण कर देता है...इसलिए वृक्ष कभी भी निष्प्रयोजन नहीं रहता और स्त्री-जाति तो...।''

इतना कहकर अन्वीक्षिका चुप हो गई। मेरी उत्कंठा सौ गुनी बढ़ गई थी। स्त्री-जाति किस दिव्यगुण से विभूषित होकर पाप को पुण्य में बदलती है?

नीति ने गम्भीर होते हुए कहा, "तुम इस समय बालिका हो। आगे चलकर समझ जाओगी कि कामुक पुरुष के घृणित विकार को स्वीकार कर स्त्री-जाति प्रेममय निष्पाप के पुण्यफल से पूरे ब्रह्मांड को सिर पर उठा सकती है। नारी-पुरुष के अवैध सम्बन्ध से जो मानव शिशु जन्म लेता है...वह होता है पाप का पुण्य-रूप। इस संसार में न जाने कितने शिशु पुरुषों की पाशविकता के कारण नारी के अमृतगर्भ में स्थान पाते हैं लेकिन वे लोग देवशिशु बनकर जननी के गर्भ से जन्म लेते हैं। जननी की छाती से अमृत झरने लगता है, वैध-अवैध का विचार किए बिना। यदि तुम्हें हिसाब देने लगूँ तो तुम्हें आश्चर्य होगा कि पृथ्वी के अनेक वीर, अनेक यशस्वी पुरुष अवैध सन्तान हैं। इन्द्रदेव का ही उदाहरण लिया जा सकता है। उनका जन्म-वृत्तान्त रहस्यमय है, फिर भी आज वे त्रिलोकपालक देवेन्द्र हैं। नारी की इसी महनीय शक्ति को इन्द्रदेव हमेशा मान्यता देते आये हैं। उनका मातृकुल आर्य होने के कारण आर्यों के प्रति उनमें प्रगाढ़ प्रेम है। इसी कारण पितृकुल के अनार्यों के प्रति उनमें जरा-सी भी सहानुभूति नहीं है।"

स्त्री-जाति की महानता के बारे में नीति का भाषण सुना। इन्द्रदेव का स्त्री-जाति के प्रति सम्मान, कपटता के प्रति घृणा और पाप स्वीकारने तथा उसे वितरित करने की कहानी सुनकर मैं जितना खुश हुई उतना ही नाखुश भी हुई। मैंने सोचा, क्या पाप देह का मैल है जो जल उसे धो देगा, वह वितरित किया जा सकेगा? पाप तो आत्मा का काला दाग है। अपने पाप का प्रायश्चित स्वयं के सिवाय कोई दूसरा कैसे कर सकता है? सम्भवतः इन्द्रदेव जैसे क्षमतावान व्यक्तियों की आत्मा को पाप की कालिख मलिन नहीं करती। इसलिए पाप करने के बावजूद वे लोग पापमुक्त सज्जन की तरह जीवन बिताते हैं। विश्वरूप के हत्यारे इन्द्रदेव ने पापमुक्त होने के बाद वृत्रासुर का वध किस तरह किया? यह वृत्रासुर कौन है? ऐसे अनेक प्रश्न मैं पूछ बैठी। इसलिए मेरी चारों सखियाँ बारी-बारी से मुझे सारी बातें बताने लगीं :

"देवराज इन्द्र द्वारा विश्वरूप का वध किए जाने के समाचार से त्वष्टा अत्यन्त मर्माहत हुए। उन्होंने अपने दुर्धर्ष पुत्र 'वृत्र' को इन्द्र की हत्या करने को तैयार किया। 'वृत्र' केवल रूप में ही भयावह नहीं थे–वे थे अत्यन्त क्रूर और हृदयहीन। उनका पर्वत जैसा विशाल शरीर जली हुई लकड़ी-सा काला था। उनकी दोनों आँखों मध्याह्न सूर्य की तरह तप्त और उग्र थीं।

"वे स्वर्ग, मर्त्य और पाताल को प्रकम्पित करने-सा पराक्रमशाली होने लगे। वे अपने भाई की मृत्यु का बदला लेने के लिए प्रतिज्ञाबद्ध हो गए। शत्रु को जीते जी लाचार कर देने की नीति से वे इन्द्रदेव की हत्या करने का प्रयास न करके उनके द्वारा शासित तीनों लोकों का ध्वंस करने लगे।

"पहले उन्होंने जल सम्पदा को अपने राज्य की सीमा में ले लिया। इन्द्र द्वारा शासित अंचल भू, भुवः स्वः में जल के बिना वनस्पति तबाह होने लगी। खाद्य शस्य नहीं उपजे। अनावृष्टि और अनाहार से त्रिलोक में त्राहि-त्राहि मच गई। वृत्र ने अपने पिता त्वष्टा के तपोबल से त्रिलोक को आवृत्त और त्रस्त कर रखा था। इन्द्र से बदला लेने के लिए इन्द्र द्वारा शासित त्रिलोक का ध्वंस करना ही वृत्र का लक्ष्य था।

केवल विश्वरूप की हत्या करने के कारण नहीं—देव और असुर के इस विवाद का कारण अति प्राचीन था। इसलिए इन्द्र की हत्या करना नहीं, बल्कि उन्हें इन्द्रासन से पूरी तरह उतारना वृत्रासुर का उद्देश्य था। राज्य में अनाहार, अनावृष्टि होने पर प्रजा विद्रोह करके इन्द्र को गद्दी से उतार देगी, यही था वृत्र का चरम लक्ष्य।"

"इन्द्र आर्य वीर हैं। त्रिलोक के अभीष्टदाता। इन्द्र के प्रति असुरों में यह ईर्ष्या क्यों?" मैंने प्रश्न किया। उस समय तक सम्भवतः मैं इन्द्र के पक्ष का समर्थन करने लग गई थी।

नीति कुछ खीज उठी। बोली, "केवल वेदगान करके इन्द्रस्तुति करने से ही कोई ज्ञानी नहीं कहलाता। इस वन के तोता-मैना भी सुन-सुनकर वेदगान करते हैं। अपनी मातृभूमि का इतिहास, भूगोल, संस्कृति और परम्परा भी जानना आवश्यक है। यदि तुम इसी मिट्टी का इतिहास जान जाओगी, तो असुरों के प्रति दुराग्रह नहीं रखोगी।"

"किन्तु वृत्र का वध कैसे हुआ?"

"भला इन्द्रदेव के सिवाय और कौन हो सकता है वृत्रहन्ता?"

"किन्तु वृत्र जैसे शक्तिशाली दानव का वध किस अस्त्र से किया इन्द्रदेव ने?"

मेरे प्रश्न करने पर नीति ने कहा, "त्याग का अस्त्र—त्याग का अस्त्र ही वज्र बन गया विश्व का संकट दूर करने के लिए..."

"किसका त्याग?"

"दधीचि का..." त्वयि ने उत्तर दिया।

अपनी चारों सखियों से मैंने सुन रखी थी अपनी जन्मभूमि मर्त्यलोक की गाथा। ऋत से जगत की उत्पत्ति और स्थापना है। ऋत से विच्युत होने पर ध्वंस अनिवार्य है।

कभी इसी पंचसिन्धु भूखंड का आदिम ऋत-समाज प्रकृति के अलंघ्य नियमों का अखंड साम्यभाव लिए अक्षत वर भूमि में युगों तक सामूहिक जीवन बताया करता था और उसने आदिम एकता के सामगान से दाव्या पृथ्वी को मंत्रित कर रखा था। ऋत-समाज में व्यक्तिगत लोभ, लालसा, ईर्ष्या, हिंसा, स्वार्थीपन नहीं था। न ही सम्पत्ति, संस्कार, सम्पन्नता का वैषम्य था। वैदिक

ऋषिगण द्वारा वेद की रचना करने से पहले भी पंचसिन्धु भूखंड में आदिम एकता की संस्कृति सुदृढ़ और समृद्ध थी। लेकिन सचमुच देखा जाए तो वास्तविक साम्यभाव दुनिया में कभी स्थापित हुआ ही नहीं और भविष्य में भी सम्भव नहीं होगा। जगत की आदिम अवस्था में सम्पूर्ण साम्यभाव था क्योंकि मनुष्य ने उस समय अपने मस्तिष्क का आविष्कार नहीं किया था। मनुष्य के बीच भेद-भाव पैदा किया इस मस्तिष्क ने। प्रत्येक मनुष्य को समान कहने का यह अर्थ नहीं है कि सबकी मानसिक शक्ति समान है। भिन्न-भिन्न शारीरिक तथा मानसिक शक्ति लेकर मनुष्य इस दुनिया में आया है। मस्तिष्क की भिन्नता का अर्थ है—विषमता। इसलिए विषमता ही है सृष्टि का आधार। किन्तु मानव सभ्यता के उन्मेष काल में विषमता का अर्थ विद्वेष नहीं था। कालक्रमानुसार विभिन्न शक्तियों में आपसी विरोध, संग्राम और प्रतिद्वन्द्विता से उपजा मनुष्य-मनुष्य में भेद और उससे उपजी विषमता।

मानसिक अलगाव के कारण मनुष्य ने अलग-अलग विचार प्रकट किए। उन विचारों की विषमता ने ही मनुष्य को अलग-अलग शक्तियों और विश्वासों का अधिकारी बनाया। कई शक्तियाँ मनुष्य को पार्थिव बन्धन की ओर खींचतीं तो कई अन्य शक्तियाँ मुक्ति की ओर।

सिन्धु, शतद्रु, परुष्णी (रावी), आश्विनकी, आर्यकीया, बेतसी, सरस्वती, यमुना, गंगा के किनारे-किनारे गढ़ उठी आदिमानव की बलवती आदिम सभ्यता।

सतत गमनशीला, चिरस्त्रोता गंगा; मानव के अशान्तचित्त को शान्त-स्निग्ध वशीकरण मंत्र से मुग्ध करनेवाली कल-कल निनादिनी यमुना; वासना, विकार, आसक्ति निवारिणी श्वेतवर्णा वांग्मयी मधुर नदी सरस्वती; तड़ित्गमना अन्तःसलिला शतद्रु; प्रकृति पालनकर्ती, अन्नमया, प्राणमयी, पार्वतीया परुष्णी नदी, धन, प्राण, रसदायिनी, मरुतवर्धिनी, मरुतवृद्धा, ऋज्जुगामिनी, अग्रिम, कल्याणी आर्यकीया; चिरनिर्मला, पुण्यतोया आश्विनकी-अविदग्धा, शान्तस्निग्धा वितस्ता; लावण्यमयी, प्रेरणादायिनी, सुसोमवती सुसोमा नदियों के कल्याणकारी स्पर्श से पृथ्वी की आदिम सभ्यता का उन्मेष प्रकृति की आदिम सन्तान के सरल, निर्मल जीवन प्रवाह में हुआ था। नदी और झील से मछली का शिकार करके, जंगली फल-मूल संग्रह कर प्रकृति से लड़कर और प्रकृति को चाहकर अपने विश्वास में अचल अटल रहकर उन्होंने सिन्धु सभ्यता की नींव रखी थी। आत्मरक्षा के लिए उठाया था अस्त्र। लौहधातु का प्रयोग न जानने पर भी पत्थर, ताँबे और काँसे से बने आयुध चलाने में वे धुरन्धर थे। सुरक्षित ग्रामीण सभ्यता से उन्होंने सुपरिकल्पित नगर सभ्यता की नींव रखी। नर-नारी दोनों कर्मठ, स्वच्छन्द, स्वाधीन, अस्त्र चलाने में सुदक्ष, कृषि-कार्य में निपुण थे। वे सरल और निडर थे। उन्हें जीवन की चिन्ता नहीं थी, मृत्यु का भय नहीं था।

उत्तर-पश्चिम दिशा में न जाने कहाँ है वह द्वीप—उस द्वीप के निवासी गौरवर्ण, सुन्दर, कद्दावर, पराक्रमी, आग्नेयास्त्र और लोहे से बने अस्त्रों का प्रयोग जानते थे। उस द्वीप का नाम था 'हीरक द्वीप'। किन्तु वहाँ हीरा का भंडार नहीं था—सिर्फ द्वीप के निवासी उज्ज्वल श्वेतवर्ण के थे तभी उन्होंने अपने द्वीप का नाम इस तरह रखा था।

उसी श्वेतवर्ण की दुर्धर्ष जाति के लोगों का न जाने कितने हजार साल पहले चरागाह की खोज में पंचनदी के भूखंड में आगमन हुआ था। शान्तिप्रिय, देशप्रेमी आदिम निवासियों ने उनका विरोध किया। उसी विरोध से दो भिन्न-भिन्न परम्पराओं के लोगों के बीच आक्रमण, प्रत्याक्रमण, युद्ध और शत्रुता का सूत्रपात हुआ। हीरक द्वीप के निवासी आग्नेयास्त्र का प्रयोग जानते थे। इस कारण उन्होंने सिन्धु सभ्यता के आदिनिर्माता आदिवासियों का दमन करके गंगा, यमुना और सरस्वती नदी के किनारे अपने आधिपत्य का विस्तार किया। पराजित आदिवासी अरण्य की ओट और पर्वतों की घनी गुफाओं में रहने लगे। जिन पराजितों ने उन श्वेतकाय लोगों की वश्यता स्वीकार कर ली, वे बने दास, भृत्य, दस्यु और राक्षस! आगे चलकर हेमवन्त और मुजबतृ (हिमालय, हिन्दुकूश) पर्वत के जंगलों में पनप उठी श्वेतकाय बुद्धिजीवियों की एक अध्यात्मवादी ऋषि परम्परा। दो भिन्न-भिन्न अभिरुचि और विश्वास पर आधारित भिन्न-भिन्न जीवनधाराओं को चुनने वाले दो तरह के लोगों के समुदाय अपने-अपने विश्वास और संस्कृति को स्थापित करने में जुट गए और दूसरे समुदाय से अपने समुदाय को श्रेष्ठ साबित करने का प्रयास करने लगे। तभी उपजा था उन दो विश्वासों और परम्पराओं के बीच विद्वेष और संघर्ष।

बुद्धिजीवी ऋषिगण विषय-वासना से दूर रहने के प्रयास में पृथ्वी पर रहकर भी स्वयं को एक अपार्थिव जगत का निवासी समझते थे। वे प्रकृति की अनिर्वचनीय सुषमा के बीच तपोवन में पर्ण कुटीर बनाकर रहते थे। सामूहिक रूप से आश्रम बनाकर अपना-अपना दर्शन और विश्वास लिए शान्तिपूर्ण जीवन बिताते थे। जबकि नदी उपत्यकाओं में निवास करते थे नगर सभ्यता के निर्माता आदिम व्यापारी समुदाय और श्रमजीवी लोग। वे मनन की अपेक्षा श्रम और वाणिज्य को अधिक महत्त्व देते थे। आगे चलकर 'पणि' के रूप में परिचित उन लोगों ने पारावत सागर, अर्वावत सागर और सरसूर सागरों ने नौ-वाणिज्य करके उन्होंने भिन्न-भिन्न भूखंडों से सम्पर्क स्थापित किया था और उसके कारण आर्थिक समृद्धि प्राप्त की थी। श्रमजीवी और कर्मजीवी परिश्रमी, कार्यदक्ष वस्तुवादी लोगों का समुदाय वेद और यज्ञ को मान्यता नहीं देता था।

दूसरी ओर, अरण्यवासी ऋषिगण वेद-विश्वासी और यज्ञप्रिय थे। वे लोग श्रम की अपेक्षा मनन को अधिक महत्त्व देते थे। शास्त्रार्थ और शास्त्र की रचना

करने में समय व्यतीत करते थे। वे लोग वृत्ति से शिक्षक थे, परन्तु 'भिक्षा' द्वारा जीविका निर्वाह करते थे। ऋषिगण श्रम द्वारा अर्थ एकत्र करने से घृणा करते थे। दूसरे समुदाय के लोग यज्ञादि कर्मकांड और भिक्षावृत्ति से घृणा करते थे।

मनुष्य वस्तुवादी हो या अध्यात्मवादी, अपने हृदय के एक-एक स्पन्दन, एक-एक साँस के साथ परिस्थितिवश स्वार्थी होने को बाध्य है। ज्ञानपूर्वक हो या अज्ञानतापूर्वक-मनुष्य जीव के रूप में कैद है। और फिर तरह-तरह से अनुशासित होते हुए भी मनुष्य के अन्दर की अदृश्य सत्ता किसी अगम्य स्थान की ओर उड़ जाना चाहती है। क्या वह अगम्य स्थान स्वर्गलोक है? उच्चाभिलाषी बुद्धिजीवी लोगों में जो लोग अधिक प्रतिभासम्पन्न और वीर तथा अलौकिक शक्तियों के अधिकारी थे, उन्होंने अन्तरिक्षलोक और स्वर्गलोक में निवास करके स्वयं को दूसरों से उन्नत होने की घोषणा की। अपने नाम के अनुसार इन्द्रलोक, ब्रह्मलोक, विष्णुलोक आदि की रचना की। अपनी श्रेष्ठता जताने के लिए उन्होंने स्वयं को देवता कहलवाया। उन प्रतिभावान बुद्धिजीवियों के मनन के फलस्वरूप स्वर्गलोक और अन्तरिक्षलोक में ज्ञान, विज्ञान, संगीत, कला, चिकित्साशास्त्र ने उत्कर्ष प्राप्त किया। समस्त पार्थिव, अपार्थिव सम्पदा देवलोक में एकत्र हुई। स्वर्गवासी बुद्धिजीवी और प्रतिभावान वीरगण त्रिलोक में शासन करने लगे। समय-असमय भूलोक पर आकर विपन्न लोगों की सहायता करने लगे। मर्त्यवासी ऋषिगणों को धन-द्रव्य, गो-सम्पदा इत्यादि दान करके कृतज्ञ रखा। मंत्रद्रष्टा, यज्ञकर्ता ऋषिगण स्वर्गवासी, बुद्धिजीवी देवताओं की अलौकिक शक्ति और प्रतिभा के कारण उनकी वश्यता स्वीकार कर पूजा-अर्चना करने लगे। उन्हें सन्तुष्ट करने के लिए किसी-न-किसी बहाने यज्ञादि करके उत्कृष्ट द्रव्य 'हवि' के रूप में उन्हें देने लगे। उनकी कृपा से भूलोक छोड़कर द्युलोक प्राप्ति के लिए सतत साधना करने लगे। ऋषि से महर्षि, महर्षि से देवर्षि और देवर्षि से देवता पद के लिए लालायित ऋषिगण साधना में अपना सारा समय बिताते थे। किस देवता को किस उपाय से सन्तुष्ट करके महर्षि देवर्षि और देवता कहलाएगा, उसके लिए ऋषियों में गुप्त और उन्मुक्त प्रतिद्वन्द्विता होने लगी। इसी के कारण ऋषि-ऋषि के बीच विवाद पैदा हुआ।

दूसरी ओर, वस्तुवादी व्यापारी और श्रमजीवी समुदाय के लोगों के जीवन का एकमात्र लक्ष्य था–अर्थ का उपार्जन! वे लोग वेदपाठ, शास्त्रार्थ, यज्ञ और स्वर्गवासी देवताओं की प्रतिमा-पूजन में विश्वास नहीं करते थे। उन्हें अपने बाहुबल पर भरोसा था। इसलिए वे लोग देवताओं की स्तुति नहीं करते थे। उनमें से अनेक लोगों ने अर्थ-ऋण देकर महाजनी व्यापार की शुरुआत कर दी थी। ऋषिगण अर्थोपार्जन को हेय भले ही समझते थे पर धनाढ्य व्यक्तियों की भिक्षा और देवताओं की कृपा पर निर्भर रहकर आश्रम चलाते थे। पर वे धनाढ्य

व्यापारी समुदाय और श्रमजीवी लोगों को हेयदृष्टि से देखते थे। यह सच है कि बुद्धिजीवी ऋषियों के पास धन का भंडार नहीं था, पर शब्द-भंडार था। अपना वर्चस्व स्थापित करने के लिए उन लोगों ने वेद-विश्वासी यज्ञकर्ता श्वेतकाय समुदाय को 'आर्य' कहकर नामित किया और वेद-विरागी, यज्ञ-विरोधी, देवताओं की स्तुति न करनेवाले परिश्रमी, धनाढ्य, दुर्धर्ष मानव समुदाय को दस्यु, दास, पणि, अज, शत्रु, यक्ष, कीटक, किरात, दैत्य, दानव इत्यादि नामों से नामित किया। वस्तुवादी मानव समुदाय शब्दों पर विशेष महत्त्व न देने के कारण उन्होंने इन नामों को स्वीकार कर लिया। लेकिन यज्ञ और वेदध्वनि के प्रति उनका विराग तीव्र होने लगा। वे लोग ऋषियों का यज्ञ भंग करने तथा आश्रम पर आक्रमण करने आदि कार्यों से अपनी प्रतिक्रियाएँ प्रकट करने लगे, आर्य घृणा और खीज से अब उन्हें अनार्य, दस्यु, दास, दानव, असुर, राक्षस कहकर पुकारने लगे, जिसका अर्थ था इतर, निष्ठुर। इस तरह एक भूखंड के निवासी 'आर्य' और 'अनार्य' इन दो नामों से दो भागों में बँट गए।

"यदि आर्य और अनार्य दो भिन्न जाति के लोग नहीं हैं तो फिर आर्य लोग श्वेतकाय और सुन्दर तथा अनार्य या दासगण कृष्णकाय और असुन्दर क्यों हैं?" मैंने प्रश्न किया।

नीति मुस्कराई। मेरे चेहरे से दृष्टि हटाकर ऋचा को देखने लगी। सात वर्ष की सुकुमारी बालिका ऋचा हमारे सामने बैठी पूरी तन्मयता से आर्य और अनार्य जाति के विभाजन की कहानी सुन रही थी। उसमें उस समय बालिका सुलभ चपलता का लेशमात्र भी लक्षण नहीं था। वह सारी बातें सुनते हुए उदास बैठी थी। आर्य और अनार्य के विद्वेष और संघर्ष से पीड़ित ऋचा पल-पल खुद को अनाथ और असुरक्षित महसूस कर रही थी। वह देख रही थी कि मेरे सिवाय उसके प्रति आन्तरिक आग्रह सम्भवतः किसी और में नहीं था।

ऋचा का रंग साँवला था किन्तु निष्पाप मधुरिमा से उसका चेहरा सुशोभित था।

"क्या यह निष्पाप आत्मा अनार्य है?" नीति ने तिरछी नजर से देखते हुए कहा, "भौगोलिक परिस्थिति, जलवायु, कार्य-प्रणाली, खान-पान, जीवन-दर्शन सब कुछ मनुष्य के वर्ण और व्यक्तित्व को प्रभावित करते हैं। ऋषिगण हिमालय और हिन्दुकूश पर्वतों की शीतल, छायादार अरण्यादि में निवास करते हैं। शारीरिक श्रम कम और मनन अधिक करते हैं। रौद्रताप उनके शरीर को स्पर्श तक नहीं करता। सात्त्विक आहार के साथ-साथ आध्यात्मिक मनोभाव उन्हें सौम्य बनाते हैं। व्यापारी और श्रमजीवी समुदाय प्रचंड धूप में अथक परिश्रम करते हैं। प्रकृति की प्रतिकूल परिस्थितियों से जूझते हुए अर्थोपार्जन करते हैं। मनन और आध्यात्मिक मनोभाव से उन्हें कोई सरोकार नहीं। इसलिए उनका वर्ण प्रायः कृष्ण होना स्वाभाविक है। मृगयाप्रिय होने के कारण उनके मुख पर

निष्ठुरता की छाप पड़ना स्वाभाविक है। मोटे तौर पर कहा जाए तो परिस्थिति और परिवेश मनुष्य के रूप-रंग को बदल देते हैं। ऋचा का ही मुख देखो। क्या वह असुन्दर है? सुन्दरता की परिभाषा क्या है? कृष्ण, श्वेत, पीत आदि भिन्न-भिन्न वर्णों में श्वेतवर्ण उत्कृष्ट और सुन्दर है कृष्णवर्ण से? यह श्वेतवर्ण की श्रेष्ठता किसने निधार्रित की? शब्द-सम्राट बुद्धिजीवियों की व्याख्या के अनुसार श्वेतकाय सुन्दर और कृष्णकाय असुन्दर के रूप में वर्णित हुए हैं। यहाँ तक कि आँखें भी वांग्मय के वशीभूत हो चुकी हैं।

आर्यवर्ण और दासवर्ण–इन दो वर्णों में मानव जाति विभाजित हो जाने के बाद इनमें विवाह भी वर्जित कर दिया गया। फलस्वरूप श्वेतकायों की श्वेतवर्ण की सन्तानें और कृष्णकायों की कृष्णवर्ण की सन्तानें पैदा हुईं। इस प्रक्रिया में आर्यगण हुए श्वेतकाय और दासगण हुए कृष्णकाय। किन्तु आर्य-दास मिलन से जो सन्तानें पैदा होती हैं, उनमें दोनों लक्षण दिखाई देते हैं। इन्द्रदेव का जन्म आर्य दास मिलन से हुआ है। वे स्वर्णवर्ण के शरीरधारी होते हुए भी स्वभाव से उग्र और कठोर हैं। वे कभी-कभी खूँखार हो उठते हैं। ईर्ष्या और क्षमता के लोभ से वे भी मुक्त नहीं हैं। इसलिए मनुष्य खुद ही अपने विभाजन का कारण है।

इस तथाकथित दास समुदाय के लोग अत्यन्त संगठित और एकजुट थे। वे लोग समुदाय में जीवन बिताया करते थे। दास लोग मंत्र और यज्ञ-विरोधी थे, जिस कारण आर्य ऋषिगण सदा उन्हें अपना शत्रु मानते थे और उनके दौरात्म्य से अपनी रक्षा करने के लिए देवताओं से प्रार्थना किया करते थे। आर्य ऋषिगण भिक्षा द्वारा जीविका निर्वाह करते थे, जिस कारण दास व्यापारी हमेशा अपनी धन-सम्पत्ति को लेकर सतर्क और मितव्ययी होते थे और अपना धन-जीवन असुरक्षित समझते थे। उन्हें यह आशंका लगी रहती थी कि किसी भी क्षण परिश्रमकातर आर्यगण यज्ञादि कर्मकांड के उद्देश्य से उनकी धन-सम्पत्ति हड़प लेंगे। दूसरी ओर आर्य ऋषिगण दासों पर सन्देह करते थे और उनसे घृणा करते थे। आपस में सद्भाव रखने की बजाय ये दो मानव-समुदाय एक-दूसरे की कमी ढूँढ़ा करते और अवसर पाते ही दूसरे पर धावा बोल देते थे। इन्द्र को समर्पित कुछ गायों को एक बार 'पणि' नामक व्यापारी समुदाय ने पकड़ लिया। इन्द्र ने अपनी गायों को पणि लोगों के चंगुल से लौटा लाने के लिए सरमा को बीच-बचाव के लिए भेजा किन्तु पणि लोगों ने सरमा को स्पष्ट कह दिया–'इन्द्र कौन है, हम नहीं जानते। इन्द्र यदि देवलोक के निवासी हैं, तो हमारी इस जन्मभूमि पंचसिन्धु के देश में अपना आधिपत्य विस्तार क्यों कर रहे हैं? हम तो स्वर्गलोक के धर्म, राजनीति, धन-सम्पदा किसी में भी हस्तक्षेप नहीं करते, देवतागण भूलोक छोड़कर स्वर्गलोक के निवासी हो जाने पर भी भूलोक का मोह क्यों नहीं छोड़ते? इन्द्र से जाकर कह दो कि वे जो भी हों, हमारे राजा नहीं हैं। हम

उनके भृत्य या उनकी प्रजा नहीं हैं। युगों से हम अपनी जन्मभूमि पर स्वच्छन्द जीवन बिताते आए हैं। आज इन्द्र या देवताओं का वश स्वीकार नहीं करेंगे।'

बस, बात सिर्फ इतनी ही थी। इन्द्रदेव तथा स्वर्गवासी बुद्धिजीवी देवताओं के अहंकार को ठेस पहुँची। इन्द्र और देवता बन गए दास लोगों के शत्रु। बुद्धिजीवी ऋषियों ने भी अपने भूखंड पर अकारण ही वर्णभेद का सूत्रपात किया है। वे लोग पंडित हैं, वेदज्ञ हैं। मंत्रों की रचना करना, सामगान करना, यज्ञादि करना और भूलोक को मिथ्या की आख्या देकर ब्रह्मलोक व स्वर्गलोक को सत्य की आख्या देकर वे लोग क्षमतासम्पन्न शक्तिशाली देवताओं के कृपापात्र भले ही बन गए हों, किन्तु ठीक उसी कारण से पंचसिन्धु अंचल के आदिनिर्माता मानव-समुदाय के श्रद्धाभाजन नहीं बन पाए। पंचसिन्धु संस्कृति के आदिनिर्मातागण वेद, मंत्र और यज्ञ के विरोधी थे। इस कारण उन्होंने इन कवि हृदय ऋषियों के बौद्धिक उत्कर्ष की प्रशंसा नहीं की। आर्य राजा इस कविकुल को गुरु के रूप में स्वीकार करके उनकी पूजा करने लगे। उन्हें दान-दक्षिणा देकर उनका संरक्षण करने के कारण व्यापारी एवं श्रमजीवी मानव समुदाय ने उन्हें गुरु के रूप में स्वीकार नहीं किया और उन्हें हेय मानकर अपने विश्वास में अटल रहे। उन्होंने न तो ऋषियों की पूजा की, न ही देवताओं की। वे अपनी मातृभूमि के पूजक थे। इससे ऋषि-कुल के अहंकार को ठेस पहुँची। राजाओं की संख्या हमेशा मुट्ठीभर होती है। आम जनता हमेशा से असंख्य रही है। केवल राजाओं की प्रशंसा से सन्तुष्ट न होकर कवि-कुल ने जन-स्वीकृति प्राप्त करने का प्रयास किया। लेकिन उनका यह प्रयास निरर्थक गया। अपने ऐसे प्रयास से वे आदिनिवासी जनता के विराग-भाजन बन गए। जिस जनता को कवि हेय समझता है, उसका हृदय भला वह कैसे जीत सकता है? कवि तो अपने मंत्र रचते थे, स्वर्ग-निवासी बुद्धिजीवी देवताओं के लिए। मंत्र जनता की समझ से परे होते थे। जो हृदय को मंत्रित नहीं करता, उसे मंत्र के रूप में भला जनता कैसे स्वीकार कर लेती? अतः दो विश्वासों और अहंकारों की टकराहट निरन्तर बनी रही दो समुदायों के बीच। कवि संस्कृति गढ़ता था शब्दों को लेकर, वह राजा और देवताओं की स्वीकृति प्राप्त करता था। ऋषिगण जो भी कुछ उच्चारण करते, वह वेद की लकीर मान ली जाती। अपने मन के निष्फल क्षोभ को दबाने के लिए इन वेदविरोधी परिश्रमी, प्रकृतिपूजक, देशप्रेमी, मानव-समुदाय को ऋषिगण अपने से इतर समझने लगे। जिन्होंने 'रस' और कृषि का विरोध किया और उनको क्षति पहुँचाई, उन्हें 'दास' कहकर ऋषियों ने दासवर्ण की सृष्टि की। वेद के प्रशंसकों को आर्य या श्रेष्ठ तथा कृषि के विरोधियों को दास या निकृष्ट कहने के कारण मनुष्य जाति उस सुसंस्कृत पंचसिन्धु अंचल में दो हिस्सों में बँट गई। धीरे-धीरे दोनों समुदायों में कटुता और शत्रुता बढ़ने लगी। दरअसल दासवर्ण के लोग अपनी मातृभूमि अदिति पृथ्वी को जी-जान से प्यार

करते थे। लेकिन अन्तरिक्ष लोक और द्युलोक के बुद्धिजीवी एवं विकसित मस्तिष्कधारी मनुष्य पृथ्वी के सारे दुर्लभ द्रव्य व दुर्लभ लोगों को स्वर्गलोक ले जाते थे। धन–रत्न समृद्ध जीवन–यापन, पीयूष–पान, अप्सराओं के साथ अबाध यौन सम्बन्ध, रथयान में ब्रह्मांड भ्रमण, गंधर्वों के नृत्य–गान, उत्तम चिकित्सा व्यवस्था, उत्तम खान–पान, उत्तम आवास, निरोग शरीर, स्वर्ग सुख, चिर यौवन, सबसे बढ़कर अमरत्व के प्रलोभन से पंचसिन्धु और द्युलोक की बुद्धिमान सुयोग्य सन्तानों ने स्वर्गलोक को ही अपने जीवन का लक्ष्य मान लिया जिसके कारण येन–केन–प्रकारेण स्वर्णलोक जाने का अनुमति–पत्र प्राप्त करने के प्रयासी मनुष्य ने अपनी मातृभूमि की उन्नति करने के बदले स्वर्गलोक की उन्नति और समृद्धि के लिए अपनी विद्या–बुद्धि समर्पित कर दी। इससे स्वर्गलोक की समृद्धि जितनी बढ़ती गई, मर्त्यलोक तथा पंचसिन्धु की सभ्यता उतनी ही अविकसित और अवहेलित होती गई। मुनि–ऋषिगण स्वर्ग की ही स्तुति किया करते थे।

सप्तसिन्धु से आर्य वैज्ञानिक, वास्तुकार, चिकित्सक और विद्वान स्वर्गलोक भेजे जाते थे। इन्द्रदेव के निर्देश से वे लोग मातृभूमि दाव्या पृथ्वी से विदा लेकर स्वर्गलोक के निवासी बनने में स्वयं को धन्य समझते थे। इसी बात ने देशप्रेमी दासों को उच्चाभिलाषी आर्यों के प्रति विमुख किया था। व्योमयान और अन्तरिक्षयान, दोनों इन्द्रदेव के आविष्कार होने पर भी यंत्री के रूप में रिभु, विभु और बाज–तीनों भाइयों ने इस यान के निर्माण और इसकी कारीगरी विद्या में दक्षता हासिल की थी। इन्द्रदेव उन्हें अधिक विद्या–बुद्धि प्राप्त करने का प्रलोभन दिखाकर स्वर्गलोक ले गए। जिसने एक बार स्वर्गलोक में काम करने का अवसर पा लिया, वह दुबारा पृथ्वी पर नहीं लौटा। यदि लौटा भी तो अतिथि के रूप में मातृभूमि पर उड़कर आया, स्वर्गलोक की अलौकिक विद्या और अपार्थिव सुख–सम्पदा की जयगान करके, मर्त्यवासियों को चमत्कृत और उपकृत करके पुनः स्थयान में स्वर्गलोक लौट गया। तीनों भाई रिभु ने इन्द्ररथ, अश्विनीकुमार और वरुणदेव का रथ बनाकर पूरे ब्रह्मांड को चकित कर दिया था। अश्विनीकुमारद्वय मर्त्यमानव होते हुए भी शल्य चिकित्सा में दक्षता हासिल करने के लिए स्वर्गलोक गए और स्वर्ग के स्थायी नागरिक बन गए। स्वर्गलोक के स्थायी नागरिक बनने के प्रलोभन में उन्होंने स्वर्गलोक में विवाह भी किया। हालाँकि आर्यों को चिकित्सा की आवश्यकता होने पर उनका अनुरोध मानकर अश्विनीद्वय व्योमरथ पर उड़कर आते और आर्यों का चक्षुरोपण, हस्त–पद रोपण एवं अन्य जटिल शल्य–चिकित्सा करके लौट जाते थे। आर्य और दास के संघर्ष में आहत आर्यों की चिकित्सा करने अश्विनीद्वय बार–बार पंचसिन्धु आया करते थे लेकिन आर्य होने के कारण वे दासों की चिकित्सा नहीं करते थे। इससे आर्य और दास का विद्वेष और भी बढ़ता था।

आर्यगण पशुधन पर निर्भर करके जीविका निर्वाह करते थे, जबकि दासगण की अर्थनीति मुख्यतः कृषि ही नियंत्रित करती थी। प्रकृति की प्रतिकूलता में कृषि-कार्य अत्यन्त कठिन होने के कारण दासों का व्यक्तित्व भी कठोर और रुक्ष होना स्वाभाविक था। इसलिए उनके शरीर के श्रमजनित कृष्णवर्ण की त्वचा और चक्षु तथा कठोर व्यक्तित्व को आर्य कवियों ने कुरूपता के साथ वर्णन करके प्रमाणित कर दिया कि श्वेतांग-आर्य कृष्णांग-दासों से अलग और विकसित समुदाय के लोग हैं। आगे चलकर दास और दस्यु को शूद्र कहकर अस्पृश्य बना दिया गया। 'देवपूजा और वेदपाठ के लिए वे योग्य नहीं हैं', यह प्रचार किया जाने लगा। आर्यगण अपने काम को लेकर ब्राह्मण, क्षत्रिय या वैश्य बन जाते थे। दासगण कोई भी काम क्यों न करें, 'शूद्र' बनकर ही रहते थे। महीदास जैसे अनेक दासपंडित मंत्र तथा उपनिषद के रचयिता होने पर भी शूद्र के रूप में गिने जाते थे। आर्यों में भी आगे चलकर पेशे के बदले जन्म ने ही वंश और जाति का निर्धारण किया। आर्यों ने दासों को अपने से छोटा अथवा इतर मानकर उनके लिए 'अनार्य' शब्द का प्रयोग भी किया और आगे चलकर ये दो शब्द भर्त्सना के रूप में प्रयुक्त हुए।

आर्य-दास संघर्ष युग-युग तक चलता रहा। दुर्धर्ष दासों के प्रचंड आक्रमण से बचने के लिए परिश्रमकातर युद्धविमुख ऋषिगण हमेशा वीर श्रेष्ठ इन्द्र से ही सहायता माँगा करते थे। इन्द्रदेव शुरू से ही दास-विरोधी थे। आर्यों की स्तुति से प्रसन्न होकर उन्होंने कितने सहस्र बार स्वर्गलोक से मर्त्यलोक आकर अपनी सेनावाहिनी मरुतगणों की सहायता से दासों के धन, जीवन, नगर और सभ्यता को ध्वस्त-विध्वस्त किया था, उसका ठीक-ठीक हिसाब किसी के पास नहीं है।

अपनी नगर सभ्यता बारम्बार ध्वस्त-विध्वस्त होने के कारण दासगण समतल, विकसित अंचल छोड़कर पहाड़, पर्वत, घने जंगल आदि दुर्गम स्थानों में चले गए। अब उनमें नगर निर्माण करने की इच्छा नहीं रही।

धीरे-धीरे वे प्रासाद और नगर-निर्माण करना भूल गए। गिरि-कन्दराओं में छुपकर रहते और शिकार, कृषि-कार्य तथा फल-मूल पर निर्भर कर अति सरल व आडम्बरहीन जीवन-यापन करने लगे, किन्तु अपनी मातृभूमि मर्त्यलोक या पंचसिन्धु को पूरी तरह छोड़कर किसी दूसरी दुनिया में नहीं गए। मौका मिलने पर वे आर्यों से बदला लेने से भला पीछे क्यों हटेंगे?

आज आर्य पंचसिन्धु अंचल तथा अनेक विकसित भूखंडों को आर्यावर्त घोषित कर यह साबित करना चाहते हैं कि पंचसिन्धु की सभ्यता और संस्कृति के आदिनिर्माता दास नहीं, आर्य हैं। भूलोक के किसी हिस्से का इस तरह नामकरण करके झगड़े का बीज बोया गया, यह मत विश्व-पर्यटक संवाददाता नारदजी का है।

विश्व के किसी भूखंड की संस्कृति एक निश्चित वर्ण के निश्चित जाति के लोगों से बनी है, ऐसा नहीं कहा जा सकता। संस्कृति एक बहती धारा है। केवल मनुष्य ही नहीं, जीव, उद्‌भिद, जड़ वस्तु भी संस्कृति के विशाल स्थापत्य के एक-एक स्थपति हैं। पंचसिन्धु का निर्माण केवल आर्यों ने या केवल दासों ने नहीं किया, बल्कि उस पवित्र भूखंड का आदिनिवासी एक सुशिक्षित मानव-समाज था, यह कहना अधिक समीचीन होगा। किन्तु इस आर्य-दास के संघर्ष की परिणति में हालाँकि दासों की पराजय हुई थी, इन्द्रदेव को इन्द्रपद की प्राप्ति भी इसी कारण से हुई थी। इन्द्र ने लगातार दासों को प्रताड़ित किया, जिसके फलस्वरूप आर्यों ने इन्द्र को देवता का आसन दिया और देवताओं ने इन्द्र को अपना रक्षा कवच मानकर देवराज के रूप में स्वीकार किया। यही है इन्द्र की देवत्वप्राप्ति और त्रिलोकपालक की पदवी पाने का इतिहास।

आज संस्कृति के प्रसार के साथ-साथ आर्य-अनार्य का संघर्ष दिन-प्रतिदिन की घटना बन गई है। किन्तु बुद्धिमान, प्रतिभासम्पन्न, इन्द्रदेव आर्यों की सारी समस्याएँ धैर्यपूर्वक सुनकर उनका समाधान करने के लिए तत्पर रहते हैं। अनेक बाधा-बन्धनों को पार कर सप्तसिन्धु प्रदेश में पहुँचना, असुरों को हराकर उनकी सभ्यता को ध्वंस करना एवं आर्य-संस्कृति और सभ्यता का प्रसार करके भारत भूखंड को आर्यभूमि के रूप में नामित करने के बाद भारतीय आर्य इन्द्रदेव को देवता के रूप में न पूजते तो क्या करते? अच्छे कर्मों से मनुष्य ही देवत्व प्राप्त करता है! अश्विनीद्वय और मरुतगण भी मानव से देवता के आसन पर बैठे हैं। इसलिए इन्द्रदेव को देवता ही नहीं, देवराज इन्द्र बनने में भी अधिक समय नहीं लगा।

अतीत के ऋत समाज का साम्यभाव इन्द्रदेव के नेतृत्व में आर्यों के आक्रमण और लूट के कारण टूटकर चूर-चूर हो गया। धनी, दरिद्र, शोषक, शोषित, शासक, शासित, ऊँच, नीच, देवता, असुरों की विषमताएँ हाथ की लकीरों की तरह साफ थीं। अन्त में लूट और पराये धन को हड़पने के लालच व स्वार्थ के कारण मनुष्य के बीच राजा, प्रजा, प्रभु, भृत्य का वैषम्य भाग्य में लिखे होने-सा प्रतीत हुआ। मनुष्य-मनुष्य में भाईचारा खत्म हो गया। धन और वर्ण के असन्तुलन से उपजी वर्णाश्रम व्यवस्था और वर्णाश्रम व्यवस्था से उपजा घृणित जातिभेद। आदिम जन-समाज में मनुष्य के प्रति मनुष्य में हिंसा की भावना नहीं थी। हिंसा की भावना थी 'पशु' के विरुद्ध आत्मरक्षा के लिए। किन्तु जिस दिन मनुष्य के विरुद्ध मनुष्य ने अस्त्र उठाया, उसी दिन से पृथ्वी पर हिंसा की शुरुआत हुई। आर्यों की ओर से इस हिंसा और लूट के मुख्य नायक थे—इन्द्रदेव। वे अनार्यों को हराकर उनकी धन-सम्पदा लूट लेते थे और आर्यों के बीच बराबर-बराबर बाँट देते थे। उन्होंने बंगूद के सौ नगरों का ध्वंस किया था। पाँच सहस्त्र कृष्णकाय दस्युओं की हत्या करके शंबर नगर का ध्वंस किया था। इसलिए उन्हें 'पुरंदर'

की उपाधि से विभूषित किया गया। इसी वजह से सारे वेद इन्द्रस्तुति से मुखर हुए। मुनि-ऋषिगणों ने इन्द्र की इस दास-दमन नीति से सन्तुष्ट होकर उनके प्रशंसागान में जीवन उत्सर्ग कर दिया। वे ही लोग इन्द्रदेव को हिंसा के लिए उकसाकर अनार्यों को तबाह करने के लिए प्रोत्साहित करते थे। स्तुति की ओट में कहते–'हे इन्द्र! आदिम लोग जिस तरह वृक्ष-लतादि काटते हैं, आप उसी तरह शत्रुओं का संहार करें। हम आपकी कृपा से दासों से लूटी गई धन-सम्पदा बाँट लेंगे। आप इस संग्राम में अवश्य विजयी होंगे। हे इन्द्र! आप इस जीते हुए धन को जमा करके न रखें। आप जो भी गाभी, अश्व, शस्य भंडार, जल भंडार प्राप्त करें वह हमारे बीच वितरित करें। यज्ञविहीन कृष्णकाय दासों का धन लूटकर श्वेतकाय आर्य यज्ञकर्ताओं के बीच बाँटें।'''

नीति के मुँह से कृष्णकाय आदि निवासियों की दुर्दशा, मुनि-ऋषियों का पराये धन के प्रति लोभ तथा इन्द्रशक्ति को हिंसा की ओर प्रेरित करने की कोशिश के बारे में सुनकर मैं आर्य-विमुख होती जा रही थी। मैं इन्द्रदेव की वीरता को पाशविक समझने लगी।

मनुष्य-मनुष्य के बीच इस 'चतु:वर्णाश्रम धर्म' से जातिभेद उपजकर अन्त में वर्णवैषम्य ही भारतीय संस्कृति की विशेषता बनेगा, मुझे इसकी मन-ही-मन आशंका हो रही थी।

"अन्त में यह होगा कि मनुष्य भले ही अपना शरीर त्याग देगा, जातिप्रथा को भींचकर पकड़े रहेगा।" नीति ने मेरे अन्त:स्वर को प्रतिध्वनित करते हुए इतना कहा।

ऐसी बातें मेरे बाल-मन में बड़ी ठेस पहुँचाती थीं। मैंने देखा है, समाज में चंडाल, असुर जाति किस तरह सामाजिक स्तर में लांछित है एवं आर्य और द्विज कैसे उन पतितों की मेहनत, पसीना, आमदनी और सेवा से समृद्ध हैं।

"क्या इन लोगों ने इसी तरह पतित होकर जीने के लिए जन्म लिया है?"

मेरे इतना पूछते ही वार्ता ने सप्तसिन्धु के प्रथम आर्यराजा मनु की पहली घोषणा मुझे सुनाई, "दास बनकर जीना शूद्रों के भाग्य में लिखा है। वे क्रय होकर आएँ या न आएँ, ब्राह्मणों की सेवा के लिए ब्रह्मा ने उनकी सृष्टि की है। दासता से कभी उनकी मुक्ति नहीं। दासता ही उनका स्वाभाविक धर्म है..."

मैंने कानों पर हाथ रख लिए। चिल्ला उठी, "चुप रह, चुप रह, नहीं चाहिए मुझे अधिक शास्त्र-ज्ञान। मैं अज्ञानी बनकर जीना चाहती हूँ..."

त्वयि ने कुटिल मुस्कान बिखेरते हुए कहा, "धीरज धरो सखी! इतने में ही इस तरह खीजने से कैसे ज्ञान प्राप्त करोगी? अभी मनु का वक्तव्य खत्म कहाँ हुआ? मनु-संहिता कहती है–शूद्रों की धन-सम्पदा ब्राह्मण बेझिझक आत्मसात कर सकता है। इसमें कोई बाधा नहीं। क्योंकि शूद्रों की अपनी धन-सम्पदा कुछ नहीं होती। शूद्र जो कुछ अर्जित करेगा, वह ब्राह्मणों से करेगा। शूद्र समर्थ होते

हुए भी निर्धन ही रहेगा। यदि वह अपने अर्जित धन का मालिक होगा, तो वह धन के गर्व से ब्राह्मणों को पीड़ित कर सकता है। शूद्रों को जूठन, पुराने वस्त्र और अनावश्यक फालतू शस्य दें। शूद्रों को उनकी जाति के अनुसार पुकारें। इससे उनका सम्मान कम नहीं होगा, क्योंकि समाज में निर्धन और नीच कार्य करनेवाले शूद्रों का सम्मान नहीं होता।''

अब तक क्षोभ से मैं रुआँसी हो उठी थी। क्रोध पर नियंत्रण करके पूछा, ''यदि शास्त्र में ऐसा लिखा है, तो क्या शूद्र उसे नहीं पढ़ते? वे लोग इसका विरोध क्यों नहीं करते? क्यों ऐसे शास्त्र में संशोधन करने के लिए क्रान्ति नहीं छेड़ते? अनावश्यक अमानवीय प्रसंगों को शास्त्र से हटाया भी तो जा सकता है।''

''रुको-रुको, इतना उत्तेजित मत होओ!'' त्वयि ने मेरी पीठ पर थपकी देते हुए पुनः कहा, ''धर्मसूत्र क्या कहता है, सुनो। शूद्र वेदशास्त्र नहीं पढ़ सकते। पढ़ेंगे तभी तो वे क्रान्ति करेंगे! शूद्रों द्वारा क्रान्ति करने का सवाल ही कहाँ उठता है? कहते हैं, शूद्र आर्य को गाली दे तो उसकी जीभ काट दो, वेद पढ़े तो जीभ काट दो, वेद को याद कर ले तो उसके दो टुकड़े कर दो। ब्राह्मण पर शूद्र की परछाईं तक न पड़े।''

''क्या शूद्र न्याय पाने तक के हकदार नहीं हैं? वे भी तो आखिर इनसान हैं...'' मैंने सवाल किया।

नीति ने कहा, ''अवश्य हैं। शास्त्र ने शूद्रों के लिए भी न्याय की व्यवस्था की है। उस निर्णय में अन्यायी फैसला ही शूद्रों के लिए न्याय है। वर्ण के मुताबिक फैसला, वह भी ऐसा कि शूद्र गवाही तक नहीं दे सकता। भृत्य मालिक के विरुद्ध गवाही नहीं दे सकता और शास्त्र के अनुसार आर्यों के लिए अक्षम्य अपराध कोई नहीं होता। आर्य कभी दास नहीं बनेगा। दंड, जुर्माना सबमें शूद्रों का हिस्सा अधिक होता है। शूद्र यदि नाम लेकर ब्राह्मण को बुलाए तो उसका मुँह तोड़ दो, गाली दे तो जीभ काट दो। शूद्र यदि धर्मोपदेश दे तो उसकी जीभ काटने के साथ-साथ कान और मुँह में गरम तेल भर दो, जबकि ब्राह्मण भयंकर अपराध करे तो भी वह बध्य नहीं है; बल्कि धन-सम्पत्ति दान करके उसे बिना कोई चोट पहुँचाए सम्मानपूर्वक राज्य से बाहर भेज दो।''

मेरा क्रोध आँसू बनकर निरन्तर बह रहा था। अमानवीय बातें सुनते ही मेरे आँसू अनवरत बहने लगते हैं। यह मेरी कमजोरी हो सकती है। मैं मन-ही-मन इन्द्र को शाप दे रही थी। हाय, जो सभ्यता कभी सिन्धु नदी से गंगा तक फैली हुई थी, वह आर्य नेता इन्द्रदेव द्वारा ही ध्वस्त हो गई।

मेरे मनोभाव न जाने मेरी चारों सखियाँ कैसे पढ़ लेती थीं। उन्होंने इन्द्र के विरुद्ध सारी बातें कहने के बाद अब उनका पक्ष लेकर बातें करना शुरू कर दिया। अन्वीक्षिका शान्त स्वभाव की है। मेरे उत्तेजित होने पर वही मुँह खोलती

थी। इसलिए मेरे मन की हालत देख उसने कहा, "सारा दोष इन्द्र पर मत मढ़ दो सखियो! मुनि-ऋषिगण इन्द्र की स्तुति करके उनसे असुर विरोधी काम करवाते हैं। इन्द्र से मुनि-ऋषिगण जितना स्नेह करते हैं, उन्हें जितना आदर देते हैं, उतना और किसी देवता को नहीं देते। कभी इन्द्र भी एक आम आदमी थे। असुरों का दमन करके आर्यों को बसाने के कारण वे आर्य नेता बन गए। उसके बाद अपने कई अच्छे गुणों और परोपकारी भावनाओं की वजह से उन्होंने देवत्व प्राप्त किया। वृत्रासुर का वध करके पृथ्वी को अनावृष्टि और असुरों के अत्याचार से बचाने के बाद ही इन्द्र महान कहलाए। वृत्र था आर्यों का बाधक और प्रतिबन्धक। उसे रास्ते से हटाने के कारण आर्यों ने इन्द्रदेव को देवता का पद दिया। धीरे-धीरे इन्द्रदेव अपने चरित्र और व्यक्तित्व का विकास करके देवराज कहलाए।

आदिम अवस्था में आर्यगण पग-पग पर प्रकृति की विपरीत परिस्थितियों का सामना करते थे। उनके दैनन्दिन जीवन में तरह-तरह की विघ्न-बाधाएँ आती थीं। वृत्रासुर ही कभी आर्यों के लिए बाधा बनकर आर्य संहार हेतु षड्यन्त्र में लिप्त हो गया। जल-सम्पदा को बाधा पहुँचाना उसका प्रथम और परम कार्य था। इन्द्र की सारी वीरता वृत्रासुर के सम्मुख म्लान पड़ जाती थी। किस तरह वृत्रासुर का वध करके आर्यों की बाधा दूर की जा सकती है, यही देवताओं के लिए चिन्ता का विषय था।

इन्द्रदेव का जन्म-वृत्तान्त रहस्यमय तथा विवादास्पद होने के कारण समाज में उनका स्थान शुरू-शुरू में बहुत नीचे था। बचपन से ही उनका कोई मित्र नहीं था। देवताओं ने उनका परित्याग किया था। सिर्फ मरुतगण ही बचपन से इन्द्र के प्रति विश्वस्त थे। पर आज देवतागण, मुनि-ऋषिगण वृत्रासुर का वध करने के लिए इन्द्र की शरण में आए थे। इसलिए वे लोग इन्द्र की तरह-तरह से प्रशंसा करने लगे। इस संसार में कौन है जो प्रशंसाप्रिय नहीं है? इन्द्र ने देवताओं के उकसाने पर विश्वदेव की हत्या की थी। आज भी वृत्रहन्ता बनने की प्रतिज्ञा की आर्य ऋषियों के उकसाने पर। वृत्रासुर का वध कर इन्द्र हुए सर्वमान्य-सर्वरक्षाकारी। इसलिए इन्द्र को दोष देकर क्या लाभ?"

इतने में सांध्य-होम करने के लिए प्रथा के बुलाने पर इन्द्र को प्रणाम करके सभी चले गए।

सखियों से इन्द्रदेव का रूप-वर्णन सुनते समय मेरी आँखों के सामने आकर खड़े हो जाते थे एक दीर्घ, स्वर्ण-वर्ण, स्वर्ण-केश, सुदर्शन सुरसिक आर्यवीर। इन्द्रदेव को देखने के लिए मन अधीर हो उठता था, किन्तु पिता से कहने पर वे मेरा

आग्रह नहीं मानते थे। कहते, "इन्द्र एक सामान्य मनुष्य हैं। अपनी मानवीय गुणावली का विकास और सदुपयोग करके आज वे सबके लिए पूज्य और अग्रगण्य हो गए हैं। कल अहंकार और भोगलिप्सा के कारण उनका पतन नहीं होगा, यह कौन कह सकता है? त्यागनिष्ठा से देवता और भोगवाद से दानव। मनुष्य के उत्तरण और अवतरण की ये ही दो अवस्थाएँ हैं। इन्द्र ने अनेक प्रशंसनीय कार्य किए हैं, किन्तु समस्त ऐश्वर्य के अधिकारी होने के कारण तथा वर्षों अखंड क्षमता के अधिकारी बने रहने के फलस्वरूप उनमें भोगलिप्सा और अहंकार प्रवेश कर गया है। इसलिए उनसे दूर रहने में ही भलाई है।"

मैं विरोध करते हुए कहती, "यदि इन्द्रदेव में मानवीय गुणों का क्षय होना प्रारम्भ हो गया है तो प्रतिदिन उनकी स्तुति क्यों की जाती है? मुनि, ऋषि, ब्राह्मण–सभी यज्ञादि उत्सवों में उनका आह्वान करके यज्ञ का एक हिस्सा क्यों अर्पित करते हैं?"

पिताजी पीड़ित मुस्कान छोड़ते हुए कहते, "यही तो दुःख है। एक बार किसी को अखंड क्षमता दे देने के बाद उसके दान पर निर्भर करके जीवन निर्वाह करना पड़ता है। पृथ्वी की सारी सम्पदा मनुष्य के लिए है। उस सम्पदा को समान रूप से बाँटकर सबको अपनी-अपनी मौलिक आवश्यकता को हासिल करना ही स्वस्थ समाज का नियम है। सम्पदा के राष्ट्रीय उपयोग के लिए दिव्यगुण-सम्पन्न व्यक्ति को देवता के आसन पर बिठाकर सारी सम्पदा उनके हाथों में सौंप दी जाती है। परन्तु सम्पदा का स्वामी होने के बाद अहंकार और मोह राजा तथा प्रजा का भेदभाव उत्पन्न करता है। इस राजा और प्रजा के भेदभाव से ही राजा की स्तुतिगान करने को प्रजा बाध्य होती है।"

पिताजी के साथ बातचीत करने पर तत्त्व उभरने लगते, पर मेरे बालिका-मन का कुतूहल उससे शान्त नहीं होता। जगतस्रष्टा पिता वेदमय थे–वेद अर्थात् ज्ञान का भंडार। किन्तु पिताजी कैसे नहीं कह पाते कि तत्त्वज्ञान प्राप्त करने की एक उम्र होती है–मानसिकता होती है! मैं इन्द्रदेव के बारे में पिताजी से इतना ही जान सकी कि इन्द्रदेव में एक गुण की कमी है, जिसके कारण उनका यश और प्रतिष्ठा भविष्य में घटने की आशंका है। पिता के अनुसार, इन्द्र में ऐश्वर्य, वीर्य, यश, श्री और ज्ञान–ये पाँच गुण थे किन्तु उनमें वैराग्य नहीं था। यौवन में जो काम का दमन कर लेता है, वह सभी शत्रुओं का दमन करता है। इन्द्र ने अपने समस्त दिव्यगुणों के कारण एक दिन इन्द्रपद प्राप्त किया था। किसी-किसी ने उनकी क्षमता और ऐश्वर्य देखकर उन्हें परमात्मा मानकर उनकी स्तुति की थी किन्तु उनमें वैराग्य गुण का अभाव होने के कारण अब वे पहले की तरह परमात्मा से तुलनीय नहीं थे।

"यौवन में भी कामरहित कौन है?"

मेरा संशय दूर करते हुए वार्ता ने कहा, "वे हैं गौतम ऋषि। केवल इसी वजह से गौतम ऋषि के गुरुकुल में तुम जैसी सुन्दर कुँवारी कन्याएँ सुरक्षित शिक्षा प्राप्त करती हैं। यही वजह है कि पिताश्री ने तुम्हें गौतम ऋषि की देख-रेख में छोड़ने का मन बनाया है।"

इन्द्रदेव के ऐश्वर्यपूर्ण व्यक्तित्व की गरिमा सुनकर मन जितना प्रफुल्लित हुआ था, गौतम ऋषि के निर्लिप्त योग-सिद्ध ऋषिभाव ने मेरे बालिका मन में उतनी ही निराशा भर दी। अचानक मैं इन्द्रदेव और गौतम ऋषि की तुलना करने बैठ गई। राजा के साथ योगी की तुलना करना असंगत होता यदि इन्द्रदेव और गौतम ऋषि सहपाठी न हुए होते। पिताजी से सुना था, भैया नारद से सुना था—सखियों से सुना था, दोनों ब्रह्मा के मित्र थे। उनमें अच्छी मित्रता थी। दोनों अलग-अलग स्वभाव के होने पर भी एक-दूसरे के काफी घनिष्ठ थे। हालाँकि हर विषय पर दोनों के मत भिन्न होते थे। किसी भी बात पर दोनों में एकमत होने का उदाहरण नहीं था। गौतम ऋषि थे त्यागनिष्ठ, दार्शनिक और इन्द्रदेव थे क्षमतानिष्ठ, भोगनिष्ठ राजा। दोनों में मतभेद होना स्वाभाविक बात थी। गौतम तर्कप्रिय थे—इन्द्रदेव विवादप्रिय। इसलिए विवाद और तर्क ने आपस में मित्रता कर ली थी। इन्द्र का मुँह खुलते ही गौतम उनकी बात का खंडन तर्क-छल से कर देते थे। उसी तरह गौतम की किसी भी बात पर इन्द्रदेव विवाद खड़ा कर देते थे। इन्द्रदेव थे सांसारिक, गौतम थे ब्रह्मचारी। इसलिए जब इन्द्रदेव अनुभूतिसिद्ध यथार्थ बातें करते तो ब्रह्मचारी गौतम ऋषि अत्यन्त आदर्शवादी बातें, जोकि कभी-कभी बनावटी लगा करती थीं। पिता ब्रह्मा की दोनों पर श्रद्धा होते हुए भी गौतम के प्रति अधिक श्रद्धा थी। उसके कारण के रूप में इतना ही कहा जा सकता है कि इन्द्रत्वप्राप्ति के बाद इन्द्रदेव अत्यन्त भोग-विलास में दिन बिताते थे और गौतम तप:निष्ठ जीवन, किन्तु इसमें इन्द्रदेव का कोई विशेष दोष नहीं है, ऐसा कहकर भाई नारद इन्द्र का गुणगान करते थे। इन्द्रदेव ने अपनी वीरता, दानशीलता, उदारता, परोपकारिता, दयाभाव और प्रशासनिक निपुणता के कारण सर्वसम्मति से इन्द्र का पद प्राप्त किया था। अपनी सुरक्षा के लिए देवतागण इन्द्र पर भरोसा करते थे और उसके लिए इन्द्रदेव को अखंड क्षमता प्रदान की थी। देवतागण नहीं चाहते थे कि इन्द्रदेव की जगह कोई और स्वर्ग-राज्य का अधिपति बने। इसलिए इन्द्रदेव को खुश करने के लिए विश्व-ब्रह्मांड की समस्त दुर्लभ चीजें उनके चरणों में लाकर उड़ेल देते थे। समुद्र मन्थन में प्राप्त सारी दुर्लभ चीजें इन्द्रदेव को ही मिली थीं। केवल क्षीराब्धितनया लक्ष्मीदेवी नारायण को प्राप्त हुई थीं। ऐरावत हाथी, उच्चैश्रवा अश्व, पारिजात फूल, ब्रह्मांड का सारा स्वादिष्ट अमृत इन्द्रदेव को ही मिला था। सुन्दर अप्सराएँ भी इन्द्रसभा में नृत्य करके इन्द्रदेव का मनोरंजन करने के लिए नियुक्त की गई थीं। उन्हें अपने यौवन

को अटूट रखने के साथ-साथ चिरकुमारी रहने का आदेश भी दिया गया था। इतनी क्षमता, ऐश्वर्य और भोग-विलास में डूबे रहकर कोई भी मदमत्त हो जाएगा किन्तु इन्द्रदेव मदमत्त नहीं थे। उनकी केवल दो कमजोरियाँ उनकी लोकप्रियता में कुछ बाधक हो रही थीं, ऐसा सुना जाता था।

कहते हैं, इन्द्रदेव अति सोमप्रिय और अति रमणीप्रिय थे। उनके सिंहासन के दोनों ओर सजी-धजी सुन्दर युवतियाँ चँवर डुलाया करती थीं। कोई उनके पैर धो देतीं तो कोई अपने सुगन्धित आँचल से उनका पसीना पोंछ देतीं। इन्द्रदेव एक ऐसे वीर थे कि युद्ध न होने के समय भी वे एक मदमत्त हाथी पर बैठकर खूब तेजी से आवाजाही करते। हाथी मत्त होने पर भी इन्द्रदेव के नियंत्रण से बाहर नहीं हो पाता था।

इन्द्रदेव के व्यक्तित्व की गरिमा सुनते-सुनते मुझे लगता मानो मैं स्वप्नलोक में विचरण करते हुए अपनी मातृभूमि से विच्छिन्न हो गई हूँ! अगले ही क्षण यथार्थ में लौटकर मातृभूमि के चरणों में क्षमा माँगती।

हे मेरी मातृभूमि मर्त्यलोक–तू अदिति है, अखंडनीया है। तू सबकी मनोकामना पूरी कर–तू कामधेनु है।

हिमगिरि हेमवन्त के एकान्त आँगन में, इस रमणीय आश्रम में मैंने अपना बाल्यकाल और किशोरावस्था बिताए हैं। मैं देवकन्या नहीं, मनुष्य हूँ। इसलिए द्युलोक और अन्तरिक्ष मेरी लीलाभूमि नहीं। मेरी लीलाभूमि तो हिमगिरि की गोद में यही पवित्र मर्त्यलोक है।

विस्तीर्णरूपा मेरी मातृभूमि हिमगिरि हिमालय के इस तपोवन का नाम पिताजी ने रखा था 'रम्यवन'। यहाँ सब कुछ रम्य है। शुभ्र बर्फ से ढका हिमालय आकाश के दोनों सिरों को छूते हुए औटे हुए चाँदी-सा तरंगायित हो रहा था दिगन्त तट पर। आकाश में सूर्य-चन्द्र की दिशा बदलने पर बर्फ की एक-एक लहर का रंग बदलता–सोना, चाँदी, हीरा, नीला, नवरत्न के नग अनायास जड़ जाते पर्वत के ललाट पर, रात का सपना टूटने से पहले ही सूर्य उदित हो जाते और बर्फ से घिरा शुभ्र पर्वत रक्तिम हो उठता। धीरे-धीरे सोने की ढेरियाँ बन जातीं न जाने किस भंडार से! साँझ घिर आने पर सारा सोना औटा जाकर लोहित रंग से रँग देता हिमालय को और अँधेरे के भंडार में सारा कुछ छुपा देती रात आते-आते आकाश सुन्दरी।

एक ऊँचे पर्वत के तरंग-भरे हिम सोपान पर मैं डग रखती हूँ–खो जाती हूँ महाप्रकृति की अनन्त विचित्रताओं में। पर्वत कहीं-कहीं हरा, कहीं-कहीं नीला है। उसके ऊपर हैं और भी ताक के ताक धूमाभ पर्वत। उसके ऊपर घना नीला

अखंड साम्राज्य। परत-दर-परत बादल, ताक की ताक बर्फ, तरंगभरे नील, और सबसे ऊपर विजयी वीर-सा हिमालय का अनन्त अद्‌भुत अनन्य विस्तार। बादल हटने से दिख जाता है दिव्य मनमोहक हिमालय का विशाल व्यक्तित्व–हिमशिखर।

क्या इन्द्रलोक हिमालय से सुन्दर है–मनोमुग्धकारी-दिव्य?

नहीं जानती कि सुन्दरता का एक-एक रस क्यों बार-बार इन्द्रलोक की याद कराता है जबकि इन्द्रलोक मैंने देखा ही नहीं, सिर्फ सुना है। सुना है, तभी तो मन में इतना आकर्षण है। यदि देखा होता तो मेरा आश्रम, मेरा हिमाद्रि ही मेरे लिए ब्रह्मांड में सौन्दर्य और दिव्यता का भंडार होता।

शायद सखियों को इन्द्रलोक के बारे में बढ़ा-चढ़ाकर कहना अच्छा लगता है। किन्तु भैया नारद इन्द्रलोक का वर्णन जिस तरह से करते हैं, उसे सुनकर भला किसकी इच्छा नहीं होगी उसे एक बार अपनी आँखों से देखने की?

वार्ता जरा बातूनी है। अप्सराओं के रूप-यौवन का विस्तृत वर्णन सुनते-सुनते मैंने स्वयं को ब्रह्मांड की कुरूप नारी समझना शुरू कर दिया था। अप्सराएँ सचमुच इतनी सुन्दर होती हैं या यह सब वार्ता का वाक्-चातुर्य है?

उस दिन और किसी अनन्या का रूप वर्णन करती चली जा रही थी वार्ता। न जाने यह कौन-सी विद्याधरी थी?

वार्ता की ओर पीठ करके पहाड़ी नदी की जलधारा को देखते हुए मैं हिमाद्रि के एक सुरम्य गिरिकुंज में बैठी थी और वार्ता कहती चली जा रही थी, "उस रूपवती बाला के चारों ओर भौंरों और तितलियों का महोत्सव लगा रहता है। उसके चमेली से सफेद खुले घने केश नीले सागर में फेनिल लहरों का भ्रम पैदा करते हैं। उसकी कमर के बक्कल में जंगली फूल खुँसे उपवन का आभास देते हैं। उसके बैठने की मुद्रा एक तुषारित नदी-सी शान्त-स्थिर, उसके खड़े होने की मुद्रा पहाड़ी नदी की टेढ़ी-मेढ़ी धार-सी लीलायित है। उसके हाथ उठाते ही नृत्य की एक सहज मुद्रा बन जाती है। उसके अनजाने-पैर उठाते ही बिना घुँघरुओं के झंकृत हो उठती है उसके पैर तले की जमीन। उसके श्वास-प्रश्वास में मधुमक्खियों की गुनगुनाहट गुंजरित होने लगती है। उसका मुँह खुलते ही संगीत के आरोह-अवरोह स्तब्ध होकर उस संगीत को सुनते हैं। उसकी मुख-कान्ति सूर्यदेव को भी म्लान कर देती है और चन्द्रमा को करती है चमकीला। उसकी सुनील भौंहों से नीली नागिन भी लज्जित हो जाती है, और उसकी आँखें हिरन की आँखों को भी निष्प्रभ करती हैं। उसके होंठ हरसिंगार के स्पर्श से चोटिल हो जाते हैं। उसकी शुभ्र दन्त पंक्तियाँ मोतियों का मूल्य घटा देती हैं।

"जब वह जूड़ा खोलती है, फूल बरसने लगते हैं जमीन पर, जूड़ा बनाती है तो फूल खिल जाते हैं आसमान में। वह इधर-उधर चपल तितली के पीछे दौड़ती

है तो लगता है–मानो तितली उसके पीछे पड़ी है या पुष्पित लता मानो मृदु पवन से झूल रही है! लास्यमयी उस वनलता की रूप-कान्ति से देवराज इन्द्र भी स्तब्ध हैं। इन दिनों इन्द्रसभा में उसी के सौन्दर्य की चर्चा छाई हुई है। ब्रह्मांड के दुख, ताप, रोग, गरीबी और उसके निराकरण की ओर किसी का ध्यान ही नहीं है।"

वार्ता के मुँह से बात छीनते हुए त्वयि ने कहा, "बच गई वह बाला–इन्द्र ने उस बाला के पीछे रहकर देखा है उसका जूड़ा, उसका पृष्ठ भाग, उसके सुवर्ण पैर मात्र। उसकी मुख-कान्ति देख लें तो येन-केन-प्रकारेण उसे प्राप्त कर ही लेंगे–यदि यह सम्भव न हुआ तो वृत्रासुर का वध करने की तरह सारी दुनिया का वध कर देंगे।"

तब तक मैं खीज चुकी थी। कौन है वह अनन्य सुन्दरी बाला–क्यों वह तितली के पीछे लक्ष्यहीन-सी भागती फिरती है? उसमें ऐसा क्या है कि इन्द्रदेव उसके लिए लोकपालक का कर्त्तव्य भूलकर दुनिया का वध कर देंगे?

अन्वीक्षिका मेरी खीज को समझते हुए बोली, "सुन्दरता ने यदि इन्द्रदेव को लोकपाल का कर्त्तव्य भुला दिया है, तो दोष सौन्दर्य का है या इन्द्रदेव का या फिर उनकी पदवी का? इस बारे में सोचनेवाली भला मैं कौन होती हूँ? हालाँकि मैं तुमसे इतना अनुरोध जरूर करूँगी। अहल्या, तुम अब तितलियों के पीछे भागना छोड़ दो। आश्रम से बाहर मत निकलो। तुम आश्रम में रहकर आत्मस्थ ध्यानमग्न रहो वरना तीनों लोक में अराजकता फैल जाएगी।"

"अर्थात–तुम किसके बारे में कह रही हो अन्वि?" मैंने चकित होते हुए प्रश्न किया।

नीति ने गम्भीर होकर कहा, "उस त्रिलोक सुन्दरी विद्याधरी निन्दिबाला अहल्या के सिवाय भला और कौन हो सकता है! कल इन्द्रदेव ने हिमगिरि पर अवतरण किया था। तुम्हें पीछे से देखकर स्तब्ध रह गए। तुम्हारे तितली के पीछे दौड़ते-दौड़ते उपत्यका के घने वन में अदृश्य हो जाने तक वे उसी तरह हित-अहित का ज्ञान भूलकर तटस्थ हो खड़े रहे। पितामह ब्रह्मा के पहुँचने पर वे सँभले। पितामह ब्रह्मा भी कुछ कम नहीं हैं। इन्द्रदेव की ऐसे तटस्थ सौन्दर्य लिप्सा से आमोदित होते हुए बोले–'वासव! यह मेरी श्रेष्ठ सर्जना है–मेरी कन्या अहल्या। तुम्हारी नर्तकी अप्सराओं को अहल्या की चाल से नृत्य की मुद्राएँ सीखनी चाहिए।'

"इन्द्रदेव ने पितामह की बातों में आत्मप्रशस्ति का स्पर्श शायद भाँप लिया। उन्होंने भी अपनी बात घुमाकर कही–'जानता हूँ सर्जनहार! आपकी श्रेष्ठ कृति अहल्या की सुन्दरता ने स्वर्गपुरी में भी हलचल मचा रखी है। स्वर्गपुरी अहल्या के सादर स्वागत की प्रतीक्षा कर रही है। अहल्या स्वर्ग को मंडित करेगी तो स्वर्ग की शोभा बढ़ेगी और आपकी कला को सही सम्मान मिलेगा।' पितामह चौंक उठे। गर्म स्वर में बोले–'इन्द्रदेव! अहल्या मर्त्यलोक की नारी है। स्वर्गपुरी में

उसके स्वागत का आयोजन क्यों? ऐसे अनुचित आडम्बर से देव, गन्धर्व, अप्सराओं, विद्याधरों के समय और अर्थ का दुरुपयोग होने से स्वर्गपुरी का प्रशासन आखिर कहाँ तक अनुशासित रहेगा?'

"'किन्तु पितामह! अहल्या जैसी ब्रह्मांड सुन्दरी के लिए उचित स्थान तो इन्द्रलोक ही है। इसके अलावा मर्त्यलोक में उसकी बराबरी का मानव कहाँ मिलेगा कि वह मर्त्यलोक में अपना भविष्य गढ़ सके?' इन्द्रदेव आशाभरी दृष्टि से पितामह की ओर देखते रहे। उन्होंने सोचा था कि उनका चतुर तर्क पितामह मान लेंगे और घोषणा कर देंगे कि अहल्या इन्द्रलोक की शोभा बढ़ाने के लिए बनी है। एक बार पितामह के मुँह से यह बात निकल जाए तो फिर अहल्या के इन्द्रलोक की शोभा बढ़ाने में बाधा नहीं रह जाएगी। इन्द्रदेव ने यह भी सोचा था कि पितामह इस प्रस्ताव से अवश्य प्रसन्न होंगे। ऐसा करके इन्द्रदेव उनकी सर्जना को उचित सम्मान दे रहे हैं, सोचकर पितामह उन्हें धन्यवाद देंगे। पर न जाने क्यों पितामह ने इन्द्रदेव का यह सुझाव नहीं माना। उन्होंने कठोर मुखमुद्रा बनाते हुए कहा–'इन्द्रदेव! मर्त्यलोक अथवा मर्त्यलोक के मानव को हेय मत समझो। स्वर्ग की तरह मर्त्यलोक भी मेरी ही सर्जना है। देवता और मनुष्य, सभी ईश्वर की सृष्टि हैं। मनुष्य दिव्य व्यक्तित्वधारी होने पर ही देवता के आसन पर बैठता है। मन है आत्मसिद्धि का साधक। मन का धर्म है संकल्प। सत्य, संयम, पवित्रता के मेल से मन में जन्म लेता है शिव संकल्प। शिव संकल्प मनुष्य को देवता बनाता है और अशिव संकल्प असुर। इसलिए मनुष्य श्रेष्ठकृति है। मननशीलता से ही आत्मसिद्धि और शिव संकल्प उपजते हैं। मननशील प्राणी है मनुष्य। पशु मननशील नहीं है। देवता मननशील बनने की आवश्यकता महसूस नहीं करते। इसलिए मनुष्य का जन्म एक तपस्या है। हर क्षण अपनी गलतियों को सुधारकर निरन्तर उत्तरण की ओर अग्रसर होने के कारण ही वह मनुष्य है।

"मर्त्यलोक है दिव्य और अदिव्य की परीक्षा-भूमि। सृष्टि के प्रारम्भ से ही सत-असत, पाप-पुण्य, लोभ-त्याग, सुन्दरता-असुन्दरता के बीच न जाने कितनी परीक्षाएँ हुई हैं इस मर्त्यलोक की मिट्टी पर। मनुष्य और मर्त्यलोक कभी नहीं घबराया परीक्षा देने से। एक ओर प्रत्यक्ष भोग्यवस्तु तो दूसरी ओर साधना सापेक्ष परम कारुणिक परम सखा की उपलब्धि। दोनों का आकर्षण तीव्र होता है। इन्हीं दुरूह घातों-प्रतिघातों के बीच जीवन की नदी बहती रहती है। जहाँ परीक्षा नहीं है, वहाँ उत्तीर्ण होने का प्रश्न ही कहाँ? इसलिए मर्त्यलोक को ही समस्त परीक्षाओं की साधनापीठ के रूप में देव, मानव, दानव चुनते आए हैं। उत्तरण की पुण्य साधनापीठ इस मर्त्यलोक को या मनुष्य को हेय क्यों समझते हो?

"यह सच है कि अहल्या मेरी कला का उत्कर्ष है। यह भी सच है कि इन्द्रलोक सारे ऐश्वर्य और सुन्दर वस्तुओं का भंडार है। लेकिन याद रखो–

अहल्या केवल देहमयी सौन्दर्य नहीं, वह मनोमयी सुन्दरता है। वह वस्तुगत सौन्दर्य नहीं, वह आत्मागत दिव्यता है। सौन्दर्य भोग्य नहीं, सौन्दर्य हव्य है। सृष्टि के कल्याण के लिए हर क्षण सुन्दरता अपने सौन्दर्य का स्वाहा करती है। यदि ऐसा न हो, तो वास्तव में वह सुन्दरता नहीं।'

'''तो क्या अहल्या कोई परीक्षा की सामग्री है–साधनायोग्य वस्तु, यज्ञ समिध-हवि? अहल्या को लेकर पितामह कौन-सी परीक्षा करना चाहते हैं–किसकी परीक्षा लेना चाहते हैं?' इन्द्रदेव ने गम्भीर होकर पूछा। पितामह ने सोच-विचारकर कहने जैसा कहा–'सोचा था, अहल्या केवल मुनि-ऋषियों, जितेन्द्रियों के लिए एक परीक्षा–एक आह्वान बनकर खड़ी होगी। किन्तु देखता हूँ कि अहल्या स्वयं अपने लिए एक परीक्षा है, मेरे लिए एक परीक्षा है। त्यागी, भोगी दोनों के लिए एक परीक्षा बन चुकी है। अब अहल्या स्वर्ग की है या मर्त्य की, उस बारे में विवाद चल रहा है। इसलिए मैं साफ-साफ कह रहा हूँ कि त्रिलोकसुन्दरी अहल्या एक यज्ञ है–वह स्वयं पूजन, संगतिकरण और दान है।

''आत्मदान, बलिदान, ऐश्वर्यदान के बाद भी दाता की प्राणतंत्री में झंकृत होता होगा 'इदम्नम' अर्थात यह मेरा नहीं। त्याग में स्वार्थ की भावना न हो तो ही 'यज्ञ' का उद्देश्य साधित होता है। अहल्या को मैंने जो सौन्दर्य दान किया है, उससे वह यज्ञमयी होगी या नहीं, यही उसकी परीक्षा होगी। अहल्या का अलौकिक सौन्दर्य देव, मानव, दानव किस रूप में लेंगे, यही होगी उन सबकी परीक्षा। उत्कृष्ट कला का केवल बाहरी रूप नहीं होता, उसका एक भीतरी रूप भी होता है। अग्नि में दी जा रही आहुति के दो सूक्ष्म रूप हैं। प्रथम रूप सर्वत्र फैल जाता है। अन्य सूक्ष्म अंश आहुतिदाता के हृदय में प्रवेश करके शक्ति का संचार करता है। परमश्रद्धा और अन्तरंगता से आहुति दी जाए तो वह चेतना को स्पर्श करती है और संस्कार में परिणत हो जाती है। जिसे कला के अन्तःसौन्दर्य की उपलब्धि होती है, उसमें दिव्य संस्कार विराजते हैं। मैं चाहता हूँ, पृथ्वी सौन्दर्य के अन्तः रूप में शक्तिशाली हो। पृथ्वी पर दिव्य जीवन की स्थापना के लिए मैं अहल्या को यज्ञाग्नि रूप में स्थापित करने में कहाँ तक सफल हुआ हूँ, यही मेरी परीक्षा है। इसलिए इन दृष्टियों से एक साधारण अप्सरा या विद्याधरी से अहल्या की तुलना करके उसका असम्मान मत करो। अहल्या का जन्म इन्द्रलोक के लिए या इन्द्रदेव के लिए नहीं हुआ। अहल्या के जन्म के पीछे एक महत उद्देश्य है।' इन्द्रदेव ने गम्भीर स्वर में पूछा–'तो फिर अहल्या का जन्म किस नरश्रेष्ठ के लिए हुआ है? कहाँ, मेरी दृष्टि में तो वैसा वर-पुरुष त्रिलोक में नहीं है...'

''प्रजापिता ब्रह्मा ने निर्लिप्त रूप से कहा–'इन्द्रदेव! अहल्या अभी भी बालिका है। उसकी विधिवत शिक्षा अभी प्रारम्भ नहीं हुई है। अभी वह ब्रह्मचारिणी

है। इसलिए उसका जन्म किसके लिए हुआ है, इस बारे में अभी से सोचना विज्ञ पुरुषों का काम नहीं। अहल्या की शिक्षा समाप्त होने के उपरान्त ही उसके लिए योग्य वर के बारे में विचार किया जाएगा। फिर भी सौन्दर्य-तत्त्व को लेकर इन्द्रलोक में एक विचार-सभा का आयोजन करो। मुनिकुल, देवकुल, दानवकुल और प्रजाकुल–सबका उस विचार-सभा में भाग लेना उचित होगा। सभा की अध्यक्षता करने के लिए मैं विष्णु से कहूँगा, ताकि बाद में कोई यह न कहे कि उन्हें बौद्धिक विचार-विमर्श में भाग लेने का अवसर नहीं दिया गया।'

"'किन्तु पितामह! अहल्याप्रसंग से सहसा सौन्दर्य-तत्त्व पर एक अन्तर्लोकीय विचार-सभा के आयोजन का अभिप्राय क्या है?' पूछा इन्द्रदेव ने। पितामह ने भाव-गम्भीर होकर कहा–'कोई भी विषय क्यों न हो, तत्त्व जाने बिना उसका उपयोग नहीं किया जा सकता। सौन्दर्य का तत्त्व न जानने पर सुन्दरता भी असुन्दरता में परिणत हो सकती है। अहल्या का तत्त्व न जानने पर अहल्या भी हल्या हो सकती है। इसलिए इन्द्रलोक में इस तत्त्व पर चर्चा होनी चाहिए। हे इन्द्र! ऋषिकुल, दानवकुल, प्रजाकुल और देवता-सभी के प्रतिनिधियों को यथा समय निमंत्रण भेज दो। बैकुंठविहारी विष्णु इस विचार-सभा की अध्यक्षता करेंगे और कैलाशविहारी रुद्र इस सभा का उद्‌घाटन करेंगे। इन्हें निमंत्रण देने का दायित्व मेरा है। विश्वचेतना के स्वरूप सन्देशवाहक नारद इस विचार-सभा का संयोजन करेंगे। इससे पहले कि अहल्या का सौन्दर्य सभी दिशाओं में व्याप्त हो, अहल्यातत्त्व के बारे में सबको बता देना मेरा कर्त्तव्य है ताकि बाद में कोई अनर्थ न घटित हो..."

सौन्दर्य-तत्त्व के विचार-विमर्श में मुझे भाग नहीं लेना था, किन्तु मेरी उपस्थिति के बिना सौन्दर्य-तत्त्व समझना देवताओं के लिए सम्भव नहीं था। इसलिए देवताओं के साम्राज्य की राजधानी इन्द्रलोक तथा इन्द्रदर्शन से मेरा भाग्य खुल गया। पितामह की घोषणा से प्रफुल्लित हो मैं स्वप्नलोक में खो गई।

हेमवन्त पर्वतमाला के मनोरम विस्तार में देवताओं का विशाल ऐश्वर्यमय साम्राज्य। पवर्तमाला के सुशोभित ललाट के दोनों ओर विस्तृत इस देव-साम्राज्य के क्षेत्रफल का अनुमान भला कौन लगा सकता है? सिन्धु, यमुना, ब्रह्मपुत्र, सरस्वती, गंगा आदि चिरस्त्रोता तुषार नदियों की उद्‌गम स्थली है यह देवभूमि। पृथ्वी के प्राणरस इस जल-सम्पदा का मुहाना है इसी देव-साम्राज्य में। इसलिए देवतागण मर्त्यवासियों के प्राणदाता हैं। इस साम्राज्य के अधिपति हैं आर्यनायक वीरश्रेष्ठ इन्द्रदेव। अतः इस राज्य का एक और नाम है–इन्द्रलोक।

पुष्करद्वीप के बीचोबीच इन्द्रलोक की राजधानी अमरावती, सौन्दर्य और ऐश्वर्य का भंडार, अत्यन्त रमणीय नगरी। मधुसागर से घिरे पुष्करद्वीप का सौन्दर्य अवर्णनीय है। पुष्करद्वीप के बीच में अमरावती नगरी किसी मणिमय-हार के पदक-सा सुशोभित है। दस सहस्र स्वर्णाभ पंखुड़ियों से बना दिव्य-कमल अपरावती के देवराज इन्द्र का आसन है। अमरावती के चारों ओर मानसोत्तर पर्वत पूर्व से पश्चिम की ओर दस सहस्र योजन तक व्याप्त है। मानसोत्तर पर्वत की चारों दिशाओं में चार लोकपालकों की नगरी है। पर्वत-शृंग के ऊपर सूर्यस्थ सुमेरु पर्वत के चारों ओर प्रदक्षिणा कर रहा था।

अमरावती की शोभा का वर्णन कर पाना स्वयं इन्द्रदेव या वेदमुख ब्रह्मा के लिए भी सम्भव नहीं। मैं तो एक तुच्छ अकिंचन हूँ। वाग्देवी की वह अनुकम्पा मुझ पर कहाँ जो मैं इन्द्रभुवन के अचिंत्य सौन्दर्य का वर्णन कर सकूँ! पार्थिव मानसिकता लिए अमरावती के सौन्दर्य का वर्णन करना मेरे लिए सम्भव नहीं। फिर भी जैसे महासिन्धु की कुछ फेनिल लहरें अनन्त तटों को सिक्त करती हैं उसी तरह अपने भावसिन्धु के उच्छ्वास का कुछ अंश प्रकट किए बिना रह नहीं पा रही। अमरावती का सबसे आकर्षणीय स्थान है मनोरम नन्दन-कानन। तरह-तरह के स्वादिष्ट फलों से लदे पेड़, चित्त आलोड़नकारी सुगन्धित, रंग-बिरंगे फूलों से भरी वन-लताएँ और पौधे नन्दन-कानन की शोभा बढ़ा रहे थे। नाना आकार और प्रकार के रंगीन पक्षियों का मधुर कलरव गुँजरित हो रहा था। नील-सुनील मधुपों के मृदु गुंजन से फूलों की पंखुड़ियाँ प्रीति-सिक्त हो रही थीं। पादपों की शाखा-प्रशाखाएँ पुष्पों और फलों के भार से झुककर अपनी विनम्र मधुरिमा प्रकट कर रही थीं।

नन्दन-कानन का सबसे आकर्षक पुष्प है पारिजात। यह पुष्प ही नहीं, मानो एक जाग्रत चेतना है। इसलिए सदा अमलिन है। उस दिव्य-पुष्प की सुगन्ध आध्यात्मिक चेतना को जाग्रत करके मन और चैतन्य को दिव्य रूप से आच्छन्न कर देती है। पारिजात पुष्प की पंखुड़ी में अपनी आत्मा ही दिख जाया करती थी एवं पुष्पकेसर में दिखाई देते थे परमात्मा। पारिजात पुष्प के कारण नन्दन-कानन अति आकर्षक और रमणीय है।

स्वर्ग की सुन्दर देवकन्याएँ कानन स्थित सरोवरों में जल-क्रीड़ा कर रही थीं। कमलकली के चारों ओर मराल आदि जल-पक्षी देवकन्याओं की जल-क्रीड़ा के साथ प्रतियोगिता करने में सतत विमग्न थे। शत्रुओं को रोकने के लिए अमरावती राज्य के चारों ओर खाई बनी थी, उसमें कलकल्लोलिनी पावन गंगा ही प्रवाहित हो रही थी। अमरावती नगरी के प्रवेश-द्वार की चौखट सोने से बनी थी और उसके किवाड़ स्फटिक से। किवाड़ों पर जड़े थे नवरत्न। बाहरी शत्रु प्रवेश करते समय इस प्रवेश-द्वार के इन्द्रजाल में उलझकर मोहग्रस्त हो ठिठक

जाते–जड़वत हो जाते, हित–अहित का ज्ञान खो बैठते। कोई–कोई लालच में पड़कर द्वार और किवाड़ों से सोना, चाँदी, मणि–मोती इत्यादि इकट्ठा करने की चेष्टा में स्वर्ण–द्वार की देहरी पर ही सिर पटक–पटककर लहूलुहान हो जाते। अमरावती नगरी का राजमार्ग, प्रांगण, प्रान्तर, सब सुव्यवस्थित, अनुशासित और अत्यन्त स्वच्छ है।

उस राजमार्ग पर चलते समय हर दृश्य दर्शक को आत्मविभोर करने पर भी मार्ग पर किसी के साथ किसी की शारीरिक या आत्मिक टकराहट नहीं होती थी। सभी अपनी–अपनी तपस्या में लीन होते–कोई किसी के लिए बाधा नहीं बनता था। स्थल–मार्ग में अनेक रथ, आकाश–मार्ग में अनेक विमानों में देवगण आवाजाही करने पर भी यान–वाहन के चालक और सारथीगण इतने सुशिक्षित और सुनियंत्रित होते कि रथ अथवा विमान की दुर्घटना कभी होती ही नहीं थी। चारों दिशाओं से आकर मिलनेवाली सड़कों के मिलन–स्थल मंडल जैसे चौराहे रत्नों से बने थे। उनमें यान–वाहन नियंत्रित करने के लिए किसी नियंत्रक के खड़े होने का दृश्य दिखाई नहीं देता। रथ, विमान, पदातिक–सभी स्वयं नियंत्रित होते। द्रुतगति से आते रथ रत्नों से बने मंडपों में नृत्य करनेवाली विद्याधरियों के नृत्य से मुग्ध हो पलभर रुककर स्वयं अपनी गति–वेग नियंत्रित करते और पुनः गन्तव्य पथ पर रथ चलाने लग जाते थे।

इन्द्रलोक में केवल ऐरावत हाथी या उच्चैःश्रवा अश्व ही सुन्दर नहीं हैं। सभी हाथी और सभी अश्व सुन्दर, सुगठित और अनुशासित हैं।

चिरयौवना अप्सराएँ सौन्दर्य में एक से बढ़कर एक हैं। जल–क्रीड़ाप्रिय अप्सराओं के बदन की कान्ति और लीलायित अवयव यज्ञकुंड की अग्निशिखाओं की तरह जल के भीतर उज्ज्वल और तरंगायित दिखती है। यज्ञकुंड की अग्निशिखाओं की गति जिस तरह उर्ध्वमुखी होती है, उसी तरह अप्सराएँ भी इन्द्रमुखी होती हैं। इन्द्र के मन को मुग्ध करनेवाली अप्सराएँ और किसी की भी प्रेमिका नहीं बन सकतीं। यदि वैसी आकांक्षा कभी उनमें जग जाए, तो वे शापग्रस्त होकर मर्त्यवासिनी हो जाएँगी। अप्सराओं के अंगराग, रक्त अगरु, चंदन, हल्दी, गोरोचना, श्वेत अगरु की सुगन्ध चारों दिशाओं को सुगन्धित कर रही थी। अप्सराओं की आभा और खिलखिलाहट नगर के द्वार, प्रवेश–पथ, मणि जड़े मंडपों में प्रतिबिम्बित हो यह भ्रम पैदा कर रही थी मानो इन्द्रलोक अप्सरालोक हो! ऐसा लग रहा था जैसे सौन्दर्य के प्राचुर्य में रहकर भी देवतागण सौन्दर्य के उपासक थे!

नगर के प्रत्येक द्वार और वातायन से होकर पवित्र अगरु और धूप का धुआँ हवा में बह–बहकर चारों दिशाओं को सात्त्विक भावना से आच्छन्न कर रहा था।

राजपथ, जनपथ, गली, गलियारे आज तरह–तरह से सुसज्जित रथों और सवारियों से भरे हुए थे। रथ और सवारियों में लगे रत्न एक–दूसरे में प्रतिबिम्बित

होकर दर्शकों की आँखों में एक तीसरे विश्व की सृष्टि कर रहे थे। रथों के आगे रत्नमंडित वर्णाढ्य ध्वजाएँ स्वर्णदंडों पर फरफराकर उड़ रही थीं। ऐसा लग रहा था, सारे रथ विजय-रथ हैं, सारे ध्वज वैजयन्ती। मानो सभी रथों में जीवन-संचार हो गया हो! सारथियों की सुन्दर सुकंठी पत्नियों के मधुर संगीत के साथ ताल मिलाकर कोयल, तोता, मोर, कबूतर, भौंरों और मधुमक्खियों के समवेत स्वर एक अपूर्व सुर-झंकार पैदा कर रहे थे। उससे ताल मिलाकर वाद्य-संगीत के वादक मृदंग, मादल, दुन्दुभि, वीणा, मुरुज, बाँसुरी, नूपुर समग्र वातावरण को उत्सव-मुखर बना रहे थे। सर्वोपरि गन्धर्वगण स्वर्गीय नृत्य में मत्त हो दर्शकों को मतवाला बनाते, पर स्वयं ताल, लय, छन्द में सुनियंत्रित रहते।

अमरावती में हर क्षण सूर्योदय और चन्द्रोदय साथ-साथ होने की तरह नभमंडल अवर्णनीय आलोक छटा से अपूर्ण सुन्दर लग रहा था। मानो दिन और रात, सूर्य और चन्द्र, जय-पराजय, जीवन और मृत्यु यहाँ एक-दूसरे के मैत्री-बन्धन में आबद्ध हों! यहाँ किसी चीज का अनुभव अलग से नहीं किया जा सकता था।

यहाँ केवल मृत्यु देवता ही अमर नहीं हैं, मृत्यु भी अमर है। इसीलिए यह है इन्द्रदेव का राज्य अमरावती। यहाँ मध्याह्न में भी सूर्य-तापप्रखर नहीं होता, संध्या में भी सूर्यदेव म्लान नहीं पड़ते। कुशल शिल्पकार विश्वकर्मा ने अमरावती नगरी में अपनी कला को उत्कर्षता प्रदान की है। पृथ्वी के लाए समस्त ऐश्वर्य से सुशोभित अमरावती में प्रवेश करने के लिए सभी पार्थिव क्षुद्रताओं से मुक्त होना पड़ता है। यही था पिताजी का उपदेश। लेकिन मैंने अनुभव किया कि अमरावती में पहुँचते ही पार्थिव क्षुद्रताएँ अनायास ही दूर चली जाती हैं। इन्द्रदेव के राजप्रासाद और इन्द्राणी के अन्तःपुर का वर्णन भला कौन कर सकता है? यदि उनमें किसी को प्रवेश करने का अवसर मिल जाए तो शायद वह वहाँ का सौन्दर्य देखकर अपने होश खो बैठे। इन्द्रदेव समस्त ज्ञान, समस्त शक्तियों और दिव्य चेतना के अधिकारी थे। इसीलिए इन्द्रपुरी के सौन्दर्य और ऐश्वर्य की प्रखरता से उनकी बुद्धि-विवेक भ्रष्ट नहीं हुई। सामान्य देव-मानव इस सौन्दर्य का अधिकारी होता तो बुद्धि-विवेक भ्रष्ट होने में समय ही कितना लगता है? पिताजी कहते थे—'इन्द्रदेव का विवेक भी कभी-कभी भ्रष्ट हो जाता है। वे मनुष्य से देवता बने हैं। इसलिए बुद्धि भ्रष्ट होना स्वाभाविक है।'

मैं पिताजी के साथ इन्द्रभुवन आई हूँ। अपने आग्रह से नहीं, पिताजी के आदेशानुसार मैं स्वर्ग आई हूँ। यहाँ पिताजी अपनी कला के उत्कर्ष के बारे में बताएँगे। कहते हैं कि मैं एक परीक्षा बनकर सबके सामने खड़ी रहूँगी। सौन्दर्य को लेकर सारगर्भित तर्क-वितर्क होंगे। मैं बनूँगी तर्क और तत्त्व की विषय-वस्तु। इन्द्रलोक में हैं अपूर्व सुन्दरी अप्सराएँ, विद्याधरीवृंद और सर्वोपरि इन्द्रप्रिया

इन्द्राणी। उनके होते हुए मुझे केन्द्र में रखकर सौन्दर्य की चर्चा क्यों होगी? तो क्या मैं अप्सरा और इन्द्राणी से भी सहस्र गुणों में सुन्दर हूँ? कैसे जानूँ इस बारे में? न तो मैंने अपना रूप देखा है, न ही उन्हें देखा है। अपना रूप देखने के लिए मेरे पास दर्पण नहीं है। उन लोगों को देखने की फुर्सत ही कहाँ मिली! उन्हें देखने के लिए नहीं, बल्कि इन्द्र रूप देखने की उत्कंठा में खुशी से फूली नहीं समा रही थी मैं। उस उत्कंठा की जड़ एक निरीह कुतूहल के सिवाय और कुछ नहीं थी। त्वयि और अन्वीक्षिका की बातें कितनी सही हैं, वह प्रमाणित होगी आज यहाँ।

पिताजी के आदेशानुसार अति साधारण मुनिकुमारी की तरह हर रोज के वेश में बक्कल और पुष्प के परिधान में सजकर आना पड़ा है। मैं तो चाहती थी पूरी तरह निरावरण होकर आऊँ। सिर्फ बक्कल को परिधान बनाकर आने की जिद की थी मैंने। पुष्प चुनकर स्वयं को सजाने का घोर विरोध किया था मैंने। क्या अधिकार है मुझे वृक्ष-लताओं का सौन्दर्य घटाकर पुष्प का अधिकार छीनने का? पर मेरी बात कोई सुनता ही कहाँ था? मैं नाबालिग किशोरी जो ठहरी! अपनी बात कहने का अधिकार मुझे नहीं था। मेरे आश्रम के रम्यवन में पिताजी से मिलने आये मुनियों का शास्त्रार्थ सुनकर मेरे अपने शास्त्र-ज्ञान का परिचय कई बार देने पर भी मेरे समस्त ज्ञान को नारी-सुलभ तथा बालिका-सुलभ चपलता मान लिया जाता था। मैं मन-ही-मन उसका विरोध करती–ठीक है, मैं नारी से नर भले ही न बन पाऊँ, पर नाबालिग से वयस्क तो बनूँगी ही। तब तो मुझे कहने का अधिकार होगा। अभी तो पिताजी की बात माननी ही थी।

नाना रंग के पुष्पों से सुसज्जित होकर शायद मैं इतनी सुन्दर लग रही थी कि मेरी सखियाँ मुझे देखकर कुछ क्षण अवाक रह गई थीं। अंगराग का उपयोग करके सुन्दर दिखने के लिए पिताजी ने मना किया था। मुझमें भी उसके प्रति तिल भर आग्रह नहीं था। मैं बचपन से प्रकृति की गोद में पली-बढ़ी हूँ। कभी नहीं देखा वन-लताओं को कृत्रिम वेश-भूषा या आभूषण में। फिर भी वे सुशोभित हैं। क्या सौन्दर्य वसन-भूषण और प्रसाधन में होता है? तो फिर किसमें होता है सौन्दर्य? शरीर में–आत्मा में या देखनेवाले की दृष्टि में?

ऋग, यजुः साम, अथर्व नाम से चार रथ बनाए गए। ऋग रथ में बैठे प्रजापिता ब्रह्मा। ऋग रथ नवकिसलय से सजा था। साम रथ में बैठी मैं। साम रथ कंटकयुक्त लताओं और सुगन्धित श्वेत जुही फूलों से सजा था। रथ का द्वार रुद्ध हुआ लताओं के घने परदे से। श्वेत जुही फूलों की झालर लटक रही थी मेरे मुख के सामने। अन्दर कौन बैठा है, यह देखना मुश्किल था। किन्तु लता और काँटों के फाँक से मैं बाहर का दृश्य साफ-साफ देख सकती थी। पिताजी क्यों मुझे ऐसी कँटीली लताओं के जाल में उलझाकर, घेरकर इन्द्रलोक लेकर आए हैं, यह मेरी समझ से परे था। अवश्य कोई महत उद्देश्य होगा उनका। कुतूहल दबाए मैं

बैठी हुई थी और इन्द्रलोक की शोभा में खोई हुई थी। हर क्षण उस बन्धन से छूट जाने की इच्छा से मेरे प्राणकोष की एक-एक बन्द पंखुड़ी खिल उठती थी-अन्तर की संकीर्णता खो जाती थी दिव्यालोक के स्पर्श से। यजुः रथ में बैठी थी त्वयि, अन्वीक्षिका। अथर्व रथ में वार्ता और नीति। यजुः रथ सजा था चार रंगों के अत्यन्त सुन्दर फूलों से। रथ के सामने का हिस्सा फूलों के परदे से ढका था। चौथा रथ अथर्व मर्त्यलोक के समस्त लोहित रंगों के आकर्षक पुष्पों से सजकर किसी पुष्पकुंज का आभास दे रहा था। चारों रथों के पुष्प और किसलय की अपूर्व सुरभि से सराबोर बैठी थी मैं। तो क्या पूरे ब्रह्मांड की सुरभि से सुवासित थी मैं? सुगन्धित थी मेरी देह, मेरा मन या मेरी आत्मा! यह सच है कि साम रथ में बैठी मैं इन्द्रपुरी की शोभा देख मुग्ध हो रही थी पर सोच रही थी अपनी मातृभूमि मर्त्यलोक के बारे में। नगाधिराज हिमालय की तलहटी में मेरी लीलाभूमि का रम्यवन किसी भी गुण में कम नहीं है। मेरी अदिति मातृभूमि इन्द्रपुरी की तुलना में कहीं से भी कम ऐश्वर्यमयी हो, ऐसा मुझे नहीं लग रहा था। देवत्व प्राप्ति के बाद प्रत्येक व्यक्ति का विलासी होना सम्भवतः स्वाभाविक है। इसलिए देवलोक में इतना आडम्बर है। सोना, चाँदी, मणि, मोती सब पण्यद्रव्य की तरह आँखों के आगे प्रदर्शित हैं। किन्तु मेरी मर्त्यभूमि ने तो सभी प्रकार के रत्न अपने गर्भ में धारण कर रखे हैं। वह कभी अपनी इच्छा से धन-रत्न का प्रदर्शन नहीं करती। गर्भ में रत्न धारण करते हुए भी वह लता-पत्र और पुष्पों के दिव्य आभूषणों से स्वयं को सजाकर रखती है। यदि मेरी मर्त्यभूमि एक निःस्वार्थ तपस्विनी है, तो देवभूमि एक सुसज्जित अलंकार मंडित विलासिनी सुन्दरी है। यदि इन्द्रलोक इतना चित्ताकर्षक है, तो फिर इन्द्र कैसे होंगे? विचार-सभा के बाद पिताजी की कला के उत्कर्ष को अर्थात मुझे सबके सामने लाया जाएगा! तभी मैं इन्द्रदेव को सीधे-सीधे देख पाऊँगी और इन्द्रदेव मुझे।

पहले भी एक-दो बार मैंने इन्द्रदेव को देखा था। तब मैं पाँच या छह वर्ष की थी। उनके निकट जाने का साहस नहीं होता था। पिताजी की भी निषेधाज्ञा थी। न जाने क्यों?

देवराज चैत्ररथ पर बैठकर आते। अपना विमान उद्यान में रखकर पिताजी से मिलते। जब भी उन्हें आना होता तो पिताजी त्वयि, अन्वीक्षिका इत्यादि के साथ मुझे नदी किनारे, झरना किनारे या हिमालय के पर्वतीय क्षेत्र में भ्रमण करने भेज देते।

किन्तु चैत्ररथ विमान को दूर से देखकर मुझमें कुतूहल जाग उठता। मेरे बालमन की चपलता विमान में बैठने के लिए मुझे अधीर कर देती। एक बार त्वयि और वार्ता से अनुरोध करके पिताजी के अनजाने मैं विमान के निकट चली गई। सारथी मातली मुझे अपलक देखते रह गए। पास बुलाया, दुलार किया। कहा-'यह विमान तो अति तुच्छ वस्तु है। इन्द्रलोक में मेरे प्रभु के पास

तुम जैसी अनेक दुर्लभ चीजें हैं। विश्व ब्रह्मांड के समस्त दुष्प्राप्य वस्तुओं के अधिकारी हैं इन्द्रदेव। तुम चाहो तो इन्द्रलोक चल सकती हो। नन्दन–कानन में पारिजात पुष्पों की शोभा तुम्हें अवश्य मुग्ध करेगी। किन्तु तुम्हें देखकर पारिजात ईर्ष्या से मुरझा जाएगा।'

मैं यह सब कुछ नहीं समझ पाती थी उस उम्र में। केवल मेरी स्मरणशक्ति तेज होने के कारण मैं चार–पाँच वर्ष की आयु की सारी घटनाएँ अब भी याद कर सकती हूँ। मातली ने मुझे गोद में बिठाकर एक बार कहा था–'सुनो, जब तुम बड़ी होओगी तब इन्द्रलोक ही तुम्हारा निवास–स्थान होगा। मेरे प्रभु इन्द्रदेव ब्रह्मांड की समस्त दुर्लभ वस्तुओं के अधिकारी है। इसके कारण तुम भी उन्हीं को प्राप्त होओगी।' उस समय मैं 'दुर्लभ' और 'वस्तु' दोनों का अर्थ नहीं समझ पाई थी। आज उस बात को याद करने पर मातली पर मुझे भीषण क्रोध आता है। मैं दुर्लभ हो सकती हूँ, पर क्या मैं वस्तु हूँ? किन्तु उस समय मुझमें इन्द्रदेव या इन्द्रपुरी के प्रति कोई आग्रह नहीं था। मेरा मन केन्द्रित था विमान पर। बाल–मन मेरा विमान में बैठकर अन्तरिक्ष के बादलों से होकर किसी अगम्य स्थान को उड़ जाने को उतावला हो जाता था। मुझे इन्द्ररथ पर बैठना अच्छा लगता था। जितनी देर इन्द्रदेव पिताजी से विचार–विमर्श करते, उतना समय मैं इन्द्रदेव और पिताजी से छिपकर रथ में बैठकर अपने चंचल हाथों से रथ के विभिन्न हिस्सों को परखती रहती। घोड़ों के कान उमेठ देती। पूँछ मोड़ देती। उनके मुँह में अपने छोटे–छोटे हाथ डालकर उनके दाँत गिना करती, पर वे अनुशासित घोड़े मेरी ओर एकटक देखते हुए मेरी ज्यादतियों को सह लेते। मुझे पीठ पर बिठाकर आहिस्ता–आहिस्ता नाचते हुए खुश होते।

कुछ दिनों पहले अपनी सखियों से मैंने इन्द्ररथ के आविष्कार की गाथा सुनी थी। इन्द्र किसी अज्ञात आर्यकुमारी तथा दास के पुत्र थे इस कारण समाज में उनका स्थान बहुत नीचे था। बाद में अपनी अलौकिक मेधा और प्रतिभा से व्यक्तित्व का विकास करके वे जननायक, देवराज कहलाए। इन्द्रदेव के उस उत्तरण पथ पर इन्द्ररथ की एक विशेष भूमिका रही है। इन्द्र केवल मेधावी नहीं थे, वे अतुलनीय योद्धा भी थे। उनके विडम्बित जन्म ने ही बचपन से उन्हें युयुत्सु बनाया था। उन दिनों आर्यों द्वारा सप्तसिन्धु पार करके भारत भूखंड पर वैदिक संस्कृति स्थापित करने के लिए ब्रह्मवादी ऋषियों की अपेक्षा पहले पराक्रमी योद्धाओं की आवश्यकता अधिक हुआ करती थी। सिन्धु सभ्यता के पराक्रमी निवासियों का दमन करना पहली समस्या थी। इन्द्र ने ही उस आवश्यकता को पूरा किया था। तब इन्द्र ने पहली बार आर्यों के यातायात के लिए द्रुतगामी रथ का आविष्कार किया था। दस्यु के आक्रमण का सामना करने में द्रुतगामी रथ अत्यन्त सहायक हुआ। इन्द्र के नए आविष्कार इस रथ ने देव, दानव, मानव, यक्ष–सभी

को अचरज में डाल दिया। रथारूढ़ योद्धा इन्द्र को परास्त करने की शक्ति किसी में नहीं थी। रथ-युद्ध में निपुण इन्द्रदेव को एक सामान्य योद्धा से राष्ट्रीय नेता बनने में रथ का आविष्कार अत्यन्त प्रभावकारी रहा। रथ का आविष्कार करके आर्यों के समर-कौशल में इन्द्रदेव ने एक अभूतपूर्व क्रान्ति ला दी। केवल रथारूढ़ होकर ही वे द्रुतगति से शत्रुओं पर प्रहार नहीं करते थे, बल्कि समय-समय पर वे रथ को भी अस्त्र के रूप में प्रयोग करके शत्रु पक्ष में तबाही मचा देते थे। कभी-कभी अस्त्र निशाने पर न लगने पर रथ का पहिया रथ से निकालकर शत्रुओं पर फेंक उन्हें हत्प्रभ कर देते थे। रथ का आविष्कार करने के कारण इन्द्रदेव को रथेय या रथेप्य भी कहते हैं, यह मैं बहुत दिनों बाद जान पाई थी।

बाल्यावस्था की वह धूमिल स्मृति-रेखा अस्पष्ट होते हुए भी आज इस घड़ी रूप ले रही थी मेरी मनोभूमि को ओट में। रथ के भीतर बैठकर इन्द्रदेव के दर्शन करने से पहले मैं सखियों द्वारा उनके वर्णन को स्मरण करने के साथ ही एक अस्पष्ट सौम्य-रूप का अवलोकन कर रही थी।

इन्द्रदेव को उसी पाँच-छह वर्ष की उम्र में मैंने देखा था, केवल दो बार। उसके बाद पिताजी ने रम्यवन में इन्द्रदेव का प्रवेश निषेध कर दिया।

एक बार इन्द्रदेव के अपने रथ से उतरकर पिताजी के प्रकोष्ठ में चले जाने के बाद मैं उनके विमान के निकट जाकर उन अलौकिक अश्वों के साथ खेलने लगी और बाद में रथ पर मातली की सहायता से चढ़कर रथ चलाने का अभिनय करने लगी। मातली मुझसे बहुत स्नेह करते थे। उस दिन मेरा रथ चलाने का अभिनय देख मजाक में मुस्कराते हुए बोले—'तुम इस रथ की मालकिन होने योग्य हो। रथ चलाना तो मुझ जैसे सारथी का काम है। भला मेरी नौकरी के पीछे क्यों पड़ी हो? तुम इस रथ की मालकिन बनोगी तो इन्द्राणी का इन्द्राणी पद नहीं जाएगा, पर तुम रथ चलाओगी तो मेरा सारथी पद जरूर चला जाएगा!' तब मैं मातली की अनेक बातें समझ नहीं पाती थी। समझ नहीं पाती थी, तभी सारी बातें याद रखकर पिताजी से तुरन्त पूछ लिया करती थी। पिताजी मुझे सारी बातें समझाने के बदले मातली पर खीज उठते। मुझ पर भी क्रोधित होते। 'तुम क्यों इन्द्ररथ पर बैठने को उतावली रहती हो और तुम्हारी सखियाँ तुझे ऐसा करने से क्यों नहीं रोकतीं' कहकर उन पर भी क्रोधित होते। एक दिन मैंने पिताजी से कहा, "मातली कहते हैं कि मैं चाहूँ तो कुछ दिनों बाद इन्द्ररथ मेरा हो जाएगा और मैं उस द्रुतगामी रथ पर बैठकर त्रिलोक की प्रदक्षिणा कर सकती हूँ। यदि इन्द्रदेव मुझे अपने रथ की अधिकारिणी बना दें तो कितना अच्छा हो," इतना

कहते हुए ताली बजाकर निष्पाप उल्लास से मैं नाचने लगी। पिताजी अचानक चिन्तित और गम्भीर दिखाई दिए। धीरे-धीरे बोले, ''मातली की इस स्पर्धा के पीछे वासव की लोलुपता ही साफ दिखाई देती है मुझे। परन्तु वासव की यह अभिलाषा मैं पूरी नहीं होने दूँगा। वासव आर्यनायक से त्रिलोकपालक बन गए, इसलिए संसार में उन्हें छोड़कर कोई और सर्वोत्तम पुरुष नहीं है, उनकी यह धारणा दूर हो जाएगी एक दिन...।'' पिताजी की ये बातें न समझ पाकर मैंने अपनी चारों सखियों से पूछा। न जाने क्यों वे लोग किसी अज्ञात संकट की आशंका करने की तरह सशंकित दिखीं। उन्होंने सिर्फ इतना कहा, ''अभी तुम नहीं समझ पाओगी–सर्वोत्तम होने में जितना यश मिलता है, उतनी ही पीड़ा और अपयश भी। स्रष्टा ने क्यों तुम्हें सर्वोत्तम सुन्दरी बनाया, सिर्फ वे ही जानते हैं।''

हाँ, उन्हीं दिनों की बात है। मैं रथ पर बैठकर रथ चलाने का अभिनय कर ही रही थी कि देखा, इन्द्रदेव पिताजी के प्रकोष्ठ से निकलकर रथ की ओर चले आ रहे थे। अपने शरीर की स्वर्णकान्ति, मणिमय मुकुट की आभा और दर्प-भरी चाल से दूर से वे ऐसे लग रहे थे मानो कोई गतिशील अग्नि-उत्सवमय यज्ञकुंड हों!

न जाने कैसे, पिताजी के डर या इन्द्रदेव के डर से हड़बड़ाकर रथ से उतरते समय मेरा पैर फिसल गया। मैं नीचे गिर पड़ी और मेरे पैर में मोच आ जाने के कारण बहुत कष्ट होने लगा। मैं रोने लगी, पर अगले ही क्षण स्वयं पर नियंत्रण कर लिया। इन्द्रदेव अपने लम्बे-लम्बे डग बढ़ाते हुए पलक झपकते मेरे पास आ पहुँचे। अपनी सुगठित सशक्त बाँहें बढ़ाकर मुझे उठाने की वे चेष्टा करते इससे पहले मैं बड़े कष्ट से स्वयं उठकर लँगड़ाते हुए वहाँ से भागने लगी। कराहते हुए बाल-सुलभ सरलता से बोली, ''नहीं-नहीं, आप मेरा स्पर्श न करें।'' इन्द्रदेव ने अपने हाथ रोक लिए। चकित हो उन्होंने प्रश्न किया, ''क्यों बालिके, मेरा पाप क्या है? मैं तो शत्रु नहीं हूँ, दास नहीं हूँ, मैं तो आर्यपुरुष हूँ...''

''मैं नहीं जानती। पिताजी ने मना किया है आपके निकट जाने के लिए। मैं छिप-छिपकर आकर आपके रथ में बैठती हूँ तो पिताजी की डाँट सुनती हूँ...।'' मैंने उनसे सच बात बता दी।

''किन्तु अन्य देवतागण तो तुझसे बहुत लाड़ करते हैं। बृहस्पति आते ही तुम्हें गोद में बिठाकर पिताजी के साथ शास्त्रार्थ करते हैं। रुद्र तो मजाक में तुम्हारे क्षीण शरीर को अपनी एक हथेली पर रखकर डमरू बजाने जैसा अभिनय करते हैं। तुम डर से घबराकर जब रोने लगती हो, तब सर्प तुम्हें अभय देते हैं। पितामह भी उस दृश्य का उपभोग करते हैं। ये सूचनाएँ मुझे तुम्हारे भाई नारद से मिलती हैं। पितामह मेरे प्रति इतना भेद-भाव क्यों रखते हैं? मैं योद्धा होने के कारण क्या तुम्हारा वध कर दूँगा, कहीं ऐसी आशंका तो नहीं पितामह को?'' मैं कोई उत्तर न देकर लँगड़ाते हुए भागने को हुई। मेरे सामने हिमालय की तरह खड़े होकर

इन्द्रदेव ने मेरा रास्ता रोक लिया। बड़े स्नेह से बोले, "देखें, देखें, क्या हुआ है? हड्डी तो नहीं टूट गई? अश्विनीकुमारद्वय को तुरन्त बुलवा भेजूँगा। अब तो तुम मुझसे नहीं डर रही हो न? मैं दस्यु का दमन करता हूँ—पर बच्चों और नारियों की रक्षा करता हूँ। यहाँ तक कि शत्रु-पक्ष की नारी और शिशुओं का वध भी मैं नहीं करता। उन्हें उपयुक्त सुरक्षा प्रदान करता हूँ। तुम तो बहुत छोटी हो और नारी भी। अवध्य हो। तुम्हें अपने रथ पर बैठा देख मैं क्रोधित नहीं होता, बल्कि खुश होता हूँ। समझ लो, यह रथ तुम्हारा है..."

"मेरा!" रोना भूलकर मैंने प्रश्न किया।

"हाँ, जब तुम बड़ी हो जाओगी तब इस रम्यवन में बँधकर नहीं रहोगी। तुम त्रैलोक्य-मोहिनी होकर विश्व भ्रमण करोगी। स्वेच्छा से रथ में बैठकर उड़ती फिरोगी...।"

"और आप...?" मैंने सिर झुकाए हुए प्रश्न किया। मैं इन्द्रदेव के विशाल सुन्दर स्वर्णाभ पैरों को ही देख रही थी। उनका चेहरा नहीं देखा था। उसके लिए मुझे सिर उठाकर अन्तरिक्ष तक जो देखना होगा!

देवराज इन्द्र ने मधुर स्वर में कहा, "इतना बड़ा रथ है मेरा...तुम तो इतनी दुबली-पतली हो। मेरे बैठने के लिए भी स्थान बचा रहेगा। मैं तुम्हें पूरे ब्रह्मांड का दर्शन कराऊँगा। इन्द्रलोक तक ले जाऊँगा। वहाँ की सारी सुन्दर चीजें तुम्हें दूँगा। क्या उससे तुम्हें खुशी नहीं होगी?" मुझे डर लगा। इन्द्रदेव के साथ रथ में उड़ने की बात सुनकर पिताजी कितनी बुरी तरह क्रोधित होंगे, मैंने अपने बालिका-मन की परिधि में सोच लिया था। मैंने वहाँ से भाग जाने की चेष्टा की परन्तु मेरे पैर में मोच होने के कारण मुझे कष्ट हो रहा था। मैं अपना पैर पकड़कर वहीं बैठ गई। रोने लगी भय और यंत्रणा के मिश्रित भावावेग से। इन्द्रदेव बैठ गए मेरे सामने। बैठ जाने पर भी उनका मुखमंडल मुझे नहीं दिख रहा था। उन्होंने अपनी सुगठित, सुन्दर, ताकतवर हथेली पर मेरा छोटा, क्षीण, कोमल पैर रख लिया। उनकी हथेली पर मेरा पैर ऐसा लग रहा था मानो विशाल कमल पर ओस की एक बूँद। इन्द्रदेव ने मेरे पैर की चोट को बड़े यत्न और संवेदना से छूकर कहा, "तुम्हारे पार्थिव पैर की तुलना में अपार्थिव पारिजात भी तुच्छ है। देखो, अपने पैर के नीचे, मेरी हथेली पर लाखों पारिजात लोट रहे हैं...।"

इस बार मैं खीज उठी। मेरे पैर में सारे ब्रह्मांड का दर्द था परन्तु इन्द्रदेव को मेरा दर्द न दिखकर पारिजात कहाँ से दिख रहे थे? उनकी हथेली से अपना पैर उतारकर मैं वहाँ से भाग आई। इन्द्रदेव ने मुझे नहीं रोका। उस समय पिताजी मेरा नाम लेकर पुकार रहे थे।

और एक दिन की बात है। मेरा सातवाँ जन्मदिन मनाने में एक सप्ताह बचा था। मैं अपनी चारों सखियों के साथ बगीचे में बैठकर हँसी-ठिठोली भरी बातें

कर रही थी। सोच रही थी कि जन्मदिन पर मेरा चेहरा कैसा लगेगा, मैं कैसे जान पाऊँगी? पिताजी ने तो हमारे आश्रय के सारे दर्पण जलाशय में फेंक दिए। उन दिनों मैं निरन्तर दर्पण देखा करती थी। देव, किन्नर, ऋषि, मुनियों से अपनी प्रशंसा सुनकर दर्पण देखना मेरी एक बुरी आदत बन चुकी थी। इसलिए पिताजी ने नाराज होकर एक भी दर्पण आश्रम में नहीं रखा। नियमानुसार आश्रम में दर्पण नहीं होना चाहिए। में सोच रही थी कि कम–से–कम जन्मदिन पर तो एक दर्पण कहीं से मिल जाता तो अच्छा होता।

इतने में देवराज इन्द्र अपने रथ से उतरकर हमारी ओर आए। हम देवराज का अभिवादन करके सिर झुकाकर वहाँ से जाने लगे। इन्द्रदेव ने हमारा रास्ता रोक लिया मुझसे कहा, "इतना बताती जाओ कि जन्मदिन पर तुम्हारे लिए क्या उपहार लाऊँ कि तुम्हें खुशी हो? पारिजात, अमृत...या..." मैंने उसी तरह सिर झुकाए हुए सहसा कहा, "मुझे एक छोटा–सा दर्पण चाहिए। सिर्फ एक दिन के लिए...हमारे घर में दर्पण नहीं है। पिताजी ने मना किया है...।" देवराज ठहाका मारकर हँसे और बोले, "पितामह वेदगर्भ हैं। उन्होंने ठीक ही किया है। भला तुम्हें दर्पण की क्या आवश्यकता? दर्पण तो उन्हें चाहिए जिनके मुख पर प्रसाधन के सहारे दिखावटी सुन्दरता की आवश्यकता होती है...।"

"नहीं, आप मुझे जन्मदिन पर दर्पण ही दीजिएगा उपहार में...। आपके पास अपार, ऐश्वर्य है। क्या एक दर्पण नहीं दे सकते मुझे?" उसी तरह सिर झुकाए हुए भय से सिर्फ इतना ही कहा था मैंने।

"क्या अपना चेहरा देखना चाहती हो?" देवराज ने प्रश्न किया।

"हाँ, पिताजी ने आश्रम के सारे दर्पण पानी में फेंक दिए हैं।" मैंने स्पष्ट शब्दों में कहा।

"तो फिर मेरी आँखों में देखो। देखो, उनमें तुम्हारा सुकोमल नन्हा चेहरा कितना निर्मल दिखाई देता है।" देवराज इन्द्र के इतना कहते ही मैंने भय त्यागकर सिर ऊपर करके उनकी विशाल स्वर्णिम आँखों में अपनी दृष्टि डाली। उनकी आँखों में सुने हुए सारे ऐश्वर्य ही मुझे दिखाई दिए। मैं अपना चेहरा नहीं देख सकी। बोली, "आपकी आँखों के अलावा वहाँ और कुछ नहीं देख पा रही हूँ मैं।"

"ओ, तुम्हारी उम्र अभी बहुत कम है, अन्यथा समझ जाती कि मेरी आँखों में तुम्हारा चेहरा किस तरह प्रतिबिम्बित होता है। यदि कहो तो अपनी एक आँख निकालकर तुम्हें जन्मदिन का उपहार दे दूँ। मेरी दोनों आँखें चली गईं तो भी मैं तुम जैसे देवशिशुओं को देख सकता हूँ।"

इन्द्रदेव की ऐसी बातों से मैं और भी डर गई। इन्द्रदेव ही आर्यकुल के रक्षक हैं। उनकी आँखें चली गईं तो आर्यकुल मिट जाएगा। पिताजी ने सुन लिया तो मेरी खैर नहीं। रहने दो मेरा दर्पण देखना। दर्पण माँगने पर आँख देने को तैयार

होने का अर्थ है कि इन्द्रदेव भी मुझे दर्पण देना नहीं चाहते। सम्भवतः वे पिताजी को अप्रसन्न करना नहीं चाहते। तो क्या वह स्वयं को चक्षुहीन कर लेंगे मेरी एक शिशु-सुलभ आवश्यकता के लिए?

"नहीं-नहीं-रहने दीजिए, मुझे दर्पण नहीं चाहिए। आप अपनी आँख मत निकालिए।" मैंने रुआँसे स्वर में कहा।

इन्द्रदेव ने अविचलित भाव से कहा, "अपनी एक आँख तुम्हें दे देने से मुझे कोई क्षति नहीं होगी। द्युलोक में हैं दो अश्विनीकुमार। उन्हें शल्य-चिकित्सा में महारथ प्राप्त है। उनकी अद्‌भुत प्रतिभा से प्रसन्न होकर मैं उन्हें भूलोक से द्युलोक ले आया। उचित सम्मान के साथ उन्हें रखवाया है। वे लोग मुझे दूसरी आँख लगा देंगे। मेरे लिए आँखों की कमी नहीं होगी। प्रतिदिन किसी-न-किसी दास की मृत्यु होती ही है। उनकी आँखों का रंग अलग हो सकता है, परन्तु दृष्टिशक्ति प्रखर होगी। वे आँखें द्युलोक में सँभालकर रखी हुई हैं। भूलोक, द्युलोक में जिसे भी चाहिए, उसके लिए चक्षुकोष खुला है। अश्विनीकुमारद्वय व्योम रथ पर आकर भूलोक में भी सफल शल्य-चिकित्सा करके कृत्रिम अंग प्रत्यारोपण कर जाते हैं। तुम्हें घबराने की कोई बात नहीं।"

मैं जानती थी, अश्विनीकुमारद्वय चक्षु प्रत्यारोपण करने में अति निपुण हैं। यदि चक्षुकोष में चक्षु नहीं होगा तो किसी दास वर्ण के व्यक्ति की आँख निकाल लाने में भी आर्यगण पीछे नहीं हटेंगे। एक छोटे दर्पण से बात प्रारम्भ होकर कहाँ-से-कहाँ पहुँच गई। इन्द्रदेव को मना करके मैं पलक झपकते वहाँ से भाग आई। सारी बातें पिताजी को कह सुनाईं। पिताजी ने गम्भीर होकर कुछ सोचा। मेरे जन्मदिन पर द्युलोक में किसी को निमंत्रण नहीं भेजा गया। केवल सप्तसिन्धु अंचल के आश्रमवासी मुनियों और मुनि-पत्नियों को ही निमंत्रण भेजा गया। बिना आडम्बर के मेरा सातवाँ जन्मदिन मनाया गया।

उस घटना के बाद से पितामह ब्रह्मलोक में ही द्युलोकवासी देवताओं और इन्द्रदेव से मिलते। रम्यवन देवताओं के लिए निषिद्ध हो गया। तब से मैंने इन्द्रदेव को नहीं देखा। आज उनका रूप मेरे लिए बिलकुल अस्पष्ट है।

किन्तु मैंने पिताजी से पूछा था, "इन्द्रदेव तो सबका अभीष्ट पूरा करते हैं। यदि उन्होंने मुझे कुछ उपहार देने की बात सोची तो आपने उनका यहाँ आना बन्द क्यों कर दिया?" पिताजी ने गम्भीर होते हुए कहा, "वासव के प्रलोभन में कभी मत पड़ना। वासव वीर, योद्धा, उदार, दानी, सबकी सहायता करनेवाले एवं आर्यों के रक्षक भले ही हों, पर वे हैं भौतिकवादी। अब भोग ही उनके जीवन का व्रत है। जीवन भोग के लिए नहीं, भाव के लिए है। युगों से भोक्ताओं में भाव की कमी दिखाई देती है। भावशून्य जीवन से तुझे खुशी नहीं मिलेगी। तेरे लिए तो मेरे जीवन का लक्ष्य कुछ और ही है।"

मैं अबूझ आँखों से पिताजी की ओर ताकती रही। मेरी चेतना में पिताजी का एक भी शब्द अर्थवाची नहीं हुआ। समझ आने की उम्र में पिछली बातें याद आने पर मैं सोचती, मेरे जीवन का लक्ष्य कौन निर्धारित करेगा? पिताजी या मैं स्वयं? यदि मेरा जीवन मेरा है, तो फिर पिताजी का लक्ष्य मेरा लक्ष्य कैसे हो सकता है? लेकिन इस बारे में मैंने अधिक बात नहीं की। सिर्फ मेरे बालिका मन के अबूझ असन्तोष ने असमय घिर आए कोहरे की तरह पल भर के लिए मुझे उदास और सन्दिग्ध कर दिया।

द्युलोकधाम पहुँचकर रथ में बैठे-बैठे मैं ये सारी बातें सोच रही थी। उधर सौन्दर्य-तत्त्व को लेकर तर्क-वितर्क चल रहा था देव-मानव के बीच।

सभा की अध्यक्षता कर रहे थे यज्ञपुरुष श्रीविष्णु। श्रीविष्णु मितभाषी हैं। इसीलिए वे इस तर्क-सभा में किसी का पक्षपात नहीं करेंगे। वे सिर्फ तर्कों का सारांश कहकर व्यंजना की छटा में अपनी राय रखेंगे। शिवजी सम्मेलन का उद्‌घाटन करके ब्रह्मांड भ्रमण के लिए जा चुके हैं। वे भी इधर-उधर के तर्कों के पचड़े में नहीं पड़ते। वे स्वयं शिव हैं। इसलिए सौन्दर्य का अर्थ उनके लिए 'शिव' है कहकर वहाँ से अन्तर्धान हो गए। गन्धर्व और अप्सराएँ सम्मेलन के समय भी तरह-तरह के वाद्य बजाकर नृत्य-गीत में मग्न थीं। सौन्दर्य के सूक्ष्म तत्त्व के प्रति किसी को विशेष आग्रह होने जैसा नहीं लग रहा था। देवतागण सौन्दर्य की लालसा करते हैं पर सौन्दर्य के सूक्ष्म तत्त्व की व्याख्या करने में असमर्थ नहीं, अनिच्छुक हैं। देवताओं का मन जान पाना बड़ा कठिन है। ऋषिगण सौन्दर्य-तत्त्व को पार्थिव से अपार्थिव स्तर की ओर ले जा चुके थे। कई देवता और मुनिगण अपनी अक्षमता पर पर्दा डाले रखने के लिए अत्यन्त जटिल तत्त्वों पर चर्चा कर रहे थे। देवताओं के लिए सौन्दर्य भोग-इच्छा का एक दूसरा नाम है। जो सुन्दर है, उसे प्राप्त करो–भोग करो। यही करते आए हैं देवगण। आज और कौन-सा नया तत्त्व बखानेंगे? उन्होंने त्याग से देवत्व प्राप्त किया, फिर भोग और प्रलोभन-भर जीवन बिताने लगे। ऋषिगण निरर्थक शब्दों को इतने भावपूर्ण ढंग से कह रहे थे कि सभी मंत्रमुग्ध थे।

अब तक इन्द्र और प्रवीण ऋषिगण चुप थे। जब तरुण देवताओं और ऋषियों के तर्क अप्रासंगिक लगने लगे, तब पहली बार इन्द्रदेव ने अपना मुँह खोला। इन्द्रदेव का मुँह खुलते ही महर्षि गौतम ने भी अपनी राय प्रकट की। वशिष्ठ और विश्वामित्र ने भी अपने-अपने तर्क रखे। पहले इन्द्र ने कहा, ''मनुष्य का मन सौन्दर्यग्राही है। इसलिए सौन्दर्य मन की अभिलाषा को ही पूरा करता है। सौन्दर्य में मोहिनी शक्ति है। अत: यह मनुष्य को अपार आनन्द देता है।''

ब्रह्मा : यह आनन्द पार्थिव होता है या अपार्थिव?

इन्द्र : पार्थिव और अपार्थिव-दोनों।

गौतम : नहीं, जो सौन्दर्य पार्थिव आनन्द देता है, वह सौन्दर्य नहीं। सौन्दर्य के नाम पर माया है।

इन्द्र : सौन्दर्य में एक आकर्षण शक्ति है। वह पार्थिव हो सकता है, अपार्थिव भी।

गौतम : वह आकर्षण के नाम पर मोह है। क्योंकि जो अनुभव की दिव्यता प्रतिपादित करता है, वही सौन्दर्य है।

विश्वामित्र : सौन्दर्य केवल आकर्षित नहीं करता, व्यक्तिगत अधिकार के लिए सौन्दर्यग्राही को लुभाता भी है।

सम्भवत: विश्वामित्र ने अपने अनुभव से यह राय दी थी।

वशिष्ठ : जो लुभाता है, वह सौन्दर्य नहीं–सौन्दर्य के नाम पर विकार है–लालसा है, लोभ है।

इन्द्र : सौन्दर्य है ऐश्वरीय रहस्य का प्रतीक। इसलिए यह मोहग्रस्त करता है। ईश्वर मोह और रहस्य के माध्यम से मनुष्य की परीक्षा लेता है।

इतने में गौतम ने मुँह खोला : सौन्दर्य मोहभंग का कारण भी होता है।

वशिष्ठ : सौन्दर्य व्याधि, पीड़ा, जरा, मृत्यु से परे ले जाता है।

विश्वामित्र : सौन्दर्य शापग्रस्त भी कराता है।

इन्द्र : सौन्दर्य का कोई निश्चित विचार नहीं होता। यह नीति–अनीति के विचारों से भी परे है। जिस क्षण सौन्दर्य नैतिकता के बन्धन का अनुसरण करता है, उसी क्षण सौन्दर्य की कलात्मकता का ह्रास हो जाता है।

गौतम : एकमात्र सौन्दर्य ही है जो नीति, नियम और अनुशासन का अनुसरण करता है।

इन्द्र : सौन्दर्य है इन्द्रिय भोग्य। यह पृथ्वी–दर्शनेन्द्रिय, श्रवणेन्द्रिय और रसना को परितृप्त करनेवाली सौन्दर्य–वस्तु है, तभी यह चिरभोग्या वसुन्धरा है।

गौतम : उच्चांग सौन्दर्यबोध अतीन्द्रिय आनन्द देता है। यह आनन्द स्थूल विषयानन्द से उच्चतर और मौलिक है, इसलिए इन्द्र इन्द्रिय सौन्दर्य के विकार का ही उपभोग करते हैं।

क्रोधित इन्द्र ने कहा : सौन्दर्य आवेग उत्पन्न करता है। जिसमें आवेग नहीं होता, वह जड़ है।

गौतम : सौन्दर्य ही आवेग शमन करने में सहायक होता है। यह स्थूल रूप में उपलब्ध नहीं है। यह सत्य को, ज्ञान के परिसर को ऊपर उठाकर दिव्यानुभव में परिणत करता है।

इन्द्र : सौन्दर्य एक भौतिक रूप है। यदि सौन्दर्य ने मन को विचलित नहीं किया तो वह मन सामान्य नहीं, अस्वस्थ है। सौन्दर्य चाहता है भोक्ता और भोग्य। यह ज्ञान की सीमा में आबद्ध नहीं।

गौतम : सौन्दर्य भौतिक रूप नहीं है, यह आत्मा की प्रतिच्छवि है। यह भोग्य नहीं, त्याग और निवृत्ति है। सौन्दर्य का भौतिक मूल्य भी नहीं। दृष्टि के अनुरूप दर्शन होता है। इसलिए सौन्दर्य को किसी परिभाषा में बाँधना अनुचित है।

ब्रह्मा ने देखा कि इन्द्र और गौतम ने अतीत की वही विवादित स्थिति पैदा कर दी है। इन्द्र और गौतम के तर्क-युद्ध का उपभोग देवता और ऋषिगण बखूबी कर रहे थे। कोई उस विचार-विमर्श का समाधान करने का प्रयास नहीं कर रहा था। इस अन्तहीन विचार-विमर्श पर पूर्णविराम न लगाया गया तो समय बीत जाएगा। संध्या होने से पहले ऋषियों का भूलोक लौट जाना उचित होगा। इन्द्र देवताओं के सम्राट अवश्य हैं, पर वे सबसे छोटे और चिरतरुण हैं। वे भोगी और विलासी हैं। वे उग्र और भौतिकवादी हैं। इसलिए गौतम से उनका मत भिन्न होना स्वाभाविक है। इस विचार-विमर्श का स्वरूप ब्रह्मा को पहले से ही ज्ञात था, फिर भी सम्भवत: इन्द्र और गौतम के मत सबके समक्ष रखने के लिए उन्होंने उस तर्क-सभा का आयोजन करवाया था।

विचार-विमर्श में पूर्णविराम लगाने के लिए उन्होंने विष्णु से अनुरोध किया तदन्तर विष्णु ने अपने अध्यक्षीय भाषण में कहा, ''प्रत्येक मानवीय अनुभव नैतिकता की उपलब्धि और हिंसा की निवृत्ति के लिए अभिप्रेत है। सौन्दर्य का उद्देश्य भी उतना ही है। यदि वैसा न हुआ, तो वह सौन्दर्य के नाम पर कुरूपता है—हल्य है। वह अमृत के नाम पर हलाहल है। उच्चांग सौन्दर्य उत्पन्न होता है स्रष्टा के उत्तुंग मानस से, और फिर वह दर्शक के मानस को उत्तुंगता के शिखर पर ले जाता है। उस स्थिति में दर्शक की उच्चतम चेतना में एक चिन्तन एवं असीम सौन्दर्य बिम्बित होते हैं। यही है ब्रह्मदर्शन। सौन्दर्यबोध अतीन्द्रिय और आध्यात्मिक आनन्द उत्पन्न करता है। सौन्दर्य जीवन है, मन और आत्मा सम्बन्धी जिज्ञासा का कलात्मक समाधान है। इसलिए सौन्दर्य आध्यात्मिक मूल्यबोध पर ही आधारित है। सौन्दर्य मानव के जीवन और उसके शाश्वत मूल्यबोध को उज्जीवित करता है और जीवन को समुन्नत बनाता है। भौतिक वस्तुओं पर निर्भर होते हुए भी सौन्दर्य किसी युग में भौतिक नहीं है। यह हमेशा से आध्यात्मिक है। सौन्दर्य केवल समसामयिक मूल्यबोध को समुन्नत नहीं करता, यह अनन्तकाल का परम लक्ष्य साधता है। इसलिए महान सौन्दर्यात्मक प्रकाश और उपलब्धि मूर्त्त नहीं, अमूर्त्त हैं। अन्त में सिर्फ इतना ही कहूँगा कि सौन्दर्य मानव की कामवासना को मोक्ष की ओर ले जाता है। यही है आध्यात्मिक उपलब्धि।''

ब्रह्मा ने परोक्ष रूप से गौतम के ही मत का समर्थन करके इन्द्र के मत का खंडन किया। अतीत में इन्द्र और गौतम ब्रह्मा के शिष्य होने के समय से ब्रह्मा हमेशा गौतम के पक्ष का ही समर्थन करते आए हैं। इसलिए इससे किसी को आश्चर्य नहीं हुआ। हालाँकि इन्द्र को इससे ठेस पहुँची होगी, ऐसा प्रथा ने मेरे

कान में कहा था। इस विचार-विमर्श का नतीजा शुभ नहीं है, यह भी उसने भविष्यवाणी की थी। इन्द्र को गौतम से कमतर आँकने के लिए ही मानो पिताजी ने उस सभा का आयोजन करवाया था।

अन्त में सभा समाप्त हुई। इन्द्र की देवसभा में मुझे अपना सौन्दर्य प्रकट करने के लिए उपस्थित होने हेतु पिताजी का निर्देश आया। त्वयि, अन्वीक्षिका, वार्ता और नीति के साथ मैं सिर झुकाए धीरे-धीरे सभास्थल की ओर चल पड़ी मानो मैं सचमुच स्वयंवर सभा में जा रही थी। हो सकता है—इस सभा में विधि-निर्दिष्ट मेरे स्वामी भी उपस्थित हों। कहीं यह पिताजी का कोई षड्यन्त्र तो नहीं? एक ऐसी सभा का आयोजन करके वे विशिष्ट देवताओं और मुनियों में मेरे लिए उपयुक्त स्वामी तो नहीं चुन रहे? सम्भवतः यही सत्य है। स्वयंवर में स्वयं को प्रदर्शित करने की बात मुझे कतई पसन्द नहीं। हालाँकि इसमें स्वामी चुनने की सुविधा और स्वतंत्रता होती है पर ऐसा होता कहाँ है! स्वयंवर तो मात्र एक प्रहसन बन चुका है। जो पिताजी की शर्त पूरी करेगा, वही आर्यकन्या के योग्य वर माना जाएगा। इसमें आर्यकन्या के अपने स्वतंत्र मत का प्रश्न ही कहाँ उठता है? शर्त निर्धारण तो पिताजी ही करते हैं।

सबको प्रणाम करके नतमस्तक होकर खड़ी हो गई मैं। मुझे लगा कि नृत्य, गीत, कोलाहल, सब स्तब्ध हो गए हैं। सभी तटस्थ हो मुझे देख रहे हैं। मुनि, ऋषि, देवगण, गन्धर्व—सबकी एक-सी स्थिति थी। इन्द्रदेव को प्रणाम करके मैंने दृष्टि उठाकर उनकी ओर देखा। सखियों के वर्णन से हजार गुना शौर्य और सौन्दर्यमय व्यक्तित्व के दर्शन से मेरा किशोरी मन नवराग से रंजित हो उठा। नहीं जानती—किस भावावेग से क्षण में होश खो बैठी। सखियों ने मुझे थाम लिया और रथ में लौटा ले गईं। अश्विनीकुमारद्वय और धनवंतरि दौड़े चले आए मुझे होश में लाने के लिए। किन्तु पिताजी ने उन्हें रोका। कहा, "उसे कुछ नहीं हुआ। पहली बार अन्तरिक्ष-पथ से सीधे इतनी दूर तीव्र गति से आने के कारण मेरी भूलोकवासिनी सुकुमारी कन्या थकान से मुरझा गई है। भूलोक की मिट्टी का स्पर्श करते ही सब ठीक हो जाएगा।"

उसी तरह बेहोशी की हालत में मैं लौट आई भूलोक। मुझे होश तो आ गया, परन्तु मेरी स्मृति नहीं लौटी। ऐसा लगा कि मैंने द्युलोक या इन्द्रलोक कुछ नहीं देखा। मेरी यह मातृभूमि दाव्या पृथ्वी ही मेरे लिए स्वर्ग है। हेमवन्त पर्वत की तलहटी में मेरा यह शान्तिमय एकान्त रम्यवन ही मेरी अमरावती है। मेरा यह भू-स्वर्ग भोगप्रधान नहीं है। इसलिए अब मैं अपने होश नहीं खोती।

सखियों से सुना कि कई मुनिगण मेरे सौन्दर्य से विचलित हो उठे थे, जबकि तर्कनिष्ठ दार्शनिक महर्षि गौतम अविचलित, निर्विकार चित्त से बैठे हुए थे और याज्ञिक शैली में आशीर्वचन उड़ेलते जा रहे थे मुझ पर।

"और इन्द्रदेव?" मैंने सहसा पूछा।

"एक ध्रुवप्रतिज्ञा की छटा खिल उठी थी उनकी दृष्टि में..."

"कैसी प्रतिज्ञा?"

"जीतने की प्रतिज्ञा।"

"ओ:, युयुत्सु इन्द्रदेव से और आशा ही क्या की जा सकती है..." मैंने व्यंग्यपूर्वक सिर्फ इतना ही कहा और अपने जीवन की एक महत्त्वपूर्ण अनुभूति को दायित्वहीन बालिका की तरह विस्मृति में खो दिया।

प्रकृति ही मेरी अन्तरंग सखी थी। प्रकृति के प्रति अगाध ममता के कारण मैं अपना एकाकीपन भूल गई थी।

पिताजी से वेद अध्ययन करके मैं भावुक हो उठी थी—भाई नारदजी से मधुरवाणी और संगीत सुन-सुनकर संगीतमय हो गई थी और वन्य-प्रकृति के साथ अभिन्न रूप से जुड़कर अपनी मातृभूमि उस तपोवन के प्रति प्रेममय हो गई थी। इन तीनों के साथ मेरा समय निर्विघ्नता से बीत जाता था। मेरी चारों सखियाँ अधिकतर मुझे अकेले छोड़कर आपस में वेद-चर्चा में व्यस्त रहती थीं। लेकिन ऋचा मेरी देह की परछाईं की तरह मेरे पीछे-पीछे रहती थी—कई बार ऋचा का साथ छोड़कर मैं अकेले पूरे वन में घूमा करती थी। मुझमें डर, भय, आशंका कुछ नहीं था। राक्षस, दैत्य, दानव, खूँखार जानवर किसी से भी नहीं डरती थी मैं। सघन वन था मानो माँ की गोद। अरण्य का सारा सौन्दर्य मानो मेरे ही पास सिमट आया था। मैं जिस ओर भी डग बढ़ाती, उसी दिशा में मरुतगण फूलों की सुगन्ध प्रवाहित कर देते। उसी दिशा में फूल खिल उठते, पक्षियों का कलरव सुनाई देने लग जाता। नदी की धारा प्रवहमान रहती मेरे चलने के साथ-साथ। पेड़ों की छाया घनी हो जाती मेरे सिर पर। भौंरे मेरे घने घुँघराले केशों में छुपकर मधुर गुँजन करते। मधुमक्खियाँ मेरे अंग-प्रत्यंगों में मधुकोष की तलाश करती हुई गुनगुनातीं। वर्षा, बादल, सूर्य, चन्द्र, हरियाली अरुणिमा, फूल, फल, जल, शहद—किस चीज का अभाव था मुझे? पैरों के नीचे धरती माता, सिर पर उदार अन्तरिक्ष, चारों ओर कमनीयकान्त वर्णाढ्य महाप्रकृति। ऐसे में एकाकीपन के लिए स्थान कहाँ बचा था? केका-केकी, मृग-मृगी, तोता-मैना, कौआ, बगुला, और भी अनेक विचित्र पशु-पक्षी, कीट-पतंग, सरीसृप एवं वनस्पतियों से समृद्ध है मेरा यह तपोवन। मैं सबकी भाषा भले ही नहीं समझती थी, पर उनके भाव समझती थी। कोई-कोई कहता है, पशु-पक्षियों की भाषा हो सकती है, उनमें भाव नहीं होता। भाव की अभिव्यक्ति वे कैसे करेंगे? किन्तु मैं जानती हूँ, जड़-जीवन्त प्रकृति के एक-एक

अणु-परमाणु में हर क्षण भाव-झंकार कम्पन पैदा करते हैं। तुम जिस तरह अपनी दृष्टि से प्रकृति का स्पर्श करोगे—उसी राग से झंकृत हो उठेगा। तुम्हारा अन्तस्तल। मेरी इच्छा होती है मैं सबको छूऊँ। हालाँकि जो अच्छा लगेगा उसी का स्पर्श करूँगी—अनुभव करूँगी—अपने भावतरंगों को प्रवाहित कर दूँगी उस प्रिय वस्तु के अणु-परमाणु में। प्रिय से दूरी मुझे सहन नहीं होती। इसीलिए मैं सबको छू-छूकर सहलाती हूँ, प्यार करती हूँ, भावों का आदान-प्रदान करती हूँ। वह जड़ हो या जीवंत—पशु हो या वनस्पति, मैं सबको अगोर लेना चाहती हूँ। एक बार सरीसृप का उठा हुआ फन छू लिया प्यार से। भाई नारद वीणा बजा रहे थे और वीणा की उस मधुर तान को तन्मय हो सुन रहा था सर्पराज। मेरे छूने पर उसकी एकाग्रता टूट गई। इसलिए उसने फुँफकारा। मैंने अपना हाथ खींच लिया। भैया ने चेतावनी दी, "बिना सोचे-समझे किसी को छूना उचित नहीं।"

"किन्तु मैं तो अपनी इच्छा से जिसे चाहती हूँ, छू लेती हूँ—उसे गले से लगा लेती हूँ—इसमें क्षति ही क्या है?"

"तो क्या पशु, पक्षी, देवता, राक्षस, ब्राह्मण, शूद्र, स्त्री-पुरुष में कोई भेद नहीं करोगी? संसार में तरह-तरह के नीति-नियम हैं! धीरे-धीरे सब सीखना चाहिए। पिताजी तुझे सबकी दृष्टि से बचाकर रखने के कारण तू दुनिया के तौर-तरीके, चाल-चलन कुछ भी नहीं सीख सकी। सबको छूना उचित नहीं। अभी तू बालिका है—फिर युवती होगी...!"

युवती शब्द बड़े संकोचपूर्वक कहते समय ब्रह्मचारी नारद भैया का गोरा मुख कुछ लाल पड़ गया। उस लालिमा का अर्थ मैं कुछ समझ नहीं पाई उस उम्र में। भैया की बातों से मेरा कुतूहल बढ़ गया। मैंने कहा, "बालिका रहूँ या युवती बनूँ, किसी को छूने में क्या दोष है? मुझे तो अपनी सहचरी त्वयि, अन्वीक्षिका, वार्ता और नीति को छूना अच्छा लगता है—ऋचा को गोद में लेकर लाड़ करती हूँ—लता, पत्र, वृक्ष, मृग, मृगी, तोता-मैना, नदी, झरना, पहाड़, पत्थर—आखिर किसे नहीं छूती? कभी किसी ने प्रतिवाद नहीं किया—न ही मेरी कोई क्षति हुई।"

"यह सब तो ठीक है। पर क्या बिना सोचे-समझे हिंसक जानवरों को गले लगाओगी?—गोद में बिठाओगी—पुरुषों को छू-छूकर लाड़ करोगी?" भैया ने नसीहत देने की मुद्रा में कहा।

मैंने अचानक भैया को भींचकर पकड़ लिया और उन्हें लड़ियाते हुए बोली, "ये देखो, आपको भी छू लिया—लाड़ किया—आप भी तो पुरुष हैं। क्या क्षति हुई मेरी, कहिए तो?"

भैया ने बड़ी मुश्किल से स्वयं को मुझसे छुड़ाने के बाद कहा, "बस-बस। फिर ऐसा मत करना। बड़ी हो जाने के बाद लड़कियों को पिता और भाई से भी ऐसा लाड़-प्यार और आदर नहीं करना चाहिए। यह वैदिक संस्कार है।"

"बड़े हो जाने के बाद पिता और भाई से इस तरह लिपटकर प्यार या आदर नहीं करना चाहिए? तो क्या उनका अनादर करना चाहिए—उनसे घृणा करनी चाहिए?"

भैया ने घबराते हुए कहा, "हे नारायण! इसके चलते मनुष्य और किन-किन विपरीत परिस्थितियों में पड़ेगा, यह आप ही जानते हैं।" फिर मेरी ओर देखकर बोले, "किसी को चाहने की मनाही नहीं है—पर छूना मना है। पिता और भाई भी तो पुरुष हैं!"

"क्या पुरुष खूँखार होते हैं? खूँखार जीव-जन्तुओं को छूना मना है और पुरुषों को भी! देखिए, आपने तो मेरी कोई क्षति नहीं की। फुँफकारा तक नहीं..."

नारद भैया बड़ी सोच में पड़ जाने की तरह विचलित होते हुए बोले, "यह तेरा दोष नहीं। दोष है पितामह का। सिर्फ वेदाभ्यास कराते जा रहे हैं। सामगान कराते जा रहे हैं। सिर्फ अर्थ समझाते हैं, तत्त्व नहीं समझा रहे हैं। आखिर वे करें भी क्या—पुरुष जो ठहरे! त्वयि और अन्वीक्षिका आदि भी पोथीगत विद्या के अलावा संसारतत्त्व कुछ नहीं जानतीं। ये सभी ब्रह्मचारिणी हैं। तेरे लिए योग्य गुरु की आवश्यकता है। गुरु-पत्नियों के संपर्क में आने पर तू संसारतत्त्व स्वयं समझ जाएगी। मैं देख रहा हूँ, पशु-पक्षियों के बीच रहकर तू पक्षी बन चुकी है। सिर्फ उड़ते फिरना जानती है। घड़ी भर शान्त होकर नहीं बैठती। मानवीय आचरण कुछ नहीं सीख पाई। हालाँकि तूने मनुष्य देखा ही कहाँ कि..."

मैंने कुतूहलवश प्रश्न किया, "पिताजी ने मुझे मनुष्य से दूर क्यों रखा है? क्या मनुष्य दुष्ट जीव है?"

भाई नारद ने विरोध करते हुए कहा, "अरे नहीं, नहीं। स्रष्टा की श्रेष्ठ महिमा है—मनुष्य। सृष्टि में जितने भी पदार्थ हैं, वे सब मनुष्य की आवश्यकताओं को पूरा करने के लिए स्रष्टा ने बनाए हैं। मनुष्य ही स्रष्टा की सृष्टि का अनुशीलन और उपयोग कर सकता है। मनुष्य अपनी अभीष्ट सिद्धि के लिए ईश्वर-सृजित पदार्थों को लेकर नई-नई सृष्टि भी कर सकता है। मनुष्य से अधिक शक्तिवान और कोई नहीं। मनुष्य अपनी इन्द्रियों की शक्ति के बल पर ही बलवान होता है। मनुष्य की आत्मा के साथ यदि स्रष्टा ने इन्द्रिय दान न किए होते, तो आत्मा मूकद्रष्टा बनकर रह जाती, कोई साधना नहीं कर पाती।"

"तो फिर पिताजी ने मुझे मनुष्य से दूर क्यों रखा है?" मैंने प्रश्न किया।

नारद भैया सोचने की मुद्रा में क्षणभर मौन रहे। उन्होंने कहा, "सही समय आने पर तू मर्त्य के मानव के सम्पर्क में आएगी। तब समझेगी मानवीय सम्बन्ध कितने जटिल होते हैं। वैदिक छन्द, गायत्री, उष्णिक, अनुष्टुप, वृहती, पंक्ति, क्रिष्टुप, जगती, अतिजगती, थष्टि, धृतः इत्यादि तूने कितनी आसानी से मुझसे सीख

लिए, लेकिन मानवीय सम्बन्धों के छन्दों को बचाते हुए जीवन को भाव मधु करना उतना सहज नहीं। उसी डर से मैंने तो मुक्त, यायावर जीवन अपना लिया है।''

नारद भैया के मुँह से वैदिक छंदों के नाम सुनते-सुनते अपने किशोरी हृदय की कमनीय कल्पना प्रकट करते हुए मैं सही स्वर में सामगान करने लगी। भैया ने भी मेरे गायन के साथ वीणा के तारों की झंकार छेड़ दी। वनस्पति के हृदयतंत्र में बज उठा अपूर्व स्पन्दन। पिताजी अचानक आ पहुँचे और हम भाई-बहन दोनों के संगीत रस में डूब गए।

मैंने सोचा था, मेरा सुललित स्वर सुनकर आज पिताजी मेरी प्रशंसा करेंगे; किन्तु ब्रह्माजी के मुँह से प्रशंसा सुन पाना सहज नहीं। संगीत का स्वर थम जाने के बाद पिताजी ने कहा, ''अर्थज्ञान के अलावा वेदमंत्र पढ़ने से किसी फल की प्राप्ति नहीं होती बल्कि अनिष्ट ही होता है। जो व्यक्ति शब्द का अशुद्ध उच्चारण करता है, वह वेद की अवमानना करता है और जो शुद्ध उच्चारण करता है, वही आर्य है। वेद में प्रयुक्त शब्दों पर सन्देह न करना ही मंत्रगान को अर्थमय, कल्याणमय करता है। उसके लिए व्याकरण का ज्ञान आवश्यक है। मैं सोचता हूँ, कुछ वर्षों तक तुझे गुरुकुल आश्रम में विद्या ग्रहण करनी होगी। अति शीघ्र गुरुकुल आश्रम जाने के लिए अपने मन को तैयार कर ले। ऋचा के साथ अत्यन्त अन्तरंग होकर तू उसकी भाषा पर पूरा अधिकार जमा चुकी है, जबकि मेरे साथ, नारद के साथ, त्वयि, अन्वि, वार्ता और नीति के साथ सम्भवतः तू उतनी अन्तरंग नहीं हो पाई है—इसलिए वेदभाषा पर पूरी पकड़ नहीं बना पाई।''

मैं, मेरी चारों सखियाँ, पिताजी और नारद भैया एवं बाल-संगिनी ऋचा—इतना ही था मेरा संसार। इसलिए उन्हें छोड़कर किसी गुरुकुल आश्रम में विद्या ग्रहण करने जाने के लिए मैं तैयार नहीं थी। चारों वेद मुझे कंठस्थ थे। संगीत में मैं निपुण थी। मेरे पिता परमगुरु ब्रह्मा थे और मेरे भाई परम संगीतज्ञ नारद। देह की परछाईं की तरह मेरी चारों सखियाँ—विद्यावती त्वयि, अन्वीक्षिका, वार्ता और नीति मेरे आसपास रहती थीं। मेरे चारों ओर विद्या का वलय था। किस दुख से मैं गुरुकुल आश्रम जाती और अन्य गुरुओं से विद्या ग्रहण करती?

मेरे मन की कुंठा और द्वन्द्व समझते हुए पिताजी ने कहा, ''यह बात सच है कि तू मुझसे सुन-सुनकर वेदमयी हो चुकी है, किन्तु वेद की नियमित शिक्षा पाकर वेदमती नहीं हो पाई है। वेद के स्वर, वर्ण आदि की उच्चारणविधि जानने के लिए 'शिक्षा' आवश्यक है। गुरुकुल आश्रम में गुरु वेदपाठ करते हैं और शिष्यवर्ग गुरुकृत उच्चारण का अनुकरण करके वेदमंत्रों का यथार्थ उच्चारण करना सीखते हैं। वेदमंत्रों का सही उच्चारण करने के लिए स्वरज्ञान आवश्यक है। पोथियों से मानसिक ज्ञान मिलता है, जबकि शिष्ट पुरुषों के सत्संग से शील

और सदाचार की प्राप्ति होती है। गुरुकुल में रहकर शिष्य कुलीन बनता है। विद्या के लक्षण नम्रता और विनय हैं। किसी पर उपकार करने पर भी विद्वान व्यक्ति के मन में अहंकार नहीं आता, आत्मसन्तोष और विनय-भाव आता है। सर्वस्व समर्पण करने के बाद भी कुछ और समर्पण करने के लिए मन में स्पृहा जगती है।

"व्यक्ति किसी-न-किसी उपाय से सारी विद्या प्राप्त कर सकता है किन्तु आत्मज्ञान के बिना उस विद्या का सही उपयोग नहीं कर पाता। आत्मज्ञान के लिए गुरु बनाना अनिवार्य है। पोथीगत मानसिक ज्ञान अहंकार तो पैदा कर सकता है, अहंकार मिटा नहीं सकता। अहंकार का विनाश केवल गुरुवरण से ही सम्भव होता है। देहाभिमान के विनाश और व्यक्तित्व के विलय के लिए किसी विशाल व्यक्तित्व वाले गुरु का शिष्यत्व ग्रहण करना आवश्यक है। 'मैं सब कुछ करने में समर्थ हूँ'–इस अहंकार को मिटाने के लिए 'गुरु के कारण मैं सब कुछ कर पाने में समर्थ हूँ...' का अनुभव होना नितान्त आवश्यक है।"

पिताजी की इस बात से मुझमें कोई प्रतिक्रिया नहीं हुई, क्योंकि पिताजी की बातों का गहन अर्थ समझ पाने में मैं समर्थ नहीं थी। परन्तु भैया नारद ने पिताजी की बातें सुनकर प्रश्न किया, "देहाभिमान के विनाश की बात तो समझ गया, किन्तु व्यक्तित्व के विलय की बात नहीं समझ पाया। व्यक्तित्व के विकास के लिए मनुष्य शिक्षा प्राप्त करता है। व्यक्तित्व का विलय कौन चाहता है?"

पिताजी नारद भैया की ओर देखकर स्मित मुस्कान छोड़ते हुए बोले, "सब कुछ समझते हुए न समझने का अभिनय करना और तुमसे वयस्क होने के कारण मुझसे सारी बातों का अर्थ फिर से सुनकर आत्मसमीक्षा करना ही व्यक्तित्व का विलय है। जिसका व्यक्तित्व पूरी तरह विकसित हो चुका होता है, सिर्फ वही व्यक्तित्व का विलय कर सकता है। अपना अहंकार मिटा डालना ही व्यक्तित्व का विलय है।"

मैंने पिताजी को समझाने की चेष्टा करते हुए कहा, "नारद भैया भी तो शिष्ट पुरुष हैं। वे संगीतज्ञ और वेदज्ञ हैं। उन्हें स्वर का ज्ञान है। वे मेरे सत्‌गुरु बन सकते हैं। किसी दूसरे को गुरु बनाने की आवश्यकता ही क्या है?"

पिताजी ने तुरन्त उत्तर दिया, "यह सही है कि नारद को स्वरज्ञान है, किन्तु तुझे स्वरज्ञान की शिक्षा देने का समय कहाँ है उसके पास? उदात्त, अनुदात्त और स्वरित इन तीनों प्रकार के स्वर-अनुशासन में वेदाभ्यास कराने के लिए नारद जैसा अस्थिर ब्रह्मांड भ्रमणकारी ब्रह्मचारी उपयुक्त नहीं। नारद का काम है समाचार पहुँचाना। उस दृष्टि से तू नारद से विश्व-ब्रह्मांड का समाचार पा सकती है लेकिन शिक्षा प्राप्त करके विद्यावती, वेदमती होने और आत्ममग्न रहने के लिए तुझे गुरुकुल आश्रम जाना ही पड़ेगा। यदि तू सोचती है कि नारियाँ केवल घर का काम करेंगी और विद्या प्राप्त करना पुरुषों का काम है तो तेरी यह धारणा

भी भ्रामक है। याज्ञवल्क्य ने अपनी पत्नी मैत्रेयी को आध्यात्मिक ज्ञान प्रदान किया था और मैत्रेयी परम विदुषी के रूप में अध्यापन कार्य में सक्षम भी हुई थीं।

"हालाँकि युवकों को तपोवन में पच्चीस वर्षों तक ब्रह्मचर्य का पालन करते हुए शिक्षा ग्रहण करनी पड़ती है, जबकि युवतियों को सोलह साल की उम्र तक ही तपोवन में शिक्षा प्राप्त करनी होती है। इस समय तेरी उम्र ग्यारह हो चुकी है। तू गुरुकुल में केवल पाँच साल रहेगी। उसके बाद ही तू महिला कहलाएगी। महिला वही होती है, जिसके विचार महान होते हैं। जिसके विचार तुच्छे और अशक्त होते हैं, वह अबला होती है। तू महिला बनना चाहती है या अबला बनना चाहती है? हालाँकि वैदिक वांग्मय में स्त्री जाति के लिए 'अबला' शब्द का प्रयोग नहीं है। इसलिए मेरी अहल्या 'पुरंध्री' बनेगी–उसका नाम नगरों में फैलेगा, राष्ट्र में फैलेगा। केवल रूप में ही नहीं–मनोज्ञान, विवेक में वह होगी अहल्या। अत: मेरी अहल्या को गौतम आश्रम में कम-से-कम पाँच वर्ष शिक्षा प्राप्त करनी होगी। गौतम आश्रम में ब्रह्मचारी और ब्रह्मचारिणी के लिए अलग व्यवस्था है। वहाँ ऋषि-पत्नियाँ ब्रह्मचारिणियों का पूरा ध्यान रखती हैं। शिक्षा के बाद सांसारिक क्षेत्र में प्रवेश करने के लिए वे ही लोग ब्रह्मचारिणियों को उचित शिक्षा देती हैं। हालाँकि गौतम अविवाहित हैं पर वे स्थितप्रज्ञ हैं। गौतमजी के प्रत्यक्ष तत्त्वावधान में पाँच वर्ष रहने के लिए मैंने उनसे बात कर ली है।"

पिताजी के मुँह से गौतमजी का नाम सुनकर भैया नारद के चेहरे पर कुटिल मुस्कान की एक वक्ररेखा ने उभरकर अधर के कोने में एक मधुचक्र बनाया किन्तु मैं उस मुस्कान का अर्थ समझ नहीं पाई। सहसा मुझे गौतम ऋषि को सौंप देने की बात पिताजी ने क्यों तय कर ली, यह पिताजी ही जानें। हालाँकि गौतम ऋषि गुणी, ज्ञानी, सत्यनिष्ठ, नैयायिक, कामरहित, निर्विकार योगी हैं। लेकिन सुना है कि वे बड़े कठोर हैं। बड़े गम्भीर और शुष्क हैं। उन्हें देख लेने से मन खाली-खाली-सा लगता है। जब भी वे पिताजी से मिलने आते हैं, मैं उन्हें प्रणाम करके उनके सामने से खिसक लेती किन्तु गौतम ऋषि को पिताजी बहुत चाहते हैं। वरना पिताजी मेरा दायित्व गौतम ऋषि को न सौंपते।

मैं नाबालिग हूँ। हित-अहित के ज्ञान से अपरिचित। मेरी उम्र है सिर्फ ग्यारह वर्ष। मातृस्नेह से वंचित होने के कारण पिताजी का प्यार पाकर मैं खूब लाडली बन चुकी थी। दुनियादारी मैं नहीं जानती थी। शायद इसीलिए पिताजी ने मुझे दुनिया के कठोर और अनुशासित जीवन का सामना करने से पहले गौतमजी जैसे तर्कनिष्ठ, तपसिद्ध गुरु के हाथों में सौंपने का मन बना लिया था। इसका विरोध करने की उम्र या साहस नहीं था मुझमें। इसके अलावा चारों सखियों के साथ अकेले रहकर केवल सामगान करने के कारण कभी-कभी मेरा मन उचटने लगता था। उससे छुटकारा पाने के लिए गौतम ऋषि के आश्रम में अन्य शिक्षार्थियों,

गुरुओं, गुरुपत्नियों के बीच एक सुन्दर तपोवन में कुछ वर्ष बिताने के लिए मन में कुतूहल भी जागा।

किन्तु गौतम आश्रम में शिक्षा प्राप्त करना एक चपल बालिका सुलभ कुतूहल से कहीं अधिक कठोर और महत्त्वपूर्ण था, वह बात मैं समझ पाई थी उपनयन के बाद।

'मनुर्भवः'—आचार्य गौतम दिन-रात यही गूढ़ज्ञान दिया करते। आचार्यजी के पास आने के बाद शिष्य या शिष्या को चार रात आचार्यजी अपने गर्भ में धारण करते हैं और उसके बाद उसे जन्म देते हैं, अर्थात दिन-रात एकान्त में गूढ़ज्ञान देने के बाद वह शिष्य आचार्यजी की सन्तान के रूप में ग्रहण योग्य होता है। मेरे साथ भी यही हुआ। कुटिया में तीन रात आचार्य गौतम मुझसे 'मनुर्भवः', 'मनुर्भवः' ही कहते जा रहे थे। कहते जा रहे थे—सत्यंवद, धर्मंचर, स्वाध्यायान्मा प्रमदः। सत्य कहो, धर्म करो, स्वाध्याय से विरत मत होओ। ये सब मेरे लिए नई बातें नहीं थीं। पिताजी से मैं यह दीक्षा ले चुकी थी। किन्तु गुरुकुल आश्रम के नियमानुसार तीन रातों तक मैंने आचार्यजी से मनुष्य बनने की—चरित्रवती होने की दीक्षा ली और चौथे दिन मेरे शिष्यत्व का जन्म-दिवस मनाया गया। देवगण उस उत्सव में भाग लेने आए थे। भैया नारद भी आए थे किन्तु इन्द्रदेव नहीं आए। छोटे-छोटे उत्सवों में भाग लेने वे द्युलोक से भूलोक नहीं आते थे किन्तु भाई नारद के हाथों उन्होंने जन्मदिन के उपहारस्वरूप मेरे लिए एक रत्नजड़ित दर्पण भिजवाया था लेकिन आचार्य गौतम ने उसे स्वीकार नहीं किया।

"इन्द्रदेव का आशीर्वाद और उनकी कृपा बनी रहे तो धन-द्रव्य की कोई आवश्यकता नहीं।" यह कहकर उन्होंने दर्पण लौटा दिया। और भी कई देवगणों ने स्वयं न आ पाने के कारण छोटे-बड़े उपहार भिजवाए थे। उन्हें स्वीकार कर लिया गया था लेकिन इन्द्रदेव का उपहार क्यों लौटाया गया, यह बात मैं समझ न सकी। विरोध करने की इच्छा होने पर भी चुप रही। गुरुकुल के कुछ नियम मुझे मानने होंगे। मैं खुश थी कि अब मुझे द्विजत्व मिल गया। अब मैं चाहूँ तो देवताओं का सीधे-सीधे आवाहन कर सकती हूँ। मैं चाहूँ तो इन्द्रदेव का भी आह्वान कर सकती हूँ। माँ को नहीं देखा, इसलिए यह भी नहीं जानती कि मेरा जन्म मातृगर्भ से हुआ है या नहीं। किन्तु मेरा दूसरा जन्म आचार्य गौतम के मुख से विधिपूर्वक हुआ है। पहले आचार्यजी ने मेरे सिर पर हाथ रखकर मंत्र पढ़ा। इससे मैं उनके गर्भ में चली गई, यह मान लिया जाता है। तीन रातों के बाद सावित्री मंत्र पढ़ने पर मैंने उनके मुख से नवजन्म लिया। यही है नियम। यहाँ

आचार्य हुए मेरी द्वितीय जननी। माता-पिता शारीरिक जन्म देते हैं—परन्तु आचार्य 'जाति' या संस्कार प्रदान करते हैं। उस दृष्टि से आज से मैं आचार्यजी की कन्या जैसी हुई। शुरू से ही मुझे लेकर आश्रम में द्वन्द्व और वितर्क होने लगे थे। उसका कारण मेरी बाल सहचरी ऋचा थी। आर्य-दास संघर्ष में अपने माता-पिता को खोकर अनाथ हो जाने पर मैं उसे अपने साथ लिवा लाई थी। ऋचा मेरी देह की परछाईं के समान थी। पिताजी ने सोचा था, ऋचा आश्रम के पास दास-पल्ली में किसी के पास रह जाएगी अथवा आश्रम की मुनिपत्नियों के कहने पर गाय-बछड़ों के काम, बाड़ी-बगीचों के काम करके आहार का जुगाड़ कर लेगी। किन्तु मैंने जिद की ऋचा को अपने साथ द्विजत्व प्रदान करने और शिष्या के रूप में स्वीकार करने की। आचार्य गौतम ने दृढ़तापूर्वक मेरे अनुरोध को ठुकरा दिया, क्योंकि ऋचा दासवर्ण की थी। जो लोग आगे चलकर सेवक और भृत्य का काम करके शूद्र रूप में गिने जाएँगे, उनके लिए वैदिक शिक्षानुष्ठान का द्वार निषिद्ध है। विशेषकर आचार्य गौतम इस विषय पर बड़े निष्ठावान थे। मैंने तर्क रखा था, "तो फिर इतरा शूद्राणी के गर्भ से जनमे महीदास ने ऐतरेय उपनिषद की रचना कैसे की? कुमारी माता कृनिनिका के गर्भ और दास-पिता के औरस से जन्म लेनेवाले इन्द्रदेव ने देवराज का पद कैसे प्राप्त किया, मंत्रयोग्य कैसे बने?"

मेरी बाल सखी, हर तरह से चारुशील ऋचा को केवल देह के काले रंग के कारण आज शिक्षा से वंचित होते देख मुझे बड़ा क्षोभ हुआ, तो क्या शास्त्रविद, नैयायिक गौतमजी का यही न्याय है?

पहले तो मैं रूठ गई कि ऋचा दीक्षित न हुई तो मैं भी दीक्षित नहीं होऊँगी। भैया नारद से सुना था कि भूलोक के इस पंचसिन्धु भूखंड पर वर्णभेद नहीं था। पंचसिन्धु आदि संस्कृति के निर्माता आदिम निवासियों ने साम्य, मैत्री और सामुदायिक जीवन को आधार बनाकर एक विशाल सभ्यता का निर्माण किया था। उस सभ्यता में स्पृश्य-अस्पृश्य, आर्य-दास का भेद नहीं था। समुदाय के कल्याण के लिए केवल समाज के बाहरी शत्रुओं और प्रकृति की प्रतिकूलता के विरुद्ध ही संघर्ष होता था। वह संघर्ष भी होता था समूहगत। उन लोगों में वर्णभेद की अवधारणा नहीं थी। चार वर्ण विभाग और चार आश्रम विभाग तो बाद की आर्य संस्कृति की देन है। इसी वर्ण-विभाग से बना है वर्णभेद और वर्णभेद से आज जातिभेद एक विकट व्याधि के रूप में दिखाई देने लगी है। वर्णभेद से पहली बार वर्ण विभाग की अवधारणा आर्यों ने बनाई और मानव जाति को आर्य एवं दास या भद्र एवं इतर—इन दो भागों में बाँट दिया गया। ईश्वर की दुर्लभ सृष्टि मनुष्य के अमृत अन्तस तले चिरन्तन वर्ण-विद्वेष की रक्तरेखा खींच दी गई दुनिया की आगामी पीढ़ी के लिए। कई आर्य-ऋषि स्वयं को इस कलंक से बचाने के लिए तर्क देते हैं कि देह के वर्णभेद से नहीं, कर्मगुण भेद से आर्य और

दास अथवा दस्यु का वर्गीकरण किया गया है। यदि यही सच है तो आर्यों के गुण और कर्म होते हुए भी ऋचा को शिक्षा से वंचित क्यों कर दिया गया? कृष्णांगी और कृष्णकाय दम्पति की कन्या होने के कारण ही तो!

याद आ रही हैं ऐतरेय महीदास की बातें। ब्राह्मण पिता और इतरा नाम की दास-माता के गर्भ से जनमे थे महीदास। उनकी देह का वर्ण कृष्ण था। इतरा के नन्दन होने के कारण वे ऐतरेय के नाम से प्रसिद्ध हुए। वे दासवर्ण के व्यक्ति अथवा शूद्र के रूप में जाने जाते थे किन्तु उनके व्यक्तित्व में आर्य-संस्कार साफ़-साफ़ झलकता था। इसके बावजूद समाज में उनका स्थान बहुत नीचे था। उनके ब्राह्मण पिता ने उन्हें यज्ञकार्य के अधिकार से वंचित कर दिया था। उनकी प्रतिभा का समादर नहीं होता था। किन्तु माता इतरा महीदास को बचपन से ही प्रोत्साहित करती थीं। वे उन्हें वेद अध्ययन करने की प्रेरणा देती थीं। मनुष्य के रूप में उन्हें वेद अध्ययन करने एवं मंत्रद्रष्टा होने के सारे अधिकार प्राप्त हैं, कहकर उन्हें विश्वास दिलातीं और प्रेरणा भरी वाणी सुनातीं। माता इतरा की प्रेरणा से एक दिन ऐतरेय महीदास बन गए मंत्रद्रष्टा। उनके द्वारा रचित उपनिषद को ऐतरेय उपनिषद के रूप में सराहा गया। दासवर्ग के होते हुए भी अपनी प्रतिभा और साधना के बल पर वे ब्रह्मवादी बन सके। महीदास की प्रतिष्ठा को लेकर उस युग में आर्य मुनियों में तरह-तरह की काना-फूसी होने पर भी अन्त में ज्ञान के सामने वैदिक समाज को सिर झुकाना ही पड़ा था। समाज की दृष्टि में शूद्र महीदास द्वारा रचित आठ पंचक एवं चालीस अध्याय वाले इस ब्राह्मण ग्रंथ की अनेक पंक्तियों में मानव के प्रति उद्‌बोधन झंकृत हुआ है–'चरैवेति, चरैवेति'–सारी विघ्न-बाधाओं के बावजूद लक्ष्यप्राप्ति के पथ पर बढ़े चलो, बढ़े चलो...। मुझे यह 'चरैवेति-चरैवेति' उद्‌बोधन बचपन से ही उल्लसित करता रहा है। कहा जाए तो इसी चरैवेति-चरैवेति की प्रेरणा से मैंने मातृहीन जीवन में रम्यवन में एकाकी बचपन और किशोरावस्था बिता दी।

किन्तु जितनी भी बार मैं इस 'चरैवेति' शब्द का उच्चारण करती हूँ, मेरी अन्तरात्मा विद्रोह कर उठती हैं समाज के अन्धे फैसलों के विरुद्ध। ब्राह्मण (आर्य) ब्राह्मणेतर जाति (शूद्र) से भी विवाह कर सकता है, किन्तु उसकी सन्तान ब्राह्मण की समस्त महिमा से विभूषित होते हुए भी दासपुत्र है, निन्दित, लांछित, निम्नवर्ग का। पिता की सम्पत्ति में उसका अधिकार नहीं। यज्ञ करने का उसे अधिकार नहीं। किन्तु केवल महीदास ही नहीं, अनेक ब्राह्मणेतर महात्मा अपनी साधना के बल पर पूजनीय हुए हैं। क्या इससे यह प्रमाणित नहीं होता कि 'ज्ञान' वर्णभेद नहीं समझता? परन्तु ज्ञानदर्शी ऋषि गौतम ने इस बात को समझते हुए भी ऋचा को आश्रम में स्थान क्यों नहीं दिया? यहाँ तक कि यदि ऋचा ने गो-दोहन किया तो उस दूध का उपयोग यज्ञ-कार्य में नहीं किया जा सकता।

इसलिए उसे आश्रम की गायों की सेवा करने तक की अनुमति नहीं दी गई। शूद्रों द्वारा दुहा गया या स्पर्श किया गया दूध देव-कार्यों के लिए अपवित्र होने के कारण ऋषि-पत्नियाँ भले ही स्वयं गाय दुहती थीं, पर दासियों से यह कार्य नहीं करवाती थीं।

अब समझ गई, पिताजी क्यों ऋचा को मेरे साथ भेजने का विरोध कर रहे थे। ऋचा के दास-पल्ली में रहने जाते समय उसकी आँखों में जिस शान्त विद्रोह की अग्निशिखाएँ मैंने देखी थीं, वह एक-न-एक दिन नहीं भड़केंगी, कौन कह सकता है! भेदभाव और विषमता से ही तो विद्वेष पैदा होता है और उस विद्वेष से जन्म लेता है विद्रोह!

मैं इसी तरह के अनेक तर्क देने लगी। मेरे इन तर्कों से आश्रम में कानाफूसी शुरू हो गई। एक ओर कई लोगों का कहना था कि ब्रह्माजी की कन्या होने के कारण मैं यह सब कहने की धृष्टता कर रही थी, तो दूसरी ओर कुछ लोग मेरे ज्ञान और निर्भीकता की प्रशंसा कर रहे थे। गौतम मुनि ने मेरी बात काटते हुए दो टूक शब्दों में कहा, "नियम का अर्थ है नियम। वहाँ तर्क के लिए स्थान नहीं। तुम्हें इस आश्रम के नियम मानने होंगे या फिर शिष्यत्व गँवाना होगा।"

शिष्यत्व के लोभ में मैंने आश्रम के नियम मान लिए। ऋचा को रहना पड़ा आश्रम के निकट दास-पल्ली में। मैंने किन्तु ठान लिया, मैं प्रतिदिन जो भी कुछ अध्ययन करूँगी, दास-पल्ली जाकर ऋचा को उतना कुछ सिखा दूँगी। यदि गौतमजी ने इसमें बाधा डाली तो मैं आश्रम छोड़कर पिताजी के पास लौट जाऊँगी

'उपनयन' उत्सव की प्रथम कर्मविधि थी 'मातृभोजन'। यज्ञ के लिए बैठने से पहले शिष्य शुचिस्नान करके अपनी माँ के साथ अन्तिम बार भोजन करता है। उसके बाद माँ के साथ भोजन करना निषिद्ध है। मेरे मामले में मातृभोजन का प्रश्न ही नहीं उठा, क्योंकि अपनी माँ के साथ मैंने कभी भोजन किया ही नहीं था। उन्हें एक बार देखा तक नहीं था। इसलिए धरती को माता के रूप में स्वीकार करके, नीचे बैठ गई और पृथ्वी को अग्र-ग्रास अर्पित करने के बाद स्वयं भोजन किया। जातिभेद में उपनयन का सम्बन्ध उम्र से होता था। ब्राह्मण कन्या होने पर भी नारी होने के कारण मेरा पाँच साल की जगह ग्यारह साल की उम्र में उपनयन हुआ। मातृभोजन के बाद मैं आम बालक-बालिकाओं से पृथक हो गई। मैं बन गई ब्रह्मचारिणी। अब मैं ऋचा के साथ खा नहीं सकती थी। अब से ब्रह्मचारिणी के समस्त कठोर अनुशासनों को मानते हुए जीवन बिताना होगा।

मातृभोजन के बाद मुझे सिर मुड़ाना चाहिए। सम्भवत: नारी होने के कारण या फिर ब्रह्मा-पुत्री होने के कारण मेरे लम्बे केशों के अग्रभाग से कुछ हिस्सा विधिरक्षापूर्वक काट लिया गया। अब से मैं खुले बालों में जब चाहे तब घूम-

फिर नहीं सकती। केश धोकर सुखाकर, 'पश' (केशों को गोलाकार बनाकर ऊपर की ओर गाँठ लगाना) बाँधना होगा। अब अनुशासन की कड़ी-गाँठ केशाग्र से पैरों तक पड़ गई। पुनः स्नान करके मूँज की घास से तैयार मौंजेय की मेखला पहन ली मैंने। हेमवन्त पर्वत मूँज की घास प्रचुर मात्रा में मिलने के कारण जब मैं रम्यवन में थी तब भी मौंजेय की मेखला पहना करती थी। हालाँकि यहाँ पर इस मेखला को तीन परतों में कमर और वक्षसिल पर लपेटना पड़ा अर्थात मुझे 'वेदत्रयी' ऋग, यजुः और साम का अध्ययन करना होगा। ये मुझे कंठस्थ थे। मेखला के अन्दर अन्तर्वास के रूप में छण से बनी कौपीन को भी धारण करना पड़ा। यह मेरे लिए बड़ा खुरदरा और कष्टदायी था किन्तु आश्रम के कठोर नियमों में पेडास (सूक्ष्मवस्त्र) का स्थान नहीं था। इसलिए विधिपूर्वक 'श्रद्धेयाः दुहिता' मंत्र बोलते हुए मैंने छण की कौपीन पहन ली। उसके बाद अग्निदेव के 'त्रिपस्त्य-भाव' (पृथ्वी की अग्नि, सूर्य और बड़वाग्नि) की आराधना करके तीन समिध लाकर होमाग्नि में डाली। अब सुबह और शाम को मुझे समिध इकट्ठा करने वन में जाना होगा। यह तो रम्यवन में मेरा रोज का काम था। किन्तु यहाँ मृगछाल पहनकर प्रतिदिन अग्नि उपासना करनी होगी।

'उपनयन' की अन्तिम विधि अब सम्पन्न होगी। गुरु और शिष्य एक मन एक प्राण न हों तो शिक्षादान सफल नहीं होता। इसलिए गुरु द्वारा शिष्य का हृदय स्पर्श करने का विधान है। उस दिन और दो शिष्यों का भी उपनयन हुआ था। आचार्य ने उनकी छाती स्पर्श करके उनकी छाती से अपनी छाती सटाकर कहा, "आज से हम दोनों के बीच निर्मल विश्वास और चिरन्तन श्रद्धाभाव बना रहे।"

उस पवित्र दृश्य से मैं भाव-विभोर हो उठी। अब मेरी बारी थी लेकिन आचार्य गौतम ने मेरा हाथ स्पर्श करके उस विधि को सम्पन्न किया। उन्होंने मुझे सीने से नहीं लगाया। नारी होने के कारण आचार्यजी ने झिझक के साथ उपनयन विधान सम्पन्न किया होगा। उनका यह आचरण मुझे अच्छा लगा।

अब अश्वारोहण का कार्यक्रम था। मुझे एक प्रस्तर निर्मित सिल पर चढ़ना पड़ा। गुरुजी ने कहा, "इस शिलाखंड की तरह मन को, विचारों को दृढ़ करो। चरित्र को सुदृढ़, स्थिर एवं चंचलता से दूर रखो।"

हम जितनी शिष्याएँ थीं, उन्हें दो हिस्सों में बाँटा गया था–'सद्योवधू' और 'ब्रह्मवादिनी'। सद्योवधू शिष्याएँ ब्रह्मचर्याश्रम के बाद गृहस्थाश्रम ग्रहण करके विवाह कर लेती थीं। ब्रह्मवादिनी शिष्याएँ सारा जीवन ब्रह्मचारी रहकर ब्रह्मचिन्तन में समय बिताया करती थीं। वे संन्यासिन कहलाती थीं। आचार्य गौतम ने किससे पूछकर मुझे 'सद्योवधू' श्रेणी के अन्तर्गत रखा था, मैं नहीं जानती। कुछ अन्य शिष्याओं के 'ब्रह्मवादिनी' श्रेणी के अन्तर्गत आने की इच्छा व्यक्त करने पर आचार्यजी ने उनकी इच्छा मान ली थी। मेरे अन्दर भी एक शरारती कौतुक ने

सिर उठाया। बिना कुछ सोचे मैंने विरोध करते हुए कहा, "आपने मुझसे मेरी राय क्यों नहीं पूछी? मेरी भी इच्छा है ब्रह्मवादिनी बनकर रहने की। भैया नारद के जीवन ने मुझे बहुत प्रभावित किया है।"

'ब्रह्मवादिनी' बनने की इच्छा मेरी आज की नहीं है। घोषा, विश्ववारा, अपाला, गार्गी, मैत्रेयी आदि की जीवनगाथा मैंने भैया नारद से सुनी है। वे गार्हस्थ्य जीवन में भी ब्रह्मचारिणी थीं। हालाँकि मातृत्व के गौरव से विभूषित होने के लिए विवाह करना आवश्यक है। यह सम्भवतः प्रत्येक नारी के अन्तर्मन का सारभूत सत्य है। परन्तु सभी नारियों को गर्भधारण करने का सौभाग्य नहीं मिलता। कोई-कोई तो विवाह के बाद भी शारीरिक कारणों से गर्भधारण करने से वंचित रह जाती हैं और कोई अविवाहित नारी तो परिस्थितिवश गर्भधारण करने को बाध्य हो जाती हैं जबकि अन्तकरण से वह मातृत्व के स्वर्गीय गौरव का स्वागत करती है। सन्तान पैदा होने के बाद समाज के क्रूर उपहास से बचने के लिए कोई-कोई इन्द्रदेव की माँ की तरह सन्तान का परित्याग कर देती है। सम्भवतः मेरी माँ ने भी...।

विडम्बनापूर्ण मातृत्व को लेकर मेरे मन में तरह-तरह के प्रश्न उठते थे। विवाह है मनुष्यकृत एक सामाजिक नियम—यह प्रकृति का नियम नहीं है। प्रकृति का नियम है जननी बनना। प्रकृति का नियम अलंघ्य है, सामाजिक नियम लंघ्य। किन्तु जब सामाजिक नियम प्रकृति के नियम पर अपनी अहेतुक प्रधानता थोपने लगता है, तब प्रकृति का नियम निन्दित हो जाता है और सामाजिक नियम अन्तःकरण में अवांछित हो जाता है। यहीं प्रथा रूढ़ हो जाती है और फिर उस प्रथा में परिवर्तन की आवश्यकता पड़ने लगती है। यह सब मैंने नारद भैया से कई बार सुना था। विवाहित दम्पति का जीवन कितना मधुमय होता है, वह मैं प्रत्यक्ष रूप से नहीं जानती। तभी मैंने विवाह की आवश्यकता अब तक महसूस नहीं की थी। इसलिए मैं अड़कर बैठ गई कि मैं 'सद्योवधू' शिष्या बनने के बदले 'ब्रह्मवादिनी' शिष्या बनना चाहती हूँ। किन्तु आचार्य गौतम ने मुझे दृढ़ स्वर में कहा कि वे पितामह की इच्छा का सम्मान करते हैं। इसलिए मुझे सद्योवधू शिष्या बना पड़ेगा। हालाँकि आचार्य गौतम ने मुझे प्रतिश्रुति दी कि बाद में विवाह सम्बन्धी विचार-विमर्श के अवसर पर वे उसे जीवन में विवाह का तात्पर्य समझा देंगे। सिर्फ इतना कहा, "ऋषिका घोषा ब्रह्मवादिनी थीं। एक योग्य पति की प्रतीक्षा करते-करते वृद्ध हो गईं। नारीत्व की सार्थकता, मातृत्व से वंचित रह गईं। किन्तु उनका अन्तस हाहाकार कर उठा था गार्हस्थ्य आश्रम के लिए। उनके द्वारा रचे गए मंत्रों में जगह-जगह उनकी अन्तर्वेदना प्रतिध्वनित हुई है। उपयुक्त समय आने पर तुम भी विवाह की आवश्यकता महसूस कर सकती हो। मैत्रेयी ने अपने पति याज्ञवल्क्य से ब्रह्मविद्या के बारे में ज्ञान प्राप्त किया

था। यदि भविष्य में तुम्हें किसी ब्रह्मवादी ऋषि की पत्नी होने का अवसर मिला, तो उनसे ब्रह्मज्ञान प्राप्त कर लेना। ब्रह्मज्ञान प्राप्त करने में विवाह बाधक नहीं होता बल्कि विवाह तो मुक्तपथ है।''

ऋचा के प्रति गुरुदेव के विद्वेषपूर्ण भाव, इन्द्रदेव द्वारा श्रद्धा से भेजा गया उपहार लौटाना एवं मेरे ब्रह्मवादिनी बनने की इच्छा का दमन करना–इन्हीं तीन कारणों से मेरे अन्तस्तल में प्रारम्भ से ही आचार्यजी के प्रति विमुखता का बीजारोपण हो गया था।

श्रावण का शुक्लपक्ष समाप्त होने को था। चालू शिक्षा संवत्सर का उपकर्म उत्सव पूर्णिमा तक मनाए जाने की परम्परा थी। इस कारण आचार्य गौतम सक्रिय हो उठे थे। उपकर्म उत्सव में नाना प्रकार के मनोरंजन कार्यक्रम होते थे किन्तु सारे मनोरंजन कार्यक्रम विद्या पर आधारित होते थे। यज्ञ, वेद-वेदांगों पर चर्चा, सामगान, गुरुजी के उच्चारण का अनुसरण करके वेदमंत्रों का सही उच्चारण करने की प्रतियोगिताएँ, मंत्रपाठ इत्यादि इस कार्यक्रम में शामिल थे। सबसे उल्लेखनीय एवं चित्ताकर्षक कार्यक्रम था पुरातन शिष्यों द्वारा सामूहिक विचार-विमर्श। इस सामूहिक विचार-विमर्श में भाग लेने के लिए भूलोक, द्युलोक और अन्तरिक्षलोक के विद्वानों को आमंत्रित किया जाता रहा है। मुख्य अतिथि के रूप में अक्सर इन्द्रदेव ही आते थे। मुख्य विचारक के रूप में आते थे पिता ब्रह्मा और संयोजक के रूप में सर्वदा उपस्थित रहते थे भैया नारद। इन्द्रदेव के साथ अप्सराएँ और गन्धर्व भी आते थे एवं आश्रम के विभिन्न कार्यक्रमों में हिस्सा लेते थे। ब्रह्मचारी और ब्रह्मचारिणियों के इन्द्रिय संयम पर महत्त्व दिए जाने के कारण अप्सराएँ और गन्धर्व उनके लिए परीक्षास्वरूप होते थे। कुल मिलाकर उपकर्म उत्सव सबके लिए एक वांछित अवसर होता था। आश्रम के अभाव और असुविधाओं को दूर करने के साथ-साथ दासों के उपद्रव से आश्रम को सुरक्षित रखने के लिए इन्द्रदेव को प्रत्येक उत्सव में मुख्य अतिथि के रूप में आमंत्रित किया जाता था। वे हर बार उत्सव में आते और लौटते समय सप्तसिन्धु भूखंड पर ऐश्वर्य की बरसात कर जाते। कभी-कभी अपनी रोज की इस्तेमाल की गई स्वर्गीय चीजें ऋषियों को बाँट भी जाते। अपने साथ आई सेना, चिकित्सक, परिचारक, विदूषकों के व्योमयान भी इन्द्रदेव ऋषियों के आपातकालीन उपयोग के लिए छोड़ जाते। आवश्यकता पड़ने पर ऋषिगण उसी यान से द्युलोक जाते और इन्द्र के समक्ष सीधे-सीधे अपनी गुहार सुनाते। इन्द्रदेव की इस उदारता और दानशालीनता के प्रति ऋषिगण कृतज्ञ थे।

उपकर्म उत्सव में मैं उदात्त, अनुदात्त और स्वरित–इन तीनों प्रकार के स्वरों को बिना गलती किए गाकर अपने अद्‌भुत स्वरज्ञान का परिचय दे सकती हूँ, ऐसा मुझे विश्वास था। आचार्य गौतम ने भी मुझे यह दायित्व सौंपा था लेकिन मेरी अधिक इच्छा थी सामूहिक विचार-विमर्श में भाग लेने की। सम्भवत: इसके लिए आचार्य मुझे उपयुक्त नहीं समझते थे। इसलिए प्रवीण छात्रों को इसके लिए चुना गया था। किन्तु आचार्य ने यह घोषणा कर दी थी कि विचार-विमर्श के समय जो भी चाहे उसमें भाग ले सकता है। गुरुकुल आश्रम में छात्र-छात्राओं का यथार्थ वाक स्वातंत्र्य मुझे बहुत अच्छा लगता था। उस उत्सव में ऋचा भी भाग लेती–अपनी इस इच्छा का मैं दमन नहीं कर पा रही थी। ऋचा किसी भी गुण में मुझसे कम नहीं थी। बचपन से हम दोनों दो बहनों की तरह रहते आए थे। उम्र में मुझसे छोटी थी वह। जिस आर्य-दास संघर्ष में ऋचा ने अपने माता-पिता, भाई और सगे-सम्बन्धियों को खोया था, वह मैंने नहीं देखा, लेकिन उस नारकीय परिवेश से ऋचा का उद्धार करके मैंने मातृ-पितृहीन ऋचा को रम्यवन में अपने आश्रम में आश्रय देने की जिद की थी। पहले पिताजी इसके लिए राजी नहीं हुए। ऋचा के प्रति वे निर्दयी नहीं थे, किन्तु सामाजिक परिस्थितियों को लेकर सजग होने के कारण उन्हें ऋचा को मेरे साथ रखने में आशंका हो रही थी। यदि ऋचा मेरे साथ रहेगी तो दासवर्ण के लोगों द्वारा ऋचा को केन्द्रित करके मेरे आश्रम तथा मुझ पर धावा बोलने की काफी सम्भावना थी। वैसी घटनाएँ होती भी रही थीं। दासवर्ण के उग्र युवा वर्ग आर्यों के प्रति द्वेष रखकर आश्रमों पर आक्रमण किया करते थे। आर्यकन्याओं, यहाँ तक कि विवाहित आर्य नारियों पर पाशविक अत्याचार भी करते थे। वे लोग जबरन आर्यनारियों से विवाह करते थे। हालाँकि दासपुरुषों द्वारा आर्यनारियों के साथ यौन-सम्बन्ध स्थापित करने से दासपुरुषों के लिए कठोर दंडविधान की व्यवस्था लागू हो चुकी थी, किन्तु ठीक इसी तरह के दोषारोपण से आर्यपुरुष के विरुद्ध दंडविधान की व्यवस्था लागू नहीं थी। यदि कोई आर्यपुरुष दासनारी के साथ यौन-सम्बन्ध स्थापित करता था, तो उस आर्यपुरुष को उदार कहा जाता था। वह दासनारी आर्यपुरुष की रखैल, उपपत्नी या दासी कहलाती थी। उनके मिलन से जो सन्तान उत्पन्न होती थी, उसे दासीपुत्र कहा जाता था। उसे पैतृक उत्तराधिकार नहीं मिलता था। समाज 'दासीपुत्र' को बड़ी हीन दृष्टि से देखा करता था। यहाँ तक कि 'दासीपुत्र' एक भर्त्सना में परिणत हो चुका था।

राजा लोग और दाता लोग ऋषियों को, ब्राह्मणों को गोधन, पशुधन, अन्न, सोना-चाँदी, भू-सम्पत्ति के साथ-साथ असंख्य दासियाँ भी दान में दिया करते थे। किन्तु आर्यनारी और दासपुरुष के मिलन से जन्मी सन्तान, माँ का वर्ण और उसकी जाति धारण करती थी। दासवर्ण के मातृकेन्द्रित होने के कारण ऐसा होता

था। फिर भी ऐसा मिलन समाज में उतना स्वागतयोग्य नहीं था। इसी कारण इन्द्रदेव की माता ने इन्द्रदेव को कश्यप पत्नी दिति को सौंप दिया था और अपना नाम तक किसी को बताने के लिए मना कर दिया था।

समाज में आर्यवर्ण के लिए एक नियम था तो दासवर्ण के लिए दूसरा। पुरुष और नारी के लिए भी नियम और न्याय अलग-अलग थे।

मैंने निश्चय किया कि सामूहिक विचार-विमर्श के समय मैं सारे ब्रह्मांड के विद्वतजनों की उपस्थिति में अपने मन की तमाम आशंकाओं और द्वन्द्वों से उत्पन्न प्रश्नों के सही उत्तर प्राप्त कर लूँगी।

सिन्धु, शतद्रु, पारुष्णी, अशिक्नी, आर्यकीया, वेतसा और सरस्वती नदियों के तटवाले आश्रमों के आचार्य और प्रधान शिष्यों के आगमन की हम सभी प्रतीक्षा कर रहे थे। गौतम आश्रम उत्सव मुखर हो उठा था।

जिन अतिथियों और वक्ताओं को प्रवचन देने के लिए निमन्त्रण भेजा गया था उनमें वशिष्ठ, विश्वामित्र, इन्द्र और प्रजापिता ब्रह्मा के आने की पुष्टि हो चुकी थी।

वशिष्ठ और विश्वामित्र में अब पहले जैसा कलह नहीं था। पारुष्णी नदी के तट पर हुए दशराज्ञ युद्ध में राजा सुदास के पक्ष में थे उनके पुरोहित वशिष्ठ और दूसरी ओर भिन्न सम्प्रदाय के दस राजाओं का नेतृत्व कर रहे थे महर्षि विश्वामित्र। दो विश्वासों के बीच हुए उस संग्राम में राजा सुदास विजयी हुए थे, फिर भी विश्वामित्र और वशिष्ठ के बीच अब व्यक्तिगत वैर-भाव नहीं था।

विश्वामित्रजी के आतिथ्य का दायित्व मुझे ही सौंपा गया था। इन्द्रदेव के आतिथ्य का दायित्व था त्वयि, अन्वीक्षिका, वार्ता और नीति पर। अन्य ऋषियों, देवताओं और विशिष्ट अतिथियों के उपयुक्त सम्मान, सेवा और आतिथ्य का दायित्व अन्य ऋषिपत्नियों को सौंपा गया था। गुरुपत्नियों के साथ मिलकर शिष्यागण अतिथि-सत्कार की कला सीख रही थीं। गृहस्थ के लिए अतिथि देवतुल्य हैं। आगामी जीवन में सभी गार्हस्थ्य धर्म का पालन करेंगी। अतिथियों को उपयुक्त आतिथ्यदान न कर पाने से पाप अर्जित होगा। इसलिए विशेष करके शिष्याओं को आतिथ्यदान की कला अच्छी तरह सीख लेने का निर्देश गुरुजी ने दिया था।

वशिष्ठ और विश्वामित्र के राजनीतिक एवं सांस्कृतिक संघर्ष के कारण कभी आर्यावर्त्त विपन्न हो गया था जबकि आज वे दोनों देवर्षि हैं। कौन कहता है ऋषिगण काम, क्रोध, लोभ, मोह से मुक्त हैं। ऋषि भी मनुष्य ही तो हैं।

कान्यकुब्ज के राजा गाधिराज के पुत्र विश्वामित्र जन्म से ही बुद्धिमान, तेजस्वी और पराक्रमी थे। राजसिंहासन पर बैठने के बाद वे बड़ी दक्षता के साथ राज्य शासन चलाने लगे। राज्य की शान्ति, अनुशासन और तरह-तरह के प्रगतिमूलक कार्य उन्होंने अपनी पराक्रमी सेना को सौंप दिए थे। सेना का कठोर अनुशासन और उसकी दंडनीति से कान्यकुब्ज में अखंड शान्ति और समृद्धि विराजती थी। हालाँकि जनता की राय जानने की प्रतीक्षा प्रशासन नहीं करता था।

विश्वामित्र के राज्य की सीमा से बाहर था देवर्षि वशिष्ठ का आश्रम। वशिष्ठजी का राज्य स्वयंशासित था। मानव-संसाधन और मानव-शक्ति के विकास को वशिष्ठ महत्त्व देते थे। मानव शक्ति ही थी वशिष्ठजी के राज्य का मूल आधार। प्रजा स्वयं अनुशासित और नीतिवान थी। इसलिए सेना द्वारा प्रजा का दमन नहीं करना पड़ता था। विश्वामित्र और वशिष्ठ के राज्यों की शासननीति दो विश्वासधाराओं पर आधारित थी।

एक बार विश्वामित्र शिकार करते-करते अपने राज्य की सीमा से बाहर निकल गए और वशिष्ठजी के राज्य में पहुँचकर उनके आश्रम की ख्याति और उनकी महिमा के बारे में सुना। वशिष्ठ केवल एक वेदज्ञ ऋषि नहीं थे। वे थे एक महान शक्ति। इसलिए उनके दर्शन के अभिप्राय से विश्वामित्र अपने दल-बल के साथ वशिष्ठजी के आश्रम में जा पहुँचे। उनकी राज्य जीतने की अभीप्सा नहीं थी। शुद्ध चित्त से एक मित्रतापूर्ण सद्‌भावना के साथ वे वशिष्ठजी के पास पहुँचे। वशिष्ठजी के हार्दिक स्वागत से विश्वामित्र प्रसन्न हुए।

वशिष्ठ ने अनुरोध किया, "महोदय! आपने पहली बार मेरे आश्रम में पदार्पण किया है, हमें सेवा करने का अवसर दें। आप दो-चार दिन यहाँ विश्राम करके जाएँ तो हमें अच्छा लगेगा। शिकार की थकान मिटाने के लिए इस आश्रम का परिवेश आपके लिए अनुकूल रहेगा।"

ऋषि के सौजन्य से विश्वामित्र मुग्ध हो उठे, किन्तु उन्होंने सोचा कि वशिष्ठ की उच्चाकांक्षा कोई कम नहीं है। इतनी बड़ी सेना, अनेक राजकर्मचारी और सेवकों को दो-चार दिनों तक कहाँ से खाद्य उपलब्ध कराएँगे ज्ञानगर्भ ऋषि? सामगान श्रवण करके एवं हवि ग्रहण करके देवतागण सन्तुष्ट हो सकते हैं, पर मनुष्य तो यज्ञाहुति से अपनी भूख नहीं मिटा सकता। उन्होंने वशिष्ठ से कहा, "देवर्षि, मेरे साथ मेरी चतुरंगिनी सेना भी है। उनके आतिथ्य के लिए ढेर सारे खाद्य और अर्थ की आवश्यकता पड़ेगी। इसके लिए आप पहले से तैयार नहीं हैं। अचानक कहाँ से इतने खाद्य-पेय की व्यवस्था करेंगे? इसलिए हम फिर कभी आपको बतलाकर आएँगे और दो-तीन दिनों तक रहेंगे।

वशिष्ठजी ने स्मित मुस्कान के साथ कहा, "राजा विश्वामित्र! ऋषिगण धर्मनीति की दृष्टि से भिक्षा माँगते हैं। इससे मन का अहंभाव समाप्त होता है

और अर्थ अथवा खाद्य इकट्ठा करके रखने की प्रवृत्ति का नाश होता है; इसका अर्थ यह नहीं कि ऋषिगण कंगाल होते हैं। कई ऋषि भी राजाओं की तरह वैभवशाली हैं। मेरी बात अलग है। मैं अकेले आपके आतिथ्य का खर्च नहीं उठा पाऊँगा। मेरे राज्य की प्रजाओं का भी यह पवित्र कर्त्तव्य है। उसी मानवशक्ति के बल पर मैंने आपको निमन्त्रण दिया है। आप मुझे एक बार सेवा करने का अवसर अवश्य प्रदान करें।''

कुतूहलवश विश्वामित्र ने आतिथ्य ग्रहण कर लिया। दो दिनों तक स्वादिष्ट खाद्य, मधुर पेय और अन्य आनुषंगिक सेवाएँ एवं मर्यादा प्रदान करके वशिष्ठजी ने विश्वामित्रजी को न केवल विमोहित किया, बल्कि चकित भी कर दिया।

विदाई से पहले विश्वामित्र ने वशिष्ठजी से पूछा, ''इस आतिथ्य का रहस्य क्या था? कहाँ से आया इतना खाद्य-पेय...''

''यह तो बहुत छोटी-सी बात है। मेरी सारी इच्छाएँ पूरी करने के लिए मेरे पास कामधेनु है। यह कामधेनु मेरी प्रजाशक्ति है। मेरी प्रजा और मेरे शिष्यगण उस कामधेनु का इतना ध्यान रखते हैं कि वह अकेले मेरे राज्य के महीनों अकाल और सूखे से उपजे खाद्याभाव को दूर कर सकती है। इसलिए मेरे राज्य में भूख से किसी की मृत्यु नहीं होती। समझ लीजिए, कामधेनु इस राज्य की मानव शक्ति का संचित भंडार है—इस राज्य के पुण्य का खजाना।''

विश्वामित्र में राजोचित लोभ पैदा हो गया। जो दुर्लभ है, वह राजा का है। उन्होंने संकोच त्यागकर, आतिथ्य के बदले धन्यवाद न देकर आदेश दिया, ''कामधेनु मुझे उपहार में दे दें ऋषिवर। राजा होने के कारण कामधेनु को मेरी सेवा में होना चाहिए।''

आश्चर्य नहीं हुआ वशिष्ठ को। वे राजाओं की लोलुप दृष्टि से अवगत थे। किन्तु कामधेनु कोई भौतिक सम्पत्ति नहीं थी। वह थी जनगण का अलौकिक मनोबल। विश्वामित्र के सेनाशासित राज्य में कामधेनु से दूध नहीं निकल सकता था। शासन के चाबुक की मार से कामधेनु से दूध उत्पादन करना सम्भव नहीं।

यही समझा दिया ऋषि वशिष्ठ ने। विश्वामित्र ने सोचा, वशिष्ठ ब्राह्मण होने के कारण लोभी हैं। इसीलिए कामधेनु नहीं देना चाहते। उन्होंने ब्राह्मण को प्रलोभन देते हुए कहा, ''मैं आपको अपना आधा राज्य और दो लाख गायें दान करता हूँ। बदले में मुझे कामधेनु प्रदान कीजिए।''

वशिष्ठ राजी नहीं हुए।

विश्वामित्र ने अपने सैनिकों की मदद से वशिष्ठ के आश्रम पर धावा बोल दिया। तब वशिष्ठ ने अपने देश की अगणित जनता की सहायता माँगी। इस संग्राम में दुर्घर्ष कम्बोज, यवन, बर्बर शक, हरित और किरात कहलानेवाले

दासवर्ग के लोगों ने वशिष्ठ का पक्ष लेकर विश्वामित्र से युद्ध किया और उस संग्राम में वशिष्ठ की जीत हुई।

उस संग्राम में जीत हुई देशप्रेम की। विश्वामित्र की सेना राजा का निर्देश मानकर अपनी नौकरी का कर्त्तव्य निभाने के लिए लड़ रही थी, जबकि वशिष्ठ की ओर से वर्णविद्वेष भूलकर सारे देशवासी एकजुट होकर स्वाधीनता और राष्ट्रीय स्वाभिमान के लिए लड़ रहे थे।

जिन दुर्घर्ष देशभक्त योद्धाओं को आर्य ऋषियों ने अनार्य बर्बर कहकर राज्य के पिछड़े इलाकों में खदेड़ दिया था, उन्हीं लोगों ने जी-जान लगाकर वशिष्ठ को विजयी बनाया था।

विश्वामित्र ने बार-बार अथाह सेना लेकर वशिष्ठ के आश्रम पर आक्रमण किया, परन्तु उनके भाग्य में पराजय ही लिखी थी।

विश्वामित्र को यह एहसास हो गया कि विजय राजा का अधिकार नहीं है। अपने अन्दर के शत्रु का दमन न करने से बाहरी शत्रु का दमन करना सम्भव नहीं है। बेटे को अपना राजपाट सौंपकर विश्वामित्र गहन तपस्या में लीन हो गए। आत्मदमन, आत्मसंयम एवं आत्मदर्शन के बल पर विश्वामित्र को आत्मशक्ति मिली और जन-कल्याण की दिशा में अपनी सारी शक्ति लगाकर वे महर्षि बन गए।

विश्वामित्र की तपस्या के पीछे वशिष्ठ को जीतना और देवर्षि पद प्राप्त करने की महत्त्वाकांक्षा थी। इसलिए वे देवर्षि नहीं कहला सके। निराकांक्षी तपस्वी ही देवर्षि पद प्राप्त कर सकता है। विश्वामित्र अपनी तपस्या में अटल रहकर देवर्षि बनने की कठिन साधना कर रहे थे जबकि एक दिन स्वच्छ नदी तट पर किसी अलौकिक सुन्दर तरुणी के स्नानस्निग्ध यौवन की आभा से आकर्षित होकर उन्होंने उससे प्रेम की भिक्षा माँगी। वह प्रेम अपार्थिव नहीं था। वह खूबसूरत नारी स्वर्ग की अप्सरा मेनका थी। मर्त्यलोक में आकर वनविहार के समय नदी में स्नान कर रही थी। मेनका महर्षि विश्वामित्र का प्रेम निवेदन ठुकरा न सकी। दोनों पति-पत्नी के रूप में इकट्‌ठे रहने लगे और मेनका तथा विश्वामित्र के मिलन से एक अपूर्व लावण्यमयी कन्यारत्न का जन्म हुआ।

अब जाकर विश्वामित्र की चेतना का उदय हुआ। उन्होंने स्वयं को धिक्कारा– मैंने तपस्या करने के लिए राज्य, धन, पत्नी, पुत्र के लोभ-मोह का दमन किया, जबकि कामवासना पर विजय प्राप्त न कर सका। इन्द्रदेव के स्वर्गराज्य की वेश्या अप्सरा मेनका को देखते ही मैं अपनी सारी तपस्या भूल बैठा। परिणति के बारे में सोचे बिना मैं कामवासना चरितार्थ करने लगा।

विश्वामित्र का मोहभंग हुआ। वे मेनका और शिशु कन्या को त्यागकर घने वन में तपस्या करने चले गए। एक बार सोचा तक नहीं कि मेनका और शिशु कन्या पर क्या बीतेगी।

पुरुष का मन ओस की बूँद की तरह छिन में भूलोक से द्युलोक में उड़ जाता है। कामवासना शान्त होते-होते मोक्षमार्ग पर कितनी सहजता से चला जाता है पुरुष—उसके लिए पत्नी और सन्तान मोक्षपथ में बाधक हैं। इसलिए वे लोग भाग्य के सहारे पड़े रहते हैं पापभरी दुनिया में। तभी तो आर्यावर्त्त अगणित महर्षियों एवं देवर्षियों के चरणों की धूल से पवित्र होता रहा है। नारी मोहमयी होने के कारण सन्तान को छाती से चिपकाए हुए जीवन जीती है। वात्सल्य ही नारी का बन्धन है—और उसका मोक्ष भी। ब्रह्मवादिनी बनने की उच्चाकांक्षा भला उसमें कहाँ! सम्भवतः इसी कारण से ऋषियों की तुलना में ऋषिकाओं की संख्या नगण्य है।

प्रथा ने अब जाकर मुँह खोला, "हाँ, शास्त्र में भी यही निर्देश दिया गया है—सन्तान पत्नी को सौंपकर, संन्यास पर चले जाना। विश्वामित्र ने वही किया। इसमें कोई दोष नहीं।"

मैंने प्रथा की ओर कठोर दृष्टि से देखा। प्रथा ने एक कुटिल मुस्कान छोड़कर मेरी दृष्टि हटा दी अपने ऊपर से।

ऋषिपत्नी वेदमती ने कहा, "किन्तु मेनका ने क्या किया? वह भी शिशु-कन्या को घने जंगल में छोड़कर इन्द्र के राज्य में लौट गई। बेचारी कन्या भाग्यवश कण्व ऋषि द्वारा पाली गई—उसी का नाम शकुन्तला है। विश्वामित्र का वैसा करने में कोई आश्चर्य होने की बात नहीं थी। आर्यजनों ने ग्यारह-बारह सन्तान के जनक होने के बाद भी पत्नी के दायित्व में सन्तानों को छोड़कर ऋषि बन जाने के उदाहरण कम नहीं हैं, किन्तु मेनका ने यह कैसे किया? वह माँ थी या राक्षसी?"

प्रथा ने तीखे स्वर में कहा, "स्वर्ग की अप्सराओं का जननी बनना निषिद्ध है। आवश्यकता पड़ने पर राजनीतिक कारणों से उन्हें मर्त्यराज्य के राजाओं या साधकों को गलत राह पर ले जाने के लिए लगाया जाता है, किन्तु किसी की पत्नी बनकर गृहस्थी बसाना मना है उन्हें। केवल मेनका ही नहीं, न जाने ऐसी कितनी ही अप्सराएँ राजनीतिक व्यभिचार का शिकार हुई हैं। वे भी नारी हैं। तुम क्या सोचती हो, शकुन्तला को जंगली धरती पर शकुन्त पक्षियों के बीच छोड़कर अपनी कर्मभूमि में लौटते समय भला मेनका को कष्ट नहीं हुआ होगा, पर वह करती भी क्या? यही तो विधान है स्वर्गराज्य का, वरना भयंकर अभिशाप और दंड जो भोगना पड़ता है...।"

मैं उदास हो गई थी। सोच रही थी, क्या मैं भी कोई दूसरी शकुन्तला हूँ? किसी शापग्रस्त किन्नरी और ब्रह्मवादी ऋषि के अवांछित मिलन का परित्यक्त पुष्प? ब्रह्मर्षि ब्रह्मा द्वारा पाली जाकर जी रही हूँ?

वेदमती मेरे मनोभाव समझ गईं। बोलीं, "स्वर्गराज्य की वेश्याओं का जीवन बड़ा करुण और दयनीय होता है। वे प्रतिदिन इन्द्रसभा में नृत्य करती हैं।

अन्य देवगण, यक्ष और किन्नरों की कामवासना परितृप्त करती हैं। विधि के अनुसार, वे चिरकुमारी रहती हैं। सन्तान की जननी बनना मना है। जिसने जैसा चाहा, उनका उपयोग किया। हालाँकि वे बारम्बार शापग्रस्त होती हैं। उनके भी मन हैं, गृहस्थी बसाने के सपने हैं, जननी बनने की कामना है, क्या कभी किसी ने इस बारे में सोचा है? इन खूबसूरत अप्सराओं का त्रिलोक के कामजर्जर पुरुष यौन-शोषण करते हैं, जबकि इसके विरोध में कोई भी अप्सरा आवाज नहीं उठाती। बल्कि अप्सराएँ स्वयं को भाग्यशाली समझती हैं। जब तक नारी अपने मानवीय अधिकार को लेकर सचेत नहीं होगी, इसी तरह शोषित और लांछित होने को बाध्य होगी।''

मैंने विरोधभरे स्वर में प्रश्न किया, ''देवगण, ऋषिगण, समग्र आर्यसमाज इस सम्बन्ध में मौन क्यों हैं?''

प्रथा ने होंठ दबाकर धीरे-धीरे मुस्कराते हुए कहा, ''क्योंकि यह मुख्यत: देवराज इन्द्र को सन्तुष्ट करने के लिए अभिप्रेत होने पर भी आर्य ऋषिगण, अन्य देवगण, धनिक, राजागण, इन्द्र के भक्तगण भी अप्सराओं के नृत्य का उपभोग करते हैं और साथ ही अप्सराओं का यौन-शोषण करने का अवसर भी पा जाते हैं। अब तो यह एक प्रथा बन चुकी है। अप्सराओं के नृत्य बिना इन्द्रसभा प्रारम्भ नहीं हो सकती। स्वर्गराज्य की रीति-नीति में गणिका अप्सराएँ पूरी तरह रच-पच गई हैं। इसे रोकने का साहस और आग्रह किसी में नहीं, हो भी कैसे? प्रथा तो अपरिवर्तनीय है...।''

प्रथा का अन्तिम वाक्य अत्यन्त कठोर और कर्कश लगा। मैं विरोध कर उठी, ''कौन कहता है, प्रथा अपरिवर्तनीय है? जो प्रथा मानवीय मूल्यों के विपरीत जाती है, उसका त्याग न किया गया तो मनुष्य द्वारा स्वयं बनाई गई प्रथा काल सर्प बनकर उसके ही गले से लिपट जाएगी, उसे ही डस लेगी। आज की यह अप्सरा-प्रथा कल कौन-सा रूप धारण कर ले, कौन जानता है? देवसभा की अप्सरा-प्रथा देवमंडप में स्थापित होगी और भविष्य के धार्मिक जीवन के साथ बुरी तरह जुड़ जाएगी, मुझे ऐसी आशंका हो रही है। यज्ञ के समय नारियाँ नृत्य करेंगी और याज्ञिकों द्वारा, राजाओं द्वारा, यज्ञ के धनिक आयोजकों और यजमानों द्वारा वे तरह-तरह से शोषित होंगी। अन्त में यह एक कलंकित प्रथा बन जाएगी। तब यह प्रथा वर्जनीय होगी या नहीं?''

''हाँ, प्रथा भी वर्जनीय है किन्तु यह सम्भव नहीं होगा। समाज की धर्मध्वजा थामे रखनेवाले पीठाधीश यह नहीं होने देंगे। इससे उनकी कुत्सित लालसाएँ तृप्त नहीं हो सकेंगी। जो लोग शोषित होते हैं, वे ही विरोध करते हैं। किन्तु उनका विरोध सुनता ही कौन है? उनके हाथों में कोई क्षमता नहीं होती। संघर्ष से हुई क्षति ही उन्हें मिलती है। तो फिर अहल्या! तुम इतने आगे की क्यों सोच लेती

हो? इसके अलावा यह सब सोचने से क्या लाभ है? क्या समाज तुम्हारे मत की प्रतीक्षा कर रहा है? प्रथा को जन्म देनेवाला यही समाज है। इसलिए प्रथा की हत्या करने से वह झिझक रहा है। समाज हमेशा से अपनी प्रथा के प्रति संवेदनशील रहा है।'' प्रथा ने इतना कहकर वेदमतीजी से प्रश्न किया, ''अरे हाँ; उसके बाद विश्वामित्रजी कहाँ तक पहुँचे? वे किस तरह महर्षि से देवर्षि बन गए? इस बारे में इन ब्रह्मचारिणियों को जरा बताएँ। अतिथियों का सेवा-सत्कार करने से पहले उनका परिचय जानना भी जरूरी होता है।''

आचार्या वेदमती ने बातचीत का प्रसंग विश्वामित्र की ओर मोड़ते हुए कहा, ''हाँ, विश्वामित्र मेनका को त्याग कर कौशिक नदी के तट पर तपस्या करने लगे। उस तपस्या के बल पर कामवासना पर नियंत्रण करके वे कामरहित साधक बन गए।''

इन्द्र तीनों लोकों के पालनहार होने के बाद अपनी पदवी को लेकर सदा चिन्तित रहते। यदि कोई तपस्या करने लगता, तो वे भयभीत हो उठते। इन्द्र की पदवी हासिल करने के लिए पूरा ब्रह्मांड षड्यन्त्र रचता है और सबकी तपस्या का लक्ष्य होता है इन्द्रपद–इस बात को लेकर इन्द्र हमेशा आशंकित रहते हैं। यह स्वाभाविक भी है। क्षमता और पद जितना सुख देते हैं, उससे अधिक सन्ताप देते हैं। सारी दुनिया क्षमता के आगे क्रमशः तुच्छ लगने लगती है। क्षमताग्रसित व्यक्ति अन्ततः षड्यन्त्रकारी बन जाता है। इन्द्रदेव ने विश्वामित्र को अपना प्रतिद्वन्द्वी मानकर उनकी तपस्या भंग करने के लिए अपनी रंगशाला की अन्यतम सुन्दरी गणिका रम्भा को मर्त्यलोक भेज दिया। रम्भा कौशिक नदी के निर्मल शीतलप्रवाह में बहते हुए जलक्रीड़ा करने लगी। विश्वामित्र की तपस्या में बाधा पड़ी। उन्होंने आँखें खोलकर देखा कि जलपरी-सी अप्सरा रम्भा ने अपने भीगे बदन का सौन्दर्य जाल उनके सामने डाल दिया है। विश्वामित्र ने क्रोधित स्वर में रम्भा की भर्त्सना की, ''तू स्वर्ग की एक तुच्छ वेश्या, मुझे समझ क्या रखा है? मैंने काम को पराजित किया है। किसके कहने पर तूने मुझे पराजित करने का षड्यन्त्र रचा है? तेरा षड्यन्त्र व्यर्थ जाएगा। मेरी तपस्या में बाधा पहुँचाने के कारण तू एक हजार वर्ष तक शिला बनकर मर्त्यलोक धरती पर पड़ी रहेगी। अपने सौन्दर्य का दुरुपयोग करने के कारण तेरी ओर कोई देखेगा तक नहीं। कोई भी तुझे रम्भा के रूप में नहीं पहचानेगा।''

''किसी नारी का शिला बन जाने का क्या अर्थ है?'' मैंने कुतूहलवश प्रश्न किया।

प्रथा ने मेरे प्रश्न का उत्तर दिया, ''मनुष्य अपने जीवनकाल में कई सहस्र बार जड़ हो जाता है, पत्थर बन जाता है। दुख से, अवहेलना से, निन्दा, अपमान, पश्चाताप से यदि मनुष्य पत्थर न बनता होता, तो वह पागल हो जाता। स्वर्ग की

अप्सराओं को यदि स्वर्गराज्य में प्रवेश करने पर पाबन्दी लगा दी जाए तो वे मर्त्यलोक में छाती को पत्थर बनाकर पड़े रहने को बाध्य होंगी।''

''किन्तु दोष रम्भा या मेनका का नहीं है, दोष तो है इन्द्र अथवा विश्वामित्र का। मेनका और रम्भा को स्रष्टा ने खूबसूरत बनाया, विश्वामित्र अपनी वासना से पराजित होकर आकर्षित हुए—जबकि मेनका और रम्भा उसके लिए अभिशप्त हुईं! इन्द्र का इन्द्रपद नहीं गया—विश्वामित्र की महिमा फैल गई, महर्षि से देवर्षि बन गए, यह कैसा न्याय है?'' मैंने क्षुब्ध होकर विरोधभरे स्वर में पूछा।

वेदमती ने कहा, ''यही न्याय तो चलता आया है। इसलिए यह परिवर्तनीय नहीं है। हाँ; विश्वामित्र सचमुच महर्षि से देवर्षि बन गए। हालाँकि रम्भा के प्रति क्रोध प्रदर्शित करने के बाद उन्हें पछतावा हुआ और क्रोध पर विजय प्राप्त करने के लिए और भी अनेक वर्षों तक तपस्या करके उन्होंने क्रोध को पराजित किया। लोभ, मोह और काम को वे पहले ही पराजित कर चुके थे। इसलिए वे बने देवर्षि। अब वे एक समाजसेवी हैं। वशिष्ठ के साथ सारी शत्रुता मिट चुकी है। अब दोनों मित्र हैं। आर्यावर्त्त में आर्य-अनार्य के बीच समन्वय करने का प्रयास वशिष्ठ कर रहे हैं। विश्वामित्र भी अब अनार्यों के आर्यीकरण के लिए कार्यरत हैं। विश्वामित्र का पिछला कलंक ढक गया है। परोपकार और पुण्य कार्यों की महिमा के कारण इस समय वे एक आदर्श आर्य ऋषि हैं। मनुष्य के जीवन में पाप स्वाभाविक है और उस पाप से उत्थान भी सम्भव है—यही सन्देश लेकर उन्होंने समाज के पतित और दलितों के उत्थान के लिए अपना जीवन निछावर कर दिया।''

''मैंने तो सुना है कि दास और दैत्यों का दमन करने के लिए वे पराक्रमी राजाओं की सहायता लेते थे।'' प्रथा ने कहा।

''वन में रहनेवाले ऋषिगण युद्ध कैसे करेंगे? आर्य राजा युद्धप्रिय होते हैं, वे विमान आरोही, रथारोही, अश्वारोही, गजारोही और पदातिक सेनाओं को अच्छी तरह संगठित करते हैं। तरह-तरह के लौह निर्मित अस्त्र, आग्नेयास्त्र इत्यादि का प्रयोग करने की उनमें दक्षता होती है। जब दास लोग यज्ञादि में विघ्न डालते हैं, तब ऋषिगण आर्य राजाओं, स्वर्गराज्य के देवताओं और इन्द्रदेव से सहयोग माँगते हैं। इसीलिए उन्हें सन्तुष्ट रखने के लिए उनकी स्तुति गाते रहते हैं। इसमें विश्वामित्र का क्या दोष? वे तो आर्य राजाओं के राज्यों को सुरक्षित रखने के लिए वनों में आश्रम बनाकर आर्य-अनार्य के समन्वय कार्य में वशिष्ठ का सहयोग कर रहे हैं। शान्ति के लिए भी युद्ध की आवश्यकता होती है। युद्ध अकेले नहीं किया जाता। इसलिए देश की सुरक्षा के लिए राजा और ऋषि एकमन और एकप्राण होकर युद्ध करने को बाध्य हैं।''

मैंने उपहास किया, "जैसे कि अनार्य कहलानेवाले लोग देश के न होकर देश से बाहर के हैं। वे ही लोग सच्चे देशभक्त हैं। अपना देश छोड़कर स्वर्ग जाने की लालसा नहीं है उनमें।"

मेरे उपहास का जवाब दिया था प्रथा ने, मैंने तीखे स्वर में कहा। "ठीक है, वह समय भी आने दो। अभी तो ब्रह्मचर्याश्रम है। गुरुजी से शिक्षा प्राप्त कर लो। उसके बाद अनार्यीकरण के कार्य में जुट जाना। सम्भवतः आर्य राज्य की सीमा लाँघकर कभी-न-कभी तुम अनार्य बस्ती में राजरानी बनोगी। सारे देश को अनार्य बनाकर मनुष्य में साम्यभाव स्थापित करोगी।"

'अनार्यीकरण' शब्द का उच्चारण प्रथा ने मुँह बनाते हुए उस मुद्रा में किया कि क्रोध से मैं अपनी वाक्शक्ति खो बैठी। मैंने क्रोध दबाते हुए इतना ही कहा, "आर्यीकरण नहीं, अनार्यीकरण नहीं, मानवीकरण होगा मेरा व्रत। यदि कभी मुझे कठोर तपस्या करने का अवसर मिला, तो 'मनुर्भवः'—इतना ही होगा मेरा महामंत्र।"

जिस तरह मन को जाने बिना मनन करना निरर्थक है, देवता को जाने बिना हवन करना निष्फल है, उसी तरह अतिथि की रुचि जाने बिना अतिथि सत्कार करना भी निष्प्रयोजन है। मंत्र के देवता को पहचान लेने से मंत्र का अर्थ समझा जा सकता है, इसलिए इन्द्र की रुचि जाने बिना अतिथि-सत्कार करना कैसे सम्भव होगा? समावर्तन उत्सव से पहले विभिन्न ऋषियों की उपस्थिति में दूर-दूर से आनेवाले अतिथियों के गुण-कर्म पर विचार किया जा रहा था। ब्रह्मचारी और ब्रह्मचारिणी बड़े ध्यान से सुन रहे थे और अतिथियों के सम्बन्ध में अपने मन का सन्देह दूर करने के लिए प्रश्न पूछ रहे थे। प्रत्येक अतिथि के सम्बन्ध में आश्रम के निवासियों को जानकारी होने की आवश्यकता को ध्यान में रखकर सभी इस विचार-विमर्श में भाग ले रहे थे।

इन्द्र के रूप, उनकी वीरता, दानशीलता से सभी पहले से ही अवगत थे। इसलिए उनके प्रिय खाद्य, पेय, रुचियों और कमजोरियों के बारे में चर्चा करने के लिए आयोजित उस बैठक की अध्यक्षता महर्षि गौतम कर रहे थे। आचार्य मुद्गल, आचार्या वेदवती, आचार्य पुंडरीक, आचार्या चिन्मयी, आचार्य पाराशर, आचार्य विश्वामित्र आदि चर्चा में भाग ले रहे थे। इन्द्र की रुचि जानने के लिए सबसे अगली पंक्ति में बैठी थीं—त्वयि, अन्वीक्षिका, वार्ता और नीति। ये चारों इन्द्र के आतिथ्य के दायित्व में थीं। मैं भी उनके पास अगली पंक्ति में बैठी थी। मुझसे सटकर मेरी अंगरक्षिका के रूप में बैठी थी प्रथा। सम्भवतः ब्रह्मापुत्री

होने के कारण या अधिक सुन्दर होने के कारण मुझे हमेशा पहली पंक्ति में बैठने का अवसर मिलता था। मेरे साथ प्रथा को भी, क्योंकि प्रथा कभी मेरा संग नहीं छोड़ती थी।

कभी-कभी प्रथा अच्छी लगती थी। ऐसा लगता मानो वह समाज के कल्याण के बारे में सोचती हो, किन्तु कभी-कभी बड़ा बेतुका तर्क करती। स्वार्थी जैसा काम करती। जहाँ लाभ देखती, उधर ही चल पड़ती। लोगों को भिड़ाने में मानो उसे मजा आता। तब इच्छा होती, उसे अपनी नजरों से दूर कर दूँ, उसका मुँह तोड़ दूँ किन्तु साहस नहीं होता था। न जाने प्रथा की उम्र कितनी थी! मैं तो उसके आगे बहुत छोटी थी--अपरिपक्व। कैसे मुँह खोलूँगी?

पहले गौतम ऋषि ने इन्द्र के बारे में जानकारी दी, "वासव हैं सबसे कनिष्ठ आर्यनेता, जो स्वर्ग के सम्राट हैं। लम्बे समय से वे अखंड क्षमता के अधिकारी बने हुए हैं। बहुत से इन्द्र आएँगे--जाएँगे, किन्तु इन्द्र कहने से शचीपति को ही समझा जाता है। इन्द्र का पद वासव की अलौकिक वीरता और दानशीलता के कारण नामवाचक पद में बदल चुका है। वही वासव इन्द्र आज त्रिलोकवासियों के सम्राट हैं। अपनी प्रतिभा के बल पर आज वे महाजागतिक शक्ति के उत्सस्वरूप समस्त पार्थिव-अपार्थिव क्रियाओं को नियंत्रित करते हैं। वे हमारे मुख्य अतिथि के रूप में पधार रहे हैं। उनके यथोचित आतिथ्य में कहीं कोई त्रुटि न रह जाए इसलिए उनके भोजन और पेय इत्यादि के बारे में आचार्यागण ब्रह्मचारी और ब्रह्मचारिणियों को अवगत करा दें।"

आचार्या चिन्मयी सूपशास्त्र में विशारद हैं। सबके खान-पान का हमेशा ध्यान रखती हैं। उन्होंने इन्द्र के खान-पान के बारे में बताया, "अन्न से बने तरह-तरह के पुए इन्द्र को अति प्रिय हैं। दूध और दही के मेल से बननेवाला 'पयस्या' भी इन्द्रदेव को प्रिय है। मसूस्य एवं प्रियंगु तंडुल का सुगन्धियुक्त अन्न भी उन्हें प्रिय है। हालाँकि इन्द्रदेव की रुचि दूध से बने तरह-तरह के खाद्य में है, इनमें से 'दध्याशीर' और 'घृताशीर' इन्द्रदेव के अतिप्रिय पेय पदार्थ हैं। ये दोनों दूध, दही और घी के साथ सोमरस मिलाकर तैयार किए जाते हैं। पीपल के कोमल किसलय और उदुम्ब के फल इन्द्रदेव के प्रतिदिन के आहार हैं। ये शक्तिवर्द्धक होते हैं। इन्हें वनों से संग्रह करना होगा।"

किन्तु इन्द्रदेव को सबसे अधिक प्रिय है सोमरस। सोमरस शरीर और मन को प्रफुल्लित कर देता है। सोमरस के बिना इन्द्रदेव को सन्तुष्ट नहीं किया जा सकता। इसलिए इन्द्रदेव का आह्वान करने से पहले ढेर सारा सोमरस तैयार करके रखना होगा। हेमवन्त पर्वतमाला के नीचे की ओर जो छोटी-छोटी पर्वतमालाएँ दूर-दूर तक फैली हुई हैं, जिनका नाम है मौजवत। उसी मौजवत पर्वत की अत्यन्त शीतल जलवायु में वह दुर्लभ सोमलता पल्लवित होकर

पर्वत का मूल्यवर्धन कर रही है। गरुड़ जाति के एक वैद्य सुपर्ण ने उस सोमलता से पहली बार सोमरस तैयार करने की प्रणाली विकसित की थी। सोमलता इकट्ठा करना और उसमें से सोमरस तैयार करने की कला सुपर्ण से आर्यों ने सीखी और उसमें निपुणता प्राप्त की। सोमयज्ञ करके उन्होंने इन्द्रदेव को सन्तुष्ट रखा था। वेदवती एवं अन्य आचार्याओं ने सोमरस तैयार करने की कला सीख रखी है। हालाँकि आर्य पुरुष सोमरस का अत्यधिक सेवन करते थे, सोमलता इकट्ठा करने और उससे सोमरस तैयार का काम लगभग आर्यनारियों को ही सौंप दिया जाता था।

इन्द्रदेव को सोमपान के प्रति इतना लगाव था कि इसके लिए उन्हें 'सोमपा' कहकर भी सम्बोधित किया जाता है। देवता, आर्यराजा, यहाँ तक कि आर्य मुनिगण, कौन नहीं करता था सोमरस का सेवन! किन्तु सोमपान करने में इन्द्र से आगे कोई निकल गया हो, ऐसा कभी सुनने में नहीं आया।

इन्द्रदेव की सोमपान के प्रति आसक्ति को कोई-कोई उनकी दुर्बलता समझता था। भले ही अमृत हो, पर उसके प्रति आसक्ति मनुष्य को या देवता को दुर्बल अवश्य बना देगी। इसलिए आसक्ति को दुर्बलता न कहकर और क्या कहा जाए?

इन्द्र और सोमरस को लेकर कई रोचक कहानियाँ लोगों में चर्चा का विषय बनी हुई थीं। कहते हैं, इन्द्र ने जन्म लेते ही अपने पिता के लिए रखा सोमरस पी लिया। इसलिए उनके पिता ने उनकी हत्या करने का निश्चय कर लिया। इन्द्र ने बदला लेने की भावना से बचपन में ही अपने पिता की हत्या कर दी थी। यदि यह बात सच है, तो इन्द्रदेव जितने सोमासक्त हैं, उतने ही उग्र भी हैं। मनुष्य और देवताओं में इन्द्र ही सबसे अधिक सोमासक्त हैं। इन्द्रदेव को किसी भी समय सोमरस दिया जाता है। सोम पीयूष ही इन्द्रदेव का हव्य है। इन्द्र नींद से जगते ही सोमपान करते हैं, शय्या में जाने से पहले सोमरस पीते हैं किन्तु सबसे अधिक सोमरस पीते हैं दोपहर में।

केवल सोमपान करने हेतु इन्द्रदेव यज्ञ में सम्मिलित होने के लिए हमेशा तत्पर रहते हैं। सुमिष्ठ, उत्तेजक, स्फूर्तिदायक सोमपान करके इन्द्रदेव प्रफुल्लित, उन्मत्त, कर्म-चंचल हो उठते हैं। सोम के असर से वे मत्त हाथी की तरह शत्रुदमन करते हैं। जिस तरह हवा वृक्ष को हिला देती है और अश्व रथ को गति प्रदान करते हैं, उसी तरह सोमरस इन्द्रदेव को उद्वेगपूर्ण, फुर्तीला और रिपुदलनकारी बनाता है। सोम ही इन्द्रदेव का प्रेरणा उत्स है। सोमपान करते समय इन्द्रदेव इतने मदमस्त हो जाते हैं कि उनकी मूँछ और श्मश्रु (दाढ़ी) सोमरस में डूब जाते हैं। तेजी से श्मश्रु हिलाकर इन्द्रदेव द्वारा सोमबिन्दु झाड़ने का दृश्य अति अपूर्व होता है। सोमरस देखते ही इन्द्रदेव क्रोध, प्रतिहिंसा सब भूल जाते हैं। जो भी उन्हें सोम

अर्पण करता है, वे उसकी इच्छा पूरी करते हैं। सोमपान से प्रसन्न होकर वे मनुष्य को शापमुक्त कर देते हैं। सोमरस इन्द्रदेव के लिए शक्तिवर्धक होने पर भी उनकी एक कमजोरी ही मानी जाती थी। इन्द्रदेव की एक और कमजोरी के बारे में गुरुपत्नियाँ काफी देर से चर्चा कर रही थीं। आचार्यगण भी उस चर्चा से मुक्त नहीं थे। वह थी–इन्द्रदेव की नारियों के प्रति कमजोरी। जिस तरह सुरासक्त व्यक्ति नारी के प्रति अपनी कमजोरी दिखाता है, उसी तरह सोमासक्त इन्द्रदेव भी नारियों के प्रति अपनी कमजोरी प्रदर्शित करते हैं, ऐसी जनश्रुति थी।

"इन्द्रदेव एक रसिक पुरुष हैं। जितने सुदर्शन हैं, उतने ही शौर्यवान। सुन्दर नारी के प्रति जितना आकर्षित होते हैं, सुन्दर नारी को अपनी ओर उतना ही आकर्षित करवाते हैं। कहते हैं, अविवाहित कन्याओं को गर्भवती करने में वे प्रसिद्ध हैं। कुँआरी माताओं की अवैध सन्तानों की देखभाल करने के लिए उन्होंने एक संस्था बनाई है ताकि वे समाज के घृणित कटाक्ष से बच सकें। उन सन्तानों को वहाँ रखकर उनकी प्रतिभाओं का विकास कराना उनका लक्ष्य है। नारी से रिश्ता बनाने में वे मानवी, असुरी, आर्या, दासी, किन्नरी और अप्सराओं में भेदभाव नहीं करते। तीनों लोक की नारियों के लिए उनका प्रेमपूर्ण हृदय-राज्य सदा खुला रहता है।"

आचार्य मुद्‌गल द्वारा इन्द्रदेव के चरित्र में नारी-लोलुपता की ओर संकेत करते समय आचार्य गौतम और अन्य आचार्य गम्भीर मुद्रा में बैठे थे। ब्रह्मचारी और ब्रह्मचारिणीगण कुतूहलवश आपस में धीरे-धीरे बातें करते हुए सन्देह दूर करने का प्रयास कर रहे थे। आचार्यागण एक-दूसरे की ओर देखकर मन-ही-मन मुस्करा रही थीं। प्रथा मुझसे सटकर बैठी थी। उसने धीरे-धीरे मेरे कान में कहा, "यदि इन्द्रदेव इतने सोमसिक्त, कामुक, नारीलोलुप हैं तो उन्हें अतिथि के रूप में आश्रम में बुलाया ही क्यों जा रहा है? यहाँ इतनी सुन्दर-सुन्दर कुँआरी कन्याएँ हैं, विशेषकर हमारी अनिन्द्य सुन्दरी अहल्या भी तो है। यदि इन्द्रदेव कोई अनहोनी कर बैठे तो? उस दिन स्वर्गराज्य के अमरावती में वे जिस दृष्टि से अहल्या की ओर देख रहे थे, मेरी तो धड़कनें बढ़ गई थीं। वह दृष्टि नहीं थी–तट लाँघ जानेवाली बाढ़ थी, जो बाँध, घेरा, सामाजिकता, नीति, नियम, सदाचार नहीं मानती। अहल्या के मन का जोर ही कितना है कि वह इन्द्रदेव के प्रेमातुर तेज बाढ़ को रोककर दृढ़तापूर्वक खड़ी रह सके? सब कुछ जानते हुए भी आचार्यजी ने अहल्या सुन्दरी के उपनयन उत्सव में इन्द्रदेव को उत्सव-उद्यापन के लिए भला क्यों बुलाया?"

प्रथा की इस टेढ़ी-मेढ़ी बात से मैं चौंक उठी, चिढ़ गई। कहीं खुश तो नहीं हुई मन ही मन! तो फिर डाँटा क्यों नहीं प्रथा को? मैं तो बात-बात पर रूढ़िवादी, अन्धविश्वासी प्रथा की भर्त्सना करती रहती हूँ।

एक ब्रह्मचारी ने प्रश्न किया, "गुरुदेव! अब आर्यराजागण, आर्यऋषिगण और आर्यजाति के अन्यान्य पुरुष भी बहुपत्निक हैं। एक से अधिक सुन्दर पत्नियों के होते हुए भी एक और सुन्दर बाला के प्रति आकर्षण अनुभव करना और उसे पत्नी, उपपत्नी, रखैल, दासी आदि के रूप में रखकर अपनी यौनवासना चरितार्थ करने में कोई किसी से कम नहीं है। इसके लिए समाज उनकी निन्दा नहीं करता। क्योंकि यह समाज के चलन में अर्थात प्रथा में परिणत हो चुका है, तो फिर इन्द्रदेव अन्य अनेक मानवीय गुणों के अधिकारी होने पर भी केवल उनके इस एक अवगुण के लिए समाज उन पर आपेक्ष क्यों करता है?"

"इन्द्रदेव पर कोई-कोई यह भी आक्षेप लगाता है कि वे विवाहित नारियों के प्रति आसक्त हो जाते हैं और किसी-न-किसी बहाने उनके साथ यौन-सम्बन्ध स्थापित करके अपनी कामवासना पूरी करते हैं। दीर्घजिह्वी नामक विवाहिता असुरी के साथ उन्होंने ऐसा ही किया था। यहाँ तक कि महर्षि अत्री की साध्वी कन्या अपाला को धवलकुष्ठ रोग से छुटकारा दिलाने के बहाने इन्द्रदेव ने उनके साथ अवैध सम्बन्ध स्थापित किया था। हालाँकि बाद में उनकी चिकित्सा अश्विनीकुमारद्वय से करवाकर अपाला को रोगमुक्त करवाया था। अपाला कृशाश्व की पत्नी थीं।"

अपाला की कहानी सुनाते समय आचार्य गौतम का मुख घृणा से विकृत दिखाई दे रहा था। सभी उपस्थित गुरु, गुरु-पत्नी, शिष्य, शिष्या, लाज और संकोच से मौन हो बैठे थे। इन्द्रदेव के प्रति मेरे मन में भी घृणा उत्पन्न हो रही थी। किसी का किसी को मन से प्रेम करना घृण्य नहीं है। किसी आर्यराजा द्वारा किसी विवाहिता नारी को न्याय से जीतकर उसके साथ सम्भोग करना भी निन्दनीय नहीं है, क्योंकि यह प्रथा बन चुकी है। लेकिन पति द्वारा ठुकराई गई धवलकुष्ठ से पीड़ित एक अभागिन नारी असहाय हो जब इन्द्रदेव की शरण में गई, तब उन्होंने उसे 'ठीक कर देंगे' कहकर उसका यौनशोषण किया, इससे बढ़कर घृण्य और पाशविक कार्य और क्या हो सकता है? यदि इन्द्रदेव ने सचमुच ऐसा किया है तो फिर इस एक अपराध के लिए उनका इन्द्रपद छिन जाना चाहिए। सुन्दर नारी के प्रति इतनी दुर्बलता कि रोग, भूख-प्यास, शरणागत में कोई फर्क नहीं? यह कामुकता के सिवाय और कुछ नहीं। ऐसे कामुक पुरुष युग-युगान्तर, कल्प-कल्पान्तर से किस तरह तीनों लोक का पालन करते हैं, यह सोचकर आश्चर्य होता है। यह सच है या दुष्प्रचार! आचार्य गौतम और अन्य ऋषिगण ऐसा दुष्प्रचार नहीं करेंगे। हालाँकि कभी-कभी भ्रान्तिवश ऐसा हो जाता है। सही घटना तो बता सकते हैं स्वयं इन्द्रदेव, या फिर कृशाश्व-पत्नी अपाला। भला इन्द्रदेव से इस घटना के बारे में कोई कैसे पूछेगा? क्या राजा से कभी कोई उसके अपराध का हिसाब माँगता है? भगवान से कभी कोई उनके गलत निर्णयों की

सूची माँगेगा? तीनों लोक में इतना दुस्साहस किसमें है? पर इस बारे में ऋषिका अपाला से तो पूछा ही जा सकता है।

अत्रिकन्या अपाला केवल अनिन्द्य सुन्दरी ही नहीं थीं, वे एक विदुषी और वेदमती थीं। उन्होंने स्वयं कई मंत्रों की रचना की थी, ऐसा मैंने सुना है। इस समय वे 'कृशाश्रम' में अपने वृद्ध रुग्ण पति के साथ वृद्धावस्था बिता रही हैं। उनका सारा समय वेदपाठ और पति की सेवा में बीतता है। अब वे अधिक आना-जाना नहीं कर पातीं। इसलिए उनसे मिलने के लिए मुझे 'कृशाश्रम' ही जाना पड़ेगा। गौतम आश्रम से रम्यवन जाते समय रास्ते में घने वन के दक्षिण कोण में कृशाश्रम दूर से ही दिखाई देता है किन्तु वहाँ पहुँचना इतना आसान नहीं। जंगली मार्ग में हिंस्र जन्तु जितने नहीं मिलेंगे, दासवर्ण के विद्रोही युवक उनसे कहीं अधिक मिलेंगे। किन्तु यदि पिताजी से जिद करूँगी तो वे मुझे वहाँ ले जाएँगे। उनके साथ व्योमयान में बैठकर जाया जा सकता है। किन्तु मैं व्योमयान में बैठकर नहीं जाना चाहती। ऐसा करने पर दासवर्ण के विद्रोही युवक गलत समझेंगे। सोचेंगे कि उनसे डरकर या उनसे घृणा करने के कारण हम शून्य मार्ग से जा रहे हैं। बाद में वे लोग कृशाश्रम पर धावा बोल सकते हैं। इसलिए भैया नारद से अनुरोध करके रथ द्वारा अरण्य मार्ग से ही जाना होगा। रम्यवन लौटने के रास्ते में कभी कृशाश्रम जाना सम्भव होगा या नहीं, कौन जाने!

उपकर्म उत्सव के अगले दिन से आरम्भ होना था वेदाध्ययन। छह महीने तक लगातार वेदाध्ययन करने के बाद छह माह अध्ययन न करने का समय होता है। उस अवधि में वेदाध्ययन मना है। शिष्य-शिष्यागण छुट्टियों में दूसरी चीजें सीखा करते थे। कोई-कोई गुरुजी की आज्ञा से अपने गृह चले जाया करते थे। मेरा तो गृह भी एक आश्रम ही है। उस गृह का आकर्षण था मेरी वनभूमि, मेरी वनस्पति, नदी, पर्वत, पशु-पक्षी और दासपल्ली में मेरे संगी-साथी। यहाँ भी उन सबकी कमी नहीं थी। मैंने सोचा, मेरी लम्बी अनुपस्थिति से रम्यवन का मेरा आश्रम-कुटीर उजड़ा नहीं होगा। उसकी देखभाल कर रहे होंगे मेरे दास भाई-बहन। मैं शिक्षा समाप्त करके जब अपने गृह लौटूँगी, मेरे आँगन में फूल खिले होंगे। मेरे जाने-पहचाने पशु-पक्षी, पेड़-लताएँ, सर्वशुभ से मेरी बाट देख रहे होंगे। मेरी अनुपस्थिति में वे लोग बेसहारा नहीं हुए होंगे। क्योंकि मैं तो उनका आश्रय नहीं थी, वे ही थे मेरे आश्रय। इसलिए अध्ययन अवधि के दौरान मैं रम्यवन नहीं जाने वाली थी। मेरा आश्रम-जीवन विलम्ब से आरम्भ होने के कारण पिताजी की इच्छा थी कि मैं लगातार पाँच वर्षों तक आचार्य और आचार्याओं की देख-रेख में गृहस्थाश्रम के लिए स्वयं को तैयार करूँ। यही सूचना पिताजी ने आचार्य गौतम को भी भेजी थी। इसीलिए आचार्य गौतम ने छुट्टियों में मुझे रम्यवन जाने की अनुमति नहीं दी। अतः शिक्षा समाप्त होने पर

समावर्तन उत्सव के बाद ही मैं रम्यवन जा सकती थी। परन्तु कुछ भी हो, ऋषिका अपाला से मिलने के लिए मैंने मन-ही-मन प्रतिज्ञा कर ली थी।

इतने में प्रथा ने सहसा प्रश्न किया, "आचार्यजी! इन्द्रदेव इतने कामुक और नारी लोलुप हैं, यह जानते हुए भी आप आश्रम के सभी उत्सवों में उन्हें ही क्यों आमंत्रित करते हैं? आपके आश्रम में अनेक ब्रह्मचारिणी, विशेषकर अति सुन्दर ब्रह्मचारिणी अहल्या इस समय हैं। ऐसी स्थिति में क्या इन्द्रदेव को अतिथि के रूप में आश्रम में बुलाना उचित होगा?" इतना कहने के बाद प्रथा मेरी ओर तिरछी नजर से कटाक्ष करते हुए होंठ दबाकर मुस्कराई। उसके ऐसे आचरण से मैं कुछ ठिठकी। गौतम कुछ क्षण मौन रहे। सम्भवत: उन्हें ऐसे किसी सवाल की आशा नहीं थी। एक लम्बी साँस छोड़ते हुए उन्होंने कहा, "तुम्हारी आशंका बिलकुल निराधार नहीं है, किन्तु यह विवाहिता, कुँआरी–हर आश्रमवासिनी के लिए एक परीक्षा है। मेरा यह विश्वास है कि नारी की ओर से उसकी कमजोरी का थोड़ा-सा भी संकेत पाते ही इन्द्रदेव उसके साथ अवैध सम्बन्ध स्थापित करते हैं। वे कामुक जरूर हैं, परन्तु बर्बर या इतर नहीं हैं। वे आर्यवीर हैं। उनमें सम्भ्रान्तता की कमी नहीं है। इसलिए जहाँ कहीं भी उन्होंने नारी के साथ अवैध यौन सम्बन्ध स्थापित किया है, उन्हें नारी की ओर से उसकी कमजोरी का संकेत अवश्य मिला है। नारी दृढ़ चरित्रवती हो तो खूँखार बर्बर भी उसका अंग स्पर्श करने का साहस नहीं करेगा। इसलिए इन्द्रदेव को बुलाना हर दृष्टि से स्पृहणीय है। इन्द्रदेव किसी भी नारी के लिए उत्तुंग अग्निशिखा हैं। जो नारी उन पर पतंगे की तरह मँडराएगी, वह भस्म हो जाएगी।"

"किन्तु अग्नि तो निष्पाप और पापी दोनों को जला डालती है। अत: क्या अग्नि के प्रति सावधानी नहीं बरतनी चाहिए?" इस बार नीति का था यह प्रश्नबाण।

आचार्य ने दृढ़ स्वर में उत्तर दिया, "अग्नि कितनी ही भयंकर क्यों न हो, जिस तरह त्रैलोक्य में उसकी आवश्यकता अपरिहार्य है, उसी तरह इन्द्रदेव चाहे कितने ही सोमप्रिय, नारीप्रिय और स्तुतिप्रिय क्यों न हों, त्रैलोक्य में उनकी उपस्थिति की कामना की जाती है। वे त्रैलोक्य के राजा हैं। उनका राज्य चिरस्त्रोता नदियों का उद्गमस्थल है। व्योमयान, रथयान, आग्नेयास्त्र, अन्यान्य अस्त्र-शस्त्र, अर्थ भंडार, चिकित्सा विद्या–सबका उत्पादन और उनके वितरण की व्यवस्था उन्हीं के राज्य में होती है। वे त्रिभुवन को हर तरह की सहायता प्रदान करते हैं। बिना उनकी सहायता के अनार्य शत्रुओं का दमन करना सम्भव नहीं।

"भूखंड के एक छोटे-से अंश श्वेतद्वीप से अपना राज्य विस्तार करते हुए यदि आज आर्यों ने समग्र भूखंड को आर्यावर्त में परिणत किया है, तो उसका सारा श्रेय इन्द्रदेव को मिलना चाहिए। अब अनार्य लोग अपने-अपने उपांत अंचल को स्वतंत्र घोषित करके स्वतंत्र अनार्य राज्य बनाने का दावा कर रहे हैं।

वे लोग आर्य राजाओं की अधीनता स्वीकार नहीं कर रहे। अनार्य लोग दास बनकर आर्यमालिकों के पास काम करना नहीं चाहते। अब वे दास-प्रथा के विरोध में आवाज उठाने लगे हैं। यदि सारा आर्यावर्त इसी तरह विभाजित होता चला गया तो देश की अखंडता पर आँच आएगी। बाहरी शत्रुओं के आक्रमण से आर्यावर्त की स्वाधीनता लुप्त हो जाएगी। इस क्षेत्र में इन्द्रदेव ही सहायक होंगे। अनार्यदमन की कला और युद्ध कौशल वे ही जानते हैं इसलिए उनकी इन कुछ दुर्बलताओं के कारण अन्य अनेक पुरुषोचित गुणों को नकारा नहीं जा सकता। सुन्दर नारी के प्रति लोलुप दृष्टि रखना राजोचित और पुरुषोचित गुण भले ही न हो, पर उतना बड़ा दोष भी नहीं है। हाँ, नारी की कामुकता और पुरुष-लोलुपता बहुत बड़ा दोष है। इन्द्रदेव नारी नहीं हैं—पुरुष हैं—वीर पुरुष हैं। इसलिए वीरता और दानशीलता ही उनका परिचय है। नारियाँ चारुशीला हों तो इन्द्रदेव सदाचारी बने रहने को बाध्य होंगे।''

नीति ने विनम्रतापूर्वक कहा, ''महोदय, कामुकता नारी के लिए अक्षम्य अपराध है, किन्तु पुरुष के लिए यह अपराध होते हुए भी क्षम्य है। यह नीति तो पुरुष ने ही चलाई है। उस बारे में हमें कुछ नहीं कहना। लेकिन हमने सुना है कि आर्य ऋषि और आर्य राजा इन्द्रदेव के अतिथि सत्कार के लिए अपनी पत्नियों को लगाकर उन्हें सन्तुष्ट करने की चेष्टा करते हैं। पत्नियों की सेवा और आतिथ्य के माध्यम से इन्द्रदेव के कृपाभाजन बनकर कई तरह से लाभान्वित होते हैं। क्या यह पत्नी का दुरुपयोग नहीं है? क्या पत्नी राजा और दाताओं के मनोरंजन की वस्तु है? पुरुष भी तो अतिथि-सत्कार कर सकते हैं। तो फिर ऋषिगण अपनी सुन्दर पत्नियों को यह दायित्व क्यों सौंप देते हैं?''

उपस्थित ऋषिगण नीति की उस स्पष्टवादिता से घबरा गए। ऋषि मुद्गल ने तीव्र स्वर में कहा, ''यह अर्थ को अनर्थ करने जैसी बात है। नारी का सहज गुण है सेवा, साहचर्य और दूसरों के मन को समझकर उसकी सेवा करना। स्त्री अर्धांगिनी है, घर की कर्त्ता-धर्ता है। इसलिए घर में अतिथि आने पर स्त्री को उनका सत्कार करना न्यायसंगत है। जब नारी अतिथि का सत्कार करती है, तब अतिथि उसके लिए परमेश्वर होता है और अतिथि के लिए वह नारी होती है मातृ-देवी। यही होता है अतिथि और गृहिणी का सम्बन्ध। यदि इसे पत्नी का दुरुपयोग करना कहा जाएगा तो कोई किसी के द्वार पर नहीं जाएगा।''

नीति ने नतमस्तक होकर कहा, ''मैं आपकी बात से सहमत हूँ, किन्तु यह भी सच है कि सुन्दर पत्नियों के माध्यम से अनेक कार्य करवाए जाते हैं और काम पूरा हो जाने के बाद पत्नी पर दोष मढ़ा जाता है। ऐसे अनेक उदाहरण यहाँ दिए जा सकते हैं, जैसे—मेनका, रम्भा, उर्वशी...। हालाँकि ये किसी की पत्नी नहीं हैं। किन्तु इन्द्रदेव की अति प्रिय होने पर भी इन्द्रदेव ने राजनीतिक लक्ष्य

प्राप्त करने के लिए उनका उपयोग किया, फिर उन्हें अभिशाप दिया, उनके उस तरह के कामों के लिए...''

''रहने दो, रहने दो–ऐसे एकाध उदाहरण देकर अतिथि सत्कार के कारण नारी की पवित्र और महती भूमिका को निन्दित और कलुषित करने से दोष लगेगा। ध्यान रखना, इन्द्रदेव के आतिथ्य में कोई कमी न रह जाए। वे केवल अतिथि के रूप में नहीं आ रहे। वे मेरे बाल्य सहपाठी भी हैं। हम दोनों में आदर्शगत और नीतिगत मतभेद होने पर भी हमारे सम्बन्ध घनिष्ठ हैं। पितामह ब्रह्मा के गुरुकुल में कई वर्ष हमने एक साथ बिताए हैं। उनके सद्‍गुणों की तुलना में दुर्गुण तुच्छ लगते हैं। अतः अतिथि के रूप में उन्हें न बुलाकर और किसे बुलाता?''

इसके बाद उस दिन की बैठक समाप्त हो गई। हम ब्रह्मचारिणीगण वेदमाता आचार्याणी के साथ सोमरस बनाना सीखने के लिए उनके साथ चले गए। लेकिन मेरे मन में अपाला को लेकर सन्देह घनीभूत होने लगा।

श्रावणी पूर्णिमा के पूर्वाह्न में उपकर्म उत्सव का शुभारम्भ किया देवराज इन्द्र ने। जनेऊधारी ब्राह्मण, क्षत्रिय और वैश्यादि तीनों वर्णों के शिष्यों द्वारा गुरुओं से वेदाध्ययन प्रारम्भ करने का मुहूर्त आ पहुँचा। आचार्य गौतम के आश्रम में दो अपवाद थे। वे अपने आश्रम में सिर्फ नैष्ठिक ब्राह्मण शिष्य ही लिया करते थे और कई विशेष मामलों में ब्राह्मणेतर एवं बालिकाओं को शिष्यत्व का अवसर दिया करते थे। इस समय गौतमजी के आश्रम में मेरी चार सहचरियाँ और मैं, इस तरह कुल पाँच शिष्याएँ थीं। प्रथा वयस्क होने के कारण मेरी देखभाल करने के लिए आश्रम में ही रहा करती थी।

प्रारम्भ में आचार्यजी के निर्देश पर मुझे ही सामगान करना पड़ा। साम का मूलमंत्र है साम्य। पर जहाँ साम्य ही नहीं, वहाँ समागान का क्या मूल्य है? उपकर्म उत्सव में इन्द्रदेव, विश्वामित्र, वशिष्ठ, अत्रि आदि विशिष्ट अतिथियों का आह्वान करते समय मेरे मन में बार-बार यह प्रश्न आलोड़ित हो रहा था। इसलिए प्रमादशून्य माधुर्यपूर्ण शुद्ध उच्चारण के साथ सामगान करते समय भी मैं अन्यमनस्क हो जाती थी। इस बात पर आचार्य गौतम बड़ी सतर्कता से ध्यान दिए हुए थे। प्रथा मेरी बगल में बैठी थी। उसने मुझे चिकोटी काटकर गौतमजी की ओर संकेत करके सावधान होने को सूचित किया। मैं वेद के मंत्रों को मधुर कंठ से, अक्षरों को अलग-अलग पदच्छेद करके ललित स्वरों में ढालकर शान्त भव से समुचित लय में गाने लगी। जो वेद मंत्रों का अर्थ जाने बिना उसका पाठ करता है, वह अधम पाठक है। मैंने वेद मंत्रों का अर्थ पिताजी और भैया नारद से समझ रखा था। इसलिए उपकर्म उत्सव में मेरे लिए सामगान करना क्षम्य था। मेरे सामगान से इन्द्रदेव समेत उपस्थित पूरी विद्वान मंडली प्रसन्न हुई। इन्द्रदेव को अतिप्रसन्न होते हुए 'साधु, साधु' कह उठने पर आचार्य गौतम को गर्व का

अनुभव होने जैसा लगा। उस उत्सव की सफलता आचार्य गौतम की सफलता थी। इसके अलावा गुरुश्रेष्ठ ब्रह्मा ने अपनी पुत्री अहल्या के शिक्षा का दायित्व आचार्य गौतम को सौंपा था, जो गौतम के लिए गौरव का विषय था। इससे आचार्य गौतम अपनी श्रेष्ठता का प्रतिपादन कर रहे थे। इन्द्रदेव के साथ हमेशा से प्रतियोगितापूर्ण अन्तर्भावना के कारण आज वे इन्द्रदेव को अपनी श्रेष्ठता मेरे माध्यम से जता रहे थे। प्रथा और वार्ता यह बात मेरे कानों में कह रही थीं।

सामगान के बाद इन्द्रदेव ने मेरी प्रशंसा करके गौतमजी को भी साधुवाद दिया। मुझ जैसी एक शिष्या पाने के कारण गौतमजी भाग्यवान हैं, यह भी प्रकट किया। मुझसे कहा, "तुम्हारे शुद्ध उच्चारण से मैं अतिप्रसन्न हूँ। तुम्हारा अभीष्ट पूर्ण कर सका तो मुझे खुशी होगी। तुमने शुद्ध उच्चारण किया है, इसलिए तुम्हारा सब भला होगा वरना वृत्रासुर की तरह फल विपरीत मिलता। मेरा परमशत्रु तथा आर्यावर्त का परमशत्रु जो स्वर्ग से मर्त्य तक प्रवाहित जल सम्पदा को रोककर अकाल और सूखे का कारण बना था, एक बार मेरे विनाश की कामना करके उसने यज्ञानुष्ठान किया। उस यज्ञ में वृत्रासुर द्वारा लाए गए ऋत्विज 'इन्द्रशत्रुर्वर्धस्व' मंत्र का अशुद्ध उच्चारण कर रहे थे। इस मंत्र का अर्थ था, इन्द्रदेव का शत्रु अर्थात वृत्रासुर विजय प्राप्त करे। लेकिन ऋत्विजों द्वारा 'इन्द्र' शब्द के 'इ' का उच्चारण उदात्त स्वर में करने के फलस्वरूप 'इन्द्रश्चासौ शत्रुः' का अर्थ 'इन्द्र जैसा शत्रु' के अर्थ में बदल गया और उसका विपरीत अर्थ निकला, अर्थात इन्द्र की विजय हो, इन्द्र जिसके शत्रु हैं, उसका वध हो। अन्त में वही हुआ। यहाँ यजमान का यज्ञफल ऋत्विकों के भ्रान्तिपूर्ण मंत्रोच्चारण के कारण शुभ न होकर अशुभ हुआ। आश्रम जीवन में शिष्य-शिष्याओं को वांछित फल मिलना आचार्यों के ज्ञान और शिक्षादान की सफलता पर निर्भर करता है। केवल शास्त्र-ज्ञान ही नहीं, जीवन-ज्ञान भी चाहिए। शिष्य-शिष्याओं की मेधा और उनके मन को जाने बिना ज्ञान का उपयोग करने से जीवन में वांछित फल मिलने के बदले अनिष्ट फल मिलता है। इसलिए गुरुकुल का जीवन शिष्य के लिए जितना कष्टदायी होता है, गुरुओं के लिए भी उतना ही कष्टदायी है। मुझे विश्वास है, मेरे बन्धु आचार्य गौतम शिष्य-शिष्याओं के मन, मेधा, रुचि और जीवन के लक्ष्य के अनुसार ज्ञानदान करने में सफल होंगे। विशेषकर पितामह ब्रह्माजी की विदुषी कन्या अहल्या को शिष्या के रूप में स्वीकार करने के कारण उनका दायित्व सौ गुना बढ़ गया है। ब्रह्मापुत्री का मन ब्रह्माजी के अलावा सम्भवतः एकमात्र गौतम ही जान सकते हैं। इसीलिए ब्रह्माजी ने अहल्या की शिक्षा का दायित्व गौतमजी को सौंपा है। एक समय था, जब मेरे सहपाठी गौतम ब्रह्माजी के प्रिय शिष्य थे। आज यदि ब्रह्मापुत्री अहल्या उनकी प्रिय शिष्या बन पाईं तो गुरुऋण से वे उऋण हो गए, यह समझना होगा।"

आज इन्द्रदेव के रूप की अपेक्षा उनका वक्तव्य अधिक अच्छा लगा। किन्तु अपाला-उपाख्यान याद आते ही मुझे उनका रूप विकृत और भद्दा दिखा। आँखें उठाकर उन्हें देखने तक की इच्छा नहीं हुई। हालाँकि उनकी बातों में आचार्य गौतम के प्रति ईर्ष्या और श्लेष मिला था, बाद में मेरी चारों सखियों और प्रथा ने मुझे बताया था। किन्तु मुझे वह बात बिलकुल अच्छी नहीं लगी। आचार्य गौतम और इन्द्रदेव के बीच कोई भी मतान्तर क्यों न हो, मुझे बीच में रखकर विवाद पैदा करना कौन-सा न्याय है?

इन्द्रदेव ने अपाला के प्रति जो अन्याय किया था, उससे मेरे मन में विराग पैदा हो गया था। इसलिए मैंने उपकर्म उत्सव के अन्य कार्यक्रमों में भाग नहीं लिया। सामूहिक बातचीत में बाध्य होकर भाग लिया जरूर था, पर मुँह नहीं खोला। मुझे लेकर इन्द्रदेव और गौतमजी के बीच विवाद होने की बात से मुझे कष्ट होता था। यदि प्रथा आदि की बात सच थी तो आचार्य गौतम के आश्रम से शिक्षा शेष करके अच्छी तरह रम्यवन लौट जाने पर ही मुझे शान्ति मिलती। उसके बाद पिताजी की इच्छा और अपनी पसन्द से पति चुनकर गृहस्थाश्रम संस्कार में प्रवेश करने की इच्छा थी। ब्रह्मवादिनी न बन सकूँ तो न सही। दो सहपाठियों के बीच विवाद की जड़ बनकर कौन-सा यश कमा लूँगी मैं?

उपकर्म उत्सव अभी समाप्त हुआ ही था कि न जाने कहाँ से आर्य-अनार्य संघर्ष का समाचार आ पहुँचा। आर्यों ने सामयाग करके इन्द्रदेव का आह्वान किया। इन्द्रदेव तत्काल अनार्यदमन करने के बाद सामयाग का हवि ग्रहण करने व्योमयान से उस स्थान पर जा पहुँचे। हमें उनके जाने की सूचना बाद में मिली। इसलिए विदाई प्रणति भी नहीं कर सके, अच्छा हुआ। संघर्ष का कारण जाने बिना सोमरस के आकर्षण से हो या अनार्य विद्वेष के कारण, जो आर्यपक्ष का समर्थन करके अपनी वीरता प्रदर्शित करते हैं, वे आर्य नेता भले ही बन जाएँ, अहल्या के आराध्य नहीं बन सकते।

आचार्य गौतम हमेशा उत्तर दिशा में बैठकर मुझे दक्षिण दिशा में बिठाकर अध्यापन करते थे। केवल वेदाध्ययन ही नहीं, अध्ययन के लिए बैठने की मुद्रा भी शास्त्रीय होती है, यह मुझे पहले से मालूम था।

अध्ययन विधि का अनुसरण कर आचमन करके मैं शुद्ध तथा स्वल्प वस्त्र धारण कर लेती। उत्तर की ओर मुँह करके नम्र हो बैठकर, घुटनों पर दोनों हाथ सुसंयत रूप से रख लेती। आचार्यजी की अनुमति मिलने के बाद खुशी मन से अनन्यमति होकर उरु के तृतीय हिस्से पर दाहिनी कोहनी रखकर अधोमुखी हो

इष्टमुद्रा में बैठ जाती। हस्ताग्र पर दृष्टि टिकाकर ब्रह्मांजलिबद्ध हो शास्त्र अनुचिन्तन करने लग जाती।

वेद अध्ययन से पहले जब गुरुजी का अनुसरण करते हुए शिष्यगण ओंकार उच्चारण करते, तब त्रयी विद्या का प्रतिनिधि परम अक्षर ओंकार की सर्वव्यापी महिमा से वनभूमि झंकृत हो उठती। ओंकार के साथ भूः, भुवः और स्वः इन तीनों व्याहृतियों का उच्चारण करते समय आश्रम को चारों ओर से घेर रखे वन के उस ओर से एक और ओंकार ध्वनि निकलकर मेरे कंठ की ओंकार ध्वनि में समा जाती। 'वह ओंकार ध्वनि ऋचा और रुद्राक्ष का सम्मिलित कंठ स्वर है' जानकर मैं प्रसन्न हो जाती किन्तु आचार्य अप्रसन्न दिखते। यह मेरी ही कीर्ति है, यह बात उनसे छिपी नहीं थी। परन्तु मैं ब्रह्माजी की लाड़ली होने के कारण, सम्भवतः वे चुप रहते।

आचार्यजी केवल अध्ययन नहीं कराते थे, मेरी दिनभर की गतिविधियों पर पैनी दृष्टि भी रखा करते। मेरी अन्य सहचरियों पर उनका उतना ध्यान नहीं रहता था। वे लोग मेरे साथ आई जरूर हैं, किन्तु पिताजी का मूल लक्ष्य है—मेरी शिक्षा। इसलिए मुझे ही कठोर ब्रह्मचर्य का पालन करते हुए, वेदग्रहण करना पड़ता था। मेरा खाद्य-पेय, आचरण और दैनन्दिन जीवन कठोर अनुशासन में बीत रहा था। अपने रम्यवन में मैं थी एक खुली चिड़िया। इसका मतलब यह नहीं कि मैं शरारती थी। वहाँ मैं गीत गाया करती, नाचती, जी-भरकर खाती-पीती थी, सखी-सहेलियों के साथ हँस-कूदकर दिन बिताया करती थी। वर्णभेद क्या है, नहीं जानती थी। रम्यवन में मेरे लिए सारे कार्य थे पुण्य कार्य, सारे आचरण थे धर्माचरण, जबकि मैं पाप-पुण्य की आक्षरिक परिभाषा नहीं जानती थी। यहाँ पाप और अधर्म से दूर रहने के लिए मुझे पाप और अधर्म की परिभाषा कंठस्थ करनी पड़ी। जो 'पुण्य' बहुत आसान लगा करता था, 'पाप' की परिभाषा जानने के बाद वह कठिन लगने लगा।

मुझे हमेशा आचार्यजी के अधीन रहना पड़ता था। मेरे लिए तीखा और नमकीन खाना मना था। अंग प्रक्षालन, गन्ध, माल्य, उपनाह, छत्र आदि धारण, अंजन, अंगराग, पुष्प इत्यादि का शृंगार, नृत्य, गीत, वाद्य, क्रीड़ा-कौतुक इत्यादि आमोद मेरे लिए निषिद्ध थे। आचार्य गौतम मुझे उपदेश देते, "तुम शान्त, क्षमाशील, गम्भीर एकान्तप्रिय, सत्यवादी, मितभाषी, संयमी, क्रोधरहित एवं अहंकारहीन होने का प्रयास स्वयं करो अहल्या! तुम्हारे भीतर क्रोध है, रूप का अहंकार भी है। तुम मृदुभाषी होते हुए भी मितभाषी नहीं हो। तुम क्षमाशील होते हुए भी क्रोधरहित नहीं हो। तुम शान्त होते हुए भी गम्भीर नहीं हो। तुम अत्यन्त चंचल एवं क्रीड़ा तथा आमोदप्रिय हो उठी हो। तुम भिक्षा माँगने जाते समय तथा गुरुजी के लिए नदी से जल, अरण्य से लकड़ी और यज्ञ समिध लेने जाते समय किरातग्राम, मल्लाहपल्ली एवं अनार्य बस्तियों में जाकर उन आर्येतर अशिक्षित

वेदनिषिद्ध लोगों के बीच बहुत समय बिताती हो। उन लोगों से मित्रता रखती हो। तुम भूल जाती हो कि वे लोग हमारे परमशत्रु हैं। ब्रह्मचारिणी के रूप में तुम्हें निरन्तर गुरु की सेवा करनी चाहिए, गुरुजी से शिष्टतापूर्ण आचरण करना चाहिए और सर्वोपरि गुरुजी का अहित होने जैसा कोई काम नहीं करना चाहिए। गुरु की सेवा और भिक्षा माँगना ही ब्रह्मचारी का परम कर्त्तव्य है। गुरुजी की अनुमति लिए बिना भिक्षा से मिला द्रव्य अनार्य बस्ती में जाकर कई वृद्ध और शिशुओं को नियमित देती हो, ऐसा मैंने सुना है। भिक्षा में तुम जो भी कुछ लाओगी, पहले वह मुझे सौंपोगी और मेरे आदेश देने पर ही उसमें से थोड़ा-सा भोजन तुम करोगी। क्या तुम ऐसा करती हो?''

मैंने विनम्रतापूर्वक कहा, ''करती हूँ, आचार्यजी। आपकी अनुमति के बिना मैंने किसी भी दिन भोजन नहीं किया। हालाँकि कई भूखे वृद्धों और बच्चों को भिक्षा में मिली चीजें मैंने दान में दी हैं। मैं नहीं जानती कि मैं जितनी भिक्षा माँगती हूँ, गृहस्थ लोग मुझे उससे अधिक भिक्षा स्वयं ही क्यों दे देते हैं। आप कहते हैं कि एक दिन के लिए जितना द्रव्य चाहिए, उतनी ही भिक्षा लाना। उससे अधिक लाए तो बचत की मनोवृत्ति बढ़ेगी। बचत की मनोवृत्ति से लोभ, मोह और अनावश्यक द्रव्य इकट्ठा करने की इच्छा होगी। अगले दिन के लिए द्रव्य बच गया तो आलसीपन बढ़ेगा। अपने पास द्रव्य की व्यवस्था होगी तो फिर भिक्षा माँगने की इच्छा नहीं होगी। इन बातों को सोचकर मैं भिक्षा में प्राप्त आवश्यकता से अधिक द्रव्य उन लोगों में बाँट देती हूँ, जिन्हें वास्तव में उसकी आवश्यकता है। जितना द्रव्य चाहिए उतना प्रतिदिन लाकर आपको दे देती हूँ। आपकी अनुमति लेकर भोजन करती हूँ। यदि इसमें मुझसे कोई अपराध हो गया हो तो क्षमा करें, किन्तु अधिक द्रव्य का मैं करूँगी क्या?''

''लोग तुम्हें अधिक भिक्षा क्यों देते हैं, जानती हो?'' गौतमजी ने कठोर दृष्टि से मेरी ओर देखते हुए प्रश्न किया।

गौतमजी के प्रश्न का उत्तर न पाकर मैं निष्पाप सरलता लिए उनकी ओर देखती रही।

आचार्य गौतम मेरा चेहरा एकटक ताकते रहे। उनकी आँखों में था कठोर कटाक्ष। मेरा अपराध क्या था? मन बैठता जा रहा था उस बारे में सोच-सोचकर। गौतमजी कोई निषिद्ध वाक्य कहने के स्वर में बोले, ''क्योंकि, क्योंकि तुम्हारा मुख अति सुन्दर है...'' इतना कहते-कहते गौतमजी के मुखमंडल की शिरा-प्रशिराएँ कठोर हो उठीं जिससे उनका चेहरा बेहद असुन्दर दिखा।

उनकी आँखें बता रही थीं कि अति सुन्दर मुख होना मानो मेरा अपराध था। ऐसी सुन्दरता आश्रम जीवन के लिए बाधक हो। किन्तु इसमें मैं क्या कर सकती हूँ? प्रयास करूँ तो मैं अपनी चपलता त्यागकर गम्भीर मितभाषी बन सकती हूँ।

परन्तु प्रयास करके भी मैं अपनी सुन्दरता अपने मुख से नहीं हटा सकूँगी...क्या सचमुच गृहस्थ लोग मेरा मुख देखकर मुझे अधिक भिक्षा देते हैं? हो सकता है। सम्भवतः मेरे मुख पर अनाथ, वृद्ध, भूख से व्याकुल आश्रयहीन लोगों के लिए करुणा झलकती हो। कितनी ही चेष्टा करने पर भी भिक्षा माँगते समय मैं उनके प्रति अपनी संवेदना और करुणा के भाव अपने चेहरे से मिटा नहीं पाती थी। कारण, आश्रम की सीमा पार करते ही दास बस्ती दिख जाती है। जो लोग कभी नगरों में समृद्ध और स्वच्छन्द जीवनयापन किया करते थे, आज वर्ण संघर्ष के कारण उनके दीन-हीन जीवन बिताने का दृश्य भला किसे व्यथित नहीं करेगा? सम्भवतः मैं अपने अन्तःकरण में अधिक परिमाण में भिक्षा की कामना करती होऊँगी और वे ही भाव मेरे मुख पर उभर आते होंगे। अपने इस मनोभाव को भला मैं कैसे रोक पाती?

आचार्य मेरे सुन्दर मुख की घोषणा करने के बाद से अब मेरी ओर न देखकर आकाश, पृथ्वी, पशु-पक्षियों की ओर देख रहे थे, मानो मेरा मुँह सुन्दर होने के कारण अब उन्होंने जीवनभर मेरे मुख की ओर न देखने की प्रतिज्ञा कर ली थी! मेरा मुँह सुन्दर होना यदि अपराध था, तो यह अपराध मेरा नहीं था– पिताजी ब्रह्मा का था; आचार्य गौतम के परमपूज्य गुरुजी का था। आचार्य अपने गुरुजी से ही इस बारे में क्यों नहीं पूछते?

मैंने सहजतापूर्वक पूछा, "मेरी इस सुन्दरता को मिटाने का क्या कोई उपाय है, गुरुदेव? मुझे उपाय बता दें तो मैं अपने मुख से अपनी सुन्दरता मिटा दूँगी। फिर गृहस्थ लोग मुझे अधिक भिक्षा नहीं देंगे।"

आचार्यजी ने मेरी ओर देखे बिना गम्भीर स्वर में उत्तर दिया, "सुन्दरता नहीं, अपनी असुन्दरता मिटा डालो अहल्या। वह उपाय तुम्हें मैं बता दूँगा... उसके लिए तुम्हें कठोर साधना करनी होगी। देह से ऊपर उठकर तुम्हें देहातीत सौन्दर्य की अधिकारी होना होगा। तब जाकर तुम्हारी शिक्षा सार्थक होगी। वेदगुरु ब्रह्माजी का तुम्हें यहाँ भेजने का उद्देश्य भी पूरा हो जाएगा।"

मैं चौंकी। मेरी छाती धड़क उठी। मुझमें कहाँ है असुन्दरता? मैं तो आज तक नहीं जान सकी। कहाँ छुपी है वह मुझमें...? मैं अपने भीतर से असुन्दरता को पोंछ डालने के लिए असुन्दरता ही ढूँढ़ने लगी।

आदि सृष्टि की वेदवाणी में परमात्मा ने मनुष्य को मनुष्य बनने का आशीर्वाद दिया था, तो फिर आर्य-अनार्य, देवता-दस्यु, मानव-दानव, ऊँच-नीच की दीवारें किसने खड़ी की अनन्त आकाश और अदिति पृथ्वी की सन्तानों के बीच?

विश्व को आर्य बनाने के ओंकार में किसने किया दाव्या पृथ्वी को सम्प्रदाय और जाति के आधार पर खंडित-विखंडित? उस दिन वन में समिध संग्रह करने जाकर न जाने कितना समय रुद्राक्ष और ऋचा के साथ दासपल्ली में बैठी आकाश-पाताल की कितनी कहानियाँ बखानती चली जा रही थी।

रुद्राक्ष आँसू भरी आँखों से मेरी ओर देख रहा था। उसके मुँह से बोल नहीं फूट रहे थे। उसके हृदय का विरोध ही मेरे हृदय में झंकृत हो रहा था। वह मुझसे कैफियत माँग रहा था। उत्तर माँग रहा था अपने प्रश्न का। ऋचा भी मुझसे कोई सन्तोषजनक उत्तर सुनने के लिए उदास हो प्रतीक्षा कर रही थी। आश्रम में इतने वेदज्ञ आचार्य, महर्षि, मेधावी शिष्यों के होते हुए रुद्राक्ष और ऋचा मुझे ही ज्ञानसागर क्यों समझते थे? सम्भवतः इसलिए कि वे लोग आश्रम के भीतर जा नहीं सकते थे। वे शिष्यों के साथ बैठकर वेद अध्ययन नहीं कर सकते थे। आचार्यगण उन्हें घृणा और सन्देहभरी दृष्टि से देखते थे। सोचते थे कि वे लोग यज्ञ भंग करने के उद्‌देश्य से आश्रम के निकट आते थे। रुद्राक्ष और ऋचा की सहज जिज्ञासा को छल समझकर आचार्यगण उन्हें आश्रम की सीमा स्पर्श न करने का कठोर आदेश देते थे। शिष्यगण भी रुद्राक्ष, ऋचा और उनके नाते-रिश्तेदारों को देखते ही राह बदलकर चले जाते थे। शायद इसीलिए वे लोग मुझसे श्रद्धा और सहानुभूति पाकर मेरे प्रति आकर्षित हुए थे। मेरा ज्ञान सीमित था, यह जानकर भी मुझसे सारी बातें पूछने के अलावा उनके पास और कोई चारा भी नहीं था!

न जाने किस अनादि काल से देवता और राक्षसों में यह अखंड शत्रुता है। इन दोनों के बीच मानवकुल ही क्षतिग्रस्त होता है—पृथ्वी तबाह होती है। यही है शत्रुता की नीति।

दो शत्रु-पक्ष एक-दूसरे का अनिष्ट करने की अभीष्ट सिद्धि के लिए निरीह, निष्पक्ष मनुष्य और प्रकृति का विनाश करते चले जा रहे हैं। अमरत्व प्राप्ति के लिए भाई-भाई के बीच अमृत बांटने की विषम परिणति से देव-दानव दो सम्प्रदाय बन गए हैं। अन्यथा कोई भी तो नहीं था किसी का शत्रु! आर्य-अनार्य, दस्यु-देवता में साम्प्रदायिक भेदभाव इतना तीव्र नहीं था समुद्र मन्थन से पहले।

रुद्राक्ष ने मुझे शान्त देखकर अधीर होते हुए प्रश्न किया, "कहो तो—क्या हम तुम्हारे शत्रु हैं?"

"नहीं-नहीं रुद्राक्ष, किसने कहा कि तुम मेरे शत्रु हो? शत्रु तो दो तरह के होते हैं—एक राक्षस, दूसरा अराति। जो बलपूर्वक किसी दूसरे का सुख-शान्ति, स्वप्न, संकल्प, पुण्य, सम्पत्ति, पवित्रता, संहति नष्ट करता है, वह राक्षस है। अराति वह है जो सम्पत्ति होते हुए भी कंजूस होता है, दान नहीं करता; शक्ति सामर्थ्य होते हुए भी निर्धनों की सहायता नहीं करता।"

"किन्तु हमारा जन्म तो राक्षस जाति में हुआ है। हम दस्यु, दैत्य, दानव, दास हैं—इसलिए आर्यजाति के शत्रु के रूप में जाने जाते हैं और निन्दित होते हैं।"

रुद्राक्ष के स्वर में आरोप कम, उलाहना अधिक था। ऋचा का चेहरा दुख में घिरे हुए चाँद-सा फीका लग रहा था।

मैं उनकी उलाहना समझ रही थी, पर क्या उत्तर देती? आर्य-अनार्य जातिवाचक नहीं है, गुणवाचक है—यह बात जितना भी समझाती, कोई मानने को तैयार ही नहीं होता। दृढ़ सम्प्रदायवाद और जातिवाद को दूर करना उतना आसान नहीं था। समाज के उच्चवर्ग कहलाने वाले आर्य यह नहीं चाहते थे। अनार्य और समाज का निम्नवर्ग कहलानेवाला समूह युगों की हीनता, विद्वेष और विराग से मुक्त होने के बारे में सोचने तक को तैयार नहीं था।

केवल आर्य-अनार्य ही नहीं, ब्राह्मण, क्षत्रिय, वैश्य, शूद्र—इसी तरह मानव समाज आज विखंडित है। ये सब जातियाँ नहीं, कर्म पर आधारित पद हैं। जो लोग मानव समाज से अज्ञानता मिटाकर समाज के पथप्रदर्शक बनते हैं, उन्हें ब्राह्मण की पदवी मिलती है। उनके लिए गुण और कर्म में सात्त्विक होना आवश्यक है। जो लोग मानव समाज से अन्याय, दुर्नीति, अराति मिटाकर लोगों को और राष्ट्र को सुरक्षा प्रदान करते हैं, वे क्षत्रिय की पदवी प्राप्त करते हैं। क्षत्रिय ज्ञान और शक्ति के अधिकारी हैं। जो लोग मानव समाज की आवश्यकता के अनुसार व्यापार करके समाज को सम्पन्न और समृद्ध करते हैं, वे वैश्य की पदवी प्राप्त करते हैं। जिनमें ज्ञान प्राप्त करने की शक्ति कम होती है, वे भी धरती माता की सन्तान हैं। उनका जन्म निरर्थक नहीं है। इस पृथ्वी पर उनकी भी आवश्यकता है। वे लोग समाज का सेवा कार्य निरहंकार चित्त से कर सकते हैं। आज वे लोग 'शूद्र' के नाम से जाने जाते हैं। राष्ट्र के प्रति अपने-अपने कर्त्तव्य और प्रवृत्तिगत गुणों के अनुसार मनुष्य चतुःवर्ण में बँट गया है। चतुःवर्ण के सक्रिय सहयोग से ही जन्मभूमि दीप्तिमय होती है। प्रत्येक नागरिक को अपनी मातृभाषा, मातृसंस्कृति के विकास के लिए अपने प्रवृत्तिगत सद्‌गुणों का विकास करना चाहिए। इसका अर्थ यह नहीं कि दूसरे की भाषा, संस्कृति और स्वाधीनता को मिटाकर उनकी हजारों वर्ष पुरानी संस्कृति को ध्वस्त करके स्वयं को सम्पन्न करना है। यह दोषपूर्ण और बर्बरोचित कार्य है। यदि कर्म से पदवी मिलती है तो ब्राह्मण का पुत्र शूद्रों जैसा काम करने पर भी ब्राह्मण क्यों कहलाता है? क्षत्रिय सुलभ प्रवृत्ति का प्रदर्शन करने पर भी रुद्राक्ष क्षत्रिय क्यों नहीं कहलाता? आज समाज की इसी अज्ञानता को दूर करने की आवश्यकता है।

मानव की आत्मा का तेज और उसकी दीप्ति ही मानव का स्वराज्य है। किसी भूखंड का राष्ट्रवासी एक-दूसरे के पराक्रम और शक्ति को स्वीकार करके सामूहिक रूप से संकल्पबद्ध होने पर ही उस मातृभूमि और मानव-समाज

के तेज में वृद्धि होती है। एक-दूसरे के प्रति प्रेम और आन्तरिक भाव-विनिमयता न हो तो सभ्यता और संस्कृति नष्ट हो जाती हैं। तुच्छ और संकीर्ण साम्प्रदायिकता, गुटबन्दी और जातीय कलह द्वारा व्यक्ति और राष्ट्र स्वराज्यच्युत हो जाते हैं। आर्य-अनार्य, ब्राह्मण-शूद्र सम्बन्धी जिस संकीर्ण कलह में आज आश्रमवासी आर्य और वनवासी दास लिप्त हैं, वह इस आश्रम-संस्कृति को बर्बाद करके रख देगा, इसमें सन्देह नहीं।

उपद्रवियों और राक्षसों का दमन करना राष्ट्रनेता तथा आश्रम के मुखिया का प्रथम कर्त्तव्य है, किन्तु यह दमननीति जातिगत न हो। आर्य ऋषियों को यह समझना चाहिए कि आश्रम के भीतर भी कई उपद्रवी होते हैं—जबकि वे राक्षस नहीं माने जाते, बल्कि रुद्राक्ष को भी यज्ञोपवीत धारण करने का अधिकार दिया जाना चाहिए। मुझे पसन्द है कर्मठ, शक्तिशाली, सहृदयी, विचारशील, शिष्टाचार सम्पन्न युवक रुद्राक्ष। क्या वह आर्य नहीं? यदि वह आर्य नहीं, तो कौन है आर्य? क्या है आर्य की परिभाषा?

ऐसा क्या किया है रुचिशील, व्रती, कर्मठ ऋचा ने कि वह दानवी, राक्षसी कहलाए?

सभ्य समाज में 'आर्य' कहलानेवाले न जाने कितने लोग निकम्मे और आलसी हैं। स्वयं काम न करके वे अन्य लोगों के श्रम एवं ज्ञानलब्ध सम्पदा का उपभोग करते हैं। बहुत से लोग राष्ट्रनेता कहलाकर दूसरों की सम्पत्ति पर अपना अधिकार जमा लेते हैं। क्या वे लोग दस्यु नहीं हैं? क्या विलासी, डरपोक, हीनवीर्य राजा दस्यु नहीं हैं?

इनके अलावा भी कई तरह के दस्यु हैं समाज में। क्या शराबी, जुआरी और दुर्नीतिपरायण व्यक्ति यज्ञोपवीत धारण करने के बावजूद दस्यु नहीं हैं?

कई तथाकथित 'आर्य' जाति के लोग अपने निहित स्वार्थ के लिए हिंसा, रक्तपात, लूट और हत्या को ही अपने जीवन का आधार मानते हैं। वे आर्य हैं या दस्यु? कर्त्तव्य किए बिना जो लोग अधिकार भोगते हैं, वे भी समाज और देश के शत्रु हैं। अपनी प्रवृत्ति और शक्ति के अनुसार समाज से अन्याय, दुर्नीति, दुख और दरिद्रता दूर करना नागरिकों का कर्त्तव्य है। ऐसा न करना कर्त्तव्यहीनता है और दूसरे शब्द में—देशद्रोह। कर्त्तव्य से जी चुरानेवाले ऐसे अनेक स्वार्थी लोग आश्रमों में भी हैं किन्तु वंश परम्परा के अनुसार वे लोग यज्ञोपवीतधारी या पदवीधारी होने के कारण आर्यों में गिने जाते हैं।

जो लोग राष्ट्रीय संवैधानिक कर्त्तव्य की अवहेलना करके देशसेवा के बहाने केवल अधिकार भोगने की आकांक्षा करते हैं, वे देशप्रेमी हैं या देशद्रोही?

रुद्राक्ष और ऋचा को देखकर मेरे मन में ऐसे अनेक प्रश्न उठने के साथ ही विद्रोह भी जाग रहा था। हालाँकि मेरी ऐसी भावनाओं के पीछे नारद भैया का काफी योगदान रहा है। इस भूखंड की वर्तमान राजनीतिक स्थिति के बारे

में वे मुझे तरह-तरह की जानकारी देते रहते हैं और अपने विचारों से भी अवगत कराते रहते हैं।

रुद्राक्ष और ऋचा बिना दोष के संकीर्ण साम्प्रदायिकता के शिकार हुए हैं। उनके मन में आक्रोश जागना स्वाभाविक है।

हिंसाकांड, यज्ञभंग, ऋषि सम्पत्ति की बर्बादी और निर्दोष नागरिकों की जान-माल, सुख-शान्ति की हानि इस विद्रोह का स्वरूप हो, यह मैं नहीं चाहती थी।

इससे विद्वेष और विषमता बढ़ती जरूर है, पर घटती नहीं। दोनों ओर के जान-माल की हानि होती है। कुछ निहित स्वार्थवाले व्यक्ति बीच में राजनीतिक लाभ उठा लेतें हैं। रुद्राक्ष को कुछ समझाओ तो वह समझ जाता है। पशुबल प्रयोग करके या हिंस्रता दिखाकर क्या शान्ति और मैत्री स्थापित की जा सकती है? क्या भय दिखाकर श्रद्धा या प्रेम प्राप्त किया जा सकता है?

"तो फिर? हम कैसे करें अपने हक का दावा? किस तरह हमें वापस मिलेगी हमारी जन्मभूमि? कब तक हम आर्यों के डर से जंगलों, गिरिकन्दराओं में मुँह छिपाते फिरेंगे? यह भूखंड कभी हमारा था, कौन नहीं जानता? पूछो वनस्पतियों से, अन्तरिक्ष से, नदी, पर्वत, सूर्य और चन्द्र से—यह मूल भूमि और मूल संस्कृति हमारी है, पर आज हम सभी ओर से लांछित, वंचित और निन्दित हैं। यदि हमें अपना हक शान्तिपूर्ण ढंग से न मिला, तो बल प्रयोग करने के सिवाय और क्या उपाय है?"

रुद्राक्ष का क्रोध से जर्जरित चेहरा इस समय राक्षस के चेहरे जैसा भयानक दिख रहा था। क्रोध, हिंसा, प्रतिहिंसा ऐसे हानिकारक आवेग हैं जो कि पहले क्रोधी और हिंसक का ही नुकसान करते हैं। अपने प्रिय रुद्राक्ष का असुर रूप देखकर मुझे ठेस पहुँचती है। रुद्राक्ष और उसके वंशधर क्या असुर प्रवृत्ति नहीं छोड़ सकते? क्या आर्य और अनार्य का साथ-साथ रहना अब सम्भव नहीं?

यदि आर्य सोचते हैं कि अनार्य कहलानेवाले अपनी जन्मभूमि से खदेड़े गए इन अवहेलित लोगों के सहयोग के बिना भी वे टिके रहेंगे तो यह उनकी निराधार धारणा है। कभी-कभी आर्यों में भी अनार्य प्रवृत्ति सिर उठाती है। धन, सम्पत्ति, राज्य, नारी और क्षमता के लोभ में आर्यों ने आपस में जितने युद्ध और रक्तपात किए हैं, उतने युद्ध नरसंहार और रक्तपात आर्य-अनार्य के बीच भी नहीं हुए। मनुष्य, देवता और दास—इन तीनों के बीच हमेशा संघर्ष होता रहा है। संघर्ष का कारण अहंकार स्वार्थ और श्रेष्ठता जताना है।

किन्तु क्या वास्तव में परमात्मा की सृष्टि में ऐसे तीन प्रकार के मस्तिष्कधारी जीव हैं? मनुष्य के हृदय का आध्यात्मिक विश्वास, भक्ति और पवित्रता ही एकमात्र देवता है। विश्वास की गहराई के अनुरूप मनुष्य दिव्य, अप्य और पार्थिव श्रेणी में बँटा हुआ है। यदि मनुष्य की आत्मा दीप्त और दिव्य है, तो वही देवता है। मंत्र से प्रकाशमान अन्तरात्मा ही देवता का सार्थक स्वरूप है। ज्योति

और दीप्ति मनुष्य में होती है–दास में भी है। मनुष्य के लिए जो भावज्योति है, दास के लिए वह सेवाज्योति है और देवता के लिए वही मंत्रज्योति। मनुष्य के हृदय ज्योति में ही देवता उद्‌भासित है–मनुष्य के हृदयमसि से ही दास मसीकृत है। इसलिए मनुष्य ही देवता और दास का सृष्टिकर्ता है। सबके मूल में मनुष्य की ही भूमिका है।

हर काम फलदायी होता है। अच्छा हो या बुरा, कर्म के अनुसार ही फल मिलता है। इसलिए रुद्राक्ष और ऋचा अपने कर्मों के अनुरूप एक-न-एक दिन फल अवश्य प्राप्त करेंगे। एक-न-एक दिन आर्य-अनार्य संघर्ष का अन्त होगा। मैं ऋचा और रुद्राक्ष को समझा रही थी। ब्रह्मचारी माधुर्य न जाने कब से खड़े मेरी बातें सुन रहे थे।

माधुर्य ने मेरे मुँह की बात छीनते हुए कहा, "भद्रे! आप जिन्हें अच्छे और बुरे कर्मफल के बारे में समझा रही हैं, उनमें आत्मानुभव कहाँ है कि वे आत्मा की जगह देवत्व स्थापित करके दासत्व को स्वाहा की जगह रखें।"

"क्यों ये लोग दासत्व को 'स्वाहा' की जगह नहीं रख सकते, माधुर्य? क्या अपने अधिकारों के लिए विद्रोह करने का अर्थ दस्युता है? बर्बरता है? अनार्यपन है?"

"भद्रे! लगता है, आपने अनार्यों का प्रतिनिधित्व करने का निश्चय कर लिया है। आचार्य गौतम आपके इस अनार्य-प्रेम का अनुमोदन नहीं करते हैं, इसलिए वे असन्तुष्ट हैं आपसे। अनार्यों के प्रति आचार्यजी का विद्वेष तर्कसंगत है। अनार्य ऋषियों का यज्ञ और उनकी तपस्या भंग करते हैं–मोक्ष के मार्ग में बाधक होते हैं। वे लोग ऋषियों के प्रति बड़े निर्दयी होते हैं।"

"केवल दैत्य ही ऋषियों का यज्ञभंग नहीं करते। देवता भी ऋषियों का यज्ञभंग करते हैं। ऋषियों के साधना-पथ में बाधा डालने के लिए अप्सराओं का उपयोग करते हैं। विश्वामित्रजी के बारे में तो जानते ही होंगे। मेनका, रम्भा..."

मेरे मुँह से देवताओं की कूट कपटता के बारे में खुली आलोचना सुनकर माधुर्य सशंकित हो उठे। जिन देवताओं की स्तुति ऋषिगण सुबह से शाम तक करते हैं–जिन देवताओं के लिए आचार्यगण सामगान करते हैं, मैं आश्रम में रहकर एवं आश्रम की छात्रा होकर उन्हीं देवताओं के विरुद्ध आचरण कर रही हूँ, यह जानने पर आचार्यजी कोप करेंगे और सम्भवतः मुझे आश्रम से निकाल देंगे। माधुर्य मेरे सहपाठी हैं। मेरे प्रति उनकी अशेष श्रद्धा और आदरभाव मुझे मुग्ध करते हैं किन्तु मेरा निष्कपट आचरण कभी-कभी उन्हें आशंकित कर देता है। माधुर्य के मन में और कुछ हो न हो, पर माधुर्य मेरे सान्निध्य में खुश रहते हैं, इस बात की ओर मेरा सूक्ष्म अनुभव मुझे शंकित करता है। इससे न तो मैं उल्लसित हूँ और न ही क्षुब्ध। बचपन से मेरा सान्निध्य पाकर सभी के खुश रहने की बात मैं जानती हूँ। मेरा यह अनुभव नया नहीं है। इसलिए माधुर्य की सादर शुभेच्छा

का मैंने निर्मल चित्त से स्वागत किया है किन्तु मैंने गौर किया है कि आचार्यजी को हमारा इस तरह खुलकर मिलना-जुलना पसन्द नहीं। माधुर्य आर्य हैं, रुद्राक्ष अनार्य-मेरे माधुर्य-प्रीति अथवा रुद्राक्ष-प्रीति, किसी से भी खुश नहीं थे आचार्य। क्या प्रीति घृण्य है? क्या सहृदयता अशुभ है-कुत्सित है-अकरणीय है? यहाँ तक कि किरात कन्या ऋचा के साथ मेरे सख्यभाव को भी आश्रम में कोई खुले मन से स्वीकार नहीं करता। मैं जानती हूँ कि मेरे अलावा कोई भी ब्रह्मचारी आचार्यजी की इच्छा के विरुद्ध आचरण नहीं करता। विरुद्ध आचरण करने पर दंड भोगना पड़ता है। इस आश्रम का अनुशासन बहुत कठोर है, किन्तु मेरे पिताजी के पद, प्रतिष्ठा और क्षमता के कारण आचार्यजी कभी-कभार असन्तुष्ट होने पर भी न तो मुझे कोई दंड दे पाते हैं और न ही आश्रम से निकाल पाते हैं। मेरा अनुभव कहता है कि माधुर्य की तरह आचार्यजी भी मेरे सान्निध्य-सुख से वंचित होना नहीं चाहते। माधुर्य ब्रह्मचर्य व्रत का निष्ठापूर्वक पालन करने पर भी कभी-कभी मन खोलकर कह देते हैं कि तुम्हारा सान्निध्य बड़ा सुखकर है किन्तु आचार्यजी मुँह खोलकर ऐसा कभी नहीं कहते। यही माधुर्य और आचार्यजी में अन्तर है। कठोर इन्द्रिय संयम में आचार्यजी सफल हैं। माधुर्य अब भी साधनारत है। पिता ब्रह्माजी के आदेश पर मैं आई थी आश्रम में शिक्षा प्राप्त करने, जबकि मुझे बीच में समिध बनाकर इष्टसाधन के लिए मानो हर कोई यज्ञरत है!

दिव्ययज्ञ की पवित्र वेदी है मेरी यह अदिति पृथ्वी माता। मेरी यह पृथ्वी द्युलोक की अनिर्वचनीय सौन्दर्य से ऋतम्भरा है। क्या नहीं है मेरी पृथ्वी पर जो ऋषिगण द्युलोक और अन्तरिक्ष में जाने के लिए इतनी साधना, इतनी तपस्या करते हैं? ब्रह्मांड की अथाह सम्पत्ति, द्युलोक का महासूर्य, भूलोक की महाप्रकृति और महोदधि नभमंडल की मेघमाला, विद्युत, अन्तरिक्ष का मृदु मरुत, सारा कुछ तो इसी पृथ्वी की समृद्धि के लिए स्रष्टा का वरदान है। प्रेम, मैत्री, करुणा, सदिच्छा, परोपकार, त्याग, समर्पण-इन सबके पृथ्वी के अन्तःकरण में होते हुए और किस दिव्य भावबोध की आकांक्षा से मनुष्य पृथ्वी से ऊपर जाने का अभिलाषी है? यज्ञ के लिए समिध इकट्ठा करने के लिए आश्रम से बाहर निकलकर मैं ऋचा और रुद्राक्ष के पास पहुँच सब कुछ भूल जाती हूँ और इसी तरह दार्शनिक तत्त्वों पर उनके साथ चर्चा करने लग जाती हूँ। मैं गौर करती हूँ कि उनमें भी अथाह ज्ञान लिप्सा है। यदि उन्हें आश्रम में शिक्षा प्राप्त करने का अवसर मिल जाए तो वे लोग भी एक दिन शास्त्र के रचयिता हो सकते हैं-आत्मज्ञान से उद्भाषित हो ऋषियों को भी आलोकित कर सकते हैं। भला वे लोग यज्ञभंग क्यों करेंगे?

" 'यज्ञ' का उद्देश्य केवल देवपूजन नहीं है, संगतीकरण भी है। विद्वान, गुणी और देवोपम व्यक्तियों का प्रतिभा पूजन है, सम्प्रदाय और गोष्ठीगत

विभाजन भूलकर राष्ट्रवासियों के साथ हृदय का मिलन और संगतीकरण है एवं दुर्बल और अवहेलित लोगों को उसका न्यायसंगत अधिकार दिलाना ही तो यज्ञ है। इन तीन उद्देश्यों को पूरा करने के कारण ही यज्ञ श्रेष्ठकर्म है। इसलिए 'यज्ञ' करने का अधिकार सबको है। देवता भी यज्ञ करते हैं। यह ब्रह्मांड एक महान यज्ञ है। मानव भी यज्ञ है।

वेदवाणी से झंकृत होओ ऐ मनुष्य! तुम्हारी देह, तुम्हारा जन्म यज्ञ के लिए बना है। अपने स्वार्थ को आत्मबलिदान द्वारा 'स्वाहा' करके आत्मयज्ञ करो। इस सृष्टि यज्ञ में परमात्मा स्वयं यज्ञस्वरूप है। प्रजापति के सृष्टि यज्ञ में मानव का प्रजागण के योग्य बनना ही मानवजन्म की सार्थकता है।''

कल यज्ञ के बारे में व्याख्या करते समय आचार्यजी ने आत्मयज्ञ पर जोर देते हुए महर्षि दधीचि का जीवन वृत्तान्त सुनाया था। तब से मैं सर्वत्र दधीचि के यज्ञस्वरूप को ही देख रही हूँ। दधीचि के सात्त्विक-यज्ञ ने इस मिट्टी को पवित्र किया है आज कल जो यज्ञ हो रहे हैं, उनमें से सभी यज्ञ सात्त्विक नहीं हैं–निहित स्वार्थ पूरा करने के लिए अनेक राजसिक और तामसिक यज्ञ भी अहोरात्रि हो रहे हैं।

इसलिए यज्ञ-समिध एकत्र करने आश्रम से बाहर आकर मैं एकाग्रचित हो गुरुजी के आदेशानुसार काम नहीं कर पाती। महात्मा दधीचि के आध्यात्मिक यज्ञ की विशाल भावना में डूबकर मैं यह तक भूल गई कि आश्रम के अग्निहोत्र का समय बीत चुका है। मैं देख रही हूँ कि प्रातः काल का सूर्य दधीचि के आत्मयज्ञ के अग्निहोत्र को ही प्रकट कर रहा है। महात्मा दधीचि द्वारा अपने पंचभूत शरीर, इन्द्रिय, मन, बुद्धि और आत्मा को एकीभूत करके अपनी विशाल समग्रता को 'हव्य' पदार्थ बनाकर राष्ट्र के कल्याण-यज्ञ में 'स्वाहा' करने का दृश्य मुझे हर जगह दिखाई देता है। सूर्यरूपी यज्ञाग्नि दधीचि की समग्रता को, दधीचि की महिमा को अणु-परमाणु बनाकर विभूति की तरह शत्रु-मित्र में अन्तर किए बिना बाँट देती है। कौन हैं महान-दधीचि या सूर्याग्नि? दधीचि ने स्वयं को सूर्याग्नि में हव्य कर दिया। सूर्य ने स्वयं कुछ न लेकर जगत के कल्याण के लिए सब कुछ वितरित कर दिया। कौन है श्रेष्ठ-हव्य या होम?

स्वर के साथ व्यंजन वर्ण के अन्तर्भाव की तरह ऋतु और वनस्पति में भाव होता है, किन्तु उम्र और प्राणकोष में तो महाभाव होता है!

वसन्त ऋतु में भी पत्ते झड़ते हैं, कई फूल अनखिले रह जाते हैं–खिले फूल मुरझा जाते हैं, पंखुड़ियों से सुगन्ध उड़ जाती है। आज का रंग कल फीका पड़ जाता है। लेकिन यौवन-ऋतु में देह का प्रत्येक जीवकोष फूल की तरह पंखुड़ियाँ

पसार देता है, महक उठता है देह का एक-एक अणु-परमाणु। आज की कामना कल आकाश तक व्याप्त हो जाती है—सारे सपने तारों की तरह एक के बाद एक चमकने लगते हैं अन्तर्मन के आकाश में। वसन्त ॠतु में सारा वन तारों की ढेरी बन जाता है—यौवन ॠतु में सारी कल्पनाएँ असंख्य मोतियाँ बन जाती हैं। वहाँ निराशा की परछाईं नहीं पड़ती।

न जाने मेरे अन्दर कैसा बदलाव आ गया, मैं नहीं जानती। लेकिन मैंने अनजाने ही माधुर्य से और अन्य ब्रह्मचारियों से दूर-दूर रहना चाहा। मेरे भावकोष के प्रत्येक स्नायु में कल्पना का मधुचक्र भँवर बनाने लगा। मैं अध्ययन की अपेक्षा मननरत रहने लगी काफी-काफी देर तक। अपना यह बदलाव मैंने जितना अधिक महसूस किया, उतना अधिक स्वयं को दूसरों के ध्यान के केन्द्र बिन्दु में पाया।

आश्रम के तपस्वी-तपस्विनी, उपाध्याय-उपाध्यायिनी, आचार्य अब सभी मुझे भावविह्वल हो देखा करते। माधुर्य तो कभी-कभी मेरी ओर देखते हुए वेदोच्चारण में भूल कर देता था। खूब अच्छा लगा करता था मुझे, लेकिन आचार्य गौतम के हावभाव बड़े विचित्र लगते। आचार्यजी एक निष्ठावान ब्रह्मचारी थे। अभी तक उन्होंने गार्हस्थ्य जीवन प्रारम्भ नहीं किया था।

किन्तु बहुत जल्द ही वे गार्हस्थ्य धर्म में प्रवेश करेंगे, ऐसी आशा आश्रमवासी कर रहे थे। गौतम विवाह-विमुख नहीं हैं। उपयुक्त कन्या दृष्टि में आने पर वे विवाह करेंगे, यह बात सबको मालूम थी। किन्तु गौतमजी से विवाह करके सुखमय सांसारिक जीवन बिताना किस रमणी के लिए सम्भव होगा, उस बारे में सबके मन में सन्देह हो रहा था। जो भी गौतमजी से विवाह करेगी, वह अवश्य पुण्यवती नारी होगी। लेकिन उसे तलवार की धार पर चलना होगा। दुख को दुख नहीं कहेगी। सुख में सुखी नहीं होगी, सुन्दरता की ओर मुग्ध होकर नहीं देखेगी, यौवन में स्थविर-सी शुष्क नीरस भाव लिए निष्काम रहने का प्रयास करेगी, आँखों में चमक नहीं होगी, उसके मुख, आँख, हावभाव हर जगह लिखा होगा—ब्रह्म सत्य, जगत मिथ्या। आचार्यजी के साथ वानप्रस्थ तो जाया जा सकता है, गृहस्थी नहीं बसाई जा सकती। आचार्य मुझे हेय समझते हैं या मुझसे डरते हैं, मैं समझ नहीं पाती। कभी-कभी मेरी ओर अपलक निहारते रहते हैं और अगले ही क्षण मेरी मृदु भर्त्सना करते हैं कि मैं खोई-खोई-सी क्यों रहती हूँ—अस्थिर मति हूँ। अब वे मेरी ओर सीधे-सीधे नहीं देखते। त्वयि, अन्वि, वार्ता, नीति या फिर प्रथा की ओर देखकर मुझसे सम्बन्धित अनेक बातें समझा रहे होंगे पर मेरी ओर नहीं देखेंगे। कहते हैं, यह उनके कठोर संयम और चरित्रवान होने का परिचायक है किन्तु मुझे तो लगता है कि रुद्राक्ष अधिक संयमी और चरित्रवान है। वह मेरी ओर देखता है, मुग्ध होता है, मेरे चरणों की धूल लेकर मस्तक पर लगाता है और

कहता है, ''तुम्हें जिसने गढ़ा है उसे देखना तो सम्भव नहीं–पर तुम्हारे पैरों की धूल लेकर उनकी सृष्टि की पूजा तो कर सकता हूँ।''

रुद्राक्ष के मन में मैल नहीं है। उसका मन उसकी आँखों में साफ-साफ झलकता है किन्तु गौतमजी मुझे देखकर एक ही साथ ऐसी परस्पर विरोधी प्रतिक्रियाएँ प्रकट करते हैं कि उनके मन की बात समझ पाना ब्रह्माजी के लिए भी कठिन है, मैं तो तुच्छ अहल्या हूँ। मैं कैसे समझूँ कि वे मुझे देखते ही क्यों इतने कठोर दिखाई देते हैं, रुक्ष दर्शन और नीति-नियम बखानने लग जाते हैं?

गौतमजी के निर्देश पर उपाध्यायिनी मुझे गृहस्थ धर्म, विवाह-संस्कार, नारी के वसन-भूषण, चाल-चलन, गृहकार्य, अतिथि-सेवा, विवाहिता नारी के कर्त्तव्य इत्यादि की शिक्षा दिया करती थीं। बहुत जल्द मेरी शिक्षा समाप्त हो जाएगी और मैं पिताजी के घर लौट जाऊँगी। उसके बाद मेरा विवाह होगा। पिताजी ने गौतमजी को निर्देश दिया है मुझे गृहकार्यों में निपुण बनाने के लिए। मेरे विवाह के लिए पिताजी चिन्तित हैं, ऐसा नारद भैया ने आकर आचार्य गौतमजी को कहा था, मैं यह जानती हूँ। क्या मेरा विवाह कोई समस्या बन गई है कि पिताजी इतने चिन्तित रहते हैं?

मैं जानती हूँ कि शिक्षा समाप्त करके मैं पिताजी के पास लौट जाने के बाद पिताजी 'समन उत्सव' का आयोजन करेंगे। उस उत्सव में स्त्री-पुरुष, दोनों मनोरंजन कार्यक्रम में भाग लेंगे। कवि, कलाकार, धनुर्धर और रथी-महारथी अपनी-अपनी प्रतिभा का प्रदर्शन करेंगे। सारी रात वह उत्सव चलेगा। तरह-तरह के नृत्य, गीत, वाद्यों के बीच पति-पत्नी चुनना ही उस उत्सव का मूल लक्ष्य होता है, यह बात मैंने उपाध्यायिनियों से सुनी है। यह उत्सव हर कुँआरी कन्या के मन के अन्तर का एक चिरप्रतीक्षित स्वप्न होता है। किन्तु मैं उस उत्सव को लेकर उतना उत्कंठित नहीं थी। मैं जानती थी कि 'समन उत्सव' तक पिताजी को मेरा विवाह तय करने के लिए प्रतीक्षा नहीं करनी पड़ेगी। नारद भैया कहते थे कि अनेक ऋषि-मुनि, देवता, यक्ष, किन्नर मेरा पाणिग्रहण करने को उत्सुक हैं, किन्तु पिताजी किसी भी प्रस्ताव से सन्तुष्ट नहीं हैं। कहते हैं कि देव-दानव, यक्ष, किन्नर कोई भी मेरे लिए उपयुक्त पति नहीं है। तो फिर त्रिभुवन में और बचा ही कौन है कि पिताजी मेरे लिए उपयुक्त पति चुनेंगे? मनुष्य!

किन्तु मनुष्य मात्र तो संघर्षरत है। क्या पिताजी ने मेरे अदृश्य में संघर्ष का मुख देख लिया है? मुझे आशा है, पिताजी निश्चित ही मेरी इच्छा से मेरा विवाह तय करेंगे। मैं अपने भावी पति के व्यक्तित्व के किस पक्ष पर निर्भर करके पति का चुनाव करूँगी, समझ नहीं पा रही थी। किन्तु शिक्षा समाप्त होने से पहले मुझे इस बारे में स्पष्ट कर लेना होगा। आचार्यजी भी पिछले कुछ दिनों से चतुराश्रम में से गार्हस्थ्य एवं षोडश संस्कारों में से पंचदश संस्कार विवाह पर अधिक जोर

देकर चर्चा कर रहे थे। नारी की भूमिका और नारी जीवन के लक्ष्य आदि की आचार्यजी प्रांजल व्याख्या कर रहे थे। स्वयं विवाहित न होते हुए भी एक अनुभवी गृहस्थ की तरह गार्हस्थ्य धर्म के बारे में विस्तार से प्रकाश डाल रहे थे। मैं समझ रही थी कि वे चर्चाएँ मुझे ही केन्द्र में रखकर चल रही थीं।

एक दिन मैं अपनी अस्वस्थता के कारण शिक्षापीठ नहीं जा सकी। उस दिन आचार्य गौतम 'वैदिक मंत्रों में प्रतीक' विषय पर चर्चा करने लगे। जब माधुर्य ने आचार्यजी से कहा कि इससे पहले की चर्चा विवाह-संस्कार पर चल रही थी और अभी वह समाप्त नहीं हुई है, तब आचार्यजी ने स्पष्ट रूप से कहा, "अहल्या की अनुपस्थिति के कारण आज हम विवाह-संस्कार एवं गार्हस्थ्य धर्म पर चर्चा स्थगित रखेंगे। यह चर्चा अहल्या के लिए अत्यन्त महत्त्वपूर्ण है। समावर्तन उत्सव के तुरन्त बाद अपने घर लौटते ही उसका विवाह सम्पन्न होगा। पितामह ब्रह्मा उपयुक्त वर की खोज में हैं। मुझे विश्वास है कि अहल्या जैसी नारी के लिए उपयुक्त पात्र का अभाव नहीं होगा।"

आचार्य गौतम का मेरे लिए उपयुक्त पति-प्राप्ति एवं सुखमय दाम्पत्य जीवन को लेकर चिन्तित होना कोई अस्वाभाविक बात नहीं थी। गुरु अपने शिष्यों के सफल भविष्य की कामना करते हैं। गुरु पिता समान होते हैं। ऐसी शुभकामना की आशा तो उनसे की ही जा सकती है। उनकी शुभेच्छा से मुझे खुशी हुई।

विवाह और गार्हस्थ्य के बारे में आचार्यजी से नीति-नियम और कठोर अनुशासन की व्याख्या सुनकर सहसा एक दिन मैंने उनसे प्रश्न किया, "विवाह बन्धन है या मुक्ति? आपने कठोर नीति-नियम की जो सूची दी है, उससे लगता है-विवाह बन्धन है। मनुष्य के रूप में हमें कैसी कामना करनी चाहिए-बन्धन की या मुक्ति की?"

आचार्य गौतम ने सीधे मेरी ओर देखकर स्पष्ट उत्तर दिया, " 'वि' का अर्थ है गति या मुक्ति। जो संस्कार मनुष्य को गति या मुक्ति की ओर ले जाता है, उसी का नाम 'विवाह' है। विवाह किसी भी स्थिति में बन्धन नहीं है, बल्कि वह तो नाना बन्धनों को तोड़कर मनुष्य को चतुःवर्ग फलों की प्राप्ति कराता है। ऐहिक और पारलौकिक, दोनों तरह के सुखों की प्राप्ति में विवाह सहायक होता है। इसलिए केवल दैहिक सुख की प्राप्ति विवाह का उद्‌देश्य नहीं है। यदि तुमने आजीवन ब्रह्मचर्य पालन करने का दृढ़ निश्चय कर लिया है तो बिना विवाह के भी तुम मुक्तिपथ पर अग्रसर हो सकती हो। किन्तु हर मनुष्य को आजीवन ब्रह्मचर्य पालन करने की आवश्यकता नहीं है। सृष्टि प्रवाह में विवाह की जो भूमिका है, वह बिना विवाह के उच्शृंखलित और व्याहत हो जाएगी। विवाह कामोत्तेजना नहीं बढ़ाता, बल्कि मनुष्य की कामवासना को शान्त करके मन को

एकमुखी करता है। लोगों के बीच रहने के लिए विवाह करना स्वागत योग्य है। गृहस्थ को जिन पाँच प्रकार के यज्ञों को करना चाहिए, बिना विवाह के वे उन्हें करने के लिए उपयुक्त विवेचित नहीं होते। इसलिए विवाह को 'मुक्ति' मानकर चतुःवर्गप्राप्ति के पथ पर निष्ठा के साथ कर्त्तव्य पालन करना चाहिए। नीति, नियम और अनुशासन किसी भी युग में बन्धन के लिए नहीं बनते। अनुशासन को जो लोग बेड़ियाँ समझते हैं, वे नीति-नियम को तोड़कर काम करना जन्मसिद्ध अधिकार समझते हैं। केवल उस तरह के उच्छृंखलित व्यक्तित्व के लिए अनुशासन बेड़ियाँ बन जाता है—नीति दंड बन जाती है।"

आचार्यजी के तर्क अकाट्य और हृदयग्राही थे। विवाह के सम्बन्ध में मेरा भय, आशंका और सन्देह धीरे-धीरे दूर होता जा रहा था। कहा जाए तो विवाह को लेकर मुझमें आग्रह भी उत्पन्न होने लगा था। विवाह से केवल सुख ही नहीं मिलता, सामाजिक सम्मान भी मिलता है। कौन नहीं चाहेगा सम्मानपूर्वक जीना?

बचपन से नहीं जाना कि परिवार का सुख क्या है। इसलिए पारिवारिक जीवन के प्रति मुझमें अदम्य कुतूहल और अवदमित आकांक्षा थी। कहा जाए तो पारिवारिक जीवन बिताना मेरा एक सर्वश्रेष्ठ स्वप्न था।

एक सुयोग्य वधू के रूप में मेरी गिनती हो, इसके लिए आचार्य गौतम हर तरह की चेष्टा बड़े मनोयोग के साथ कर रहे थे। ललितकला, काव्यकला, संगीत और नृत्यकला की शिक्षा देने की व्यवस्था भी आचार्य गौतम ने की थी। पत्नी को पति के साथ धार्मिक अनुष्ठान करना होता है इसलिए नारी को शास्त्र का ज्ञान भी हासिल करना पड़ता था। मेरे शास्त्र-ज्ञान से गौतमजी सन्तुष्ट थे। पति के साथ लौकिक तथा धार्मिक जीवन में हिस्सा लेने में मैं पूरी तरह समर्थ हो सकती हूँ, यह वे जानते थे। पति की आध्यात्मिक गतिविधियों में समान रूप से भाग लेने में मैं समर्थ हूँ या नहीं, इस बारे में आचार्य गौतम ने मेरी बार-बार परीक्षा लेकर सन्तोष प्रकट किया था।

गौतमजी के आश्रम में मेरी शिक्षा समाप्त होने को थी। शिष्या होने के नाते गौतमजी मुझसे जितने प्रसन्न थे, गुरु होने के नाते मैं भी गौतमजी के प्रति उतनी ही कृतज्ञ थी। मेरा आर्येतर जाति के साथ मेल-जोल गौतमजी उतना पसन्द नहीं करते थे। दासपल्ली में वेदचर्चा का गौतमजी द्वारा विरोध करते थे। इसके बावजूद मैं दासपल्ली में ऋचा और रुद्राक्ष को वेदाध्ययन कराती थी, यह जानते हुए भी गौतमजी का मेरे प्रति दंडविधान न करना उनकी उदारता का परिचायक था। मेरे लिए नियम-अनुशासन अत्यन्त कठोर होने पर भी मैं मन ही मन गौतमजी की श्रद्धा और भक्ति करती थी। हमारे बीच गुरु-शिष्य का सम्बन्ध धीरे-धीरे मधुमय हो उठा था। मैं रुक्ष नीतिवादी, गम्भीर दार्शनिक आचार्य गौतम के अन्तर्मन के मधुतत्त्व को पढ़ने की चेष्टा कर रही थी।

गौतमजी के अन्दर की कोमल आध्यात्मिक सत्ता ने मुझे आकर्षित किया था। इसलिए ब्रह्मचर्याश्रम छोड़कर गार्हस्थ्य धर्म में प्रवेश करने की बात सोचते ही गौतम-आश्रम छोड़ने की बात अनायास ही मेरे अन्तर्मन में विदाई के करुण-स्वरवर्ण झंकृत कर देती थी। केवल मैं ही नहीं, मेरे साथ शिक्षा पानेवाले सभी शिष्य और शिष्या गौतम-आश्रम से विदा होने की बात से उदास हो उठते थे। आश्रम के गुरु-शिष्य का सम्बन्ध केवल कुछ वर्षों की सीमा में नहीं बँधा था। यह सम्बन्ध इतना दृढ़ और गहरा था कि जीवनभर उस सम्बन्ध के टूटने की कोई सम्भावना नहीं थी।

बिदाई-बेला को उत्सव मुखर करने के लिए समावर्तन उत्सव की तैयारियाँ चल रही थीं, किन्तु आचार्यजी की राय में 'समावर्तन' का अर्थ शिक्षा की समाप्ति नहीं है। गुरु गृह में अध्ययन की समाप्ति ही समावर्तन का संकेत है। उसके बाद शिष्य-शिष्या को दाम्पत्य जीवन में या आजन्म ब्रह्मचारी जीवन में प्रवेश करने की पूरी स्वाधीनता होती थी। दाम्पत्य जीवन में भी वेदाध्ययन एवं नैतिक शिक्षा जीवन का एक हिस्सा है। स्वाध्याय द्वारा दाम्पत्य जीवन में अनुशासन लाया जाता था।

विवाहित जीवन के पंचमहायज्ञ में स्वाध्याय अर्थात प्रत्यह वेदगान और नीति-नियम पालन करना भी शामिल है। आचार्य गौतम शिष्यों को सम्बोधित करते हुए जीवनव्यापी शिक्षा का महत्त्व समझाते जा रहे थे। आश्रम छोड़कर जाने के बाद गुरु-शिष्य का सम्बन्ध टूट नहीं जाएगा, बल्कि अधिक-से-अधिक दृढ़ होगा, ऐसी उन्होंने घोषणा की थी। कुल मिलाकर बिदाई की घड़ी के करुण गम्भीर परिवेश को हल्का करना ही आचार्यजी का उद्देश्य था। छात्रों के जीवन में समावर्तन उत्सव के बाद बिदाई की घड़ी एक बार आती है लेकिन आचार्य के जीवन में तो यह घड़ी हर वर्ष आती है। इसलिए छात्र उदास लग रहे थे, जबकि आचार्य निर्लिप्त दिखाई दे रहे थे।

समावर्तन उत्सव में नाना प्रकार की प्रतियोगिताएँ और परीक्षाएँ होती हैं। दूर से आए विद्वान अतिथियों को निर्णायक मंडल के सदस्य के रूप में शामिल होने का अनुरोध किया जाता। छात्रगण इन प्रतियोगिताओं में सफल होकर अतिथियों से प्रशंसा सुनने को उत्सुक हो उठते। इस उत्सुकता में ही बिदाई समारोह सम्पन्न हो जाता। कृतित्व, उत्साह और उद्दीपन के बीच सभी छात्र अपने-अपने घर लौट जाते।

मेरे साथ प्रतियोगिता में भाग लेनेवाला कोई नहीं था। इसका यह अर्थ नहीं कि मेरा कोई प्रतिद्वन्द्वी नहीं था। अपनी प्रतिद्वन्द्वी मैं स्वयं थी। मेरी श्रद्धा, मेधा, चिन्ता, चैतन्य कहाँ तक मेरा साथ देंगे, उसी पर निर्भर करेगा मेरी परीक्षा का परिणाम। समावर्तन उत्सव से पहले गुरुजी प्रत्येक छात्र की परीक्षा लेते हैं। उस

परीक्षा में उत्तीर्ण होने पर ही शिक्षा-समाप्ति की घोषणा की जाती है वरना कुछ और समय के लिए उसे गुरु-आश्रम में रहना पड़ता है।

मुझे कुछ और समय गौतमजी के आश्रम में रहने में कोई आपत्ति नहीं थी। मेरा जीवन साधारण जीवन नहीं था। घर पर माँ, बाप, भाई-बहन बैठे मेरी बाट नहीं देख रहे थे। गौतम आश्रम और रम्यवन मेरे लिए तो एक जैसे थे। बल्कि गौतम आश्रम में थीं अनेक गुरुपत्नियाँ और मुनिकन्याएँ। थे कई संगी-साथी। निकट ही थी दासपल्ली, जहाँ थे रुद्राक्ष और ऋचा। वे मुझे अत्यन्त प्रिय थे। इस बीच ऋचा और रुद्राक्ष में अन्तरंगता बढ़ी थी। इसलिए मैं ऋचा को अपने साथ रम्यवन लौटा ले जाना नहीं चाहती। वे लोग बहुत जल्द विवाह करनें वाले थे। इसके बाद वे सुख से रह सकेंगे। अनार्यों में युवक-युवती स्वेच्छा से पति-पत्नी चुन लेते हैं। इसलिए इस बार रम्यवन में मैं अकेली पड़ने वाली थी। उस दृष्टि से गौतम आश्रम ही मेरे लिए ठीक था; किन्तु इसका अर्थ यह नहीं कि मैं परीक्षा में उत्तीर्ण न होकर गौतम आश्रम में रहना चाहती थी! और फिर इन्द्रदेव के सामने परीक्षा देकर अनुत्तीर्ण होने की इच्छा मैं क्यों करती?

मेरी परीक्षा स्वयं इन्द्रदेव लेने वाले थे। समावर्तन उत्सव में वे मुख्य अतिथि के रूप में आने वाले थे। मेरी शिक्षा के परिणाम का निर्णय उन्हीं को करना था। सोमरस और सोमरस में मिश्रित विभिन्न प्रकार के पेय तैयार करने में मैं कहाँ तक निपुर्ण हुई हूँ, उसके विचारक इन्द्रदेव के सिवाय और कोई नहीं हो सकता था। यदि मैं सोमरस तैयार करके इन्द्रदेव को सन्तुष्ट कर सकी, तो ब्रह्मांड में सबको सन्तुष्ट कर सकती हूँ, ऐसा प्रथा ने मेरे कान में कहा था। पाकशास्त्र तथा सोमरस तैयार करना भी नारी शिक्षा का एक अंग है।

"तुम चाहे कितनी ही बड़ी विदुषी बन जाओ, मंत्रद्रष्टा ऋषिका बन जाओ या सम्राज्ञी बन जाओ, तुम्हें पाक-कला एवं गो-दोहन में दक्षता हासिल करनी होगी अन्यथा तुम्हारी शिक्षा अपूर्ण घोषित हो जाएगी।" इसलिए मैं निष्ठापूर्वक इन्द्रदेव के लिए सोमरस तैयार करने में जुट गई थी।

सोमरस सुमति का उत्स है। शुभ अन्तःकरण के समस्त आवेग लगाकर मैंने तैयार किया था सोमरस और उसमें मिश्रित नाना प्रकार के पेय। सोमपान करने से अपूर्व उल्लास और अनुपम उत्साह प्राप्त होता है, जिससे उदात्त होती है भावना। एक अनिर्वचनीय प्रेरणा से प्रेरित करती है सोमधारा। इसलिए ऋषिगण सोमरस पान करते थे। आर्य लोगों के लिए सोमरस प्रतिदिन का अभ्यास बन गया था। इन्द्रदेव थे सोमरस के परम उपासक। अतः सोमरस कैसा बना है, उस बारे में श्रेष्ठ विचारक इन्द्रदेव के अलावा और कोई नहीं हो सकता।

मोदमयी सोमलता हेमवन्त पर्वतमाला के स्निग्ध, शीतल मौजवन्त पर्वत में सुलभ थी। हेमवन्त की तलहटी में, दक्षिण-पश्चिम की ओर आध्यात्मिक रस से

पुष्ट सोमलता घनी हरी हो पल्लवित हुई थी। किन्तु सोमलता के आविष्कारक आर्य नहीं थे। गरुड़ उपासक कैकत नामक एक पहाड़ी जाति इसकी आविष्कारक थी, जिन्हें आर्यों ने 'दास' कहा था। आर्यों को दासों से सोमलता का पता चला एवं सोमपान में वे दासों से आगे निकल गए। कहा जाए तो सोमपान दासों के लिए एक तरह से निषिद्ध हो चुका था।

पहले सप्तसिन्धु इलाके में आर्यों को प्रचुर सोमलता मिल जाती थी। किन्तु आर्यगण के प्रचुर परिमाण में नित्य सोमरस पान करने के कारण धीरे-धीरे सोमलता दुर्लभ हो चली थी। दासों से सोमरस बनाना सीख जाने के बाद आर्यगण प्रचुर मात्रा में सोमपान करते थे इस वजह से अब सोमलता आश्रम के निकट वन, उपवन, लताकुंजों में हाथ की पहुँच में नहीं थी। सुदूर पर्वत शिखर से, उपत्यका के भीतर स्वप्निल सौन्दर्य से उज्ज्वल सोमलता की शाखा-प्रशाखाओं का झूलता दृश्य अत्यन्त मनोहारी लगता था। किन्तु उस लता की ओर हाथ बढ़ाने से हाथ पहुँचता ही नहीं था। श्रम और निष्ठा के बिना सोमलता का स्पर्श तक करना सम्भव नहीं था।

कभी-कभी तो सोमयज्ञ के लिए भी सोमलता की एक टहनी तक नहीं मिलती थी। इस अवसर का लाभ उठाकर कुछ 'दास' व्यापारी 'सोमरस' को मदिरा में बदलकर आर्यों को बेचने लगे। आर्य गण सोमरस के प्रति इतने आसक्त हो चुके थे कि 'दास' लोगों को प्रचुर अर्थ देकर सोमरस खरीदा करते थे। आसक्ति ही अपार्थित को पार्थिव पण्यद्रव्य में बदल देती है। सोमरस को पण्य बनाने में दास व्यवसायी जिम्मेवार हैं या सोमासक्त आर्यगण जिम्मेदार हैं। क्या बिना ग्राहक के व्यापारी या व्यापार टिक सकता है?

मैं सोमलता की तलाश में वन, पर्वत, उपत्यकाओं में लगभग सुबह से शाम तक भटकती रहती। तब मुझे ऋषिका अपाला की बात याद आती। अपाला ने सोमरस से सन्तुष्ट किया था इन्द्रदेव को। चिरयौवना एवं सौभाग्यवती बने रहने का वरदान इन्द्रदेव ने उन्हें दिया था। अपाला का श्वेत कुष्ठरोग इन्द्रदेव के आशीर्वाद से ठीक हो गया था किन्तु इन्द्रदेव के नाम पर यह अफवाह फैला दी गई थी कि इन्द्रदेव ने सोमपान करने के साथ-साथ पतिव्रता अपाला का अधर-पान भी किया था। इसमें कितना सच है और कितना झूठ, यह तो केवल अपाला ही बता सकती थीं। इसलिए मैं ऐसे दुष्प्रचार को सच के रूप में स्वीकार नहीं कर पा रही थी। फिर भी सोमरस बनाते समय मन में एक अवदमित रोमांच जाग रहा था। इन्द्रदेव सोमरस पान करने के बाद यदि अपूर्व मादकता से उल्लसित हो उठे, तो उसी से मेरी सफलता प्रमाणित हो जाएगी।

लेकिन यदि उस उल्लास में इन्द्रदेव ने मेरे प्रति भी अनुचित आवेग की बाढ़ बहा दी...जैसाकि उन्होंने किया था ऋषिका अपाला के साथ...।

अगले ही क्षण मैंने अपने सशंकित मन को नियंत्रित किया। अपाला के मुँह से सच-झूठ जानने के बाद ही इन्द्रदेव के बारे में सिद्धान्त की सीमारेखा खींची जा सकती थी। किन्तु इन्द्रदेव के बारे में सोचते समय मन के भीतर एक तरह की हलचल और गोपनीय रोमांच क्यों था? सम्भवतः इन्द्रदेव थे तीनों लोकों के नायक। इसलिए अनेक कुँआरी कन्याओं के कल्पित पुरुष, इन्द्रदेव के रूप में ही कल्पना में साकार होते थे। आज मैं जिस तरह का रोमांच अनुभव कर रही थी, वह इन्द्रदेव के लिए नहीं था, अपने कुँआरे मन के सपने में उत्कीर्ण भावी पति के लिए था।

मेरे भावी पति रूप, ऐश्वर्य, वीरता और दानशीलता में इन्द्रदेव की तरह हों, यही थी सम्भवतः मेरे अवचेतन मन की कामना। किन्तु इन्द्रदेव ऋषि गौतम की तरह वेदज्ञ और दार्शनिक नहीं हैं। मैं चाहती थी कि मेरा भावी पति गौतम की तरह वेदज्ञ और दार्शनिक भी हो। इन्द्रदेव और गौतम दोनों की सारी खूबियाँ लेकर यदि किसी ने इस त्रिभुवन में जन्म लिया होगा, तो शायद उसे ही पिताजी मेरे लिए उपयुक्त समझते; किन्तु ऐसा सर्वांग-सुन्दर, सर्वगुण-सम्पन्न पुरुष क्या कोई था, जो अहल्या को हर तरह से सुखी रख सकता? पार्थिव सुख तो सदा असम्पूर्ण होता है। असम्पूर्णता ही पार्थिव जीवन की यथार्थ परिभाषा है। यह सही है कि इन्द्रदेव सबका अभीष्ट सिद्ध करते थे; किन्तु मनुष्य का मन ऐसा है कि एक अभीष्ट पूरा हुआ नहीं कि दूसरे अभीष्ट को पूर्ण करने की कामना जाग उठती है। इच्छाएँ विविध हैं। विषय-इच्छा, भाव-इच्छा, त्याग-इच्छा, भक्ति-इच्छा, ऐसी न जाने कितनी इच्छाएँ मनुष्य के मन में निरन्तर उत्पन्न होती हैं, उनकी सीमाएँ निर्धारित करना मुश्किल है।

एक बार मैंने आचार्यजी से प्रश्न किया था, "इच्छाओं का कारण क्या है?"

गौतमजी ने उत्तर दिया था, "वस्तु का आकर्षण और अभावबोध। यही सारी इच्छाओं का कारण है। अपूर्णता और आकर्षण न हो तो इच्छाएँ उत्पन्न नहीं होंती। मानव शरीर में अपूर्णता और आकर्षण है। उसके साथ पंच ज्ञानेन्द्रिय और कर्मेन्द्रिय हैं। ये सभी इच्छाओं के वश में हैं।"

"क्या इच्छाओं का विलोप सम्भव है?"

"सम्भव है—और असम्भव भी। मोक्ष में ही इच्छाओं का विलोप है—और फिर मोक्ष की इच्छा के भी अधीन मनुष्य होता है। इसलिए असदिच्छा और सदिच्छा में से सदिच्छा के अधीन होना श्रेय है।"

दार्शनिक कभी भी स्पष्ट नहीं होते। संघात ही दर्शन की मूल कथा है। पर कुछ भी हो, गुरुजी की बातों से इतना समझ गई कि सदिच्छा उत्पन्न करना ही शिक्षा का उद्देश्य है।

आज समावर्तन उत्सव के प्रारम्भ होने से पहले मैंने सदिच्छा और सुमति के मेल से इन्द्रदेव के लिए नाना प्रकार के सुमिष्ट मोदमय सोमरस तैयार करके

परीक्षण के परिणाम की बड़ी उत्कंठा से प्रतीक्षा की। समावर्तन उत्सव अपने निर्धारित मुहूर्त पर आरम्भ हुआ।

गुरुकुल के अध्यक्ष के रूप में पहले आचार्य गौतम ने मुख्य अतिथि इन्द्रदेव का स्वागत करते हुए उनका स्तुतिगान किया। कहते हैं, इन्द्रदेव को स्तुतिगान अतिप्रिय था। आचार्य गौतम उनके सहपाठी होने के कारण इस बारे में जानते थे। इसलिए स्तुति करना उनकी नीति न होने पर भी समारोह के आनुष्ठानिक कार्यक्रम के अन्तर्गत होने के कारण उन्होंने इन्द्रदेव के स्तुतिगान से चारों दिशाओं को मुखरित करते हुए कहा–

"हे महान परमेश्वर! मघवान, शचीनांपति, पुरुवसुः, प्रचेतन, बाजानांपतिः, महिष्ठवः, वज्रिन, शविष्ठः, शकः, बज्रिवः, चिकित्वः, जेता, अपराजितः, पूर्वः आद्रिवः, अंशुः, पूर्तिः, वशी, प्रभुः, वृत्रहा, सुशेवाः, अह्वयुव, अग्निः पूषा, इन्द्रः!

सत्पथ पर होनेवाले विघ्न–बाधाओं के आप सूक्ष्म विनाशक हो। हे ऐश्वर्यशाली प्रभो! धन वितरण करना आपका स्वभाव है। इन ब्रह्मचारी–ब्रह्मचारिणियों, शिष्य–शिष्याओं को वह धन दें जो इन्हें धनाभिमुखी न करके ज्ञानाभिमुखी कराए, जो इनसे मानवता का पालन और परिपुष्ट कराए। लोभ, काम, मोह आदि भयावह शत्रुओं को प्रोत्साहित करनेवाले आकर्षक, मोह उद्रेककारी सम्पत्ति इन्हें नहीं चाहिए। हे इन्द्र! शिक्षा का उद्देश्य तीन तरह की अज्ञानताओं को दूर करना है। आत्मविषयक अज्ञानता, सृष्टि के स्थूल और सूक्ष्म तत्त्वों के बारे में अज्ञानता और स्वयं से सृष्टितत्त्वों के सम्बन्धों की अज्ञानता लेकर ये शिष्यगण गुरुकुल आते हैं। विद्यामाता के गर्भ में तीन रातें बिताने के बाद शिष्य द्विज बनकर नए रूप में जन्म लेते हैं। आचार्य का कर्त्तव्य है शिष्य को द्विज बनाकर अज्ञान–रूपी अन्धकार से ज्ञान रूपी प्रकाश की ओर ले जाना। अपने शिष्यों के प्रति मैंने अपने इस कर्त्तव्य का निर्वाह किया है।

भोग के प्रलोभन से मुक्त करके मैंने इनमें आत्मज्ञान और आत्मविश्वास भरा है। मुझे विश्वास है कि ये ब्रह्मचारी–ब्रह्मचारिणी सांसारिक जीवन में प्रवेश करने के लिए पूर्ण योग्यता प्राप्त कर चुके हैं। जीवन में प्रलोभन का प्रतिरोध करने की शक्ति ये पा चुके हैं। अब ये लोग आपका आशीर्वाद प्राप्त करके पितृगृह लौटने की प्रतीक्षा कर रहे हैं। मैं इनकी परीक्षा ले चुका हूँ। फिर भी आप ही श्रेष्ठ निर्णायक हैं। आपके उपदेशों के बिना इनकी शिक्षा अधूरी है। हे पुरुषोत्तम इन्द्र! मैं समावर्तन उत्सव का उद्घाटन करने हेतु आपका स्वागत करता हूँ।"

समारोह में उस समय बहुत भीड़ थी। विद्याप्राप्त तेजस्वी ब्रह्मचारियों को देखने के लिए जनता दूर–दूर से आकर उषाकाल से ही प्रतीक्षा कर रही थी। इस वर्ष के समावर्तन उत्सव में पिछले वर्षों की तुलना में अधिक जनता उपस्थित थी। उसका कारण सम्भवतः मैं थी। अनिन्द्य सुन्दरी अहल्या को देखने के लिए

अबाल-वृद्ध-वनिता के दूर-दूर से आने की बात आश्रम में चर्चा का विषय बन चुकी थी। इससे मैं आनन्द का अनुभव कर रही थी।

आनन्दमय, ऐश्वर्यवान, तेजस्वी पुरुष नयनाभिराम इन्द्रदेव ने रत्तीभर भी अहंकार प्रदर्शित न करते हुए मन को छू लेनेवाली वाणी में संयत शब्द भंडार से, चित्त मुग्धकारी गुरुगम्भीर स्वर में दीक्षान्त भाषण प्रारम्भ किया, "हे मेरे पूज्य अध्यक्ष—मेरे अन्तरंग सहपाठी आचार्य। ब्रह्मचारीगण!

"अकेले भोग करनेवाला व्यक्ति पाप को ही भोगता है किन्तु यह बात वह समझ नहीं पाता। बोध और अनुभव ज्ञान की दो शाखाएँ हैं। ज्ञानबोध और अनुभव से पुष्ट शाखा-प्रशाखाओं से चेतना परिपक्व होती है। यह दिव्यता के स्पर्श से सुरभित होती है। यही मनुष्य को सक्रिय करती है। भ्रम को भी कोई-कोई ज्ञान समझकर सक्रिय हो जाते हैं लेकिन भ्रम में चेतना नहीं होती। यह भ्रम ही अज्ञानता है। इसलिए अज्ञानता के वश में होकर सक्रिय होने से इष्ट के बदले अनिष्ट होता है। व्यक्तिगत भ्रम और अज्ञानता समूह के अनिष्ट का कारण होती है। 'स्वार्थ' भी महनीय हो सकता है। जब समूह-स्वार्थ तुम्हारी क्रियाशीलता को प्रेरित करता है, तब स्वार्थ महार्घ होता है।

"सृष्टि की प्रत्येक वस्तु एक-एक यज्ञ सामग्री है। वस्तुमात्र ही जगत कल्याण के लिए बना है। इसलिए इनका व्यय जगत कल्याण के लिए करना ही जीवन का लक्ष्य होना चाहिए। 'हलाहल' भी धनवन्तरी के समूह-कल्याण की सदिच्छा से संजीवनी में बदल सकता है। इसलिए प्रत्येक नागरिक को अपनी पितृभाषा, पितृसंस्कृति एवं पितृभूमि के विकास के लिए अनुकूल आचरण करना वांछित है। मानव की आत्मा का तेज सूर्यादि दिव्य पदार्थों से भी अधिक दीप्तिमय है। इसलिए आपसी प्रेम और हृदय की विनिमयता द्वारा स्वराज्य स्थापित करना जीवन का यथार्थ लक्ष्य है। तुच्छ और संकीर्ण कर्मों में लिप्त रहना अनार्य का लक्षण है। इससे समाज का संकल्प और उसकी शक्ति कमजोर पड़ जाती है। प्रत्येक नागरिक सामाजिक अनुशासन का पालन करे तो समाज गतिशील और समृद्ध होता है। ठीक उसी तरह राष्ट्रनेता को चाहिए कि वह राष्ट्र के राक्षसों और उपद्रवकारियों का दमन करके आन्तरिक शान्ति बनाए रखे। यज्ञ का अर्थ है महत कर्म। यज्ञ अथवा समाज सेवा में बाधा उत्पन्न करनेवाला व्यक्ति ही राक्षस है।

"अतः हे ब्रह्मचारीगण! तुम मनुष्य बनो। तुमने ब्रह्मचर्याश्रम, विद्याध्ययन सत्याचरण, वीर्यविग्रहादि की शिक्षा प्राप्त की है। अब समुद्र के समान गम्भीर, वेदगर्भ, ज्ञानदीप्त, तेजस्वी, ओजस्वी बनकर गुरुकुल से समावर्तन करो। तुम राष्ट्र की वास्तविक सम्पत्ति हो। हे मनुष्य! तुमने गुरुगृह में एक कुटुम्ब के रूप में स्नेह-प्रेम में बँधकर वर्षों बिताए हैं। यहाँ से अपने घर जाने के बाद भी, जिस तरह चक्के की तीलियाँ केन्द्रस्थ नाभि से जुड़ी रहकर गतिशील रहती हैं उसी

तरह तुम्हारी समस्त कार्यकारिणी शक्ति समूह-कल्याणरूपी नाभि से जुड़े रहकर भिन्न-भिन्न कार्यों से गतिशील रहे। घर लौटकर पुत्र के रूप में पिता-माता के शुभ आज्ञाकारी बनो, पति के रूप में पत्नी के प्रति प्रेममय, मधुर और शान्तवाणी युक्त बनो। बन्धु के रूप में ईर्ष्या और द्वेषरहित बनो, नागरिक के रूप में अहिंसक और देशप्रेमी बनो। संसार के सभी प्राणियों को मित्रचक्षु से देखो। तुम कानों से अच्छी बातें सुनो, आँखों से अच्छी चीजें देखो, हाथों से शुभ कार्य करो। इन्द्रियों को भाव इच्छा से संचालित करके जब तक जीओ, सबके हितकारी बनो।''

इन्द्रदेव का सारगर्भित दीक्षान्त भाषण सभी मंत्रमुग्ध हो सुन रहे थे। इन्द्रदेव की वाणी यदि इतनी मधुर और ज्ञानपूर्ण है तो इनके कार्य कभी भी अशुभ एवं अमानवीय नहीं हुए होंगे। तो फिर इनके बारे में इतनी अफवाहें क्यों हैं? क्या ईर्ष्यावश?

इन्द्रदेव ने इस बार मुझ पर अपनी मधुमय दृष्टि डाली। मैं आज के समावर्तन उत्सव में एकमात्र ब्रह्मचारिणी थी। मैं निर्मल चित्त से अकलुष नयन खोलकर इन्द्रदेव को अपलक देख रही थी। इन्द्रदेव ने मेरी ओर संकेत करके कहा, ''हे भद्रा, स्वरूपा, सुभ्रु , सुचरिता, वधूयोग्या अहल्या! कठोर ब्रह्मचर्याश्रम के बाद तुम गृहस्थाश्रम में प्रवेश करने जा रही हो। तुम राष्ट्र की ध्वजास्वरूप हो। तुम परिवार के मस्तक तुल्य हो। तुम सत्याचारिणी बनो। तुम्हारा सारा परिवेश मधुमय हो। जीव सृष्टि में विश्वनियन्ता ने तुम्हें अपूर्व देह प्रदान किया है। देह में तुम सहृदयता स्थापित करो। उपयुक्त गुरु के संस्पर्श में रहकर तुम ज्ञानवती हुई हो। ज्ञान और सहृदयता को समन्वित करके तुम विश्वकल्याणी बनो। काम, क्रोध, लोभ, मोह, मद, मास्तर्य रूपी पाशविक मनोवेगों का नाश करके दिव्य नारी बनो। ऐश्वर्यवान, न्यायपूर्ण, दानशील, अभीष्टदाता, सन्तानोत्पादक, विवेकशील पुरुष के समक्ष खुद को अर्पित करो। यौवन, जरा, व्याधि और मृत्यु भी उन्हीं के साथ भोग करो। उनके प्रति विश्वस्त रहकर उन्हें भी अपने प्रति विश्वस्त करो।

''हे नारि! तुम गृहयज्ञ की ब्रह्मा के समान हो। सारी प्रजा तुम्हारी सन्तान है। जिस तरह पृथ्वी माता के थोड़े से विचलन से भूकम्प जैसी ध्वंसलीला होती है, उसी तरह तुम्हारे चरित्र के अणुमात्र स्खलन से समाज, सभ्यता और संस्कृति दिगभ्रष्ट हो जाएगी।

''हे वधूयोग्य अहल्या! हे स्वर्णयोग्य इन्द्राणी! इन्द्र अथवा शासक जिस तरह पूरे राष्ट्र का संचालन करते हैं, तुम उसी तरह परिवार एवं परिवार रूपी राष्ट्र का संचालन करके वीरांगना बनो। हे अमूषता! हे साध्वी! तुम अपनी आत्मशक्ति के बल पर बलात्कार को भी प्रतिहत करने में पूर्ण समर्थ हो। तुम्हारे सत्साहस एवं मनोबल के आगे दुराचारी पुरुष नतमस्तक रहे। काम के वशीभूत हो जो तुम्हारी ओर एक बार भी देखे, वह अभिशप्त हो जाए।

"हे ऋता! तुम ऋतमार्ग का उल्लंघन मत करना। बचपन से तुमने धर्मनिष्ठ, तर्कनिष्ठ, दार्शनिक, ज्ञानगर्भ गौतम से शिक्षा प्राप्त की है। तुम प्रखर बुद्धिसम्पन्न हो। तुम्हारा स्वभाव मोदभरा और मोहक है। तुम चन्द्रमा के समान हो। तुम्हारे हृदय कलश में तुम्हारी देह का सौन्दर्य संचरित हो। आध्यात्मिक सोमरस से तुम्हारा अन्त:करण पूर्ण रहे। तुम ब्राह्मी बनकर अपनी दिव्य भावना से जगत को प्रेरित करो। अपने दिव्य रूप से तुम दर्शकों के मन से पाप भावना को दूर करो। सौन्दर्य सबको आकर्षित करता है। इसलिए तुम सबको आकर्षित करके अपने महत्तर गुणों से धन्य करो। हे जननीयोग्या! तुम सामाजिक विकास की आधारभूमि हो। ब्रह्मचर्याश्रम की सारी तपस्या तुम्हारे भावी जीवन को नियंत्रित करे। उपयुक्त पुरुष को पति के रूप में वरण करने का समस्त अधिकार तुम्हें है। विवाह से पहले अपने भावी पति का रूप, गुण, चरित्र, व्यक्तित्व, जीवनादर्श इत्यादि समझकर विवाह के लिए सहमति देना। यह स्वतंत्रता तुम्हें है। अन्त में हे हव्या! मनुर्भव जनन्या दैव्यं जनम्। तुम मनुष्य बनो और दैवीय सन्तान उत्पन्न करो।"

इन्द्रदेव के उद्‌बोधन में मेरे प्रति जो अन्तरंगता थी, वह साफ-साफ झलक रही थी। उपस्थित श्रोताओं में मृदुगुंजरण शुरू हो गया था। प्रथा मुझे सुना-सुनाकर कह रही थी, "राजा, राष्ट्रनायक एवं राजनीतिक व्यक्तियों के वक्तव्य और कर्त्तव्य में जो अन्तर होता है, वह इन्द्रदेव के आज के उद्‌बोधन से स्पष्ट है। जो नीतिवाणी आज उन्होंने हमारी अहल्या को सुनाई, वह दीक्षान्त भाषण की दृष्टि से उत्कृष्ट है, लेकिन भाषण देनेवाले के अतीत का इतिहास याद करने से वह अत्यन्त हास्यास्पद लगता है।"

त्वयि ने कहा, "उनके भाषण से यह स्पष्ट है कि वे हमारी अहल्या के सौन्दर्य से मुग्ध और आकर्षित हैं। अपने मन की अदम्य वासना को गोपनीय रखने के लिए ऐसे नीतिवचन सुना रहे हैं। नेतागण जिन अनैतिक भावनाओं से संचालित होते हैं, बातें ठीक उसके विपरीत ही कहते हैं। इन्द्रदेव प्रखर बुद्धिवाले हैं। प्रकारान्तर से उन्होंने सबके समक्ष कह दिया कि अहल्या स्वर्ग के योग्य इन्द्राणी है। इसीलिए ऐश्वर्यवान, अभीष्टदाता, दानशील पति का वरण करने के लिए उन्होंने अहल्या से कहा। संसार में इन्द्रदेव से अधिक ऐवर्श्यशाली व अभीष्टदाता भला और कौन है?"

वार्ता ने मुझ पर कुटिल कटाक्ष करते हुए कहा, "अहल्या के बारे में बलात्कार प्रसंग उठाना अत्यन्त अशोभनीय है। इतने बड़े समारोह में इन्द्रदेव को ऐसा नहीं कहना चाहिए था। ब्रह्मापुत्री अहल्या का बलात्कार करने का दुस्साहस यदि इस ब्रह्मांड में कोई कर सकता है तो वह इन्द्रदेव के सिवाय और कोई नहीं हो सकता। मेरा मन कहता है, इन्द्रदेव की अपनी यह उक्ति उन्हीं पर लागू होती है। क्या वे एक दिन अहल्या के प्रसंग में अभिशप्त होंगे?"

मुझे ये बातें बिलकुल नहीं सुहा रही थीं। इन्द्रदेव के वक्तव्य से मैं पूरी तरह प्रभावित हो चुकी थी। मैंने खीजते हुए कहा, "अच्छी बातों का बुरा अर्थ निकालना भी पाप है। दीक्षान्त समारोह में ऐसा भाषण न देते इन्द्रदेव तो फिर क्या उपदेश देते? जो भी अतिथि बनकर आते, दीक्षान्त भाषण का यह बँधा-बँधाया वक्तव्य देते। बलात्कार की बात इन्द्रदेव ने सम्भवत: 'दास' लोगों के बारे में कही होगी। यह इन्द्रदेव के दास विरोधी मन का ज्वलन्त प्रमाण है। इसके अलावा यदि इन्द्रदेव का चरित्र निर्मल नहीं है, तो उन्हें दीक्षान्त समारोह में अतिथि के रूप में गुरु गौतम ने बुलाया ही क्यों?"

नीति ने मेरी बात का समर्थन करते हुए कहा, "ठीक यही बात मैं कह रही हूँ। इन्द्रदेव के अतीत पर मनन करके मैं यह समझ पाई हूँ कि अपनी परम सुन्दरी पत्नियों द्वारा सामयज्ञ करवाकर इन्द्रदेव का आह्वान करके उन्हें प्रसन्न किया जाता है। जल, धन, अन्न, ऐश्वर्य दान करने के लिए उनसे प्रार्थना की जाती है। इन्द्रदेव दानी हैं। बिना माँगे भी वे दान कर देते हैं। भक्तों की प्रार्थना पूरी करते हैं। उसके बाद इन्द्रदेव की निन्दा की जाती है और उन नारियों का कलंक फैल जाता है। मुनि, ऋषि, राजा, महाराजा द्वारा अपनी आध्यात्मिक और राजनीतिक अभिलाषा पूर्ण करने के लिए नारी के प्रति आसक्त पुरुष के पास अपनी सुन्दर पत्नियों को भेजना क्या निन्दित कार्य नहीं है? न जाने क्यों मेरे मन में एक आशंका उत्पन्न हो रही है। हमारी अहल्या जितनी त्रिलोक सुन्दरी है, भविष्य में जो भी उसका पाणिग्रहण करेगा, उसे अपना अभीष्ट सिद्ध करने के लिए, अहल्या को इन्द्रदेव को खुश करने के लिए उनके पास भेजना असम्भव नहीं लगता।"

मेरे अन्दर विद्रोह खौल उठा था। क्या नारी मनोरंजन की वस्तु है? कम-से-कम मैं ऐसे काम में अपने पति की आज्ञा नहीं मान सकती। मेरा अपना भी स्वतंत्र मन है। मेरा विवेक मुझे जो निर्देश देगा, मैं वहीं करूँगी। मैंने मन-ही-मन प्रतिज्ञा भी की थी। कौन जानता था कि मेरी प्रतिज्ञा भंग करने के लिए मेरी नियति भी उस दिन मेरे अनजाने प्रतिज्ञा कर चुकी थी!

अन्त में इन्द्रदेव ने एक-एक करके अन्तिम परीक्षा और प्रतियोगियों के परिणाम घोषित करके सबको महार्घ उपहार प्रदान किए। इन्द्रदेव के हाथ खोलते ही ऐश्वर्य की ढेरी लग जाती थी। उससे किसी को आश्चर्य नहीं हो रहा था। हर बार यही होता था। नए-नए ऐश्वर्य से आश्रम समृद्ध हो जाता था; किन्तु इस वर्ष उत्कंठा टिकी थी मुझ पर। मुझे वे किस ऐश्वर्य से विभूषित करेंगे, इसी की प्रतीक्षा थी। मेरे मन में भी कम उत्कंठा नहीं थी। किन्तु गुरुकुल आश्रम में शिक्षाप्राप्त करने के बाद पार्थिव वस्तुओं के प्रति मुझमें पहले जैसा आकर्षण नहीं था। पहले जैसी बात होती तो मैं माँगती पुष्पक विमान—या फिर हीरे मोती; किन्तु आज इस सात्त्विक परिवेश में मैं एक विचित्र-सी निर्लिप्तता में डूब चुकी थी।

इतने में इन्द्रदेव ने मेरी ओर संकेत करके घोषणा की, ''केवल सुन्दरता में ही नहीं, सोमरस तैयार करने में भी अहल्या अनन्य है। अन्न जिस तरह देह में मिलकर देह बन जाता है, उसी तरह अहल्या द्वारा तैयार किया सोमरस अन्तर में मिलकर अन्तरात्मा बन जाता है। बुद्धि अपहरणकारी सुरा है राक्षसरस। किन्तु जिस सोमरस का स्पर्श अहल्या ने किया है, वह है सात्त्विक रस- आध्यात्मिक रस। देवताओं के सन्तुष्ट होने के लिए यह मदमस्त पेय अहल्या के स्पर्श से अलौकिक शक्ति में परिणत हो गया है। इस सोमरस का पान करके मैं अपने अन्तर को साफ-साफ देख पा रहा हूँ। साधारण मदिरा पाप को बढ़ाती है। साधारण सोमरस आनन्द बढ़ाता है। लेकिन अहल्या द्वारा तैयार किया गया सोमरस परोपकार और पुण्य बढ़ाता है। इस सोमरस को पीकर आज मेरी चेतना मेरे कर्म को लोकसाधना से सिद्ध कराने के लिए प्रेरित हो रही है। अहिंसा ही प्रगति और उन्नति का मार्ग है। मैंने अपने जीवन में दुष्ट दमन करने के लिए सोमपान करके अनेक बार हिंसा का आचरण किया है लेकिन अहल्या के हाथ के स्पर्श से सोमरस इतना स्निग्ध और पावन हो गया है कि मेरा मन अहिंसक होने लगा है।

''देवता भी मनुष्य हैं। कभी-कभी देवता के मन में भी पाप की पदध्वनि सुनाई देती है। लेकिन आज अहल्या के हाथों से बनी सोमधारा पीकर मेरे अन्तःकरण में पुण्य की पदध्वनि झंकृत हो रही है। इसमें जरा-सी भी कपटता नहीं है। सोमरस बनानेवाली हे कल्याणी अहल्या! ऐसा सात्त्विक सोमरस पीकर मेरी अन्तरात्मा अन्न, धन, यश, दान करने के लिए मुझे प्रेरित कर रही है। तुम कोई साधारण नारी नहीं हो। तुम अदिति अखंडनीया दाव्या पृथ्वी माता कल्याणी अहल्या हो। आज तुम ब्रह्मचर्याश्रम की कठोर परीक्षा में उत्तीर्ण हो चुकी हो। मैं अति प्रसन्न हूँ। तुम जो भी वरदान माँगोगी, मैं बेझिझक दान करने के लिए आज सबके समक्ष घोषणा करता हूँ। ऐसा कुछ नहीं है जो मैं तुम्हें नहीं दे सकता।''

इन्द्रदेव की इस उदार निष्कपट घोषणा से सभी स्तब्ध रह गए। मैं तटस्थ हो गई। मेरी भावना स्तब्ध रह गई। यह उस समय यदि माँगती तो इन्द्रदेव मुझे स्वर्गराज्य सहित सम्पूर्ण त्रिभुवन दान दे देते—माँगा होता तो वे मेरे दासानुदास बनकर रहते, शायद माँगती तो इन्द्रपद न देते, पर शचीपद तो दे ही देते। लेकिन मैं कुछ भी नहीं माँग सकी। मेरे मुँह से शब्द नहीं फूटे। इन्द्रदेव ने मुझे विषम संकट में डाल दिया। ब्रह्मचारियों को उन्होंने जिस तरह स्वेच्छा से अभिनव उपहार दिए, उसी तरह मुझे भी कोई दुर्लभ उपहार दे सकते थे। लेकिन मुझे पृथ्वीमाता बनाकर वरदान माँगने को कहना इन्द्रदेव की उदारता हो सकती है, किन्तु क्या पृथ्वीमाता कभी किसी से कुछ माँगती है? वह तो दात्री है! अन्नदात्री, जीवनदात्री, आश्रयदात्री धरित्री!

इन्द्रदेव के उद्बोधन से मैं इतनी विह्वल हो चुकी थी कि मेरे अन्दर कोई अभाव-बोध बचा ही नहीं था। इसलिए कोई इच्छा या अभिलाषा नहीं जगी। जब कोई अभिलाषा ही न हो तो भला क्या माँगूँ? किन्तु इन्द्रदेव वरदान दिए बिना वापस नहीं जाएँगे। इससे उनके अहंकार को ठेस पहुँचेगी। उनके सम्मान में आँच आएगी। ब्रह्मचारिणी का धर्म है–भिक्षा। शिक्षा और भिक्षा अन्तरंग होने चाहिए। यह शिक्षार्थी के अहं को मारते हैं। अहंकार बदल जाता है आत्म-सम्मान में। इसलिए इन्द्रदेव से वरदान माँगने से मेरा अहंकार कम होगा। पर मैं उनसे क्या माँगू? एक बूँद पानी माँगने से वे समुद्र दे देंगे, चुटकीभर मिट्टी माँगने से वे पूरी धरती दे देंगे, चाँद और सूरज माँगने से वे सारा आकाश दे देंगे और एक क्षण माँगने से आज वे मेरे चरणों में अपनी समग्र आयु दान दे देंगे। ऐसे दानी अतिथि से मैं कुछ भी नहीं माँग पा रही थी। मेरी भावना रुद्ध हो रही थी कृतज्ञता से।

सभी उत्कंठित हो देख रहे हैं मेरी ओर। समारोह में मृदु गुंजरण हो रहा है, "ऐसा वरदान इन्द्रदेव ने अब तक किसी को नहीं दिया था। भविष्य में भी किसी को नहीं देंगे। सम्भवत: अहल्या की खूबसूरती ने नारी विलासी परमप्रेमी इन्द्रदेव पर मायाजाल फैला दिया था। पर अहल्या माँगे क्या?"

मैंने असहाय हो अपने गुरु गौतम की ओर देखा। मानो मैं मौन रहकर उनसे वरदान माँग रही हूँ–मुझे सद्बुद्धि प्रदान करें। दान देना जिस तरह एक उदार कला है, उसी तरह वरदान माँगना भी एक कमनीय कला है। तुम किससे, क्या, किस उद्देश्य से माँग रहे हो, वह तुम्हारे अन्तकरण को सबके सामने उत्कीर्ण कर देता है। तुम्हारी क्षुद्रता और महानता प्रकट कर देती है तुम्हारी याचना।

आचार्य गौतम ऊपर से शान्त लग रहे थे किन्तु वे सन्तुष्ट नहीं लग रहे थे। इसलिए उनकी दृष्टि ने मेरे अन्तःकरण को सतर्क करते हुए मानो कहा, "अहल्या! विद्यार्थी गुरु के निर्देश से भिक्षा माँगता है, परन्तु वह भिक्षुक कदापि नहीं होता। बिना परिश्रम के वह कोई वस्तु नहीं माँगता। बिना दान के वह प्रतिदान नहीं माँगता। सोमरस तैयार करके यदि तुमने इन्द्रदेव को सन्तुष्ट किया है, तो वह तुम्हारी शिक्षा का एक अंग है। इसमें इन्द्रदेव की विह्वल दानशीलता का कोई कारण मुझे दिखाई नहीं देता।"

गौतमजी को देखते ही मैं समझ गई। स्थिर विनम्र स्वर में बोली, "हे परम आराध्य इन्द्रदेव! आप जैसे दानी अभीष्ट दाता से कुछ भी माँगने से आपकी दानशीलता की अवमानना होगी। आप त्रिलोकपालक हैं। इसलिए मैं आपसे कुछ नहीं माँगूगी। आपने आतिथ्य और सोमरस से आनन्द प्राप्त किया–बस, इतना ही मेरे लिए परम करुणा और वरदान है। मैं कृतज्ञ हूँ।

मेरी प्रशंसा से सभा-मंडप गूँज उठा। आचार्य गौतम की दृष्टि से भी प्रशंसा की ज्योति छितरा गई। इन्द्रदेव ने प्रसन्न मुद्रा में कहा, "साधु साधु महर्षि गौतम!

तुम छात्र के रूप में थे ब्रह्माजी के श्रेष्ठ छात्र। आज गुरु के रूप में तुमने अपनी श्रेष्ठता प्रमाणित कर दी। छात्र का व्यक्तित्व गुरु की महिमा प्रकट करता है। अहल्या के उदार व्यक्तित्व से यह प्रकट होता है कि इस गुरुकुल की शिक्षा का मानदंड कितना ऊँचा है। वास्तव में ब्रह्मचारिणी अहल्या को किस चीज का अभाव है जो वह वरदान माँगे! गृहस्थी में प्रवेश किए बिना किसी को अभाव का अहसास नहीं होता। इसलिए हे सभासद्गण! आप लोग यह निश्चित रूप से जान लीजिए कि मैं अपना वरदान वापस नहीं लेता। इस वरदान के लिए मैं वचनबद्ध हूँ। आप सभी साक्षी रहेंगे। गौतम आश्रम के समस्त धूलकण, वायु, वनस्पति, नभमंडल साक्षी रहेंगे। अहल्या जिस दिन भी चाहेंगी, जहाँ जिस क्षण मुझसे वरदान माँगेंगी, मैं उन्हें वह दान देकर स्वयं को धन्य समझूँगा। किन्तु दीक्षान्त उत्सव के उपहारस्वरूप आज अहल्या को अपने गले का रत्नहार देकर उनके ब्रह्मचर्याश्रम की समाप्ति की घोषणा करता हूँ।'' इतना कहते हुए इन्द्रदेव ने अपने गले से रत्नहार निकालकर मेरे गले में डाल दिया।

मैं किंकर्त्तव्यविमूढ़-सी बुत बनी खड़ी रह गई। प्रथा ने मेरे कान में कहा, ''ब्रह्मचारिणी के गले में रत्नहार! वह भी कुँआरी कन्या के गले में पुरुष द्वारा माल्यार्पण? इन्द्रदेव का यह कार्य उन्हें शोभा नहीं देता। आचार्य गौतम इससे सन्तुष्ट नहीं हैं। किन्तु इसमें हमारी अहल्या का भला क्या दोष? इन्द्रदेव को आश्रम में सादर आमंत्रित करके अहल्या के गले में रत्नहार पहनवाया गया, इसमें अहल्या के लिए कोई चारा ही कहाँ बचा था? आचार्य गौतम को पहले स्वयं स्पष्ट होना चाहिए। इन्द्रदेव और गौतमजी के बीच के नीतिगत पार्थक्य के बारे में सारा जग जानता है, तो फिर उन्हें आश्रम में बुलवाकर पाद्यार्घ देकर पूजने के पीछे निश्चित ही गौतमजी का कोई उद्देश्य छिपा है। इसलिए अहल्या के गले में यदि इन्द्रदेव ने रत्नहार पहना दिया, तो इसे उदार हृदय से स्वीकार करना होगा।''

मैंने प्रथा की बात सुनकर आचार्य गौतम की ओर देखा। वे अत्यन्त अप्रसन्न लग रहे थे। मैंने विनम्रतापूर्वक वह रत्नहार आचार्यजी के चरणों पर रख दिया। कहा, ''इन्द्रदेव जी का दान मैं आश्रम के लिए दान करती हूँ। इससे आश्रम का सर्वांगीण विकास होगा। इन्द्रदेव के दान का यही सदुपयोग होगा। यह आश्रम मुझे अति प्रिय है। आश्रमवासी मुनि-ऋषि, ऋषिका, ऋषिपत्नी, ऋषिकुमार-कुमारी, वृक्षलता, पशु-पक्षी और आश्रम के बाहर के दास-जन सभी मेरे अपने हैं। आज विदा-लग्न में इन सबकी उन्नति के लिए मैं यह इन्द्र-रत्न गुरुजी को अर्पित कर रही हूँ।'' इतना कहकर मैंने आचार्यजी के चरणों की धूल ली।

वे प्रसन्न लगे। लेकिन उन्होंने वह रत्नहार नहीं उठाया। उनके पैरों में निष्प्राण सर्प-सा पड़ा रहा वह हार। इन्द्रदेव गम्भीर हो उठे। कहीं वे क्रोधित तो

नहीं हो गए? इससे कहीं उनका अपमान तो नहीं हुआ? कहीं मुझसे कोई भूल तो नहीं हो गई?

मैं इसी द्वन्द्व में जब भावुक हो बैठी थी, इन्द्रदेव ने सहज, सरस स्वर में कहा, "अहल्या ने उपयुक्त कर्तव्य निभाया है। आश्रम में ब्रह्मचारिणी रहने तक जो भी कुछ प्राप्त होगा, उसे पहले गुरुजी को निवेदित करना विधेय है। गुरुजी की अनुमति मिलने के बाद ही उसे पुनः ग्रहण किया जा सकता है, अन्यथा गुरुजी की इच्छा से ही उसका सदुपयोग होगा।"

मैं बच गई। इन्द्रदेव के उदार विचारों से उनके प्रति कृतज्ञ हुई। किन्तु आचार्य गौतम का आज का आचरण न केवल मुझे, बल्कि सबको अटपटा लगा। गौतमजी ने रत्नहार की ओर ध्यान तक नहीं दिया। प्रथा रत्नहार उठाकर ले गई और आश्रम के समूह-कल्याण के लिए बने पात्र में रख आई। आचार्य गौतम ने इसके लिए इन्द्रदेव के प्रति कृतज्ञता नहीं जताई और न ही मेरी प्रशंसा में एक वाक्य तक कहा। अतः मैं समझ नहीं पाई कि उन्होंने मेरे इस आचरण का अनुमोदन किया या नहीं।

एक ऐसे असमंजस भरे वातावरण से मुझे मुक्त कर दिया ऋषिका अपाला ने। ठीक उसी समय अपाला और उनके पति कृशाश्व वहाँ आ पहुँचे। दीक्षान्त उत्सव के समय सभी ऋषि-ऋषिकाओं को निमंत्रण भेजने की परम्परा है। इसलिए अपाला और कृशाश्व को भी निमंत्रण भेजा गया था किन्तु किसी को आशा नहीं थी कि इस वृद्धावस्था में भी वे आ जाएँगे। पिछले कई वर्षों से ये लोग कहीं नहीं जाते। गौतम आश्रम के समावर्तन उत्सव में ये पिछले पाँच वर्षों से नहीं आए। आज आने का विशेष प्रयोजन क्या था? सभी लोग अपाला की ओर देखकर इन्द्रदेव के साथ उनके बीते सम्बन्धों को लेकर आपस में बातचीत कर रहे थे और आमोद अनुभव कर रहे थे। इन्हीं अपाला ने इन्द्रदेव को सोमरस पिलाकर सन्तुष्ट किया था। कहते हैं, सोमरस के बदले अपाला के अधर-मदिरा का पान करके इन्द्रदेव सन्तुष्ट हुए थे और उन्होंने अपाला को रोगमुक्त किया था।

ऋषि कृशाश्व ने अपाला को स्वीकार भले ही कर लिया हो, किन्तु उस अफवाह पर विश्वास करके उन्होंने अपाला पर सन्देह किया था। कृशाश्व के उस सन्देह से अपाला के समग्र दाम्पत्य जीवन पर अँधेरा छा गया। आज उत्तरयौवन में भी अपाला और इन्द्रदेव के सम्बन्ध को लेकर कृशाश्व संशयमुक्त नहीं हैं। परन्तु आज इन्द्रदेव की सभा में पति-पत्नी दोनों जरा-व्याधि की परवाह किए बिना किस उद्देश्य से यहाँ आए हैं?

शीर्णकाय, श्वेतवर्णा, ललित बदना अपाला कभी अत्यन्त कमनीया रही होंगी, इसमें कोई सन्देह नहीं था। उन्हें देखते ही इन्द्रदेव अपना आसन छोड़कर

खड़े हो गए। अपाला और कृशाश्व का सादर स्वागत करते हुए उन्हें प्रणाम किया। अपाला इन्द्रदेव की ओर कृतज्ञताभरी निर्मल दृष्टि से देखती रहीं।

मुझे मेरा अभीष्ट सिद्ध होने जैसा लगा। कृशाश्व हाथ जोड़कर सबको आशीर्वाद देते हुए बोले, "मैं जानता हूँ कि हमारी उपस्थिति से आप सभी चकित हैं। वास्तव में स्वास्थ्य और आयु की दृष्टि से अब हम दोनों आश्रम से बाहर नहीं निकल पाते। इस वर्ष आचार्य गौतम ने विशेष अनुरोध किया था आने के लिए। इसलिए उन्होंने रथ भेजा था और नारदजी को दायित्व सौंपा था हमें लेकर आने का।

ब्रह्मचारी-ब्रह्मचारिणियों को अपाला अपने जीवन के अनुभूति सिद्ध ज्ञान के बारे में कुछ सम्बोधित करें, ऐसा उन्होंने अनुरोध किया था। दूसरी बात यह भी थी कि अपाला शापमुक्त होकर पुनः दाम्पत्य जीवन में लौट आने के बाद अब तक व्यक्तिगत रूप से मैंने इन्द्रदेव के प्रति कृतज्ञता व्यक्त नहीं की थी। यहाँ आने से पहले मैंने अपाला से उनकी साधना और सिद्धि का वास्तविक सत्य सुना था। उससे पहले अपने मन के संशय के कारण मैंने अपाला से उनके आरोग्य होने के पीछे निहित अफवाह के बारे में सीधे-सीधे कुछ नहीं पूछा था। पूरी बात सुनने के बाद मैं इन्द्रदेव से मिले बिना नहीं रह सका। आचार्य गौतम ने हमें यह अवसर दिया, इसके लिए मैं और अपाला उनके प्रति कृतज्ञ हैं।"

अब जाकर यह बात सबके सम्मुख स्पष्ट हुई। वार्ता ने मेरे कान में कहा, "आचार्य गौतम केवल ज्ञानगर्भ दार्शनिक ही नहीं हैं, वे एक विलक्षण राजनीतिज्ञ भी हैं। इधर इन्द्रदेव को सन्तुष्ट करके उनका कृपाभाजन बनने के लिए उन्हें मुख्य अतिथि के रूप में आमंत्रित किया और उन्हें सबके सामने अपमानित एवं निन्दित करने के लिए रथ भेजकर अपाला को बुलवा लिया। आचार्य गौतम जानते हैं कि आपाला सत्यवादिनी हैं। इन्द्रदेव ने उनके साथ अतीत में कैसा आचरण किया था, यह वे अपने पति की उपस्थिति में भी सबके सामने बताने में नहीं झिझकेंगी। अतः अपाला के सच कहने से इन्द्रदेव निन्दित व अपमानित होंगे और आचार्य गौतम पकड़े भी नहीं जाएँगे। आचार्य गौतम और इन्द्रदेव के बीच की बचपन की ईर्ष्या अब तक भी नहीं मिटी है, यह उसका प्रमाण है। अतिथि भगवान होता है। अतिथि को आमंत्रित करके उन्हें निन्दित करने के लिए इस तरह का आयोजन करना किसी आचार्य को शोभा नहीं देता। सम्भवतः इन्द्रदेव के चरित्र की कालिख विदा होनेवाले शिक्षार्थियों के सम्मुख स्पष्ट करना आज के समावर्तन उत्सव का मुख्य उद्देश्य है।"

मुझे भी ऐसा ही लगा। कारण यह कि जब अपाला हम लोगों को उद्बोधन देने के लिए सबके सामने खड़ी हुईं, तब आचार्य गौतम के प्रशान्त बदन में एक कुटिल सरसता झलक उठी। वे तिरछी निगाह से एक बार मुझे देखकर इन्द्रदेव

की ओर देखने लगे। यदि आचार्यजी ने निर्मल भाव से अपाला और कृशाश्व को इस उत्सव में बुलाया होता, तो हमें पहले से मालूम होता। किन्तु ऐसा न करके उत्सव उद्यापन करने से कुछ देर पहले अपाला को लाकर समारोह स्थन में पहुँचवाने का उद्देश्य निश्चित ही महत नहीं है।

सबने सोचा था कि अपाला का सच सुनकर इन्द्रदेव अप्रतिभ हो उठेंगे; किन्तु अपाला को खड़े होते देख इन्द्रदेव का सौम्य मुखमंडल अलौकिक प्रशान्ति से कुछ अधिक सौम्य दिखाई दिया। तो क्या अपाला इस समारोह में इन्द्रदेव के वास्तविक स्वरूप पर प्रकाश नहीं डालेंगी?

इससे पहले कि अपाला कुछ कहें, आचार्य गौतम ने सभासदों को सम्बोधित करते हुए अपाला के आगमन का उद्देश्य बताया। उन्होंने शान्त स्वर में कहा, "केवल अहल्या के लिए आज महामान्या ऋषिका को इतना कष्ट करके यहाँ आना पड़ा। मेरे गुरुकुल की प्रथम ब्रह्मचारिणी हैं अहल्या। मैं अब तक अविवाहित होने के कारण ब्रह्मचारिणी को शिष्या के रूप में स्वीकार नहीं करता था। कारण, गुरुकुल में ब्रह्मचारिणी का दायित्व मुख्यत: अध्यक्ष की पत्नी ही वहन करती हैं किन्तु मेरे परम गुरु ब्रह्मा के निर्देश को न मानने की शक्ति मुझमें नहीं है। इसलिए ब्रह्मा-पुत्री की शिक्षा का गुरुदायित्व मैंने सहर्ष स्वीकार किया था। अन्य आचार्यों की साध्वी पत्नियों ने इस दिशा में मेरी हर सम्भव सहायता करके मेरा काम आसान कर दिया। मैं उन सबके प्रति कृतज्ञ हूँ। किन्तु समावर्तन उत्सव में किसी ऋषिका के उद्बोधन के बिना अहल्या की शिक्षा सम्पन्न नहीं होगी, ऐसा मेरा विश्वास है। इसलिए मुझे अत्रि-कन्या, कृशाश्व-पत्नी अपाला का ध्यान आया।

अपाला के बारे में लोगों के मुँह से अनेक बातें सुनने में आई हैं। अपाला का जीवन एक शिक्षणीय महाकाव्य है। वे अपने जीवन का कुछ अंश यहाँ प्रस्तुत करें तो ब्रह्मचारिणी अहल्या उपकृत होंगी। पोथीगत विद्या और अनुभूतिसिद्ध ज्ञान—दोनों के समन्वय से ही जीवन सार्थक होता है। अपाला वेदमती हैं और जीवन के नाना घातों-प्रतिघातों से गुजरते हुए अनुभूति विदग्धा हैं। उनके मुँह से निकली वाणी आज के समावर्तन उत्सव को चिरस्मरणीय बना देगी।"

"आचार्य गौतम तर्कवादी दार्शनिक हैं। इसलिए अपने कार्य की यथार्थता प्रतिपादित करने में सिद्धहस्त हैं।" नीति ने मृदुस्वर में कहा।

आचार्यजी की बातें सचमुच दिल को छू लेती थीं। इस अवसर पर अपाला को अपने बारे में जनता के मन का संशय दूर करने का मौका भी मिल गया। इन्द्रदेव का चरित्र सभी लोग जानते थे। अपाला के साथ जो भी कुछ हुआ, उसके लिए अपाला निर्दोष थीं, इसमें कोई सन्देह नहीं। किसी साध्वी नारी की लाचारी का लाभ उठाकर यदि इन्द्रदेव ने उसके नारीत्व का दुरुपयोग किया हो तो उसके

लिए अपाला की निन्दा नहीं होनी चाहिए। किन्तु वास्तविक समाज में ऐसा नहीं होता। जो नारी बलात्कार का शिकार होती है, समाज उसी को पतिता कहकर उसका त्याग कर देता है। हालाँकि अपाला के पति कृशाश्व उस दृष्टि से एक आदर्श पुरुष थे। उन्होंने अपाला का त्याग नहीं किया। किन्तु मैंने जो कुछ सुना था, उन्होंने बहुत दिनों तक अपाला के साथ शारीरिक सम्बन्ध स्थापित नहीं किया। कारण, उन्हें लगता था कि इन्द्रदेव द्वारा अपाला के अधरों का पान करने के कारण अपाला ने अपने शरीर की शुचिता खो दी है। अपाला तपस्या करके अपने चरित्र की शुचिता का प्रमाण एक बार दे चुकी थीं।

ऋषिका अपाला का सत्यपाठ मैं परम श्रद्धा से सुनने लगी।

''किसी के अनुभव की सच्चाई को लेकर उसके स्वयं के सिवाय अन्य सभी केवल प्रश्न उठा सकते हैं, पर उसे छोड़कर किसी दूसरे को उस सच्चाई का अहसास नहीं हो सकता। इसके बावजूद जीवन में कई बार दूसरों के सामने सच बोलना ही पड़ता है किन्तु मेरी जीवनगाथा की यह सच्चाई मैं पहली बार बखान कर रही हूँ। इससे पहले आप सभी अपाला की कहानी अपनी-अपनी सुविधा और प्रयोजन के अनुसार समझते रहे हैं और अपने-अपने तरीके से बखानते रहे हैं। मैंने कभी किसी को कैफियत नहीं दी। यहाँ तक कि अपने पति, ससुर, सास, पिता, माता–किसी के भी समक्ष अपने अनुभवों का उद्घोष नहीं किया। क्या अनुभवों के अजस्र भावों का कोई पूरी तरह वर्णन कर सकता है?

बहुत-सी बातें अनकही और अधूरी रह जाती हैं, फिर भी जीवन में शब्दों के प्रयोजन को अस्वीकार नहीं किया जा सकता। लेकिन शब्दों के दुरुपयोग को मैं पाप समझती हूँ। शायद मौन ही 'भाव' अभिव्यक्ति की श्रेष्ठ और सुरक्षित भाषा है। इसमें शब्दों के दुरुपयोग से होनेवाले पाप से नहीं जुड़ना पड़ता। किन्तु पृथ्वी के प्रथम ओंकार के बाद क्या कोई मौन रह सका है? यहाँ तक कि मन भी कभी मौन नहीं रह सकता।

''आज मैं एक लम्बा मौन तोड़ रही हूँ। केवल अहल्या के लिए। अहल्या अपरूपा हैं। उन्होंने आश्रम को धन्य किया है। वे अपाला की आत्मकथा सुनकर यदि पृथ्वी बन गईं तो आकाश ही धन्य होगा। अहल्या धन्य नहीं होंगी। अहल्याएँ तो स्वयं निन्दित होकर दूसरों के जीवन को धन्य करती हैं। दूसरों को धन्य करना ही सौन्दर्य का मूलतत्त्व है लेकिन हर दृष्टि सौन्दर्य के अन्तस को नहीं पहचान पाती। कारण, सभी आँखें सौन्दर्य पिपासु हैं; किन्तु सौन्दर्य की सूक्ष्म सत्ता सबको दिखाई नहीं देती। दृष्टि है व्यक्ति निर्भर, और व्यक्ति है भाव निर्भर।

आँखें वास्तव में कुछ नहीं देखतीं, देखता है मनुष्य के मस्तिष्क का आन्तरिक ज्ञान। इसलिए तुम्हारा मन जैसा होगा, तुम्हें वैसा ही दिखाई देगा। मन के अनुसार सुन्दर में असुन्दर की खोज की जाती है, और असुन्दर से सुन्दरता के सूक्ष्मातिसूक्ष्म रेणु को निकालकर सहेज लिया जाता है। ज्ञान के तारतम्य से दृष्टि में अन्तर एवं भावना में प्रभेद होता है। मेरे जीवन के आख्यान से कोई क्या सीख लेगा, यह बात व्यक्ति विशेष पर निर्भर करती है। मैं तो केवल शब्दब्रह्म के समक्ष सत्यबद्ध रहकर निःसंकोच अपनी अनुभूति बताती चली जाऊँगी। उससे अहल्या को क्या सीख मिलेगी, यह बात उनके ज्ञान पर निर्भर करता है। मैं नीति-शिक्षा नहीं दूँगी। केवल अपनी अनुभूतियाँ निष्कपट भाव से बताती चली जाऊँगी।

''अत्रि मुनि की एकमात्र कन्या मैं अपाला हूँ। मेरे पिता प्रजापति ब्रह्मा और ब्रह्मवादिनी वाक्‌देवी की सार्थक सन्तान थे। मनुष्य के मन को भोगराज्य से भावराज्य की ओर ले जाकर एक आदर्श प्रेममय पृथ्वी की परिकल्पना की थी पिताजी ने। इसी लक्ष्य को लेकर उन्होंने रचना की थी अत्रिसूक्त की। मेरी माँ अनसूया थीं अत्यन्त तेजस्विनी नारी। वे विदुषी ही नहीं, स्नेहमयी भी थीं। शत्रु के प्रति भी असूयाभाव मैंने उनमें नहीं देखा था। मेरे पिता थे लोकसत्ता के उद्‌गाता और संस्थापक, इसलिए स्वभावतः वे राजतंत्र के विरोधी थे। एक ऐसे सात्त्विक वातावरण में मेरा बचपन और किशोरावस्था बीतने के कारण मैं भागमयी न होकर भावमयी हो गई थी। इसलिए मेरे शरीर के बाह्य सौन्दर्य से जब सारा जगत मुग्ध और विभोर था, तब में अपने बाह्य सौन्दर्य के प्रति सचेत रहने के बदले अन्तःसौन्दर्य के विकास के लिए चेष्टा कर रही थी। उस साधना में मेरी माँ अनसूया मेरी सहायता करती थीं।

''ज्ञानगर्भ पिता अत्रि का हृदय अत्यन्त क्षमाशील था। वे पाप से घृणा करते थे पर पापी को क्षमा कर दिया करते थे। भयंकर-से-भयंकर अपराध करनेवाले व्यक्ति को भी अत्यन्त श्रद्धापूर्वक कहा करते थे—'तमने महापाप किया है। किन्तु इसमें घबराने की कोई बात नहीं। कारण, तुम इस पाप को सुधार सकते हो। संसार में ऐसा कोई पाप नहीं, जो प्रायश्चित से दूर न हो सके। इसलिए सिर्फ एक पाप करके स्वयं को पापी मत समझो। स्वयं को अज्ञानी और अबोध मानकर प्रायश्चित करो। देखना, पाप का मुँह दुबारा दिखाई नहीं देगा।' इसी तरह पिताजी समाज से अपराध दूर करने के लिए हमेशा प्रयास किया करते थे।

''लेकिन अपने सार्वजनिक प्रेम, साम्य मैत्री-नीति तथा जनता को राजतंत्र विरोधी शिक्षा देने के कारण पिताजी को बारम्बार ताड़ना सहनी पड़ती थी। पिताजी को अपनी चिन्ता नहीं थी। मैं ही थी पिताजी की चिन्ता का एकमात्र कारण। जीवन के स्वाभाविक ऋतु परिवर्तन के क्रम में मैंने यौवन प्राप्त किया। मेरे विवाह की समस्या नहीं थी। मेरा सौन्दर्य, सद्‌गुण तथा माँ का सदाचार और पिताजी का आदर्श

यश, कीर्ति किसी भी गुणी और ज्ञानी युवक को मेरी ओर आकर्षित करने के लिए पर्याप्त था। किन्तु उन्हीं दिनों मेरी पीठ पर दिखाई दिया दुरारोग्य श्वेत कुष्ठरोग। पिताजी समाज सेवा में इतना व्यस्त रहा करते थे कि मेरी बीमारी को दूर करवाने के लिए ध्यान तक नहीं दे पाए। माँ तो काफी दिनों तक यही सोचती रही कि मेरे शंखशुभ्र शरीर का पिछला हिस्सा हमेशा वस्त्र और मेरे घने केशों से ढके रहने के कारण अधिक सफेद हो गया है। इसलिए जब तक पिताजी को इस बात का पता चलता, रोग काफी बढ़ चुका था। ठीक उसी समय पिताजी राजा द्वारा बन्दी बना लिए गए और पिताजी का कारावास मेरे रोग की चिकित्सा के लिए बाधा बनकर खड़ा हो गया। समाधान के लिए कोई रास्ता नहीं था। कारामुक्त होने के बाद पिताजी ने सोचा, मेरा विवाह किसी उपयुक्त पात्र के साथ कर देने से मेरे पतिदेव सही चिकित्सा करवाकर मुझे रोगमुक्त करवा सकते हैं। जिस तरह मुझे अपने शरीर के सौन्दर्य के प्रति कोई आत्मगर्व नहीं था, उसी तरह दुरारोग्य व्याधि के लिए भी कोई हताशा या न्यून मनोभाव नहीं था। शरीर के सौन्दर्य और शरीर के रोग, दोनों के लिए तुम्हें कुछ नहीं करना है। जिस कर्म के तुम कर्ता नहीं हो, उस कर्म के लिए सुखी या दुखी क्यों होगे? तभी मैं थी चिन्तामुक्त मोदमयी अपाला।

"इसलिए जब पिताजी ने मेरा विवाह गुणी और सौम्य युवक कृशाश्व के साथ तय किया, मैंने कोई प्रतिवाद नहीं किया। किन्तु माँ अनसूया ने इस विवाह का घोर विरोध किया था। वे चाहती थीं कि शल्य-चिकित्सा विशारद अश्विनीकुमारद्वय द्वारा कुष्ठ रोग के सफेद चर्म को शल्य-चिकित्सा से ठीक करवाने के बाद ही मेरा विवाह सम्पन्न हो।

यह बात सच है कि अश्विनीकुमारद्वय अपनी शल्य-चिकित्सा से असाध्य से असाध्य रोग को भी साध लेते थे। इसीलिए इन्द्रदेव ने उन्हें मर्त्यलोक से ससम्मान लाकर स्वर्गराज्य में स्थान दिया था। देववैद्य अश्विनीकुमारद्वय सूक्ष्म शल्य-चिकित्सा में इतने दक्ष थे कि वे अकर्मण्य रोगग्रस्त पैर की जगह लोहे के पैर लगा देते थे। चक्षुरोपण एवं मस्तिष्क रोपण में भी सफल थे। इसलिए मेरी पीठ के श्वेतकुष्ठ से प्रभावित चर्म को शल्य-चिकित्सा द्वारा हटकार नया चर्मरोपण करना अश्विनीकुमारद्वय के लिए कोई कठिन काम नहीं था; किन्तु अश्विनीकुमारद्वय को चिकित्सा करने मर्त्यराज्य में आने के लिए इन्द्रदेव की अनुमति लेनी जरूरी थी। इन्द्रदेव दानशील और स्तुतिप्रिय हैं। मेरे माता-पिता ने उनका स्तुतिगान किया होता तो वे निश्चय मुझ पर कृपा करते। अश्विनीकुमारद्वय मर्त्यलोक में आकर मेरे रोग का इलाज करते। किन्तु पिताजी राजतंत्र विरोधी होने के कारण न तो इन्द्रदेव उनकी स्तुति से प्रसन्न होंगे और न ही उनकी प्राणों से प्यारी एकमात्र कन्या का इलाज करने के लिए अश्विनीकुमारद्वय को मर्त्यलोक आने की अनुमति देंगे—इस बारे में पिताजी को कोई सन्देह नहीं था।

आत्मसम्मान को ठेस पहुँचने से भय से वे चुप रहे और उन्होंने कृशाश्व से मेरा विवाह करवा दिया। कृशाश्व को मेरे रोग के बारे में कुछ नहीं बताया गया। उस समय मैंने माँ से कहा था–'कृशाश्व ने मेरे शरीर की सुन्दरता देखकर इस विवाह के लिए सहमति प्रदान की है। मेरे शरीर की असुन्दरता देखने के बाद यदि उन्होंने सहमति दी होती तो मुझे खुशी होती। अन्यथा मेरे दाम्पत्य जीवन में बाधाएँ उपजेंगी। पिताजी इतने ज्ञानी होते हुए भी ऐसा क्यों कर रहे हैं? तुम इसका प्रतिवाद क्यों नहीं करतीं, माँ?' मेरी माँ विदुषी और ब्रह्मवादिनी थीं। फिर भी कन्या के स्नेह के कारण वे एक माँ बन गईं। मुझे अपने पास बिठाकर बड़ी चतुराई से बात को घुमाकर कहा–'विवाह से पहले अपने भावी पति को अपना श्री अंग कैसे दिखाएगी, बेटी! यह वैदिक मर्यादा के विरुद्ध है। उनसे तेरे श्वेत कुष्ठरोग के बारे में बताने पर वे तेरी पीठ पर कुष्ठरोग के दाग देखना चाहेंगे। वे तेरे सौन्दर्य और गुणों पर इस तरह मुग्ध हैं कि वे किसी की बात पर विश्वास नहीं करेंगे। इसलिए उन्हें सच्चाई बताकर हम लज्जाजनक स्थिति में पड़ जाएँगे। यदि तुम्हारी पीठ खोलकर हमने उन्हें श्वेत कुष्ठ का दाग दिखा दिया और उसके बाद उन्होंने तुमसे विवाह करने से मना कर दिया तो फिर कभी तुम्हारा विवाह सम्भव नहीं होगा। किसी पुरुष को अपनी खुली पीठ दिखानेवाली लड़की से विवाह करने के लिए कितने सुपुरुष आगे आएँगे, बता तो जरा!

"लड़कियों की स्थिति बड़ी विषम होती है। सच बताने की इच्छा होते हुए भी सच को ढकना पड़ता है। इसमें तुम्हारा कोई दोष नहीं, हमारा कोई दोष नहीं–दोष इस समाज का है, जिसने पुरुष और नारी के लिए अलग-अलग नियम गढ़े हैं। पुरुष और नारी के लिए पाप-पुण्य की परिभाषा जो समाज अपनी सुविधा के अनुसार बदल सकता है, वह समाज आज इस मिथ्या को प्रश्रय दे रहा है। इसलिए तुम निर्मल मन से कृशाश्व से विवाह करके अपना दाम्पत्य जीवन प्रारम्भ कर। मुझे विश्वास है कि कृशाश्व केवल तुम्हारे रूप-गुण पर मुग्ध नहीं हैं–वे तुम से प्रेम करते हैं, इसलिए श्वेत कुष्ठरोग के दाग तुम्हारी पीठ पर देखने के बाद भी उनका प्रेम घृणा में नहीं बदलेगा। करुणा और सहानुभूति में बदल जाएगा। वे जरूर इन्द्र को सन्तुष्ट करके अश्विनीकुमारद्वय से तुम्हारी चिकित्सा करवाकर तुम्हें आरोग्य करवाएँगे। तुम अपनी ओर से अपने रोग के बारे में कुछ मत बताना। यदि तुमने उन्हें शुरू से ही इस बारे में बता दिया तो उनकी सुख-शान्ति निराशा में बदल जाएगी। उनका दिल टूट जाएगा। सम्भवतः वे तुम्हारे प्रति सहानुभूति भी न दिखाएँ। कुछ दिनों के दाम्पत्य जीवन के बाद जब उनका प्रेम गहरा हो जाए, तब सच बताने में दिक्कत नहीं। मुझे विश्वास है कि तुम कृशाश्व के प्रेम के बल पर आरोग्य लाभ करोगी। प्रेम अमृत है–हर रोग की महौषधि। कृशाश्व का प्रेमभाजन बनना तुम्हारा कर्त्तव्य है।'

''माँ की बातें इतनी तर्कसंगत थीं कि मेरे मन में कोई दुविधा नहीं बची। मैं वसन्त के कुसुमित उद्यान की तरह हृदय में सुख-स्वप्न एवं प्रेमानुराग के सुरभित फूल खिलाए कृशाश्व के घर वधू बनकर चली आई।

''कृशाश्व के साथ मैं अत्यन्त प्रेममय उल्लास भरा, किन्तु संयमपूर्ण दाम्पत्य जीवन बताने लगी। कृशाश्व मुझसे विवाह करके सुखी थे। मेरे सास-ससुर मेरे प्रति श्रद्धालु और सहृदय थे। मैं हर तरह से सुखी थी। कृशाश्व के सामने दिन के उजाले में मैं बहुत संयत होकर रहती थी। उनके सामने कपड़े नहीं बदलती थी। कृशाश्व सोचते थे कि मैं अत्यन्त शर्मीली होने के कारण उनके सामने कपड़े नहीं बदलती। इसलिए मेरा कुष्ठ रोग हमारे दाम्पत्य जीवन में आड़े नहीं आता था। लेकिन धीरे-धीरे कुष्ठ रोग मेरी स्वाभाविक जीवनयात्रा में बाधा बनकर खड़ा हो गया। रोग धीरे-धीरे बढ़ने लगा और मैं पीठ पर यंत्रणा अनुभव करने लगी। शरीर की यंत्रणा से मन की पीड़ा मुझे अधिक रोगग्रस्त कर रही थी। अपने प्राणप्रिय पति से इतना बड़ा सच छुपाए रखने के कारण ग्लानि से मुरझाने लगी। साथ ही मुझे भय भी हो रहा था, कहीं कुष्ठ रोग मेरे पति के शरीर में संक्रमित कर गया तो मैं क्या करूँगी? क्या मैं स्वयं को क्षमा कर पाऊँगी? क्या पति से इतनी बड़ी प्रवंचना करके मैंने ठीक किया? फिर यह सोचती कि यदि इस समय सच बता दूँ तो कृशाश्व इसे किस रूप में ग्रहण करेंगे? अपने लिए मुझमें अब भय या दुख नहीं था। मेरी आशंका थी कृशाश्व को लेकर। यदि मेरे मिथ्याचार के कारण कृशाश्व भी व्याधिग्रस्त हो गए तो शायद मानसिक धिक्कार से मेरी मृत्यु हो जाएगी; किन्तु मेरी मृत्यु भी कृशाश्व को आरोग्य नहीं कर पाएगी। ऐसी मृत्यु से भी उन्हें मुक्ति नहीं मिलेगी।

''मैं कृशाश्व से निकटता स्थापित करने से भी डरने लगी। तरह-तरह के बहाने बनाकर मैं उनके प्रेमालिंगन से स्वयं को अलग कर लिया करती थी। हालाँकि कृशाश्व की प्रेमयाचना की मैं कभी अवहेलना नहीं कर पाती थी, पर मिलन के क्षण के बाद मैं शोक से टूट जाया करती थी। मेरे आँसुओं का कारण क्या है, उस बारे में कृशाश्व को कुछ बता नहीं पाती थी। मेरे ऐसे आचरण से कृशाश्व को आश्चर्य होता। वे व्यथित और लज्जित हो जाते। वे सोचते, मानो उन्होंने मेरा बलात्कार किया है! किन्तु उनके प्रति मेरे विराग का कारण न समझ पाकर तरह-तरह के सन्देह से उनका मन बोझिल और विचलित हो उठता था। वे मुझसे तरह-तरह के सवाल किया करते पर मैं खुले मन से उत्तर नहीं दे पाती थी। इतना बड़ा सत्य और इतनी बड़ी प्रवंचना यदि वे सहन न कर पाए तो?

''कृशाश्व ने उस दिन बड़े प्यार से मुझे अपने पास बिठाकर कहा—'अपाला! यदि तुम मुझसे प्रेम नहीं करती हो, तुम्हारे माता-पिता ने तुम्हारी इच्छा के विरुद्ध तुम्हारा विवाह मुझसे कर दिया है तो अपने विवाह के तुरन्त बाद तुम यह बात

मुझसे बता देतीं या फिर अपने हाव-भाव से ही प्रकट कर दी होती। मैं समझ गया होता। तुम शुरू से तो ऐसी नहीं थीं। केवल तुम्हीं मुझे सुख नहीं देती थीं, स्वयं भी पूरी तरह मुझ से सुख प्राप्त करती थीं। सुख प्राप्ति के लक्षण मैंने तुममें देखे हैं। अब क्या हो गया तुम्हें जो तुम मुझसे दूर-दूर रहने का बहाना ढूँढ़ने लगी हो? क्या तुम्हें ऐसा लगता है कि मैं तुम्हें सुख देने में अक्षम हूँ? क्या तुम किसी दूसरे के प्रति...'

''कृशाश्व अपना वाक्य शेष करने से पहले मैं आग-सी धधक उठी। कहा–'स्वामी! क्या पत्नी की अपनी कोई इच्छा या अनिच्छा नहीं होती? क्या उसकी इच्छा हमेशा किसी पुरुष से जुड़ी होती है! तुमसे मिलन की इच्छा में यदि कोई व्यतिक्रम दिखा तो उसका अर्थ यह हुआ कि मेरी इच्छा को कोई और पुरुष जकड़े बैठा है! क्या पुरुष को छोड़ नारी द्वारा अपने शरीर और मन को अपनी इच्छा से नियंत्रण करने का कोई और कारण नहीं हो सकता? मेरे प्रति इतनी बड़ी अनास्था! अविश्वसनीयता नारी के रक्तकोष में होती है या अविश्वास होता है पुरुष के प्राणकोष में, इस बारे में एक बार अपने मन से प्रश्न करो, उसके बाद मैं अपने मन की बात बताऊँगी।' इतना कहकर मैं पति से दूर हटकर बैठ गई और अपने अप्रकट क्षोभ से आँसू बहाने लगी।

''कृशाश्व किंकर्त्तव्यविमूढ़ हो गए। मेरे भीतर किस तरह के भावों की आँधी चल रही थी, उसका आदि-अन्त न पाकर वे मुझे सान्त्वना देते हुए बोले–''अपाला! मुझे लगता है कि तुम माँ बनना चाहती हो। पर लज्जावश कह नहीं पा रही हो। अब से हम पुत्र की कामना करेंगे। जननी बन जाने के बाद तुम्हारे मन के सारे उद्वेलित भाव समन्वित हो जाएँगे। हमारे बीच एक सेतु की आवश्यकता पड़ गई है, यह बात मैं अच्छी तरह समझ गया हूँ। देहभोग वासना को दबाने के बदले अधिक प्रज्वलित करता है। किन्तु सन्तान की कामना करके देहभोग करने से वासना पुण्यमार्ग पर चलती है। इसलिए तुम शुद्ध चित्त से पुत्र की कामना करो। हमारा दाम्पत्य जीवन अमृतमय हो जाएगा।'

''कृशाश्व की सन्तान-कामना के उद्‌घोष से मेरी अन्तरात्मा काँप उठी। मेरे आगे मेरा भय और मेरी आशंका विशाल रूप धारण किए खड़ी थी। मुझे दिखा, मानो मेरी सन्तान कुष्ठरोगी के रूप में मेरे सामने खड़ी है! मेरी सन्तान स्वस्थ पैदा होगी, यह विश्वास मुझमें नहीं था। मैं चौंक गई। दृढ़ स्वर में प्रतिवाद कर उठी–'मैं माँ बनना नहीं चाहती। यदि मैं माँ न बनी तो क्या तुम्हारी दृष्टि में मूल्यहीन हो जाऊँगी? मुझसे तुम्हारा कोई प्रयोजन नहीं रह जाएगा?'

''कृशाश्व स्तब्ध हो मुझे देखते रह गए। संसार में ऐसी कोई नारी नहीं है, जो माँ बनना नहीं चाहती। सम्भवतः मैं मानसिक व्याधिग्रस्त हूँ, या फिर मेरा कोई और प्रेमी भी है। कृशाश्व के मन में कुछ ऐसा सन्देह उपजा था। वे उदास

हो वहाँ से चले गए। उस दिन से कृशाश्व मेरी गतिविधियों पर पैनी निगाह रखने लगे। पापी मन सतत सन्दिग्ध होता है। कृशाश्व के मन में पाप की परछाईं पड़ गई थी। वे मुझ पर शक करने लगे थे। इसलिए आश्रम के किसी भी ऋषि-मुनि के साथ मेरी स्वाभाविक बातचीत का वे अलग अर्थ निकालकर स्वयं कष्ट पाते और मुझे भी कष्ट देते। इधर शरीर की बीमारी, उधर मन का विद्रोह, क्षोभ, प्रतिवाद और सर्वोपरि मेरी लाचारी ने मुझे लगभग पागल कर दिया था। मैं पिता-माता पर क्षुब्ध हो जाती थी। क्यों उन्होंने मेरे रोग का सही समय पर इलाज नहीं कराया? यदि नहीं करा सके तो रोग-पीड़ित कन्या का दायित्व जीवनभर स्वयं वहन किया होता। ऐसा न करके अपना दायित्व दूसरे पर लादकर निश्चिन्त हो गए! और विवाह के मामले में सच्चाई छुपाना क्या महापाप नहीं है? सन्तान की भयावह बीमारी को गोपनीय रखकर कन्या का विवाह कर देना, क्या वर-पक्ष के साथ विश्वासघात करने के समान नहीं है? भला इतना बड़ा विश्वासघात कृशाश्व और उनके पिता-माता कैसे बर्दाश्त करते?

''कृशाश्व पर बहुत अभिमान हो रहा था। मेरा जो शरीर उन्हें इतना प्रिय है, जो शरीर उन्हें इतना सुख देता है, जिस शरीर को लेकर आज उनमें और मुझमें एक दूरी बन गई है, क्या वह शरीर केवल उन्हें सुख देने के लिए बना है? क्या उस शरीर का अपना कुछ दुख, कष्ट और यंत्रणा नहीं है? जिस शरीर के प्रत्येक मधुकोष से वे सुख का अमृत लूटते हैं, उस शरीर के प्रत्येक कोष में एक असाध्य रोग की असह्य यंत्रणा प्रकम्पित होती रहती है, यह बात वे कैसे नहीं समझ पाते? क्या वे मेरे शरीर के सुख पर कान लगाए रहते हैं, दुख पर नहीं?

''कई बार सोचा कि कृशाश्व के सामने स्वयं को पूरी तरह खोलकर रख दूँ। अपनी सुन्दरता और असुन्दरता, अपना सुख और दुख, स्वप्न और नियति—सबसे परदा उठा दूँ उनके सामने। किन्तु वर्षों की कुंठा मुझे कुछ कहने नहीं देती थी। मेरे किशोरीपन की चपलता को यह असाध्य व्याधि अपने कठोर पंजे में जकड़े हुए थी। माँ-पिताजी के कहने पर मैंने सच्चाई को छुपाकर रखा रखा था। मेरे रोग के बारे में मेरे संगी-साथी किसी को भी जानने का अवसर नहीं मिला। इसलिए हर रोज सच प्रकट करने का संकल्प करने पर भी मेरी कुंठा मुझे जोरों से जकड़कर मूक बना देती थी।

''सूर्योदय से पहले नदी में स्नान करना मेरी बहुत दिनों की आदत है। इसका कारण यह था कि साथी-सहचरीगण के नदी में स्नान करने जाने से पहले मुझे स्नान समाप्त कर लेने का माता-पिता का निर्देश था। ऐसा न करने से मेरी पीठ के श्वेतकुष्ठ के दाग पर लोगों की नजर पड़ जाती। इसलिए किशोरावस्था से मेरा स्नानपर्व देखने का अवसर किसी को नहीं मिला। यहाँ तक कि सूर्यदेव भी नहीं देख पाते थे मेरा स्नानपर्व। ससुराल आने के बाद भी मैं अपनी इस

आदत के कारण सूर्योदय से पहले स्नान कर लिया करती थी। इसके सिवा और कोई चारा नहीं था।

हर पल अपने रोग को छुपाकर रखने का प्रयास मुझे जाड़े में भी रात बीतने से पहले स्नान करने को बाध्य करता। मानो मैं स्वयं डरती थी अपने आप से! अपने बदन पर कुष्ठ रोग के लक्षण मैंने स्वयं कभी नहीं देखे, क्योंकि वे मेरी पीठ पर थे। लेकिन मेरी पीठ पर चारों ओर उस श्वेत-लोहित व्याधि का बीभत्स फैलाव दिख जाता कभी-कभार–नवोदित अरुण और अस्तगामी चन्द्र भी मुझे आकाश की पीठ पर कुष्ठ रोग के दाग की तरह लगते थे। पेड़-पौधे, पक्षी, मरुत कहीं मेरे रोग को मेरे सामने प्रकट न कर दें, इस भय से मैं असहाय हो उठती थी। इस भय से अँधेरा मुझे बचा लेता था। इसलिए अँधेरे-अँधेरे मैं जंगल से होकर नदी तट पर पहुँच स्नान करती थी। कड़ाके की ठंड में इस तरह स्नान करने से मैं बीमार पड़ गई। स्वयं कृशाश्व ने मना किया–'तुम इतनी रात को नदी में स्नान करने न जाया करो। रात्रि-स्नान से तुम बीमार पड़ जाती हो। अब से तुम सूर्योदय के बाद ही स्नान करना। वैद्यराज ने मुझे यह सलाह दी है।'

''मैंने विरोध किया–'नहीं-नहीं, रात्रि-स्नान मेरी बहुत दिनों की आदत है। इसके लिए वैद्यराज का मना करना उचित नहीं। सूर्योदय के बाद नदी तट पर भीड़ में मैं कैसे स्नान करूँगी? नारी हो या पुरुष, मैं किसी के सामने स्नान नहीं कर सकती।'

''कृशाश्व ने मेरी ओर सन्देहभरी दृष्टि से देखते हुए कुछ सोचा। फिर दृढ़ स्वर में कहा–'हमारे घर के पिछवाड़े नदी का तट अति निर्मल है। वहाँ मेरी माँ प्रतिदिन स्नान करती हैं। तुम वहाँ स्नान न करके इतनी दूर क्यों जाती हो? और फिर सुनसान जंगली रास्ते में अकेले जाती हो। सखी-सहचरी किसी को भी तुम्हारे साथ जाते नहीं देखा कभी मैंने। क्या अकेले में डर नहीं लगता तुम्हें?'

'''नहीं-नहीं, भला डर क्यों लगेगा? उस जंगली रास्ते में ऋषि-मुनियों के दो-तीन आश्रम हैं। ब्रह्मचारीगण ब्राह्ममुहूर्त में वेद पाठ करते रहते हैं। इसलिए भय की कोई बात नहीं। माँ जिस घाट पर नित्य स्नान करती हैं, वहाँ स्नान करने में मुझे झिझक होती है। माँ के स्नान करने से पहले मैं वहाँ पानी में पैर कैसे डाल सकती हूँ?' मैंने कृशाश्व के मन का संशय दूर करने के लिए कहा।

''कृशाश्व अचानक गम्भीर हो गए। कुछ चिन्तित लगे। उन्होंने पूछा–'क्या तुम श्वेतकेतु को जानती हो, अपाला? वे सौम्यतीर्थ वेदज्ञ हैं–अब तक ब्रह्मचारी हैं। उनके आश्रम की ओर से तुम अवश्य गुजरती होगी। उसके बाद पड़ता है ब्रह्मचारी नीलध्वज ऋषि का आश्रम। वे तो रुद्र के समान सुन्दर हैं। उन्हें देखकर मुनिकुमारियाँ होश खो बैठती हैं। क्या उनसे कभी भेंट हुई है तुम्हारी, प्रतिदिन स्नान के लिए जाते समय?'

"इन प्रश्नों का मैं कोई उत्तर नहीं दे सकी। छिः–क्या कृशाश्व जैसे भद्रपुरुष के मुँह से ऐसे दायित्वहीन कुत्सित प्रश्न पूछना शोभा देता है? जैसे कि वे प्रश्न न हों–उत्तर हों कृशाश्व के, मानो वे कह रहे हों–तुम क्यों जाड़े में भी निर्जन रास्ते से होकर, सुबह होने से पहले स्नान करने दूर नदी किनारे जाती हो, वह मुझे मालूम है, अपाला! मुझे तुम पर सन्देह है...तुम पर-पुरुष के प्रति आकर्षित हो। उसी आकर्षण के कारण तुम...।

"कृशाश्व की ओर देखते हुए मैंने सिर्फ इतना कहा–'जिस समय मैं स्नान करने जाती हूँ, उस समय पशु-पक्षियों की नींद तक नहीं टूटी होती है। मनुष्य तो दूर की बात है...मुझे किसी ऋषि-मुनि के दर्शन भी अब तक नहीं हुए हैं। यह मेरा दुर्भाग्य है, अन्यथा उनका आशीर्वाद प्राप्त किया होता।'

"कृशाश्व ने सम्भवतः मेरी बातों पर विश्वास नहीं किया। सन्दिग्ध दृष्टि से मेरी ओर देखते रहे। उसके बाद से कृशाश्व मेरा पीछा करते हैं, यह मैं जान चुकी थी। घने अँधेरे में मेरा पीछा करते हुए नदी तट पर कुछ दूर एक वृक्ष की ओट में छिप जाया करते थे। अँधेरा होने के कारण स्नान करते समय वे मेरी पीठ की व्याधि नहीं देख पाते थे। लेकिन कृशाश्व का इस तरह मुझ पर सन्देह करना और चोरी-छिपे पीछा करने की बात मेरे हृदय को दुख और विरोध से विदीर्ण कर देती। मैं कृशाश्व को जता देना चाहती थी कि मुझे मालूम है कि वे मेरा पीछा करते हुए नदी तक जाते हैं। मेरे प्रति उनके सन्देह ने मुझे व्यथित किया है, यह बात उन्हें बताने का निश्चय करके एक दिन मैंने उनसे कहा–'स्वामी! अब से मैं सूर्योदय के समय ही स्नान करने जाऊँगी। आप इतना कष्ट करके मेरा पीछा न किया करें। इस बात से मुझे बहुत कष्ट होता है।'

"कृशाश्व ने तुरन्त कहा–'तुम्हारी सुरक्षा के लिए मैं तुम्हारी पीछे-पीछे जाता हूँ। जंगली रास्ते में जानवरों का भय भी लगा रहता है। मुझे तुम्हारी बड़ी चिन्ता रहती है। यदि कभी किसी जंगली जानवर से सामना हो गया तब मेरी दुनिया तो उजड़ ही जाएगी।'

"मैं कृशाश्व का मुख अपलक निहारती रह गई। क्या सचमुच कृशाश्व मुझे इतना चाहते हैं? तब तो मेरी व्याधि को भी वे बड़ी सहृदयता से स्वीकार करके उसे दूर करने का उपाय करेंगे, तो फिर मैं इतना कष्ट क्यों सह रही हूँ? क्यों अपने पति को तड़पा रही हूँ बेवजह सन्देह से?

"उस दिन मैंने जान-बूझकर सूर्योदय से पहले शय्या त्यागकर घर के बाहर-भीतर साफ-सफाई की। बाहर चबूतरे की लिपाई की। आकाश सिन्दूरी होने लगा था–मैं नदी की ओर चल पड़ी। कृशाश्व जाग चुके थे किन्तु अभी तक शय्या नहीं छोड़ी थी उन्होंने। मैंने सोचा, शायद आज कृशाश्व मेरे पीछे-पीछे नहीं आएँगे। फिर भी आज तो मैं स्नान के बाद पति को अपनी पीठ का कुष्ठ रोग दिखाकर

रहूँगी। सारा दोष स्वीकार कर लूँगी। न चाहते हुए भी इतने दिनों तक इतना बड़ा अपराध करने के कारण उनके पैर पकड़कर क्षमा माँग लूँगी। इतना निश्चित करते ही मेरा सारा डर-भय दूर हो गया। मेरे अन्दर के सारे द्वन्द्व मिट गए।

"मैं नदी के निर्मल जल में डुबकी लगाकर अच्छी तरह नहा-धोकर बाहर निकल आई। उस समय सूर्य की पहली किरण चारों ओर गुलाल बिखेर रही थी। गीले कपड़े बदलते समय मेरी पूरी पीठ खुली हुई थी। उस ओर मेरा ध्यान नहीं था क्योंकि मैं जानती थी कि उस मुहूर्त में सूर्यदेव की पहली किरण के सिवा मेरा सद्य: स्नात शरीर देखने के लिए कोई जागा नहीं होगा। किन्तु कपड़े बदलने के बाद गगरी में पानी भरकर जैसे ही मैंने घर की ओर डग बढ़ाया, सामने खड़े थे मेरे पति कृशाश्व। वे स्तब्ध थे। दुख, क्षोभ, क्रोध और घृणा से किंकर्त्तव्यविमूढ़ हो बुत बन गए थे।

"मैं आत्मग्लानि से पूरी तरह सराबोर उनके चरणों में गिर गई। चरण पकड़कर क्षमा माँगने को जैसे ही हाथ बढ़ाया, वे पीछे खिसक गए। कहा–'मत मुझे छुओ अपाला। तुम्हारी व्याधि से मैं जितना दुखी नहीं हूँ, दुखी हूँ तुम्हें मिली प्रताड़ना से। तुम्हारे माता-पिता की सारी यश-ख्याति तो इस एक ही प्रवंचना से धूल में मिल गई है, आज जो भी कोई तुम्हारी व्याधि की बात सुनेगा, यही कहेगा। इस बारे में किसी को कुछ बताए बिना तुम अपने मायके चली जाओ। यदि कभी आरोग्य लाभ कर लेना तो लौट आना। यदि तुम्हारी व्याधि विवाह के बाद आरम्भ हुई होती तो उसे ठीक करवाना मैं अपना कर्त्तव्य समझता किन्तु तुम्हारी व्याधि तो बहुत पुरानी है। इसे ठीक करवाने का दायित्व तुम्हारे पिताजी का है।' इतना बोलने के बाद घृणा से मुँह फेरकर वे घर की ओर चल पड़े।

"मैं अपने आँसू पोंछकर उनके पीछे-पीछे चल पड़ी। मन-ही-मन सोचा, मेरा शरीर भी तो पिताजी के रक्त और उनके अन्न से पुष्ट हुआ है, तो फिर मेरा यह शरीर तुम्हारे अधीन कैसे हुआ कृशाश्व? हालाँकि पिताजी पर भी मुझे क्रोध आ रहा था। सास-ससुर से क्षमा माँगकर उनकी करुणा भी भीख माँगने के लिए मैं कृशाश्व के पीछे-पीछे कुटिया के द्वार तक जा पहुँची परन्तु कुटिया के अन्दर प्रवेश करने की अनुमति मुझे नहीं दी गई। कृशाश्व से सारी बातें सुनने के बाद सास-ससुर ने भी बड़ी निर्दयता से मुझे पितृगृह लौट जाने का निर्देश दिया। कुष्ठ रोग से ग्रसित अपनी कन्या का विवाह उनके पुत्र के साथ कराकर उन्हें धोखा देने के कारण वे लोग मेरे माता-पिता की निन्दा करने लगे। मेरे पास और कोई चारा नहीं था। मैं पति द्वारा परित्यक्त हो, पतिगृह से निकाली जाने के बाद चुपचाप अपने माता-पिता के पास लौट गई। अब इस जीवन में कभी व्याधिमुक्त होकर पुन: अपने पतिगृह लौट जाने की आशा मुझे नहीं थी।

"मेरी उस हालत से पिताजी विचलित नहीं हुए। स्थिरचित्त हो बोले–'अब तू इन्द्रदेव को पूरी तरह सन्तुष्ट करके रोगमुक्त हो सकती है, क्योंकि अब

तुम्हारा परिचय अत्रिकन्या नहीं—कृशाश्व-पत्नी है। इन्द्र तुम्हारे प्रति विमुख नहीं होंगे। अत्रिकन्या होने के कारण तुमने इतना दुख पाया। स्वाभिमानी, नीतिवादी लोग अपना और अपनी सन्तान का जीवन इसी तरह दुख-कष्ट से मंडित करते हैं किन्तु तुम इन्द्र की आराधना करो। मुझे विश्वास है कि तुम रोगमुक्त होकर अपने पति के घर ससम्मान लौट जाओगी।'

" 'कैसे करूँ इन्द्र को सन्तुष्ट?' मैंने व्याकुल होकर प्रश्न किया।

" 'सोमदान करके—इन्द्र सोमप्रिय हैं। मौजवत पर्वत पर इन दिनों सोमलता बहुत दुर्लभ हो गई है। इसलिए यदि तुम इन्द्रदेव को सोमरस अर्पण करके सन्तुष्ट कर सकी तो वे निश्चय तुम्हें व्याधिमुक्त कर देंगे।'

" 'तब तो मेरे आरोग्य प्राप्त करने का प्रश्न ही नहीं उठता। मौजवत पर्वत पर सोमलता समाप्त हो चली हैं। मैं कहाँ से लाऊँ सोमलता ताकि सोमदान करके इन्द्र को सन्तुष्ट कर सकूँ?'

" 'निष्ठा और तपस्या के बल पर सब कुछ सम्भव है।' पिताजी ने नीतिवाक्य सुना दिया।

"माँ ने भी इसमें अपनी सहमति प्रकट की। मैंने तय किया कि कठोर तपस्या करके इन्द्रदेव को सन्तुष्ट करूँगी। यदि व्याधि से मृत्यु होनी निश्चित है, तो तपस्या करके ही मोक्ष पाना बेहतर होगा।

"इस तपस्या का स्वरूप था—सोमलता की खोज। अपना समस्त अहंकार त्यागकर निर्मल चित्त से इन्द्रदेव को परमात्मा मानकर मैं ध्यान करने लगी। उस तपस्या के दौरान मैं अत्रिकन्या या कृशाश्व-पत्नी नहीं थी। मैं अपाला नहीं थी। मैं अपने ही अन्दर स्वयं सिमट गई थी। वहाँ दुनियाभर के रोगी, दुखी, समाज द्वारा ठुकराए गए मनुष्य सब एकाकार थे। मेरे भीतर मेरी ही करुणा नहीं थी। थी पूरे ब्रह्मांड के दुखियारों की करुणा। वर्षों जंगलों में घूम-घूमकर मैं सोमलता ढूँढ़ती रही किन्तु जिस लता की ओर भी सोमलता समझकर हाथ बढ़ाती, मेरा भ्रम टूट जाता। धीरे-धीरे मैं निराशा के सागर में डूबती चली गई और सोचने लगी कि अब सोमलता मेरी पहुँच में नहीं है—मेरी व्याधि मेरे शरीर को ग्रस लेगी। मेरी तपस्या निष्फल चली जाएगी। किन्तु सोमलता की खोज करते-करते जब मैंने मौजवत पर्वत शिखर से उपत्यका तक वनस्पति की एक-एक लता-पत्र का स्पर्श करते हुए जीवन को ढूँढ़ना प्रारम्भ किया, तब मेरे भीतर एक अद्‌भुत बदलाव आया। मैंने जीवन को, स्वयं को और इन्द्रदेव को अलग-अलग रूपों में पाया। मुझे लगा कि मैं इस शरीर के अधीन हूँ, ऐसा सोचने पर भी न तो मैं इस शरीर की दास हूँ और न ही यह शरीर मेरा है। इसलिए यह व्याधि भी मेरी नहीं है। पंचभूत से बना यह शरीर पूरे ब्रह्मांड का है और अपना रोग, यंत्रणा, व्याधि की बात भूलकर मैं सम्पूर्ण ब्रह्मांड के रोग, यंत्रणा, व्याधि के प्रति चिन्तित

हो उठी। इन्द्रदेव को परमात्मा मान लिया। जो दुनिया का तिलभर भी कल्याण करते हैं, उनमें परमात्मा विराजते हैं। इसलिए मैं इन्द्रदेव को परमात्मा मानकर सारे जगत को दुखमुक्त करने के लिए तपस्या करने लगी।

"मेरी आँखों के आगे अरण्य के कोने-कोने में वृक्ष-लता, पशु-पक्षी और मनुष्य की यंत्रणाएँ पसरी पड़ी थीं। जब मैं पूरे जगत की यंत्रणाओं में समा गई— मैं यह भूल गई कि मेरा कोई शरीर है, उस शरीर में कोई व्याधि है और उस व्याधि में यंत्रणा है। चारों दिशाएँ मुझे सोममय लगीं, आनन्दमय लगीं। यंत्रणा में ही आनन्द ढूँढ़ना होगा, यंत्रणा को आनन्द में बदलना होगा, अहंकार को विनम्रता में बदलना होगा। एक ऐसी उपलब्धि मेरे भीतर उद्भासित होते ही मैं निडर, निशंक और मोहमुक्त हो गई। अपने शरीर की व्याधि को गोपनीय रखने की विकल आकांक्षा से उन्मुक्त हो गई। उस दिन का सूर्योस्त मुझे सूर्योदय जैसा लगा। दिन और रात के बीच मैंने कोई भेद नहीं किया। जीवन के हर क्षण को कर्त्तव्य, तपस्या और उपलब्धि का क्षण समझा। उस दिन सांध्य-स्नान करके अरण्य पथ से कुटिया की ओर लौटते समय ऐसा लगा, मैं अमृत-सरोवर में स्नान करके लौट रही हूँ। अब इन्द्रदेव से अपने लिए स्तुति नहीं करूँगी। मेरे अन्तःकरण में एक सोमलता अंकुरित हो जाए तो जीवन धन्य हो जाए, मैंने मन-ही-मन प्रार्थना की। ठीक उसी क्षण समस्त अन्वेषणों का अन्त हो गया। स्वर्णाभ ज्योत्स्ना की मिलन-बेला में अरुणाभ गोधूलि से अरण्य का घूँघट उठाकर मेरे सम्मुख चमक उठी उज्ज्वल अरुण रंग की एक लावण्यमयी किशोरीलता।

"चन्द्ररेखा-सी स्वर्णाभ शाखा-प्रशाखाओं के स्वर्णाभ वृत्तों में मानो किसी अदृश्य शिल्पी ने खोंस दी हों नील-लोहित पत्तियाँ। किसी कुँआरी किशोरी की चम्पक-अँगुलियों-सी वर्तुलाकार कोमल चम्पकवर्णी शाखा-प्रशाखाएँ नृत्यरत अप्सरा-सी लीलायित ललित मुद्रा में लतायित हुई थीं उस तपोवन के एक निर्जन सघन स्थल पर। मेरी आँखें चौंधिया उठीं उस दिव्यलता के मनमोहक प्रकाश से।

"मैं रोमांचित हो उठी। सोचा—हे प्रभु! जब सारी संकीर्ण इच्छाओं का अन्त हो जाता है, क्या तभी तुम अभीष्ट पूरा करते हो? इसी रास्ते न जाने मैं कितनी बार नदी-स्नान के लिए आई-गई हूँ, पर यह दिव्य-लता यहाँ अंकुरित हो, पल्लवित हो, अब तक कैसे बची रही मेरी दृष्टि से? और आज जब मैं अपने अन्दर सोमलता ढूँढ़ रही थी तब यह स्वयं मेरी पकड़ में आ गई।

"प्रभु का दान अंजलि फैलाकर ग्रहण करना होगा। मैंने हाथ बढ़ाकर सोमलता की कोमल पत्तियों और शाखा-प्रशाखाओं का स्पर्श किया। कुछ पत्तियाँ और अग्रमूल स्वतः मेरी अंजलि में झर गईं। मेरे मन में विचार आया—सोमलता अरण्य में किसी भी जगह अंकुरित नहीं हो जाती। सोमलता प्राप्त करने के लिए पर्वत के उतुंग शिखरों पर जाना पड़ता है। इसीलिए सोमलता सबकी पहुँच में नहीं

होती। आज मुझे यह इतनी आसानी से, हाथ की पहुँच में कैसे मिल गई? तो क्या यह सोमलता नहीं है? पर मुझे मालूम कैसे होगा? सोमरस की हृदय आह्वानकारी सुरभि मैं पहचानती हूँ। जब पिताजी के आश्रय में सोमयाग का आयोजन हुआ करता था और साफ प्रावा (पत्थर) से सोमलता को कूच-कूचकर रस निकाला जाता, तब समग्र अरण्य इस अनिर्वचनीय स्वर्गीय सुगन्ध से पुनर्जीवन पाने-सा जीवन्त हो उठता। सोम की सुरभि मेरे अन्तःकोषों को भेद चुकी है बचपन में ही। इसलिए आज इतने वर्षों बाद भी मैं सोम की सुरभि पहचान सकती हूँ। किन्तु कैसे कूचूँ इस सोमलता को? मेरे पास प्रावा जो नहीं है। आसपास कोई पत्थर भी तो दिखाई नहीं दे रहा। पत्थर ढूँढ़ते-ढूँढ़ते दूर निकल जाने पर कहीं सोमलता को फिर से न खो बैठूँ अरण्य के इस अनन्त विस्तार में। सोमलता की सही पहचान किए बिना मैं इसे कैसे आश्रम ले जाऊँ? कैसे इन्द्रदेव को समर्पित करूँ? इसलिए पहले 'सोम' की सच्चाई परखनी होगी।

''दो-तीन पत्तियाँ अपने होंठों से स्पर्श करके दाँतों से चबाकर रस निकाल ही रही थी कि देखा, एक मधुमक्खी उस लावण्यमयी लता की एक डंठल के अंकुरित अग्रमूल पर बैठकर मधु चूसने का प्रयास करते समय क्षण भर में भस्म होकर नीचे गिर गई। अपनी आँखों के सामने अमृत की आशा रखनेवाली उस मधुमक्खी का हश्र देख मैं अन्दर से काँप उठी। तो क्या यह अमृतमयी सोमलता नहीं है—कोई विषलता है? सम्भवतः अग्रमूल भेदकर एक फल बाहर झाँक रहा था। उस विषफल में अपना डंक घुसाकर रस चूसने के कारण उस मधुमक्खी की मृत्यु हो गई। इन पत्तियों को चबाते ही मैं भी मर जाऊँगी, इसमें अब कोई सन्देह नहीं रह गया था।

''हे परमात्मा! हे इन्द्रदेव! यह कैसी विषम परीक्षा है! मैंने अमरत्व नहीं चाहा, चाही थी एक यंत्रणामुक्त पृथ्वी। रोग-व्याधिमुक्त एक समाज। विषपात्र क्यों पकड़ा दिया मेरे हाथों में प्रभु?

''अगले ही क्षण सोमलता का प्रकाश मेरे अन्दर फैल गया। अब मेरे अन्दर कोई दुविधा या द्वन्द्व नहीं रह गया था। मैंने फल की आशा नहीं की थी, 'तपस्या' ही मेरा लक्ष्य था। फल कुछ भी क्यों न मिले, अब तपस्या करने से पीछे नहीं हट सकती। सम्भवतः मधुमक्खी ने फल की आसक्ति के कारण मृत्युवरण किया है। तपस्या अमृत है—फलासक्ति मृत्यु। इस उपलब्धि से मेरा हृदय परिपूर्ण होते ही मैंने मृत्युभय से अमृत साधना के पथ पर डग बढ़ाया। सोमलता की पत्तियों और कोमल डंठलों को चबाकर उसके रस की सुरभि को आघ्राण करके विमोहित और रोमांचित हो उठी। मैंने सोमरस पिया नहीं। सोमरस के उदग्र प्रलोभन से बचती रही। इन्द्रदेव को सोम अर्पण करना था मेरी तपस्या का लक्ष्य। इसलिए बूँदभर भी सोमरस मैं आत्मसात नहीं कर सकती। किन्तु सोमरस को छानने के

लिए मेरे आस-पास मूँज घास से बना न तो सोमपवित्र था और न ही रस रखने के लिए द्रोणकलश। मैंने अपनी दंतपंक्तियों को प्रावा बनाया, जीभ को बनाया सोमपवित्र और अधरों को सोम रखने का द्रोणकलश। व्याधि के कारण मेरे रक्तहीन श्वेताभ अधर सोमरंग से रंजित हो अरुणाभ हो उठे। सोम की सुगन्ध से समग्र पृथ्वी मेरे लिए महकते पुष्पों का एक जरा-व्याधिहीन कानन बन गया। अपने दोनों अधरों को भींचकर दबाए हुए सोमरस को सुरक्षित रूप से कुटिया तक पहुँचाने के लिए मैंने डग बढ़ाया ही था कि सहसा मेरे सम्मुख आकर खड़े हो गए मेरे मुक्तिदाता इन्द्रदेव!

"मैं विमूढ़-सी खड़ी रह गई। अधरों को खोलते ही सोमरस निकलकर नीचे गिर जाएगा। इसलिए उस क्षण क्या करना उचित होगा, यह न समझ पाकर मैंने अपनी दृष्टि से उनके प्रति भक्ति और कृतज्ञता प्रकट की।

"इन्द्रदेव ने उदार मधुर स्वर में कहा–'साध्वी अपाला! मैं सोमपान करने आया हूँ। अपने पवित्र अन्तःकरण से झरता मधुर आनन्दमय सोमरस दान करके मेरी प्यास बुझाओ।' इतना कहकर इन्द्रदेव ने मेरे अधरों के निकट अपने अधर रखकर सोमरस की भिक्षा माँगी।

"मैं जानती थी कि इन्द्रदेव सोमप्रिय हैं; तो क्या मैं उन्हें अपना जूठा सोमरस दूँ? इतना बड़ा पाप कैसे करूँ? मैंने अपने होंठ नहीं खोले। सिर्फ असहाय दृष्टि से इन्द्रदेव की ओर देखती रही।

"इन्द्रदेव मेरी अन्तरात्मा भी पढ़ पा रहे थे। मेरी घबराहट दूर करते हुए बोले–'सोम तो सात्त्विक आनन्द रस है। क्या दिव्यानन्द कभी जूठा होता है? अपाला! मुझे सात्त्विक आनन्द में बहा ले चलो–प्लावित कर दो समग्र पृथ्वी को प्रेमानन्द में।'

"इतना कहकर इन्द्रदेव ने मेरे अधरों पर अपने सुशोभित अधर रख दिए। मेरे अनियंत्रित अधर से धीरे-धीरे झरने लगा इन्द्रदेव के अधर पर स्वर्णबिन्दु-सा सुगन्धित सोमरस। इन्द्रदेव के सन्तुष्ट होने तक मैं अपने अधर से बेहिचक झराती चल जा रही थी सोमरस।

"इन्द्रदेव ने प्रसन्न होकर मुझसे वर माँगने को कहा। प्रथम वर मैंने माँगा-अपने पिता का स्वास्थ्य। उन दिनों मेरे पिता अस्वस्थ चल रहे थे। सोचा था कि इन्द्रदेव इस वर को ठुकरा देंगे।

"मुझे आश्चर्य में डालते हुए इन्द्रदेव ने कहा–'अपाला! संसार के अनेक दुख-कष्ट मनुष्य की सोच से उत्पन्न होते हैं। तुम्हारे पिता राजतंत्र के विरोधी हैं। इसलिए उन्होंने सोचा कि मैं त्रिलोक का राजा होने के कारण उनके 'दर्शन' का विरोधी हूँ। और तुम्हें उनकी कन्या होने के कारण मैं रोगमक्त नहीं करूँगा, कितनी गलत है तुम्हारे पिताजी की सोच! पहली बात तो यह है कि मैं राजा होते

भी राजतंत्र का पक्षधर नहीं हूँ। मैं शुरू से राजा नहीं था। मेरे कई सत्कर्मों के कारण आर्यों ने मुझे नेतृत्व सँभालने का अनुरोध किया। आर्यनेता बनाने के बाद उन्होंने मुझे राजा कहलाने का सम्मान दे दिया। किन्तु इसका अर्थ यह नहीं कि मैं राजतंत्र का प्रवर्तक अथवा समर्थक हूँ। मैं नहीं चाहता कि राजा का पुत्र ही राजा बने। राजा वही बने, जिसमें नेतृत्व सँभालने की क्षमता हो। यही कारण है कि इन्द्रपुत्र द्वारा कभी भी इन्द्रपद प्राप्त करने का उदाहरण नहीं मिलेगा। मेरे बाद वही इन्द्र बनेगा, जो इन्द्र पद के लिए योग्य समझा जाएगा। इसी नीति के आधार पर इन्द्रदेव का अभिषेक-उत्सव मनाया जाता है। इसलिए मैं तुम्हारे पिता का या तुम्हारा विरोधी कैसे हो सकता हूँ? कुँआरी कन्याओं के प्रति मुझमें हमेशा से अपार श्रद्धा और संवेदना रही है। तुमने मुझसे कहा होता तो मैं तुम्हें विवाह से पहले भी रोगमुक्त कर सकता था। इतना दुख-कष्ट क्यों उठाया होता तुमने?' इतना कहकर उन्होंने प्रथम वर प्रदान करते हुए आनन्द से 'तथास्तु' कहा।

''मेरा द्वितीय वर था—मेरे पिता और अन्य सभी लोगों के खेतों को सुजला-सुफला बनाना। पृथ्वी को बनाना शस्य श्यामला। इन्द्रदेव ने तथास्तु कहा। तृतीय वर क्या माँगूँ? अपने रोग से मुक्ति? किन्तु अब तो मेरे कुष्ठरोग में दर्द था ही नहीं! धूप से झुलसी पृथ्वी शस्यवती सन्तान-प्रसवा नारी की तरह परिपूर्ण खड़ी थी मेरे बाहर—मेरे भीतर। किस चीज का अभाव था मुझे? यदि इसके बाद मैं न भी जीऊँ तो भी मेरा जीवन अपूर्ण नहीं होगा। हाँ, मेरे पति कृशाश्व का जीवन अवश्य अपूर्ण रह जाएगा, यदि मैं उनकी पत्नी का पद दुबारा न पा सकी। अब भी वे एकाकी जीवन बिता रहे हैं। मुझे मेरी बीमारी के कारण त्यागकर वे व्यथित, अनुतप्त और मर्माहत हैं। वे और करते भी क्या? यही तो समाज का विधान है। पत्नी चरित्रहीन हो या पर-पुरुष की भोग्या, उसका त्याग नहीं किया जाता, पर कुष्ठरोग से पीड़ित होने पर उसे तत्काल त्याग दिया जाता है। क्योंकि कुष्ठ एक बीमारी नहीं—एक अभिशाप है। अभिशप्त नारी को अभिशाप भोगना पड़ता है। उसी विधान के कारण कृशाश्व ने मेरा त्याग किया है। वे प्रतीक्षा कर रहे हैं मेरी सिद्धि की, मुझे वरदान मिलने की। मैं शापमुक्त होकर पुनः उनके प्रेमालिंगन में लौट जाऊँगी, ऐसा उनका दृढ़ विश्वास है। मेरे वृद्ध सास-ससुर भी मेरी सेवा-शुश्रूषा की प्रतीक्षा में हैं। मैं व्याधिमुक्त हो गई तो वे भी मुझे स्वीकार कर लेंगे।

''यही तो है समाज का न्याय और नियम। सुख का साथी है यह समाज। रोग-व्याधि के लिए चिकित्सा चाहिए, संवेदना नहीं। और रोगमुक्त हो गए तो फिर से स्वीकार कर लेगा समाज। स्वीकार कर लेगा अपने लिए या मेरे लिए? क्या मैं फिर लौटकर जा सकती हूँ अपने उसी घर में, जो घर मेरा है, सोचने पर भी मेरा नहीं है। मेरी दुख-दुर्दशा में जो घर मेरा आश्रयस्थल नहीं बन सका, उस घर को 'मेरा है' कहना महज प्रवंचना नहीं तो और क्या है? किन्तु मुझे लौटना

होगा। समाज की यह प्रथा निभानी ही होगी। और फिर मेरे चाहने न चाहने का प्रश्न ही कहाँ उठता है? क्या मैं समाज से बड़ी हूँ? समाज की आवश्यकतानुसार मैं ग्रहणीय या वर्जनीय हूँ। परन्तु क्या मैं उसी मन से लौटकर जा सकती हूँ? क्या लौटकर जा सकती हूँ वही पहले की अपाला की तरह? अब मैं तो पहलेवाली अपाला नहीं रही। अब मैं अत्रिकन्या अपाला नहीं हूँ और न ही कृशाश्व पत्नी अपाला हूँ। अब मुझे पिता या पति की करुणा अथवा आश्रय नहीं चाहिए। मुझे परमात्मा की अथाह करुणा मिल गई है। यह पूरी पृथ्वी मेरा आश्रय स्थल है। मेरे अन्दर की वह पति-सुखकामिनी नारी अब नहीं बची। आज देह-सुख भी मेरी किसी छोटी-सी कामना के अधीन नहीं रहा। मैं तपस्विनी अपाला हूँ। बाकी का जीवन सिर्फ तपस्या और यज्ञ में बिताने का संकल्प ले चुकी हूँ। पर मुझे समाज में ही रहकर तपस्या करनी होगी। परिवार में ही रहकर आत्मयज्ञ में मग्न रहना होगा। अपनी इच्छा-अनिच्छा को बारम्बार आत्मयज्ञ में 'स्वाहा' करना होगा समूह-कल्याण के लिए। मेरे पति, ससुर, सास समूह के प्रतिनिधि हैं। हाँ, मैं लौट जाऊँगी। इसके लिए मुझे भी तो शारीरिक स्वस्थता चाहिए।

"इन्द्रदेव ने मेरा द्वन्द्व भी पढ़ लिया। मन्द-मधुर स्वर में बोले-'सुचरितासु! तुम्हारा तीसरा वर तो सबसे पहले ही पूरा हो चुका है। जब से तुम्हारे अन्तःकरण में सोमरस झरना शुरू हुआ, उसी क्षण से तुम्हारे भीतर की समस्त व्याधियाँ, अवसाद, विषद्मद और निराशाएँ दूर हो गईं। अब तुम्हारे शरीर पर श्वेतकुष्ठ रोग का चिह्न तक नहीं है। देखो, तुम्हारे रक्तहीन अधर ने सोमरस के स्पर्श से किस तरह मधुवर्ण धारण कर लिया है।' इतना कहकर इन्द्रदेव ने अपनी रत्नमुद्रिका मेरे सामने कर दी।

"मैं उनकी अँगूठी के रत्न में अपनी मुख-शोभा देखकर विमोहित हो उठी। मेरे अन्दर के सारे द्वन्द्व दूर हो गए। मैंने इन्द्रदेव के चरणों की धूल लेकर माथे से लगा ली। उनके प्रति कृतज्ञता व्यक्त करने को मेरे पास शब्द नहीं थे। मेरी आँखों से लगातार बहते आनन्द के आँसू ही मेरे कृतज्ञ हृदय को इन्द्रदेव के सम्मुख प्रतिबिम्बित कर रहे थे।

"इन्द्रदेव सोमपान करके अति प्रसन्न दिखाई दे रहे थे। स्वर्णबिन्दुओं की तरह कुछ बूँदें उनकी धूसर स्वर्णिम श्मश्रु (दाढ़ी) में लगी हुई थीं। वे अधर टेढ़ा करके सोममधु को पोंछ रहे थे एक शिशु की तरह। मैं मुग्ध हो देखती रही सोमप्रिय त्रिलोकीनाथ को। जाने से पहले इन्द्रदेव ने अपने स्नेहभरे स्वर में कहा-'अपाला, शरीर ही सब कुछ नहीं होता, और शरीर तुच्छ भी नहीं होता। तुम अपने स्वाभाविक जीवन में लौटकर समाज को यह सन्देश दो कि वह धवलकुष्ठ रोगी से घृणा न करे-यह रोग अभिशाप नहीं है। असाध्य भी नहीं है। तुम तपस्या में इस तरह डूबी रही कि अश्वनीकुमारद्वय ने मेरे निर्देश पर आकर

तुम्हारी पीठ की शल्य-चिकित्सा करके तुम्हें कब स्वस्थ कर दिया, तुम्हें पता तक नहीं चला। तुम्हारा निदान तुम्हारे अन्दर ही था। तपस्या के बल पर तुम्हारी उस शक्ति ने अश्वनीकुमारद्वय को चिकित्सा में सहायता मात्र की थी। इसलिए कुष्ठ रोगी परित्याज्य नहीं। इसके बाद कृशाश्व की तरह कोई दूसरा पति कुष्ठरोग से पीड़ित असहाय पत्नी का कभी परित्याग न करे। हर कोई तुम्हारी तरह दृढ़ इच्छाशक्ति से भरपूर पावन अपाला तो नहीं होती न!'

"इन्द्रदेव अपने रथ पर बैठकर अन्तर्धान हो गए। मैं नवजीवन, नवयौवन और नई आशाएँ लिए पिताजी की कुटिया में लौट आई। उसके अगले दिन कृशाश्व आए और मुझे सादर अपने घर लिवा गए। मैंने पहले जैसा स्वाभाविक जीवन जीने की चेष्टा की। लेकिन वास्तव में मेरा जीवन अब बीते दिनों की तरह स्वाभाविक प्रवाह में नहीं बह पाया, क्योंकि कृशाश्व में दो ग्लानियाँ थीं। पहली, मुझे त्यागने की ग्लानि। यदि वे मेरा त्याग न करते और सहानुभूतिपूर्वक मेरी चिकित्सा करवाते तो भी मैं अपनी तपस्या के बल पर इन्द्रदेव को ख़ुश करके रोगमुक्त हो जाती। तब सारा श्रेय कृशाश्व को मिला होता। इस बात को लेकर उनके मन में ग्लानि थी कि उन्होंने मेरा त्याग क्यों किया। उनकी दूसरी ग्लानि का कारण था—उनके पुरुष मन का चिराचरित कुत्सित सन्देह। इन्द्रदेव के व्यक्तित्व के प्रति उनके भीतर के पतित्व का ईर्ष्यालु होना स्वाभाविक था। उसके अलावा इन्द्रदेव की नारी लोलुपता के बारे में तरह-तरह की अफवाहें सुनने को मिलती रही हैं। इसलिए मेरे अधरों से केवल सोमपान करके इन्द्रदेव सन्तुष्ट हो गए होंगे, उस बारे में उन्हें सन्देह था। इस बीच इन्द्रदेव और मुझे लेकर विभिन्न आश्रमों में तरह-तरह की अफवाहें भी फैलने लगी थीं...'

"गौतम आश्रम में भी यह अफवाह फैली हुई है कि इन्द्रदेव ने अपाला के साथ..." मैं उसके आगे कुछ न कह सकी। संकोच और लज्जा से मेरा स्वर अवरुद्ध हो गया। अपाला अपमानित तो नहीं हुईं मेरी बातों से? भले ही यह सुदूर अतीत की बात हो, पर अतीत को काटकर फेंका तो नहीं जा सकता न! अपनी उम्र की तरह अतीत की स्मृतियों के सहारे ही तो सदा जीवित रहता है मनुष्य। अपाला के अन्धकारमय अतीत पर प्रहार करके कहीं मैंने कोई भूल तो नहीं की।

अपाला अँधेरे में हँसी। सहज स्वर में बोलीं, "इसमें झिझक क्यों रही हो अहल्या? ये अफवाहें तुम्हारे कानों में पड़ने से पहले मेरे कानों में तो सहस्त्र बार पड़ चुकी हैं। इन्द्र-अपाला की कहानी हर बार नए रूप में मेरे स्मृति-पटल में विचित्र स्वर में झंकृत हुई है। इसलिए तुमने जो भी कुछ सुना है, वे नई बातें नहीं हैं।"

उनसे साहस पाकर मैंने प्रश्न किया, "देवी अपाला! मैं आपकी कन्या समान हूँ। झूठ से घृणा करती हूँ। झूठ कितना भी निष्ठुर क्यों न हो, मैं सच का सम्मान करती हूँ। इन्द्र और आपको लेकर बहुत-सी बातें सुनी हैं लेकिन आपके

मुँह से सच्चाई जानने का मुझमें आग्रह जन्मा है। आज अवसर है। कृपया मेरे सामने सच्चाई स्वीकार करें। मैं सच्चाई का सम्मान करूँगी।''

कुछ देर चुप रहीं अपाला। सम्भवतः सच्चाई स्वीकार करने के लिए साहस बटोर रही थीं, तो क्या इन्द्रदेव अपाला की मजबूरी का लाभ उठाकर...?

इस बार अपाला ने स्पष्ट शब्दों में कहा, ''सुनो अहल्या! तुमसे सच कहना ही मेरा कर्त्तव्य है। तुम शिक्षा समाप्त करने के बाद गृहस्थी बसाने जा रही हो। तुम अत्यन्त सुन्दर हो। इसलिए संसार के जटिल पथ पर तरह-तरह की समस्याओं का सामना करना पड़ेगा। आज समावर्तन उत्सव की उद्यापन-रात्रि में तुम्हें अपने जीवन की सच्चाई बताना मेरा कर्त्तव्य है। भविष्य में तुम भी झूठी अफवाहों के भँवर में नहीं पड़ोगी, यह कौन कह सकता है? सुन्दर नारी के नाम कोई बदनामी न जुड़े, कहाँ है ऐसा मानव समाज?''

''तो क्या इन्द्रदेव ने आपके अधर...''

''हाँ, यह सच है कि इन्द्रदेव ने मेरे अधर से निकलते सोमरस का आकंठ पान किया था। किन्तु बाकी की बातें झूठी हैं—कपोलकल्पित—अफवाह। हर समाज में अफवाह उड़ानेवाले लोग होते हैं। बिना कारण किसी को बदनाम करने में उन्हें सुख मिलता है। मनुष्य मात्र ही अभावबोध का एक-एक द्रुम है। उनका अभावबोध दूसरों का अफवाह उड़ाने से कुछ हद तक दूर हो जाता है। इसलिए इन्द्रदेव के परोपकार और वरदान को लोगों ने कुत्सित रूप दे डाला। मेरे अधर से बहता सोमपान करने का अर्थ क्या मेरा अधरपान करना है? केवल अधरपान ही नहीं, इन्द्रदेव ने तो मेरा सतीत्व तक लूट लिया था, ऐसी अफवाह भी मेरे नाम से फैलाई गई है। इन्द्रदेव के प्रति अनेक लोगों के ईर्ष्याभाव के कारण कभी-कभी ऐसी कुत्सित चर्चाएँ होने लगती हैं परन्तु मुझ पर यदि कोई विश्वास करे तो मैं कहूँगी कि इन्द्रदेव ने मेरे प्रति कोई बुरा आचरण नहीं किया। उन्होंने मेरे प्रति बड़ी संवेदना प्रकट की है और उचित सम्मान दिया है मुझे। मैं उनके प्रति कृतज्ञ हूँ। वे मेरे लिए परमात्मा के सिवा और कुछ नहीं। यही दिवा-रात्रि-सा सत्य है।''

''किन्तु आपने यह बात सबके आगे खुलकर क्यों नहीं कही? क्यों मिथ्या कलंक ढोए फिर रही हैं? क्या ऐसा करके आप इन्द्रदेव का अपमान नहीं कर रहीं?'' यह बात मैंने झिझकते हुए कही थी।

अपाला ने मुस्कराते हुए कहा, ''अहल्या! मैं मन-ही-मन इस प्रश्न का उत्तर देती जा रही हूँ। सत्य की खोज के लिए आत्मा की खोज करनी होती है। बूँद भर भी मिथ्यारहित सर्वान्तकरण में सत्यचिन्तन करना और बहिर्वाणी में उस सत्य को प्रकट करना एक कठिन तपस्या है। आत्मज्ञान के बिना यह तपस्या सम्भव नहीं। आत्मज्ञान के लिए इन्द्र को पहचानना होता है। इन्द्र को पहचानने

के लिए इन्द्रियों की सहायता लेनी होती है पर इन्द्रियों के वश में रहकर आत्मा को ढूँढ़ने से आत्मदर्शन नहीं होता। अहल्या! अपनी आत्मा ही होती है इन्द्र या ऐश्वर्यमयी। इस ऐश्वर्य को न पहचानकर मनुष्य अपना दुर्लभ जीवन भोगमय बनाने के उद्देश्य से दुखमय बना देता है। इसलिए सतपथ पर आनेवाली विघ्न-बाधाओं के सूक्ष्म विनाशक इन्द्र से प्रार्थना करो–'हे इन्द्र! धन वितरण करना तुम्हारा स्वभाव है। मनुष्य तुमसे धन प्राप्त करके स्वयं को धनवान समझता है। दूसरों को तुच्छ समझने लगता है। लोभ, काम, मोह आदि भयंकर शत्रुओं का पालन-पोषण करके मानवता-रूपी मित्र को हेय समझकर अपने से दूर रखता है। इसलिए हे इन्द्र! मुझे वह धन दो जो मेरी मानवता का पालन कर सके।' इतनी-सी प्रार्थना करने से कोई निन्दा या अफवाह तुम्हारा स्पर्श नहीं कर सकती। तुम स्वयं को और इन्द्र को पहचान सकती हो। कपोल कल्पित इन्द्र-अपाला उपाख्यान आज इतना प्रसिद्ध है कि इसके लिए सत्य कहने का अर्थ है–सत्य को झुठलाना। यदि मेरी आत्मा निष्कलंक है, यदि इन्द्रदेव मेरे परमात्मा हैं, तो मुझे किसी और के सामने सच बखानने की क्या आवश्यकता है? क्या मैं अपनी आत्मा को नहीं देख पा रही जो उसके लिए मुझे समाज के दर्पण की आवश्यकता होगी?'' इतना कुछ कहते समय शीर्णकाय वृद्धा अपाला का मुखमंडल एक अनिर्वचनीय दीप्ति से दमक उठा था।

मेरे सम्मुख सत्य का रूप सहसा साकार हो उठा। मैंने अपाला के पैरों की धूल लेकर माथे में लगा ली। अपाला ने मुझे पकड़कर सीने से लगा लिया। जननी की छाती की गर्माहट मैं अभी तक नहीं जानती थी। उसी क्षण मुझे जननी की छाती की उष्मा, स्निग्धता, गहराई, उदारता, पवित्रता, महानता का अहसास हुआ। जननी की छाती के अमृत से मेरा सूना हृदय अमृतमय हो गया।

प्रभाती पक्षियों के मांगलिक कूजन के बीच वृद्धा अपाला और वृद्ध कृशाश्व एक-दूसरे को अपनी अमृत दृष्टि से निहार रहे थे नए रूप में–वे वहाँ से बिदा होकर चले गए।

आनन्दमय, ऐश्वर्यवान, प्रेममय पुरुष इन्द्रदेव सहसा मेरी दृष्टि में सर्वश्रेष्ठ पुरुष बनकर उभर आए। मेरे स्मृति-पटल पर झंकृत होने लगे बचपन से सबके मुँह से सुनती आई अपनी प्रशंसाभरी स्तुति–अहल्या, तू इन्द्रयोग्या है, तू इन्द्रपूर्वा है!

ब्राह्ममुहूर्त में गौतम आश्रम में प्रातः होम आरम्भ हुआ। हवन के धुएँ से आश्रम का नभमंडल उदास लगने लगा। आश्रम में रहनेवाले सभी गुरु-शिष्यों के मुखमंडल पर हवन का धुआँ मलिनता का लेप लगा रहा था।

आज शिक्षा समाप्ति के बाद शिष्यों का बिदाई–पर्व है। माधुर्य गुरुदेव गौतम के चरणों में बैठकर आँसू बहा रहे थे और कह रहे थे, "गुरुदेव! मुझे अपने आश्रय से वंचित मत कीजिए। मैं अब भी अबोध और अज्ञानी हूँ। सारा जीवन शिष्य बनकर मुझे यहीं रहने की अनुमति दें।"

केवल माधुर्य ही नहीं, यह अनुनय आश्रम से बिदा होनेवाले सभी शिष्यों के कंठ से गूँज उठा था। सभी शिष्य कम उम्र में अपने माता–पिता को छोड़कर गुरुकुल आश्रम आए थे। आश्रम में कई वर्ष बिताए। यहीं उन्हें यौवन प्राप्त हुआ है, ज्ञान प्राप्त हुआ है। गुरु एवं गुरु पत्नियों से पिता का स्नेह, माता की ममता पाकर अपने जन्म देनेवाले माता–पिता की कमी भूल गए थे। इतने दिनों की अन्तरंग घनिष्ठता को तोड़कर जाते समय उनका सबका भावुक होना स्वाभाविक था। यह बिदाई–पर्व प्रत्येक वर्ष आयोजित होता है। गुरुओं के लिए यह पर्व पाठ्यक्रम की एक कड़ी भले ही हो, किन्तु शिष्यों के लिए यह था एक भावुक क्षण। माधुर्य छलछलाई आँखों से गुरु जी के चरणों में बैठे थे। मैं भी वहीं उदास मन से खड़ी थी। गौतम मेरे जितने प्रिय न बन सके, 'गौतम आश्रम' मेरे लिए उतना प्रिय था। उस आश्रम के पेड़, लताएँ, पशु–पक्षी, वहाँ का अरण्य, वनस्पति, नदी, तालाब, गिरि, निर्झर–विशेषकर आश्रम के पास वाली अनार्यपल्ली, इस समस्त महाप्रकृति ने मिलकर मेरे बाहर, भीतर, मन, चैतन्य, आत्मा को वश में कर लिया था मानो मैं उस महाप्रकृति का एक अभिन्न अंश थी! न वे मुझे छोड़ सकते थे, न मैं उन्हें। इतनी अन्तरंगता कैसे हो गई उनसे इन पाँच वर्षों में?

सम्भवत: इसलिए कि मैं इस महाप्रकृति की गोद में न केवल ऋतुमती हुई, बल्कि स्वयं को ऋतम्भरा भी समझाया। यह आकाश मेरे लिए अनुभव का आकाश और यह पृथ्वी मेरे लिए उपलब्धि की पृथ्वी बन चुकी थी। रम्यवन में कोयल मेरे लिए थी सिर्फ एक पक्षी। उसकी कूक थी मधुर पक्षी कूजन। गौतम आश्रम में कोयल मेरी अन्तरतम सखी बन गई और उसकी कूक मेरी धड़कन। रम्यवन में मलय मेरे लिए था बसन्त का मृदुमन्द समीर। गौतम आश्रम में मलय मेरे लिए मधुर रोमांच बन गया। रम्यवन में स्रोतस्विनी मेरे लिए थी निर्मल जलधारा–इस महाप्रकृति में नदी–निर्झर सभी अभिसारिकाएँ बन चुकी थी।

रम्यवन की पुष्पवाटिका मेरे लिए थी सुरभित उद्यान। गौतम आश्रम की पुष्पवाटिका मेरे लिए स्वप्न विभोर हृदय के सिवा और कुछ नहीं। रम्यवन के पासवाली अनार्यपल्ली मेरे लिए फुर्सत के समय का क्रीड़ा–प्रांगण थी। गौतम आश्रम के चारों ओर की अनार्यपल्लियाँ मेरे लिए बन चुकी थीं मेरे जीवन का श्रेष्ठ और अन्तिम आह्वान। मेरे जीवन का लक्ष्य निर्धारित किया था वहाँ की अनार्यबस्तियों ने। कैसे दूर जा सकती थी गौतम आश्रम से? काश, यहीं रह सकती शिक्षा समाप्ति के बाद भी!

क्या शिक्षा कभी समाप्त होती है? क्या सचमुच मेरी शिक्षा समाप्त हो चुकी थी? तो फिर गौतम ने शिक्षा समाप्त का घोषणा-पत्र क्यों जारी कर दिया समावर्तन उत्सव में—इन्द्रदेव की उपस्थिति में?

मैं भावुकतावश इधर-उधर की ऐसी अनेक बातें सोच रही थी। मेरी कई चीजें अधूरी पड़ी थीं यहाँ, कई सपने अधूरे थे अब तक। मैं अनार्यपल्ली में ऋचा और रुद्राक्ष के विवाह-उत्सव में शामिल हुई होती, अनार्यपल्ली में वृत्रासुर-वध, दधीचि उपाख्यान और भी कई आख्यान सुनाने की सोचकर अब तक नहीं सुना पाई थी। अरण्य से समिधा और सोमजिल्ली एकत्र करने के दौरान थोड़ा-सा भी अवकाश मिलने पर मैं अनार्यपल्ली में उनके साथ बिताती थी, पर उतना समय पर्याप्त नहीं होता था मेरे लिए। उनसे कई वायदे किए थे, पर समय की कमी और आश्रम के कठोर नीति-नियमों के कारण सारे वायदे केवल बातों में ही सिमटकर रह गए थे। इसके अलावा उनके जिन दुखों, सामाजिक अन्याय, अशिक्षा, अज्ञानता, अन्धविश्वास, राग-द्वेष, हिंसा ने उनका जीना दूभर कर दिया था, उनका बदला लेने के सपने महज सपने बनकर रह गए। ब्रह्मचारिणी के कठोर अनुशासन और नियमों का पालन करते हुए अपनी इच्छाओं के अनुसार सपनों को साकार करने का समय ही कहाँ मिला! पिताजी की इच्छा से गौतम आश्रम आई थी, गौतमजी की इच्छा से पिताजी के पास लौटकर जा रही थी। किसी अज्ञात आकर्षण ने मानो मेरे दोनों पैरों को ही नहीं, मेरी आत्मा को भी जकड़ रखा था इस महाप्रकृति के महिमामय विस्तार में।

मैंने भी गौतम के चरण स्पर्श किए। वे कुछ पीछे खिसक गए, जबकि माधुर्य गौतम के चरण पकड़े हुए थे। अनुनय कर रहे थे बिदा न होने के लिए। मेरे स्पर्श के प्रति यह गुरु गौतम का अनादर था या उनकी झिझक? क्या अब तक वे मुझे कन्या के रूप में स्वीकार नहीं कर पाए थे?

मिट्टी की प्रतिमा जैसी अबोध, अज्ञानी बालिका-सी मैं आई थी गुरु आश्रम में। आचार्य गौतम, गुरुपत्नियों तथा अन्य सभी आचार्यगणों ने मेरी बुद्धि और व्यक्तित्व को परम स्नेह से दिव्यस्पर्श देकर मुझे तेजस्विनी और मनस्विनी बनाया है। आज मैं जो भी कुछ थी, वह सिर्फ गौतमजी की आदर्श शिक्षा का परिणाम था। यहाँ के सारे स्नेह, प्रेम, माया-ममता को पीछे छोड़कर मुझे हमेशा के लिए लौट जाना था। मेरा मन व्याकुल था। माधुर्य और अन्य सभी शिष्यों की मनःस्थिति भी मेरी ही जैसी थी।

समावर्तन की अन्तिम आहुति की स्वर्णशिखाएँ उर्ध्वमुखी हो उठी थीं। सभी समस्वर में गुरुजी से निवेदन कर रहे थे, "आचार्य! हमें अपने चरणों में स्थान दें।"

मैं भी मंत्रवत उस वाक्य का उच्चारण करती जा रही थी।

आचार्य गौतम ने गम्भीर स्वर में कहा, ''वत्स! तुम लोगों की शक्ति और सुगन्ध को आश्रम के सीमित दायरे में बाँधकर रखना मेरा स्वार्थ कहलाएगा। इस समय सारा जगत तुम लोगों के व्यक्तित्व की सुगन्ध से मधुमय होने की प्रतीक्षा कर रहा है। सारी दुनिया को अपने पुरुषार्थ के बल पर शान्ति, मैत्री और अहिंसा का मार्ग दिखलाना ही आश्रम में प्राप्त शिक्षा का उद्देश्य है। तुम सभी एक-एक ज्योति हो। सारा जगत उस ज्योति के प्रकाश की प्रतीक्षा में है। इसलिए इस बिदाई का उद्देश्य महान है। महान कार्य कितना ही कष्टकारी क्यों न हो, तुम्हारी आँखों से आँसू नहीं निकलने चाहिए।''

इस बार गौतम ने मेरी ओर संकेत करते हुए कहा, ''सुचरितासु! सदा उदयोन्मुखी बने रहना–मनुष्य का मन पतनोन्मुखी होता है। उसे सदा उर्ध्वमुखी बनाना। असफलताओं से हतोत्साह मत होना। जीवन की भूल-भ्रान्तियों और ठोकरों से विचलित मत होना। प्रत्येक असफलता मनुष्य के चरित्र की शोधन करता है। प्रत्येक स्खलन मनुष्य को सतर्क करता है। प्रत्येक आघात मनुष्य की सहनशीलता की कसौटी होता है। प्रत्येक भूल मनुष्य को सही रास्ते पर चलने के लिए उसका मार्ग प्रशस्त करती है। हे अहल्या! प्रत्येक असुन्दरता सुन्दरता की महिमा प्रकट करती है। पत्येक पतन उत्थान की ओर दिशा-निर्देश करता है। प्रत्येक बिदाई मिलन की मांगलिक बेला की प्रतीक्षा में होती है। इसलिए तुम से यह आशा नहीं की जाती कि तुम पतन को पतन और बिदाई को बिदाई समझो। तुम ब्रह्मा की कन्या, नारद की बहन और गौतम की शिष्या एवं...''

''एवं इन्द्रयोग्या हो...'' गौतम का अधूरा वाक्य सहसा प्रथा ने पूरा कर दिया।

इससे गौतम गम्भीर हो उठे। प्रथा के इस तरह नाहक हस्तक्षेप से मुझे आश्चर्य नहीं हुआ। अनिन्द्य सुन्दरी, गुणवान नारियों को बरनारी कहना जिस तरह एक प्रथा थी, उसी तरह बरनारी को इन्द्रयोग्या समझना भी एक प्रथा थी। किसी युवती की प्रशंसा करने के लिए उसे 'इन्द्रयोग्या' कहना कोई नई बात नहीं थी। मेरे लिए तो इन्द्रयोग्या एक विशेषण या भूषण बन चुका था। बचपन से अब तक जिसने भी मुझे देखा है 'इन्द्रयोग्या' ही कहा है। इससे गौतम के गम्भीर होने जैसा कोई कारण मैं नहीं ढूँढ़ पा रही थी किन्तु मेरे लिए गौतमजी का विदाकालीन उपदेश अलग क्यों था? यह उपदेश था या अभिशाप! पतन, स्खलन, असफलता, भूल-भ्रान्ति ही मेरे जीवन की कसौटी है। विजय, सफलता, यश, ख्याति पुरुष के पुरुषार्थ काा परिचायक है, जबकि नारी के नारीत्व का परिचायक पतन से उत्थान, असफलता से सफलता, पाप से पुण्य का शंखनाद है...।

न जाने क्यों गौतमजी का उपदेश सुनकर मैं उदास हो उठी। मेरे कान के पास मानो मेरी ही नियति मेरी भविष्यवाणी पढ़ रही थी...। मैंने निःसंकोच प्रश्न किया, ''गुरुदेव जीवन का सुख किसमें निहित है?''

गौतम ने अप्रसन्न हो उत्तर दिया, "सुख! तुम सुख की तलाश क्यों कर रही हो नारि? सुख तो शरीरगत होता है। 'सु' का अर्थ है सुन्दरता, स्वस्थता, सुष्ठुता। 'ख' का अर्थ है इन्द्रिय। शरीर इन्द्रियों के अधीन होता है। शारीरिक सुख भौतिक ऐश्वर्य से सम्भव होता है किन्तु शारीरिक सुख तुम्हारी शिक्षा का उद्देश्य नहीं है। शिक्षा का उद्देश्य है आनन्द। आनन्द होता है आत्मागत। आनन्द प्राप्ति के लिए भौतिक ऐश्वर्य नहीं, आत्मिक ऐश्वर्य की तलाश करनी होती है। सुख और आनन्द में यही अन्तर है। लेकिन दुख की बात यह है कि अधिकतर लोग भौतिक ऐश्वर्य के सहारे आनन्द प्राप्त करने की आशा करते हैं। जीवनभर भौतिक ऐश्वर्य के पीछे दौड़ते हुए अपनी सारी शक्ति खपाकर भौतिक ऐश्वर्य प्राप्त कर लेने पर भी मनुष्य आत्मानन्द के बदले दुख और दुश्चिन्ता ही भोगता है। सुपथ ही आत्मिक ऐश्वर्य प्राप्त करने का मार्ग है। तुम सुखोन्मुखी न बनकर आनन्दोन्मुखी बनो।"

सुख और आनन्द की व्याख्या सुनकर मैं कुछ विचलित और चिन्तित हुई। मेरे मन में शरीर और आत्मा के सम्बन्ध को लेकर सन्देह उपजा। मैंने प्रश्न किया, "क्या शरीर और आत्मा विपरीतमुखी हैं, गुरुदेव? उनमें क्या सम्बन्ध है? क्या शरीर पूर्णतः हेय है?"

गौतम भी कुछ घबराए हुए से लगे, क्योंकि इन पाँच वर्षों में वे शरीर और आत्मा के सम्बन्ध को लेकर बहुत से दार्शनिक व्याख्यान मेरे सामने दे चुके थे। परन्तु आज समावर्तन उत्सव के उद्यापन के बाद भी मुझे शरीर और आत्मा के बीच सम्पर्क सूत्र नहीं मिल रहा था। भला इसमें मेरा क्या दोष? मेरे शरीर को लेकर सारी दुनिया मुखर थी। मेरी आत्मा किसी को दिखाई नहीं दे रही थी। यहाँ तक कि मेरे ही समक्ष मेरी आत्मा नहीं दिख रही थी। क्या गौतम मेरी आत्मा को पहचानते थे? तो फिर ऐसा सन्देह मेरे मन में होना क्या स्वाभाविक नहीं?

गौतम मेरे शरीर के समस्त अंग-प्रत्यंगों की ओर अपलक देखकर सम्भवतः मेरी आत्मा का स्वरूप देखने की चेष्टा कर रहे थे। मेरे प्रश्न का उत्तर देते हुए उन्होंने कहा, "अहल्या! शरीर और आत्मा का मिलन ही जीवन है। शरीर और आत्मा का अलग होना मृत्यु। लेकिन शरीर मात्र ही नाशवान है और आत्मा अविनश्वर। जीवन में ये दोनों अभिन्न और एक-दूसरे के प्रति प्रभावकारी हैं। इसलिए आत्मशुद्धि के लिए शारीरिक शुचिता अपरिहार्य है। आत्मा यदि ईश्वर है, तो शरीर पवित्र आसन। आसन अपवित्र होने से ईश्वर विमुख हो जाते हैं। आत्मा विमुख हो जाए तो दुरात्मा ही आसन जमा लेती है।"

आत्मा और शरीर के बारे में मेरा सन्देह दूर होने की बजाय और सघन हो गया। लेकिन बिदाई की घड़ी मैंने उस बारे में अधिक वार्तालाप करना उचित नहीं समझा। पर मुझे लगा, मेरी शिक्षा अभी समाप्त नहीं हुई है। ब्रह्मचारीगण पच्चीस वर्ष की उम्र तक गुरुकुल में रहते हैं। कम-से-कम बारह वर्षों तक

शिक्षा प्राप्त करते हैं, जबकि पाँच वर्षों तक शिक्षा प्राप्त करके सोलह वर्ष में पदार्पण करते ही मैं गुरुकुल से बिदा हो रही थी। इसलिए बहुत-सी बातें अभी भी मेरे लिए अस्पष्ट और अनुत्तरित रह गई थीं। पिताजी ने मुझे शिक्षा प्राप्त करने के लिए भेजा था या विवाह की उम्र में पदार्पण करने तक गौतम आश्रम के सुरक्षित परिवेश में रहने के लिए?

सम्भवतः दूसरी बात ही सच थी। मेरा शारीरिक सौन्दर्य ही मेरे लिए संकट पैदा कर सकता है, ऐसी आशंका थी पिताजी को। देवता, दानव, यक्ष, किन्नर, नर-किसी का भी 'रम्यवन' के एकान्त परिवेश में मेरे लिए संकट बनकर आ जाना अस्वाभाविक नहीं था। मेरी 'शिक्षा' प्राप्त करना तो मेरे लिए सिर्फ एक बहाना था। ब्रह्मपुत्री होने पर भी मैं पुत्र तो थी नहीं, थी पुत्री! शिक्षा मेरी सुरक्षा नहीं, गुरु मेरी सुरक्षा हैं। कारण, वे पुरुष हैं।

गौतम ने एक-एक करके सभी शिष्यों को मुस्कराकर बिदा किया। बिदा करने से पहले गुरु दक्षिणा के बहाने शिष्य के व्यक्तित्व और चित्तवृत्ति के अनुसार शुभसंकल्प करवा लिया। किसी से कहा कि गुरुदक्षिणा स्वरूप तुम किसी पर नाहक क्रोध मत करना, किसी से कहा—नाहक हिंसा, द्वेष, युद्ध, रक्तपात मत करना। शिष्य कोई अनुचित कार्य न करे, इस लक्ष्य को लेकर शिष्यों से गुरु दक्षिणा माँगने के बहाने वचनबद्ध करवा लिया गौतम ने। हर शिष्य ने गौतम के चरण छूकर गुरु की शर्तों के अनुसार शपथ ग्रहण की और बिदा लेकर चले गए।

माधुर्य गौतम के सबसे प्रिय शिष्य थे। माधुर्य को सीने से लगाकर गौतम ने आशीर्वाद दिया। माधुर्य ने रुँधे हुए स्वर में प्रश्न किया, "गुरुदेव! यदि कभी मुझे आपका सान्निध्य प्राप्त करने की इच्छा हुई तो क्या मुझे दुबारा आपके इस आश्रम में आने की अनुमति होगी?"

"मोहवश यदि मुझसे मिलने की इच्छा करोगे, तो तुम्हारे लिए गौतम आश्रम के द्वार बन्द होंगे। दर्शन-चर्चा, ज्ञान-चर्चा के लिए यदि आना चाहोगे तो गौतम आश्रम सदा खुला है। यह तो प्रत्येक शिष्य की तपस्या-पीठ है। गौतम आश्रम मन बहलाने की जगह नहीं है।"

माधुर्य गुरु की आज्ञा शिरोधार्य करके चले गए। जाते समय मुझ पर विषादभरी दृष्टि डालते हुए माधुर्य बोले, "अहल्या! तुम्हारा सब भला हो। सम्भवतः तुमसे फिर कभी भेंट हो इसी आश्रम में...। इस आशा के साथ जा रहा हूँ।"

"किन्तु इस आश्रम में कैसे भेंट होगी? मैं भी तो आज ही जा रही हूँ।" मैंने चकित होते हुए कहा।

माधुर्य ने कुछ मुस्कराते हुए कहा, "गौतम आश्रम है तपस्या-पीठ। तुम्हारे लिए तो गुरुदेव ने तपस्या करने का निषेध भी नहीं किया है और फिर बिदाई ही

तो मिलन के मंगल गीत गाता है...।" इतना कह माधुर्य बिदा लेकर चले गए मानो माधुर्य ने भी मेरी नियति का स्वर मुझे अपने कंठ से सुना दिया हो!

बिदाई की वह महान घड़ी सामने थी। आचार्य गौतम अरण्य में कुछ दूर तक मुझे छोड़ने जाने के लिए हमारे साथ-साथ चल रहे थे। मेरी इच्छा थी कि मैं अनार्यपल्ली में ऋचा, रुद्राक्ष और अन्य लोगों से बिदा लेती चलूँ। इसी बात को ध्यान में रखकर भैया नारद एक विमान में अरण्य के बाहर मेरी प्रतीक्षा कर रहे थे। त्वयि, अन्वीक्षिका, वार्ता और नीति को मार्ग बताते हुए प्रथा आगे-आगे चल रही थी। सम्भवतः बिदाई-बेला में गुरु-शिष्या को एकान्त में छोड़ देना उसका उद्देश्य था। बिदाई-बेला में गौतम मुझे गले से लगाएँगे। स्नेहपूर्वक आशीर्वाद देंगे। जिस तरह माधुर्य को बाँहों में भरा था, ठीक उसी तरह; किन्तु शिष्या होने के बावजूद मैं नारी जो थी। शायद मेरी सखियों के सामने गौतम संकोच करें। आशीर्वाद भी संकुचित हो जाएगा। इसलिए प्रथा अपना कर्त्तव्य सुचारु रूप से निभा रही थी। मैं मन-ही-मन मुस्कराई। गुरुजी की वाणी के अनुसार शरीर तुच्छ है—आत्मा श्रेय। आत्मा में नारी और पुरुष का अन्तर नहीं होता। शरीर ही नारी और पुरुष में भेद एवं आकर्षण का मूल कारण है। शरीर का यह भेद सृष्टि के बनने और सृष्टि के प्रवाह के लिए कितना आवश्यक है! यदि शरीर तुच्छ, नश्वर, पतनशील, मरणशील, असत्य है तो स्रष्टा ने शरीर को आत्मा का आधार क्यों बनाया? आत्मा और आत्मा के मिलन से सृष्टि-प्रक्रिया को सम्भव क्यों नहीं किया? यदि ऐसा हो गया होता तो शायद शरीर की अवहेलना करके नारी और पुरुष एक-दूसरे की आत्मा को ही ढूँढ़ते, स्पर्श करते। आत्मा से आत्मा मिलाकर जीते। नारी और पुरुष का सम्बन्ध होता अपार्थिव-आत्मिक—चिरमधुमय। अमृत से अमृत मिलकर बनती अनन्त अमृतमय पृथ्वी।

बीच अरण्य में गौतम रुक गए। अनार्यपल्ली का कोलाहल सुनाई दे रहा था। गौतम जानते थे कि मैं अनार्यपल्ली गए बिना बिदा नहीं होऊँगी। वे इससे प्रसन्न भले ही न हों, पर आज वे मुझे रोक नहीं सकते थे। इसलिए उन्होंने मुझे स्पर्श नहीं किया। गले से लगाकर आलिंगन करने की बात तो दूर, मेरे सिर पर हाथ तक नहीं रखा। गौतम के लिए मैं शिष्या नहीं, नारी थी। मेरा शरीर ही मेरा परिचय था, मेरा शरीर ही सम्बन्धों की सीमा तय कर रहा था—तो फिर मेरी आत्मा कहाँ है? शरीर के अन्दर आत्मा के होने का मूल्य ही क्या है। क्या शरीर आत्मा से अधिक शक्तिशाली है! इतना शक्तिशाली कि गौतम भी उसका सामना नहीं कर पा रहे थे!

मैंने अनार्यपल्ली की ओर डग बढ़ाया ही था कि अन्यमनस्कता के कारण मेरा पैर एक पत्थर पर पड़ गया और मैं अपना सन्तुलन खोकर गिर गई। ज्ञान-गुरु गौतम मेरे पास खड़े थे। यदि उन्होंने अपना हाथ बढ़ा दिया होता तो मुझे गिरने

के बचा लिया होता। किन्तु वे बुत बने खड़े रहे। मुझे उठने तक में सहायता नहीं की। मेरे शरीर से धूल भी नहीं झाड़ी, मेरे पैर और सिर के घावों से रक्त रिस रहा था, उसे भी नहीं पोंछा। मेरे गिरने का दृश्य बड़े निष्ठुर हो देखते रहे और रुखे उपदेश देते रहे, ''मनुष्य स्वयं ही अपने गिरने के लिए जिम्मेवार होता है। इसलिए गिरकर उठता भी वह स्वयं है। कितना ही सावधान और सतर्क रहने पर भी पृथ्वी पर विपदाएँ आती हैं। जो असावधान और अयझशील है, उसके लिए तो परिणाम निर्धारित है। नारी के चाल-चलन, आचार-व्यवहार के बारे में तुमने गुरुपत्नियों से बहुत से उपदेश सुने हैं। आज बिदाई बेला में तुम्हें सिर्फ तीन आचरण के बारे में सतर्क करता हूँ। चलते समय नारी को अपनी दृष्टि झुकाकर चलना चाहिए। इससे गिरने की सम्भावना कम हो जाती है। लाज, शालीनता, नम्रता नारी के आभूषण हैं। उग्रभाव, उतावलापन नारी को असुन्दर और विकृत बना देते हैं।

''और एक बात, चंचलता नारी के लिए खतरनाक होती है। मन की गति के साथ डग बढ़ाने का सम्बन्ध होता है। यदि मन:स्थिति अनुशासित न हो तो डग लड़खड़ा जाते हैं। मन चंचल हो तो मन:स्थिति कमजोर पड़ जाती है और पैर फिसल जाता है। नारी का फिसलना मानव समाज की नींव हिलाकर रख देता है क्योंकि नारी मनुष्य को जन्म देनेवाली और पालनेवाली होती है। अधीरचित्त शरीर और आत्मा के मिलन को शिथिल कर देता है। किन्तु पतन नियति का अन्त नहीं है। उत्थान का सूर्योदय आकाश के किसी-न-किसी कोने में प्रतीक्षा करता रहता है। अहल्या! उठो, नीति और प्रथा तुम्हारी मदद के लिए आ रही हैं। रक्तस्राव से घबराओ मत। रक्तसंचय नहीं, रक्तक्षरण ही यथार्थ जीवन है।''

गौतम लौटकर जा रहे थे। प्रथा और नीति मेरी ओर हाथ बढ़ा चुकी थीं। मैं चकित हो सोच रही थी–मेरे गुरु और मेरी आत्मा कोई भी मुझे गिरने से नहीं बचा सके।

मैं नारी हूँ, इसलिए मेरे गुरु ने मेरा स्पर्श नहीं किया। मैं अज्ञानी हूँ, इसलिए मेरी आत्मा ने मुझे नहीं सँभाला। तब तो ज्ञान प्राप्ति के लिए मुझे गौतम आश्रम में लौटकर आना होगा! अनार्यपल्ली के बड़े-बूढ़े-बच्चे सबने अपने आँसुओं से धो डाला मेरा सारा विषाद। मैले धूल-धूसरित हाथों से पोंछ दिया मेरे घाव से रक्त। प्रेम और स्नेह की महौषधि से स्निग्ध कर दी चोट की यंत्रणा। उनके लिए मैं नारी नहीं थी, आर्यबाला नहीं थी, मैं थी उन्हीं में से एक–जिसका परिचय था मनुष्य, एक घायल प्राणी। सबका वही एक प्रश्न था, ''कब आओगी लौटकर? हमारी शिक्षा-दीक्षा तो अधूरी ही रह गई...तुम्हारे बिना हम कैसे रहेंगे? क्यों हमारे बीच तुमने दो दिनों की माया फैलाई?''

सहसा मेरे मुँह से अनायास ही निकल गया, ''बहुत जल्दी लौट आऊँगी। तुम लोगों के बिना मैं भी कहाँ रह सकती हूँ? हम सबकी शिक्षा, तपस्या और साधना अभी अधूरी ही है...मैं लौटकर आऊँगी–वचन देती हूँ।''

समावर्तन उत्सव ज्ञानयज्ञ की पूर्णाहुति थी, लेकिन मेरे लिए विद्यायज्ञ की पूर्णाहुति अभी बाकी थी। गौतम की कुलभूमि से बिदा होते समय सभी शिष्य स्नान करके स्नातक हुए पर मेरे लिए यह स्नान-पर्व घटित नहीं हुआ; अर्थात मैं स्नातक नहीं थी। कठोर तपस्या के अग्निकुंड में अपने समस्त उग्र आवेगों की आहुति देकर शुद्ध, पवित्र और तेजस्वी हो सभी अपने-अपने घर लौट गए। मैं भी रम्यवन लौट आई नारद भैया के साथ। मैंने गुरुकुल में कठोर तपस्या की हो, ऐसा नहीं लगा मुझे। मानो सब कुछ अधूरा रह गया था। क्या इसी तरह अधूरा ही जीवन भी...?

वापस लौटते समय मैंने यही बात नारद भैया से पूछी थी, ''क्या आपको लगता है कि मेरा विद्यायज्ञ समाप्त हो गया? किन्तु मुझे तो ऐसा नहीं लग रहा कि गौतमजी ने मुझे स्नातक के रूप में बिदा किया है! गौतम आश्रम में नारी शिक्षा पर कम जोर दिया जाता है, यदि मैं ऐसा कहूँ तो क्या यह मेरा अपराध माना जाएगा?''

नारद भैया ने मुस्कराते हुए कहा, ''सुनो अहल्या! गौतम आश्रम में बालिका या शूद्रों को स्वीकार नहीं किया जाता। किन्तु पिताजी के कारण पहली बार उनके आश्रम में तुम्हें स्वीकार किया गया था। कुछ ही समय गुरुकुल में रहकर नियम और अनुशासन सीखने की आवश्यकता थी तुम्हें। इतनी ही शिक्षा तुम्हारे लिए पर्याप्त थी। इसलिए यह मान लिया जाएगा कि जितनी शिक्षा तुम्हारे लिए आवश्यक थी, वह तुम समाप्त कर चुकी हो।''

पुरुष द्युलोक है, नारी पृथ्वी। द्युलोक और भूलोक के साहचर्य से समाज, संसार, संस्कार, परम्परा, सभ्यता एवं मानव संस्कृति का उन्मेष और उत्तरण होता है।

पुरुष सत्य है, नारी श्रद्धा। सत्य यथार्थ घड़ी में निष्ठुर हो सकता है, किन्तु श्रद्धा निष्ठुर नहीं होती। सत्य और श्रद्धा के मिलन से यह पृथ्वी शुभकारी और ऋतम्भरा होती है। सत्य से श्रद्धा को अलग करने से सत्य विकट हो उठता है और श्रद्धा मोह बन जाती है। पुरुष मान करता है, नारी क्षमा। मान और क्षमा एक-दूसरे के विरोधी नहीं हैं, परिपूरक हैं। केवल मान या केवल क्षमा द्वारा व्यक्ति, समुदाय, समाज, संसार किसी की भी उन्नति सम्भव नहीं। इसलिए पुरुष और नारी के मिलन में ही दुनिया टिकी हुई है, सभ्यता का प्रसार भी हो रहा है। किन्तु नारी और पुरुष के मिलन का अर्थ स्वेच्छाचार नहीं है। शुभ संकल्प लेकर समाज ने नारी और पुरुष के जिस शुभ मिलन का अनुमोदन किया है, उसका नाम विवाह है। समाज ने सौम्य और तेज के साहचर्य को ही विवाह का नाम दिया है। सूर्य से चन्द्रमा के प्रकाशमान होने की तरह विवाह से नारी और पुरुष, दोनों के सद्गुण प्रकाशमान होते हैं। विवाह काम-वासना को प्रज्वलित नहीं करता,

मंजुल करता है, शान्त करता है, पुरुष को देता है पिता का गौरव; नारी को बनाता है कल्याणी जननी। मानव-मन के काम और अर्थ-वासना को मोक्ष की ओर ले जाना विवाहित जीवन का लक्ष्य है। इसलिए विवाह एक धार्मिक संस्कार है। ब्रह्मचर्य के बाद गृहस्थाश्रम में प्रवेश का प्रथम पवित्र संस्कार है यह। इसलिए ब्रह्मचारिणी का जीवन सुचारु रूप से व्यतीत करने के बाद जब मैं रम्यवन में पहुँची, मेरे विवाह का प्रथम एवं परम चरण पिताजी द्वारा सम्पन्न किया जा चुका था। पिताजी मेरे लिए पति का चुनाव कर चुके थे।

रम्यवन पहुँचते ही पिताजी ने मुझसे कहा, "अहल्या! तुम बालिका के रूप में गौतम आश्रम गई थीं। नारी बनकर, सुरक्षित रहकर शिक्षा प्राप्त करके, मेरा यश अक्षुण्ण रखते हुए अपने घर लौट आई हो। इसलिए मैं तुमसे सन्तुष्ट हूँ और गौतम के प्रति कृतज्ञ। न तो तुमने छात्रा के कर्त्तव्य निर्वाह में कोई त्रुटि की और न ही गौतम ने गुरु के कर्त्तव्य में।

"धर्म, अर्थ, काम, मोक्ष, जीवन के इन चार तत्त्वों के बारे में तुमने गौतम आश्रम में उत्तम रूप से शिक्षा प्राप्त की है। इसलिए अब तुमने 'चतुष्कपर्दा' बनकर इन चतुःवर्ग की फलप्राप्ति के पथ पर अग्रसर होने की योग्यता प्राप्त कर ली है। अब तुम हव्या हो...ग्रहणीय, रमणीय, काम्या। तुम ज्ञानयुक्त प्रतीची हो। अब तुम कुलसंवर्धिनी दूर्वा बनोगी, यह मेरा आशीर्वाद है। तुमसे विवाह करने को बहुत से आशावान आवेदक प्रतीक्षारत हैं किन्तु मैंने हर दृष्टि से सोचकर तुम्हारे लिए उपयुक्त वर का चयन किया है। विवाह के लिए स्वेच्छा से तुम्हारे तैयार होते ही मैं तुम्हारे भावी पति के नाम की घोषणा कर दूँगा और शीघ्र ही तुम्हारा विवाह-संस्कार सम्पन्न करा दूँगा।

"मैं जानता हूँ कि तुमने गुरुकुल में विवाह के बारे में गुरुपत्नियों से काफी कुछ ज्ञान प्राप्त किया है; किन्तु वह पर्याप्त नहीं है। इसलिए विवाह के बारे में एवं दाम्पत्य जीवन के कर्त्तव्य के बारे में तुम्हारे लिए अधिक ज्ञान प्राप्त करना आवश्यक है। नारी जीवन के वैदिक आदर्श के बारे में सचेत रहना जरूरी है। यह दायित्व मैंने जीवनभर तुम्हारा ध्यान रखनेवाली प्रथा को सौंपा है। प्रथा न केवल वयस्क है, बल्कि अनुभवी भी है। इसलिए कुछ दिनों तक रम्यवन में उसके साथ एकान्त में रहकर स्वयं को विवाह के लिए तैयार करो। मैं सही समय पर ब्रह्मलोक से आऊँगा और तुम्हारा विवाह निराडम्बर, सात्त्विक परिवेश में सम्पन्न होगा। तुम दोनों की अन्तरंग बातचीत में कहीं बाधा न पड़े, इसलिए मैं त्वयि, अन्वीक्षिका, वार्ता, और नीति को अपने साथ ब्रह्मलोक ले जा रहा हूँ। वे अपना कर्त्तव्य निभा चुकी हैं। मुझे विश्वास है कि उनके द्वारा दी गई शिक्षा तुम्हारे आत्मदीप को प्रज्वलित रखेगी।" इतना कहकर पिताजी ब्रह्मलोक चले गए।

मैं इतने दिनों बाद अपने घर लौटी थी, फिर भी वे मेरे पास रम्यवन में नहीं रुके। लेकिन विवाह जैसा जीवन का एक महत्त्वपूर्ण निर्णय वे मेरे लिए कर चुके हैं, यह बात मेरे पहुँचते ही घोषणा कर देने के बाद मेरे मन में उसकी कैसी प्रतिक्रिया हुई होगी, वे यह तक जानने को नहीं रुके। मेरे जीवन में इतना बड़ा हस्तक्षेप करने का जैसे कि उन्हें अधिकार हो! मानो मैं जीती-जागती अहल्या न होकर कोई निर्जीव मूर्ति हूँ—जहाँ चाहो, उठाकर रख दो।

त्वयि, अन्वीक्षिका, वार्ता और नीति पिताजी की विद्यानुगामिनी शिष्याएँ थीं। उन्होंने मुझे अपने ज्ञान के आलोक से प्रकाशमान किया था। किन्तु लगता है, मेरे मन की भाषा उनसे अनसुनी रह गई अथवा सब कुछ जानते हुए भी वे अनजान बनी हुई थीं। मानो वे मेरी चार सहचरी न होकर पिताजी द्वारा नियुक्त चार विद्याएँ थीं! नियुक्ति समाप्त होने के बाद वे अपनी जगह लौटकर जा रही थीं। इसलिए वे मेरे बारे में क्यों सोचतीं? न्याय, धर्म, नीति, अनुशासन आवश्यक होते हुए भी क्या कठोर नहीं होते? कठोरता ही उन्हें निरपेक्ष और चिरन्तन बनाती है। किन्तु यह बात समझने की उम्र तब मेरी नहीं हुई थी। इसलिए पिताजी की घोषणा के बाद उन चारों के निर्लिप्त भाव से मुझे छोड़कर चले जाने से मैं व्यथित हुई। इसलिए लाचार हो मैंने प्रथा को भींचकर सीने से लगा लिया था। उसके सीने पर सिर रखकर आँखें मूँद ली थीं। चुपचाप सुनती रही उसके सारे आदेश, उपदेश। इसके सिवा मेरे पास और चारा ही क्या था!

प्रथा मुझे आश्वासन देते हुए शान्त, स्निग्ध पर दृढ़ स्वर में कहने लगी, "बेटी अहल्या! अब अन्तर्मुखी बनो। तुम्हारा शरीर सुन्दर, आकर्षक, चाँद-सा आह्लादित करनेवाला है। लेकिन शरीर की सुन्दरता के कारण नारी महान और पूजनीय नहीं होती। अन्तःकरण की पवित्रता ही नारी का वास्तविक सौन्दर्य है। सात्त्विक सोमरस तुम्हारे हृदय में दिव्य भावों की मन्दाकिनी बनकर प्रवाहित हो। यही तुम्हें ब्राह्मी बनाएगा—तुम्हें दिव्य सौन्दर्य प्रदान करेगा। तुम बाहर-भीतर से रसमयी बनो। पाप ध्वंसकारी सौन्दर्य तुममें प्रकट हो। प्रत्येक सामाजिक अनुष्ठान का कोई-न-कोई उद्देश्य होता है। पारिवारिक धर्मपालन के लिए विवाह-संस्कार नारी को धर्मपत्नी बनाता है। पत्नी का सतीत्व, कार्यक्षमता, सुशीलता ही घर, परिवार और समाज के लिए सब कुछ है..."

प्रथा और भी अनेक उपदेश देती चली जा रही थी, किन्तु मैं अन्यमनस्क हो सोच रही थी, पिताजी ने मेरे लिए किसे योग्य समझा होगा—कौन है मेरा भावी पति? मेरा कुतूहल धैर्य की सीमा लाँघने को था। मैंने प्रथा का उपदेश टालते हुए प्रश्न किया, "क्या तुम जानती हो प्रथा कि मेरा भावी पति कौन है? पिताजी ने मेरे लिए किसे उपयुक्त समझकर विवाह करने का निर्णय लिया है? और फिर मेरे जीवन के इतने बड़े निर्णय में क्या मेरी सहमति-असहमति का कोई मूल्य नहीं?"

प्रथा ने मानो मुझसे ऐसे प्रश्न की आशा नहीं की थी। अपनी लम्बी आयु में मानव सन्तानों की देख-रेख करने के दौरान उसने अनेक प्रश्नों का सामना किया होगा। ऐसे प्रश्नों के उत्तर उसके पास तैयार रहते होंगे। उसने बेझिझक उत्तर दिया, "अहल्या! विवाह समाज का मूल संस्कार है। बिना नींव का महल और विवाहहीन समाज अधिक दिनों तक नहीं टिकते। विवाह एक पवित्र यज्ञ के समान है। यह कल्पतरु की तरह हमारी कामनाएँ पूरी करता है। स्त्री-पुरुष के बीच इन्द्रिय तृप्ति की क्षणिक काम-भावना के लिए विवाह नहीं होते पति-पत्नी के बीच की काम-भावना को लाँघकर राम-भाव अर्थात रमणीय भाव और निःस्वार्थ प्रेम की मन्दाकिनी प्रवाहित करना विवाह का लक्ष्य है। विवाह मनुष्य को स्वार्थ पथ से परमार्थ पथ पर ले जाता है। पाशविकता की खीज से देवत्व के सात्विक आह्लाद तक सिर्फ विवाह ही पहुँचा सकता है। ऐसा न हुआ होता तो बिना विवाह के नारी और पुरुष की इन्द्रिय वासना की अबाध-तृप्ति के लिए समाज मना नहीं करता। इसलिए विवाह एक महत्त्वपूर्ण विषय है। प्रजापिता ब्रह्मा ने तुम्हारे लिए वर का चयन करके विवाह की नीति से हटकर कार्य नहीं किया है। ऐसा विवाह सम्भ्रान्त, रूप-गुण सम्पन्न, उच्चकुल की कन्याओं के लिए शोभनीय है। यह ब्रह्म-विवाह है। इसके अन्तर्गत ब्रह्मचारिणी को उसके पिता योग्य, विद्वान, सुशील पति के हाथों में दान कर देते हैं। हालाँकि गन्धर्व-विवाह भी समाज द्वारा अनुमोदित है। किन्तु उसमें चंचलमति युवक-युवती काम-भावना से उत्तेजित होकर माता-पिता से अनुमति लिए बिना विवाह कर लेते हैं; परन्तु तुम तो ब्रह्मापुत्री हो। ऐसा विवाह शोभा नहीं देगा तुम्हें। इसलिए पिता द्वारा चुना गया वर ही शुभ होगा। प्रजापिता ब्रह्मा ने तुम्हारे लिए जो वर उपयुक्त समझा है, उसी को वरण करना तुम्हारे लिए शोभनीय होगा।"

"किन्तु स्वयंवर में कन्या द्वारा चुने गए पति को माता-पिता का अनुमोदन मिलना भी समाज ने ही स्वीकार किया है। पिताजी मेरे लिए समन-उत्सव का आयोजन भी तो कर सकते थे। मैं पिताजी के अनुमोदन से अपना वर चुन लेती। यदि आज मेरी माँ जीवित होतीं तो मेरे मन की बात समझ गई होतीं। माँ न होने के कारण मैंने अपने मन की बात तुमसे बता दी। अब मैं बालिका नहीं रही—यौवन-प्राप्ति के बाद ही मेरा विवाह हो रहा है। पिताजी ने मेरे लिए जिन्हें चुना है, यदि वे मुझे पसन्द नहीं आए, तो मेरे दाम्पत्य जीवन की परिणति क्या होगी, तुम समझ सकती हो प्रथा?"

प्रथा ने मेरी साफ-साफ बातें सुनकर दाँतों तले जीभ दबा ली। कानों को हथेलियों से बन्द करते हुए बोली, "पुत्री! ऐसी बातें मत करो। अब तुम्हारा विवाह होनेवाला है। इधर-उधर की बातें सोचने से भी नारी के सतीत्व में आँच आएगी। गुणी और सुदर्शन वर को वरण करने का अधिकार कन्या को है पर

गुण, कर्म, स्वभाव और व्यक्तित्व में मेल हो तो ही विवाह सफल होता है। समधर्मी पुरुष जीवनसाथी बन जाए तो विवाहित जीवन सुखमय हो जाता है; किन्तु अब ऐसी बातें क्यों? जिस वर को पिताजी ने चुना है, उसको छोड़कर अब तुम्हारी कोई और गति नहीं है। ब्रह्मवाक्य अटल है। पिता का निर्णय ही तुम्हारी नियति है। जन्म होने के बाद तुम्हें सोम देवता ने पाला, इसलिए तुम सौम्या हो। उसके बाद सोमदेव ने तुम्हें गन्धर्व देवता को सौंप दिया, इसलिए तुम सुकंठी और प्रियंवदा हो। तुम्हारे गले में स्वर माधुर्य भरने के बाद गन्धर्व देवता ने तुम्हें अग्नि देवता को सौंप दिया, इसलिए तुम्हारे अंग-अंग में यौवन का रंग-वैभव दिखाई दे रहा है। अब अग्नि देवता को साक्षी रखकर सभी देवताओं के प्रति कृतज्ञता प्रकट करके, पिताजी द्वारा चुने गए वर से विवाह करके पिता की यशवृद्धि करनी चाहिए। यहाँ तुम्हारा अस्तित्व पिताजी के सम्भ्रान्त व्यक्तित्व में समाया हुआ था। अब अपना अस्तित्व पति में खोकर उनके साथ अभिन्न होकर जीवन को यज्ञमय करो। तुम्हारे सुलक्षणा, तेजस्विनी, संयत और साधनामयी होकर गुरु आश्रम से लौट आने पर पिताजी की ख्याति बढ़ी है। अब तुम्हारा सद्‌गुण, सदाचार और कर्त्तव्यबोध तुम्हारे पति और परिवार का यश, धन और पुण्य बढ़ाएगा। तुम समाज के मस्तक, परिवार के मुकुट और राष्ट्र की पताका के समान हो। एक अच्छी गृहिणी बनने के लिए तुममें रूप, गन्ध और प्रमोद है–इनके साथ-साथ सुशीलता एवं चरित्र जुड़ जाए तो पिता और पति दोनों यशस्वी होंगे। यह सही है कि प्रत्येक व्यक्ति को अपनी इच्छा से जीने का अधिकार है किन्तु यदि सभी ऐसा ही कहेंगे तो क्या समाज बच पाएगा? मनुष्य ने नीति-नियम बनाए हैं अनुशासन के लिए, इसलिए उन्हें मानना होगा।''

प्रथा के उपदेश उपयोगी थे किन्तु सारी उपयोगी बातें मन को नहीं भा जातीं। वेद में नारी के अनेक अच्छे गुणों, यश, कीर्ति और महिमा की व्याख्याएँ सुनी थीं किन्तु सारी वेदवाणियाँ क्या हर उम्र में, सबके लिए ग्रहणीय हो सकती हैं? अनुशासन जब बेड़ी बन जाए, तो उसे दृढ़ हाथों से तोड़ना पड़ता है। किन्तु लोहे की बेड़ियाँ तोड़ना आसान है, सामाजिक बेड़ियाँ तोड़ने में जन्म-जन्मान्तर लग जाते हैं। मेरा यह विवाह मेरे लिए संस्कार न होकर यदि बन्धन बन गया तो मैं क्या करूँगी?

प्रथा की बातों के अनुसार मुझे इतना अधिक चिन्तित होने की जरूरत नहीं थी। क्या पिताजी पत्थर थे जो मुझे किसी भी ऐरे-गैरे के हाथों में सौंप देते? पर कौन है वह दिव्यपुरुष, जिसे पिताजी ने बेझिझक मेरे लिए चुना है? उस बारे में प्रथा भी नहीं जानती थी। प्रथा की जानकारी के बिना भी बहुत-सी बातें प्रतिदिन घटित हो जाती थीं। मैं भी कुछ सोच नहीं पा रही थी। मेरी भावनाओं में भी किसी की छवि साकार नहीं हो रही थी। एक विचित्र-सी अस्थिरता और चरम

कुतूहल मुझे अन्दर से विचलित कर रहे थे। धीरे-धीरे एक विषादभाव और अहेतुक आशंका मेरे अन्तःकरण को विदीर्ण कर रही थी। अपनी समस्त कल्पनाओं के बावजूद मैं अपने भावी पति के बारे में अनुमान नहीं लगा पा रही थी। मेरे लिए पति का चुनाव किया जा चुका था, जबकि मैं चाहकर भी उनके बारे में नहीं जान पा रही थी। एक दिन नियति की तरह अचानक मेरे पति सामने आकर खड़े हो जाएँगे और मुझे अपनी इच्छा-अनिच्छा, पसन्द-नापसन्द को नकारते हुए मनसा वाचा कर्मणा से उन्हें स्वीकारना होगा। एक सुन्दर कुमारी कन्या के लिए इससे अधिक विषम परिस्थिति और क्या होगी?

सात दिनों तक मैं रम्यवन में खोई-खोई सी डोलती-फिरती रही। कानन, पर्वत, हिमश्रृंग, नद-नदी, मरुत, मधुमक्षिका, पेड़-लता, पुष्प, पशु-पक्षी-किस-किस से नहीं पूछा अपने भावी पति का नाम, परिचय, रूप, रंग और ठिकाना! पर सभी होंठ दबाकर मुस्कराभर देते, मेरे प्रश्न का उत्तर नहीं देते। मानो मेरे प्रति किसी का कोई दायित्व न था। माँ की कमी का अहसास आज मुझे बुरी तरह साल रहा था। यह सच है कि पिताजी ने मेरे लिए विद्वान, गुणी, यशस्वी पुरुष ही चुना होगा परन्तु कितनी होगी उनकी उम्र, कैसा होगा उनका रूप, उनकी वेश-भूषा। क्या वे देवाधि देव महादेव की तरह सुन्दर होंगे? क्या वे कामदेव की तरह रसिक प्रेमी होंगे? क्या पिताजी ने अपनी पुत्री के मन की बात समझी है?

मेरा सुख और आनन्द गौण था? मेरे पिता और पति का यश और गौरव मुख्य। मेरा नवीन युवती-मन रह-रहकर विरोध कर उठता था किन्तु दृढ़ विरोध करने का साहस नहीं जुटा पा रही थी। मैंने मन को समझाया। अब तक पिताजी ने मेरे भावी पति के नाम की घोषणा नहीं की थी। शायद कोई अभीष्ट पुरुष ही उन्होंने मेरे लिए चुना होगा। बिना जाने-बूझे इस तरह परेशान होना उचित नहीं है। प्रथा भी मुझे दिलासा दे रही थी। ब्रह्मा इस समग्र सृष्टि के प्रजापति घटसूत्र हैं। अपनी पुत्री के लिए पति का चुनाव करने में उनसे भूल नहीं होगी। क्या पिताओं से भूल नहीं होती? मेरे मन का उद्वेलन प्रथा सुन लेती है। न जाने कैसे?

प्रथा ने उत्तर दिया, "हाँ, पिताओं से भी कभी-कभी भूल हो जाती है क्योंकि वे मनुष्य हैं। सन्तान के प्यार में अन्धे होकर कभी-कभी पिता बड़ी भूल कर बैठते हैं। किन्तु क्या ब्रह्मा जैसे वेदगर्भ, अनुभवी, परिपक्व, विचारशील पिता द्वारा अपनी सुन्दर कन्या अहल्या के लिए क्या भूल करना सम्भव है?"

"सन्तान के प्यार में अन्धे होकर यदि पिता भूल कर बैठे, तब तो मेरा जीवन अन्धकारमय हो जाएगा!" मैंने आशंका प्रकट की।

प्रथा ने दृढ़ स्वर में कहा, "ब्रह्माजी की दिव्यदृष्टि चारों ओर फैली हुई है। दो आँखें अन्धी हो जाएँ तो उनकी बाकी की आँखें देख सकती हैं। तुम अपने पिता पर सन्देह मत करो। अब तो समझ लो कि तुम विवाहित हो। पिता द्वारा चुने

गए पति को स्वीकारने के अलावा अब और कोई चारा नहीं है। ब्रह्मवाक्य बदल नहीं सकता। ब्रह्माजी ने जहाँ वचन दे दिया है, वहाँ विवाह करने के सिवाय तुम्हें और कुछ नहीं करना। इसलिए तुम किसी अन्य कल्पित पुरुष तक को अपने मन में स्थान मत दो। उससे तुम्हारा सतीत्व बाधित होगा।

सतीत्व ही वैदिक नारी का श्रेष्ठ सौन्दर्य है। तुम्हारे सौन्दर्य की ख्याति तीनों लोक में इतनी फैल चुकी है कि सभी तुम्हारे सतीत्व को लेकर सोच में पड़ गए हैं। कुछ लोगों का मानना है कि शारीरिक सौन्दर्य अन्तःसौन्दर्य में बाधक होता है। इसलिए तुम्हारे बारे में सतीत्व भंग की रोमांचक कहानी सुनने के लिए सारी दुनिया कान लगाए बैठी है। मनुष्य जगत का यही चरित्र है। दूसरों की बदनामी और अप्रसिद्धि मनुष्य को जितना सुख देती है, अपना नाम और प्रसिद्धि उतना सुख देती होगी या नहीं, इसमें सन्देह है। और फिर तुम तो त्रिलोक मोहिनी हो, जिससे बहुत-सी रूपवती नारियाँ तुमसे ईर्ष्या करती हैं और बहुत-से शौर्यवान पुरुष तुम्हें पाना चाहते हैं। तुम सबको मोहित कर सकती हो, पर सबसे विवाह तो नहीं कर सकती न! विवाह तो करोगी किसी एक पुरुष से। इसलिए त्रिलोक के कितने पुरुषों को हताश करोगी, कुछ ठीक नहीं। वे ही हताश पुरुष और ईर्ष्यालु नारियाँ तुम्हारी निन्दा सुनकर अनन्त सन्तोष प्राप्त करेंगे। तुम्हारी निन्दा और अपयश ही उनके सन्तापित हताश प्राणों की एकमात्र महौषधि है। इसलिए अहल्या! तुम त्रिलोक मोहिनी होने के कारण कितनी लाचार हो, समझ रही हो न! तुम्हें कैसे कठोर नीति, नियम, अनुशासन और संस्कार के बीच अपना जीवन बिताना है, सोच लो। यहाँ तक कि तुमसे विवाह करने के बाद तुम्हारे पति भी परम निश्चिन्त होकर दाम्पत्य-सुख प्राप्त नहीं कर सकते। कितना भी बड़ा विद्वान, निरासक्त, निर्लिप्त पुरुष क्यों न हो, उसकी पत्नी के प्रति किसी दूसरे की लालची दृष्टि उसे क्षुब्ध करेगी। तुम्हारी ओर आकर्षित न हो, भला इतना दम्भ किस पुरुष में है! इसलिए, तुम्हारे पति सतत सन्देही होकर विचलित रहेंगे। यदि तुम्हारे रूप से उनका रूप तुलनीय न हुआ, तब तो महान संकट समझो! वे हमेशा हीन भावना से ग्रसित रहेंगे और तुम्हें लेकर अधिक सन्दिग्ध हो उठेंगे। इसके लिए तुम्हें काफी पीड़ा सहनी होगी। इसीलिए पति-पत्नी दोनों के रूप, गुण, स्वभाव, चित्तवृत्ति समान होना शुभसूचक है। लेकिन दुनिया में नर-नारी के मिलन में सारी चीजें मेल नहीं खातीं। इसलिए सारे दाम्पत्य जीवन सुखमय नहीं होते।

परसुख और आदर्श दो भिन्न बातें हैं। दाम्पत्य जीवन सुखमय भले ही न हो, आदर्श होना चाहिए। यह समाज के लिए मंगलकारी है। यह सच है कि व्यक्ति अपने लिए जीता है, किन्तु समाज के लिए आत्मोत्सर्ग कर सका तो यश प्राप्त करता है। इसलिए तुम यश कमाओ अहल्या। समाज के प्रचलित आदर्शों को

मानकर पिता द्वारा चुने गए पात्र के हाथों में स्वयं को बेझिझक सौंप दो। अपने अहल्या नाम की सार्थकता सिद्ध कर दो..."

प्रथा का अनुभव-भरा उपदेश न केवल मनस्तात्त्विक है, बल्कि तात्त्विक भी है मानो उसका कोई कंठस्थ प्रवचन हो। एक बार कोई बात शुरू होते ही वह प्रवचन में बदल जाती है। मैंने आगे कोई तर्क नहीं किया। मन में उठते अनेक प्रश्न प्रथा से नहीं पूछे। पिताजी की वापसी की प्रतीक्षा उत्कंठापूर्वक करने लगी। मैं समझ चुकी थी कि पिताजी का निर्णय ही मेरी नियति है।

यदि मेरा वर पहले से नहीं चुना गया होता तो मैं स्वयंवरा होती। ऐसे में मैं अपने वर के रूप में किसका चुनाव करती? यदि पिताजी अपना निर्णय बदल दें और कहें, "अहल्या! अब तुम बालिका नहीं रही, युवती हो। सोलह वर्ष की तरुणी अपने लिए पति का चयन स्वयं करे तो उसमें कोई बाधक नहीं होगा। और फिर तुमने तो उपयुक्त गुरु से शिक्षा प्राप्त की है। तुम विदुषी और वेदमती हो। इसलिए अपना पति तुम स्वयं ही चुन लो। सिर्फ नव-दम्पति को आशीर्वाद देना ही मेरा कर्त्तव्य है।"

मैं किसे वरमाला पहनाती? मेरे रूप, गुण, स्वभाव और चित्तवृत्ति से मेल खानेवाला पराक्रमी पुरुष कौन है? नहीं, ऐसा कोई पुरुष मेरी दृष्टि में तो नहीं है; अर्थात मैंने अब तक किसी की भी ओर आकर्षित होने जैसा अहसास नहीं किया है। किसी पुरुष के लिए स्वप्न नहीं देखा। कुल मिलाकर विवाह के बारे में मैंने कभी सोचा ही नहीं। मुझे यौवन प्राप्त हुआ गौतम ऋषि के आश्रम में। इसलिए मेरे यौवन की पहली कूक थी गुरुकुल की मंत्रध्वनि और मुनिकंठों का प्रणव ओंकार। मेरे यौवन का प्रथम आकाश होमाग्नि से आलोकित था। मेरे यौवन की प्रथम भाववेदी थी यज्ञवेदी, प्रथम कामनाग्नि थी यज्ञाग्नि। मेरे यौवन ऋतु की सभी अभिलाषाओं के फूल यज्ञसमिध बन बिखरे हुए थे आश्रम भूमि पर। हहाकर स्वाहा हो गए थे मेरे यौवन के स्वप्न। गौतम आश्रम के कठोर नीति-नियम, अनुशासन, वेदनिर्धारित संस्कार एवं परम्पराओं में मेरे यौवन-ऋतु की आद्य उषा ने आहुतियाँ ही देखी थीं। ब्रह्मचारिणी के सात्त्विक अनुशासन के बीच मेरा मोदमय यौवन बन गया था गैरिकवसना संन्यासिन। इसलिए मेरे मन पर वास्तव में किसी की परछाईं नहीं पड़ी थी। अत: मेरे लिए पति का चुनाव करना एक दुरूह समस्या बन जाती। मेरे पास पराक्रमी पुरुषों की कोई सूची नहीं है कि मैं स्वयंवर उत्सव में उपयुक्त पति ढूँढ़ लेती। किन्तु इस बारे में पिता और पुत्री हम दोनों को एक साथ बैठकर बातचीत करके पति का चुनाव करना उचित था,

यह मेरी सोच थी। क्या अपने भावी पति को विवाह से पहले कम से कम देखना तक मेरे लिए उचित नहीं था? बिना देखे, बिना चाहे पिताजी की पसन्द को मैं स्वीकार कर सकती थी, किन्तु मेरा मन भी उन्हें स्वीकार कर लेता, इस बारे में मुझे सन्देह था। पिताजी की आँखें और मन, मेरी आँखें और मन तो थीं नहीं। आखिर पिताजी ने मेरे लिए किसे चुना था? हे परमात्मा! वे जो भी कोई हों, मेरा मन, हृदय, आत्मा–सब उन्हें स्वीकार लें। मैं यही प्रार्थना करती जा रही थी।

कल पिताजी आने वाले थे। मेरे जीवन के महत्त्वपूर्ण निर्णय की घोषणा कल होनी थी। मैं संध्या-आरती के बाद ध्यान में बैठी रही बहुत देर तक। ओम् को छोड़कर मुझे और किसी का रूप दिखाई नहीं दे रहा था। हालाँकि लगातार मेरे मन में मेरे भावी पति के कल्पित रूप के साकार होने की कामना गूँज रही थी।

प्रथा मुझे देख रही थी। उसने कहा, "बचपन में रम्यवन में रहते समय तुम इतनी चंचल थी कि तुम्हारा दायित्व सँभालना मेरे लिए एक समस्या थी। पूर्व निर्धारित सारे नीति-नियमों का उल्लंघन करने की मानो तुमने प्रतिज्ञा कर ली थी लेकिन गौतम आश्रम ने तुम्हारे चंचल मन को अनुशासित कर दिया। फिर भी तुम्हारे अन्दर की तितली कभी-कभी पंख पसारकर उड़ जाया करती अगम्य स्थानों की ओर। वह सब अभी तक मेरी दृष्टि से दूर नहीं हुए हैं। किन्तु पिछले सात दिनों ने तुम्हें इतना शान्त, गम्भीर, मननशील और स्थिरमति बना दिया है कि लगता है, जैसे यह कोई दूसरी अहल्या है। सम्भवतः इसी कारण पितामह ने तुम्हें एकान्त में रखा है सात दिनों के लिए।

"धर्मपत्नी और गृहिणी बनने का महत्त्वपूर्ण दायित्व सँभालने से पहले इतना चिन्तन, मनन, आत्मविश्लेषण करना आवश्यक था। पितामह तुम्हें देखकर खुश होंगे। उन्हें लगेगा कि मैंने तुम्हें उचित मार्ग बता दिया है। किन्तु तुम चिन्ता मत करो अहल्या। पितामह ने तुम्हारे लिए अवश्य किसी देवता को चुना होगा। धूल-माटी भरे मर्त्यलोक में अहल्या जैसी दुर्लभ नारी के लिए योग्य पुरुष है ही कौन! मेरे संज्ञान की सीमा में तो ऐसा कोई नहीं है।"

प्रथा की बातें सुनते-सुनते मैं क्षुब्ध हो उठी। खीजते हुए जोर से बोली, "रहने दे, रहने दे। मुझे देवता पति नहीं चाहिए। पति के रूप में मुझे एक मनुष्य चाहिए। मेरी मर्त्यभूमि ही मेरे लिए स्वर्ग है। मुझे तो मनुष्य ही चाहिए। मैं अपनी मातृभूमि मर्त्यभूमि के बिना नहीं रह सकती। मुझे देवताओं के आडम्बरपूर्ण स्वर्ग में शान्ति नहीं मिलेगी। देवता सुखभोगी और प्रशस्तिप्रिय हैं। देवता ऐश्वर्य के महिमामय सिंहासन पर बैठकर मनुष्य की लाचारी का फैसला दाता के आसन से करते हैं। प्रियतम बन्धु, सखा, हृदयेश्वर के रूप में वे मनुष्य की वेदना नहीं समझते। उनमें प्रेम कहाँ! भक्ति तो भय का रूपान्तर मात्र है, इसलिए भक्ति के सामने प्रेम गौण हो जाता है। देवता के प्रेम में भी भोग-इच्छा स्वाहा नहीं होती।

देवता भी कभी-कभी मनुष्य के प्रति क्रूर और असहिष्णु हो उठते हैं। अपने अभिशाप से रसातल में भेज सकते हैं मनुष्य को, जबकि मनुष्य देवता को सदा सिर-माथे पर बिठाकर रखता है। हाँ, घूमने-फिरने के लिए स्वर्ग ठीक है। एक बार मैं स्वर्ग घूम आई हूँ। वहाँ के ऐश्वर्य ने मेरी भावनाओं को रौंद डाला था। मुझे घुटन होने लगी थी, मूर्च्छित हो गिर पड़ी थी मैं। याद है न तुम्हें?

"मेरी यह मातृभूमि अदिति, अखंडनीय, विविध वनस्पतियों एवं शस्यों के भार से सुजला, सुफला है। मुझे स्वर्ग का अमृत नहीं चाहिए। अमृत के मोह से विष निकलता है। विष से विषमता। देवता मुझे स्वीकार्य नहीं हैं, क्योंकि वे शाप देना जानते हैं, प्रशस्ति सुनने को कान लगाए रहते हैं। एक बार देवता के आसन पर बैठ गए तो मनुष्य से पूजा-अर्चना चाहने लग जाते हैं। वे अपनी मातृभूमि मर्त्यलोक से ऊपर हैं, ऐसा सोचकर मातृभूमि को भिक्षापात्र समझते हैं, वरदान देकर कृतार्थ करते हैं मनुष्य को। मनुष्य ही श्रेष्ठ है मेरी दृष्टि में। क्योंकि वह अभिशप्त होता है पर शाप दे नहीं पाता। अपनी मातृभूमि की मिट्टी पर चाहत की सरस्वती झराकर स्वयं को पत्थर भले ही बना लूँगी, अभिशप्त हो जन्म-जन्मान्तर भले ही पड़ी रहूँगी, असफलता, पराजय, अपयश और उपेक्षा से भले ही दबी पड़ी रहूँगी, पर अपनी मातृभूमि नहीं छोड़ूँगी। यदि पिताजी ने मेरे लिए देवता-पति चुना होगा तब मैं पिताजी की बात नहीं मानूँगी..."

मेरी बात सुनते-सुनते प्रथा का अनादिकाल का अनुभवी चेहरा काला पड़ गया। उसने दाँतों तले जीभ दबाने के बाद कहा, "छिः, ऐसी बुरी बातें क्यों कह रही है? भला कोई क्यों तुम्हारा बुरा चाहेगा? तुम्हारे रूप-लावण्य पर बुराई भी मोहित होकर वरदान बन जाएगी। इसलिए तुम भले ही देवता से विवाह मत करो, पर असफलता, पराजय, अपयश एवं बुराई जैसी बातें मत सोचो और न ही देवताओं की बुराई करो। वेद में तुमने देवताओं की प्रशस्ति का ही अध्ययन किया है। जीवन भर यही करो। यदि किसी को पता चल गया कि तुम देवताओं पर कटाक्ष करती हो तो वे तुम्हें कठिनाई में डाल देंगे। कब किस तरह बदला लेंगे, तुम समझ तक नहीं पाओगी। मुझे विश्वास है कि तुम परमात्मा विरोधी नहीं हो, बल्कि स्वयं को परमात्मा के प्रतिनिधि समझनेवाले एवं अपनी दैवीय शक्तियों का दुरुपयोग करनेवाले व्यक्तियों की विरोधी हो। परमात्मा ही वास्तविक देवता हैं। इसलिए तुम देवताओं पर दोषारोपण मत करो।"

प्रथा का सशंकित मलिन मुख देख मेरे मन में करुणा उपजी। वह बाहर से जितना कठोर और निर्भीक दिखती थी, भीतर से उतनी ही डरपोक और कमजोर थी। जब तक मुँह बन्द करके उसकी बातें सुनते रहो, बिना सोचे उसकी बातें मानते रहो, तब तक वह तरह-तरह के अत्याचार करती रहती थी, छाती पर सवार रहती थी। लेकिन यदि दृढ़ता से तुम उसे अस्वीकार कर देते, तब वह काँच के

खिलौने की तरह टुकड़े-टुकड़े होकर बिखर जाती। उसका अपना ही रूप ऐसा बेढंगा हो जाता था कि वह स्वयं को भी पहचान नहीं पाती। इसलिए वह हर क्षण आघात और प्रतिरोध की आशंका से घबराई-सी थी। अपनी असुरक्षित मन:स्थिति को ढके रखने के कारण उसका चेहरा काफी कठोर दिखाई देता था। बेचारी! वह समझ नहीं पाती कि जिसके लालन-पालन, सुरक्षा और देख-रेख का दायित्व उस पर होता था, वह उसी को दबोचकर परेशान कर देती थी और अन्त में चोट सहती थी–मुँह छुपाकर दूर चली जाती थी। खो जाती थी गुमनामी के इतिहास में। जाने या अनजाने।

प्रथा को समझाया कि मैं मुँह खोलकर विरोध नहीं करूँगी। कहीं देवताओं के अभिशाप तले न दब जाऊँ! किन्तु भला मन चुप कहाँ रहता है?

यह कैसा अनाहूत, अवांछित, अतार्किक स्वप्न है!

स्वप्न अनसोचा, अकल्पित होता है या स्वप्न भवितव्य होता है? स्वप्न विद्रोह है या अपने अनदेखे मन की स्वीकारोक्ति? ऐसा स्वप्न मैंने कभी नहीं देखा। आज क्यों देखा? वह भी उस रात जब देवताओं और स्वर्गलोक को सरे आम ठुकराकर माटी की मर्त्यभूमि एवं मरणशील मनुष्य को स्वीकार किया था! तो क्या यह मेरे अवचेतन की दुन्दुभि है? क्या दिखाता है स्वप्न–अतीत या भविष्य? क्या सच होता है स्वप्न?

उस भिनसारे के स्वप्न ने मेरी शान्ति छीन ली! मेरी प्रतिज्ञा को झकझोर डाला। यदि पिताजी के मुँह से मेरा स्वप्न मेरी नियति बनकर सामने आकर खड़ा हो गया, तो क्या मैं अपनी कल वाली प्रतिज्ञा पूरी करते हुए पिताजी का विरोध कर सकूँगी? यदि इन्द्रदेव पिताजी द्वारा मनोनीत पात्र हुए तो क्या मैं उन्हें अस्वीकार कर सकूँगी?

हाँ, मैंने स्वप्न में इन्द्रदेव को देखा है। देखा कि वे मणिमय रथ से दूल्हे के वेश में उतर रहे हैं। बिजली की कौंध से चौंक उठने की तरह इन्द्रदेव के तेजस्वी रूप से मेरी नींद उचट गई। ऐसे सपने का ओर-छोर नहीं मिला। हाँ, इन्द्रदेव वरणीय वर की तरह दिख रहे थे। पर उन्हें वरण करने की प्रतीक्षा कौन कर रहा था, वह सपने में नहीं दिखा। प्रथा को सारी बातें बताईं। मैंने ऐसा स्वप्न क्यों देखा, उस बारे में पूछा।

प्रथा ने सहज स्वर में कहा, "इसमें आश्चर्य होने की क्या बात है? 'इन्द्रयोग्या अहल्या'–यह बात तुमने कई लोगों के मुँह से कई बार सुनी जो है! 'इन्द्रयोग्या' शब्द तुम्हारे लिए एक विशेषण बन चुका है। सुन्दर नारी तो इन्द्रयोग्या होती ही है, यह

बात शास्त्रमत की तरह सर्वजन स्वीकृत है। सम्भवतः लोगों द्वारा उच्चरित ये शब्द तुम्हारे अवचेतन में न जाने कहाँ आसन जमाए हुए हैं। इसलिए उसे ज्यादा महत्त्व मत दो। पर विवाह एक शुभ संस्कार भले ही हो, विवाह का सपना शुभ नहीं होता, अहल्या! सम्भवतः इन्द्र आर्यवीर, त्रिलोक नायक होते हुए भी तुम्हारे लिए शुभदायी नहीं हैं। सपना कभी-कभी सतर्क कर जाता है। ईश्वर की अपार करुणा से तुमने सिर्फ इन्द्र को वर के रूप में देखा है। विवाह मंडप पर विवाह संस्कार के बीच नहीं देखा। इसलिए सतर्क रहकर अशुभ को टाला जा सकता है। हाँ, यह भी हो सकता है कि तुमने इन्द्र को वर के रूप में नहीं देखा—इन्द्र के वेश में देखा है। इन्द्र का वेश ही सुन्दर है। सुन्दर पुरुष ही इन्द्र है। इसलिए शुभ-संस्कार की घड़ी मन में अशुभ भावना को स्थान मत दो। बस कुछ ही क्षणों में तुम्हारा कुतूहल दूर हो जाएगा। तुम निश्चिन्त रहो। यदि पिताजी ने तुम्हारे लिए सचमुच में देवराज इन्द्र को..."

मैंने चौंकते हुए कहा, "एक बार कह तो दिया कि देवता के प्रेम पर मुझे भरोसा नहीं है और न ही स्वर्गलोक के प्रति मेरी अभीप्सा है। किस क्षण स्वर्गच्युत अभिशप्ता हो जाऊँ, कौन कह सकता है। सम्भव है, मैं कभी अभिशप्ता हो भी जाऊँ, पर पृथ्वीच्युत नहीं होऊँगी। अदिति पृथ्वीमाता मुझे जन्म से मृत्यु तक जन्म-जन्मान्तर अपनी गोद में बिठाए रखेगी।"

किन्तु इन्द्रदेव वैसे नहीं हैं। वे तो मनुष्य अधिक हैं। देवताओं में आर्यवीर इन्द्र सबसे छोटे हैं। इसलिए पृथ्वी के प्रति उनमें गहरी ममता और आकर्षण है। पृथ्वी को गर्मी से बचाने के लिए उन्होंने जलदान का विरोध करनेवाले दास-राजा वृत्र की हत्या की थी। उनकी वीरता का कोई मुकाबला नहीं। इसलिए इन्द्रदेव के प्रस्ताव को अस्वीकार नहीं किया जा सकता।" इतना कहने के बाद प्रथा मेरी ओर पैनी दृष्टि से देखती रही। क्या वह मेरा मन टटोल रही थी?

मैंने दृढ़ स्वर में विरोध किया, "देवता और देवताओं का जगमगाता स्वर्गलोक, अथाह ऐश्वर्य, अमृत, अमरत्व, अनन्त यौवन, चिर वसन्त—कुछ नहीं चाहिए मुझे। मैं इस पृथ्वी की कन्या हूँ, इसलिए इन्द्र सुदर्शन होने पर भी मुझे इन्द्र-वर नहीं चाहिए।"

किन्तु ऐसा स्वप्न मैंने क्यों देखा? यह बात सच है कि इन्द्र-रूप, इन्द्र का व्यक्तित्व, वेद में इन्द्र-स्तुति, अपने पूज्य गुरु एवं पिता-भाई-सबके मुँह से इन्द्र-यश, सर्वोपरि अपाला के मुँह से कुछ दिनों पहले इन्द्र की यश-गाथा सुनकर मेरे किशोरी मन में इन्द्र ने नायक-पुरुष के रूप में एक अलग स्थान बना लिया था। इस उम्र में नारी और पुरुष—सबके मन में ऐसा ही नायक व्यक्तित्व पूजा जाता है। मैं भी इसका अपवाद नहीं थी। अभी नारद भैया के साथ गौतम आश्रम से लौटने के रास्ते जिन आर्य, अनार्य बस्तियों, मुनि-आश्रमों और

जनपदों में अपनी थकान मिटाने के लिए हमने आतिथ्य ग्रहण किया था, वहाँ जिसकी भी दृष्टि मुझ पर पड़ती वह एक ही बात पूछता–'कौन है यह इन्द्रयोग्या सुन्दर नारी!'

भैया सबको यही उत्तर देते–'यह इन्द्रयोग्या सुन्दर नारी मेरी बहन और ब्रह्मापुत्री अहल्या है!'

प्रश्न और उत्तर से मेरे मन में दो बातें दृढ़ हो चुकी थीं–'अब मैं बालिका नहीं रही, नारी हूँ–'एक सुन्दर नारी' और 'इन्द्रयोग्या' शब्द मेरी प्रशंसा से जुड़े होने के कारण मेरे लिए सुखदायी, श्रुतिरोचक और हृदयस्पर्शी था। इन्हीं सबों ने मिलकर मेरे जीवन की इस निर्णायक घड़ी में मेरे अवचेतन में इन्द्रदेव का स्वप्न दिखाया था।

उस बहुप्रतीक्षित क्षण ने मेरे स्वप्न और कल्पना को क्षणभर में ध्वस्त कर दिया। पिताजी की घोषणा मेरे लिए भूकम्प-सी भयावह थी। यथार्थ ने मुझे इतना विक्षुब्ध क्यों कर दिया? क्या मैं अपने अज्ञात, अपूर्ण स्वप्न का मन-ही-मन स्वागत कर रही थी?

हे अन्तर्यामी परमात्मा! मनुष्य के मन को इस तरह अँधेरी गुफा बनाने के पीछे कौन-सा शुभ संकल्प है तुम्हारा? यहाँ तक कि मनुष्य अपने मन, वासना, इच्छा और अभिलाषा तक को साफ-साफ देख नहीं सकता, पहचान नहीं सकता। इसलिए मनुष्य अपने भीतर कई तरह से बँटा होता है और अपनी करनी के लिए सतत आहत होता रहता है–अनुतप्त होता रहता है।

पिताजी की घोषणा ने मुझे जितना व्यथित नहीं किया था, उससे कहीं अधिक विक्षुब्ध किया था। कारण, पिताजी द्वारा चुना गया मनुष्य अत्यन्त गुणी, ज्ञानी, जितेन्द्रिय होने पर भी पति रूप में मेरे खंडित स्वप्न के एक बिखरे कण तक में उपस्थित नहीं था। क्या सोचकर पिताजी ने यह निर्णय लिया?

अब मैं यह कहकर उनका विरोध नहीं कर सकती थी कि पिताजी ने किसी अनदेखे, अनसुने, अनजान पुरुष के साथ मेरा विवाह तय किया है। क्योंकि मैं उन्हें जानती थी, पहचानती थी, उन्हें खूब निकट से देखा था। यहाँ तक कि उनके बारे में मैं कोई प्रतिकूल टिप्पणी तक नहीं कर सकती थी। यह जगत भी उनके साथ मेरे विवाह पर प्रश्न नहीं उठा सकता था। मेरे पास ऐसा कोई तर्क भी नहीं था, जिसके बल पर मैं पिताजी की इस घोषणा को ठुकरा सकती। पिताजी ने बिना मेरी राय लिए विवाह तय किया है, यह भी नहीं कह सकती थी क्योंकि प्रकारान्तर से पिताजी मुझसे पूछ चुके थे।

आज पिताजी अकेले नहीं आए थे। उनके साथ थे स्वर्गलोक और अन्तरिक्ष के अनेक देवता, यक्ष, किन्नर। आए थे भूलोक के विशिष्ट मुनिगण।

सबके सामने पिताजी ने यह घोषणा की, "अहल्या! सात दिनों के बाद तुम्हारे विवाह का आयोजन होगा। इन सात दिनों तक तुम अपने मन, चेतना और आत्मा को समर्पित करने के लिए तपस्यारत रहना। आज सबके सामने मैं तुम्हारे भावी पति का नाम सानन्द, सगर्व घोषित करता हूँ। वे हैं परम दार्शनिक महर्षि गौतम, तुम्हारे शिक्षा गुरु, तुम्हारे व्यक्तित्व के निर्माता। तुम्हारे भविष्य के पथप्रदर्शक..."

धरती फट गई, आकाश टूट पड़ा, मरुतगण स्तब्ध हो गए, चाँद-सूरज एक साथ अस्त हो गए, नक्षत्रगण अन्तरिक्ष से कक्षच्युत हो गए, नदियाँ राह भटक गईं, सिन्धु लबालब भर गया, पर्वत भूमि में समा गए, वनस्पतियाँ पत्रहीन हो गईं...पलभर में मेरी आँखों के आगे महाप्रलय उमड़ पड़ा किन्तु मैं उसी तरह खड़ी रही। विद्रोह की तीव्रता से कुछ बोल तक नहीं सकी—पर अपने भावों को रोक न सकी।

संकट की घड़ी में जब मनुष्य वाक्रुद्ध हो जाता है, तब भावरुद्ध भी क्यों नहीं हो जाता? ऐसा होता तो मनुष्य भाग्यवान होता। विद्रोह केवल अग्नि नहीं होता—जलधारा बनकर बह जाता है असहाय विद्रोह, निष्फल क्षोभ, कर्तव्यहीन विरोध। मेरी आँखों से अनियंत्रित आँसुओं की धार बह चली।

पिताजी ने मुझे प्यार से समझाया, "एक न एक दिन तुझे पिता का घर छोड़कर जाना ही होगा। यह नारी जीवन का धर्म है। इससे आँसू बहना स्वाभाविक है किन्तु यह खुशी की बात है कि तुम किसी अनजान जगह नहीं जा रही हो। रम्यवन की तरह गौतम आश्रम भी तुम्हें अति प्रिय है। मैंने सुना है कि तुम्हारे वहाँ से विदा होकर आते समय पेड़-पत्ते, नदी-नाले, आर्य-अनार्य, पशु-पक्षी सभी रो रहे थे। तुमने भी आँसू बहाए थे और उन्हें दिलासा दे आई थी कि बहुत जल्द उनके पास लौट आओगी। अतः तुम्हारे लिए ऐसा निर्णय लेकर मैं न केवल आनन्दित हूँ, बल्कि मुझे गर्व भी है।"

मैं पिताजी के सीने पर सिर रखकर रोने लगी। अन्य सभी मुझे आशीर्वाद देकर लौट गए। प्रथा मुझे कुटिया में लिवा गई पर मेरे आँसू रुक ही नहीं रहे थे।

गौतम उत्तम व्यक्ति, आदर्श पुरुष, ज्ञानी गुरु, सुशील और जितेन्द्रिय तपस्वी थे। वे सबके लिए पूज्य थे। मैं उनकी प्रशंसक थी, उनका सम्मान करती थी। उनके ज्ञान और दर्शन के आगे मैं स्वयं को धूल का एक कण मानती हूँ। किन्तु गौतम के प्रति 'गुरु' के सिवाय और कोई सम्बन्ध मेरी कल्पना तक में नहीं था—आगे हमारा सम्बन्ध कैसा होगा, कौन जानता था? मैं आकाश-पाताल सोचने लगी थी और मेरे अन्दर के विद्रोह ने मानो रोने की ठान ली थी। पिताजी समझ चुके थे कि ये आँसू विदाई के नहीं हैं, विद्रोह के हैं।

पिताजी ने धीरे-से कहा, "तुम्हें याद है अहल्या? जिस दिन तुम गुरुकुल से लौटी थी, हमारे बीच कुछ बातचीत हुई थी और उसके बाद मैं ब्रह्मलोक चला गया था।"

"हाँ, याद है।"

"फिर से याद करो हमारे बीच की बातचीत।" पिताजी ने गम्भीर स्वर में कहा।

पिताजी का निर्देश मानकर आँसू पोंछते हुए सात दिन पहले की बातचीत मैंने याद की।

उस दिन पिताजी को प्रणाम करने पर उन्होंने मुझे आशीर्वाद देते हुए कहा था, "यशस्वी बनो अहल्या! गौतम आश्रम में सिर्फ पाँच वर्ष के ब्रह्मचारी जीवन से तुम्हारे व्यक्तित्व में जो सुपरिवर्तन आया है, वह अति आवश्यक था। गौतम मेरे परम शिष्य थे। तुम बनी गौतम की शिष्या। इसलिए मेरी भी परम शिष्या हुई। गुरुकुल में तुम्हें कोई असुविधा तो नहीं हुई न? हालाँकि गौतम आश्रम के नीति-नियम और कठोर अनुशासन से शुरू-शुरू में तुम्हें घुटन तो हुई होगी किन्तु जीवन में अनुशासन भी आवश्यक है।"

मैंने स्निग्ध कंठ से कहा, "गौतम आश्रम में भला मुझे कैसी असुविधा? गुरुजनों ने पिता के समान और गुरुपत्नियों ने माता के समान मुझे प्यार-दुलार और उपयुक्त शिक्षा प्रदान करके मेरा जीवन धन्य कर दिया। मैं उनके प्रति कृतज्ञ हूँ। उनके सम्पर्क में न आई होती तो मेरे जीवन का एक हिस्सा अधूरा रह गया होता। यह सच है कि गुरु के रूप में अन्य शिष्यों की अपेक्षा मेरे प्रति आचार्य गौतम की अधिक कठोर नीतियों के कारण कभी-कभी मुझे घुटन होने लगती थी। किन्तु बाद में मैंने उसके साथ समझौता कर लिया था।"

मेरे मुँह से बात छीनते हुए प्रथा ने कहा, "तुम नारी हो, साथ ही अत्यन्त सुन्दर हो, इस कारण गौतम का तुम्हारे प्रति अधिक ध्यान देना स्वाभाविक था। गुरु के रूप में यह गौतम की दक्षता का परिचय देता है।"

पिताजी ने पुनः प्रश्न किया, "गौतम संयमी होने के कारण कठोर दिखते हैं। और फिर तुम्हारे प्रति सतर्क रहने के अलावा और कोई चारा भी तो नहीं था उनके पास। चलो, छोड़ो यह सब। तुम यह बताओ कि एक व्यक्ति और ऋषि के रूप में गौतम के बारे में तुम्हारी क्या राय है?"

"उत्तम-अति उत्तम।"

"गौतम आश्रम का प्राकृतिक परिवेश देखकर तुम रम्यवन को भूल अवश्य गई होगी?" पिताजी ने मुस्कराते हुए प्रश्न किया।

मैंने सहसा उत्तर दिया, "इतना भूल गई थी कि विदा होकर आते समय मुझे लग रहा था मानो गौतम आश्रम ही मेरा गृह है। रम्यवन है प्रवास। इसलिए मैं अपने आँसू नहीं रोक पाई थी।"

पिताजी मेरा उत्तर सुनकर प्रसन्न लग रहे थे। उन्होंने कहा, ''मेरी बहुत बड़ी चिन्ता दूर कर दी तुमने अहल्या। अब मेरे अन्दर कोई द्वन्द्व नहीं रहा।''

उस समय इस बात का महत्त्व मैं समझ नहीं पाई थी। अब समझ रही हूँ। गौतम अति उत्तम पुरुष हैं और गौतम आश्रम अपने घर जैसा लगता था, यह बात मैं पिताजी को पहले ही बता चुकी हूँ। आज कैसे कह दूँ कि पिताजी ने मेरी राय लिए बिना मेरा विवाह तय किया है?

परन्तु क्या किसी को गुरु के रूप में, मनुष्य के रूप में उत्तम कहने का अर्थ उसे पति के रूप में पाकर सुखी होना है? कुल मिलाकर मैं गौतमजी के प्रति किसी भी तरह का आकर्षण महसूस नहीं कर पा रही थी। गौतम में नारी मन को लुभाने जैसा पुरुषोचित शारीरिक सौन्दर्य ढूँढ़ने पर कोई भी हताश होता। दाढ़ी और केश कुछ-कुछ धूसर रंग धारण कर चुके थे। यह उनके ज्ञान की परिपक्वता को प्रमाणित करता था। तपोदग्ध खर्बकाय शरीर अत्यन्त शीर्ण था। उनका शुष्क और कठोर दार्शनिक व्यक्तित्व नीरसता भर देता था मन में। कुल मिलाकर गुरु के सिवाय उनके साथ अन्य किसी भी तरह के सम्बन्ध के भाव मन में नहीं उठ सकते थे। गौतम की उम्र भी मुझसे बहुत अधिक थी। मुझसे बीस वर्ष से भी अधिक बड़े थे। किन्तु क्या यह बात पिताजी से कही जा सकती थी कि 'गौतमजी के प्रति कोई आकर्षण अनुभव नहीं कर पा रही...मेरी स्नायु में गौतम के रूप ने कभी हलचल नहीं मचाई, भविष्य में कभी मचाएगी, सन्देह है। इसलिए मैं उनसे विवाह नहीं करूँगी।' पिताजी तुरन्त क्या उत्तर देते, मैं जानती थी। वे कहते-'किसका आकर्षण? देह का, मन का या आत्मा का?' उसके बाद देह की असारता और आत्मा की चिरन्तनता पर दार्शनिक तत्त्व बखानने लगते ठीक गौतम की तरह। आज मैं यह सब सुनने की स्थिति में नहीं थी इसलिए चुप रही। लेकिन मेरे मन का उद्वेलन पिताजी से छुपा नहीं था। सात दिनों तक पिताजी और प्रथा विवाह की पवित्रता और उद्देश्य कहते रहे मेरे कानों में-मानव जीवन में विवाह संस्कार एक पवित्र संस्कार है। विवाह का अर्थ है-विशेष कर्त्तव्य का निर्वाह करना। उसमें बाह्यरूप, सामान्य गुण, कर्म, स्वभाव की समानता महत्त्वपूर्ण नहीं है। उत्तम गुण, कर्म, स्वभाव को महत्त्व देना चाहिए। ऐसा नहीं करने पर विवाहित जीवन अभिशाप में बदल जाएगा, इत्यादि-इत्यादि।

मैंने प्रथा से प्रश्न किया, ''पत्नी पति से किस तरह अतिशय प्रेम कर सकती है?''

प्रथा ने मुस्कराते हुए कहा, ''प्रेम जबरन लादा नहीं जा सकता। इसलिए स्वयंवर की व्यवस्था समाज में प्रचलित है। जो नारी पुरुष के सुन्दर व्यवहार, रूप, स्वभाव और सौजन्य पर मुग्ध होकर पति-वरण करती है, वह पति से खूब प्रेम करती है।''

मैंने मन-ही-मन कहा-'तो क्या गौतम को पति के रूप में पाकर प्रेम करना सम्भव होगा?'

पिताजी मेरी स्वगतोक्ति भी सुन लेते थे। उन्होंने दृढ़ स्वर में कहा, "किन्तु स्वयंवर में पति-वरण करते समय सिर्फ आँखों की मदद से बाहरी रूप-लावण्य देखकर मुग्ध हो पति-वरण करना उचित नहीं। मन और ज्ञाननेत्र से पुरुष के गुण और स्वभाव भी देखकर पति-वरण करना उचित है। सिर्फ सुदर्शन पति पाकर कोई सुखी नहीं हो जाता। पति ज्ञानी और तपस्वी हो तो पत्नी को सुख मिलता है। विवाह हो जाने मात्र से ही भौतिक विकास नहीं होता। आपसी सहयोग से दम्पति एक-दूसरे के विकास में सहायक होते हैं। इसलिए सारी बातें सोचने के बाद ही मैंने गौतम को तुम्हारे लिए उपयुक्त पति के रूप में चुना है। मैं जानता हूँ कि तुम्हारे साथ पाँच वर्षों तक खूब हिल-मिलकर रहने पर भी गौतम ने कभी तुम पर कामनापूर्ण दृष्टि नहीं डाली। तुम्हारा अंग स्पर्श करने की बात तो दूर, तुम्हारी परछाईं तक का स्पर्श नहीं किया उन्होंने। ऐसे जितेन्द्रिय पुरुष की कामना कोई भी नारी अवश्य करेगी। संसार के नीति-नियमों का वे कड़ाई से पालन करते हैं। सुखी होने के लिए एक नारी को भला इससे अधिक और क्या चाहिए?"

भले ही मैं नहीं जानती थी कि सुख के लिए सामाजिक नियमों से परे कुछ और है भी या नहीं-किन्तु मेरा अनुभव कहता था, गौतम जैसे शास्त्र-निपुण पति संस्कृति को समृद्ध कर सकते हैं, पर पत्नी की सुख-समृद्धि में सहायक होंगे, इस बात की कोई निश्चितता नहीं। इसलिए अपनी इच्छा से नहीं, बल्कि पिताजी की इच्छा से मुझे पिता समान गुरु गौतम को पति के रूप में स्वीकार करना ही होगा।

सात दिनों तक पिताजी के उपदेश और गौतमजी की प्रशंसा सुनते-सुनते मैं बोल पड़ी, "पिताजी! गौतम मेरे गुरु हैं। इसलिए पितातुल्य हैं। उपनयन के समय उन्होंने मुझे गर्भ में धारण करके नया जन्म दिया है। अतः उन्हें मैं पति के रूप में कैसे स्वीकार कर सकती हूँ?"

मानो पिताजी मुझसे इसी तरह के प्रश्न की आशा कर रहे थे। उन्होंने सहसा उत्तर दिया, "पति होता है पत्नी का परमगुरु। पति के बिना पत्नी की शिक्षा पूरी नहीं होती। इसलिए गुरु का पति होना अनैतिक नहीं, बल्कि परम सौभाग्य है।"

नीति-अनीति निर्भर करती है तर्क व व्याख्या पर, और तर्क के बल पर नीति-अनीति की व्याख्या बदली भी जा सकती है। कुल मिलाकर गुरुजनों के आगे कुछ बोलना निरर्थक था। ब्रह्माजी ने एक बार जो कह दिया वह ब्रह्मवाक्य था, अतः अकाट्य था। मेरी इच्छा हो रही थी विरोध करने की। लेकिन क्या लाभ? किन्तु आचार्य गौतम की उम्र और मेरी उम्र में पिता-पुत्री जितना अन्तर था, प्रथा ने मेरे मन से यह द्वन्द्व भी दूर कर दिया। पुरुष का ज्ञान और यश एवं

नारी का रूप, यौवन, चरित्र और सौन्दर्य विवाह के लिए नितान्त आवश्यक हैं। इसलिए मेरी उम्र सोलह वर्ष होने पर भी आचार्य गौतम की उम्र के बारे में प्रश्न करना अनुचित है।

रात बीतते ही मेरा विवाह आर्षमत से सम्पन्न हो जाएगा। किसी ऋषि को कन्यादान करना एक पुण्य कार्य है। यह आर्षविवाह वैदिक विधान से बाहर नहीं है; बल्कि राजा को कन्यादान करने की अपेक्षा ऋषि को कन्यादान करना प्रशंसनीय कार्य है। राजा और ऋषि–इन्हें छोड़कर जो साधारण मनुष्य समाज के नानाविध विकास के लिए अपना श्रम, स्वेद, मेधा और जीवन निछावर करते हैं, क्या वे उपयुक्त पति नहीं बन पाते? वे ही लोग तो साधना और तपस्या के बल पर ऋषि, राजा और इन्द्र बनते हैं। किन्तु सभी राजा या ऋषि बन जाएँ तो राज्य की समन्वित सुख–समृद्धि सम्भव नहीं। परन्तु पिताजी की दृष्टि में उनमें से कोई भी अहल्या के समकक्ष नहीं था–इसलिए गौतम ही मेरे भवितव्य थे।

मैं पूरी रात जागती रही। उस रात प्रथा एक–एक करके मेरे परिणय प्रार्थियों के नाम मुझे बताती जा रही थी, ''पृथ्वी स्थान देवताओं में अग्नि, सोमदेव, बृहस्पति; अन्तरिक्ष स्थान देवताओं में इन्द्रदेव, रुद्र, वायुवात, पर्जन्य, आप! एवं मातरिश्वान; द्युस्थान देवताओं में दौस, वरुण, मित्रसूर्य, सवितृ, पुषन्, विष्णु, अश्विन आदि को अहल्या की आकांक्षा थी और युवा, प्रौढ़, वृद्ध सभी समन उत्सव या स्वयंवर की प्रतीक्षा कर रहे थे। सभी मुनिगण भी अहल्याकांक्षी थे। उन्होंने नारद के माध्यम से विवाह प्रस्ताव पिताजी को भिजवाए थे।

''ऐसी बात नहीं है कि मानवगण अहल्याकांक्षी नहीं थे, किन्तु देवताओं के कोप और मुनिगण के अभिशाप के डर से वे चुप थे। परन्तु एकमात्र वीरश्रेष्ठ इन्द्र साहसपूर्वक अपना प्रस्ताव सीधे पिताजी को भेज चुके थे। वह भी किसी दूसरे आदमी के हाथों नहीं, स्वयं पितामह से मिलकर उन्होंने तुम्हारे प्रति तीव्र आकर्षण एवं प्रेमभाव निःसंकोच प्रकट किया था। लेकिन पितामह ने बेझिझक इन्द्रदेव को स्पष्ट कह दिया था कि अहल्या के लिए वर का चुनाव वे बहुत पहले कर चुके हैं। किन्तु मुझे डर है कि इन्द्रदेव आज न सही, कभी–न–कभी तो कोई–न–कोई अनर्थ अवश्य करेंगे। कौन जाने किसी दिन बलपूर्वक 'पैशाच' मत से कहीं तुमसे विवाह न कर लें। इन्द्रदेव जो कामना करते हैं, वह सिद्धि में बदल जाती है। इसलिए पितामह ने आचार्य गौतम को तुम्हें प्रदान करके इन्द्रदेव और गौतम के बीच की अतीत की प्रतिद्वन्द्विता और विद्वेष को और भी गहरा कर दिया। गौतम की जगह अगर कोई और तुम्हारा पति होता तो शायद इन्द्रदेव उस बात को सह जाते। किन्तु सबसे अधिक आश्चर्य की बात तो यह है कि आचार्य गौतम ने कभी किसी के सामने तुम्हारे प्रति परिणय की आकांक्षा अथवा प्रणय–वासना प्रकट नहीं की है।''

प्रथा की बात ने मुझे भी आश्चर्यचकित कर दिया। जो पुरुष मेरे प्रति आकर्षित नहीं है, उससे विवाह करना होगा!

सुबह से अनेक ऋषि-मुनि एवं देवगण मुझे आशीर्वाद देने आ रहे हैं। विवाह संस्कार से पहले मैं उनका आशीर्वाद ग्रहण कर रही हूँ। सबका केवल वही एक आशीर्वाद मुझे चकित कर रहा था, "यज्ञमति महती! इन्द्रयोग्या नारी हो। तुम्हारे पति इन्द्रपद प्राप्त करें। उनकी इन्द्र साधना में तुम सहायक होकर इन्द्रलोक की रानी बनो।"

नहीं जानती कि विज्ञ ऋषियों की बातों का गूढ़ तत्त्व क्या है? किन्तु जब पिताजी ने मुझे ठीक वही वाक्य कहकर आशीर्वाद दिया, मैंने सबके सामने अनायास ही उनसे प्रश्न किया, "यदि मैं इन्द्रयोग्या हूँ, तो मुझे इन्द्र को अर्पित न करके आचार्य गौतम को अर्पित क्यों किया?"

वाक्‌दत्ता अहल्या के मुँह से ऐसा पापवाक्य सुनकर ब्रह्मांड स्तब्ध रह गया। मेरे ऐसे प्रथा विरोधी वाक्य से पृथ्वी काँप उठी। विवाह के मांगलिक संस्कार में पवित्र अन्तःकरण सहित प्रवेश करने से पहले अपने मन और आत्मा को पति पर केन्द्रित न करके प्रतिरूप में मैंने इन्द्र का तन-मन से भले ही मनन न किया हो, पर मुँह से उनका नाम तक लेना महापाप था।

मेरा वह पाप इतना विशाल था कि ऋषि, मुनि, देवताओं के आशीर्वचन स्तब्ध रह गए। सभी तटस्थ हो गए। पिताजी ने गम्भीर स्वर में कहा, "हाँ, तू इन्द्रयोग्या नारी है, पर इन्द्र अहल्यायोग्य पुरुष नहीं हैं। गौतम हैं अहल्यायोग्य पुरुष। क्योंकि गौतम जितेन्द्रिय हैं। गौतम तपस्या के बल पर इन्द्र बन सकते हैं और तब 'तू इन्द्रयोग्या' है, यह बात सच साबित हो सकती है। आज इस पवित्र घड़ी में तूने जिस पाप वाक्य का उच्चारण किया है, उसके प्रायश्चित के लिए तुझे एक जन्म नहीं, सहस्र जन्मों तक तपस्या करनी होगी।"

मैं वाकई इन्द्र से विवाह करना चाहती थी, ऐसी बात नहीं थी—पिताजी के एकतरफा निर्णय से मेरे अन्दर जो विरोध पिछले कुछ दिनों से उमड़ रहा था, उसी के कारण मैं ऐसा पाप-वाक्य कहने को बाध्य हुई। मुझे क्या मालूम था कि एक पापवाक्य उच्चारण करने के कारण जन्म-जन्मान्तर तपस्या करनी होगी?

मैंने कातर कंठ से प्रश्न किया, "पाप क्या है? कौन-सा पाप किया है मैंने?"

पिताजी ने गम्भीर स्वर में कहा, "जिस काम से मन अशान्त और अधीर हो उठता है—जिस काम से कभी शान्ति नहीं मिलती, उसी का नाम पाप है। मीठे फल के नन्हे छेद में एक कीड़ा प्रवेश करने से जिस तरह पूरा फल किड़हा हो जाता है, उसी तरह आज एक पापवाक्य के माध्यम से तुम्हारे मन में जो पाप-भावना प्रवेश कर गई है, वह तुम्हारे पूरे जीवन को अधीर और पाप से भर देगा।

गौतम ही एकमात्र ऐसे गुरु हैं जो पति-देव के रूप में पुण्य की शंखध्वनि से तुम्हारे पाप कातर मन को अभिमंत्रित कर देंगे।''

पिताजी का वाक्य समाप्त होते ही सहस्र मांगलिक शंखध्वनियों ने मेरी अन्तरात्मा को मंत्रित करने के बदले पाप-भावना से मंथित कर दिया।

प्रथा मेरा अन्तःकरण पढ़ लेती थी। मेरे मनोभाव जानकर वह मेरे कान में चेतावनी सुनाने लगी, ''तुम्हारी इच्छा के विरुद्ध ही सही, जिन्हें पति के रूप में इहकाल और परकाल पर थोप दिया जाता है, उन्हें पूरी तरह स्वीकार न करना न केवल पाप है, बल्कि महापाप है अहल्या। विवाह में भोग मुख्य नहीं होता, मुख्य होता है—त्याग। इसलिए तुम्हारा गौतम के प्रति दैहिक आकर्षण हो या न हो, नीति की दृष्टि से गौतम ही तुम्हारे काम्यपुरुष हैं। इसके अलावा कुछ और सोचना महापाप है।''

मैं बलिवेदी के बकरे की तरह किंकर्त्तव्यविमूढ़-सी खड़ी थी वधू के वेश में। चारों ओर से फूलों की बरसात हो रही थी मुझ पर। ऐसा लग रहा था मानो फूल नहीं, पाप बरस रहा हो मुझ पर!

ताप

ऐ मेरे अन्तरतम ताप! मुझे तपा दे, मुझे मिटा दे।

तीन तरह के पापों से सन्तप्त है यह जीवन। काम, क्रोध, लोभ आदि आत्मिक ताप, हिंसक जीवादि की क्रूरता के आधिभौतिक ताप और वज्र, वर्षा, विस्फोट आदि प्राकृतिक आपदाओं के आधिदैविक ताप से झुलस रहा है मनुष्य। मनुष्य के रूप में इस पृथ्वी पर जन्म लिया है मैंने, इसलिए ताप से झुलसना जीवन का एक अभिन्न अंग मान लेना होगा। क्या बिना तपे जीवन जी लेना सम्भव है?

आज विवाह-संस्कार की होमाग्नि मुझे मोदमुग्ध करने के बदले तापदग्ध कर रही थी और मैंने उसे सहज भाव से स्वीकार भी लिया था। आज की यह अनसोची प्राप्ति मुझे पत्थर बना रही थी। अपने चंचल सपनों को विवाह के यज्ञ में मैं स्वाहा करती चली जा रही थी।

ब्राह्ममुहूर्त में आचार्य गौतम दूल्हे के वेश में और गौतम-आश्रम के अन्य आचार्यगण बाराती के रूप में रम्यवन में पहुँच गए। आचार्य गौतम को दूल्हे के वेश में देखकर मैं उल्लसित नहीं हुई, न जाने क्यों सशंकित और संकुचित हो गई। आचार्यजी का वह वेश मेरी कल्पना में कभी चित्रित नहीं हुआ था। इसलिए उनके रूप के साथ वर का वेश कुछ अटपटा लग रहा था। वे होमाग्नि की तरह लग रहे थे–पवित्र किन्तु कठोर। पिताजी, भैया नारद और अन्य देवताओं ने हमारी ओर से वर और बारातियों का सादर स्वागत किया। पिताजी ने वर-पक्ष को यज्ञ सम्पादन करने की अनुमति प्रदान करके हमारे घर के श्रेष्ठ के हिसाब से स्वयं ही पुरोहित का कार्य प्रारम्भ कर दिया। उसके बाद शुरू हो गया कन्या-पक्ष की ओर से 'इन्द्राणी कर्म'। अब मैं इन्द्राणी-सी सजी हुई थी। प्रत्येक वर इन्द्र जो होता है और प्रत्येक वधू इन्द्राणी!

जीवन में कम-से-कम एक दिन स्वयं को श्रेष्ठ समझ सभी आनन्दित होते हैं। आज गौतम हैं 'इन्द्र' और मैं 'इन्द्राणी'। 'इन्द्राणी-कर्म' के दौरान आठ सधवाएँ हम दोनों की प्रशस्ति गा-गाकर नृत्य कर रही थीं। जब उनका नाच-गाना चल रहा था, आचार्य गौतम वर के रूप में मेरे निकट आए। वे मुझे विवाह-वस्त्र, अंगराग, पुष्पमाला एवं दर्पण इत्यादि विधिपूर्वक उपहार में देने वाले थे। आचार्य

गौतम कैसा अभिनव उपहार मुझे देंगे, उसे देखने के लिए प्रथा के साथ उपस्थित नारियाँ जिज्ञासु हो उठीं। उपस्थित दर्शक-मंडली को वर-पक्ष का विवाह-उपहार हमेशा रोमांचित करता है।

विवाह के समय वर-पक्ष से कन्या के लिए यही प्रथम उपहार होता है। इसलिए कन्या के रूप-रंग एवं उसकी रुचि के अनुसार उसे पसन्द आने और उसे अधिक आकर्षक बनाने जैसे सोने के सलमा-सितारों से जड़े चित्र-विचित्र सुन्दर अधोवास और अधिवास उपहार में देना सम्भ्रान्त आर्य परिवार की परम्परा थी। ऊनी कपड़ों की किनारी में सोने के जरदोजी का काम करने में वैदिक नारियाँ निपुण थीं। इसलिए विवाह में उपहार देने के लिए वर-पक्ष की ओर से बहुत पहले से ही सोने के सलमा-सितारे जड़े वस्त्र 'पेशस' आदेश देकर बुनवाए जाते थे।

उसके साथ अत्यन्त आकर्षक कसीदाकारी से पूर्ण वक्षोवास 'प्रतिधि' आकर्षण का केन्द्र बन जाया करता था। लेकिन मेरे लिए गौतमजी का उपहार था 'मृगाजिन' (मृगछाल)। मृगाजिन की गिनती एक दिव्य परिधान के रूप में होती थी। यज्ञ के समय याज्ञिकों की पत्नियों द्वारा मृगाजिन धारण करने की प्रथा थी और मृगाजिन सहजता से एवं हर समय न मिलने के कारण याज्ञिक परिवार में दुर्लभ वस्त्र के रूप में गिनी जाती थी। दीक्षा ग्रहण करते समय 'मृगाजिन' अपरिहार्य था। इसलिए अपनी पत्नी के लिए सोने के सलमा-सितारे जड़े पेशस (ऊनी वस्त्र) न लाकर उपहार में 'मृगाजिन' देकर गौतम ने उचित कार्य किया है, यह चर्चा वयस्क नारियों के बीच चल रही थी, जबकि युवतियाँ बातें कर रही थीं, "इन्द्रयोग्या अहल्या ब्रह्मचारिणी जीवन में मृगाजिन पहना करती थी, इस बारे में किसी को कुछ नहीं कहना। किन्तु मधुशय्या वाले गृह में संन्यासिन के वेश में मृगाजिन पहनकर जाना क्या सही होगा? क्या आचार्य गौतम अहल्या को मधुशय्या की रात्रि में भी उनसे दीक्षा ग्रहण करने को बाध्य करेंगे?" मुझ पर दृष्टि डालते हुए किसी-किसी को ऐसा कहते हुए मैंने सुना था।

अंगराग की पेटिका खोलते ही प्रथा चौंक उठी। उसमें सुरभित अगरु, चन्दन, हल्दी, गोरचना, कुंकुम आदि होना चाहिए था। पर उसमें थी यज्ञ की राख! और दर्पण के बदले थी एक कृष्ण-शिला। इन पदार्थों के पीछे गूढ़ दार्शनिक तत्त्व छुपे हैं, ऐसा वहाँ उपस्थित ऋषि-मुनियों एवं देवगणों को कहते सुन मैं अनयास ही उदास हो गई।

प्रथा मेरे उदास-भाव को देखकर धीरे-धीरे बोल रही थी, "पति सत्य हो तो पत्नी श्रद्धा है, पति भाव हो तो पत्नी वाणी है, सत्य के साथ श्रद्धा के सम्बन्ध की तरह, पति के साथ पत्नी का सम्बन्ध नित्य है। पति और पत्नी का आपसी प्रेम ही दाम्पत्य जीवन को मधुमय बनाता है। इसलिए इन उपहारों की औपचारिकता पर ध्यान मत दो। आचार्य गौतम एक नीतिनिष्ठ दार्शनिक हैं। इसलिए उनका

प्रत्येक आचार-व्यवहार, विचारों का गूढ़ अर्थ समझने की चेष्टा करोगी तो तुम सुखी रहोगी। अर्थ समझे बिना उन पर दोषारोपण करने से तुम अकारण ही दुखी हो जाओगी अहल्या! दाम्पत्य जीवन में पति-पत्नी के बीच इसी कारण दूरियाँ बन जाती हैं।

"नारी होती है मंगलमयी। तुम एक सुन्दर नारी हो और आज वधू हो। 'व' अर्थात आनन्द को प्रकम्पित करते हुए यदि तुम गौतम के हृदय की प्रेम तरंगों को उद्वेलित कर सकी तो समझ लो कि 'वधू' का सही कर्त्तव्य निभा लोगी।"

प्रथा मेरे कान के पास एक-एक करके सारे विधि-विधान, उचित-अनुचित, करणीय-वर्जनीय बातों की सूची बताती जा रही थी। मैं सुन रही हूँ या नहीं, उसकी ओर उसका ध्यान नहीं था।

कन्यादान का समय आ पहुँचा। पिताजी ने मेरे मधुमय दाम्पत्य जीवन की कामना करते हुए परमेश्वर से प्रार्थना की, "हे सर्वमंगलमय परमेश्वर! मेरी इस कन्या अहल्या को मैंने जगत की श्रेष्ठ नारी के रूप में गढ़ा है। न केवल शरीर से मैंने उसे अहल्या रूप दिया है, बल्कि नीति-नियम एवं संस्कार प्रदान करके अति यत्न से उसे विदुषी और ब्रह्मवादिनी बनाया है। उसने उपयुक्त गुरु से शिक्षा प्राप्त करके पूरी निष्ठा से ब्रह्मचारिणी जीवन का संयमपूर्वक निर्वाह किया है। उसने मन, वचन और कर्म से आज तक शुद्धपूत यज्ञमय जीवन बिताया है। गौतम जैसे तपोनिष्ठ जितेन्द्रिय महर्षि की वह उपयुक्त पत्नी बन सकती है। मेरी कन्या अहल्या का हृदय मधुमय और उसकी भावना प्रेममय है। उसके अन्तःकरण में माधुर्य का ही वास है। बचपन से मैंने उसे वेदों से मधुविद्या की ही शिक्षा दी है। गन्ने को पेरने से जिस तरह प्रतिदान में वह मधुर रस प्रदान करता है, मेरी मधुमति कन्या अहल्या भी चाहे जितना दुख, विघ्न, विपदा एवं अश्रद्धा भोग करे, वह रुक्ष, प्रतिशोध परायण एवं हिंसक न होकर माधुर्य की धारा ही बहाएगी। यदि कभी उसे अन्याय या गलत फैसले का सामना करना पड़ा तो भी वह कटु-व्यवहार न करके अपनी देह, मन, आत्मा से मधुर प्रवाह की मन्दाकिनी प्रवाहित कर अन्याय को न्याय और विपदा को सम्पदा में बदल देगी।

"हे प्रभो। आज मेरा परम सौभाग्य है कि सुशील, कर्मठ, जितेन्द्रिय एवं ब्रह्मवादी पुरुष महर्षि गौतम के हाथों में मैं अपनी कन्या सौंप रहा हूँ। मैं गौतम के प्रति कृतज्ञ हूँ कि उन्होंने इस दुर्लभ दान को सहृदयता से स्वीकार किया। धर्म, अर्थ, काम और मोक्ष की आशा में आज यह नवदम्पति पवित्र गृहयज्ञ का शुभारम्भ करने जा रहा है। हे विश्वविधाता! उनके मंगलमय दाम्पत्य जीवन में सहायक बनें। हे परमात्मा! उनसे मेधावी, परोपकारी, दीर्घायु पुत्र पैदा होकर पृथ्वी का अशेष कल्याण करें।" इतनी प्रार्थना करके पिताजी ने नवदम्पति को पवित्र जल से अभिषिक्त किया।

न जाने किस भावना से अभिषेक कलश की जलधार से मेरी अश्रुधार अनायास मिल गई।

पिता का घर छोड़कर जाते समय कन्या की आँखों से आँसू बहना स्वाभाविक है। आँसू न बहाना नारी सुलभ आचरण नहीं। इसलिए मेरे आँसू अन्य लोगों के आनन्द उल्लास में बाधक नहीं हुए। किन्तु गौतम निर्विकार थे–क्योंकि वे यतिश्रेष्ठ और जितेन्द्रिय पुरुष हैं। निर्विकार रहना यतिसुलभ आचरण है। सात्त्विक, निराडम्बर वातावरण में पाणिग्रहण की घड़ी आ पहुँची।

आचार्य गौतम ने मेरा दाहिना हाथ पकड़ा और भाव-गम्भीर स्वर में बोले, "देवि! मैं स्वयं को सौभाग्यशाली और तुम्हें सौभाग्यवती बनाने के लिए तुम्हारा पाणिग्रहण कर रहा हूँ। देवि! तुम मेरे यौवन, बुढ़ापा और व्याधि की सहचरी बनकर रहोगी, इसलिए मैं तुम्हारा पाणिग्रहण कर रहा हूँ। यौवनकाल में पति-पत्नी के बीच भोग ही व्यवधान बना रहता है, लेकिन बुढ़ापे में पति-पत्नी के बीच निर्मल सात्विकता दोनों की आत्माओं को एकाकार करती है। आकाश और धरती की तरह हमारा सम्बन्ध चिरन्तन रहे। देवि! तुम्हारे भाग्यशाली, न्यायशील, वेदज्ञ पिता ने तुम्हारा ब्रह्मचारिणी जीवन निर्वाह करने के लिए तुमको मुझे सौंपा था। आज गृहस्थाश्रम निर्वाह करने के लिए वे तुमको मुझे सौंप रहे हैं।

"भग, आर्यमा, सविता, पुरन्धि आदि देवगण तुमको मुझे सौंप रहे हैं। अतः मैं सभी के प्रति कृतज्ञ हूँ। हे देवि! तुम अनेक सद्‌गुणों से विभूषित हो। मैं ऋक मंत्र हूँ तो तुम हो साम् मंत्र। हे देवि! तुम मेरे गृह को सुशोभित करो। अपने कमनीय-रमणीय स्पर्श से मुझे दिव्य करो।"

आचार्य गौतम के ज्ञानपूर्ण मधुरवाणी में न जाने कैसा दिव्य सम्मोहन था कि उनके प्रति मेरे मन का विरोध सहसा मिट गया। सम्भवतः पवित्र विवाह संस्कार के प्रभाव ने मेरे मन के अवचेतन में स्वीकृति माँग ली थी। किन्तु गौतम का स्पर्श मेरे रक्त में उदग्र उष्णता उत्पन्न नहीं कर सका था। मैं स्निग्ध शीतल चाँदनी रात्रि-सी शान्त पड़ गई थी। ऋत्विजों द्वारा उच्चरित विवाह मंत्र को वर-वधू द्वारा एक स्वर में उच्चारण करना विवाह विधि है परन्तु गौतम जैसे वेदज्ञ के सामने ऐसा कौन ऋत्विज होगा जो मंत्रपाठ करेगा। इसलिए गौतम ने स्वयं ही मंत्रपाठ करना प्रारम्भ कर दिया। मैं यंत्रवत उनके स्वर में स्वर मिलाने लगी।

"जिस तरह प्राणवायु देह का निःस्वार्थ सेवक है, उसी तरह हम दोनों एक-दूसरे की निःस्वार्थ, निष्काम सेवा करके एक-दूसरे के विकास में सहायक होंगे। सैकड़ों विघ्न-बाधाओं के बावजूद कोई किसी का परित्याग नहीं करेगा। वृक्ष जैसे धरती को आश्रय बनाता है उसी तरह हम एक-दूसरे पर आश्रित रहकर प्रीतिपूर्वक जीएँगे। यह संसार विघ्न-बाधाओं भरी पथरीली नदी के समान है। पहाड़ी नदी के प्रखर प्रवाह में अकेले नदी पार करना अत्यन्त कष्टदायी है

...लिए पथिक एक-दूसरे का हाथ पकड़कर निर्विघ्न नदी पार करते हैं। संसार-रूपी नदी को पार करने के लिए हम दोनों एक-मन, एक-प्राण हों। काम-क्रोधादि आवेग रूपी बोझ ढोते हुए संसार-रूपी नदी के तेज प्रवाह को पार करना कष्टसाध्य होने के कारण पहले इस क्षतिकारक आवेगों का त्याग करेंगे...।''

किसी ने ठिठोली करते हुए कहा, ''आचार्य गौतम भूल रहे हैं कि अब वे अहल्या के गुरु नहीं–पति हैं। किन्तु पाणिग्रहण करते समय वे वेदमंत्र ऐसे बोलते चले जा रहे हैं कि बेचारी अहल्या इस चिन्ता में डूब गई हैं कि मधुशय्या रात्रि की परिणति क्या होगी।''

गौतम यह सुन कुछ मुस्कराकर चुप हो गए।

'हस्तग्राह' के बाद सप्तपदी शुरू हो गई। आचार्य गौतम ने मेरा हाथ थामे हुए यज्ञाग्नि के चारों ओर सात फेरे लिए। दोनों पत्थर के टुकड़ों पर चले और अग्नि की प्रदक्षिणा की। अग्नि में धान की लइया और शस्य अर्पित किया। सांसारिक जीवन में पत्थरों पर चलना पड़ता है और अनेक प्रिय पदार्थ दूसरों को सन्तुष्ट करने के लिए अर्पित करने पड़ते हैं, इतना संकेत करने के बाद विवाह-कार्य सम्पन्न हुआ। गौतम गुरुकुल के आचार्य गौतम ही रहे। किन्तु अब मैं रम्यवन की मुक्त विहंगिनी अहल्या नहीं रही। अब मैं गौतम-पत्नी अहल्या थी। मेरा आवास अब रम्यवन नहीं–गौतम आश्रम है।

विदाई से पहले पिताजी ने हम दोनों को सीने लगाकर कहा, ''हे दम्पति! गृह होता है पति–पत्नी के सामूहिक सपने का उद्यान। गृह होता है दोनों का साधना-क्षेत्र। हृदय में एक-दूसरे के प्रति प्रेम की आहुति देकर गृह यज्ञ को प्रज्वलित करो। जीवन में मिठास भरने के लिए एक-दूसरे के प्रति रुचिकर व्यवहार करो और आकर्षक व्यक्ति तत्त्व धारण करके गृह-आँगन को शोभामय करो। हे दम्पति! आदर्श प्रेम से तुम्हारा दाम्पत्य जीवन पवित्र और मिठासपूर्ण हो। तुम दोनों एक-दूसरे का आभूषण बनकर गृह की शोभा बढ़ाओ। दाम्पत्य प्रेम के रहस्य का पता लगाकर उसे महत्त्व दो। तुम्हारा घर और परिवार स्वर्ग में परिणत हो।''

एक-एक करके सभी देवताओं और ऋषियों ने 'यशस्विनी भव:', 'पतिव्रता भव:', 'सौभाग्यवती भव:' आदि आशीर्वचन मेरे भविष्य पर उड़ेल दिए। किन्तु देव-देव इन्द्र अभी तक नहीं दिखे। पिताजी ने उन्हें विवाह का निमंत्रण दिया था। गौतम के साथ बचपन से कलह और मतभेद के कारण इन्द्रदेव द्वारा ब्रह्मापुत्री अहल्या के विवाह के निमंत्रण की उपेक्षा करने का अर्थ था–ब्रह्माजी की उपेक्षा करना। इन्द्रदेव द्वारा कभी ऐसा असौजन्य व्यवहार करने का उदाहरण नहीं था। इन्द्रदेव भी अहल्या के आकांक्षी थे, यह बात किसी से छिपी नहीं थी। ब्रह्मा ने इन्द्रदेव का प्रस्ताव ठुकराकर गौतम के साथ विवाह सम्पन्न कर देने के कारण

इन्द्रदेव के अहं को ठेस पहुँची है। इन्द्रदेव चाहें तो वज्रपात करके गौतम को ध्वंस कर सकते हैं किन्तु वज्राघात सुकुमारी अहल्या को भी लग सकता है। इसी डर से सम्भवतः इन्द्रदेव शान्त हैं। ऐसी अनेक सम्भावनाओं पर अभी चर्चा हो ही रही थी कि इन्द्रदेव अपनी सम्भ्रान्त मुद्रा में सभास्थल में आ पहुँचे। वे उपहार में लाए थे स्वर्ग के पारिजातों की माला और तरह-तरह के आभूषण। उनका सौम्यभाव अक्षुण्ण था।

पहले उन्होंने पिताजी से विलम्ब से आने के लिए क्षमा माँगी, ''पितामह ब्रह्मा! मैं बहुत पहले आ चुका होता। किन्तु जल वितरण व्यवस्था को लेकर पृथ्वी, अन्तरिक्ष और स्वर्ग के बीच तर्क-वितर्क होकर एक विषम स्थिति पैदा हो गई थी। यदि मैं उस समस्या का समाधान किए बिना चला आता तो आज दास-आर्य के संघर्ष में रक्तपात हो सकता था। यह घटना एक गम्भीर रूप धारण कर लेती तो आज विवाह में खलल भी पड़ सकता था, इस बात से इनकार नहीं किया जा सकता।

''दासवर्ग के लोगों द्वारा अधिक जल व्यय किया जाता है, कहकर उन पर आरोप लगाया गया है। वे लोग मेरे द्वारा वितरित पुण्य जलधारा आर्यों के साथ बराबर-बराबर पाने के हकदार हैं या नहीं, उस पर विचार करने के लिए मैंने एक जरूरी बैठक बुलाई थी। बैठक में काफी तर्क-वितर्क हुए। अन्ततः उस समस्या का समाधान होने के बाद ही मेरा यहाँ आना सम्भव हुआ। इसलिए इस अनचाहे विलम्ब के लिए मैं आपसे, मित्र गौतम से और देवी अहल्या से क्षमा माँगता हूँ।''

नारद भैया ने मुस्कराते हुए कहा, ''देवराज! आपके शीघ्र आने से जो फल मिलता है—विलम्ब से आने पर भी वही फल मिलता है। 'शुभस्य शीघ्रम्...विलम्बे अभीष्ट सिद्धि' ये दोनों वाक्य केवल आपके लिए ही लागू होते हैं। कुल मिलाकर मेरी बहन के प्रति आपकी करुणा एवं आशीर्वाद होने पर ही वह सुखी होगी। आपको तो मालूम ही है कि वैदिक विवाह के दो लक्ष्य होते हैं। पहला है, पुत्रवती होकर पति के वंश की रक्षा करना और दूसरा, 'सु-रत' अर्थात दाम्पत्य सुख प्राप्त करना। परन्तु वंश बचाने के लिए सन्तान पैदा करना मुख्य है और सु-रत उसके बाद। 'पुत्राय क्रियते भार्याः', 'पुत्रः पिंडप्रयोजनम्' अर्थात पुत्र प्राप्ति के लिए भार्या लाई जाती है और पिंडदान करने के लिए पुत्र की आवश्यकता होती है। ये बातें मुझसे पहले भी कही जा चुकी हैं। आज मैं कह रहा हूँ और मेरे बाद अनेक महर्षि ये ही बातें कहेंगे।

''अनेक आर्यऋषि यौनकामना का दमन करके यौवन में ब्रह्मचर्य का पालन करते हुए वृद्धावस्था में पहुँचते हैं पर वंश बचाने की उदग्र कामना से ऊपर न उठ पाकर बुढ़ापे में भी विवाह करने से नहीं झिझकते। ऋषि अगस्त्य के बारे में तो आप जानते ही हैं। सारा जीवन ब्रह्मचर्य का पालन करके उन्होंने महर्षि पद प्राप्त

किया, किन्तु वृद्धावस्था में पितृपुरुषों को नर्क से उद्धार करने की कामना से विदर्भ की सुन्दर राजकुमारी षोड्शी लोपामुद्रा से विवाह किया था। वृद्धावस्था में ऋषि च्यवन ने पश्चिम आर्यावर्त के राजा शर्याति की पुत्री सुकन्या से विवाह किया था। वृद्ध ऋषियों द्वारा सोलह वर्ष की सुन्दर कन्याओं से विवाह करने के अनेक उदाहरण हैं। आचार्य गौतम वृद्ध भले ही न हों, पर उनकी उम्र काफी हो चुकी है। उन्होंने मेरी सोलह वर्ष की अनिन्द्य सुन्दरी बहन से विवाह किया है। उसे दाम्पत्य सुख प्रदान करना गौतमजी का व्यक्तिगत मामला है किन्तु वंश चलाने के लिए मेरी बहन का कम-से-कम दस पुत्रों की जननी होना अन्य आर्यविज्ञों की तरह ऋषि गौतम का भी लक्ष्य होगा। इसलिए आज विवाह वेदी से उठकर आई इस नवदम्पति को आप यही आशीर्वाद दें, 'दश अस्यां पुत्रान् आधेहि'। 'हे इन्द्र! इस कन्या को दस पुत्र प्रदान करें। पर आप केवल आशीर्वाद ही देंगे। महर्षि गौतम कितने पुत्र सन्तान के जनक बनेंगे, यह उन पर निर्भर करता है। आशीर्वाद देने के अलावा उनके जीवन के किसी अन्य मामले में भला आप क्यों हस्तक्षेप करेंगे! आखिरकार गौतम आपके मित्र और गुरुभाई हैं और अहल्या आपकी गुरुकन्या।'' इतना कहकर भैया नारद ने मृदु मुस्कान के साथ इन्द्र और गौतम की ओर बारी-बारी से देखा।

नारद भैया के इस परिहास से गौतम आमोदित नहीं हुए, मन-ही-मन खीजे, किन्तु इन्द्रदेव आमोदित हुए।

इन्द्र ने हाथ उठाकर मुझे आशीर्वाद दिया। उनका आशीर्वचन किसी को सुनाई देने-सा नहीं था इसलिए मैं भी नहीं सुन पाई। सिर्फ चुपचाप स्वीकार करके इन्द्रदेव के चरण स्पर्श करते समय उन्होंने कहा, ''देवि अहल्या! आज के आशीर्वाद का उस 'वर' से कोई सम्बन्ध नहीं है जो मैंने तुम्हें समावर्तन उत्सव के दिन दिया था। वह वर तुम्हारे लिए यथावत है। वह वर तुम अपने जीवनकाल में जब भी चाहो, बेझिझक माँग सकती हो। हाँ, मेरा 'इन्द्रपद' रहने तक ही माँग लेना। नहीं तो तुम जो माँगोगी, हो सकता है, मैं तुम्हें देने की स्थिति में न रहूँ। मेरे सुनने में आया है कि अनेक ऋषिगण इस समय 'इन्द्रपद' की प्राप्ति के लिए कठिन साधना कर रहे हैं। इन्द्रपद मेरी पैतृक सम्पत्ति नहीं है, मुझे इसके प्रति विशेष प्रलोभन भी नहीं है, क्योंकि यह एक ऐसा पद है, जिस पर बैठने के बाद तुम सबकी भ्रान्ति का शिकार होने को बाध्य हो। इसका एकमात्र कारण है—इन्द्रपद की क्षमता और इसके प्रति दूसरों की तुम्हारे प्रति ईर्ष्या। उस दिन तुमने रत्नहार स्वीकार नहीं किया था। इसलिए आज तुम्हारे विवाह के अवसर पर पारिजात पुष्पों की यह माला उपहार स्वरूप प्रदान करता हूँ। ये पुष्प दिव्य भावनाओं से इस तरह सुगन्ध बिखेरते हैं कि स्वर्ग से बाहर आकर भी नहीं मुरझाएँगे। प्रेमी युगल यदि एक-दूसरे से पार्थिव नीति-नियमों से अलग हो जाएँ

तो क्या उनके भीतर का अपार्थिव प्रेम मर जाता है!'' इतना कहकर इन्द्रदेव मेरी ओर एक ऐसी मनमोहक दृष्टि से देखते रहे कि मैं सम्मोहित हो उठी।

इन्द्रदेव की मोहक दृष्टी से अपनी दृष्टि मिलाते ही मैं सब कुछ भूल गई। इतने में प्रथा ने मेरे कान के पास धीरे से कहा, ''इन्द्रजाल! अहल्या, इन्द्रदेव के इन्द्रजाल में फँसना बहुत आसान है...किन्तु उस जाल से बाहर निकलना बहुत कठिन।''

इतना सुनते ही मैं सँभल गई। मैंने इन्द्रदेव से सहसा प्रश्न किया, ''आर्य और अनार्य के बीच जल-विवाद का आपने क्या हल निकाला? अनार्यों को कृषि और व्यापार के लिए पर्याप्त जल-सम्पदा मिलेगी न?''

मेरे इस अप्रासंगिक प्रश्न से सभी हत्प्रभ रह गए। भैया नारद ने अपनी स्वभाव-सुलभ रसिकतापूर्ण भाषा में कहा, ''आश्चर्य होता है तुम्हारा आचरण देखकर अहल्या! अब तुम ऋषिपत्नी हो। तुम्हें बल्कि यह पूछना चाहिए कि आर्य ऋषिगण अपने आश्रम में जिस परिमाण में जल-सम्पदा व्यय कर रहे हैं, भविष्य में उन्हें उस परिमाण में जल-सम्पदा मिलेगी या नहीं। गौतम आश्रम इन्द्रदेव के करुणा-जल से वंचित तो नहीं रहेगा! पर तुम विवाह लग्न में उन उपद्रवी अनार्य लोगों के बारे में सोच रही हो? मुझे तो लगता है कि तुम्हारे हृदय का अधिक हिस्सा तुम्हारे अनार्य सखा-सहेली रुद्राक्ष और ऋचा आदि ने घेर रखा है। बेचारे आर्य ऋषि गौतम की हालत तो अनार्यों से भी बुरी हो जाएगी!''

नारद भैया के इस व्यंग्य को अन्य लोग उनका स्वाभाविक मजाक मानकर हँसने लगे परन्तु गौतम रुक्ष और कठोर लगे। गौतम आश्रम के अन्य ऋषिगण त्रस्त लगे। लेकिन इन्द्रदेव मार्तंड की तरह चिरप्रसन्न लग रहे थे। इन्द्र के संकेत पर उर्वशी, मेनका, रम्भा आदि पारिजात की माला मेरे गले में डालने को आगे बढ़ ही रही थीं कि गौतम ने गम्भीर स्वर में कहा, ''धन्यवाद इन्द्र! मैं तुम्हारे प्रति कृतज्ञ हूँ। किन्तु तुम्हारी यह पारिजात की माला स्वीकार करने के लिए मैं अपनी पत्नी अहल्या को अनुमति नहीं दूँगा, क्योंकि मरणशील पृथ्वी पर जहाँ प्रतिदिन असंख्य फूल मुरझा जाते हैं, यदि वहाँ अहल्या न मुरझानेवाले पारिजात की माला की अधिकारी हुईं तो उनमें अहंकार भर जाएगा। वे स्वयं को दूसरों से अलग और श्रेष्ठ समझने लगीं तो उनके अन्दर के सद्‌गुण मुरझा जाएँगे। वे आत्मज्ञान से दूर चली जाएँगी। यह उनके लिए अति क्षतिकारक होगा। इसलिए उन्होंने आपका आशीर्वाद स्वीकार कर लिया...पारिजात की माला विनम्रतापूर्वक लौटा रही हैं। अहल्या अनन्या नहीं हैं...वे भी रक्त-मांस से बनी एक साधारण नारी हैं। उनके लिए पारिजात की माला क्यों?''

गौतम की इस अनुदार चिन्ता एवं असौजन्य व्यवहार से न केवल इन्द्र व्यथित हुए, बल्कि मैं भी व्यथित हुई। अन्य सभी व्यथित हुए। ऐसा करके इन्द्रदेव को अपमानित किया गया, कुछ लोगों को ऐसा लगा। मैंने सोचा—गौतम

ने रत्नहार और पारिजात की माला, दोनों से मुझे वंचित कर दिया। क्या उन्होंने मेरे लिए सर्पहार रखा है? इसका मतलब यह है कि मैं गौतम की दृष्टि में अनन्या, असाधारण श्रेष्ठ नारी नहीं हूँ! रक्त-मांस से बनी एक साधारण नारी हूँ! हाँ—जब बिना चेष्टा के दुर्लभ वस्तु प्राप्त होती है, तब उसका मूल्य घट जाता है। पिताजी ने गौतम के समक्ष मेरा मूल्य घटा दिया है। गौतम ने मेरे लिए पिताजी से निवेदन नहीं किया था, बल्कि स्वयं पिताजी ने अपनी कन्या के लिए गौतम से प्रार्थना की थी। ब्रह्मा जिसके समक्ष प्रार्थी होंगे, उसका स्वयं को सर्वश्रेष्ठ और मुझे साधारण समझना अस्वाभाविक नहीं। कल सुबह भला वे कैसे नहीं कहेंगे कि तुम्हारे पिता स्वयं ही तुम्हें सौंप गए? मुझे तुम्हारी आकांक्षा नहीं थी। केवल ब्रह्माजी का अनुरोध नहीं टाल सका...ओह! क्यों किया पिताजी ने ऐसा? मेरे भीतर की असामान्य नारी के अहंकार को चकनाचूर करने की कहीं पिताजी की यह कोई सुनियोजित योजना तो नहीं है?

इन्द्रदेव निर्विकार रूप से पुनः आशीर्वाद देकर दास, दासी और परिचारिकाओं के साथ लौट गए। पिताजी के पास छोड़ गए केवल एक सुसज्जित रथ। वह रथ वे पिताजी को समर्पित कर गए थे परन्तु उनका उद्‌देश्य था कि वर-कन्या उसी रथ पर बैठकर अपने घर लौटेंगे। सम्भवतः पिताजी ने पहले से ही ऐसी इच्छा प्रकट करके एक 'रथ' मँगवाया था। पिताजी ने बनवाया था एक दिव्य तल्प (पलंग)। मधुवास के शुभारम्भ के लिए पिताजी ने उदुम्बर (गूलर) वृक्ष की सूखी लकड़ियों से वह पलंग शुभ संकल्प के साथ सुदक्ष कारीगरों से बड़े प्रेम से बनवाया था। पितृ-गृह से कोई और उपहार पति-गृह जाए या न जाए, शुभ संकल्पपूर्वक बनवाया गया एक सुसज्जित पलंग प्रत्येक पिता वर-कन्या को उपहार में देता है। सुहागरात को इस पलंग पर शयन करके वर-कन्या द्वारा मधुर दाम्पत्य जीवन के आरम्भ करने की विधि है। इससे उदुम्बर की मणि के समान मेधावी सन्तान पैदा होती है, ऐसा विश्वास है।

गौतम ने इन्द्रदेव द्वारा दिया गया रथ और पिताजी का पलंग दृढ़तापूर्वक लौटा दिए। बोले, "मैं एक आदर्श शिक्षक हूँ। कन्यापक्ष द्वारा दिया गया कोई भी उपहार ग्रहण करना मेरे लिए सम्भव नहीं है। भविष्य में यही उपहार एक सामाजिक व्याधि बनकर कन्या के पिता के लिए बोझ बन सकता है। इसके अलावा अहल्या ऋषिपत्नी हैं। वे गुरुकुल आश्रम के अध्यक्ष की पत्नी हैं। वह विलास-व्यसन से दूर रहने की आदत डालेंगी। इसलिए वे मेरे साथ आश्रम तक पैदल चलकर जाएँगी और वहाँ जमीन पर तृण-शय्या में सुहागरात बिताएँगी। यदि वे इससे सुखी न हुईं तो उनका मेरे साथ दाम्पत्य जीवन में भी सुखी होना सम्भव नहीं। सुख वस्तुगत नहीं है, आत्मगत है। मेरी पत्नी के रूप में अहल्या का कम-से-कम इस बात पर ध्यान देना उचित होगा।"

मेरी ताप-दग्ध यात्रा उसी क्षण प्रारम्भ हो गई–जिस क्षण तेज धूप में तपती हुई गौतम का अनुसरण करते हुए मैंने काँटोंभरे जंगली रास्तों से होकर अपनी कर्मभूमि गौतम आश्रम की ओर पग बढ़ाया था।

विदा के समय पिताजी ने मुझे गले से लगाकर कहा था, ''जाओ पुत्री! प्रसन्नचित हो परीक्षाओं का सामना करो। अपने अहल्या नाम को सार्थक करो। स्वयं यज्ञ स्वयं ही स्वाहा बनकर मेरी सार्थक सृष्टि के रूप में स्वयं को प्रमाणित करो।''

मेरा हृदय खंड-विखंड हो गया पिताजी की बातों से। राख पोतकर तृणशय्या में मधुयामिनी बिताकर गौतम पत्नी के रूप में स्वयं को प्रमाणित करूँ मैं या यज्ञ और स्वाहा बनकर ब्रह्मापुत्री के रूप में स्वयं को प्रमाणित करूँ मैं! किन्तु यह 'मैं' कौन है? किसके अधीन है यह 'मैं'? गौतमजी के या ब्रह्माजी के? क्या इस 'मैं' ने एक नारी-देह को धारण किया है। उसी क्षण से मेरा स्वाध्याय प्रारम्भ हो गया। मैं स्वयं को अपने ही अन्दर ढूँढ़ने लगी। पिताजी के चरणों की धूल लेते ही उन्होंने पहली बार मुझे गोद में उठा लिया। मैंने रुँधे हुए गले से कहा, ''इस बिन माँ की सन्तान के प्रति आपने इतना कठोर दंडविधान क्यों किया पिताजी? मैं इस परीक्षा में कैसे उत्तीर्ण होऊँगी? क्या गौतम आश्रम में मैं अपने 'स्व' को ढूँढ़ पाऊँगी?''

पिताजी की आँखें अनायास भर आईं। उन्होंने संयत स्वर में कहा, ''पितृ-केन्द्रित आर्य सभ्यता में सिर्फ तुम ही नहीं हो–हर लड़की तुम्हारी तरह परीक्षाओं का सामना करती है। उत्तीर्ण भी होती है। गौतम न्यायपूर्ण हैं। वे तुम्हारे प्रति अन्याय नहीं करेंगे। तुम्हारे अहल्यात्व को स्थापित करने के लिए यदि कभी वे रुक्ष और कठोर हो जाएँ, तो समझ लेना कि वह केवल सुधारने का एक बहाना है। बाहर से गौतम एक सुन्दर युवा-पुरुष भले ही न हों, लेकिन वे कामुक, दुश्चरित्र, विलासी या भ्रष्टाचारी नहीं हैं। उनके साथ सुखी रहने की चेष्टा करना। एक पतिव्रता नारी को जो कुछ करना चाहिए, वही करना।''

विदाई यात्रा आरम्भ करने से पहले पिताजी ने पुनः मुझे उपदेश देते हुए कहा था, ''हे अशेष गुणवती दुहिता! तू आज सुमंगलमयी वधू है। गृहस्थ जीवन एक महायज्ञ है। गृहयज्ञ की मुख्य यजमान नारी है। विवाहयज्ञ से अग्नि ले जाकर तुम नए गृह में स्थापित करना। प्रातः एवं सायंकाल अग्निहोत्र अनुष्ठान करके आत्म-सौरभ को यज्ञ-सौरभ में बदलकर अपना गृह सुरभित करना। तुम बनोगी विश्व की यज्ञवेदी। उसी यज्ञवेदी से उत्पन्न होंगे लोक-कल्याणमय, शुभ-संकल्पवान प्रजागण। इसलिए तुम्हारे स्नेह और पवित्रता के बिना गृहयज्ञ पूरा नहीं होगा, यह स्मरण रखना। महर्षि गौतम ब्रह्मचर्य की शक्ति से शक्तिवान हैं। लेकिन महर्षि से देवर्षि और देवर्षि से ब्रह्मर्षि बनने के लिए उनमें जो संकल्प है,

वह तुम्हारे धर्म, कर्म, प्रेम और सहयोग के बिना सम्भव नहीं होगा, क्योंकि तुम हो गौतम की अर्धांगिनी।

"हे मानमयी अहल्या! तुम आज अतिथि बनकर गौतम आश्रम नहीं जा रही हो, शिक्षार्थिनी बनकर नहीं जा रही हो, गृहरूपी विशाल साम्राज्य की साम्राज्ञी बनकर जा रही हो। तुम महर्षि गौतम की सदाचारी सचिव बनकर त्याग और प्रेम के अनुशासन से गृह-राज्य पर शासन करना। तुम्हारा गृह को साधारण साम्राज्य नहीं है। तुम्हारा गृह एक गुरुकुल आश्रम है। इसलिए वह एक अभिनव साम्राज्य है। उस साम्राज्य में प्रजाओं का चरित्र और व्यक्तित्व निर्माण किया जाता है और उसी पर राष्ट्र का भविष्य निर्भर करता है। इसलिए गृह-सम्राज्ञी को विश्राम, विलास और आलस करने के लिए समय कहाँ है? अपने गृह-साम्राज्य में तुम स्वयं शासक, सेविका और परिचारिका हो। निरपेक्ष, नम्र, मेधायुक्त, मधुमयी एवं आत्मीय भावनायुक्त हो सबकी सेवा करना तुम्हारा कर्त्तव्य है। बड़े के प्रति सम्मान, भक्ति और श्रद्धा, छोटे के प्रति अनुराग, अतिथि के प्रति कोमल करुणा, पशु-पक्षी के प्रति अहिंसक भावना, वनस्पति के प्रति प्रीतिपूर्ण यत्नशीलता, उपद्रवी के प्रति कल्याणकारी दंड एवं मधुसिक्त कड़ाई, मातृभूमि के प्रति राष्ट्रभाव, समाज के प्रति गहरी आस्था, संस्कृति के प्रति ममता, संस्कार के प्रति निष्ठा, विश्व ब्रह्मांड के प्रति हितसाधन का संकल्प और इन सबसे पहले पति के प्रति विश्वास और सहयोग तुम्हारे गृहयज्ञ का संकल्प हो। परन्तु जो तुम्हारी इन भावनाओं में तुम्हारे हृदय को पवित्र, मंत्रित और मधुसिक्त करने में सहायक होगा, उस परमात्मा के प्रति पूरी तरह समर्पित होगा तुम्हारे गृहयज्ञ और जीवनयज्ञ का महामंत्र। उसकी इच्छा के बिना यज्ञ का स्वाहा या सिद्धि, कुछ भी सम्भव नहीं। अतः उसी परमात्मा को ध्यान करके गृहयज्ञ प्रारम्भ करो।"

प्रत्येक सिद्धि स्वाहा चाहती है। बिना स्वाहा के सिद्धि कहाँ?

सुदूर कौशल राज्य की सीमा पर पवित्र गंगा से कुछ दूरी पर स्थित मनोरम तपोवन में रमणीय गौतम आश्रम है। वही मेरी ससुराल है—मेरी कर्मभूमि—मेरी सिद्धिभूमि।

सिद्धि का महायज्ञ आज से प्रारम्भ हो गया।

रम्यवन से पैदल चलकर गौतम आश्रम जाते समय मेरा स्वयं को लगातार स्वाहा करना आरम्भ हो गया। रम्यवन में चंचल हिरणी-सी कुलाँचे भरा करती थी मैं सुबह से साँझ तक—पर थकान क्या होती है, नहीं जानती थी। धूप-ताप क्या है, अनुभव नहीं कर पाती थी—शरीर की क्लान्ति क्या है, उसका भी अनुभव

नहीं हुआ था। क्योंकि अपनी इच्छा और रुचि से मैं चिड़िया-सी स्वच्छन्द फुदकती फिरती थी। आज गौतम के डगों का अनुसरण करके चलते समय हर एक डग पर पैरों में काँटे चुभो रही थी, रक्त बहा रही थी, थकान महसूस कर रही थी। सूर्य मानो आग बरसा रहे थे।

गौतम आश्रम तक पहुँचने पर भले ही मेरा शरीर बचा होगा, किन्तु उस शरीर में मेरे प्राण बचे होंगे, ऐसा मुझे विश्वास नहीं हो रहा था। पहले भी गौतम आश्रम गई हूँ पिताजी के साथ रथयान से, लौटी हूँ भैया नारद के साथ रथयान से। इसलिए रास्ते की थकान नहीं जान पाई, बल्कि रम्यवन से गौतम आश्रम तक कौशल राज्य की मनोरम वनभूमि का सौन्दर्य उपभोग करके अपार आनन्द प्राप्त किया था। आज लगता है, पैरों तले की पृथ्वी कितनी रूक्ष और कठोर है—सिर के ऊपर का आकाश कितना हृदयहीन और तापदग्ध है—अरण्य की हरियाली एक माया है, पहेली है, क्योंकि उसमें छुपे हुए है असंख्य हिंसक जन्तु। यह वनभूमि उतनी सरल और स्वच्छ नहीं है। यहाँ भी है कुटिलता, हिंस्रता, स्वार्थीपन। आज गौतमजी के पीछे-पीछे चलते समय सब कुछ स्पष्ट होता जा रहा है मेरे समक्ष। तो क्या गौतम आश्रम मुझे रुद्र और भयावह लगेगा? क्या सुन्दरता और असुन्दरता केवल मन का प्रतिबिम्ब है—वास्तविकता नहीं?

गौतम पुरुष के रूप में मन को स्वीकार्य न होने पर भी गुरु के रूप में ग्राह्य थे। उनको यों ही देखना आँखों को बुरा नहीं लगता था, परन्तु उन्हें पति के रूप में देखते ही उनका बाहरी रूप और अन्त:चेतना, दोनों कष्टदायी थे। गौतम के रूप की प्रत्येक विरूपता आँखों के आगे स्पष्ट हो जाती है। आचार्य गौतम पहले मेरी आँखों को इतने वयस्क नहीं लगते थे। वैसे भी गुरु के उम्र से ब्रह्मचारिणी का क्या सम्बन्ध? उन दिनों आचार्य सुदर्शन भले ही न लगते हों, लेकिन उनके ज्ञानदीप्त व्यक्तित्व के कारण उनका चेहरा सम्भ्रान्त, शील और सम्मान उत्पन्न करनेवाला लगा करता था, परन्तु आज पतिदेव गौतम मेरी आँखों को अधिक वयस्क लग रहे थे। उनके चेहरे पर सुन्दरता का लेश-मात्र चिह्न नहीं थे। पिताजी ने मेरे लिए एक ऐसा वयस्क पति क्यों चुना? क्या पिताजी मेरी उम्र भूल गए थे? सोलह साल की बेटी...गौतम की उम्र कितनी होगी? उम्र तो नहीं मालूम, गौतम प्रौढ़ावस्था के प्रथम चरण में तो पहुँच ही चुके होंगे, इसमें सन्देह नहीं। हालाँकि अनेक प्रात: स्मरणीय आर्य ऋषियों की वृद्धावस्था में षोड्शी रूपसी राजकन्याओं से विवाह होने के उदाहरण हैं। आज एक-एक करके वे ऋषिपत्नियाँ याद आ रही थीं। सप्तसिन्धु अंचल से जाकर अर्वावत समुद्र तट पर मनोरम आश्रम बनानेवाले आर्यऋषि भृगु के पुत्र च्यवन ऋषि और सुकन्या के विवाह के बारे में मैंने जब भी सुना है, क्षुब्ध हुई हूँ। कारण नहीं जानती। पर यह आख्यान जो भी कोई सुनेगा, क्षुब्ध हो उठेगा।

च्यवन ऋषि ने वृद्धावस्था तक कठोर [illegible] एक विशिष्ट ऋषि के रूप में प्रसिद्धि पाई थी। [illegible] वत के राजा शर्याति च्यवन ऋषि के [illegible] वृद्ध ऋषि के तपोज्वल व्यक्तित्व से प्रभावित हो राजा शर्याति और उनके अनुचरवृन्द ने उन्हें साष्टांग प्रणाम किया। किन्तु कुछ युवा अनुचरों ने च्यवन ऋषि का अपमान किया। क्रोध से जर्जरित हो च्यवन ऋषि शर्याति को अभिशाप देने उठे ही थे कि राजा शर्याति ने उनसे क्षमा माँगी। च्यवन ऋषि एक शर्त पर अभिशाप वापस लेने को तैयार हुए। वह शर्त राजा शर्याति के लिए अति भयंकर और कष्टदायी थी। राजा की षोड्शी कन्या सुकन्या को ऋषि के हाथों में अर्पण करना होगा। सुकुमारी सुकन्या अपने राज्य की और अपने पिता की भलाई के लिए उस शर्त को मान गईं और अपने कुँवारी जीवन के कोमल सपनों की आहुति देकर वृद्ध च्यवन ऋषि से विवाह कर लिया। यह बात मैंने प्रथा के मुँह से सुनी थी। तब च्यवन ऋषि के प्रति मेरा सम्मान घट गया था। कन्या समान सुकन्या के लिए शर्त रखकर क्या उन्होंने राजा शर्याति को एक तरह से भयभीत करके सुकन्या को प्राप्त नहीं किया था? सुकन्या की जगह मैं होती तो मैं भी यही करती। इसके सिवाय और चारा ही क्या था? कौन चाहेगा उसका पितृकुल, राज्य, राज्यवासी भस्म हो जाएँ ऋषि के अभिशाप से, अपने सुख के यज्ञ में!

सुकन्या आज पतिव्रता के रूप में पूजी जाती हैं। किन्तु क्या वे पूरी तरह सुखी थीं वृद्ध और कुरूप च्यवन ऋषि से विवाह करके? यदि ऐसा होता तो अपने पातिव्रत्य से अश्विनीकुमारद्वय को प्रसन्न करके पति की चिकित्सा कराकर उन्हें नवयौवन प्राप्त क्यों करवातीं? क्या सचमुच मनुष्य की उम्र लौट आती है? सम्भवतः सुकन्या का प्रसंग सबके मन को कष्ट पहुँचाता होगा, तभी एक ऐसी कथा बाद में गढ़ी गई होगी। सुकन्या की तरह पतिव्रता होने की चेष्टा करके मैं श्रेष्ठ सती और पतिव्रता बन सकती थी, किन्तु चेष्टा करती तो भी क्या मैं सुरत दाम्पत्य सुख और आनन्द पा सकती थी?

रास्ते की थकान ने मेरे पैरों को बेकार कर दिया था। मैं विवश हो एक शीतल छायादार पेड़ के नीचे बैठ गई। गौतम और अन्य ऋषि मुनि आँखों से ओझल हो गए। मैं एकाकी बैठी थी, थकी-हारी। प्रथा कहाँ मर गई? कितना पीछे रह गई जो मैं अकेले-अकेले प्रथा विरोधी बातें सोचने लगी हूँ! पतिव्रता नारी सुख नहीं ढूँढ़ती, ढूँढ़ती है यश। मुझे यशोमती होना चाहिए।

अरण्य के भीतर से एक गर्जना सुनाई दी। मैं चौंक उठी—काँपने लगी डर से। यह गर्जन किसी हिंसक जानवर का नहीं है—हो सकता है किसी दस्यु का हो। हिंसक जानवर हुआ तो मेरी मृत्यु सुनिश्चित है। दस्यु हुआ तो मृत्यु से भी बड़ा दुर्भाग्य मेरी प्रतीक्षा कर रहा है। आर्य-अनार्य में जिस तरह संघर्ष बढ़ने लगे थे, आर्य नारी को जंगल में एकाकी पाकर क्या कोई दस्यु 'देवि'! कहकर पूजा

करता? रम्यवन और गौतम आश्रम के आस-पास रहनेवाले दासवर्ण के लोग मुझे पहचानते थे, उन्हें मालूम था, दासों के प्रति मेरा प्रेम। लेकिन अपरचित दस्यु के लिए तो मैं एक आर्यनारी ही होती। और यदि गौतम-पत्नी के रूप में मेरा परिचय उसे मिल जाता तो फिर दस्यु के चंगुल से बचकर निकल पाना दुष्कर था। गौतम का अनार्य-विद्वेष आर्यावर्त्त में किसी से छिपा नहीं था। यदि मेरी हत्या कोई हिंसक पशु या दस्यु कर देता, तो क्या गौतम मुझे पुनर्जीवन दिला सकते थे? सम्भवत: गौतम में वह अलौकिक शक्ति थी। यदि थी तो क्या ऋषि गौतम युवा ऋषि रुरु की तरह अपनी आयु में से आधी आयु मुझे देकर जीवनदान देते और बाकी का जीवन दाम्पत्य सुख में रमकर बिताते?

गुरु जैसा प्रेमी-पति सबके भाग्य में नहीं होता। रुरु की पत्नी प्रमोद्बरा अशेष भाग्यशाली थीं। इसलिए उन्हें पति से अगाध प्रेम मिला था। वह प्रेम केवल दैहिक नहीं था, था आत्मागत। इसलिए नवविाहिता पत्नी की साँप के काटने से अकाल मृत्यु हो जाने पर रुरु न केवल मर्माहत हुए, बल्कि उन्होंने प्रतिज्ञा की कि यमलोक से अपनी पत्नी को लौटाकर लाएँगे। रुरु काफी कष्ट सहकर यमलोक में पत्नी से मिले। यमराज से अपनी पत्नी के जीवन की भिक्षा माँगी। किन्तु यमराज ने निष्ठुरवाणी सुना दी—'प्रमोद्बरा की आयु समाप्त हो चुकी है। मैं कहाँ से आयु लाकर उन्हें जीवन दान दूँ? यह मेरी क्षमता से बाहर है।' रुरु ने पलभर भी नहीं सोचा। प्रश्न द्वन्द्वभरा नहीं था। उन्होंने सहसा उत्तर दिया—'मृत्युराज! आयु की कमी नहीं है। अपनी बाकी बची आयु से मैं आधी आयु दान करता हूँ। मेरी प्राणप्रिया पत्नी प्रमोद्बरा को यह प्रदान करके उसे पुनर्जीवन दें। बाकी का जीवन हम साथ-साथ आनन्द से बिताएँगे और किसी दिन एक साथ एक-दूसरे के आलिंगन में बँधे हुए परलोक सिधार जाएँगे। हम एक-दूसरे का वियोग नहीं सह सकते। यदि साँप के काटने से मेरी मृत्यु हो गई होती तो प्रमोद्बरा ने अब तक प्राण त्याग दिए होते। मैं तो निष्ठुर-सा उसकी मृत्यु को देखते हुए अभी तक जी रहा हूँ! कृपापूर्वक मेरी बाकी बची आयु का आधा हिस्सा स्वीकार करें प्रभु!'

चमत्कृत हुए यमराज। पृथ्वी पर पत्नी प्रेम की परकाष्ठाएँ उन्होंने कई बार देखी थीं, किन्तु यह तो पति प्रेम की अपूर्व पराकाष्ठा है। यमराज ने रुरु की आधी आयु लेकर प्रमोद्बरा को जीवनदान दे दिया और रुरु-दम्पति ने अशेष सुख से एक आदर्श दम्पति के रूप में बाकी का जीवन बिताया।

मैं रोमांचित हो उठती हूँ रुरु के प्रेम का स्मरण करके। युवा ऋषि रुरु को और भी सुन्दर पत्नी मिल जाती। एक साथ कई पत्नियाँ मिल जातीं। आर्यपुरुष को बहुपत्नीक-विवाह में बाधा ही क्या थी? रुरु ने प्रमोद्बरा को अपनी बकाया आयु से आधा दे दिया था। क्या मेरे पति मुझे रुरु की तरह प्यार कर पाएँगे? नहीं,

गौतम ऋषि के जीवन का लक्ष्य प्रेम नहीं था—योग था। इसलिए यदि मैंने इसी क्षण मृत्युवरण कर लेती तो उनकी योग-साधना के मार्ग का काँटा दूर हो जाता। पिता ने तो अपनी ओर से मुझे गौतम को सौंपा था।

मैं एकाकी बैठे-बैठे सशंकित हो रही थी, मृत्यु के डर से नहीं, बल्कि प्रेमहीन दाम्पत्य-जीवन की आशंका से। उसी क्षण मेरी मृत्यु हो जाए तो अच्छा हो, ऐसा मैंने सोचा। लेकिन वह विकराल गर्जन किसी 'दस्यु' या खूँखार जानवर का नहीं था। वह था बादलों का वज्रनिर्घोष। आकाश में एक ओर प्रचंड मार्तंड जल रहे थे तो दूसरी ओर घनघोर बादलों का कृष्णाभिसार था। क्या यही जीवन है?

यदि कोई दस्यु इस समय मेरा सतीत्व लूट ले तो क्या गौतम मुझे स्वीकार करेंगे? अपने पावन-स्पर्श से पोंछ देंगे मेरे शरीर का अवांछित कलंक? यह सतीत्व क्या है, जो नारी के जीवन को पग-पग पर डराता है? सतीत्व देहगत है या आत्मागत? जो अपनी इच्छा से दूसरे पुरुष को अपनी देह सौंपती है, क्या वह पूर्णतः देहगत है? आत्मा की मर्जी के बिना क्या देह-सुख की प्राप्ति होती है? यदि होती है, तो वह 'सुख' होगा, आनन्द नहीं। पति को धोखा देकर देह-सुख की लालसा में दूसरे पुरुष को चोरी-छिपे अपना शरीर सौंपना असतीत्व है। किन्तु यदि कोई असहाय स्थिति में किसी कामुक, खूँखार, कपटी पुरुष के बलात्कार का शिकार हो जाए तो वह कैसे असती होगी? यह प्रश्न मेरे मन में आज पहली बार नहीं, बार-बार उठा है। क्यों आर्य-अनार्य के संघर्ष में दोनों ओर की अनेक कुँआरी कन्याएँ, पतिव्रता नारियाँ बलात्कार की शिकार होती हैं और समाज द्वारा बहिष्कृत होती हैं, रखैल बनती हैं, दासी बनकर रहती हैं। पत्नी के पद से वंचित कर दी जाती हैं। गौतम की भाषा में यदि देह तुच्छ है—आत्मा श्रेय है, तो फिर नारी की देह के अनचाहे दुरुपयोग के लिए नारी ही समस्त सुख-सम्मान और प्रतिष्ठा क्यों गँवाती है? तो क्या नारी आत्माहीन देहधारी एक जीवमात्र है?

न जाने मैं भी कैसी-कैसी बातें लेकर बैठ गई। प्रथा के हाथों में मेरी भावनाओं की लगाम थी। कभी-कभी नीति-नियम के अनुशासन से मैं बाहर निकलने लगती तो वह मुझे सावधान कर देती। वह साथ होती तो रम्यवन से विदाई के दुख और थकान के बावजूद पतिदेव के कदमों का अनुसरण करके थकने नहीं देती। कदमों की छोड़ो...हृदय क्षतविक्षत होने पर भी प्रथा समाज द्वारा निर्धारित मार्ग से भटकने नहीं देती। क्या होगा, यदि आज मैं राह भटककर किसी दूसरे आश्रम में पहुँच गई? छिः! न जाने आज मैं क्यों इधर-उधर की बेसिर-पैर की बातें सोच रही थी।

ये लो, प्रथा के शुभ्रकेश घने अरण्य में क्षीण आशा की तरह झलक उठे। बहुत जल्द वह मेरे पास पहुँच जाएगी और मैं उसे अन्धी-भी भींचकर पकड़ लूँगी—

असहाय-सी स्वयं को समर्पित कर दूँगी उसके [illegible]मझ। उसके बाद वह जिस ओर भी ले जाएगी, उसे ही विधि का निर्देश मान लूँगी। सभी ऐसा [illegible] अलग करूँगी किस दुस्साहस से?

जब प्रथा मेरे पास पहुँची, मैं आँसुओं से अपनी अँगिया भिगो चुकी थी। उसे देखते ही भींचकर पकड़ लिया मैंने और रुआँसे स्वर में बोली, "प्रथा! पिताजी ने रुरु की तरह किसी प्रेमनिष्ठ युवा-ऋषि से मेरा विवाह न करवाकर गौतम जैसे एक नीतिनिष्ठ प्रौढ़ ऋषि से क्यों करा दिया? क्या गौतम कभी रुरु जैसे प्रेमी बन सकेंगे?"

प्रथा ने मेरे केश सहलाते हुए सान्त्वना दी। बोली, "ऋषिगण युवावस्था में ब्रह्मचर्य पालन करके ज्ञान प्राप्ति के लिए साधना करते हैं। कई वर्ष बीत जाते हैं ज्ञान साधना में। कोई-कोई ऋषि से महर्षि, महर्षि से देवर्षि बनने तक साधना करते हैं। तब तक वृद्धावस्था तक पहुँचना स्वाभाविक है। उसके बाद वे लोग विवाह करते हैं षोड्शी राजकन्याओं से। दस पुत्रों के जनक होने के बाद उन्हें लगता है कि जीवन भोग्य नहीं है। सिद्धि प्राप्ति भोग से नहीं, त्याग से होती है। इसलिए पुत्र, पत्नी, घर-गृहस्थी सब त्यागकर वानप्रस्थ में निकल जाते हैं। सिद्धि की सीढ़ियाँ चढ़ते समय पुत्र-पत्नी सभी तुच्छ लगते हैं। जो यह त्याग करते हैं, वे सिद्ध पुरुष कहलाते हैं। जगत उनकी पूजा करती है। उनकी पत्नियाँ भी समाज में पूजी जाती हैं। पति को सम्मान और प्रतिष्ठा मिलते समय पति-विरह का दुख प्रकट करना भी हास्यास्पद लगता है। गौतम ने तो प्रौढ़ावस्था में तुमसे विवाह किया है। उनके वानप्रस्थ की उम्र निकट नहीं है। इसलिए तुम्हारे भाग्य में कम-से-कम कुछ वर्षों का पति-सुख तो है ही। यदि तुम महर्षि सौभरी का उपाख्यान सुनोगी, तब महर्षि गौतम से विवाह करने के लिए स्वयं को सौभाग्यवती समझोगी।"

मुझमें कोई भी उपाख्यान सुनने का आग्रह नहीं बचा था। किस तरह गौतम के निकट पहुँचूँ, यही थी मेरी चिन्ता। मेरी धीमी चाल के लिए वे मुझ पर क्रोध नहीं करेंगे। आश्रम में आचार्य गौतम का क्रोध मैं देख चुकी थी। सम्भवतः क्रोध दमन न कर पाने के कारण ही वे महर्षि से देवर्षि नहीं बन सके।

प्रथा बहुत चतुर थी। रास्ते की थकान कम करने के लिए वह चलते-चलते महर्षि सौभरी का उपाख्यान वर्णन करने लगी। मैं उसके पीछे-पीछे चलते हुए उपाख्यान सुनती जा रही थी। प्रथा के गर्भ में महाकाल का इतिहास उत्कीर्ण है। मनुष्य का इतिहास कभी-कभी निष्ठुर लगने पर भी जितना कुतूहल भरा होता है, उससे कहीं अधिक उत्साह भरनेवाला होता है। कभी-कभी इतिहास मेरे सामने आह्वान बनकर खड़ा हो जाता है।

मेरे सामने साकार हो खड़े हो चुके थे महर्षि सौभरी।

"यमुना नदी के तट पर कण्व के वंशज महर्षि सौभरी का मनोरम तपोवन है। बचपन से उसके मन में 'ब्रह्म सत्य, जगत मिथ्या' की अवधारणा दृढ़ हो चुकी थी। इसलिए वे संसार विरागी साधक थे। पार्थिव कामना और वासना से कोसों दूर थे। इसलिए माता-पिता के लाख मनाने पर भी वे सांसारिक बन्धन में नहीं बँधे। अनेक राजकन्याओं के विवाह प्रस्तावों को ठुकराकर वे कठोर साधना में लीन रहे। धीरे-धीरे वे अत्यन्त वृद्ध हो गए और अन्त में उन्होंने सिद्धि प्राप्त की।

"यमुना तट पर एकाग्रचित्त बैठकर वे ब्रह्म का ध्यान करने लगे। एक बार गरुड़ के यमुना में पानी पीते समय उनका ध्यान टूट गया। इसलिए उन्होंने उसे अभिशाप दे डाला। यमुना गरुड़ों के लिए निषिद्ध हो गई। अब महात्मा सौभरी निर्विघ्न हो अपने आपको 'ब्रह्म' में पूर्णत: लीन करने के लिए प्रतिज्ञाबद्ध हो गए और ब्रह्माजी की तरह वयस्क दिखने लगे।

"एक दिन–

"यमुना की जल-तरंगों पर ब्रह्म के स्वरूप को देख वृद्ध महर्षि सौभरी ब्रह्मानन्द में लीन होने जा ही रहे थे कि इतने में मत्स्यवंशी एक विलासी धनी व्यक्ति अपनी युवा पत्नी के साथ यमुना में जलकेलि करने आ पहुँचा। मत्स्यवंशी दम्पति की जलकेलि देखकर उनका वैराग्य डोल उठा। कामवासना से उनके शिथिल अवयव पिघलने लगे। उन्हें लगा, क्षणिक होते हुए भी योग की तरह भोग भी जीवन की एक सच्चाई है। भोग-शक्ति ने योग-शक्ति को परास्त कर दिया। वृद्ध सौभरी जराजीर्ण अवस्था में जवान पत्नी की तलाश करने लगे। उन्हें पता चला कि पुरुओं के राजा त्रसदस्यु की पचास सुन्दर कन्याएँ अभी तक अविवाहित हैं। त्रसदस्यु एक अत्यन्त प्रतापी राजा थे और दस्यु-आक्रमण से अनेक बार आर्यों की रक्षा कर चुके थे। दस्यु उनका नाम सुनकर भय से काँपने लग जाते थे। त्रसदस्यु की राजधानी सुवास्तु नदी के तट पर अवस्थित थी। एक लम्बा रास्ता तय करने के बाद सौभरी त्रसदस्यु की राजधानी में जा पहुँचे और उन्होंने राजा के समक्ष अपना विवाह-प्रस्ताव रखा।

"त्रसदस्यु को अपने से भी अधिक उम्र के वृद्ध सौभरी की उस उम्र में विवाह की इच्छा जानकर जितना आश्चर्य हुआ, उतना ही वे त्रस्त भी हुए। यदि वे सौभरी का विवाह-प्रस्ताव न मानते तो ऋषि के अभिशाप से उनका राज्य, धन, वंश सब कुछ ध्वंस हो जाता। किन्तु किस विवेक से वे अपनी रूपवती युवा कन्याओं को उस थुलथुल चमड़ीवाले वृद्ध को सौंप देते?

"ऐसी संकट की घड़ियों में निर्णय कन्याओं पर ही छोड़ दिया जाता है। यहाँ भी वही हुआ। त्रसदस्यु ने कन्याओं पर उस समस्या का समाधान छोड़ दिया। उन परिस्थितियों में कन्याएँ भी वही करती हैं, जिसमें सबकी भलाई हो। उसके विपरीत जाने का कोई उदाहरण अभी तक नहीं है। अहल्या, क्या तुमने अपनी

इच्छा से विवाह किया है? गौतम प्रौढ़ हैं—कहकर क्या तुम पिताजी को मना कर पाईं? इसलिए त्रसदस्यु की पचासों कन्याओं ने स्वयं को देश-यज्ञ में स्वाहा कर डालने का निश्चय करके एक साथ वृद्ध सौभरी से विवाह करने की इच्छा प्रकट की। आर्यऋषि के लिए एक साथ पचास कन्याओं से विवाह करने में कोई बाधा नहीं थी। यह सामाजिक नियम को भी भंग नहीं करता था।''

''कौन बनाता है ये नियम?'' मैंने अनायास ही प्रश्न किया।

प्रथा ने मेरा प्रश्न टालते हुए कहा, ''कोई भी बनाए, तुम्हें कभी नियम बनाने का अधिकार नहीं मिलेगा अहल्या! हाँ, कभी नियम तोड़ना चाहो तो तोड़ भले ही सकती हो। सुनो, उसके बाद क्या हुआ। सौभरी ने एक साथ पचास राजकन्याओं से विवाह कर लिया।''

''ओह!'' मुझे ठोकर लगी और मैं कंकड़ीले मार्ग में गिर पड़ी।

प्रथा ने मेरा हाथ पकड़कर उठाया और कहा, ''सुनो, इतने में ही ठोकर लग गई। सौभरी दाम्पत्य-सुख पूरी तरह उपभोग करने के लिए अधीर हो उठे। उन्होंने अपना यौवन और सौन्दर्य उन्हें पुनः लौटा देने के लिए इन्द्रदेव से प्रार्थना की। तुम तो जानती हो अहल्या, यह बात सर्वविदित है कि इन्द्रदेव कुँआरी कन्याओं और नारियों के प्रति संवेदनशील रहे हैं। उन्होंने सौभरी को चिरयौवन पुनः प्राप्त करने का उपाय बता दिया। इन्द्रदेव के वरदान से यौवन प्राप्त करके पचास पत्नियों के साथ दाम्पत्य सुख में डूबे रहते सौभरी। किन्तु...''

''अब यह किन्तु क्या...?'' मुझे फिर ठोकर लग गई।

''किन्तु सौभरी की कामवासना उस भोग से शान्त नहीं हुई। वे पत्नियों के साथ काम-सुख में जितना मत्त रहते, कामना की आग उतनी ही भड़कने लगती—कामतृप्ति ने अतृप्ति को अधिक ताकतवर बना दिया। वे रह-रहकर अस्थिर और अशान्त रहने लगे। वे कामतृप्ति और अतृप्ति के बीच की सीमारेखा साफ-साफ पहचान नहीं पाए। उन्हें लगा कि तृप्ति ही अतृप्ति का मूल कारण है। उन्हें इस बात का एहसास हो गया कि वास्तविक सुख 'प्रेयः' नहीं, 'श्रेयः' की सेवा में ही निहित है। पत्नियाँ उन्हें परित्यक्त जनपद की तरह श्रीहीन, कुलक्षणी लगने लगीं। पत्नियों से बन्धन तोड़ने में उन्हें क्षणभर नहीं लगा। पचास युवा पत्नियों और सौ से अधिक शिशु-सन्तानों को त्यागकर वे घने जंगल में तपस्या करने चले गए। त्यागभरा जीवन जीने के कारण वे सबके पूज्य हुए। अन्त में वे देवर्षि भी हुए होंगे! त्यागी होने के कारण समाज ने उन्हें ससम्मान शिखर पर बिठाया, मैं जानती हूँ।''

महर्षि सौभरी के सम्मान और प्रतिष्ठा ने मेरे अन्तःकरण को झकझोर कर रख दिया। चारों ओर से उनकी पचास पत्नियों और शत-शत सन्तानों के व्याकुल क्रन्दन ने मेरे हृदय के सूक्ष्म तन्तुओं को झकझोर दिया; किन्तु प्रथा

निर्विकार थी। क्या मेरे अलावा यह क्रन्दन किसी और को भी सुनाई नहीं दे रहा था? मैंने कहा, "प्रथा! उन नारियों और शिशुओं के अनन्त आर्तनाद से क्या तुममें कोई प्रतिक्रिया नहीं होती?"

प्रथा मुस्कराई। उसने कहा, "प्रत्येक यश-कीर्ति, सम्मान और प्रतिष्ठा की ओट में अनेक आर्तनाद अनसुने रह जाते हैं। मेरे कान बधिर हैं–आँखों में मोतियाबिन्द और हृदय जड़ हो चुका है। इसलिए मुझे कोई कष्ट नहीं होता। तुम उस ओर ध्यान मत दो। सम्भवतः आकाश रो रहा है। बादल घिर आए हैं। इन्द्रदेव का रथ गौतम द्वारा ठुकरा दिए जाने के कारण तुम्हें पैदल चलना पड़ रहा है। किन्तु इन्द्रदेव नारियों के प्रति अत्यन्त उदार हैं। देखो, तुम्हें धूप की तेज से बचाने के लिए वे सूर्य को बादलों से ढक चुके हैं। अब परेशानी नहीं होगी। कोशल राज्य की सीमा पर स्थित गौतम आश्रम दूर नहीं है। गौतम राज्य की सीमा पर तुम्हारी प्रतीक्षा कर रहे होंगे। कितने संयमी, शील, सदाचारी पुरुष हैं वे! तुम्हारा हाथ थामकर वे तुम्हें साथ ले जा सकते थे किन्तु मैं तुम्हारे साथ थी इस कारण उन्हें संकोच हुआ। वे क्या जानें कि मेरे तुम्हारे साथ डग मिलाकर न चल पाने के कारण तुम घने जंगल में अकेले रोने लगोगी। चलो, अब तुम धीरे-धीरे मेरे साथ चलो। हम शीघ्र ही गौतमजी के पास पहुँच जाएँगे।"

इस समय प्रथा में न जाने कहाँ से इतनी शक्ति आ गई, वह मुझे पीछे छोड़ते हुए बड़ी तेजी से अरण्य में अदृश्य हो गई। गौतम आश्रम में वर-वधू के विधिपूर्वक स्वागत करने की व्यवस्था हुई होगी या नहीं, शायद यह देखने के लिए उसमें जल्दी रही होगी। शुभ-कार्यों में विधि-पालन करने के प्रति प्रथा बहुत सतर्क रहती थी। किसी को पीछे से पुकारना भी विधि नहीं है। इससे शुभकार्य में विघ्न पड़ता है। इसलिए जब गौतम लम्बे-लम्बे डग बढ़ाते हुए चले जा रहे थे, प्रथा ने पीछे से आवाज नहीं दी। मुझे भी गौतम को पीछे से बुलाने में झिझक हुई। अभिमान हुआ मन में। अब वे मेरे गुरुदेव नहीं थे–पतिदेव थे। यदि वे नवविवाहिता पत्नी की थकान पर ध्यान दिए बिना उसे पीछे छोड़ते हुए आगे निकल रहे थे तो ऐसी कौन-सी पत्नी होती जो नहीं रूठती?

'इन्द्रदेव होते तो अहल्या जैसी नारी को फूलों की तरह अंजलि में भरकर दुर्गम अरण्य पार करवा देते।' मानो कोई मेरे कानों में यह कह गया। कौन था? कहीं प्रथा तो नहीं थी? नहीं, वह ऐसी संस्कार-विनाशी बात नहीं कहेगी। आर्यपुरुष ही एक साथ एक से अधिक पत्नियों से विवाह करके भी महर्षि, देवर्षि, देवराज का सम्मान प्राप्त कर सकते हैं, जबकि आर्यनारी तो मन-काय-वचन से पति के सिवाय किसी अन्य पुरुष के बारे में सोच तक नहीं सकती। मैं भी इन्द्रदेव के ऐसे कार्य का अनुमोदन नहीं करूँगी। परन्तु यह बात कही किसने? प्रथा कहाँ थी? वह तो अदृश्य हो चुकी थी दृष्टि-पथ से। हो सकता है,

मेरे कानों में कुछ गलत सुनाई दिया हो। सम्भवत: सिलसिल बहती हवा का स्वर, पक्षियों के घर लौटने की गति, पत्तों की मर्मर या झिपिर-झिपिर वर्षा की नूपुर ध्वनियाँ सभी मुझे भ्रम में डाल रही थीं।

मैंने देखा, आकाश के बादलों को भेदकर चमक उठा है सप्तरंगी इन्द्रधनुष, मानो काले बादलों पर एक मनोरम चित्र आँक दिया हो किसी ने! उस दृश्य के सात रंगों में रँगने लगा मेरा निराश हृदय। लगा उन सातरंगों में से किसी भी रंग की जरा-सी छटा से सार्थक हो जाएगा मेरा जीवन। तो क्या मेरे रास्ते की थकान कम करने के लिए इन्द्रदेव अन्तरिक्ष पथ से उतर रहे थे पृथ्वी पर? मैं जानती थी कि मेरे सिर पर किसने बादलों का शामियाना खींच दिया था—मरुतगणों को लगाया था स्निग्ध सुरभित समीर के स्पर्श से मेरे स्वेद, क्लान्ति, विषाद को पोंछने के लिए, अमनयोगी मेघमाला को आदेश दिया था झिपिर-झिपिर वर्षा में मेरे पैरों तले की गर्म पगडंडी को स्निग्ध और मुलायम करने के लिए। तो क्या मेरे रम्यवन छोड़ने के समय से ही इन्द्रदेव उदार बनकर मेरे साथ-साथ चल रहे थे? यदि यह सच था और यदि वे इसी क्षण अपने धनुष से बादलों को चीरते हुए मेरे सामने आकर खड़े हो जाते तो?

सहसा मन्द मधुर स्वर में कोई बोला, "अहल्या! क्यों अकारण इतना पैदल चल रही हो? गौतम अहंकारी और ईर्ष्यालु है। वह मेरा ऐश्वर्य सहन नहीं कर पा रहा, तुम्हारी सुन्दरता भी नहीं सह पा रहा। इसलिए मेरा उपहार ठुकराकर तुम्हें कष्ट दे रहा है। विवाह-उत्सवों में मैं कन्याओं के पिता को अधिकतर रथयान ही उपहार में दिया करता हूँ। सभी कन्याओं के पिता कन्या की विदाई के लिए रथयान की व्यवस्था नहीं कर पाते। सुकुमारी कन्याओं के पैदल चलने की थकान बचाने के लिए मैं यह उपहार देता हूँ। तुम्हारे लिए बड़े प्यार से अपूर्व आनन्ददायक रथ बनवाया था पर देखो, गौतम की हीनभावना! मेरी नारी-जाति के प्रति संवेदनशीलता को गौतम मेरी कमजोरी कहते हैं। तो क्या नारी के प्रति अकारण क्रूर होना चरित्रवान होने का परिचय है? तुम तो वैदिक नारी हो, ब्रह्मापुत्री। विवाह के लिए अपनी पसन्द बताने का अधिकार तुम्हें था। पर विवाह के लिए तुम्हारी पसन्द-नापसन्द न पूछने पर तुम चुपचाप मान क्यों गईं? क्या गौतम तुम्हारे योग्य है? भले ही हो वह जितेन्द्रिय योगी। ऐसे में तो उसे विवाह करने की आवश्यकता ही नहीं थी। क्या सुख देगा वह तुम जैसी त्रिभुवनमोहिनी नारी को? यदि वह वेदज्ञ है तो फिर वह अपनी शक्ति का अनुमान कैसे नहीं लगा पाया?

"अहल्या, मैं देवता होते हुए भी आर्यपुरुष हूँ और कभी मर्त्यवासी भी था। मेरी तपस्या, वीरता, शौर्य और सिद्धि ने मुझे देवता बनाया है। मेरी भी एक देह है, कामना, वासना है। पितामह ब्रह्मा के मुख से तुम्हारी सुन्दरता के बारे में सुनकर मैं तुम्हारे प्रति आकर्षित हुआ। तुम्हारे लिए बार-बार पितामह के द्वार पर

गया। बार-बार निराश होकर लौटने पर तुम्हारे प्रति मेरा आकर्षण सौ गुना बढ़ा ही है, दूर नहीं हुआ। लगता है, तुम्हें न पा सका तो मेरा इन्द्रत्व अपूर्ण साबित होगा। मेरी वह अपूर्णता अपनी अपूर्णता से त्रिभुवन को श्रीहीन कर देगी। त्रिभुवन में हाहाकार मच जाएगा। उसके लिए तुम भी जिम्मेवार होगी। इसलिए चलो अहल्या, तुम्हें लिवा चलूँ स्वर्ग के पारिजात वन में। नहीं, नहीं। तुम्हारे प्रति असत आचरण नहीं करूँगा। अब तुम विवाहिता हो। मैं आर्यनायक होकर आर्य धर्म का उल्लंघन कैसे करूँगा? मैं तुम्हें केवल बन्दिनी बनाकर रखूँगा पारिजात वन में। मैं जानता हूँ, इससे पारिजात पुष्प का सौन्दर्य घट जाएगा। तुम्हारे चरणों में पारिजात पुष्पों द्वारा शरण माँगने का दृश्य कितना मनोरम होगा, कहो तो! मैं इष्टदेवी की तरह तुम्हारी स्थापना करके पूजा करूँगा। मैं हमेशा से सौन्दर्य का उपासक रहा हूँ। गौतम आर्यपुरुष है। अपने बाहुबल से वह तुम्हें मुझसे जीतकर ले जाए। बाहुबल नहीं तो ज्ञानबल से सही, तुम्हारा उद्धार कर ले। या फिर तप से प्राप्त अलौकिक शक्तियों का प्रयोग करके अपनी पत्नी का उद्धार कर ले। मुझे कोई आपत्ति नहीं। कम से कम मुझे यह तो पता चल जाएगा कि गौतम ही तुम्हारे लिए योग्यपुरुष है। यदि वह तुम्हारा उद्धार न कर सका तो कल को दस्यु के चंगुल से तुम्हारी रक्षा कैसे करेगा? आर्यीकरण का जो प्रहसन इन दिनों चल रहा है, उसमें आर्य-अनार्य के बीच वैर-भाव बढ़ा है। गौतम की पारम्परिक और रुढ़िवादी नीतियों के कारण अनेक दास और शूद्र बालक प्रतिभावान होते हुए भी गौतम के गुरुकुल में शिक्षा प्राप्त करने से वंचित हैं। दासकुल गौतम विरोधी और क्रोधित हो उठा है। इस बार वे लोग गौतम पर अपना क्रोध और प्रतिशोध तुम्हारा अपहरण करके, उन्हें अपमानित करके ही पूरा करेंगे। यह बात मुझे दिवालोक की तरह साफ-साफ दिखाई दे रही है। सृष्टि के प्रारम्भ से ही पुरुषों के बीच के वैर-भाव से नारी ही लांछित, प्रताड़ित और बलात्कार का शिकार हुई है। यह तुम भी जानती हो, इसलिए गौतम ऋषि के पास तुम्हारा सतीत्व, जीवन और सम्मान सुरक्षित है या नहीं, उसका प्रमाण दे गौतम।''

मैंने घबराकर चारों ओर देखा। किसने कही ये बातें, मेरे अवचेतन मन ने या अदृश्य में रहकर इन्द्रदेव ने?

मैं आर्यनारी, ब्रह्मापुत्री, गौतमपत्नी अहल्या हूँ। अपने सुख के लिए मैं संस्कारों की बलि नहीं चढ़ा सकती। लोभ में पड़कर दोनों कुलों की मर्यादा नहीं उलाँघ सकती। मनुष्य भले ही अपने लिए जीता है, पर वह समाज में रहकर ही जीता है। यह सच है कि मैंने समाज के नियम नहीं गढ़े–पर उन्हें तोड़ने का साहस मुझमें नहीं है। सृष्टिकर्ता ब्रह्मा का निर्णय ही मेरा भाग्य है। अपना भाग्य मैं भोग सकती हूँ; किन्तु उसे लाँघने का अधिकार मुझे नहीं है। इसलिए पति का अनुमोदन प्राप्त है या नहीं, यह जाने बिना इन्द्रदेव का दान या करुणा मैं स्वीकार

नहीं कर सकती। अतः यदि इन्द्रदेव सचमुच में आकर मुझे रथयान में बिठाकर ससम्मान गौतम आश्रम पहुँचा देंगे, यह शपथ लेने पर भी मैं उनका यह सुन्दर प्रस्ताव स्वीकार नहीं कर सकती।

सहसा वज्र की टंकार से खंड-खंड हो टूट गया बादलों का अभिमान। विद्युत के भीतर झलक उठा इन्द्ररूप। मैं बालिका की उम्र के उन दिनों की तरह इन्द्रदेव से अपने को बचाकर जंगली रास्तों में दौड़ने लगी। आधे रास्ते में प्रथा ने मुझे भींचकर पकड़ लिया। मेरे ज्ञानगर्भ पतिदेव उद्वेलित समुद्र के एक भरोसेमन्द बन्दरगाह की तरह शान्त चित्त से मेरी प्रतीक्षा में खड़े थे।

मुझे लगा कि मैं अपने लक्ष्य तक पहुँच गई हूँ।

पत्र-पुष्पमंडित तपोवन का सीमान्त। मार्ग के दोनों ओर सुशोभित तोरण बँधे हैं। वर-वधू के स्वागत के लिए दोनों तोरण के प्रवेश-द्वार पर दोनों वर्ग के शुभेच्छुगण अर्घ की थाली लेकर प्रतीक्षा कर रहे हैं। एक आर्य समुदाय के, दूसरे अनार्य समुदाय के। अनार्य समुदाय में अग्रणी थे–रुद्राक्ष एवं ऋचा। अब वे पति-पत्नी हैं। उन लोगों ने आशा नहीं की थी कि मैं इतनी जल्दी लौट आऊँगी। वह भी हमेशा के लिए ऋषि-पत्नी के रूप में।

अब मुझ पर अनार्यबस्ती में न जाने के लिए पाबन्दी लगेगी। ऋचा और रुद्राक्ष ने इस समय अनार्य समुदाय का नेतृत्व सँभाल रखा है। इसलिए उनका भी गौतम आश्रम में आना मना है। हमारे बीच स्नेह, शुभेच्छा, एक-दूसरे के प्रति आन्तरिक शुभकामनाएँ पहले-सी अटूट बनी हुई हैं। किन्तु अब हम दो प्रतिनिधि हैं। इसलिए पहले जैसे वे भावोच्छ्वास सबके सामने प्रकट नहीं किए जा सकते। मेरे दोनों पैर स्थिर हैं। मैं चाहती हूँ कि कुछ देर अनार्यपल्ली में रुककर उनके श्रद्धापूर्ण स्वागत-उत्सव में भाग लूँ। अब मेरी प्रतिष्ठा बढ़ चुकी है। मैं गुरुकुल आश्रम के अध्यक्ष की पत्नी हूँ। वे लोग मुझे श्रद्धा से नहीं, सहमे हुए से देख रहे हैं मानो गौतम से विवाह करके मैं उनसे दूर जा चुकी हूँ! जैसे कि हमारे पुराने सम्बन्ध अब लौटकर नहीं आएँगे! दूर से ही वे लोग हम दोनों पर चावल, फूल, नवदूर्वा इत्यादि बरसा रहे हैं। गौतम देवताओं की तरह अभीष्ट सिद्धि करने की मुद्रा में हाथ उठाकर उन्हें आशीर्वाद दे रहे थे। मैं स्नेहपूर्ण दृष्टि से उन सबकी ओर देखते हुए अपने मनोभाव प्रकट करने की चेष्टा कर रही थी। किन्तु आज यह बात माटी, आकाश, पेड़-पत्तों और मन में लिपिबद्ध हो गई कि हम दो समुदाय में बँटे हुए हैं। मैं श्रेष्ठ हूँ–वे निकृष्ट। मैं उन्हें दासी के रूप में रख सकती हूँ। ऋचा मेरी दासी बनेगी! ऋचा का चेहरा कोमल सदिच्छा से मधुसिक्त लग

रहा था। मानो मेरी दासी बनने में भी उसे कोई आपत्ति नहीं। वे लोग मेरे प्रति बिना किसी कारण के भी कृतज्ञ हैं। ऋचा और रुद्राक्ष के इस विनीत कृतज्ञ भाव ने मुझे दुख और ग्लानि से उदास कर दिया। मानो गौतम हमारे बीच एक अलंघ्य दीवार हों! गौतम आश्रम के तोरण की ओर पतिदेव का अनुगमन करते हुए मैंने संकेत से ऋचा को बता दिया, मैं वही पहलेवाली अहल्या हूँ। ऋषिपत्नी होते हुए भी ऋचा और रुद्राक्ष के समुदाय की विरोधी नहीं हूँ। मैं उनकी मित्र हूँ क्योंकि मैं उन्हें किसी और दृष्टि से नहीं देखती।

चारों ओर से फूल बरस रहे थे। आश्रम की वनस्पति उदारतापूर्वक हमारे मार्ग पर फूलों की बरसात कर रही थी। पक्षी मधुर मांगलिक गीत सुना रहे थे। आज प्रकृति ने नवदम्पति के स्वागत के लिए स्वयं को खूब सजाया-सँवारा है। क्या यह वही पहलेवाला गौतम आश्रम है जहाँ मैं पाँच वर्षों तक कठोर ब्रह्मचर्य पालन करके गौतम ऋषि की आस्थाभाजन बनी थी? उस समय आश्रम था दीक्षाभूमि, आज बन गया है जीवनभूमि। इसलिए सब कुछ लग रहा है अभिनव, अभिराम, अन्तरंग।

आश्रमवासी ऋषियों ने हमारा स्वागत करते हुए कहा, "हे नवदम्पति! स्वागतम। एक-दूसरे से अलग न होकर गृहमेधी बनो और गृहयज्ञ प्रज्वलित करो। दोनों व्रतनिष्ठ बनो। स्वेच्छाचार अथवा क्षणिक वासना के वश में पड़कर व्रतभ्रष्ट मत होना। परमात्मा आप लोगों के सहायक बनें। हे नवागत वधू! पति ही तुम्हारी गति और मुक्ति हैं, पति ही तुम्हारी सिद्धि और मोक्ष हैं। पति के अलावा किसी अन्य पुरुष का स्पर्श भी मत करना। गृह की यशकीर्ति के लिए सर्वदा जागरूक रहना। पति के जीवन के साथ अभिन्न रहकर इस आश्रम में अनुशासन स्थापित करने में हमारी सहायता करना। गौतम आश्रम की मर्यादा, समृद्धि एवं ऐश्वर्य वृद्धि करने के लिए तुम्हारा यहाँ पदार्पण हुआ है। इस आश्रम के वृद्ध, वृद्धा, युवक, युवती, बालक, बालिका, पशु-पक्षी, वनस्पति एवं माटी और आकाश—सभी तुम्हारी प्रजा हैं। इन प्रजाओं का हितसाधन ही तुम्हारे गृह-युद्ध का अभीष्ट हो। हे कल्याणि! तुम अहल्या नाम की सार्थकता साबित करना। आशीर्वाद तुम्हारे प्रति दयावान हो, अभिशाप तुम्हारे सामने आते ही अभिशप्त हो जाए। गौतम आश्रम अहल्या की कर्मभूमि नहीं—सिद्धिभूमि बने, किन्तु याद रखना, सिद्धि के लिए सहस्र-स्वाहा की आवश्यकता होती है।"

अपने शास्त्रीय पतित्त्व के अहंकार से विभूषित हो गौतम एक सुदूर पर्वत के समान महिमामय दिखाई दे रहे थे। दैवीय इच्छा को स्वीकार करते हुए मैं पति के समक्ष आत्म समर्पण कर चुकी थी। समर्पित कर चुकी थी अपना मन, तन और जीवन। यही नियम है विवाह का। इस नियम को स्वीकार करते समय मेरे अन्दर किसी तरह का छल नहीं था। विवाह से पहले का विद्रोह, विवाह के समय का

द्वन्द्व और विवाह के बाद का विषाद मेरे अन्दर से दूर हो चुके थे, गौतम आश्रम में वधू के रूप में पग रखते ही। इस आश्रम के सभी मेरी प्रजा हैं—मैं हूँ इस आश्रम रूपी विशाल गृह-राज्य की सम्राज्ञी और गौतम हैं इस राज्य के सम्राट—वे इस आश्रम-राज्य के इन्द्र हैं। वे इस राज्य में रहनेवाले सभी प्रजाओं के अभीष्टदाता हैं। वे मेरे भी अभीष्टदाता हैं क्योंकि मैं उनके आश्रम-राज्य के अन्तर्गत हूँ। अब गौतम की यह तपोभूमि ही होगी मेरे सत्य की सिद्धिभूमि। इसलिए मैं असत्य को प्रश्रय नहीं दूँगी। असत्य को अभिशप्त करके सत्य को ही स्वीकार करूँगी।

मैं नववधू हूँ, आज मेरी मधुशय्या है। मधुशय्या को मधुमत्त करने के लिए मैं अधीर हूँ। मैंने गौतम का तपोभंग करने का निश्चय कर लिया है। आज मैं गौतम की शिष्या नहीं, उनकी प्राणप्रिय पत्नी हूँ। मैं जानती हूँ कि मेरे प्रेमपूर्ण कटाक्ष मात्र से गौतम के जितेन्द्रिय व्यक्तित्व का बाँध टूट जाएगा। उनके संयम का सेतु ढह जाएगा। वे बन जाएँगे, एक स्वाभाविक मनुष्य। विशुद्ध पुरुष। आचार्य गौतम को मैं जानती हूँ और पहचानती हूँ उनके भीतर की असमंजस-भरी तरुणाई को। वे मेरी ओर अधिक समय तक नहीं देख सकते। मेरे शरीर की परछाईं तक का स्पर्श नहीं करते, मेरे कारण उनके अनुशासन और संयम का दम्भ डोल उठता है, इसलिए वे मेरे प्रति अस्वाभाविक रूप से कठोर बनकर अपने मन को नियंत्रित करते हैं। आज उन्हें यह सब करने की कोई आवश्यकता नहीं है। आज गौतम मेरे तन, मन और आत्मा के अधिकारी हैं। समाज-स्वीकृत है हमारा दैहिक-सम्बन्ध-मेल-जोल-आत्मा का मिलन। इसलिए आज गौतम मुझे मधुशय्या पर वधू-वेश में पाकर ब्रह्मांड के श्रेष्ठ प्रेमियों को नीचा दिखाएँगे। यही होगा मेरा गौतम पर विजय का प्रथम सोपान।

पृथ्वी पर ऐसा कोई योगीश्रेष्ठ नहीं जो मेरे रूप के माधुर्य से न डगमगा जाए। इसलिए गौतम को विचलित करना मेरे लिए असाध्य नहीं। किन्तु हे विजय! कभी-कभी तुम इतने विशाल और निष्ठुर क्यों हो जाते हो? विवाह काम वासना को भड़काता नहीं है—शान्त करता है—संयत करता है; किन्तु यह सम्भव होता है देह भोग के माध्यम से। भोग ही त्याग की कसौटी है। इसलिए आज मेरे पति गौतम भोग की उपलब्धि करेंगे। होमाग्नि प्रज्वलित होने पर ही यज्ञाग्नि बुझती है और सिद्धि प्राप्त होती है। इसलिए आज मुझे प्रज्वलित होमशिखा बनना होगा। यही पति-पत्नी के पवित्र बन्धन को दृढ़ और पारदर्शी बनाएगा।

यह सब कुछ बताते हुए प्रथा मुझे आवास तक छोड़ आई। गौतम का वही चिराचरित साधना-कुटीर मेरा आवास था। मधुशय्या नहीं, आज मेरी भू-शय्या है। मेरे आवास में पलंग नहीं है—मुलायम रुई का गद्दा तक नहीं बनाया गया मेरी मिलन-रात्रि के लिए। मेरे लिए भूमि पर तृणशय्या तैयार की गई है।

तृणशय्या पर फूलों की पंखुड़ियाँ नहीं हैं। कोमल किसलय तक नहीं बिखेरे किसी ने। कर्कशभूमि पर शुष्क कंटकित तृणशय्या ही आज मेरे पत्नीत्व और नारीत्व की परीक्षा लेगी।

फिर भी मेरे मन में दुख नहीं है। पति-प्रेम ही मधुशय्या को मधुसिक्त करता है। शय्या कितनी ही कोमल क्यों न हो, यदि पति कठोर हुआ तो मिलन-रात्रि मधुमय नहीं होती। अतः मुझे पति-प्रेम ही चाहिए। मैं तृणशय्या के पास बैठकर गौतमजी की प्रतीक्षा करने लगी और प्रथा की बातें पुनः याद करने लगी।

दाम्पत्य जीवन के बारे में प्रथा ने कहा था, ''दाम्पत्य जीवन के प्रारम्भिक क्षणों में पत्नी एक शान्त होम-वेदी होती है। उसमें पवित्र अग्नि प्रज्वलित करते हैं पतिदेव। इसलिए पत्नी की अपेक्षा पति अधिक संयत, ध्यान रखनेवाला, सहृदय, उदार, प्रेममय होकर नववधू के साथ अति मधुर व्यवहार करके उसके तन, मन और आत्मा के साथ सम्बन्ध स्थापित करने का प्रयास करता है। पति की मीठी-मीठी प्रेमपूर्ण बातें से प्रसन्न हो नव-पत्नी शुरू से ही पति तथा उसके परिवार के प्रति श्रद्धा रखने लगती है। मिलन का यह मधुर माहेन्द्र-क्षण समग्र दाम्पत्य को प्रभावित करता है। नववधू के नवकिसलय के समान मन पर प्रारम्भिक-क्षणों के जिस संस्कार का प्रभाव पड़ता है, वह दृढ़ और स्थायी हो जाता है। किन्तु बहुत से सुपुरुष प्रारम्भिक क्षणों से ही नव-पत्नी की हृदय-वेदी में होमाग्नि की जगह बड़वाग्नि जला देते हैं कामभोग की प्रचंडता से। इस तरह पत्नी के मन, हृदय, आत्मा को अस्वीकार करके देह को ही स्वीकार करते हैं सबसे पहले। इससे नववधू के मन में क्लेश पैदा होता है। मन का मधुकोष सूख जाता है। उन प्रारम्भिक क्षणों को याद करने पर बाकी का जीवन क्लेशमय हो जाता है। गौतम ऋषि अत्यन्त ज्ञानी हैं। दाम्पत्य जीवन के बारे में अनुभव न होने के बावजूद उन्हें इसका अगाध ज्ञान है।''

इसलिए वे आज की इस मधु-रात्रि को अपनी मधुर वाणी से मधुसिक्त कर देंगे। मैं तो केवल मन के मधुकोष को उन्मुक्त करके प्रतीक्षारत रहूँगी। बाकी का कर्त्तव्य गौतमजी का है।

वास्तव में प्रथा के परामर्श ने मुझे काफी निश्चिन्त कर दिया था। स्रष्टा द्वारा जो पूर्वनिर्धारित है, वही है मनुष्य का भाग्य। ब्रह्माजी द्वारा जिन्हें मेरे लिए चुना गया है, वे ही हैं मेरे लिए विनिर्दिष्ट पति, वे ही हैं मेरी नियति। इसलिए उनके अलावा किसी दूसरे को अपने मन में स्थान देना मेरे लिए निषेध है। वैसे भी उससे क्या लाभ? इसलिए मैंने, तन-मन से गौतम को छोड़कर किसी और के बारे में नहीं सोचा, उनकी प्रतीक्षा में बैठी रही।

गौतम तापस रूप लिए मेरे सामने आकर खड़े हो गए। उनमें चित्त की चंचलता जैसा कोई लक्षण नहीं था। मेरे प्रसाधित देह-सौन्दर्य के प्रति कोई मुग्ध

स्वीकृति नहीं दिखी मुझे उनकी दृष्टि में। मानो मैं वही ब्रह्मचारिणी अहल्या हूँ और वे आश्रम के अध्यक्ष आचार्य गौतम। तो क्या मेरे अतुलनीय सौन्दर्य, भरपूर यौवन का कोई महत्त्व नहीं था गौतम के समक्ष? अपने आत्मनिवेदन एवं विश्वसनीय प्रेम की किसी मर्यादा की आशा न करूँ गौतम से?

मेरे कुछ कहने से पहले गौतम ने धीमे स्वर में कहा, "आज तुम बहुत पैदल चलकर आई हो, अहल्या। थक गई होगी। अच्छी नींद तुम्हारी रास्ते की थकान दूर कर देगी। तुम विश्राम करो। अब मैं आत्मशुद्धि के लिए ध्यान मैं बैठूँगा। मधुशय्या की रात्रि से ही हम संयत, अनुशासित और नैतिक जीवन का शुभारम्भ करेंगे। विवाह का उद्‌देश्य काम-भोग नहीं। क्योंकि काम-भोग से काम-ज्वाला समग्र जीवन में बड़वाग्नि-सा व्याप्त हो जाता है। काम के शमन से ही चिरन्तन शान्ति मिलती है। ईश्वर की आराधना कामाग्नि को बुझाकर जीवन को शुद्ध, पवित्र, निर्विकार बनाती है। काम-संयम द्वारा ही पुरुषार्थ सार्थक होता है। देह-यज्ञ में यदि इन्द्रिय केवल कामवासना चरितार्थ करे, तो होता न बनकर गृहीता बनो, इन्द्रिय आत्मा का अंग न होकर केवल देह का एक अंग बन जाती है। आत्मा का दूसरा नाम इन्द्र है। जो इन्द्र के सहायक हैं, वे इन्द्रिय हैं। चक्षु, नासिका, कर्ण, त्वक्, जिह्वा, मन और बुद्धि आत्म विकास में सहायक हों तो इन्द्रिय कहलाते हैं और मनुष्य को मुक्ति दिलाते हैं। इसलिए इन्द्रिय है बन्धन और मुक्ति का द्वार, अहल्या! विवाह बन्धन नहीं, मुक्ति है—चलो, हम एक-दूसरे की मुक्ति में सहायक बनें। आज मधुशय्या की रात्रि में मैं तुम्हें अपने मन की बात बता रहा हूँ। भोग की लालसा इतनी तीव्र हो जाती है कि मनुष्य वैध-अवैध की सीमा लाँघकर अन्ततः दुखी हो जाता है। यह संसार अमृतमय है। ईश्वर ने हमें अमृत-सागर प्रदान किया है। किन्तु भोग और विष के अन्वेषण से मनुष्य का चित्त अस्थिर एवं असन्तुष्ट रहता है। यही कारण है कि मैंने तुम्हें रथयान, पलंग, पारिजात और धन-द्रव्य के बन्धन से प्रारम्भ से ही मुक्त रहने का संकेत दिया है। इस समय तुम्हें ये बातें बुरी लग अवश्य रही होंगी, किन्तु आगे चलकर समझोगी कि मैं तुम्हारा शुभचिन्तक हूँ। पृथ्वी की प्रत्येक वस्तु एक-एक यज्ञ सामग्री है। जगत-कल्याण के लिए ईश्वर ने उन्हें बनाया है। इसलिए जो कुछ सुन्दर और दुर्लभ है, उसे जगत-कल्याण के लिए व्यय करना आवश्यक है। यही कारण है कि इन्द्र का दान और तुम्हारे पिता का उपहार मैंने अपनी सुख-सुविधा के लिए स्वीकार नहीं किया। मुझे मालूम है कि इससे तुम्हें ठेस पहुँची है किन्तु मैं विवश हूँ।"

मैं पतिदेव की ओर अपलक निहारते हुए उनका उपदेश सुन रही थी। सहसा मेरे मन में प्रश्न उठा—'मैं भी सुन्दर और दुर्लभ हूँ। मुझे भी जगत-कल्याण के लिए व्यय करना आवश्यक है? मैं भी गौतम के लिए पिताजी का एक दान हूँ। गौतम ने मुझे स्वीकार क्यों किया? मधुशय्या की रात्रि से ही यदि इन्द्रिय-संयम

व्रत धारण करना था तो गौतम को विवाह करने की क्या आवश्यकता थी? यह सच है कि गौतम के उपदेश भरे वाक्य सत्य, शास्त्रीय एवं ग्रहणीय हैं; किन्तु क्या वास्तव में यह सम्भव है? हालाँकि गौतम जैसे जितेन्द्रिय साधक, ध्यान-गम्भीर, सत्य के उपासक के लिए यह सम्भव है, परन्तु मुझ जैसी चंचल तरुणी के लिए यह कहाँ तक सम्भव है?

महर्षि गौतम की अध्यात्म-साधना की कठिन तपस्या के बीच हमारे दाम्पत्य-जीवन की परिणति क्या होगी? क्या प्रणय की मधुरिमा एवं सकाम अनुराग का कोई मूल्य नहीं पति-पत्नी के सम्बन्धों में?'

गोपनीय व्यथा और अव्यक्त द्वन्द्व मेरी आँखों से जलधार बनकर बह जाते तो मेरी छाती का बोझ हल्का हो जाता लेकिन मेरी आँखों ने भी मेरा साथ नहीं दिया। गौतम के प्रभाव में मैं भी उन्हीं की तरह शुष्क, रुक्ष, निर्विकार हो गई थी। मुझे लगा, भले ही मैं नहीं रो पा रही थी, परन्तु आज मेरे लिए समग्र पृथ्वी रो रही थी। बाहर वर्षा का करुण समारोह अपनी अनुकम्पा से भिगो चुका था तपोवन की माटी और वनस्पति को।

गौतम इस समय योगाविष्ट हैं और मैं ताप से पिघलती अहल्या।

किस चित्रकार की अमृत चित्रकला का मदविह्वल प्रतिबिम्ब हूँ, मैं अहल्या! किस कवि के अश्रुत छन्द में विमुग्धरागिनी हूँ मैं अहल्या! किस प्रेमी के रोमांचभरे स्पर्श के आकर्षण से उन्मादिनी हूँ मैं अहल्या। प्रकृति के अनन्त संसार के बीच किसकी हृदयसत्ता के अन्वेषण में स्वप्नविलासिनी हूँ मैं अहल्या!

रात्रि के अन्तिम प्रहर में मन-ही-मन किसे ढूँढ़ रही थी मैं? कौन है वे? कैसे हैं वे? निश्चित ही वे परम मनोहर हैं, वे चिन्मय हैं, वे देवता न होते हुए भी दिव्य हैं, सुन्दर न होते हुए भी वे सौन्दर्य का सारांश हैं, सूर्य न होते हुए भी वे सूर्य के प्रकाशक हैं, वे चन्द्रमा न होते हुए भी चन्द्रमा के प्रतिबिम्ब हैं। उनका व्यक्तित्व द्यौ, भू, अन्तरिक्ष की सीमा तक व्याप्त है—उनकी कान्ति त्रिलोक के कोणों-अनुकोणों में झलकती है—वे अहल्या के जीवन साथी ही नहीं, उसके जीवनाधार भी हैं। कौन हैं वे? कैसे हैं वे? कब होगी उनसे भेंट और मिलन? प्रभाती मंत्र की ओंकारध्वनि से मेरा सपना टूट गया। उफ, यह सपना तो मैं बहुत दिनों से देखती आई हूँ। वसन्त के प्रथम स्पर्श से। यह सपना मैंने देखा है विवाह योग्य होने के दिन से पिताजी ने मेरे लिए वर चुन लिया है, सुनने के बाद से सोते-जागते मैंने यह सपना देखा है। किन्तु आज मधुशय्या की रात्रि के अन्तिम प्रहार में मैंने यह सपना फिर क्यों देखा? तो क्या गौतम मेरे उस कल्पित चरम मनोहर मन के पुरुष

नहीं हैं? या फिर मधुशय्या की रात गौतम से उपदेश सुनते-सुनते मैं थकान और अवसादग्रस्त हो सो जाने के कारण मेरा विवाह सम्पन्न हो चुका है–यह बात सपने में भूल गई, इसलिए यह अननुभूत स्वप्न था?

विवाहित वैदिक नारी के लिए ऐसे सपने देखना मना है–अवैध है। एक बार विवाह की गाँठ पड़ जाए तो पति-पत्नी के बीच प्रेम अंकुरित होने लगता है–वह प्रेम कितनी ही आँधी क्यों न आए, अटूट रहता है। नारी का प्रेम भी अद्भुत और कल्पनातीत होता है। वह सिर्फ देना जानती है। बदले में कुछ लेना नहीं चाहती। उस प्रेम में दूसरा पक्ष नहीं होता। इसलिए लेन-देन का प्रश्न ही कहाँ उठता है? कभी-कभी प्रत्याशारहित इस प्रेम में आँसू, उसाँसें, व्यथा और वेदना ही मिलते हैं। यही है नारी का प्राप्य। कहते हैं, आँसू नारी को पावन बनाते हैं, नारी की उसाँसों में होती है अमृत भरी साँसें। अनुरक्ति और अनुराग ही नारी के आत्माराग हैं। पति दीन हों या रोगग्रस्त, वे होते हैं पत्नी के गुरु समान। गौतम तो सचमुच मेरे गुरु हैं। इसलिए उनके प्रति में अनुरक्त क्यों न होऊँ? जिस तरह शचीदेवी इन्द्र के प्रति और अरुन्धती वशिष्ठ के प्रति अनुरक्त थी तो क्या में गौतम के प्रति अनुरक्त नहीं हो सकती?

प्रथा कह रही थी कि नारी का पतिप्रेम चिरन्तन, ईश्वरीय और कामवर्जित होता है। यह प्रेम दैहिक नहीं, आत्मिक मिलन के लिए अभिप्रेत है। पत्नी होती है पति की कर्म-सहचरी, धर्म-सहचरी और पीर-सहचरी। पति-पत्नी दो भिन्न शरीरधारी अभिन्न आत्मा भी हैं। क्या ऐसा प्रेम सम्भव है? कामवर्जित प्रेम वर्जित उपवन क्या वसन्त-ॠतु में सम्भव है? निर्झारवर्जित पर्वत क्या वर्षा-काल में सम्भव है? यदि सम्भव है, तो दो शरीर के मिलन के लिए क्यों यह उदग्र आकांक्षा जगती है मन में? क्यों उर्ध्वगामी जलचक्र पुनः उतर आता है धूल-माटी की धरती पर! सम्भवतः गौतम आदर्श पुरुष हैं, मैं आदर्श नारी नहीं हूँ। इसलिए मेरे भीतर है यह विचलन, द्वन्द्व और अस्थिरता। प्रथा की सारी बातें उचित लगने पर भी सत्य नहीं लगतीं।

अपने जिस सुन्दर देहसम्भार के लिए कभी स्वयं को सौभाग्यशाली समझती थी, मन के अन्तराल में जिस रूप के लिए अब भी मुझमें आत्मगर्व है, वही रूप और देह आज न जाने कितनी यंत्रणाओं का कारण बनी है, यह बात मेरे सिवा और कौन समझेगा? कल रात गौतम ने मेरे देहसंभार को स्वीकार नहीं किया। इससे मेरे रूप के अहं को ठेस पहुँची थी। अपनी रूप के बारे में बचपन से सुनती आई प्रशस्तिवाणियाँ झूठी लगी थीं। अपनी रूप की दुर्निवार्य आकर्षण-शक्ति पर से मेरा विश्वास टूटता जा रहा था। किन्तु मैं पराजित नहीं होना चाहती। मैं विजयी होना चाहती हूँ। गौतम का संयम परखना चाहती हूँ। क्या गौतम सोचते हैं कि मैं स्वयं को उन्हें सौंप दूँगी?

कोई भी नारी स्वयं को अपने परम प्रेमी तक को अपनी ओर से नहीं सौंप देती–जो स्वयं को स्वतः सौंप देती है, वह पुरुष की दृष्टि में गिर जाती हैं। देह सौंपना भी नारी का स्वभाव नहीं है। अपनी ओर से सौंपने में सिमट जाने में फूल खिलकर झड़ भले ही जाए, भौंरे के पास दौड़कर नहीं जाता। भौंरा आता है फूल के आकर्षण से। अपनी आकर्षणशक्ति को मैं परखना चाहती हूँ–परखना चाहती हूँ गौतम की संयम शक्ति। अनेक महर्षियों की तपस्या भंग करने में रम्भा, मेनका, उर्वशी इत्यादि अप्सराएँ अतीत में सफल रही हैं। मैं उन स्वर्ग–निवासी अप्सराओं से सौ गुनी सुन्दर हूँ, ऐसा कहा गया है। क्या गौतम सम्पूर्ण जितेन्द्रिय हैं? मेरे अन्दर एक गुप्त आह्वान दृढ़ रूप धारण कर चुका था। एक रात ने मेरी उम्र काफी बढ़ा दी थी। सम्भवतः विवाह का एक आश्चर्यजनक प्रभाव होता है नारी के व्यक्तित्व पर। विवाह चंचल बालिका को भी परिपक्व, गम्भीर और विचारशील नारी में बदल देता है। आज मैं एक दायित्व–सम्पन्न, कर्त्तव्य सचेतन ऋषिपत्नी हूँ। अब मैं मदविह्वल अहल्या नहीं रही।

गौतम ने मुझसे पहले ही शय्या त्याग दी, जिस कारण मैं लज्जित और अनुतप्त हुई। रास्ते की थकान के कारण शय्या त्यागने में विलम्ब हो गया। यह कहकर मैंने गौतम से क्षमा माँग ली। गौतम मुझे क्षमा कर देने जैसी भाव मुद्रा में बैठे रहे। मैं उतने से ही कृतज्ञ हो गई गौतम के प्रति।

विवाह के बाद आज पहली बार गौतम और मैंने एक–मन, एक–प्राण से अग्न्याध्यान किया। वसन्त ऋतु की पूर्णमासी तिथि में हमने अग्न्याध्यान के समय गार्हपत्य एवं आह्वनीय अग्नि को शुभ संकल्प के साथ स्थापित किया। गौतम ने मुझसे श्रद्धापूर्वक कोमल स्वर में कहा, "देवि! हमारे दाम्पत्य जीवन के शुभलग्न में स्थापित इस गार्हपत्याग्नि को सदा प्रज्वलित रखना होगा। यही पति–पत्नी के बीच पवित्र साक्षी के रूप में विद्यमान रहेगी। इस अग्नि को विश्वास के साथ प्रज्वलित रखने का अर्थ है, पति–पत्नी के बीच के विश्वास को चिरभास्वर रखना। यही आदर्श दाम्पत्य जीवन का मूल है। इसी गार्हपत्याग्नि से प्रत्येक श्रौतयज्ञ में आह्वनीय अग्नि का प्रणयन करना होता है। इस अग्नि को चिरप्रज्वलित रखना जिस प्रकार पत्नी का कर्त्तव्य है, पति के प्रति विश्वस्त रहना भी उसका पवित्र तथा परम कर्त्तव्य है। पत्नी विश्वस्त रही तो पति के पथभ्रष्ट होने की सम्भावना नहीं रहती।"

मैं विश्वस्त रूप से पति की बातें सुनती रही और उनका पालन करने के लिए प्रतिज्ञाबद्ध होती रही।

अग्न्याध्यान हो जाने के बाद अग्निहोत्र होम सायंकाल से ही आरम्भ हो गया। अब से प्रतिदिन सायंकाल अग्निहोत्र करना होगा। प्रातःकाल और सायंकाल सूर्य तथा अग्नि हेतु दुग्धहोम करने के लिए आज से विशेष यत्न के साथ एक गाय पालना मेरा काम है। गौतम ने मुझे एक सुन्दर सुलक्षणा गाय उपहार में दी,

जिसका नाम निष्कामिनी था। मन-ही-मन सोचा, इस गाय के लिए कोई विश्वामित्र गौतम के साथ शत्रु का व्यवहार तो नहीं करेगा! ऋषियों का क्या भरोसा? इधर जितेन्द्रिय होने के लिए साधना और उधर काम, क्रोध, लोभ, मोह, अहंकार...दिखाने में पीछे नहीं हटते। हालाँकि गौतम क्रोधी हैं, किन्तु कामुक या लोभी नहीं।

गौतम की उपयुक्त पत्नी बनने के लिए होम एवं यज्ञ के लिए जो कुछ करना है, वह खूब शीघ्र सीख जाऊँगी, ऐसी प्रतिज्ञा भी की मैंने।

अग्न्याध्यान न होने के कारण पिछली रात गौतम मेरे पास नहीं आए, यह जानने के बाद मेरा मान दूर हो गया। गौतम वैदिक विधान तोड़कर रतिसुख में लीन हो गए होते तो शायद उनके प्रति मेरा सम्मान कम हो गया होता। आज वे मेरी दृष्टि में एक आदर्श पुरुष के रूप में विद्यमान हैं। उनकी पत्नी होने का गर्व है मुझे।

सायंकाल में अग्निहोत्र और दुग्धहोम इत्यादि सम्पन्न होने के बाद मैं फिर से गौतम को जीतने की कामना से आत्ममग्न हो गई।

उस दिन वसन्त की बोधूलि लेकर मैंने अपने सर्वांग में पोत ली। मलय की चंचलता को हृदय के प्रत्येक तन्तु में स्वर दे दिया। कोयल की सांध्य कूक की समस्त मधुरिमा को मैंने कंठस्वर के एक-एक छन्द में, मधुर रागिनी में बदल दिया। सांध्य कुसुम की उत्तेजक सुरभि से जूड़ा महका लिया। खुले गले में पहन ली झरते बकुल की माला। उस दिन गौतम को लुभाने के लिए मैंने क्या कुछ नहीं किया!

युगों से नारी की देह की सुगन्ध से पुरुषों का तपोभंग हुआ है। तपोभंग करके ऋषि के शाप को वरण कर लेना ही नारी का गौरव है। वही उसकी जीत है। यदि आज मैं गौतम का तपोभंग करके अभिशप्त हुई तो वही मेरे देह-सौन्दर्य की श्रेष्ठता साबित करेगा। यदि मेरे सौन्दर्य और यौवन ने गौतम का तपोभंग नहीं किया, तो फिर मेरे सौन्दर्य और नारीत्व का मूल्य ही क्या?

आज गौतम भी चित्त-चंचलता अनुभव कर रहे हैं। यह बात व्यक्त करने में आज उन्हें झिझक नहीं है। इसलिए आश्रम की मुनिकुमारियों और ऋषिपत्नियों को संकेत किया है, मुझे विश्वमोहिनी की तरह सजाकर हमारे लिए मधुचन्द्रिका बनाने के लिए।

आज गौतम ने इन्द्र को सोम अर्पित करके स्वयं भी सोमपान किया है। सोम के मोदमय प्रभाव से वे प्रफुल्लित हो उठते हैं रह-रहकर। चन्द्रिका के कोमल स्वर्णलोक में वे उतने वयस्क नहीं लग रहे। वे कामुक, मनोहर, इप्सित पुरुष लग रहे हैं।

इसका अर्थ यह हुआ कि मेरा दाम्पत्य व्यर्थ नहीं है। गौतम कठोर, संयमी होते हुए भी एक स्वाभाविक पुरुष हैं। अतः मेरा दाम्पत्य जीवन अस्वाभाविकता के शाप से ध्वस्त नहीं होगा, आज यह विश्वास मेरे मन में अंकुरित हुआ है।

तपोवन का वह एकान्त केलिकुंज किसके लिए बनाया गया था? मैं पहले कभी उस कुंज में नहीं गई। वह गौतम के कुटीर से जुड़े सुन्दर उपवन का एक मनोरम हिस्सा था। ब्रह्मचारियों का वहाँ जाना मना था। इसलिए मेरे लिए भी मना था। आज मैं गौतम-पत्नी हूँ। इस विशेष केलिकुंज में प्रवेश करने का अधिकार मुझे मिल चुका है। इतने दिनों से यह कुंज सम्भवत: मेरे लिए ही बनाते रहे हैं एकाग्रचित्त हो मेरे आदर्श पति गौतम। इसी केलिकुंज में हमारी मधुचन्द्रिका सम्पन्न होगी। एक पवित्र शाखा नदी। घाट नहीं था—बिना घाट के। घाट न हो तो भी संगीत की कल-कल ध्वनि का अभाव नहीं होता नदी जल में। ऋषि आश्रम होने पर भी मालतीकुंज को केलिकुंज बनाने में कोई रोक-टोक नहीं थी। इससे किसी वैदिक विधान का उल्लंघन नहीं होता। पितृऋण चुकाने के लिए पति-पत्नी का मिलन अवश्यम्भावी है।

गौतम आगे-आगे बढ़ते चले जा रहे हैं मालतीकुंज की ओर। उनके पीछे-पीछे मैं। मेरे पैरों में मधुर कम्पन है। आज गौतम आचार्य की तरह गम्भीर नहीं लग रहे थे—किसी प्रेमी की तरह मदविह्वल लग रहे थे।

उन्होंने मुझे लताकुंज में बिठाया। गहरी मधुर दृष्टि से मेरे सर्वांग का अवलोकन किया। धीरे-धीरे वे मेरे निकट आने लगे। मुझे लगा कि मैं लाज से मूर्च्छित हो जाऊँगी। जिन्हें गुरु माना था, उन्हें प्रेमी मानकर कैसे समर्पित कर दूँ अपनी समग्रता?

मुझे पूरी तरह उत्तेजित करके गौतम सहसा योगमग्न हो गए। योगमुद्रा में भी मेरी ओर खुली आँखों से निहार रहे थे। धीरे-धीरे बोले, "सुभ्रू! सुनयना-सुकेशी अहल्या! तुम मधुसेवी बनो, पुष्प की मधुरिमा, स्निग्धता, सुगन्ध, सौम्यता, सुन्दरता, प्रसन्नता और सतेज कोमलता तुम्हारे स्वभाव और आचरण में घुल-मिल जाए, जैसे पानी में मिल जाता है दूध, जैसे मरुत में समा जाता है मलय-आम्रवन की मंजरियों की सुगन्ध, जैसे गोधूलि में समा जाती हैं साँझ की होमशिखाएँ, जैसे दृष्टि में समा जाती है दृष्टि और हृदय में हृदय। अहल्या! तुम्हारी दृष्टि बने मधुदृष्टि, तुम्हारी वाणी बने मधुवाणी, तुम बनो मधु के समान सारग्राही, सुमिष्ट, सुगन्धित और मधुमती। मधुरता न केवल तुम्हारे रूप का विशेषण बने—तुम्हारा स्वभाव भी बन जाए।"

प्रारम्भ में गौतम की मधुवाणी प्रशंसा की तरह अत्यन्त मधुर लगा करती थी। रोमांच जाग उठता था तन-मन में। किन्तु धीरे-धीरे उनकी मधुवाणी गुरुकुल आश्रम की नीतिवाणी-सी लगने लगी—गौतम याज्ञिक की तरह लक्ष्यबद्ध और योगनिष्ठ लगने लगे। पर वे बार-बार कहा करते, "आओ-आओ अहल्या, मेरा स्पर्श करो, मुझे उन्मत्त करो, मेरा आलिंगन करो, मुझे योगभ्रष्ट करो..."

गौतम की वाणी, आचरण और हाव-भाव में इतना विरोधाभास दिखाई देता कि बीच-बीच में मैं विचलित हो उठती। लज्जा त्यागकर मैंने गौतम को

अपनी बाँहों में भर लिया और उन्हें योगभ्रष्ट करने के लिए उत्तेजित हो उठी। गौतम हेमवन्त पर्वत की तरह अचल, अटल एवं चिर तुषाराछन्न शृंग की तरह हिमशीतल बन गए।

मैं अपनी आकर्षण शक्ति को लेकर दृढ़-निश्चिन्त थी। मैं जानती थी कि 'ध्यान' के आकर्षण से मेरे यौवन का आकर्षण कई गुना अधिक है। जानती थी कि पृथ्वी पर ऐसा कोई पुरुष नहीं है, जो मेरे आकर्षण को अनदेखा कर सके। भले ही यह मेरा रूपगर्व हो, पर अपने इस रूपगर्व के लिए मैं स्वयं उत्तरदायी नहीं थी। आज गौतम की योगनिष्ठा मेरे उसी अनादिकाल के अहंकार पर कुठाराघात करती जा रही थी। यदि आज भी गौतम ने योग में बैठना तय किया था तो मुझे उत्तेजित करने का यह खिलवाड़ क्यों किया? क्या वे मेरे समक्ष अपना पौरुष इस तरह प्रमाणित करना चाहते हैं? क्या यह भी मिथ्याचरण नहीं है? क्या यह मुझसे प्रताड़ना नहीं है? गौतम के इस छलपूर्ण आचरण ने मेरे नारीत्व को अपमानित किया था। क्या गौतम मेरी संयमशक्ति की परीक्षा ले रहे थे या अपनी आत्मशक्ति की पराकाष्ठा प्रमाणित करने के लिए उन्होंने मुझे कसौटी मान ली है?

गौतम के साथ मेरा पाँच वर्षों का घनिष्ठ गुरु-छात्रा सम्बन्ध रहा है। मेरी संयमशक्ति और अपनी आत्मशक्ति परखने के लिए क्या वे स्वयं काफी नहीं हैं? यदि आज मैं पत्नी के रूप में गौतम से संकेत द्वारा रतिभिक्षा करूँ तो क्या वह मेरे चित्तविकार का परिचय होगा? किन्तु यह बात सच है कि भले ही मैं सचमुच की पत्थर बन जाऊँ, पति से रति की भीख नहीं माँगूँगी। पति भी एक पुरुष ही तो है। क्या नारी कभी पुरुष से रति की भीख माँग सकती है? भले ही वह पुरुष उसका पति ही क्यों न हो। बने रहें गौतम निर्विकार पुरुष। किन्तु पत्नी को सजा-सँवारकर, पूर्वराग की वर्णछटा से उसके देह-मन में रंग बिखेरकर योगाविष्ट हो जाना भला कैसा पौरुष है?

मैं रात भर अन्तर्दाह से जलती रही और गौतम कठिन योगसाधना में लीन रहे। मैं समिध की तरह धधकती रही सारी रात-गौतम याज्ञिक की तरह पुण्य की पूर्णाहुति डालते चले जा रहे थे। इसी तरह बीतती चली जाती मेरी रात्रि प्रति रात्रि।

मैंने सोचा, सम्भवत: यह गौतम का कोई व्रत हो। इसलिए मुझे पाकर भी प्राप्त नहीं कर पा रहे हैं। किन्तु एकाध दिन नहीं–रात-रात भर जब वे मुझे अपने सामने बिठाकर योगाविष्ट होने लगे, मैं समझ गई कि गौतम ने अपनी साधना की सिद्धि के लिए मुझे निमित्त बना रखा है।

प्रतिदिन सुबह जब प्रथा मेरे आहत नारीत्व को ध्यान से देखती, तब वह भी गौतम के आचरण से दुखी हो उठती। पिछले छह महीने से पति-पत्नी के रूप में हम आश्रम का सारा कर्मकांड कर रहे थे, पर अभी तक मैं कुँआरी थी–पति के संग-सुख की अनुभूति अभी तक नहीं हुई थी। प्रथा ने हर रात मुझे बढ़-चढ़कर

सजाया था–गौतम के संयम का बाँध तोड़ने के लिए उसने पूर्वराग के समस्त कला-कौशल मुझे सिखाए थे किन्तु सब व्यर्थ चले गए गौतम के आगे। गौतम दिनों-दिन मेरी आकर्षण-शक्ति से ऊपर उठते चले जा रहे हैं। तो क्या पिताजी के अनुरोध को ठुकरा न पाकर गौतम ने मुझसे नाममात्र के लिए विवाह किया है? क्या फिर कोई दूसरी नारी है उनके जीवन में? कौन है वह नारी, जो अहल्या की आकर्षण-शक्ति को छिन्न करके गौतम को अहल्या के सामने हिमशीतल बना देती है? ऐसे अनेक प्रश्न उठा करते थे मेरे मन में–प्रथा के मन में। कामज्वाला से मैं जितना पीड़ित नहीं थी, पीड़ित थी अस्वीकार किए जाने के अपमान से। कामसुख क्या है, मैं नहीं जानती थी। इसलिए उसकी ज्वाला उतनी तीव्र नहीं थी मेरे अन्दर। पराजय की ग्लानि ही मुझे क्षुब्ध करती रहती हर रात।

मेरी प्रतिक्रिया जानने के बाद एक दिन प्रथा ने सीधे-सीधे पूछ ही लिया गौतम से। पूछने का अधिकार है प्रथा को। वह जिससे चाहे, जब चाहे जवाब माँग सकती है। उस दिन गौतम को मालतीकुंज की ओर जाते देख प्रथा ने उन्हें रोका। दृढ़स्वर में बोली, "महर्षि गौतम! अहल्या का अपराध क्या है? आप उसे स्वीकार क्यों नहीं कर रहे? यदि आप उसे पत्नी के रूप में पसन्द नहीं करते हैं, तो फिर आपने विवाह का स्वांग क्यों किया? आपका उद्‌देश्य क्या है?"

"बन्धनमुक्ति।" गौतम ने उत्तर दिया।

"कैसा बन्धन? किससे मुक्ति?" प्रथा ने जिरह की।

"अहल्या का आकर्षण ही सबसे बड़ा बन्धन है। उससे मुक्ति ही मेरी श्रेष्ठ साधना है।"

आश्चर्यचकित प्रथा ने रुष्ट होते हुए प्रश्न किया, "क्या आप अहल्या से मुक्ति चाहते हैं? तो फिर स्वांग रचाकर उसके जीवन को आपने तापदग्ध क्यों किया? आप उसे मुक्त करने के बाद उसके जीवन में भला और क्या सम्भावनाएँ रह जाएँगी?"

गौतम ने अविचलित स्वर में कहा, "अहल्या को मुक्ति देनेवाला मैं कौन होता हूँ? मैं तो अपनी ही मुक्ति का द्वार ढूँढ़ रहा हूँ। अहल्या मेरे 'ब्रह्मर्षि' बनने के लक्ष्य-पथ पर प्राचीर-सी खड़ी है। अहल्या का आकर्षण अतिक्रम न किया तो मैं महर्षि से देवर्षि भी नहीं बन पाऊँगा। ब्रह्मर्षि बनना तो दूर की बात है।"

प्रथा क्षुब्ध हुई गौतम की स्पष्टोक्ति से। उसने कहा, "अहल्या का आकर्षण दुर्निवार्य, अलंघ्य, अनतिक्रमणीय है, यह अच्छी तरह जानते हुए भी अहल्या से विवाह करने के पीछे आपका क्या उद्‌देश्य था–क्या अहल्या को कष्ट देने के लिए?"

"जानता हूँ कि अहल्या का आकर्षण दुर्निवार्य है, तभी तो मैंने उससे विवाह किया है। अग्नि से दूर रहकर यदि कोई कहे कि वह दहनीय नहीं है तो समझ

लेना चाहिए कि वह दहनीय है। अग्नि के बीच रहकर अदहनीय बने रहना ही तो वास्तविक परीक्षा है। अहल्या किसी भी पुरुष के लिए केवल अग्नि नहीं है–बड़वाग्नि है। अत: अहल्या-रूपी बड़वाग्नि के वलय में रहकर मैं कामरूपी शत्रु का दमन करना चाहता हूँ अहल्या मेरी परीक्षा है। उस परीक्षा में उत्तीर्ण होने के बाद ही मेरी साधना की सिद्धि सम्भव है। मेरे ब्रह्मर्षि होने के लक्ष्यपथ पर अहल्या-रूपी अवरुद्धक स्थापित करके गुरुदेव ब्रह्मा मेरी परीक्षा लेना चाहते हैं। मैं अहल्या के पतित्त्व से मुक्ति नहीं चाहता–मैं कामेच्छा से मुक्ति चाहता हूँ।''

प्रथा गौतम की बातों से सन्तुष्ट नहीं हुई। तर्क करने के लिए आज उसने कमर कस ली थी। उसने तर्क रखा, ''तब तो यह आपका स्वार्थ हुआ, महर्षि! अहल्या को अपनी सिद्धि का सोपान बनाना अन्याय है। उसे पत्नी का समस्त अधिकार देना आपका कर्तव्य है। वैदिक चिन्तन के अनुसार जीवन के लिए धर्म, अर्थ, काम और मोक्ष ये–चार लक्ष्य निर्धारित किए गए हैं। काम अर्थात भोग-वासना की एक महत्त्वपूर्ण भूमिका है जीवन में। क्या आप कह सकते हैं कि वात्स्यायन के कामशास्त्र का विस्तृत वर्णन शास्त्रीय नहीं है? कामतृप्ति के बिना आप पितृऋण कैसे चुकाएँगे? आप जैसे त्यागी के लिए 'काम' का महत्त्व भले ही न हो, किन्तु अहल्या जैसी एक सामान्य नारी के लिए तो काम का महत्त्व मोक्ष से भी ऊपर है। कामभोग के माध्यम से आत्मिक शान्ति प्राप्त करके ही वह त्याग का महत्त्व समझ पाएगी। तभी जाकर वह मोक्ष की ओर अग्रसर हो सकेगी। न केवल कामभोग के लिए, बल्कि मातृत्व प्राप्ति के लिए भी अहल्या का मन एक दिन अधीर हो उठेगा। यदि आपने उसे मातृत्व के अधिकार से वंचित रखा तो पति के रूप में अपने पवित्र कर्त्तव्य में त्रुटि करेंगे। यह त्रुटि क्षम्य नहीं होगी। अहल्या एक सामान्य नारी है, अनन्त यौवन प्राप्त, अमलिन। आपके इस शीतल पतित्त्व के कारण उसका क्षण भर के लिए सही किसी अन्य पुरुष की ओर झुकाव होना अस्वाभाविक नहीं। रक्त-मांस की नारी के लिए ऐसा कठोर इन्द्रिय संयम क्या वास्तव में सम्भव है?''

प्रथा तो बड़ी दुस्साहसी निकली। गौतम जैसे नीतिवागीश महर्षि के मुँह पर काम के पक्ष में तर्क देना, और जोर देकर यह कहना कि उनकी पत्नी का किसी अन्य पुरुष की ओर झुकाव हो जाना अस्वाभाविक नहीं है, सबके वश की बात नहीं है। प्रथा को छोड़कर कोई और गौतम को ऐसा अप्रिय सत्य नहीं कह सकता था।

पास खड़ी मैं भी सब कुछ चुपचाप सुन रही थी। प्रथा के उस तर्क से गौतम कैसा भयंकर रूप धारण करेंगे, यह सोचकर मेरी अन्तरात्मा काँप उठी। लगा कि गौतम उसे शाप देंगे। किन्तु गौतम तिलमात्र विचलित नहीं हुए। ऐसे प्रश्न शायद उनके भीतर पहले भी उठे होंगे। इसलिए उत्तर देने में उन्होंने देर नहीं लगाई। शान्त

भाव से बोले, "तुम्हारा तर्क अकाट्य है प्रथा। मैं अहल्या को मातृत्व के अधिकार से वंचित नहीं रखूँगा। पुरुष होने के कारण प्रजासृष्टि करके पितृऋण चुकाना मेरा भी लक्ष्य है। किन्तु उससे पहले मैं अपनी और अहल्या की संयमशक्ति दृढ़ करना चाहता हूँ। इससे मैं भी तिल-तिल दग्ध हो रहा हूँ। यदि इसके कारण अहल्या का झुकाव किसी अन्य पुरुष की ओर होता है, तो वह जीवन में पथभ्रष्ट हो जाएगी। अहल्या स्वयं ही अपनी परीक्षा है। उसके अनन्य सौन्दर्य का आकर्षण तीव्र है। कौन-सा पुरुष उसकी ओर आकर्षित नहीं होगा! किन्तु यदि वह सुदर्शन पुरुषों की वासना-जर्जर दृष्टि से ऊपर न उठ सकी तो वह स्वयं अपने जीवन-यज्ञ में बाधक होगी। इसलिए उसे भी कठोर संयम का आचरण करना होगा। प्रजासृष्टि की सही घड़ी आने पर मैं अहल्या को 'काम' की उपलब्धि देने के साथ-साथ सन्तान भी प्रदान करूँगा। तुम निश्चिन्त रहो और हमारे बीच बाधा उत्पन्न न करो।" इतना कहकर गौतम लताकुंज तले उसी निर्दिष्ट स्थान पर जा पहुँचे।

लेकिन न जाने क्यों मैं प्रतिदिन की तरह गौतम के पीछे-पीछे नहीं गई। आज मेरे अन्दर चंचलता नहीं थी। मेरे रक्त में उष्मा और स्नायु में उत्तेजना नहीं थी। मैं समझ चुकी थी कि गौतम के तपोभंग नाटक में मुझे मेनका की भूमिका निभानी होगी। आज मैं वही करूँगी। अभिनय से ही हमारा दाम्पत्य जीवन प्रारम्भ हो।

कब आएगी वह माहेन्द्र घड़ी! किस शुभ लग्न में गौतम के रक्त में, स्नायु में प्राण में, देह में, प्रजासृष्टि के उद्देश्य से उष्म उत्तेजना प्रवाहित होगी और वे मुझे प्रदान करेंगे एक उपलब्धि—जीवन की एक सूक्ष्मतम कोमल मधुर उपलब्धि—जिसकी पुण्य फलश्रुति होगी नारी जीवन की पूर्णता की प्रतिश्रुति—सन्तान, अमृत-सन्तान!

क्या घड़ी, नक्षत्र, लग्न निर्धारित करके मन में आवेग का ज्वार उठता है? यदि उठता है, तो क्या पति के निर्देश से उनकी कामना के साथ पत्नी की कामना नीर-क्षीर की तरह मिल जाती है? निर्देश देकर सूखी लकड़ी से इच्छानुसार पलंग या लकड़ी के उपकरण भले ही बनाए जा सकते हैं, पर क्या निर्देश देकर वृक्ष की हरी-भरी डाल पर फूल खिलाए जा सकते हैं? कोपलें उगाई जा सकती हैं? मैं कोई सूखी, निर्जीव लकड़ी नहीं हूँ जो गौतम की प्रजासृष्टि के साथ शामिल हो जाऊँगी। मैं एक जीती-जागती इनसान हूँ। किसी के निर्देश से मेरे मन में, प्राण में, रक्तकणों में, देहकोष में उत्तेजना के फूल खिलना सम्भव नहीं। राग, अनुराग, पूर्वराग, सुहाग और प्रेम के अमृत स्पर्श से ही नारी के मन में फूल खिलते हैं, देह में भर जाती है पुष्परेणु, आत्मा में घुल जाती है सुगन्ध।

गौतम भले ही ज्ञानी हों, किन्तु आत्मकेन्द्रित है उनकी विचारधारा। जब भी उनकी भोग की इच्छा होगी, वे अहल्या को बाँहों में भर लेंगे। जब भी यज्ञ

की इच्छा होगी अहल्या को 'हवि' बना लेंगे! गौतम के प्रत्येक तर्क और आचरण के विरुद्ध मेरे अवचेतन में अनजाने ही एक संकल्प धीरे-धीरे दृढ़ होता जा रहा था, यह बात मैं नहीं जानती थी। किन्तु गौतम से उम्र में बहुत छोटी होने के कारण एवं गौतम की प्रतिष्ठा की वजह से और फिर गुरु के रूप में उनके प्रति अति सम्मान, श्रद्धा और संकोच के कारण मैं मुँह खोलकर विरोध नहीं कर पाती थी। लेकिन मैंने यह तय कर लिया था कि गौतम की इच्छाएँ कितनी ही महान क्यों न हों, मैं उनकी इच्छाओं का खिलौना नहीं बनूँगी। मेरी भी एक अलग सत्ता है, यह बात समय आने पर बता दूँगी उन्हें। यह भी बता दूँगी कि नारी भी जितेन्द्रिय बन सकती है।

राज्य जीतने से अधिक कठिन है इन्द्रियों को जीत पाना। राज्य जीतने में सारे राज्य की सेना, अस्त्र-शस्त्र, राज्य की जनता राजा की सहायता करती है; किन्तु अपनी इन्द्रियों पर मनुष्य को अकेले ही विजय प्राप्त करना पड़ता है। इन्द्रियों को जीतने में केवल आत्मशक्ति ही सहायक होती है। इसलिए इन्द्रियों पर विजय पाने के लिए गौतम आत्मशक्ति को अन्तर्मुखी करके कठिन साधना कर रहे थे। मैंने भी पति की अनुगामिनी होने की चेष्टा की। इन्द्रिय संयम मेरे लिए कष्टकारी होने पर भी मनुष्य के लिए कोई काम असाध्य नहीं होता, यह सोचकर मैंने स्वयं को समझाया।

पति की अनुगामिनी होना पत्नी का धर्म है। अतः यदि पति ब्रह्मर्षि बनने के लिए साधनारत हैं, तो मैंने भी ब्रह्मवादिनी बनने का निश्चय कर लिया था। पति की साधना में मैं निमित्त हूँ किन्तु मेरी साधना का निमित्त कौन है? मेरी इन्द्रियों को उत्तेजित करने के निमित्त गौतम नहीं होंगे। इन्द्रियों को उत्तेजित करके पुनः नियंत्रित करने से यदि इन्द्रिय-संयम का मार्ग सुगम होता है, तब तो मेरी इस साधना की सिद्धि सम्भवतः दिवास्वप्न बनकर रह जाएगी। क्या नस-नस में उत्तेजना भरे बिना इन्द्रिय-संयम करना सम्भव है? क्या शान्ति कायम करवाने के लिए किसी युद्धक्षेत्र की आवश्यकता है? क्या अहिंसा की जाग्रत मूर्ति बनने के लिए तुम्हारे चारों ओर तांडव लीला मचना आवश्यक है? क्या करुणा की साक्षातमूर्ति बनने के लिए आरती की हाहाकार से विदीर्ण होना सही है? क्या प्रेम निवेदन को ठुकराने से ही पातिव्रत्य एवं सतीत्व की पराकाष्ठा समझ में आएगी? क्या साधना की सिद्धि के लिए कोई प्रतिबन्ध अपरिहार्य है?

यदि यह सच है, तो मनुष्य का अपना मन ही एक युद्धक्षेत्र है, जहाँ हर क्षण शत्रुपक्ष के लिए अस्त्रों की खनक सुनाई देती है—मनुष्य की भावनाओं में

लगातार निर्दयी हिंसा सिर उठाए रहती है—न जाने किस-किस का खून बहाता रहता है मनुष्य का खूँखार मन! मनुष्य के मन में अपनी निरर्थिकता और अप्राप्ति के लिए अनवरत हाहाकार मचा रहता है। आत्मरति में लीन मनुष्य का कामुक मन हर क्षण निषिद्ध-द्वार पर दस्तक देकर उष्म उत्तेजना की अनुभूति करता है। उसके अन्दर एक दूसरा पक्ष सदा जाग्रत रहता है उसे विपथगामी करने के लिए। इसलिए आत्मशुद्धि और इन्द्रिय संयम के लिए किसी दूसरे पक्ष की आवश्यकता नहीं है। हालाँकि अपने अन्दर का दूसरा पक्ष किसी और को दिखाई नहीं देता, परन्तु किसी और से सिद्धि का प्रमाण-पत्र लेना हो तो दिखाई देनेवाला दूसरा पक्ष होना चाहिए—होना चाहिए सबको दिखाई देनेवाला अवरुद्धक-बाधक। तब जाकर तुम्हारा दम्भ दूसरे देख सकेंगे।

गौतम की जितेन्द्रियता और साधना की पराकाष्ठा ब्रह्मा सहित अनेक देवतागण सतर्कतापूर्वक देख रहे हैं। ये ही लोग गौतम को ब्रह्मर्षि घोषित करेंगे। अत: गौतम के लिए 'अहल्या' जैसी आकर्षक और चित्त-उत्तेजक कोई बाहरी अवरुद्धक चाहिए। किन्तु मेरा ब्रह्मवादिनी बनना किसी दूसरे की घोषणा पर निर्भर नहीं करता। मैं स्वयं ही स्वयं को नियंत्रित करना चाहती हूँ। इसलिए मैंने आन्तरिक शत्रुओं का दमन करके अपने भीतर शान्ति बनाए रखने का निश्चय किया है। नहीं जानती कि इसके लिए कैसी-कैसी बाधाएँ मेरी प्रतीक्षा कर रही हैं।

अधिक दिनों तक प्रतीक्षा नहीं करनी पड़ी। मेरे तपस्वी पति गौतम ही मेरे साधना पथ पर बाधक बनकर खड़े हो गए। मेरी ब्रह्म साधना से उन्हें खुशी नहीं हुई।

हर साँझ नदी के पवित्र जल में स्नान करके अग्निहोत्र समाप्त करते ही गौतम के निर्देश से मुझे नख से शिख तक श्रृंगार करना होता था। आश्रम जीवन में श्रृंगार करने की मनाही होने पर भी यदि पति चाहे तो वह श्रृंगार पत्नी के लिए मना नहीं होता। वह हो जाता है परम कर्त्तव्य। इसलिए पति के निर्देश पर मैं तरह-तरह के सुगन्धित अंगराग शरीर पर लगाया करती थी। कानों में खोंसा करती थी सुगन्धित कलियाँ। सुलझे-सँवरे बालों से कभी सुप्त नागिन की तरह कुंडली की आकृति जैसा जूड़ा बनाती तो कभी काली घटाओं की तरह बिखेर लेती पीठ पर। छाती पर विभिन्न रंगों के सुरभित कुसुमों की माला पहनती अनुराग की रंग-बिरंगी छटाओं-सी।

नारी के श्रृंगार से पुरुष के उत्तेजित होने की बात कौन नहीं जानता। किन्तु आत्म-श्रृंगार पुरुष के स्पर्श बिना भी नारी की नस-नस में उत्तेजना भर देता है...उसकी रग-रग में पैदा कर देता है उदग्र कामना।

हर शाम सज-सँवरकर पति को उत्तेजित करते समय मैं स्वयं अपने रूप से मुग्ध हो जाती और आत्मसुख में लीन हो बैठी रहती। मुझे उत्तेजित किया है,

सोचकर पति आनन्दित होते, इसमें सन्देह नहीं। वे स्वयं भी अपनी स्नायु में उत्तेजना, रक्त में उष्मप्रवाह की तीव्रता महसूस करते। जब उनकी उत्तेजना काम-वासना में परिणत हो जाती, तब वे क्रमशः तपोस्निग्ध हो जाते। उनकी अधखुली दृष्टि मुझपर स्थिर रहकर अर्धचेतन स्थिति में पहुँच जाती। वे गुरुकुल आश्रम के आचार्य की तरह गम्भीर स्वर में मुझे उपदेश देना शुरू कर देते, "हे प्रिये! तुम्हारा तन सुन्दर और आकर्षक है। तुम्हारा यौवन पूर्णकलश-सा सरस और ग्रहणीय है। किन्तु तुम भोगमयी मत बनो और मुझे भोगमय जीवन की ओर मत खींच ले जाओ। भोग अनन्त दुखों का कारण है। भोग से आत्मतेज मलिन पड़ जाता है। इसलिए भोग को यज्ञ में परिणत करके मुझे देहेश्चर्य दान न करके आत्मैश्चर्य प्रदान करो। तुम अन्तर्मुखी न बनकर मेरी ऊर्ध्वगति में सहायक बनो...।"

फिर वे धीरे-धीरे स्वयं कहते, "हे लोभमयी हीन तृष्णे, तुम मुझे चंचल और विचलित मत करो। अपने लुभवने आवेग से मुझे वश में मत करो। बल्कि तुम मेरे वशीभूत हो जाओ...तुम्हारा मोहिनी आमंत्रण मुझे विचलित नहीं कर रहा है। अतः अपने हीन आमंत्रण से तुम मुझे मुक्त करो...।"

मुझे कामदग्ध करके स्वयं तपोस्निग्ध हो जाने को उन्होंने अपनी जीत मान ली है, अब यह समझना मेरे लिए बाकी नहीं था। उनकी तपोस्निग्ध मूर्ति देख मैं भी क्रमशः ध्यानमुद्रा में रहकर चित्तस्निग्धा होने का अहसास करती। मेरे अन्दर की कामना और वासना समा जाती विरोध की प्रतिज्ञा में। मैं ब्रह्मसाधना में लीन हो जाती। उसमें मुझे विशेष कष्ट नहीं होता, क्योंकि मुझे लगता है, मैं पुनः गौतम आश्रम के ब्रह्मचर्याश्रम में लौट आई हूँ। अपने अन्दर की कामतृष्णा को धिक्कारने से पहले ही वह गौतम के कपटाचार से दूर हो चुकी होती है। गौतम का आचरण उनके स्वयं के लिए कपट के सिवा और क्या हो सकता है? यदि पति दीक्षागुरु जैसा आचरण करते हों...वह भी पत्नी को खूब सुन्दर सजवाकर उत्तेजित करने के बाद, तो ऐसे पति को क्या कहा जाएगा?

मैं जानती हूँ कि मेरा यह सुन्दर शरीर क्षणभंगुर है। इसका कोई भी अंश मेरा नहीं है। पंचभूत पृथ्वी, जल, वायु, अग्नि और आकाश प्रतिक्षण परिवर्तनशील होने की तरह मेरा यह शरीर भी परिवर्तनशील है—मेरा यौवन क्षणस्थायी है, मैं हर क्षण जरा, व्याधि, कुरूपता और मृत्यु की ओर बढ़ती चली जा रही हूँ। तो क्या इस देह के प्रति मनुष्य का आकर्षण और श्रद्धा सत्य के अधीन नहीं है?

अपने पति को गुरु मानकर मैं भी उनके सामने ध्यान लगाए बैठी रहती उनका ध्यान टूटने तक। पतिदेव योगनिद्रा से जगकर आँखें खोलते ही मुझे ध्यानमुद्रा में निश्चल मूर्तिवत बैठे देख खुशी होने के बदले दुखी हो उठते। कहीं मेरी अध्यात्म साधना उनसे आगे न निकल जाए, इसका भय था उन्हें? नहीं, मैं उनकी तपस्या भंग करनेवाली मेनका न बनकर सात्त्विक सोमरस में

डूबकर पाप विध्वंसकारी दिव्यनारी बन गई तो उनकी ब्रह्मर्षि बनने की साधना बाधित हो जाएगी, इसी बात को लेकर वे विचलित हैं। आखिरकार वे अपने आचरण से यह संकेत दे देते कि मैं पग-पग पर उनके निर्देशों का उल्लंघन करती जा रही हूँ।

दाम्पत्य जीवन गुलाब की शय्या नहीं—काँटों भरा दुर्गम पथ है। गृहस्थ-धर्म निभाने में पति-पत्नी एक-मन, एक-प्राण न हुए तो वह पथ पार कर पाना दुष्कर है। क्या गृहस्थ-धर्म निभाने में गौतम और मैं एक-मन, एक-प्राण हो पाए हैं? हमें एक-दूसरे को समझने-समझाने का अवसर ही कब मिला? गौतम के साथ अन्तरंग हो बातचीत करने का अवसर ही नहीं मिला मुझे। जब-जब हमें आपस में बातचीत करने का अवसर मिला है, तब-तब आपस में तर्क ही हुए हैं। गौतम तर्क करने में दक्ष हैं, इसलिए मैं किसी भी विषय पर उनसे तर्क करती तो उन्हें अच्छा लगता। क्योंकि तर्क में हमेशा वे ही जीतते। हममें जब भी तर्क होता, सबके सामने होता क्योंकि गौतम का मानना है कि तर्क से भी सीख मिलती है।

उस दिन गुरुकुल के एक श्रेणी-कक्ष में ही हमारे बीच तर्क छिड़ गया। विषय था—देहात्मवाद। उस तर्क में अन्य लोगों ने भी हिस्सा लिया था। अन्त में गौतम ने तर्क द्वारा यह सिद्ध कर दिया कि शरीर तुच्छ है...आत्मा सत्य है...आत्मा शरीर से ऊपर है। विवाह शरीर का बन्धन नहीं, आत्मा का बन्धन है। दो आत्माओं को एक होने के लिए शरीर का मिलन अपरिहार्य नहीं। इस बीच माधुर्य गुरुआश्रम में वापस लौटकर आचार्य पद पर आसीन हो चुके थे। शरीर के पक्ष में उनके द्वारा कई तर्क रखने पर भी अन्ततः गौतम से मात खानी पड़ी थी। लेकिन मेरा मन गौतम के तर्कों को पूरी तरह स्वीकार नहीं कर पा रहा था। मैं उनसे कुछ अन्तरंग प्रश्न पूछना चाहती थी लेकिन सबके सामने संकोच हो रहा था। मैंने एकान्त में गौतम से प्रश्न किया, "यदि शारीरिक सौन्दर्य का कोई मूल्य नहीं, तो फिर सुन्दर नारियाँ केवल दैहिक सौन्दर्य के बल पर तपस्वियों की तपस्या कैसे भंग कर देती हैं? किसी कुरूप नारी द्वारा तपस्वी की तपस्या भंग करने का उदाहरण क्यों नहीं है?"

मेरे प्रश्न का उत्तर न देकर गौतम ने उल्टे मुझसे ही प्रश्न कर दिया, "यदि शारीरिक सौन्दर्य ही सब कुछ है तो मनुष्य साँप को गले का हार क्यों नहीं बनाता? बाघ को, सिंह को बाँहों में क्यों नहीं भरता? वे भी तो सुन्दर दिखते हैं—अति सुन्दर। बोलो अहल्या, मेरे प्रश्न का उत्तर दो?"

"क्योंकि उनके गुण, कर्म और स्वभाव में हिंस्रता है, डरावनापन है। उनकी आत्मा उनके शरीर की तरह सुन्दर नहीं है।" मैंने उत्तर दिया।

"सही है—अब तुम समझ गई हो कि सुन्दर शरीर सर्वदा सुन्दर आत्मा का आधार नहीं होता। आत्मा की सुन्दरता ही श्रेष्ठ है।"

''तो क्या यह मान लें कि असुन्दर शरीर सुन्दर आत्मा का आधार है, तो फिर महर्षियों, देवताओं, राजाओं द्वारा कुरूप नारियों से विवाह करने के उदाहरण क्यों नहीं हैं? अप्सराएँ शरीर से सुन्दर न होतीं तो क्या स्वर्ग में मनोरंजन करनेवाली बन सकती थीं?'' मैंने एक तीखा प्रश्न किया।

गौतम ने द्वन्द्वरहित स्वर में कहा, ''राजा विलासी और भोगवादी होते हैं। इसलिए वे दैहिक सौन्दर्य को महत्त्व देते हैं। देवता समस्त श्रेष्ठ वस्तुओं को प्राप्त करने के योग्य होते हैं, इसलिए वे सुन्दर नारियाँ प्राप्त करते हैं।''

मैंने गौतम के मुँह से बात छीनते हुए पूछा, ''तो क्या शारीरिक सौन्दर्य के आधार पर नारी की गणना श्रेष्ठ या निकृष्ट के रूप में होती है, तब तो कुरूप नारियाँ निकृष्ट हैं और इसी कारण वे देवभोग्या नहीं हो सकतीं?''

''मनुष्य से हवि के रूप में श्रेष्ठ द्रव्य प्राप्त करके देवगण ऐसी स्थिति में पहुँच चुके हैं कि कुरूप नारी की आत्मा का सौन्दर्य समझने का धैर्य ही नहीं बचा उनमें। बिना परिश्रम के यदि दुर्लभ चीजें प्राप्त हो जाएँ तो धैर्य और साधना का प्रयोजन ही क्या रहा?''

मैंने गौतम को पुनः प्रश्नबाण से जर्जरित किया, ''तो फिर महर्षिगण कुरूप नारियों से विवाह करके उनकी आत्मा के ऐश्वर्य से आत्मोन्नति प्राप्त न करके सुन्दर नारियों से विवाह क्यों करते हैं? आपने मुझसे विवाह क्यों किया?''

''क्या तुम जानती हो कि ऋषिगण सुन्दर नारियों से विवाह क्यों करते हैं? सौन्दर्य में एक सहज आकर्षण होता है। नारी के तन की शोभा पुरुष-मन में कामवासना जगाती है। काम से मोक्ष पाने के लिए तीव्र कामवासना को लगातार अनुभव करके दृढ़चित्त से उसका दमन करना होगा। भोग्यवस्तु का अधिकारी होते हुए भी भोग से दूर रहना ही संन्यासी होने का प्रमाण है। इसी कारण मैं अहल्या का पति हूँ। यही कारण है कि महर्षिगण रूपवती नारियाँ स्वीकार करते हैं।''

''गौतम भले ही तपस्वी हों, किन्तु अहल्या तो एक साधारण नारी है। विज्ञ होते हुए भी महर्षिगण इस बात को समझते क्यों नहीं? शरीर के बिना भला आत्मा का मूल्य ही क्या है?''

''आत्मा के बिना शरीर का क्या महत्त्व है?''

''आत्मा तो निराधार है।'' मैंने कहा।

''आत्मा के बिना शरीर शव है। शरीर के अन्दर की आत्मा को पहचाने बिना जो शरीर को ही सब कुछ मानकर पूरा जीवन बिता लेता है, वह ईश्वर की अवमानना करता है क्योंकि परमात्मा को आत्मा में ही महसूस किया जा सकता है। अध्यात्मवाद और देहात्मवाद में अध्यात्मवाद का स्थान ऊँचा है। सुनो अहल्या! जीवन तर्क नहीं है, जीवन एक अनुशासन है। उस अनुशासन

को मानना होगा। इसलिए तर्क छोड़कर आत्मलीन हो जाओ–अन्तर्मुखी हो जाओ–सद्‌गुणों का विकास करो। तब जाकर गौतम की उपयुक्त पत्नी बन सकोगी।''

जब भी गौतम के तर्क कमजोर पड़ने लगते, वे अपना स्वामित्व प्रकट करने लगते। तब मैं उनके स्वामित्व को सम्मान देने के लिए चुप हो जाती।

समाज के नियमों के बाहर भी ऐसे ढेरों नियम हैं जो मनुष्य को पूर्ण बनाते हैं। समाज के नियमों और जीवन के नियमों के बीच समाज ने जो विशाल अन्तराल रखा है, उसे मानने से जीवन में भी एक खाई बन जाती है। गौतम ने जीवन के नियमों को मानने के बदले शास्त्रों के नियम मानकर दोहरे जीवन की योजना बनाई है। क्या जीवन के नियमों के अन्तर्गत पत्नी से प्रेम करना मना है? शास्त्रों का अनुसरण करते हुए मैं गौतम के कहे अनुसार दाम्पत्य-धर्म का पालन कर रही हूँ। नहीं जानती कि मेरा दाम्पत्य-जीवन अन्ततः रसमय होगा या विषमय?

पुरुष और नारी स्वतंत्र रूप से आदर्श व्यक्ति हो सकते हैं, किन्तु पति-पत्नी के रूप में आपसी समझौता के सिवाय उनके आदर्श दम्पति होने का उदाहरण नहीं मिलता। गौतम पुरुष के रूप में आदर्श हैं–मैं नारी के रूप में। लेकिन दम्पति के रूप में आपसी समझौता एवं मधुर सम्बन्ध के बिना हमारा दाम्पत्य आदर्श होना तो दूर, बल्कि उसके विषमय होने की आशंका मेरे मन में बार-बार उठ रही थी। दो आदर्श नर-नारी का एक साथ मिलकर एक आदर्श सम्बन्ध बना पाना सम्भवतः सबसे दुरूह है। अपने-अपने आदर्शों में अटल रहना आदर्श कर्म है। किन्तु पति-पत्नी के अटल आदर्श यदि विपरीतमुखी हों तो पति-पत्नी का एक-मन, एक प्राण, एकात्म होना कैसे सम्भव होगा?

गौतम आर्य-कल्याण को अपना आदर्श मानते थे, जबकि मैंने अनार्य-कल्याण को अपना आदर्श बनाया था। इसका अर्थ यह नहीं कि मैं आर्यविरोधी थी। मैंने आर्य संस्कृति के उत्थान, संरक्षण और कल्याण के लिए गौतम आश्रम के अनेक कार्य सँभाल रखे थे लेकिन गौतम थे पूर्णतः अनार्यविरोधी। इसका मूल कारण था–अनार्यों की वेदविरोधी भावना।

अनार्य वेद का विरोध करने के साथ-साथ वैदिक कर्मकांडों का भी विरोध करते थे। इसीलिए वे लोग ऋषियों के यज्ञ में बाधा डालते थे। देवताओं की, विशेषकर इन्द्रदेव की अनार्य दमन नीति के कारण अनार्य कई बार क्षतिग्रस्त और तबाह हो चुके थे। अतः क्षुब्ध होकर प्रतिशोध लेने की भावना से वे लोग

देवताओं के स्तुतिगान को भ्रष्ट करना अपना धर्म मानने लगे थे। इस दिशा में अन्य ऋषियों की तरह गौतम भी अनार्यों को घृणा-भरी दृष्टि से देखते थे और उन्हें शत्रु समझते थे लेकिन मैं अनार्यों के प्रति पूर्णत: संवेदनशील थी। मुझमें यह संवेदनशीलता जन्म से ही थी। बचपन से ही मैं देखती आई हूँ, आर्य ऋषियों के अनुरोध पर राजा और देवगण अनार्यों का दमन करने के कारण न जाने कितने रक्तपात, हिंसाकांड, मनुष्य के हाथों से गढ़े गए समाज और संस्कृति की बर्बादी एवं प्रलय हुए हैं। अनेक शिशु अनाथ हुए हैं, अनेक नारियाँ बेघर, बलात्कार की शिकार, रखैल और क्रीतदासी बनी हैं। अनार्य पुरुषों को भी क्रीतदास का दयनीय जीवन बिताते मैं बचपन से देखती आई हूँ। मनुष्य को क्रीतदास और दासी के रूप में हाट में गाय-बैलों की तरह बिकने का दृश्य भी मैंने देखा है। विशेषकर मैंने ऋचा की लाचारी और रुद्राक्ष की बदनसीबी देखी है। कम उम्र से ही मैं कमजोर वर्ग के प्रति संवेदनशील रही हूँ। यह संवेदना स्वत:स्फूर्त है। भला इसमें मेरा क्या दोष? शक्तिशाली के प्रति सम्भ्रम और दुर्बल के प्रति करुणा तो मनुष्य का सहज स्वभाव है।

किन्तु अनार्य-कल्याण सम्बन्धी मेरी गतिविधियाँ और मानसिकता को गौतम अपने आदर्शों के प्रति मेरा विरोध समझते थे। उन्हें लगता था कि यह मेरा उनके प्रति अवहेलना प्रकट करना है। इसलिए वे मुझसे रूठे हुए हैं। मैं यह मानती हूँ कि पति का आदर्श ही पत्नी का आदर्श होना चाहिए किन्तु पत्नी का भी अपना कोई दर्शन और आदर्श हो सकता है। पत्नी के आदर्श के प्रति पति को भी सम्मान देना चाहिए। पति का हो या पत्नी का, जो आदर्श महत्त्वाकांक्षी हैं, वे आदर्श, अनुकरणीय और अनुसरणीय हैं। इसी दृष्टि से मैंने पति गौतम के अनेक आदर्शों को स्वीकार किया है। किन्तु मेरे आदर्शों को आदर्श मानने के लिए गौतम तैयार ही नहीं हैं। उनके अनुसार, पत्नी का कोई अलग आदर्श होना जरूरी नहीं। यदि हो भी तो पति उस आदर्श को बिना शर्त स्वीकार करने को तैयार नहीं होगा और यदि वह आदर्श अनार्यों के लिए कल्याणकारी हो एवं अहल्या नामक सुन्दर, कम उम्र की तरुणी, जो जीवन से अनभिज्ञ है, शिक्षा-दीक्षा में पति से कम है, उस आदर्श को अपना ले तो क्या पति के पौरुष को ठेस नहीं पहुँचेगी?

गौतम आश्रम में ब्रह्मचारिणी का जीवन व्यतीत करने के दिनों में मेरे अनार्य-प्रेम की अनेक गतिविधियाँ गौतम ने देखी थीं, क्रोधित भी हुए थे। किन्तु तब गुरुकुल आश्रम की शिष्या के रूप में मैं गौतम के अनार्य-विरोधी मनोभाव का खुलकर विरोध नहीं कर पाती थी। आज मैं गौतम-पत्नी हूँ। हमारा पति-पत्नी का सम्बन्ध जैसा भी क्यों न हो, केवल गौतम पत्नी के परिचय ने मेरे अन्दर दृढ़ आत्मविश्वास और सुरक्षित मनोबल पैदा किया था। इसलिए मैं गौतम

को अपना आदर्श, लक्ष्य एवं अभीप्सा साफ-साफ बता दिया करती थी। इससे गौतम खुश नहीं होते थे। हर तरह से मुझे अपरिपक्व, अनभिज्ञ, सीमित ज्ञान-सम्पन्न और थोड़ी-बहुत विद्या की अधिकारिणी समझकर मुझसे उसी तरह का व्यवहार करते थे। वे मुझे अपनी बराबरी का नहीं समझते थे। इसलिए मेरे हर काम को वे एक परीक्षक की दृष्टि से देखकर दोष निकाला करते। विशेषकर आश्रम से बाहर की मेरी गतिविधियों का वे दृढ़तापूर्वक विरोध करते थे। आश्रम के बाहर अनार्यों की बस्ती में मेरे अकेले घूमने का विरोध करने के पीछे गौतम के ढेरों तर्क हुआ करते थे।

उनके अनुसार अनार्य लोग आसुरी प्रवृत्ति के वश में रहकर भोग-वासना में डूबे रहते हैं। भोग-वासना की चरम परिणति में मातृजाति लुंठित और अपमानित होती है। भोगवादियों द्वारा नारी का सतीत्व और उसकी सुरक्षा बर्बाद होती है। भोगवादी अनार्यों के उपद्रव से आश्रम और इस अंचल की शान्ति, सुरक्षा नष्ट हुई है। अनार्य लोग भोग्य पदार्थों का विपुल मात्रा में उत्पादन करने के कारण विषयासक्त होने लगे हैं। विषयासक्त लोगों में न्याय के लिए स्थान नहीं होता। इसलिए परनारी के प्रति आसक्त होना उनका धर्म बन चुका है। ऐसी स्थिति में आश्रम परिसर के भीतर घर में बँधकर रहना ही मेरे लिए उचित है।

ब्रह्मचर्याश्रम के समय मैं ब्रह्मापुत्री थी। तब अनार्य मुझसे विमुख नहीं थे। अब मैं गौतमपत्नी हूँ। गौतम विरोधी अनार्य लोगों द्वारा बदले की भावना से मेरा सतीत्व लुटना असम्भव नहीं है। पुरुष से बदला लेना होता है तो पहले उसकी पत्नी को पतिता बनाता है यह समाज। यही है समाज की क्रूर नीति। आर्य और अनार्य, दोनों ने यही नीति अपना रखी है। विशेषकर मेरा सौन्दर्य ही मेरा काल बन गया। अतः आश्रम की सीमा लाँघना मेरे लिए मंगलकारी नहीं है। कहा जाए तो मेरी एक-एक गतिविधि पर गौतम की दृष्टि रहती है और मेरे हर विचार पर वे प्रश्नचिह्न लगा देते हैं जबकि मेरी रागात्मक चेतना का उत्तर देना तो दूर, उन्हें तो उसकी भनक तक नहीं लगती थी।

निर्मम प्रतिकूलता में मनुष्य अनायास नहीं बहता...बहता है अनुकूलता के प्राबल्य में। प्रतिकूलता मनुष्य को सिखाती है न बह जाने की कला...देती है डूब न जाने की प्रेरणा, देती है आत्मसत्ता को प्रकट न करने का मनोबल।

मेरे दाम्पत्य की निर्मम प्रतिकूलता से मेरे मन का मधुकोष नहीं मरा—मेरे यौवन के सारे स्वप्न नहीं बहे, बल्कि गौतम की नीरस उदासी ने मेरे अन्तर को एक विचित्र प्रेम की मधुरिमा से रंगीन बना दिया था। गौतम की विमल उदासी

की तीव्रता इतनी कष्टदायी थी कि उससे मुक्ति पाने के लिए अपने अन्दर संचित मधुरिमा को प्रेम के रंग-बिरंगे रंगों से मैं हर जगह लिखती चली गई। लिखती चली गई अन्तरिक्ष, भूलोक, द्युलोक में। लिखती चली गई पेड़-पत्तों, पहाड़-पर्वतों, पशु-पक्षियों और मनुष्य सबकी छाती पर। मैं अपना निश्चल प्रेम बोती चली गई जिसे भी देखा उसी में।

गौतम पर ध्यान केन्द्रित करते हुए भी मन बहलाने के लिए मैंने पूरी पृथ्वी को जकड़कर पकड़ लिया था। गौतम को पता तक चलने नहीं दिया कि मैं उनके लिए अधीर, उद्वेलित और विह्वल हूँ।

मैंने स्वयं को आश्रम के दिन-प्रतिदिन के कार्यों यहाँ तक कि निषिद्ध कार्यों तक में डुबो दिया।

अग्निहोत्र, दर्शपूर्णमास, अग्निष्टोम आदि नित्य यज्ञ के अनुष्ठानों में मैंने पूरे मन से, नियमित रूप से, यथा समय अपने अधिकारों के अनुसार भाग लिया। उसी तरह निर्दिष्ट निमित्त के उद्देश्य से आयोजित नैमित्तिक कर्म एवं कामना सिद्धि के लिए होनेवाले कामों में भी योगदान दिया। गौतम अति प्रसन्न हुए मेरे आचरण से। उन्हें लगा कि मैं उनकी उपयुक्त पत्नी बनने का प्रयास कर रही हूँ। उन्हें क्या मालूम कि स्वयं को व्यस्त रखने के प्रयास में मैं दिन-प्रतिदिन के ये कर्मकांड करती हूँ।

प्रत्येक कर्म का फल मिलता है। कर्म के अनुरूप वह इष्ट या अनिष्ट होता है। दिन-प्रतिदिन के वैदिक कर्म करने से इष्टफल मिलता है लेकिन निषिद्ध कर्म करने से अनिष्टफल भी मिलता है।

निषिद्ध कर्म कौन-सा है? सारे कर्म सबके लिए निषिद्ध नहीं हो सकते। धर्म का सही अर्थ समझे बिना किसी कर्म का निषेध करना भी निषिद्ध कर्म के अन्तर्गत आ सकता है।

गौतम के कुछ शास्त्रमतों से मैं सहमत नहीं थी। उनमें से अनार्यपल्ली में जाकर अनार्यों को शिक्षित और सुसंस्कृत करने की गणना निषिद्ध कर्म के रूप में करने का मैं विरोध करती थी। इसको लेकर गौतम से मेरा मतभेद भी रहता था। उस दिन गौतम मुझसे नाराज थे। जब मैं अनार्यपल्ली से लौटी, मेरे साथ ऋचा और रुद्राक्ष भी आए थे। मैंने उन्हें आश्वासन दिया था कि गौतम की पत्नी के रूप में कम-से-कम मेरा इतना तो अधिकार है ही कि मैं उन्हें बूँदभर पानी पिला सकूँ। इस तरह दूर-दूर रहने से गौतम को कैसे पता चलेगा कि ऋचा और रुद्राक्ष का व्यक्तित्व कितना उज्ज्वल है। किन्तु गौतम ने उन्हें आश्रम में प्रवेश करने तक की अनुमति नहीं दी। अनार्य लोग केवल क्रीतदास-क्रीतदासी के रूप में ही आश्रम में आवाजाही कर सकते हैं। अन्यथा उनके लिए आश्रम में प्रवेश करना मना है। जब मैं आश्रमवासी ब्रह्मचारिणी थी, तब इस नियम के विरोध में

मौन विद्रोह किया करती थी, लेकिन अब आश्रम के अध्यक्ष की पत्नी होने के बाद इस नीति का दृढ़तापूर्वक विरोध करने के लिए मेरे अन्दर प्रबल आकांक्षा जाग उठी थी। परन्तु मुझे मालूम था कि युगों से चली आ रही इस रूढ़ि और कुसंस्कार को मैं अकेले नहीं बदल सकती। इससे सिर्फ एक अशान्त वातावरण बनने के सिवाय कोई और लाभ नहीं होगा। इसलिए मैंने ऋचा और रुद्राक्ष से लौट जाने का अनुरोध किया। वास्तव में वे लोग आए थे मुझे आश्रम तक सुरक्षित पहुँचाने। मैं चाहती थी कि उन्हें आश्रम के भीतर बुलाकर कुछ खिला-पिलाकर उनकी थकान दूर करूँ। फल, दूध, शहद-कुछ नहीं दे सकी उन लोगों को। यहाँ तक कि पानी तक नहीं पिला सकी। सोचा, क्या इस आश्रम पर मेरा कोई भी अधिकार नहीं है? इस दृष्टि से तो मेरा रम्यवन एक अत्यन्त उदार और मधुमय स्थान था। वहाँ आर्य, अनार्थ, मनुष्य और पशुओं में मैंने कभी कोई भेदभाव नहीं किया था। वह थी एक उदार मधुर जीवन-भूमि।

यहाँ गौतम आश्रम में केवल मैं रह सकती हूँ। मेरा यहाँ रहना मेरा अधिकार है या नहीं, उस बारे में भी मेरे मन में संशय जाग उठा। कौन जाने, किसी दिन मेरे आचरण से असन्तुष्ट हो, मेरे कर्म को निषिद्ध घोषित करके गौतम मेरा यह अधिकार कहीं छीन न लें! हालाँकि मैं अपने लिए चिन्तित नहीं थी। मेरे लिए तो पृथ्वी का हर स्थान मधुमय है क्योंकि हर जगह होता है माटी और जीवन। मैं चिन्तित थी तो अपने उन अनार्य पड़ोसियों के लिए। वे लोग धीरे-धीरे अपनी जन्मभूमि से उजड़ते जा रहे थे। उनका यज्ञ-विरोधी मनोभाव ही इसका मूल कारण था। इसलिए मैं उन्हें यज्ञ की ओर उन्मुख करने का प्रयास कर रही थी। यज्ञ का अर्थ है महत कार्य। अत: यज्ञ का विरोध करने का अर्थ है—महत कार्य के पथ पर अवरुद्धक बनकर खड़ा होना। इसलिए मैं उन्हें उदार, परोपकारी और सहनशील बनने का उपदेश दिया करती थी। वैदिक ऋषि-मुनियों का अपने देश के लिए, दूसरों के लिए बलिदान देने की कथाएँ सुना-सुनाकर मैं उन्हें वेदाभिमुखी करने के साथ-साथ ऋषि-मुनियों के प्रति आकर्षित करने का प्रयास भी किया करती थी।

सत्याचारी के आस-पास का समग्र परिवेश मधुमय होता है। लेकिन गौतम आश्रम का परिवेश मधुमय नहीं था। गौतम भले ही सत्याचारी हों, किन्तु उन्हें शत्रु माननेवाले दासगण सत्याचारी नहीं थे। आर्यों को तरह-तरह से परेशान और विचलित करने के लिए वे नाना प्रकार के मायाजाल रचा करते थे। सत्य और असत्य मानव के अन्त:करण में एक-दूसरे का विरोध करने के कारण सत्य को भी अभिनय करना पड़ता है। इसलिए किसी एक के सत्याचारी होने से समग्र पृथ्वी सत्याचारी नहीं होगी। मधुकोष के केवल एक छिद्र में मधु संचित होने से वह मधुक्षरा नहीं होगा। तो फिर गौतम यह क्यों नहीं समझते कि उनके आश्रम

के चारों ओर रहनेवाले अनार्यों को भी सत्याचारी न बनाने से आश्रम की शान्ति भंग होगी, इसमें तिलभर भी सन्देह नहीं?

मेरा अन्तःकरण कहता था कि यदि प्रारम्भ से ही आश्रमों में आर्य-अनार्य बालक-बालिकाओं को स्वीकार करके मधुविद्या शिक्षण को महत्त्व दिया गया होता तो आज सब कुछ मधुमय होता क्योंकि मधुविद्या प्राप्त करनेवाले व्यक्ति को सब कुछ मधुर, कोमल, उदार, सुन्दर और आनन्दमय दिखाई देता है। महानन्द के प्लावन से वह स्वयं बाहर-भीतर से आनन्दमय हो उठता है।

सब कुछ मधुमय कर देनेवाली मधुविद्या के प्रति मुझमें जन्मजात श्रद्धा और आग्रह था। मधुविद्या की शिक्षा देने का मेरा स्वप्न दुरूह भले ही हो, पर अदम्य नहीं था। किन्तु मैं चाहूँ तो मधुविद्या की अधिकारिणी नहीं बन सकती। मेरे अन्दर मधुविद्या प्राप्त करने का सात्त्विक, निःस्वार्थ भाव कितना गहरा है, उसी से तय होगा, मुझमें मधुविद्या प्राप्त करने की योग्यता है या नहीं। अतः दासबस्ती के रुद्राक्ष, ऋचा, धृतिः, अश्वयुग, विराट आदि अनार्य लोगों का मधुविद्या प्राप्त करने का प्रश्न ही कहाँ उठता है? यहाँ तक कि महर्षि होते हुए भी गौतम अब तक मधुविद्या प्राप्त करने की योग्यता प्राप्त नहीं कर सके हैं, क्योंकि गौतम अब तक ब्रह्मज्ञानी नहीं हो पाए हैं।

ब्रह्मज्ञान दिखता नहीं, महसूस किया जाता है। स्वयं को जीवात्मा और विश्वात्मा में मिलाकर जो उस दिव्य अनुभूति के आनन्द से पूरे विश्व को प्रेमभाव और समदृष्टि से देखता है, वही होता है ब्रह्मज्ञानी। मनुष्य से घृणा करके, मनुष्य-मनुष्य में भेदभाव करके भला ब्रह्मज्ञानी कैसे बन सकेंगे। गौतम! अनार्य भी मनुष्य हैं। उनमें भी विश्वात्मा विराजती है। किन्तु गौतम उन्हें समदृष्टि से नहीं देखते। सम्भवतः इसी दोष के कारण वे मधुविद्या के अधिकारी नहीं बन सके हैं। मैं तो दोष और दुर्बलता के अधीन एक मूढ़ नारीमात्र हूँ। मेरा तो प्रश्न ही कहाँ उठता है? इन्द्रदेव समस्त सम्पदा के अधिकारी होते हुए भी अब तक मधुविद्या के अधिकारी नहीं बन पाए हैं। विलास, व्यसन, कामना, वासना, भोग-लालसा से जुड़ी सारी चीजों से अलग होने पर ही मधुविद्या प्राप्त करना सम्भव होगा।

उस दिन मैं अनार्यपल्ली में इसी मधुविद्या की चर्चा कर रही थी। मधुविद्या के महत्त्व का वर्णन करते हुए पणि, वणिक और अनार्यों को भोग छोड़कर यज्ञ के प्रति आग्रही होने का उपदेश दे रही थी। उनकी यह धारणा थी कि केवल आर्यों को ही यज्ञ करने का अधिकार है। इसलिए वे लोग यज्ञ विरोधी हो गए। किन्तु मैं उन्हें समझाना चाहती थी कि यज्ञ अर्थात महतकर्म उनका जन्मसिद्ध अधिकार है। यह विश्व ही एक महान यज्ञ और परमात्मा यज्ञदेव हैं। जीवों का हितसाधन करने के लिए विश्वयज्ञ के आरम्भ से ही परमात्मा विद्यमान थे, तभी तो वे होता, ऋत्विक और सर्वशक्तिमान हैं।

इसलिए मनुष्य को यज्ञमार्ग पर चलाने के लिए उसी परमेश्वर की प्रार्थना करने के प्रतीक स्वरूप प्रत्यह यज्ञाग्नि प्रज्वलित करके उन्हें अपनी समस्त शुभ भावनाएँ समर्पित करनी चाहिए।

दास-आर्य, वर्ण-संघर्ष में अपने माता-पिता एवं आत्मीय स्वजनों को खोने के कारण अश्वयुग आर्य विरोधी व उग्र स्वभाव का हो गया था। किन्तु मुझसे मिलते ही वह स्वत: शान्त हो जाता। मेरी बातें ध्यान से सुनता और अपने मन की प्रतिक्रिया प्रकट करने में सदा तत्पर रहता।

उसने मुझसे प्रश्न किया, "देवि! भोजन बनाने के लिए हम भी प्रतिदिन आग जलाते हैं। भयंकर पशुओं को खदेड़कर विपत्ति दूर करने के लिए भी अग्नि प्रज्वलित करते हैं, तो फिर यह यज्ञाग्नि कैसे नहीं हुई? यह अग्नि प्रज्वलन भी तो महत उद्देश्य के लिए ही किया जाता है। तो फिर अलग से यज्ञ करने की क्या आवश्यकता है?"

मैंने मुस्कराते हुए कहा, "जब तुम भोजन बनाने के लिए अग्नि जलाते हो, उस समय अपनी जिह्वा-लालसा और उदर लालसा पूरी करने के लिए ऐसा करते हो। उसमें हमारा क्षुद्रस्वार्थ छिपा होता है। किन्तु होमाग्नि जलाने वाले यजमान के मनोभाव में स्वार्थ नहीं होता। होमकर्ता की अन्तरात्मा सेवा और श्रद्धा-रूपी अग्नि से प्रज्वलित और प्रकाशमान होती रहती है। उसके हृदय में त्याग-रूपी अग्नि जलती रहती है। अदिति समर्पण-भाव ही यज्ञाग्नि का ईंधन स्वरूप है। इसलिए तुम्हारे अन्दर वह भाव पैदा होने से बाहर यज्ञाग्नि प्रज्वलित करने की आवश्यकता ही नहीं पड़ेगी।"

उस समय ऋचा और रुद्राक्ष का मधुविद्या के बारे में विस्तारपूर्वक सुनाने का आग्रह करने पर मैं उन्हें दध्यं अथर्वण के महान त्याग के बारे में सुना हुआ आख्यान सुनाने लगी। इस आख्यान ने मुझे बचपन से ही मुग्ध किया है। इसमें महान देशभक्ति और अनन्त त्याग का सन्देश है। मैंने स्वयं न जाने कितनी बार नारद भैया से यह कहानी सुनी है। परन्तु जितनी भी बार सुनी, उतनी बार अभिभूत हुई हूँ। इसलिए मैं बड़े चाव से सुनाने लगी उस महात्मा की देश के लिए बलिदान की गाथा।

उस ऋग्वेदीय महर्षि का नाम दध्यं अथर्वण था। आगे चलकर वे दधीचि के नाम से प्रसिद्ध हुए। दधीचि ब्रह्मविद्या अर्थात मधुविद्या जानते थे और अपने उपयुक्त शिष्यों को मधुविद्या प्रदान करते थे। इन्द्रदेव समस्त ऐश्वर्य के अधिकारी थे, किन्तु मधुविद्या नहीं जानते थे। एक बार उनके मन में मधुविद्या सीखने का प्रलोभन जागा। उन्होंने दधीचि के पास पहुँचकर अपने मन की बात प्रकट की किन्तु दधीचि ने इन्द्रदेव को स्पष्ट कह दिया कि उनमें मधुविद्या प्राप्त करने की योग्यता नहीं है।

"किन्तु इन्द्रदेव तो महान आर्यनेता थे। समस्त सम्पदा के मालिक, दाता, आर्यों के सहयोगी मित्र, ऋषियों के रक्षक..." प्रश्न किया ऋचा ने।

मैंने उत्तर दिया, "हाँ, तुम्हारी बात सच है। परन्तु इन्द्रदेव भोगवादी थे और मनुष्य के बीच आर्य-अनार्य में फैली विषमता के पुरोधा भी। अपनी शक्ति और ऐश्वर्य के कारण उनके मन में अहंकार भी पैदा हो गया था। इसलिए उनमें मधुविद्या सीखने की योग्यता नहीं थी। दधीचि ने यह बात स्पष्ट कर दी।"

"क्या यह बात इन्द्रदेव नहीं जानते थे?" रुद्राक्ष ने प्रश्न किया।

"हाँ, जानते थे। इसीलिए तो वे अतिथि के रूप में दधीचि आश्रम पहुँचे थे। अतिथि 'देवता' होते हैं और फिर इन्द्रदेव तो ऐश्वर्यशाली भी थे। उनकी समस्त प्रार्थनाएँ और अभिलाषाएँ ऋषि पूरी करेंगे। यह सोचकर उन्होंने पहले से ही महर्षि दधीचि को प्रतिज्ञाबद्ध करवा लिया और उसके बाद अपनी अभिलाषा व्यक्त की।"

"तब तो इन्द्र मधुविद्या के अधिकारी हो गए होंगे!" ऋचा ने कहा।

रुद्राक्ष ने कहा, "यदि इन्द्रदेव मधुविद्या के अधिकारी हो गए होते तो मत्त हाथी की तरह अनार्यों का संहार न करते होते, अनार्यपुरों और नगरों को ध्वंस न करते। अपने सिंहासन को दृढ़ रखने के लिए महर्षियों की तपस्या भंग करते होते। उन्हें सब कुछ मधुमय लग रहा होता।"

"हाँ, तुम ठीक कह रहे हो रुद्राक्ष। इन्द्रदेव अब तक मधुविद्या के अधिकारी नहीं हो पाए हैं। दधीचि ने अपनी प्रतिश्रुति दे तो दी थी, पर वे अपनी प्रतिश्रुति तोड़ने को बाध्य हुए।"

"ऋषि होकर प्रतिश्रुति तोड़ दी? यह तो पाप है न!" धृतिः ने चकित हो प्रश्न किया।

मैंने कुछ मुस्काते हुए कहा, "ऐसा पवित्र पाप केवल दधीचि जैसे महात्मा ही कर सकते हैं। जो प्रतिश्रुति छल से प्राप्त किया जाता है और उसका पालन करने से यदि जगत का कल्याण होता है, तो उसे भंग करके पाप अर्जित करना ही श्रेय है। इसीलिए इन्द्रदेव के प्रचंड अभिशाप को भी उन्होंने सिर झुकाकर सह लिया।"

"क्या अभिशाप दिया था आर्यवीर इन्द्रदेव ने?" अश्वयुग ने प्रश्न किया।

"इन्द्रदेव ने उन्हें अभिशाप देते हुए कहा कि यदि भविष्य में दधीचि ने किसी को भी मधुविद्या प्रदान की तो वे दधीचि का सिर काट डालेंगे और सचमुच में इन्द्रदेव दधीचि का सिर काटने से पीछे नहीं हटे।"

"हे पृथ्वीमाता! इन्द्रदेव ने दधीचि का सिर किस परिस्थिति में काटा? तो क्या मधुविद्या का अधिकारी कोई दूसरा है ही नहीं? क्या यह पृथ्वी कभी मधुमय नहीं होगी?" धृतिः ने पूछा।

मैंने सान्त्वना देते हुए कहा, "नहीं-नहीं...यह पृथ्वी मधुक्षरा है। मधु शेष नहीं होता यहाँ। मेरी बात ध्यान से सुनो। इन्द्रदेव निराश होकर लौट गए। किन्तु मधुविद्या का अधिकारी उनके सिवाय और कौन बनता है, उस बारे में वे लगातार खबर रखते रहे।

"कुछ दिनों बाद ऋषि के आश्रम में दो अन्य अतिथि आए। वे थे स्वर्ग के वैद्य जुड़वें देवता अश्विनीकुमार। वे दोनों परोपकारी और दयावान थे। उन्होंने पीड़ित लोगों की सेवा में अपना जीवन समर्पित कर दिया था। स्वर्गलोक के निवासी होते हुए भी मर्त्यलोक में आकर लोगों की जटिल शल्य चिकित्सा करके उन्हें नया जीवनदान दिया करते थे। महर्षि दधीचि को प्रणाम करके मधुविद्या प्रदान करने के लिए प्रार्थना करते ही महर्षि दधीचि को लगा कि ये सौम्य चिकित्सकद्वय जगत की सेवा करके मधु वितरण का काम करते हैं और इस कारण इनमें मधुविद्या प्राप्त करने की योग्यता है। अत: उन्होंने तुरन्त उन दोनों को मधुविद्या प्रदान करने की सहमति दे दी।"

"किन्तु इन्द्रदेव का वह क्रूर अभिशाप!" ऋचा भय विह्वलित स्वर में चीख उठी।

अन्य सभी स्तब्ध हो आगे की घटना सुनने के लिए कान लगाए रहे।

मैंने भाव विह्वल स्वर में कहा, "महात्माओं के लिए अभिशाप भी वरदान बन जाता है। शिक्षादान करने से पहले दधीचि ने अश्विनीकुमारद्वय को कुछ उपदेश देते हुए कहा–'मैं जानता हूँ कि तुम लोगों को विद्याधन देते ही मुझे मरना पड़ेगा। इन्द्रदेव अस्त्राघात से मेरा सिर काट डालेंगे। मैं यह भी जानता हूँ कि तुम दोनों इन्द्रदेव के राज्य के वेतनभोगी चिकित्सक हो। उनसे अनुमति लेकर मेरे पास आए हो। इन्द्रदेव भी चाहते हैं कि तुम दोनों मधुविद्या प्राप्त करके उनके राज्य का गौरव बढ़ाओ। किन्तु इन सबके बावजूद वे अपना अभिशाप भी सच करके रहेंगे। मैं इससे बिलकुल भयभीत नहीं हूँ क्योंकि मेरे बाद तुम दोनों मधुविद्या का वितरण उचित पात्रों में करने की योग्यता प्राप्त कर चुके होगे। जगत-कल्याण ही मेरे जीवन का लक्ष्य है। यदि वह मेरे माध्यम से न होकर तुम दोनों के माध्यम से होता है तो भी मेरे जीवन का उद्देश्य पूरा होगा किन्तु याद रखो, कुपात्र को कभी विद्यादान मत करना। कुपात्र में मधुदान करने से वह विष बन जाएगा। इसके अलावा उपासना और पद-पदवी देखकर भी विद्यादान मत करना। व्यक्तित्व, बुद्धिमत्ता और योग्यता देखकर ही विद्यादान करना। इसी कारण से मैंने आर्यवीर इन्द्र को शिष्य के रूप में स्वीकार न करके उनके राज्य के तुम दोनों चिकित्सकों को शिष्य के रूप में स्वीकार किया है। एक बात और– जिस तरह तुम लोग विद्या प्राप्त करने के लिए स्वर्गलोक से मर्त्यलोक में उतर आए हो, उसी तरह अन्य लोगों को भी विद्या को उच्चासन देकर अपनी पद-

मर्यादा को गौण स्थान देना होगा। मेरी मृत्यु के लिए तुम दुखी मत होना। क्योंकि मधुविद्या बाँटने के कारण मेरी मृत्यु भी मेरे लिए मधुमय है।'''

दधीचि की मधुमय मृत्यु का वर्णन करते-करते मेरी आँखों से आँसू बह चले थे। ऋचा, धृतिः और अन्य रमणियों की आँखें भी भर आई थीं। रुद्राक्ष, अश्वयुग आदि भावुक होकर मेरी बातें सुन रहे थे।

''अश्विनीकुमारद्वय ने हाथ जोड़कर कहा–'महात्मा! आपका शिष्यत्व प्राप्त करके हम धन्य हो गए। अब मधुविद्या दान करके हमें कृतार्थ करें।' दधीचि ने संकल्प लेकर बेझिझक अश्विनीकुमारद्वय को मधुविद्या प्रदान की और शिक्षा समाप्त होने के अगले ही क्षण उनका सिर धड़ से अलग होकर जमीन पर गिर पड़ा। इन्द्रदेव ने अन्तराल में रहकर अस्त्राघात से दधीचि का सिर काटा था। दधीचि-आश्रम में शोक के काले बादल छाते-छाते आनन्द-उल्लास का नवोदय हो गया था। अश्विनीकुमारद्वय ने सूक्ष्म शल्य चिकित्सा द्वारा दधीचि का कटा हुआ सिर अति दक्षतापूर्वक पुनः धड़ से जोड़ दिया। दधीचि नया जन्म पाकर नवारुण की तरह कोमल, उज्ज्वल, महीयान लग रहे थे किन्तु दधीचि की कथा इतने में ही समाप्त नहीं हो गई। यदि ऐसा हुआ होता तो आज दधीचि केवल मधुविद्या विशारद ब्रह्मज्ञानी के रूप में प्रख्यात हुए होते। एक महान देशभक्त के रूप में न पूजे जाते। यह कथा जितनी रोचक है, उतनी ही मर्मस्पर्शी भी है।''

''दधीचि की देशभक्ति की कथा क्या है?'' अश्वयुग ने प्रश्न किया।

मैं वर्णन करने लगी उस अविस्मरणीय इन्द्र-वृत्रासुर संग्राम की कथा, आर्य-दास वर्ण-संघर्ष का एक हृदय विदारक रक्ताक्त अध्याय।

''इन्द्रहन्ता पुत्र वृत्रासुर आर्यों के अंचल का जलपथ अवरुद्ध करके उन्हें बहुत कष्ट दिया करता था। इन्द्र समेत सभी देवताओं ने वृत्रासुर के साथ रक्ताक्त संग्राम करके काफी नुकसान सहा था। अन्त में वृत्रासुर का वध करने का उपाय जानने के लिए वे लोग विष्णु की शरण में गए। विष्णु जितने विचारवान थे उतने ही ज्ञानी और कूटनीतिज्ञ भी थे। उन्होंने इन्द्र को दधीचि की शरण में जाने की सलाह दी। यदि दधीचि अपनी इच्छा से देहत्याग करें, तो उनकी अस्थियों से अंस्त्रविशारद देवतागण इन्द्र के लिए 'वज्र' नामक एक विशेष अस्त्र का निर्माण करें। वह 'वज्र' ही वृत्रासुर के सिर के टुकड़े-टुकड़े कर सकता है। वज्राघात से वृत्रासुर का वध करके आर्यों को निष्कंटक करने पर इन्द्र के यश और उनकी क्षमता में वृद्धि होगी और वे देवराज कहलाएँगे। वे वृतहा नाम से भी जाने जाएँगे। वज्र रूपी वह अमोघ अस्त्र इन्द्र-आयुध के रूप में रहेगा।''

मुझसे इन्द्र और वृत्र का वृत्तान्त सुनने के दौरान दासों का एक समूह क्रोधित हो उठा और उनमें विद्रोह की धीमी-धीमी फुसफुसाहट शुरू हो गई क्योंकि दासों की दानव, दस्यु, अनार्य आदि से भर्त्सना करना और इन्द्र को

देवराज पद पर सुदृढ़ करना ही उस इन्द्र–वृत्र संग्राम की परिणति थी। यह सच है कि वृत्र–वध आर्यों के लिए आनन्द और गौरव का विषय था, किन्तु दासों के लिए वह थी पराजय की ग्लानि और प्रताड़ित, लांछित मनुष्य को उसके अधिकार से वंचित करने की कलंकमय दुःस्मृति। इसलिए वह प्रसंग उठते ही दासों में आर्यविनाशकारी विद्रोह का नवहुंकार वंश–परम्परा की तरह मुखर हो उठा था। किन्तु मुझे उस भयानक स्थिति की जानकारी नहीं थी। इसलिए उनकी धीमी–धीमी कानाफूसी पर ध्यान न देकर मैं दधीचि के बलिदान की कथा भाव–विभोर होकर पुनः वर्णन करने ही वाली थी कि ऋचा ने मेरी खिंचाई करने की तरह पूछा, "देवि! तुम इन्द्र–माहात्म्य का वर्णन करने जा रही हो या दधीचि के बलिदान की कथा सुनाने? यहाँ उपस्थित लोग भले ही न जानें, किन्तु मैंने तुमसे दधीचि आख्यान कई बार सुना है और उसमें मुझे दधीचि की देशभक्ति से अधिक इन्द्र की वीरता और उनका माहात्म्य ही अधिक प्रांजल लगता है।"

मुझे आश्चर्य हुआ ऋचा के श्लेषपूर्ण वक्तव्य से। जब ऋचा मेरे साथ रम्यवन में रहती थी, तब उसने नारद भैया से और मेरे मुँह से अनेक बार यह वृत्तान्त सुना है। प्रफुल्लित हो उसने इन्द्र की स्तुति गाई है। हालाँकि इन्द्रदेव ने वृत्रासुर का वध करके दासवर्ण के लोगों के प्रति न्याय नहीं किया, कहकर राय प्रकट की है। किन्तु उसने व्यंग्यपूर्ण विद्रोह की घोषणा कभी नहीं की थी। पर अब रुद्राक्ष की पत्नी बन जाने के बाद दासबस्ती में रहकर उसने अपना स्वर बदल दिया है। रुद्राक्ष के पूर्वज इन्द्र द्वारा दशराज्ञ युद्ध में मारे गए थे। एक अन्य आर्य–दास संघर्ष में रुद्राक्ष, अश्वयुग, धृतिः आदि अपने–अपने माता–पिता को खोकर अनाथ हो गए थे। अश्वयुग की युवती बहन को रखैल और दासी बनाने के लिए आर्यराजा जबर्दस्ती उठा ले गए। अब वह कहाँ है, जीवित है या मृत, यह कोई नहीं जानता। इसलिए इन्द्रदेव का नाम लेते ही दासबस्ती तथा रुद्राक्ष और अश्वयुग आदि के मन में घृणा, प्रतिहिंसा और विद्रोह जाग उठना स्वाभाविक है। दधीचि के माहात्म्य का वर्णन करते समय मैं इन्द्रदेव की वीरता कैसे नकार सकती हूँ?

मुझे हतप्रभ करके रुद्राक्ष, अश्वयुग, विराट आदि कई युवकों ने विकट चीत्कार करते हुए कहा, "देवि! तुम्हारे प्रति हममें श्रद्धा और सम्मान हैं, किन्तु इन्द्रदेव जैसे खूँखार, उग्र, दासदलनकारी अविवेकी पुरुष का नाम दुबारा लिया तो स्थिति गम्भीर हो जाएगी। बाद में हमें दोष मत देना।"

मेरे अन्दर न जाने क्यों एक प्रतिज्ञा लिपिबद्ध हो गई। इन नासमझ युवकों को दधीचि उपाख्यान की महिमा समझाकर देश भक्त बनाने का मन हुआ। मैं फिर से दधीचि वृत्तान्त सुनाने जा रही थी कि सहसा भैया नारद और प्रथा वहाँ आ पहुँचे। भैया नारद मेरा कुशलक्षेम पूछने गौतम आश्रम आए थे। मुझे आश्रम

में न पाकर ढूँढ़ते हुए प्रथा के साथ यहाँ आ पहुँचे थे। उन्होंने स्थिति को सँभालने की चेष्टा की। भैया के साथ महर्षि वशिष्ठ भी आश्रम में आए थे। मेरे विवाह के बाद महर्षि वशिष्ठ मुझे आशीर्वाद देने आए हैं, ऐसा भैया ने बताया।

वहाँ का माहौल देखकर भैया नारद समझ गए कि मैं अपनी प्रतिज्ञा नहीं छोड़ सकती, किन्तु वृत्रासुर-वध की कथा सुनाई गई तो दास युवक उग्र हो उठेंगे। इसलिए भैया नारद ने इन्द्र के पक्ष में तर्क देते हुए कहा, "इन्द्र के बारे में तुम लोगों में गलत धारणा बनी हुई है। केवल तुम्हीं नहीं, बहुत से लोग इन्द्र की शक्ति का भ्रमपूर्ण चित्रण करते हैं। उनकी धारणा है कि इन्द्र भोगी, कामुक, विलासी, हिंसक और क्रूर हैं। सचमुच हमारी बौद्धिक सोच की सीमा बहुत नीचे है। इसलिए हम इन्द्रदेव की महान शक्ति सह नहीं पाते। एक सहस्र अश्वमेध यज्ञ करके उन्होंने इन्द्रत्व प्राप्त किया है। पृथ्वी पर एक उच्च विचार स्थापित करने का अर्थ है–एक अश्वमेध यज्ञ करना। सहस्र उच्च विचार पृथ्वी पर स्थापित करके वे इन्द्र बने हैं। कोई अपने जीवनकाल में एक ही बार अश्वमेध यज्ञ कर पाता है। उन्होंने अपने जीवन में सहस्र अश्वमेध यज्ञ कर लिए, वे निश्चित ही एक अलौकिक शक्ति हैं। कुछ महतकार्य करके समाज में प्रतिष्ठा प्राप्त करते ही मनुष्य में अहंकार भर जाता है। वह अपने को दूसरों से श्रेष्ठ समझने लग जाता है। अतः सहस्र अश्वमेध यज्ञ करनेवाले इन्द्र को इन्द्रपद और समस्त ऐश्वर्य मिलने के बाद उन्हें जितना अहंकारी और विलासी होना चाहिए, वे नहीं हुए। उनके अशेष सद्‌गुण अब तक उनमें विद्यमान हैं। ईर्ष्यालु व्यक्ति इन्द्र की निन्दा करने के लिए उन्हें कामुक कहकर बदनाम करते हैं। वास्तव में काम ही मनुष्य के स्वभाव की प्रचंडतम शक्ति है। इन्द्र की प्रचंड शक्ति को काम के रूप में विकृत करना विकारग्रस्त लोगों का काम है। जब मनुष्य महत्तर काम करता है, उसे अनेक विघ्न-बाधाओं एवं विरोधों का सामना करना पड़ता है। इन्द्रदेव का जीवन महत्तर कार्यों एवं विरोधों का समाहार है। महर्षि वशिष्ठ हैं इन्द्रदेव के परममित्र। यह मित्रता इन्द्रदेव ने अपनी ओर से स्थापित की है। भूलोक में महर्षि वशिष्ठ हैं परमज्ञानी, बुद्धिमान, परोपकारी और समाजसेवी तपस्वी।

"वशिष्ठ के व्यक्तित्व से प्रभावित होकर इन्द्रदेव ने उनके साथ मित्रता स्थापित की है। यह केवल वशिष्ठ की महानता नहीं, इन्द्रदेव की भी महानता है। जो लोग दुष्ट हैं, उन्हें राक्षस नाम दिया गया है। कुछ समय पहले जरोध नामक राक्षस वशिष्ठ को तरह-तरह से परेशान किया करता था। वशिष्ठ वैदिक समाज के पुनरुत्थान के लिए संकल्पबद्ध होकर काम करते थे। जरोध राक्षस उनके पग-पग पर बाधा उत्पन्न करता था। फिर भी महात्मा वशिष्ठ अपने संकल्प में दृढ़ थे। वशिष्ठ का संकट जानने के बाद उनके प्रिय मित्र अग्निदेव ने स्वतःप्रवृत्त हो जरोध राक्षस से युद्ध करके उसे पराजित किया। वशिष्ठ ने अग्निदेव से

सहायता नहीं माँगी थी। तो फिर अग्निदेव ने जरोध का वध क्यों किया? इसी को वास्तविक मित्रता कहते हैं। क्या इसके लिए अग्निदेव को हिंस्र या उग्र कहा जाएगा? राष्ट्र के पुनरुत्थान के लिए सबको अपनी-अपनी शक्ति लगाने की आवश्यकता पड़ती है। मित्रता की परीक्षा है संकट और विपदा।''

रुद्राक्ष उन बातों से प्रभावित नहीं हुआ। उसने क्रोधित स्वर में भैया नारद से प्रश्न किया, ''किन्तु दासराज्ञ युद्ध के पीछे कौन-सा महान उद्‌देश्य था? ब्रह्मर्षि होते हुए भी विश्वामित्र के चरित्र में अनेक दोष हैं। उन्हीं की सलाह से राजा सुदास ने अश्वमेध यज्ञ करके सभी दास-राजाओं को हराया था। दास-राजाओं का तेज भंग करना ही उस युद्ध का उद्‌देश्य था। इसलिए पराजित भूर्वस, भ्ररू, वैगंगय आदि दस राजाओं ने बदला लेने के उद्‌देश्य से एकत्र होकर सुदास राजा के विरुद्ध विद्रोह की घोषणा की थी। यदि उस समय सुदास ने वशिष्ठ की मदद न ली होती तो वे हार जाते क्योंकि दासराज्ञ युद्ध दासवंशीय पराक्रमी राजाओं की सेना की सहायता से हुआ था। सुदास द्वारा वशिष्ठ का शिष्यत्व ग्रहण करने के पीछे उनका उद्‌देश्य था—इन्द्र से सहयोग की भीख माँगना। वशिष्ठ पत्र लिखकर इन्द्रदेव को परिस्थिति से अवगत कराते ही सोमासक्त इन्द्रदेव सोमरस पान करना बीच में ही छोड़कर युद्ध करने जा पहुँचे और वरुष्णी नदी के तट पर दासराजाओं समेत उन्होंने समस्त दास सेना और उनके वंश-परिवार को ध्वस्त-विध्वस्त कर डाला। उस युद्ध में इन्द्रदेव को योगदान देने की क्या आवश्यकता थी? सोमपान और युद्ध करने के अलावा क्या उन्हें कोई और काम नहीं होता?''

''होता क्यों नहीं? नारी का साहचर्य भी तो उनका एक काम है। युद्ध के बाद पराजित राज्य की सुन्दर नारियों का भोग करना इन्द्रदेव के चरित्र की एक विशेषता है।'' रुद्राक्ष ने कटाक्ष किया।

न जाने क्यों इन्द्रदेव की ऐसी अकारण भर्त्सना करना मुझे अच्छा नहीं लगा। मैं रुद्राक्ष के उस अश्लील कटाक्ष से व्यथित हुई।

भैया नारद ने मेरा मुँह देखकर मेरे मन की बात भाँप ली। कुछ मुस्कराते हुए बोले, ''पराजित राज्य की सुन्दर रमणियों को सभी आर्य राजा भोगते हैं, पर कलंक लगाया जाता है सिर्फ इन्द्रदेव पर। आज तक जितने कलंक इन्द्रदेव पर लगाए गए हैं, कोई और होता तो उनके बोझ से दबकर नर्क में पहुँच चुका होता। किन्तु इन्द्रदेव अपने विशाल व्यक्तित्व के कारण अब भी इन्द्रलोक में देवराज के पद पर आसीन हैं। तुम लोगों को यह जानना चाहिए कि दासराज्ञ युद्ध में केवल दासराजा और दाससेना ही नहीं, आर्यऋषि विश्वामित्र भी परोक्ष रूप से पराजित हुए थे। इसलिए इन्द्रदेव को ही दासविरोधी मानना सही नहीं है।''

इतने में प्रथा ने याद दिलाया कि आश्रम में अतिथियों का आगमन हुआ है। इसलिए वहाँ मेरी उपस्थिति अनिवार्य है। वशिष्ठ हालाँकि विश्वामित्र की तरह

क्रोधी नहीं हैं, वरना अब तक तो मैं अभिशप्त हो चुकी होती। गौतम खीजे हुए हैं और उन्होंने मुझे शीघ्र आश्रम पहुँचने का निर्देश दिया है।

भैया नारद ने सूचना देते हुए कहा, "वशिष्ठ भी मेरे साथ दासबस्ती के पास नदी तट तक आए हुए हैं और वहाँ एक वृक्ष की छाया में ध्यान में बैठे हैं। वैदिक संस्कृति की दृढ़ता और सामाजिक समन्वय एवं स्थिरता जिस संकट का सामना कर रही हैं, उसके निराकरण के लिए वे चिन्तित हैं। सभी मुनि-ऋषियों के साथ विचार-विमर्श करने के लिए वे यात्रा पर निकले हैं। अगस्त्य एवं लोपामुद्रा जराग्रस्त होते हुए भी सामाजिक समन्वय एवं राष्ट्रीय एकता स्थापित करने के लिए वन-वन डोल रहे हैं। अगामी पक्ष में वे लोग भी आएँगे।

"गौतम आश्रम में एक महत्त्वपूर्ण बैठक आयोजित की जाएगी। इसलिए अहल्या का कार्य और दायित्व कुछ दिनों के लिए बढ़ जाएगा। अब शायद उसे दासबस्ती में आने का समय न मिल सके। इसलिए अपना वर्णन आधे में न छोड़कर शीघ्र शेष करके आश्रम लौट जाए। मैं ब्रह्मर्षि वशिष्ठ का ध्यान भंग होने तक उनके निकट रहकर प्रतीक्षा करूँगा।"

इतना कहकर मुझे दधीचि उपाख्यान समाप्त करने का संकेत देकर नारद भैया वहाँ से प्रस्थान कर गए। प्रथा भी उनके पीछे-पीछे चली गई।

मैंने बीच में छोड़ी कथा का सूत्र फिर से पकड़ा, "इन्द्रदेव विष्णुजी की सलाह से दधीचि आश्रम जा पहुँचे। पहले उन्होंने अपने पूर्वकृत अपराध के लिए दधीचि से क्षमा माँगी। उसके बाद अपने आने का उद्देश्य विनम्रतापूर्वक कह सुनाया। दधीचि ने अपने उदार स्वभाव के कारण कभी उनका सिर काटनेवाले इन्द्रदेव को क्षमा कर दिया। मुस्कराते हुए पूछा—'तो क्या पुनः मेरा सिर काटकर मृत्युलोक भेजेंगे और मेरी अस्थियाँ एकत्र करके देवताओं एवं आर्यों के लिए संकटमोचक वज्र बनाएँगे?' इन्द्रदेव ने हाथ जोड़कर विनम्रतापूर्वक कहा—'हे परमपूज्य महात्मा! मुझे और लज्जित न करें। यह सच है कि उस दिन मैंने आपका सिर काटकर अपनी प्रतिज्ञा पूरी की थी, किन्तु अपने चिकित्सकद्वय को मैंने पहले से ही निर्देश दे दिया था तुरन्त शल्य-चिकित्सा करके आपके कटे सिर को धड़ से जोड़ने का। यदि ऐसा न किया होता तो आज देश के इस संकट की घड़ी में हमें वृत्रासुर के चंगुल से बचाने के लिए आप नहीं होते। यदि आपकी हत्या करके अस्थियाँ संग्रह करूँगा तो वृत्रासुर के वध के लिए वह 'वज्र' में परिणत नहीं हो सकेगा। इसलिए आपको स्वेच्छा से अपना शरीर त्यागना होगा। यह मेरा निर्देश नहीं है, भगवान विष्णु का देवताओं को दिया गया परामर्श है। मैंने तो सिर्फ आपके सामने व्यक्त किया है। आगे आपकी इच्छा। आपको देहत्याग करने के लिए हम बाध्य नहीं करेंगे।'

"कुछ-कुछ मुस्कराते हुए दधीचि ने कहा–'विश्व के हित के लिए यदि मेरी अस्थियों की आवश्यकता है, तब तो मेरी मृत्यु भी जीवन से अधिक प्रिय है। हे इन्द्र! तुम महान हो। तुम जानते हो कि तुम कभी मेरे हत्यारे थे और उस दृष्टि से तुम मेरे शत्रु हुए। तुम यह भी जानते हो कि तुम्हें भयंकर शाप देने की शक्ति भी मुझमें है। तुम्हें अपने सामने देखकर में तुम्हें शाप दे सकता था। यह सब जानते हुए भी देश के हित के लिए तुम आत्मस्वार्थ छोड़कर निर्भय, निर्मल, निरहंकार चित्त से मेरी शरण में आए हो। तुममें वृत्रासुर की हत्या करने की अमाप शक्ति है। पर मेरी निर्जीव अस्थियाँ वृत्रहन्ता शक्ति से शक्तिमान हैं, यह बात कहने में तुमने जरा भी संकोच नहीं किया। यह तुम्हारे अहंकार शून्य हृदय का परिचय है। इसलिए मैं तुम्हारे आचरण से प्रसन्न हुआ। जब तक तुम्हारे हाथों में अस्थियों से निर्मित 'वज्र' रहेगा, मैं मृत्यु के बाद भी जीवित रहूँगा। परन्तु मेरा एक अनुरोध है–तुम अपने व्यक्तिगत स्वार्थ के लिए मेरी अस्थियों से बने वज्र का उपयोग मत करना। ऐसा करने से मेरी आत्मा को कष्ट होगा और तुम्हारा यश घट जाएगा।'

"इतना कहकर महात्मा दधीचि ने निर्मल चित्त से देहत्याग दिया। उनकी अस्थियों से निर्मित वज्रास्त्र से वृत्रासुर का वध करके इन्द्रदेव यशस्वी बने। इसलिए देश जाति से ऊपर होता है और जाति व्यक्ति से ऊपर।"

अभी मैंने इतना कहा ही था कि रुद्राक्ष, अश्वयुग, विराट, धृपद आदि युवकों ने उत्तेजित हो चीत्कार किया, "क्या देश केवल आर्यों का है? दासवर्ण के वृत्रासुर का वध करके इन्द्र देशभक्त बन गए और दधीचि महान। अपनी जाति के लिए अपने प्राण निछावर करके वृत्रासुर देशभक्त और महान क्यों नहीं कहलाया? क्योंकि वह आर्य नहीं था। दासों को मारने के लिए पुनः कोई नया षड्यंत्र रचने के लिए सम्भवतः वशिष्ठ ऋषि का गौतम आश्रम में आगमन हुआ है। किन्तु हम यह नहीं होने देंगे। हमारी बस्ती के निकट प्रवाहित नदी का तट गौतम-आश्रम में शामिल करने के लिए ही वशिष्ठ योगासन में बैठे हैं। पहले हम उनका वध करके वृत्रवध का बदला लेंगे।"

उत्तेजित जनता को पत्थर से बने तरह-तरह के अस्त्र लेकर नदी की ओर दौड़ते देख मैं अवाक रह गई। महत उद्देश्य से मैंने जिस आख्यान का वर्णन किया था, वह एक ऐसे भयावह आर्य-दास संघर्ष में बदल जाएगा और वशिष्ठ के वध का कारण बनेगा, मैं यह नहीं जानती थी। अपनी अज्ञानता के लिए मैं स्वयं को कोसने लगी। भैया नारद पर भी क्रोध आया। वे तो ब्रह्मर्षि हैं। क्या अपनी दिव्य-दृष्टि से वे नहीं जान सके कि मेरे व्याख्यान से आज कैसा भयंकर कांड होगा? तो फिर उन्होंने मुझे दधीचि आख्यान वर्णन करने से रोका क्यों नहीं?

मैं भी उन सबके पीछे-पीछे पागलों-सी दौड़ने लगी। जिस तरह आग की लपटें ठंडी हवा के शीतल स्पर्श से भड़ककर लपलपाने लगती हैं, उसी तरह मेरी करुण

विनती ने उन हित–अहित के ज्ञान से शून्य निष्ठुर लोगों को एक हिंसक आनन्द ने और अधिक प्रज्वलित कर दिया। मैंने मान लिया कि आज महर्षि वशिष्ठ का अन्तिम दिन है। यहाँ तक कि मेरी प्रिय सहचरी ऋचा का पति प्रिय रुद्राक्ष ही इस हिंसाकांड में सबसे आगे है। मैं क्या करूँ? किसकी सहायता लूँ? तो क्या इस हिंसाकांड का कारण मैं बनूँगी? अपराधबोध और आशंका से मेरी तो जान ही निकल रही थी। इतने में मैंने देखा, मत्त–हाथी पर सवार हो वज्रधारी इन्द्रदेव अपने मित्र वशिष्ठ को रुद्राक्ष के हाथों से बचाने के लिए सहसा वहाँ आ गए। मैं कृतज्ञता और भक्ति से इन्द्रदेव के प्रति विगलित हो उठी। प्रार्थना करने से पहले ही जो प्रार्थना पूरी कर देते हैं, केवल वही इन्द्रपद के अधिकारी हो सकते हैं। संकट टल गया–सोचते ही मैं सहसा सचेत हो गई कि मेरे प्रिय रुद्राक्ष का आज आखिरी दिन आ गया है। भय और आशंका से मेरा हृदय काँप उठा। इन्द्रदेव निश्चित ही रुद्राक्ष समेत असंख्य दासों का दलन करके आज विद्रोह का दमन करेंगे। इस घटना के बाद मेरी आत्महत्या अवश्यम्भावी है। और फिर मैं जीकर भी क्या करूँगी? क्या मैं स्वस्थ मन से जी सकूँगी? कैसे देख सकूँगी ऋचा की आँसू भरी आँखें?

हित–अहित भूलकर उस उत्तेजित भीड़ को पार करते हुए मैं इन्द्रदेव के सम्मुख जा पहुँची। इन्द्रदेव रुद्राक्ष की हत्या करने ही वाले थे। न जाने कहाँ से आ गया मुझमें इतना साहस और मनोबल! पिताजी के प्रभाव से सम्भवतः मेरा आत्मबल प्रखर था। मैंने दृढ़ कंठ से घोषणा की, ''हे परमदाता इन्द्रदेव! मैं आपको स्मरण कराती हूँ कि समावर्तन उत्सव में आपने मुझे एक वरदान माँगने को कहा था। आज मैं वह वरदान...''

इन्द्रदेव ने मुझे चौंकते हुए वज्रनिर्घोष स्वर में कहा, ''शान्त हो जाओ अहल्या, इस मामूली–से दस्यु की जान बचाने के लिए अपने दुर्लभ वरदान का दुरुपयोग मत करो। बाद में किसी महत कार्य के लिए उस वरदान की आवश्यकता पड़ सकती है।''

मैंने हाथ जोड़कर कहा, ''देवराज! इस सृष्टि में किसी का भी जीवन नगण्य नहीं है। रुद्राक्ष द्वारा भविष्य में अनेक कल्याण–कार्य साधित नहीं होंगे, इसे कौन नकार सकता है? रुद्राक्ष भी एक देशभक्त वीर है...उसका क्रोध नितान्त अकारण नहीं है...''

''किन्तु किसी पराये के लिए अपना दुर्लभ वरदान अपने हाथ से जाने मत दो अहल्या!''

''रुद्राक्ष पराया नहीं है। वह मेरी प्राण प्रिय ऋचा का पति है। वह मुझे भी प्रिय है।''

''परन्तु गौतम के अनुमोदन बिना तुम मुझसे वरदान स्वीकार नहीं कर सकती, अहल्या! अब तुम गौतम के अधीन हो...।'' इन्द्रदेव के स्वर में श्लेष था।

"आत्मा किसी के अधीन नहीं होती–यह केवल परमेश्वर के अधीन है! मेरी आत्मा की यह प्रार्थना पूरी करें दाता!"

"मैं तुम्हारी प्रार्थना पूरी कर सकता हूँ, अहल्या, किन्तु प्रतिदान में तुम भी मुझे वर दे सकती हो। वह शक्ति तुममें है।"

"मेरी कैसी शक्ति, देवराज!"

"तुम ऐश्वर्यमयी नारी हो। तुम्हारे ऐश्वर्य की तुलना नहीं। इसलिए उसका हिसाब मत माँगो। यदि मैं तुम्हारे ऐश्वर्य का वर्णन करने लगूँ, तो त्रिभुवन की समस्त ऐश्वर्यशाली नारियाँ दरिद्र हो जाएँगी। इसलिए यदि मैं रुद्राक्ष के जीवन के बदले में तुमसे कोई वर माँगूँ तो?"

बिना सोचे आशंका विह्वल चित्त से मैंने उत्तर दिया, "दूँगी प्रभु! आप जो भी कुछ माँगेंगे, मैं दूँगी। यदि सच में मुझमें कोई ऐश्वर्य है, तो रुद्राक्ष एवं अन्य दास भाइयों की जीवनरक्षा के लिए मैं बेझिझक दान कर दूँगी।"

"रहने दो देवी! इस वर की आवश्यकता सम्भवतः कभी किसी महत्तर कार्य के लिए पड़ सकती है। इसलिए आज मैं तुमसे वर नहीं माँगूँगा। मैं स्वेच्छा से रुद्राक्ष को मुक्त कर देता हूँ।" इतना कहकर इन्द्रदेव वशिष्ठ और नारद भैया को रथ में बिठाकर जाने लगे।

मैंने वशिष्ठ के चरणों में सिर झुकाकर प्रणाम करते हुए अपने आज के अपराध के लिए क्षमा माँगी। उदारचित्त वशिष्ठ ने अपने स्नेह विगलित हृदय के आशीर्वाद रूपी वारि से मुझे भिगो दिया। ओफ्फ, इन्द्रदेव की उदारता और वशिष्ठ की क्षमाशीलता के कारण आज पृथ्वी एक महाप्रलय से बच गई!

सृष्टि के बाद आती है प्रलय; किन्तु प्रलय भी कभी अनन्त नहीं होती। न जाने कितनी प्रलय आती हैं और नई-नई सृष्टि से दाव्या पृथ्वी को ऋतम्भरा, मधुक्षरा कर जाती हैं। कल का प्रलय टल जाने के बाद मैं आत्म-समीक्षा करने में मग्न हो गई थी। भविष्य को ध्यान में रखकर काम करना उचित है, यह जानते हुए भी मनुष्य हमेशा हर काम ठीक से नहीं करता क्योंकि मनुष्य सर्वज्ञ नहीं होता। अपने बारे में न कहूँ तो ही अच्छा है। मैं दुनियादारी से बिलकुल अनजान हूँ–तभी तो कल इतने बड़े प्रलय का सूत्रपात हो गया था।

जब नदी बहना प्रारम्भ करती है, क्या उसे अपना गतिपथ मालूम होता है? क्या वह जानती है अपना भवितव्य? पहचानती है समुद्र को? समझती है समुद्र में उसके लिए स्थान है या नहीं? जानती है कि उसके गतिपथ में कितने संकट, बाधा-विघ्न प्रतीक्षा कर रहे होते हैं? फिर भी वह बहती है। उसमें जीवन का

उद्दाम ज्वार जो होता है, ऐसे में वह बहे न तो क्या करे? बहते-बहते एक मार्ग निकलता चला आता है, समस्त विघ्न-बाधाओं के बावजूद। किन्तु उस मार्ग से भी समुद्र तक पहुँचना निश्चित नहीं होता। समुद्र तक पहुँचे या न पहुँचे, परन्तु पृथ्वी को शस्यश्यामला करने में झिझक नहीं होती उसमें। वह गढ़ती चलती है विपुल वन और वन के अन्तराल में जीवन-प्रवाह। गढ़ती है संस्कृति और सभ्यता। नदी का भविष्य नदी को नहीं मालूम, तो क्या वह वनों के भविष्य का मार्ग रोकती है?

इसलिए मेरा भविष्य क्या और कैसा होगा, यह न जानने के कारण क्या अपने लक्ष्यपथ से विमुख हो जाऊँ?

बीते कल की घटना के लिए मुझे ग्लानि नहीं थी। दासों को यज्ञ की ओर आकर्षित करने के लिए बार-बार ऐसे प्रलयों का सामना करना पड़ेगा। कल्प-कल्पान्तरों का बैर भाव और विरोध बिना प्रलय के दूर होना भला कैसे सम्भव है?

आश्रम में खलबली मच गई थी। ब्रह्मर्षि वशिष्ठ कह रहे थे, ''देवी अहल्या के कारण कल एक बड़े प्रलय से गौतम आश्रम बच गया। दास लोग केवल मेरी हत्या करके सन्तुष्ट नहीं हो जाते, गौतम आश्रम को भी ध्वंस कर डालते। परन्तु मेरी हत्या से पहले ही मित्र इन्द्रदेव बिना आमंत्रण के पहुँच गए। कल वे दासबस्ती को निश्चित रूप से समूल ध्वंस कर डालते एवं उसकी विषमय परिणति के रूप में एक और देवासुर संग्राम समग्र आर्यावर्त में फैलकर महाप्रलय का रूप धारण कर लेता। अहल्या यदि इन्द्रदेव को अपने पवित्र व्यक्तित्व से प्रभावित न कर पाती तो इन्द्रदेव उनका अनुरोध न मानते। वे रुद्राक्ष, अश्वयुग, विराट आदि दासों की हत्या करके खंड प्रलय मचा देते। दूसरों को प्रभावित करने की अहल्या की अद्‌भुत शक्ति के कारण ही कल इतना बड़ा संकट टल गया। महर्षि गौतम! तुम अत्यन्त भाग्यशाली हो। भविष्य में अहल्या के कारण तुम्हारे अनेक संकट टल जाएँगे, यह मेरी भविष्य दृष्टि कहती है। मैं जानता हूँ कि तुम्हारी पत्नी के रूप में अहल्या का इस आश्रम के प्रति कुछ कर्तव्य है। किन्तु तुम उन्हें आश्रम में उपाध्यक्ष के रूप में स्वीकृति प्रदान करो। उनकी एक अलग पहचान हो। तभी वे असुर, राक्षस एवं पणि तथा दासों को प्रभावित करके सत्‌मार्ग पर चला पाएँगी। तुम्हारे प्रति दासों का विद्वेष स्वाभाविक है। इसलिए गौतम पत्नी के परिचय से अहल्या आर्य-अनार्य का समन्वय कार्य करने के लिए जो कदम उठाएँगी, उसमें अनेक विघ्न-बाधाओं का सामना करने को बाध्य होंगी। गौतम-पत्नी के रूप में अहल्या पर उनका विश्वास जम नहीं पा रहा है। मैंने एक मित्र के रूप में तुम्हें यह प्रस्ताव दिया है। सोच-विचारकर तुम चाहो तो इसे स्वीकार करो, न करो। यह मत समझना कि मैं अपनी राय तुम पर जोर-जबर्दस्ती थोप रहा हूँ।''

गौतम कल की घटना से अप्रसन्न थे। उनके अनुसार कल हुए महाप्रलय का मूल कारण मैं थी। दासबस्ती में वेद-प्रचार करने की क्या आवश्यकता थी?

और फिर इन्द्र-वृत्र उपाख्यान को बढ़ा-चढ़ाकर बखानने की मूर्खता मैंने क्यों की? अनर्थ के द्वितीय कारण थे इन्द्रदेव। ब्रह्मर्षि वशिष्ठ अपनी ब्रह्मशक्ति के बल पर स्वयं अपनी रक्षा कर सकते थे और मधुर स्वभाव के कारण परिस्थिति को सँभालकर प्रलय को टाल सकते थे! क्या इन्द्र वशिष्ठ की शक्ति नहीं जानते? इन्द्रदेव ने कैसे समझ लिया कि रुद्राक्ष वशिष्ठ की हत्या कर देगा? आगे आकर बढ़-चढ़कर अपनी शक्ति और बड़प्पन प्रदर्शित करने के अलावा शायद इन्द्र के पास और कोई दूसरा काम नहीं है। उनकी उपस्थिति से दासों में अधिक उत्तेजना और हिंसा भड़क उठी। क्या इससे इन्द्रदेव ने वशिष्ठ की ब्रह्मशक्ति पर सन्देह करके उनका अपमान नहीं किया? इसलिए अहल्या ने प्रलय को टाला नहीं, बल्कि आमंत्रित किया है। इन्द्र ने उसे अधिक प्रखर किया है। कल से गौतम यह दोषारोपण कर रहे हैं। आज भी उन्होंने यह बात कही।

भैया नारद विश्व-ब्रह्मांड के संवाददाता हैं। वह स्वयं ही वृत्तपत्र हैं। सारे संसार की घटनाएँ उनके जिह्वाग्र पर हैं। उन्होंने गौतम के दोषारोपण का उत्तर देते हुए कहा, ''क्यों जीजाजी! मेरी बहन की प्रशंसा सह नहीं पा रहे, न ही अपने सहपाठी इन्द्रदेव की शक्ति सह पा रहे हैं। अग्रणी अग्निदेव ने जब आगे बढ़कर जयरोध राक्षस के चंगुल से मित्र वशिष्ठ को बचाया था, तब तो आपने शान्तमुख से अग्निदेव की शक्ति, बन्धुवत्सलता, परोपकारिता एवं निरहंकारिता की प्रशंसा की थी। आज ठीक वैसी ही परिस्थिति में आप शान्तमुख से इन्द्रदेव की निन्दा कैसे कर रहे हैं? क्या इससे यह स्पष्ट नहीं कि आपको अपने सहपाठी की सफलता से ईर्ष्या हो रही है? और मेरी बहन अहल्या के अलौकिक सौन्दर्य से मुग्ध होकर इन्द्रदेव ने उसका अनुरोध मान लिया है इस कारण आपका शास्त्रीय स्वामित्व आहत हुआ है—यह सोचना धृष्टता तो नहीं होगी? इतना ही नहीं, इन्द्रदेव ने सबके सामने यह घोषणा की है कि वे मेरी बहन अहल्या से भविष्य में कभी वरदान माँगेंगे, कहीं इस कारण आप सन्दिग्ध और क्षुब्ध तो नहीं हो उठे हैं? इसलिए कल से आप अप्रसन्न और उदास दिख रहे हैं? छोड़िए इन बातों को—आप मेरे प्रश्न के उत्तर में नितान्त अखंड तर्क देंगे, मैं जानता हूँ। इसलिए इस प्रश्न का उत्तर आप स्वयं को ही दीजिए। इस समय तो महात्मा वशिष्ठ के प्रस्ताव पर आप अपनी राय दें। आश्रमवासियों समेत मैं स्वयं भी आपकी राय जानने को उत्सुक हूँ। अहल्या प्रारम्भ से ही वनचारिणी, प्रकृति विलासिनी एवं जीव-मानव को अलग न मानकर उनके प्रेम के खोई रहती है। उसे अधिक समय तक आश्रम के दायित्वपूर्ण कार्यों में व्यस्त रखने से उसे जंगल, पहाड़, उपत्यकाओं में घूम-घूमकर दासों के साथ मित्रता करके अनर्थ करने का समय नहीं मिलेगा। अतः वशिष्ठ का प्रस्ताव अत्यन्त प्रासंगिक लगता है।''

भैया नारद की बातों से क्षुण्ण होने पर भी शान्त रहने की चेष्टा करते हुए गौतम ने सहज स्वर में कहा, "अभी अहल्या की उम्र ही क्या है, बन्धुवर? क्या पन्द्रह-सोलह साल की उम्र में कोई गुरुकुल आश्रम की उपाध्यक्ष बन सकती है? उसके शिष्य उम्र में उससे आठ-दस वर्ष बड़े होंगे, यह जानते हुए भी आपके और वशिष्ठ महामुनि द्वारा ऐसा प्रस्ताव रखना क्या प्रासंगिक है? अहल्या को आश्रम में कार्यव्यस्त रखने के लिए मैंने एक अन्य उपाय सोच रखा है। वह शुभ समाचार तुम्हें सही समय पर मिल जाएगा और अपनी बहन के लिए दिव्य मिष्ठान आदि लेकर कुछ ही दिनों में तुम यहाँ आओगे।"

गौतम की रसिकता से भैया नारद बिलकुल आमोदित नहीं हुए। तर्क की ओट में बोले, "इन्द्रदेव की उम्र है ही कितनी? अपने दिव्य संस्कारों के कारण जो लोग आज देवपद प्राप्त करके स्वर्ग की सारी सुख-सुविधाओं को भोग रहे हैं, उनमें इन्द्रदेव सबसे कम उम्र के देवता हैं। तो फिर वे स्वर्ग में देवराज का पद प्राप्त करके देवताओं पर शासन कैसे कर रहे हैं? देवराज पुरुष हैं और मेरी बहन नारी—क्या सिर्फ इसीलिए यह वैचारिक अन्तर है? पुरुष की मानसिक शक्ति एवं नारी के देह सौन्दर्य को लेकर क्या सामाजिक प्रतिष्ठा में नारी और पुरुष के इस वैषम्य को आप जैसे विचारशील ऋषि द्वारा प्रोत्साहित करना संगत है?"

गौतम ने इस गम्भीर सामाजिक समस्या से जुड़े प्रश्न को कुछ हल्के परिहास के साथ टालने की चेष्टा करते हुए कहा, "इन्द्रदेव के इन्द्रत्वप्राप्ति की राजनीति की चर्चा न करना उचित होगा। क्या हर प्रतिभासम्पन्न व्यक्ति को हमेशा उपयुक्त प्रतिष्ठा मिलती है? प्रतिभा और प्रतिष्ठा दो अलग-अलग बातें हैं इसलिए उन बातों को छोड़ो। अच्छा ब्रह्मचारी श्यालक महोदय, आप नारी मुक्ति आन्दोलन के पुरोधा कब से बन गए? स्वयं विवाह किया होता तो शायद नारी मुक्ति के बारे में इतना स्पष्ट स्वर सुनाई नहीं पड़ता। हाँ—यदि सोचते हैं कि आपने बहन का विवाह किसी योग्य पात्र से किया है, तो हमारे पारिवारिक मामलों में हस्तक्षेप न करना सर्वदा वांछनीय है। पिता-माता, भाई-बहन, बेटी-दामाद के बीच पड़कर निर्णय लेने से दाम्पत्य जीवन बर्बाद होने के अनेक उदाहरण हैं। इसलिए बन्धुवर! जीजा पर भरोसा रखो। मैं भी अहल्या का शुभचिन्तक हूँ। वह मेरी पत्नी ही नहीं—मेरी परम प्रिय शिष्या भी रही है।"

नई कली के चारों ओर मधुमक्खियों का मृदगुंजन जब मेरी सुकुमार इच्छाओं को 'मधुवाताऋतायते मधुक्षरन्ति सिन्धवः' मंत्र से मंत्रित कर रहा था, ठीक उसी समय मेरे चारों ओर 'मम पुत्राः शत्रु हणो' (मेरे पुत्र शत्रुदलनकारी बनें) मंत्र मेरे

कानों में मुनिकंठों से अनुगुंजित हो रहा था। 'पुत्रवती भवः, पुत्रवती भवः' के आशीर्वचन प्रणव ओंकार के साथ मिलकर मेरे चारों ओर के आकाश-पृथ्वी को बोझिल कर रहे थे। मुझे पुत्रवती करने के सारे आयोजन गौतम आश्रम में प्रारम्भ हो चुके थे। यही था मुझे आश्रम परिसर में बाँधे रखने का उपाय।

कम उम्र के कारण उपाध्यक्ष की योग्यता मुझमें नहीं थी, किन्तु जननी बनने की योग्यता मेरा शरीर ग्यारह वर्ष की आयु से ही प्राप्त कर चुका था। इसलिए गौतम की इस महत्त्वाकांक्षा का विरोध करने का अधिकार मुझे नहीं था किन्तु जननी बनने से पहले मैं गौतम की प्रेममयी पत्नी बनने के प्रति आशान्वित थी। प्रेम का स्वाद चखने के लिए मेरे भीतर प्रबल आकांक्षा बहुत दिनों से जाग उठी थी। लेकिन गौतम के नैष्ठिक स्वामित्व के कारण प्रेम शब्द उच्चारण करने का साहस मुझमें नहीं था। प्रेम भी एक वासना है। गौतम वासनाओं पर विजय प्राप्त करने के लिए साधना कर रहे थे। इसलिए वह समाज के समस्त सहज नियमों के प्रति कठोर थे। ऐसे संसार विरागी पति के साथ गृहस्थी बसाना कितना दुष्कर है, यह मैं जानती थी। इसलिए मैं अपनी प्रेम अभिलाषा को जबरन दबाकर स्वयं कष्ट सहती रही। आज गौतम मुझे पुत्रवती बनाने की तैयारी करने में लगे थे इस कारण मुझे खुश होना चाहिए। किन्तु मैं खुश नहीं हो पा रही थी। क्या प्रेम महज देहभोग है? क्या प्रेम जैविक प्रवृत्ति की पूर्ति है...क्या प्रेम प्रजनन है?

गौतम ने अब तक मेरी देहसत्ता को स्वीकृति नहीं दी है। कामभोग के लिए शरीर सुख पाप है। अतः पुत्र उत्पत्ति के सही समय की वे प्रतीक्षा कर रहे थे। अब उनकी पुत्र पैदा करने की इच्छा जागी है। इसलिए उन्होंने गर्भभूमि को पुत्र सन्तान उत्पत्ति के योग्य बनाने की ठान ली है। मेरे अन्दर दो कारणों से विद्रोह जाग रहा है। प्रथमतः जननी बनने के लिए मेरी मानसिकता अनुकूल अवस्था में है या नहीं, उन्होंने मुझसे नहीं पूछा। द्वितीयतः मैं पुत्र चाहती हूँ या कन्या चाहती हूँ, उस बारे में उन्होंने मुझसे प्रेमपूर्वक कुछ नहीं पूछा मानो मैं कोई बंजर भूमि हूँ। औषधि का प्रयोग करके वे मुझे उर्वर बनाएँगे और अपनी इच्छा के अनुसार कोई भी शस्य उपजाएँगे। किन्तु ये सब मेरे मूक विद्रोह थे। मैं खुलकर किसी भी तरह का विरोध नहीं कर पा रही थी। ऐसा ही था हमारे समय और समाज का चलन। भला कौन राजा, ऋषि, देवता अपनी पत्नी से विचार-विमर्श करके सन्तान उत्पत्ति की योजना बनाते थे, जो मेरे ब्रह्मपुत्री अहल्या होने के कारण गौतम मेरे लिए अलग से नियम बनाएँगे?

मेरे लिए आश्रम से बाहर जाना मना था, क्योंकि मैं पुत्र सन्तान धारण करने के लिए चिकित्साधीन थी। शमीवृक्ष में बढ़े पीपल के पेड़ के पत्ते और छाल के रस का मुझे नियमित सेवन करना पड़ता था। अत्यन्त बुरा स्वाद होने पर भी मुझे उस रस को पीने के लिए बाध्य किया जाता था। उससे गर्भधारण

की शक्ति बढ़ेगी। कुछ दिनों तक छाल और पत्तों का रस पीने के बाद उसी वृक्ष के पंचांग अर्थात जड़, छाल, पत्ता, फूल और फल को सुखाकर उसके चूर्ण से तैयार किए गए एक मोदक को दूध और शहद में मिलाकर प्रतिदिन दो बार मुझे सेवन कराया जाता था। उस मोदक के सेवन से कन्या सन्तान धारण करने की आशंका दूर होकर पुत्र सन्तान धारण करना निश्चित है, यह आश्वासन प्रथा मुझे दिया करती थी। किन्तु मैं उस समय जननी बनने के लिए बिल्कुल तैयार नहीं थी...और फिर पुत्र या कन्या का भेद मेरे मन में नहीं था। बल्कि गौतम और समाज का कन्या विरोधी विचार मुझे क्षुब्ध करता था। मेरे भीतर विद्रोह पैदा हो रहा था। मैं ईश्वर से प्रार्थना किया करती थी कि गौतम के पुत्र लाभ करने के समस्त उद्यम के बावजूद मैं कन्या सन्तान धारण करूँ। गौतम का विरोध करने की यह एक तरह की दृढ़ भावना मेरे अन्दर उत्पन्न हो रही थी। प्रतिदिन औषधि का सेवन करते-करते मैं चिड़चिड़ी भी हो गई थी। ऋचा, रुद्राक्ष आदि से अब मेरी मुलाकात नहीं होती थी। उनके लिए आश्रम निषिद्ध था और मेरे लिए अरण्य। इसलिए उस दिन की घटना के बाद उनके मनोभाव मेरे प्रति क्या हैं, उस बारे में जानने का कोई उपाय नहीं था। अत: मेरे मन में नाना कारणों से प्रसन्नता नहीं थी।

ऐसी ही एक अप्रसन्न ऋतु में गौतम ने मुझे ग्रहण किया। हाँ, मुझे उन्होंने ग्रहण किया एक तरह से बलात्कार करके। मेरी इच्छा के विरुद्ध मुझे गर्भधारण कराने के उद्देश्य से मेरे साथ शारीरिक सम्बन्ध स्थापित करने का अर्थ बलात्कार नहीं तो और क्या था?

जब शुरू-शुरू में गौतम से एकान्त में मिलने के लिए मैं स्वयं को तरह-तरह से सजाया-सँवारा करती थी, तब गौतम मेरे शयन-कक्ष में प्रेमी के रूप में न आकर आया करते थे—कठोर नीति-नियमों से भरे एक रूढ़िवादी समाज के रक्षक के रूप में। अब मुझमे कोई रोमांच नहीं बचा था। मेरी नसों में शीतल अस्वीकृति का हिमरक्त जमने लगा था। गौतम के भस्म पुते बदन और वैराग्यरंजित मुख देखने से मेरी नसों में हिमलहरी फैल जाती-जी करता, सारे बन्धनों और बेड़ियों को तोड़कर उसी क्षण गौतम के स्वामित्व के चंगुल से मुक्त हो जाऊँ। यह घोषणा करूँ कि केवल स्वामी की इच्छा से स्त्री का गर्भधारण करना पाप है! अवैध है! किन्तु दुनिया की असंख्य सन्तानें जननी के गर्भ में पति के बलात्कार के कारण आश्रय लेती हैं। विवाह नामक सामाजिक स्वीकृति हो तो बलात्कार से जन्मी सन्तान को अवैध घोषित करने का अधिकार समाज को नहीं है। इसलिए मैं कौन होती हूँ विरोध करनेवाली?

सोचा था कि पहले गौतम कुछ प्रेम-सम्भाषण होगा। सम्भवत: गौतम के दो प्रेममय बोल से मेरी देह और मन की सारी बेड़ियाँ टूट जाएँगी एक-एक

करके अनायास ही...मैं गौतम के पवित्र पौरुष के आगे अपने सुकोमल नारीत्व को स्वतः निछावर कर दूँगी। अपनी सन्तान आगमन के मांगलिक क्षण का पूर्णप्राण से स्वागत करूँगी।

लेकिन 'प्रेम' जैसे लघु आवेग को मेरे सम्मुख प्रकट करने में गौतम के कठोर स्वामित्व का अहंकार बाधक बन गया। वे मुझसे बातचीत करने के बदले मेरी कोख को अभिमंत्रित कर मंत्रपाठ करने के तुरन्त बाद मुझसे उग्रभाव से लिपट गए। मैं सहसा दो भागों में बँट गई--अपने तन और अपार्थिव आत्मा में। मेरे तन ने तो जड़वत पति के समस्त उत्पीड़न को चुपचाप सह लिया। किन्तु मेरी सुकोमल प्रेमाकांक्षी आत्मा न जाने किस अदृश्य मधुवन में मेरे जीवन के कल्पित प्रेमी गौतम को ढूँढ़ते हुए आँसू बहा रही थी।

मैं कायमनोवाक्य से स्वयं को पति को अर्पित नहीं कर पाई। क्या यह मेरा पाप है? मेरी सुहागरात बीत गई परन्तु सुख के स्वाद की अनुभूति नहीं हो पाई। ऐसा अनेक नारियों के भाग्य में होता है। तो फिर मैं तिल का ताड़ क्यों बना रही हूँ? मुझसे सब कुछ सुनने के बाद मेरी मृदु भर्त्सना करते हुए प्रथा के इतना कहते ही मैं अपने भीतर की अहल्या की भर्त्सना करते हुए अनेक नारियों में से एक हो जाने की चेष्टा करने लगी।

जिस तरह मातृस्तन में अमृतरस अनायास ही भर जाता है, उसी तरह गर्भवती नारी के हृदय में वात्सल्य का अमृत आवेग उद्वेलित हो उठता है। कितना विचित्र होता है नारी मन!

मुझमें गर्भ-संचार हुआ है, जानने के बाद मेरे अन्दर की सारी विरोधी भावनाएँ शान्त पड़ गईं। मेरा हृदय वात्सल्य रस से सुकोमल हो गया। सारा संसार मुझे मधुमय दिखने लगा। सन्तान धारण करने के क्षण का मैंने क्यों दिल खोलकर स्वागत नहीं किया, यह सोचकर मैं स्वयं को धिक्कारने लगी। प्रायश्चित स्वरूप अपने पति की तमाम ज्यादतियों को मैं सन्तान के लिए कल्याणकारी मानकर सहर्ष सह गई। भूमि कितनी ही कठोर क्यों न हो, कोई बीज बो देने से उसे अंकुरित करने के लिए स्वयं को विदीर्ण करने में क्या भूमि कभी झिझकती है?

मैंने भी गर्भधारण के बाद के आचार-विचार, विधि-विधानों को स्वीकार कर लिया। स्वयं को विदीर्ण करने को तैयार हो गई। गर्भधारण के दो महीने बाद बरगद के कोमल पत्तों का रस मुझे नाक से प्रतिदिन सेवन करना पड़ता था। यह मेरे लिए अत्यन्त कष्टदायी होने पर भी समाज द्वारा निर्धारित 'पुंसवन संस्कार' था, जिसे मैं कैसे नहीं मानती? इससे गर्भ के सन्तान को पुत्र में बदला जा सकता है, यह बात मुझे प्रथा ने समझाई। 'पुत्र' के लिए मेरे मन में कोई विरोध नहीं है परन्तु मैं स्वयं पुत्रवती होना चाहती थी। स्वर्ग, मर्त्य और पाताल में ऐसी कौन-सी रमणी है जो पुत्रवती नहीं होना चाहती, किन्तु मैं 'कन्यावती' भी होना चाहती

थी। इसलिए समाज के कन्या-विरोधी विचारों का मैं विरोध करती हूँ। किन्तु आज मैं पुत्र प्रसव के लिए तैयार हूँ। यह तो मात्र प्रारम्भ है। दो-तीन पुत्र सन्तान प्राप्त करने के बाद गौतम सन्तुष्ट हो जाएँगे और उसके बाद मैं कन्यावती होने का सौभाग्य प्राप्त करूँगी। यदि उस समय गौतम कन्या सन्तान का विरोध करेंगे तो मैं भी उनका विरोध करूँगी, मैंने मन-ही-मन यह ठान ली थी।

मेरा यह प्रथम गर्भ था। इसलिए चतुर्थ, षष्ठ और अष्टम महीने में सीमन्तोन्नयन संस्कार आयोजित किए गए। संस्कार में उदुम्बर पेड़ की टहनियों और सींकों की सहायता से मेरे केश उखाड़े गए। मैंने सारे कष्ट सह लिए। स्वयं को विदीर्ण करने का कष्ट तो सहना ही होगा इस फूल जैसे कोमल और सुकुमार शरीर को। सम्भवत: इसलिए समाज ने नारी को कष्ट सहिष्णु बनाने के लिए इतने सारे प्रारम्भिक विधि-विधान बनाए हैं। मेरे सुखद प्रसव के लिए 'सोष्यन्ती कर्म' सम्पन्न हुआ। अब विदीर्ण होने की शुभ कड़ी आ गई थी। पिता ब्रह्मा, भैया नारद, वशिष्ठ, विश्वामित्र आदि ऋषिगण सूचना पाकर आश्रम में पधार चुके थे। मेरी प्रसव-वेदना प्रारम्भ हो गई। मेरे पास कमर कसे खड़ी थी वृद्धा प्रथा। प्रथा कितनी ही जीर्ण क्यों न हो, उसे कसकर भींच लेने से न जाने कहाँ से समुद्र के ज्वार-सी अथाह शक्ति भर जाती है मुझमें।

क्या कोई यंत्रणा असह्य होती है? यदि होती है, तब तो गर्भयंत्रणा से सारी नारियाँ मृत्युवरण कर लेतीं—विशेषकर मेरी तरह की सुकुमारी कन्याएँ तो गर्भयंत्रणा के एक झटके से ही देह त्यागकर हमेशा के लिए मुक्त हो जातीं। कहते हैं, गर्भयंत्रणा से बड़ी यंत्रणा पूरी दुनिया में नहीं है। तो फिर मैं कैसे सह गई वह यंत्रणा—और फिर क्षण में कैसे भूल गई वह यंत्रणा अपने प्रथम पुत्र की मधुर किलकारी फूटते ही?

क्या वृक्ष कभी फल धारण करने का विरोध करता है? हर साल गुच्छे के गुच्छे फलों के बोझ सहता रहता है, वृक्ष नतमस्तक हो। फलधारण करना तो वृक्ष का धर्म है। यही तो है वृक्ष के जीवन का गौरव और उसका सफल होना। यदि मैं चार वर्षों में तीन पुत्रों की जननी बनी, एक गर्भ भंग भी हुआ, तो फिर मेरे विरोध करने का औचित्य ही क्या है?

एक के बाद एक ग्यारह पुत्रों की जननी बनना मेरे लिए स्पृहणीय था। ग्यारह पुत्रों के जनक होने के बाद ब्रह्मचर्य का पालन करने के लिए गौतम ने वानप्रस्थ अपना लिया होता। यही ऋषिकुल की रीति है। लेकिन मेरे तीन पुत्रों के जन्म के बाद चौथा गर्भ गलत हो जाने पर गौतम ने यह निश्चित किया कि अब से वे ब्रह्मचर्य का पालन करेंगे।

मेरे तीनों पुत्रों के जन्म से पहले और गर्भावस्था के दौरान पुत्र सन्तान की प्राप्ति के लिए मुझे उसी पीड़ादायी चिकित्सा में रहना पड़ा था। शतानन्द और

चिरकारी के जन्म के बाद छोटे बेटे शरदभानु के जन्म के समय मेरी उम्र थी सिर्फ बीस वर्ष। मेरा शरीर कमजोर हो गया था। अब गर्भधारण की इच्छा नहीं थी। कमजोरी के साथ-साथ तीन-तीन बच्चों के लालन-पालन, आश्रम के जंजाल, गौतम के कठोर स्वामित्व के बोझ ने मुझे विषादग्रस्त कर दिया था। पुनः गर्भकष्ट सहने के लिए न केवल मेरा मन विद्रोह कर रहा था, बल्कि शरीर भी साथ देने से मना कर रहा था। किन्तु मैं मुँह खोलकर विरोध नहीं कर पा रही थी। मेरे ब्रह्मापुत्री होने के कारण क्या मुझ पर समाज से अलग नीति-नियम लागू होंगे? आश्रम के अन्य ऋषियों की कम उम्र की सुकुमारी पत्नियाँ प्रतिवर्ष जब पुत्रवती हो रही थीं, ऐसे में मेरा मना करना कहाँ तक संगत होगा? किन्तु किसी-न-किसी उपाय से गौतम द्वारा निर्धारित पथ से विच्युत होने के लिए मेरे अन्दर एक बेसुरी अहल्या विद्रोही स्वर उठा रही थी। मैं गौतम के स्वामित्व की अवहेलना नहीं कर सकती। इसलिए गौतम के मेरे समक्ष अपना स्वामित्व प्रकट करते समय मेरा तन, मन, प्राण, आत्मा टूट-फूट कर खंड-खंड हो जाने पर भी उसे चुपचाप सह लेना निश्चित ही मेरा स्त्री धर्म था। किन्तु मैं पुत्रवती होना चाहती हूँ या कन्यावती, क्या उस बारे में मुझे कुछ भी नहीं कहना? मेरे लिए दासबस्ती जाना मना था। मेरी सहचरी ऋचा को मुझसे दूर कर दिया गया था। पुत्र बड़े होकर पिता का दायित्व और उत्तराधिकार ग्रहण करेंगे किन्तु मेरा रत्तीभर दुख भी वे लोग कम नहीं कर सकते। मेरा दुख समझने के लिए उनकी पुरुष छाती में स्पन्दन ही कहाँ जगेगा!

हर बार पुत्रों के 'निष्क्रमण संस्कार' के समय कन्यावती होने की अभिलाषा मेरे मातृहृदय में अंकुरित होती। पुत्रों के जन्म के तृतीय मास में ज्योत्स्नामय शुक्ल-पक्ष की तृतीया के दिन उन्हें चन्द्रस्नान कराते समय मैं अपने अन्तर की वेदवाणी का उच्चारण प्रथा के अनुसार करती, "ऐ मेरे प्रिय पुत्र! आज इस शुभ लग्न में मैं तुझे चाँदनी से नहला रही हूँ। अब से तू मुक्त है। यह नीला आकाश देख सकता है। अपने दिव्य चक्षु से उसे देख। सविता देव की मंगल किरणें, चन्द्रदेव की स्निग्ध ज्योत्स्ना, पृथ्वी की अथाह वनस्पति मेरी सारी आशाएँ पूरी करें। तेरे हिताकांक्षी पिता तुझमें स्वयं को देखें। तू पिता का गौरव बढ़ा—तेरी ही कीर्ति से अमर रहे पिता का नाम..."

इतना कहते हुए मैं सोच रही थी कि यदि मेरी कन्या पैदा न हुई तो मैं अपने को किसमें देखूँगी? मेरी आकृति, आचरण, संस्कार लेकर कौन जन्म लेगा और मेरा गौरव बढ़ाएगा? कन्या के लिए केवल गौतम ही नहीं, मुनि, ऋषि, राजागण भी निर्दयी और कुंठित हैं। देववाणी में झंकृत होता है, "हे प्रभु! यदि कन्या सन्तान दान करो तो किसी दूसरे परिवार को दान कर दो। इस परिवार को पुत्रदान करो..." यह सुनकर मन विद्रोह कर उठता। देववाणी में यदि इतनी संकीर्णता है,

इतना स्वार्थीपन है, तो क्या उसमें भी संशोधन आवश्यक नहीं? किसी वेदज्ञ से परोपकारी होने की आशा की जाती है। पर यदि कन्या सन्तान क्षतिकारक समझी जाती है, तो उसे दूसरे परिवार को दान करने की प्रार्थना करना चरम स्वार्थीपन नहीं तो और क्या है? साथ ही, एक वेदज्ञ को चाहिए कि वह जाति, वर्ण, आँचलिकता एवं पुरुष-नारी से परे मनुष्य को समान दृष्टि से देखें। भला वह केवल पुत्रवान होने की अभिलाषा कैसे कर सकता है? आखिर यह आर्यों की किस उदारनीति के अन्तर्गत आता है!

जिन्हें दास, दस्यु, पणि, इतर, राक्षस कहकर हीन दृष्टि से देखा जाता है, वे इस दृष्टिकोण के प्रति बहुत उदार हैं। उनके समाज में स्त्री-जाति का स्थान बहुत ऊँचा है। पुत्र हो या कन्या किसी भी रूप में 'सन्तान' प्राप्त करना ही उनमें आनन्द और उल्लास भर देता है। हालाँकि मुझे लगता है कि मुनि, ऋषि और आर्यगण किसी नारीहीन पृथ्वी की कल्पना करते हैं। यदि एक राजा का सौ राजकन्याओं से विवाह करना आर्यनीति है और यदि समस्त आर्यपत्नियाँ केवल पुत्रवती ही होंगी, तो क्या आगे चलकर आर्यवर्ण समाप्त नहीं हो जाएगा? कोई-कोई तो कन्याओं के प्रति इतने निष्ठुर होते हैं कि ज्योतिषशास्त्र या दिव्यदृष्टि के बल पर कन्याभ्रूण की जानकारी प्राप्त होते ही औषधि का प्रयोग करके भ्रूण हत्या करने से भी पीछे नहीं हटते। ये बातें सोचते समय भय, वेदना और घृणा से खड़े हो जाते हैं मेरे रोंगटे।

जिस तरह माँ के दूध में पुत्र हो या कन्या, दोनों का जन्मसिद्ध अधिकार होता है, उसी तरह मातृगर्भ के जरायु में पुत्र हो या कन्या, दोनों का जन्मसिद्ध अधिकार होता है। मातृगर्भ को पुत्र सन्तान की प्राप्ति के लिए अभिमंत्रित करने का कारण कन्या-सन्तान को उसके जन्मसिद्ध अधिकार से वंचित करना भले ही आर्यधर्म हो, किन्तु यह मानव-धर्म नहीं है। जब भी मेरा जननी प्राण इस तरह के विचारों से आलोड़ित होता, प्रथा मुझे दिलासा देते हुए कहती, "तुम नारी का पक्ष लेकर सोच रही हो, क्योंकि तुम नारी हो। नारीमुक्ति की प्रथम पुरोधा सम्भवतः तुम्हीं हो। तुम्हीं से नारीमुक्ति आन्दोलन आरम्भ होकर स्थानातीत, कालातीत आन्दोलन में बदल जाएगा। युग-युग तक तुम समाज में चर्चा का विषय बनी रहोगी। गौतम चाहते हैं पुत्र सन्तान। तुम उनकी पत्नी हो। स्वतंत्र रूप से कन्या-सन्तान की कामना करने का अर्थ है—गौतम का विरोध करना। इधर-उधर की बातें सोचे बिना तुम औषधि का सेवन करती रहो और कम-से-कम ग्यारह पुत्र सन्तान गौतम को प्रदान करो।"

मैं प्रथा की बातों से क्षुब्ध हो उठी, उसकी इस तरह की रूढ़िवादी बातें सुनकर। क्रमशः बढ़ती प्रसूति पीड़ा के कारण शायद मैं अपना स्वभाव सुलभ शान्तभाव खोने लगी। खीजते हुए कहती, "गर्भधारण करूँगी मैं, गर्भयंत्रणा सहूँगी मैं, पर अपनी इच्छा से कन्या को गर्भ में धारण नहीं कर सकती मैं। सौ

अयोग्य पुत्रों को जन्म देने से मेरा मान और गौरव बढ़ेगा, पर एक गुणवती कन्या पैदा करने से पाप लगेगा। किसने बनाया है यह नियम, प्रथा? निश्चित ही विधाता ने तो नहीं गढ़ा है यह नियम? यदि ऐसा होता तो विधाता जान-बूझकर मनुष्य, पशु-पक्षी, पेड़-पौधों को पाप प्रदान क्यों नहीं करते? मनुष्य के बनाए अमानवीय नीति-नियमों को मैं तोड़ना चाहती हूँ। मेरा यह विद्रोह नारी के रूप में नहीं, एक जननी के रूप में है। यह नारी-मुक्ति की हुँकार नहीं, मानव-मुक्ति की हुँकार है। समय किस रूप में मेरा मूल्यांकन करेगा, उसकी परवाह नहीं मुझे। कहे देती हूँ तुमसे, इस बार मैं कन्यावती होना चाहती हूँ।''

प्रथा मुस्कराई। कुटिल, निष्ठुर थी उसकी मुस्कान। उसने कहा, ''इसके लिए गौतम तुम्हें मौका देंगे तभी न! देवगणों ने पुत्रवती होने के लिए जिस महौषधि की व्यवस्था तुम्हारे लिए की है, तुम जानती हो, वह अकाट्य है। फिर भी वृथा आशा करके स्वयं को क्यों कष्ट दे रही हो?''

मैं चुप थी। मैंने स्थिर किया, गौतम की इच्छा से मंत्रित पुत्रेष्टि महौषधि का सेवन अब मैं नहीं करूँगी। सब छोड़ दूँगी ईश्वर की इच्छा पर। यदि ईश्वर मुझे कन्या प्रदान करेंगे, तो मैं स्वयं को सौभाग्यवती समझूँगी। कन्या प्राप्ति की कामना पर भी अपने गर्भस्थ पुत्र-सन्तान की अवहेलना भला मैं कैसे कर सकती हूँ?

मैंने जिद में आकर वही किया। गौतम द्वारा दी गई औषधि का सेवन नहीं किया। मैंने प्रकृति के प्रवाह में स्वयं को मुक्तप्राण से बहा दिया और गौतम के अनजाने सारी औषधि ग्रहण किए बिना गर्भवती हुई। मेरा यह भेद एक दिन गौतम के समक्ष खुल गया। मेरा गर्भस्थ शिशु पुत्र नहीं कन्या है, यह बात मेरे बाहरी लक्षण से वैद्यगण जान गए। उन्हें आश्चर्य था कि यह कैसे हो गया? गौतम भी चिन्तित हो उठे। अन्त में प्रथा ने मेरे द्वारा औषधि वर्जन का भेद गौतमजी के समक्ष खोल दिया। गौतम न केवल क्षुब्ध हुए, बल्कि चिन्तित और सन्दिग्ध भी हो उठे मेरे आचरण से। उन्हें लगा कि उनसे छिपाकर कोई गम्भीर अपराध भी मैं पत्नी के रूप में कर सकती हूँ। उन्हें यह भी लगा कि मेरे अन्दर एक स्वतंत्र सत्ता है, जो उनकी इच्छा और स्वामित्व को निर्विरोध स्वीकार कर लेने के बदले प्रश्न करने का दुस्साहस भी कर सकती है।

हालाँकि पुरुष वीर्य में कमी और स्त्री-रज की अधिकता से कन्या-सन्तान का जन्म होता है। वीर्यदानी कहलाना पुरुष का एक अहंकार है। सम्भवतः इसी कारण कन्या सन्तान की प्राप्ति से पुरुष का अहंकार बाधित होता होगा। पुत्र सन्तान में पुरुषवीर्य की अधिकता और स्त्री-रज की कमी होते हुए भी 'पुत्रवती' होकर नारी स्वयं को परम सौभाग्यवती और गौरवमयी कैसे समझ लेती है?

हाय! कन्यामुख दर्शन का अवकाश ही नहीं दिया मुझे गौतम ने। मुझे गर्भभंग औषधि पिला देने के कारण मेरा 'गर्भभंग' हो गया। उस समय मैं समझ नहीं सकी

कि जो औषधि मैं सुखकर प्रसव के नाम पर पी रही थी, उससे 'गर्भभंग' हो जाएगा। कन्या सन्तान की भनक लगते ही पिता-माता और वेदज्ञ वैद्यगणों द्वारा 'गर्भभंग' कराने जैसा पाप करना विरल है। परन्तु यह भी मेरे ही भाग्य में लिखा था।

ईश्वर की सृष्टि प्रक्रिया के विरुद्ध जाना 'पाप' है। इसलिए मैं कैसे सोच सकती थी कि वेदज्ञ वैद्यगण ऐसा घिनौना पाप करेंगे। जो वस्तु जीवनदान दे, वह औषधि है। जो जीवन विनाशकारी हो, वह विष है। इसलिए प्रकारान्तर से मेरे प्रति, समाज के एक दंडधारी प्रतिनिधि ने मुझे विषपान कराया है। मेरे मातृत्व पर हस्तक्षेप किया है। औषधि है अरुन्धती जबकि गौतम द्वारा प्रदत्त औषधि (विष) पीने से मेरा शरीर, मन, प्राण, आत्मा एवं एक-एक भाव-कोष रुद्ध होने लगा है। मैं बह जाना चाहती थी...बँध गई अपने पति की निषेधाज्ञा से। यदि इस बन्धन से मुक्ति सम्भव नहीं—मृत्यु तो सम्भव है! मैं गर्भभंग की शारीरिक और मानसिक पीड़ा के कारण मृत्यु-यंत्रणा से कराहती रही। दिन-प्रतिदिन क्षीण होने लगी। शय्याशायी हो गई। अन्न, जल स्पर्श नहीं कर पाई। एक अस्पष्ट-सी किलकारी मेरी छाती को लगातार चीरती जा रही थी। मैं अपनी कन्या-सन्तान के हत्यारे अपने पति गौतम को बर्दाश्त नहीं कर पा रही थी। वे केवल मेरे कन्याभ्रूण के हत्यारे ही नहीं, वे मेरे समस्त सुकोमल सपनों के व्याध हैं!

अन्त में मुझे इन्द्रदेव की शरण में जाना पड़ा। यह सच है कि विषाक्त जड़ी-बूटियों के सेवन से मेरा गर्भभंग हो गया, किन्तु गर्भ का भ्रूण पूर्ण अवयव शिशु में परिणत हो जाने के कारण गर्भपात नहीं हो सका। गर्भयंत्रणा से अधीर होने के बावजूद मेरी मृत सन्तान के बाहर आने का कोई लक्षण दिखाई नहीं दे रहा था। रक्तस्राव रुक ही नहीं रहा था। मैं क्रमशः कमजोर हो गई। अब केवल मृत्यु की प्रतीक्षा थी।

पिता ब्रह्मा, भैया नारद और अन्य ऋषि-मुनिगण अविलम्ब आ पहुँचे। गौतम निश्चित रूप से परेशान थे। वे मुझे इस तरह खोने को तैयार नहीं थे। क्योंकि इससे उन्हें सारा जीवन मेरी मृत्यु की ग्लानि भोगनी पड़ेगी। सबने मुझसे कहा कि इन्द्रदेव से प्रार्थना करके अश्विनीकुमारद्वय को मर्त्यलोक बुलवाया जाए। जब दिति का गर्भभंग हुआ था, तब अश्विनीकुमारद्वय ने ही गर्भ के विखंडित भ्रूण को जीवन प्रदान किया था। उसी के फलस्वरूप सप्त-मरुत जन्मे थे। मेरे मन में भी एक क्षीण आशा का संचार हुआ कि मेरे गर्भस्थ विदीर्ण कन्या भ्रूण की जान बच सकती है और मैं भी एक कन्या के बदले सात कन्याओं की जननी बन सकती हूँ। किन्तु गौतम मेरी जान बचाने के लिए इन्द्रदेव से प्रार्थना करने के प्रति उतने आग्रही नहीं थे। मेरी जान बचाने के साथ-साथ सम्भवतः मेरे गर्भस्थ मृत

कन्याभ्रूण की जान भी बच जाने की आशंका थी उन्हें। इसलिए मर्त्यलोक के अनेक प्रख्यात वैद्यों से मेरा गर्भपात कराने की चेष्टा दो दिनों तक चलती रही। जब मेरी हालत अत्यन्त गम्भीर हो गई, तब सबने गौतम को एक तरह से बाध्य कर दिया इन्द्रदेव से प्रार्थना करने को। तब भी गौतम कुंठित थे! वे आश्रम के लिए इन्द्रदेव की शरण में जा सकते हैं, किन्तु अपनी पत्नी की जान बचाने के लिए इन्द्रदेव की शरण में जाने से उनका अहंकारी स्वामित्व उन्हें रोक रहा था। मैं मन-ही-मन इन्द्रदेव का ध्यान करने लगी। अपनी कन्या की जान बचाने के लिए अन्तिम शय्या पर लेटे हुए उनसे विनम्र प्रार्थना करने लगी।

मेरी मौन प्रार्थना शायद नारद भैया ने मेरी मौन प्रार्थना सुन ली। पलक झपकते ही वे इन्द्रदेव समेत अश्विनीकुमारद्वय को साथ लेकर आश्रम आ पहुँचे। इन्द्रदेव ने गौतम से अनुमति नहीं ली। मैं केवल गौतम पत्नी ही नहीं थी–मैं ब्रह्मापुत्री भी थी। इसलिए इन्द्रदेव ने ब्रह्मा से अनुमति लेकर अश्विनीकुमारद्वय को मेरे गर्भस्थ भ्रूण सहित मेरी जान बचाने का आदेश दिया।

गौतम ने कहा, "अहल्या की जान उसके गर्भस्थ शिशु की जान से अधिक मूल्यवान है, इसलिए हालात के देखते हुए कन्याभ्रूण को बचाने के प्रयास में समय व्यय न करके अहल्या की जान बचाई जाए।"

गौतम के मन की बात अब किसी से छिपी नहीं थी। इसलिए इन्द्रदेव भी सब कुछ जानते थे। उन्होंने शान्त स्वर में कहा, मैं जानता हूँ कि अहल्या के गर्भस्थ शिशु के पिता तुम हो। इसलिए तुमने जिसका मृत्यु विधान कर दिया है, भला उसे बचानेवाला मैं कौन होता हूँ, जैसी बात तुम्हारे मन में मेरे कार्य के प्रति विरोधीभाव उत्पन्न कर रही है। किन्तु गौतम, तुम वेदज्ञ होते हुए भी देशदर्शी हो। इसलिए सब कुछ जानते हुए भी कभी-कभी अज्ञानियों की तरह काम करते हो। पृथ्वी औषधि की जन्मदात्री होते हुए भी द्युलोक है औषधि का पिता या पालक। इसलिए मर्त्यमानव के रूप में तुमने जिस औषधि का प्रयोग किया है, उसके विषम प्रभाव को काटने का अधिकार द्युलोकपति के रूप में मुझे है। इसके अलावा जान बचाने के लिए किसी से अनुमति लेने की प्रतीक्षा नहीं की जाती। यहाँ तक कि राजा भी प्रजा के जीवन का मनमाना उपयोग नहीं कर सकता। तुम अहल्या के पति भले ही हो, पर उसके जीवन और आत्मा के स्वामी नहीं हो।"

"तो फिर कौन है अहल्या की आत्मा का स्वामी?" एक सन्दिग्ध स्वगतोक्ति से क्रोधित हो उठे गौतम; किन्तु उन्होंने स्वयं को यथासम्भव संयत करते हुए इन्द्रदेव की बात मान ली।

मेरी जान बच गई, लेकिन मेरी कन्या की जान नहीं बच पाई। चिकित्सा में काफी विलम्ब हो चुका था। विषाक्त औषधि के विकट प्रभाव से न केवल मेरा गर्भस्थ शिशु नष्ट हो चुका था बल्कि मेरा जरायु (गर्भाशय) भी कमजोर हो गया था।

मैंने एक मृत-सन्तान को जन्म दिया। मेरे जरायु ने सन्तान धारण करने की क्षमता खो दी है, स्वर्ग के वैद्यद्वय यह निष्ठुर घोषणा करके लौट गए। हाँ, सम्भवत: यही था एक जननी के जरायु का विद्रोह। जिस जरायु में मनुष्य के लिए इतने भेद हों, उस जरायु का बंध्या हो जाना ही बेहतर है।

जरायु बंध्या हो जाने से नारी का मन बंध्या नहीं हो जाता। मृत-सन्तान को जन्म देने के बाद नारी-वक्ष का अमृत सूख नहीं जाता। मैं मृत सन्तान को जन्म देने के बाद दुख से उदास रहने लगी थी-किन्तु मेरे वक्ष का अमृत-निर्झर सूखा नहीं था। अमृत-निर्झर भी विष जैसा काम करता है, यदि वह स्वार्थ की सीमा में बँधा रहे। यदि अमृत देवताओं के बीच सीमाबद्ध होकर न रहता, तो देवासुर संग्राम नहीं होता और न ही युग-युगान्तर तक आर्य-दास वर्ण विद्वेष से मानव जाति अथाह दुखों से पीड़ित रहती।

मेरी छाती का अमृत मेरी सन्तान के लिए सीमाबद्ध था। इसलिए मृत वत्सा हो मेरा वक्षामृत विषवत मुझे यंत्रणा से बेचैन कर रहा था। यह मेरे मातृत्व का एक और विद्रोह था। मैं लगभग ज्वरग्रस्त रहने लगी।

प्रथा ने कहा, ''घबराओ मत, औषधि के प्रयोग से वक्ष का अमृत सुखाया जा सकता है।''

मैंने दृढ़तापूर्वक विरोध किया था, ''गौतम द्वारा दी गई औषधि मेरे शरीर में विषवत कार्य करती है। इसलिए औषधि सेवन करने की आवश्यकता नहीं। भले ही मृत्युवरण करूँगी, पर वक्ष से अमृत झरने का विरोध नहीं करूँगी।''

मेरे शरीर में प्रसूति-दोष के रोग-जीवाणु प्रवेश कर गए थे। मैं सूतिका रोग भोग रही थी। मुझे पिंग पेड़ के पत्तों और छाल का धुआँ सेवन करना पड़ता था। वह मेरे लिए अत्यन्त घुटन भरा था। फिर भी मेरे रोग के ठीक होने के लक्षण दिखाई नहीं दे रहे थे। वास्तव में मैं सूतिका-कक्ष में एक तरह से बँधकर रह गई थी। मेरे कक्ष में सूर्य का प्रकाश प्रचुर मात्रा में नहीं पड़ता था। स्वर्गराज्य से भैया नारद अश्विनीकुमारद्वय की सलाह लेकर आए थे। खुले स्थान पर पिंगलवर्ण का सूर्यकिरण मेरे शरीर पर पर्याप्त मात्रा में पड़ने से मैं रोगमुक्त हो जाऊँगी, ऐसा उनका निर्देश था।

गौतम इसके लिए मना नहीं कर सके। सुबह-सुबह आश्रम से बाहर जाकर पिंघलवर्णी सूर्यालोक पड़नेवाले खुले स्थान में भ्रमण करने की अनुमति मुझे मिल गई। प्रथा हमेशा मेरे साथ पहरेदार-सी रहा करती। धीरे-धीरे मुझमें शक्ति लौटने लगी। परन्तु प्रात:कालीन पक्षियों की चहचहाहट सुनते ही मेरा वक्षवास अमृतधारा से भीग जाता था और मैं मृतवत्सा होने के कारण अपने भाग्य को कोसने लगती।

उस दिन अचानक अरण्य में किसी नवजात शिशु की रोने की आवाज गूँज उठी मैं मंत्रमुग्ध-सी उस दिशा में दौड़ी। मेरे पीछे-पीछे मंथरगति से चलने लगी

प्रथा। एक अशोक वृक्ष के नीचे एक नवजात कन्या लगातार रोते हुए अपना अस्तित्व प्रकट कर रही थी। अपने प्रति न्याय माँगते हुए वह चिरन्तन मानव स्वर में जीवन का जयगीत गाती चली जा रही थी।

यह किसकी बच्ची है, यहाँ कैसे पहुँची, उसके माता-पिता आर्य हैं या दास, उसे क्यों त्यागा गया—यह सब सोचे बिना मैंने स्वतः उस शिशु को एक स्वर्गीय आवेग से ओस से भीगी मिट्टी से उठाकर अपने वक्ष से चिपका लिया। उसके ओस से भीगे कोमल शरीर को मातृत्व की ऊष्मा से सतेज करने की चेष्टा करने लगी। वह कन्या अपनी रुलाई की लहरों और ओसकण से शीतल स्पर्श के कारण थर-थर काँप रही थी। मैं उसे पिंगलवर्णी सूर्यकिरण में कुछ देर गोद में लिए खड़ी रही। मेरी जगह कोई भी होता, नारी या पुरुष यही करता। मानव शिशु को कोई इस तरह असहाय हालत में मृत्यु के हाथों में कैसे सौंप सकता है? हालाँकि मनुष्य द्वारा ही मानव-शिशु का परित्याग किया जाता है। वह भी किसी अज्ञानी पाखंडी मनुष्य द्वारा नहीं, विश्वामित्र जैसे वेदज्ञ ऋषि-मुनि भी गर्भवती पत्नी को त्यागकर सिद्धि प्राप्ति के लिए तपस्या में लीन हो जाते। स्वर्ग-गणिका सुन्दरी, दिव्यज्ञान सम्पन्न मेनका भी नवजात सन्तान को मृत्यु के हाथों में सौंपकर स्वर्गसुख के लिए लौटकर जा सकती है; किन्तु ईश्वर केवल विश्वामित्र या मेनका की सृष्टि ही नहीं करते। वे कण्वमुनि के भी सृष्टिकर्ता हैं। यह पृथ्वी केवल पाप से नहीं भरी है। पुण्य की महज एक किरण पाप के बादलों को भेदती हुई माटी को अन्धकारमुक्त कर सकती है।

मुझमें कोई द्वन्द्व नहीं था। द्वन्द्व का प्रश्न ही कहाँ उठता है? असहाय शिशु को छाती से चिपकाकर आश्रय देने के सिवा मुझे और कुछ नहीं करना था। मैं समझ ही नहीं पाई कि अनायास ही कब मेरी छाती के अमृत से उसके सूखे होंठ मधुसिक्त हो उठे। जब फूल खिलता है, क्या उसमें द्वन्द्व होता है? जब नदी पहाड़ों से नीचे उतरती है, क्या उसमें द्वन्द्व होता है? जब चाँद अँधेरा दूर करते हुआ उगता है, क्या उसमें द्वन्द्व होता है? शिशु के प्रति वात्सल्य मनुष्य हृदय का स्वाभाविक आवेग है। इसलिए यदि मैंने उस परित्यक्त कन्या को गोद में उठा लिया, छाती का अमृत उस पर उड़ेल दिया तो फिर उसमें अस्वाभाविकता कहाँ रही?

उस शिशु को छाती से लगाते ही मेरी छाती के नीचे का सूनापन भर गया, मेरे हृदय के घाव से खून रिसना बन्द हो गया। मेरे भीतर प्रज्वलित अग्नि एक शान्त दीपशिखा बन गई। मुझे लगा, मेरी मारी गई कन्या-रत्न मेरी गोद में लौट आई है। यदि मैंने प्रथा की बात मानकर अपनी छाती का अमृत सुखा दिया होता, तो भूख से बिलखती इस कन्या के मुँह से आँसू उड़लने के सिवा भला और कौन-सा महत कार्य कर पाती? ईश्वर की यही इच्छा थी, तभी मैं प्रसूति रोग से

छुटकारा पाने के लिए अरण्य में आई, प्रथा की बात न मान मृतवत्सा होते हुए भी अपनी छाती का अमृत सहेजे रखा।

वह कन्या परम निश्चिन्त हो मेरी छाती से चिपकी सो रही थी। मैं प्रशान्त चित्त से आश्रम लौट रही थी। मुझमें किसी के प्रति कोई विद्वेष नहीं था, न ही था गौतम के प्रति कोई आरोप या विरोध।

प्रथा राह दिखाने लगी। बोली, ''न जाने किसका बच्चा है। आश्रम में कैसे ले जा रही हो?''

''इतना तो मालूम है कि मनुष्य का बच्चा है।''

''चलो, ठीक है, मनुष्य का बच्चा है। पर कहीं अवैध तो नहीं? दास वर्ण का...''

मुझे ठेस पहुँची प्रथा की हृदयहीनता से। कठोर स्वर में बोली, ''जानती हूँ, पशु-जगत में वैध-अवैध नहीं होता। मनुष्य की नियति ही ऐसी है कि मनुष्य-समाज में ही अवैध शिशुओं का जन्म होता है। इस जंगल के कुत्ते, बिल्ली, बाघ, भालू, कीट, पतंग तक अबाध जीवन बिताते हैं, जबकि मनुष्य के लिए वैध-अवैध के स्वर्ग-नर्क बने हैं। तो क्या मनुष्य जन्म पाना पाप है?''

''बहुत पुण्य करने से मनुष्य जन्म मिलता है, किन्तु अवैध होकर जन्म लेना ढेरों पापों का फल है।'' प्रथा ने कहा।

मैंने दुख भरे हृदय से परिहास किया, ''किसके पाप का? सन्तान के या माता-पिता के? गन्दे कचरे के ढेर पर पौधा उगे तो क्या उसके फूल या फल विषाक्त हो जाते हैं? तो फिर इस निष्पाप शिशु के प्रति समाज इस तरह निर्दयी क्यों है?''

प्रथा ने लम्बी साँस छोड़ते हुए कहा, ''तुम मुझे निर्दयी या हृदयहीन समझ रही होगी। किन्तु क्या मैं अपने मन से ये सब बातें बता रही हूँ? समाज का जो निर्देश होता है, मैं तो उसी का पालन करती हूँ। मानवीय रिश्तों को संयत करने के लिए मनुष्य ने नीति-नियम और विवाह-रूपी सामाजिक अनुष्ठान गढ़े हैं। उन नीति-नियमों का दुरुपयोग होने पर मनुष्य का सम्बन्ध अवैध घोषित होता है। अवैध सम्बन्धों का फल भला वैध कैसे हो सकता है?''

मैंने दृढ़ स्वर में कहा, ''यदि कोई शिशु नर-नारी के अवैध सम्बन्धों की सन्तान हो, तो उसे वैध बनाने का एकमात्र रास्ता है, किसी दम्पति का उसे अपनी सन्तान के रूप में स्वीकार करना। यदि शकुन्तला को कण्वमुनि ने स्वीकार कर लिया तो फिर मैं कैसे इस परित्यक्त कन्या को स्वीकार नहीं कर सकती?''

''क्योंकि कण्वमुनि थे तपोवन के आचार्य। तुम तपोवन के आचार्य की पत्नी हो। गौतम की सहमति के बिना तुम इस शिशु को सन्तान के रूप में स्वीकार नहीं कर सकती। इसके लिए तुम्हें गौतम की अनुमति लेनी होगी।''

''मैंने अपनी तीन सन्तानों को जन्म दिया, क्या उसके लिए गौतम से अनुमति ली थी? पहाड़ के ललाट पर जब मानसून बादलों की विभूति पोतता है,

तब क्या वह आकाश से अनुमति लेता है? तो फिर मैं गौतम को एक कन्या-रत्न उपहार देकर उनके पितृत्व को सम्पूर्ण सार्थक बनाने के लिए उनकी अनुमति क्यों लूँ? क्या गौतम मेरे इस कार्य से असन्तुष्ट होंगे?''

''तुम तो जानती हो, गौतम कन्या के जनक कहलाने के इच्छुक नहीं हैं।'' प्रथा ने मेरे घाव पर आघात किया।

मैं उदास हो गई। जो महर्षि अपने ही कन्या-भ्रूण का विरोध कर सकता है, वह किसी अज्ञातकुल की अवांछित शिशु-कन्या को पितृत्व की स्निग्ध छाया तले सुरक्षा प्रदान करेगा, यह विश्वास नहीं हो रहा था। फिर भी मन में एक क्षीण आशा जग रही थी...सम्भवत: लोगों की दृष्टि में महान और उदार कहलाने के लिए गौतम इस असहाय शिशु को कन्या का अधिकार दे दें।

एक ऐसा दृढ़ विश्वास लिए मैं उस अंजलिभर फूल को सीने से चिपकाए आश्रम की ओर चल पड़ी। प्रथा वृद्ध थी पर उसकी चाल तेज थी। मुझे पीछे छोड़ते हुए गौतम को यह समाचार देने के लिए वह आगे बढ़ गई। अन्यथा गौतम प्रथा को दोष देते कि नीति-नियम की रक्षा करनेवाली उस जैसी एक वयोज्येष्ठा के रहते भला मैंने यह निषिद्ध कार्य कैसे किया!

आश्रम के द्वार पर गौतम समेत अन्य ऋषि मुनिगण रास्ता रोके खड़े थे। गौतम की क्रूर अन्तर्दृष्टि मुझे दिखाई दे गई और उसने मेरे अन्तस्थल को झकझोर दिया। अब मुझे समझने में जरा भी देर नहीं लगी कि गौतम चाहे जो भी कुछ क्यों न हों, लोगों की नजरों में महान कहलाने के लिए वे अपने शास्त्रीय विश्वास का विरोध नहीं करेंगे। वे अभिनेता नहीं हैं। वे नीरस होते हुए भी स्पष्टवादी हैं और अपने विचारों के प्रति महामेरु की तरह अटल हैं।

मैंने गौतम के चरणों में उस शिशुकन्या को रखकर हाथ जोड़कर सविनय निवेदन करते हुए कहा, ''स्वामि! इस असहाय शिशु को आश्रय दें। इसे देखकर मैं अपना कन्या का शोक भूल चुकी हूँ। मुझे यह ईश्वर की ओर से भेजी गई-सी लग रही है। आपकी अनुमति होगी तभी मैं इसे अपनी गोद में स्थान दूँगी। सारी रात ओस में पड़ी-पड़ी बर्फ बन चुकी है। अग्नि जलाकर इसे तुरन्त स्वस्थ करना होगा। विलम्ब होने पर कन्या-वध का दोष भोगना पड़ सकता है।''

मुझे क्या मालूम था कि कन्यावध एक गलत कार्य नहीं है! यदि समाज कन्या-विरोधी है, तो कन्या-वध करना समाज के उपकार के लिए है, यह मान लेना होगा। इसलिए समाज-मंगलकारी कार्य कभी दोषपूर्ण नहीं हो सकता।

गौतम क्रूर, अविचलित स्वर में बोले, ''मैं जानता हूँ कि तुमने मेरी इच्छा का विरोध करने की प्रतिज्ञा की है। इसलिए कहीं से एक अज्ञातकुल की ठुकराई हुई शिशु कन्या उठा लाई हो। अब तक तुम यही समझ रही हो कि तुम्हारे गर्भ की शिशु कन्या का हत्यारा मैं हूँ। यह सच है कि मैं कन्या का पिता नहीं बनना चाहता

था; किन्तु जान-बूझकर विषाक्त औषधि प्रयोग करके तुम्हारे गर्भ के भ्रूण की हत्या मैंने नहीं की है। दुर्भाग्यवश स्वास्थ्यप्रदायी औषधियाँ विषाक्त हो जाने के कारण यह दुर्घटना हुई। किन्तु देख रहा हूँ कि तुमने यह ठान ली है कि एक कन्या-सन्तान आश्रम में लाओगी और मेरी तपस्या में बाधा डालेगी। कन्या को लेकर माता-पिता कितने चिन्तित रहते हैं, यह तो तुम जानती हो। ऐसे में भला मैं अपनी तपस्या कैसे कर सकूँगा?''

मैंने सत्यबद्ध निष्कपट चित्त से कहा, ''जब मैंने इस नवजात शिशु को भूमि से उठाया था, तब मेरे भीतर निर्मल वात्सल्य के सिवा और कुछ नहीं था। जब मैंने इस परित्यक्त शिशु को अमृत पिलाया, तब मेरे हृदय से अनायास पवित्र करुणा झरने लगी। जब मैंने यह तय किया कि इस शिशु को आश्रम में स्थान दूँगी, तब असहाय मानव-शिशु की सुरक्षा की चिन्ता के सिवा मेरे मन में कोई अन्य भाव या कुछ और नहीं था। उस समय शिशु के रूप में ईश्वर ही मेरे सम्मुख विद्यमान थे। इसलिए मेरे इस निर्णय के पीछे विधि-निर्देश के अलावा और कुछ नहीं है। जान-बूझकर आपको परेशान करने का मेरा यह कोई हीन प्रयास नहीं है। अतः कृपया मुझे गलत न समझें। इस शिशु को स्वीकार करके मेरे मातृ-हृदय के स्वप्न को सार्थक करें।''

मेरी व्याकुल प्रार्थना गौतम के नीति-नियमों की तेज धार से रक्ताक्त हो गई। गौतम ने कठोर निर्देश दिया, ''वृथा वाक्य-व्यय मत करो, अहल्या! तुम्हें आश्रम से बाहर जाने देने का फल ऐसा ही कुछ होगा, इसकी आशंका मुझे पहले से ही थी। गौतम आश्रम एक उच्च प्रतिमान स्थापित करनेवाला गुरुकुल आश्रम है। यह कोई शरणार्थी शिविर नहीं। एक नवजात शिशु, वह भी कन्या! कन्या शिशु का स्थान गुरुकुल आश्रम में नहीं है। यदि इस शिशु कन्या के प्रति तुममें इतनी दया है, तो उसे शरणार्थी शिविर में भेज दो। आर्य और अनार्य विवाद एवं संघर्ष के कारण आज अनेक शिशु अनाथ हैं। अनेक लोग बेघर और अपनी जगह से उजाड़े जा चुके हैं। जो लोग आर्यों की शरण में आए, वे क्रीतदास के रूप में अपना पेट भर लेते हैं। जो लोग बीमार हैं, आलसी हैं, वृद्ध और शिशु हैं, वे कठिन परिश्रम करने लायक नहीं हैं। उनके लिए जगह-जगह शरणार्थी शिविर खोले गए हैं। आर्यराजाओं और धनवानों ने उनके लिए अन्नछत्र खोल रखे हैं। धनवानों द्वारा पुण्य अर्जन के लिए खोले गए अन्नछत्र और शरणार्थी शिविर ऐसे लोगों के लिए बहुत सहायक हैं। इसलिए तुम इस शिशु को किसी के हाथों आश्रम की सीमा पर बने शरणार्थी शिविर में भिजवा दो। यही मेरा दृढ़ निर्णय है।''

मेरे वक्ष से चिपकी शिशु कन्या के प्रति इस निष्ठुर निर्णय से मैं काँप उठी अथवा यह कम्पन मेरे हृदय में हुआ था, समझ पाने का धैर्य मुझमें नहीं था।

गौतम से तर्क-वितर्क करने की इच्छा भी नहीं थी। इससे लाभ भी क्या था? गौतम अपना निर्णय नहीं बदल सकते, यह बात मृत्यु की तरह सत्य है। किन्तु क्या मैं इस निष्पाप शिशु को उस जघन्य शरणार्थी शिविर में भेज पाऊँगी?

शरणार्थी-शिविर-स्वार्थी मनुष्य के अहंकार एवं क्रूरता की बीभत्स चित्रशाला है। अपनी ही भूमि, अपनी ही माटी पर एक शरणार्थी है...तो दूसरा शरणदाता। एक भिक्षार्थी है...तो दूसरा अन्नदाता। शरणार्थी शिवर देखने का अनुभव मुझे है। जिस तरह पेड़ की शाखाएँ होती हैं, उसी तरह आर्य-अनार्य बस्तियों के आसपास शरणार्थी शिविर दिखाई देते हैं। मनुष्य-मनुष्य के बीच संघर्ष के कारण ये बनते हैं। आवासहीन असहाय वृद्ध, वृद्धा, आत्मीय स्वजनों से बिछड़े अनाथ शिशु, आर्यों-अनार्यों की पाशविकता की शिकार हुई नारियों से बने शरणार्थी शिविर मानवीयता की निर्मम पराजय के कृष्ण-ध्वज फहराते हैं।

शरणार्थी शिविरों में भी मनुष्य पर असीम अत्याचार होते हैं। धनी समुदाय की करुणा का कण समुद्र के एक शंख पानी के बराबर होता है। क्षुधा, विद्रोह, दुख और क्षोभ से पीड़ित मनुष्य स्वयं से ही बदला लेता है। आन्तरिक विरोध रहता है उनमें लगातार। तिस पर भी जंगली-मार्ग से गुजरने वाले व्यापारी, पर्यटक और धनी यात्री शरणार्थी शिविरों की नारियों को अपनी बीभत्स कामना पूरी करने में नियोजित करते हैं। बालक-बालिकाओं को क्रीतदास के रूप में अपने साथ लिवा जाते हैं। वे वृद्ध-वृद्धाओं तक से पैर दबवाने में नहीं झिझकते। शरणार्थी शिविरों में पले-बढ़े बालक-बालिकाएँ धीरे-धीरे क्रूर, उग्र, निर्दयी स्वभाव के हो जाते हैं और कुंठित होकर सामान्य जीवन-यापन करने में अक्षम हो जाते हैं। आगे चलकर वे ही लोग राक्षस-राक्षसी एवं दस्यु के रूप में जाने जाते हैं।

मैं ऋचा का अतीत स्मरण करना नहीं चाहती। इसलिए उस बारे में अभी तक किसी से कुछ नहीं कहा। आज वह बात सहसा स्मरण हो आई है। ऋचा को मैं बालिका उम्र में लिवा लाई थी शरणार्थी शिविर से। तब ऋचा सात वर्ष की एक अबोध बालिका थी। कौन जाने ऋचा ने उस जघन्य अनुभूति से मुक्ति पा ली है या नहीं...किन्तु मैं स्वयं उससे अब तक मुक्त नहीं हो पाई हूँ। आज भी उस दिन का दृश्य मेरे समस्त कोमल भावकोषों को रक्ताक्त और क्षत-विक्षत कर देता है।

उस दिन मैं नारद भैया के साथ अरण्य में भ्रमण कर रही थी। मेरी उम्र सिर्फ नौ वर्ष थी। कोमल शिशु कंठ की करुण आर्त चीत्कार से वनभूमि काँप उठी थी। भैया मेरा हाथ पकड़कर उस ओर दौड़े। हमने जो कुछ देखा, उससे मैं हत्प्रभ रह

गई। भैया जैसे शान्त सौम्य ब्रह्मचारी ने क्रोध से रुद्र रूप धारण कर लिया। मैं तो उस समय समझ नहीं पाई थी कि सात वर्ष की मासूम लड़की के नग्न शरीर को दबोचे हुए चार बर्बर कैसी जघन्य क्रीड़ा में रत हैं कि उस बच्ची की करुण चीत्कार पृथ्वी को विदीर्ण कर रही थी। उन बर्बर पर्यटकों का कराल अट्टहास करके उस बच्ची के शरीर पर टूट पड़ने का दृश्य आज भी मेरे सपनों में आकर मेरी नींद तोड़ देता है। नारद भैया की अलौकिक शक्ति के बल पर वे बर्बर लोग शक्तिहीन हो गए। उस समय वह घृणित घटना मैं समझ भले ही नहीं पाई थी, पर ऋचा को रक्ताक्त हालत में सीने से चिपका लिया था मैंने। उस मर्मघाती दृश्य को देखकर वृद्धा प्रथा हमारे पीछे खड़ी रो रही थी। मैंने देखा कि उसकी अन्दर धँसी आँखों से आँसुओं के बदले रक्त की धार बह रही थी। प्रथा ने मेरी गोद से ऋचा को ले लिया। हम उसे रम्यवन के अपने आश्रम में ले आए। ऋचा को सामान्य किया। उसके बाद प्रथा और नारद भैया ने उसे शरणार्थी शिविर में भेजने को कहा। ऋचा को रम्यवन के सिरे पर बने शरणार्थी शिविर से भगाकर ले जाया गया था। बहुत दिनों बाद मैं समझ पाई थी कि वे बर्बर अपनी पाशविक भूख मिटाने के लिए ऋचा के साथ बलात्कार कर रहे थे। यदि हम विधिप्रेरित हो सही समय पर वहाँ न पहुँच गए होते तो ऋचा का न केवल सर्वनाश होता, बल्कि उसकी मौत भी हो जाती। मैंने जिद की ऋचा को अपने साथ रखने की। मेरी उस जिद का विरोध किया था पिताजी, भैया, प्रथा और अन्य आगन्तुक ऋषि-मुनियों ने। किन्तु मैं अपनी जिद पर अड़ी रही और ऋचा मेरी प्रिय सहचरी बन गई।

ऋचा के उस अभिशप्त अतीत की चर्चा मैंने कभी किसी से नहीं की। यहाँ तक कि ऋचा से भी नहीं। ऋचा भी अपने अतीत को भूल चुकी है, ऐसा मुझे लगता था। जो अतीत भविष्य को व्याधिग्रस्त कर देता हो, उस अतीत को भूल जाना ही अच्छा है। आज इस शिशु कन्या को अपनी छाती से अलग करके शरणार्थी शिविर में भेजने का क्रूर आदेश सुनते ही ऋचा के जीवन का वही भयावह अतीत फिर से मेरे सम्मुख विकराल रूप धारण करके खड़ा हो गया, मानो किसी दानव की विशाल लोमश भुजाएँ चारों ओर से मेरी ही ओर बढ़ रही हों। उस शिशु कन्या सहित मेरी छाती के अमृतमय मातृत्व को पलभर में ध्वस करने। मैंने भींचकर पकड़ लिया अपने स्वप्न के उस पुतले को। अश्रुधार से उसकी देह की अवैध कालिख को धो डालने की मैंने ठान ली थी। अपनी प्रतिज्ञा के सिवा मुझे और कुछ नहीं सूझ रहा था किन्तु आज मैं कुँआरी कन्या अहल्या नहीं हूँ, गौतम पत्नी अहल्या हूँ। मेरी प्रतिज्ञा पग-पग पर ठुकराई जाने को बाध्य है। पिताजी मेरी जिद जिस तरह मान जाया करते थे, पति ऐसा नहीं करेंगे, यह मैं साफ जानती थी। सहसा किसी के कोमल, करुणामय, अमृत हाथों ने मेरी छाती की व्यथा को दूर कर दिया। मेरी छाती का रक्तक्षरण किसी स्वर्गीय

महौषधि के स्पर्श से रुक गया। किसने मेरे स्वप्न को मधुवर्ण से मंत्रित कर दिया! कौन है? किसने मेरे विडम्बित द्वन्द्व को मेरी छाती से अलग कर लिया?

ऋचा की छाती में वह शिशु-कन्या मातृत्व की ऊष्मा ढूँढ़ रही थी। ऋचा के पवित्र अश्रुजल से उस शिशु-कन्या की देह से अवैधता की कालिख धुल रही थी। मेरी छाती से चिपकी उस अवांछित शिशु-कन्या को बेझिझक अपने सीने से लगा लिया था ऋचा ने। रुद्राक्ष की उदार गरिमा में पितृत्व की स्वीकारोक्ति लिपिबद्ध थी। ऋचा इस बीच दो कन्या-शिशुओं की जननी है। तीसरी कन्या के रूप में उसने स्वीकार कर लिया है मेरे स्वप्न की उस कन्या को। उस शिशु-कन्या को शरणार्थी शिविर में भेजने की बात सुनते ही ऋचा खुद ही दौड़ी चली आई थी उस वीभत्स शिविर में कन्या को भेजने से रोकने के लिए। इसका अर्थ यह है कि ऋचा अपने बचपन की उस घृणित अनुभूति को अभी तक भुला नहीं पाई है। शिशु-सी सरल होती है बाल्यस्मृति। सुखद हो या दुखद, वह चिरकाल जकड़े रहती है मनोभूमि को। माँ देवी हो या दानवी, जिस तरह शिशु अपनी माँ से चिपका रहता है, ठीक उसी तरह जकड़े रहती है बाल्यस्मृति समग्र जीवन को।

पेड़-पौधों को घेरे में बाँध लेने से क्या वे बन्दी हो जाते हैं? देह होती है बन्धन में, मन के फल-फूल, आत्मा की सुरभि मँडराती रहती है मुक्त समीर में जहाँ जी करता है वहाँ। उद्यान के मालिक के नाते पेड़ उसके हैं। लेकिन पेड़ की देह भले ही उद्यान की है, मस्तक तो आकाश का है। फूल भले ही उसके हैं, सुरभि तो जगत के लिए है।

गौतम ने इस बीच मुझे आश्रम के भीतर एक तरह से बन्दी बनाकर रखा था। दासपल्ली जाने के लिए, यहाँ तक कि अरण्य में भ्रमण करने तक की मुझे अनुमति नहीं दी जाती थी। कहते हैं, स्वतंत्रता मिलते ही मैं कोई-न-कोई कांड रचकर गौतम की तपस्या में खलल डालती थी।

मैं भी अपने तीनों बच्चों के जंजाल में उलझ गई थी। इसलिए आश्रम छोड़कर बाहर जाने का समय नहीं था। उसके अलावा गौतम का विरोध करने की इच्छा या आग्रह नहीं था मुझमें। किन्तु मेरा स्नेह, मेरी शुभेच्छा, करुणा, प्रीति सब व्याप्त थे अरण्य के कोने-कोने में। ऋचा और रुद्राक्ष इत्यादि की बस्ती में मेरा प्राण था। कर्तव्यरत देह बन्दी पड़ी थी आश्रम में। उनके समाचार पहुँचते रहते थे मेरे पास। गौतम के भय से उस शिशु-कन्या के नामकरण उत्सव में शामिल नहीं हो पाई मैं। किन्तु मेरी ही इच्छा से उसका नाम रखा गया था गौतमी। मैंने गौतम के नाम का जाप करने के लिए यह नामकरण नहीं किया था। यह मेरा

बहुत दिनों से सोचा हुआ नाम था। मेरे तीन पुत्रों का नामकरण गौतम ने ही किया था। इसलिए मैंने चाहा था कि अपनी बेटी का नाम मैं रखूँगी। इसके अलावा मैं मन से चाहती थी कि मेरी बेटी मुझ जैसी सुन्दर भले ही न हो, किन्तु गौतम की तरह ज्ञानी और बुद्धिमती हो। यदि सुन्दर होने के साथ-साथ ज्ञानी भी हुई तो अति आनन्द की बात है। तन से सुन्दर-असुन्दर होकर कोई भी माँ के पेट से जन्म लेता है, लेकिन ज्ञान प्राप्त करने के बाद ही कोई ज्ञानी बनता है। हालाँकि बुद्धि भी माँ के पेट से लेकर शिशु पैदा होते हैं। परन्तु यदि बुद्धि ने दिव्यज्ञान हासिल नहीं किया तो उस बुद्धि का क्या मोल? गौतम के नाम पर उस कन्या का नाम गौतमी रखने से कम-से-कम गौतम के ज्ञान, संयम और साधना का प्रभाव कन्या पर पड़ेगा। इसलिए उस कन्या का नाम 'गौतमी' रखने के लिए मैंने बहुत दिनों से सोच रखा था। ऋचा ने जब कन्या के नामकरण उत्सव से पहले प्रथा के जरिये मेरा सुझाव माँगा था, मैंने उससे अपने मन की बात कह दी थी। मुझे तो लग रहा था कि मेरी कन्या ने मेरे गर्भ से निकलकर अरण्य में जीवनदान पाया है। ऋचा ने मेरी भावुकता को ससम्मान स्वीकृति दी थी और उस कन्या का नाम रखा था 'गौतमी'।

किन्तु गौतम उससे खुश नहीं हुए। उन्हें बेहद पीड़ा पहुँची। एक अवांछित कन्या का नाम उनके नामानुसार होना उनके प्रति घोर अपमान सूचक है, यह बात उन्होंने माधुर्य व अन्य ऋषियों के सम्मुख प्रकट की थी। गौतम नहीं जानते थे कि ऋचा ने मेरे कहने पर यह नामकरण किया था। इसलिए गौतम को लगा कि उन्हें क्षुब्ध करने के लिए ऋचा और रुद्राक्ष तथा अन्य दास-मुखियों ने यह कुचक्र चलाया है।

अन्य ऋषियों ने भी गौतम के इस सन्देह का समर्थन किया। फलस्वरूप गौतम के सन्देह को सच मानकर ऋषि-मुनियों ने इस नामकरण का विरोध करने का निश्चय किया। ऋचा की बेटी दास-कन्या के रूप में राक्षसी मानी जाएगी। इसलिए उसका नाम राक्षसी सुलभ होना चाहिए था। जैसे भुकुंडा, विकटा, भूकम्पा, निर्दया, ऋक्षा, प्रचंडा, हिंस्रा, चड़का इत्यादि। उनका ऐसा नामकरण आर्य ही करते रहे हैं। ऐसे ही एक-एक भय उत्पन्नकारी नामों से उनकी पहचान करके नाहक ही भय करते हैं।

जब मैंने ऋचा का नाम रखा था, उस समय भैया नारद समेत कई ऋषि-मुनियों ने ऋचा के बदले 'रुक्षा' नाम रखने का सुझाव दिया था। उस समय वेद की ऋचाओं से मैं परिचित नहीं थी। 'रुक्षा' का अर्थ भी मैं नहीं जानती थी; पर 'रुक्षा' शब्द सुनने में मुझे मधुर नहीं लगा। भैया नारद से जितनी बार मुझे 'रुक्षा', 'रुक्षा' उच्चारण करने को कहा, मैंने हर बार ऋचा ही उच्चारण किया। अन्त में यही नाम रखा गया। बाद में जब मैंने 'रुक्षा' शब्द का अर्थ समझा, सोचा कि यह

नाम रखा गया होता तो सुकोमल 'ऋचा' के व्यक्तित्व से जरा भी मेल नहीं खता। उसी 'ऋचा' की कन्या 'गौतमी' के नाम से जानी जाए, यह गौतम और अन्य ऋषि-मुनियों को भला कैसे अच्छा लगता?

गौतम समेत समस्त आश्रमवासियों को यह पूरा विश्वास हो गया कि ऋचा और रुद्राक्ष ने गौतम को अपमानित करने के लिए ही उस अवांछित कन्या का नामकरण गौतमी किया है, अतः उनके विरुद्ध कार्रवाई करने के लिए इन्द्रदेव से प्रार्थना करेंगे।

इस बात का पता चलते ही मैंने गौतम को अकेले में सच बताते हुए कहा, "अकारण ही अनर्थ मत कीजिए। यह कन्या अशोक वृक्ष के नीचे मिली होने के कारण उसका नाम अशोक रखना स्थिर किया था रुद्राक्ष और ऋचा ने। किन्तु मेरे ही सुझाव पर उन्होंने उसका नाम गौतमी रखा है। जिस स्थान पर मेरी मृत कन्या की समाधि बनाई गई थी, ठीक उसी स्थान पर, उसी वृक्ष की छाया में वह शिशु कन्या पड़ी होने के कारण मुझे दृढ़ विश्वास है कि वह कन्या मेरे ही गर्भ की सन्तान है। उसकी मृत्यु नहीं हुई थी। वह पुनर्जीवन प्राप्त करके मुझे ही मिली है। मैंने अपनी कन्या का नाम गौतमी रखना स्थिर किया था। मैं कामना करती थी कि मेरी कन्या मेरी तरह न होकर आपकी तरह ज्ञानी, विचारशील और यशस्विनी हो।"

यह बताते समय मेरा मातृ-हृदय एक तरह की अव्यक्त पीड़ा से द्रवीभूत हो उठा था। मेरी आँखें भर आई थीं। सोचा था, गौतम मेरे मुँह से ये बातें सुनकर प्रसन्न होंगे। मेरे गर्भ की सन्तान उनके जैसी हो, मेरे जैसी न हो, मेरे मन की ये बातें सुनने के बाद वे समझ जाएँगे कि मैं उनके व्यक्तित्व की पूजा करती हूँ। इससे किसी भी पति का सन्तृप्त होना स्वाभाविक है।

लेकिन मुझे स्तब्ध और चकित करते हुए गौतम ने अग्नि की तरह भड़कते हुए रुक्ष स्वर में कहा, "जब से तुमने पुत्रकामी औषधि का सेवन न करके मुझसे छिपाकर फेंकती रही थी, उसी दिन से मैं समझ गया था कि तुमने मेरी इच्छा का विरोध करने की ठान ली है। मुझे यह भी लगने लगा है कि तुम मुझसे छिपाकर ऐसा कुछ भी कर सकती हो, जिससे मेरे स्वाभिमान को ठेस पहुँचे। जब तुमने ऋचा और रुद्राक्ष को यह सुझाव दिया, मुझसे क्यों नहीं पूछा?"

मैं कैसे समझाऊँ कि गौतम को ठेस पहुँचाने के लिए नहीं, बल्कि अपने आहत मातृत्व को सान्त्वना देने के लिए मैंने यह नामकरण किया था। गौतम को लाख समझाने पर भी वे नहीं समझेंगे। ऐसा क्यों होता है मेरे साथ? मेरे सारे निर्णय गौतम को क्षुब्ध क्यों करते हैं? तो क्या मेरा कोई भी निर्णय सही नहीं होता? क्या मेरा निर्णय सर्वदा भ्रष्ट होता है? क्या गौतम और मेरे बीच उम्र का अन्तराल काफी होने के कारण हम दोनों के बीच गलतियाँ, समझौते और

निर्णय लेने में व्यतिक्रम होता है? हो भी सकता है–किन्तु अब क्या किया जा सकता है? सम्भवत: ज्ञान और उम्र दोनों में स्वयं को अर्वाचीन समझकर गौतम मेरे सारे निर्णयों को हेय समझते हैं। सम्भवत: पिछले कुछ दिनों से वे मुझसे क्षुब्ध और क्रोधित भी हैं। मैं भी उनसे कम क्षुब्ध नहीं हूँ। मुझे एक तरह से बन्दी बनाकर रखने के कारण मेरे अन्दर उनके प्रति विरोध का भाव धीरे-धीरे एक छोटे बीज से महाद्रुम बनता जा रहा है, तब यह बात मैं भी नहीं समझ पाई थी। भला गौतम कैसे समझ जाते!

बड़ा बेटा शतानन्द अपने पिता की तरह बुद्धिमान था। वह देखने में भी गौतम की तरह साधारण था। उसे कोई सुदर्शन नहीं कहता था। किन्तु मेरी आँखों को शतानन्द बहुत सुन्दर लगता था। छोटा बेटा शरदभानु मेरी तरह सुन्दर और आकर्षक था; लेकिन पढ़ने में उसका मन नहीं लगता था। वह बुद्धिहीन नहीं था, परन्तु चंचलमति होने के कारण उसमें पढ़ाई के प्रति आग्रह नहीं था। मँझला बेटा चिरकारी अति शान्त और सुधीर था। वह शरीर से दुबला-पतला और मंथर बुद्धिवाला था। वह हर काम कर लेता था, लेकिन सोच-समझकर निर्णय लेने में उसे काफी समय लगा करता था, इसलिए तत्काल निर्णय लेने में वह पीछे रह जाता था। मेरे लिए सभी समान थे किन्तु चिरकारी के हर चीज में पिछड़ जाने के कारण उसके लिए मेरे मन में अनजाने ही अधिक ममता थी। हर माँ को अपने कमजोर बच्चे का अधिक ध्यान रहता है। इसमें कोई अस्वाभाविकता नहीं थी। किन्तु गौतम सम्भवत: शतानन्द को अधिक चाहते थे। वे गर्व के साथ कहा करते थे कि शतानन्द ही वास्तव में उनका उत्तराधिकारी होगा।

शतानन्द बुद्धि और विद्या में सचमुच विलक्षण था। उसके लिए मेरे मन में भी कम गर्व नहीं था, किन्तु उसके कारण बात-बात शरदभानु को पढ़ाई में मन लगाने या चिरकारी को पढ़ाई न कर पाने पर मैं उनका अनादर नहीं करती थी और न ही गौतम की तरह सबके सामने उनकी भर्त्सना करती थी। पिता के रूप में वे चाहते थे कि उनके तीनों बेटे वेदज्ञ बनें, यशस्वी बनें। गुरुकुल के सभी छात्रों में अग्रणी हों। इसलिए उन लोगों का ध्यान पढ़ाई में लगाने एवं अधिक परिश्रम करने के लिए गौतम उनकी मृदु और उग्र भर्त्सना किया करते थे। सोचते थे कि इससे वे लोग पढ़ाई पर अधिक ध्यान देंगे; लेकिन फल निकलता था विपरीत।

चिरकारी पर गौतम की उस कटु भर्त्सना का विशेष प्रभाव नहीं पड़ता था। क्योंकि वह सारी बातें देर से समझता था। बात उसकी समझ में आने तक न तो गौतम वहाँ होते, न ही दूसरे लोग। किन्तु शरदभानु पर गौतम के वात्सल्य प्रेम के

सन्तुलन का प्रभाव बहुत क्षतिकारक था। शरदभानु बुद्धिमान और भावुक था। इस कारण गौतम की भर्त्सना से उसके मन को ठेस पहुँचती थी और उसमें हीन भाव और क्रोध उत्पन्न होता था।

चिरकारी तो सर्वदा मेरा धीर, शान्त और आत्ममग्न बेटा रहा है। पिताजी द्वारा अनुचित तुलना से वह मन-ही-मन दुखी जरूर होता होगा परन्तु बाहर कुछ प्रकट नहीं करता था। मानो वह केवल धीर ही नहीं, बधिर भी हो। शतानन्द पिता का आज्ञाकारी बेटा था, शरदभानु पिता की बातें अनसुनी करके खुश होता था। पिता के पुत्र स्नेह में पक्षपात करने का बदला वह इसी तरह लिया करता अन्यथा जो काम वह कर सकता है, उसे मना करने के पीछे मैं कोई और कारण नहीं ढूँढ़ पाती। किन्तु मैं तो कभी शरदभानु के सुदर्शन रूप की प्रशंसा शतानन्द और चिरकारी के रूप से नहीं करती थी। गौतम इतने बुद्धिमान होते हुए ऐसी अनुचित तुलना क्यों करते थे? क्या शरदभानु के सुदर्शन रूप से वे ईर्ष्या करते थे—या शरदभानु से मेरी बराबरी उन्हें सहन नहीं होती थी?

चिरकारी पिताजी की आज्ञा मानता था...लेकिन अन्धे की तरह पिताजी की आज्ञा का पालन करने के लिए आग में कूदनेवाला पुत्र नहीं था। वह पिताजी के आदेश का पालन करता था—किन्तु पिताजी के सिद्धान्तों को स्वीकार करने में उसे काफी समय लगता। जबकि गलत हो या सही, पिताजी का आदेश विलम्ब से सही वह मान लेता था। शतानन्द के कृतित्व एवं बुद्धिमत्ता से प्रफुल्लित हो कभी-कभी गौतम बच्चों के सामने ही कहते, "देखो—चारों ओर शतानन्द की कितनी प्रशंसा हो रही है...वास्तव में वह मेरा योग्य पुत्र है...शरदभानु माँ का बेटा है। बस, देखने में ही सुदर्शन है। पढ़ाई-लिखाई में तो मन ही नहीं लगता उसका। अरे बाबा, रूप तो ईश्वर की देन है। उसमें तुम्हारी कैसी बहादुरी? रूप से भला क्या मिलेगा? गुण और व्यक्तित्व तुम्हारे कर्तव्य में हैं। उसे विकसित किए बिना इस दुनिया में तुम्हारी क्या स्थिति रहेगी? चिरकारी ने तो न माँ का रूप पाया है और न ही पिता की विद्या-बुद्धि। भाग्य-दोष से ऐसे पुत्र जन्म लेते हैं। गर्भावस्था के समय निश्चित ही अहल्या ने खाद्य और औषधि का सेवन नियमित रूप से नहीं किया होगा, नहीं तो ऐसा बीमार शिशु क्यों जन्म लेता?

मुझे ठेस पहुँचती है—अपने लिए नहीं, अपने बेटों के लिए। पिता की बातें सुनकर शरदभानु को क्रोध और अपमान से लाल होते मैंने देखा है—यह भी देखा है कि चिरकारी दुख से उदास हो उठा है। शतानन्द उत्तम चरित्रवाला पुत्र है। वह पिताजी की प्रशंसा से प्रफुल्लित नहीं होता। वह अपनी खुशियाँ भाइयों से छुपाकर रखने की चेष्टा करता है।

मैं गौतम से कई बार कह चुकी हूँ कि बच्चों के सामने ऐसी तुलना न किया करें। इससे उनमें हीन भावना जगेगी। यह उनके लिए हानिकारक है। बुद्धिमान,

रूपवान, रुग्ण जैसे भी हों–हैं तो सभी अपने ही बच्चे। हमारे लिए सभी बराबर हैं। ऐसी तुलना से भाई-भाई के बीच विद्वेष पैदा होगा। क्या सभी भाइयों का एक जैसा होना दुनिया में कभी देखा गया है?

गौतम मेरा उपदेश ग्रहण नहीं करते क्योंकि ज्ञान और निर्णय में वे श्रेष्ठ हैं और मैं निकृष्ट। वे कहते, "ठीक है, तुम अपने दो बेटों का ध्यान रखो, पर शतानन्द मेरा बेटा है। एक मात्र वही मेरे कुल को उज्ज्वल करेगा। शतानन्द पर तुम अपने विचार मत थोपना।"

पुत्र यदि योग्य निकला तो पिता का, अयोग्य निकला तो माँ का। क्या यही दुनिया की नीति है? दुनिया की नीति कुछ भी हो, मातृत्व के नीति-नियम में सन्तान के प्रति पक्षपाती भेदभाव नहीं होता। कभी-कभी चिरकारी के लिए मन उदास हो उठता। चिरकारी सदा-सर्वदा किसी-न-किसी बीमारी से पीड़ित रहता। सर्दी, बुखार, खाँसी, बदहजमी उसके चिरसाथी हैं। रोग का प्रतिरोध करने की शक्ति उसमें नहीं थी। क्या इसके लिए गौतम जिम्मेवार नहीं हैं? मेरी उम्र ही कितनी थी? तीन वर्ष में तीन सन्तान पैदा करने का परिणाम गौतम तो भोग नहीं रहे। भोग तो रहे हैं मैं और मेरा चिरकारी।

घर में आने के बाद मैं एक के बाद एक दो बच्चों को जन्म देने के कारण कमजोर और रक्तहीन हो गई थी। माँ की रक्तहीनता के कारण चिरकारी रुग्ण और कमजोर जन्मा है। अब उसका कितना ही ध्यान रखने पर भी उसके स्वास्थ्य में सुधार नहीं हो रहा था। मैं कभी-कभी स्वयं को ही अपराधी समझती। किन्तु क्या मैंने आपत्ति नहीं की थी। पर मेरी आपत्ति करने का मूल्य ही क्या था? क्या स्त्री की आपत्ति पुरुष की कामना और प्रभुत्ववादी अहंकार को रोक सकती है? यदि मैंने पुत्रकामी औषधि ठुकराकर कन्या-सन्तान को गर्भ में धारण न किया होता एवं गर्भभंग के कारण मेरा जरायु क्षतिग्रस्त न हुआ होता तो गौतम मुझे विधि अनुसार ग्यारह पुत्र-सन्तान प्रदान करने के बाद ही ब्रह्मचर्य का पालन करते। ईश्वर जो भी कुछ करते हैं, भलाई के लिए करते हैं। नहीं तो वर्ष-प्रति वर्ष रुग्ण सन्तान पैदा करके मैंने सन्तानों के प्रति अन्याय किया होता।

सही उम्र में तीनों बच्चों के उपनयन संस्कार हुए। अब वे ब्रह्मचारी हैं। अब नियमानुसार वे लोग माँ के पास न रहकर आश्रम में अन्य छात्रों के साथ छात्रावास में रह रहे हैं किन्तु शतानन्द को गौतम ने वशिष्ठ आश्रम भेज दिया है। पिता के आश्रम में विद्याग्रहण करने से उसके मन में गुरुभक्ति, नम्रता आदि मानवीय गुणों का विकास बाधित हो सकता है। मेरा स्नेह, श्रद्धा और वात्सल्य

उसके व्यक्तित्व निर्माण में अवरुद्ध उत्पन्न कर सकता है। इसके अलावा वशिष्ठ आश्रम का अच्छा नाम भी था। हर दृष्टि से विचार करके शतानन्द की सर्वशुभकामना करके गौतम ने ऐसा किया है। मुझे उसमें कोई आपत्ति नहीं थी। वह अवकाश के दिनों में घर आएगा। उसकी उम्र के बच्चों का गुरुकुल में रहना कोई नई बात नहीं थी। किन्तु शरदभानु और चिरकारी की शिक्षा को लेकर गौतम हमेशा चिन्तित रहते। उन्हें किसी अच्छे गुरुकुल में भेजने से भी उनमें कोई विशेष परिवर्तन नहीं आएगा। इसलिए गौतम ने उन्हें अपने आश्रम में अपनी ही देख-रेख में रखा था। इसमें भी मुझे कोई आपत्ति नहीं थी। अनुभवी गुरु के रूप में गौतम जानते हैं कि किस बच्चे को कैसे गढ़ा जाता है किन्तु इससे शरदभानु को ठेस पहुँची। चिरकारी तो हमेशा आत्ममग्न रहा करता था। उसकी प्रतिक्रिया मैं नहीं जान सकी। उसके दुर्बल स्वास्थ्य के कारण मैं उसे अपने से दूर करना नहीं चाहती थी। किन्तु भानु को शतानन्द के साथ वशिष्ठ आश्रम भेज दिया गया होता तो उसमें क्या हानि थी? वह थोड़ा चंचल है और संगीत कला के प्रति उसमें जन्मजात आग्रह है। मधुमक्खी-सा गुनगुनाता रहता है। वशिष्ठ के गुरुकुल में वह अनुशासन और नीति-नियमों में रहता, अद्‌भुत सामगान करता। बहुत से चंचल बच्चों ने गुरुकुल में उपयुक्त शिक्षा पाकर अच्छा नाम अर्जित किया है। मेरा भानु भी वैसा ही क्यों नहीं बनता?

किन्तु गौतम ने मेरी बात नहीं मानी। यदि भानु शतानन्द के साथ रहेगा तो संगीत-गान के कारण शतानन्द की पढ़ाई में बाधा पड़ेगी, यह कहकर उन्होंने आशंका जताई थी। मेरे मन में एक दुख रह गया। भानु जो कुछ बन सकता था, गौतम के कठोर अनुशासन और पक्षपातपूर्ण स्वभाव के कारण वह वैसा नहीं बन पाएगा। यह सोचकर मेरा हृदय विषादग्रस्त हो उठा किन्तु मैं कुछ नहीं कर सकती थी। गौतम ही गृह के कर्ता और हम सबके भाग्यविधाता हैं। हमारा भविष्य विधाता के हाथों में नहीं, गौतम के हाथों में है।

शतानन्द के गौतम आश्रम चले जाने के बाद कुछ दिनों तक उसके बिना मन नहीं लगा। मुझे चारों ओर शतानन्द की उज्ज्वल बुद्धिदीप्त आँखें और प्रसन्न प्रशान्त चेहरा दिखता रहा। आनन्द को अच्छा लगनेवाला कोई भी खाद्य मैंने घर में नहीं पकाया। आनन्द के प्रिय खाद्य और फलमूल अब मैं खा नहीं पाती थी। प्रथा मुझे समझाती-बुझाती और कहती, ''तुम क्या सोचती हो, आम, अमरूद, जामुन, केला इत्यादि फल और किसी भी अरण्य में नहीं फलते? क्या वशिष्ठ आश्रम में दूध, शहद, दही, पनीर का अभाव है? आनन्द यहाँ की अपेक्षा वहाँ अधिक मजे में हैं। गौतम आश्रम में खाद्य पदार्थ की उतनी प्रचुरता कहाँ, जितनी वशिष्ठ आश्रम में है। तुम घर पर खाना इत्यादि बनाना बन्द करके गौतम एवं अपने अन्य दोनों बच्चों के प्रति अन्याय कर रही हो।''

धीरे-धीरे मैं सामान्य होने लगी थी। शतानन्द की अनुपस्थिति भुलाने के लिए भानु और चिरु पर अधिक ध्यान देने लगी। सोचा कि भानु की पढ़ाई और चिरु के स्वास्थ्य का ध्यान मैं स्वयं रखूँगी।

लेकिन गौतम ने यह भी होने नहीं दिया। वे दोनों गौतम आश्रम में रहते हुए भी मुझसे दूर रहने के लिए गौतम के कठोर निर्देश का पालन करते थे। ब्रह्मचारी के जीवन में मातृस्नेह की कमजोरी के लिए स्थान नहीं होता। इसलिए वे लोग निकट रहते हुए भी दूर रहने के बराबर थे। अन्य सहपाठियों के साथ वे आश्रम का भोजन करते थे। अन्य छात्र छुट्टियों में जब अपने-अपने घर चले जाते, तब वे लोग भी मेरे पास आ जाते थे। आनन्द भी उन्हीं दिनों कुछ अवधि के लिए घर आ जाया करता था। वही होता मेरे लिए भी जीवन का सबसे आनन्दमय समय। तीनों बच्चों के आपसी झगड़े, आरोप-प्रत्यारोप और खेलकूद के मस्ती भरे हुड़दंग से मेरी निर्जन मनोभूमि मुखरित हो उठती थी। उतने दिनों तक मैं भी अपनी स्वतंत्र सत्ता भूल जाया करती थी। जब बच्चे पुनः पढ़ाई करने चले जाते, तब मेरी मनोभूमि में शुष्क निदाध उतर आता था। मैं विषाद रोग से पीड़ित हो जाती थी। दिन में चक्कर आते, छाती की धड़कनें बढ़ जातीं, खाने के प्रति रुचि नहीं रह जाती थी, भूख मर जाया करती थी, देह-हाथ काँपा करते थे। मैं पूर्णतः एकाकी हो गई थी। मेरा विषाद बाँट लेने को मेरे साथ कोई भी नहीं था। गौतम मेरे जीवनसाथी नहीं बन पाए थे—वे थे मेरे पति-प्रभु-भाग्य विधाता। इसलिए मेरी विषाद-ऋतु निर्जनता में मुझे सालती रहती थी।

आश्रम में ऋचा का अबाध प्रवेश भी गौतम द्वारा निषिद्ध किया गया था। मुझे घुटन होती थी गौतम के स्वामित्ववाले उस अवरुद्ध कारागार में। जी करता, तोड़ डालूँ वह कारागार, मुक्त हो जाऊँ पति-पत्नी के उस स्वार्थी बन्धन से। मुक्त पंछी-सी उड़ती फिरूँ अरण्य से अरण्य, उपत्यका से उपत्यका, आर्यबस्ती से आर्यबस्ती। नदी, झील, गुफाओं हर जगह लोट जाऊँ समीरण की तरह। शतानन्द से दूरी, शरदभानु का नीरव विरोध-चिरकारी की कुंठित व्यथा गुनते हुए अब नहीं मरूँगी। यदि मेरे हाथ में उनके भाग्य की डोर नहीं है, तो उसके लिए स्वयं को जिम्मेवार मानकर, अपने मातृत्व को धिक्कारकर, शरीर और मन को क्षीण, रोगग्रस्त करके मानव जन्म की अवमानना क्यों करूँ?

किन्तु विवाह का बन्धन लोहे से भी सख्त-पत्थर से सघन और सागर से भी गहरा होता है। उससे मुक्त होना आसान नहीं अर्थात उस बन्धन को जीवन मानकर जीना ही होगा। यदि विवाह नारी के लिए पर्वत-सा भारी हो, तो उस पर्वत को ही सिर पर उठाकर समुद्र में छलाँग लगाना होगा। इसी में नारी जन्म की सार्थकता और सुनाम है। विवाहिता नारी दुख-विषाद में आत्महत्या कर ले तो भी उसकी मुक्ति नहीं होती। संवेदना से अधिक आलोचना ही होती है। व्यक्ति के सुख से

अधिक बलवान होते हैं नियम। व्यक्ति के कारनण समाज का रुग्ण नहीं बनाया जा सकता। समाज को स्वस्थ रखने के लिए बल्कि व्यक्ति का बीमार होकर जीना अच्छा है। त्रिलोक में ऐसा आकाश कहाँ है, जो मेघरुद्ध नहीं हुआ। स्वर्ग, अन्तरिक्ष, पृथ्वी में ऐसी कौन दम्पति है, जिसमें कभी मन–मुटाव न हुआ हो? मेघमय आकाश भले ही आर्द्र हो जाता है कभी–कभी, परन्तु पूरी तरह रुद्ध नहीं होता। कहीं–न–कहीं किंचित मुक्ताकाश पृथ्वी को देख मुस्कराता है—सूर्य–चन्द्र के दर्शन कराता है। दाम्पत्य जीवन कितना ही विराग पूर्ण क्यों न हो, कहीं न कहीं थोड़ी–सी रागरंजित मनोभूमि गुप्त रूप से ज्योत्स्ना के स्वर्णाभ एवं अरुण उषा की रागात्मक विभा से युग्म जीवन को मंडित करती रहती है। उसी में सारा जीवन एक स्वाभाविक छन्द में बह जाता है। हमारा दाम्पत्य जीवन भी राग–विराग के उतार–चढ़ाव में बहता चला जा रहा था, नाना विघ्न–बाधाओं को पार करते हुए।

मैं क्रमश: आश्रम के कार्यों में स्वयं को लगाकर विषादमुक्त होने का प्रयास कर रही थी। गौतम पत्नी के रूप में मेरी भी एक स्वतंत्र मर्यादा थी। वह मर्यादा मैं क्षुण्ण नहीं होने देती थी। सबके भाग्य में सारा सुख नहीं लिखा होता। इसलिए जितना मिला है, उसी को लेकर जीना न सीख पाई तो जीते जी दग्ध हो जाना ही सार होगा। मैंने स्वयं को समझा–बुझा लिया था।

आचार्य गौतम ने विश्व में आर्य मर्यादा स्थापित करने का दृढ़ निश्चय किया था। आर्यावर्त नामकरण का विरोध करके आर्येतर समुदाय के युवावर्ग ने आन्दोलन छेड़ दिया था। आर्य ऋषिगण राजनीति में भी निपुण थे। इसलिए आर्येतर आन्दोलन को अवैध घोषित करके वे कहते, ''आर्य जातिवाचक नहीं हैं, गुणवाचक हैं। जितेन्द्रिय कर्मठ, विनयी मानव ही आर्य है। सभी आर्य बन सकते हैं। आर्य बनने के लिए हम सबका आह्वान करते हैं।'' यह बात बातों तक ही सीमित था। कार्य में आर्य, आर्येत्तर जाति से विशेष माने जाते हैं।

पराजित आर्येत्तर लोगों को दास–दासी के रूप में रखकर आर्यगण कृषि क्षेत्र में और गृहकार्य में लगाते थे। समाज में उनका स्थान निम्न था।

वह दिन गौतम के लिए परीक्षा का दिन था। उस दिन एक सौम्य बालक आचार्य के आश्रम में आ पहुँचा। वह बहुत लम्बा रास्ता तय करके पैदल आया था। भूख, प्यास और थकान से वह बालक निढाल था। उस बालक के सौम्य रूप के साथ नाम भी बड़ा सुन्दर था–'सत्यकाम'।

वह आचार्य गौतम की ख्याति सुनकर उनका शिष्यत्व ग्रहण करने आया था। आचार्य गौतम शिष्य ग्रहण करने में रूढ़िवादी नीति अपनाते थे। ब्रह्मज्ञान

देने के लिए वे केवल ब्राह्मण बच्चों को शिष्य के रूप में ग्रहण करते थे। पिता अपने बच्चों को लेकर आश्रम में आते थे और आचार्य गौतम उन्हें जाति, गोत्र, वंश, परम्परा इत्यादि पूछकर सन्तुष्ट होने के बाद ही शिष्य बनाते थे। सत्यकाम अकेले आए होने के कारण आचार्य गौतम के मन में सन्देह उपजा। सामान्यत: पितृहीन बालकों को अभिभावकगण साथ लेकर आते हैं किन्तु सत्यकाम आया था अकेला। तो क्या सत्यकाम अज्ञात कुल का था? आचार्य गौतम के अनुभवी मन का अनुमान सत्य था। सत्यकाम को अपने पिता का नाम और गोत्र मालूम नहीं था। उसने अपने पिता को नहीं देखा था। सत्यकाम की माँ दासी–जाबाला ने उसका पालन–पोषण किया था। आचार्य गौतम के पास जाबाला ने ही सत्यकाम को भेजा था।

आचार्य गौतम ने सत्यकाम का बड़ी निर्दयता से लौटा दिया। कहा, "जाओ, माँ से पूछकर आओ, तुम्हारे पिता कौन हैं, वे किस वर्ण के हैं, उनका गोत्र क्या है—उसके बाद ही तुम्हारे बारे में निर्णय लिया जाएगा।"

ऐसी निष्ठुर बातें सुनकर सत्यकाम को चेहरा मुरझा गया। मेरी छाती में मानो एक मरोड़–सी उठी। मुझे लगा, मानो मेरे गर्भ से जन्मे सन्तान को कोई अपमानित करके ज्ञानमन्दिर के द्वार से लौटा रहा हो। मैंने सत्यकाम को अपने पास बुलाकर छाती से चिपका लिया। उसकी आँखें छलछला आईं।

मुझमें अपनापन पाकर मेरी छाती से चिपके हुए उसने पूछा–"माँ! क्या मैं आचार्यजी को गुरु के रूप में नहीं पा सकूँगा? मेरी माँ तो कहती हैं कि आचार्यजी का शिष्य बनने की सारी योग्यताएँ मुझमें हैं। मेरी माँ दासी होते हुए भी विद्यानुरागी हैं। उनसे मैंने वेदज्ञान के बारे में सुना है। हालाँकि दासी होने के कारण मेरी माँ सबके सामने वेद का उच्चारण नहीं कर सकतीं, किन्तु एकान्त में वे मेरे सामने बैठकर सुललित कंठ से शुद्ध उच्चारण के साथ सामगान करती हैं। मालिक के घर पर काम करते समय उनकी श्रुति सर्वदा वेदाभिमुखी रहती है। उनकी स्मरणशक्ति प्रखर है। चारों वेद उन्हें कंठस्थ हैं। मेरी माँ मेरी प्रथम गुरु हैं। मैंने अथवा मेरी माँ ने कभी कोई ऐसा काम नहीं किया, जिससे कि आचार्य मुझे लौटा दें।"

सत्यकाम दस वर्ष का हो चुका था। सम्भवत: जाबाला ने उसकी शिक्षा प्रारम्भ कर दी थी। इसलिए उसके मुँह से ऐसी ज्ञानपूर्ण वाणी सुनकर मुझे आश्चर्य नहीं हुआ। फिर भी, मैं आश्रम के नियम–अनुशासन में हस्तक्षेप नहीं करती थी। वह मेरे अधिकार क्षेत्र में नहीं था। मैं समय–समय पर गौतम आश्रम के रूढ़िवादी नीति–नियमों में संशोधन करना चाहती थी, लेकिन मेरा समर्थन कोई नहीं करता था। मेरा आचरण नारी–सुलभ नहीं है, मेरी यह बदनामी तब तक एक से दूसरे आश्रमों में प्रचारित हो चुकी थी। बीच–बीच में जो छोटे–बड़े विद्रोह

एवं दासों द्वारा यज्ञभंग किए जाते थे, उसके लिए आचार्य गौतम प्रकारान्तर से मुझे ही दोषी मानते थे। रुद्राक्ष, ऋचा, स्वास्तिक और स्वाहा आदि दासवंशजों के नाम मैंने बदले थे। वेद और शास्त्र अध्ययन करना उनका जन्मसिद्ध अधिकार है, कहकर उन्हें सचेत करती रहती थी। इसी कारण दासवर्ग अधिक उग्र और संगठित हो गए हैं, कहकर मेरे विरुद्ध आरोप लगाया जाता था। इसलिए मैं सीधे-सीधे विरोध करके दासों के पक्ष में कुछ कहने का साहस नहीं कर पाती थी। वैसा करने पर आचार्य गौतम मेरे विचारों को सम्मान देंगे, यह विश्वास मुझे नहीं था।

किन्तु आज मैंने ठान लिया था कि मैं सत्यकाम के पक्ष में आश्रम के अध्यक्ष पति गौतम से कुछ कहूँगी। लेकिन पहले सत्यकाम को आचार्यजी की आज्ञा का पालन करना होगा। गुरु की आज्ञा का पालन करना शिष्य का प्रथम एवं परम कर्तव्य है। मैंने सत्यकाम को भोजन दिया। बहुत समझाने-बुझाने पर उसने खाया। हालाँकि इसके लिए मुझे उसे प्रतिश्रुति देनी पड़ी कि वह जाबाला से अपने पिता का नाम और परिचय पूछकर आने के बाद आचार्य गौतम उसे शिष्य के रूप में ग्रहण कर लेंगे। किस साहस से मैंने इतनी बड़ी प्रतिश्रुति उस कोमल निरपराध ज्ञानपिपासु बालक को दे दी, मैं नहीं जानती। मेरे अन्दर की किसी अदृश्य शक्ति ने मुझे यह प्रेरणा दी है, ऐसा मुझे लगा।

मेरी बात से सन्तुष्ट होकर, मेरी प्रतिश्रुति पर भरोसा करके सत्यकाम लौट गया अपने पिता का गोत्र और परिचय पूछने।

मैं सत्यकाम के लौटने की प्रतीक्षा करने लगी। मुझे दृढ़ विश्वास था कि गौतम सत्यकाम को शिष्य के रूप में ग्रहण कर लेंगे क्योंकि सत्यकाम ने प्रवेशिका परीक्षा में अपने ज्ञान और प्रतिभा से गौतम को हतप्रभ कर दिया था। गौतम की आँखों में प्रशंसा और आशावद की चमक मैंने देखी थी। मैं जानती थी कि गौतम के लिए शिष्य का परिचय होता है शिष्य। पितृ परिचय के बिना भी कोई उत्तम शिष्य हो सकता है। लेकिन मेरे मन में एक आशंका उठ रही थी। सत्यकाम यदि दास वंश का हुआ तो गौतम उसे शिष्य नहीं बनाएँगे। हालाँकि सत्यकाम गौर वर्ण का है, और उसकी नाक ऊँची है किन्तु यदि वह वर्णसंकर हुआ, तब तो आचार्य का शिष्य होना उसके भाग्य में नहीं होगा। इन वर्णसंकर शिशुओं के प्रति आर्यसमाज में जितना विराग है, उस शब्द के प्रति मुझमें भी उतना विरोध है। आर्य और दास के मिलन से जिन शिशुओं का जन्म होगा, वे लोग वर्णसंकर के रूप में क्यों जाने जाएँगे और घृणा के पात्र क्यों होंगे? कृष्णवर्ण और श्वेतवर्ण के मिलन से जिस वर्ण के बच्चे का जन्म होगा, उसके वर्ण को सिर्फ एक वर्ण से जाना जा सकता है। वह है–मानव वर्ण।

दो मनुष्य के मिलन से जन्मे एक निष्पाप शिशु को समाज हीन दृष्टि से क्यों देखता है? उसे वर्णसंकर क्यों कहता है?

मैंने नारद भैया से जाबाला के बारे में सारे तथ्य इकट्ठा करने का अनुरोध किया। भैया ने दो दिनों के बाद मुझे जो तथ्य दिए, उससे मेरा सारा उत्साह ठंडा पड़ गया। मैं सत्यकाम को दी गई प्रतिश्रुति पूरा नहीं कर पाऊँगी, यह बात स्पष्ट हो गई।

जाबाला एक दासी हैं। कई आर्य मालिकों के घरों में काम करके वे जीविका निर्वाह करती हैं। कभी जाबाला सुन्दर और युवती थीं। घर के मालिक अपनी इच्छानुसार उनका उपयोग करते थे। किसी दासी की मान-मर्यादा अथवा उसके स्वतंत्र विचारों की किसे चिन्ता होती है कि जाबाला विरोध करतीं? विरोध करतीं भी कैसे? दासी का अर्थ है—मालिक जैसा चाहेंगे, उसे उसी तरह के काम में लगाएँगे। यह तो समाज का चलन बन चुका था। इसलिए जाबाला के लिए कोई चारा नहीं था। आर्य मालिकों के 'काम-यज्ञ' में स्वाहा हो गया जाबाला का यौवन। उसी असहाय समर्पण का परिणाम है सत्यकाम।

कितना विचित्र है सृष्टि का यह रहस्य! गन्दगी से रस ग्रहण करके वनस्पति में लहलहा उठती है सुषमा। फूल-फूल में भर जाती है हरित सुरभि। जब गन्दगी से वनस्पति पुष्पित होती है, तब पुष्प की सुरभि से महक उठती है वनभूमि। गन्दगी का दुर्गन्ध ग्रहण नहीं करती पृथ्वी। पुष्प का मुकुट पहन सज-धजकर वनभूमि को सुरभित करते समय गन्दगी समा जाती है न जाने किस अतल गहराई में! ठीक उसी तरह है जननी का गर्भाशय। किसी दुष्ट बर्बर के बलात्कार का कलंक अमृतमयी जननी के गर्भ से देवशिशु बनकर आता है धरती पर। परन्तु वही पवित्र शिशु समाज की दृष्टि में होता है घृणित!

दासी जाबाला के गर्भ से जब अमृत शिशु ने जन्म लिया, उसकी निर्मल समग्रता में खींच दी थी जाबाला ने पवित्र अभीप्सा की भाग्यरेखा। बलात्कार का घृणित कलंक मातृत्व की अमृतधारा से धुल गया था। जाबाला ने उस शिशु का नाम रखा था 'सत्यकाम'। सत्यकाम का नाम ही उसका भविष्य प्रकट करता था सबके सम्मुख।

किन्तु जाबाला क्या उत्तर दें पुत्र सत्यकाम को? क्या बता पाएँगी जीवन का वह अवांछित घृणित सत्य? क्या बात पाएँगी अपने अतीत का कलंकित इतिहास?

हाँ—बता सकती हैं—अपने जीवन का अमृत, उड़ेल सकती हैं विष एकमात्र सत्यकाम को छोड़कर, सबके सामने। अपने अतीत का कलंक, स्वेच्छा से हो या अनिच्छा से, पुत्र के समक्ष खुलासा नहीं कर सकती जननी। जननी भी रक्त-मांस की बनी होती है—उसका भी स्खलन स्वाभाविक है, यह कौन नहीं जानता! किन्तु सन्तान के आगे जननी का आलोकित हिस्सा ही प्रकट होता है। अँधेरेवाला हिस्सा विश्व की ओर करके सन्तान की ओर प्रकाश बिखेरना चाहती हैं सभी जननी। जिस दिन उसके अन्धकारवाले हिस्से की ओर सन्तान के डग बढ़ते हैं, उस दिन सन्तान अन्धा हो जाता है और जननी की मृत्यु हो जाती है। मैं सोच रही

थी कि जाबाला सत्यकाम को अपने जीवन का सच नहीं बता पाएँगी। यदि मैं जाबाला की जगह होती, तो मैं भी नहीं बताती वह कुत्सित सत्य। जाबाला से मैं पूछती तो वे अपने जीवन का सच मुझे बता सकती हैं, यहाँ तक कि गौतम के सम्मुख भी सच स्वीकार कर सकती हैं, किन्तु पुत्र के सम्मुख मौन रहने को बाध्य हैं जाबाला।

सत्यकाम के लिए अपना पितृ-परिचय न जानना ही अच्छा है। किन्तु पितृ-परिचय के बिना सत्यकाम को गौतम आश्रम में प्रवेश नहीं मिलेगा। उसकी सारी योग्यता असिद्ध हो जाएगी इस एक ही बात से। सत्यकाम का मातृ-परिचय पर्याप्त नहीं है। जिस जननी ने सत्यकाम को जन्म दिया—दुनिया के प्रतिकूल प्रवाह में बहते अवांछित शिशु को समाज के लांछन सहते हुए जीवित रखा, उपयुक्त शिक्षा दी, गौतम जैसे कठोर अनुशासन वाले कर्णधार, ज्ञानगर्भ गुरु को सन्तुष्ट करने के लायक बनाया, उस माँ का कोई परिचय नहीं, क्योंकि वह नारी है! जाबाला यदि नारी है और नारी होना यदि अपराध है, तो उसके लिए जाबाला जिम्मेवार नहीं है, जिम्मेवार हैं विधाता। जाबाला यदि दासी है और 'सेवा' करना यदि पाप है, तो उस पाप का पुरोधा है समाज—अर्थात पुरुष, जबकि विधाता पुरुष को कोई दोष नहीं देता। आज सारा-का-सारा अपराध जाबाला का है।

यदि जाबाला ने सच बता भी दिया तो सत्यकाम 'वर्णसंकर' में गिना जाएगा। उसे गौतम आश्रम में स्थान नहीं मिलेगा।

यदि सत्यकाम न लौटा तो मैं क्या करूँगी और यदि वह अपने जन्म का रहस्य जानने के बाद लौट आए, तो मुझे क्या करना चाहिए—मैं दुनियाभर की बातें सोच रही थी। किसी भी स्थिति में मैं सत्यकाम को गौतम के शिष्य के रूप में देखने के लिए प्रतिज्ञाबद्ध थी।

सत्यकाम को एक सप्ताह के अन्दर लौटकर आना था। वह नहीं लौटा। उपनयन की ऋतु बीतने को थी। मैं चिन्तित हो उठी। उस दिन गौतम को प्रसन्न मुद्रा में देख साहस बटोरते हुए मैंने पूछा, "क्या सत्यकाम की कोई सूचना आई? अब तक तो उसे लौट आना चाहिए था। न जाने क्यों नहीं आया?"

गौतम ने शान्त स्वर में कहा, "सत्यकाम अब नहीं लौट सकता। यदि मेरा सन्देह सच हुआ, तो वह कौन-सा मुँह लेकर मेरे पास लौटेगा?"

"क्या आपको कोई सन्देह है?" मैंने उद्वेग दबाए हुए प्रश्न किया।

गौतम ने एक लम्बी साँस छोड़ते हुए कहा, "जाबाला एक दासी है। सामान्यतः एक दासी के जीवन में जो कुछ घटित होता है, उसके भी जीवन में वही सब हुआ होगा। सत्यकाम का पितृ-परिचय जाबाला को ज्ञात नहीं होगा। यदि होगा भी, तो सत्यकाम अवैध और वर्णसंकर होगा। इसलिए अब सत्यकाम हमारे आश्रम नहीं आ सकता। आश्रम के समस्त नियम-अनुशासन वह जान ही चुका है।"

मैंने प्रश्न किया, "अवैध कौन है–जो विधि-भंग करता है या जो विधि-भंग की परिणति भोगता है? सत्यकाम ने तो कोई विधि-भंग नहीं किया, किया है इस समाज-व्यवस्था ने, जिसने खड़ी की है मनुष्य के बीच आर्य और दास की दीवार, जिसने दासी को रखैल बनाकर अवैध सम्बन्ध स्थापित किया है। यदि आपका सन्देह सच होता है, तो भी सत्यकाम नारी-पुरुष के मिलन विधि को मानकर इस संसार में आया है। वह ऋत सत्य है। वह अवैध कैसे हुआ? इसके अलावा यदि वर्णसंकर के नाम से एक अन्य मानव जाति का सृष्टिकर्ता मनुष्य है, तो वर्णसंकर भी मानव की ही सन्तान है। मानव के समस्त अधिकार उसे मिलेंगे। क्या उसे उसके अधिकारों से वंचित करना अवैध नहीं?"

गौतम मेरे तर्क से खुश नहीं हुए। मेरी ओर तिरछी नजर से देखा। कहा, "जो सामाजिक परम्परा है, क्या उसे बदलने की तुमने ठान ली है? इन बातों में क्यों दिमाग खपाती हो? अपने बच्चों को और आश्रम के बच्चों को सही राह दिखाओ। सारी दुनिया के अवैध वर्णसंकर बच्चों को तुम मानव-अधिकार नहीं दे सकतीं। वह क्षमता तुम्हें किसने दी?"

गौतम क्रोधित होने पर बात को आगे न बढ़ाकर वहाँ से कहीं और चले जाना उपयुक्त समझते हैं। विशेष करके मेरा उनसे तर्क करना उन्हें अच्छा नहीं लगता। कहते हैं, तर्क करना नारी सुलभ नहीं–भले ही वह न्यायसंगत क्यों न हो।

गौतम अपने काम से चले गए। मैं निराशा से टूट गई। मेरा विवेक मुझे जो निर्देश देता है, मैं उसका पालन करने में अक्षम हूँ। क्योंकि मैं इस आश्रम की कर्त्री नहीं, कर्ता-धर्ता की आज्ञाकारी पत्नी हूँ। मैं आचार्य नहीं–मैं आचार्याणी हूँ। मैं चीख-चीखकर अपने विवेक को निनादित करूँ तो भी आकाश, पृथ्वी, अन्तरिक्ष तिलभर भी अपनी-अपनी जगह से, नीति-नियमों से विच्युत नहीं होंगे। मेरी छाती का फट जाना ही सार होगा।

मेरी चिन्ता दूर करते हुए, मुझे चकित, चमत्कृत और उल्लसित करते हुए उस दिन सुबह-सुबह सत्यकाम आ पहुँचा। वह प्रसन्न लग रहा था। तो क्या वह अपने जन्म का इतिहास नहीं जानता? या फिर नारद भैया ने गलत सूचना दी होगी जाबाला के बारे में?

सत्यकाम झुककर मुझे प्रणाम कर ही रहा था कि मैंने उसे पकड़कर अपनी छाती से चिपका लिया। मेरे हाथ की सुबह की अर्घथाली नीचे गिर गई। 'सत्यकाम' अर्घथाली से भी अधिक पवित्र लगा। मेरे हृदय का सन्ताप पुलक में बदल गया।

मैंने सत्यकाम का मुख चूमते हुए कहा, "इतनी देर कैसे लगा दी बेटे, मैंने तो सोचा था कि तुम किसी परेशानी में पड़ गए होगे, तभी नहीं आए। तुम्हारी माँ ठीक तो है न?

सत्यकाम के उत्तर से मानो प्रकाश फैल गया। दुविधा नहीं, नहीं, कुंठा या संकोच नहीं। उसने कहा, "माँ अस्वस्थ थीं। दासी होने के कारण अथक सेवा करती हैं सबकी। अपनी तबियत तक का ध्यान नहीं रखतीं। मैं कहा करता हूँ उनसे कि अधिक परिश्रम से तुम क्षीण और अस्वस्थ हो गई हो, अथक परिश्रम ही तुम्हारी बीमारी है। वे कहती हैं–परिश्रम ही मनुष्य को स्वस्थ और नीरोग रखता है। सेवा ही मेरी महौषधि है। सेवा से आत्मा को जो सात्त्विक आनन्द मिलता है, वह किसी और में नहीं मिलता। माँ का ध्यान रखना पड़ा। उनके साथ मिलकर मालिकों के घरों में काम करके माँ का श्रम कम करना ही अपना कर्तव्य मानकर रुक गया। माँ के स्वस्थ होने के बाद आया हूँ।"

"किन्तु इधर उपनयन ऋतु के लिए केवल दो ही दिन बचे हैं। उस बारे में चिन्ता नहीं हुई?"

"हुई थी। लेकिन मेरा प्रथम कर्तव्य था माँ की अस्वस्थता के समय उनकी सेवा करना। यदि इस वर्ष उपनयन ऋतु समाप्त हो जाती, तो एक वर्ष बाद पुनः आया होता, पर आता जरूर। आचार्य गौतम से शिक्षा प्राप्त करना ही मेरे जीवन का लक्ष्य है।" सत्यकाम ने आत्मविश्वास भरे स्वर में कहा।

मैंने झिझकते हुए प्रश्न किया, "माँ से अपने पिता का परिचय पूछकर तो आया है न?"

स्वयं प्रश्न पूछकर उत्तर की आशंका से मेरी छाती कचोट रही थी। कहीं सत्यकाम ने मेरे प्रश्न से अपमानित तो महसूस नहीं किया होगा?

लेकिन कितना ही अप्रिय क्यों न हो, आश्रम के सभी लोगों की उपस्थिति में सत्यकाम को इस प्रश्न का सामना तो क़रना ही पड़ेगा।

सत्यकाम जरा भी विचलित नहीं हुआ। सहज़ स्वर में बोला, "जी माँजी, मुझे अपने प्रश्न का उत्तर माँ से मिल गया है। अभी तक ऐसा प्रश्न मैंने माँ से नहीं किया था क्योंकि मेरे जीवन में पिताजी की कोई भूमिका नहीं थी। मेरे प्राणकोष में खाली स्थान नहीं था। हर जगह माँ का ही रूप अंकित था। जिनके लिए मैं अवांछित था, जो मेरे लिए अपरिहार्य नहीं हैं, उनके लिए उत्सुकता का कारण मैं नहीं ढूँढ़ पाया था। किन्तु आचार्यजी के आश्रम के नीति-नियमों से समझा कि सन्तान के लिए माँ चाहे जितनी महिमामयी हो, समाज के लिए वह उतनी महान नहीं होती। इसलिए माँ से पूछने पर अपने प्रश्न का सन्तोषजनक उत्तर मुझे मिल गया है।"

सत्यकाम के स्पष्ट उत्तर ने मुझे अवाक कर दिया। एक दस वर्ष के बालक के मुँह से समाज के बारे में ऐसे गम्भीर मन्तव्य सुनकर ऐसा लगा मानो सरल शिशु सत्यकाम ये बातें नहीं कह रहा है–ये स्वर जाबाला के हैं। माँ से जो कुछ सुनकर आया है, सत्यकाम ने निःसंकोच वही सब कहा है।

"कौन हैं तुम्हारे पिता?" सिर्फ इतनी-सी बात पूछने में ही मेरा गला रुँध गया। इस प्रश्न का उत्तर सत्यकाम गौतम को देगा--समस्त आश्रमवासियों की उपस्थिति में। ऐसा अप्रिय प्रश्न मैं उससे दुबारा क्यों पूछूँ? चलो छोड़ो--बच्चे के मुँह से उसके जन्म का विडम्बनापूर्ण इतिहास सुनने का साहस मैं नहीं जुटा पा रही थी।

पूर्वाह्न में सभामंडप में आचार्यगण उपस्थित हुए। अति विशिष्ट आर्य धनिक भी निमंत्रण पर पधारे थे। सभी बड़ी उत्सुकता से सत्यकाम का पितृ-परिचय जानने की प्रतीक्षा कर रहे थे। पेड़-पौधों और आश्रम को अपनी गोद में बिठाकर प्रकृति भी सत्यकाम का सत्यघोष सुनने के लिए बड़े ध्यान से कान लगाए बैठी थी।

आचार्य गौतम ने प्रश्न किया, "वत्स! मैं जानता हूँ कि मेरे प्रश्न का उत्तर तुम्हें नहीं मिला होगा। मिला होता तो तुम अपने पिता को साथ लेकर आते। चूँकि तुम्हारे पिता साथ नहीं आए हैं, इसलिए ऐसा लगता है कि तुम्हें अपनी माँ से पिताजी के बारे में कोई उत्तर नहीं मिला। क्या मेरा यह अनुमान सत्य है?"

"सत्य होते हुए भी सत्य नहीं है," बालक ने कहा।

"इसका क्या तात्पर्य है?"

"मेरी माँ ने मेरे पिता के बारे में एक स्पष्ट अनुमान भर लगाया है, पर पिता का नाम नहीं बता पाईं।" बालक ने उत्तर दिया।

"अर्थात?"

सत्यकाम ने सिर उठाकर सबकी ओर देखा। गर्व से बोला, "मेरे पिता कोई आर्य महात्मा हैं। परन्तु उनका नाम माँ नहीं जानती। मेरी माँ ने मुझसे कहा कि वह दासी होने के कारण अनेक आर्य मालिकों के संस्पर्श में आई थीं और उनके निर्देशों का पालन करके सेवा करती थीं। तभी उन्होंने गर्भधारण किया था और मुझे प्राप्त किया था। इसलिए मेरे पिता उन महात्माओं में से कौन हैं, वे नहीं बता सकतीं।"

उपस्थित ऋषि-छात्रों एवं ऋषि-पत्नियों में मृदु हास्य ध्वनि गुंजरित हुई। किसी दूसरे के जीवन की गोपनीय बातें सबको आमोदित करती हैं। आश्रमवासी भी इससे अछूते नहीं थे।

"फिर भी तुम्हें आशा है कि इस आश्रम के छात्र बनने की योग्यता तुममें है?" किसी ने कर्कश स्वर में प्रश्न किया।

सत्यकाम ने विनम्रतापूर्वक कहा, "मैंने या मेरी माँ ने कभी मिथ्याचरण नहीं किया। मुझमें योग्यता है या नहीं, इसके विचारक तो आप ही लोग हैं।"

"क्या तुम ब्राह्मण पुत्र हो जो इतनी बड़ी आशा लिए दौड़े आए हो? तुम्हारी माँ एक अनुभवी महिला हैं। वे समाज के नीति-नियम जानती हैं। उन्होंने कैसे तुम्हें आश्रम में भेज दिया? उन्हें मालूम होना चाहिए कि तुम एक

पितृ-परिचयहीन दासी पुत्र हो। यहाँ सभी छात्र हैं ब्राह्मण-पुत्र।'' एक अन्य ऋषि ने निष्ठुरवाणी सुना दी।

अब तक गौतम गम्भीर हो कुछ सोच रहे थे। ऋषियों की ऐसी हृदयहीन बातों से मैं मर्माहत हुई। मैं कुछ सोच रही थी कि सबको चकित करते हुए जाबाला वहाँ आ पहुँची।

सत्यकाम ने जाबाला को देखकर कहा, ''माँ, तुम यहाँ क्यों आ गईं? मैं तो तुम्हें विश्राम करने को कह आया था। मुझे यहाँ भेजकर तुम निश्चय ही चैन से नहीं रह पाई होगी। इस कमजोरी में भी इतनी दूर कैसे चली आईं?''

जाबाला ने स्नेह से पुत्र की तरफ देखकर कहा, ''हाँ, बेटे, यह सच है, तुम्हें विदा करने के बाद मेरा मन किसी भी काम में नहीं लगा। महर्षि के इतने महत्त्वपूर्ण प्रश्न का उत्तर तुम दे पाओगे, यह विश्वास मुझे नहीं था। प्रतिकूल परिस्थितियों में पलने के कारण हालाँकि तुम उम्र की तुलना में अधिक परिपक्व लगते हो परन्तु तुम हो तो बालक ही।'' इतना कहने के बाद जाबाला ने वहाँ उपस्थित सभी के प्रति यथामान्य सम्मान प्रकट किया।

जाबाला अपने यौवन में सुन्दर रही होंगी, इसमें कोई सन्देह नहीं था। गरीबी, परिश्रम, पुत्र-चिन्ता और अपनी अस्वस्थता के कारण वे कमजोर लग रही थी, किन्तु उनके सौन्दर्य की आभा अभी पूरी तरह फीकी नहीं पड़ी थी। बुझती होमशिखा की तरह वे लग रही थीं पवित्र और उज्ज्वल। अनेक ऋषिगण और आमंत्रित आर्य धनिक जाबाला को देखकर चकित हो गए। उन्होंने प्रश्न किया, ''जाबाला! तुम यहाँ?''

जाबाला ने विनम्रतापूर्वक सिर उठाकर सबकी ओर देखा और कहा, ''जी महाप्रभु। मैं वही जाबाला दासी हूँ। यौवन में आप लोगों के घरों में कुछ समय सेवाकार्य करने का सौभाग्य मुझे प्राप्त हुआ था। मुझे ठीक से याद नहीं है कि कितने दिनों तक किन-किन के घरों में दासी रही। किन्तु इतना स्पष्ट याद है कि मेरे जीवन का श्रेष्ठ समय वही था। क्योंकि तभी मैंने सत्यकाम को गर्भ में धारण किया था। मेरा नारी जन्म सार्थक हुआ था। सत्यकाम अपने पिता का नाम नहीं जानता। क्योंकि मैं भी नहीं जानती कि उसका पिता कौन है। पर सत्यकाम आप ही लोगों में से किसी-न-किसी की सन्तान है, इसमें सन्देह नहीं। आचार्य गौतम उसका पितृ-परिचय न पाकर कहीं उसे वापस न भेज दें, इसी आशंका से मैं अस्वस्थ होते हुए भी यहाँ दौड़ी चली आई। मेरा अनुरोध है कि यदि आप लोगों में से कोई अपनी दिव्यदृष्टि से यह जान सकें कि सत्यकाम के शरीर में किसका रक्त बह रहा है, तो कृपापूर्वक उसे स्वीकार करें। बेचारा दरिद्र दासीपुत्र आचार्य के गुरुकुल आश्रम में प्रवेश पा जाएगा। यही है मेरे और मेरे पुत्र के जीवन का लक्ष्य। केवल इसी कारण से उसे आचार्य के शिष्यत्व से वंचित न करें।''

जाबाला की सरल स्पष्टोक्ति से मेरा हृदय करुणा से भर गया। मेरे मातृ-हृदय ने जाबाला के हृदय में साफ-साफ देख लिया। पुत्र स्नेह से जाबाला भाव-विभोर हो उठी हैं और लाज-अपमान छोड़कर अपने जीवन का कलंकित आख्यान भरी सभा में—निर्लज्ज-सी भरी सभा में—बखानती जा रही हैं; मैंने ऋषिपत्नियों को यह कहते हुए सुना।

कोई कह रही थीं, जाबाला किसी सम्भ्रान्त घर की महिला तो है नहीं कि लाज-शर्म करेगी, वह तो एक नीच जाति की दासी है। पतिता है! उसे भला मान, अपमान और संकोच कैसा! निन्दा, अपमान, लांछन और यातना तो उसकी देह का मैल है। उसे बुरा क्यों लगेगा?

मैं विरोध किए बिना रह न सकी। मैंने तैश में आकर कहा, "भद्रे! यह सच है कि जाबाला ने लांछन और यातनाएँ सही हैं, किन्तु इसके कारण वे पतिता नहीं हैं। जिस आर्य समाज ने उन्हें लांछित किया है, उस समाज को स्वयं निन्दित और अपमानित होना चाहिए। जाबाला को पतिता कहकर नारी जाति को मर्यादाहीन मत करो। जाबाला अपनी इच्छा से पतन की ओर नहीं गईं, उसे पतन की ओर खींच ले गया यह समाज। तो फिर कौन पतित हुआ, पतन का कर्ता या भोक्ता?"

वहाँ जितनी भी रमणियाँ थीं, मुझसे क्षुब्ध हो उठीं। यौवन में उनके भी पति जाबाला के मालिक रह चुके हैं।

मैंने देखा कि आर्य धनिकगण लज्जा और संकोच का अनुभव करने के बदले क्रोध से तमतमा उठे हैं जाबाला की स्पष्टोक्ति से। किन्तु जाबाला ने विद्रोह घोषित करने अथवा धनिकवर्ग को अपमानित करने के लिए उनके जीवन का निषिद्ध-द्वार आज नहीं खोला था, उन्होंने तो यह सच प्रकट किया था केवल पुत्र के मंगलमय भविष्य के लिए। जरूरी हुआ तो जाबाला अपने बेटे के लिए बाघ के मुँह में भी कूद सकती हैं। इसमें जाबाला को दोष देने का कोई कारण नहीं। मैं गौतम का निर्णय सुनने की प्रतीक्षा कर रही थी। गौतम ने सम्भवतः आर्य पत्नियों की बातें सुन ली थीं। सुन लिया था मेरा विरोधी स्वर और जाबाला के प्रति मेरी समर्थन वाणी। इस बीच उपस्थित आर्यगण गौतम को सुना चुके थे कि सत्यकाम पितृ-परिचयहीन दासीपुत्र होने के कारण आश्रम में प्रवेश पाने के योग्य नहीं हैं।

उपाध्यक्ष ऋषि मुद्गल ने कहा, "जाबाला! सन्तान का पितृ-परिचय तो सिर्फ माँ ही सही-सही दे सकती है। पिता कभी दावे से नहीं कह सकता है कि वही उसका जनक है। इसलिए जब तुम स्वयं ही नहीं जानतीं कि तुम्हारी सन्तान का जनक कौन है, ऐसे में तुम कैसे आशा करती हो कि यहाँ उपस्थित कुछ विशिष्ट नागरिक तुम्हारी सन्तान का पितृ-परिचय देंगे? तुम तो और भी अनेक

आर्य मालिकों के घरों में दासी रही होगी, अनार्य धनिकों या व्यापारी मालिकों के घरों में भी दासी रही होगी। सत्यकाम का पिता कोई दास भी तो हो सकता है! अत: अन्तिम बात यह हुई कि सत्यकाम दासी पुत्र है, इसलिए..."

उपाध्यक्ष की वक्रोक्ति से जाबाला निराश हो टूट गई। अधीर होते हुए बोली, "झूठ का सहारा लेकर किसी को भी अपनी सन्तान के पिता के रूप में पहचान कर आश्रम में अपने बेटे के लिए स्थान बनवाना मेरा उद्देश्य नहीं है। मैं सत्य के सिवा झूठ किया है, नहीं जानती। मुझे स्पष्ट याद है, जिन दिनों मैंने गर्भधारण किया था, उन दिनों मैं किन-किन मालिकों के घरों में काम करती थी, सभी यहाँ उपस्थित हैं। जबकि बाद में गर्भोदय से पहले मैंने अनेक मालिकों के घरों में दासी के रूप में काम किया था। अनार्य या व्यापारियों के घरों में दासी के रूप में कोई भी काम नहीं करता। वे लोग तो अपने घरों और खेतों में स्वयं काम करते हैं। वे नारी जाति का सम्मान करते हैं। बलात्कार करना दासवर्ण के लोगों के समाज में नहीं चलता।"

किसी युवा ऋषि ने क्रोधित हो कहा, "दास और असुरगण आर्य नारियों पर कैसे-कैसे अत्याचार करते हैं, यह सबको मालूम है–नाहक ही उनकी प्रशंसा क्यों कर रही हो? क्या अपनी सीमा में रहकर बात करना नहीं सीखा? न जाने अपने पुत्र को तुमने कैसी शिक्षा दी होगी!"

जाबाला ने हाथ जोड़कर विनम्रता से कहा, "महाप्रभु! दास और असुरगण सिर्फ आर्य-दास संघर्ष के समय ही बदले की भावना से वैसा घृणित कार्य करते हैं किन्तु अन्य समय में वे लोग आर्य नारियों को माता के समान मानते हैं। यही दास समाज-व्यवस्था की रीति है। लेकिन आर्यगण पराजित दासों को भृत्य और उनकी नारियों को दासी के रूप में रखने और दासियों को रखैल बनाकर सन्तान उत्पन्न करना अपना अधिकार मानते हैं।"

जाबाला के मुँह से समाज तत्त्व सुनकर आर्य बुद्धिजीवीगण सन्तुष्ट नहीं हुए। सभा में जाबाला के विरुद्ध एक के बाद एक स्वर उठते देख गौतम अपना निर्णय देने के लिए तैयार होते हुए बोले, "शान्ति, शान्ति..."

आपसी बातचीत बन्द हो गई। मैं उत्कंठित हो गौतम का निर्णय सुनने की प्रतीक्षा करने लगी।

गौतम ने खड़े होकर हाथ जोड़े। जाबाला को प्रणाम करते हुए ससम्मान बोले, "सुभद्रे! आपका दर्शन पाकर हम आश्रमवासी धन्य हुए। आपके चरणों की धूल से यह आश्रम पवित्र हुआ। आप सती हों या न हों, आप हैं सत्यवती–सत्यकाम की महान जननी। सत्य ने अग्नि की तरह आपके जीवन की समस्त अवांछित कालिमा को ग्रसकर आपके व्यक्तित्व को दीप्तिमान किया है। आपके चरित्र और व्यक्तित्व की दीप्ति से हमारी अज्ञानता भी दूर हो गई है।

"जो जननी ऐसा सत्य सन्तान के सम्मुख प्रकट कर सकती है, वह 'दासी' नहीं हो सकती। जिसकी आत्मा और विवेक मुक्त है, वह दासी कैसे होगी? जो पुत्र अपनी जननी के जीवन का कलंकित अतीत सबके सामने उदात्त और स्पष्ट शब्दों में प्रकट कर सकता है, वह ब्राह्मण के सिवा और कुछ नहीं हो सकता। ब्राह्मण कुल में पैदा होने मात्र से मनुष्य ब्राह्मण नहीं हो जाता। वह अपने कर्मों से ही ब्राह्मण अथवा शूद्र होता है। अपने संस्कार और-कर्मों से वह द्विज बन जाता है। वेद अध्ययन करके वह विप्र बनाता है। जब उसमें ब्रह्मज्ञान का उदय होता है, वह ब्राह्मण कहलाता है। ब्रह्मज्ञानी लोग लाभ, क्षति, यश, अपयश पर ध्यान न देकर हर परिस्थिति में सत्यनिष्ठ होते हैं। आप सत्यनिष्ठ होने के कारण ब्राह्मणी हैं। सत्यकाम आपकी सन्तान होने के कारण नहीं, बल्कि अपनी सत्यनिष्ठा के कारण ब्राह्मण कहलाएगा। आपने उसे बहुत पहले से वेद-विचार में दीक्षित किया है। वह वेदप्रिय होने के कारण दास नहीं हो सकता। वह निश्चित ही मेरा शिष्य बनने के योग्य है। यह आश्रम सत्यकाम जैसे शिष्य को पाकर गौरवान्वित होगा। सत्यकाम के गुरु होने का सौभाग्य प्राप्त कर मैं गौरव अनुभव कर रहा हूँ।"

गौतम ने सभा स्थल को स्तब्ध कर दिया अपने उदात्त उद्घोष से।

जाबाला ने अपने जीवन में लांछना, उपहास और कटूक्ति के सिवा कुछ नहीं जाना था। गौतम जैसे शीर्षस्थ ऋषि के ऐसे सम्मानजनक व्यवहार से वे अभिभूत हो उठीं। कृतज्ञता प्रकट करने के लिए उन्हें शब्द नहीं मिल रहे थे। वे झर-झर आँसू बहाते हुए रोने लगीं।

मैं आगे बढ़कर जाबाला को अपनी बाँहों में भरने ही वाली थी कि वे मेरी चरण रज लेने के लिए झुकीं। मैं उम्र में उनसे बहुत छोटी होने पर आचार्य-पत्नी के रूप में सम्मानास्पद थी परन्तु मैंने उन्हें वैसा नहीं करने दिया। उल्टे मैंने ही उनके पैरों की धूल लेकर अपने माथे से लगाई। उनके कान में बोली, "बहन! तुमने मेरी बात सच करने में सहयोग दिया। तुम्हारे ही कारण सत्यकाम को दिया मेरा वचन पूरा हुआ। मेरे पति का हृदय पिघलाना सिर्फ तुम जैसी सत्यवती नारी द्वारा ही सम्भव था।"

यह सब कहते समय मेरी आँखों से आँसुओं की धार बह रही थी। हम दोनों एक-दूसरे को छाती से चिपकाए न जाने किस दुख अथवा आनन्द से अश्रुमय हो गए। मैं गौतम के न्याय निर्णय से अभिभूत हो गई थी। गौतम इतनी आसानी से सत्यकाम को शिष्य के रूप में स्वीकार कर लेंगे, मुझे यह विश्वास नहीं था। आचार्यजी के निर्णय के विरोध में क्रोधित आर्यगणों ने तूफान खड़ा कर दिया। किन्तु आचार्यजी उस तूफान से विचलित नहीं हुए—बल्कि वनस्पतियों ने हिल-डुलकर जाबाला पर पुष्प बरसाना सही समझा।

जाति का निर्धारण कर्म के आधार पर होगा या जन्म के, यह एक विवादास्पद प्रश्न था। कई जातियों का निर्धारण जन्म के आधार पर और कइयों का कर्म अथवा गुण के आधार पर होना उचित होगा, ऐसा मत था। अपने-अपने स्वार्थ और सुविधा के अनुसार कुछ लोग परिस्थितियाँ देखकर दोनों मतों का उपयोग करते थे। वे लोग होते थे सुविधावादी समुदाय। किन्तु गौतम सुविधावादी नहीं थे। वे जाति का निर्धारण जन्म के आधार पर करने की बात भले ही न कहें, पर उनके कार्यों में इसके प्रमाण मिल जाते थे। किन्तु आज जाबाला ने गौतम का हृदय जीत लिया है। नारी जाति के प्रति गौतम की श्रद्धा और सम्मान देखकर मैंने निश्चय किया कि मैं गौतम के चरणों की पूजा करूँगी।

सत्यकाम को शिष्य के रूप में स्वीकार करने के कारण कुछ रूढ़िवादी आचार्यों ने आश्रम में ही गौतम के विरुद्ध एक विरोधी बल बना लिया था। उन लोगों का दास विरोधी मन गौतम के इस निर्णय को सहज ही स्वीकार नहीं कर पा रहा था। वे सोचते थे कि गौतम जैसे एक नैष्ठिक ऋषि ने अपनी पत्नी अहल्या को सन्तुष्ट करने के लिए यह आर्य विरोधी निर्णय लिया है। आश्रम में असन्तोष और मन-मुटाव फैलने लगा। मैंने उस ओर ध्यान नहीं दिया। सच हो या झूठ, 'गौतम नें मुझे सन्तुष्ट करने के लिए सत्यकाम को छात्र के रूप में स्वीकार किया है' जैसी अफवाह ने मेरे आहत नारीत्व को सुहागरंजित कर दिया था। केवल पतित्व का ही अहंकार नहीं होता—पत्नीत्व का भी एक अहंकार होता है, इसका अहसास इतने दिनों बाद होने पर मैं खुश हुई।

ऋतावरी उषा के अनन्त कपाल पर किसने आँक दिया चुम्बन का अरुण टीका? रात्रि के समस्त दुःस्वप्नों का नाश कर सुभगा उषा सुन्दरी सूर्यस्नान करके आकाश वक्ष पर हिरण्यवर्ण के पदचिह्न बनाती उतर रही है तपोवन के पवित्रप्रांगण में।

पृथ्वी पर दुर्भिक्ष की पद्ध्वनि सुनाई दे रही है, परन्तु आकाश में सूर्य-चन्द्र के उदय-अस्त में तिलभर भी व्यतिक्रम नहीं। इन्द्र नाराज क्यों हैं? गौतम के प्रति ईर्ष्या के कारण या दासवर्ण के प्रति निष्ठुरता के कारण? जबकि गौतम आश्रम में जल का उतना अभाव नहीं है। जल आबंटन में समानता न होने के कारण ही तो आर्य-अनार्य का विद्वेष क्रमशः गम्भीर रूप धारण कर लेता है। 'बुभुक्षितः किं न करोति पापम्'! अन्न से केवल देह का ही नहीं, मन, चित्त, बुद्धि और विवेक का भी गहरा सम्बन्ध होता है। वर्षा की कमी से अन्न की कमी आर्यों की अपेक्षा अनार्यों को अधिक क्षतिग्रस्त कर रही है। आश्रमों में खाद्य का अभाव नहीं है। राजा और धनिक दाताओं के अयाचित दान और

ब्रह्मचारियों द्वारा संगृहीत भिक्षान्न से आश्रमवासी दुर्भिक्ष का सामना कर सकते हैं, परन्तु अनार्य समुदाय को कोई भिक्षा क्यों देगा—अपने स्वाभिमान के कारण वे भी राजा या धनिक किसी के आगे हाथ नहीं पसारेंगे। वे धनिकों और आश्रमवासियों द्वारा इकट्ठा किया गया अनाज लूटने में भले ही संकोच न करें, पर किसी की दया की भीख ग्रहण नहीं करेंगे। भिक्षा तो केवल ब्राह्मणों और ऋषियों का जन्मसिद्ध सम्मानजनक अधिकार है। दासवर्ण का कोई भूखा व्यक्ति भिक्षा माँगे तो उसे घृणा का पात्र ही होना होगा। दासवर्ण के लोग यज्ञ-विरोधी होने के कारण इन्द्र को सन्तुष्ट नहीं कर पाएँगे। इसलिए आनेवाले समय में एक रक्ताक्त संघर्ष ही प्रतीक्षा कर रहा है।

मुझे लग रहा था कि जल-आवंटन में पक्षपात हो रहा है। दासवर्ण के लोग कृषि और वाणिज्य के लिए जलाभाव भोग रहे थे, जबकि आश्रमों में जल का दुरुपयोग हो रहा था। किन्तु यह बात गौतम को बताने पर वे क्षुब्ध हो जाते थे। वे दोष देते थे इन्द्रदेव को। इन्द्रदेव द्वारा जलदान में कंजूसी करने के कारण गौतम आश्रम के आसपास के अंचलों में दुर्भिक्ष की पदध्वनि सुनाई दे रही थी। गौतम आश्रम में दासों द्वारा अशान्त वातावरण बनाना ही इन्द्रदेव का लक्ष्य था। उससे गौतम का यश, ख्याति, एकाग्रता घटेगी और महर्षि से देवर्षि तथा देवर्षि से इन्द्रत्व पाने की आशा भी चूर-चूर हो जाएगी। इन्द्रदेव का उद्‌देश्य चाहे जो हो, इस अंचल में अनावृष्टि लगी रहती है। हमारे विवाह के बाद से ही यह अनावृष्टि लगी हुई है। किन्तु इन्द्रदेव की स्तुति करके उन्हें प्रसन्न करने के अलावा और कोई दूसरा उपाय नहीं था। वशिष्ठ, विश्वामित्र आदि महर्षियों का भी यही दृढ़ मत था। गौतम के लिए भी कोई और चारा नहीं था। इसलिए वे विभिन्न अवसर बनाकर इन्द्रदेव को आश्रम में आमंत्रित करते थे और आचार्य-पत्नी के रूप में अतिथि को सन्तुष्ट करना मेरा कर्तव्य हुआ करता था।

इन्द्रदेव को सोमरस पिलाकर सन्तुष्ट करने के लिए गौतम ने मुझे संकेत भी किया था। फलस्वरूप मेरा अधिकतर समय सोमलता इकट्ठा करने में बीत जाता। सोमलता इकट्ठा करने के बहाने में आश्रम परिसर से मुक्ति पाकर मुक्त पक्षी-सी मँडराती फिरती और अनार्य बस्ती में कुछ समय बिता आती थी। इन्द्रदेव को सोमयाग द्वारा सन्तुष्ट करके वृष्टि की मात्रा बढ़वाने का वायदा मैं उन लोगों को न जाने किसके बलबूते पर देती चली जा रही थी। इसी कारण वे गौतम आश्रम एवं अन्य आश्रमों पर आक्रमण करने के अपने निर्णय पर पुनर्विचार करने लगे। सम्भवत: गौतम जानते थे कि अनार्यों का मुझ पर अगाध विश्वास है। इसलिए मेरे ही द्वारा अनार्यों का उपद्रव दूर कराने एवं इन्द्रदेव को प्रसन्न कराने के सिवाय गौतम के पास और कोई चारा नहीं होता था। ये दोनों कार्य मैंने परमश्रद्धा से स्वीकार कर लिए थे और इन्हें ही अपना कर्तव्य समझती थी। मैंने

यह भी सोचा था कि यदि ये दोनों कार्य करने में सफल हो गई तो मैं पति का प्रेम और आदर प्राप्त कर लूँगी और हमारा दाम्पत्य जीवन अधिक प्रेममय हो उठेगा। गौतम का आस्थाभाजन बनने की मैं सतत चेष्टा किया करती थी।

किन्तु मुझे लगा करता था कि गौतम की आज्ञा का पूरी विश्वस्तता के साथ पालन करने में मुझे कोई दुविधा न होने पर भी न जाने क्यों गौतम मुझसे प्रसन्न नहीं हैं। वे दिन-प्रतिदिन सन्दिग्ध रहने लगे हैं। मेरी गतिविधियों पर तीक्ष्ण दृष्टि रखते हैं। सिर्फ इतना ही नहीं, कहा जाए तो मेरे पीछे उन्होंने गुप्तचर भी लगा रखे थे। माधुर्य मेरे सहपाठी थे। आज वे आश्रम के एक आचार्य हैं, किन्तु गौतम के आदेश से वे मेरी गतिविधियों की गुप्तचरी करते और हर बात गौतम को बताया करते थे। मैं उस ओर ध्यान नहीं देती थी। मेरा वैसा कोई परम गोपनीय कार्य-कलाप भी नहीं था, जिससे कि मैं गौतम से डरूँ। परन्तु गौतम सन्दिग्ध क्यों थे? तीन सन्तानों की जननी हूँ मैं। इस आश्रम में संन्यासिन का जीवन बिता रही हूँ। क्या मुझमें कभी चित्त विचलन का कोई लक्षण देखा है गौतम ने? तो फिर पग-पग पर वे मुझ पर सन्देह क्यों करते हैं?

हालाँकि इस बीच मेरे शरीर का सौन्दर्य सौ गुना बढ़ गया था। इस बारे में आश्रमवासी नारियाँ और ब्रह्मचारीगण आपस में चर्चा करते थे। विवाह के समय भी मैं थी अर्धप्रस्फुटित एक कली-किशोरी। तब मेरे सौन्दर्य की आभा पूरी तरह फैली नहीं थी। विवाह के दस वर्षों के बीच मैं पूर्णयौवना युवती में बदल चुकी हूँ। मेरे शरीर की कान्ति, आँखों की द्युति, केशों की नीलाभ सघनता और देह सौष्ठव पूर्ण विकसित हो सबको मुग्ध-चकित कर रहे थे। गौतम मेरे सामने बहुत मुरझाए-मुरझाए से दिख रहे थे। कोई-कोई आश्रमवासिनी हम दोनों को देखकर अफसोस प्रकट करतीं-'हाय, ऐसे नारी-रत्न के लिए गौतम जैसे वयस्क, नीरस और सौन्दर्यहीन पति! यह कैसा विधान है विधाता का? कैसा निर्णय है ब्रह्माजी का!' ऐसी बातों को भला कौन रोकेगा? पेड़-पौधों का मर्मर और पशु-पक्षियों की नयन-छटा भी तो यही कह रही है। गौतम के कानों में भी ये बातें पड़ी हैं। तो क्या उनमें हीनभावना पैदा हुई है? क्या इसीलिए वे स्वयं को मुझसे हर बात में श्रेष्ठ प्रमाणित करने के लिए मेरे प्रति क्रोधित और कठोर होने लगे हैं? हालाँकि गौतम के मन में हीनभावना पैदा होने का एक और तर्कसंगत कारण भी है।

इन दस वर्षों में गौतम मुझसे उम्र में जितने बड़े थे, उतने ही बड़े हैं, किन्तु लम्बाई में मैं उनसे पाँच अँगुली बढ़ गई हूँ। मुझसे छोटे लग रहे हैं। अधिकांश महर्षियों की पत्नियाँ लम्बाई में बड़ी होने के उदाहरण हैं। उसका कारण स्पष्ट है। पूर्णावयव महर्षिगण परिपक्व आयु में बालिका-वधू से विवाह करते समय यह नहीं सोचते कि बालिका-वधू का शरीर पूर्ण विकसित होने पर सम्भवतः वे

उनके समक्ष छोटे पड़ जाएँगे। गौतम लम्बे नहीं हैं इसलिए मैं पूर्ण यौवन प्राप्त करने पर गौतम से लम्बी हो गई। गौतम को मेरे साथ खड़े होने में अटपटा लगता था। सम्भवतः अपने रूप और अवयव से मेरे सौन्दर्य और आकृति की तुलना करके हीनभावना के शिकार हो जाते थे। मैंने गौर किया है कि किसी दीर्घकाय, बलवान एवं सुदर्शन पुरुष के साथ मुझे बातें करते हुए देखना गौतम बिलकुल सहन नहीं कर पाते थे। नाहक ही क्षुब्ध हो उठते हैं। मुझसे रूखा व्यवहार करते हैं। क्या सभी पुरुषों में ऐसी भावना उत्पन्न होती होगी? पति को पत्नी से हर चीज में श्रेष्ठ होना विधेय है, यहाँ तक कि ऊँचाई में भी!

अब किया भी क्या जा सकता है? किन्तु इसमें भला मेरा क्या दोष? गौतम का झूठा सन्देह और उससे होनेवाले रुक्ष आचरण से मुझे कष्ट होता। मुझे प्रतिदिन लांछित करता रहता। प्रेमहीन जीवन जिया जा सकता है, पर सन्देह के बाणों के आघात से जीना कभी-कभी असहनीय हो उठता है। आश्रम के अतिथि-सत्कार का दायित्व मुझ पर था। मैं अतिथियों को सन्तुष्ट करके वर-प्राप्त करूँ, ऐसी कामना मेरे पति सहित सभी करते हैं। यदि मैं ऐसा कर सकी तो आश्रम का समृद्धि-पथ बाधामुक्त हो जाएगा, इस बात की ओर गौतम बार-बार संकेत करते रहे हैं। जबकि आश्रम में किसी अतिथि के आने और प्रसन्न होकर लौट जाने के बाद मुझे गौतम के सन्देही अग्निवलय में जलना पड़ता था।

"अतिथि किसी अन्य ऋषि-पत्नी के आतिथ्य से प्रसन्न न होकर तुम्हारा आतिथ्य क्यों प्राप्त करना चाहते हैं?"

"असमय अहल्या की कुटिया के प्रांगण में अतिथियों की पदचाप क्यों सुनाई देती हैं?"

"अतिथियों को प्रसन्न करने का कौन-सा मंत्र जानती हो अहल्या?"

"तुम्हें देखते ही अतिथि क्यों प्रसन्न हो जाते हैं? अतिथियों पर मधुर कटाक्ष डालकर किस मंत्र से सम्मोहित कर लेती हो?"

"अतिथि सत्कार से तुम थकती भी नहीं! अतिथिगणों का मेरे निमंत्रण की उपेक्षा न कर पाने के पीछे क्या उनमें तुम्हें देखकर प्रसन्न होने का प्रलोभन नहीं होता? विशेषकर इन्द्रदेव-देवाधिपति स्वर्गाधीश वासव ने पहले कई बार मेरे निमंत्रण की उपेक्षा की है। कार्यव्यस्तता का बहाना बनाकर वे मेरे सादर निमंत्रण को अस्वीकार करके प्रकारान्तर से मुझे चोट पहुँचाते आए हैं। किन्तु आजकल मानो वे उत्सुकतापूर्वक मेरे निमंत्रण की प्रतीक्षा करते रहते हैं। कई बार तो वे बिना निमंत्रण के भी किसी न किसी बहाने मेरे आश्रम में अवतरित हो जाते हैं। मुझे धन्य करने के लिए...सम्भवतः स्वयं धन्य होने के लिए। बेझिझक तरह-तरह के अनुदान गौतम आश्रम को दे जाते हैं। ऐसी क्या बात है अहल्या? कौन है वासव का आकर्षण? तुम्हें छोड़कर आश्रम तो वही पुराना है,

तो क्या तुम्हीं वासव के आकर्षण की केन्द्र बिंदु हो? लगता है, अन्य अतिथियों की अपेक्षा वासव के आतिथ्य में तुम अपना जी-जान लगा देती हो। वासव के तरह-तरह के सोम पेय तुम इतने यत्नपूर्वक क्यों तैयार करती हो? वासव का तुम्हारे समक्ष विशिष्ट अतिथि का स्थान बना लेने के पीछे क्या रहस्य है, क्या खुलकर बताओगी?''

पति की निष्ठुर अवहेलना तो सही जा सकती है, किन्तु अकारण सन्देह नहीं सहा जा सकता। गौतम के ऐसे प्रश्नबाणों से मैं हर रोज जर्जरित होती रहती थी। इतने बड़े ज्ञानी, गुणी, वयोज्येष्ठ ऋषि को भला मैं क्या उत्तर दूँ?

क्या वाकई वासव विशिष्ट अतिथि नहीं हैं? वासव के आने पर क्या गौतम स्वयं अधिक तत्परता और अतिथि परायणता प्रदर्शित नहीं करते? सारा आश्रम तो सजग हो जाता है वासव के आगमन पर। इन्द्रस्तुति से तपोवन मुखर हो उठता है। आश्रम के नित्य नैमित्तिक कार्य वासव को ही केन्द्र में रखकर पूरे किए जाते हैं। यदि मैं वासव के प्रति अधिक प्रयत्नशील हुई तो उस पर गौतम इस तरह कुत्सित कटाक्ष क्यों करते हैं? देह, मन घृणा से भर जाता है। गौतम के संकीर्ण मनोभाव और घृणित सन्देह मेरी दृष्टि में उन्हें छोटा कर देते हैं। जी करता कि चीख-चीखकर उनका विरोध करूँ। मैं जो भी कुछ करती हूँ, गौतम के निर्देश पर करती हूँ, यह बात पूरी दुनिया से बता दूँ, या फिर गौतम के निर्देश पर कठपुतली बनी आश्रम में आनेवाले अतिथियों का पाद्यअर्घ से आतिथ्य पर करूँ। अपनी सन्तान, अपने तपोवन, पशु-पक्षी, दास बस्ती के प्रियजनों के साथ एक सरल, सुन्दर, साधारण-सा जीवन बिताऊँ। मुझे स्वर्ग प्राप्ति या मोक्ष प्राप्ति की सात्त्विक कामना नहीं है। आश्रम में आनेवाले देवर्षि, महर्षि, देवता तथा इन्द्रदेव को सन्तुष्ट करने से भला मेरी कौन-सी इच्छा पूरी होनेवाली है?

यदि गौतम को मेरी गतिविधियों पर सन्देह होता है, तो स्वयं क्यों नहीं सन्तुष्ट करते हैं आमंत्रित एवं अनामंत्रित अतिथियों को। यह दायित्व मुझ पर क्यों डाल देते हैं?

कभी-कभी गौतम के सन्देहपूर्ण वाक्यबाणों से मन विद्रोह कर उठता है। जी करता है, गौतम के अकारण सन्देह को सत्य में परिणत कर उनसे बदला लूँ। कोई कुछ न हो और उस पर वही होने का दोषारोपण किया जाए, तो प्रकारान्तर से उसे वही दोषयुक्त कार्य करने के लिए उकसाया जाता है।

अगले ही क्षण मन को शान्त करने के लिए दिलासा देती हूँ। कोई कुछ भी सोचे, मेरा मन जानता है, मैं क्या हूँ। मेरा मन जानता है, मैं गौतम के प्रति विश्वस्त हूँ या नहीं। मेरा मन जानता है, मैं गौतम के आदर्श में स्वयं को दीक्षित करने के लिए कितनी कठोर साधना करती आ रही हूँ। किसी की बातों की परवाह मैं क्यों करूँ? किसी का सत्कार्य से अलग हो जाने का अर्थ है कि उसका

अपना ही मन निर्मल नहीं है। पाप का एक नन्हा-सा कीड़ा कहीं-न-कहीं छिपा हुआ है। मनुष्य का अपना मन ही पाप-पुण्य का गुरु है। मैं स्वयं को दृढ़ करती। अपना कर्तव्य पालन करने में जुट जाती। किन्तु न जाने क्यों मेरे मन में सुख, सन्तोष और शान्ति नहीं होती। कोई एक गोपनीय असन्तोष सुलग रहा होता है मन के किसी सूक्ष्म कोने में। गौतम भी नाना कारणों से सन्तुष्ट और सुखी नहीं थे। जीवन नाना उत्थान-पतन से होकर बहता रहता है तीव्र गति से।

यज्ञ का दूसरा नाम अध्वर है। तो फिर यज्ञ कैसे हिंसा को प्रश्रय देता है? जो कार्य अहिंसक है, वही तो यज्ञ है। जबकि यज्ञ में पशु-बलि देने एवं यज्ञ को केन्द्र बनाकर आर्य दासों, जिन्हें कि दैत्य की आख्या दी गई है, उनमें तुमुल हिंसाग्नि का प्रज्वलित होना किस तरह यज्ञ का लक्ष्य पूरा करेगा? इसलिए प्रत्येक यज्ञ मुझे व्यथित और विचलित करता है।

अन्नलाभ, धनलाभ, यशलाभ और ज्ञानलाभ लोक कल्याण के लिए न हो तो वह अपूर्ण रहता है। गौतम सम्भवतः लोक कल्याण के लिए जितना सचेत नहीं हैं, उससे कहीं अधिक सचेत हैं आश्रम के कल्याण के लिए, आर्य-कल्याण एवं आत्म-उत्थान के लिए। सम्भवतः इसीलिए उनके अन्नलाभ, धनलाभ, यशलाभ के पथ पर सतत बाधा उत्पन्न होती है। मैं जानती हूँ कि गौतम के मन में दासों के प्रति जितना हिंसाभाव नहीं है, उतना घृणाभाव है। प्रत्येक यज्ञ से पहले आकुल हृदय से मैं सोचा करती-प्रभु ने मनुष्य के मन में आह्लाद का बीज बोया है, किन्तु घृणा और हिंसाभाव का त्याग न करने के कारण एवं प्रेमभाव व कल्याण की कामना की उष्मा के अभाव में वह बीज नष्ट हो जाता है। इसलिए मनुष्य का मन सतत सन्तप्त रहता है। यहाँ तक कि महर्षि के मन में भी शान्ति नहीं है। महर्षि गौतम के हृदय के प्रेमरस का स्पर्श पाकर आह्लाद का बीज अंकुरित हो विश्वजनीनता का महाद्रुम बन सकता था। यहाँ तक कि गौतम के हृदय के बूँद भर प्रेमसुधा से अहल्या का सन्तापित अतृप्त मन तृप्त हो सकता था। परन्तु गौतम को जगत के लिए प्रेमदान करने को भले ही कह सकती हूँ, अपने लिए प्रेम भिक्षा क्यों माँगू? पति प्रेम पत्नी का विवाहगत अधिकार है। क्या अधिकार भीख में माँगा जाता है? अधिकार तो एहसास कराया जाता है। इसलिए गौतम का प्रेम पाने के लिए मैं भी अपनी साधना में लगी थी। गौतम का मेरे प्रति सन्देह होने के कारण अतिथि सत्कार करने के लिए मना कर दूँगी, यह सोचने पर भी गौतम को असन्तुष्ट न करने के लिए चुपचाप अतिथि सत्कार करती रहती थी।

किन्तु उस दिन इन्द्रदेव अतिथि होंगे, सुनकर न जाने क्यों मेरे अन्दर विरोध की एक तेज आँधी उमड़ पड़ी। उस दिन मैंने अतिथि सत्कार के लिए कोई तैयारी नहीं की। पहले तो सोमलता लानी पड़ती। सोमरस तैयार करने में काफी समय भी लगता है। किन्तु मैंने कुछ भी नहीं किया। घर के कामों में लगी रही। पुष्प, धूप, नैवेद्य, चरण पखारने की व्यवस्था नहीं की। अतिथि कुटीर खोलकर साज-सज्जा नहीं की।

अस्वस्थता का बहाना बनाकर मैं अपनी कुटीर में असमय ही लेट गई। गौतम स्वयं ही अतिथि को सन्तुष्ट करें। अतिथियों को सन्तुष्ट करके उनकी कृपा प्राप्त करने के लिए गौतम मेरा उपयोग करते हैं, मेरी यह धारणा बनी। हालाँकि यदि अतिथि सन्तुष्ट होकर लौटते हैं तो सन्देह मुझ पर किया जाता है। यदि इन्द्रदेव मेरे आतिथ्य से सन्तुष्ट न हुए तो क्या गौतम प्रसन्न होंगे? नहीं, बल्कि गौतम क्षुब्ध होंगे। इससे उनका यश घट जाएगा। इन्द्रदेव की कृपा से वे वंचित रह जाएँगे। आज गौतम का मन जीतने के लिए हो या उनका विरोध करने के लिए, मैंने निश्चय किया कि मैं अतिथि से मिलूँगी तक नहीं।

गौतम प्रात: स्नान करके लौट आए थे। गौतम के प्रात:कालीन देवार्चन की सारी तैयारी मैंने कर दी थी। लेकिन गौतम मुझे असमय लेटे देख चकित होने के साथ ही क्रोधित भी हुए। जिस दिन आश्रम में किसी अतिथि के आगमन का कार्यक्रम होता है, उस दिन आश्रम के अनुशासन पर गौतम की दृष्टि अधिक सजग रहती है। इन्द्रदेव के सन्तुष्ट होने से जितना लाभ होता है, असन्तुष्ट होने पर उससे अधिक क्षति होती है। वे आश्रम का सारा अनुदान बन्द कर देंगे। विशेषकर जलदान में व्यवधान पड़ गया तो जीवनधारण भी असम्भव हो जाएगा। राजा और धनिक व्यक्ति तो दान ही कर सकते हैं—जलदान करने की शक्ति उनमें नहीं होती। जल के लिए तो वे भी इन्द्रदेव पर आश्रित होते हैं। इसी कारण आज गौतम अधिक सजग थे। इसलिए मेरी उदासीनता और कर्तव्य की अवहेलना देखकर उनका विस्मित और क्रोधित होना स्वाभाविक था। और फिर उसी दिन सत्यकाम मेरे पास बैठकर मेरे माथे पर सुधांजन का लेपन कर रहा था। असमय मुझे लेटे देख उसने सोचा कि मेरे सिर में दर्द है। पिछले कुछ दिनों से गौतम के सन्देह के कारण मुझे इतनी घुटन होने लगी थी कि अधिकांश समय मेरे सिर में दर्द होने लग जाता था। सुधांजन लेपन से कुछ आराम मिल जाता है। गौतम मेरे कर्तव्य की अवहेलना के लिए जितना क्षुब्ध नहीं हुए थे, किशोर सत्यकाम को एकान्त कक्ष में मेरे सिर पर अंजन मलते देख अधिक क्षुब्ध हुए थे।

उन्होंने रूखे स्वर में सत्यकाम को डाँटते हुए कहा, "सत्यकाम! यह समय तो भिक्षा माँगने का है। तुम यहाँ क्या कर रहे हो? क्या आश्रम का अनुशासन

तुम्हें नहीं मालूम? मैं देख रहा हूँ कि अनुशासनहीन आचार्या तुम्हें भी अनुशासनहीन होने को प्रोत्साहित करती हैं। इससे बढ़कर दुर्भाग्य की बात और क्या हो सकती है? जाओ-अतिशीघ्र भिक्षा के लिए निकल जाओ अन्यथा आज उपवास करना पड़ सकता है। अकाल के समय धनिक और वणिक भी भिक्षा देने में कंजूसी करते हैं। आगे इन्द्रदेव की कृपा न हुई तो हमें अन्न नहीं मिलेगा। मनुष्य सोना-चाँदी, चल-अचल सम्पत्ति खाकर तो जीवन नहीं जी सकता न। इसलिए भविष्य में संकट की आशंका देखकर वे लोग भंडार में अन्नसंचय करके रखने को तत्पर हैं। तुम उपयुक्त समय में भिक्षा के लिए न गए तो मुट्ठीभर भी भिक्षा नहीं मिलेगी। इसके अलावा आश्रम में इतनी महिलाओं के होते हुए आचार्या की सेवा के लिए तुम इतने तत्पर क्यों रहते हो?''

गौतम के इस कटाक्ष ने सत्यकाम जैसे निष्पाप निर्मल किशोरमन को भी व्यथित और चकित कर दिया। सत्यकाम ने प्रशान्त स्वर में सत्य प्रकट किया, ''गुरुदेव, जब से घर छोड़कर आया हूँ, अपनी माँ के पैर दबाने के सौभाग्य से वंचित रहा हूँ। आज यहाँ माता की अस्वस्थता की सूचना पाकर मैं किस तरह चुपचाप बैठ सकता था? माँ की सेवा करना तो ईश्वर की आराधना की तरह मेरा नित्य नैमित्तिक कार्य है। हालाँकि माताजी ने मुझे अपने कोमल चरणों की सेवा करने का सौभाग्य नहीं दिया। मेरी व्याकुलता देखकर केवल माथे पर सुधांजन लेपन करने की अनुमति दे दी। अपनी माँ को गाँव में छोड़कर मुझे यहाँ भी एक माँ मिल गई है। इसके लिए यदि आप असन्तुष्ट होकर मुझे अभिशाप भी देंगे तो मुझे दुख नहीं होगा।''

इतना कह सिर झुकाकर सजल नयन लिए सत्यकाम भिक्षा माँगने के उद्देश्य से चला गया। आज गौतम की सत्यकाम के प्रति श्लेषपूर्ण भर्त्सना के पीछे एक कुत्सित कटाक्ष साफ-साफ समझ में आ गया और मेरा मातृ-हृदय उससे व्यथित हुआ। छिः, क्या गौतम इतने सन्देही और संकीर्ण मन के हैं! पुत्रवत सत्यकाम को भी मेरे साथ एकान्त में देखकर सह नहीं पाए। नारी और पुरुष के बीच केवल एक जैविक कुत्सित सम्बन्ध के अलावा और कोई पवित्र सम्बन्ध यदि गौतम महर्षि को नहीं दिखता, तो एक सामान्य-सा सन्दिग्ध पति अपनी पत्नी का जीवन किस तरह असहनीय बनाता होगा, यह मैं साफ-साफ देख पा रही थी।

गौतम ने मुझसे आदेशसूचक गम्भीर स्वर में कहा, ''इन्द्रदेव पहुँचने ही वाले हैं। वे हमारे परम अतिथि हैं। अतिथि देवता होते हैं। अतिथि की सेवा के लिए निष्ठा हो तो अस्वस्थता क्या मृत्यु को भी रोका जा सकता है। तुम्हारे अन्दर संकल्प का अभाव देख मैं अत्यन्त मर्माहत हुआ। उठो, और मेरी पत्नी के रूप में अतिथि सत्कार का समस्त प्रबन्ध करो ताकि इन्द्रदेव किसी कारण

से असन्तुष्ट न हो जाएँ। उनके असन्तुष्ट होने से न केवल मेरी या आश्रम की क्षति होगी–आर्य भूखंड की भी प्रचुर क्षति होगी। ऐसा हुआ तो मेरे ही यश की हानि होगी। गौतम आश्रम की प्रसिद्धि बाधित होगी। इसके लिए आरोप तुम्हीं पर लगेगा।''

गौतम के आदेश के बाद अब विरोध करने का प्रश्न ही नहीं था। वास्तव में आचार्य पत्नी का कर्तव्य मुझे ही निभाना पड़ेगा। इन्द्रदेव प्रसन्न हुए तो पंचनदी की जल सम्पदा में ज्वार उठेगा। गौतम आश्रम समेत यह समूचा भूखंड भूख और अकाल से बच जाएगा। उसके बाद गौतम निश्चिन्त और निष्काम होकर तपस्या करेंगे–देवर्षि या फिर इन्द्रपद प्राप्त करने के लिए। पति की पदोन्नति में पत्नी को ही बलि चढ़ना पड़ता है।

गौतम का निर्देश मानकर मैं अभिमान और क्रोध त्यागकर उठी और इन्द्रदेव के आतिथ्य के प्रबन्ध में जुट गई।

किन्तु आज मैं अतिथि सेवा करने से झिझक रही थी, यह बात आश्रम में किसी से छिपी नहीं रही। मैं पति की इच्छाओं का विरोध कर रही हूँ एवं पति के साधना-पथ पर बाधक हो सकती हूँ, इन बातों पर चर्चाएँ होने लगीं। गौतम के पतित्व का अहंकार इससे बाधित होना स्वाभाविक था। पत्नी की भला कैसी अलग इच्छा और अलग विचार1 पति की इच्छा से पत्नी नर्क तक में कूद सकती है। कहते हैं, पति की सहायता से ही वह नर्कलोक से स्वर्गलोक में जाती है, इसलिए स्वर्गप्राप्ति के लिए पत्नी को तपस्या या साधना करने की आवश्यकता नहीं। ऐसी चर्चाओं से मुझे सुख नहीं मिलता था। मेरे भीतर की स्वतंत्र आत्मसत्ता उसका चुपचाप विरोध करके लहूलुहान होने के सिवाय और कुछ नहीं कर सकती थी। सोचा, क्या सचमुच एक न एक दिन पति के यश-लाभ और पदोन्नति के पथ पर मुझे असहाय हो नर्कलोक में छलाँग लगानी होगी? इसमें क्षति ही क्या है? उसी पुण्य के बल पर क्या मुझे पुनः स्वर्ग और मोक्ष प्राप्त नहीं होंगे? नहीं–सम्भवतः मैं नर्कवास को ही श्रेय समझूँगी। नर्क में ही सही, कम-से-कम अपनी इच्छा से कोई-न-कोई दंड भोगने का अवसर तो मिलेगा। सम्भवतः मेरी आत्मसत्ता का रक्तस्राव उसी से रुक जाए।

मैंने पति की इच्छा और उनके सिद्धि मार्ग पर स्वयं को स्वाहा कर डालने की प्रतिज्ञा की। इसके सिवाय कोई और गति नहीं थी। मैं तो गौतम द्वारा मेरे हाथ में बाँधे गए कृशतृण के वलय में कैद थी।

किन्तु इन्द्रदेव नहीं आए। आश्रम के लोगों ने बड़ी उत्कंठा के साथ प्रतीक्षा की थी। ऐसा नहीं था कि मुझमें भी उत्कंठा नहीं थी। सभी निराश हुए। गौतम की निराशा में आशंका, सन्देह और मेरे प्रति क्रोध एवं खीज साफ झलक रही थी।

उस दिन सांध्यहोम से पहले पति के पैर धोने के लिए अंजलि में जल भरते ही उसमें इन्द्रदेव का प्रतिबिम्ब देखकर मैं चौंक उठी। छाती की तेज धड़कन से अंजलि खुल गई। जल नीचे गिर गया। पति के पैर अनधुले रह गए। क्या यह मेरे मन का भ्रम था?

सन्त भी मनुष्य ही होते हैं–कभी-कभी सन्त के मन में भी पाप की पदचाप सुनाई दे जाती हैं। छि:, क्या मैं पाप की प्रशंसा कर रही हूँ?

महर्षि विश्वामित्र को देखते ही पाप की प्रशंसा करने को मन करता है। दुराचारी पाप पर विजय प्राप्त न करते तो राजा विश्वामित्र आज महर्षि न होते। पृथ्वी के अनेक राजाओं की तरह वे भी एक पार्थिव जीवन जीते और जनमानस द्वारा भुला दिए गए होते। राजा होने के कारण लोग उनसे डरते–किन्तु आज जो श्रद्धा, आदर और भक्ति उन्हें पुर-पल्ली, नगर जनपद में मिलती है, वह न मिली होती।

महर्षि के उपदेश अमृततुल्य लगते हैं। महर्षि हमारे आश्रम में आते हैं तो मेरा मन सतेज और प्रफुल्लित हो उठता है। मेरे आतिथ्य से वे भी अति प्रसन्न होते हैं। आचार्य-पत्नी के रूप में कर्तव्य पालन की दृष्टि से मैं अतिथियों की सेवा और सत्कार नहीं करती थी। देव हो या दानव, जो भी अतिथि के रूप में आश्रम में पैर रखते, वे मेरे लिए पूज्य व श्रद्धास्पद होते। इसलिए वशिष्ठ, विश्वामित्र, कण्व, दुर्वासा, रुद्राक्ष, ऋचा जो भी आश्रम में आते, मेरी सेवा और आदर-सत्कार अन्त:सलिला फल्गू की तरह स्वत:प्रवाहित हो जाती। विशेषकर विश्वामित्र का आगमन मुझे अपार आनन्द देता। पाप के बीभत्स गर्त से पुण्य की देवभूमि तक पहुँचे इस महर्षि की वाणी मन-प्राण को पार्थिव दुर्गन्ध से दूर ले जाती है–प्रवृत्ति मार्ग से परमार्थ की ओर प्रेरित करती है।

'आर्यीकरण' के कार्य से उस दिन आश्रम में महर्षि आए हुए थे। सारे काम शेष करके मैं उनका उद्‌बोधन सुनने के लिए सभागार में जा पहुँची। गौतम की बाईं ओर आसन ग्रहण करके सुनने लगी महर्षि की वाणी।

वे कह रहे थे, "इस भूखंड पर जिस तरह भूमि अनेक प्रकार की होती है, भूमि के विजेता भी भूमि के अनुसार अनेक प्रकार के फल भोगते हैं।

"पार्थिव भूमि पर विजय प्राप्त करने से साम्राज्य प्राप्त होता है। राजा-महाराजा इसी पार्थिव भूमि पर विजय प्राप्त करने में अपना पूरा जीवन झोंक देते हैं। मैंने भी अपने जीवन का बहुत-सा समय इसी भूमि पर विजय प्राप्त करने में लगा दिया था। फलस्वरूप मुझे मिला था लोभ, मोह, क्रोध, स्वार्थीपन, अहंकार...।

"देहभूमि की विजय देह-साम्राज्य को स्वराज्य में बदल देती है। इसके अलावा भोगभूमि की विजय द्युलोक प्राप्ति का आनन्द प्रदान करती है। उस विजयी वीर के दर्शन, श्रवण, मनन, चिन्तन से समस्त कर्म दिव्य हो उठते हैं।"

विश्वामित्र का अनुभव ही उनकी बातों में झलकता था। आश्रमवासी अभिभूत हो सुन रहे थे उनका वचनामृत।

सहसा रुद्राक्ष वहाँ उत्तेजित अवस्था में आ पहुँचा। रुद्राक्ष के पीछे-पीछे कई और उत्तेजित दास युवक बौखलाए हुए से वहाँ आकर यज्ञवेदी को ठोकर मारकर महर्षि गौतम की भर्त्सना करने लगे।

विश्वामित्र ने अपने आसन से उठकर उन्हें शान्त करने की चेष्टा की। इस पर वे विश्वामित्र की भी भर्त्सना करने लगे। विशेषकर रुद्राक्ष उस दिन अधिक उत्तेजित लग रहा था। रुद्राक्ष को इतना क्रोधित होते मैंने पहले कभी नहीं देखा था। परन्तु बात क्या है? वशिष्ठ, विश्वामित्र आदि महर्षियों ने विश्व के आर्यीकरण का व्रत ले रखा है। उसी दुष्कर कार्य के लिए अरण्य से अरण्य घूम रहे हैं। बीच-बीच में गौतम आश्रम में कुछ समय बिताकर उनसे सलाह करते हैं। रुद्राक्ष समेत सभी दासगण आर्यीकरण शब्द का ही विरोध करते हैं। उनका मत है, 'आर्यीकरण' शब्द एक संकीर्ण अर्थ प्रकट करता है। 'मानवीकरण' शब्द उपयुक्त होगा। मनुष्य के बीच ऐसे अनेक लोग हैं, जो सही अर्थों में मनुष्य नहीं हैं। मनुष्य को पहले मनुष्य होना चाहिए। मैं भी उन दास युवकों के मत का मन-ही-मन समर्थन कर रही थी।

किन्तु उन्हें अचानक इस तरह उत्तेजित होकर यज्ञ-भंग करने की जरूरत तो नहीं थी। उनका आरोप सुनकर सभी स्तब्ध थे। गौतम तो बिलकुल क्षुब्ध।

"कुछ समय से इस भूखंड पर वर्षा नहीं हो रही है। जितना जल इन्द्रदेव दयापूर्वक इस भूखंड को दान करते हैं, उसका अधिक हिस्सा व्यय किया जाता है आर्यों द्वारा। पणि, दास, अनार्यों की भूमि को बहुत कम जल दिया जाता है। इससे उनकी खेती और व्यापार में बाधा आती है, यहाँ तक कि दैनन्दिन कार्यों का निर्वाह करना तक सम्भव नहीं होता। कुल मिलाकर इन्द्रदेव गौतम ऋषि से सन्तुष्ट नहीं हैं। इसी कारण गौतम आश्रम समेत आस-पास के भूखंड के प्रति वे निष्ठुर हैं। विशेषकर आर्यीकरण के समर्थक जब गौतम आश्रम में आर्यीकरण के कार्य से पहुँचते हैं, तब न केवल इन्द्रदेव के विरुद्ध, बल्कि गौतम के विरुद्ध भी आरोप-पत्र आते हैं। गरमा-गरमी होती है। विक्षोभ प्रदर्शित होते हैं।"

इस अंचल के अनार्य केवल इन्द्र-विरोधी ही नहीं, गौतम-विरोधी भी हैं। उनकी राय में इन्द्रदेव जितने अधिक दास-विरोधी नहीं हैं, उतने अधिक गौतम-विरोधी हैं। इसी कारण से अपेक्षाकृत कम जलदान करके गौतम आश्रम तथा आस-पास की अनार्य बस्ती के निवासियों को कष्ट दे रहे हैं। गौतम के प्रति इन्द्रदेव नाना कारणों से असन्तुष्ट और क्षुब्ध हैं। बचपन के बैर-भाव सहित बाद

के जीवन में सुन्दर नारी अहल्या को प्राप्त करके गौतम इन्द्रदेव को उनके वीरोचित अधिकार से वंचित करने के कारण इन्द्रदेव के कोपभाजन बन चुके हैं। इसके अलावा गौतम के अहंकारी तथा क्रोधी स्वभाव एवं सुविधावादी मनोवृति ने उन्हें अधिक क्षुब्ध किया है। जब जल, फल, करुणा, ऐश्वर्य एवं सहायता की आवश्यकता होती है तब गौतम त्रिलोक पालक इन्द्रदेव की स्तुति करते हैं। लेकिन कार्य सम्पन्न होते ही इन्द्रदेव के तमाम दुर्गुणों का बखान करने लगते हैं। परोक्ष रूप से पग-पग पर इन्द्रदेव की अवहेलना करके वे उनके प्रचंड पौरुष को ठेस पहुँचाते हैं। इसके अलावा देवर्षि पद प्राप्त करने की गौतम की कठिन साधना ने इन्द्रदेव को सन्तुष्ट करने के बदले विचलित ही किया है। गौतम ब्रह्माजी के अत्यन्त प्रिय शिष्य हैं। ब्रह्माजी गौतम के प्रति इतने श्रद्धालु हैं कि अहल्या जैसी सुन्दर प्राण से प्यारी कन्या को अधेड़ उम्र के गौतम को दान कर दिया। इससे अहल्या सुखी नहीं रहेगी, उनका दाम्पत्य जीवन मधुमय नहीं रहेगा, यह सब जानते हुए भी ब्रह्मा ने शिष्य प्रेम में कन्या की बलि चढ़ा दी। यदि गौतम की तपस्या से ब्रह्माजी सन्तुष्ट हो गए तो देवताओं पर अपना प्रभाव डालकर देवराज के पद पर उन्हें अभिषिक्त करना विचित्र बात नहीं होगी। हालाँकि इन्द्रदेव जानते हैं कि इन्द्रपद स्थायी पद नहीं है। इन्द्रपद उन्हें अपने सत्कर्मों से मिला है। उनके आचार-विचार में व्यतिक्रम होने तथा उनसे अधिक वीर, परोपकारी, दाता एवं सिद्धिदाता यदि कोई और हुआ तो इन्द्रपद उसे ही प्राप्त होगा। यहाँ तक कि इन्द्र का पुत्र भी इन्द्र नहीं बनाया जा सकता।

किन्तु उनका बाल्य-शत्रु गौतम उस दुर्लभ इन्द्रपद को प्राप्त करे, यह बात इन्द्रदेव को सहन न होना स्वाभाविक है। इसलिए गौतम को किसी-न-किसी तरह परेशान, विचलित और साधना से डिगाने के लिए सतत चेष्टा करते रहते हैं इन्द्रदेव। इन्हीं कारणों से इस भूखंड पर गौतम आश्रम ही अनावृष्टि और अनाहार का कारण बन गया है। पहले मनुष्य को मनुष्य की तरह देखो, फिर उन्हें आर्य बनाओ-यही थी अनार्यों की शिकायत।

विश्वामित्र ने शान्त स्वर में कहा, ''सुनो रुद्राक्ष! क्रोध संवरण करो। क्रोध मनुष्य का सबसे बड़ा शत्रु है। प्रभुप्रदत्त इस जीवन का क्रोध के वश में होकर अपव्यय न करना तुम्हारे लिए श्रेयस्कर होगा। अनावृष्टि के कारण इस भूखंड पर अनाहार के बादल मँडरा रहे हैं। इसलिए गौतम आश्रम में अखंड यज्ञ चल रहा है। यदि तुम लोग यज्ञ भंग करोगे, तो वृष्टि की क्षीण आशा भी लुप्त हो जाएगी।''

रुद्राक्ष ने अट्टहास करते हुए कहा, ''अग्नि में घृत-सामग्री की आहुति प्रदान करना ही यज्ञ नहीं है। यदि ऐसा होता तो गौतम का यह अखंड यज्ञ विफल नहीं होता। गौतम सम्भवतः केवल आर्यों को वृष्टि प्रदान करने के लिए यज्ञ कर रहे हैं। यह प्रकृति का नियम लाँघने के समान है जिस कारण वृष्टि हम सबके प्रति

निष्करुण है। सृष्टि के प्रारम्भ से गौतम आश्रम यहाँ नहीं था। यज्ञ नहीं होते थे, किन्तु वृष्टि होती थी। जो कभी अनार्यों की बस्ती हुआ करती थी, आज उसी जगह गौतम आश्रम है। इसलिए गौतम आश्रम किसी भी स्थान पर बनाया जा सकता है। गौतम को अपना आश्रम दूसरी जगह ले जाने के लिए हम सबकी ओर से माँग की जा रही है। इससे इस अंचल के प्रति इन्द्रदेव की करुणा उमड़ सकती है।''

गौतम क्रोधित हुए और मैं स्तब्ध रह गई उस माँग-पत्र से। तो क्या वास्तव में गौतम अपनी मनोवृति यज्ञोद्दिष्ट नहीं कर रहे हैं? इसीलिए अनावृष्टि और अनाहार का यह अभिशाप मँडरा रहा है!

पिताजी की बात याद आ गई। वे कहा करते थे–जिस सद्भावना से आहुति दी जाती है, वही यज्ञ का यथार्थ स्वरूप है। मनुष्य की ऐसी कोई भी मनोवृत्ति नहीं है, जो यज्ञ में पवित्र रूप से अर्पित न हो सके। यहाँ तक कि द्वेष और क्रोध भी यज्ञोद्दिष्ट हो तो वे सब निष्पाप और पवित्र होते हैं। आर्यों द्वारा यज्ञ में पर्याप्त परिमाण में सोमरस अर्पण करने के कारण अब पर्वतों में सोमलता दुर्लभ हो चली है जबकि हृदय का सोमरस ही है यज्ञ का प्राण। यह अनन्त द्युलोक, अगणित भूलोक, असंख्य सूर्य, लोक-लोकान्तर सोमभावना के आगे कण-मात्र हैं। यदि गौतम के मन में सोमभावना की सरस्वती बहती होती, तो क्या यह अर्वाचीन रुद्राक्ष उनसे इतनी स्पर्धा कर सकता था? मैं गौतम विरोधी नहीं हूँ–रुद्राक्ष एवं उसके समुदाय की विरोधी भी नहीं हूँ; बल्कि मैं उनके प्रति संवेदनशील हूँ, जिस कारण सभी सोचते हैं कि मैं आर्य-विरोधी तथा गौतम-विरोधी हूँ। यह दोषारोपण मुझ पर विद्यार्थी जीवन से होता आ रहा है किन्तु आज गौतम के सम्मुख रुद्राक्ष के इस दुस्साहस से मैं खुश नहीं हुई।

मैंने मन-ही-मन सोचा, तो क्या गौतम का मेरे प्रति आरोप सत्य है? मेरे अनुचित स्नेह-श्रद्धा के कारण दास युवक सीमा लाँघकर आश्रम में किसी भी समय बिना अनुमति के प्रवेश करके अनाधिकार उपद्रव मचाते हैं! मन में क्षोभ उत्पन्न हुआ। गौतम आश्रम कहीं दूसरी जगह ले जाने का अर्थ है कि मैं भी उन लोगों से दूर चली जाऊँ, ऐसा वे लोग चाहते हैं। गौतम-पत्नी होने के कारण उनके प्रति मेरी समस्त सद्भावनाएँ मूल्यहीन हो चुकी हैं। सम्भवत: मैंने कुपात्र में स्नेह दान किया है।

विश्वामित्र ने गौतम का क्रोध, मेरा क्षोभ और रुद्राक्ष आदि की उत्तेजना देख उन्हें सम्बोधित करते हुए कहा, ''हे शक्तिवान दास युवा-समूह, तुममें अपार शक्ति है और शक्ति का सदुपयोग करना ही पुण्य है। दुरुपयोग का अर्थ है पाप। रथ के पहिए की तीलियाँ परिधि के कारण जिस तरह यथास्थान रहती हैं उसी तरह इस पृथ्वी का मानव सर्वव्यापी परमात्मा को आधार और आश्रय बनाए तो संसार में प्रेम, शान्ति, प्रीति और सहावस्थान सम्भव होता है। शक्ति उचित मार्ग अपनाती है। जब मानव भिन्न-भिन्न विश्वासों में भिन्न-भिन्न आश्रय की परिकल्पना

करता है, तब ये भिन्न विश्वास ही आपस में अविश्वास, विद्वेष और संघर्ष पैदा करते हैं। जाति, वर्ण और सम्प्रदाय के नाम पर भयावह संग्राम होते हैं। उस संग्राम की आहट सुनाई देने लगी है। पृथ्वी को इस साम्प्रदायिक संघर्ष के कराल-ग्रास से बचाने के लिए महर्षि वशिष्ठ के नेतृत्व में आर्यीकरण का अभियान प्रारम्भ हुआ है। आर्यीकरण का अर्थ है—एक ही विश्वास की परिधि में सहावस्थान करना अर्थात साथ-साथ रहना। परमेश्वर की परिधि से निकल जाना सीमा लाँघना माना जाता है। साम्प्रदायिकता के कारण ही तो मनुष्य भिन्न-भिन्न ईश्वर की कल्पना करता है, वह आस्तिक होते हुए भी दूसरे के विश्वास पर प्रश्न करके नास्तिकों जैसा काम करता है। इसलिए एकेश्वर की आनन्दमय परिधि में मानवजाति को एकत्र करना ही आर्यीकरण अभियान का उद्देश्य है। तुम लोग इससे अलग क्यों सोच रहे हो? याद रखो, सत्-पथ पर आनेवाली विघ्न-बाधाओं के सूक्ष्म विनाशक परमेश्वर सदा जाग्रत रहते हैं। वे समस्त विघ्न बाधाओं का नाश करेंगे। यदि तुम लोग भी सत्-पथ पर विघ्न डालने जैसा काम करोगे तो समझ लो कि तुम लोग परमेश्वर की इच्छा के विरुद्ध कदम बढ़ा रहे हो। इसलिए परिणाम के बारे में भला मैं क्या कहूँ? वह तो तुम लोगों के समक्ष स्पष्ट कर चुका हूँ।''

इतनी-सी बात से दासवंशज युवक उत्तेजित हो उठे और पलक झपकते गौतम आश्रम के शान्त वातावरण में खंडप्रलय मच गया। विश्वामित्र हिंसा त्याग चुके थे, इसलिए उन्होंने अस्त्र नहीं उठाया। गौतम तो हिंसा भाव से मुक्त होने के लिए साधनाग्रस्त थे। उनके मन में हिंसा भाव भले ही हो, परन्तु वे किसी के प्रति अस्त्र नहीं उठाएँगे। तो फिर आज इन दासों की मूर्खता से आश्रम को कौन बचाएगा? आज किसी ने मेरी बात नहीं सुनी।

पिताजी की बात याद आई। वे हमेशा कहा करते थे—'जीव स्वभावत: मुक्त है। किन्तु भगवत विमुख होने के कारण वह मुक्त नहीं हो पाता। कोई भी वस्तु भगवत शक्ति से अलग नहीं है। द्रव्य हो या जीव, वह एक अदृश्य डोर से भगवत शक्ति से जुड़ा है।'

वास्तव में ये दासगण भौतिक विकास पथ पर अग्रणी होने के कारण भगवत शक्ति से जुड़े होने की बात भूल जाते हैं। इसलिए गौतम को अनावृष्टि का कारण मानकर उन पर दोषारोपण कर रहे हैं। यदि वे स्वयं इन्द्र की शक्ति को स्वीकार करके, इन्द्र को परमात्मा मानकर उनकी स्तुति करते तो अभीष्ट पूरा करने वाले इन्द्रदेव कभी निष्ठुर नहीं होते। इस अंचल में अनावृष्टि और अकाल का हाहाकार सुनाई नहीं देता। गौतम भी अपनी अवदमित अहं के कारण सम्भवत: अपनी प्रार्थना यज्ञोद्दिष्ट नहीं कर पा रहे थे। वेदपाठ के बहाने प्रतिदिन इन्द्र की स्तुति करने पर भी उसमें आन्तरिकता नहीं होती। उधर दासगण भी इन्द्र-विरोधी हैं। वे इन्द्रदेव को अपना परम शत्रु मानते हैं। इसलिए इन्द्र की स्तुति करने का

प्रश्न ही कहाँ उठता है? आश्रम के आर्य-ऋषि एवं दास केवल एक-दूसरे पर दोषारोपण करके मामले को अधिक जटिल और वातावरण को कटु एवं दूषित बनाते जा रहे हैं। इसकी परिणति मैं साफ-साफ देख रही थी। ऐसी स्थिति में इस भूखंड का उद्धार कौन करेगा?

उस परिस्थिति को सँभालने के लिए विश्वामित्र ने अभय प्रदान करते हुए कहा, "यदि आर्यों और अनार्यों का शान्तिपूर्ण रूप से यहाँ साथ-साथ रहना सम्भव न हो तो गौतम ऋषि के लिए उचित होगा कि अपना आश्रम कहीं और ले जाएँ। किन्तु इसके लिए समय और आनुषंगिक व्यवस्था भी तो करनी होगी। यदि तुम लोग सोचते हो कि गौतम के यहाँ से चले जाने के बाद अनावृष्टि नहीं होगी, तो गौतम का कहीं और चले जाने के बारे में सोचना समीचीन होगा। तुम लोगों के स्वार्थ में बाधा उत्पन्न करके वे महर्षि से देवर्षि कभी नहीं बन पाएँगे किन्तु तुम लोगों को धैर्य रखना होगा...।"

अपशकुन-भरी बात महर्षि विश्वामित्र के मुख से क्यों निकली? उत्तेजित अनार्य युवकों को शान्त करने के लिए विश्वामित्र कभी झूठ नहीं कहेंगे। तो क्या विश्वामित्र के मुख से नियति बोल रही थी?

किन्तु मैं तो अपनी प्राणों से प्यारी कन्या गौतमी को छोड़कर इस वनभूमि की सीमा लाँघकर कहीं और नहीं जा सकती। नहीं-नहीं, मैं गौतम का विरोध करूँगी–आवश्यकता पड़ी तो...। इतना सोचते ही मेरी छाती थर्रा उठी, संस्कार की अलंघ्य दीवार काँप उठी। ऐसा लगा कि संस्कार की वह दीवार इतनी मजबूत है कि उसे तोड़ने की चेष्टा करने से टूटी दीवार के नीचे दबकर मरना ही होगा। यही है मुक्ति का एकमात्र पथ। मैं गौतम को नहीं छोड़ सकती, अपने बेटों को नहीं छोड़ सकती। न ही अपनी प्राणों से प्यारी कन्या और प्रिय दास बस्ती को ही छोड़कर जा सकती हूँ। इसका एकमात्र समाधान है वृष्टि-जलधर-इन्द्रदेव की करुणा। ज्यादा दिनों तक अनावृष्टि और अन्न-संकट चलता रहा तो आर्यों और अनार्यों में संघर्ष सुनिश्चित है और गौतम आश्रम को स्थानान्तरित करना भी सुनिश्चित है।

मैंने इन्द्रदेव को सन्तुष्ट करने की ठान ली। विश्वामित्र के आश्वासन पर भरोसा करके दास युवक वहाँ से लौट गए। तकदीर अच्छी थी कि आज विश्वामित्र के यहाँ होने से एक निश्चित प्रलय टल गई।

उस घटना ने गौतम के सिद्धान्त को बदल दिया था। वास्तव में जल-आबंटन में असमानता के कारण अनार्य लोगों का हिंसापूर्ण आचरण करना स्वाभाविक था। इसलिए आश्रम में यज्ञभंग और रक्तपात की सम्भावना बनी रहती थी। इनसे गौतमाचार्य की तपस्या में बाधा उत्पन्न होती थी। अतः इन्द्रत्वप्राप्ति तो दूर,

उनका देवर्षि पद प्राप्त करना तक दुराशा में बदलने जाने की आशंका लग रही थी। अतः एकमात्र मार्ग था, इन्द्र को प्रसन्न करना। ऐसी परिस्थिति में अहल्या ही अपने अलौकिक सौन्दर्य एवं मधुर व्यवहार, अविस्मरणीय आतिथ्य द्वारा इन्द्रदेव को प्रसन्न करके आश्रम के लिए वरदान प्राप्त कर सकती है—आश्रम में इसी तरह के विचार-विमर्श चल रहे थे। अनावृष्टि दूर होने के बाद आश्रम और उपवन में शान्ति विराजेगी और उसके बाद गौतम हिमालय की यात्रा करेंगे। उन्होंने देवर्षि पद प्राप्त न होने तक हिमालय में कठोर तपस्या करने की ठान ली थी। हिमालय-यात्रा पर निकलने से पहले शिक्षा समाप्ति के बाद शतानन्द को मिथिला नरेश जनकऋषि के राजगुरु के रूप में रखवाने की योजना बनाने में भी गौतम जुट गए थे। शतानन्द ही गौतम का नाम उज्ज्वल करेगा। उसे स्थापित करने के बाद गौतम की और किसी के लिए कोई विशेष चिन्ता नहीं रह जाएगी।

शरदभानु और चिरकारी का दायित्व पूरी तरह मुझे सौंपकर गौतम निश्चिन्त हो गए थे। उस दिन भविष्य में शतानन्द के राजगुरु के रूप में नियुक्ति के बारे में बातचीत करने के लिए गौतम मिथिला नरेश जनकऋषि से मिलने चल पड़े। वहाँ से लौटने के बाद इन्द्रदेव को अलग से निमंत्रण भेजा जाएगा। गौतम आश्रम में उन्हें सन्तुष्ट करने के लिए 'सोमयाग' का आयोजन करने हेतु उपाध्यक्ष, माधुर्य, सत्यकाम और अन्य आश्रमवासियों को निर्देश दे गए।

गौतम के प्रस्थान करने के कुछ ही देर बाद इन्द्रदेव के सारथी मातलि उदास भाव से मेरे पास पहुँचे। उन्होंने विनयपूर्वक कहा, "विशेष कारणों से इन्द्रदेव निर्दिष्ट दिन आश्रम के निमंत्रण पर नहीं आ सके, इसका उन्हें खेद है। आज वे बिना निमंत्रण के आए हैं गौतम आचार्य से क्षमा माँगने। इसके अलावा अनावृष्टि से उत्पन्न समस्या के समाधान की दिशा में भी बातचीत करना उनका मुख्य उद्देश्य है। किन्तु तपोवन में पहुँचने पर पता चला कि आचार्य आश्रम में नहीं हैं। उनकी अनुपस्थिति में इन्द्रदेव का आश्रम में आना उचित होगा या नहीं, यह पूछने के लिए उन्होंने मुझे यहाँ भेजा है। आश्रम के अध्यक्ष की पत्नी के रूप में आपसे अनुमति मिलने पर ही वे पधारेंगे, अन्यथा लौट जाएँगे। इस समय वे अत्यधिक प्यासे हैं। इस कारण अति शीघ्र आपकी राय जानने के बाद या तो वे आश्रम आकर प्यास मिटाएँगे या तुरन्त इन्द्रलोक लौट जाएँगे। लगातार बहनेवाले झरने भी अब क्षीण पड़ गए हैं। अरण्य के पक्षी भी प्यास से व्याकुल हैं। अतः आप अपनी राय से कृपापूर्वक अतिशीघ्र अवगत कराएँ।"

मैंने उस बारे में दुबारा सोचा ही नहीं। इन्द्रदेव का आश्रम-द्वार से प्यासे लौट जाने की बात का समर्थन भला मैं कैसे कर सकती थी? गौतम लौटकर मुझ पर ही क्रोधित होंगे। इसके अलावा अतिथि देवता को लौटाकर अधर्म अर्जित करने का साहस आखिर मैं कैसे करती? उपाध्यक्ष और अन्य सभी की दृष्टि में इन्द्रदेव

के आह्वान का संकेत साफ-साफ देख रही थी। दुविधारहित स्वर में इन्द्रदेव को सादर पधारने का निमंत्रण दिया। शरदभानु को मातलि के साथ भेजकर इन्द्रदेव को सादर लिवा लाने का निर्देश दिया।

शरदभानु न केवल देखने में सुन्दर है, बल्कि उसकी आवाज भी मधुर है। मधुस्रावी स्वर में इन्द्रस्तुति गाते हुए, विशुद्ध उच्चारण सहित ताल, लय, छन्द में सामगान करते हुए वह इन्द्रदेव को आश्रम में लिवा लाया। इन्द्रदेव शरदभानु के सामगान से मुग्ध और प्रसन्न हुए। अतिथि भवन में ठहरकर उन्होंने शरदभानु के भावी लक्ष्य के बारे में तरह-तरह के प्रश्न करके उसके साथ बातें करने में आनन्द लेने लगे।

इन्द्र स्वभाव से ही संगीतप्रिय और कलाप्रेमी हैं। स्वर्ग के गायक मरुतगणों का संगीत इन्द्रदेव को युद्ध के समय एवं शत्रुओं का सामना करते समय प्रोत्साहित करता था।

आज शरदभानु के संगीत से मुग्ध होकर इन्द्रदेव ने दानशीलता और उदारता से उद्वेलित हो प्रस्ताव रखा, "प्रिय पुत्र शरदभानु! मेरे सहपाठी एवं मित्र के पुत्र होने के कारण तुम मेरे पुत्र के सामान हो। तुम्हारे संगीत की निपुणता से मैं अति विस्मित और विभोर हूँ। मैं जानता हूँ कि मेरे मित्र दार्शनिक, तर्कनिष्ठ, नीति-परायण गौतमाचार्य के आश्रम में गान्धर्व विद्या के लिए विशेष स्थान नहीं है। मैं यह भी जानता हूँ कि संगीत-शिक्षा के प्रति तुम्हारे अदम्य आकर्षण ने तुम्हारे पिता को ठेस पहुँचाई है। उनकी इच्छा थी कि तुम भी शतानन्द की तरह वेदज्ञ और शास्त्रविशारद बनो। इसलिए गौतम आश्रम में तुम्हारी प्रतिभा की अवहेलना हो रही है। स्वर्गराज्य ही गान्धर्व-विद्या शिक्षा का, कला और संगीत की प्रतिभाओं के विकास का सही स्थान है। मैं तुम्हें स्वर्गराज्य ले जाना चाहता हूँ। किसी दिन अश्विनीकुमारद्वय की प्रतिभा के बारे में सूचना पाकर उच्चतर शिक्षा और तालीम देने के लिए मैंने उनके लिए स्वर्ग का द्वार खोल दिया था। आज वे लोग विश्वविख्यात शल्य-चिकित्सा विशारद हैं। स्वर्गराज्य में उच्चपद पर रहकर देवताओं के पद पर पदोन्नति पाकर भी वे लोग पूरे विश्व के प्राणदानकारी शल्य चिकित्सक के रूप में आज सर्वलोक में सम्मानित हैं। इसलिए तुम स्वर्गराज्य में गान्धर्वों से संगीत की उच्चतर शिक्षा प्राप्त करने के बाद स्वर्गराज्य की सुधर्मा सभा में संगीतज्ञ के पद पर आसीन हो सकते हो अथवा चाहो तो मर्त्यलोक लौटकर भी आ सकते हो। किन्तु तुम स्वर्गराज्य में संगीत की शिक्षा प्राप्त करोगे तो विश्व के श्रेष्ठ गायक बनोगे, इसमें मुझे तिलभर सन्देह नहीं। तुम माता-पिता से अनुमति लेकर स्वर्गराज्य में आ जाओ तो मुझे खुशी होगी।"

गौतम शतानन्द को लेकर महर्षि जनक के पास चले गए थे, जिसके बाद से शरदभानु उदास रहने लगा था। उसकी प्रतिभा गौतम द्वारा अग्राह्य और अवहेलित है, यह बात स्पष्ट हो चुकी थी। किशोर होते हुए भी हीनभावना की विष ज्वाला

से उसका हृदय तार-तार हो गया था। भाई-भाई में ईर्ष्या की भावना पैदा करने में गौतम की भूमिका गौण नहीं थी।

पिताजी के तत्वावधान और उनकी चेष्टा से शतानन्द जनक की सभा में स्थान पा जाएगा, यह गर्व की बात है। परन्तु किसी की सिफारिश और चेष्टा के बिना शरदभानु को तो उसकी प्रतिभा के कारण इन्द्रदेव की सुधर्मा सभा में स्थान पाने के योग्य चुना गया है, यह तो गर्व की सीमा लाँघ चुका है। इसके लिए गौतम अनुमति क्यों नहीं देंगे? स्वर्ग पाने के लिए गौतम कठिन साधना कर रहे हैं, जबकि उनका किशोर पुत्र शरदभानु अपनी प्रतिभा के बल पर स्वर्गलोक में प्रतिष्ठा पाने जा रहा है। इससे गौतम का गौरव बढ़ेगा।

अतिथि महोदय के पैर पखारकर उन्हें अन्दर लिवा लाने के पहले इन्द्रदेव से शरदभानु की ऐसी अन्तरंग बातचीत हो चुकी है, जानकर मुझे खुशी हुई। शरदभानु की उच्च शिक्षा के लिए इन्द्रदेव के आग्रह और अयाचित सहायता देने के बारे में सुनकर मुझे अच्छा लगा। पिछले कुछ दिनों से शरदभानु की उदासी मुझे विचलित कर रही थी।

शरदभानु अपनी मेधा और क्षमता के अनुसार कैसे अपना सही स्थान प्राप्त कर पाएगा, यही थी मेरी चिन्ता। उसके बाद चिरकारी की चिन्ता का तो कोई अन्त ही नहीं था। केवल प्रतिभाशाली पुत्र के यश और कीर्ति से गौरवान्वित होकर अन्य सन्तानों के प्रति ध्यान न देना गौतम की तरह सिद्धपुरुष के लिए ही सम्भव हो सकता है। किन्तु मुझ जैसी एक साधारण माँ के लिए यह सम्भव नहीं था। माँ की उनींदी रातों की चिन्ता सन्तान को लक्ष्य तक नहीं पहुँचा सकती, यह जानते हुए भी क्या माँ अपनी सन्तान के लिए चिन्तित रहना छोड़ सकती है? क्या पेड़ नहीं जानता कि वह अपने ही फल और फूलों को आँधी की चपेट से नहीं बचा सकता? फिर भी वह अपनी शाखा-प्रशाखाओं को आन्दोलित करके आँधी को तब तक रोके रहने का प्रयास करता है, जब तक कि वह स्वयं उजड़ नहीं जाता।

किन्तु शरदभानु की चिन्ता से मेरे विपर्यस्त होने से पहले ही इन्द्रदेव के वरदान ने उसका भविष्य निर्धारित कर दिया। मैं बार-बार ऋणी होती जा रही हूँ इन्द्रदेव की। कौन नहीं है ऋणी इन्द्रदेव का, यहाँ तक कि आचार्य गौतम भी हैं। इन्द्रदेव की कृपा के बिना आर्यऋषि और आश्रम उजड़ चुके होते। ऐसे ऋण के बोझ तले दबकर किसी दिन समाधि में बैठ एक कमल बनकर इन्द्रदेव का नैवेद्य बन पाऊँ तो शायद इस ऋण का बोझ कुछ कम हो जाए। इसके अलावा और कौन से उपाय से ऋणमुक्त होऊँ? किन्तु उपकार करनेवाले के प्रति कृतज्ञता प्रकट करना प्रथम कर्तव्य है।

मैंने शरदभानु से सब कुछ सुनने के बाद पहले इन्द्रदेव के प्रति कृतज्ञता व्यक्त की। मैंने सोचा कि इससे गौतम भी खुश होंगे और इन्द्रदेव के प्रति

आभारी होंगे। इन्द्रदेव के उस अप्रत्याशित आगमन के कारण उनका सही आतिथ्य नहीं हो पा रहा है, कहकर मैंने उनसे क्षमा माँग ली। यह भी कहा कि गौतम होते तो उन्हें अत्यन्त खुशी हुई होती।

इन्द्रदेव को सन्तुष्ट करने के लिए मैंने अति यत्न से सोमरस तैयार किया। सोमरस स्वादयुक्त करने के लिए उसमें गाढ़ा शहद मिलाकर 'मधुशीर' तैयार किया। इन्द्रदेव अत्यन्त उल्लास से एक ही घूँट में पन्द्रह सेर सोममधु पान करके प्रसन्न हुए। आश्रम को प्रचुर दान देकर सहर्ष प्रस्थान कर गए। पूर्व निर्धारित कार्यक्रम के अनुसार न आ पाने का अनिवार्य कारण बताते हुए गौतम से क्षमा-याचना करने को कहकर वे वहाँ से बिदा लेकर चले गए। इन्द्रदेव धार्मिक लोगों के मंगल अभिलाषी के रूप में जाने जाते हैं। आज इस बात की सत्यता का प्रमाण भी वे मुझे दे गए।

गौतम की अनुपस्थिति में मैंने हठात पधारे देवाधिपति इन्द्रदेव को सन्तुष्ट किया है, यह सुनकर गौतम अति प्रसन्न होंगे, ऐसा मेरा विश्वास था। इसलिए उल्लसित चित्त से मैं गौतम के लौटने की प्रतीक्षा करने लगी।

शतानन्द को महर्षि जनक से परिचित कराकर अगले दिन दोपहर बाद गौतम और शतानन्द आश्रम लौट आए। उनके लौटने तक शरदभानु उच्च शिक्षा के लिए इन्द्रलोक जाने की पूरी तैयारी कर चुका था। नारद भैया उसे लेने आए थे। इन्द्रदेव ने शरदभानु का सारा दायित्व नारद भैया को सौंप दिया था। बहरहाल, घर छोड़कर दूर रहने का कष्ट शरदभानु के लिए असहनीय नहीं होगा। बचपन से ही वह नारद भैया की वीणा के स्वर से स्वर मिलाकर अपने मधुर गीतों से वह सबको मुग्ध करता आया है। नारद भैया के हाथों में वीणा होने के कारण सम्भवतः शरदभानु उनको इतना चाहता है, ऐसी मेरी धारणा थी। नारद भैया इन्द्रदेव की इस अयाचित सहायता से खुश थे। पिता ब्रह्मा ने भी शरदभानु को आशीर्वाद भेजा था। उसकी प्रतिभा के विकास के लिए सही स्थान इन्द्रलोक ही है, उनकी भी यही राय थी। अब सिर्फ पिता गौतम का आशीर्वाद लेकर शरदभानु यात्रा के लिए प्रस्थान करने वाला था।

महर्षि जनक के कुलगुरु के रूप में शतानन्द को नियुक्ति मिलना तय हो चुका था। गौतम अति प्रसन्न हो लौटे थे किन्तु आश्रम में पैर रखते ही आश्रमवासियों से इन्द्रदेव के पधारने के बारे में सुनते ही वे गम्भीर हो गए। शरदभानु को गान्धर्व विद्या में उच्च शिक्षा प्राप्त करने सम्बन्धी इन्द्रदेव द्वारा दिया गया अयाचित प्रस्ताव भी उन्हें अच्छा नहीं लगा। मैंने गौतम से जिस तरह की प्रतिक्रिया की आशा की थी, वैसा कुछ नहीं हुआ।

लेकिन इन्द्रदेव द्वारा शरदभानु को दी गई बिन माँगी सहायता गौतम अस्वीकार नहीं कर पाए। पिताजी द्वारा शरदभानु को आशीर्वाद भेजने का अर्थ था—प्रकारान्तर से इन्द्रदेव के निर्णय का स्वागत करना। गौतम पिता ब्रह्मा को असन्तुष्ट करना नहीं चाहते। हालाँकि उनका भी यही विचार था कि शरदभानु का भविष्य

इससे अधिक सुन्दर नहीं हो सकता था। अत: अब वे शरदभानु के लिए एक तरह से निश्चिन्त हो जाएँगे। लेकिन इन्द्रदेव का इस तरह अचानक आश्रम में आना और बिना माँगे इतना कुछ दान दे जाने के पीछे उनका क्या उद्देश्य था? और फिर गौतम की अनुपस्थिति में वे आश्रम में क्यों आए थे? क्या वास्तव में यह सब कुछ अचानक हुआ था—या योजनाबद्ध था?

शरदभानु आशीर्वाद लेकर नारद भैया के साथ चला गया। मैं जानती हूँ कि शिक्षा समाप्त होने के बाद वह मर्त्यलोक नहीं लौटेगा। जहाँ उसकी प्रतिभा की सराहना न हो, वहाँ वह लौटे ही क्यों? रहे वहीं इन्द्रलोक में। उसकी प्रतिभा का पूरी तरह विकास हो। उसे इन्द्रलोक में प्रतिष्ठा मिले। मेरा मातृहृदय उसे याद करता रहे। मैं चुपचाप आँसू बहाती रहूँ। यही है मेरा जीवन और मेरी नियति। माँ के आँसू ही सन्तान के लिए आशीर्वाद होते हैं। जाते समय शरदभानु की आँखें भर आई थीं क्षण भर के लिए। किन्तु नारद भैया के साथ व्योमयान में उड़ते समय वह अति प्रसन्न लग रहा था। फिर भी, उसके जाने के बाद मैं काफी देर तक चुपचाप आँसू बहाती रही। आँसुओं ने मेरे मन का बोझ हल्का कर दिया। मैंने सोचा, शतानन्द की चिन्ता तो कभी थी ही नहीं, अब तो तय भी हो चुका है उसका भविष्य। शरदभानु की चिन्ता अधिक रहती थी। अब तो उसकी भी चिन्ता समाप्त हो गई। बच गई सिर्फ चिररुग्ण, विनयी, आज्ञाकारी छोटे बेटे चिरकारी की चिन्ता। जल्दी ही गौतम अपने उत्थान के लिए तपस्या करने हिमालय चले जाएँगे। चिरकारी की कैसी-व्यवस्था कर जाएँगे? सभी सन्तानों की एक जैसे सफल होने की कामना करने पर भी वह हर कहीं, हर किसी के भाग्य में पूरी नहीं होती। क्या इसका मतलब यह है कि असफल और कमजोर सन्तान को माँ अपने से दूर कर दे? रहने दें चिरकारी को मेरे ही पास, मेरी आँखों के आगे। मेरे पास ऋचा और रुद्राक्ष तो हैं ही, गौतमी भी बड़ी हो जाएगी। माधुर्य और सत्यकाम भी हैं। चिरकारी सबका प्रिय है। उसे कोई दिक्कत नहीं होगी। कौन जाने कभी इन्द्रदेव उसका भी गुण पहचानकर कहीं-न-कहीं उसे भी नियुक्त कर दें। उसी की चिन्ता आज मेरे जीने की परम प्रेरणा है। गौतम जैसे संसार विरागी पति को पाने के कारण मेरे एकाकी जीवन में अल्पभाषी, सुधीर, दीर्घसूत्री (हर काम में बहुत देर लगानेवाला) चिरकारी ही था जो समय-समय नीरवता को तोड़ता रहता था।

प्रलय का आघात नारी सह सकती है, किन्तु सन्देह का आघात उसके लिए असह्य होता है और फिर पत्नी के सतीत्व और विश्वसनीयता पर पति का अकारण सन्देह करना इतना असह्य हो जाता है कि कभी-कभी उस सन्देह का

विरोध करने के लिए ही पति के सन्देह को सच में बदल देने को उसके अवचेतन में प्रतिज्ञा का एक बीज अनजाने ही बो जाता है।

गौतम के सन्देही स्वभाव और सन्दिग्ध स्वामित्व का परिचय कई बार पा चुकी थी किन्तु उनके सन्देह का स्वरूप आज इतना भयंकर और कुत्सित हो चुका है कि विरोध का स्वर कितना ही तीव्र क्यों न हो, उस आघात की व्यथा और रक्त का रिसाव थम नहीं सकता।

गौतम की अनुपस्थिति में इन्द्रदेव का आश्रम में अतिथि बनकर आने की घटना को लेकर गौतम का सन्देह निम्नतम स्तर तक उतर आया था। वे क्षुब्ध हैं, वे कोपान्वित हैं। शरदभानु के इन्द्रलोक चले जाने पर अभी मेरे जननी हृदय की वात्सल्य-वेदना शान्त भी नहीं हो पाई थी कि गौतम मुझे इतना बड़ा आघात देने से पीछे नहीं हटे। उससे मैं अधिक व्यथित हुई।

इन्द्रदेव पूर्वनिर्धारित तिथि को न आ पाने के कारण उस दिन अन्यत्र कहीं जाते समय रास्ते में गौतम से क्षमा माँगने के लिए गौतम आश्रम में घड़ीभर रुक गए थे। क्या मैं उन्हें द्वार से ही लौटा देती? पैर पखारकर अतिथि सत्कार न करती? सोमप्रिय इन्द्रदेव को सोममधु अर्पण न करती? उनका अयाचित वरदान ठुकरा देती? आश्रम को दिया गया दान स्वीकार न करती? क्या उससे इन्द्रदेव रुष्ट नहीं हो जाते? इन्द्रदेव को रुष्ट करती तो क्या गौतम खुश हुए होते? पिछली बार अतिथि सत्कार में मेरी थोड़ी-सी झिझक गौतम बर्दाश्त नहीं कर पाए थे। इन्द्रदेव को प्रसन्न करना हमारा परम कर्तव्य है, कहकर तरह-तरह के उपदेश दिए थे। इसलिए गौतम की अनुपस्थिति में मुझे ही अधिक सावधानीपूर्वक पति-पत्नी, दोनों का कर्तव्य निभाना पड़ा। इसमें मुझमें कहाँ चूक हो गई? इन्द्रदेव एक रसिक पुरुष हैं और मैं एक सुन्दर नारी। क्या इतना ही काफी है मुझे गौतम के प्रति अविश्वस्त प्रमाणित करने को? नारी और पुरुष एकान्त में मेल-मुलाकात करें तो उससे क्या उनमें जैविक सम्बन्ध होना निश्चित है? बिना किसी तर्कसंगत बात के गौतम ने मेरे समस्त सुकार्यों को ठुकराकर मेरे ललाट पर सन्देह का काला टीका लगाकर क्या मेरे पत्नीत्व का अपमान नहीं किया है? और फिर अपनी किशोर उम्र की सन्तान के आगे जननी के निर्मल चरित्र पर सन्देह की रेखा खींचना क्या पिता का धर्म है, वह भी झूठी, सन्देहभरी, अपने मन की काली परछाईं के आधार पर? सम्पूर्ण ब्रह्मांड का लांछन नारी सह सकती है, किन्तु अपनी सन्तान के सम्मुख अपने चरित्र को लेकर पति के सन्देह को दुनिया की कोई नारी बर्दाश्त नहीं कर सकती। लेकिन मुझे ही यह बर्दाश्त करना पड़ा। और करती भी क्या? मेरे मन का शान्त विद्रोह इतना तीव्र था कि उसने मुझे पूरी तरह मूक बना दिया था।

गौतम ने मेरे चरित्र पर सन्देह करके यदि एकान्त में मेरी भर्त्सना की होती तो मुझे इतना कष्ट न होता। उन्होंने सबके सामने यह बात कह दी। सिर्फ इतना

ही नहीं, अपनी कुत्सित कल्पना के वशीभूत होकर वे इतना नीचे उतर आए कि उन्होंने अपने आज्ञाकारी पुत्र चिरकारी को बुलाकर आज्ञा दी, ''मैं स्नान करने जा रहा हूँ। मेरे लौट आने तक तू अपनी जननी अहल्या का सिर काट डालना। तू मेरा आज्ञाकारी पुत्र है। पिता की आज्ञा का पालन करना पुत्र का धर्म है। इसलिए पुण्य अर्जित करने का यह महार्घ अवसर हाथ से मत जाने देना। स्नान के बाद मैं तुम्हारी जननी का कलंकित मुँह नहीं देखना चाहता। नहीं तो कष्ट से संचित मेरा सारा पुण्य नष्ट हो जाएगा।''

कुंठित, त्रस्त, विचलित किशोर चिरकारी ने पिता से प्रश्न किया, ''परन्तु माँ का हत्यारा कैसे बनूँ? इतना बड़ा अपराध कैसे करूँ?''

''पिता की आज्ञा का पालन करने के पुण्य से वह अपराध मिट जाएगा। इसके अलावा जो आदेश देता है, वह हत्यारा होता है। तुम अपनी इच्छा से जननी की हत्या नहीं कर रहे। तुम तो केवल आज्ञा का पालन कर रहे हो। अस्त्र से नरहत्या होती है, अस्त्र सिर काटता है। किन्तु नरहत्या का अपराध अस्त्र का नहीं होता। जो उस अस्त्र का प्रयोग करता है, उसका होता है। ठीक उसी तरह तुम्हारे हाथ से माँ की हत्या होने पर भी इसके लिए आदेश तुम्हारा नहीं था, तुम्हारे पिता का था। इसलिए न तो तुम कोई पाप करोगे और न ही अपराध।''

तर्कसिद्ध गौतम ने तर्क से चिरकारी को प्रभावित करने की कोशिश की, पर चिरकारी ने पहले की तरह कुंठित हो प्रश्न किया, ''परन्तु मेरी माँ का अपराध क्या है, यह जाने बिना मैं उनकी हत्या कैसे करूँगा?''

''तुम्हारी माँ ने तुम्हारे पिता के प्रति विश्वासघात किया है। मेरी अनुपस्थिति में नारी प्रेमी, कामुक इन्द्रदेव को एकान्त में आतिथ्य प्रदान करके तुष्ट करने के कारण उनका चरित्र कलंकित हो गया है। मैं उन पर सन्देह करता हूँ। मेरा सन्देह ही प्रमाण है। इसलिए कोई अन्य प्रमाण न माँगकर मेरे आदेश का अविलम्ब पालन करो'' इतना कहकर गौतम नदी तट के लिए प्रस्थान कर गए।

स्तब्ध चिरकारी व्यथित और विचलित मन से बैठा रहा। उसे चारों ओर विभीषिकामय लग रहा था।

रसोई बनाकर मैंने चिरकारी को खाने के लिए बुलाया। वह मेरी पुकार नहीं सुन सका। मैंने सोचा, शायद भाई के इन्द्रलोक चले जाने पर उसका अकेले खाने का मन नहीं कर रहा है। शतानन्द तो गौतम के अति निकट और प्रिय है। इसलिए शरदभानु और चिरकारी में बहुत प्यार है। छुट्टी के दिनों में वे एक साथ खाते, खेलते और हँसी-मजाक करते थे। अत: चिरकारी कहीं एकाकी महसूस न करता हो, यह सोचकर मैं उसके पास गई और उसे गोद में बिठाकर लाड़ करने लगी।

उससे पूछा, ''क्या बात है बेटे, क्या भैया की याद आ रही है? वह तो अपना भविष्य बनाने के लिए उच्च शिक्षा हेतु गया है। जब चाहेगा, लौट आएगा।

इन्द्रदेव अति उदार और स्नेही हैं। मेरी सन्तान को मुझसे नहीं छीनेंगे। मेरे अनुरोध करने पर वे शरदभानु को स्वर्ग में स्थान न देकर मर्त्य में वापस भेज देंगे। उसके बाद मर्त्य में भी गान्धर्व विद्या का प्रसार होगा...''

मेरे मुँह से इन्द्रदेव की प्रशंसा सुनकर चिरकारी चौंक उठा। मेरे चेहरे की ओर पैनी दृष्टि से देखते हुए मानो कुछ पढ़ने की चेष्टा कर रहा था। न जाने मुझमें ऐसा क्या देखा कि अचानक उसका कठोर मुख कोमल हो उठा। मेरी छाती पर अपना सिर टिकाकर रोने लगा। उसके हाथ से अस्त्र गिर पड़ा जमीन पर। मैं भी हतप्रभ रह गई शान्तप्रिय, निरीह, कोमलमति चिरकारी के हाथ से अस्त्र नीचे गिरते देखकर। पशु-पक्षियों पर अस्त्राघात करना तो दूर, जब वह लकड़ी एकत्र करने जाता है, तब सूखी लकड़ी तक नहीं काटता, यह सोचकर कि कहीं वृक्ष को चोट न पहुँचे! बड़ा अहिंसक है मेरा चिरकारी। पशुयाग वह सहन नहीं कर पाता। खून देखते ही आँखें मूँद लेता है। किन्तु आज किसने थमा दिया तेज अस्त्र उसके हाथों में?

चिरकारी ने मेरी छाती से टिके हुए कहा, ''माँ! तुम इन्द्रदेव का नाम मत लिया करो। तुम्हारे मुँह से उनकी प्रशंसा ही पिताजी के सन्देह को दृढ़ करता है। पिताजी इन्द्रदेव के साथ तुम्हारे सम्बन्ध को सन्देहभरी दृष्टि से देखते हैं और इसीलिए वे तुम्हारी हत्या करके गौतम आश्रम को पाप शून्य करने का आदेश दे गए हैं। पिता की आज्ञा का पालन करना पुत्र का धर्म है। किन्तु माँ की हत्या करना पुत्र का धर्म है या नहीं, मेरे मन में चल रहे इस द्वन्द्व का समाधान करने के लिए तुम मुझे एकान्त में रहने दो।''

बेटे के मुँह से ऐसी बात सुनकर मैंने दुख, अपमान और क्षोभ से जलकर राख बन जाना बेहतर समझा किन्तु कुत्सित दोषारोपण पूर्णतः झूठा होने के कारण विद्रोह और प्रतिवाद से मैं अग्नि शिखा-सी जल उठी। क्रोधभरी आँखों से चिरकारी की ओर देखते हुए बोली, ''अब मुझमें जीने की तिलमात्र इच्छा नहीं बची। किन्तु मैं तुझे माँ की हत्या के पाप का भागी नहीं बनने दूँगी। यदि तुम्हारे पिता को मुझ पर सन्देह है, तो वे स्वयं अपने हाथों से मेरा वध करें।''

चिरकारी किंकर्तव्यविमूढ़ हो बैठा रहा। अपने स्वभाव के अनुरूप शीघ्र किसी निर्णय पर न पहुँच पाकर गहरी चिन्ता में डूब गया। मैं जानती हूँ कि देर से सही, चिरकारी अपने पिता के आदेश का पालन अवश्य करेगा; किन्तु उससे पहले वह सौ बार आगा-पीछा सोचेगा। हृदय के अनुमोदन बिना वह कोई भी काम नहीं करता। किन्तु मैंने प्रतिज्ञा की कि चिरकारी को मातृहत्या के अपराध का भागी नहीं बनने दूँगी। स्वयं को बचाने के लिए नहीं, बल्कि अपने चिरकारी को जघन्य अपराध से बचाने के लिए मैं आश्रम से निकलकर घने जंगल में बेतहाशा भागने लगी। जब तक चिरकारी अपने निर्णय तक पहुँचे, मेरा उससे दूर

रहना ही बेहतर होगा। इससे वह मातृहन्ता होने के दुर्योग से तो बच जाएगा। इसका अर्थ यह हुआ कि अब मैं कभी चिरकारी के सामने न जाऊँ।

मेरे सामने मधुस्रोता नदी की क्षीण धारा अपनी बाँहें पसारे बुला रही है। मनुष्य की प्यास बुझाने के लिए भले ही उसकी जलधारा क्षीण थी, किन्तु मेरे क्षीण अवयव को अपनी गोद में भर लेने को पर्याप्त थी। पीछे से पुकार रहा था मेरे हृदय का टुकड़ा चिरकारी–माँ–माँ...शायद चिरकारी अपने पिता के आदेश का पालन करने के लिए दृढ़ संकल्प था। उसकी दुविधा मिट चुकी थी। कहाँ छुपूँ? वनचारी चिरकारी अरण्य का एक-एक चप्पा जानता है। तो क्या मेरा निष्पाप, निरीह पुत्र मातृहत्या के पाप का भागी बनेगा–अभिशप्त हो जाएगा उसका बाकी का जीवन अपराधबोध से?

मेरे सम्मुख और कोई रास्ता नहीं बचा था–छिपने की एकमात्र जगह थी नदीगर्भ। आज मृत्यु का भय नहीं था मुझे, भय था तो सिर्फ बेटे के अनिच्छाकृत पाप का।

गौतम! अब तुम्हारी साधना का मार्ग निष्कंटक है। अहल्या तुम्हें मुक्त करती है समस्त संकीर्ण सन्दिग्ध चिन्ताओं से। किन्तु मेरे चिरकारी को तुम मुक्त कर दो अपने निष्ठुर पितृत्व के बन्धन से। उसे अपनी तरह से जीने दो। मन-ही-मन इतना कहकर मैंने चिरकारी को याद किया। उसे अन्तिम बार सीने से लगाकर चूमने को मन व्याकुल हो उठा। अब इस जन्म में उससे मिलना नहीं होगा। पीछे मुड़कर देखूँ तो उसे देख सकती हूँ। लेकिन उसके कोमल हाथ में गौतम द्वारा प्रणीत तेज अस्त्र मैं सीने से नहीं लगा सकती।

एक बार तीनों बेटों को याद किया। याद किया उनका बचपन। उनके ललाटों पर आँक दी अश्रुमय चुम्बन की अमिट रेखाएँ। आशीर्वाद के अनन्त आलिंगन से चिपका लिया उन्हें सीने से। फिर मुक्त कर दिया उनको और स्वयं को सारे पार्थिव बन्धनों से। छलाँग लगा दी नदी में। नदी भी मुझे अपनी गोद में बिठाने को राजी नहीं हुई। किसी की शुभ्र सुडौल भुजा ने मुझे नदी से तुरन्त निकाल लिया। मैं अपने होश खो बैठी।

जब मुझे होश आया, मेरे चारों ओर पारिजात की सुगन्ध फैली हुई थी। तो क्या मैं इन्द्रदेव के नन्दन-कानन में मूर्च्छित पड़ी हूँ इतनी देर से? किन्तु जब आँखें खोलकर देखा, मैं लेटी हुई थी अपनी कुटीर की तृणशय्या पर। नदी से मुझे कौन निकालकर लाया?

मेरे सिरहाने बैठकर अपने कोमल स्पर्श से कौन सहला रहा है मेरा सिर? कहीं मेरा लाड़ला चिरकारी तो नहीं?

प्रथा ने मेरे आँसू पोंछ लिए अपने शाश्वत राहत भरे हाथों से। बोली, "कहाँ चली गई थी घर छोड़कर, अहल्या? इस तरह बात-बात में हार मान लेने से क्या गृहस्थी चलती है?"

पारिजात की सुगन्ध फिर एक बार फैल गई मेरे तन-मन में। मैंने प्रथा की ओर प्रश्नभरी दृष्टि से देखा। मेरी शान्त दृष्टि उससे पूछ रही थी, 'तो क्या सारे संकट दूर करनेवाले इन्द्रदेव मुझे नदी से निकालकर आश्रम में छोड़ गए हैं?' प्रथा सब कुछ समझ जाती है। वह बोली, ''नहीं रे अहल्या! इन्द्रदेव नहीं, उनका प्रिय हाथी ऐरावत मर्त्यलोक भ्रमण करने आकर नदी किनारे वनविहार कर रहा था। नदी में तुम्हारे छलाँग लगाते ही उसने अपनी शुभ्र सूँड़ बढ़ाकर बड़े यत्न से तुम्हें निकाल लिया और आश्रम के प्रांगण में लिटा गया। तुम्हें तो वह पहचानता है।''

''और यह पारिजात की सुगन्ध?'' मैंने पूछा।

''इन्द्र के वाहन ऐरावत के रोम-रोम में पारिजात की महक भरी है...'' प्रथा ने कहा।

''किन्तु ऐरावत तो इन्द्र नहीं है, क्या आवश्यकता थी उसे मुझे पानी से निकालकर आश्रम तक पहुँचाने की? मैं तो खुशी-खुशी जल-समाधि ले लेती। सारा झंझट ही मिट जाता।'' मान और क्षोभ से मेरा गला भर आया था।

प्रथा ने शान्त स्वर में कहा, ''आत्महत्या महापाप है।''

''मातृहत्या से बड़ा पाप तो नहीं!'' मैंने तपाक से जवाब दिया। मुझे गौतम पर गुस्सा आ रहा था। पुत्र को सद्बुद्धि क्या देंगे, पाप करने को प्रोत्साहित कर रहे हैं।

प्रथा ने अविचलित होते हुए कहा, ''चिरकारी को मातृहत्या नहीं करनी पड़ती। गौतम ने स्नानपर्व समाप्त करके आश्रम लौटते ही चिरकारी को बुलाकर अपना आदेश वापस ले लिया। स्पष्ट कह दिया कि मातृहत्या की आवश्यकता नहीं है...।''

''तो क्या गौतम का मुझ पर से सन्देह दूर हो गया?''

मेरे सीने से एक रुँधा हुआ अभिमान दूर होने लगा था। चलो, गौतम का वृथा सन्देह दूर हो गया। अब मेरा भी उनसे कोई मन-मुटाव नहीं। दाम्पत्य जीवन में यह सब तो चलता है। जो अपनी पत्नी के प्रति अधिक आसक्त होता है, वह उसको लेकर उतना ही रूढ़िवादी होता है। इसलिए दूसरे पुरुष की परछाईं तक अपने आँगन में सह नहीं पाता। सम्भवत: गौतम अपनी आसक्ति प्रकट नहीं कर पाते, किन्तु वे अहल्या अनुरागी हैं। मैं सामान्य हुई। प्रथा से पूछा, ''पतिदेव प्रसन्न तो हैं? मुझ पर से उनका वृथा सन्देह दूर हो गया है जानकर खुशी हुई। किन्तु यदि चिरकारी दीर्घसूत्री न होता तो मेरी निष्प्राण देह के पास बैठे सिर पटक रहे होते गौतम...।''

मेरे स्वर में पत्नीत्व का अहंकार था। प्रथा ने भाँप ली थी यह बात। मेरा सिर सहलाते हुए बोली, ''नहीं रे अहल्या, गौतम का तुम्हारी हत्या न करने के लिए चिरकारी को मना करने के पीछे उनका अपना स्वार्थ है। यदि चिरकारी तुम्हारी

हत्या करता तो नारी हत्या का दोष गौतम को ही लगता, यह बात उनकी समझ में बाद में आई। इसीलिए शीघ्र स्नान करके लौट आए और उन्होंने चिरकारी को मातृहत्या करने से रोक दिया। उस समय तक चिरकारी काफी सोचने-विचारने के बाद पिता की आज्ञा का पालन करने के लिए तैयार हो चुका था। तुम्हारा भाग्य अच्छा था कि तुम आश्रम छोड़कर अरण्य में चली गईं वरना न जाने क्या अनर्थ हो गया होता। गौतम के लौटने तक पाप फैल चुका होता गौतम आश्रम को भेदते हुए समग्र पृथ्वी पर...।''

प्रथा पाप-पुण्य के बारे में और भी बहुत बातें बताती जा रही थी। इसलिए नहीं कि मुझ पर से उनका सन्देह उठ चुका है और मेरा जीवन उनके लिए काम का है, बल्कि यह जानने के बाद कि गौतम ने स्वयं को नारी हत्या के पाप से बचाने के लिए अपना हिंसक आदेश वापस ले लिया है, मेरा कलेजा क्षोभ और विद्रोह से फटने लगा। मैं भले ही निष्फल आक्रोश से टूट रही थी, पर गौतम सुप्त ज्वालामुखी की तरह दृढ़, अटल और गम्भीर थे। अन्दर-ही-अन्दर सन्देह से सुलग रहे थे। उसकी तेज आँच से मैं भी हर क्षण झुलस रही थी। केवल भस्म होने की प्रतीक्षा थी।

मुझ पर बिजली गिर पड़ी।

चिरकारी लापता था।

शतानन्द और शरदभानु मुझसे दूर रहने लगे थे, यह बात मेरे लिए कष्टदायी होते हुए भी असहनीय नहीं थी। उनका दूर रहना उनका कृतित्व था। शतानन्द जनक के राज्य में स्थापित होने जा रहा है और शरदभानु ने इन्द्रलोक में ख्याति प्राप्ति कर ली है। इसके लिए अपने हिसाब से मैं गौरवान्वित हूँ। किन्तु भले ही पिता की आज्ञा का पालन करने के लिए ही सही, चिरकारी मेरी हत्या करने का निर्णय ले चुका था और उसी कष्ट और ग्लानि से वह कहीं चला गया। जब तक मेरी मूर्च्छित देह को सूँड़ में पकड़े हुए ऐरावत गौतम आश्रम पहुँचा, तब तक चिरकारी मातृहत्या का निर्णय ले चुके होने के कारण पश्चाताप की आग में जल रहा था। मुझे होश आने के बाद वह मेरा सामना नहीं कर सकेगा, ऐसा उसने रोते-रोते प्रथा से कहा था, ''मैं हूँ अपनी माँ का हत्यारा अयोग्य पुत्र। आनन्द भैया और भानु भैया ने अपने-अपने क्षेत्र में कृतित्व अर्जित किया है लेकिन मैं अपने माता-पिता को गौरवान्वित करने में अक्षम रहा। इससे पिताजी भले ही मुझसे सन्तुष्ट न रहते हों, पर माँ ने कभी मुझे इस बात का अहसास नहीं होने दिया था। मेरे कमजोर और अक्षम होने के कारण मेरे प्रति उनका स्नेह और ध्यान अधिक ही रहा। किन्तु पिता का आज्ञाकारी पुत्र कहलाकर वाहवाही लेने के लिए हो अथवा पिता के भय से हो, आज मैं अपनी उसी ममतामयी जननी की हत्या करने जा रहा था। भले ही पिताजी ने अपना निर्णय बदल दिया, पर मैं अब भी

अपने को मातृहन्ता मानता हूँ। अब कौन-सा मुँह लेकर मैं माँ से मिलूँगा? माँ-माँ की पुकार से कहीं मेरी छाती तो नहीं फट जाएगी? इसलिए मैं प्रायश्चित करने घने अरण्य में जा रहा हूँ। इस जन्म में अब मैं माँ को अपना मुँह नहीं दिखाऊँगा। मैं जानता हूँ कि क्षमाशील जननी मुझे क्षमा कर देगी किन्तु मैं स्वयं को क्षमा नहीं कर पाऊँगा। ईश्वर से प्रार्थना करता हूँ कि अगले जन्म में मैं अपनी इसी माँ के गर्भ से जन्म लूँ...।''

प्रथा को इतना कहने के बाद चिरकारी मेरे चरणों की धूल लेकर चला गया। उसे कोई नहीं रोक पाया। जब गौतम ध्यान से उठे, चिरकारी जा चुका था। यह कैसा ध्यान है जिसमें पृथ्वी के प्रलय की ध्वनि तक दुन्दुभित नहीं होती?

मेरी मूर्च्छा दूर होने पर प्रथा ने काँपते हुए स्वर में मुझे चिरकारी के अप्रत्याशित प्रस्थान की हृदय विदारक कहानी कह सुनाई। 'चिरकारी...चिरकारी...' कहकर रोते हुए मैं पुनः मूर्च्छित हो गई।

गौतम शान्त थे।

सुख में, दुख में वे निर्विकार रहते। इसलिए उनके भीतर कैसे भाव उठ रहे थे, वे ही जानते थे।

समय की महौषधि मुझे धीरे-धीरे उस पार से लौटा लाई। चिरकारी के घर छोड़कर चले के जाने पर मैं बहुत दिनों तक मरी-सी पड़ी रही। जब भी आँखें खोलती, चिरकारी का चेहरा मेरे सामने आ जाता। मैं मन-ही-मन गौतम को दोष देती। गौतम मुझे दोषी ठहराते। यदि मैं ऐसा कोई काम ही न करती जिससे कि गौतम को सन्देह होता, तो वे मुझ पर सन्देह क्यों करते? यदि वे सन्देह न करते तो पुत्र को मातृहत्या का आदेश क्यों देते और उसके कारण चिरकारी लापता क्यों होता? इसलिए चिरकारी को दिग्भ्रष्ट कराने में मैं जिम्मेवार हूँ, ऐसा गौतम प्रथा से कह रहे थे। किन्तु मैं किस पर आरोप लगाऊँ? प्रथा तो गौतम की ही ओर अधिक रहती है। और फिर अब किसी पर आरोप लगाने से मुझे क्या मिलेगा? क्या मैं अपने पुत्र को वापस पा सकूँगी गौतम को दोषी ठहराकर?

कहा जाए तो हम दोनों के बीच अब पति-पत्नी जैसा कोई सम्बन्ध नहीं रह गया था। जिस दिन से चिरकारी गया है, हमारे बीच बातचीत भी बन्द हो गई है किन्तु गौतम की दृष्टि में सन्देहभरा संवाद स्वतः खिल उठता था। जब वे मेरे पास ठिंगने खड़े होते, उनकी आँखों में सन्देह अधिक कदाकार दिखाई देता था। वैसी स्थिति को रोकने का कोई उपाय भी नहीं था मेरे पास। मैं चुपचाप आश्रम की अँधेरी कोठरी में एकाकी पड़ी रहती।

सूचना मिलते ही नारद भैया आ पहुँचे। स्वर्गलोक से लाए थे शरदभानु का सन्देश। शरदभानु नृत्य और गीत में गन्धर्वों से भी आगे निकल गया था। उसने वहाँ गन्धर्वों का नेतृत्व सँभाल रखा है। देवताओं के अहंकार और एकतरफा अधिकार के विरुद्ध उसने युद्ध की घोषणा कर दी है स्वर्गलोक में। शरदभानु न तो देवता है न गन्धर्व। सिर्फ एक कलाकार के रूप में प्रतिष्ठा पाने के कारण गन्धर्व और अप्सराओं ने उसे गन्धर्व नायक के रूप में स्वीकार कर लिया है। यह सच है कि मर्त्यवासी होने के कारण देवताओं की अनुकम्पा उस पर बनी हुई है, पर देवलोक के नागरिक के रूप में वे उसे अब तक स्वीकार नहीं कर पाए हैं मानो वह अपात्र हो स्वर्गलोक के लिए। गन्धर्वों में अलौकिक शक्ति होने पर भी देवता उन्हें अपने से छोटा समझते हैं। गन्धर्व और अप्सराएँ सृष्टि को रसमय, सुन्दर और आकर्षक बनाते हैं। फिर भी नृत्य और गीत का भरपूर आनन्द लेनेवाले देवतागण उन्हें स्वर्ग के मनोरंजनकारी और स्वर्ग की वेश्या की दृष्टि से ही देखते हैं।

यज्ञ में उनकी भागीदारी नहीं हो सकती, न ही उन्हें सोमामृत पीने का अधिकार है। देवताओं की कार्यसिद्धि के लिए गन्धर्व और अप्सराएँ स्वयं को बेझिझक समर्पित कर देते हैं, किन्तु बाद में देवताओं और ऋषि-मुनियों के अभिशाप भी उन्हें ही भोगने पड़ते हैं। यति मतिभ्रम करने के लिए देवताओं से निर्देश पाने पर भी अन्त में निन्दा और बुराई गन्धर्व और अप्सराओं के हिस्से में ही आती है। यह उनकी नियति बन चुकी है। इसके अलावा स्वर्गलोक में रहने के बावजूद गन्धर्वों को अलग से गन्धर्वलोक में निवास करना पड़ता है। देवलोक में वे देवताओं का मनोरंजन भले ही करें, परन्तु अपनी बस्ती नहीं बसा सकते। ऐसी अनेक विषमताएँ हैं स्वर्गलोक में। शरदभानु इन्द्रदेव का अति प्रियपात्र है। इस कारण स्वर्गलोक की राजनीति में विद्यमान त्रुटियों को उसके द्वारा उजागर करने पर भी इन्द्रदेव शरदभानु से नाराज नहीं हैं बल्कि वे तो शरदभानु के विचारों की प्रशंसा करते हैं।

इस बीच इन्द्रदेव ने गन्धर्वों की कई माँगें भी पूरी की हैं। पहले गन्धर्वों ने देवी गायत्री और वाग्देवी को सशर्त बन्धक बनाकर देवताओं से अपनी माँगें मनवाने को विवश कर दिया था। उन्हीं शर्तों के अनुसार अब यज्ञ के समय वेदमंत्रों का पाठ करने के साथ-साथ वेदमंत्रों को गाया भी जाने लगा। वाग्देवी के सुललित कंठ से वेदमंत्रों के गीत सुमधुर सामगान बन गए। संगीत कला के समादर की दिशा में यही था प्रथम चरण। अब शरदभानु के समझाने पर गन्धर्व यह दावा कर रहे हैं कि नृत्य और संगीत आदि ललितकलाओं में पारंगत व्यक्तियों को पंडित की आख्या दी जाए। गान्धर्वविद्या को भी दर्शन और साहित्य की तरह मान्यता दी जाए। यदि दुनिया के सभी लोग शरदभानु के पिता

गौतम की तरह तर्कनिष्ठ दार्शनिक हो जाएँ, तो पृथ्वी के पेड़-पत्ते भी मूक और निर्वाक हो जाएँगे। जल से भरे बादल स्थविर हो जाएँगे, जल की धारा जड़ हो जाएगी मेघ की ग्रन्थियों से। तो फिर पृथ्वी का भविष्य क्या होगा? सरस जीवन बिताने के लिए नृत्य, गीत, आमोद-प्रमोद की आवश्यकता होती है। केवल चित्त-विनोद ही कला का लक्ष्य नहीं—कला का लक्ष्य है, आध्यात्मिक चेतना को जगाना। तपः साधना की तरह रससाधना भी आध्यात्मिक उत्तरण का माध्यम है। अतः रससाधक भी महर्षि और देवर्षि कहलाएँ। यदि देवर्षि नारद रससाधक होकर देवर्षि कहला सकते हैं तो फिर गन्धर्व और मनुष्य कला की सेवा करके, रस-साधना में उत्कर्षता प्राप्त करके देवर्षि पद और सम्मान प्राप्त क्यों नहीं करेंगे? देवताओं द्वारा इसका विरोध करने का अर्थ है विषमताओं को प्रश्रय देना। ऐसी विषमताएँ देवलोक में होना अशोभनीय हैं, यह शरदभानु का दावा था। अन्त में वह 'मामा' तक पर प्रहार करने से पीछे नहीं हटा। किन्तु उसकी गणतांत्रिक साम्यनीति और सत्साहस ने इन्द्रदेव को प्रसन्न किया है। इन्द्रदेव शरदभानु की माँगों पर विचार कर रहे हैं।

नारद भैया मेरे बेटे शरदभानु की प्रशस्ति गाने के बाद बड़े बेटे शतानन्द की कीर्ति बखानने लगे। यहाँ आते समय वे मिथिला राज्य में कुछ दिनों तक रुके थे। शतानन्द की प्रज्ञा विद्वान मिथिला नरेश ने स्वीकार कर ली है। बहुत जल्द शतानन्द राजा जनक के कुलगुरु के रूप में प्रतिष्ठा प्राप्त करेगा।

नारद भैया ने मुस्कराते हुए कहा, "तुम जैसी यशोमती जननी कौन होगी अहल्या? बड़ा बेटा शास्त्रज्ञ है, छोटा बेटा संगीतज्ञ...।" इतना कहकर नारद भैया चुप हो गए।

मेरी आँखों से अनायस आँसू बह चले। आनन्द के आँसू कम और वेदना के अधिक। कोई भी बात नारद भैया से कैसे छिपी रह सकती थी? वे तो विश्व-ब्रह्मांड के सुख-दुख के साक्षी हैं।

मेरा मन बहलाने के लिए उन्होंने कहा, "बेटों की यश-कीर्ति के गर्व से तुम्हारी छाती फूल उठनी चाहिए, लेकिन..."

"आप क्या समझेंगे अगृहस्थ देवर्षि? सौ पुत्रों की यश कीर्ति के आनन्द से एक अवहेलित, असफल पुत्र के लिए माँ की व्यथा कम नहीं हो जाती, बल्कि सौ गुनी बढ़ जाती है। जो बेटा कमजोर होता है, वही तो होता है माँ की छाती का परम कोमल दुर्लभ दुख। उसी की चिन्ता में माँ का जीना-मरना एकाकार हो जाता है। अहल्या के सामने आप और किसी की भी गौरव गाथा का बखान न करें।"

प्रथा मेरे मन की व्यथा समझती है। उसने नारद भैया से मेरे मन का कष्ट बता दिया, जो मैं नहीं कह पा रही थी।

नारद भैया गम्भीर हो गए। मेरे आँसूभरे चेहरे से मेरे केशों को हटाते हुए बोले, "धैर्य रखो अहल्या, तुम्हारा पुत्र खोया नहीं है–वह यहीं कहीं है...।"

मानो मुझे कोटिनिधि मिल गई हो। पूछा, "क्या? मेरा लाड़ला खोया नहीं है? कहाँ है वह? क्या आपने कहीं देखा है उसे? अब तक बताया क्यों नहीं?"

नारद भैया ने और भी अधिक गम्भीर स्वर में दार्शनिक तत्त्व बखानने-सा कहा, "इस पृथ्वी में कोई नहीं खोता है, अहल्या। हर कोई अपनी-अपनी जगह होता है। हम उसे ढूँढ़ न पाकर कह देते हैं कि वह 'खो गया'। क्या यह कहना सही है? क्या तुमने पूरी पृथ्वी में ढूँढ़ा है चिरकारी को? तो फिर..."

मेरा सारा उत्साह पल में मुट्ठी भर राख बन गया। मैं एक शब्द तक न कह सकी। अभिमान, असफल क्रोध, असहायता–सबने मिलकर मुझे मृतप्राय बना दिया। मैं मरे हुए चाँद की तरह मुरझाई-सी बैठी रही। आशा की कोई किरण नहीं दिख रही थी। लगता है, अब चिरकारी मुझे नहीं मिलेगा। सारा जीवन उसकी याद करते रहना ही मेरी नियति होगी...।

नारद भैया मेरे मनोभाव समझ गए। उन्होंने आश्वासन भरे स्वर में कहा, "चिरकारी जहाँ भी होगा, अच्छी तरह होगा। सबका प्यारा होगा। प्रायश्चित कर रहा होगा अपने निर्णय पर। क्या उसकी इस तपस्या से तुम्हें खुशी नहीं हो रही? ऋषिपुत्र और करता भी क्या? फिर भी मैं उसे अवश्य ढूँढूँगा। पृथ्वी का ऐसा कौन-सा कोना है जहाँ मैं नहीं जाता? हो सकता है, यहीं कहीं अरण्य में बैठा होगा वह मन मारे। फल-मूल खा रहा होगा। मन बदल जाने पर स्वयं लौट आएगा। उसे मालूम है कि उसके न लौटने से तुम्हारी क्या हालत होगी। इसलिए देर से सही, वह लौट आएगा अहल्या। अब तुम अपना मन ठीक करो। अरण्य में भ्रमण करके चिरकारी को ढूँढ़ो। खुलकर उसे पुकारो। देखते हैं, माँ की पुकार को वह कैसे अनसुनी करता है...।"

प्रथा ने साफ शब्दों में कहा, "अब अहल्या अरण्य भ्रमण के लिए नहीं जाएगी। गौतम ने मना किया है। इस बार अरण्य भ्रमण के लिए गई थी। ऐरावत ने उसे नदी में डूबने से बचा लिया। यदि फिर किसी संकट में पड़ गई तो इन्द्रदेव को ही बाध्य होकर आना पड़ेगा, उसे बचाने के लिए। क्या गौतम इन्द्रदेव की इस अयाचित सहायता सहन कर पाएँगे?"

नारद भैया सब कुछ जानते हुए भी अनजान बने रहते हैं। भोले-भाले बालक की तरह गौतम के पास जाकर पूछा, "अहल्या को आपने बन्दी बना रखा है जीजाजी? क्या ताला लगाकर जाते हैं? किसका डर है? चिरकारी की तरह अहल्या लापता नहीं होगी। वह कोई बच्ची तो है नहीं, जो आपको छोड़कर वन में जाकर खो जाएगी। ऐसा होता तो आप जैसे तर्कनिष्ठ, मोक्षनिष्ठ, शुष्क और नीरस दार्शनिक पति के साथ आज तक न रही होती। कब की लापता हो

चुकी होती। यदि वह खोएगी तो अपनी इच्छा से नहीं, बल्कि आपकी लापरवाही से खो सकती है। इसलिए अब से उसका ध्यान रखना शुरू कर दीजिए। क्या सोचा था आपने, क्या पति बनना बड़ा आसान होता है? देखिए विष्णुजी को, शिवजी को, इन्द्रदेव को। पत्नियों के साथ रहते हुए भी अपना-अपना दायित्व पूरी तरह निभा रहे हैं। यदि आप प्रेमी नहीं हैं, तो फिर कैसे पति हैं? यदि यह सच है तो आपको विवाह नहीं करना था। एक ओर विवाह करेंगे, गृहस्थ जीवन बिताएँगे और दूसरी ओर जितेन्द्रिय महर्षि से देवर्षि, देवर्षि से देवेन्द्र बनने के लिए निरन्तर साधना करेंगे। ऐसे में अपना दाम्पत्य जीवन नहीं बिगाड़ेंगे तो और क्या करेंगे? क्या मैं यह सब नहीं जानता? इसीलिए तो विवाह नहीं किया। यदि धर्म, अर्थ, काम, मोक्ष विवाह के लक्ष्य हैं, तो फिर सोचकर देखें कि क्या आप विवाह के प्रत्येक धर्म का पालन कर रहे हैं?''

मृदु रसिकता की ओट में आज नारद भैया हमारे दाम्पत्य की गहन दुर्बलता पर प्रहार करते जा रहे थे।

गौतम मन-ही-मन खीज जरूर रहे थे, पर कोई उत्तर नहीं दे पा रहे थे। सिर्फ इतना कहा, ''विवाह के कुछ अनुशासन अहल्या को मानने होंगे। क्या मनमाने रूप से पूरे अरण्य में घूमना उसे शोभा देता है? कभी अनार्यों के बीच, तो कभी नदी में। ऐरावत पर बैठकर घूमने और पारिजात के प्रलोभन से वह अब तक मुक्त नहीं हुई है। अतः उसके लिए अरण्य में भ्रमण करना मना है। यह मेरा आदेश है।''

नारद भैया भी कम दुखी नहीं हुए गौतम के तर्कहीन विचारों से। उन्होंने मेरा पक्ष लेते हुए कहा, ''ऐरावत अहल्या का बचपन से साथी है। इसके बचपन में जब इन्द्रदेव ऐरावत पर बैठकर ब्रह्माजी से मिलने आते थे, तब ऐरावत ही बालिका अहल्या का प्यारा खिलौना होता था। ऐरावत भी अहल्या को बहुत चाहता है। अहल्या को रम्यवन के कौन-से पशु-पक्षी नहीं चाहते जो हम ऐरावत को दोष दें! इसलिए जब अहल्या अपनी असावधानी के कारण नदी में डूब रही थी, तब ऐरावत उसे न बचाता तो और क्या करता और यदि अहल्या ने जल-समाधि ले ली होती तो क्या आप खुश होते? कितने अद्‌भुत विचार हैं आपके जीजाजी! और फिर पारिजात के फूल भला किसे प्रिय नहीं हैं! जिसे प्रिय नहीं हैं उसमें सौन्दर्यबोध नहीं है। हमारी अहल्या तो हमेशा से कलाप्राण रही है। विष्णुजी की पत्नी होते हुए भी लक्ष्मीजी को पारिजात के प्रति लोभ है।

''अहल्या तो एक मामूली-सी इनसान है। क्या फूलों को चाहना अपराध है? मेरी एक छोटी-सी सलाह मानेंगे महर्षि? अहल्या की आत्मा को छूने की चेष्टा कीजिए। आपके पतित्व का अहंकार अहल्या के शरीर को कैद करके रख सकता है, किन्तु क्या आप उसकी आत्मा को बाँधकर रख सकेंगे? अगृहस्थ होने

पर भी सारी दुनिया का अनुभव है मुझे। जो कुछ हुआ सो हुआ। अपनी गृहस्थी को अब और न उजाड़ें। आगे बुरा समय आ रहा है। अहल्या को दुखी करके बुरे समय को अकेले नहीं टाला जा सकता। सती के बिना शिव शव हैं। अहल्या के बिना आप मोक्ष प्राप्त करके सुरलोक प्राप्त करने की दुराशा न करें। यह मेरी चेतावनी नहीं, शुभचिन्तक के रूप में एक सलाह है।''

नारद भैया के मुख से आगे बुरा समय आने की बात सुनकर आश्रमवासी एक अज्ञात आशंका से उदास हो गए। मेरे सिर पर तो मानो आकाश टूट पड़ा, अब भला मुझे किस बुरे समय का डर था!

नहीं जानती, किसने मुझसे वादा किया था कि नीलाशोक वन में मेरा शोक दूर हो जाएगा; किन्तु न जाने किस देवता का आशीर्वाद पाने के लिए मैं नीलाशोक वन की ओर अपने आप खिंची चली जा रही थी। अशोक-फूल के चिबुक और ललाट का मैं बार-बार स्पर्श करती। चिरकारी को चूमने जैसा आनन्द संचरित हो जाता मेरे अन्दर। चिरकारी जब भी रूठता, नीलाशोक वन में जाकर छुप जाया करता और मुझसे हठ करता। गौतम आश्रम के चारों ओर दूर-दूर तक फैला है घना नीलाशोक वन। नीलाशोक वन मेरे लिए निषिद्ध नहीं था। गौतम ने कम से कम इसकी मनाही नहीं की थी। इसलिए मैं रोजाना अनमनी-सी नीलाशोक वन में चली जाती और शोक में डूब जाती। मुझे लगता, चिरकारी है—मेरे आस-पास ही है। गुच्छे के गुच्छे नीलाशोक फूल मुझे चिरकारी के हठ जैसे दिखाई देते मानो फूलों की पँखुड़ियाँ हटाते ही मेरे बेटे चिरकारी का फूला-फूला-सा चेहरा दिख जाएगा। किन्तु फूलों को कष्ट होगा—यह सोचकर मैं उनकी पंखुड़ियाँ हटाकर चिरकारी को नहीं ढूँढ़ती। शायद डर लगता कि कहीं चिरकारी का चेहरा न दिखा तो? कितनी-कितनी झूठी दिलासाओं में जीता है मनुष्य! शायद जीवित रहने की इच्छा ही मनुष्य की श्रेष्ठ इच्छा है। इसलिए सिर पर पहाड़ टूट पड़ने पर भी मनुष्य सिर उठाकर फिर से खड़ा हो जाता है—जी जाता है।

यह सच है कि पवित्र नदी के किनारे-किनारे अन्तरंग कामनाओं की तरह यह घना नीलाशोक वन चिरकारी को खोने का शोक हर लेता है, किन्तु न जाने क्यों नीलाशोक की मौन छाया उदास कर देती है मुझे। फिर भी, जब-जब बुरी भावनाओं से पीड़ित होती हूँ, नीलाशोक वन में छिपकर अपने आपको भुला देना ही श्रेय समझती हूँ। तब ऐसा लगता है मानो चिरकारी की भावनाओं में चैती हवा-सी कभी-कभी अन्य भावनाएँ भी मन को छू जाती हैं।

जब मृतकन्या को जन्म देकर मैं दुख से टूट चुकी थी, तब सोचा था कि अब नहीं बचूँगी। जब गौतमी को मेरी गोद में नहीं सौंपा गया, तब भी मन-प्राण हताशा से चूर-चूर हो गया था। सोचा था, अब जीना सम्भव नहीं है। किन्तु दुख को उसकी जगह पर रख कर मैं जीती रही। आज भी जी रही हूँ चिरकारी के खो जाने के शोक से उबरकर। विचित्र होता है मनुष्य का मन। ऐसा न होता तो मनुष्य सिर्फ एक बार मरता, बार-बार नहीं मरता। आशा कल्पलता है। उस लता में सपनों की सुगन्ध से जीवन को निरन्तर सुगन्धित करते रहते हैं विश्वास के फूल। उसी सुगन्ध से मनुष्य न जाने कितनी मौतों से बच जाता है।

उसी सपने की सुगन्ध से मैं धीरे-धीरे चिरकारी को खोने के शोक से उबरने लगी थी। चिरकारी खोया नहीं है—मिल जाएगा एक दिन, इसी आस में अपने दु:ख को भींचे हुए मैं स्वाभाविक होने लगी थी। आलोक की सान्त्वना से अँधेरे को टालने का दम्भ भरने लगी थी।

किन्तु भला मैं कहाँ जानती थी कि प्रकाश की सान्त्वना में अन्धकार घुस आएगा।

किसके मृदु कोमल स्पर्श से मेरा उदास सपना टूट गया। आकाश का मन्थन करके मेरे सूनेपन के आँगन में बसन्त उतर आया। हवा मेरे सघन भावलोक में अबूझ बाँसुरी बजाने लगी। कामनाओं की वीणा के मधुर छन्दों ने स्वत: बजकर मुझे अधीर कर दिया। बसन्त की मृदु-मृदु मुस्कान में मैं बहती चली जा रही थी अथाह कामनाओं के महासागर में। ऐ असह्य बसन्त, तुम मुझे यह कौन-सा दंड दे रहे हो! अनन्त काल की परिधि में कौन है यह अपरिचित सहयात्री, जिसे तुम बुला लाए मेरे आँगन में मुझसे पूछे बिना?

इस चिर-परिचित माटी की मधुगन्ध आज तक मैं कैसे आघ्राण नहीं कर पाई? अपनी तन्मय भावतरंगों में जीवन की यह ऊष्मा भला कैसे अनुभव न कर सकी?

आज नीलाशोक वन में स्वयं को एकाकी पाकर मैं हत्प्रभ रह गई। मेरे भीतर यह किसी की छाया है या फिर अपने अन्दर की उस सदेह-कामना की छाया मैं स्वयं हूँ।

जिस माधवी लताकुंज में मैं प्रतिदिन बैठा करती हूँ, आज देखा कि वहाँ एक पारिजात पुष्प मेरी राह देख रहा है। नीलाशोक की छाया में पारिजात खिला कैसे? कहीं यह स्वर्ग का पारिजात तो नहीं? तब तो उसकी ओर हाथ बढ़ाने को गौतम ने मना किया है। उस दिन ऐरावत के शरीर से निकले पारिजात की सुगन्ध ने मुझे सुगन्धमय कर दिया था। उससे गौतम की प्रतिक्रिया भयंकर थी। आज

यदि इस फूल को तोड़कर ले गई, तो गौतम क्या सोचेंगे? सोचेंगे कि स्वर्ग का पारिजात मेरे हाथों में इन्द्रदेव के अलावा और कौन दे सकता है!

प्रलोभन हो रहा था वह दुर्लभ पारिजात तोड़ लेने का। वह प्रलोभन मत्त नहीं कर रहा था, शान्त कर रहा था अशान्त तापित हृदय को। किन्तु मैंने प्रलोभन का दमन किया। गौतम का कठोर स्वामित्व मुझे जड़, पाषाण बना रहा था। गौतम का वह मन किस उपादान से गढ़ा था, जहाँ फूलों से प्यार ही नहीं था?

पारिजात की माया प्रतिदिन मुझे इशारे से बुलाती। कौन है वह अज्ञात पुजारी जो पारिजात का नैवेद्य रख जाता है मेरे बैठने की जगह?

उस दिन मैंने बड़े विश्वासपूर्वक ऋचा से पूछा। जब मैं नीलाशोक वन में टहलने जाती हूँ, तब ऋचा भी अपनी तीनों बेटियों और सबसे छोटी (मेरी बेटी) गौतमी को लेकर मुझसे मिलने चली आती है। उन्हें गोद में लेने पर जिस दिव्य आनन्द की अनुभूति मुझे होती है, वह आनन्द मुझे और किसी में नहीं मिलता। उतनी देर मैं चिरकारी के बारे में भूल जाती। भूल जाती कि मेरे तीनों बेटे अपनी-अपनी राह मुझसे दूर चले गए हैं। मुझे लगता कि वास्तव में ऋचा की चारों बेटियों ने मुझे पुनर्जीवन दिया है। कभी-कभी रुद्राक्ष भी आता। अन्य दास युवक भी आते। समय अच्छी तरह कट जाता।

मेरा प्रश्न सुनकर ऋचा ने कहा, "ऐरावत प्रतिदिन स्वर्गगंगा के पुण्य जल में स्नान न करके इस नदी के जल में स्नान करता है। वह ऐरावत को स्नान करते देखती है। नीलाशोक वन में भी वह कुछ समय विचरण करता है। भला उसके सिवाय और कौन रख सकता है पारिजात पुष्प तुम्हारे लिए? इस बारे में इतना चिन्तित होने की क्या बात है? पारिजात कभी नहीं मुरझाता। इसलिए एक-एक करके सहेजकर रखो और उनकी एक माला बनाकर गौतम को प्रिय उपहार प्रदान करो।" ऋचा के स्वर में गौतम के प्रति व्यंग्य था।

किन्तु मेरे भीतर क्यों था एक गुप्त उल्लास? ऐरावत का पुष्प-विलास ऐरावत की अपनी इच्छा थी, या अपने स्वामी के कहने पर वह ऐसा करता था?

कुछ भी हो, मेरे लिए पारिजात मना है। नीले अशोक की सघन छाया ही मेरा आश्रय है, क्योंकि मैं मर्त्यलोक की नारी हूँ।

मर्त्यलोक की नारी के लिए पारिजात वर्जित है—किन्तु क्या पारिजात से प्रीति करना भी मना है?

ललाट की खल रेखा की तरह उस दिन प्रेम की मधुमय पीड़ा मेरे हृदय पर अनायास उभर आई।

उस दिन नीलाशोक वन में ऋचा और रुद्राक्ष प्रगाढ़ प्रेम-आलिंगन में मग्न हो सारी दुनिया को भूल गए थे। भूल गए थे कि उन्मुक्त प्रकृति उनकी प्रेम लीला देख रही है। भूल गए थे कि मेरे आने का समय हो चुका है। भूल गए थे

कि चारों कन्याएँ निकट ही खेल रही हैं और किसी भी क्षण 'माँ-माँ' कहकर दौड़ी चली आएँगी।

मैं विवाहिता हूँ। तीन पुत्रों की जननी। नारी-पुरुष के आंगिक सम्बन्ध के सिवा प्रेम क्या है, मैं नहीं जानती। नहीं जानती कि प्रेम का रोमांच क्या होता है—नहीं जानती कि प्रेम चेतना से कितना ऊँचा ले जाता है, और अवचेतन की किस गहराई तक पहुँचा देता है। प्रेम में इतना अपनापन, मान-अभिमान, अधीरता होती है, सचमुच मैं नहीं जानती थी। आज जान पाई हूँ ऋचा और रुद्राक्ष को एक-दूसरे में खोए हुए देखकर।

आज ऋचा और रुद्राक्ष की इस प्रेमलीला ने मुझे विचलित कर दिया। मुझे जतला दिया कि मैं वंचिता हूँ। पति का प्रेम-अनुभव मैं चुटकीभर नहीं पा सकी। पुत्र पैदा करने के लिए पति ने मेरा उपयोग किया है। मेरे शरीर को स्वीकार किया है अपने निजी स्वार्थ और सुख के लिए। मेरी सुखानुभूति की सूक्ष्मग्रन्थि का अब तक स्पर्श नहीं किया उन्होंने, मानो शून्यता के साथ एक समझौता करके मैं आज तक स्वयं से प्रताड़णा करती आई हूँ। वेदांग साहित्य और वेदार्थ तत्त्व के महान ज्ञाता, न्यायसूत्र के धारक, तर्कद्रष्टा आचार्य गौतम की पत्नी होने के मिथ्या अहंकार को सम्बल बनाकर मानो आज तक मैं अपने अन्दर की अहल्या की अवहेलना करती जा रही थी। अपने जीवन के इस अभिशाप को अपना सौभाग्य समझकर एक आदर्श पत्नी का अभिनय करती जा रही थी। अनन्त आकाश से मुँह फेरकर जलाशय में सूर्य-चन्द्र के प्रतिबिम्ब को जीवन समझकर क्या आज तक मैं एक झूठा जीवन जी रही थी?

न जाने अननुभूत उत्तेजनाओं के कितने सिहरन कठोर अनुशासन के रेगिस्तान में खो चुकी हूँ। कितने अनसुने अदम्य स्वरों को ध्वनित होने से वंचित कर चुकी हूँ।

अब तक केवल तत्त्व को आधार बनाकर एक सहमा-सा, घुटनभरा, अनुशासित जीवन जीती आई हूँ। स्वयं आविष्कार करने की घड़ियों को रक्ताक्त किया है दारुण निषेधाज्ञाओं से। भोग की घड़ियों में भी आस्वादन की मिठास से चुटकीभर नहीं चाहा। प्रेम की मधुगुंजन भरी घड़ियों में सुनती आई हूँ—तत्त्व ही जीवन है। धर्म, अर्थ, काम, मोक्ष के चतुःवर्ग प्राप्ति में प्रेम है एक भ्रान्ति।

हे नटखट बसन्त! तुम क्यों मुझे बार-बार मधुर उत्तेजना भरे स्पर्श देते हो? क्या लाभ है इसका? मेरे नवीन यौवन की उपेक्षा करके मेरे पति ने तो अब वानप्रस्थी होने का निर्णय ले लिया है। ऐसे में तुम मुझे क्यों अधीर कर रहे हो?

जिधर भी देखती हूँ, प्रेम की महिमा दिखाई देती है। पुष्प के मुख पर भँवरे का चुम्बन, वृक्ष-लताओं का आलिंगन, पक्षी-दम्पती के प्रेमभरे कलरव, हवा में सुरभियों का मिलन, अपार है प्रेम की महिमा। किन्तु आज तक मैं प्रेम की महिमा से अवगत नहीं थी। प्रेम तो भाव-राज्य का सम्राट है, यह नहीं समझ पाई

थी। आज ऋचा और रुद्राक्ष का प्रेम गुंजन सुनकर समझ गई कि प्रेम की विलास भूमि केवल हृदय राज्य ही नहीं, देह, स्पर्श, गन्ध, शब्द–सभी हैं प्रेम के पारिजात वन। प्रेम ही है श्रेष्ठ आवेग। प्रेम से ही उत्पन्न होती है भक्ति, करुणा, दया, क्षमा, वात्सल्य और मित्रता। पति–पत्नी के बीच प्रेम ही आकर्षण की डोर है। प्रेमरहित शृंगार पशुओं के बीच भी स्पृहणीय नहीं है। आज तक मैंने जिस दाम्पत्य का निर्वाह किया है, उसमें शृंगार हो सकता है, किन्तु प्रेम की दुन्दुभि कभी निनादित नहीं हुई। इतने दिनों तक प्रेमरहित जीवन कैसे बिताया? ऐसा जीवन तो मैंने नहीं चाहा था।

मैंने तो नहीं चाहा था कि अपने हृदय को प्रेमशून्य मरुस्थल में परिणत करके एक मरु–जीवन बिताऊँगी। वंचित प्रेम के हाहाकार से आज चारों ओर व्यथा का आलाप करती जा रही हूँ।

अचानक देखा कि आकाश में बादल नहीं हैं। झरना, नदी, पुष्पवाटिका, शस्य क्षेत्र निदारुण, निष्करुण फटी भूमि बनने लगी हैं। पेड़ की शाखाओं से गिर रही हैं पुष्पकलियों, पक्षी–दम्पति। जलधार मृगतृष्णा बन रही है। किन्तु मैं इन सबके बीच एक मरुद्यान बनकर रहना चाहती हूँ। मैं चाहती हूँ प्रेमिका बनकर जीना। मैं ढूँढ़ रही हूँ अपने सपने के प्रेमी को।

गौतम! क्या तुम प्रेम के इस दुर्निवार प्रवाह को अस्वीकार करोगे? मेरे सपनों को माया–मृगतृष्णा कहकर तोड़ दोगे?

देह और मन से प्रेम होता है। देह को दूर रखकर प्रेम करना सम्भव है, परन्तु मन को अलग रखकर प्रेम करना सम्भव नहीं। देह भले ही दूरी का दास है–पर मन दूरी कहाँ मानता है? जहाँ देह और मन की दूरी को तपस्या का नाम देकर निष्ठा से दूर कर देते हैं, वहाँ प्रेम एक विडम्बना होता है।

मन इन्द्रियों से श्रेष्ठतर है। मन के सहयोग के बिना इन्द्रियाँ क्रियाशील नहीं होतीं। असफल स्वप्न के क्षोभ से मन जहाँ खंड–विखंडित हो जाता है, भला वहाँ कर्म की प्रेरणा कहाँ से आएगी? मेरा विक्षोभकारी चंचल मन शान्त तपोवन पार करके किसी कल्पित प्रेमलोक में पहुँच जाता था।

वर्ष की हर ऋतु सुन्दर होती है, भले ही उनका सौन्दर्य एक–दूसरे से अलग होता है। जीवन संवत्सर में भी सारी ऋतुएँ आती हैं। सारी ऋतुओं के आह्वान अलग–अलग हैं। क्या विवाहिता होने से, तीन सन्तानों की जननी होने से, जीवन का आह्वान रुक जाता है?

जीवात्मा अविनाशी है, किन्तु वह विनाशशील देह में ही रहती है। देह ही आत्मा का साधन है। क्या आत्मविकास के पथ पर देह की सम्पूर्ण अवहेलना की जा सकती है? यदि देह कुछ नहीं है, तो देह के विकास के लिए मनुष्य अलग–अलग तरह के खाद्य क्यों ग्रहण करता है?

उस दिन तपोवन में गौतम के मुख से देहतत्त्व की चर्चा सुनने के बाद मैंने एकान्त में देहवाद के बारे में अपने तर्क गौतम के सम्मुख साफ-साफ रखे। देहवाद के बारे में बहुत बार गौतम से मेरा तर्क हुआ है। हर बार सुना है ऋषि गौतम के कंठ से तत्त्व और दर्शन। आज भी गौतम ने उन्हीं बातों को दोहराया है।

उन्होंने गम्भीर स्वर में कहा, "अहल्या, तुम एक साधारण नारी होने के कारण देह के प्रति अधिक सचेत हो क्योंकि देह को तुम प्रत्यक्ष देख सकती हो। देह एक वस्तु है। इसलिए आत्मोन्नति के लिए चेष्टा न करके देह-सुख में मग्न रहना ही तुम्हारा लक्ष्य है। हे अहल्या! देह तुम्हारी है, किन्तु तुम स्वयं देह नहीं हो। तुम देह में वास करते समय अपने यथार्थ स्वरूप को भूलती नहीं हो। देह तुम्हारा स्वामी नहीं है, तुम देह की स्वामी हो। देह-रूपी लाक्षागृह में लोभ, मोह, काम इत्यादि आवेगमय डोरियों से तुम्हारी वास्तविक सत्ता बँधी हुई है। इसलिए तुम्हारा मन और चेतना मुक्त नहीं हैं। आग की जरा-सी आँच से लाक्षागृह पिघल जाने की तरह जरा-सी ठेस से तुम्हारी सुन्दर देह मुरझा जाएगी। इसलिए अन्तर्मुखी होकर बुरे कामों से दूर रहो। तुमने जो प्रेम प्रसंग उठाया है, वह काम से जुड़ा हुआ है। इसलिए वह प्रेम संकीर्ण और संकुचित है। दूर रहो उससे।"

बहुत सुने हैं मैंने गौतम के मुख से तत्त्व। सुनते-सुनते ऊब चुकी थी। लेकिन आज मेरे अन्दर द्वन्द्व मचा है। चेतना के प्रत्येक स्तर पर प्रेम ही प्रेम समाया हुआ है। प्रेम देहबोध में बँधकर भले ही न रहे, पर देहबोध को अलीक कहकर उसकी अवहेलना भी नहीं कर पाती। गौतम के तत्त्व के पीछे सत्य निहित हो सकता है, लेकिन आज उनकी सारी बातें मिथ्या-सी नीरस सुनाई दे रही हैं। उनके तत्त्व मुझमें देहबोध को अधिक दृढ़ कर रहे हैं। गौतम के तत्त्व और सत्य के प्रतिकूल प्रवाह में तुरन्त बह जाने की इप्सा पैदा हो रही है मानो मैं गौतम से बहुत दूर बहती चली जा रही हूँ उस प्रवाह में। जी करता है, गौतम की एक-एक निषेधाज्ञा, नीति, नियम का बाँध तोड़कर मरुभूमि में लुप्त हो जाऊँ।

चारों ओर से सुनाई दे रही है मुझे कोयल की कूक, भौंरों का गुंजन, प्रेम का आह्वान। लेकिन कौन है वह अज्ञात आकांक्षित प्रेमी पुरुष! कौन बचाएगा आज मुझे इस विपन्न वास्तविकता से? गौतम?

नहीं, गौतम नहीं बचा सकते मुझे इस प्रलय से। मैं जिस हृदय सत्ता की तलाश में निकली हूँ, उसमें गुप्त भोगलिप्सा निहित है। इसलिए उस यात्रा पथ पर गौतम मेरे सहायक नहीं होंगे।

गौतम को मेरी आँखों में, मेरी साँसों में, मेरी चाल में, मेरे एक-एक हाव-भाव में सम्भवत: प्रलय की सूचना मिल चुकी थी। जिस दिन ऐरावत द्वारा नीलाशोक वन में लाया गया पारिजात गौतम की निषेधाज्ञा तोड़कर मैं अपने जूड़े में खोंसकर आश्रम लौटी, उस दिन गौतम ने समझ लिया कि अब प्रलय में देर

नहीं। प्रलय से स्वयं को बचाने के लिए उन्होंने अपने शास्त्रीय स्वामित्व के अधिकार की दुहाई देकर बिना कुछ बोले मुझे आश्रम में ही बन्दी बनाकर रखा। यहाँ तक कि जब वे स्नान के लिए नदी जाते, मुझे मेरी ही पर्णकुटीर में बन्द करके बाहर ताला लगा देते। चाबी प्रथा तक को नहीं देते थे। इसके अलावा आश्रम में ध्यान करते समय अथवा कहीं और जाते समय मुझे कुटीर में ही बन्द करके जाते थे। लौटकर आने पर स्वयं ही ताला खोलते। मानवाधिकार विरोधी अपने ऐसे कार्य के लिए सफाई देते हुए कहते, ''पति की इच्छा ही पत्नी के लिए नीति, नियम और अनुशासन है। पति जितना अधिकार देता है, उतना ही अधिकार होता है पत्नी का। उससे अधिक पत्नी का और कोई अधिकार नहीं होता। यदि पत्नी और अधिकार माँगे तो वह स्वेच्छाचारी कहलाएगी।''

''यह वेद के किस सूक्त में है?'' एक बार प्रश्न किया था माधुर्य ने।

''वेद की रचना अभी समाप्त नहीं हुई है—समाज के नीति, नियम, अनुशासन बनाने वाले शास्त्र मनुष्य की आवश्यकता के अनुसार प्रतिदिन लिखे जा रहे हैं।'' यही था गौतम का रुक्ष उत्तर।

मेरे सतीत्व को लेकर गौतम को सन्देह था। इसलिए वे मुझे कुटीर में बन्द कर जाते थे। आश्रम में इस बात पर चर्चा होती थी। मेरे अन्दर की अपमानित सत्ता कह उठती—'कुटीर का द्वार आप भले ही बन्द कर लें महर्षि, किन्तु मेरे हृदय के आवेगों का द्वार आप बन्द नहीं कर सकते। एक दिन यह बन्द द्वार खुला जाएगा। सारे बन्धन टूट जाएँगे। क्रान्ति का बिगुल बजने लगा है मेरी नस-नस में। आपके ताले में मुझे बन्द रखने की क्षमता नहीं है।'

चारों ओर सुनाई दे रहा था रुलाई का स्वर। मेरे लापता बेटे चिरकारी की रुलाई में समा गया था गौतमी, रुद्राक्ष, ऋचा, अश्वध्वज, विकट आदि दासों का बुभुक्षित विलाप।

कदाकार सन्देह खड़ा था अपना कुत्सित रूप लिए बन्द दरवाजे के बाहर। मैं उसकी परवाह नहीं करती। अब मैं एक भिन्न अहल्या थी। मनुष्य अपने एक ही जीवनकाल में न जाने कितने जीवन बिताता है, कितने जन्म लेता है, कितनी बार मरता है, उन सबका हिसाब रखना सम्भव नहीं। अब मुझे कोयल की कूक और भौरों का गुंजन सुनाई नहीं देता। मेरे भीतर देहबोध की अधीरता नहीं बची। मैं क्रमशः एक उदास सागर तट बन चुकी हूँ। उत्ताल समुद्र मेरे पास आकर बार-बार लौट जाता है। मैं केवल भीग जाती हूँ सागर के आवेगमय स्पर्श से, उजड़ती नहीं। अपनी भीगी भावनाएँ लिए मैं अपनी ही जगह पर होती

हूँ। मेरी छाती में सुनाई दे रहे हैं मनुष्य के पदचाप–ये पदचाप मुझे पदाघात जैसे नहीं लग रहे हैं–लग रहे हैं, माँ की छाती के अमृत पर निर्भर करनेवाले भूखे असहाय शिशु के पैर चलाकर अमृत के लिए जिद करने के कोमल स्पर्श की तरह। चारों ओर से सुनाई दे रहा है भूख का आर्त्तनाद। पृथ्वी सुनसान है। अकाल दौड़ा चला आ रहा है मुँह खोले। वर्षा नहीं हो रही, धीरे-धीरे सूखा पड़ने लगा है। इन्द्रदेव रुष्ट हैं।

सप्तसिन्धु अंचल में पिछले सात वर्षों से लगातार अनावृष्टि और अकाल पड़ रहा है। विशेषकर गौतम आश्रम सहित विदेह राज्य एवं गंगा उपत्यका के कोशल राज्य में अनावृष्टि की विकटता ने भयावह स्थिति पैदा कर दी है। सिन्धु, सरस्वती, गंगा, यमुना, शतुद्री, परुष्णी, मरुद्वृधा, वितस्ता, आर्जीकीया, विपाशा आदि नदियों का जलप्रवाह निर्भर करता है इन्द्रदेव पर। नदियों का जलप्रवाह धीरे-धीरे घटते चले जाने के कारण वर्षा भी कम हो गई है। इन्द्रदेव की स्तुति करने के अलावा और कोई चारा नहीं था।

सप्तसिन्धु के आश्रमों में अनावृष्टि का कुप्रभाव अधिक नहीं था। क्योंकि आर्यराजा अपने राज्य के अन्नभंडारों में पर्याप्त परिमाण में अन्न इकट्ठा करके रखते थे और अकाल के समय आर्यऋषियों के आश्रमों को जरूरत के अनुसार आपातकालीन सहयोग भिजवा देते थे। इसके अलावा आश्रमों की दुधारू गायें प्रचुर दूध देती थीं जिससे दूध, दही, छेना इत्यादि से भी खाद्याभाव पूरा किया जाता था। आर्यऋषियों के यज्ञ हवि एवं स्तुति से सन्तुष्ट होकर इन्द्रदेव स्वर्ग से भी खाद्य-पेय की सहायता किया करते थे। राजा और ऋषियों के लिए अनावृष्टि और अकाल एक विलास था, क्योंकि इसी अनावृष्टि की ओट में यज्ञादि अनुष्ठान करने के बहाने ऋषिगण अपने शिष्यों से अर्थ और खाद्य पदार्थ भिक्षा के रूप में इकट्ठा करवा लेते थे। दिन-रात वृष्टियज्ञ होते थे। आश्रमों में यज्ञ की चहल-पहल के उत्सव और भोज चलते रहते। देवतागण आश्रमों में अतिथि हुआ करते। इन्द्रदेव भी भूलोक आकर आर्यों को धीरज बँधाते और तरह-तरह की सहायता देते। वर्षा होगी, जलभंडार बढ़ेगा कहकर प्रतिश्रुति देते। इन्द्रदेव के आने के उपलक्ष्य में आश्रमों में भव्य उत्सव और सोमयाग आयोजित किए जाते परन्तु अनार्यपल्ली इन्द्र की कृपा से वंचित रह जाती। अकाल के समय सारा अनुदान आर्य लोगों के हाथों से होकर आने के कारण दास लोगों के भाग्य में कुछ पड़ता नहीं था। अकाल के प्रत्यक्ष शिकार दास लोग ही होते। राज-अनुदान पाने के अधिकारी होते हुए भी वे उससे वंचित रहकर भूख की तड़प से बर्बर हो उठते। अतः पेट की ज्वाला से उग्र होकर वे यज्ञ हवि में विघ्न डालते। आर्यऋषियों को डरा-धमकाकर आश्रम से गाय, फल-मूल और प्रसाद आदि जबरन उठा ले जाते। इसलिए याग-यज्ञ करके भले ही आर्यऋषि अकाल

को टाल दिया करते थे, किन्तु दासों के उपद्रव के कारण वे स्वयं को असहाय समझते थे। आश्रमों में शान्ति नहीं होती थी। चारों ओर भूख का विकट विलाप निनादित हुआ करता था।

गौतम आश्रम में भी यागयज्ञ का भव्य आयोजन चल रहा था। इस बार का दुर्भिक्ष विकराल रूप धारण करता जा रहा था! आकाश में बादलों का चिह्न तक नहीं था। मानो गौतम के कुत्सित सन्देह की तेज धार से पृथ्वी से बादलों का सम्पर्क कट गया हो!

अनावृष्टि और अकाल सप्तसिन्धु अंचल में कोई नई बात नहीं थी। किन्तु इन्द्र को आर्यों के प्रति इतना निर्दयी होते पहले कभी नहीं देखा गया था। यज्ञ शेष होता ही था कि इन्द्र आकर पहुँच जाते थे। अथाह सम्पदा दान कर जाते थे। यज्ञ समाप्त होने से पहले वृष्टि-जल से स्निग्ध हो उठता तपोवन। किन्तु पिछले कुछ दिनों से इन्द्रदेव गौतम की यज्ञ हवि स्वीकार नहीं कर रहे थे। निकट भविष्य में वर्षा होने की सम्भावना भी नहीं लग रही थी। उस संकट की घड़ी में नारद भैया आ पहुँचे। सबके मन में आशा का संचार हो गया। लगता है, नारद भैया कोई शुभ समाचार लेकर आए हैं। अति शीघ्र जलदान करेंगे इन्द्रदेव।

किन्तु नारद भैया की बात सुनकर निराशा छा गई आश्रम में। नारद भैया ने सबके सामने गौतम को दोषी ठहराते हुए कहा, "आपकी इन्द्रस्तुति में आन्तरिकता का अभाव है, जो इन्द्रदेव से छिपा नहीं है। जिन पर आप इतना सन्देह करते हैं, जिनके व्यक्तित्व और चरित्र के प्रति आप में इतनी घृणा भरी हुई है, भला आप उनकी स्तुति कैसे करेंगे? काम पड़ने पर आदर-सत्कार करेंगे और काम निकल जाने पर निन्दा! आपने जो अपनी पत्नी को कुटिया में बन्द कर रखा है, खासकर इन्द्रदेव की लम्पटता को नियंत्रित करने के लिए, इस बात का ढिंढोरा आर्यावर्त्त से लेकर स्वर्गलोक तक पिट चुका है। जिस इन्द्र पर आपको इतना सन्देह है, उसी इन्द्र को आश्रम में पधारने के लिए आह्वान कैसे कर रहे हैं? जिस पत्नी पर इतना सन्देह करते हैं, उसी पर इन्द्रदेव को सन्तुष्ट करने का दायित्व किस मुँह से सौंप दिया करते हैं?"

गौतम कोई उत्तर नहीं दे सके। राजा लम्पट हो तो भी उसकी स्तुति करनी पड़ती है। गौतम लाचार थे। क्या उत्तर देते?

माधुर्य ने कहा, "कृपया इस संकट का कारण न बताकर निराकरण बताएँ, देवर्षि।"

"जब तक गौतम इस आश्रम के अध्यक्ष पद पर रहेंगे, तब तक इस अंचल में अनावृष्टि बनी रहेगी। अनावृष्टि से दुर्भिक्ष और दुर्भिक्ष के कारण दासों का उपद्रव मचा रहेगा। जब तक गौतम यज्ञकर्त्ता रहेंगे, तब तक न तो इन्द्र यज्ञ हवि स्वीकार करेंगे और न ही वृष्टिदान करेंगे।"

"तो फिर गौतम अध्यक्ष पद छोड़ दें," किसी का तेज स्वर दूर से सुनाई दिया।

गौतम ने क्रोध भर स्वर में कहा, "मैं इन्द्र को अच्छी तरह जानता हूँ। वे कैसे सन्तुष्ट होंगे, मुझे मालूम है। वे मेरे आश्रम में अवश्य आएँगे। मैंने यह निश्चय कर लिया है कि तपस्या करने मैं अतिशीघ्र हिमवन्त पर्वत की तलहटी में चला जाऊँगा। ऐसे में आश्रम छोड़कर मुझे तो जाना ही है। परन्तु किसी दोषारोपण के कारण आश्रम का अध्यक्ष पद छोड़ने का प्रश्न ही नहीं उठता।"

नारद भैया ने कुटिल मुस्कान छोड़ते हुए कहा, "मैं आप जैसे आर्यऋषियों की नाड़ी खूब पहचानता हूँ। जब भी कहीं अकाल पड़ता है, स्थिति को सँभाल न पाकर ऋषिगण सुरक्षित स्थानों पर चले जाते हैं तपस्या करने। इसके प्रत्यक्ष उदाहरण हैं ब्रह्मर्षि विश्वामित्र। जब सप्तसिन्धु में लगातार नौ वर्षों तक अनावृष्टि और अकाल पड़ा था, तब महर्षि विश्वामित्र अपनी पत्नी के पास आठ नाबालिग पुत्रों को छोड़कर, राज्य छोड़कर सरस्वती नदी के तट पर ऋषंगु तीर्थ में जाकर तपस्या करने लगे। यदि उस समय त्रिशंकु ने उनके परिवार की सहायता न की होती, तो उनका वंश समाप्त हो गया होता। इसीलिए कृतज्ञतावश विश्वामित्र ने अनेक विघ्न-बाधाएँ दूर करके त्रिशंकु को ऐक्षाकु के राजसिंहासन पर बिठाया था। इनसे पहले भी अनेक आर्यऋषि दुर्भिक्ष से बचने के लिए हिमवन्त की तलहटी में पहुँच चुके हैं। गौतम ने भी यही करने का मन बना लिया है। मुझे विश्वास है कि दुर्भिक्ष का कराल समय बीत जाने के बाद गौतम ब्रह्मर्षि कहलाएँगे। एक और दुर्भिक्ष के बाद इन्हें इन्द्रपद भी मिल सकते हैं। किन्तु देवलोक का समर्थन मिलना कठिन होगा। जो अपने आश्रम के छोटे से जल-संकट का समाधान न करके सुरक्षित स्थान पर तपस्या करने चले जाते हैं, वे देवलोक के कर्ता-धर्ता बनकर तीनों लोकों की असंख्य समस्याओं का समाधान कैसे कर सकते हैं? इसलिए इसका एकमात्र उपाय है, इन्द्रदेव की स्तुति करके जल सम्पदा का अधिकारी बनना। गौतम तो इन्द्रदेव की नस-नस से परिचित हैं, तो फिर इन्द्रदेव को सन्तुष्ट करने के लिए आगे बढ़ें। अधिक विलम्ब करने से भूखे दासगण उपद्रव मचाने लगेंगे और उसके परिणाम बड़े भयावह होंगे।"

गौतम ने शान्त कंठ से निर्देश दिया, "सोमयाग का आयोजन करो।"

देवताओं के निमित्त द्रव्य त्याग करना ही यज्ञ है। त्रिलोक की समस्त दुर्लभ सम्पदाओं के स्वामी प्रभु इन्द्रदेव को भला किस चीज की कमी है कि गौतम उन्हें वह दुर्लभ वस्तु प्रदान करके सन्तुष्ट करेंगे?

यज्ञ का लक्ष्य है देवता को तृप्त करना। उससे मनोकामनाएँ पूरी होती हैं। गौतम इन्द्रदेव को कैसे तृप्त करेंगे?

केवल यज्ञ ही हवि नहीं होता, प्रत्येक भोग्यवस्तु को पहले देवता को अर्पित करने के बाद ही भोग करना आर्य धर्म है। गौतम ने कौन–सी भोग्यवस्तु देवता को अर्पित नहीं की जिससे कि देवता रुष्ट हैं?

तो क्या देवता को सन्तुष्ट करने के लिए वह दुर्लभ वस्तु अर्पित करनी पड़ेगी? गौतम जानते हैं कि उनकी किस भोग्यवस्तु पर इन्द्र की लोलुप दृष्टि है। गौतम जानते हैं कि इन्द्र क्यों गौतम आश्रम के चारों ओर अनावृष्टि और दुर्भिक्ष का कराल आतंक फैलाए हुए हैं। गौतम जानते हैं कि इन्द्रदेव क्यों उन्हें अध्यक्ष पद से हटाने की लगातार चेष्टा कर रहे हैं। भय, ईर्ष्या और भोगलिप्सा–इन्हीं चीजों ने इन्द्रदेव को गौतम विरोधी बनाया है। आश्रम में सभी हतोत्साह लग रहे थे। इसी बीच जान–बूझकर हो या अनजाने में, इन्द्रदेव को तरह–तरह से अपमानित और रुष्ट करने का प्रयास गौतम ने किया है। उसी का परिणाम है सप्तसिन्धु में अनावृष्टि और अकाल। इन्द्रदेव भले ही सोमप्रिय हैं, पर क्या सोमयाग से सन्तुष्ट होकर वे वह सब भुला पाएँगे?

आश्रम में सोमयाग की तैयारी होने लगी। याग का कार्यभार सबमें बाँट दिया गया है। सोमयाग के लिए आवश्यक निर्दिष्ट यज्ञायुध जुटाने के कार्य में सभी जुट गए हैं। दारुमय ग्रह, चमस एवं मृण्मयीस्थाली, उपांशु, अन्तर्यम इत्यादि सोम पात्र इस बीच एकत्र किए जा चुके हैं। दर्भ (कुश), इधु, समिधा जुटाने का कार्य विधिवत चल रहा है। सभी सक्रिय हैं, केवल मुझे छोड़कर। मुझमें कोई उत्साह या स्फूर्ति नहीं थी। मैं जानती हूँ कि सोमयाग के विधान के अनुसार गौतम मेरा सहयोग चाहेंगे। सोमरस तैयार करने में मेरी प्रसिद्धि है। मेरे हाथ से बने सोमरस के प्रति इन्द्रदेव की आसक्ति गौतम आश्रम में मेरे ब्रह्मचारिणी होने के समय से सभी को मालूम है। इसके अलावा इन्द्रदेव का मेरे प्रति विशेष श्रद्धाभाव होने की बात भला कौन नहीं जानता? मैं गौतम को जानती हूँ, जानती हूँ उनके स्वामित्व का अनुशासन। आवश्यकता पड़ने पर अपने पद और मर्यादा को सुरक्षित रखने के लिए गौतम से इन्द्रदेव सहायता लेते रहे हैं। संकट के समय वे कुछ और होते हैं, संकट टल जाने पर कुछ और। वे इन्द्रदेव को प्रसन्न करने का भार मुझे सौंपेंगे। तब वह मेरा पत्नी धर्म माना जाएगा। आश्रम के अध्यक्ष की पत्नी के कर्तव्य की दुहाई देकर वे अतिथि–सत्कार का दायित्व मुझे देंगे। इन्द्रदेव के आतिथ्य में कहीं कोई त्रुटि न रह जाए, उसके प्रति अति सतर्क रहने के लिए उनके कठोर निर्देश का मुझे पालन करना होगा।

लेकिन इन्द्रदेव के सन्तुष्ट होकर लौट जाने के बाद गौतम हर बार की तरह मुझ पर रुष्ट होंगे। कुत्सित सन्देह के दृष्टि–बाणों से मेरी सूक्ष्मतम सत्ता को

लहूलुहान कर डालेंगे–'तुमने ऐसा क्या किया कि इन्द्रदेव इतने प्रसन्न होकर गए? तुम्हारे हाथों में ऐसी कौन–सी मिठास भरी हुई है जिसने इन्द्रदेव के सोमरस को रससिक्त कर दिया? कहाँ, दूसरे लोगों द्वारा परोसे गए सोमरस में तो उतनी मिठास नहीं थी, इन्द्रदेव तुम्हारी ओर अन्तर्भेदी दृष्टि से देखते हुए तुम्हारी रूप–सुधा का पान कर रहे थे या तुम्हारे द्वारा बनाई गई सोमसुधा का? तुम जिस मुग्ध–मधुर दृष्टि से इन्द्र की ओर देख रही थीं, मेरी ओर तो कभी नहीं देखा उस दृष्टि से? इन्द्रदेव के आश्रम में आते ही तुम अनमनी, बेसुध, मदविह्वल क्यों हो जाती हो? क्या यह आर्य नारी का पत्नी–धर्म है? मैं तुम पर सन्देह करता हूँ अहल्या, तुम्हारे सतीत्व की क्षणभंगुरता मुझे साफ दिखाई दे रही है। तुमसे विवाह करके मैं भी जल रहा हूँ अहल्या–सन्देह और अविश्वास की आग मेरे भीतर दहक रही है, मेरी एकाग्रता भंग कर रही है। मैं तुमसे बहुत दूर जाना चाहता हूँ। तुम मेरी साधना के सिद्धिपथ पर विघ्न हो। तुम्हें त्यागने के बाद ही मेरी तपोनिष्ठता मुझे ब्रह्मर्षि की मर्यादा से मंडित करेगी। तुम मेरे लिए शुभ नहीं हो, विघ्न हो...'

गौतम हर बात मुँह खोलकर नहीं कहते। उनकी घृणित दृष्टि, उनका निष्ठुर व्यवहार, रुखे बोल और दूर–दूर रहना उनके मनोभाव स्पष्ट कर देते हैं। कभी–कभी वे मुँह खोलकर अकारण ही इन्द्रदेव के भोगवादी रूप से मेरी ही भर्त्सना करते हैं। जितनी भी बार इन्द्रदेव आश्रम में अतिथि बनकर आते, मैं असहाय–सी महसूस करती। एक ओर गौतम के प्रति तीव्र विरागभाव, दूसरी ओर इन्द्रदेव के सौम्य मृदुल अनुरागरंजित व्यक्तित्व के प्रति आकर्षण से मैं दो हिस्सों में बँट जाती। मेरे अन्दर ऋषिपत्नी अहल्या और चिरन्तन नारी सत्ता की प्रतिनिधि अहल्या तुमुल संघर्ष करके मुझे विचलित कर देते।

उसी निन्दित नाटक की पुनरावृत्ति होने जा रही है। मैंने पहले जैसी प्रतिज्ञा की कि मैं गौतम की कोई सहायता नहीं करूँगी। यज्ञकर्ता गौतम अपनी यज्ञनिष्ठा प्रतिपादित करें। गौतम ! अहल्या को अपनी पदोन्नति की सीढ़ी बनाकर काम्यकर्म की अभीष्ट सिद्धि के बाद ठोकर मार देना तुम्हारे स्वामित्व का अधिकार हो सकता है, परन्तु अहल्या के अनादृत पत्नीत्व ने उस अधिकार को स्वामित्व का अन्धा अहंकार मानकर असिद्ध घोषित करने का निश्चय कर लिया है।

साधु–सन्तों के पद–स्पर्श से तपोवन में मधुमय वातावरण बन गया था। सत्याचारी महात्माओं की महिमा से वायु मधुमय लग रही था। वनस्पति और पशु–पक्षी अनुरागी बन्धुओं की तरह शान्त, सुशील, स्नेहमय प्रतीत हो रहे थे। केवल गौतम आश्रम भूखंड में या सप्तसिन्धु अंचल में ही नहीं, पूरी पृथ्वी से दुर्भिक्ष दूर करके

मानवजाति को दुर्गति से बचाने के लिए विराट सोमयाग में शामिल होने ब्रह्मर्षि, महर्षि, राजा, सन्त-संन्यासियों के आगमन से शान्त तपोवन मुखरित हो उठा था। ब्रह्मर्षि विश्वामित्र, वशिष्ठ, अगस्त्य और लोपामुद्रा आदि बड़े-बड़े ऋषि और ऋषिकाएँ स्वेच्छा से पहुँच रहे थे।

आर्य राजा और ऋषियों के विपुल समावेश से दासों के मन में भय का संचार होने के साथ ही सन्देह भी उत्पन्न हो रहा था। यज्ञ होता है अहिंसक। किन्तु हर यज्ञ हिंसा और वर्णभेद की भयावहता प्रतिपादित करता रहा है। आर्य ऋषिगण कितने ही अहिंसक और सात्त्विक क्यों न कहलाएँ, उनकी निष्ठुरता के असंख्य उदाहरण दासों के पास हैं। यज्ञानुष्ठान करके इन्द्र द्वारा सैकड़ों दास युवकों का सिर कटवाकर आर्य राजाओं और ऋषिगणों के स्वयं को निष्कंटक मानने के उदाहरणों की कमी नहीं है।

ऐसे विराट यज्ञ के आयोजन से रुद्राक्ष और अन्य दासगणों का भयभीत होना और उसके लिए अस्त्र एकत्र करके यज्ञभंग करने की तैयारी करने में आश्चर्य होने जैसा कुछ नहीं था।

इस समस्या के समाधान के लिए गौतम ने मुझे ही लगाया था। मुझ पर दास-युवकों की असीम आस्था थी। आज के इस सोमयाग का उद्देश्य मैंने उन्हें समझा दिया था। इस याग के करने से उनका भी अन्न संकट मिट जाएगा, मैंने उन्हें यह प्रतिश्रुति दी थी। गौतम का यह सोमयाग सफल हो, यही थी मेरी कामना। परन्तु मैं इस याग में इन्द्र को प्रसन्न करने के किसी भी काम से नहीं जुड़ूँगी, यह सोचकर मैं निस्पृह थी।

मेरी निस्पृहता को आश्रम के कई ऋषियों एवं ऋषिपत्नियों ने गौतम के प्रति मेरा असहयोग मानकर प्रचार कर रहे थे। यदि मैंने सोमयाग की विफलता की कामना की होती और गौतम के इस कार्य में असहयोग किया होता, तो अरण्य-अरण्य घूमकर दासपल्लियों में सोमयाग के महत उद्देश्य के बारे में व्याख्या क्यों करती फिरती?

सीमित स्पृहा की परिधि में रहने से मनुष्य का मन स्वार्थी चिन्ताओं की दुर्गन्ध से दूषित होने के साथ-साथ मोह-रूपी क्षार से क्षारित भी हो जाता है। उसके हृदय से प्रेम का मधुस्त्राव सूख जाता है। कई आर्य ऋषियों एवं आर्य राजाओं की स्पृहा आर्यों के स्वार्थ के वलय में सीमाबद्ध थी। उसमें दासों के सुख और उनकी समृद्धि की कामना नहीं थी, बल्कि दासवर्ण की एक सुसंस्कृत आदिम समुदाय और उनकी उन्नत सभ्यता को नीचा दिखाने की भावना ही तीव्र थी। आर्यों का क्रीतदास बनकर रहना उनका अनन्त भविष्य है, यह कहने में वे झिझकते नहीं थे। वास्तव में असीम स्पृहा ही मनुष्य को निस्पृह कर देती है। जो सबका है वह निस्पृह, निश्चिन्त और सबों का अपना होता है। दूसरे का बुरा

सोचना ही मनुष्य के चित्त को अशान्त और अस्थिर करता है। यह शिक्षा मुझे मिली थी पिता ब्रह्माजी से। मेरे प्रेम की सीमा आर्य, दास, वनस्पति, पशु-पक्षी, कीट-पतंग, जड़-जीव-हर किसी तक व्याप्त थी बचपन से ही। इसलिए मैं निस्पृह होने को बाध्य हूँ। यदि यह बात गौतम जैसे तत्त्वज्ञ न समझ पाएँ तो भला इसमें मेरा क्या दोष!

आश्रम में तरह-तरह की कानाफूसी होती रहती। यही है मनुष्य का स्वभाव। कुछ लोगों को किसी भी शुभकार्य में विघ्न डालने में आनन्द आता है। भला ऋषि होने पर उससे अलग कैसे हो सकते हैं?

गौतम चिन्तित थे। सोमयाग किस तरह सर्वशुभ रूप से आयोजित और सफल होगा, इसे लेकर उनके मन में सन्देह था। ब्रह्मर्षि वशिष्ठ ने आश्वासन देते हुए कहा, ''हे महर्षि! असीम श्रद्धा के साथ दृढ़ संकल्प हो, शुभ प्रतिज्ञा सहित आगे बढ़ो। तुम्हारा सोमयाग अवश्य सफल होगा। विश्वास और प्रसन्नता के साथ याग-अनुष्ठान आरम्भ करो। किसी के प्रति थोड़ा भी अविश्वासी होकर सशंकित चित्त से मंत्रोच्चारण करने पर शुभ फल के बदले अशुभ फल ही प्राप्त होता है। परम विश्वास के साथ इन्द्रदेव का आह्वान करने से इन्द्रदेव अवश्य तुम्हारा अभीष्ट पूरा करेंगे। हे ऋषि! श्रद्धा से कोई भी ऐश्वर्य प्राप्त हो जाता है। यज्ञानुष्ठानी श्रद्धा से ही यज्ञ-फल की प्राप्ति करते हैं।''

गौतम विनयपूर्वक ऋषियों के उपदेश स्वीकार कर रहे थे। वे श्रद्धापूर्वक इन्द्रदेव का आह्वान करने के लिए दृढ़संकल्प हो मेरे पास आए। तब तक मैं दासपल्लियों में यज्ञवार्ता का प्रचार करके लौट आई थी। यज्ञोत्सव के कोलाहल के बीच मुझे चिरकारी की याद आ रही थी। कौन जाने इस दुर्भिक्ष की घड़ी में मेरा बेटा कहाँ होगा—क्या खा रहा होगा? गौतम-विरोधी दासों के चंगुल में फँसकर तिलमिला तो नहीं रहा होगा! जीवित होगा भी या नहीं? पिता के आदेश से यदि वह मेरा सिर काट डालता तो आज गौतम आश्रम में सशरीर सुरक्षित तो होता। क्या मेरा जीवन मेरे बेटे के जीवन से अधिक मूल्यवान है? मेरी आवश्यकता ही किसे है आज इस संसार में—पर मुझे तो आवश्यकता है अपने बेटे की। ऐसा क्यों किया उसने? इससे तो उसने अपनी माँ को मृत्युदंड से भी बड़ा दंड दे डाला। यदि उसे इस बात का अहसास होता तो ऐसा कभी न करता। निराशा के बीच प्रभाती तारे की तरह आशा टिमटिमा रही थी—पूरे आर्यावर्त के ऋषि-मुनि, धनी-दरिद्र यज्ञ देखने आ रहे हैं। भैया नारद भी आएँगे, कोई तो लाएगा मेरे बेटे की खबर। शायद कोई अपने साथ लिवा भी लाए मेरे स्वाभिमानी बेटे को! इस बार मिल जाए तो अपनी छाती में छुपाकर रख लूँगी उसे—गौतम के सामने उसे जाने दूँगी तभी न गैरजिम्मेवार कहकर बेटे की फजीहत करेंगे अपने गलत फैसले से!

यदि चिरकारी की खबर कोई नहीं लाया होगा तो? यदि खबर लाया होगा कि चिरकारी दासों का क्रीतदास बनकर अत्याचार सह रहा है—यदि खबर लाया होगा कि चिरकारी पश्चाताप की आग में वाचाल-सा अरण्य में डोलता फिर रहा है, यदि खबर लाया होगा कि चिरकारी दुर्भिक्ष के कराल ग्रास में...नहीं-नहीं, ऐसी अशुभ बातें नहीं सोचूँगी।

मैं अपनी भावनाओं में स्वयं ही जल रही थी, अपने आँसुओं में बह रही थी। उस शोक-सन्ताप में कोई नहीं था मेरे साथ...।

फिर मेरा ध्यान और भावनाएँ चली जातीं शतानन्द और शरदभानु की ओर। क्या जनकऋषि के साथ शतानन्द भी आएगा? क्या नारद भैया के साथ शरदभानु आएगा? पिता के इस विराट सोमयाग में शामिल होने क्या वे लोग सचमुच आ रहे होंगे? उन्हें जी भरकर देखने से क्या माँ के हृदय का सन्ताप दूर हो जाएगा? नहीं-नहीं, बल्कि उन दोनों को इकट्ठे देखते ही चिर अवहेलित, हर काम में धीमा और अनादृत, अपने लाडले मँझले बेटे चिरकारी को याद करके मैं अधिक उदास हो जाऊँगी। शायद मैं सबके सामने जोर-जोर से 'चिरकारी-चिरकारी' की रट लगाकर अपने प्राण गँवा बैठूँगी। हाँ-हाँ—वही होगी पृथ्वी के असंख्य अवहेलित भूखे लोगों के लिए आयोजित हो रहे सोमयाग की सर्वश्रेष्ठ हवि।

जैसी दृष्टि, वैसी ही सृष्टि। गौतम की दृष्टि मेरी दृष्टि से मिलते ही मैं फिर गौतम पत्नी अहल्या नहीं बनी रही। मेरे भीतर की लहूलुहान नारी सत्ता ने गौतम की ओर पैनी दृष्टि से देखते हुए कहा, "नहीं, मैं आपकी पदोन्नति का सोपान बनने को बाध्य नहीं हूँ। इन्द्रदेव को प्रसन्न करने का आपका अनुरोध मैं स्वीकार नहीं कर सकती। इसका अर्थ यह नहीं है कि मैं आपके प्रति असहयोग प्रकट कर रही हूँ। यज्ञ के दौरान शान्ति बनाए रखने के लिए कार्य करने को मैं तैयार हूँ। रुद्राक्ष को मेरी बातों पर विश्वास हो गया है। रुद्राक्ष और ऋचा के नेतृत्व में दासों ने तपोवन में शान्ति बनाए रखने की शपथ ली है। आपकी कन्या गौतमी द्वारा सुललित कंठ से सामगान करके अतिथियों को आह्लादित करने का वायदा ऋचा ने किया है। तपोवन में यज्ञ के दौरान पशु-पक्षियों का शिकार न करने की प्रतिज्ञा भी दासों ने की है। उनकी ओर से हिंसा या यज्ञभंग की आशंका नहीं है। आपकी प्रतिष्ठा से ईर्ष्या करनेवाले कुछ आर्यऋषि भले ही आपके यज्ञभंग का कारण बन सकते हैं। बात-बात पर दासों पर दोष मढ़कर नाहक ही उत्तेजित न करने के लिए मैं सारे उपाय कर रही हूँ। माधुर्य और सत्यकाम ने शान्ति एवं संहति की रक्षा करने का दायित्व लिया है। इसलिए चिन्ता की कोई बात नहीं। चिरकारी की स्मृति मुझे व्यथित और विचलित कर रही है। मेरे अन्तःकरण में एकाग्रता नहीं है। इसलिए सोमलता लाकर सोमरस बनाने व इन्द्रदेव के आतिथ्य से इस बार मुझे अलग रखें।"

वास्तव में आश्रम की अन्य ऋषिकाएँ एवं ऋषिपत्नियाँ यह दायित्व सुचारु रूप से निभा सकती हैं। माधुर्य की पत्नी मधुक्षरा जितनी सुन्दर हैं, उतनी ही गुणवती और वेदमती भी हैं। सोमरस बनाने में सिद्ध-हस्त। महर्षि स्वयंसिद्ध की कन्या मधुक्षरा ने पिता के आश्रम में होने के समय कई बार सोमामृत बनाकर इन्द्र को तुष्ट किया है। गौतम आश्रम में माधुर्य का आचार्य पद सँभालना जितने आनन्द का विषय था, उससे कहीं आनन्द की बात थी माधुर्यपत्नी सुन्दरी मधुक्षरा का आश्रम में पदार्पण। सिर्फ इन दोनों के नाम में ही सामंजस्य नहीं था, माधुर्य और मधुक्षरा के मन एवं आत्मा का साम्य व संयोग प्रजापति के विज्ञविचार का निदर्शन था। मेरा सौन्दर्य अतुलनीय है किन्तु सौन्दर्य में मधुक्षरा की तुलना मुझसे की जा सकती है, ऐसा आश्रमवासी कहा करते थे। परन्तु मेरी आँखों को मधुक्षरा संसार की श्रेष्ठ सुन्दरी-सी दिखती थी। मधुक्षरा के सौन्दर्य की प्रशंसा एक आश्रम से दूसरे आश्रमों तक प्रचारित हो गई थी। कोई-कोई कहता, इस समय गौतम आश्रम सुन्दरता का एक हाट बन चुका था। मुझे लगता था कि मधुक्षरा के रूप के आकर्षण से अनेक साधु-सन्त आश्रम में अनाहूत अतिथि हुआ करते थे। मधुक्षरा अविवाहित होने के समय से ही इन्द्र को प्रिय थीं। आज भी इन्द्रदेव की श्रद्धा मधुक्षरा पर बनी हुई है। सोमयाग में आचार्य माधुर्य की पत्नी के रूप में मधुक्षरा भी सोमरस तैयार करके इन्द्रदेव को प्रसन्न कर सकती हैं। कोई भी प्रसन्न क्यों न करें, इन्द्रदेव को प्रसन्न करना ही सोमयाग का उद्देश्य है। अतः गौतम इसमें आपत्ति नहीं करेंगे, यह सोचकर मैंने यह प्रस्ताव गौतम के समक्ष रखा।

गौतम क्रोध से काँप उठे। उन्होंने कहा, "अध्यक्ष की पत्नी अहल्या के होते हुए कल की बच्ची माधुर्य की पत्नी मधुक्षरा क्यों इन्द्रदेव के आतिथ्य-कार्य में अग्रणी होगी? यदि मधुक्षरा के अतिथि-सत्कार से प्रसन्न होकर इन्द्रदेव ने जलदान किया और दुर्भिक्ष दूर हो गया तो जानती हो, कैसी आपदा घिर आएगी?"

मैंने आश्चर्यचकित हो प्रश्न किया, "जल की समस्या दूर होने पर सारी समस्याएँ स्वतः दूर हो जानी चाहिए। उसके बाद फिर कैसी आपदा?"

"यज्ञ का यश माधुर्य को ही मिलेगा। संसार उनकी प्रशंसा करेगा। इन्द्रदेव माधुर्य की पत्नी के आतिथ्य से प्रसन्न होने एवं सोमपान करके सन्तृप्त होने पर माधुर्य को अध्यक्ष पद पर नियुक्त कर सकते हैं। अन्य लोगों की भी मुझ पर से आस्था टूट जाएगी। उसके बाद भला आश्रमवासी मेरी बात क्यों सुनेंगे? दासों का मेरे प्रति सम्मान और भय क्यों रहेगा? क्या तुम मेरी ऐसी दुर्गति देखना चाहती हो अहल्या? आश्रम में हम दोनों के रहते मधुक्षरा द्वारा इन्द्रदेव को सन्तुष्ट करने पर मेरी और तुम्हारी, दोनों की मर्यादा नष्ट हो जाएगी। इसलिए इन्द्र का आतिथ्य एवं सोमस्वाहा का दायित्व तुम्हीं को निभाना होगा।"

"किन्तु आपने तो हिमवन्त पर्वत की तलहटी में तपस्या करने चले जाने का निश्चय किया है। माधुर्य आपका दायित्व सँभाल लें तो आप निश्चिन्त होकर तपस्या कर सकते हैं..."

मेरे मुँह की बात अभी खत्म भी नहीं हुई थी कि गौतम ने क्रोधित स्वर में कहा, "अपनी इच्छा से अध्यक्ष पद छोड़ना एक बात है और अध्यक्ष पद से हटाकर मेरे ही सामने मेरे शिष्य को उस पद पर आसीन करना एक दूसरी बात।"

"माधुर्य आपके श्रेष्ठ शिष्य हैं। शिष्य के कृतित्व और उन्नति से गुरु की मर्यादा बढ़ती है, ऐसा आप हर समावर्तन उत्सव में कहते आए हैं। यदि शिष्य को गुरु से भी अधिक प्रतिष्ठा मिले तो गुरु का जीवन सार्थक हो जाता है और वही गुरु के लिए चरम आनन्द का दिन होता है, ऐसा आप ही तो कहते आए हैं...।"

मेरे मुँह से ऐसी बातें सुनकर गौतम खुश हुए। नीरस स्वर में बोले, "हाँ, मैं आज भी यही कहता हूँ। किन्तु गुरु के आसन पर न बैठकर शिष्य अपने लिए एक अलग आसन बनाए और वह आसन गुरु के आसन से भी अधिक महिमामंडित हो, उसी से शिष्य का गौरव बढ़ता है। पिता के वानप्रस्थी होने से पहले ही पुत्र का गृहकर्ता बनना नीच संस्कार के सिवा और कुछ नहीं। तुम व्यर्थ के तर्क छोड़कर सोमयाग के लिए तैयार हो जाओ। यज्ञकर्म में विघ्न पैदा मत करो। जिस कार्य से पति की भलाई होती हो, वही करना पत्नी का कर्तव्य है। पति की अनुगामिनी बनना पत्नी का धर्म है। वहाँ तर्क के लिए कोई स्थान नहीं होता।"

क्या अपनी आवश्यकता के अनुसार पत्नी का उपयोग करना पति का धर्म है? यह बात मैंने मन-ही-मन सोची जरूर, पर मुँह खोलकर कह न सकी। किन्तु इस झूठे और स्वार्थ से बँधे बन्धन को छिन में तोड़ डालने के लिए मेरे अन्दर से अवहेलित पत्नीत्व चीत्कार कर उठा–'नहीं–न तो मैं इन्द्रदेव के लिए सोमरस तैयार करूँगी और न ही उन्हें पिलाऊँगी।'

पति मेरी प्रतिज्ञा सुनकर दंग रह गए। उनकी सुन्दर पत्नी इन्द्रदेव को सन्तुष्ट करने के लिए कैसे हामी भरेगी, इस बात की चिन्ता ने उन्हें उदास कर दिया।

महर्षि वशिष्ठ, अगस्त्य और लोपामुद्रा ने गौतम को सोमयाग से पहले आर्य, अनार्य सबको इकट्ठे उद्‌बोधित करने की सलाह दी थी। इससे अनार्य लोग यज्ञ के समय उपद्रव नहीं मचाएँगे और यज्ञकर्म सफल होने में विघ्न भी नहीं पड़ेगा। तपोवन में शान्ति और समन्वय स्थापित करना ही यज्ञ का प्रथम चरण है। उसके बाद ही होगा यज्ञानुष्ठान।

महर्षि गौतम एक अच्छे वक्ता हैं। उनका धाराप्रवाह वक्तव्य अखंडनीय होता है। मंत्रमुग्ध हो सुनते हैं आर्यऋषि और दासगण।

"मैं मानवजाति का आह्वान करता हूँ। इस यज्ञ से सबका कल्याण होगा। मनुष्य के विचारों में भेदभाव की तरह वर्षाजल के विचारों में भेदभाव नहीं होता। यज्ञ के सुफल से आकाश समग्र भूखंड पर जलदान करेगा। आर्य और दास सबका अन्नसंकट दूर हो जाएगा। इन्द्र के राज्य में रहकर प्रत्येक प्रजा उद्यमी न होकर आलसी, झगड़ालू और इष्ट में अनिष्ट उत्पन्न करनेवाली हो तो इन्द्र की कृपावारि सहजता से नहीं झरती। इसलिए आज हम सभी एक स्वर से इन्द्र की प्रार्थना करें तो जल-सम्पदा का अक्षय स्रोत शुष्क मरु में प्रवाहित होगा और यह जगत दुर्भिक्ष के कराल चपेट से बच जाएगा। मैं इस आश्रम का अध्यक्ष अर्थात सेवक हूँ। देवी अहल्या हैं अध्यक्ष-पत्नी के रूप में सेविका। पहले हम दोनों अपना-अपना कर्तव्य पालन करने के लिए प्रतिज्ञाबद्ध हो रहे हैं। मैं अध्यक्ष के रूप में इन्द्रदेव का आह्वान करूँगा। देवी अहल्या सोमस्वाहा देकर उन्हें प्रसन्न करेंगी। आप सभी तपोवन में शान्ति स्थापित करके यज्ञफल भोगें। आप सबसे मेरा यही अनुरोध है।"

गौतम के ओजस्वी भाषण से दासगण मंत्रमुग्ध हो उठे। ठीक उसी समय प्रथा ने मेरी ओर से घोषणा कर दी कि इन्द्रदेव के आतिथ्य को लेकर अहल्या निस्पृह है। यह दायित्व मधुक्षरा निभाएँगी।

सहसा तपोवन में एक अशान्त रोर फैल गया। दासों की भी यही धारणा थी कि रुष्ट इन्द्रदेव को सन्तुष्ट करना मुझे छोड़ किसी और के वश की बात नहीं है। अतीत में मधुक्षरा द्वारा इन्द्रदेव को सन्तुष्ट करने के अनेक उदाहरण हैं; किन्तु जिस आश्रम में अहल्या उपस्थित हों, वहाँ किसी दूसरे से इन्द्रदेव का आतिथ्य करवाने पर इन्द्रदेव सन्तुष्ट होंगे, ऐसा विश्वास किसी को नहीं हो रहा था। मैं आतिथ्य करने से क्यों झिझक रही हूँ, उस बारे में आश्रमवासियों को थोड़ी-बहुत भनक लग चुकी थी किन्तु दासगण उस बारे में नहीं जानते थे। जहाँ एक ओर गौतम विश्व-कल्याण के लिए कर्तव्यरत हैं, वहीं दूसरी ओर अपने कर्तव्य से मेरा हाथ खींच लेना उन सबको अच्छा नहीं लगा। दुर्भिक्ष से पीड़ित दासगण मुझ पर ही भरोसा करके यज्ञफल पर विश्वास कर रहे थे। अब मेरे मनोभाव जानकर पूरे दल-बल के साथ मेरी शरण में आ गए। मुझे लगा कि यह स्थिति गौतम ने जान-बूझकर पैदा की है अन्यथा प्रथा का अप्रासंगिक रूप से बीच में उठकर मेरी निस्पृहता के बारे में घोषणा करने की क्या आवश्यकता थी?

मानो मेरा जीवन एक अभिशाप हो! संसार में जो भी कुछ दुर्लभ है वह मेरी मुट्ठी में है, फिर भी मैं सुखी नहीं हो पा रही थी। गौतम की तरह ज्ञानी-गुणी जितेन्द्रिय पुरुष को पति के रूप में पाना किसी भी रमणी के लिए तपस्या के

पुण्यफल के सिवाय और कुछ नहीं है, जबकि बिना तपस्या के ही गौतम मुझे मिले हैं। किन्तु क्या मैं गौतम को सचमुच में पा सकी हूँ? हाथ की पहुँच में जो चीज हो, क्या वह प्राप्ति है—हाथ थामकर विवाह करनेवाला पुरुष क्या आत्मा के निकट होता है? मुझे गौतम मिले हैं। वे मेरे पति, प्रभु, मालिक हैं। किन्तु क्या गौतम मुझे मिल पाए हैं? वे तो न जाने मुझसे कितनी दूर, कितने ऊपर हैं। मैं उन तक पहुँच नहीं पा रही थी। वे किस वक्त किस तत्त्व के पक्ष का समर्थन करते हैं, वह बात मेरे संज्ञान से परे है। अपने तर्क के पक्ष एवं विपक्ष में कहने के लिए उनके पास अकाट्य तर्क होते हैं। आवश्यकता के अनुसार वे अपने तर्कों से अपना पक्ष सिद्ध कर सकते हैं। इन्द्रदेव के प्रति उनका विद्वेष कहाँ चला गया? क्या मेरे आतिथ्य से उत्पन्न उनका सन्देह दूर हो गया? आज गौतम के उद्बोधन के बाद मैं दासगणों के भ्रम का शिकार हो गई हूँ। वे यह समझते हैं कि लोक-कल्याण के लिए गौतम जो महायज्ञ करने जा रहे हैं, मैं उसमें सहायता नहीं दे रही हूँ। अध्यक्ष की पत्नी के रूप में यदि मैं इन्द्रदेव के अतिथि सत्कार के प्रति निस्पृह हूँ, तो क्या मैं अपने कर्तव्य के प्रति त्रुटि नहीं कर रही? गौतम आश्रम में इन्द्रदेव मेरे सिवाय किसी और के आतिथ्य से सन्तुष्ट नहीं होंगे। इसलिए वह दायित्व मधुक्षरा को सौंपकर खिसक लेने का अर्थ है—मेरे द्वारा यज्ञ में विघ्न डालना। आज के यज्ञ में विघ्न पड़ गया तो आर्यऋषियों की अपेक्षा दासगण अधिक क्षतिग्रस्त होंगे। वे लोग तो दान-दक्षिणा, राजानुदान, इन्द्र की करुणा इन सबसे वंचित हैं। ऐसे में भला वे कैसे जीवित रह सकेंगे? मैंने तो उन्हें यज्ञ का उद्देश्य समझा दिया है। संकट के विनाश होने की आशा जगा दी है उनके चरम विनाश के घुप्प अन्धकार में। साथ जीने की एक क्षीण आशा अभी उनमें टिम-टिमाकर जली ही थी कि मैंने उसे भी स्वयं फूँक मारकर बुझा दी। इससे उनका घबराने और विचलित होने के साथ-साथ मुझे गलत समझना स्वाभाविक है।

वे लोग दल बनाकर मेरे पास आए। ऋचा और रुद्राक्ष ने उनका नेतृत्व सँभाल रखा है। मेरी कन्या गौतमी भी खाद्याभाव से क्षीण हो चुकी है। मैं चंडालिनी आश्रम में रहकर दिव्यान्न भोजन करती हूँ, जबकि मेरी बेटी गौतमी दास बस्ती में रहने के कारण दुर्भिक्ष पीड़ित है और मेरा अभिमानी गृहत्यागी पुत्र चिरकारी भी न जाने भूखा-प्यासा कहाँ भटक रहा होगा? कंकाल बने बच्चे आशाभरी दृष्टि से मेरी ओर एकटक ताक रहे हैं। वे सबसे आगे हैं। अबाल-वृद्ध-वनिता सभी उठ आए हैं यज्ञकार्य में सहयोग देने और मुझसे सहयोग माँगने। सभी हाथ जोड़कर मुझसे करुणा की भीख माँग रहे थे। यदि मैंने अपनी सहमति नहीं दी तो वे लोग जल-स्पर्श न करके आश्रम के सामने धरना देकर बैठ जाएँगे।

मैंने कई बार सोचा कि ऋचा और रुद्राक्ष की कुछ सहायता करूँ लेकिन गौतम के क्रोध का शिकार होना नहीं चाहा। गौतम से छुपाकर भी आश्रम में भिक्षा से प्राप्त खाद्य-पदार्थ वितरण करना मेरे अधिकार में नहीं है, ऐसा मैंने महसूस किया है। उत्तम कार्य गलत तरीके से पूरा होने पर उसका फल उत्तम नहीं होता। इसके अलावा, रुद्राक्ष, ऋचा और दासगणों का गौतम आश्रम से इस समय जैसा सम्बन्ध है ऐसे में वे लोग सहायता लेने के लिए राजी नहीं होंगे, बल्कि ऐसी दया उन्हें अपमानित करेगी। दासगण कर्मठ और परिश्रमी हैं। उन्हें अपनी भुजाओं पर भरोसा है। प्रकृति की प्रतिकूलता से जूझकर ही वे लोग सप्तसिन्धु में इस उन्नत आदि संस्कृति के आदि निर्माता बन पाए हैं। वे लोग किसी के दयापूर्ण दान पर ध्यान नहीं देते। यहाँ तक कि दान प्राप्त करने के लिए इन्द्रदेव तक की स्तुति नहीं करते। भूख से मर भले ही जाएँगे, किसी के आगे हाथ नहीं फैलाएँगे। आज भी वे लोग यज्ञानुष्ठान और इन्द्रदेव को सन्तुष्ट करके वर्षा के आह्वान को इन्द्रदेव का दान नहीं मानते। उनका दृढ़ विश्वास है कि इन्द्रदेव ने गौतम से बदला लेने के लिए प्रकृति की विपुल जलराशि को रोककर अन्याय किया है। इसके कारण दासगणों को उनके वास्तविक अधिकार से वंचित किया जा रहा है। इन्द्रदेव सन्तुष्ट हो गए तो उन सबको उनका अधिकार वापस मिल जाएगा। इससे इन्द्रदेव की दानशीलता प्रमाणित नहीं होगी। बल्कि इन्द्रदेव अपनी गलती समझकर केवल अपना निर्णय बदल देंगे।

दासगण कुछ समझें या न समझें, इस विपन्न पृथ्वी को बचाने के लिए वे लोग यज्ञाभिमुखी हो गए हैं—यही मेरे लिए राहत का विषय था। किस मुँह से उन्हें बताऊँ कि आर्य-आर्य के बीच पद-पदवी को लेकर जिस 'अहं' की लड़ाई चल रही है, उसका निशाना मुझ पर साधा जा रहा है!

क्या मैं अपने पति के सिद्धिपथ पर बाधक हूँ, क्योंकि मैं नारी हूँ! मुझे सिद्धि का सोपान बनाकर मेरे प्रेम, सुहाग, प्रणय पर अनमना-सा पग रख अपने स्वर्गप्राप्ति करने के मार्ग पर भी वे दोषारोपण कर रहे होंगे कि मैं उनके लिए बन्धन हूँ, मैं उनके सिद्धिपथ पर कंटक हूँ, क्योंकि मैं नारी हूँ! किन्तु बस, इतना ही तो मेरा अभिमान है। यह अभिमान क्या विपन्न वसुधा के हाहाकार से बड़ा है? अगणित भूखी जनता के लिए प्राणदायिनी जलधार बन अपना पंचभूत शरीर, मन, आत्मा, जन्म-जन्मान्तर के लिए बिखेर देना क्या इस संकीर्ण आत्ममग्न जीवन के कण भर नगण्य सुख से बेहतर नहीं है? उस भूखी जनता में मेरे भी तो पुत्र-पुत्री हैं—मेरा चिरकारी, गौतमी और अगणित भूखे शिशु। मेरी यह स्थूल देह ही तो पृथ्वी है। मैं तो इस महाप्रकृति का एक अंश मात्र हूँ। प्रकृति ध्वंस हो गई तो मेरा अस्तित्व भी कहाँ बचेगा? जीवन का आनन्द

जीवन का आनन्द नहीं होता। ब्रह्मापुत्री होने पर भी कभी-कभी मैं ऐसे भ्रमों में क्यों पड़ जाती हूँ?

मैंने प्रतिज्ञा की कि सौंप दूँगी मैं अपना पार्थिव शरीर, अपार्थिव अनुभव, अपने अंग-प्रत्यंग, देह और इन्द्रिय इस जननी स्वरूपिणी महाप्रकृति को। यह प्रतिज्ञा मुझमें जन्म लेते ही मैं फिर मैं बनकर न रह सकी; पृथ्वी बन गई।

ब्रह्म अमृत है—भोग मृत्यु। कैसी विचित्र दशा है जीव की! सब कुछ जानते हुए भी वह अज्ञानी-सा कोई कार्य क्यों कर बैठता है? अपने शरीर, मन, इन्द्रिय को जगत के उद्धार के लिए यज्ञोद्दिष्ट करने की प्रतिज्ञा करने पर भी शरीर और मन में यह प्रचंड संघर्ष क्यों है? एक ओर पार्थिव सुख है तो दूसरी ओर परमेश्वर। एक ओर ज्ञान, यश एवं सात्त्विक अभीप्सा है तो दूसरी ओर मुझे और दूसरों को पागल बनानेवाला मेरा त्रैलोक्य-मोहिनी रूप और उन्मत यौवन है। एक ओर प्रत्यक्ष भोगपूर्ण जीवन है, तो दूसरी ओर साधना सापेक्ष यज्ञनिष्ठा। दोनों वांछित हैं—आकर्षक हैं।

किन्तु हाय! मेरा मन तो आत्मा से दूर ही दूर विचरण कर रहा है। पार्थिव वासना के मधुर संगीत की उत्ताल मूर्च्छना से मेरे कान और देह की तंत्रिकाएँ मुग्ध हो रही हैं। मेरे रूपाकांक्षी नयन, भंगुर देह विभव में रम रहे हैं। मैंने गौतम आश्रम में इतने वर्ष बिताए हैं। तपोनिष्ठ गौतम के संस्पर्श में रहकर समझा है जीवात्मा का लक्ष्य और जगत का कल्याण-मार्ग एक है, किन्तु विघ्न अनेक हैं। सत्मार्ग के अलावा सिद्धि के सभी द्वार बन्द हैं लेकिन विघ्न के सभी द्वार अनायास ही खुल जाते हैं। क्या मैं नहीं जानती कि एक ही विघ्न जीवन भर की तपस्या को निष्फल कर देता है? सब कुछ जानते हुए भी मेरी प्रतिज्ञा त्रस्त क्यों है?

मेरा हृदय प्रेम की दग्धभूमि है—वहाँ सिर्फ अनादृत पत्नी का भग्नस्तूप है—उसी दग्धभूमि को यज्ञभूमि बनाकर सोमभाव से अमृत मंजुल करने की साधना का मैंने व्रत लिया। नहीं जानती कि मेरे ललाट पर सिद्धि लिखी है या श्राप! कुछ भी हो, सोमयाग का महामुहूर्त हो चला है। विलम्ब करने से विघ्न पड़ता है।

सोमयाग श्रेष्ठयाग है। इसमें ढेर सारे सोमरस की आहुति देनी होगी। इन्द्रदेव के आतिथ्येष्टि की व्यवस्था करने के लिए प्रचुर सोमरस आह्वनीय के दक्षिण में रखने की यज्ञविधि है। बाजार में सोमरस नहीं बिकता। अरण्य में, पर्वतों पर अब सोमलता दुर्लभ हो चली है। यही था गौतम की चिन्ता का कारण।

दुग्ध, घृत, यवाशु, पुरोडाश, चरु पयस्य (खीर), आमिक्षा (छेना) इत्यादि सोमयाग में हवि के रूप में अर्पण नहीं किए जा सकते। सोमयाग की हवि सिर्फ सोमरस है। इसलिए केवल गौतम ही चिन्तित नहीं थे, सभी चिन्तामग्न थे।

उस दिन माधुर्य ने कहा, "आचार्य महोदय! सोमरस तैयार करने का दायित्व देवी अहल्या का है। बचपन से ही वे वनों में विचरण करती रही हैं। अरण्य, पर्वत, नदी और प्रकृति से उनका गहरा लगाव है। सोमलता उन्हें मिलकर रहेगी। सोम के प्रति उनमें निष्ठा है। देवी अपाला को कैसे हाथ की पहुँच में सोमलता मिल गई थी! इसलिए आप सोम की चिन्ता छोड़कर सोमभावना में डूबे रहें। केवल यज्ञ की हवि नहीं, प्रत्येक भोग्यवस्तु पहले देवता को अर्पित करने के बाद भोग करना ही आर्यधर्म है। इस समय सम्पूर्ण समर्पण भाव से आपका दृढ़ रहना ही समय की माँग है।"

माधुर्य की बात सुनकर मधुक्षरा बोल उठीं, "आचार्य तो योगी हैं। भला उनके लिए भोग्यवस्तु क्या होगी? केवल अहल्या को छोड़कर और किसी भी चीज के प्रति आचार्य को मोह नहीं है...।"

यह सुनते ही गौतम का मुँह काला पड़ गया। मैं सन्न रह गई। यह कैसी अशुभ बात बोल गई मधु असावधानीवश! क्या मैं कोई भोग्यवस्तु हूँ! मैं गौतम की धर्मपत्नी हूँ—पर भोग्यवस्तु नहीं। जब मैंने कठोर दृष्टि से मधु की ओर देखा, वह सकपका उठी।

माधुर्य ने मधु का तिरस्कार किया, "मेरी पत्नी ही सही, पर अभी है अबोध किशोरी।"

मन में सोम भावना न हो तो सोमलता कैसे मिलेगी? याद आ रही थी देवी अपाला की सोमान्वेषण की बात। देवी अपाला अपने शरीर के धवलकुष्ठ रोग से मुक्ति पाने के लिए सोमलता ढूँढ़ रही थी किन्तु अपना कष्ट दूर करने के लिए माहेन्द्रबेला में अपने अधर-पात्र से उन्होंने सोम अर्पण किया था इन्द्रदेव को। किन्तु आज मैं अपनी किसी निजी अभीष्ट सिद्धि के लिए सोमलता खोजने नहीं निकली हूँ। दुनिया को अकाल से मुक्त करने के लिए सोम की खोज में निकली हूँ। हाँ, दुनिया के भूखे लोगों में मेरा पुत्र चिरकारी है, मेरी पुत्री गौतमी भी है। किन्तु इसका अर्थ यह नहीं है कि केवल मेरे पुत्र-पुत्री को ही यज्ञ का फल मिलेगा, दूसरों को नहीं मिलेगा। क्या बरसात का जल अपने पराये आर्य-आर्येतर का भेदभाव रखता है?

किन्तु यदि सोमलता को परखने के लिए अपनी दन्त पंक्तियों को बना लूँ सोम निष्कासनकारी 'ग्रावा', अपने अधर को बना लूँ सोम से छलकता द्रोण कलश और यदि इन्द्रदेव यज्ञानुष्ठान की प्रतीक्षा न करके मेरे अधर-पात्र से

सोम-अमृत पीने की इच्छा प्रकट करें तो मैं क्या करूँगी? और यदि सोमरस से इन्द्रदेव तृप्त न हुए, तो क्या मधुक्षरा के कहे अनुसार मैं स्वयं ही हवि बन जाऊँगी!

ऐसा विचार एक मधुर भय से प्रकम्पित कर रहा था मुझे।

वसन्त ऋतु। इन्द्रदेव को पाँच दिनों तक लगातार सोमयाग की सोमहवि अर्पित करने के लिए सोलह ऋत्विक चुने गए हैं। वे आश्रम पहुँच चुके हैं। इन ऋत्विकों में चार प्रधान होता, चार उद्‌गाता, चार अध्वर्यु और चार ब्रह्मा हैं। यह सोमयाग सूत्रयाग के अन्तर्गत है, इस कारण स्वयं यजमान गौतम ही सोलह ऋत्विकों में प्रधान ऋत्विक हैं। उनकी पत्नी होने के कारण यजमान एवं प्रधान ऋत्विक की पत्नी का महत्त्वपूर्ण दायित्व मुझ पर ही था। मुझे प्रधान ऋत्विक के साथ यज्ञवेदी पर ही उपस्थित रहना होगा। इन्द्र को प्रसन्न करने के लिए मेरी उपस्थिति अनिवार्य थी। अब हाँ-ना करने का प्रश्न ही कहाँ उठता था?

हे वर्षा के दाता इन्द्रदेव! आकाश में वसन्त है; किन्तु पृथ्वी पुष्पहीन है। अब तक शाखा-प्रशाखाओं में कोपलें निकल आई होतीं। कलियाँ खिल उठी होतीं। पुष्पों और भौंरों के बीच हृदय का लेन-देन हो चुका होता—अब तक ठूँठों की ग्रन्थियों में हरित कम्पन उत्पन्न हो चुके होते। पर कहाँ? पृथ्वी की मेघतृषा का लग्न बीत चुका है। मेघ सारे शाश्वत सत्यों को कैसे टाल गया? कैसे आकाश ने झूठी दिलासाएँ देकर मेघ भरे बादलों को निर्वासित कर दिया किसी अन्य अज्ञात आकाश में? क्या अपराध था वसुमती वसुधा का? इसके लिए कैसा प्रायश्चित करना होगा?

सोम की प्रतीक्षा में रात में जाग रहे थे यजमान गौतम और उनकी पत्नी मैं। गौतम ध्यान में मग्न थे और मैं अपनी भावनाओं में। 'ज्योतिष्टोम' सोमयाग लगातार पाँच दिनों तक चलता है। पहले दिन के ऋत्विक वरण का कार्य समाप्त हो चुका था। गौतम ने यजमान एवं मुख्य ऋत्विक के रूप में पहले दिन केश, श्मश्रु, नख आदि कटवाकर स्नान करने के बाद नए वस्त्र धारण करके इन्द्रस्तुति की थी। उसके बाद अध्वर्यु ने उन्हें प्रथा-अनुसार दीक्षित किया। मुझे दीक्षा दी प्रतिपस्थाता ने। अब मैं दीक्षिता हूँ। चौथे दिन मैंने 'बसतीवरी' जल लाकर गृह में रखा। अब मैं और गौतम विधि-अनुसार रात को जगकर 'सोम' की प्रतीक्षा कर रहे हैं। गौतम यज्ञ की भावना में मग्न हैं। परन्तु मैं अन्यमनस्क हूँ...।

जब भी मैं घोर अरण्य में सोमलता इकट्ठा करने जाती, मुझे मालूम था कि मुझ पर नजर रखने के लिए गौतम कुछ ब्रह्मचारियों को मेरे साथ भेज दिया करते थे। सभी समझते कि गौतम मेरी सुरक्षा के लिए अपने शिष्यों को मेरे साथ भेजते हैं। किन्तु मैं जानती थी कि सुरक्षा के लिए नहीं, बल्कि मेरे प्रति सन्देह होने के

कारण ही गौतम ऐसा करते थे। सन्देह की चोट खाकर भला सोमलता एकत्र करने के प्रति मुझमें एकाग्रता कहाँ से आती? कई दिनों तक मुझे अरण्य से निराश होकर लौटना पड़ा और गौतम खीज उठे थे। सोम भावना के बिना सोमलता नहीं मिलेगी–यह बात मैं जानती थी, गौतम जानते थे। इसलिए गौतम का सन्देह और मेरी एकाग्रता का अभाव सोम भावना के मार्ग में बाधक बनकर खड़े हो जाते थे। यह जानते हुए भी गौतम मेरे पीछे-पीछे पहरेदार भेजने से बाज नहीं आते थे।

उस दिन मैंने गौतम से कहा, "मेरे साथ मधुक्षरा को भेज दीजिए। हम दोनों मिलकर सोमलता ढूँढ़ेंगे तो अवश्य लक्ष्य पूरा होगा। दो लोग होने से भय करने का कोई कारण भी नहीं रहेगा। अतः ब्रह्मचारियों के पढ़ने का समय बर्बाद करके हमारे साथ भेजने की आवश्यकता भी नहीं रह जाएगी।"

गौतम ने तुरन्त जवाब दिया, "साथ मिलकर सोमलता एकत्र करोगी तो इन्द्र मधुक्षरा पर सन्तुष्ट हो जाएँगे और माधुर्य भी उनका प्रशंसाभाजन बन जाएगा। इतनी कम उम्र में इन्द्र के मुँह से अपनी प्रशंसा सुनकर आत्मगौरव से माधुर्य का अपना कर्तव्य भूल जाने की सम्भावना है। इन्द्र के मुख से प्रशंसा सुनकर हजम करने की उम्र अभी माधुर्य की नहीं हुई है।"

गौतम की बातें कितनी ही उदार क्यों न हो, उनके मन का सन्देह मुझे साफ दिखाई दे रहा था। मैंने पुनः कहा, "तो फिर मधुक्षरा को रहने देती हूँ। मैं अकेले ही चली जाती हूँ सोमलता एकत्र करने। बहुत समय लग जाता है। शिष्यों को मेरा अनुसरण करने की आवश्यकता नहीं है। मुझमें अपनी आत्मरक्षा करने की शक्ति है। मैं तो बचपन से ही घोर अरण्य में एकाकी घूमती रही हूँ।"

"तब तुम छोटी थीं। अब वयप्राप्त युवती हो। दस्यु-दानवों ने जिस तरह उपद्रव मचा रखा है, न जाने कब तुम पर बलात्कार...।"

इससे पहले कि गौतम यह वाक्य पूरा करते, मैंने उन्हें रोकते हुए कहा, "छोड़िए, ऐसी बातें कहकर आर्यमानस की निन्दा न करें। दस्यु-दानव आर्यों की ही सृष्टि हैं। मनुष्य को अलग-अलग किया है आर्यमानस ने। अनार्य लोग कभी-कभी आर्यनारियों के प्रति बुरा व्यवहार करते हैं, यह सच है। किन्तु आप अच्छी तरह जानते हैं कि अनार्य दस्यु-दानव में मेरे प्रति काफ़ी श्रद्धा है। वे कई बार मेरे रक्षक बने हैं। आज भक्षक कैसे बनेंगे? फिर भी, यदि आप मेरी सुरक्षा को लेकर इतने चिन्तित हैं तो मेरे साथ सत्यकाम चला जाएगा। वह मेरे साथ होता है तो मैं चिरकारी को खोने का दुख भूल जाती हूँ।"

इस प्रस्ताव से गौतम असहमत नहीं हुए। चिरकारी के लापता होने के बाद से गौतम सम्भवतः मन-ही-मन खुद को जिम्मेवार मानते हैं। इसलिए चिरकारी का प्रसंग उठते ही वे विरोध नहीं कर पाते। मेरे साथ सत्यकाम का सोमलता लेने जाने की बात पर गौतम ने आपत्ति नहीं की।

सौम्य सत्यकाम अवश्य किसी आर्य धनिक अथवा मुनि-ऋषि का पुत्र होगा। उसके चेहरे की प्रशान्ति उसके संस्पर्श में आनेवाली किसी भी नारी अथवा पुरुष को स्निग्ध कर देगी। सत्यकाम मेरे साथ होने के कारण अरण्य में सोमलता ढूँढ़ने की थकान दूर हो जाती थी। ऐसा लगता था जैसे कि चिरकारी मेरे पीछे-पीछे 'माँ-माँ' कहकर डोलता फिर रहा हो। कभी-कभी सत्यकाम का पसीना अपने आँचल से पोंछते समय उसका मुख चिरकारी-सा दिखाई देता है। उस समय मैं भूल जाती हूँ कि मेरा चिरकारी कहीं खो गया है। कहाँ खो जाएगा मेरा चिरकारी? क्या कोई खोता है इस पृथ्वी पर? सभी तो होते हैं ऋताम्भरा वसुधा पर कहीं-न-कहीं। यहीं होते हैं सूर्य, चन्द्र, धूप, बारिश और होती हैं ऋतुएँ। यहीं होती हैं मधुक्षरा नदियाँ और झरने। जननी वसुधा का उदार वात्सल्य सर्वत्र विराजमान है। नारद भैया की बात सच है। मेरा बेटा चिरकारी खोया नहीं है; बस, वह मुझे मिल नहीं रहा। नहीं मिल रहा गौतम के सन्देह के कारण। जब-जब चिरकारी का लापता होना मुझे विचलित करता है, तब-तब गौतम का सन्देह मेरे सामने विकराल रूप लेकर खड़ा हो जाता है, मेरे अन्दर बदले की भावना जाग उठती है किन्तु उस बदले का स्वरूप साफ दिखाई नहीं देता। मैं पुनः अपना मन बहलाने लग जाती हूँ। चिरकारी का मुख पत्तों, फूलों और ओस की बूँदों पर देखती हूँ। मेरे बेटे का निष्पाप मुख सत्यकाम के मुख पर, पृथ्वी के समस्त शिशुओं के मुखों पर उभर आता है।

सोमलता दुर्लभ है, पर मिल जाती है। जिस तरह अपाला को मिल गई थी। मुझे भी सोमलता मिल जाएगी। मिल जाएगा मेरा चिरकारी भी। किन्तु सोम-भावना से ढूँढ़ना होगा। मैं चिरकारी से स्वयं को अलग न करके सत्यकाम के निकट हो आई हूँ। जननी का हृदय होता ही ऐसा है कि उसमें दुनिया भर के मनुष्य, पशु-पक्षी, पेड़-पौधे—सबके रहने के लिए जगह की कमी नहीं होती।

यदि मुझे सोमलता मिल जाए और इस अरण्य की सघनता में इन्द्रदेव मिल जाएँ, तो सोमयाग प्रारम्भ होने से पहले ही इन्द्रदेव सन्तुष्ट हो जाएँगे और पूर्णाहुति होने से पहले ही घनघोर बारिश शुरू हो जाएगी धूप से तपती धरा पर। यदि इन्द्रदेव ने अपाला को अरण्य में दर्शन दिया था, तो मुझे क्यों नहीं देंगे? सत्यकाम की जननी जाबाला का उपदेश याद आया। सत्यकाम से मिलने नहीं, मुझसे मिलने वे चार दिन पहले आई थीं। सत्यकाम को आश्रम में जगह मिलने के बाद से जाबाला भी बीच-बीच में मुझसे मिलने आया करती थीं। दासी होने पर भी उनके उच्च संस्कार मुझे मुग्ध करते। मैं जाबाला के पैर छूकर उन्हें प्रणाम करती थी, यह ऋषि पत्नियों को पसन्द न था, फिर भी मैं सबके सामने ऐसा ही करती थी। इस बार उनके साथ दो दिनों तक अन्तरंग बातचीत हुई। मेरा सोमलता ढूँढ़ने जाने की बात सुनकर उन्होंने दृढ़ स्वर में कहा था, "मुझे विश्वास है कि सोमलता तुम्हें मिल जाएगी और तुम इन्द्र को सन्तुष्ट करने में सफल होगी।

अनुर्वरा अहल्या पृथ्वी तुम्हारी ही निष्ठा के प्रताप से बारिश से नहाएगी–बन जाएगी और अधिक शस्य श्यामला।"

मैंने खुश होते हुए कहा था, "आप आशीर्वाद दें तो अपाला की तरह अरण्य में ही मुझे इन्द्रदेव के दर्शन हो जाएँगे। मैं अरण्य से लौटकर आश्रम पहुँच भी नहीं पाऊँगी कि वर्षा-जल से भर चुका होगा आश्रम का प्रांगण। गौतम को इन्द्रदेव के आगे हाथ पसारकर भीख नहीं माँगना पड़ेगा। इससे गौतम अवश्य सन्तुष्ट होंगे।"

जाबाला ने स्नेह से मेरा सिर सहलाते हुए कहा, "बेटी! तुम अपनी दुनिया बसाकर भी दुनियादारी से अनभिज्ञ हो। तुम जितनी सरल हो, दुनिया उतनी सरल नहीं है। अपाला की आपबीती सुनने के बाद भी तुम दुनिया को पहचान नहीं पाईं। पहचान नहीं पाईं अपने पति के सन्देही मन को। अपाला इन्द्र को सन्तुष्ट करके दुनिया के सन्देह से अब तक मुक्त नहीं हो पाई हैं। पति के सन्देह की तेज हवा सहते-सहते उनके गोपनीय मिलन को दुनिया सन्देहभरी दृष्टि से देखती है। तुम्हारे पति गौतम महर्षि तो सहज ही..."

जाबाला ने सच कहा था। अतः मैं सोमलता लेकर शीघ्र ही आश्रम लौट जाऊँगी। अपाला की तरह लताकुंज की ओट में रहकर सोमलता को दाँतों से चबा-चबाकर रस नहीं निकालूँगी।

नारद भैया कहते थे कि मुझमें कोई अपूर्ण आकर्षण शक्ति है। कुछ पुष्पलताएँ स्वतः मेरी ओर आकर्षित हो मेरे ही ऊपर लद जाती हैं।

बचपन में एक बार प्रथा मुझे पेड़ की छाया में लिटाकर जलावन इकट्ठा कर रही थी। बसन्त ऋतु की बात है। मुझ पर फूलों की इतनी बरसात हुई कि मैं फूलों से पूरी तरह ढक गई। मुझे फूलों के नीचे से ढूँढ़कर निकालना प्रथा के लिए सचमुच दुष्कर हो गया। अचानक नारद भैया वहाँ आ पहुँचे और उन्होंने मुझे ढूँढ़कर बाहर निकाला। उस समय मुझे होश नहीं था। मलय पवन के एक झोंके से मैंने आँखें खोली थीं। होश लौट आया था। और एक बार की बात है–नववसन्त के एक चंचल पूर्वाह्न में मैं लताकुंज में अनमनी-सी खड़ी थी। समझ नहीं पाई कि अनामिका वन-लतिका कब मुझे अपने आलिंगन में कसकर श्वासरुद्ध करनेवाली थी। मेरी क्षीण तनुवल्लरी वनलतिका से मिलकर एकाकार हो गई थी। इतने में बिना बादल के वर्षा की बूँदें गिरने लगीं लतिकाबद्ध मेरे तन पर। मेरे शरीर की सारी ग्रन्थियाँ मानो खुलती चली जा रही थीं नव रोमांच से। लतिका के बन्धन से मैं अनायास ही मुक्त हो गई थी।

नारद भैया कहते हैं–मैं प्रकृति हूँ, मैं पृथ्वी हूँ, मैं ऋतम्भरा वसुन्धरा हूँ। इसलिए प्रकृति से मेरा कोई घनिष्ठ सम्बन्ध है। किन्तु आज सोमलता मेरी आँखों से ओझल है। सायंहोम का समय होने से पहले मुझे आश्रम लौट जाना

होगा। तो क्या आज सोमलता नहीं मिलेगी? क्या गौतम का सोमयाग सफल नहीं होगा? क्या दुर्भिक्ष दूर नहीं होगा? क्या अनार्य बस्ती में सूखा पड़ जाएगा?

इसी तरह की अनेक बातें मैं सोचा करती थी। कभी पारिजात वन के स्वप्न, तो कभी पातालपुरी के दुःस्वप्न। सत्यकाम कहीं पीछे रह गया है। मैं पर्वत की चढ़ाई पर एक निर्जन स्थान पर पहुँच गई हूँ। कौन है जो मुझे अपने कोमल बाहुपाश में जकड़ रहा है? कौन मेरे गाल, होंठ, चिबुक छू रहा है? कौन है जो अपने मधुस्पर्श से रोमांचित कर रहा है? कौन है?

अपने को सँभालते हुए देखा। यह कैसी अपूर्व लीला है स्रष्टा की! कोमल सोमलता ने चारों ओर से मुझे अपने आलिंगन में बाँध लिया है। मेरे गाल, होंठ, चिबुक को छू-छूकर मुझसे लाड़ कर रहे हैं सोम किसलय। मेरी जड़ नारीत्व की ग्रन्थियाँ खुलती जा रही हैं उस स्पर्श से, किन्तु मेरे हाथ जो बँधे हुए हैं। सोमलता कैसे एकत्र करूँगी? सोमलता मेरी पकड़ में होते हुए भी मुझसे पकड़ी नहीं जा रही है। हाथ की पहुँच में प्राप्ति है, जबकि प्राप्ति उपलब्धि नहीं है। यदि अप्राप्ति खाली पंजर है, तो प्राप्ति बन्धन है। मुक्ति कहाँ है? कौन है मुक्तिदाता?

किसी का बलिष्ठ विश्वासभरा हाथ बढ़ता चला आ रहा है मेरी ओर। उस हाथ के स्पर्श से सोमलता का बन्धन खुल जाता है। मेरी अँजुरी में इकट्ठे हो रहे हैं सोम किसलय। क्या सोमलता मुझे मिल गई? तब तो इन्द्रदेव का सन्तुष्ट होना निश्चित है! किन्तु कौन है मेरा मुक्तिदाता? मेरा पुत्र सत्यकाम या पति गौतम?

नहीं–मेरे सम्मुख इन्द्रदेव खड़े हैं। उन्हीं के स्पर्श से मेरा सोमपाश खुल गया। अब मैं मुक्त हूँ। किन्तु क्या मैं सचमुच मुक्त हूँ? सामने रास्ता रोके खड़े हैं जगत के गतिदाता इन्द्रदेव। उनसे मुक्त हो जाने पर पिता के निर्देश से मेरी प्रतीक्षा में खड़ा होगा मेरा पुत्र सत्यकाम। उससे मुक्ति मिलने के बाद पति गौतम के कठोर अनुशासन और सन्देह का कारागार है।

मैंने हाथ जोड़े। अनुनय करते हुए कहा, "इन्द्रदेव! यह सोम की तलाश आपकी आराधना के लिए है। सोमयाग के सिद्धिदाता आप हैं। सोम हवि को प्राप्त करनेवाले आप हैं। किन्तु यहाँ नहीं–यज्ञवेदी पर। मेरे पति गौतम सोमयाग के यजमान हैं और मुख्य ऋत्विक भी। उनकी अनुपस्थिति में पूर्णाहुति सम्भव नहीं। पंचम दिन ही यज्ञीय आहुति का दिन है। उस दिन तीन बार सोमरस तैयार करके आपको अर्पित किया जाएगा। आज तो तीसरा ही दिन है। मुझे यज्ञ के सारे नियम पालन करने होंगे। मेरे पति गौतम नीति-नियमों के प्रवक्ता हैं। नियम भंग का अर्थ है यज्ञभंग। इसलिए आप पाँचवें दिन ही अपने करुणाजल से आश्रम को प्लावित कर यज्ञ हवि स्वीकार करने पधारें। मैं अनेक प्रकार से आपके प्रति कृतज्ञ हूँ। मुझे जाने दें तो मैं पुनः आपके प्रति कृतज्ञ रहूँगी। सायंहोम से पहले आश्रम न पहुँच सकी तो मेरे पति..."

"अनर्थ कर डालेंगे, यही न?" मेरे मुँह से बात छीनते हुए इन्द्रदेव ने मुस्कराते हुए कहा, "किन्तु वरदाता मैं नहीं हूँ–तुम हो वरदात्री अभीष्ट देवी। तुम्हारी प्रतिश्रुति तुम्हें याद दिला दी मैंने।" इतना कहकर वे मेरे दृष्टिपथ से दूर हो गए।

मैं सोमलता लेकर आश्रम की ओर चल पड़ी। रास्ते में सत्यकाम से मिलते ही आनन्द से अधीर होते हुए बोली, "जानते हो सत्यकाम, इन्द्रदेव मिले थे। उन्हीं की कृपा से यह सोमलता मिली है। क्या वे तुझे नहीं मिले?"

सत्यकाम स्तब्ध हो मेरी ओर ताकता रह गया। वह खुश हुआ हो, ऐसा नहीं लगा। सिर झुकाए चुपचाप मेरे पीछे-पीछे चल पड़ा।

मुझे ढेर-सारी सोमलता लेकर आए देख आश्रम में आनन्द की लहर दौड़ गई। इन्द्रदेव के सहसा आविर्भूत होने और प्रस्थान कर जाने की बात मैंने गौतम को बताई। गौतम गम्भीर और सशंकित लग रहे थे। उन्होंने सत्यकाम को एक ओर बुलाकर पूछा था, "अरण्य में इतना विलम्ब होने का क्या कारण है? क्या कोई और भी मिला था अरण्य में?"

"सोमलता बहुत कठिनाई से मिली। माँजी सोमलता ढूँढ़ते-ढूँढ़ते बहुत दूर निकल गईं। वहाँ सोम के फन्दों में जकड़ गई थीं। यदि इन्द्रदेव वहाँ कृपा करके न पहुँचे होते तो माँजी सोम के बन्धन से मुक्त न हो पातीं। किन्तु मैं इन्द्रदेव के दर्शन नहीं कर सका। माँजी से पता चला कि इन्द्रदेव ने उन्हें दर्शन दिया था। माँजी दिव्यनारी होने के कारण देवता उन्हें दिखाई देते हैं।"

"कमल के प्रति प्रेम ही भौंरे की मृत्यु का कारण बनता है।" इतना कहकर गौतम चुप हो गए।

गौतम के मुँह से यह सुनकर मेरे तन-बदन में आग लग गई। मुझसे इन्द्रदेव के आविर्भाव के बारे में सूचना पाने के बावजूद उस बारे में सत्यकाम से एकान्त में पुनः पूछना गौतम के कुत्सित सन्देह की कालिख लग रही थी। किन्तु उस बात को लेकर मुझमें और गौतम में कोई तर्क-वितर्क नहीं हुआ। आश्रम में अतिथियों की भीड़ थी। सोमयाग के आयोजन में सभी व्यस्त थे। स्वाहा की सिद्धि को लेकर आर्य-अनार्य सभी उत्कंठित थे। छोटे-छोटे पारिवारिक मतभेदों को लेकर इस सामूहिक आयोजन में विघ्न डालना हमने उचित नहीं समझा। इसके अलावा घर की बात बाहर लाना उचित नहीं है। किन्तु गौतम की सशंकित पैनी दृष्टि ने दुष्प्राप्य सोमलता को पाने के मेरे समस्त आनन्द को निष्फल क्षोभ में बदल दिया।

"हे आध्यामिक रजनी! तुम्हें प्रणाम। हम दोनों एक मन, एक प्राण से रात भर जगकर सोमरस का ध्यान रखे हुए हैं। यह प्रेममयी अलौकिक मदिरा इन्द्र को समर्पित है। इन्द्र इसे पीकर सन्तुष्ट हों और यजमान का अभीष्ट पूरा करें।"

गौतम ने संगृहीत सोम को एकत्र करके एक पात्र में भरकर चन्द्रचर्चित वेदी पर रख दिया। रात भर हम दोनों उसका ध्यान रखे रहे। किन्तु गौतम ने जो वाक्य कहा, क्या वह सत्य है? क्या हम दोनों वास्तव में एक मन, एक प्राण हैं?

"हे ऐश्वर्यशाली प्रभो–हे इन्द्र! मेरा सब कुछ तुम्हें समर्पित है। यज्ञ में स्वाहा करने के बाद जो भी कुछ यज्ञ का अवशिष्ट बच जाएगा, सिर्फ उतना ही मैं उपभोग करूँगा। वर्षा–जल के भाप बनकर पृथ्वी से आकाश में जाकर पुनः वर्षा–जल बनकर पृथ्वी की छाती पर लौट आने की तरह मेरा सर्वस्व स्वीकार करके वरदानस्वरूप मेरा अभीष्ट पृथ्वी पर लौट आए। पंचसिन्धु में शान्ति स्थापित हो। आर्यों और अनार्यों का मिल–जुलकर रहना और सुदृढ़ हो।" गौतम एकाग्रचित हो प्रार्थना करते चले जा रहे थे।

गौतम की वाणी की सत्यता और शुद्धता को लेकर सन्देह करना मेरे मन के पाप के सिवाय और क्या हो सकता है?

सोम की यह कैसी मदमस्त सुगन्ध है! मैं गौतम की तरह एकाग्रचित्त होकर नहीं बैठी थी। सोम की सुगन्ध से मानो चन्द्रिका भी सुगन्धयुक्त हो उठी थी। कभी मैं इन्द्रदेव का स्मरण कर रही थी तो कभी प्रेममय चारु–चन्द्र की ओर निहारते हुए मुग्ध–चित्त से प्रार्थना कर रही थी–'हे सुधाकर! यह पृथ्वी अन्नहीन और भूखी है। पृथ्वी को भूखे दानव के चंगुल से बचा लें। सोम प्लावन से मधुक्षरा हो उठे सिन्धवः। नदी की तरह मैं भी प्रेम के मधुसागर में लीन होकर अपना जीवन सार्थक करूँ।'

मेरी प्रार्थना सुनकर गौतम ने चौंकते हुए मेरी ओर देखा। उनकी दृष्टि में प्रश्न था–'कौन है सागर? किसमें लीन होना चाहती हो? सोमयाग से अपने क्षुद्र स्वार्थ को जोड़ रही हो?'

'क्षुद्र स्वार्थ क्या है? इन्द्रपद प्राप्त करना या संसार की भूख मिटाना?' मेरी दृष्टि गौतम से प्रश्न कर रही थी। गौतम ने मुझ पर से अपनी दृष्टि हटा ली थी।

मैं सोच रही थी कि गौतम का सोमयाग सफल करने के लिए मैंने उनके दबाव में सोमलता एकत्र किया है और आज पूरी रात जगकर मैं सोम का ध्यान रख रही हूँ। किन्तु चाँदनी के सुधा–स्पर्श से मेरा अवचेतन खुलने लगा था मेरे सामने। किसी के दबाव में नहीं, बल्कि मेरे अन्तःकरण में श्रद्धा जगी है, तभी मैंने सोमयाग में स्वयं को समर्पित करने का संकल्प लिया है।

कल इन्द्रदेव को तीन बार सोमरस अर्पित किया जाएगा। प्रातः सवन, मध्याह्न सवन और सायं सवन के समय उपस्थित रहकर इन्द्रदेव सोम हवि ग्रहण करेंगे। इसलिए तड़के ही चैत्ररथ आश्रम के प्रांगण में पहुँच जाएगा। आतिथ्य से इन्द्रदेव सन्तुष्ट न हुए तो हवि ग्रहण किए बिना उनका लौट जाना कोई विचित्र

बात नहीं है। यदि वैसा हुआ तो सप्तसिन्धु में अकाल पड़ जाएगा और पृथ्वी तबाह हो जाएगी।

आज सायं होम से पहले गौतम ने अथर्व वेद के नवें मंडल का छठा अध्याय पढ़ा। उसमें वैदिक अतिथि-सत्कार के बारे में मंत्र दिए गए हैं। गौतम ने बड़े ही प्रांजल रूप से उनकी व्याख्या की थी। सम्भवत: मुझे अपने कर्तव्य के प्रति सचेत करना उनका उद्‌देश्य था। मैं ब्रह्मा की कन्या हूँ। क्या मैं नहीं जानती कि अतिथि-सत्कार कैसे किया जाता है? जब रम्यवन में पिताजी आते, वहाँ अतिथियों का मेला लग जाता। किस अतिथि को कैसे सन्तुष्ट किया जाता है, वह कला मुझे बचपन से ही आती है। विवाह के बाद गौतम आश्रम आनेवाले किसी भी अतिथि के रूठकर लौट जाने का उदाहरण नहीं मिलेगा। देवता, राजा, ऋषि, दास भिक्षार्थी जो भी मेरी कुटिया के द्वार पर आए हैं—मैंने उन्हें समान दृष्टि से देखा है। यह मेरे बचपन का संस्कार है। इसके बावजूद गौतम कहते चले जा रहे हैं, "अतिथि यज्ञ की आत्मा हैं। इसलिए अतिथि जिन-जिन पदार्थों से सन्तुष्ट होंगे, उनकी रुचि के अनुसार पवित्र चित्त से वह सब कुछ अर्पित करना चाहिए। अतिथियों को अर्पण की जा रही सारी चीजें यज्ञ सामग्री की तरह पवित्र और शुद्ध हैं। अतिथियों को प्रीतिपूर्ण दृष्टि से देखना देव-दर्शन के समान है। अतिथियों के साथ मीठे स्वर में बातचीत करना यजमान का यज्ञीय वस्त्र धारण करके अध्वर्यु से दीक्षा लेने के समान है। अतिथियों के पैर पखारना यज्ञ में आहुति देने के समान है। अतिथियों का जी-जान से सत्कार करके लौटने वाला व्यक्ति यज्ञ के उद्यापन के बाद यज्ञान्त स्नान करके लौटने-सा देवोपम है। जो अतिथि को सन्तुष्ट करने में विफल हो जाता है, वह घर की सुख-समृद्धि, प्रजागण, शिष्यगण, पशु-पक्षी और घर की यशकीर्ति सुख-समृद्धि को स्वयं ही लील जाता है। ऐसा व्यक्ति घर के शत्रु के साथ समान और वर्जनीय है।"

सोम जागरण के समय मैं गौतम को देखकर न जाने क्यों आतंकित होने लगी थी मानो मेरा वर्जन करने के लिए गौतम कोई बहाना ढूँढ़ रहे हैं। इन्द्र को सन्तुष्ट करने पर निर्भर करता है वृष्टिदान। ये दोनों बातें उतनी आसान नहीं हैं। इसलिए इस मौके पर सम्भवत: गौतम मुझे छोड़कर तपस्या करने हिमालय चले जाएँगे परन्तु उनका यह वर्जन, त्याग और समर्पण कहलाएगा। दुनिया समझेगी, अहल्या इन्द्र को सन्तुष्ट न कर पाने के कारण वर्षा नहीं हुई और पंचसिन्धु अंचल का दुर्भिक्ष दूर नहीं हुआ, इसलिए गौतम प्राण से भी प्रिय पत्नी को छोड़कर तपस्या करने चले गए। दुनिया उन्हें धन्य-धन्य कहेगी। अहल्या हो जाएगी पाषाण-हृदय, निन्दित! किन्तु गौतम को इस तरह झूठी प्रशंसा का भागीदार मैं नहीं बनने दूँगी। मैं इन्द्र को अवश्य सन्तुष्ट करूँगी। जरूरत पड़ी तो अपनी जान तक देने से नहीं झिझकूँगी; अर्थात मैं वह अवसर

ही नहीं आने दूँगी कि गौतम मुझे छोड़कर तपस्या करने चले जाएँ। किन्तु गौतम को उनके निर्णय से कौन डिगा सकता है? यदि मेरे भाग्य में पति द्वारा वर्जित होना ही लिखा होगा, तो मैं उसे कैसे बदल सकती हूँ? पर मैं इन्द्रदेव को सन्तुष्ट करने में भला अक्षम क्यों होऊँ? सोमलता मिल जाने के बाद इन्द्रदेव को सन्तुष्ट करना असाध्य नहीं है। सोमलता मिल जाने से मेरे मन में आत्मविश्वास जाग उठा है। इन्द्रदेव को सन्तुष्ट करने के लिए आखिर किस कला का अभाव है मुझमें?

मेरे अहंकार ने अगले ही क्षण मुझे डराया। जिस बात के लिए मैं इतना अहंकार कर रही हूँ, एक दिन वही मेरे अहंकार को चूर-चूर कर देगा, क्या यह मुझे उस समय मालूम नहीं था? मनुष्य के अन्दर देवता नहीं होंगे, पर देवता के भीतर मनुष्य होता है। मनुष्य दिव्य होने पर देवता बन जाता है। मनुष्य की तरह देवता भी कूटनीति में दक्ष होता है। इन्द्रदेव तो कूटनीति में पारंगत हैं। ऐसा न होता तो सबसे कनिष्ठ होते हुए भी आर्यनायक से देवराज नहीं बन सकते थे। गौतम का सोमयाग भ्रष्ट करने के लिए षड्यंत्र चल रहा है, ऐसी कानाफूसी हो रही थीं। इसलिए इन्द्रदेव द्वारा सोमहवि स्वीकार करके सन्तुष्ट होने की आशा कम है, ऐसी बातें चल रही थी। आश्रम में। यदि सोमयाग सफल न हुआ तो गौतम का यश घट जाएगा और पंचसिन्धु अंचल में आर्यों का उनके ऊपर से आस्था उठ जाएगी। इसके अलावा भूखे-पीड़ित अनार्य भी विद्रोह कर उठेंगे। सिद्धि न मिली तो साधना पर प्रश्न चिह्न लग जाएगा और अनास्था भाव तो सुनिश्चित है! किन्तु यह सोमयाग आज मेरे लिए एक चुनौती बन गया है। इन्द्रदेव का मेरे आतिथ्य से सन्तुष्ट न होना मेरे नारीत्व और मेरे आचार्या पद की अवमानना के सिवाय और कुछ नहीं होगा। अपने नारीत्व पर मेरी गहरी आस्था है। यदि इन्द्रदेव जान-बूझकर सन्तुष्ट न हुए तो उससे इन्द्रदेव की चालाकी ही प्रमाणित होगी। किन्तु उससे पंचसिन्धु अंचल का जल संकट दूर नहीं होगा। किस मुँह से अहल्या अनार्यों को आश्वासन देगी—'यज्ञ भंग मत करो। यज्ञ की सिद्धि तुम्हें भी मिलेगी। सोमयाग के बाद अमृत वारिधि से धरती का यह तप्त भूखंड प्लावित हो उठेगा...'

सिद्धि का रूप महिमामंडित है किन्तु सिद्धि कितनी मुश्किल से मिलती है, यह बात केवल सिद्ध व्यक्तित्व ही जानता है। बाहरी दर्शक यहाँ तक कि स्वयं सिद्धिदाता को भी सिद्धिप्राप्ति के मार्ग पर सिद्धिप्राप्तकर्ता द्वारा भोगे हुए कष्ट का रत्तीभर अहसास नहीं होता। गौतम सिद्धिपथ पर बहुत कष्ट उठा चुके हैं। हे इन्द्रदेव! गौतम का अभीष्ट सिद्ध हो। मेरा अभीष्ट? मैं स्वयं ही नहीं जानती कि मेरे अभीष्ट का स्वरूप क्या है। इसलिए अपनी चिन्ता मुझे नहीं है। चिन्ता है तो सिर्फ गौतम की। यह सोमयाग सफल होने पर हमारे दाम्पत्य जीवन में

सम्भवतः सोममधु प्रवाहित होगा। सामान्य हो उठूँगी मैं–सामान्य स्थिति लौट आएगी पंचसिन्धु में।

महाभिषेक की निश्चित घड़ी आ गई। जलपूर्ण आधवनीय पात्र में रहकर सोमलताएँ ताजा हो उठी हैं। उद्गाता और उनके अनुचरगण एक वृहत द्रोणकलश यज्ञवेदी के निकट रख चुके हैं। भेड़ के रोएँ से बना दशापवित्र छन्ना द्रोणकलश के मुँह पर रख चुके हैं गौतम। इस शुद्धपूत छन्ने से विशुद्ध, मधुर, दिव्यशक्ति प्रदायी सोमरस की बूँदें द्रोणकलश में झरती रहेंगी। लबालब भर जाएगा कलश का विशाल वक्ष। उसके बाद होगा सोमहवि का अवर्णनीय स्वाहा।

आश्रम में सबके मन में उत्कंठा है। कभी-कभी सोमलता से पर्याप्त रस क्षरण नहीं होता। वैसे भी वर्षा के अभाव में लता-पत्र मुरझा चुके हैं। रात बीतने से पहले ऋत्विकगण सोमरस बनाने का प्रारम्भिक कार्य का शुभारम्भ कर चुके हैं। ऋत्विक अध्वर्यु जल ला चुके हैं नदी से। इन दिनों नदी भी जलदान करने में निष्करुण है। बड़ी मुश्किल से एकत्र किए गए एकाधना जल को पहले से एकत्र बसतीबरी जल के साथ मिला दिया है ऋत्विकों ने। अध्वर्यु, प्रतिप्रस्थाता, नेष्टा और उन्नेता–चारों ऋत्विकों द्वारा महाभिषेक सम्पन्न करते ही जय इन्द्रदेव, मुक्तिदाता इन्द्र, गतिदाता इन्द्र के स्वर से प्रकम्पित हो उठी धरती। अद्रि पर सोमलताएँ रख उसे ग्रावा से कूचकर रसस्राव के लिए द्रोणकलश के ऊपर बँधे दशापवित्र पर रखते ही होता, उद्गाता, अतिथि ऋषि और ऋषिकाएँ तरह-तरह के शस्त और स्त्रोत्र पाठ करने लगे। पहले उद्गाता स्तोत्र-मंत्रों को यथाविधि साम में प्रयोग करके स्तोत्र-नियम के अनुसार आवृत्ति करते ही होतागण मंत्रों को शुद्ध और स्पष्ट रूप से उच्चारण करने लगते लेकिन सोमरस को अति क्षीण धार में झरते देख सबके मन में निराशा छा गई।

प्रथम क्षरण और द्वितीय क्षरण के बाद जितना सोमरस एकत्र हुआ, वह इन्द्रदेव के सोमहवि के लिए पर्याप्त नहीं था। विश्वामित्र ने कहा, ''पर्याप्त सोमहवि अर्पण न करने पर इन्द्रदेव का अपमान होगा और उसका फल विपरीत होगा।''

''किन्तु इसमें किसी का क्या दोष? दोष तो स्वयं इन्द्रदेव का है, जिन्होंने कम वर्षा करके सोमलता को शुष्क बना दिया।''

मेरे मुँह से ऐसी बात सुनकर माता अरुन्धती ने दाँतों तले जीभ दबा ली। देवता में दोष? मनुष्य दोष करे तो देवता खिन्न हो जाते हैं। इसलिए पहले अपना दोष ढूँढ़कर मन को दोषमुक्त करना होगा। क्या यजमान के मन में कोई दोषयुक्त भाव है?

जब सभी गौतम की ओर सन्दिग्ध दृष्टि से देखने लगे, गौतम की मुख-मुद्रा कठोर हो उठी।

परिस्थिति को सँभालते हुए नारद भैया ने कहा, "इन्द्र की करुणा के बिना सोमक्षरण असम्भव है। वे स्वयं ही वर्षा-दान करके सोमस्राव कराते हैं और फिर स्वयं ही उस सोम का सेवन करते हैं। अब षोड्शी गौतमी षोड्शी नाम स्तोत्र और शस्त पाठ करे एवं प्रधान ऋत्विका अहल्या तीसरी बार रस निचोड़े। मुझे विश्वास है कि तीसरी बार रस निचोड़ने से द्रोणकलश लबालब भर जाएगा। इन्द्रदेव का नारी-प्रेम किससे छिपा है? नारी को समान अधिकार देने में वे अग्रणी हैं। अतः यदि अहल्या ने रसस्राव में भाग न लिया तो सोम-क्षरण नहीं होगा। सम्भवतः यही है इन्द्रजाल!"

वास्तव में तृतीय क्षरण के परिणाम को लेकर ऋत्विकगणों को आशंका थी। यदि यह अन्तिम क्षरण असफल हो गया तो सोमयाग भी असफल हो जाएगा। महर्षि नारद ने जब एक ऐसा प्रस्ताव रखा है तो उसे अस्वीकार करने का तर्क कोई ढूँढ़ नहीं पा रहा था। ब्रह्मांड की नाड़ी नक्षत्र पहचानने वाले महर्षि नारद सम्भवतः इन्द्र के मन की बात जानते हैं।

प्रथा ने मुझसे कहा, "जाओ अहल्या। पति के सोमयाग को सफल बनाओ। तुम्हारे बिना गौतम अधूरे हैं। तुम्हारे स्पर्श के बिना सोमस्राव सफल नहीं होगा। स्त्रियों के लिए यज्ञाधिकार प्रथा-विरोधी नहीं है। फिर यह झिझक क्यों?"

उपस्थित आचार्यों का प्रथा की बातों के प्रति समर्थन था। मैं सोमस्राव के लिए तुरन्त तैयार हो गई। ग्रावा स्पर्श करते ही सुगन्धित सोमरस से लबालब भर गया द्रोणकलश। मेरे प्राणों से प्यारी गौतमी के सामगान से आकाश दुन्दुभित हो उठा और रत्नवेदी के निकट आ उतरा। रथ से उतरे प्रसन्न बदन इन्द्रदेव।

खुशी के शोर-शराबे में सामगान दब गया। सबसे पहले इन्द्रदेव ने गौतमी को दुलार करते हुए कहा, "गीतिमयि! तुम्हारी जगह तो इन्द्रलोक में है! एक दिन तुम्हें भी शरदभानु की तरह इन्द्रलोक में स्थान मिलेगा और तुम वाग्देवी की तरह सम्मानित होओगी। धन्य हैं तुम्हारे माता-पिता!" गौतमी के माता-पिता के रूप में रुद्राक्ष और ऋचा ने इन्द्रदेव का अभिवादन किया। इससे आर्यगण क्षुब्ध हुए। इन्द्रदेव ने यज्ञवेदी तक पहुँचने से पहले ही एक वितंडा खड़ा कर दिया।

मैं जितनी प्रसन्न लग रही थी, गौतम उतने ही अप्रसन्न दिख रहे थे किन्तु मुँह खोलकर कुछ कह नहीं पा रहे थे।

लगातार सोमहवि ग्रहण करते हुए पलक झपकते द्रोणकलश खाली कर दिया इन्द्रदेव ने। अब पल भर में आकाश बन जाएगा अमृत-कलश। इन्द्र के एक संकेत से आकाश-कलश का सीना चीरकर वर्षामृत बरसने लगेगा। सूखी धरती फिर से हो उठेगी ऋतम्भरा-मधुक्षरा-शस्य श्यामला जननी। प्रतीक्षा की घड़ी बीतती चली जा रही थी। कहाँ है—कहाँ है वरदान? अभीष्ट सिद्धि में अब कैसा विलम्ब? आकाश में वर्षा का संकेत नहीं है। आकाश के विशाल वक्ष पर

अपना अपूर्व वर्णमय धनुष टिकाकर इन्द्रदेव गर्व से विराजमान हैं अपने आसन पर। पूर्णाहुति के बाद अब भला उन्हें किस 'स्वाहा' की प्रतीक्षा है?

सब कुछ अनर्थ हो जाने-सा लग रहा था। पूरी शत्रुता साधे हुए थे इन्द्रदेव। गौतम को पराजित करने और उनके मनोरथ को विफल करने की प्रतिज्ञा से मानो वे अटल हों। एक अशुभ आशंका से सभी त्रस्त थे। आशंकित अतिथिगण अपने-अपने आश्रम की परिस्थिति सँभालने के लिए स्वगृह लौटने लगे थे। इन्द्रदेव से विदा लेते समय उनके चेहरे पर उभर आती एक अभयमुद्रा। हालाँकि अभय ही सतर्क करता है कि सम्मुख भय है। एक अशुभ आशंका से मेरी छाती प्रकम्पित क्यों हो रही है? इन्द्रदेव को पराजित करके अपने पति का कष्टसाध्य यज्ञफल छीनने को मेरे भीतर उदग्र कामना जाग रही थी। मेरा अहंकार भी मेरा आह्वान कर रहा है—'अहल्या! इन्द्र को सन्तुष्ट करने में असफल होना केवल तुम्हारी हार नहीं—यह हार सृष्टि की है—वसुन्धरा की है।'

इन्द्रदेव के अहंकार को चूर-चूर कर डालने को मेरी यह सर्वनाशी प्रतिज्ञा क्या मेरे भीतर आज अभी-अभी जन्मी है? अंकुरोद्‌गम से पहले भ्रूण की सृष्टि और विकास की प्रक्रिया तो युग-युग से चली आ रही है!

नारद भैया ने कहा, "शुभ मुहूर्त आने तक प्रतीक्षा करनी होगी। कल ब्राह्ममुहूर्त में अभीष्ट सिद्धि की सम्भावना है। इन्द्रदेव अभीष्टदाता हैं। परन्तु बिना मुहूर्त के भला कोई क्या कर सकता है?" इतना कहकर नारद भैया भी अन्तर्धान हो गए।

आश्रम निर्जन हो गया। इन्द्रदेव जाने को खड़े होते ही मेरे अहंकारी पति ने अत्यन्त विनयपूर्वक हाथ जोड़कर भिक्षा माँगी, "हे प्रभो! आपके वरदान के बिना आज की रात कालरात्रि-सी लगेगी। वृष्टिदान की प्रतिश्रुति दिए बिना यदि आप लौट गए तो अनार्य लोग विद्रोह कर देंगे। हिंसाकांड करके आश्रम का ध्वंस कर देंगे। वर्षा की आशा में अब तक वे शान्ति बनाए हुए हैं। देखिए, वे लोग दूर खड़े किस तरह रक्ताक्त दृष्टि से देख रहे हैं।"

किन्तु मैं देख पा रही थी उन लोगों की करुण दृष्टि। 'जल दो, अन्न दो' की कातर प्रार्थना से सभी मूक और निर्वाक हैं।

इन्द्रदेव ने कहा, "अभीष्ट सिद्धि की प्रतिश्रुति किसने दी थी? मैंने तो नहीं दी ऐसी प्रतिश्रुति...।"

"किन्तु यज्ञ का उद्‌देश्य तो देवताओं से छिपा नहीं है। हर बार आप यज्ञहवि ग्रहण करने के बाद तरह-तरह के अनुदान और सहयोग देते आए हैं। आज इस महासंकट की घड़ी में यह व्यतिक्रम क्यों?" गौतम ने प्रश्न किया।

इन्द्रदेव ने गौतम की ओर पैनी दृष्टि से देखते हुए प्रश्न किया, "यह प्रश्न अपने मन से करें महर्षि गौतम! क्या स्पष्ट है इस यज्ञ का लक्ष्य और उद्‌देश्य? क्या सचमुच इसमें बहुजन स्वार्थ निहित है? अनार्यों की जान बचाना इस यज्ञ का

लक्ष्य है या उनके हिंस्र आक्रमण से बचना? इसके अलावा भी कहीं कोई और निहित स्वार्थ तो नहीं जुड़ा है इससे?''

इन्द्रदेव का यह कटाक्ष मुझे भी अच्छा नहीं लगा। गौतम अन्दर-ही-अन्दर क्रोध से तिलमिला रहे थे। किन्तु यह अवसर क्रोध करने का नहीं था। उन्होंने शान्त स्वर में कहा, ''किन्तु इन्द्रदेव! आप तो दास-दमनकारी देवता हैं। आज दासजनों के स्वार्थ के बारे में प्रश्न क्यों कर रहे हैं?''

''जब कभी भी मैंने दासों का दमन किया है...आर्य राजाओं और ऋषियों के अनुरोध पर किया है। मैं तो स्वयं दासपिता की सन्तान हूँ। भला मैं दास-विरोधी क्यों होऊँगा? अकारण ही मुझ पर दोषारोपण करने की तुम्हारी पुरानी आदत अब तक नहीं गई!''

इन्द्रदेव और गौतम के बीच तर्क होते देख प्रथा घबरा गई। उसने बीच में ही टोकते हुए कहा, ''अतिथिवर! आज तो यजमान की इच्छा है कि आप अतिथि-भवन में विश्राम करें। इतना करके आश्रम को धन्य करें। कोई दूसरा वर नहीं माँगती।''

''किसका अतिथि? कौन है यजमान?'' इन्द्रदेव ने प्रश्न किया।

''महर्षि गौतम और देवी अहल्या।'' प्रथा ने उत्तर दिया।

इन्द्रदेव ने मुस्कराते हुए कहा, ''गौतम तो मेरे सहपाठी बन्धु हैं। अहल्या मेरी बन्धु-पत्नी। यहाँ यजमान और देवता की बात कहाँ से आ गई? मुझे तो इस शान्त तपोवन में विश्राम करके सुख मिलेगा। हे नमस्या प्रथादेवि! जीवन ही है सबसे बड़ा दाता। हम जीवन की उदारता को न देख कृपणता को ढूँढ़ निकालने के प्रयास में कष्ट पाते हैं। वह कष्ट मेरा है, गौतम का है, अहल्या का है और सबका है। जीवन का सत्य ढूँढ़ लें तो कष्ट दूर हो जाए। सम्भवतः गौतम आश्रम ही जीवन के सत्य की सिद्धिभूमि है। मैं आपका श्रद्धापूर्ण अनुरोध स्वीकार करता हूँ।''

इन्द्रदेव को प्रणाम करते हुए गौतम अतिथि-भवन की ओर चल पड़े। इन्द्रदेव उनका अनुसरण करते हुए बोले, ''नदी के तट से सटा तुम्हारा अतिथि-भवन अति रमणीय है। तुम्हारी अनुपस्थिति में एक अपराह्ण कुछ क्षण वहाँ विश्राम लेकर जितनी तृप्ति मिली थी, उससे कहीं अधिक अतृप्ति थी। चलो, वह अतृप्ति आज रात यहाँ विश्राम करने से दूर हो जाएगी। देवी अहल्या जितना आतिथ्य मुझे त्रिभुवन में कहीं नहीं मिला। दुबारा उनके आतिथ्य के लिए मैं लालायित भी था।''

गौतम ने आग्रहपूर्वक कहा, ''इस अतिथि भवन में जो भी टिकते हैं, वे हमारे लिए देवता हैं। उनका पाद्य, अर्घ और आतिथ्य अहल्या का परम पवित्र कर्तव्य है। उसमें त्रुटि होने पर मैं क्षमा नहीं करता। यह बात सभी जानते हैं।

इसके अलावा ब्रह्मापुत्री अहल्या में अतिथि-सत्कार का गुण तो सहजात है। आपके आतिथ्य में किसी तरह की त्रुटि नहीं रहेगी।''

''मैं कृतज्ञ हूँ।'' इन्द्रदेव ने अन्तःकरण से गौतम को धन्यवाद दिया। गौतम की दृष्टि में मेरे प्रति स्वामित्व का आदेश था। इन्द्रदेव को सन्तुष्ट करने के लिए मैंने स्वयं को तैयार कर लिया।

वह रात्रि थी कालरात्रि। अर्धरात्रि को एक विराट धूमकेतु जा टकराया 'बृहस्पति ग्रह' से। उस टकराहट से बृहस्पति ग्रह पर एक अग्निपिंड उत्पन्न हुआ जिससे प्रलय मच गया। प्रचंड ताप और बादल घिर आए। पृथ्वी पर अँधेरा छा गया। बृहस्पति ग्रह के ऊपरी हिस्से में एक चिरन्तन काला धब्बा पड़ गया। टकराहट के बाद अग्निपिंड और तप्त वाष्प ने पृथ्वी के वायुमंडल को ज्वलन्त अग्निपिंड की तरह तप्त कर दिया। उस महाजागतिक घटना से जगत जल-भुनकर राख हो जाने की बजाय सभी लोग दग्ध होने की यंत्रणा से छटपटाने लगे। मुनि ऋषिगण इष्टनाम का स्मरण करने लगे। गौतम ने अपने ध्यान के बल पर जान लिया कि कोई दुर्घटना घटनेवाली है। ऐसी महाजागतिक दुर्घटना लगभग सहस्र वर्षों में एक बार घटती है। कहीं इसके पीछे इन्द्रदेव का हाथ तो नहीं है?

मैं उस यंत्रणा से तड़पकर कुटिया से बाहर निकल आई। देखा कि इन्द्रदेव अधीर हो उद्यान में इधर-उधर पदचारण कर रहे हैं। किस तरह अतिथि का कष्ट दूर होगा, मैं समझ नहीं पा रही थी। मैंने गौतम से अनुरोध किया कि वे इन्द्रदेव के पास जाकर उनसे पूछें कि उनके कष्ट का निवारण करने के लिए उन्हें क्या चाहिए। गौतम ध्यान से उठकर इन्द्रदेव के पास गए, उनका कुशलक्षेम पूछा। इस पर इन्द्रदेव ने कहा, ''कोई उपाय नहीं सूझ रहा। बृहस्पति और धूमकेतु के टकराने से बृहस्पति के आकाश में जलकणविहीन बादल बनना चाहिए, जबकि वह जलकणविहीन बादल बन गया है पृथ्वी के आकाश में। इसीलिए यह ताप और दहन है। सिर्फ प्रार्थना करने के अलावा अब कोई दूसरा उपाय नहीं है।''

''किन्तु किससे करें प्रार्थना? जलदाता तो आप हैं। बादलों में जलकण भरना आपकी इच्छा पर निर्भर करता है। तो फिर यह कपट क्यों? क्या हमारे आतिथ्य में कोई कमी है?'' गौतम ने व्याकुल कंठ से प्रश्न किया।

इन्द्रदेव ने उनके प्रश्न का उत्तर न देकर कहा, ''रात में भीतर से किसके लिए किवाड़ बन्द कर लेते हो? कल रात देवी अहल्या सम्भवतः मेरे कक्ष में जलकलश भरना भूल गईं? प्यास से अधीर मैं तुम्हारा दरवाजा खटखटाता रहा। लगा कि अन्दर से बन्द करके सोए हो।''

गौतम चौंके।

किसके लिए उन्होंने अन्दर से किवाड़ बन्द किया था? अपने लिए तो नहीं–तो क्या मेरे लिए? इन्द्रदेव और गौतम की बातचीत मैं साफ सुन पा रही थी। अब तक जब भी गौतम कहीं बाहर जाते, मुझे कमरे में बन्द करके जाते। आज पहली बार यह जानकर आश्चर्य हुआ कि गौतम ने स्वयं के लिए कमरे में अन्दर से ताला बन्द किया था। इसका अर्थ गौतम को अपने स्वामित्व पर भरोसा नहीं है? क्या उन्होंने यह सोचा कि इस प्रलय-रात्रि में मैं उनके आलिंगन से निकलकर चुपचाप इन्द्रदेव की बाँहों में जाकर समा जाऊँगी? यह सोचते ही मैं घृणा और विद्रोह से सिहर उठी। याद आ गई इन्द्रदेव के कमरे में जल रखने जाते समय गौतम के मना करने की बात। उन्होंने कहा था–'इन्द्रदेव ने काफी सोमरस पी लिया है। ऐसी अवस्था में वे जल नहीं पीते–शत्रुओं और दासों का रक्त पीते हैं। इसके अलावा सोमपान कर लेने के बाद उनकी लम्पट प्रवृत्ति जाग उठना स्वाभाविक है। अतः इस समय तुम्हारा इन्द्रदेव के सामने जाना सही नहीं होगा।'

गौतम के मुँह से अतिथि के प्रति ऐसे अशालीन शब्द सुनकर मुझे दुख हुआ। अतिथि पानी पीएँ या न पीएँ, उनके लिए पानी रखना मेरा कर्तव्य है, परन्तु मेरे स्वामी मेरे कर्तव्य पथ पर बाधक हैं। सम्भवतः इसीलिए इन्द्रदेव ने प्रलय का इन्द्रजाल रचा है। कैसे बचा जाए इससे?

प्रलय धीरे-धीरे रुक रही है। परन्तु अग्निवलय अब भी साफ दिखाई दे रहा है। रात्रि प्रभात के समय यह संघर्ष, यह महाजागतिक द्वन्द्व बना होगा। ऐसा सोचकर मैं गौतम के निर्देश पर पुनः शयन कुटी में लौट आई।

प्रथा का स्वर सुनाई दे रहा था।

"जल चाहिए इन्द्रदेव?"

"नहीं देवि! ऐसी प्रलयकालीन प्यास जल से नहीं बुझती। मैं वृथा ही जल ढूँढ़ रहा था। यह प्यास सोमामृत से ही मिट सकती है। अहल्या के हाथों से बना सोमरस द्रोणकलश में रखा है।"

इन्द्रदेव अतिथि भवन में अदृश्य हो गए और आकाश शान्त हो गया। सिर्फ अँधेरा नहीं मिटा–उत्ताप निर्वापित नहीं हुआ।

उठो अहल्या! इन्द्रदेव को भिक्षा प्रदान करने की घड़ी आ गई। इन्द्र समस्त ऐश्वर्य के अधिकारी होते हुए भी तुम्हारी श्रद्धा प्राप्त करने के लिए तुम्हारे द्वार पर भिक्षाथाल लिए खड़े हैं। हे अहल्या! स्वार्थ को स्वाहा करके पृथ्वी को इन्द्र के

अभिशाप से बचा लो। पृथ्वी माता तुमसे महान बलिदान माँग रही हैं। देवी अहल्या! आहुति की पुण्य घड़ी प्रमादवश टल गई तो स्वाहा के लिए तुम्हें दुबारा महार्घ लग्न नहीं मिलेगा। पृथ्वीमाता की भूख के लिए तुम जन्म-जन्मान्तर जिम्मेवार रहोगी। स्वयं को बलि चढ़ाने से पहले भोग-भावना छोड़कर त्याग-भावना से उद्‌बुद्ध होओ। हे अहल्या! अहंकार ही पृथ्वी पर अकाल पैदा करनेवाला शत्रु है। इन्द्रदेव, गौतम और तुम स्वयं अपने-अपने अहंकार को लेकर एक-दूसरे से कटे हुए हो। जब तक तुम लोग एक-दूसरे से नहीं जुड़ते, तब तक सोमयाग की पूर्णाहुति सम्भव नहीं।

शैल, सरिता और सिन्धु। कोई एक-दूसरे से अलग रहकर सार्थक नहीं होता। सबकी महिमा और महत्त्व समान है। सिर्फ रूप अलग-अलग हैं। शैल ऊँचाई के कारण महान है—सरिता महान है अपने लम्बे प्रवाह के कारण और सिन्धु महान है अपनी अकल्पनीय गहराई के कारण। ऊँचाई, व्याप्ति और गहराई, इनमें से कौन मुख्य है, कौन गौण? तीनों अपने-अपने गुणों और स्थानों में गरिमामय हैं। तीनों एक-दूसरे से जुड़ने पर ही शैल बन जाता है जलकल्प, नदी बन जाती है चिरस्रोता, सिन्धु बन जाता है सरितापति अनन्त जलाधार। अतः आज पृथ्वी को प्रलय से बचाने के लिए निरभिमान हो एक-दूसरे से जुड़ जाओ। हे अहल्या! तुम्हारे द्वार पर अतिथि इन्द्रदेव पधार चुके हैं। उठो! भिक्षा की घड़ी आ गई है, प्रतिश्रुति पूर्ण करने की घड़ी आ गई है।

शैल शिखर से सरिता की धारा में बहते-बहते मैं सिन्धुतट तक पहुँच गई। मेरे सामने अनन्त अमृत भावसिन्धु है। सारी शून्यता दूर हो गई मेरी छाती से। सारे घाव सूख चुके हैं। समुद्र मुझे पूर्णता का पथ दिखा रहा है। समुद्र जैसा पूर्ण कौन है? भीतर, बाहर, तट, क्षितिज—सब पूर्ण हैं, भरे हुए हैं।

समुद्र की छाती में गहरा दुख उत्पन्न होने पर वहाँ भाव-तरंगें सिर उठाकर अपना प्रभाव दिखाती हैं। फिर से समतल हो जाती है समुद्र की छाती, मिट जाती है शून्यता की गहराई। फिर वहाँ तरंगें नहीं बची रहतीं, न ही बची रहती है गहराई।

हर जगह असीम निस्पृहता है। हर जगह अखंड निर्लिप्त भाव है। आकाश और पृथ्वी पर समुद्र का आलिंगित छन्द है। कौन है दाता? समुद्र, आकाश या पृथ्वी? पूर्वाह्न आकाश जब समुद्र की छाती में उड़ेलता है असंख्य हीरे के टुकड़े, समुद्र उन्हें अपने विशाल अतल खजाने में सहेजकर रख सकता है अपनी सम्पत्ति बनाकर। लेकिन वह उन हीरों के टुकड़ों को नीले फेनिल धागे में पिरोकर दिगन्त व्यापी हार में गूँथकर पृथ्वी की छाती में पहना देता है प्रीति के गुरुगम्भीर सम्भाषण से। पृथ्वी वह अपार्थिव हीरे का हार गले में पहने हुए हमेशा सम्भ्रान्त मुद्रा में मुस्करा सकती है। किन्तु हीरे का वह फेनिल हार पृथ्वी

की छाती का स्पर्श करते ही क्यों उसकी पलकें भीग आती हैं? कौन-सी अनकही अपूर्णता है पृथ्वी की? कितना निर्लोभ निस्पृह है पृथ्वी का मन!

पृथ्वी अपनी गीली छाती पर स्मृतियों के कुछेक घोंघे स्वीकार करके हीरे का हार सादर लौटा देती है समुद्र के विस्तीर्ण छाती को। किन्तु समुद्र तो दाता है। वह भला किसी की कहाँ सुनता है? निरन्तर 'देने' की साधना से उमड़ती रहती हैं उसकी लहरें। पृथ्वी, समुद्र, आकाश का सम्बन्ध सिर्फ 'प्रीति लो-प्रीति लो' के मंत्र से गूँजता रहता है।

दूर समुद्र के सीने में कुछ छोटी-छोटी खाली नौकाएँ लहरों पर अठखेलियाँ कर रही हैं। नीले आकाश में काले-काले पक्षियों की तरह खाली नौकाएँ स्वच्छन्द हो खुले मन से, आनन्द से अठखेलियाँ कर रही हैं। चिन्ता, फिक्र, भय—कुछ नहीं है। उन्हें देखनेवाली आँखें कितनी भाग्यवान हैं!

नौकाएँ मेरे हाथ की पहुँच में लौटकर आ रही हैं। कुछ खाली नौकाएँ बन जाती हैं खाली पेट। चारों ओर सुनाई दे रहा है भूख का आर्त्तनाद।

सपना टूट गया। द्वार पर किसी की मृदु मधुर दस्तक सुनाई दे रही है। नींद से अलसायी देह किसी का सान्निध्य ढूँढ़ रही है। गौतम कहाँ चले गए? क्या इतनी जल्दी प्रातःस्नान के लिए निकल गए? द्वार पर अतिथि खड़े हैं। सपने का स्वर सत्य का संगीत बनकर मुझे अधीर कर रहा है—

बलिदान की घड़ी आ पहुँची। मैं कौन हूँ? मैं ऊषर, वर्षातुर पृथ्वी हूँ! मैं प्रतीक्षिता अहल्या हूँ—मैं स्पर्शरहित अहल्या हूँ...

मेरे पैरों में, हाथों में, स्वप्न और अभीप्सा की सख्त बेड़ियाँ पड़ी हैं। बाहर ताला बन्द है। गौतम चाबी लेकर नदी गए हैं। बन्द द्वार के उस ओर खड़े हैं परम अतिथि इन्द्रदेव। अपमान जर्जरित मैं अहल्या। परम विद्रोही मैं अहल्या। अतिथि के सम्मुख मेरे प्रति पति के अविश्वास का प्रमाणपत्र लटक रहा हैं। कहाँ से आ गई इतनी शक्ति-इतना दुस्साहस मुझमें! मेरी एक ही गर्म साँस से टूट गया अनादिकाल से बन्द कारागृह।

खुल गया कुटी का द्वार। द्वार पर खड़े हैं परम मनोहर, परम काम्य, परमप्रिय अतिथि-देवता इन्द्रदेव। मेरी देह के एक-एक भावकोष में उनकी कान्ति झलक रही है।

यदि चाँद ढूँढ़ते-ढूँढ़ते आकाश मिल जाए, पृथ्वी की मुट्ठीभर मिट्टी माँगने पर मिल जाए विश्व-ब्रह्मांड, मनुष्य ढूँढ़ते-ढूँढ़ते मिल जाएँ ईश्वर, एक भीगा जलकण ढूँढ़ते-ढूँढ़ते मिल जाए रत्न-भरा सागर, जीवन ढूँढ़ते-ढूँढ़ते मिल जाए अमरत्व, एक नितान्त निजी क्षण ढूँढ़ते-ढूँढ़ते मुट्ठी में समा जाए महाकाल, तो कैसी होगी मनुष्य की मनःस्थिति? मेरी स्थिति का वर्णन करने के लिए मेरे पास शब्द नहीं थे। मैंने तो चाही थी अपने पति गौतम की यज्ञसिद्धि—मैंने चाही थी प्यासी पृथ्वी

के लिए वर्षा की भीख, मैंने चाहा था अहल्या-पृथ्वी के लिए अन्न-कण-परन्तु इस सबके दाता इन्द्रदेव यदि स्वयं ही मुझे मिल गए हों तो मेरी स्थिति क्या हुई होगी?

मैंने कहा–"प्रियतम प्रभु! वरदान देने की घड़ी आ गई। इस पृथ्वी को बचा लें। मैं भिक्षाप्रार्थी हूँ!"

"अहल्या! प्रार्थी कभी भीख नहीं माँगता। बिना दान के वह प्रतिदान नहीं माँगता। आज मैं भी प्रार्थी हूँ। वरदान दो देवि! अपना दिया हुआ वचन पूरा करो। जीवन में मैंने कभी किसी से प्रार्थना नहीं की। कभी किसी से कुछ ग्रहण नहीं किया। केवल दाता का जीवन भोगा है। दाता का दुख मेरे सिवा और कौन जान सकता है? दाता को भी अभाव होता है, वह भी अपूर्ण होता है। उसी अपूर्णता के कारण आज मैं तुम्हारे द्वार पर खड़ा हूँ। मुझे पूर्ण करो देवि!"

मेरी चेतना में गौतम दुन्दुभित हुए। मैंने स्वप्न देखने-सा मन ही मन बुदबुदाया, "जगत मिथ्या, ब्रह्म सत्य।"

"यह नितान्त सच है अहल्या, किन्तु यह मिथ्या जगत ही सत्य के लिए सिद्धिलोक है। इस मिथ्याजगत में ही इच्छाएँ पूरी होती हैं। स्वर्गलोक में इच्छाएँ होती ही कहाँ हैं! मिथ्याजगत के सिवा तप करने का अवसर और किसी लोक में नहीं है। त्याग यहीं किया जाता है। मिथ्याजगत की मधुर भ्रान्तियाँ ही ब्रह्मसत्य की उपलब्धि कराती हैं। आओ अहल्या! तुमने तो मुझे प्रतिश्रुति दी है।"

मेरी अपूर्ण, अनुर्वर और शुष्क इच्छाओं की प्रतिश्रुति ने मुझे लाचार कर दिया। चरम त्याग के उस महान क्षण में तर्क, वितर्क और वार्तालाप के लिए अवकाश नहीं रह जाता।

शय्या के निकट खड़ी थी मैं। मेरे केश खुले थे। शरीर में अंगराग नहीं थे–मैं निरावरण थी। मैं गौतम पत्नी अहल्या थी।

"क्या वरदान चाहिए प्रभु?"

मैं हाथ जोड़े खड़ी थी। अपने मनोरम हाथ बढ़ाकर उन्होंने मेरी हथेली को स्पर्श किया। स्पर्श के अहसास से जड़ में भी जान आ जाती है। यह कैसा मधुकम्पन होने लगा मेरे भीतर? अननुभूत सुख ढूँढ़ते-ढूँढ़ते मानो मैं परमानन्द प्राप्त करने जा रही थी। अपने हाथ का स्पर्श देने से अधिक भला मैं और क्या कह सकती थी? एक स्पर्श में ही अथाह शक्ति होती है? मेरा लौहबन्धन तार-तार हो गया स्पर्श की शक्ति से। स्वयं को धीरे-धीरे हविः बना डालने के पथ पर पृथ्वी की कोई भी शक्ति बाधा नहीं बनी।

महाकाल के वक्ष पर वे अभिलाषापूर्ण घड़ियाँ थीं निःशर्त। वहाँ लाभ-हानि, यश-अपयश, अतीत-भविष्य, स्वर्ग-नर्क, वरदान-अभिशाप का द्वन्द्व नहीं था, जबकि प्रतिश्रुति, वरदान और प्रतिदान की कठोर शय्या पर पैर रखकर उतर आई थीं वे घड़ियाँ देह से मनोभूमि में।

मुझे यही अनुभूति हुई कि सारी सीमाएँ अनुशासित होते हुए भी मेरे भीतर ऐसा कोई था, जिसने मुझे अगम्य स्थान की ओर उड़ जाने को प्रेरित किया। उस शक्ति ने सारे बन्धन और बेड़ियाँ तोड़ डालीं। बेड़ियाँ तोड़ना मनुष्य का सहज स्वभाव है। रिश्ते जब बेड़ियाँ बन जाती हैं तभी वे रिश्ते टूटते हैं, बन्धन टूटते हैं। बन्धन टूटने की घड़ियाँ बड़ी दुर्वार होती हैं, प्रमत्त होती हैं। बन्धन टूटने के विषाद और मुक्ति के उद्‌घोष एवं विषाद-प्रफुल्लित भावावेग से वे घड़ियाँ थीं मधुर पीड़ादायी।

तत्त्व और ज्ञान उस भावावेग के उच्छ्‌वास से निर्वासित हैं। दुविधा, द्वन्द्व, विचार उस घड़ी निर्वेद हैं। वह घड़ी, निष्कपट समर्पण की घड़ी है। स्वयं को दूसरे के लिए उड़ेल देने की घड़ी। वह घड़ी थी प्रेम की घड़ी, जिस प्रेम में दूसरा पक्ष नहीं होता। लेन-देन का हिसाब नहीं होता। उस घड़ी का आकर्षण इतना दुर्दम्य होता है कि वहाँ पाप-पुण्य, नीति-नियम अन्धे और बहरे हो जाते हैं।

उस घड़ी मेरे भीतर छल-कपट नहीं था। वह घड़ी निष्कपट, विशुद्ध प्रेम की घड़ी थी। उस समय मैं विभाजित नहीं थी। पूरी की पूरी इन्द्र की थी। वह घड़ी भ्रान्ति की घड़ी नहीं थी—क्रान्ति की घड़ी थी। उस घड़ी ने प्रलय को स्तब्ध कर दिया था।

मैं नहीं जानती, प्रेम की वह घड़ी इन्द्र के लिए निःशर्त और निष्कपट थी या नहीं। किन्तु नारी के लिए प्रेम निःशर्त होता है। देहभोग की वासना उस प्रेम की शर्त नहीं होती किन्तु क्या पुरुष के लिए देह भोग प्रेम की शर्त है? अतः प्रेम की उपलब्धि से इन्द्र की अपूर्णता पूर्ण हुई या नहीं, मैं नहीं जानती। किन्तु मैं पूर्ण, परिपूर्ण हो गई थी।

मैं इन्द्रलुब्धा नहीं थी—मैं थी इन्द्रमुग्धा। मैं इन्द्र से होकर उत्तरण के सोपानों पर चढ़ती जा रही थी पृथ्वी से पृथ्वी की अतल में, आकाश से होते हुए आकाश से भी ऊँचा। इन्द्रिय आनन्द से इन्द्रानन्द में—परमानन्द की उपलब्धि में। इन्द्रानन्द सोमरस पान की तरह अपार्थिव है।

आत्ममुक्ति या जगत की मुक्ति? इस प्रश्न का उत्तर इन्द्र पा चुके थे। आत्म-मुक्ति के मार्ग पर इन्द्र सदा बाधा उत्पन्न करते हैं। क्या गौतम के यज्ञ का लक्ष्य आत्ममुक्ति था? अपरिपक्व ज्ञान, साधना, उम्र और अनुभूति के बिना उत्तरण, मुक्ति और अमरत्व की कामना करना विडम्बना है। देवतागण मनुष्य की इस बुरी आकांक्षा का विरोध करते हैं। सम्भवतः इसीलिए इन्द्र ने गौतम का विरोध किया और मुझे प्रदान की सत्य की अन्तरंग अनुभूतियाँ।

स्वाहा है यज्ञ की आत्मा। यज्ञ के मंत्र का अन्तिम और श्रेष्ठभाग है स्वाहा। सु-आहुति स्वाहा का श्रेष्ठ गुण है। मैंने इन्द्रदेव के लिए स्वयं को स्वाहा कर दिया।

मेरी मिथ्या देह है सत्य की सिद्धिभूमि। मैं थी कन्या, पत्नी, गृहिणी; किन्तु मैं 'नारी' नहीं बन पाई थी। इन्द्र के स्पर्श से मैं 'नारी' बन गई। मैं पूर्ण हो गई। पूर्ण से पूर्ण निकालने की शक्ति भला किसमें है? यदि किसी में हुई तो पूर्ण से पूर्ण निकल जाने पर भी मैं पूर्ण ही रहूँगी।

"हे इन्द्रदेव! मैं कृतज्ञ हूँ। आपने मुझे पूर्णता का अहसास कराया। आपने मेरे जड़ बन चुके नारीत्व में फिर से प्राण फूँक दिए।"

मैंने इन्द्रदेव को प्रणाम किया। प्रभात हो चला था। क्या पक्षियों ने रात के महाप्रलय का सामना नहीं किया? उनके कलरव में कहीं कोई अस्वाभाविकता नहीं थी। इन्द्रदेव प्रस्थान करने को उतावले थे। विदा की घड़ी आ गई। इन्द्रदेव निर्लिप्त-निराकार थे। किन्तु वे तृप्त थे, यह स्वीकारने में उनमें कोई झिझक नहीं थी।

"अहल्या, मैं तृप्त हुआ। तुम्हारा दान अतुलनीय है। प्रेम की चिर-आराध्या देवी बनकर तुम मेरी अन्तरवेदी में सदैव पूजी जाओगी। आज के इस देह-संगम की स्मृतियाँ, तुम्हारी देह की सारी सुरभित सुगन्ध मेरी देह की समस्त ग्रन्थियों में सदा भाव-तरंग बनाते रहेंगे। तुम्हारे पति के पदचाप सुनाई देने लगे हैं। मैं तुम्हारा मुक्तिदाता नहीं—मैं तुम्हारा भाग्य और नियति नहीं। मैं तुम्हारी परीक्षा भी नहीं। तुम स्वयं ही अपनी परीक्षा, भाग्य और नियति हो। साधना का द्वार अब तुम्हारे लिए खुल चुका है। मुझे विदा दो और अपनी रक्षा करो।"

इन्द्र के विदा होते समय मुझे ठेस नहीं पहुँच रही थी—क्योंकि मैं जानती थी, मैं मर्त्य की नारी हूँ। इन्द्र मेरे भाग्यविधाता नहीं बन सकते। यह विदाई तय थी। किन्तु मुझे ऐसी अवस्था में छोड़कर, गौतम के पहुँचने से पहले किसी लम्पट पुरुष की तरह जल्दी-जल्दी वहाँ से भागने लगना मुझे बहुत कष्ट दे रहा था। तो क्या इन्द्रदेव भाव के सम्राट नहीं हैं—क्या वे भोग-लम्पट हैं, एक सामान्य पुरुष? क्या मेरे क्षणभंगुर सुन्दर देहभूमि पर विजय पताका फहराकर गौतम को नीचा दिखाना था इस प्रेम का लक्ष्य? तब तो यह प्रेम नहीं था, एक भ्रान्ति थी। क्या मैं इन्द्रयोग्या नहीं थी, इन्द्रभोग्या थी? यह सोचकर दुख और आत्मग्लानि से उदास हो उठी। इन्द्र ने गर्व के साथ गौतम का सामना किया होता तो मैं इन्द्र को परम प्रेम के स्थान पर रखकर बाकी का जीवन पूर्णता से रँग लेती। प्रेम निर्भीक होता है, प्रेम निरहंकार होता है, प्रेम निःस्वार्थ होता है। जबकि एक कामुक पुरुष की तरह अपने स्वार्थ को बड़ा करके ऋषि के कोप के भय से मुझे असहाय अवस्था में छोड़ कर वहाँ से खिसक लेने के कारण मेरे सच्चे अहसास पर एक काली रेखा खींच दी उन्होंने। यह प्रेम है या भ्रम, पाप है या पुण्य? उचित है या अनुचित?

किन्तु मैंने जो कुछ किया, जान-बूझकर किया। जब आत्मा प्रेम के लिए समर्पित हो जाती है, तब देह अपनी सत्ता खो देती है और आत्मा के साथ देह भी समर्पित हो जाती है। इसलिए उस क्षण मुझमें ग्लानि या पापबोध नहीं हुआ। मिलन के सुख और विरह के दुख दोनों से आज मेरा नारीत्व परिपूर्ण था।

मनुष्य एकान्त में ही पाप-कर्म करता है। परन्तु एकान्त होता कहाँ है? अन्तर्यामी विश्वकर्ता तो विश्व में सर्वत्र विद्यमान हैं। हम जाग्रत न हों तो भी वे हमारे अन्दर सदा जाग्रत रहते हैं, हमारे अन्दर का संकल्प-विकल्प वे जानते हैं। पाप-कर्म के घटित होने के पहले से लेकर पाप-कर्म होने की घड़ी तक एवं उसके बाद भी वे वहाँ रहकर सारा कुछ देखते रहते हैं। अपना पाप मनुष्य स्वयं भी नहीं देख सकता—पाप करते समय वह अन्धा हो जाता है। लेकिन मनुष्य का पाप-कर्म सर्वद्रष्टा विश्वनियन्ता को दिखाई देता है। पापी के गोपनीय स्थान पर पहुँचने से पहले ही सर्वव्यापी प्रभु वहाँ पहुँच चुके होते हैं।

मनुष्य के एकाकी रहकर कोई कार्य करते समय प्रभु द्वितीय बनकर उसके पास होते हैं। दो लोग पाप-कर्म में लिप्त होने पर वे तृतीय बनकर रहते हैं। यह न जानकर मनुष्य पाप-कर्म करता है, किसी के पहुँचने से पहले ही वहाँ से खिसक लेने की चेष्टा करता है। इसलिए जब इन्द्रदेव गौतम के आने की आहट सुनकर भय से खिसक लेने की सोच रहे थे, मैं जान गई थी कि पाप नहीं छुपेगा। हम दोनों के बीच जो भी कुछ घटित हुआ, उसे मैंने 'पाप' के रूप में स्वीकार न किया होता, यदि इन्द्रदेव मेरी आँखों को 'पापी' की तरह न दिखे होते। कहाँ चला गया इन्द्रदेव का वीरत्व, साहस, तेज, निर्भीकता, श्री और सौन्दर्य? वे गौतम को अपने सामने देखकर निष्प्रभ और बलहीन क्यों हो गए? उनका चिर-उन्नत मस्तक झुक गया। उनकी वज्र जैसी भुजाएँ टूटी हुई टहनियों की तरह निर्बल और असहाय लग रही थीं। उनकी दर्पित दृष्टि कातर प्रार्थना से त्रस्त और करुण दिखाई दी। क्या ये ही हैं आर्य नेता, परमवीर आर्यों के रक्षक, मानव से देवता, देवता से देवराज के पद तक पहुँचे परम ऐश्वर्यशाली स्वर्गपति इन्द्रदेव? क्या ये ही हैं मेरी कल्पना के परमकाम्य प्रेमी पुरुष इन्द्रदेव? मैं तो सोचती थी कि प्रेम शक्तिमय करता है। तो क्या यह प्रेम नहीं था? क्या यह कामलिप्सा थी, भोग लम्पटता थी? हे प्रभु! यदि आपने मुझे इन्द्रदेव का यह दयनीय रूप न दिखाया होता तो मैं आपके प्रति कृतज्ञ रहती। इन्द्रदेव के 'प्रेमी रूप' में डूबे रहकर मैं अपना सारा जीवन उनकी प्रेमिका बनकर बिता देती। मेरी ही आँखों के सामने यह दृश्य क्यों घटित हुआ? सम्भवत: मेरा पाप मुझे जता देने के लिए ही यह नाटक का एक अनसोचा अन्तिम दृश्य था।

महर्षि गौतम की दृष्टि अग्नि-सी जल रही थी। भय से रूपराज इन्द्रदेव के चेहरे का रंग उड़ गया था। वज्रगम्भीर स्वर में भर्त्सनाभरी वाणी सुनाई दी पतिदेव के कंठ से। तपोवन में पाप की यह कैसी अनार्य लीला है! जितेन्द्रिय साधक की भूमि पर संयम की यह कैसी दयनीय परिणति है! त्याग की इस तीर्थभूमि पर भोग का यह कैसा वीभत्स कार्य?

"वासव, तुम तो देवताओं के प्रतिनिधि देवराज हो, स्वर्ग के अधिपति, आर्यों के रक्षक, परम शक्तिशाली वीर हो। जगत के अभीष्टदाता हो! स्वर्ग में तुम्हारी प्राणप्रिया पत्नी शचीदेवी एवं असंख्य अप्सराएँ हैं। मर्त्य की इस मूढ़ नारी ने तुम्हारी समस्त शक्तियों और प्रचंड पौरुष पर पदाघात करके तुम्हें स्खलित कर दिया! तुम्हें कामुक और लम्पट बना दिया? क्या इतने क्षुद्र हो तुम? तुम चाहते तो इस सामान्य नारी को मुझसे जीतकर ले जा सकते थे। चोरों की तरह लुक-छिपकर इस कामातुर मूढ़ नारी को प्रशंसा भरे वाक्य कहकर, इसे भोगकर स्वयं निष्प्रभ हो गए। सप्तसिन्धु में तुम्हारा अभिमान चूर-चूर हो गया। अब आज से तुम पूज्य नहीं रहे। तुम घृणित और निन्दनीय हो गए। मैं तुम्हें अभिशाप देता हूँ, तुम चाहे कितनी ही सुन्दरियों का भोग करो, तुम्हारी कामज्वाला नपुंसक पुरुष की तरह कभी शान्त नहीं होगी। तुम कामवासना से जन्म-जन्मान्तर पीड़ित रहोगे। हे जार पुरुष! इस समय तुम पाप के प्रतिरूप एक भीगी बिल्ली की तरह दिख रहे हो। धिक्कार है तुम्हारे इन्द्रत्व को!"

गौतम का ऐसा तेजस्वी रूप मैंने पहले कभी नहीं देखा था। इन्द्र का भीगी बिल्ली-सा रूप मेरी कल्पना से परे था। मेरे परम पुण्यवान पति के सम्मुख इन्द्र पाप की कुत्सित परछाईं लग रहे थे। परम प्रतापी इन्द्र गौतम की भर्त्सना सुनकर बिना कुछ बोले सचमुच भीगी बिल्ली की तरह वहाँ से खिसक लिए। उनके सिर से गिर पड़ा मणिमय मुकुट। उसे उठाने तक का साहस नहीं था इन्द्र में, स्वर्ण रथ पर चढ़ने का मनोबल भी नहीं था उनमें। वे अरण्य के संकीर्ण कंटकित मार्ग से होकर पीछे मुड़कर देखे बिना एक चोर की तरह वहाँ से चले गए।

पृथ्वी का एक छोटा-सा झटका मनुष्य के बनाए अपार वैभव को क्षणभर में धूल में मिला देता है, आग की एक नन्ही-सी चिनगारी अथाह ऐश्वर्य को पलक झपकते भस्म कर देती है, एक बूँद विष अमृत की महिमा को विषाक्त कर देती है, इसी तरह मेरे जीवन भर का समस्त पुण्य इस क्षणिक पाप से धूल में मिल गया।

जिस तरह अग्नि से अग्नि प्रज्वलित होती है, उसी तरह पवित्रता से पवित्रता और पुण्य से पुण्य ही उत्पन्न होता है। विशुद्ध प्रेमभाव लिए, पुण्य संकल्प लिए, मैंने स्वयं को स्वाहा कर दिया था। तो फिर मेरे पति घृणित दृष्टि से मेरी ओर क्यों देख रहे हैं? क्या मेरा देह-समर्पण वासनाजड़ित था? मैं स्वयं को पापिन

क्यों नहीं मान रही? दैहिक सम्बन्धों की वैधता-अवैधता को लेकर यदि पाप-पुण्य की परिभाषा की जाए तो अधिकांश आर्य, राजा, ऋषि और यहाँ तक कि देवता को भी महापापी कहा जाना चाहिए। वैधता से बाहर न जाने वे कितनी परनारियों का भोग करते हैं। किन्तु सिर्फ अहल्या के लिए ही पाप की यह दुनिया किसने गढ़ी? कौन है इस पाप को करनेवाला? मेरे पिता-पति-प्रेमी-यह समाज?

न जाने मैं क्या कुछ सोच रही थी। सोच रही थी कि कहाँ है वर्षा—कहाँ मिली सिद्धि? क्या मेरे बलिदान का फल यह अमिट कलंक है—अमुक्त अभिशाप है?

मैं स्वयं ही यज्ञ हूँ, स्वयं ही स्वाहा, और फिर स्वयं ही आत्माहुति देकर परित्यक्त दग्धभूमि में परिणत हो चुकी हूँ।

क्या गौतम मेरी मन:स्थिति समझ पाएँगे? क्या पुण्य और तपस्या से परे उन्होंने कभी मुझे समझने की चेष्टा की है? पुण्य और तपस्या से परे भी जीवन प्रवाहित है, इस बात पर वे विश्वास नहीं करते। अब मुझे क्या करना चाहिए? क्या इन्द्रदेव का अनुसरण करूँ? उनकी शरण में जाऊँ? छि:, जो अपनी ही रक्षा करने में असमर्थ हैं, भला वे मेरी रक्षा क्या करेंगे? मेरी रक्षा करनी होती तो क्या वे मुझे गौतम का अभिशाप पाने के लिए छोड़ जाते? बल्कि वे गौतम के सम्मुख गर्व के साथ खड़े होकर सारी दुनिया को सुनाते हुए कहते, 'मैंने तुम्हारी प्राणप्रिय पत्नी की देहभूमि पर प्रेम का हस्ताक्षर कर दिया है। अपूर्ण अहल्या बन गई है पूर्णगर्भा नारी। गौतम! जिस पुरुष की पत्नी परपुरुषगमन करती है, उसके लिए असफल पति ही अधिक दायी होता है। तुम मुझे लम्पट, कामुक, दुश्चरित्र कहते आए हो। किन्तु मेरी पत्नी शचीदेवी मुझसे सन्तुष्ट हैं— वह मेरे प्रति विश्वस्त है। हे तर्कनिष्ठ महर्षि, अहल्या तुम्हारे जीवन की एक सीख हैं। किस पुरुष में नहीं होता सौन्दर्यलिप्सु परनारी भोगवादी इन्द्र? किस नारी में नहीं होती प्रेमविधुर देहविह्वल अहल्या? क्या कभी सोचा है उस बारे में? कभी किया है प्रतिकार? कभी किया है स्वीकार इस सत्य को? सौन्दर्य और नारी को लेकर शर्त लगाने के तर्क और तत्त्व के परिणाम युगों से यही होते आए हैं। ब्रह्माजी की इच्छा से तुमने अहल्या से विवाह किया था। क्या अहल्या की इच्छा और आकांक्षा स्वप्नविहीन एक देहधारी नारी मात्र है?

'किन्तु तुम अपने जितेन्द्रिय अहंकार के कारण अहल्या की देह को जीतने में भी अक्षम रहे। ऐसा दाम्पत्य अभिशाप होता है। इसलिए तुम मुझे अभिशाप देने से पहले अपने कर्म से स्वयं ही अभिशप्त हो चुके हो। गौतम! मुझमें तुम्हारे प्रति ईर्ष्या थी छात्रावस्था से। आज मुझमें तुम्हारे प्रति अनुकम्पा उत्पन्न हो रही है। परपुरुषगामी नारी के पति पर सिर्फ दया करती है दुनिया, उसे नपुंसक समझती है। तुम अहल्या के योग्य पुरुष नहीं हो। इसलिए मैं अहल्या को प्रेमिका के रूप में वरण करता हूँ। शक्ति हो तो उसे मेरे प्रेमबन्धन से छुड़ा लो...'

किन्तु ये केवल मेरे भाव मात्र थे। इन्द्रदेव तो अन्तर्धान हो चुके थे। क्या गौतम के पैर पकड़कर क्षमा माँग लूँ? माँग लूँ सुरक्षित पत्नीत्व? नहीं, अब इसके बाद मेरा और गौतम का पति-पत्नी बनकर रहना सम्भव नहीं। न तो उनका मुझे स्वीकार करना सम्भव है और न ही मेरा स्वयं को अर्पण करना सम्भव है। वैसे भी हमारे बीच बहुत दिनों से शारीरिक सम्बन्ध नहीं है। गौतम रूप के पुजारी नहीं हैं। रूप उनकी दृष्टि में माया है। फिर भी उस मायापथ पर मुनि-ऋषि देवताओं के पैर फिसल जाते हैं। गौतम की दृष्टि में शरीर तुच्छ है, आत्मा शरीर से ऊपर है। सम्भवत: मेरी देह मेरे अवचेतन में इन्द्रदेव के पौरुष के प्रति मोहित थी। किन्तु क्या गौतम के ज्ञानगर्भ व्यक्तित्व ने मुझे मुग्ध नहीं किया? तो फिर इन्द्रदेव में मैं गौतम को क्यों ढूँढ़ रही थी? इन्द्रदेव के आलिंगन में रहकर मेरी तन्द्राछन्न अन्तरात्मा 'गौतम', 'गौतम' कहकर क्यों रो रही थी? वास्तव में मैं अपने पति को प्रेमी के रूप में चाह रही थी, यह मेरे सिवा और कौन जान सकता है? आत्मा को प्रमाण बना सके, क्या ऐसा कोई है पृथ्वी पर? गौतम सिर्फ पति थे, प्रेमी नहीं। इन्द्रदेव प्रेमी के रूप में आए—किन्तु वे आए थे काम-रूपी दानव की तृप्ति के लिए प्रेम-देवता के छद्मवेश में। मैं चंडालिनी यह समझ नहीं सकी। या फिर समझते हुए भी अनजान बनने का अभिनय करती रही? जब तक मैं समझ पाई, तब तक काम-दानव मेरे पुण्य और संयम को ग्रस चुका था। अब इतनी सफाई देकर क्या लाभ? गौतम मुझे क्षमा कर भी दें तो भी अब मैं अपने पूर्वस्थान पर लौट नहीं सकती। गौतम की वह क्षमा उनकी दया और घृणा का रूपान्तर मात्र होगी।

इस घटना की जानकारी गौतम को छोड़कर अभी तक किसी और को नहीं थी। बीती रात के प्रलय के बाद प्रथा यंत्रणा से छटपटाती हुई कुटिया से बाहर आकर उद्यान के शिरीष पेड़ के नीचे सो गई है। वह गहरी नींद में है। अँधेरा अभी छटा नहीं था। गौतम अपने स्वामित्व के अहंकार को बचाए रखने के लिए इस बात को पेट में रखकर मुझे गृह में स्थान दे सकते थे। सबके सामने पति-पत्नी का अभिनय कर सकते थे। दुनिया में ऐसे न जाने कितने पति-पत्नी छलपूर्ण जीवन जी रहे होंगे। किन्तु गौतम या मैं छलभरा जीवन बर्दाश्त नहीं कर सकते। इसलिए यही अन्त था।

गौतम मेरे सम्मुख आकर खड़े हो चुके थे। जल्लाद के मुख-सा दिख रहा था उनका गुस्से से तमतमाया मुख। उन्होंने रूखे स्वर में प्रश्न किया, "हम दोनों के एक-दूसरे से अलग हो जाने से पहले कहो अहल्या, क्या लम्पट इन्द्र मेरे छद्मवेश में आया था? कहो, क्या तुमने अँधेरे में अनजाने ही...इन्द्र को गौतम समझकर..."

गौतम का मुख इस समय करुण दिखाई दे रहा था। गौतम को मालूम है कि सच क्या है। गौतम यह भी जानते हैं, पति के छद्मवेश में ईश्वर भी आ जाएँ तो

भी अनुभवी पत्नी स्पर्शमात्र से समझ लेगी, पति है या परपुरुष! इसके बावजूद गौतम का यह प्रश्न पूछने का क्या कारण है? अनजाने में पत्नी परपुरुष के साथ शारीरिक सम्बन्ध स्थापित कर ले तो वह पत्नी पतिता कहलाती है, जबकि स्वामित्व में कोई आँच नहीं आती, स्वामित्व के अहंकार को चोट नहीं पहुँचती। मुझे बचाने के लिए नहीं, बल्कि स्वयं अपनी रक्षा करने के लिए गौतम का यह शिशु-सुलभ प्रश्न था। मैंने सिर झुकाए हुए निर्लिप्त स्वर में उत्तर दिया, "इन्द्रदेव छद्मवेश में नहीं आए थे। वे इन्द्र के ही वेश में आए थे।"

गौतम का मुख काला पड़ गया।

"इसका अर्थ तुम स्वेच्छा से...या लम्पट इन्द्र ने तुमसे जबरन..." गौतम का उत्सुक प्रश्न था।

"अहल्या से बलात्कार करने की शक्ति देवता, असुर, मनुष्य, किसी में नहीं है। मैं सोमयाग की स्वाहा हूँ...मैं पशुयाग की बलि हूँ...स्वामि! मैंने इन्द्रदेव को तृप्त किया है। वर्षादाता इन्द्रदेव जगत की रक्षा करेंगे। आप यही तो चाहते थे..." इतना कहते-कहते मेरी आँखों में आँसू भर आए।

उस ओर ध्यान दिए बिना गौतम ने पुनः प्रश्न किया, "मेरा मन कहता है कि तुम अपने भोलेपन या बलात्कार का शिकार हुई हो। सच बताकर मेरे क्रोध को शान्त करो मूढ़ नारि! या फिर अभिशाप भोगने को तैयार हो जाओ!"

'यदि अनजाने में मैंने स्वयं को इन्द्रदेव के समक्ष समर्पित कर दिया हो या यदि मैं इन्द्रदेव के बलात्कार की शिकार हुई हूँ, तो मेरा सतीत्व बचा हुआ है या नहीं?' एक ऐसा प्रश्न मेरे मन ने स्वतः मुझसे पूछा। मैंने सोचा, यदि गौतम के तत्त्व में शरीर मूल्यहीन है, तो फिर अनजाने में इन्द्रदेव को गौतम समझकर या बलात्कार के कारण मैं परपुरुष द्वारा भोगी गई हूँ, ऐसे मेरी आत्मा कलुषित होगी या नहीं, उस सम्बन्ध में तत्त्वज्ञ गौतम जो उत्तर देंगे, वह मैं जानती हूँ।

क्या मैं आत्मा से गौतम को चाहती थी, शरीर से इन्द्र को! शरीर आत्मा का आधार है। शरीर का पतन होता है और उसकी मृत्यु होती है, जबकि आत्मा अविनाशी है। क्या सिंहासन अपवित्र होने से देवता भी अपवित्र हो जाते हैं?

तत्त्वदर्शी गौतम की वाणी आज भी गूँज रही है मेरे हृदय में-'तुम्हारे साथ मेरा सम्बन्ध आत्मा का है। मैं तुम्हारे शरीर को नहीं देखता, तुम्हारी आत्मा देखता हूँ।' यह वाणी सुनती आई हूँ उनसे हर क्षण। सुनते-सुनते सम्भवतः गौतम को परखने के लिए मेरे अवचेतन में एक प्रण न जाने कब बीज से महाद्रुम बन चुका था। गौतम के सन्देह ने उस पर जल और उत्ताप का लेप किया है। यदि आज मेरी देह ने शुचिता खोई है, गौतम मुझे स्वीकार करेंगे या मेरा त्याग करेंगे? मुझे परखने में गौतम की हार होगी या जीत? यदि अब भी गौतम मुझे स्वीकार कर लेते हैं तो मैं स्वयं ही उनके जीवन से दूर चली जाऊँगी। यदि गौतम मुझे स्वीकार

करेंगे तो समाज की दृष्टि में मेरी मर्यादा रक्षा करने के लिए नहीं, बल्कि अपने पौरुष का अहंकार साबित करने के लिए करेंगे।

अब मेरे अन्दर गौतम और इन्द्र का द्वन्द्व नहीं था। आज मैं किसी की नहीं थी। न इन्द्र की, न ही गौतम की।

मैंने विनम्रतापूर्वक कहा, ''स्वामि! कामासक्त वासव ने प्रेमदेवता के छद्मवेश में आकर इन्द्रजाल फैला दिया था। क्षणभर के लिए उस इन्द्रजाल के मोह में पड़कर मैंने समाज द्वारा गढ़ा नियम तोड़ दिया। क्या मैं क्षमा के योग्य हूँ? क्या मैं अपने प्रिय आश्रम में रह सकती हूँ?''

''किसी भी परिस्थिति में क्यों न हो, तुम एक जारपुरुष द्वारा भोगी गई नारी हो–तुम्हारी शुचिता नष्ट हो चुकी है। तुम्हारा पत्नीत्व का अधिकार समाप्त हो चुका है। तुम क्षम्य नहीं हो–अभिशप्ता हो...किन्तु तुम इस आश्रम में ही रहोगी। यह शुद्धभूमि तपोवन आज कलंकित है। सिर्फ मैं ही तुम्हारा परित्याग नहीं कर रहा–यह आश्रम, यह मिट्टी, यह वनभूमि–सभी परित्याग कर रहे हैं। तुम्हारे नारीत्व का सारा गौरव, सारी पवित्रता, सारा पुण्य अस्त हो गया। तुम्हारा मुख देखते ही देखनेवाले की चेतना में पाप की कालिख भर जाएगी। इसलिए सभी आश्रमवासी, मुनिगण, ऋषिगण, आश्रमवासिनी, ऋषिपत्नी और ऋषिकुमारी तुम्हारे पाप से प्रभावित होकर भ्रष्ट हो जाने से पहले मैं सबको साथ लेकर हिमालय की गोद में जा रहा हूँ। वहाँ नया आश्रम बनाऊँगा। अध्यक्ष बनेगा मेरा शिष्य माधुर्य। तुम्हारा पति होने का जो अपराध मैंने किया है, उस पाप को मिटाने के लिए मैं कठोर तपस्या में लीन हो जाऊँगा।''

अब तक आश्रमवासी वहाँ इकट्ठा हो चुके थे। वे हम दोनों की ओर स्तब्ध हो देख रहे थे। मुनि, ऋषि, ऋषिकाएँ घृणा-जर्जर दृष्टि से मेरी भर्त्सना कर रहे थे। सोचा था, इस दुर्भाग्यपूर्ण घड़ी में माधुर्य मेरा साथ देंगे। कम-से-कम मधुक्षरा मेरे प्रति सहानुभूति जताएगी, लेकिन गौतम की घोषणा से माधुर्य प्रसन्न लग रहे थे। क्या गौतम आश्रम के अध्यक्ष पद के लिए वे लालायित थे? मैं इन्द्र की अन्तरंग हूँ, क्या यह जानकर मधुक्षरा मुझसे ईर्ष्या कर रही थी? किसी ने भी मुझे मिले अभिशाप का पक्ष नहीं लिया।

गौतम ने पुनः घृणित क्रोध से आँखें लाल करके कहा, ''एक बार चारों ओर देखो भ्रष्टा रमणि! तुम्हारे पाप की आँधी से किस तरह यह तपोवन ध्वस्त-विध्वस्त हो गया है, तुम्हारे कलंक के उत्ताप से पक्षीजन वृक्ष की शाखाओं से गिरने लगे हैं। फूल-पत्ते मुरझा गए हैं। तुम्हारे पाप के प्रभंजन से मेरा यज्ञ ध्वस्त हो गया। सप्तसिन्धु अंचल में अब वर्षा की सम्भावना नहीं बची। भयंकर अकाल पड़ने को है। तुम्हारे पाप का फल आश्रमवासी क्यों भोगें? अपने पाप का फल तुम अकेले भोगने के लिए यहीं पड़ी रहो वर्षों जड़वत। जिस सौन्दर्य के गर्व

से तुममें इन्द्र को आकर्षित करने का अहंकार भरा था, उस सौन्दर्य को देखने के लिए अब तुम्हारे साथ रहेगा सिर्फ तुम्हारा कदाकार पाप। अहल्या!! ऐसा विकराल पाप करने के बाद तुम पश्चाताप और लज्जा से पत्थर क्यों नहीं बन गई? अपना यह कलंकित मुख सबको दिखा कैसे रही हो? ऊपर से सबके समक्ष निर्लज्ज बन यह घोषणा कर रही हो कि तुम जान–बूझकर इन्द्र की कामाग्नि में कूदी हो! धिक्कार है तुम्हें अहल्या–मृत्यु भी नहीं है तुम्हारे विराट पाप का प्रायश्चित। तुम जीवित रहो और इस पाप का ताप सहस्त्र वर्षों तक तिल–तिल सहती रहो। पश्चाताप में भी तुम्हारी आत्मशुद्धि सम्भव नहीं।''

देहासक्त देवाधिराज इन्द्र में कुत्सित 'काम' और उनका भीगी बिल्ली बना रूप देखने के बाद मुझे मेरे पति जितेन्द्रिय गौतम परमेश्वर जैसे लगे। आँसुओं से सराबोर हो हाथ जोड़कर विनम्र कातर स्वर में मैंने गौतम से विनती की, ''स्वामि! आप से सच छुपा लेती तो शायद इतना बड़ा अभिशाप न मिलता मुझे। लेकिन पाप छुपाने का पाप भी कम बड़ा पाप नहीं होता। उसी पाप से बचने के लिए मैंने आपके समक्ष, सबके समक्ष अपने पाप को निर्लज्ज–सी मुक्तकंठ से स्वीकार किया है। मैं अपने पाप का प्रायश्चित करने को तैयार हूँ। परन्तु क्या मेरे प्रति आपके इस विकट अभिशाप का मोक्ष नहीं है?'

गौतम का ऐसा प्रकृत, उदार, शान्त रूप पहले कभी नहीं देखा था मैंने। उन्होंने मन्द गम्भीर स्वर में कहा, ''तपश्चारण ही इस पाप का एकमात्र प्रायश्चित है। 'कामभाव' और 'रामभाव'–ये दोनों मनुष्य के वश में होते हुए भी उन दोनों के लगातार संघर्ष में सचराचर 'कामभाव' की ही सहज जीत होती है। जिस दिन तुम्हारे कामदग्ध मनोभूमि में राम रमणीय रूप में उदित होंगे, उसी दिन तुम राम का दर्शन करोगी और शापमुक्त हो जाओगी। अहल्या, यह अभिशाप ही तुम्हारे लिए वरदान हो।''

तप

हे मेरे नमस्य तप! इस अभिशप्ता का प्रणाम स्वीकार करो। परिपूर्णता ने मुझे निर्लिप्त कर दिया है। प्राप्ति की घड़ियाँ एक-एक करके मेरे हृदय का द्वार रुद्ध करती जा रही हैं। प्राप्ति का मेघ मल्हार अभी थमा भी न था कि अभिशाप का आकाश टूट पड़ा मुझ पर।

कुछ घड़ी पहले मैं थी परम सौभाग्यवती इन्द्रजिता नारी—अब हूँ अभिशप्ता अहल्या। किन्तु अपनी प्राप्ति और पूर्णता में मैं इस तरह मग्न थी कि अपने अभिशाप की विकरालता उस क्षण समझ न सकी। मैं थी इन्द्र में मग्न। गौतम, माधुर्य, आश्रम, नीति, नियम और प्रथा—सभी मुझे मिथ्या और असत्य लग रहे थे। ऐसा लग रहा था मानो जीवन का एकमात्र सत्य है इन्द्र और इन्द्रिय-सुख ही श्रेष्ठ सुख है। इन्द्र की प्राप्ति मुझे परमप्राप्ति-सी लग रही थी। उसके बाद मानो कोई और प्राप्ति बची ही न हो। किन्तु सब कुछ रीत जाने के बाद जब निस्संगता चारों ओर से मुझे मुँह खोले लील जाने को हुई, उस समय मेरे अन्दर से किसी ने प्रश्न किया—'क्या तुमने सचमुच इन्द्र को प्राप्त कर लिया है? कहाँ हैं तुम्हारे इन्द्र? इन्द्रप्राप्ति यदि परमप्राप्ति है, तो फिर क्यों है यह निस्संगता? क्यों है यह आत्मविषाद?' कुछ क्षणों पहले इन्द्र को सन्तुष्ट करना मेरा काम्यकर्म था। क्या काम्यकर्म का अन्त भी इतना दुखद हो सकता है!

यदि काम्यकर्म सही न हो...वह अनन्त दुखों को बुला लाता है, मैं स्वयं इसका प्रमाण हूँ। सम्भवत: इसलिए न तो मैं गौतम को पा सकी और न ही इन्द्र को। गौतम और इन्द्र ने भी मुझे पाकर पुन: खो दिया।

गौतम अपने वैराग्य और अनुशासन की कठोरता के कारण मुझे पाकर भी न पा सके—इन्द्र ने मुझे भोग-सर्वस्व समझकर पाया और खो दिया। इसलिए क्षणभर पहले जो कुछ प्राप्ति और परिपूर्णता-सा प्रतीत हुआ था, अगले ही क्षण वह चरम अप्राप्ति और शून्यता बनकर कचोट रहा है।

क्षण भर के लिए सही, मेरी देहाभिमानी सत्ता भोग-देवता के प्रति निष्कपट समर्पण के कारण इन्द्र में लीन हो गई थी जबकि गौतम मेरे पति होते हुए भी मुझसे इतना कुछ नहीं पा सके। मैं यह जानती हूँ कि मेरा यह अनन्य अभिशाप

हमेशा के लिए मेरे माथे पर खलरेखा बनकर रह जाएगा। आज मेरी सुन्दर देह पाप के हस्ताक्षर से कुत्सित हो गई है, यह भी मैं जान चुकी हूँ। मेरी ओर एक बार भी देखे बिना सभी वहाँ से चले गए। आश्रम में पलनेवाले पशु-पक्षियों को भी वे अपने साथ ले जाना नहीं भूले। बीती रात के प्रलय से सम्पूर्ण पर्णकुटी भस्मस्तूप में बदल गई। अब वहाँ बचा ही क्या था? नगर, जनपद, ऋषि-मुनियों के आश्रम सबके द्वार मेरे लिए बन्द हो गए। दुनिया की दृष्टि में मैं थी महापापिन।

इन्द्र ने जो पाप किया, वह मेरे पाप की तरह विशाल नहीं था, क्योंकि बहुनारीसंग इन्द्र का धर्म था। पत्नी से विमुखता-रूपी अपराध से गौतम पापी नहीं हुए, क्योंकि गौतम महर्षि और जितेन्द्रिय ठहरे। जो पाप नाना जटिल मानसिकता के कारण घटित हो गया, वह एकमात्र पापिन अहल्या के कारण हुआ! क्योंकि अहल्या नारी थी, वह किसी पद-पदवी पर नहीं थी। गौतम की 'पत्नी' का पद ही अहल्या की एकमात्र पदवी थी, इस पदवी ने अहल्या को कभी कोई अधिकार नहीं दिया क्योंकि पत्नीत्व का अधिकार पत्नी के हाथ में नहीं होता, होता है पति के हाथ में। पति चाहे तो उस अधिकार से पलक झपकते वंचित कर सकता है पत्नी को। कहाँ, इस पाप के कारण इन्द्रदेव का इन्द्रपद तो नहीं छिना, उनकी पत्नी शचीदेवी ने उन्हें पति के पद से अलग भी नहीं किया। इन्द्र के प्रति गौतम का अभिशाप इन्द्र के पाप की तुलना में तुच्छ प्रतीत हो रहा है इस घड़ी। वह अभिशाप मात्र इतना ही था : 'तुम्हारी कामज्वाला कभी शान्त न हो। सहस्त्र कामेन्द्रियों द्वारा कामभोग करने पर भी अतृप्त कामवासना और परनारी भोगलिप्सा से तुम जन्म-जन्मान्तर दग्ध और निन्दित होते रहो...' ऐसे अभिशाप द्वारा केवल इन्द्रदेव ही अभिशप्त नहीं हुए, अभिशप्त हो गया तीनों लोक का नारी समाज। इस अभिशाप के कारण इन्द्रदेव की भोगलालसा में न जाने और कितनी अहल्याएँ बलि चढ़ेंगी, क्या यह बात महर्षि गौतम के तर्कनिष्ठ मस्तिष्क में नहीं घुसी?

विचित्र हैं दुनिया के नियम। यदि परिस्थितिवश एक बार तुम्हारा स्खलन हो गया, तो यह मान लिया जाएगा कि स्खलन तुम्हारी चिराचरित प्रवृति है। निन्दा और भर्त्सना हमेशा के लिए तुम्हारी नियति बन जाएगी। उसके बाद तुम्हारे हर कार्यकलाप पर प्रश्नचिह्न लगा दिया जाएगा। फिर तुम्हारे लिए अतीत से छुटकारा पाना सम्भव नहीं। अतः तुम एक वर्जित समाज में पापियों के बीच अपनी जगह चुनने को बाध्य हो जाओगे। तुम्हारा अतीत तुम्हारे ललाट पर अमिट अक्षरों में लिखा रह जाएगा और तुम्हें एक गलत जीवन-पथ पर ले जाएगा। इसीलिए समाज में इतने अपराध होते हैं। इतने पाप होते हैं! तुम एक बार पानी में डुबकी लगा लो तो फिर पानी से डर कैसा? प्रलय की चपेट में आ जाने के बाद फिर प्रलय से डर कैसा? एक बार मृत्यु के चंगुल में पड़ जाने के बाद क्या फिर मृत्यु

से डरने का अवकाश रह जाता है? परन्तु मैं आज भी पाप और पुण्य के द्वन्द्व में पड़ी हुई हूँ। इतना बड़ा पाप करने के बाद भी स्वयं को पापिन क्यों नहीं समझ रही? सोचती हूँ, देह की आवश्यकताएँ भी तो होती हैं। तो फिर देह का तिरस्कार क्यों करूँ?

मैंने सोचा था, भले ही सभी मुझे छोड़कर चले जाएँ, पर प्रथा मुझे छोड़कर नहीं जाएगी। मैंने अपनी माँ को नहीं देखा। प्रथा को ही माँ मानकर उसी की गोद में हँस-खेलकर मैंने अपना बचपन, किशोरावस्था बिताकर यौवन में पैर रखा। बचपन में न जाने कितनी बार पैर फिसले। प्रथा ने मेरी देह से धूल झाड़कर गोद में उठा लिया। अँगुली पकड़कर फिर से आगे बढ़ना सिखाया। यदि आज यौवन में पैर फिसल गया, तो क्या प्रथा मुझे पीछे छोड़कर आगे बढ़ जाएगी? पिछली रात के प्रलय ताप से अधीर हो वह उद्यान के बीचोबीच शिरीष वृक्ष के नीचे जाकर सो गई थी। अभी उसकी नींद नहीं टूटी है। न टूटे। प्रलय की वेला अभी नहीं बीती है। क्या प्रलय के बाद मेरा हाथ पकड़कर प्रथा मुझे राह नहीं दिखाएगी? प्रथा इस तरह बेसुध-सी क्यों सोती रही? यदि वह सचेत होती तो शायद मेरी देहभूमि में यह प्रलय न आया होता। लेकिन प्रथा गई कहाँ? प्रथा को ढूँढ़ती हुई अन्त में मैं यह क्या देख रही हूँ? विगत रात्रि की उस प्रलय वेला में उसके ऊपर प्राचीन शिरीष वृक्ष टूटकर गिर पड़ा है और उसकी दुबली-पतली देह बीभत्स रूप से क्षत-विक्षत हो चुकी है, मानो पंचभूत शरीर के सभी उपादानों को माटी पर ही पाँच भागों में बाँट दिया गया हो! प्रथा का शव उसी तरह पड़ा था। उसकी अंत्येष्टि करने तक को नहीं रुके वे लोग कुछ देर?

काश! मैं अपनी आदरणीया नमस्या प्रथा के शव से चिपक जाती, आँसुओं से धो डालती उसका रक्त, लम्बी-लम्बी साँसों से उष्म कर देती उसकी हिमशीतल देह, प्रलय की आँधी में उड़ गए उसके प्राण-पक्षी को लौटा लाती सिसकियों के मृदु आह्वान से...किन्तु यह सब निरर्थक था। अब प्रथा मेरे पास न लौट आने की प्रतिज्ञा करके मुझे छोड़कर चली गई है। यदि वह जी उठेगी तो गौतम की अनुगामिनी होगी। नहीं तो गौतम के अभिशाप का क्या मूल्य?

सोचा कि प्रलय के अवशेषों से प्रथा की चिता तैयार करूँगी। अकेले ही उसकी अंत्येष्टि करूँगी। पर नहीं—प्रथा ने मेरे हाथों से बनी चिताग्नि की भी उपेक्षा कर दी। प्रलयाग्नि की बाकी बची एक चिनगारी हवा के स्पर्श से हहाकर प्रज्वलित हो उठी और उसने प्रथा की प्राचीन देह को मेरी आँखों के आगे जलाकर भस्म कर दिया। प्रथा को अन्तिम बार आलिंगन करने की सोचकर मैंने अग्नि को ही आलिंगन कर लिया और दर्द से कराह उठी। मेरे स्पर्श से अग्निदेव भी बुझ गए। बची रह गई राख की एक ढेर। मैं प्रथा की राख पर लोटने लगी—आज मैं नितान्त एकाकी थी। व्यर्थता, क्षोभ और दुख से प्रथा

की राख पर लोटने से मेरी देह राख से ढक गई। मैं अपनी चेतना खोकर कितने कल्प-कल्पान्तर मृतवत वहीं पड़ी रही, उसका हिसाब मैंने स्वयं ही नहीं रखा—भला कोई दूसरा क्या रखेगा?

आँखें खोलते ही कहाँ से घिर आए चारों मेघ मेरी निदाघ आँखों में! तो क्या यज्ञ समाप्त हो गया—पूर्णाहुति सफल हो गई, सिद्धि मिल गई। हे अर्णव आकाश! मुझ पर टूटना चाहो तो टूट पड़ो, परन्तु चारमेघ के साथ टूटो। वही मेरी सिद्धि होगी। तुम्हारे जलदान से ही मेरा बलिदान सफल होगा। चेतना लौटते ही मैं जल्द विह्वल हो उठी। चारमेघ बरसने के समान सहसा मेरी दोनों आँखें बरसने लगीं। मेरी चेतना, मेरी अन्तरात्मा, मेरा निर्णय भी आँसू बहा रहा था। क्या मेरे आँसू प्रलय तक को प्रलय-पयोधि में बहा ले जाएँगे?

अपने ही दुख और दुर्भाग्य को सबसे बड़ा समझकर मनुष्य सोच लेता है कि उसकी आँखों के आँसुओं की तुलना में समुद्र का जल भी कुछ नहीं। उसके आँसुओं में पृथ्वी के साथ-साथ समुद्र भी डूब जाएगा। ठीक वैसा ही मुझे अपना दुख सर्वलोक के चरम दुख-सा लग रहा था। मुझे लग रहा था कि मेरे आँसुओं के आगे पृथ्वी का जल-भाग लुटिया भर के समान है। आँसू बहाते समय डर लग रहा था, पृथ्वी कहीं डूब न जाए—अरण्य पर्वत बह न जाएँ उन अश्रु लहरों में। उन लहरों के ऊपर उठने पर सूर्य-चन्द्र गिर न पड़ें उनके आघात से, आकाश जलमग्न न हो जाए आँसुओं की बाढ़ में।

किन्तु मैंने देखा कि मेरे आँसुओं से ठूँठ की जड़ तक गीली नहीं हुई। उन आँसुओं से पत्रहीन डाल में एक कोंपल तक नहीं फूटी।

एक पेड़ का दुख भी मेरे दुख से कहीं अधिक था। मेरे आँसू सूख गए पर पेड़ गीला नहीं हुआ। मेरे जैसे अनेक मनुष्य, जीव-जन्तु, प्राणी, वनस्पति हैं इस महाप्रकृति में। उन सबों के दुख आपस में मिल जाएँ तो सारा ब्रह्मांड उसमें डूब जाए। मेरा दुख उसकी तुलना में कितना तुच्छ है! आखिर क्या है मेरा दुख! किए गए कर्म का ही फल तो है मेरा दुख। मेरे पाप के कारण सभी मुझे छोड़कर चले गए। यही न! भला चले कहाँ गए? सभी तो हैं मेरे चारों ओर। पेड़, लता, पहाड़, पर्वत, प्रकृति, जीव-जन्तु, कीट-पतंग, वायु, धूप, वर्षा और दास-दानव कहलानेवाली ये अवहेलित सन्तान, सभी तो हैं मुझसे दूरी बनाए रखकर भी मेरे चारों ओर। केवल मनुष्य और देवताओं ने ही मेरा त्याग किया है। किन्तु देवताओं के सहोदर दानवगण तो हैं मेरी पहुँच में। परन्तु सभी मेरे अभिशाप से स्तब्ध और हतप्रभ हैं सभी। मुझसे मिलने तक नहीं आए दुख के कारण।

एक बार देवत्व प्राप्त हो जाने पर देवता भी क्या करते हैं? अपने-अपने वाहनों पर सवार होकर जगत की परिक्रमा करते हैं। जिसने उनकी पूजा-अर्चना, जाग-यज्ञ की उस पर सुख-सम्पदा उड़ेल देते हैं। जिसने ऐसा नहीं किया, उसे देते हैं अभिशाप। उस पर उड़ेलते हैं विपदा। क्या इन्द्रदेव के उसी देव-अभिशाप के भय के कारण मुझसे यह पाप हो गया? आज सोचती हूँ कि वह देव-अभिशाप ही बेहतर था इस पाप से।

सभी देवता विलासी होते हैं। शिवजी को भी श्मशान-विलास है। विष्णुजी को समुद्र-विलास, नारद भैया को आकाश-विलास और इन्द्रदेव को रमणी-विलास! देवगण सोचते हैं, वे सभी एक-एक ईश्वर हैं, जगत के भाग्य विधाता हैं। पद पाने के लिए उनमें आपस में क्षुद्र कलह, द्वन्द्व, शत्रुता भी कम नहीं है। 'भक्त' की आख्या देकर ढेरों चाटुकार दल बनाकर अपना ही नाम कीर्तन स्वयं सुनने को उत्सुक रहते हैं। इसी कारण असुर ऋषियों को देवताओं का चाटुकर समझते हैं उनके प्रति विरोध प्रकट करते रहे हैं। क्या समाधान का पथ हिंसा है, असुरों का नाश है? किन्तु मैंने बचपन से ही उन्हें स्नेह-सदिच्छा से अपना बनाना चाहा है। सम्भवतः मुझ पर उन लोगों ने पूर्णतः विश्वास नहीं किया? क्योंकि मैं आर्यकन्या और ऋषिवधू हूँ। क्या वे मुझे मोहिनी नारी समझते हैं? अपने प्रेम और सदिच्छा के मायाजाल में फँसाकर उन सबको गौतम की शरण में ले तो गई थी, परन्तु कहाँ हुई वर्षा, कहाँ मिला उन्हें जीवन?

सम्भवतः इसी कारण आज उन्होंने गौतम के अभिशाप का विरोध नहीं किया। और फिर जो इन्द्र उनके दलनकारी हैं, उन्हीं को मैंने अपनी देह समर्पित कर दी...। छोड़ो, उस पाप की स्मृति का स्मरण अब मैं नहीं करूँगी।

सोचती थी कि मुझे अकेला पाकर वे लोग मेरी हत्या कर देंगे, मुझ पर तरह-तरह के अत्याचार करेंगे। गौतम और इन्द्र के प्रति मेरे पूर्वराग का बदला लेंगे। सम्भवतः मेरे नारीत्व को अपमानित करेंगे। करें भी तो मैं क्या कर सकती हूँ? उन्हें वर्षा होने की प्रतिश्रुति देकर मैंने गौतम का यज्ञ सम्पन्न कराया था। किन्तु कहाँ है वर्षा? कहाँ है इन्द्र की करुणा? इन्द्र के पाप की कालिख ने उनकी पवित्र जन्मभूमि को कलंकित कर दिया है। मैं आर्य नारी हूँ—अतः उन लोगों के लिए शत्रु-पक्ष की हूँ। काश, मैं उन्हें अपना हृदय चीरकर दिखा पाती कि उनके प्रति मुझमें कभी भी वैरभाव नहीं था, आज भी नहीं है। उनके दुख में मैं भी दुखित हूँ।

शत्रुता कभी रक्तगत नहीं होती, व्यक्तिगत होती है। जबकि कुछ निहित स्वार्थवाले व्यक्तियों के कलह को केन्द्र रखकर समाज टुकड़ों में बँट जाता है। कलह का बीज एक दिन महाद्रुम बनकर स्वर्ग, मर्त्य, पाताल में फैल जाता है। वहाँ व्यक्ति की सदिच्छा, प्रचंड आँधी-तूफान में फूल की पंखुड़ी-सी न जाने

कहाँ उड़ जाती है। किन्तु आँधी-तूफान सदिच्छा की पंखुड़ी से उसकी सुगन्ध नहीं उड़ा पाते। आँधी से विध्वस्त फूल तब भी अपनी सुगन्ध बिखेरता रहता है, भले ही आँधी के प्रलय में विध्वंस की गन्ध उस सुगन्ध को डुबो देती हो। उसी तरह ऋषि आश्रम में आर्य-अनार्य की शत्रुता के बीच रहकर लाख चेष्टा करने पर भी भला मैं कैसे असुरों के लिए प्रेममयी, ममतामयी, शुभचिन्तक बन सकती थी? वहीं पड़ी रहकर मैं प्रतीक्षा करने लगी एक दूसरी प्रलय का सामना करने की। सम्भवतः यह अन्तिम प्रलय हो। भला कम्बोज, यवन, बर्बर, शक, हरित, किरात आदि अनार्य साथ मिलकर मुझे जीवित छोड़ेंगे? सुबह होने से पहले यह देह नहीं बचेगी, प्राण नहीं बचेगा। यदि बच भी गया प्राण तो यह देह अक्षत नहीं बचेगी।

शुष्क ग्रीष्म जिस तरह प्रकृति को सोख लेता है उसी तरह एकाकीपन जीवन का सारा रस सोख लेता है। विषाद चारों ओर से इस तरह दबोच लेता है कि फिर विषाद की अनुभूति ही नहीं रह जाती। बस एक सूनी-सूनी-सी निस्संगता कचोटती रहती है। पतझड़ का हाहाकार छोड़कर मुझे और कुछ भी सुनाई नहीं दे रहा था। सुनाई नहीं दे रही थी अपनी कामनाओं की कराल हुँकार, सुनाई नहीं दे रही थी अपनी वासना की विभीषिकामय झंकार, सुनाई नहीं दे रहा था हताशा का आर्त्तनाद। चेतना पूर्णतः स्पर्शहीन हो गई थी—इसी को कहते हैं जड़, मृतवत!

किन्तु जब भीतर का एकाकीपन स्वयं को विदीर्ण करके पृथ्वी से आकाश तक शाखा-प्रशाखाएँ पसार देता है, तब अपने भीतर का सूनापन कहीं खो जाता है। टिमटिमाते दीपक का सूर्य के प्रकाश में फीका पड़ जाने-सा मेरा दुख और हाहाकार भी दफन गए। ऐसा लगने लगा मानो मेरे दुख और विपदा बहुत बौने हो गए हैं दुनिया के निदाघ के आगे—दुनिया भर के दुख, लाचारी और विषाद के तट पर मेरे दुख की उत्ताल तरंगें लीन हो गईं। मेरे भीतर का दुख अन्तर्धान हो गया। विषाद दूर हो गया। विषाद से लड़ने के लिए न जाने कहाँ से इतनी शक्ति बची रहती है मनुष्य के अन्दर? अपना स्वार्थ कितना निर्बल, असहाय, बौना कर देता है मनुष्य को, इसीलिए अपने छोटे-से दुख से हार मान लेता है मनुष्य—जबकि दुनिया के विशाल दुख के विरुद्ध लड़ने की अखंड शक्ति अपने भीतर से ही पाता है मनुष्य। ऐसे ही समय में लाखों सहृदयता भरे हाथ बढ़ आते हैं चारों ओर से उसके संकल्प को दृढ़ करने।

पृथ्वी के उदार माथे पर एक निःस्वार्थ चुम्बन आँकने से जो आनन्द और रोमांच होता है, वह किसी भी रोमांच से ऊँचा होता है। शायद सन्तान के माथे को चूमने पर ही उतना रोमांच मिल सकता है। परन्तु कहाँ हैं मेरे शतानन्द, शरदभानु, चिरकारी और गौतमी? मेरा पाप मुझे जितना कष्ट नहीं दे रहा था, उससे कहीं अधिक कष्ट दे रहा था मेरा पत्नीत्व भर्त्सनापूर्ण मातृत्व। गौतम जो भी कुछ कर

रहे थे, अपने यश और मोक्ष लिए कर रहे थे या ब्रह्मर्षि पद पाने के लिए। मेरी यह धारणा सम्भवतः भ्रमित भी हो सकती है। मैं मानती हूँ कि गौतम के समान ब्रह्मज्ञान और बौद्धिकता के हिमालय को स्पर्श करना मेरी पहुँच से परे था। इसीलिए मेरा पत्नीत्व उपेक्षित है। किन्तु बौद्धिकता के अभाव में वात्सल्य विष तो नहीं बन जाता। वात्सल्य तो अमृत है। अमृतभरे पात्र में बूँदभर विष मिल जाने से वह अमृत भी विष हो जाता है, किन्तु वात्सल्य में कितनी ही निन्दा, भर्त्सना, अभिशाप क्यों न उड़ेल दिया जाए, उसके मन्थन से केवल अमृत ही निकलेगा। चिरकारी का लापता होना, शतानन्द की निर्लिप्तता और शरदभानु का इन्द्रलोक में स्थायी रूप से निवास करना आज मुझे अपनी भर्त्सना-सी लग रही थी। इसे अपने मातृत्व की उपेक्षा सोचकर कष्ट हो रहा था। किन्तु उनके प्रति मेरा वात्सल्य अगाध अश्रुजल से प्लावित होकर दोनों तटों को लाँघ चुका था। वह मेरे पूर्वजन्म और भावी जन्म को भी प्लावित कर रहा था। मैंने जिसे भी स्मरण किया, जिसके भी बारे में सोचा, जिसका भी ध्यान रखा, वे सभी मुझे मेरे शतानन्द, शरदभानु, चिरकारी और गौतमी की तरह ही दिखे। वहाँ गौतम, इन्द्र, ब्रह्मा, विष्णु और नारद सभी गौण हो गए–मानो सभी अबोध शिशु हों। मेरे पति गौतम भी इतने ज्ञानी होते हुए कितने अज्ञानी थे! त्रिकालदर्शी होते हुए भी वे मेरा आगत पाप नहीं देख सके। इन्द्र को अतिथि-गृह में छोड़कर मेरी शय्या से उठकर चले गए रात बीतने से पहले। शक्ति और सामर्थ्य होने पर भी जो सहायता नहीं करता, वह निष्ठुर होता है। ज्ञानी होते हुए जो दूसरे की अज्ञानता दूर नहीं करता, वह भी निष्ठुर और स्वार्थी होता है। गौतम ज्ञानी होते हुए भी मेरी अज्ञानता दूर नहीं कर सके, क्या यह मेरी दुर्बलता थी?

सहानुभूति प्रकट करने के लिए जिसका हृदय सदा बन्द रहता है, निकट होते हुए भी जो व्यक्ति सुख, दुख, अज्ञानता के पश्चाताप में साथ नहीं देता, वह अपना होते हुए भी अपना नहीं होता। दूर रहनेवाला अपरिचित भी सहानुभूति और करुणा प्रकट करने के कारण अपना बन जाता है। यदि गौतम अपने होते हुए भी अपने नहीं बन सके, इन्द्रदेव दूर-सुदूर रहकर भी अपने हो गए, तो क्या इसके पीछे कहीं कोई तर्क है! शत्रु भी दुख में सहानुभूति दिखाए तो श्रद्धा और सम्मान का अधिकारी हो जाता है। मेरे गर्भभंग के समय, शरदभानु का विषाद काले बादलों की तरह छाने लग जाने के समय और चिरकारी के लापता हो जाने के समय इन्द्रदेव ही मेरे दुखों के प्रति सहानुभूति प्रकट करते हुए स्वर्ग से उतरकर आए थे। ऐसे में यदि वे मेरी श्रद्धा के अधिकारी बने, तो उसमें अन्याय कैसा?

परन्तु यह तर्क मैं किसे दे रही हूँ? कौन है यहाँ मेरा तर्क सुनने को? न गौतम हैं, न इन्द्र। तो फिर यह तर्क दे क्यों रही हूँ? क्या पाप के बारे में समझाने को?

क्या पाप-पुण्य तर्क द्वारा समझाया जाता है? किन्तु इन्द्रदेव ने सहायता और सहानुभूति का एक हाथ बढ़ाकर दूसरे हाथ से मुझे लूट क्यों लिया? क्या यही है पुरुष की प्रवृत्ति? क्या निःस्वार्थ सहायता पूरे जगत में नहीं है? गौतम ने अभिशाप दिया है, मैं वायुभक्षण करूँगी और सबकी दृष्टि से ओझल रहूँगी। क्या कभी कोई अपनी अन्तरात्मा और परमात्मा से अदृश्य रहकर जी सकता है? क्या कभी कोई प्रकृति, वनस्पति, पृथ्वी, अन्तरिक्ष और प्रकाश से अदृश्य रहकर जी सकता है? मनुष्य की आँखें सब कुछ नहीं देख पातीं। जो कुछ देख पाती हैं उनका वास्तविक स्वरूप समझ नहीं पातीं; लेकिन गौतम की दिव्यदृष्टि से सब नहीं देख पाईं, मुझे यही आश्चर्य हो रहा है। कहीं अपने किसी महत लक्ष्य के लिए इसे देखकर भी अनदेखा तो नहीं कर दिया महर्षि ने?

मानव के स्वभाव और रक्त में समाहित है विषय-वासना। मैं युवती हूँ और कलाभिज्ञ भी। ऋषि-मुनि की आँखें देखते ही मैं उनके मन की बातें समझ लेती हूँ। जो मन में होता है, क्या वह पाप नहीं? किस-किसकी आँखों में मैंने पाप के कैसे-कैसे रूप देखे हैं, आज वह सब किससे कहूँ? कहकर लाभ भी क्या है? मेरा पाप उससे धुल तो नहीं जाएगा; बल्कि उस बारे में कहूँगी तो यह धरा पापमय हो जाएगी।

जिस तरह स्वप्न में विभिन्न भोग्यवस्तु पाकर भी उनसे मन नहीं भरता, उसी तरह विवाह करके भी मैं विवाह का सुख नहीं पा सकी थी। कर्मफल की आकांक्षा करनेवाला व्यक्ति मायाजनित तुच्छ क्षयिष्णु सुख भले ही प्राप्त कर ले, निन्दा-दोषरहित सुख प्राप्त नहीं कर सकता। ठीक उसी तरह विवाह-सुख से वंचित हो इन्द्र द्वारा इन्द्रिय-सुख प्राप्त करके क्या मेरी सुख वासना बुझ गई? किन्तु क्या इसके लिए मैं अकेले जिम्मेवार हूँ? वासव स्वर्ग के निवासी हैं—मैं मर्त्यलोक की वासी हूँ। स्वर्ग और मर्त्य का अन्तर जानते हुए भी वासव के प्रति क्यों था मुझमें यह अदम्य आकर्षण? यह जानते हुए भी कि उस आकर्षण का अन्त दुख, विरह, कलंक और अभिशाप है, मेरा मूढ़ मन अनुशासन में क्यों नहीं रहा? क्या वास्तव में यह प्रेम था या अभावबोध की तृप्ति! अर्थात वह था पाप कर्म! कोई वस्तु आँखों को एक दिखने पर भी वह एक नहीं होती, असंख्य परमाणुओं की समष्टि होती है। उसी तरह दाम्पत्य जीवन एक है। दम्पति साथ-साथ रहकर एक ही तरह का जीवन जी रहे हैं, ऐसा आँखों को दिखाई देने पर भी वे लोग एक नहीं होते—यह तो अनेक भिन्नताओं और असमानताओं का एक सामाजिक समझौता होता है। हममें क्या समझौता हुआ था? यदि कोई समझौता नहीं हुआ था, तो क्या सारा का सारा दोष मेरा ही था?

यदि मेरे पाप करने के पीछे कोई तर्क है, यदि मेरा दोष सिर्फ मेरा ही दोष नहीं है, तो गौतम अभिशाप देकर मुझे जंगली जानवरों और दानवों के बीच

छोड़कर आश्रम के सभी लोगों को साथ लेकर हिमवन्त पर्वत की तलहटी की ओर जाते समय आकाश धराशायी क्यों नहीं हो गया? एक पाप की दुनिया और दूसरी पुण्य की दुनिया के रूप में यह दुनिया दो हिस्सों में क्यों नहीं बँट गई? क्या पूरी की पूरी पापविहीन दुनिया सम्भव है?

मनुष्य मृत्यु के भय से निरन्तर मरता रहता है। किन्तु अब मैं जीवन के आतंक से तिल-तिल मर रही हूँ। मेरा पाप सबको दिखाई दे रहा है, परन्तु मेरा अनुताप कोई नहीं देख पा रहा! यही है स्रष्टा की श्रेष्ठकृति, चिन्तनशील मनुष्य की नियति। यही असहयोग मुझे मरणान्तक दुख दे रहा है।

मैं स्नेहमुग्धा, वात्सल्यमुग्धा जननी अहल्या होते हुए भी आज ठुकराई हुई हूँ। गौतम और अन्य ऋषिगण मुझे मौत के मुँह में धकेलकर चले गए। क्या गौतम चाहते थे कि मैं मर जाऊँ और उन पर हत्या का दोष भी न लगे? ऐसा न होता तो वे इस तरह मुझे अकेले छोड़कर क्यों चले जाते? शत्रु तक को कोई ऐसा दंड नहीं देता। सोचा था, ऐसे दुर्दिन में मौत मुझे सहारा देगी। लेकिन मौत भी मुझे सहारा नहीं दे रही। अरण्य के हिंस्र पशु भी स्तब्ध रह गए गौतम के अभिशाप की प्रचंडता से। ये सभी मेरे परिचित हैं। उस भयंकर बाघ ने मेरी ओर देखकर सिर झुका लिया। उसे मैंने कभी रुद्राक्ष के बाण से बचाया था। सोचा था कि सर्पराज के विशाल उदर में छुप जाऊँगी। किन्तु मुझे देखकर वह शिथिल पड़ा है। उसके ब्रह्मांड जैसे उदर के लिए मैं एक तिनका मात्र हूँ या मैं अभिशप्त हूँ इसलिए सभी मेरी उपेक्षा कर रहे हैं? या मेरे दुख से हो अथवा रौद्रताप से सभी शक्तिहीन, दुर्बल और निष्क्रिय हो चुके हैं।

यदि गौतम ने मुझसे मुँह तोड़ लिया है तो मुझे जीना ही होगा। सम्भवत: जीना ही उपयुक्त प्रायश्चित है। मौत में प्रायश्चित कहाँ? कलरवपूर्ण विहंग निनादित वनभूमि आज स्तब्ध है। भ्रमर शोभित पद्मपूर्ण सरोवर आज सूख चुका है। छाया प्रदायी विराट वृक्ष-साम्राज्य आज प्रलय प्रभंजन से ध्वस्त है। रंग-बिरंगे फूलों से सुशोभित पर्वतमालाएँ आज रौद्रताप से अग्निमय हो उठी हैं। कहाँ चले गए मेरे अनार्य मित्रगण? हिंसक पशुओं से भरे उन घने जंगल में मैं जीवन की खोज में भटकने लगी। जीवन सहारा ढूँढ़ रहा है। कौन देगा मुझे सहारा?

जिसने जन्म लिया है, उसके जीने के लिए अनन्त पदार्थों से भरी हुई है यह धरा। जीवन धारण करने के लिए विविध संसाधनों से परिपूर्ण है यह दुनिया। जीवन रक्षा के लिए असंख्य मार्ग हैं। क्या पति और पुत्रों के सहयोग के बिना सम्भव नहीं है जीना? क्या मेरे पति और पुत्र नाना प्रकार से निर्भर नहीं थे मुझ पर? इस पृथ्वी पर ऐसा कौन है जो दूसरे पर निर्भर नहीं रहता? राजा भी प्रजा पर निर्भर रहता है। गुरु निर्भर रहता है शिष्य पर। स्वामी निर्भर रहता है भृत्य पर।

देवता भी भक्त पर निर्भर रहकर हो जाते हैं महिमामय। मैं पति और पुत्रों पर निर्भर नहीं रहूँगी तो फिर किस पर निर्भर रहकर जीऊँगी। मुझे जीना ही होगा। मृत्यु मेरा काम्य नहीं। इससे जीवन से तो मुक्ति मिल सकती है, पर शाप से मुक्त होने का पथ अवरुद्ध ही रहता है। मैं अभिशप्त होकर मरना नहीं चाहती। यदि मैंने पाप किया है, तो अपना पाप धोने के लिए भी मैं तैयार हूँ।

कभी-कभी पृथ्वी रसातलगामी हो जाती है, पराजय और प्रलय सिन्धु में लीन हो जाती है। तब लगता है कि सब कुछ शेष हो गया! अब सिर उठाकर खड़ा होना सम्भव नहीं। किन्तु काल के रसातलगामी अतल सिन्धु की अवहेलना करके धैर्य का पर्वत सिर उठाकर आकाश का सामना करता है। सूखा पहाड़ दाँत दिखाकर पृथ्वी का, अन्तरिक्ष का, सूर्य-चन्द्र का उपहास उड़ाता है। कालक्रम में वह पहाड़ हरा-भरा हो उठता है। पेड़-पौधों, लता, पत्र-पुष्पों से सज जाता है। अन्त में सुशीतल झरने फूट पड़ते हैं उसकी छाती पर—करुणा की जलधार उसकी छाती चीरकर पृथ्वी के लिए बहते ही उसका दुख अन्तर्धान हो जाता है। ऐसा न होता तो क्या पर्वत की छाती पर झरना कल-कल गीत गा पाता और पर्वत स्नेहमग्न हो उसे सुनता? यही तो है जीवन! कहाँ से मिलती है यह प्रेरणा, धैर्य और पतन से उत्थान की ओर बढ़ने की आत्मशक्ति? कौन है पुनरुत्थान की इस अभीप्सा का स्रोत?

पृथ्वी का तीन हिस्सा जल है, एक हिस्सा स्थल। किन्तु समग्र पृथ्वी तो उस जल में नहीं डूबती। प्रलय के समय पृथ्वी जलमग्न हो जाने पर भी थोड़ी-सी माटी प्रलय को टालकर ऊपर उठ आती है, विस्तारित कर देती है एक नई पृथ्वी। यही तो है नियम। यही तो है चिरन्तन सत्य। तो फिर मैं समुद्र की अतल गहराई में मुट्ठीभर माटी क्यों न ढूँढूँ?

मनुष्य का अन्तःकरण एक रक्तसिक्त युद्धभूमि है, जहाँ सत्य-असत्य, न्याय-अन्याय, भोग-मोक्ष में निरन्तर संघर्ष चलता रहता है। क्या सत्य और असत्य कभी द्वन्द्व और संघर्ष के बिना आमने-सामने होते हैं? कभी-कभी सत्य और असत्य का यह द्वन्द्व इतना तीव्र होता है कि मनुष्य किंकर्तव्यविमूढ़ हो जाता है। वैसी ही है आज मेरी स्थिति। कभी गौतम असत्य और इन्द्र सत्य, तो कभी ठीक विपरीत। कभी-कभी सत्य का रूप महान तो ठीक अगले ही क्षण असत्य का रूप आकर्षक हो जाता है। अब मैं सत्य को छोड़ चुकी हूँ—असत्य को भींचकर पकड़े रहने का सिद्धान्त क्रमशः शिथिल हो चला है। गौतम और इन्द्र दोनों ने मेरा त्याग किया है। किन्तु मैंने किसका त्याग किया? मैंने गौतम का त्याग नहीं किया। अब भी मैं गौतम-पत्नी अहल्या हूँ। इन्द्र कभी मेरे नहीं थे। वे तो क्षणिक मोह थे। मोह के पीछे कितने ही तर्क और उद्देश्य क्यों न हों, मोह हमेशा भ्रम की ओर आकर्षित करता है। इसलिए मेरा इन्द्र-

मोह भंग होने पर ही शापमुक्ति का मार्ग सहज हो पाएगा। किन्तु पूरी तरह बर्बाद न हो जाने तक क्या मोहभंग होता है?

प्रलय में महाद्रुम के डोलने-सी मैं भी डोल उठी, विचलित हो उठी। मेरा कर्तव्य क्या है—मेरा लक्ष्यस्थल कहाँ है, मैं स्वयं नहीं जान पा रही थी। गौतम ने मेरा त्याग नहीं किया है, मुझे अभिशप्त किया है। शापमुक्ति के बाद वे मुझे पुनः स्वीकार करेंगे। यह गौतम की महानता है। किन्तु क्या मेरी शापमुक्ति सम्भव है? देह धारण करके रहूँ तभी तो पाप का प्रायश्चित कर सकूँगी। इस स्थिति में क्या मेरे लिए देह धारण करके रहना सम्भव है? फिर सोचा कि जिन चीजों के कारण शरीर में रोग पैदा होते हैं, उन्हीं चीजों से महौषधि बनाने से उनसे ही रोगों का निदान भी होता है। कर्म ही कर्म-बन्धन क्षय करने में समर्थ है किन्तु वह कर्म भगवत-कर्म होना आवश्यक है। यह है पिता ब्रह्मा की वाणी। आज मन एकान्त पड़ जाने पर मुझे सुनाई दे रही है उनकी वाणी; अर्थात मुझे कर्म करना होगा। पर कौन-सा कर्म भगवत-कर्म है? कौन सुझाएगा मुझे उस कर्म का मार्ग?

मार्ग ढूँढ़ने के लिए मैं तपती वनभूमि में इधर-उधर भटकने लगी। मेरी देह और इन्द्रियाँ बुरी तरह थक गईं। मैं भूख और प्यास से बेहाल हो गई। गौतम के कहे अनुसार वायु भक्षण करके मेरी भूख-प्यास नहीं मिटी। निकट ही नदी की क्षीण धारा में स्नान करके अपना ताप दूर करूँगी और जल पीकर प्यास मिटाऊँगी, ऐसी इच्छा हुई। परन्तु यह सोचकर कि उस जल में इन्द्र द्वारा दान किए गए बादल बरसे होंगे, इन्द्र के प्रति अपने विराग के कारण वहाँ नहीं गई। एक दग्ध वृक्ष के नीचे बाहरी चिन्ताओं को भूलकर मैंने सोचा, बाहरी दुनिया के द्वार तो मेरे लिए बन्द हैं; इसलिए मन के परमात्मा का आश्रय लेने के सिवा भला और उपाय ही क्या है मेरे लिए? मैं ध्यान लगाकर अपने अन्तर की विश्व-शक्ति का चिन्तन करने लगी।

ईश्वर की सृष्टि में मनुष्य एक नगण्य जीव होते हुए भी अति शक्तिशाली है! ऐसा न होता तो जीवन के इतने बड़े-बड़े झटके झेलकर वह फिर से जीवन को चाहने न लग जाता! क्या मैं फिर से जीवन को चाह सकती हूँ? क्या कोई है जो मेरा हाथ थामकर मुझे प्रीति के मधुकुंज की ओर ले जाएगा? गौतम—इन्द्र—मेरे पुत्र! कहाँ गए आज ये सभी?

जब तक रूप, ऐश्वर्य, चेष्टा और साधना मनुष्य को सफलता प्रदान करते हैं, मनुष्य स्वयं को श्रेष्ठ और शक्तिशाली समझता है। किन्तु जब मनुष्य की सारी चेष्टाएँ विफल हो जाती हैं, तब वह किसी और को अधिक शक्तिशाली मानने लग जाता है, यहीं उठता है भाग्य का प्रश्न, जिसका कर्ता अदृश्य होता है। उसी अदृश्य सत्ता को मनुष्य ईश्वर मानकर अपनी लाचारी स्वीकार कर लेता है और अपने भाग्य को जिम्मेवार समझ विफलता के हताशा-बोध से स्वयं को

उबार लेता है। भाग्य से लड़ने के लिए वह शक्ति माँगता है उसी अदृश्य सत्ता से। यहीं पर मनुष्य सत्-मनुष्य में बदल जाता है। अब न तो वह ईश्वर होता है और न असुर!

ये बातें मैंने अचानक नहीं सोची हैं–यह मेरा संस्कार है। सुनी हैं मैंने पिताजी से, सुनी हैं नारद भैया से। मेरे सौन्दर्य का अहंकार अब टूट चुका है, ब्रह्मापुत्री अथवा गौतम पत्नी होने का अहंकार अब नहीं बचा। मेरे एक संकेत मात्र से पृथ्वी मेरे पैरों तले होगी जैसी भ्रान्ति दूर होती जा रही है क्रमशः। मेरा चित्त मेरे कर्म के प्रति घृणा से विषमय होने लगा है। ग्लानि और दुख से मेरी आँखों से अविराम आँसुओं की धार बह रही है। किन्तु इन आँसुओं में भी इन्द्र द्वारा प्रदत्त जलकण हैं, ऐसा सोचकर मैं आँसुओं से घृणा करने लगी और मैंने आँसू बहाना रोक दिया।

फिर सोचा कि जलकण को ईश्वर का दान न मानकर इन्द्रदान क्यों समझ रही हूँ? ईश्वर ही तो जल के स्रष्टा हैं। इन्द्र तो केवल अपने बाहुबल के कारण जल-सम्पदा के अधिकारी हैं। जल का वर्जन करने से धूप से तपती पृथ्वी तो ध्वस्त हो जाएगी। तो फिर मेरे बलिदान देने का क्या लाभ? स्वयं जीवित रहूँगी–जीवित रहूँगी अपनी इस पृथ्वी के लिए। मन में दृढ़ निश्चय किया मैंने।

निवृत्ति-मार्ग आसक्ति-रूपी बन्धन से छिन्न कर देता है। किन्तु झूठ किसी भक्त की तरह नकली रूप धारण करके जगत को दिखाए तो क्या कोई आसक्ति-बन्धन से मुक्ति पाता है? इसलिए मैंने यह निश्चय कर लिया कि इस देह-यात्रा का निर्वाह करने के लिए मुझे जितना भोग्य-वस्तु चाहिए, उतना ही एकत्र करूँगी। बिना उपभोग के बिना उपलब्धि के विषय की तेज धार से क्षरित न होने पर दुख की महिमा समझ नहीं आती। उपभोग द्वारा मुझमें जिस सूक्ष्मज्ञान का उदय हुआ है, उससे मैं स्वयं जड़ बन चुकी हूँ। गौतम के सूक्ष्म उपदेश से मैं कभी इस तरह जड़ नहीं हुई थी। किन्तु क्षुधा की ताड़ना सारे दुखों को परास्त कर देती है। सोचती हूँ, क्या वृक्ष मुझे खाने को फल की भीख नहीं देंगे? क्या नदी-सरोवर प्यास मिटाने के लिए मेरी दृष्टि पड़ने से सूख जाएँगे? क्या रहने के लिए पर्वत की समस्त गुफाओं के द्वार बन्द हो जाएँगे? क्या पशु-पक्षी मुझ एकाकी का साथ नहीं देंगे? क्या प्रकृति अपनी ही सृष्टि की रक्षा नहीं करेगी? मन एकाकी हो तो भी संकल्प करने पर क्या सारा विश्व बन्धु बनकर साथ खड़ा नहीं होगा? यदि मेरे प्रति सभी निर्दयी हैं; तो वह कौन हैं जो मेरे प्रलयकाल में चैतन्य रूप से मुझे धीरे-धीरे मार्ग दिखा रहे हैं?

प्रलय की अवधि समाप्त हो जाने पर परमात्मा सृष्टि-रचना का संकल्प लेते हैं। उसी तरह मैंने भी प्रलय से निकलकर जीवन का संकल्प लिया। जीवात्मा अविनाशी होने पर भी विनाशशील देह में निवास करती है। देह ही आत्मा का

अनन्य साधन है। इसलिए इस साधन का उपयोग करके आत्मा की ज्योति जलाए रखने के लिए मुझे स्वाहा का अहंकार त्याग कर निष्काम, निस्पृह समिध बनना होगा, मेरे अन्दर से मानो किसी ने यह निर्देश दिया। मैं सोचती थी कि आज तक मैंने स्वयं को यज्ञ और स्वाहा बनाकर इन्द्र को प्रसन्न किया है। इसमें था अहंकार और वासना। आज समिध की भावना स्वतः जाग रही है मन में। क्या यह सचमुच में स्वतःस्फूर्त है। कौन है इसका कर्ता?

इस तरह मन के आकाश-पाताल में भटकते-भटकते कालरात्रि घिर आई। कहीं कोई नहीं था। किससे डरना? किन्तु न जाने क्यों ऐसा लग रहा था मानो अभिशाप की यह रात अब नहीं बीतेगी। अन्धकार में ही अहल्या की समाधि सुनिश्चित है। पाप भावना और ग्लानि से मैं पुनः मरी-सी वहीं पड़ी रही। मुझ पर अन्धकार समेत आकाश टूट पड़ा। कहीं वज्रपात हुआ। आकाश को चीरते हुए चारों मेघ बरसने लगे।

सोचती थी, दुख की रात नहीं कटती, अभिशाप नहीं कटता। किन्तु सृष्टि और प्रलय के अलंघ्य विधान को मनुष्य का अभिशाप नहीं लाँघ सकता। इसलिए सूरज उगा। हवाएँ बहने लगीं। अहल्या पृथ्वी की छाती पर अमृत जलधार गिरने लगी। सोम भावना से सराबोर मैं प्रेम, करुणा और श्रद्धा से द्रवीभूत हो गई। इसका अर्थ है—मेरा बलिदान सफल हुआ। अन्ततः यज्ञ-फल की प्राप्ति हुई।

कौन मेरे केश सहला रहा है? कौन मेरे आँसू पोंछ रहा है? कौन है? गौतम? हाँ, यह तो गौतम का ही स्वर है—वही गम्भीर ओंकार :

महे नो अद्य बोधय
उषो राये दिवित्मती
यथा चिन्मोअबोधयः
सत्यश्रवसि बाज्ये सूजाते अश्वम्भूह्ते।

अपनी मुँदी हुई आँखों से मैं उषादर्शन कर रही हूँ। मन-ही-मन गुनगुनाकर प्रार्थना कर रही हूँ—'हे उषादेवि! मुझे उजागर करो। हे दीप्तिमयि! आत्मैश्वर्य प्रदान कर तुमने अनेक पतितात्माओं का उद्धार किया है। अनेक आध्यात्मिक साधनाओं से मानव हृदय ने ज्योति प्राप्त की है तुम्हारे ही स्पर्श से। उसी साधना के लिए मुझे आशीर्वाद दो।'

अब मुझे इन्द्रदेव को कोई उलाहना नहीं देना था। उन्होंने वरदान देकर अमृत जलधारा से इस सन्तप्त पृथ्वी को शान्त कर दिया है। अहल्या पृथ्वी अब शस्य श्यामला होगी। मेरा बलिदान सार्थक हुआ।

उसी मंत्रित वर्षा–जल से स्नान करके उस पवित्र निर्जन स्थान पर विधिपूर्वक कुश–आसान पर बैठकर मन ही मन शुद्ध श्रेष्ठ ओंकार का जाप करते हुए मैंने मन को वशीभूत करने का प्रयास किया।

कौन है जो मेरा ध्यान भंग कर रहा है? किसका मधुर सन्देश लेकर आए हैं मरुत्गण मेरे पास? किसका है यह प्रेमपत्र? हे प्रेम–तुम्हारे पीछे भागकर काफी तिरस्कृत हो चुकी हूँ। किन्तु प्रेम को दोष देकर क्या लाभ? क्या प्रेम मेरी साधना थी? क्या मेरे प्रेम में हव्य गुण था–समिध की निष्काम निष्ठा थी? आज अन्तर्मुखी होने की चेष्टा करने पर एक अदृश्य जगत का मार्ग दिख जाता है। किन्तु मरुत्गणों को मैं कैसे अग्राह्य कर दूँ? मरुत्गण जगत की न केवल प्राणशक्ति हैं बल्कि भाव शक्ति भी हैं। वे इन्द्रदेव के मित्र होते हुए भी किसी दूसरे के शत्रु नहीं हैं। वे हिमवन्त पर्वत से मधुगन्ध ढोकर लाए हैं। उनके हाथ में बसन्त का पत्र है। मेरा ध्यान टूट रहा है। मैं ध्यान को एकाग्र करके तन्मय हो प्रेमपत्र पढ़ने लगी हूँ :

हे मेरे प्रेम की देवि अहल्या!

तुम्हें अभिशाप देकर आज मैं स्वयं अभिशप्त हूँ। प्राणप्रिया अहल्या! तुम्हारा प्यार पाने के लिए मैंने जीवनभर साधना की। किन्तु वह साधना ही मुझे तुमसे दूर ले गई। मैं जानता था कि साधना यदि प्रेमप्राप्ति के लिए है, तो वह तभी सिद्ध होगी, जब वह निर्वैयक्तिक चेतना में परिणत होगी। मैं यह भी जानता था कि आश्रमी के साधना–पथ पर पहले वहीं प्रहार होता है, जहाँ व्यक्तित्व का सबसे प्रियतम एवं शक्तिशाली अंश चरम दुर्बलता में परिणत हो गया होता है। अहल्या! आज तुमसे यह बात बताने में मुझे कोई संकोच नहीं है कि तुम्हीं थीं मेरे हृदय की एक शक्तिशाली दुर्बलता। मेरी वह थोड़ी–सी दुर्बलता तुम्हारे समक्ष कहीं प्रकट न हो जाए, यह सोचकर मैंने कठोरतापूर्वक एक कर्कश चर्म से ढँक लिया था अपने प्रेम और उच्छ्वास को।

जब तुमने वधू के वेश में अनन्त सौन्दर्य बिखेर दिया था त्रिभुवन में, मैं त्रस्त रहा अपनी छाती के प्रत्येक स्पन्दन से। तभी मैंने धारण कर लिया कुत्सित सन्देह का एक विराट छद्मस्वरूप। अहल्या! यह सन्देह तुम्हारे प्रति प्रेरित नहीं था। सौन्दर्य को भोग्य–वस्तु में परिणत करके नष्ट–भ्रष्ट करनेवाले पुरुषकुल की कामुकता के प्रति प्रेरित था। यहाँ तक कि तुम्हारे ब्रह्मचारी भैया नारद, तुम्हारे पिता का स्थान लेनेवाले पितामह ब्रह्मा, देवगण, ऋषिगण, दानवगण भी मुक्त नहीं थे इस भयावह सन्देह से। मुझे भय होता था, सम्पूर्ण ब्रह्मांड में चर्चित तुम्हारे अथाह सौन्दर्य को ये लोग अक्षुण्ण नहीं छोड़ेंगे। एक–न–एक दिन ये भ्रष्टाचारीगण उसे नष्ट कर देंगे। सम्भवतः मैं उस सौन्दर्य की रक्षा नहीं कर पाऊँगा। मैं जानता था कि सौन्दर्य अधिकांश के लिए भाव नहीं, भोग होता है। इसीलिए मेरा योग

प्रकम्पित और सन्दिग्ध रहता तुम्हारी सुरक्षा की चिन्ता में। तुम पुरुष नहीं हो, अखंड सौन्दर्यमयी पत्नी के त्रस्त पति नहीं हो, भला तुम कैसे समझोगी कि तुम जैसी सुन्दरी का पति किस सन्ताप से विचलित रहता है सारी उम्र?

मैं ज्ञान के उदात्त स्तर पर रहकर तब यह नहीं समझ पाया था कि तुम मेरे व्यक्तित्व का एक ही हिस्सा देख पा रही हो। तब मैं ऐसा सोच नहीं पाया था कि तुम मेरे प्रेमभाव का केवल सतर्क और कर्कश पक्ष ही देखा करती थीं एवं कर्कशता भेदकर रागात्मक मर्म का स्पर्श नहीं कर पाती थी। कैसे सोच पाता? मुझे तो ऐसा लगा करता था मानो तुमसे मेरा जन्म-जन्मान्तर का सम्बन्ध है। तुम मेरा अन्दर-बाहर पहचानती हो। मेरे विचारों से परे तुम्हारे कोई स्वतंत्र विचार नहीं होंगे। इसीलिए मैंने एक प्रेमी के मन से तुम्हारी रागात्मक अन्वेषा को समझने का प्रयास नहीं किया। प्रेम की पारदर्शिता में विचलन नहीं होता, होती है स्थिरता। किन्तु मेरी स्थिरता को तुम प्रेम की पारदर्शिता न समझ शास्त्रीय पतित्व का अहंकार और अनुशासन समझ लोगी, ऐसा तो मेरे सपने ने भी कभी मुझे सचेत नहीं किया था।

विवाह से पहले मेरे आश्रम में मेरी ही देख-रेख में तुम थीं एक ब्रह्मचारिणी बालिका। ब्रह्मचर्य और जितेन्द्रियता का महत्त्व मैंने तुम्हें समझाया था। जब तुम देहवाद पर जोर दिया करती थीं, मैं परिणति के बारे में सोचकर सशंकित हो उठता था। वह मेरी चरम परीक्षा की घड़ी थी। तब तुम थीं मेरी शिष्या और मैं था तुम्हारे पिता ब्रह्मा की कसौटी में एक परीक्षार्थी। उनकी परीक्षा में उत्तीर्ण होना ही मेरे जीवन का लक्ष्य था। तुम भला कैसे जानोगी कि उस परीक्षा में उत्तीर्ण होना मेरे लिए कितना कठिन था! अहल्या! मानो तुम मेरी पार्थिव वासना के बन्धन से उत्तीर्ण होने में मेरे लिए एक परीक्षा बनकर जन्मी थीं। भोगवादी इन्द्र के लिए न तो तुम कोई परीक्षा थीं और न ही प्रश्न। उनके लिए तुम थी एक सहज-सा उत्तर–भोग्यवस्तु। वे तुम्हें एक-न-एक दिन प्राप्त कर लेंगे, इसका संकेत वे दिया करते थे। तुम्हारे प्रति अपने उद्दाम आकर्षण की बातें वे गर्व के साथ बताया करते थे–वह भी सबके सामने। न जाने क्यों मैं उन बातों से विचलित हो जाता। मेरे प्रति इन्द्रदेव की प्रचंड ईर्ष्या थी लम्बे समय से। नारी चरम ईर्ष्यालु के रूप में बदनाम है। लेकिन पुरुष भी कम ईर्ष्यालु नहीं होते। पुरुष के बाह्य-रूप की तरह उसकी ईर्ष्या भी दृढ़ और शक्तिशाली होती है। अन्तर इतना ही होता है कि नारी किसी भी रूप में, बेझिझक अपनी ईर्ष्या प्रकट कर देती है। ईर्ष्या उद्रेककारी व्यक्ति के प्रति शत्रुता प्रकट करके अपनी ईर्ष्या को प्रचारित करने में

नारी में झिझक नहीं होती। नारी की आँखों, मुख, बातों और हाव-भाव से उसकी अकपट ईर्ष्या प्रकट हो ही जाती है। लेकिन पुरुष बड़ी चतुराई से ईर्ष्या को छिपाकर रखता है। ईर्ष्या उद्रेककारी व्यक्ति के प्रति व्यवहार में नहीं, बल्कि कार्य में शत्रुता करने के लिए वह अवसर ढूँढ़ता रहता है।

ईर्ष्या की दृष्टि से नारी नागिन है तो पुरुष नागराज। कोई किसी से कम नहीं। मनुष्य के विकास के साथ ही उसके अन्दर ईर्ष्या जन्म लेती है। ईर्ष्यातुर नारी मृत शत्रु पर भी जहरीली चोट करने से पीछे नहीं हटती, किन्तु ईर्ष्यातुर पुरुष मृत शत्रु को पूरी तरह निश्चिह्न किए बिना चैन से नहीं बैठता। विशेषकर एक सौन्दर्यमयी नारी को केन्द्र करके दो पुरुषों के बीच जो आपसी ईर्ष्या उत्पन्न होती है, उसका परिणाम अति भयावह होता है। छात्रावस्था से इन्द्र और मेरे बीच ईर्ष्या ही थी दृढ़ योगसूत्र। ईर्ष्या एक-दूसरे को अलग कर देती है, साथ ही ईर्ष्या बारम्बार दोनों के बीच के शत्रुता-रूपी सम्बन्ध को दृढ़तापूर्वक जोड़ती भी रहती है। इन्द्र के सौन्दर्य से मुझे घोर ईर्ष्या थी। मैं इन्द्र के सौन्दर्य के समक्ष स्वयं को तुच्छ समझता था। इन्द्र का ऐश्वर्य भी मेरे लिए ईर्ष्या का विषय था। इन्द्र के प्रति सुन्दर तरुणियाँ, यहाँ तक कि विवाहिता ऋषि-पत्नियाँ भी जिस तरह आकर्षित होती थीं, उससे भला कौन-सा पुरुष इन्द्र-रूप से ईर्ष्या नहीं करेगा? जो नहीं करेगा, या तो वह कोई डरपोक होगा या फिर पुरुषोत्तम। मैं डरपोक नहीं था—पुरुषोत्तम भी नहीं था, इसलिए मेरे अन्दर ईर्ष्या का रूप विकट था। तभी मैंने अत्रिकन्या अपाला द्वारा कही गई धवल-कुष्ठ से ठीक होने की बात पर विश्वास नहीं किया था। एक रूपवती तरुणी को बिना भोगे इन्द्र ने वरदान दिया होगा, इस बात पर मुझे विश्वास नहीं था। यदि उन्होंने अत्रिकन्या को बिना भोगे वरदान दिया होगा तो उसके पीछे सिर्फ एक ही कारण निहित होगा। अत्रिकन्या कुष्ठरोग से पीड़ित थी, तभी भोगवादी इन्द्र ने सम्भवत: अपनी कामलिप्सा का दमन किया होगा। मैं इन्द्र को जानता हूँ—जानता हूँ उनकी प्रकृति। अत: जब वे तुम पर लोलुप दृष्टि डालते, मेरी तपस्या डोल उठती। तुम्हारे प्रति मेरा यह विचलन आज से नहीं, तुम्हारे बचपन से है।

इन्द्र को मेरे ज्ञान, व्यक्तित्व और तपोनिष्ठा से ईर्ष्या थी। इन्द्र और मैं पीड़ित ईर्ष्या के दयनीय शिकार हो गए थे। दोनों में इस ईर्ष्या का मूल कारण था—अहंकार। इन्द्र में था अपने रूप, ऐश्वर्य और इन्द्रपद का अहंकार, मुझमें था मेरे ज्ञान, तपस्या और गौतमपद का अहंकार। इतने बड़े ख्यातिप्राप्त गुरुकुल आश्रम का अध्यक्ष पद इन्द्रपद से किसी भी गुण में छोटा नहीं था। फिर भी इन्द्र को देखते ही अपने छोटे होने का एक अजीब-सा मनोभाव मुझे, मेरे विचारों और भावनाओं को बौना बना देता था। मैं जानता था कि मर्त्यलोक में मेरा अध्यक्ष पद स्वर्गलोक के इन्द्रपद से कहीं अधिक गरिमामय है, फिर भी मेरे अचेतन में

इन्द्रपद की लालसा मुझे विचलित किया करती थी। मर्त्यलोक छोड़कर स्वर्गलोक में सिर्फ उड़ जाने को नहीं, बल्कि भोग-साम्राज्य के एकछत्रवादी सम्राट इन्द्र को क्षमता से हटाने की दुरित वासना में मैं डूबा रहता था।

जब भी इन्द्र मर्त्यलोक आते, मेरे अध्यक्ष पद एवं प्रसिद्धि से ईर्ष्या करके जला करते थे। मेरी जितेन्द्रियता एवं तपस्या से वे ईर्ष्या करते थे, किन्तु स्वयं जितेन्द्रिय बनने के लिए साधना और तपस्या न करके मेरी साधना और तपस्या को धूल में मिलाने का सतत प्रयास किया करते थे। विचित्र होता है मनुष्य का मन। अपने आगे बढ़ने का मार्ग स्वयं ढूँढ़ने के बदले दूसरे को रसातल में पहुँचाकर अपनी ऊँचाई दिखाने की चेष्टा करता है और अपने 'स्व' को पहचान नहीं पाता। तभी वह अपने 'स्व' का विकास नहीं कर पाता। इसी कारण पृथ्वी के लोगों में इतनी क्षुद्रता होती है। यह क्षुद्रता वनस्पतियों और पशुओं के समाज में नहीं होती। सूर्य का प्रकाश पाने के लिए वृक्ष 'स्व' को सूर्यस्पर्शी बनाने हेतु स्वाध्याय करते हैं। दूसरे को दबाकर स्वयं को बड़ा साबित करने का उदाहरण वृक्ष जगत में दुर्लभ है। यह स्वाध्याय मनुष्य समाज में बहुत कम देखने को मिलता है। इसलिए अहंकार और ईर्ष्या जैसे दो शत्रुओं से हम दोनों हर क्षण लहूलुहान होते रहते। फिर भी हम दोनों के बीच अन्तर था। आज तुम इस बात पर विश्वास करो या न करो, यह बात सच है कि जब इन्द्र काम-वासना से जर्जरित रहते, मैं राम-भावना में मग्न रहता। जब इन्द्र तुम्हें भोगने की प्रतिज्ञा में अटल थे, तब मैं तुमहें भोगमोक्ष के मंत्र से दीक्षित करने को दृढ़प्रतिज्ञ था। यह इन्द्र और गौतम का संघर्ष नहीं था, यह था 'काम-भाव' और 'राम-भाव' का संघर्ष, 'भोग' और 'त्याग' का संघर्ष। हम दोनों 'भोग और काम' एवं 'त्याग और राम' के प्रतीक बनकर दो विपरीतधर्मी क्रान्तिकारी बन चुके थे। तुम थीं इस संघर्ष का एक मंजुल समाधान–समस्त हलाहल और हल्य से मुक्त अहल्या। तुम थीं भोग की प्रतिभा और मोक्ष की होमशिखा। इसीलिए मैं तुम्हें इन्द्रमुग्धा के रूप में सह नहीं पाता था। मेरी दूरदृष्टि मुझसे कहती थी कि जिस दिन अहल्या अहल्या नहीं रह जाएगी, जिस दिन उस पर कलंक लग जाएगा, उस दिन भोग की विजय होगी, काम-भाव की विजय होगी, इन्द्र की विजय होगी। पति के रूप में तुम्हें असुन्दरता के चंगुल से बचाना मेरा कर्तव्य था। अतः मैं अपने अधिकारों के प्रति इतना सचेत हो गया था।

मैं चाहता था कि सूर्य-चन्द्र भी तुम्हारी ओर न देखें, वनस्पति और मरुत भी तुम्हारा स्पर्श न करें, भूमि भी तुम्हारे चरणों के स्पर्श का उपभोग न करे, नदी का जल तुम्हारे केशों की सुगन्ध को आघ्राण न करे, तुम्हारी दृष्टि का मधु यज्ञवेदी में हवि बनकर न झरे, नववर्षा तुम्हें भिगोकर स्वयं रोमांचित न हो, निदाघ तुम्हारे स्निग्ध धर्म से आर्द्र न हो, तुम्हारा मधुकंठ कोयल न ले ले,

तुम्हारे सौन्दर्य की चन्द्रिका से चन्दन स्निग्ध न हो, तुम्हारा आलिंगन करके बसन्त पुष्पमय न हो, तुम्हारी साँसों में अग्निहोत्र की होमशिखाएँ तरंगित न हों, तुम्हारी सुश्रुषा का स्पर्श तपोवन के पशु-पक्षियों को भी न मिले, तुम्हारे प्रेम से मेरे अलावा कोई और दग्ध न हो, यहाँ तक कि तुम्हारे क्रोध और अभिशाप से मेरे अलावा कोई दूसरा भस्म न हो। तुम्हारी अविनश्वर आत्मा यदि तुम्हारी नश्वर देह को छोड़ दे, तो उस आत्मा के साथ विलीन हो जाने के लिए मैं भी अपनी नश्वर देह त्याग दूँ, तुम्हारे नश्वर पंचभूत के शरीर को क्षिति, अप्, तेज, मरुत और व्योम द्वारा स्वीकार करना तक मुझे सहन नहीं था। तुम्हारे पार्थिव शरीर को अग्नि आत्मसात करने से पहले मैं ही तुम्हें आत्मसात कर लेता। अहल्या! तुम्हीं मेरी तपस्या थी और विघ्न भी तुम्हीं थीं। तुम्हें पाने के लिए तपस्या, और पाकर खो देने के आतंक से विघ्न, अपने अभागे पति गौतम का अन्तर्दाह तुम तनिक भी न समझ सकीं!

अपनी विचित्र मनोदशा का वर्णन करने के लिए मेरे पास शब्द नहीं हैं। जहाँ प्रेम जितना प्रगाढ़ होता है, वहीं शंका और सन्देह भी उतना ही होता है। इसी को तुमने शास्त्रीय स्वामित्व का अहंकार कहा था। तुम्हें खूब सँभालते हुए अति सतर्कता के साथ रूपलोभी दानवों के चंगुल से बाना ही मेरी साधना थी। किन्तु सम्भवतः उसमें एकाग्रता नहीं रह गई थी। साथ ही, मैं स्वर्गलिप्सु भी था। ऐसा इन्द्रदेव के प्रति ईर्ष्या के कारण रहा हो अथवा उच्चाकांक्षा के कारण, मैं स्वर्ग प्राप्त करने की आशा से इन्द्रदेव को आमंत्रित भी करता था अपने आश्रम में। उसके पीछे एक कारण और भी था। मैं तुम्हें अपनी सहधर्मिणी के रूप में इन्द्र को परितोष करने में सहभागी बनाकर उन्हें ईर्ष्या से जलते-भुनते देख सुख का अनुभव करता था। तुम्हें अपनी बाईं ओर बिठाकर इन्द्र को जता देना चाहता था कि-'मैं अहल्या का पति हूँ, अहल्या मेरी है...तुम अहल्या के योग्य नहीं। अतः तुम मुझसे छोटे हो।' तब भला मैं कहाँ जानता था कि मेरी यह आत्मरति अन्त में इन्द्र के अहल्या विजय के लिए राह बना रही है! सम्भवतः मेरी स्वर्गलिप्सा मेरी महाकांक्षा थी-महत्त्वाकांक्षा नहीं। महत्त्वाकांक्षा होती तो मेरी यह दुर्दशा और पराजय न हुई होती। ब्रह्माजी की परीक्षा में उत्तीर्ण होकर मैंने तुम्हें प्राप्त किया था। तुम्हीं थीं मेरी जितेन्द्रियता का महार्घ पुरस्कार। मैं तुम्हें प्राप्त करके पहले भावस्तब्ध हो गया था, क्योंकि इन्द्र के रूप से तुम्हारे रूप की तुलना करके मैंने भी सोचा था कि बाह्यरूप की दृष्टि से तुम इन्द्र के योग्य ही हो। तुम स्वर्गगंगा बनकर मर्त्य में कैसे बहोगी? इसीलिए समावर्तन के उपरान्त तुम्हें विदा करते समय विरह भावना से मुझे अशेष कष्ट हुआ था। किन्तु आशावादी होकर सोचा था कि भीतरी सौन्दर्य में इन्द्र मुझसे अधिक शक्तिशाली नहीं हैं। पितामह इस बात को जानते हैं। तुम अवश्य मेरी बनोगी। किन्तु जब मेरे भाव सत्य में

रूपान्तरित हुए, तब मैं आनन्दित होने के साथ-साथ शंकित और चिन्तित भी हो उठा। क्या तुम मेरे रूप और उम्र को पूरी तरह अपना पाओगी? तुम जैसी सुन्दरी को मैं सुख-सन्तोष के साथ स्वामीमग्ना करा पाऊँगा भी या नहीं? हालाँकि पुरुष का रूप और उसकी उम्र विवाह के लिए गौण हैं, ऐसा वैदिक इतिहास में स्पष्ट कहा गया है। पुरुष के लिए यश, कीर्ति, ज्ञान और सामाजिक सम्मान ही मुख्य हैं। पुरुष की सामाजिक स्थिति और उसका सम्मान उसके धन और ऐश्वर्य से बहुत ऊँचा होता है। मैंने मन को समझा लिया था कि वैदिक विवाह ही किसी भी पत्नी को स्वामीमग्ना कराने में पर्याप्त है। विवाह की सफलता के लिए पति की ओर से चेष्टा करना आवश्यक है, यह बात उस समय मुझे स्वीकार्य नहीं थी। सम्भवतः इसीलिए मेरी ओर से हमारे विवाह की सफलता के लिए उचित चेष्टा नहीं हो पाई थी। मैं ज्ञान का भंडार था, किन्तु एक पति के रूप में दाम्पत्य जीवन के बारे में मेरा ज्ञान पोथीगत था।

मैं जितेन्द्रिय हूँ, इसलिए तुम्हारा आदर्श पति बन सकता हूँ, ऐसी मेरी दृढ़ धारणा थी। तब मुझे लगता था कि आदर्श पति का अर्थ आदर्श व्यक्ति होता है। लेकिन आदर्श पति बनने के लिए एक आदर्श व्यक्ति होने के साथ-साथ अन्य अनेक विद्याएँ भी प्राप्त करनी होती हैं, मैं इससे अनजान था। मैंने तुम्हें आसानी से प्राप्त नहीं किया था। तुम्हें पाने के लिए मैं गुरु ब्रह्मा की विभिन्न परीक्षाओं का कई बार सामना करके उनमें उत्तीर्ण हुआ था और तुम्हें प्राप्त किया था। मेरी दृढ़ धारणा थी कि कठिनाई से मिला धन दूसरे के हाथ में नहीं जाता। किन्तु उस धन को ठीक से सँभालकर न रखने से चोर-तस्कर के हाथों में पड़ जाने के बारे में भी मैं अनजान कैसे रह गया? मेरी उम्र तुम्हारे रूप से मेल न खाने के बारे में भी कभी मेरे मन में शक या संशय होता, तब अनेक जराजीर्ण ऋषियों द्वारा नई-नवेली पत्नियाँ प्राप्त करने की बात मन में उभर आती और मैं स्वयं ही स्वयं को सान्त्वना दे लिया करता था। तुम्हारे रूप के तेज से मैं म्लान पड़ते ही अति सुन्दर इन्द्रदेव मेरे सामने आकर खड़े हो जाते थे। किन्तु अगले ही क्षण मेरी चेतना में उभर आती थीं अत्रि-पत्नी देवी अनुसूया। क्या मैं अवचेतन में कामना करता था कि इन्द्रदेव तुम्हारे प्रणय के प्रार्थी हों और तुम उन्हें अबोध शिशु बना दो? इससे इन्द्रपद खाली हो जाएगा और अपनी तपस्या के कारण वह पद मुझे प्राप्त होगा। ऐसा न होता तो मैं इन्द्र की मंशा जानते हुए भी उन्हें बारम्बार अपने आश्रम में क्यों बुलाता था? तुम पर अतिथि सत्कार और सोम संग्रह करने का भार क्यों डाल देता था? जब तपती धूप में पृथ्वी ध्वंस होने को थी, चारों ओर निर्दयी अनावृष्टि का हाहाकार मचा हुआ था, ऐसे में मैं तुम्हारा साथ पाकर वसन्त की रचना कर रहा था इन्द्र की अपार दानशीलता पर भरोसा करके। क्या मैं नहीं जानता था कि तीन सन्तानों की जननी होते हुए भी वह थी तुम्हारी प्रतिध्वनि की

उम्र! किसी भी ध्वनि का प्रत्युत्तर देने की आकांक्षित बेला—किसी भी स्पर्श का प्रतिस्पर्श देने का उदग्र समय तुम्हारा। किन्तु सब कुछ जानते हुए भी मैंने मान लिया था कि पवित्र विवाह बन्धन में आर्य नारी की देह, मन, चेतना के समस्त मधुकोष केवल एक ही ध्वनि को प्रतिध्वनित करते हैं, एक ही स्पर्श का प्रतिस्पर्श देते हैं। वह है—पति की ध्वनि, पति का स्पर्श। मैं यह भी जानता था कि प्रेम है भावों का सम्राट। इसमें देहभोग गौण है। जब हृदय, मन, बुद्धि, ज्ञान, चेतना और अन्त:करण के एक-एक स्पन्दन में प्रेम विराजता है, तब जाकर किसी को प्रेम की उपलब्धि होती है। इसलिए मैंने देह को कभी भी प्रेमराज्य में मान्यता नहीं दी। सम्भवत: वह मेरा भ्रम था। देह तो आत्मा और अन्त:करण का आधार है। मैंने देह को पूर्णत: अग्राह्य कैसे कर दिया? किन्तु इन्द्र के देह-सर्वस्व व्यक्तित्व से मैं घृणा करता था। तुममें देह सौन्दर्य का अभिमान मुझे क्षुब्ध करता था। इसलिए पहले से ही मैंने प्रतिज्ञा कर ली थी कि औरों की तरह मैं तुम्हारे सौन्दर्य की प्रशंसा नहीं करूँगा। इसका यह अर्थ नहीं कि मेरी आँखें सौन्दर्यग्राही नहीं थीं। किन्तु तुम्हारे सौन्दर्य से मुग्ध मेरी चेतना सौन्दर्य के स्रष्टा को ही बारम्बार प्रणाम कर रही थी।

पार्थिव, अपार्थिव किसी भी सौन्दर्य की प्रशस्ति को मैं विश्वस्रष्टा की स्तुति मानता था और प्रतिदिन प्रणव ओंकार में उसी को प्रकट करता था। वास्तव में तुम्हारी देह की सुन्दरता के लिए तुम्हारी प्रशंसा क्यों करता? तुम तो अपनी देह की निर्माता नहीं हो। जो मनुष्य की कृति नहीं है, उस पर मनुष्य इतना क्यों इतराता है? देह सौन्दर्य के लिए यदि देहधारी मनुष्य की प्रशंसा की जाए तो उसके अन्त:सौन्दर्य के विकास का द्वार बन्द हो जाता है और वही उसका काल बन जाता है। मुझे इस बात का भय था कि जिस तरह यह दुनिया तुम्हारे शरीर की सुषमा का खुलकर प्रशंसा करती है, वह प्रशंसा एक न एक दिन तुम्हारे सहजात सौन्दर्य को जलाकर राख कर देगी। इन्द्र की स्थिति एक तरह से वही है। देह-सौन्दर्य काम-भाव को बढ़ाता है; जबकि अन्त:सौन्दर्य राम-भाव की फलगू प्रवाहित करता है अन्दर, बाहर, सर्वत्र।

तुम्हें दोष देकर क्या लाभ? तुम्हारे अन्दर सुन्दरता का अभिमान केवल तुम्हारे कारण पैदा नहीं हुआ था। तुम्हारे पितामह, मेरे गुरु वेदगर्भ ब्रह्मा, जो तुम्हारे सौन्दर्य के स्रष्टा हैं, उन्हीं के द्वारा तुम्हारे रूप-अभिमान की नींव रखी गई थी। बचपन से ही तुम एक दर्शनीय वस्तु थीं। जब देवतागण ब्रह्मा से मिलने जाते, तब उनकी एकमात्र अभिलाषा तुम्हें देखने की होती। गुरु ब्रह्मा इससे गर्व महसूस करते थे। तुम्हारे सौन्दर्य के कारण निश्चित ही उनमें स्रष्टा का अभिमान था। अन्त में सौन्दर्य तत्त्व पर एक तात्त्विक संगोष्ठी आयोजित करने के बहाने वे तुम्हें इन्द्रलोक ले गए। मानो तुम्हारे सौन्दर्य पर चर्चा करने के लिए पृथ्वी

उपयुक्त स्थान नहीं थी। इससे तुम्हारे मन में तुम्हारे अनजाने ही सुन्दरता के अभिमान को बल अवश्य मिला होगा एवं इन्द्र और इन्द्रलोक के लिए अवचेतन में अभीप्सा का शंख-ध्वनि निनादित हुई होगी। आगे चलकर तुम स्वर्ग-मुग्धा और इन्द्र-लुब्धा हुई होगी। भला इसमें तुम्हारा क्या दोष? उस दिन स्वर्ग में तुम्हारे मूर्च्छित रूप-सौन्दर्य ने मुझे भी विचलित कर दिया था, मानो वह तुम्हारे स्खलन और पतन का अशुभ संकेत था!

प्रिया! भूमि पर पैर दृढ़ रखकर चलने से मनुष्य का पतन नहीं होता। भूमि से पैर हटाकर स्वर्ग में थापने से जो पतन होता है, उससे कोई किसी को बचा नहीं सकता। आज मेरी आशंका सच हो गई। तुम्हारी स्वर्ग की आकांक्षा ही तुम्हारे अनजाने में इन्द्र को पाने की आकांक्षा में बदलकर अन्त में तुम्हारी इन्द्रिय की आकांक्षा बन गई। सचराचर में ऐसा ही होता है। कामुक लोग पहले निष्पाप नारी के सुकुमार सौन्दर्य की प्रशंसा करते हैं। नारी का मन विचित्र होता है। अपने सौन्दर्य की थोड़ी-सी भी प्रशंसा सुनकर वह विगलित, उल्लसित और रोमांचित हो जाती है। दानव हो तो भी उसके मुँह से अपने रूप की प्रशंसा सुनकर नारी बिछ जाती है उसके पैरों में। न केवल युवती बल्कि वयस्क नारियाँ भी इस दुर्बलता से मुक्त नहीं हैं। पुरुष जानता है नारी की यह आत्मरति-रूपी दुर्बलता। इसलिए कामुक पुरुष नारी को वश में करके अन्त में उसकी सौन्दर्य-सुधा को देह-सुरा में बदल देता है और आकंठ पान करने के बाद परित्यक्त सुरापात्र की तरह ठुकराकर चला जाता है। हाय! क्या भोगवादी इन्द्र ने तुम्हारे साथ ऐसी ही चालाकी नहीं की? कहाँ गया उनका प्रेम? तुम्हें अभिशाप से बचाने के लिए यदि वे मेरी हत्या कर देते तो बल्कि मुझे शान्ति मिली होती कि मेरी हत्या करने की शक्ति और वीरता इन्द्र में है। किन्तु ऋषि-हत्या का दोष लगने के भय से उन्होंने ऐसा नहीं किया। मेरे आते ही एक लम्पट की तरह सिर झुकाकर वहाँ से खिसक लेना उनकी कामुकता का प्रमाण-पत्र है।

अब तुम इन्द्र के लिए जूठन एवं परित्यक्त पान-पात्र के अलावा और कुछ नहीं हो। तुम्हें इन्द्र-विमुख करने के लिए मैं किसी की निन्दा नहीं कर रहा। आज इन्द्र के प्रेम की परीक्षा लेने के सारे अवसर और स्वतंत्रता तुम्हें है। मेरी बात झूठ लगे तो तुम इन्द्र के प्रेम की परीक्षा ले सकती हो। आज मेरे पतित्व पर इन्द्रदेव ने जो वज्राघात किया है, उसकी यंत्रणा से मैं मृतप्राय हूँ, तुम्हें यह समझाने की शक्ति अब मुझमें नहीं बची। शत्रु से ज्ञान, विद्या, धन, ऐश्वर्य और क्षमता में पराजित होकर स्वामिनी पुरुष निश्चित रूप से पराजय की ग्लानि भोगता है, किन्तु यदि उसकी पत्नी शत्रु द्वारा भोगी जाती है और शत्रु द्वारा परित्यक्त भोग्य-वस्तु बन जाती है तो उससे पति जितना लांछित होता है; वह मृत्यु से सौगुना भयंकर होता है। तुम्हारे इस स्खलन से आज मैं अधम लोगों में गिना जा रहा हूँ।

यदि पत्नी परपुरुषगामी हो जाए तो ऐसे पति के पुरुषत्व पर सन्देह की कालिमा छा जाती है। फिर उस कालिमा के दूर होने की सम्भावना नहीं रह जाती। इन्द्र ने तुम्हारा बलात्कार नहीं किया। तुम स्वयं इन्द्र के काम-यज्ञ में बलि चढ़ गई हो, ऐसा सबके सामने अपने मुँह से स्वीकार करने के कारण समस्त त्रिभुवन मेरे पतित्व को धिक्कार रहा है।

मेरे शत्रु उपहास कर रहे हैं। मेरे शुभचिन्तक और मित्र लज्जा-ग्लानि से मृत-तुल्य हो गए हैं। वे लोग मुझे मित्र के रूप में स्वीकार करने से झिझक रहे हैं। परपुरुष द्वारा भोगी गई नारी के पति को भला कौन आदर के साथ बुलाएगा? इसलिए आज तुम्हें जितनी लज्जा नहीं है, उससे कहीं अधिक मुझे है। यहाँ तक कि गुरु ब्रह्मा, मित्र नारद भी मेरी भर्त्सना कर रहे हैं। मैंने गुरु ब्रह्मा की आस्था और उनका विश्वास खोया है। मैं उनकी ब्रह्मांड सुन्दरी कन्या का उपयुक्त पति न बन सका, तभी तो उसका स्खलन हुआ—यही होगा उनका आरोप। मित्र नारद तो अत्यधिक क्रोधित हैं। मैं अपनी घर-गृहस्थी नहीं सँभाल सका। मेरा एक पुत्र मातृभूमि छोड़कर इन्द्रदेव की शरण में है, एक पुत्र लापता है, पत्नी परपुरुषभोग्या है, आश्रम अस्त-व्यस्त, छात्रगण लक्ष्यहीन, तपस्वी योगभ्रष्ट, तपोवन असुरक्षित, मैं स्वयं विपर्यस्त हूँ और तुम, नारद की चहेती बहन शापग्रस्त, कलंकिनी, अभागिन और दुखियारी हो मेरे निकम्मेपन के कारण। वास्तव में तुम जैसी विश्वमोहिनी का पति बनने के लिए मैं पूरी तरह से योग्य हूँ या नहीं, इस बारे में कभी प्रश्न नहीं किया मैंने स्वयं से। मुझ जैसे और भी अभागे पति हैं। सुन्दर पत्नी पाने के मोह में अपनी योग्यता के बारे में नहीं सोचते। सोचते हैं, विवाह बन्धन में बँधकर सभी पत्नियाँ पतिव्रता होने को बाध्य हैं। किन्तु ऐसे पति जीवन भर सन्देह में डूबे रहते हैं, स्वयं को पति समझ अपनी पारंगतता दिखाने के लिए पत्नी को कठोर अनुशासन में जकड़कर रखते हैं परन्तु अपने दाम्पत्य जीवन में परपुरुष का प्रवेश नहीं रोक पाते होंगे। कभी-कभी पत्नी की बेवफाई मुँह बन्द करके सह लेते होंगे। अन्दर-ही-अन्दर कुढ़ते होंगे। अन्दर आग लगी रहती होगी, पर बाहर आँच तक नहीं आती होगी। कहीं उनकी अक्षमता दिखाई न दे जाए! पतित्व का यह विकलांग अभिमान कितना दयनीय होता है! ऐसे पुरुष उपहास के पात्र नहीं होते, क्षमा के पात्र भी नहीं होते, होते हैं दया के पात्र। मैं भी उन्हीं में से एक हूँ! आज मेरे अक्षम अपारंगत पतित्व का ढिंढोरा त्रिलोक में दुन्दुभित हो रहा है। अब मैं किसी कुल का नहीं रहा। दया ही नहीं, आज तो मैं घृणा का पात्र भी बन चुका हूँ।

अहल्या, तुममें और मुझमें एक और बाधा थी, आर्य-आर्येतर समस्या। तुम्हारी यह धारणा बन चुकी थी कि आर्य उत्पीड़क हैं—आर्येतर उत्पीड़ित। तुम्हारी धारणा थी कि सारा दोष आर्यों का होता है, आर्येतर तो निर्दोष हैं। यह

थी तुम्हारी एकतरफा सोच। बचपन से तुम अनार्य सखी-सहचरियों से केवल उन्हीं के बारे में सुनती रही हो। इसलिए उनके प्रति तुम अधिक संवेदनशील हो। संवेदना का अर्थ यह कदापि नहीं है कि किसी की दुर्बलता के प्रति आँखें मूँद लें। यह सच है कि अनार्य कभी आर्यों के अन्याय का शिकार हुआ करते थे, किन्तु आगे चलकर उनके भोगवादी जीवन की दिशा बदलने का प्रयास आर्यों ने किया था, उनके ही हित के लिए। क्या महर्षि वशिष्ठ स्वार्थी हैं? अतः आर्यों के समस्त सत्कर्मों को अनार्य विरोधी मान लेना अनार्यों की अज्ञानता थी। उन्हें अज्ञानता के अँधेरे से निकालकर वेद के प्रकाश से प्रकाशमान करना ही यज्ञ का उद्देश्य था। किन्तु वे लोग अकारण ही हिंसा का सहारा लेकर ऐसी परिस्थिति उत्पन्न कर देते थे कि अनार्यों का दमन करने के अलावा और कोई चारा बचता ही नहीं था। किन्तु तुम निरपेक्ष नहीं थीं। अनार्यों की समस्त हिंसाओं को 'क्रान्ति' का नाम देकर तुम आर्यों को ही दोषी मान लेती थीं। यह भी तुम्हारी अज्ञानता ही थी। इसके कारण तुम्हारे और मेरे बीच एक खाई बन चुकी थी। भाई-भाई के बीच पूर्वजों की शत्रुता क्या आगे चलकर दूर नहीं हो जाती? जो एक बार शत्रु हो जाता है, क्या वह मित्र नहीं बन सकता? ये बातें न जाने कितने ऋषि-मुनि उन्हें समझाते रहे हैं। किन्तु आर्येतर समाज इस बात को समझ न सका। शत्रु के मित्र बन जाने की बात पर उन्हें विश्वास नहीं होता, बल्कि उसका महाशत्रु बन जाने पर वे विश्वास करते हैं। तुम प्रकारान्तर से उनकी अज्ञानता और अविचार को प्रोत्साहित करती रहीं। भला मैं इसमें तुम्हारा साथ कैसे देता? इसे तुम मेरा अनार्य विरोधी मनोभाव समझकर क्या मन-ही-मन गौतम विरोधी नहीं हो जाया करती थीं? आज एकान्त में सोचकर देखो, मेरी वे बातें तुम्हें सच लगेंगी।

अब मैं किसी को मुँह दिखाने लायक नहीं रहा। अब भला मेरे द्वार पर कौन-सा छात्र आएगा? जो अपनी पत्नी और बच्चों को आदर्श का मार्ग नहीं दिखा सका, वह क्या दिग्दर्शन कराएगा छात्रों को? अच्छा ही हुआ कि शरदभानु इन्द्रलोक में है। उससे मिलने की सम्भावना नहीं है। बेचारा हमारा निरीह, सर्वसहिष्णु पुत्र चिरकारी लापता है। अब उससे इस जन्म में मिलना नहीं होगा। शतानन्द जनकऋषि के आश्रम में है। मैं उसे मुँह नहीं दिखा पा रहा। उसकी तीक्ष्ण दृष्टि मुझसे प्रश्न करेगी-'मेरी स्नेहमयी जननी की यह कुत्सित परिणति क्यों हुई? कौन है उत्तरदायी? क्या सारा दोष माँ का है? क्या उत्तर दूँगा अपने बुद्धिमान वेदज्ञ पुत्र को? इसलिए उसे मुँह न दिखाकर हिमवन्त पर्वत के इस निर्जन स्थान पर बैठा हूँ। ध्यानभंग हो जाता है तुम्हारी चिन्ता से, दुख से, ग्लानि और पश्चाताप से। ईश्वर ने मुझे क्या कुछ नहीं दिया था! परन्तु थोड़ी-सी असावधानी के कारण सभी मुझसे दूर हो गए। मेरा यश, मेरी ख्याति आज सब

कुछ धूल में मिल गया। मेरे जीवन-भर की तपस्या और कठोर साधना व्यर्थ हो गई। इन्द्र जैसे भ्रष्ट पुरुष को शर्म कैसी? पश्चाताप भी कहाँ? किन्तु जो उनके द्वारा भ्रष्ट की गई पत्नी का अभागा पति है, शर्म तो उसे आ रही है, पश्चाताप उसे हो रहा है, इन्द्र तो आज पुन: त्रिलोकपालक हैं। तुम्हें भ्रष्ट करके आज उन्होंने फिर से अपना पौरुष साबित कर दिया। इस बात की घोषणा हो गई कि आज भी वे अनेक श्रेष्ठ नारियों के काम्य पुरुष हैं। इससे उनका पुरुषत्व गौरवान्वित हुआ है, ऐसा वे मानते हैं। पुरुष की कामुकता को यह जगत पौरुष की आख्या देता है जबकि जितेन्द्रियता को मर्दानगी की कमी की आख्या देता है। ऐसे जगत में मुझ जैसा पुरुष नराधम के रूप में गिने जाने को बाध्य है।

एक समय था जब तुम्हें पाकर मेरा पौरुष गौरवान्वित हुआ था। सम्भवत: उस अप्रत्याशित प्राप्ति ने मुझे अहंकारी बना दिया था! क्या मेरा वही अहंकार तुम्हारे और मेरे बीच दीवार बनकर खड़ा हो गया? क्या तुमने यह सोच लिया था कि तुम्हारा संन्यासियों के मन को लुभानेवाला सौन्दर्य मुझे अधीर नहीं करता था? क्या मैं काठ-पत्थर से बना हूँ? क्या मैं पूर्णत: वासनारहित हूँ? जब तुम मेरी शिष्या थीं, तब गुरु के रूप में कामनारहित होकर शिक्षा प्रदान करना मेरा धर्म था। उस धर्म की रक्षा करना कितना दुरूह था, यह मेरे सिवाय कोई नहीं जानता। कभी-कभी तुम्हारी पल्लवित किशोरावस्था को देखकर कामना की ताड़ना से मेरी चेतना अस्थिर और उद्वेलित हो उठती थी। जी करता था, तोड़ डालूँ गुरु-शिष्या का वह बन्धन-भ्रष्ट कर दूँ अपना आचार्य धर्म। सिर झुकाकर स्वीकार लूँगा त्रिभुवन का अनन्त पाप और तुम्हारा जरा-सा स्पर्श करूँगा। अगले ही क्षण विवेक की छड़ी से लहूलुहान हो उठती थी मेरी चेतना। तब मैं तुम्हारी छोटी-छोटी गलतियों के प्रति कठोर कटाक्ष करके उन दुरूह क्षणों को टाल जाया करता था। उसके बाद मैं हठयोग में बैठकर स्वयं को दंड दिया करता था। सोचता कभी अग्नि में दग्ध हो जाऊँगा, तो कभी स्वयं ही अपने पर बेंत से प्रहार करूँगा, यह प्रण करता। कभी-कभी सोचता कि विषधारी साँप से स्वयं को डँसवाऊँगा। मैं अपना सन्तुलन खो बैठता था। उसके बाद कठोर तपस्या में बैठकर स्वयं को सामान्य किया करता था। दूसरे लोग और स्वयं इन्द्रदेव भी मेरी उस समस्या को देखकर सोचने लगते थे कि मैं इन्द्रपद पाने के लिए वह कठोर तपस्या कर रहा हूँ। सम्भवत: तुम भी यही सोचा करती थी।

मेरा इतना ही सौभाग्य था कि मेरे मन और विवेक के संघर्ष में सदा विवेक ही विजयी होता था। मेरे ही पास रहकर तुमने पंखुड़ियाँ पसारी थी—यौवन का स्पर्श पाया था। तुम्हारे निर्मल सौन्दर्य के पल्लवन का साक्षी बनकर मैं सिर्फ अपने मन को चोट पहुँचाता रहा और स्वयं ही रक्ताक्त परीक्षा देता रहा। ईश्वर की असीम अनुकम्पा से मैं प्रत्येक परीक्षा में उत्तीर्ण हुआ था। परीक्षाओं ने ही

मुझे पाषाण बना दिया था, अहल्या! गुरु रहते समय यदि मैं पाषाण न बना होता तो क्या मैं तुम्हें प्राप्त कर सकता था? तब भी तुम अन्त तक मृगतृष्णा की तरह अप्राप्य लगती थीं। तुम तो थीं चन्द्रमा। मैं मर्त्यवासी। कैसे आशा करता कि मैं तुम्हें पा सकूँगा! अन्त तक मुझे बार-बार यही आशंका होती रही कि तुम इन्द्रदेव को ही मिलोगी।

किन्तु जिस दिन मधुपर्क विधि के नियमानुसार तुम मेरी हो गईं, मुझे लगा, मुझे मेरी सिद्धि मिल गई। मानो तुम ही थीं देवमानव की श्रेष्ठतम प्राप्ति। उसके बाद फिर प्राप्ति का अवशेष या अप्राप्ति का अफसोस नहीं रह जाएगा, यह सोचकर मैं निश्चिन्त हो गया था।

परन्तु तुम्हें पा जाने के अगले ही क्षण से न पाने के हाहाकार से मैं सिर्फ दग्ध होता रहा। प्राप्ति का अर्थ हाथ की पहुँच की चीज नहीं होती, न ही काम्य वस्तु को प्राप्त करना श्रेष्ठतम प्राप्ति है, यह मैं जान गया। क्या वास्तव में मैं तुम्हें पा सका था अहल्या? दोष तुम्हारा हो या मेरा, जब तुम्हारी देह मेरे पास होती, तुम्हारा मन और अभीप्सा मुझसे दूर इन्द्रलोक में विचरण करते थे, क्या तुम इस बात को अस्वीकार कर सकती हो? मेरी अंजलि में तर्पण जल डालते समय उसमें तुम इन्द्र का रूप देखा करती थीं, यह बात मुझसे छिपी नहीं थी।

हमारे पति-पत्नी के सम्बन्धों में एक विघ्न था हमारा पूर्व सम्बन्ध। मैं तुम्हारे गुरु के अलावा पति के रूप में खरा नहीं उतर पाया। मेरा ज्ञान और पहले की जितेन्द्रिय साधना एक प्रगल्भ प्रेमी बनने में बाधक हुए। मैं भी इन्द्र या अन्य लोगों की तरह तुम्हारे रूप का स्तुतिगान कर सकता था। किन्तु तब मुझमें और इन्द्र में क्या अन्तर रह जाता, बताना जरा? इसके अलावा मैं जानता था कि परपुरुष ही परनारी के रूप की स्तुति करता है। पति जिस रूप और देह का अधिकारी है, उसकी स्तुति वह क्यों करेगा? परन्तु क्या पति वास्तव में पत्नी की देह का अधिकारी होता है?

देह-संगम के समय क्या सचमुच देह समर्पित हो जाती है? ऐसा मुझे अब लग रहा है, तब तो सोचता था कि मैं इन्द्र से श्रेष्ठ हूँ, क्योंकि मैं अहल्या का अधिकारी हूँ। हमारे दाम्पत्य में एक बाधा और थी—हम दोनों की उम्र में एक बड़ा अन्तराल। तुम मुझसे प्रेमी के रूप में जो प्रगल्भ प्रशस्ति चाहती थीं, वह सब कर पाना मेरे लिए सम्भव न हो सका उम्र की गम्भीरता के कारण। साथ ही मेरी प्रगल्भता में बाधा उत्पन्न करती थी तुम्हारी तुलना में मेरे रूप की तुच्छता। यदि मैं तुम्हारे रूप की प्रशंसा करता तो तुम सोचती कि सम्भवत: मैं अपनी हीनभावना के कारण ही तुम्हारी प्रशंसा कर रहा हूँ। सुदर्शन इन्द्र के मुख से अपनी प्रशंसा सुनकर तुम जिस तरह उल्लसित होतीं, मेरे मुँह से स्तुति सुनकर उतनी उल्लसित न हुई होती, इतना मुझे दृढ़ विश्वास था। इन्हीं सारी बातों ने मिलकर मुझे कठोर,

गम्भीर, सन्दिग्ध और नीरस बना दिया था, जो कि मुझे तुमसे बहुत दूर ले गईं। उस समय मेरे विचार में प्रेम का अर्थ था–दुर्बलता और सुख का अर्थ था–स्वार्थीपन। मुझे क्या पता था कि मेरी शिष्या, ब्रह्मपुत्री अहल्या मेरे हाथ से निकल जाएगी, हृदय से बाहर चली जाएगी और मेरे ज्ञान एवं जितेन्द्रियता के अहंकार को रौंद डालेगी?

अब सोचता हूँ कि क्या मैंने जान–बूझकर अपने दुर्भाग्य को बुलावा दिया था? मेरे अन्दर बचपन से ही पार्थिव वस्तु और सुख की अनित्यता के बारे में जागरूकता थी। इसलिए किसी वस्तु के प्रति मैं अधिक आसक्त नहीं होता था। जो अनित्य है, उसके प्रति अधिक आसक्त होने से दुख के सिवा और कुछ नहीं मिलता। किन्तु मैं तुम्हारे प्रति इतना आसक्त हो गया था कि मेरी तपस्या में भी विघ्न पड़ने लगा था, इसलिए तुमसे मुक्ति के अलावा मेरी कोई और गति नहीं थी। किन्तु वह मुक्ति इस तरह पतन के रास्ते आएगी, इसकी कल्पना नहीं की थी मैंने।

प्रत्येक मनुष्य में पतन और पुनरुत्थान का स्वप्न और अभीप्सा होती है। पतन स्वयं नहीं आता। प्रत्येक पतन पूर्वकल्पित होता है। क्या यह महापतन हम दोनों की पूर्वकल्पित अभीप्सा का फल है? तब मेरा एक पैर स्वर्ग में तो दूसरा नर्क में रहता था। मर्त्यलोक की वास्तविकता के लिए और पैर कहाँ से आते? मेरे अनुभव ने ही आज मुझे वास्तविकता के प्रति सचेत किया है। तुम्हारा पतन ही मेरे लिए एक अशोचनीय, अघटित उद्घाटन का क्षण था। तुम्हारे स्खलन ने ही मुझे आत्म–समीक्षा का अवसर दिया है।

इन्द्रदेव हों या मैं, कोई भी दोषमुक्त नहीं था। हम सहपाठी थे फिर भी हममें सद्भावना का स्रोत अवरुद्ध हो गया था तुम्हें लेकर, हमारे विवाह के बहुत पहले से। हमारे हृदय में दो हिंसक पक्षी लगातार दंश मारते रहते। इन्द्रदेव के हृदय में काम था और मेरे हृदय में कामविरोधी क्रोध। काम के दंश से जर्जरित इन्द्रदेव पग–पग पर मर्यादा का उल्लंघन किया करते थे। उससे उन्हें लज्जा या संकोच भी नहीं होता था। मेरे हृदय के क्रोध ने मुझे शुष्क, नीरस, कठोर और हृदयहीन बना दिया था। समस्त क्रोधी व्यक्तियों की तरह मैं भी तुम्हारे प्रति, अपने पुत्रों के प्रति तथा आत्मीय–स्वजनों के प्रति अति निर्दयी और रुक्ष हो गया था। काम पाप है–क्रोध पाप नहीं, ऐसी भ्रान्त धारणा लिए मैं ज्ञानी होते हुए भी क्रोध के वश में आकर यह दुर्दशा भोग रहा हूँ।

मुझे कष्ट देना इन्द्रदेव का एक व्यसन था। कोई कारण हो या न हो, मेरे अनिष्ट और अपमान से उन्हें अपार आनन्द मिलता था, यह जानते हुए भी मैं बार–बार यज्ञानुष्ठान करके उन्हीं का आह्वान किया करता था, मैं उन्हें अपना 'सौभाग्य' दिखाकर अधिक ईर्ष्यान्वित करना चाहता था। ईर्ष्यालु को ईर्ष्या का

हवि अर्पण करके मैंने स्वयं ही अपनी भाग्यरेखा में दुख का अभीष्ट लिख दिया था। ऐसा न करके प्राप्ति की पाप भावना को सद्‌भावना में परिवर्तित कर दिया होता तो सम्भवतः यह परिणति न हुई होती।

अहल्या! मैं प्राप्ति के अहंकार एवं प्राप्ति से अप्राप्ति की आशंका से उत्पन्न क्रोध से दूषित था। इन्द्र मेरे अहंकार का दलन करना चाहते थे। किन्तु उससे मेरा मोह अधिक तीव्र हो उठता था। आज समझ गया हूँ कि यदि मैंने अपने अहं का दलन न करके पूर्ण विस्तार करके अपनी आत्मा को सर्वत्र, सभी प्राणियों में महसूस किया होता, तो मेरा यह मोह-शोक भावानन्द में परिणत हो गया होता। इन्द्र को इन्द्रिय न मानकर आत्मस्वरूप माना होता तो वे मेरे परम मित्र बन सकते थे। यदि समुद्र का तट भी समुद्र बन जाए तो तट को लहरों की चोट सहने का अवकाश कहाँ रह जाएगा? मेरा हृदयाकाश प्रसारित होकर इन्द्राकाश तथा भूः भुवः स्वः बन गया होता तो आज इन्द्र के लिए एक आकाश कहाँ रह जाता? जब तुम सम्पूर्ण विश्व में व्याप्त हो जाते हो, तब तुम्हारा दुख व्यक्तिगत नहीं रह जाता। यह बात जानते हुए भी मैंने तुम्हें पाने के अहं को व्यक्ति-सर्वस्व क्यों बना दिया? तब मेरा जो ज्ञान था, वह सम्भवतः वास्तविक ज्ञान नहीं था। सम्भवतः तुम्हारे प्रति मोह और अनृत (असत्य) में आसक्ति होने के कारण ही आज मैं यह कष्ट पा रहा हूँ। कुछ समय तक मैं आत्मविस्मृति के पाप का भी आरोपी रहा हूँ। अनृत से ऋत (शाश्वत सत्य) और ऋत से सत्य की स्थिति में प्रवेश करना ही उत्तरण का नियम है। तुम्हें पाकर मैं अनृत और अज्ञान दोष का भागी हुआ। उसी अज्ञानता के कारण हुई मेरी आत्मविस्मृति। तुम्हें खोकर मुझे आत्मज्ञान वापस मिल गया है और मुझे ऋत की उपलब्धि हो रही है। सम्भवतः यही आत्मस्मृति की स्थिति मुझे सत्कर्म और सद्‌ज्ञान का मार्ग दिखाएगी। आज मैं अश्रद्धा की जय-जयकार कर रहा हूँ अहल्या! यदि यह अश्रद्धा अनृत के प्रति है, तो वह भी धर्म का एक हिस्सा है। मेरी अश्रद्धा अनृत के प्रति लक्षित न होकर इन्द्र के प्रति लक्षित होने के कारण ही आज मेरा यह पतन और सन्ताप है।

हालाँकि तुम सोच रही होगी कि मैं स्वयं को दोषमुक्त करने के लिए फिर वही शुष्क और नीरस दर्शन तुम्हारे सम्मुख अलाप रहा हूँ। लेकिन आज मुझे अपना दोष साफ-साफ दिख रहा है। सोम-संग्रह, सोम-निष्कासन, सोमरस तैयार करने और अतिथि-सत्कार करने का भार तुम्हें सौंपकर मैंने गलती की थी, ऐसा अब सभी कह रहे हैं। किन्तु तुम तो थीं आश्रम की अध्यक्ष। नियम की दृष्टि से सोमरस बनाना और अतिथि-सत्कार करना तुम्हारा धर्म था। न केवल इन्द्रदेव, बल्कि आश्रम में आनेवाले सभी अतिथियों की सेवा और सत्कार तुम्हीं करती थीं। सोमरस बनाने में तुम सिद्धहस्त थीं और तुम्हारी

ख्याति सर्वविदित थी। तुम इन्द्र के लिए सोमरस बनाने को तैयार नहीं थीं। वह था तुम्हारा मेरे सन्देही स्वामित्व के प्रति विरोध। मैंने तुम्हारी बात मान ली होती तो इन्द्र को मधुक्षरा सन्तुष्ट कर सकती थी। किन्तु इन्द्रदेव मुझसे असन्तुष्ट हो जाते और वृष्टिदान के लिए कुंठित हो जाते। प्रजा का जल-संकट दूर नहीं हो पाता। पृथ्वी राख की ढेरी बन जाती। ऋषि-मुनिगण आश्रम छोड़कर चले जाते। मेरा अध्यक्ष पद माधुर्य को मिल जाता। आर्य और आर्येतर सबकी अनास्था जगत की दृष्टि में मुझे क्षुद्र बना देती। इसलिए अपने निजी स्वार्थ और जगत के स्वार्थ की दृष्टि से तुम्हें ही इन्द्रदेव को तुष्ट करने का दायित्व सौंपने के अलावा मेरे पास कोई और चारा नहीं था। किन्तु इसका अर्थ यह नहीं था कि तुम...। छोड़ो, उस बारे में फिर से चर्चा करके क्या लाभ?

तुम पूछ सकती हो कि उस दिन रात बीतने से पहले ही मेरा स्नान करने जाने का उद्देश्य क्या था, वह भी बाहर से ताला लगाकर जाने का क्या उद्देश्य था? मैं जानता था, सोमयाग के समय इन्द्र तुम्हारी ओर लालसापूर्ण दृष्टि से देखकर अपनी कुत्सित वासना को कुछ हद तक तृप्त कर रहे थे। इन्द्रदेव की दृष्टि और उपस्थिति मेरे लिए असह्य थी। इसलिए जल्दी-जल्दी प्रातः-होम समाप्त करके अतिथि को विदा करना मेरा उद्देश्य था। जब मैं शय्या त्यागकर नदी जा रहा था, तुम गहरी नींद में सो रही थी। किन्तु इन्द्रदेव की आँखों में नींद नहीं थी। उन्हें तुम्हारे द्वारा तैयार सोमरस पीते हुए मैंने देखा था। अत्यधिक सोमपान करके इन्द्रदेव को उन्मत्त और अमित-शक्तिशाली होने का दृश्य मैंने देखा है। तब मैं ईर्ष्या और सन्देह का विषपान कर रहा था। भय हुआ, कहीं मेरी अनुपस्थिति में कुटी में घुसकर वे तुम्हारा बलात्कार न करें! हालाँकि मैं जानता था कि उस मामूली ताले को तोड़ना इन्द्रदेव के लिए एक तुच्छ कार्य था। क्या मैं नहीं जानता था कि इन्द्रशक्ति के सम्मुख उस सामान्य ताले की शक्ति नगण्य थी—उनके या तुम्हारे चाहने मात्र से ताला खुल जाएगा—द्वार खुल जाएगा...मेरी जो आशंका है, वह अनायास ही घटित हो जाएगी...! परन्तु निर्बोध-सा अपनी हँसी उड़वाने के लिए ताला लगाकर क्यों गया? सम्भवतः मेरे मन ने तुम्हारी विश्वसनीयता की परीक्षा लेने के लिए इस अवसर की रचना की थी। इसीलिए मैं रात बीतने से पहले चला गया और स्नान किए बिना ही लौट आया। यह सब मैंने जान-बूझकर किया था, ऐसा तुम्हें स्पष्ट लग रहा होगा। मुझे भी तुम्हारे व्यक्तित्व की दुर्बलता और इन्द्र की कामुकता साफ दिख रही थी। सम्भवतः मैं यह चाहता था कि तुम पाप करो। पाप की खाई में गिरे बिना तुम्हारा उत्थान सम्भव नहीं, यह बात मेरी विश्वस्त अन्तर्दृष्टि मुझे कह रही थी। जब मन पाप-आश्रयी होता है, तब 'पाप' के अलावा कोई दूसरा उसमें पुण्य की अन्वेषा नहीं जगा सकता। मैं इन्द्रदेव के सम्मुख तुम्हें ताले में बन्द करके यह जता देना

चाहता था कि इन्द्र के चरित्र पर मेरी आस्था नहीं है। मुझे किसी-न-किसी अनहोनी की आशंका लगी रहती है। मैं किसी भी समय नदी से लौटकर आ सकता हूँ। यह इन्द्र को भी सतर्क करने का एक संकेत था। लेकिन कामुक इन्द्रदेव ने तुम्हें पाने के लिए कुछ भी नहीं सोचा-विचारा। तुम्हें ताले में बन्द करना मेरे सन्देही चरित्र की निन्दा में परिणत होना ही सार हुआ।

तुम्हारे जीवन में जो भी घटित हुआ, उसकी जिम्मेवार तुम अकेली नहीं हो, जिम्मेवार हूँ मैं, इन्द्रदेव, पितामह ब्रह्मा और यह समाज। लेकिन इसके कारण तुम्हें दंड न देना क्या मेरे 'प्रेम' और दयाशीलता का प्रमाण-पत्र होता? तुम्हें मैंने जो अभिशाप दिया है, ऐसा अभिशाप किसी भी युग में किसी पति ने अपनी पत्नी को नहीं दिया। मुझे इस जगत ने निष्ठुर कहा। तुम भी मुझे निष्ठुर व पाषाण हृदय समझती होगी। सोचती होगी, दंड न देकर मैं तुम्हें क्षमा भी कर सकता था। क्या क्षमा तुम्हें ऋतसत्य की उपलब्धि करा सकता था? पाप की उपलब्धि ही पुण्य के अनुभव का उदयपर्व तैयार करती है। इसलिए दोषी को दंड देना, उस दोषी और समाज, दोनों के लिए कल्याणकारी होता है। जो दोषी को दंड देता है, वह दयालु और मार्गदर्शक माना जाता है। इसलिए तुम्हारा यह मानना अनुचित होगा कि मैं निर्दयी हूँ। वह समय आएगा, जब तुम समझ जाओगी कि आज का अभिशाप और संकट तुम्हारी दिव्यानुभूति के लिए ही था। मेरे विवेक और अनुभव ने ही मुझे तुम्हारे प्रति यह अभिशाप तय करने के लिए प्रेरित किया है। क्रोध के वशीभूत होकर मैंने यह दंडविधान निर्धारित नहीं किया है। पाप का प्रायश्चित न करके क्षमा पा जाने पर क्षमा की अवमानना होती है। जिससे तुम्हारा कल्याण होगा, मैंने वही विधान किया है। इस समय मैं तुम्हें शत्रु के समान लग रहा होऊँगा किन्तु समय आने पर समझ जाओगी कि सच्चरित्र और विवेकशील पति से बड़ा हितैषी मित्र इस जगत में नारी का और कोई नहीं होता।

मैं चाहता तो तुम्हें भस्म कर देता, मैं चाहता तो इन्द्र को स्वर्ग से हटा देता; किन्तु मैंने ऐसा नहीं किया, क्योंकि न तो मैं तुम्हारा शत्रु था और न ही इन्द्र का। पति और पत्नी के सम्बन्धों में स्वार्थ जुड़ा होने पर भी उन सम्बन्धों में जो पवित्रता होती है, वह जार पुरुष के साथ गुपचुप प्रणय में नहीं होती। गोपनीय प्रणय में रोमांच अवश्य है; किन्तु वह क्षणिक है। जो पुरुष दूसरे की पत्नी को प्रेम का भुलावा देकर अपनी काम वासना चरितार्थ करने का जरा-सा भी अवसर नहीं छोड़ता; क्या वह कभी नारी का हितैषी हो सकता है? क्या इन्द्रदेव तुम्हें शचीदेवी का स्थान दे सकते हैं? नहीं—सचराचर में ऐसा नहीं होता। अपनी पत्नी को सतीत्व के सिंहासन पर बिठाकर दूसरे की पत्नी को अ-सती बनाना इन्द्रदेव के जैसे कई अभीष्टदाता सुपुरुषों की प्रवृत्ति होती है। अपनी पत्नी के सतीत्व को

लेकर उन्हें गर्व होता है। शचीदेवी के सतीत्व के पुण्य-प्रताप से इन्द्रदेव का अनेक संकटों से उद्धार पाने के उदाहरण भी हैं। क्या शचीदेवी का परपुरुष की ओर दृष्टि उठाकर देखना इन्द्रदेव सह पाएँगे, जबकि वे स्वयं के बहुनारी भोग को पौरुष की आख्या देते हैं? यही है पुरुष की प्रवृत्ति और मनोवृत्ति।

प्रियतमा! केवल तुम्हीं नहीं, आज मैं भी बन्धुशून्य, निस्संग हो हिमवन्त की निर्जनता में बैठा आत्मसमीक्षा कर रहा हूँ। कहाँ हैं मेरा यश, कीर्ति, आश्रम, तपोवन, मेरे शिष्य-शिष्या, साधु-सन्त और मेरा परिवार-सन्तान सन्तति एवं मेरी प्रियतमा अहल्या? क्या मेरे दोष की तुलना में यह दंड अधिक नहीं है? जब तक तुम्हारा पाप मिट नहीं जाता, तुम्हारा शापमोचन नहीं हो जाता, तब तक इस निर्जन, निस्संग, निर्वेद जीवन से मेरी भी मुक्ति नहीं है। वास्तव में मैंने किसे अभिशाप दिया है, तुमको या अपने आप को? आज सारे जगत की संवेदना तुम पर बरस रही है, क्योंकि तुम शाप भोग रही हो। मेरे लिए केवल भर्त्सना ही भर्त्सना है, क्योंकि अभिशापदाता निष्ठुर माना जाता है। इसलिए मेरी स्थिति तो तुमसे भी अधिक दयनीय है।

जब तुम्हारे प्रति मेरी शापवाणी उच्चरित हो रही थी, तब मेरा हृदय सैकड़ों टुकड़ों में विदीर्ण हो रहा था। मैं जानता हूँ, तुम ब्रह्मा की लाड़ली मंत्रमुग्धा सुकुमारी हो। यह अभिशाप तुम्हारे पाप से बड़ा हो सकता है, तुम्हारी मृत्यु का कारण बन सकता है। यह अभिशाप तुम्हें विकलांग और पागल बना सकता है, यह अभिशाप तुम्हें नर्क की यातनाएँ दे सकता है। भूख-प्यास से अधीर हो तुम लोगों की दृष्टि से दूर तिल-तिल मृत्युवरण कर सकती हो। हिंसक जीव-जन्तुओं के नख-दन्त तुम्हारे कोमल शरीर को नोच-नोचकर तुम्हारे रूप के अहंकार को रक्ताक्त कर सकते हैं, तुम्हारी कलंकित देह दास-दानवों की कामनाओं का खिलौना बन सकती है। यह सब जानते हुए भी मैंने तुम्हारे प्रति यह भयंकर अभिशाप वाणी सुनाई और अपने हृदय के रक्तक्षरण को एकाकी पी रहा हूँ। मनुष्य का दुर्भाग्य है कि उसके द्वारा बोले गए शब्द ही दूसरों को सुनाई देते हैं, उसके हृदय की भाषा और विलाप कोई नहीं सुन पाता। मैं मानता हूँ कि नीति-नियम और अनुशासन की दृष्टि से मैं अत्यन्त कठोर अवश्य हूँ, किन्तु मैं निष्ठुर और बर्बर नहीं हूँ। इसलिए अग्नि को साक्षी मानकर गृह सम्राज्ञी के रूप में विवाह करके लाई हुई, प्राणों से प्रिय पत्नी और अपनी सन्तानों की जननी के प्रति ऐसे विकट अभिशाप का विधान करके निश्चिन्त कैसे रह सकता हूँ? तुम नारी हो—सहज आँसू बहाने में तुम्हें कोई बाधा नहीं। इसलिए तुम्हारे आँसू बहाकर अपनी छाती का बोझ हल्का करते समय मेरी दोनों आँखें पथरा चुकी थीं। पुरुष का दुर्भाग्य है कि वह आँसू बहाने में कंजूस होता है। इससे उसके अहं को ठेस पहुँचती है। अतः दुख और पछतावे से उसका सीना भले ही फट जाए,

उसकी आँखें गीली नहीं होतीं। मैं तो वैसे भी आत्मसंयमी महर्षि गौतम हूँ। अभिशाप देने के अलावा हाहाकार करने का अवकाश मुझमें नहीं था। यदि उस समय तुमने एकाग्रचित्त हो कान लगाकर सुना होता तो सुन सकती थीं मेरे अन्दर एक अभागा, व्यर्थ मनोरथ, पराजित पति अपनी पत्नी के विरह में किस तरह 'अहल्या-अहल्या' कहते हुए विलाप कर रहा था।

जिस तरह पाप करना सहज नहीं होता, उसी तरह अभिशाप देना भी उतना सहज नहीं होता। जो शाप भोगता है, वह अशेष दुख भोगता है। जो शाप देता है, वह भी कम दुख नहीं भोगता। पाप न करके भी स्वयं को पापी मानकर वह आत्मधिक्कार से तब तक दग्ध होता रहता है, जब तब कि शापग्रस्त का शापमोचन नहीं हो जाता। क्रोधी न होते हुए भी वह क्रोधी समझा जाता है, निष्ठुर न होते हुए भी वह निष्ठुर कहलाता है। पहाड़-सा होता है उसका भाग्य। पहाड़ को कठोर, निष्ठुर, पाषाण कहा जाता है जबकि एक नन्हा-सा अंकुर पहाड़ भेदकर आकाश की ओर अपनी शाखा-प्रशाखाएँ कैसे बढ़ा देता है? पहाड़ इसलिए कठोर होता है कि वह झरने की प्रखर गति को सीना तानकर सँभाल सके और उसकी गति को धीर, मधुर और मन्थर बना सके।

तुम्हें न पा सकने का दुख था इन्द्र को। तुम्हें पाकर खोने का दुख है मुझे। कहो, किस का दुख बड़ा है? इन्द्र देहवादी है। उसकी इच्छा पूरी हो गई, अब उसे दुख नहीं रहा। परन्तु मुझे क्या मिला? ब्रह्मांड सुन्दरी ब्रह्मा-पुत्री का पति होने का न केवल मेरा अहंकार चूर-चूर हो गया, बल्कि मेरे सारे सपने भी धूल में मिल गए। अहल्या! क्या तुम सोचती हो कि केवल नारी ही घर-गृहस्थी, परिवार, पति और पुत्र को लेकर सपने देखती है? सन्तान, पत्नी और अपने परिवार के लिए क्या पुरुष का कोई सपना नहीं होता? होता है—किन्तु अपने सपने का बखान करने में नारी को सुख मिलता है, पुरुष मितभाषी होता है, वह शान्त साधक होता है। पुरुष का मन ऐसे उपादानों से बना है कि वह अपना वात्सल्य भी सन्तान के सम्मुख खुलकर प्रकट नहीं कर पाता। नारी का वात्सल्य कल-कल निनादित झरना है, तो पुरुष का वात्सल्य गहरी झील। इसलिए वह दुख में हो अथवा सुख में, प्रेम में हो अथवा वात्सल्य में, बह नहीं पाता। भला बहने का सौभाग्य ही कहाँ मिलता है पुरुष को!

तुम्हारा अन्नमय पिंड गढ़ा था तुम्हारे पिता ने, किन्तु तुम्हारा प्राणमय, चेतनामय पिंड गढ़ा था मैंने—तुम्हारा गुरु बनकर। इसलिए तुम्हारे विवेक और चेतना में भ्रम होना केवल तुम्हारी पराजय नहीं थी, थी मेरी भी पराजय। मैं स्वयं को भी दोषी मानता था। यदि मैं कुछ सहज, सतर्क, सामान्य मनुष्य होता तो इस भ्रम को टाल भी सकता था! असामान्य होने का दुख जानते हुए भी मैंने अनन्य, असामान्य होने की कठोर जीवनचर्या अपनाई! यदि हम दोनों एक सामान्य

जीवन जीते तो अनेक सुखी दम्पत्तियों की तरह एक सुन्दर गृहस्थी बना सकते थे। किन्तु वह सुख नित्यानन्द नहीं होता, मेरे इस ज्ञान ने मुझे एक सामान्य पति बनने से रोका और मेरे समस्त संकल्पों को ध्वस्त कर डाला।

प्रायश्चित से बड़ा मित्र और पश्चाताप से बड़ा शत्रु मनुष्य का कोई नहीं है। जब तुम प्रायश्चित कर रही थी, मैं पश्चाताप के कारण भग्न हृदय लिए डोल रहा था। पीछे छोड़ आए जीवन की भूल-चूक मुझे साफ-साफ दिख रही थी, परन्तु उसमें सुधार कर पाना मेरी क्षमता से परे था क्योंकि मनुष्य पीछे मुड़कर भले ही देख ले, पर समय कभी मुड़कर नहीं देखता। जो बात कभी मनुष्य की क्षमता के अधीन होती है, समय बीत गया तो फिर उसमें कोई सुधार नहीं हो सकता। निष्फल पश्चाताप मनुष्य को विषादग्रस्त कर देता है और तेजस्वी, ज्ञानी मनुष्य भी मृतवत हो जाता है। मनुष्य के जीवन में यह एक संकट की स्थिति होती है। ऐसी स्थिति प्रत्येक मनुष्य के जीवन में कमोबेश आती है। किन्तु जो आत्मज्ञान के प्रति अधिक सचेत है और ऐसा सोचता है कि सब कुछ उसके वश में है, उसके जीवन में आत्मविषाद की संकटपूर्ण स्थिति बार-बार आती है और उसकी निष्फल पश्चाताप की यंत्रणा इतनी तीव्र हो जाती है कि वह यंत्रणा मृत्यु को भी लाँघ जाती है। आज मैं मृत्यु की यंत्रणा तिल-तिल भोग रहा हूँ।

मैं तुम्हारे शापमोचन की घड़ी की प्रतीक्षा कर रहा हूँ। फिर भी यदि तुम गौतम-पत्नी के गौरव को अस्वीकार करके दूसरा पथ चुनना चाहो तो मुझे कोई आपत्ति नहीं। जिसमें तुम खुश रहोगी, वही मेरा काम्य होगा। मैं तुम्हें सुख न दे सका। इन्द्रदेव ने तुम्हें सुख दिया इसलिए मैं उनके प्रति कृतज्ञ हूँ। आज यदि इन्द्रदेव तुम्हें शची पद पर आसीन करते हैं, तो मुझे कोई आपत्ति नहीं। यदि इन्द्रदेव तुम्हारी दृष्टि में मुझसे श्रेष्ठ हैं, तो क्या श्रेष्ठ नारी को प्राप्त करना उनके लिए तर्कसंगत नहीं है? अब तुम मुक्त हो। तुम पर किसी तरह का बाधा-बन्धन नहीं। अब तुम ताला बन्द कुटीर में मेरे अनुशासन में आबद्ध नहीं हो। क्या इस अवसर की उपेक्षा इन्द्रदेव कर सकेंगे? क्या तुम्हारा आकर्षण इतना शीघ्र टूट गया? वे बिना निमंत्रण के मर्त्यलोक में अवश्य आएँगे और तुम्हारा वरण करके शची पद पर अवश्य बिठाएँगे। आर्य पुरुष के रूप में इन्द्रदेव को द्वितीय शची ग्रहण करने का सामाजिक अधिकार प्राप्त है। कहीं तुम यह तो नहीं सोच रही हो कि अब मैं तुम्हें स्वीकार नहीं करना चाहता, इसलिए इन्द्रदेव को सौंप रहा हूँ? ऐसा होता तो मैं तुम्हें कोपानल से भस्म कर सकता था। तुम्हारा पतन मुझे जितना कष्ट नहीं दे रहा, इन्द्रदेव ने तुम्हारा जो अपमान किया है, वह मुझे अधिक साल रहा है। यदि इन्द्रदेव तुम्हें स्वीकार करके द्वितीय शची पद पर आसीन कर दें तो मैं क्षुब्ध अवश्य होऊँगा, पर अपमान से सिर नहीं झुकाऊँगा।

तुम इन्द्रयोग्या न होकर इन्द्रभोग्या बन गई। इससे मेरे पौरुष को ठेस लगी है। इन्द्रदेव और मैं अपने आपसी अहं को लेकर संघर्ष करते चले जा रहे थे और दोनों अपने-अपने पक्ष का समर्थन करते हुए कहा करते थे 'मम सत्यं'—मैं सत्य के लिए लड़ता हूँ। हम दोनों परमेश्वर को अपनी-अपनी ओर सोचा करते थे किन्तु परमात्मा सच-झूठ जानते हैं। सत्य की रक्षा के लिए जो चरम बलिदान दे सकता है, परमेश्वर उसी का पक्ष लेते हैं। मैं जन-कल्याण के लिए आयोजित महायज्ञ में अपनी प्राणप्रिया पत्नी की बलि चढ़ा चुका हूँ। सम्भवतः मैं हविष्मान नहीं हो पाया था। भोग के विरुद्ध संघर्ष करने पर भी त्याग के होमघृत में समाकर अपने स्वार्थ को पूरी तरह हवि नहीं बना पाया था। तभी तो आज मेरी सम्पूर्ण साधना, ज्ञान, तर्क और दर्शन असिद्ध हो गए।

आज इतना विशाल गुरुकुल शून्य, परित्यक्त, अभिशप्त हो गया मेरे ही द्वारा। मैंने स्वयं आश्रम छोड़ा है। पृथ्वी पर मेरा कोई अस्तित्व नहीं रहा। दूसरे पर कीचड़ उछालते समय पहले अपने ही हाथ कीचड़ से सन जाने की तरह इन्द्रदेव को ईर्ष्यान्वित और विफल मनोरथ करने की सोचने के कारण ही आज मेरी यह विफलता और दुर्गति हुई है। व्रत हो तो अनुव्रत की आशा की जाती है। सम्भवतः मेरा व्रत पूर्णतः निष्कपट नहीं था और मैं केवल तुम्हीं से अनुव्रत की आशा करता रहा। आदर्श पति ही आदर्श पत्नी की आशा करता है। सम्भवतः कई कारणों से मैं एक आदर्श पति न बन सका।

यज्ञ का दूसरा नाम अध्वर है—अतः यज्ञ अहिंसक होता है। सत्य, अस्तेय, अपरिग्रह और ब्रह्मचर्य होते हैं यज्ञ के लक्षण किन्तु यज्ञ के समय बलि और अनार्य दमन जैसे हिंसात्मक कार्य भी होते थे। तुम्हारा मन अति कोमल होने के कारण तुम दोनों तरह की हिंसा का विरोध किया करती थी। तब मैंने तुम्हारी बात नहीं मानी थी। सम्भवतः घृणा या हिंसा से नहीं, प्रेम से ही अनार्यों को यज्ञाभिमुखी और अहिंसक बनाया जा सकता था। जब मैं तुम्हें असहाय अवस्था में अभिशाप देकर चला आया, तब मुझे भय नहीं था हिंसक पशुओं का, भय था हिंसात्मक कांड करनेवाले वेद विरोधी दासों का। सोचा था, दासगण तुम पर पाशविक अत्याचार करके आर्यमुनियों से बदला लेंगे; किन्तु आज मैं अनार्य दासों के आचरण से मुग्ध और तटस्थ हूँ। वे मेरे अभिशाप को सम्मान देते हुए तपोवन की सीमा में प्रवेश नहीं कर रहे। किन्तु आश्रम को बाहर से वलय की तरह घेरकर दिन-रात जाग्रत प्रहरी बने हुए हैं। वन्यजन्तु और दुष्टात्माओं से तुम्हारी रक्षा करने की शपथ ले रखी है उन्होंने। जब तक तुम्हारी शापमुक्ति नहीं होती, तब तक वे लोग वेदविरोधी, यज्ञविरोधी, तपविरोधी कोई काम नहीं करेंगे, यह उन्होंने ऋषि मुनियों को जता दिया है। आश्चर्य की बात है कि सबसे हिंस्र तक्षक, कर्कोटक, कुलिक और प्रदाह आदि दासगण भी आज अहिंसक हो गए

हैं। तुमने उन्हें अनाहार और अनावृष्टि से बचाने और पृथ्वी को शस्य-श्यामला बनाने के लिए से इन्द्र की कामाग्नि में आहुति दी है, ऐसा उन्हें विश्वास है। इसलिए आज वे लोग तुम्हरे प्रति कृतज्ञ और अहिंस्र हैं।

आज समाज में दो तरह की विचारधाराएँ प्रचलित हैं—पुरुष-प्रधान वैदिक धारा और नारी-प्रधान अवैदिक धारा। अवैदिक दास-संस्कृति में नारी होती है सृष्टि के मूल में। नारी मानव की जन्मदात्री है, पृथ्वी अन्नकण और जीवन की जन्मदात्री है। पृथ्वी और नारी अभिन्न हैं। फल प्रदायिनी पृथ्वी की तरह सन्तान प्रदायिनी नारी ही सर्वंसहा, क्षमाशील, संवेदनशील और कल्याणमयी है इसलिए पृथ्वी और नारी पर ही समस्त अत्याचार होते हैं। फिर भी पृथ्वी ही नारी की वास्तविक साधनाभूमि है। स्वर्ग में देवपत्नियों को छोड़कर बाकी की सभी नारियाँ होती हैं—अप्सरा, स्वर्गवेश्या और उपभोग्या। इसीलिए दासगण स्वर्ग-विमुख और देव-विमुख हैं। अपने विश्वास पर अटल ये दासगण तुम्हारी तपस्या में बाधा उत्पन्न न करने के लिए तुमसे दूर हैं। अहल्या! विपदा और विघ्न ने ही आज मुझे उन लोगों को समझने का अवसर दिया है। विपदा, विघ्न और दुख ने ही आज मुझे तुम्हारे बारे में फिर से सोचने की निष्कपट, निरहंकार, निःशर्त घड़ियाँ प्रदान की हैं।

अतः जीवन में केवल यश और सफलता नहीं चाहिए। ये अहंकार को पुष्ट करने में सहायक होते हैं। विपत्ति, अभिशाप और दुख ही आत्मज्ञान एवं आत्माज्ञान के द्वार खोलते हैं। तुम्हें अभिशाप देकर मैं दुखमग्न अवश्य हूँ, पर अनुतप्त नहीं। आज मैं तुम्हारे लिए उच्चरित कर रहा हूँ, ''नमः सुते निऋर्ते...''

हे निऋते—हे विपत्ति, हे विघ्न, तुम्हें प्रणाम! मैं अपनी प्राणप्रिया पत्नी के लिए तुम्हारा आह्वान करता हूँ। तुम्हारे ही खुरदरे हाथों में मैं अपनी अहल्या को अर्पित करता हूँ। अहल्या का कर्मफल अहल्या ही भोगेगी। हे दुख! तुम महान हो, क्योंकि तुम्हीं कराते हो पाप की उपलब्धि और पापमुक्ति। तुम्हारे ही वज्र प्रहार से अहल्या का हल्य मोह-बन्धन चूर्ण हो। तुम्हीं सन्ताप के यज्ञकुंड में अहल्या की पुनः-पुनः परीक्षा लो। यदि उसने तिलभर भी पाप किया हो तो उसे प्रकट करो। हे संकट, हे अभिशाप! तुम अहल्या को बार-बार दग्ध करो। अनुताप के अग्निकुंड में भोगमयी अहल्या भावमयी अहल्या में परिणत हो। हे निऋते! मेरी प्राणप्रिया अहल्या को सोमांगिनी करो, पापमुक्त करो और मेरा अभिशाप सफल करो...

तुम्हारे लिए दुख और संकट का आह्वान करते समय आज देवी अनसूया की अपूर्व गाथा याद आ रही है। तुमने सम्भवतः वह अद्‍भुत वृत्तान्त नहीं सुना। आज तुम्हें वह कथा सुनाना उचित समझता हूँ। तुम महर्षि अत्रि की सती पत्नी अनसूया जैसी क्यों नहीं बनी? वे भी तुम्हारी तरह ब्रह्मांड सुन्दरी थीं। उनके रूप

के आगे अप्सराएँ फीकी पड़ जाती थीं। अनसूया का सौन्दर्य देखकर देवगण उनकी ओर आकर्षित होते थे। देवियाँ अनसूया के रूप और सतीत्व की कान्ति से निष्प्रभ हो जाने के साथ ही ईर्ष्या भी करती थीं। विष्णु-पत्नी लक्ष्मी, शिव-पत्नी उमा और अन्य देवियाँ अनुसूया के सतीत्व की महिमा से दिन-प्रतिदिन तनाव में रहने लगीं। एक बार उन लोगों ने अपने पतियों से अनुरोध किया मर्त्यलोक जाकर अनसूया के सतीत्व का हरण करें। यदि सती अनसूया उन देवताओं के अपार्थिव रूपशोभा से कामासक्त न हों, तो अलौकिक शक्ति के बल पर अत्रिमुनि का रूप धारण कर एक-एक करके उनके साथ भोग करें। इससे अनसूया के सतीत्व पर कलंक का धब्बा लग जाएगा और देवियों का अहंकार तृप्त हो जाएगा। सम्भवत: त्रिदेव भी एक ऐसे ही अवसर की प्रतीक्षा में थे! नहीं तो पत्नियों के ऐसे जघन्य परामर्श से क्या उनके जैसे देवता सहमत होकर सती साध्वी मुनि-पत्नी से देहभिक्षा करते!

उस समय दस वर्षों से निष्ठुर अनावृष्टि से पीड़ित पृथ्वीमाता त्राहि-त्राहि कर रही थी। कोमल हृदया लोककल्याणकारिणी देवी अनसूया शस्यशून्य, जलशून्य पृथ्वी पर गंगा को प्रवाहित करने के लिए कठोर तपस्या में लीन थीं। देवगणों ने सोचा कि अत्रिमुनि के छद्मवेश में न जाकर अपने-अपने वास्तविक रूप में सती के सम्मुख उपस्थित होंगे और काम-भिक्षा करेंगे। वे लोग जानते थे कि सती अनसूया अपने तपोबल से देव, दानव, पति और पर-पुरुष के छद्मवेश में छिपे असली व्यक्ति को पहचान लेंगी। अत: छद्मवेश क्यों बनाएँ? वे लोग अपने-अपने रूप में अनसूया के सम्मुख प्रकट हो गए और अनसूया के रूप एवं यौवन से काम-विह्वल होकर उनके रूप का स्तुतिगान करने लगे। पर-पुरुष के कंठ से निकला स्तुतिगान देवी अनसूया पर कोई प्रभाव न डाल सका। वे अपनी तपस्या में अडिग रहीं। अधिक विलम्ब न करके देवगणों ने अपने आने का प्रयोजन कह डाला। अनसूया को यह भी प्रलोभन दिया कि उन्हें कामतृप्त करने पर उनके वरदान से स्वर्ग-गंगा पृथ्वी पर प्रवाहित होगी और पृथ्वी फिर से शस्य-श्यामला हो उठेगी। उन्होंने दृढ़ स्वरों में यह भी कहा कि यह घटना वे गुप्त रखेंगे और सती की यश-कीर्ति में कोई आँच नहीं आएगी। अत्रिमुनि आश्रम में नहीं हैं इस कारण वे अनसूया का देहदान देख भी नहीं पाएँगे। अत: अनसूया के दाम्पत्य जीवन की सुख-शान्ति में कोई आँच नहीं आएगी और फिर देवताओं के वरदान से पृथ्वी पर स्वर्ग-गंगा प्रवाहित होने से अनसूया की यश-ख्याति त्रिभुवन में फैल जाएगी।

प्रलोभन का यह कितना विशाल आह्वान था! सती अनसूया का तपोभंग हो गया। देवताओं की अभिसन्धि और अभियान के आख्यान ने उन्हें विचलित कर दिया। देवताओं को देहदान करके वरदान प्राप्त करने पर जो गंगाजल पृथ्वी पर

प्रवाहित होगा, क्या वह जल गंगाजल होगा! कामाग्नि से उत्पन्न गंगा की धारा क्या पावन और विश्व कल्याणकारी बन सकेगी?

ब्रह्मवादिनी अनसूया मधुविद्या जानती थीं। विलास, व्यसन, कामना, वासना, भोग-लालसा से परे रहकर मधुविद्या की अधिकारिणी अनसूया को सभी देवगण और उनकी वाणी मधुमय लगी। देवताओं के प्रति उनका प्रेम उमड़ पड़ा। किन्तु सख्य, दास्य, वात्सल्य इन तीन प्रकार के प्रेम में वात्सल्य प्रेम को श्रेष्ठ मानकर देवी अनसूया ने जननी का हृदय लेकर वात्सल्य प्रेम की दृष्टि से तीनों देवताओं की ओर जैसे ही देखा वे उन्हें अज्ञान, अबोध, निष्कपट शिशुओं की तरह दिखाई दिए। जो अबोध पतिगण पत्नियों के उकसाने पर पतिव्रता नारी का सतीत्व लूटने पर उतारू थे, उन्हें शिशुओं के समान नादान मानकर सती अनसूया ने बाँहों में भर लिया। उन्हें चूमा, स्तनपान कराया। देवगण अपना पूर्वज्ञान खोकर शिशुओं की तरह मर्त्यलोक में ही रह गए। देवी अनसूया के वात्सल्य प्रेम की पराकाष्ठा से स्वर्ग-गंगा कल-कल नाद करती मर्त्यलोक में प्रवाहित हुई और अन्नहीन धरती को अन्नमय कर दिया। अनसूया स्वयं धरतीमाता बन गईं। उस मधुमय धरती की गोद छोड़कर देवगणों ने स्वर्ग लौटना नहीं चाहा। अन्त में अनसूया से ईर्ष्या करनेवाली तीनों देवियों ने मर्त्यलोक आकर अनसूया से अपने-अपने पति को वापस माँगा। अनसूया उन देवियों से ईर्ष्यापरायण अथवा कोपान्वित नहीं हुईं। उन्हें वे देवियाँ भी अबोध सन्तान जैसी दिखाई दीं। उन्होंने उन तीनों को क्षमा करते हुए देवताओं को पूर्वावस्था एवं पूर्वज्ञान लौटा दिया। अन्ततः असूयारहित अनसूया की जीत हुई।

आज अनसूया वृद्धा और यौवनरहित हैं, किन्तु उनके हृदय में वात्सल्य प्रेम की अबाध धारा अब भी प्रवहमान है। आज अनसूया का रूप मुझे सर्वत्र दिखाई दे रहा है। अहल्या! नारी के यौवन की तरह उसका रूप भी क्षणस्थायी है। इसलिए दैहिक प्रेम की धारा भी क्षणस्थायी है, लेकिन वात्सल्य चिरप्रवहमान स्रोतस्विनी है। मातृत्व एक ऐसा सौन्दर्य है, जो यौवन, जरा और मृत्यु में भी चिर दीप्तिमान है। सौन्दर्य क्या है, यह वृद्धा अनसूया को देखते ही पता चल जाता है। इसी को कहते हैं मातृत्व की आभा। विदाई के समय देवताओं को आशीर्वाद देते हुए अनसूया ने जो वाणी सुनाई थी, वह आज भी मेरे हृदयतट पर झंकृत हो रही है। आज वह वाणी तुम्हें सुनाए बिना मुझसे रहा नहीं जा रहा है। अनसूया ने कहा था—'वत्सगण! भोग न करना त्याग नहीं है। भोग करने के बाद उससे ऊपर उठना ही त्याग है। भोग से जुड़े न रहने पर एक दिन भोग से पूर्णतः त्याग और अन्त में भावमय जीवन अवश्यम्भावी है। संसार रसमय है। संसार के विविध रसों का पान करना पाप नहीं है। किन्तु संसार के इस रस और सौन्दर्य को महत उद्देश्य के साथ मर्यादापूर्वक भोग करने से ही भोग की मर्यादा बची

रहती है। तब भोग फिर भोग न रहकर भाव में बदल जाता है।' क्यों तुमने इन्द्रदेव को एक अबोध शिशु नहीं बना दिया? इन्द्र ने तुमसे सम्भोग माँगा–तुम क्यों उन्हें अनसूया की तरह सम्भोग के बदले वात्सल्य नहीं दे पाई? क्या तुम स्वयं भी सम्भोग नहीं चाहती थी? इस बारे में तुमने कोई और सफाई न देकर अच्छा ही किया क्योंकि और सभी कैफियत आत्मप्रवंचना हैं, सम्भोग ही मुख्य है। नारी अपनी देह के सहारे क्या कुछ नहीं कर सकती? देह के सहारे वह शिष्ट को बना सकती है दुष्ट, दुष्ट को कर सकती है संत, जितेन्द्रिय को बना सकती है कामासक्त, कामासक्त को बना सकती है निरासक्त योगी, नारी ही पुरुष को देती है जन्म, जीवन, सम्भोग, नर्क, और मोक्ष। नारी ही जीवन देती है–वही संहार करती है। तुम ऐसा क्यों नहीं कर पाई? तुम सिर्फ देह को ही लेकर भटक गई। किन्तु तुम नहीं जानती कि नारी की देह का उत्तरण है, पुरुष की देह का नहीं। नारी की देह में जो वैचित्र्य और वैभव है, वह पुरुष की देह में नहीं। तुम देहसर्वस्व थी; किन्तु देहतत्व नहीं समझ पाई। अतः दुर्लभ देह का अर्घ दे रही हो मानकर उसे पुण्य बना दिया।

अहल्या! इसे मेरा उपदेश मत समझना। आज मैं तपस्याभ्रष्ट हूँ। मेरा तुम्हें उपदेश देने का अधिकार कहाँ? मैं तो केवल तुम्हारा भला चाहता हूँ। जिसमें तुम्हारा भला हो, तुम्हारे साथ वैसा ही हो। तुमसे पुनः कहता हूँ कि यदि तुमने इन्द्रदेव को वास्तव में सख्यभाव से प्रेमदान किया है तो उनका दान स्वीकार करो। शचीदेवी के पद पर आसीन होकर यदि तुम जगत का दुख दूर कर सको, तो तुम भी अनसूया की तरह अनन्त सौन्दर्यमयी बन सकती हो। धैर्यपूर्वक प्रतीक्षा करो प्रियतमा अहल्या, वह रामार्पित रमणीय घड़ी आ रही है तुम्हारे अभिशाप को पवित्र और सार्थक करने।

इति,

तुम्हारा अभिशप्त
–गौतम

'प्रियतमा' सम्बोधन में कितना सम्मोहन है! हे गौतम! प्रीति का यह सामगान पहले क्यों नहीं सुनाया? तुम देखते कि तुम्हारी सिर्फ एक बार प्रेम भरी बातें सुनकर अहल्या किस तरह पवित्र गंगा बनकर बह गई होती तुम्हारे चरणों में। पत्थर बनने का अवकाश ही नहीं रह जाता। इतने बड़े पाप से मैं बच जाती और तुम बच जाते विकट अभिशाप देने से। आज सब कुछ समाप्त हो जाने के बाद शुभारम्भ के लिए अवकाश कहाँ रह गया है! किन्तु प्रेम कितना निर्भय बना देता

है, कितना सशक्त बना देता है, मैं आज समझ पाई हूँ। इस जड़ देह में प्राणप्राचुर्य भर देना प्रेम के अलावा और कौन कर सकता है!

मैं सोचा करती थी कि तुम मुझे सन्ताप दे रहे हो। पर यह नहीं जानती थी कि मैं भी तुम्हारे सन्ताप का कारण थी। अपूर्व सुन्दरी पत्नी का रूप पति को सुख देता है, यह जानती थी, परन्तु मेरा रूप तुम्हें सुख देता था, यह नहीं जानती थी।

हे सन्ताप! आज तुमने ही हम पति-पत्नी के बीच दूरी बनाई है, और तुम्हीं ने एक-दूसरे को समझने का अवकाश दिया है। तुम्हें शत-शत प्रणाम!

मरुतगण सन्देश दे गए–'इन्द्रदेव आ रहे हैं। आ रहे हैं, अहल्या को स्वर्ग ले जाने के लिए। आ रहे हैं, गौतम-पत्नी को शचीदेवी के पद पर बिठाने के लिए।' गौतम के प्रेम से विगलित होते समय मुझमें यह कैसा द्वन्द्व! विचित्र है नारी का मन। मेरी तपस्या में हर बार विघ्न डालने आ जाते हैं इन्द्रदेव। तपस्या हमेशा कठिन होती है–विघ्न प्रलोभनीय। भला मैं कैसे टाल सकती थी इन्द्र को?

किन्तु मैंने तो गौतम को छोड़कर पूरी तरह इन्द्र की हो जाने की आकांक्षा कभी नहीं की थी। पृथ्वी छोड़कर इन्द्रलोक उड़ जाने की अभीप्सा कभी नहीं थी मुझमें। लेकिन आज पृथ्वी से अब मेरा क्या प्रयोजन? अहल्या की पृथ्वी तो आज परित्यक्त दग्ध वनभमि बन चुकी है। यहाँ आहार नहीं है, अंगराग नहीं है, वसन्त नहीं है, स्वप्न नहीं हैं, भविष्य नहीं है। शत प्रतिज्ञा के बावजूद इस अभिशाप का मोचन होना निरर्थक लगता है। क्या मैं अनसूया बन सकती हूँ? कहाँ है मुझमें वह पुण्यबल? आज गौतम मेरे सामने खड़े हैं। वे गुरु की तरह नहीं लग रहे, महर्षि की तरह नहीं लग रहे, लग रहे हैं पत्नी के विरह में उदास एक सामान्य पति की तरह–एक सच्चे व्यक्ति की तरह।

गौतम के अन्दर मेरे लिए इतना प्रेम भरा था, यह बात मैं जान गई होती तो सम्भवत: मैं भी अनसूया की तरह इन्द्रदेव को अबोध शिशु बनाकर वात्सल्य की धारा से उनके वासना जर्जर व्यक्तित्व को मंत्रित कर देती। जब मैंने पति-प्रेम की मधुरिमा हृदयंगम की तब एक जन्म मुझसे दूर चले जाने-सा लगा। अब इस जन्म में लौटकर नहीं आएगा मेरा वह अकलुषित यौवन, मलय-स्निग्ध वसन्त, प्रेम विह्वल वधू-अहल्या के सपने की सुहागरात। नहीं लौटेगा गुरुकुल के स्वामी गौतम की पत्नी यशोमती अहल्या का कीर्तिमान आश्रम-जीवन। केवल एक विघ्न ने जीवनभर की साधना पर पानी फेर दिया। एक समय था, जब गौतम के आश्रम के यश-गौरव से इन्द्रलोक फीका पड़ गया था। देवगण गौतम का दर्शन सुनने के लिए आश्रम में आया करते थे और गौतम से सद्ज्ञान प्राप्त करके धन्य

हो जाते थे। तब मेरे मन में गर्व होता था। आज गौतम आश्रम पाप की दग्धभूमि बन गया है। गौतम किसी को मुँह दिखाने लायक नहीं रहे। अहल्या का नामोच्चारण निषिद्ध है। इन्द्रदेव के काम और गौतम के क्रोध ने आज मुझे पाप में धकेल दिया। कौन मेरा हाथ थामकर मुझे पाप से पुण्यधाम की ओर ले जाएगा–गौतम या इन्द्रदेव? आज मुझे किसी पर भी भरोसा नहीं रहा, क्योंकि दोनों के साथ मेरा सम्बन्ध सम्भवत: कामना, वासना, स्वार्थ और अहंकार जड़ित था।

मेरे पाप का मोक्ष न होने तक गौतम मेरे द्वार पर नहीं आएँगे। इन्द्रदेव आ रहे हैं मेरे पाप की उपेक्षा करके। मैं गौतम की प्रतीक्षा करूँ या इन्द्रदेव को अपना भाग्य मान लूँ? कौन है वरणीय, गौतम या इन्द्रदेव? मर्त्य या स्वर्ग, राम या काम?

यदि गौतम ने मुझे एक भी बार प्रेम का रमणीय स्पर्श दिया होता, तो मैं पूरी की पूरी गौतम की हो जाती। यदि इन्द्रदेव ने मुझे कामना का स्पर्श न दिया होता तो मैं इन्द्रदेव की वासना से विगलित न हो गई होती। नारी स्पर्श नहीं, प्रतिस्पर्श है। लेकिन स्पर्श पुरुष का पौरुष कहलाता है, जबकि समाज की दृष्टि में प्रतिस्पर्श है नारी की दुर्बलता। क्या इन्द्रदेव मेरी देह भोगे बिना वरदान नहीं देते? थोड़ी-सी सहायता करके बदले में पुरुष चाहता है नारी की देह। इन्द्रदेव परमदानी होते हुए भी इस दृष्टि से एक सामान्य पुरुष और दीन हैं। किन्तु हर स्पर्श का प्रतिस्पर्श नारी नहीं देती। किसी का स्पर्श नारी को पत्थर बना देता है तो किसी और का स्पर्श बना देता है मधु-निर्झर। गौतम के स्पर्श ने मुझे पत्थर बना दिया था तो इन्द्र के स्पर्श ने मुझे पिघला दिया।

वही इन्द्रदेव आ रहे हैं। मैंने स्वयं को तैयार किया। किन्तु उस दिन की तरह इन्द्र पृथ्वी पर नहीं आए। मेघवाहन पर बैठे हुए उन्होंने मरुतगणों से सन्देशा भिजवाया है।

आज गौतम आश्रम गौतम के अभिशाप से एक निषिद्ध भूमि बन चुका है। निर्जनता नहीं, निस्संगता ही मेरे लिए दंड था। गौतम के अभिशाप का इन्द्रदेव भी सम्मान करते है। अत: वे अन्तरिक्ष में चित्ररथ पर बैठे-बैठे मुझे देख रहे होंगे। इसके अलावा यज्ञभूमि में आमंत्रित होकर हवि ग्रहण करने इन्द्रदेव मर्त्यलोक आते हैं। अत: अहल्या की दग्धभूमि में इन्द्रदेव क्यों आएँगे? जहाँ यज्ञ भ्रष्ट हो, यजमान योगभ्रष्ट हो, वहाँ इन्द्रदेव बिना निमंत्रण के, बिना हवि-दान के आएँगे तो उन्हीं का अपमान होगा।

मरुतगण निरपेक्ष और स्वाधीन होते हैं। वे इन्द्रदेव के सहचर होते अवश्य हैं, परन्तु उनकी स्वाधीनता पर इन्द्रदेव कभी हस्तक्षेप नहीं करते। इसलिए वे लोग गौतम का सन्देशा लाते हैं, और सन्देशा लाते हैं इन्द्रदेव का भी। प्रेम का क्या सन्देशा लाए हैं इन्द्रदेव से? जीवन या मृत्यु, शाप या मोक्ष, पाप या पुण्य?

मैं इन्द्रदेव को देख नहीं पा रही थी। किन्तु बादलों के उस पार से सुन पा रही थी उनका स्वर–"रूप नगर की रानी अहल्या! तुम्हें स्वर्ग का आमंत्रण दे रहा हूँ। मरणशील मर्त्यलोक तुम्हारे सौन्दर्य का क्या मूल्य देगा? मर्त्यलोक में यौवन क्षण-स्थायी है, जीवन सदा संत्रस्त रहता है मृत्यु की प्रतीक्षा में। वहाँ है जरा, व्याधि, कामना, वासना, पराजय और विफलता। स्वर्गलोक की अनुकम्पा ही मर्त्यलोक की सुख-सम्पदा है।

"मर्त्यलोक में ईर्ष्या, असूया, वैरभाव और जाति-विद्वेष है। राजा और प्रजा में तारतम्य नहीं है। मर्त्यलोक अहल्या के लिए उपयुक्त नहीं है। अहल्या तो थी मर्त्यलोक के लिए एक परीक्षा। उस परीक्षा में मर्त्यलोक ने पराजय स्वीकार ली है। मर्त्यभूमि अहल्या को पूर्णता नहीं दे सकी।

"अहल्या के पति होते हुए भी मर्त्यमानव गौतम अहल्या के प्रेमपात्र नहीं हैं। अहल्या के प्रेमपात्र हैं इन्द्र। तुम स्वर्ग के लिए बनी हो–इन्द्र के योग्य हो। इस बात का प्रमाण है तुम्हारा अभिशाप। मर्त्यवासी गौतम के अभिशाप को इन्द्रदेव का वरदान एक क्षण में असिद्ध कर सकता है। किन्तु उसके लिए तुम्हें स्वर्ग में रहना होगा। स्वर्ग में अभिशाप नहीं होता। जिन देवताओं या अप्सराओं को अभिशाप भोगना होता है, उन्हें उसके लिए मर्त्यलोक जाना पड़ता है। जब तक तुम मर्त्यलोक में रहोगी, मैं तुम्हें गौतम के अभिशाप से बचा नहीं पाऊँगा। तुम स्वर्ग आ जाओगी तो तुम्हें अपने अभिशाप से तिल-तिल करके मारने की क्षमता गौतम में नहीं रह जाएगी। तुम्हारी सन्तान इधर-उधर हैं, तुम्हारे पति गृहत्यागी हैं, तुम्हारा त्याग हो चुका है, तुम्हारा आश्रम दग्धभूमि बन चुका है। आज समाज की दृष्टि में तुम कलंकिनी, पापिन और असती नारी हो। मर्त्यलोक के प्रति अब तुममें कैसा आकर्षण? आओ अहल्या, तुम्हारा प्रेमदग्ध इन्द्रदेव रथ तैयार करके तुम्हारी प्रतीक्षा कर रहा है..."

"वासव! तुम्हारा तर्क अकाट्य है। परन्तु मर्त्यलोक पराजित नहीं हुआ है। मर्त्यलोक मेरी जन्मभूमि है। मैं अपनी जन्मभूमि को चाहती हूँ। उसके आकर्षण के आगे स्वर्ग मुझे मुग्ध अवश्य करता है, पर लुब्ध नहीं करता।"

"मर्त्यलोक में कामनाएँ तृप्त नहीं होतीं। सब कुछ अपूर्ण है–यहाँ तक कि जीवन भी अपूर्ण होता है। सबको अपने जीवन की लालसाएँ अपूर्ण रखकर जाना पड़ता है..."

"अपूर्ण में पूर्ण ही जीवन का स्वाद है। यदि स्वर्ग में सम्पूर्ण तृप्ति है, तो आप अपनी अतृप्त वासनाओं से अधीर क्यों रहते हैं, देवराज? यदि स्वर्गलोक में ईर्ष्या-असूया नहीं है तो आप मर्त्यमानव गौतम के प्रति ईर्ष्यान्वित क्यों रहते हैं? स्वर्गलोक में भी राजा और प्रजा में भेद होता है। देव, गन्धर्व, देवी और अप्सराएँ स्वर्ग में रहते हुए भी दानवों के उतपीड़न से संत्रस्त हैं। देवगण

मर्त्यलोक के हविर्भाग पर निर्भर करते हैं। अतः मेरे लिए स्वर्ग और मर्त्य में कोई भेद नहीं।''

''भेद है मृत्यु और अमृत का, भेद है यौवन और जरा का। स्वर्ग में अमृत है–अनन्त यौवन है। तुम जैसी सुन्दरी को अमृत पान करके अनन्त यौवन प्राप्त करना चाहिए। स्वर्गलोक में यौवन और सौन्दर्य सुरक्षित है। मर्त्यलोक में सब कुछ अस्थिर और अनिश्चित होता है...''

''किन्तु स्वर्ग में तो इन्द्रपद भी सुरक्षित नहीं है। इन्द्र भी स्थिरचित्त नहीं हैं...''

''आज इन्द्र अस्थिर है, विचलित है अहल्या के लिए। क्षणिक मिलन से कामना की तृप्ति कहाँ होती है? अहल्या ही इन्द्र का स्वर्ग है, अहल्या का प्रेम ही इन्द्र के लिए अमृत है। अहल्या के बिना इन्द्रलोक श्रीहीन लगता है। जहाँ अहल्या है, वहीं स्वर्ग है मेरे लिए।''

''कामना के चरितार्थ होने से कामना और भी भड़क उठती है। हे वासव! अहल्या को दोष न दें। अहल्या अपनी जगह भाग्य के भरोसे पड़ी है। किसने कहा था मर्त्यलोक में आकर अहल्या की अभीष्ट–सिद्धि के नाम पर अहल्या की बलि चढ़ाने को? यदि अहल्या को पाकर इन्द्रदेव स्थिरचित्त से लोक पालन करेंगे, यदि अहल्या के प्रति प्रेम सच्चा और शाश्वत है, तो स्वर्ग को त्यागकर मर्त्यलोक में उतर आएँ वासव! प्रमाणित कर दें अपना अपार्थिव प्रेम। इन्द्रपद खाली नहीं रहेगा। अनेक गुणी, ज्ञानी, तपस्वी, वीर इन्द्रपद के लिए तपस्या में लीन हैं। जहाँ अहल्या है, यदि स्वर्ग वहीं है तो फिर मर्त्यलोक को स्वर्ग बना दें वासव! क्या अहल्या के लिए आप इन्द्रपद, ऐश्वर्य, अमृत और नन्दन वन का पारिजात नहीं ठुकरा सकते?''

''सरल–सहज नारि! स्वर्ग के ऐश्वर्य, इन्द्रपद की क्षमता और अमृत की मर्यादा तुम कहाँ समझ पाओगी? बचपन से वन में पली–बढ़ी, किशोरावस्था और यौवन बिताया तुमने ऋषि आश्रम में। इसलिए तुम्हें इन्द्र का वैभव मालूम नहीं। इन्द्रपद कई जन्मों की तपस्या का फल होता है। इन्द्रपद सभी पदों से उच्च है। उसके बाद ही जीवन की अन्य तमाम अभीप्साएँ होती हैं। किन्तु तुम स्वर्ग प्राप्त करने से स्वयं को वंचित क्यों कर रही हो? ऐसा सौभाग्य तो केवल अहल्या जैसी सुन्दर नारी का ही हो सकता है। इन्द्रपद के बिना भला इन्द्र का क्या महत्त्व है? जिसने क्षमता का स्वाद चख लिया है, वही जानता है कि क्षमता क्या होती है...तुम भला कैसे समझोगी? स्वर्ग में यौवन सुरक्षित है, किन्तु इन्द्रपद सुरक्षित नहीं। जब तक पद–मर्यादा और क्षमता छीन नहीं ली जाती, क्या कोई स्वेच्छा से क्षमता और वैभव छोड़ता है? तुमने क्षमता का उपभोग नहीं किया है, इसीलिए त्याग की बातें कर रही हो। एक बार स्वर्गलोक का सुख

भोग लेने के बाद शापग्रस्त न होने तक भला कोई लौटकर मर्त्यलोक जाता है? मैं प्रतिश्रुति देता हूँ कि स्वर्गलोक में तुम्हारा स्थान निर्दिष्ट है। वह स्थान कोई और नहीं ले सकता।''

''आपका प्रेम सांसारिक देहभोग की वासना से उत्पन्न काम के अलावा और कुछ नहीं, देवराज। उसे प्रेम की आख्या देकर प्रेम का असम्मान मत करो। स्वर्गलोक का मोह मुझे नहीं है। स्वर्ग भी कामना, वासना, स्वार्थ और क्षमता की लालसा से अलग नहीं है। स्वर्ग भी अतृप्त है। स्वर्ग का इन्द्रपद सुरक्षित नहीं है। क्षमता खोने की आशंका से, पद-पदवी छिन जाने की आशंका से स्वर्ग भी त्रस्त है। आप उसके प्रमाण हैं। स्वर्ग में मेरा एकमात्र आकर्षण था मेरा पुत्र—शरदभानु। किन्तु वह स्वर्ग का निवासी नहीं है। मर्त्यलोक का रहनेवाला होने के कारण स्वर्ग ने उसे उचित सम्मान और न्यायपूर्ण अधिकार नहीं दिया। एक-न-एक दिन वह अपनी माँ की गोद और मातृभूमि की गोद में लौट आएगा। अपने प्रेम को अमर बनाने के लिए त्याग दें आप क्षमता और ऐश्वर्य। आप वीर हैं। आप अपने बाहुबल से मर्त्यलोक में भी क्षमता और ऐश्वर्य प्राप्त कर सकते हैं।''

मेरा इन्द्रमोह भंग हो चुका था। इन्द्रपद के आगे अहल्या तुच्छ थी। स्वर्गलोक और इन्द्रपद भी भोग है। तो फिर स्वर्गलोक में भाव कहाँ? इन्द्र अहल्या के लिए मर्त्यलोक नहीं आएँगे। अहल्या को ही स्वर्गलोक जाना पड़ेगा। स्वर्गलोक में अहल्या के लिए स्थान कहाँ है? अहल्या देवी नहीं, मानवी है।

आन्तरिक कामना के कारण नहीं, बल्कि गौतम की बातों की सत्यता परखने तथा इन्द्रदेव का मन जानने के लिए मैंने पूछा, ''हे इन्द्रदेव! अहल्या एक तुच्छ मानवी है। क्या अहल्या को शचीपद प्रदान करने की प्रतिश्रुति देंगे? सुना है, स्वर्गलोक में केवल शचीपद ही निर्दिष्ट और सुरक्षित है।''

बादलों को भेदता हुआ गूँज उठा इन्द्रदेव का अट्टहास, ''यह कैसी धृष्टता है अहल्या! मैं तुम्हें शचीपद प्रदान करने की प्रतिश्रुति कैसे दे सकता हूँ? इन्द्रदेव की विवाहिता पत्नी ही शची के पद पर बैठती हैं। सतीत्व और पवित्रता ही शचीपद का माहात्म्य है। तुम गौतम नारी हो। तुम्हें शचीपद कैसे दूँ? तुम स्वर्गराज्य में अप्सरा बनोगी। तुम अनन्त यौवन भोगकर उर्वशी, मेनका, रम्भा आदि अप्सराओं को अपने रूप-यौवन से निष्प्रभ कर दोगी। तुम अप्सराओं में अग्रगण्य होओगी। तुम बनोगी मेरी परमप्रिय देव-नर्तकी। क्या यह कम बड़ी उपलब्धि है? यह दान तुम ग्रहण करो अहल्या!''

चरम अपमान की ज्वाला भड़क उठी मेरे अन्दर। शचीदेवी सती हैं और मैं असती! मेरी पवित्रता और एक-पतिव्रत भंग हो चुकी है। इसलिए शचीदेवी के पद पर बैठना मेरी धृष्टता है। किसने मेरे सतीत्व पर कालिख पोत दी? किसने मेरा पातिव्रत्य धर्म तोड़ा? यही है पुरुष का औद्धत्य। परनारी का सतीत्व लूटकर

उसकी ओर उँगली उठाकर कहेगा–'तू असती है।' अपनी पत्नी को सती शिरोमणि बनाकर गौरवान्वित होगा और परकीया को भोगकर घृणा और तिरस्कार का उपहार देगा। परकीया को पत्नी के पद पर आसीन न करके उप-पत्नी बनाकर रखने में अपनी मर्दानगी समझेगा। अहल्या बनेगी स्वर्ग की नर्तकी...अर्थात स्वर्ग की वेश्या, देवभोग्या नारी। इसलिए अनन्त यौवन, अखंड सौन्दर्य उसे बनाए रखना होगा। पुरुष का मनोरंजन करनेवाली नारी का रूप और सौन्दर्य ही उसकी एकमात्र सम्पत्ति है। वही सम्पत्ति मुझे दान देकर परमदाता इन्द्रदेव अपनी दानशीलता प्रदर्शित कर रहे हैं। इन्द्रदेव असाधारण, अनन्य पुरुष नहीं हैं। वे सांसारिक सुखलोभी एक सामान्य पुरुष हैं। मैं इन्द्रदेव को पहचान चुकी हूँ। क्या मैंने वाकई शची पद स्वीकार किया होता? मैं जानती थी कि इन्द्रदेव शचीदेवी को नहीं छोड़ेंगे। क्योंकि केवल शचीदेवी ही इन्द्रदेव के पर-नारी विलासिता को बर्दाश्त कर सकती हैं। कोई दूसरी नारी इतना बर्दाश्त नहीं कर सकती। शचीदेवी के कारण इन्द्रपद काफी हद तक सुरक्षित है। शचीदेवी के पातिव्रत्य और पुण्य के प्रताप से अतीत में इन्द्रदेव को अपना छिना हुआ पद वापस मिला है। शचीदेवी ही इन्द्रदेव का मनोबल हैं। यह भी सच है कि इन्द्रदेव को अपनी पत्नी से अगाध प्रेम है। इसके अलावा किसी भी परिस्थिति में शचीदेवी का परित्याग करने पर वे इन्द्रपद से वंचित हो जाएँगे। यही है स्वर्ग राजपद का नियम।

यह सब जानते हुए भी उन्हें चिढ़ाने के लिए मैंने पुनः कहा, ''शचीदेवी अनन्त यौवना एवं अनिन्द्य सुन्दरी हैं। उन्हें अप्सरा शिरोमणि का पद प्रदान करके क्या मुझे केवल एक दिन के लिए शचीपद प्रदान कर सकते हैं इन्द्रदेव? अहल्या की अनुरक्ति सिर्फ एक बार परख कर देखें? मेरे इन्द्रनारी बन जाने पर गौतम कभी भी ईर्ष्या से प्रेरित होकर एवं पूर्व आक्रोश रखकर मेरी इन्द्रानुरक्ति में बाधक नहीं होंगे। 'इन्द्रनारी' को भोगकर इन्द्र को विचलित और कर्तव्यच्युत करने जैसा हीन कर्म गौतम जैसे व्रतनिष्ठ योगी कभी नहीं करेंगे। इन्द्र को छोड़कर कोई और अहल्या का पातिव्रत्य भंग कर सके, ऐसा पुरुष त्रिलोक में नहीं जन्मा। अतः एक बार शचीपद पर बैठ जाने के बाद सम्भवतः मैं अपनी प्रिय मर्त्यभूमि का मोह छोड़ भी सकती हूँ। शचीदेवी भी अप्सरा शिरोमणि के रूप में आपकी प्रियतमा देव-नर्तकी बनकर रहेंगी और सिर्फ आप ही का मनोरंजन करेंगी...''

अकस्मात वज्रनाद हुआ, विद्युत अट्टहास कर उठी। पृथ्वी की छाती पर वज्राघात किया इन्द्रदेव ने। थर-थर काँप उठी मेरी दग्ध भूमि। कई अर्धदग्ध वृक्ष गिर पड़े उस भूकम्प से। किसका है यह कोप? इन्द्रदेव का वज्रगम्भीर स्वर निनादित हो उठा–''तुम नारी हो, वह भी अभिशप्ता, पति-परित्यक्ता। तुम्हारा वध करना अन्याय है। अन्यथा तुम देखती अहल्या, कोप करना केवल गौतम ऋषि की

बपौती नहीं है। इन्द्र भी कोप करते हैं। उस कोप से पृथ्वी जल जाती है...। तुम्हें चेतावनी देता हूँ अहल्या, तुम शचीदेवी का नाम तक मत लेना। शचीदेवी राज राजेश्वरी, पतिव्रता, पति के हृदय का हार सौभाग्यवती इन्द्रपत्नी हैं। उनके लिए अप्सरा के पद की कल्पना करने की धृष्टता तुम्हारे अतिरिक्त और कोई नहीं कर सकता। शचीदेवी स्वर्ग नर्तकी बनकर देवताओं का मनोरंजन करेंगी, यह कहने का दुस्साहस तुमने किया कैसे? तुम गौतम की पत्नी हो इसलिए यह तर्क दे सकती हो कि गौतम नारी को इन्द्रदेव किस साहस से अप्सरा का पद अर्पित कर रहे हैं? इन्द्र-पत्नी या देव-पत्नी के स्वर्ग-नर्तकी बनने का दृष्टान्त नहीं है; किन्तु देव-नर्तकी-अप्सराओं का कभी-कभी मर्त्यलोक जाकर ऋषि-पत्नी और राजरानी बनने का दृष्टान्त है। विश्वामित्र-मेनका, पुरुरवा-उर्वशी के उपाख्यान तुम जानती हो। उस दृष्टि से तुम्हारे स्वर्ग-नर्तकी बनने में कोई अस्वाभाविकता नहीं है। किन्तु शचीदेवी को स्वर्ग-नर्तकी बनाने की बात करना अत्यन्त गम्भीर और अपमानसूचक है। तुम ब्रह्मा की पुत्री हो, इसलिए मैंने तुम्हें क्षमा कर दिया अहल्या। तुम स्वर्ग के आमंत्रण की उपेक्षा मत करो, बाकी की सारी बातें भूल जाओ। केवल इतना याद रखो कि तुम्हारे अनन्त यौवन को सुरक्षित और चिरन्तन बनाने की क्षमता केवल स्वर्गराज्य में है। यौवन और रूप को छोड़कर बाकी जो कुछ बचता है, यदि वह अहल्या है, तो फिर अहल्या का क्या मूल्य?"

रूप-यौवनरहित अहल्या न तो गौतम को चाहिए, न इन्द्र को। अहल्या कुरूप और जराग्रस्त हो जाए तो इन्द्र हट जाएँगे अहल्या के पथ से...। स्वर्गलोक में जरा, व्याधि और हल्य के लिए स्थान नहीं है। अहल्या! एक बार तुम्हें पा लेने के बाद फिर न पाने पर इन्द्र की अतृप्त ज्वाला भला कौन बुझाएगा?

"देवराज! क्या प्राप्ति का अर्थ देह प्राप्ति है? प्रेम में देह गौण होता है। जो प्रेम रूप के आकर्षण से होता है, वह देहगत जैविक क्षुधा के सिवाय और कुछ नहीं होता। पार्थिव देह-सुख की कामना से जो प्रेम उत्पन्न होता है, वह देह-संगम के तुरन्त बाद मिट जाता है। वहाँ प्रेमिका बन जाती है एक नर्तकी, एक मनोरंजनकारी नारी। अप्सरा को देवनर्तकी कहने पर भी वह स्वर्ग-वेश्या के रूप में गिनी जाती है। इन्द्रदेव के लिए अहल्या का मूल्य और नारी की स्थिति क्या है, अब मैं समझ चुकी हूँ देवराज! मुझे इतना बड़ा त्याग करना होगा, यह नहीं जानती थी। नहीं जानती थी कि देवता भी मनुष्य की कामना-वासना से मुक्त नहीं है। मेरे इस त्याग का फल कहीं व्यर्थ न चला जाए, उसके लिए मैं साधना करूँगी देवराज। आपने मुझे यह जो उपलब्धि कराई है, उसके लिए अहल्या आपके प्रति कृतज्ञ है।"

उसके बाद इन्द्रदेव का स्वर सुनाई नहीं दिया। सम्भवत: उन्हें ठेस पहुँची। वे निराश हो गए। उनकी देव-सभा में अहल्या के नूपुर की रुनझुन सुनाई नहीं

देगी, ऐसा उन्होंने सोचा तक नहीं था। उन्होंने सोचा था, अहल्या नन्दन-कानन, पारिजात, चिरयौवन और अमरत्व के प्रलोभन को ठुकरा नहीं पाएगी, सुदर्शन इन्द्रदेव की कामना के आह्वान से मुँह नहीं मोड़ पाएगी। अहल्या निश्चित ही अप्सराओं की दुनिया को अपना लेगी। मेरी बातों से इन्द्रदेव को ठेस पहुँची होगी, यह सोचकर मैं सशंकित हो उठी। यदि मेरे स्वाभिमान के कारण इन्द्र का कोप पृथ्वी को शापग्रस्त कर दे तो मैं क्या करूँगी?

बादल छँट गए। इन्द्रदेव अन्तरिक्ष में व्योमयान में प्रकट हुए। किन्तु वे धरा पर नहीं उतरे। वे समझ गए कि अब अहल्या स्वयं को उन्हें समर्पित नहीं करेगी।

कुछ बूँदें प्यासी धरती के सीने में गिरीं। इन्द्र की अनुकम्पा है। यदि राजा दानव हो तो भी उसकी अनुकम्पा पर निर्भर रहना पड़ता है। इन्द्र की करुणा धरती कैसे अस्वीकार करेगी? समस्त विराग के बावजूद इन्द्र के प्रति कृतज्ञता से मन नम्र हो गया। मैंने सिर उठाकर इन्द्रदेव की ओर नहीं देखा। इसी देवोपम पर-पुरुष को जान-बूझकर अथवा अनजाने में सही कुछ देर के लिए मैंने अपना सब कुछ सौंप दिया था, यह सोचते ही क्षोभ, ग्लानि, लज्जा और आत्म-धिक्कार से मैं उदास और नतमस्तक बैठी रही।

इन्द्रदेव ने उदास स्वर में कहा, ''अहल्या, मैं तुम्हें अन्तिम बार जी भरकर देख लेना चाहता हूँ। तुम्हारा यह रूप-यौवन स्वर्ग में अम्लान रहा होता। तुमने इसे ठुकरा दिया। आज से प्रारम्भ हो जाएगा तुम्हारे शापग्रस्त शरीर का पतझड़-अवक्षय, जरा, कुरूपता। उसके बाद मैं तुम्हारी ओर देख नहीं पाऊँगा। अपने धैर्य पर अब मेरी आस्था नहीं बची। जो अहल्या मेरे समग्र जीवन को अगोरकर बैठी है, जिस अहल्या ने मुझे पराजय की ग्लानि दी है, जो अहल्या मेरे सपनों की रानी है, जिस अहल्या का स्पर्श करके मेरा इन्द्रत्व धन्य हो गया, मेरे पुरुषत्व को स्पर्श की उपलब्धि मिली, जिस अहल्या को पाकर खो देने की व्यथा से आज मैं हतप्रभ, म्लान, विषादग्रस्त हूँ, जो अहल्या मेरी सनातन तृष्णा है और जिसने मुझे न केवल कामतृप्ति दी है, बल्कि प्रेम की अपार्थिव उपलब्धि भी कराई है, जिस अहल्या के साथ क्षणभर का देह-संगम मेरे समग्र जीवन को रोमांचित कर रहा है, जिस अहल्या का विरह मेरे अनन्त भविष्य को विनम्र और सुन्दर कर रहा है, जिस अहल्या ने मुझे विश्वप्रेम का मंत्र सुनाया है, उसी मानवी देवी को अन्तिम बार आँख भरकर, मन भरकर, जी भरकर आत्म विमुग्ध होकर देख लेना चाहता हूँ। यही अन्तिम भेंट है। यदि तुम कभी शापमुक्त होकर, मोक्ष पाकर स्वर्ग आना चाहो तो स्वर्गपथ तुम्हारे लिए खुला है। इन्द्र को तुम्हारी प्रतीक्षा हमेशा रहेगी। तुमसे पुनः अनुरोध कर रहा हूँ—स्वर्ग ही तुम्हारे लिए सही स्थान है। अपने रूप और यौवन को अक्षुर्ण रखने के लिए आओ अहल्या, स्वर्ग तुम्हारा स्वागत कर रहा है, अमृत और अमरत्व तुम्हारी प्रतीक्षा में हैं...।''

इन्द्रदेव की प्रेमभरी विदाई वाणी से नारी हृदय पिघलते-पिघलते सहसा हिम-कठोर हो गया—हृदय के मधुकोष का प्रत्येक छिद्र अवरुद्ध हो गया इन्द्रदेव के लिए। उनकी अन्तिम वाणी सुनकर अपने रूप-यौवन के प्रति घृणा होने लगी। जो रूप और यौवन कभी मुझे अपना सौभाग्य लगा करता था, आज वही मेरे दुर्भाग्य का कारण बन गया, ऐसा स्पष्ट लग रहा था। तो क्या इस धरा पर रूप और यौवन का स्थान नहीं है? है—किन्तु रूप के अहंकार और यौवन की मदविह्वलता का स्थान कहीं नहीं है—न धरती पर, न ही स्वर्ग में। मेरे रूप का गर्व आज धूल में मिल चुका है। मेरे रूप का अहंकार और यौवन का मोह टूटने के साथ-साथ इन्द्रमोह और स्वर्गमोह भी टूट गया। ऐसा लगता है जैसे कि पृथ्वी ही एकमात्र मोहमाया नहीं है—स्वर्ग भी मोह है—मोक्ष भी अहंकार है। हे प्रभु, मुझे शापमुक्त करें, अहंकारविहीन करें, निर्लिप्त करें...!

प्रार्थना से उठकर मैंने अन्तरिक्ष की ओर देखा। इन्द्रदेव जा चुके थे। मेरे दृष्टिपथ पर सिर्फ बादल ही बादल थे—घनघोर अभिशाप घिरने लगा था चारों ओर से और मेरा विशाल पाप अब भी अलग नहीं हो रहा था मुझसे।

'ऐ दुष्टा सहचरी पातकी! यौवन में तुम्हारे वशीभूत होकर मैं शाप भोग रही हूँ। यौवन को त्यागपत्र देने के लिए अब मैंने कमर कस ली है। अतः तुम्हें मेरे अधीन रहना होगा। मैं दृढ़ संकल्प हूँ। ऐ मेरे प्रिय पाप! तुम्हारा दुष्कर्म मुझे सत्कर्म करने को प्रेरित कर रहा है, तुम्हारे संस्पर्श में आकर मैं जो ताड़ना सह रही हूँ, जिस लांछन से मैं उदास हूँ, अब उससे मेरा मोहभंग हो गया है। तुम्हारे प्रहार से मेरे शरीर पर कलंक के जो काले धब्बे बन गए हैं, उन्हीं के प्रभाव से मैं कुटिल पथ त्यागकर सरल पथ की यात्री बनने की प्रतिज्ञा कर रही हूँ। तुम्हारे उकसाने पर मैं भोग के कोड़े सहकर भाव जगत में प्रवेश कर रही हूँ। तुम्हारे अन्तरंग आघात से पतन की गहरी खाई में गिरकर मेरा श्वासरुद्ध हो जाने के कारण आज उसी के प्रभाव से मलय पर्वत के शिखर पर चढ़कर मैंने पुण्य के चन्दन से स्नान करने का निश्चय किया है। ऐ मायावी पाप! तुमसे अन्तरंग हो मैं अपने अन्तरंगों से यहाँ तक कि अन्तरंग स्वरूप से भी विछिन्न हो गई थी, तभी आज मैं तुमसे विछिन्न होकर उनसे मिलने के लिए तपस्या कर रही हूँ। तुम उसमें बाधक मत बनो। मैं तुम्हें पहचान चुकी हूँ, परन्तु 'स्व' को नहीं पहचान पा रही। मैं जानती हूँ कि कामना की तरह तुम्हारा विनाश नहीं है। तुम्हारा विनाश हो गया तो मनुष्य के मन की कलुष कालिमा और मोह पश्चाताप का अश्रुजल कौन पोछेंगा? अतः ऐ पाप! तुम निर्लिप्त, निष्क्रिय रहकर अपने दुष्कर्म से उत्पन्न सत्कर्म को देखने के लिए तैयार रहो।'

मोक्ष

ऐ मेरे ईप्सित मोक्ष!

इस अभिशप्ता का निष्कपट प्रणाम स्वीकार करो। भूलोक, द्युलोक, अन्तरिक्ष के कुठाराघात से मेरे भीतर का कलुष बाहर निकल रहा है। स्वयं को शुद्ध करने के लिए मैं तुम्हारी शरण में आई हूँ।

पृथ्वी और आकाश के बीच आकर्षण और विकर्षण के द्वन्द्व से एक नया द्वीप बनने की तरह शाप और मोक्ष, यौवन और जरा, काम और राम के द्वन्द्व से मेरी चेतना में भी एक नए द्वीप ने जन्म लिया है। मेरे भीतर से कोई कह रहा है कि मनुष्य को परम उपलब्धि प्राप्त होती है श्रद्धा और सदिच्छा से। घृणा, प्रतिहिंसा और हताशा से उपलब्धि नहीं मिलती। यदि मिलती भी है तो वह मोक्ष नहीं है। हताशा नहीं बल्कि नई आशा और सदिच्छा मुझे मेरे मोक्षपथ पर चला रहे हैं। उस मोक्ष का स्वरूप क्या है? अमरत्व–स्वर्ग–प्राप्ति–अनन्त यौवन! नहीं आज इन सबसे मेरा आकर्षण टूट गया है। स्वर्ग के स्वरूप और यौवन के पराभव ने मुझे ठेस पहुँचाई है। मेरे जीवन की अन्तिम अभीप्सा है जड़त्व से मुक्ति, देह–बन्धन से मुक्ति, काम–पाश से मुक्ति। आज अन्तःकरण का चरम त्याग ही मेरी तपस्या है। आज अन्तर्यज्ञ ही मेरा अभीष्ट है। आज यौवन मेरे लिए भोग नहीं, बल्कि वैराग्य है।

मैं अभिशाप भोग रही हूँ, समाज द्वारा ठुकराई गई हूँ, निन्दित हूँ, लांछित हूँ, पर मैं समाज विमुख नहीं हूँ, पृथ्वी विमुख नहीं हूँ, आनन्द विमुख नहीं हूँ। सुख और आनन्द के बीच का सूक्ष्म अन्तर आज मेरे समक्ष स्पष्ट है। अतः सुख नहीं, आनन्द की आराधना ही आज मेरा व्रत है।

मैं सम्पूर्ण आनन्दमय स्थिति में कैसे पहुँचूँगी? कौन हैं वह वैरागी पुरुषोत्तम, जो मुझे दिव्यस्पर्श देकर प्रतिस्पर्श में बदल देंगे?

अभिशाप मुझे इतना विचलित कर रहा है कि मेरी सुन्दरता तक मुझे खाने को दौड़ रही है। आज इन्द्र न तो मेरे आश्रयदाता हैं न ही अभीष्टदाता। गौतम तो पति होते हुए भी शापदाता हैं। अतः एकमात्र गति–मुक्ति परमात्मा ही हैं।

किन्तु परमात्मा की करुणावारि प्राप्त करने की एकाग्रता कैसे प्राप्त करूँ?

पृथ्वी के केन्द्रबिन्दु में अग्निकण की तरह परमात्मा को स्मरण करते ही मैं अपने अन्दर देह से पृथक एक आलोकित सूक्ष्म स्फुलिंग की सत्ता का अनुभव करती हूँ। इस सूक्ष्म अन्तःकरण को प्रकाशमान करनेवाली कोई प्रबुद्ध शक्ति मेरे भीतर है, ऐसा मुझे विश्वास होता है। फिर आँखें बन्द करके अन्दर देखने पर विश्वास नहीं होता कि अपने अन्दर की वह तेजस्वी सत्ता मैं ही हूँ। कौन लौटाएगा मुझे मेरा विश्वास? योगच्युत गौतम या मतिभ्रष्ट इन्द्र!

मैं चाहती तो इस पृथ्वी के दो हिस्से कर देती और सीता की तरह अग्नि में आश्रय ले लेती। आज जब मैं अपनी आत्मकथा लिख रही हूँ, अब सीता नहीं हैं। असमय ही मुक्त हो चुकी हैं सांसारिक बन्धन से, किन्तु मैं सीता की तरह मानिनी नहीं हूँ। अतः मैंने आत्मविलुप्ति नहीं चाही। अपनी अखंड पृथ्वी को दो भाग करना नहीं चाहा। अभिशाप से चिपके रहकर मरना नहीं चाहा। मैं चाहती तो प्रलय ला सकती थी। मेरे संकेत मात्र से अनार्यगण इस आर्यावर्त में रक्त की धारा बहा देते। मैं चाहती तो गौतम को विक्षिप्त और इन्द्र को नपुंसक बना सकती थी। मैं चाहती तो साधु-सन्त एवं समाज के न्यायदंडधारी कहलाने वाले राजा, महाराजा, मुनि, ऋषि–सबके मुखौटे उतार सकती थी।

होश सँभालने के दिन से कितने उल्लंघनों से बचती-बचाती चली आई हूँ, उसका हिसाब जगत को देकर अपनी चारित्रिक दृढ़ता प्रमाणित कर सकती थी। गौतम भी नहीं जानते, पिताजी और भैया नारद भी नहीं जानते, प्रथा भी नहीं जानती थी, मेरी देह पल्लवित होने से पहले भी मैं न जाने कितने प्रलोभन छोड़ आई थी। पुरुष की साँसों से नारी भाँप लेती है उसके मन और अभिलाषा की गन्ध। पुरुष की आँखों में नारी पढ़ लेती है उसके अवचेतन की भूख। लेकिन उन सबका हिसाब किसी को नहीं देती, यहाँ तक कि एकात्म कहलाने वाले पति को भी नहीं।

यदि मैंने उन सबका हिसाब गौतम को दिया होता तो गौतम पागल हो गए होते। किशोरावस्था से बहुत पहले मेरी देह का एक-एक लोमकूप जारपुरुषों की काम-दृष्टि से बार-बार जर्जरित हुआ है। सिर्फ मेरी ही नहीं, समस्त रूपवती नारियों की यही नियति है। ऐसे में ही जीना पड़ता है–प्रतिदिन तपस्या का अग्निस्नान करके संयम की सीढ़ियों से उत्तरण के शिखर पर चढ़ना पड़ता है। और फिर यह सारा संयम किसी एक असतर्क घड़ी में झूठे मोह के बहकावे में आकर टुकड़े-टुकड़े हो जाता है। पहले के समस्त संयम और निष्ठा का हिसाब देने पर भी उस एक पाप से छुटकारा नहीं मिलता।

आज मैं पाप से छुटकारा पाना नहीं चाहती–मैं चाहती हूँ प्रायश्चित करना। स्वर्ण जैसे अग्नि में दग्ध होकर प्रायश्चित करने को कृतसंकल्प हूँ। किन्तु

आँसू बहाकर नहीं, हँसते हुए शापमोचन के अग्निमय पथ पर अग्रसर होना चाहती हूँ। मनुष्य के रक्त की धार बहाकर नहीं, मनुष्य के हृदय का अमृत बहाकर मैं उसमें डुबकी लगाकर शुद्ध-पवित्र होना चाहती हूँ। कौन सुझाएगा मुझे उपाय?

आकाशवाणी की तरह निस्तब्धता में ध्वनित हो उठा ब्रह्मस्वर :

"हँसते-हँसते शापमुक्त होने का उपाय है अहल्या!

"यह मंत्र मैंने कई सहस्र बार तुम्हारे कानों में कहा है। तब तुम मंत्रमुग्धा नहीं थीं, इन्द्रियमुग्धा थीं। तुम थीं देहमुग्धा नारी। इसलिए उस मंत्र का अर्थ तुम्हें छू तक नहीं सका। आज विपदा ने तुम्हें मंत्रमयी बना दिया है। अतः आज मंत्र तुम्हारे लिए अर्थवान है। इतना याद रखो, बहुनारी की कामना करनेवाला पर-पुरुष, कभी किसी नारी का श्रेष्ठ मित्र और परम हितैषी नहीं बन सकता। इन्द्र तुम्हारे हितैषी नहीं हैं। इतनी-सी बात न समझ पाने के कारण तुम आलोकित पथ नहीं ढूँढ़ पाई। जिस दिन तुम्हारा कामाश्रित अन्तःकरण रामाश्रित हो जाएगा, उसी दिन तुम्हें मोक्ष-पथ मिल जाएगा।

"सम्भवतः तुम सोच रही होगी, यह राम कौन है? सही घड़ी आने पर तुम्हारे भीतर राम का आविर्भाव स्वतः होगा। तुम्हें सारा जगत रमणीय लगने लगेगा। तब कोई शत्रु नहीं होगा। पहले अपनी शक्ति और सामर्थ्य पर स्थापित हो जाओ। घटित हो चुके पाप के लिए अपनी कमजोरी दूर करके अपनी व्यक्तिसत्ता के प्रति श्रद्धाशील बनो। अपने आलोकित पक्ष को देखकर अपने प्रति आस्थावान होने के बाद ही धीरे-धीरे तुम तपस्या के क्षेत्र में प्रवेश करने लगोगी। वही होगा तुम्हारे लिए दीक्षाग्रहण की लग्न। किन्तु केवल दीक्षिता होने से ही मोक्ष सम्भव नहीं है। यदि अपनी दीक्षाप्राप्त शक्ति दूसरों के उपकार के लिए न हो, तो वह दीक्षा दीक्षा नहीं है। वह तपस्या व्यर्थ है। जिस तरह महत अभीष्ट के बिना केवल होता, केवल यजमान, केवल अर्ध्वयु, केवल देवता, केवल समिध, केवल हवि से यज्ञ सम्भव नहीं होता, उसी तरह स्वधा, श्रद्धा और दीक्षा के साथ परोपकार की भावना न जुड़ने पर सिद्धिलाभ और मोक्ष सम्भव नहीं है। जब तुम्हारे अन्दर इस महासंयोग का महालग्न उत्पन्न होगा, तभी आविर्भाव होगा राम का। तब तुम्हारी दृष्टि में पृथ्वी, अन्तरिक्ष, स्वर्ग, नर्क, देव, मानव, दानव-सभी रमणीय लगेंगे। तुम्हारे अन्दर काम-शमन का महाघोष दुन्दुभित हो उठेगा। तुम बन जाओगी पृथ्वी, अन्नदात्री, जलदात्री, स्तन्यदायिनी, अमृतक्षरा जननी। तुम बन जाओगी देवी अनसूया। तुम सर्वत्र, सबमें देख सकती हो अपनी सन्तानों को। अपने घर, परिवार, आश्रम, बन्धुस्वजन और अपने पति को पुनः पा लोगी। तब स्वर्ग, मर्त्य और पाताल तुम्हारे अधीन होंगे। तुम अपनी इच्छा से किसी का भी वरण कर सकती हो। तब तुम समाज के अन्याय-

अनुशासन से मुक्त हो जाओगी। कल्याणकारी मेघ को भला कोई पर्वत बाँधकर रख सकता है?

"अहल्या! यह उपदेश केवल तुम्हीं पर लागू नहीं है, गौतम के लिए भी अभिप्रेत है। गौतम में अनेक सद्‌गुणों के होते हुए भी उनके भीतर रमणीय-भाव की बाँसुरी सुनाई नहीं देती थी। ऐसा हुआ होता तो गौतम आश्रम में इतना बड़ा अनर्थ घटित न हुआ होता। केवल काम-शमन से ही जीवन का उद्‌देश्य सफल नहीं हो जाता। राम-भाव में डूबकर, मैत्री बन्धन से स्वर्ग, मर्त्य, पाताल, भूः भुवः स्वः को समन्वित न कर पाने के कारण गौतम हुए यज्ञच्युत, अभीष्टच्युत। आज गौतम भी अभिशापग्रस्त हैं। कभी मानसिक उत्कर्ष प्राप्त करना गौतम का लक्ष्य था। आज अन्तःकरण के उत्कर्ष के लिए उन्होंने भगवत विभूति प्राप्त करने का व्रत ले रखा है। अन्तःकरण की इस गहराई को नापने का एकमात्र मार्ग है निष्काम भक्तियोग। ज्ञान और तर्क से किसी निष्कर्ष पर पहुँचने की अपेक्षा अन्तर्चेतना से समस्या का महत्तर समाधान होता है, एक दिन यह बात गौतम की समझ में आ जाएगी। चेतना का केन्द्र मस्तिष्क नहीं, अन्तःकरण है। मस्तिष्क तो परिधि मात्र है। सात्त्विक अभिमान से मनमोहक राम का दर्शन करने के लिए आज गौतम तपस्यारत हैं। किन्तु जब तक तुम राम के दर्शन नहीं कर लेती, गौतम को राम-दर्शन का सौभाग्य नहीं मिलेगा। तुम्हें अभिशाप देने के कारण सन्तप्त गौतम का यही है आत्म-अभिशाप। तुम्हारे अन्तर से कलुष निकलने के बाद राम से मिलने की माहेन्द्र घड़ी आएगी। तुम्हारी तपस्या सफल होगी। राम-भाव ही तुम्हें राम के दर्शन कराएगा।

"ऐ विपदा! ऐ अभिशाप–तुम्हारी लपलपाती अग्निशिखाएँ जल उठें, उस अग्नि से दग्ध होकर मेरी अहल्या की आत्मा से कलुष निकल जाए। अहल्या शुद्ध, स्वर्ण हो जगत को सौन्दर्य के सारतत्त्व से विभूषित करे, अहल्या और गौतम का निरभिमान रमणीय मिलन अनुष्ठित हो।"

पिताजी के इस आश्वासन-भरे स्वर ने मेरे अभिशाप को मधुमय कर दिया। पतन से उत्थित होने के लिए यह मेरा आह्वान कर रहा है। सोचा था कि मेरे इस स्खलन के कारण पिताजी का अभिशाप गौतम के अभिशाप से बड़ा होगा। किन्तु पितृ-हृदय की आकाशव्यापी उदारता और सागर की गहराई जितनी सदिच्छा ने मुझे जगत के प्रति उदार और शुभेच्छु बना दिया। आज तक मैं पिता के स्नेह का अनुमान नहीं लगा पाई थी। आज संकट और विषाद के समय उनका स्नेह अकल्पनीय हो गया है। दुख, पाप, अस्त-व्यस्तता में पिता के सिवाय भला और कौन होगा जो पीठ सहला देगा! पिता के सिवाय और कौन होगा जो अन्धकार से उजाले की ओर ले जाएगा?

रूप का अहंकार और भ्रम त्यागकर मैंने आत्मस्थ होने का प्रयास किया लेकिन मेरी प्रार्थना स्वीकार नहीं हो रही थी। अभिशाप की कालरात्रि में तरह-तरह के भयावह जागतिक-महाजागतिक घटनाएँ मेरे चारों ओर घटित होने लगीं। हर क्षण इन्द्र की चेतावनी से मैं आसन्न जरा और मृत्यु के भय से उदास रहने लगी। मेरी तुच्छ कामना, वासना और मेरे शोक-मोह मुझे तिल-तिल करके मृत्यु की यंत्रणा से सालते रहे। मेरा यौवन और जीवन पल-पल मुझे स्वर्ग और अमरत्व का प्रलोभन दे रहे थे और अगले ही क्षण मेरा अनुतप्त अन्तःकरण मुझे समाधिस्थ होने को प्रेरित कर रहा था। कहीं पक्षी दम्पति का चंचु चुम्बन, कहीं मृग-मृगिणियों की कामकेलि तो कहीं मधुपाई भ्रमर का पुष्प मधुपान मेरा ध्यान भग्न कर रहा था। भोगमयी प्रकृति की काम-कला की चतुराई से मैं छिन-छिन विचलित और योगभ्रष्ट हो रही थी। मृत्यु पर विजय पाने के लिए ब्रह्मचर्य में ध्यान लगाते ही दुरित 'काम' बार-बार मेरे तप में बाधा डाल रहा था। ओह, एक शिव-संकल्प के पथ पर शत-सहस्र विघ्न क्या जगत का निष्ठुर सत्य है?

मेरे अन्दर इन्द्र और गौतम, स्वर्ग और मर्त्य, मृत्यु और अमरत्व, यौवन और जरा, भोग और मोक्ष, काम-भाव और राम-भाव में संघर्ष पैदा होकर न केवल मुझे, बल्कि मेरी चारों दिशाओं को इस तरह उद्विग्न और आन्दोलित करने लगा कि एक भयंकर भूचाल होने-सा लगा। मेरी उसाँसें और हाहाकार योजन-योजन तक फैल गईं और मेरा अभिशाप सम्पूर्ण आर्यावर्त, सप्तसिन्धु भूखंड और सरस्वती की अवशेष संस्कृति को आन्दोलित करने के साथ-साथ विशाल समुद्र को मरुभूमि में बदलने लगा था। इन सबके बावजूद मुझे विश्वास था कि परमात्मा और प्रकृति मेरे दुर्दिन में मेरे साथ हैं। तो फिर चिन्ता कैसी? यह सच है कि मेरी पार्थिव आँखों को परमात्मा के दर्शन नहीं हुए, किन्तु प्रकृति की लीला देखकर मुझमें यह दृढ़ विश्वास पैदा होने लगा था कि धीरे-धीरे परमात्मा की उपलब्धि अवश्य होगी। यदि परमात्मा यहाँ न होते तो अहल्या की दग्धभूमि में किस शक्ति के बल पर नव दूर्वादल उग आते, धूप से सूखे पेड़ की प्रत्येक शाखाओं में कोपलें निकल आतीं किसकी प्रेरणा से? मृतप्राय लता के अंग-अंग में कलियों का रोमांच कौन जगाता?

मेरे भीतर भी परमात्मा की शक्ति है, जो मुझे समस्त विचलन और अस्त-व्यस्तता से ऊपर ले जा सकती है। ऐसा दृढ़ संकल्प लेकर मैं पुनः ध्यान में लीन हो गई। मुझे दिखाई दिया अदृश्य ब्रह्मांड। मैंने स्वर्ग की भव्यता देखी। नन्दन-कानन के पारिजात का स्पर्श किया। लेकिन मेरी पार्थिव पृथ्वी के दग्धवन में सूखे पेड़ की डाल पर उग आए एक नवकिसलय की ओर यदि मैं न देखूँ तो अदृश्य, अलभ्य, महाजागतिक दृश्य का मूल्य ही क्या रह जाएगा? मैं साँसें

रोककर अन्तर्मुखी हुई। किन्तु यदि मेरा अन्तर ही प्रेमशून्य है, तो उस अन्तर्मन को देखने का मूल्य ही क्या!

मेरी इस प्रिय पृथ्वी पर जब दुख-शोक का हाहाकार मचा है, मैं किस अनसोचे आनन्द पथ पर दौड़ रही हूँ? इस जगत को मेरी थोड़ी-सी सेवा और स्नेह की आवश्यकता के समय मैं ऐसे किस महाजगत की ओर जाना चाहूँगी, जहाँ दुख, शोक, हाहाकार नहीं है और मेरी आवश्यकता भी नहीं है!

आज मुझे जिस अपार्थिव आनन्द का पता चला है, यदि वह मेरे लिए अर्थहीन है तो फिर दूसरों के दुख और यंत्रणा का अहसास मुझे नहीं भी हो सकता। मानो किसी ने मुझे कहा हो, प्रिय से प्रेम बड़ा है। इसलिए इन्द्र से इन्द्र का प्रेम मेरे लिए बड़ा है, गौतम से गौतम के प्रति विश्वास मेरे लिए बड़ा है। सन्तान से बड़ा है वात्सल्य का अमृत। सम्भोग से बड़ा है वियोग। आत्मसुख से स्पृहणीय है आत्म वियोग। रामार्पित भाव-देह के भीतर दुष्ट काम के शमन के लिए जो पापप्रणयाश्रित काम अभिप्रेत था, उसके लिए अब मुझे खेद नहीं है। मेरा बलिदान सफल होने के लिए वह उद्दिष्ट था।

आज मेरे सम्बन्ध सम्बन्धहीन हैं। इन्द्र, गौतम, पिता, बन्धु, सन्तान, सहचरी—सबसे मेरा लौकिक सम्बन्ध टूट चुका है। समस्त अस्नेह के बावजूद निर्मोही निर्लिप्तता ने मुझे स्नेहमयी बना दिया है। आश्चर्य है! समस्त विचलनों के बावजूद प्रेम की इस तल्लीनता में विचलन नहीं है। सम्बन्धहीनता की जड़ता के बावजूद दिव्य प्रेम जड़ नहीं है। यही दिव्य निष्काम प्रेम ही अमृत है। सत्य दर्शन ही प्रेम का श्रेष्ठ रूप है। प्रेम का स्वभाव है परभाव। इस भाव में जो सौन्दर्य निहित है, वही वास्तविक सौन्दर्य है। तपती भूमि पर किसी निरीह शिशु की तरह उगते कोमल दूर्वादल को देखकर मेरे हृदय में प्रेमभाव जाग रहा हे। इस प्रेम में उन्मत्तता नहीं है। मृदुमंजुल सद्भावना से जगत को अपना लेने की अभीप्सा से आज मेरा प्रेम चिर स्पन्दनमय है। प्रेम का यह श्रेय रूप सम्पूर्ण जागरूकता की अभीप्सा से मेरी भावभूमि को मनोहर बना रहा है। प्रेम का यह भावाश्रित विस्तार इतना विशाल है कि यहाँ पत्थर में जीवन, जीवन में सौन्दर्य और सौन्दर्य में सम्पूर्ण समर्पण की नित्यलीलाओं की रचना हो रही है। यह उपलब्धि सौंदर्यानुभव के यात्रा-पथ पर अन्तर्जगत के भाववैचित्र्य के उत्तुंग शिखर तक जाने की राह दिखाती जा रही है।

गौतम! सौन्दर्य साधना में छन्दमय होने का महार्घ अवसर देने के कारण अहल्या आपके प्रति कृतज्ञ है। हे इन्द्र देह की पूर्णता और तुच्छता की उपलब्धि प्रदान करने के कारण अहल्या आपके प्रति कृतज्ञ है। आज मैं खंडिता अहल्या नहीं हूँ। मैंने कुछ भी नहीं खोया। यदि मेरे बन्धु-परिजन मुझे छोड़कर चले गए तो मैं जीवित कैसे रही, प्रलय में जीवन कैसे ढूँढ़ लिया? इस दग्धवन

के चारों ओर प्रहरी की तरह मेरे आने की राह देख रहे अनार्यगण, मेरे भीतर निरन्तर हो-हल्ला मचानेवाले मेरे बन्धु-परिजन और सन्तान, अचिंत्य करुणा उड़ेलकर मुझे खाद्य-पेय और छाया प्रदान करनेवाली यह महाप्रकृति क्या मेरी कोई नहीं है? आज मेरा कोई शत्रु होगा, यह मैं नहीं सोचती। मैं पूर्ण का पूर्णअंश हूँ। मैं अदिति, अखंडनीया, सदिच्छा हूँ। लोग कहते हैं, बोधदायिनी सरस्वती मर चुकी है। आज सोचती हूँ, सरस्वती मरी नहीं है। वह पार्थिव देहमयता से मुक्त हो गई है। मरुभूमि के हृदय में अन्तःसलिला फल्गू बनकर वह अनन्तकाल झरती रहेगी। कभी गंगा, यमुना और सरस्वती का त्रिवेणी संगम बनेगा मानव के मोक्ष के लिए। अचानक बिजली-सी कौंध उठी। सरस्वती की मृत्युभावना और अमरत्व की कल्पना ने मेरा मृत्युभय दूर कर दिया। मेरे अन्तःकरण को मंत्रित करते हुए सुनाई दे रही थी यह किसकी मोदमयी पदध्वनि!

किसके पावन पदस्पर्श से तपती वनभूमि की सीमा स्पर्श करते हुए महाप्रकृति का श्यामल विस्तार व्याप्त हो गया पूरे अरण्य में? शुष्क सरोवर में कहाँ से आ गया अमृत प्लावन? कमल-कली में पंखुड़ियाँ पसार दी किसके कहने पर? मेरे चारों ओर फैले इस निदाघऋतु में कौन रच गया बसन्त? इस वर्णविभा ने मेरे अन्तर से प्रकाश पाकर पृथ्वी को रँग डाला किसकी अमर तूली से? मेरा हृदयकोष खिल उठा है किस दिव्याकांक्षा से! प्रेम में तल्लीन हो देख रही थी मैं भौंरे का मधुमोह। फिर देख रही थी मधुमक्षिका का मधुयोग। मदमस्त-पुष्प से यदि पूछा गया होता तो वह किसका वरण करता? मधुप का या मधुमक्षिका का?

मधुप का मधुमोह मुझे उल्लसित कर रहा है, मधुमक्षिका का मधुयोग मुझे उद्बुद्ध कर रहा है जैसेकि मधुप है महाभोगी इन्द्र और मधुमक्षिका है महायोगी ऋषि दग्ध अर्थवर्ण। इसीलिए महायोगी ने मधुविद्या प्राप्त करके जगत को मधुमय बनाने का व्रत ले लिया है। वे मधुपान नहीं करते मधुष्मान करते हैं। बूँद-बूँद मधु एकत्र करके अशेष साधना साक्षेप मधुकोष बनाते हैं और उसी के चारों ओर मँडराते हुए सदा मधुचक्र बनाते रहते हैं, अपने लिए नहीं, जगत के लिए। बस, इतनी ही है उनके समग्र जीवन की साधना। मधु का स्वाद चखकर भी जो मधुपान न करके बाँट देता है, उससे बड़ा योगी और कौन है?

जबकि इस मधुपाई मधुप को देखो। एक फूल से दूसरे फूल पर उड़कर आकंठ मधुपान करता जा रहा है। फिर भी उसकी सनातन प्यास बुझ नहीं रही। बूँद भर मधु तक किसी को नहीं देता। स्वार्थी मधुप, कामुक मधुप, लम्पट मधुप का ध्यान उस ओर नहीं है कि संध्या आसन्न है, पद्म क्लान्त और

आग्रहहीन है। काम मृत्यु का रूप धारण करके आया है। क्षण में मधुमोह के मृत्युगह्वर में बन्दी मधुप का अन्त हो गया। बन्द पद्म निर्विकार है। धिक्कार है काम–धिक्कार है तुम्हारी खललीला!

कोई मुझसे कह भी रहा है कि गौतम मधुमक्खी हैं, इन्द्रदेव भौंरा। मोहग्रस्त अहल्या के देह–सौन्दर्य को भोगने के बाद आज इन्द्रदेव उसे स्वर्ग की वारांगना के पद पर बिठाना चाहते हैं। अहल्या के देह सौन्दर्य से जुड़े रहकर भी गौतम की साधना है अहल्या की आत्मा के सौन्दर्य को प्रकट करके उसे देहमयता से मुक्ति दिलाना। इन्द्र मधुपायी हैं, गौतम मधुग्राही। कौन काम्य है?

पद्म है भोगमय प्रवृत्ति, जो भोगी को भी भोगता है। पद्म मधु है सनातन अमृत, जो भोग को भाव में परिणत करता है। यह उपलब्धि मुझे किसने दी?

भोगमृत्यु का यह दृश्य मेरे लिए था उद्घाटन करने की घड़ी। भोगमय प्रवृत्ति दिन–रात मानव को वासना से त्रस्त किए रहती है। किन्तु मेरी उपलब्धि मुझे विश्वास दिला रही है कि मृत्युशील होने पर भी मानव भोग छोड़कर ब्रह्मदर्शन का अमृत प्राप्त कर सकता है। तो फिर मैं ब्रह्मदर्शन से वंचित क्यों हूँ?

अस्तराग के गुरुचुम्बन से हृदय के भावसमुद्र में मंजुल तरंगें उठ रही हैं। कामवर्जित हृदय निष्काम प्रेमधारा से लगातार सोमस्नान कर रहा है। रात्रि का अँधेरा अब मुझे अन्धा नहीं कर रहा। मृत्यु के भय से अब मैं नहीं डरती। प्रभु की महत्ता और अपनी तुच्छता मैं पूरी रात हृदयंगम करती रहती हूँ। मेरे मन का अभिमान टूट रहा है। जीवन की हर घड़ी दिव्यभावना से अवनमित करके मैं पशुता से मुक्ति चाहती हूँ।

हे इन्द्र! स्वर्ग का मृत्युहीन अमरत्व नहीं, आज मुझे मर्त्य का मृत्युशील अमरत्व चाहिए। तो फिर अमरत्व का प्रलोभन क्यों? निष्कपट चित्त से पाप प्रकट करने में आज मुझमें कुंठा नहीं है।

हे प्रभो! काम है विष का समुद्र। उसकी विषाक्त गहराई और विशाल उत्तुंगता का अनुमान लगाने की शक्ति मुझमें नहीं थी। समुद्र की विशालता को जानते हुए अनजान बनकर रत्नमाला से ललचने–सी मेरी अवदमित कामेच्छा सुन्दर और सौम्य छद्मरूप धारण करके गौतम के वृष्टियज्ञ में हविष्मती हो रही है कहना छलावा था। ऐसा कहकर मैंने न केवल गौतम को छला, बल्कि अपनी अन्तरात्मा को भी छला है। इन्द्र–समर्पण के पीछे अनेक तर्क देकर हीनकाम के कदाकार रूप को भव्य रूप देने के लिए आज तक मैंने न जाने कितने तर्क दिए हैं, अपने पक्ष में गौतम के विपक्ष में। किन्तु काम ऐसी कालिख है कि उसका छद्मरूप छिपा नहीं रह सकता, बल्कि अधिक प्रकट

होकर छद्मवेशी को लांछित और दूषित करता है। आज इन्द्र की हालत वैसी ही है। मेरी हालत उनसे भी बदतर है।

मधुप की मृत्यु ने मुझे चक्षुष्मती किया है। मैं समझ चुकी हूँ कि काम-बल को प्रतिहत करने की शक्ति मुझमें थी, किन्तु इन्द्र के छद्मप्रेमी रूप से आकर्षित होकर मेरे अन्दर का अतृप्त काम अनायास ही समर्पित हो गया भ्रान्तिदेवता के चरणों में। इन्द्रमोह ही था मेरा महामोह। महामोह का यह पापान्धकार मेरा इहकाल, परकाल, जन्म-जन्मान्तर, कल्प-कल्पान्तर आच्छन्न करने से पहले महामोह को महान के प्रति मोह में परिणत करने की शक्ति मुझे कौन देगा? उस महान के मोह की मनोरम तरंगों से मुझे कौन उद्वेलित कर सकता है! सम्प्रीति की सुरमय संजीवनी से मेरी जरा और मृत्यु को रसीला बनाकर मेरा अन्तर बाहर रम्य रमणीय कौन करेगा!

रात होनेवाली है, यौवन बीत चुका है, अंग-अंग में वार्धक्य की पदध्वनि सुनाई दे रही है। इन्द्रियाँ शिथिल पड़ चुकी हैं। जीवनयज्ञ की पूर्णाहुति में अब कितनी देर है? हे रात्रि! जीवन और यौवन की विद्ध अनुभूति से मैं परिचित हूँ। अन्तर्यज्ञ की पूर्णाहुति के लिए अब मैं तैयार हूँ।

आज मेरे शरीर में रूप की सुगन्ध नहीं है, यौवन की सुगन्ध नहीं है, यौवन की मदमत्तता नहीं है। बुझी हुई बाती की तरह मेरा निर्वापित यौवन स्वाहा की सुगन्ध से महक रहा है। आज सिर्फ प्रार्थना कर रही हूँ—हे राम, हे परमसत्ता, मुझे देहमयता से मुक्त करें।

आज मेरे अन्दर बन्धन तोड़ने की जो इच्छा आकाश में नन्दिनी की तरह उदित हो रही है, क्या वह तुम्हारे निर्देश के बिना सम्भव थी?

कौन अपने मन्द मधुर स्वर से मेरे अन्तःकरण को मंत्रित कर रहा है—'सिर्फ तुम्हारे ही लिए दीप्तिमती उषा ने आकाश में किरण का वस्त्र फैलाया है...सिर्फ तुम्हारे ही लिए अमृत दुग्धा धेनु का दोहन कर रहा है...सिर्फ तुम्हारे लिए जलबिन्दु बनकर क्षरित होती है और किरणों से नहाई नदी की तरह बह रही है...।'

अँधेरा छँट रहा है। कोटि-कोटि वर्षों का प्राचीन सूर्य पूर्वी आकाश में अरुणिमा बिखेरते हुए जन्म ले रहा है। मेरा हृदय अपूर्व प्रेमधारा से सोमस्नात हो चुका है।

'हे प्रभो! अग्निहोत्र के लिए मेरे पास समिधा नहीं है। चन्दन, शाल, पिआशाल, आम, बेर, बेल, गूलर, कत्था, बासंग इत्यादि नौ तरह के समिधा-उपयोगी वृक्ष मेरे लिए अलभ्य थे। यदि मैं अहल्या न होकर वनस्पति बन पाती, तो समिधा बनने का सौभाग्य मिल जाता। मानव जन्म पाकर भोगवासना में पड़कर मैं समिधा बनने की निष्ठा खो चुकी हूँ। फिर भी अन्तर्यज्ञ की अग्नि प्रज्वलित करने के लिए तुम्हीं तो मुझे निर्देश देते हो।

‘हे दयाशील, क्षमाशील प्रभो! मेरे इन्द्रिय रूपी समिधा पर प्रेम और श्रद्धा की यज्ञाग्नि प्रज्वलित कर दो। हे प्रियतम राम! मेरे काम का शमन करो। मेरी न्यूनता और मेरे विघ्न दूर करो।

‘प्रियतम! तुम आओ। मैं अनादिकाल से तुम्हारी प्रतीक्षा में हूँ। मैं अनन्तकाल तक तुम्हारी प्रतीक्षा कर सकती हूँ। तुम सुगन्ध बनकर बहते हुए आ जाओ, मेघकण बनकर बरस जाओ। तुम मंत्रध्वनि बनकर वेध जाओ मेरे अन्तःकरण में, तुम यज्ञाग्नि बनकर भस्म कर दो मेरी पापवासना को, तुम परमस्पर्श बनकर बना दो मुझे प्रतिध्वनि।

‘हे प्रियतम! रमणीय राम, आओ–मैं तुम्हारी प्रतीक्षा कर रही हूँ। केवल अपना नाम सार्थक करने के लिए नहीं, मेरे नाम को भी सार्थक करने के लिए आओ। बिना तुम्हारे आगमन के कुछ भी सार्थक नहीं, कोई अहल्या भी नहीं–यह तुम अच्छी तरह जानते हो।

‘हे राम! हे प्रेम के चारुचन्द्र। तुम आओ, तुम मेरे हृदयाकाश को रमणीय राग से रंजित करके उदित होवो। पृथ्वी उर्वरा है। फिर भी पृथ्वी अन्नहीन और भूखी है। राजा धन के बोझ से दबा है, प्रजा दरिद्र और कंगाल है। आर्य ज्ञान के बोझ से अहंकार में डूबा है, अनार्य अज्ञता की बेड़ियों में जकड़ा दास बना हुआ है। हे रमणीय राम! राजा–प्रजा, नर–वानर, देव–दानव के बीच सहयोग स्थापित करते हुए तुम आओ। प्रेम में सराबोर पृथ्वी को रम्यबोध से सुश्री करते हुए तुम आओ।

‘मैं बचपन से देखती आई हूँ समिधा का निर्भीक, निर्विकल्प आत्मत्याग। यज्ञ करनेवाले होता और करानेवाले उद्योक्ता फल की इच्छा करते हैं। किन्तु समिधा इच्छारहित होती है। परोपकार के लिए जलकर राख बनना ही समिधा की नियति है। मुझे निष्काम, निस्पृह समिधा बना दो प्रभु, समिधा बनना ढेर सारी तपस्या का फल होता है। क्या मेरी तपस्या का अन्त नहीं है? स्वाहा प्रतीक्षा करती है सिद्धि की। किन्तु समिधा को सिद्धि मिलती है भस्म हो जाने में। क्या समाप्त ही शेष है? सृष्टि के निर्माता ही सभी पदार्थों के कर्त्ता हैं। अतः कोई पदार्थ त्याज्य नहीं है। अभिशाप–दग्ध भस्म भी मेरे लिए त्याज्य नहीं है। भस्म ही मेरा सहारा है। अति–भोग से इन्द्र विचलित हैं, अति क्रोध से गौतम अस्थिर हैं। समिधा की निर्विकल्पता और अति–त्याग का भस्म ही न जाने मुझे कितना कुछ गुनगुनाकर कहता जा रहा है। मेरा शाप–आच्छादित शरीर सिहर रहा है भस्म के त्याग से। मुझे भस्म भले ही कर डालो, त्याज्य मत करो। प्रभो! गौतम के कोपमय स्वभाव ने आज मुझे ज्योतिष्मती बना दिया है। मैं देहमयता से मुक्ति चाहती हूँ।

‘हे देहपुरी के भोगीवृन्द! हे चक्षु, नासा, कर्ण, जिह्वा, त्वक आदि भोगदेवतागण! भोगमोक्ष के लिए स्वयं को तैयार कर लें। सोमभावना में डूबकर

मैं तुम्हें लोकप्रेम यज्ञ की समिधा बना दूँगी। मेरी यह देह छिद्रयुक्त मिट्टी का एक पात्र है। यह क्षणभंगुर और रोगाश्रित है। भोगलालसा के छिद्र से होकर अध्यात्म-अमृतरस उसमें से बह चुका है। इसीलिए मैं तपाग्नि से अपनी देह को जलाकर शुद्ध और पवित्र कर रही हूँ। इस देह की तीन अवस्थाएँ हैं—बाल्य, तारुण्य और वार्धक्य। ये तीनों अवस्थाएँ मेरे अन्तर्यज्ञ की समिधा हैं। मैं अपना बाल्य अर्पित करती हूँ मेघलोक को, पृथ्वी वर्षा से नहा ले। मैं अपना तारुण्य अर्पित करती हूँ भूलोक को, पृथ्वी अन्नपूर्णा बने। मैं अपनी चेतन, परिपक्व जरा सौंप रही हूँ स्वर्गलोक को, पृथ्वी अध्यात्म भावना से सोमांगिनी बने। मेरी चक्षुशक्ति सूर्य को तेजोदीप्त करे, प्राणशक्ति वायु को सुगन्धित करे, पंचभूत के इस देहमय जीवन का पृथ्वी-अंश क्षिति में समा जाए, जल-अंश जल को मधुर प्राणदायी बनाए, औषधि-अंश औषधि में मिलकर मृत्यु को अमरत्व प्रदान करे।'

मैं नहीं जानती थी कि राम कौन है, फिर भी रमणीय राम का आह्वान निरन्तर करती रही। मेरी प्रार्थना ने मुझे धीरे-धीरे प्रकृति का एक अविच्छिन्न अंग बना दिया। मैं भूमि से लिपटी पड़ी रही। मैं जितना-जितना निष्कामी होती गई, प्रेम का वास्तविक स्वरूप समझती चली गई। समझ गई कि अध्यात्म ही है निष्कपट प्रेम। मैं ईश्वर को प्रेमी के रूप में ढूँढ़ने लगी। मैंने ईश्वर को प्रेमी इन्द्र और पति गौतम में ढूँढ़ा था। उस प्रेम में थी अनेक प्रत्याशाएँ। प्रत्याशा पहले साँप की तरह सुन्दर लगती है, किन्तु अगले ही क्षण चोट मारती है और अशेष यंत्रणा देती है। मैंने जितना-जितना राम को ढूँढ़ा, मेरा हृदय रामभाव से मानो उद्वेलित होने-सा लगा।

मुझे सारा जगत सरल, निष्पाप, कोमल, भोले-भोले सुन्दर शिशु जैसा लगा। राम निश्चित ही देवोपम पुरुष हैं। जिस राम के दर्शनमात्र से एक विशाल पाप, उससे भी विशाल अभिशाप मिट जाएगा, ऐसा गौतम ने कहा है, ब्रह्मा ने कहा है, वे राम साधारण मानव तो होंगे नहीं? तो क्या वे परमात्मा की तरह दिव्य होंगे? परमात्मा को किसी से भी द्वेष नहीं होता। परमात्मा शिशु की तरह समभावापन्न होते हैं। शिशु की तरह छल-कपटहीन होते हैं। शिशु अज्ञानी और दुर्बल होता है; इसलिए निष्पाप और क्षमाशील होता है। परमात्मा सर्वज्ञानी और सर्वशक्तिमान होता है; इसलिए निष्पापी और क्षमाशील होता है। हजारों बार पिताजी से यह बात सुनी है। फूल के हृदय की ओस की बूँदें, कमल के वक्ष का केसर, वक्ष की डाल पर फल, पृथ्वी के वक्ष का शैलराज, आकाश के वक्ष के चाँद और सूरज मुझे जननी के वक्ष पर शिशु की तरह लगे। मैं रमणीय राम को बिना देखे, बिना जाने भी सरलतम, कोमलतम, पवित्रतम परमात्मा के रूप में दर्शन करने के लिए स्तुति करने लगी। उस स्तुति ने प्रेम के मनोरम राग से मेरे शाप तापदग्ध मनोभूमि को मंत्रित कर दिया। जननी अपनी सन्तान से घुल-मिलकर शिशु बन जाने की

तरह मैं राम को पुरुषोत्तम समझकर शिशु बन गई। पूर्व पाप-बोध एवं क्षुद्र कामना, वासना मेरे अन्दर से दूर चले जाने जैसा लगा। मेरा हृदय उन्मुक्त हो गया। दग्ध वनभूमि की सीमा पार करके सप्तलोक पर दृष्टि डालते ही मुझे सब कुछ दिव्य और मंगलमय दिखने लगा।

अपनी सन्तानों के तुच्छ मोह के कारण मुझे अशेष कष्ट मिला। आज सम्पूर्ण जगत को अपनी सन्तान के रूप में स्वीकार करके मैं परमानन्द प्राप्त कर रही हूँ। राम के चिन्तन से मेरे अन्दर मोह और काम-शमन की घड़ी आ गई है। महामोह के महान मोह में परिणत होने में कितना कष्ट और कितना आनन्द है!

मेरे यौवन ने मुझे प्रेयसी बनाया था। काम-भाव से जुड़ा वह प्रेम कलुषित था, आज यह शतकंठ से जगत के आगे स्वीकार करती हूँ। इन्द्र की ओर मैंने जो मित्रता का हाथ बढ़ाया था, वह कामनामुक्त न था इसीलिए मिला यह अभिशाप और कलंक। पत्नी के रूप में मैंने अपने प्रेम को दास्यभाव से प्रकट किया था विज्ञ तपस्वी पति के समक्ष। अत: अपने 'स्व' को पहचान न सकी। इसी ने मेरी ईश्वर प्रदत्त शक्ति और सामर्थ्य को विकलांग कर दिया। दास्यभाव में भी 'दे दो-दे दो' की प्रत्याशा थी।

गौतम ने देह सुख नहीं दिया, इन्द्र ने देह सुख दिया। जबकि कोई भी मेरे नहीं हुए। किसी से आनन्द नहीं मिला। गौतम थे मेरी परम भ्रान्ति और इन्द्र मेरे परम मोह। आज तप:स्निग्ध जराजीर्ण वक्ष से प्रत्याशा-रहित प्रेम क्षरित होने से भ्रान्ति और मोह दूर हो चुके हैं। आज गौतम और इन्द्र को मैं समझ गई हूँ। आज मैं स्वयं अपने आप को भी समझ गई हूँ।

'हे इन्द्रदेव! एक बार दूर से मुझे अपनी सहस्त्र दृष्टियों की तीक्ष्णता से देखें। कठोर तपस्या के कारण आज मेरा शरीर कंकाल बन चुका है। मेरा यौवन आज नहीं बचा। मेरा सौन्दर्य लुप्त हो चुका है। किन्तु मैं यौवन त्यागकर प्रेम के नित्य रूप में नए-नए यौवन प्राप्त कर रही हूँ। मेरा रूप मेरा श्री नहीं है, मेरे विचार और मेरे भाव ही आज मुझे मेरा श्री वापस दिला रहे हैं। मृत्यु की ओर आगे बढ़ते हुए मैंने मृत्यु पर विजय पा ली है। यदि आज आप मेरे समक्ष एक प्रेमी के रूप में आएँगे तो समझ जाएँगे कि मुझमें देवी अनसूया की तरह आपको अपनी शिशु सन्तान के रूप में परिणत करने की शक्ति जाग चुकी है। स्वर्गलोक प्राप्त किए बिना मैंने मोक्ष प्राप्त कर लिया है। इसलिए विदा लेती हूँ, हे काम-विदा लेती हूँ, इन्द्रदेव!

'हे रमणीय राम! कब आएगा तुम्हारे आगमन का ब्रह्ममुहूर्त्त?'

रामदर्शन के अधिकार को उचित सिद्ध करने के लिए मैंने यात्रा प्रारम्भ की है। मैं यम, नियम, आसन, प्राणायाम, प्रत्याहार, ध्यान और धारणा की सीढ़ियाँ निष्ठापूर्वक चढ़ती जा रही हूँ। मैं निश्चित ही अपने प्रिय राम के दर्शन करूँगी।

ओफ्फ, प्रतीक्षा का एक क्षण भी कई युगों-सा होता है।

भैया नारद आकाश मार्ग से जाते समय कह गए कि 'एक विशाल व्यतित्वधारी गुरु की आवश्यकता है मुझे—मैं 'स्वयंसिद्धा' हूँ, इस अहंकार को दूर करने के लिए किसी और कर्त्ता एवं प्रेरणा का अनुभव होना चाहिए।' तो क्या मैं पूरी तरह वैराग्यप्राप्त नहीं कर पाई हूँ? क्या मेरे देहाभिमान का विलय नहीं हुआ है? मैंने स्वर्ग का ऐश्वर्य, इन्द्र का आह्वान ठुकरा दिया, क्या इसीलिए मेरा अहंभाव आड़े आ गया? ओफ्फ, मनुष्य का मन मनुष्य के साथ कितना लुका-छिपी खेलता है। अपना मन ही तो हमें भ्रम में डालता है। मेरा यह विनय, आत्मत्याग, स्वीकारोक्ति और समर्पणभाव क्या अहंकार का ही एक छद्मरूप है?

सम्भवतः इसीलिए मैं सिद्धि के द्वार पर प्रतीक्षा कर रही हूँ। इसीलिए मेरी कालरात्रि नहीं बीत रही। मैंने पिता ब्रह्मा को गुरु नहीं माना। आचार्य गौतम को आत्मा से गुरु नहीं माना तभी मेरा अहंकार नहीं टूटा। मोक्षप्राप्ति के लिए मैं किसे गुरु मानूँ? गेरुआ वस्त्रधारी ठगों, प्रतारकों, छद्मवेशी गुरुओं का अभाव नहीं है। मैंने सच्चे गुरु का पता लगाने का दृढ़ निश्चय किया है। कौन बताएगा मुझे सच्चे गुरु का पता?

राम के आगमन की आशा की किरणें फूटने ही वाली थीं कि निराशा का अँधेरा पुनः छा गया मेरी मनोभूमि पर। गौतम! तुम्हारे प्रेम और सन्देह के चाबुक के प्रहार से तुम्हारे अभिशाप की तीव्रता अधिक हो गई। क्या अभिशाप मोहप्रेम का एक अन्य रूप है?

काफी समय बीत गया, कई ऋतुएँ बदलीं। लेकिन अहल्या के लिए बस एक ही ऋतु थी, विषाद ऋतु। आनन्द के द्वार पर विषाद सिद्धि का प्रवेश-पत्र माँगता है। सिद्धिदाता राम कितनी दूर हैं!

राम के आगमन की अभीप्सा से शापदग्ध, तापदग्ध वनभूमि में जो आम का पेड़ मेरे अभीष्ट की तरह अविचल खड़ा था और हर बसन्त में पुष्पित होकर तपोवन के सम्राट की तरह फलों से लदा गरिमामय दिखा करता था, वह कहाँ है? कहाँ अन्तर्धान हो गया मेरे दृष्टि-पथ से? कभी देखा था, उस आम के पेड़ पर सहारा लेनेवाली आँधी में डोलती एक क्षीण तमाल लता ने एक अनजान रमणी की गोद में अबोध शिशु की तरह झिझकती हुई आम के पेड़ से चिपकी हुई ठुकुर-ठुकुर चलकर आकाश की ओर सिर उठाने की इच्छा की थी। आज आम के सस्नेह आश्वासन से उसकी शाखा-प्रशाखाएँ पसरकर पल्लवित हो ऊपर की ओर चढ़ गईं, और आम को पूरी तरह आच्छादित कर लिया है। सहकार की सहनशक्ति और विनम्रता का मुकाबला नहीं। अब आम का पेड़ नीचे से ऊपर तक तमालमय है। उसका एक पत्ता तक दिखाई नहीं देता। आम की हर डाल पर गुच्छे के गुच्छे नवबकुल खिले होंगे तो खिले होंगे

इस बसन्त में। किन्तु तमाल पुष्प के प्राचुर्य से बकुल ने संकुचित, नम्र, कम्र होकर तमाल की प्रशस्ति को पसार दिया है। आज पृथ्वी और आकाश तमालवर्णी हैं। क्या तमाल का यह विरल विस्तार और आम की आत्मविलुप्ति–प्रेम, श्रद्धा और वैराग्य के समन्वित प्रतीक राम के आगमन का सन्देश दे रहे हैं? आम की यह ज्ञानदीप्त निस्पृहता मुझे सीमित स्पृहा के द्वार से असीम स्पृहा के अनन्त आकाश की ऊँचाइयों पर ले जा रही है। तो क्या मोह रूपी क्षार से क्षरित होकर मैं रमणीय राम को नहीं ढूँढ़ रही थी, ढूँढ़ रही थी अपने पुत्रों को, अपनी उजड़ी दुनिया को, स्वार्थमय पार्थिव सुख को? आम का पेड़ मेरे आगे दधीचि जैसे नि:स्वार्थ आत्मत्यागी के रूप में खड़ा है। मेरा मोहभंग हो चुका है। आम का पेड़ मेरा गुरु है।

'हे वृक्षदेव! मुझे स्वीकार करें। सीमित स्पृहा की आबद्ध पुष्करिणी से मेरा उद्धार करके असीम स्पृहा के महासागर में डाल दें। हे वृक्षात्मा! मुझे मोह के अँधेरे से छुटकारा दें।'

मैं कामना को ठुकराकर रमणीय प्रकृति की विचित्र लीला में राम को ढूँढ़ने लगी।

अँधेरे की खाई से उग रहा था पूरा चाँद। मैंने देखा है, पहाड़ के खुरदरे पाटी से चन्द्रमा घिस–घिसकर स्वयं को पूरी तरह मिटाकर चाँदनी में बदल जाता है। स्वयं को पूरी तरह चाँदनी में बदलने तक वह घिस–घिसकर घटता रहता है। सम्पूर्ण आत्मविलुप्ति के बाद ही होता है चाँद का नया जन्म–नवयौवन की प्राप्ति। स्वयं को चाँदनी में बदल देना ही है चाँद का लक्ष्य। क्या पहाड़ से घर्षण की ओर ध्यान जाता है उसका? यदि जाता तो अँधेरे का नाश कौन करता?

'हे राम! आपकी प्रतीक्षा में लीन मुझे भले ही आप सूखी लकड़ी बना दें; पर बनाएँ चन्दन की लकड़ी ही जो आपकी श्यामल काया को स्निग्ध कर सके। विषाद की कसौटी में घिसकर मैं स्वयं को मिटा देना चाहती हूँ, किन्तु अपने चन्दन जैसे सद्‌गुणों से जगत को स्निग्ध करना चाहती हूँ।'

चन्दन की लकड़ी रुक्ष पत्थर पर घिस–घिसकर स्वयं को तिलतिल मिटाने पर ही उसके जीवन की सार्थकता है। किन्तु अध्यात्म का लक्ष्य लेकर स्वयं को मिटाकर चन्दन की लकड़ी रुक्ष पत्थर को केवल स्निग्ध और सुरभित ही नहीं करती, पत्थर को नम्र कम्र करके क्षय प्राप्त कराती है। चन्दन के साथ मिलकर पत्थर भी चन्दन बन जाता है। अहंकारी पत्थर चन्दन के साथ इस तरह घुल जाता है कि केवल चन्दन का महत्त्व ही खिल उठता है। चन्दन की महत्त्वाकांक्षा के कारण ही पत्थर की यह आत्म–विलुप्ति हुई।

'हे राम! आज मैं आपकी परीक्षा के घर्षण में विलुप्त होकर अपने अभिशाप को भी मोक्ष में बदल देना चाहती हूँ।'

तमालवर्णी रात्रि के ललाट को तारों के चन्दन से सजाकर चन्द्रमा स्वयं को क्षयित करके प्रभात की प्रतीक्षा कर रहा है, जबकि उसे मालूम है कि प्रभात ही उसके पराजय की घोषणा करेगा।

'हे राम! मैं आपसे पराजित होना चाहती हूँ।'

आम का वृक्ष मेरे गुरु हैं, चन्द्रमा मेरे गुरु हैं, चन्दन मेरे गुरु हैं, यह विशाल पृथ्वी मेरी गुरु हैं। प्रकृति की उदारता का अवलोकन करते हुए मैं बुद्धिमती होती जा रही हूँ क्षण-क्षण।

प्रलय से उठकर पूर्वजन्म के पाप को तप में परिणत करके मैंने अनन्त भविष्य एक बीज बो दिया है रम्य भावभूमि में।

जगत के लिए, शत्रु-मित्र सबके लिए मेरा चित्त भक्ति, करुणा, प्रेम और श्रद्धा से द्रवीभूत हो गया। मैं दीक्षिता हो गई त्यागमयी प्रकृति द्वारा। मैं सर्वत्र रमणीय राम के पदकमल की ललितकला आँकने लगी। मैंने लज्जा और ग्लानि त्यागकर रमणीय भावराज्य में मन लगाया। काल की भ्रूभंगिमा को भला मैं कैसे टाल दूँ? अपनी इच्छा मात्र से भला मैं कैसे इच्छामय राम को अपने मोक्ष के लिए अवतरित करा सकती हूँ? वह शक्ति मुझमें कहाँ? विषय स्पृहाविहीन हो अहंकार रहित निर्लिप्त हृदय से मैं सही घड़ी की प्रतीक्षा करने लगी।

सम्भवत: तपती भूमि पर डग रखने में उन्हें कष्ट हो, इसलिए अरण्य पथ पर बिछा रखी है मैंने अपनी कोमल देहसत्ता। यौवन की सुरभि को समाप्त करके सींच दिया एक-एक पथ को। मैं जानती हूँ कि उनके कोमल चरण स्पर्श से मेरी देहसत्ता पिघलकर माटी में मिल जाने पर मिट्टी हो जाएगी उर्वरा। अपने घने केशों से सूर्य को ओट करके मैं छाया बनकर समा गई तमाल लताओं में, शायद उस छाया में वे घड़ी भर विश्राम करें। वृक्ष की डालों के पोर-पोर में, फूलों की एक-एक स्नायु में अपनी साँसों-उसाँसों को उड़ेल दिया कि कहीं पसीने की कोई बूँद न उभर आए उनके मनोरम ललाट पर क्षण भर के लिए। मैं माटी से आकाश में चली गई भाप बनकर, पिघलकर झरने लगी गर्म धरती पर, कहीं वे शीतलता न ढूँढ़ने लगें। मैंने अपनी देह और मन के समस्त तेज को उष्णता बनाकर बिखेर दिया शीतल उपत्यका में, कहीं वे ढूँढ़ने न लगे उसका उष्ण आलिंगन। मैं अब मैं नहीं रह गई थी। मेरी देह कहाँ गई? कहाँ गया मेरा रूप और यौवन? मैं सिर्फ दुनिया की ही नजर में अदृश्य नहीं थी, मैं स्वयं से भी अदृश्य हो गई थी।

जब पार्थिव जगत अदृश्य हो गया, जब काम, क्रोध, लोभ, मोह निष्क्रिय और परास्त हो गए, जब कर्मयोग, ज्ञानयोग, स्तब्ध थे, तभी भक्ति के आलोकित मार्ग से वे एक नक्षत्र की तरह उदित हुए। मैं प्रार्थना करने लगी—प्रियतम राम! तुम आओ। अनन्तकाल से तुम्हारी प्रतीक्षा करते-करते अहल्या की छाती पत्थर

बन चुकी है। तुम बसन्त बनकर उतर आओ मेरे नीरस मन की शाखा-प्रशाखाओं पर। मेरे सम्मुख न जाने कितने वृक्ष, हर ऋतु में प्रतीक्षारत रहते हैं सिर्फ एक बार तुम्हारी इच्छा-ऋतु से पुष्पित होने को। वर्ष में एक ऋतु के लिए होती है यह समग्र साधना। कभी भी उन्हें प्रतीक्षा से कतराते, धैर्य खोते नहीं देखा मैंने। क्या वे अपूर्ण हैं? यदि नहीं, तो जीवन में प्रियतम राम के सिर्फ एक बार दर्शन करने के लिए क्या मैं प्रतीक्षा नहीं कर सकती? क्या राम का क्षणिक स्पर्श मेरी समस्त अपूर्णता को समाप्त नहीं कर देगा?

अँधेरा छँटने लगा है। कोटि-कोटि वर्षों का प्राचीन सूर्य गैरिक वैराग्य पोतकर पूर्वी आकाश से जन्म ले रहे हैं। क्या सूर्य मेरी आँखों के तारे को प्रकट करते हुए आ रहे हैं? युग-युग की प्रतीक्षा के बाद उसी ब्राह्ममुहूर्त में मेरी प्रार्थनारत हथेली पर उतर रहा है एक निर्मोही प्रभात और मेरी युग-युग की जड़ता और हीनभाव को समाप्त कर रहा है। सूखी ठूँठ में होमाग्नि जल उठी है जीवन्त काष्ठ पर पुष्प का साम्राज्य उगने लगा है। सब कुछ उन्हीं के लिए निवेदित है। स्वयं समर्पित पुष्प-लताएँ एक-दूसरे में उलझकर पुष्पहार बन गई हैं। प्रकम्पित शुल्ककाष्ठ से काष्ठ घर्षित होकर चन्दन अगरू झर रहे हैं उन्हीं के लिए। मरुतगण गुच्छे के गुच्छे फूलों के चँवर डुला रहे हैं उन्हीं के लिए। आज वे कण-कण में समाए हुए हैं।

त्रिलोक अभिलषित तमालवर्णी, नवारुणोद्भासित, गैरिकवस्त्रधारी, प्रेमदीप्त, श्रीरामरमणीय तमाल की छाया में विनोदभरी मुस्कान लिए झलक रहे हैं। मेरी इच्छा-रहित अमृतबेला में कौन हैं ये निष्कलंक कान्तियुक्त पुरुषोत्तम? अन्तःकरण की शुद्धता और जागरूकता के कारण वे नर होकर भी नारायण जैसे लग रहे हैं। ऋद्धि-सिद्धि के मंजुल पथ पर यात्रारम्भ करने के कारण वे किशोर होने पर भी प्रवीण लग रहे हैं। वे प्रेममय होते हुए भी कामरहित होने के कारण यौवन में भी महाकाल की तरह निर्लिप्त दिखाई दे रहे हैं। अन्तःकरण के भाव संवेदना से उनमें अपना-पराया, आर्य-अनार्य, देव-दानव, नर-वानर का भेदभाव न होने के कारण वे आयु से परे, कालातीत परमात्मा जैसे लग रहे हैं।

आँखों पर पड़ी परत हट गई। अहल्या को चौदह ब्रह्मांड दिखने लगा। उनका श्यामघन शरीर आकाश जैसा है, उनके घने घुँघराले केश नीले आकाश में मधुपमेखला जैसे हैं, घने-घुँघराले केशों से घनिष्ठ होते हुए भी उनका उन्मुक्त ललाट मेघमुक्त क्षितिज-सा है, उनकी भौंहे नीले भुजंग की तरह लीलायित हैं, उनकी सुगठित उन्नत नाक दृढ़ मंजुल विवेक-सी है, उनके अगस्त्य-पुष्प की

कली जैसे होंठ प्रियतम के आह्लाद की तरह हैं, उनकी प्रीतिरंजित मुस्कान द्वितीया तिथि के चन्द्रोदय जैसा है, उनका सुन्दर चिबुक कमल-कली-सा है, उनकी चिकनी कनपटी तमालपुष्प के प्रकाश-सी है, कनपटी पर हास्य की लहरें कदम्बपुष्प के केसर-सी हैं, उनके उदार कर्णयुगल कोमल कमल के पत्तों जैसे हैं, उनकी सुढल गर्दन अनन्त अभीप्सा-सी है, उनका प्रशस्त वक्ष हिमवन्त के उदार विस्तार-सा है, सुदीर्घ भुजाएँ निर्लिप्त आलिंगन-सी हैं, उनकी कमल की पंखुड़ियों से भी सुन्दर हथेलियाँ पूर्वराग की उष्णता-सी हैं, उनकी अँगुली की मधुर मुद्रा सिद्धि की प्रतिश्रुति जैसी है, उनकी सख्त कमर अभय प्रदान करने जैसी है, उनके चरण कमलद्वय मोक्षानन्द जैसे हैं, उनका सुदीर्घ शरीर युगान्तर से तपस्या करने जैसा है, शरीर की दिव्यकान्ति कल्पान्तर से प्रतीक्षा के अन्त जैसी है। उनके रूप का वर्णन करने के लिए भला किस कवि के पास शब्द हैं! उनकी वन्दना करने के लिए भला किस तपस्वी के पास भाषा है! अतः अरे मूढ़ अहं! उनके रूप का वर्णन करने से दूर रहो।

राम के दर्शनमात्र से मुझे मेरा अन्तःकरण दिख गया। मानो किसी ने कल्प-कल्पान्तर की नींद और जड़ता के मोहपाश से जगाकर कहा–'अन्तःकरण ही मनुष्य का भाग्य और भवितव्य है। अन्तःकरण की गहराई में न केवल भाग्य, बल्कि भाग्यविधाता भी विद्यमान हैं। उन्हें ढूँढ़ने का एकमात्र मार्ग है प्रेम। बुद्धि और ज्ञान से मनुष्य वैभव और यशप्राप्त करता है। किन्तु अन्तःकरण के प्रेमभाव के बिना मनुष्य मनुष्य से दूर होकर पत्थर बन जाता है।'

मेरे रूपाभिमान का अवशेष राम के सौन्दर्य का अवलोकन करके समाप्त हो गया। अब समझ में आया कि सौन्दर्य देहगत नहीं होता। सौन्दर्य की व्याप्ति अणु से परमाणु तक होती है। सौन्दर्य बन्धन नहीं मुक्ति है, सौन्दर्य मोह नहीं मोक्ष है। मेरा समस्त जन्म तमालवर्णी राममय, भावमय, रमणीय होने लगा है। पाप, शाप, ताप, जरा, मृत्यु का भय भी भयभीत हो हाथ जोड़े खड़ा है।

आ रहे हैं दो तेजस्वी कान्तियुक्त किशोर। उन दोनों के बीच एक प्रवीण तापस पुरुष। छोटे किशोर का मुख कदम्ब फूल के केसर की तरह पीतवर्ण, स्वर्णाभ अंग, देदीप्यमान आँखें। वह विवेक की तरह स्थिर, गम्भीर, निःस्वार्थी लग रहा है।

कौन हैं ये लोग? कहीं शतानन्द, चिरकारी और गौतम तो नहीं? क्या मेरा शतानन्द ज्ञान गरिमा का अहंकार त्यागकर मिथिला नगर से दौड़ा चला आ रहा है जननी की गोद में? क्या मेरा चिरकारी लौट आया है, मान--मनौवल और ग्लानि त्यागकर दुखियारी माँ की गोद में? नहीं, ये लोग किसी के कुछ नहीं लगते, फिर भी सबके अन्तरतम और प्रियतम हैं। कब किस रूप में दिखाई देते हैं, समझ नहीं आता। जैसा सोचो, वैसे ही दिखाई देते हैं।

जल के समान गम्भीर उस नीले तमालवर्णी वैराग्यस्वरूप निर्लिप्त ज्येष्ठ किशोर की ओर देखकर सोचा–'चूँकि तुमसे पराजित होने से मेरा अहंकार बाधित नहीं हो रहा, चूँकि तुम्हारे चलने की राह पर यौवन उड़ेलने पर मेरी आत्मरति बाधित नहीं हो रही, चूँकि तुम्हारे अलौकिक सौन्दर्य का अवलोकन करके मेरे मन में पार्थिव कामना जाग्रत नहीं हो रही और तुम्हें पाने की इच्छा के बदले स्वयं अधिकृता होने की इच्छा जन्म ले रही है, चूँकि तुम्हारे आगे स्वयं को बौना पाकर मन में हीनभाव पैदा होने के बदले अहंकार शून्य विशालता उत्पन्न हो रही है, तुम निश्चित ही वही चिरप्रतीक्षित राम हो।'

वे लोग निकट आते जा रहे हैं। महर्षि विश्वामित्र को साथ लेकर आने का कारण मेरी समझ में आ रहा है। मुझे बताना चाहते हैं कि सबके अन्दर पाप है, मोक्ष है। सबके अन्दर पतन से उत्थान की अदम्य शक्ति है। पाप कितना ही विशाल क्यों न हो तप उससे भी विशाल हो सकता है। प्रत्येक पाप के लिए मुक्ति का भी द्वार है।

क्या दोनों हाथ बढ़ाकर स्पर्श करूँ? उस स्पर्श से चन्दन की तरह घुलकर क्या पुत जाऊँ उनके श्रीअंग में?

'ऐ स्पर्श! तुम पलभर के लिए स्पर्शरहित हो जाओ। मुझे घुल जाने का दुख नहीं है; किन्तु उनके दिव्यस्पर्श को पंचभूत के अणु-परमाणु में अनुभव करके चेतना की उदात्त उपलब्धि होने तक तुम प्रतीक्षा करो।'

उनकी ओर देखते-देखते न जाने यह कैसी अलौकिक भविष्य दृष्टि मेरे अन्दर किस शक्ति के बल पर पैदा हो गई। मुझे केवल अपना ही भविष्य नहीं, इस कपटहीन किशोर जैसे राम का भविष्य और जगत का भविष्य ही दिखने लगा। उस दृश्य से मैं उल्लसित और व्यथित हुई। इस राम के सद्‌गुण ही इन्हें अशेष दुख देंगे, यह मेरा मन मुझसे कह रहा है। यह राम धरती माता के अनन्य पुत्र हैं। चाँद अपनी शीतलता त्याग सकता है, सूर्य अपना ताप त्याग सकता है, हिमवन्त पर्वत अपनी हिमता त्याग सकता है, समुद्र अपने रत्न त्याग सकता है, लेकिन मेरे प्राणों से प्रिय पुत्र चिरकारी जैसे ये राम पिता की निष्ठुर आज्ञा का उल्लंघन न कर पाकर एक दिन गृहत्यागी, राज्यत्यागी बनकर अशेष यातनाएँ भोगेंगे। त्रेता और द्वापर के बाद घोर कलयुग में मनुष्य भूमि के लिए सीमा विवाद में लिप्त रहकर मानवता खो देगा। इन्द्रगण काम-लालसा के वश में रहकर अहल्याओं को भ्रष्ट करते रहेंगे। सुन्दर नारियाँ इन्द्रसभा की अप्सरा बनकर नृत्य कर रही होंगी। धनलिप्सा, राजलिप्सा से क्रोध, क्रोध से हिंसा और रक्तपात सारी धरती पर विकट रूप धारण कर लेगा। इसलिए राम का समग्र जीवन बनेगा भविष्य के लिए उदाहरण। ये पत्नी का वियोग सहेंगे, परन्तु पत्नी को छोड़कर किसी अन्य नारी के प्रति आसक्त नहीं होंगे। अखंड पत्नी-प्रेम के

कारण ये पत्नी को हृदय में रखेंगे। जब दाम्पत्य धर्म और राजधर्म में टकराहट होगी, तब ये ही राम सीतांजलि देकर पत्नी का त्याग कर देंगे राजधर्म के लिए। दाम्पत्य धर्म व्यक्तिगत स्वार्थ पर आधारित होता है और राजधर्म सामूहिक स्वार्थ पर। इस कारण ये राजधर्म को ही श्रेष्ठ मानेंगे और इसके लिए व्यक्तिगत जीवन में दुख ही पाएँगे। ये आत्मयज्ञ से लोगों के नैतिक जीवन को सुदृढ़ करेंगे और अपने सामर्थ्य से पाशविक शक्तियों का नाश करेंगे। ये गृहस्थाश्रम में लोकोत्तर राजा होंगे। संयम की प्रतिमूर्ति श्रीराम बुरे कर्म के प्रतीक रावण का नाश करेंगे। राम की जय और काम की मृत्यु इस जगत के अनन्त भविष्य के लिए चेतावनी होगी। हालाँकि ये अनेक राज्यों पर विजय प्राप्त करेंगे, परन्तु राजलिप्सा से दूर रहकर सत्पात्र का राज्याभिषेक करके अपने लक्ष्यपथ पर बढ़ते चले जाएँगे। ये दूसरे राज्यों को जीतने के लिए युद्ध नहीं करेंगे, बल्कि स्वाभिमान की रक्षा और दुष्टदमन के लिए युद्ध करते रहेंगे।

राम साधारण मनुष्य नहीं हैं। ये सर्वोत्तम पुरुष हैं। ये अपने जीवन में नर, वानर, राक्षस, निषाद, देवता सबके साथ एकात्म होकर मानवजाति को एक सूत्र में बाँधेंगे। यही राम एक दिन समग्र आर्यावर्त्त को सद्भावना और मैत्री के सूत्र में बाँधकर एक रमणीय भाव भूखंड में बदल देंगे। राम इतने रमणीय होंगे कि इनके हाथों से मरने की कामना शत्रु भी करेंगे। जगतवासी कामना करेंगे–'मित्र मिले तो राम जैसा मित्र मिले, शत्रु मिले तो राम जैसा शत्रु मिले।' क्योंकि ये राम शत्रु के रूप में पुण्य का नाश नहीं करेंगे, पापोद्धार करेंगे। अतः ये राम केवल लोकोत्तर मित्र नहीं हैं, अनुपम शत्रु भी हैं। इस राम में अमित पराक्रम और अलौकिक बाहुबल है। फिर भी मानव प्रेम की मंजुल भावतरंग से इनका हृदय उद्वेलित है। इन्द्रदेव भी अमित शक्तिशाली और अमाप पराक्रमी हैं। परन्तु वे क्रूर और अहंकारी न होकर राम की तरह सात्विक आत्म सम्मान से मनोज्ञ क्यों नहीं हुए?

ये राम इस समय विदेह राजनन्दिनी सीता के स्वयंवर में भाग लेने के लिए शुभयात्रा पर हैं। शुभकार्य के लिए जाते समय उन्हें अहल्या की इस पापदग्ध तपोभूमि में क्यों लिवा लाए विश्वामित्र? मिथिला जाने के लिए अनेक मंजुल पथ होते हुए भी इस अभिशप्त परित्यक्त पथ को क्यों चुना विश्वामित्र ने? क्या केवल अहल्या के उद्धार के लिए? क्या पाप की सुगन्ध अनुभवी विश्वामित्र को आकर्षित करके खींच लाई अहल्या के शाप की परिधि में? अहल्या पापबोध और आत्मग्लानि से जड़वत पड़ी थी तो पड़ी रहती। शुभबेला में अशुभ मार्ग पर क्यों डग बढ़ाया राम ने?

मेरा मनोभाव विश्वामित्र से छुप नहीं पाया। उनकी अन्तर्ध्वनि मुझे सुनाई दी–'हे अहल्या! तुम जनकनन्दिनी सीता के सतीत्व की साधन भूमि हो। गौतम

ऋषि हैं राम के दुर्लभ स्वामित्व के प्रेम की साधन भूमि। तुम दोनों का जीवन और दाम्पत्य राम और सीता के लिए एक अध्ययन होगा। राम और गौतम में समानता न भी हो, परन्तु सीता और तुममें अनेक समानताएँ हैं। तुम दोनों का जन्म रहस्यमय है। तुम दोनों दो महात्माओं द्वारा पाली गई हो। तुम दोनों अलौकिक सौन्दर्य की अधिकारिणी हो। तुम्हारे सौन्दर्य से विमोहित हो इन्द्र ने बहुत पहले ब्रह्माजी से तुम्हें प्राप्त करने की अपनी इच्छा प्रकट की थी और उनकी अभिलाषा पूरी नहीं हुई थी। ठीक उसी तरह लंकापति रावण ने सीता के देह-सौन्दर्य से आकर्षित होकर मिथिला नरेश जनक ऋषि से सीता का हाथ माँगा था और उनकी अभिलाषा भी पूरी नहीं हुई थी। ब्रह्मचर्य की पराकाष्ठा के कारण गौतम तुम्हें मिले, वैराग्यस्वरूप राम अपनी अलौकिक शक्ति के बल पर सीता को प्राप्त करेंगे, इसमें सन्देह नहीं। अभीष्टदाता बनकर कामासक्त इन्द्र ने तुम्हारे पवित्र दाम्पत्य को भ्रष्ट किया है। लंकापति गेरुआ वस्त्र पहनकर छद्मवेश में तापस भिक्षु बनकर सीता का हरण करके राम के मधुर दाम्पत्य को विरह की दग्धभूमि में बदल देगा। रावण भी इन्द्र के समान रूपवान, इन्द्र से भी अधिक क्षमतासम्पन्न, बलशाली और धनवान हैं। इन्द्र को पद से हटाने की स्पर्धा वे करते हैं। यदि सीता तुम्हारी तरह भ्रम से या मोहवश, रावण के समक्ष स्वयं को समर्पित कर दें, तो पृथ्वी पर पाशविकता और काम-भाव की विजय होगी। दाम्पत्य प्रेम की पवित्रता पर फिर किसी की आस्था नहीं रह जाएगी। पति-पत्नी की दुनिया में जार-पुरुष की भूमिका मुख्य होगी और दाम्पत्य अभिशप्त होगा। उसी पाप से राम और सीता एवं पृथ्वी को बचाने के लिए मैं राम को तुम्हारे नीरस दार्शनिक पति के उदाहरण से और सीता को तुम्हारे मोह और भ्रान्ति के उदाहरण से भावी सुरत दाम्पत्य जीवन के लिए सतर्क करना चाहता हूँ। राम को बताना चाहता हूँ कि आदर्श पति वही होता है जिसे पत्नी का प्यार मिलता है। सीता को बता देना चाहता हूँ कि संयम का पवित्र प्रयोजन दाम्पत्य जीवन में भी है। विवाह के बाद बारह वर्षों तक पति के आस-पास रहते हुए भी सीता को संयम धारण करना होगा, यह मुझे साफ-साफ दिखाई दे रहा है। क्या इसका मतलब सीता जार-पुरुष, बहुनारीसंगलोभी रावण के समक्ष...। छोड़ो उस समय की बात मुँह में न ही आए तो अच्छा है। सीता को पतिमुग्धा करके रखना राम का कर्तव्य है। दाम्पत्य जीवन में प्रेम की भूमिका गौण होने से गौतम ऋषि की तरह अभिशप्त होना पड़ता है। यदि राम का सीता के प्रति प्रगाढ़ प्रेम नहीं होगा तो रावण की ऐश्वर्यपुरी में बन्दी रहकर वह रावण के प्रलोभन को टालने की शक्ति कहाँ से पाएँगी? विवाह की शक्ति प्रेम है। प्रेम को बन्धन समझकर ज्ञान के अहंकार से गौतम ने तुम्हें खोया है। सीता के जीवन में उसकी पुनरावृत्ति न हो। यही शिक्षा राम को मिले—यही था मेरा

लक्ष्य। इसलिए यहाँ आते समय तुम्हारे पाप का विस्तृत वर्णन मैंने राम के समक्ष किया है।

राम एक दुर्लभ पति साबित होंगे, यह बात उनके हाथ, ललाट, विवेक, व्यक्तित्व और आचार-विचार बता रहे हैं। रघुवंश में बहुपत्नी स्वीकार करने की व्यवस्था होने पर भी राम एकपत्नी व्रत का पालन करेंगे। अपने अलौकिक पत्नी-प्रेम के लिए वे जगत में जाने जाएँगे। इस प्रेमी-पति के पत्नी-प्रेम की कसौटी होगी पत्नी विरह। यदि गौतम राम की तरह प्रेमी-पति हुए होते तो अहल्या भी सीता की तरह सतीत्व की पराकाष्ठा दिखा सकती थीं–इस बात को दुनिया एक दिन समझेगी। राम जैसे मर्यादा पुरुष की पत्नी सपने में या फिर सपना टूटने पर भी किसी दूसरे पुरुष के प्रति आकर्षित नहीं होगी। राम और सीता का विवाह कोई बन्धन नहीं होगा। होगा एक व्रत, जिसे दोनों निष्ठापूर्वक पालन करेंगे और किसी बाधा-विघ्न में व्रतभंग न होने के लिए साधना करेंगे। 'काम' की पूर्ति नहीं, 'काम' का शमन है विवाह का लक्ष्य। सुनसान तपोभूमि में मृतकल्प शापग्रस्ता अहल्या से न मिले होते तो सम्भवतः विवाह का जटिल मनोविज्ञान न समझ पाते राम। राम के मुँह से सीता भी अहल्या का उपाख्यान सुनेंगी। रावण के काम-पाश को ठुकराकर सतीत्व का तेज प्रकट करने के लिए सीता के सम्मुख अहल्या का शाप ही होगा चेतावनी। राम भी समझ जाएँगे कि पत्नी का सतीत्व सिर्फ पत्नी के निर्मल चरित्र का परिचय नहीं देता। पत्नी का सतीत्व पति के विमल प्रेम का प्रमाण भी देता है। केवल अपने ही जीवन का अनुभव नहीं, दूसरों के जीवन के अनुभव भी सफल जीवन के सोपान हो सकते हैं। मनुष्य उससे आँखें मूँद लेने से प्रबुद्ध नहीं होता। राम और लक्ष्मण के सम्मुख मैंने गौतम और अहल्या के उपाख्यान का साफ-साफ वर्णन किया है। राम-सीता के परिणय पथ पर अहल्या ही होगी फूलों की सेज, प्रेरणादायिनी सरस्वती।'

राम के आगमन का गूढ़ रहस्य जानकर मैं उल्लसित हुई। मेरा जीवन सीता के लिए एक चेतावनी बने। मेरा शापग्रस्त जीवन यदि सीता के पापमुक्त जीवन में सहायक हुआ, तो मैं अपने अभिशाप के लिए आनन्दित और गर्वित हूँ। मैं अपने शापदाता गौतम के प्रति कृतज्ञ हूँ और विश्वामित्र के प्रति भी कृतज्ञ हूँ। पृथ्वी माता के इस अपार्थिव पुत्र रामचन्द्र के दर्शन होना और मेरे जीवन से उन्हें आदर्श दाम्पत्य जीवन की प्रेरणा मिलना गौतम के अभिशाप के कारण ही सम्भव हुआ है। आज मेरा अभिशाप वरदान बन गया है। भावी दुनिया के लिए मेरा यह बलिदान अनुशासित, संयत और प्रीतिरंजित गार्हस्थ्य जीवन की प्रेरणा बनेगा।

मेरा रूपान्तरण हुआ है। आज मैं एक दूसरी अहल्या हूँ। मेरी निम्नतर प्राणसत्ता में केन्द्रीभूत निम्न प्रवृत्तियाँ अब दिव्य आलोक के तेज से निष्प्रभ होने

लगी हैं। मेरा विकृत अहं, निम्न सुखलोभी कामना–वासना, भ्रान्ति और असद् प्रेरणा, नीतिहीन प्रलोभन, ऋतसत्य का उल्लंघन करनेवाला 'मैं' अब मर चुके हैं। मेरी निन्दनीय छलपूर्ण, क्षुद्र, पार्थिव चेतना का आत्मगर्व परास्त हो चुका है। पुरातन सत्ता से मेरे सारे सम्बन्ध टूट चुके हैं। मैं उन्हें ठुकराती चली जा रही हूँ। अब तक मैंने विवेक का दर्शन नहीं किया था। वैराग्य का स्वरूप नहीं जाना था। सद्ज्ञान की महिमा नहीं समझी थी। इसलिए मेरा व्रत, मेरी दीक्षा, मेरी तपस्या व्यर्थ चली जाती थी।

ब्रह्मस्वरूप विवेक और सद्ज्ञान–सम्पन्न राम के दर्शन से आज मैं सचमुच अहल्या हूँ, जो सत्य, ऋत, दीक्षा, तपस्या, ब्रह्म और यज्ञ से परिपुष्ट है।

यह मैं क्या देख रही हूँ! ब्रह्मस्वरूप राम मुझे भूमि से उठाकर मेरा चरणस्पर्श कर रहे हैं। अपने उदार गैरिक वसन से मेरे भस्माच्छादित शरीर से धूल पोंछ रहे हैं। ऐ स्पर्श! तेरे कितने रूप हैं—कितने आकर्षण हैं! जीवन में न जाने कितने स्पर्श मुझे मिले हैं, तो फिर स्पर्शरहित कैसे हुई? तो क्या स्पर्श का सत्यरूप अब तक मुझसे छिपा था? जितने भी स्पर्श मिले थे, क्या वे सभी स्पर्श के छलपूर्ण रूप थे?

ऐ स्पर्श! तुम कभी छली होते हो—तो कभी विश्वसनीय!

जननी के स्पर्श से वंचित मैं अहल्या; किन्तु जन्मभूमि का स्पर्श कितना उदार–निःस्वार्थ है—यही है मेरी जननी। मुझे मिला है पिता का स्पर्श, निःस्वार्थ होने पर भी कठोर—वह था अनुशासन का स्पर्श। मिला है पति गौतम का स्पर्श—प्रेमहीन, शीतल सन्देहभरा स्पर्श। उसमें प्रतिस्पर्श की प्रतीक्षा नहीं थी। मिला है अपनी सन्तानों का विशुद्ध उदार स्पर्श। वह था छोटे–से घेरे के बन्धन में जकड़कर पकड़े रहने का स्पर्श। वह बन्धन मुक्ति की ओर बढ़ने को प्रेरित करता था—प्रेरित करता था सत्यकाम को गोद में उठा लेने के स्पर्श के लिए। और मिला था देवाधिपति इन्द्रदेव का स्पर्श! वह स्पर्श था स्वार्थपूर्ण, कामनापूर्ण और भ्रान्तिपूर्ण।

ऐ स्पर्श! तू पागल भी बना सकता है और पत्थर भी!

इन्द्र के स्पर्श ने मुझे पागल बना दिया था—गौतम के स्पर्श ने पत्थर। मुझे वात्सल्य का स्पर्श मिला, काम का स्पर्श मिला, अनुशासन का स्पर्श मिला, परन्तु प्रेम का स्पर्श तो नहीं मिला! उसके बिना क्या आज मैं अवांछित जड़-पत्थर हूँ! ऐ स्पर्श! तुम कितने प्रतारक हो और कितने विश्वसनीय हो, तुम कितने कातर और कितने उदार हो, तुम कितने शक्तिशाली हो और कितने दुर्बल हो—बड़े निर्भीक हो और बड़े डरपोक भी!

ऐ स्पर्श! तुम झूठे हो और सच्चे भी। इस स्थूल देह, संवेदनशील मन; उदार आत्मा—सबको छूने की क्षमता तुममें है। देह से मन–मन से आत्मा को बींध जाने

की दिव्यशक्ति तुममें होते हुए भी तुम देह का सिर्फ स्पर्श करके शान्त क्यों हो जाते हो? ऐ स्पर्श! तुम विष और अमृत हो–पाप और मोक्ष हो, भोग और मृत्यु हो। तो फिर तुम अमृत-स्पर्श देने से कतराते क्यों हो? पूर्णता प्रदान करने की शक्ति होते हुए भी तुम हर रूप में क्यों मुझे केवल अपूर्णता का ही उपहार देते आए हो? ऐ स्पर्श! क्षमा कर दो इस मूढ़ अहल्या को। केवल तुम्हें दोष देने से क्या लाभ? दोष तो प्रतिस्पर्श का भी होता है। भड़की हुई आग को बुझा पाने का प्रतिस्पर्श यदि मुझमें नहीं है, तो क्या दोष अग्नि का है? जलना और जलाना तो अग्नि का धर्म है। यदि इन्द्र ने मुझमें आग भड़काई थी तो इसमें दोष केवल उनका ही नहीं मेरा भी है। यदि गौतम ने मुझे पत्थर बना दिया तो दोष केवल उनका नहीं, मेरा भी है।

ऐ स्पर्श! आज तुम मुझे यह कैसी दुर्लभ उपलब्धि दे रहे हो! राम के स्पर्श से आज पत्थर पिघल रहा है, बहने लगा है बंजर वनभूमि को उर्वरा करते हुए, अब वर्षा का क्या प्रयोजन? अब इन्द्र की प्रतीक्षा क्यों है? इतने दिनों से अहल्या जिस स्पर्श की प्रतीक्षा में एकाकी औंधी पड़ी थी, उसी प्रेम के स्पर्श से अहल्या का एक-एक देहकोष पिघलकर उसके हृदय को उन्मुक्त करता जा रहा है– उसकी आत्मा के मधुकोष से उफन-उफनकर बह रहा है राममधु-प्रेममधु। लेन-देन भरे देहमय जीवन को मिटाकर मैं विदेह बनती जा रही हूँ। उनके अलावा आज मैं और किसी का भी प्रतिस्पर्श नहीं हूँ। वायु भक्षण करके, लोगों की आँखों से ओझल जड़वत पड़ी रहनेवाली परित्यक्त अहल्या ने परम प्रिय राम के स्पर्श से झुर्रीदार शरीर की चौहद्दी से परे अभिनव यौवन प्राप्त किया है– ऊपर उठ गई है राग, द्वेष, जरा, व्याधि, मृत्यु से–प्रेम के अमरत्व तक, घृणित सन्देह की खाई से विश्वास के अनन्त आकाश तक। मैं विमोचित हो गई राम के स्पर्श से। सारी जड़ता टूट गई। मैं पाप-विस्मृत यज्ञमयी अहल्या हो गई। मैंने राम-लक्ष्मण दोनों भाइयों को बाँहें पसारकर अपनी छाती से लगा लिया। रोमांचित हो उठा मेरा सर्वांग, शाप की बेड़ियाँ खन्न से टूट गईं। चारों ओर दिव्य प्रकाश की बाढ़ आ गई। ऊर्ध्वचेतना में अमृत-स्वर बज उठा था।

अपने शरीर की धूल राम के शरीर से पोंछने के लिए मैंने हाथ बढ़ाया ही था कि उन्होंने मेरे तपोक्लिष्ट शीर्ण हाथ को सहलाते हुए कहा, ''रहने दो देवि! यह धूल मेरे कठोर अनुशासित यात्रा पथ का पाथेय है। आर्यावर्त्त के इस छोर से उस छोर तक यह तपोस्निग्ध धूमार्चित रेणु छिड़क-छिड़ककर मैं इस पृथ्वी को पवित्र करूँगा। यह अहल्या की पार्थिव पदधूलि नहीं है, यह है अहल्या की चेतनापूर्ण हृदय-रेणु।''

शीर्ण शिराओं भरे मेरे जराग्रस्त हाथों और शरीर में नवबसन्त का रोमांच था। अब मैं शक्तिहीन अबला नहीं थी। मेरा देहबोध तिरोहित हो गया, आत्मा

जाग उठी। अतः आज मैं अनन्त यौवनवती हूँ। राम की आँखों में मैं देख रही हूँ अथाह ऐश्वर्य। वहाँ इन्द्र क्षुद्रापि क्षुद्र लग रहे हैं।

परम आत्मविश्वास से बोली, "हे धीमान! यह स्मृति कल्प-कल्पान्तर जागरूक रहेगी। आपकी यात्रा शुभ हो।"

मेरा गला भर आया। जिन्होंने शुभंकर होने का व्रत ले रखा है, भला उन्हें मैं क्या शुभेच्छा दूँ?

राम का मधुर स्वर मेरे कानों में अमृत बरसा रहा है :

"यौवन और जरा को अतिक्रम करके आज से तुम्हारी राह पर प्रीति के फूल खिल उठें–तुम्हारी साँसों से धूने और अगरू चन्दन की सुगन्ध फैल जाए पृथ्वी और आकाश में–वह सुगन्ध भेद जाए चैतन्य के अभ्यन्तर को, तुम्हारे स्पर्श से टूट जाए विषादित जड़ता व्यर्थ मनोरथ मनुष्य की छाती से। पत्थर पिघलकर नदी बन जाए तुम्हारे शुभ दृष्टिपात से, हिंसा, द्वेष, भेद-भाव मिट जाएँ तुम्हारे आलिंगन की स्निग्धता से, जीवन बन जाए जिज्ञासा, मृत्यु हो जाए अमर तुम्हारी प्रेरणा से। पुण्य की शंखध्वनि दुन्दुभित हो उठे तुम्हारे सम्बोधन से।

"तुम जो रास्ता पीछे छोड़ आई हो, उस पर अपने कीचड़ भरे पदचिह्न जरा ढूँढ़ो–न जाने कबके मिट चुके हैं तुम्हारी तपस्या से। हे वरनारी अनसूया अहल्या! तुम्हारा प्रायश्चित तुम्हारे पाप को, इस पृथ्वी के पाप को, इन्द्र के पाप को और गौतम के अतिवादी आदर्श के अहंकार को लीलकर पुण्य की वैजयन्ती फहरा रहा है। तुम स्वयं थी अपना बन्धन–तुम्हीं हो अपनी मुक्ति। पुण्य और मुक्ति की इस माहेन्द्र घड़ी की केवल इन्द्र और गौतम ही नहीं, राम भी प्रतीक्षा कर रहे थे।"

"हे राम! राम के स्पर्श के बिना अहल्या अहल्या नहीं है।"

"देवि! अहल्या के स्पर्श के बिना राम 'राम' नहीं हैं। अहल्या ने दी है राम को प्रेम की उपलब्धि, अहल्या ने दी है राम को जीवन की विदग्ध अनुभूति। जगत को निष्कपट, निष्काम चाहने का रमणीय मंत्र अहल्या के रग-रग से उच्चरित होकर राम के यात्रा-पथ को पावन कर रहा है।"

"हे राम! तुम्हारे स्पर्श की गहराई और विश्वसनीयता से आज मेरा उद्धार हो रहा है। अतः तुम्हारे समक्ष अपना पाप स्वीकार करने में मेरा छल क्षत-विक्षत नहीं हो रहा। गौतम और इन्द्र मेरे पाप के कर्ता नहीं हैं, अपने पाप की कर्ता-धर्ता मैं स्वयं हूँ। देह की निर्लज्ज क्षुधा से अपनी देह और आत्मा को मैंने पंकिल बना लिया था। सोचा था, देह ही मेरा अभाव है–लेकिन देहभोग से वह अभाव दूर नहीं हुआ, न ही लालसा की मृत्यु हुई। यदि देह का अभाव मेरे दुख का कारण था, तो देह-संगम से मेरी आत्मा हाहाकार क्यों कर रही थी? यह सच है कि देह

के भोग को प्रेम का नाम देकर मैं आत्म–प्रवंचना से बहुत समय तक बची रही, किन्तु मैंने देखा कि उस छल भरे जीवन से मन मर भले ही रहा है पर भूख–प्यास कहाँ मिट रही है? आज तुम्हारा दर्शन होते ही मेरी सारी भूख मिट गई। देह की, मन की, आत्मा की। इस महातृप्ति के दाता तुम हो।

"हे राम! मेरे आकाशव्यापी पाप से केवल मैं ही नहीं, सारा जगत कलंकित हो गया था। इसीलिए आज यह विकराल अकाल है। अन्न के लिए चारों ओर हाहाकार मचा है! अहल्या अपने पाप से भले ही दब जाए, लेकिन जगत के ललाट से कालिख पोंछकर अपनी करुणा की वारिधारा उड़ेल दो हे राम! अहल्या की समाधि पर प्रीति का पंकज खिल उठे। वही तुम्हारे चरण–कमल में अर्घ और अहल्या का मोक्ष हो। मुझे और कोई मोक्ष नहीं चाहिए।"

"देवि पावनि! अपना पापबोध त्यागो और उठो। संसार में असंख्य पापी हैं—परन्तु प्रायश्चित विरल है। प्रायश्चित के अश्रुजल में बार–बार स्नान करके तुम तो बहुत पहले ही पवित्र हो चुकी हो। तुम्हारे आत्मानुभव ने तुम्हें मोक्षदान दिया है। तुम पापमुक्त नारी हो। अत: अपनी हीनता त्यागकर नवराग से रंजित कर दो स्वयं को और जगत को।"

"हे राम! तुम्हें अहल्या को कुछ नहीं देना है। किन्तु अहल्या के पास ऐसा कौन–सा अपार्थिव धन है कि तुम्हें देकर कृतज्ञता ज्ञापित करे? मेरे पास तो केवल हृदय का अकलुष प्रेम ही है। उस प्रेम की परिभाषा तुम्हीं जानते हो। यदि उतना ही स्वीकार कर लो तो अहल्या कृतार्थ हो जाएगी।"

"देवि! तुम्हारा अपार्थिव प्रेम मैं स्वीकार कर चुका हूँ। इसीलिए आज मैं केवल राम नहीं रहा—मैं रमणीय मार्ग पर यात्रा प्रारम्भ कर रहा हूँ। तुम्हारी पवित्र स्मृति मुझे युग–युग तक जागरूक रखेगी और पुण्य की प्रेरणा देगी।"

"हे राम! तुम परम आदर्श पुत्र बनो—परम प्रेमी पति बनो—परम नि:स्वार्थ भ्राता बनो—परम विचारशील पिता बनो—परम शुभाकांक्षी मित्र बनो—परम करुणामय शत्रु बनो! परम धार्मिक राजा बनो! तुम शुभंकर बनो, सुखी रहो—दुख तुमसे सदा दूर रहे।"

"देवि! बिना दुख के सुख की उपलब्धि कहाँ होती है? बिना संघर्ष के कौन शुभंकर बना है? तुम्हारे दुख ने ही तो तुम्हें आनन्द की उपलब्धि कराई है। अत: मेरे दुख के लिए कातर क्यों हो? तुम्हारी शुभेच्छा से मैं दुख और संघर्षमय जीवन वरण कर रहा हूँ। तुम्हारी सदिच्छा से दुख को अतिक्रम करके आदर्श स्थापित करने की प्रेरणा इकट्ठा कर रहा हूँ।"

"हे राम! तुम दुख से नहीं घबराते—अत: तुम्हें पार्थिव सुख के प्रतिदान में आनन्द की उपलब्धि होगी। तुम संघर्ष से नहीं घबराते—अत: विलासिता के प्रतिदान में तुम विजय प्राप्त करोगे। हे राम! तुम प्रेममयी सती नारी के पति बनो।

तुम्हारा दाम्पत्य सुरत हो। तुम पत्नी से कभी अलग न होवो। अलग होने का दुख मैं जानती हूँ–जानते हैं गौतम।''

''विरह है प्रेम की कसौटी। विरह के बिना प्रेम की उपलब्धि कहाँ–विरह के बिना मिलन का महोत्सव कहाँ! पार्थिव दूरी, लौकिक विरह क्या कभी अपार्थिव मिलन के लिए बाधक बन सकता है? दो शरीर दूर-दूर होने पर भी यदि आत्मा अविच्छिन्न हो, तो विरह ही मिलन को बनाता है महिमामय। हे प्रेम की देवि! तुम्हारे विरह ने ही आज तुम्हें प्रेम की उपलब्धि कराई है। तुम्हारे तपोनिष्ठ विरह ने तुम्हारे परम विश्वासी पति गौतम के एक पत्नीव्रत को सफल करके महामिलन की घड़ी को प्राप्त किया है। अत: आज तुम्हारा दर्शन करके मैं विरह से नहीं डरता। मेरे यात्रा-पथ में यदि कभी कोई दुख आया, विरह आया, पार्थिव सुख से वंचित रहने का महार्घ अवसर आया, तो तुम्हारा ही स्मरण मुझे शक्तिमय करेगा–मुझे धीरे से कहेगा–'अपार्थिव को पाने के लिए पार्थिव की बलि देनी होगी।''

''हे राम! बिना अनुभव के भी तुम अनुभवी हो। बिना जानकारी के भी तुम जानकार हो। गृहस्थाश्रम में प्रवेश किए बिना भी तुम विशाल विश्व के गृहस्थ हो। तरुण होते हुए भी विचारों में प्रवीण हो। ब्रह्मचारी होते हुए भी तुम धर्म, अर्थ, काम, मोक्ष की उपलब्धि से सराबोर हो। पृथ्वी की सन्तान होते हुए भी तुम्हारी कीर्ति अपार्थिव है। मनुष्य होते हुए भी तुम अलौकिक व्यक्तित्ववाले हो। मर्यादा पुरुषोत्तम होने के कारण तुमने अहल्या की मर्यादा बचाई है। राम के स्पर्श से केवल अहल्या ही धन्य नहीं हुई, पृथ्वी माता भी धन्य हुई हैं। तुम्हें प्रणाम!''

यह क्या कर रहे हैं राम? मनोरम कर जोड़कर किसे प्रणाम कर रहे हैं? विनम्र मधुर कंठ से कह रहे हैं, ''देवि अहल्या! धन्य है तुम्हारी व्रतनिष्ठा, धन्य है तुम्हारी तपस्या। राम तुम्हें प्रणाम करता है।''

अमृत बरस रहा है मेरे चैतन्य में। 'सिद्धि' हाथ जोड़े खड़ी है और भी प्रशस्ति सुनने के लिए? मृदुस्वर में उसकी भर्त्सना की मैंने, ''दूर हो जा मेरे सामने से। जिसने राम के दर्शन कर लिए, क्या उसमें सिद्धि की चाहत रह जाती है। राम के सामने आज तू कितनी छोटी लग रही है!''

सिद्धि की अवमानना भला राम कैसे सहेंगे? मधुर कंठ से बोले, ''तुम्हारा पवित्र अहल्या रूप देखकर मैं धन्य हो गया। बहुत दुख-लांछन सहे हैं तुमने। अपराध की तुलना में दंड तीव्र था, दंड की तुलना में तपस्या कठोर थी–तपस्या की तुलना में मोक्ष तुच्छ है। फिर भी मोक्ष तुम्हारे सम्मुख करबद्ध खड़ा है। उसे स्वीकार करो देवि।''

''तुम्हारे दर्शन से जो महाभाव मेरे अन्दर जाग्रत हुआ है, वही अहल्या का मोक्ष है'' भाव भरे स्वर में मैंने कहा।

"पृथ्वी पर जन्म लेने से अनेक दुख भोगने पड़ते हैं। तुमने वह सब सहा है। यह पृथ्वी तुम्हारे योग्य नहीं है। तुम्हें ब्रह्मलोक, इन्द्रलोक, विष्णुलोक, जहाँ भी चाहोगी स्थान मिल जाएगा।"

राम के मुँह से अभी बात समाप्त भी नहीं हुई थी कि देखा, पिता ब्रह्मा, विष्णु, महेश और इन्द्र अपने-अपने वाहन से उतरकर आ रहे हैं। सर्वलोक से फूल बरस रहे हैं। मेरे जराग्रस्त दुबले-पतले पति गौतम भी आ गए। सभी मंत्रमुग्ध हो राम का दर्शन कर रहे हैं। विमुग्ध हो देख रहे हैं अहल्या की सिद्धि-शापमुक्ति।

तपती धरती पल्लवित हो उठी। उजाड़ आश्रम में आनन्द का कोलाहल गूँज उठा। रुद्राक्ष, ऋचा, तक्षक, कर्कोटक आदि निर्भय हो आश्रम में प्रवेश करके राम को प्रणाम कर रहे हैं। सभी को मेरे उत्तर की प्रतीक्षा है। किस लोक को मैं धन्य करूँगी, यह सुनने को व्यग्र हैं सभी।

मैंने कहा, "हे रमणीय राम! मैं अहल्या पृथ्वी हूँ। पृथ्वी ने न जाने कितने संघर्ष सहे हैं! रक्तक्षरण किए बिना भला कभी कोई जननी बनी है! किस फलदार वृक्ष ने पत्थर की मार नहीं सही, आँधी-तूफान का सामना नहीं किया? क्या आँधी के डर से वृक्ष माटी का त्याग कर सकता है? यदि त्यागेगा तो उखड़ा हुआ वृक्ष न माटी का हो सकेगा, न ही आकाश का! वृक्ष मेरे गुरु हैं। आँधी-तूफान के आघात से धराशायी वृक्ष मूलभूमि को तब भी पकड़े हुए फल, फूल देता रहता है जगत को। मैं अपनी माटी छोड़कर स्वर्ग की आकांक्षा क्यों करूँ? मैं संघर्षहीन मोक्ष नहीं चाहती। इसी संघर्षमय संसार में रहकर अशान्ति में प्रशान्ति, मिथ्या में सच, निऋर्त में ऋत, भोग में भाव, विघ्न में शुभ ढूँढ़ना ही मेरा मोक्ष है। मैं मर्त्यमानवी हूँ। साधनाहीन, संघर्षहीन स्वर्गलोक मुझे तपस्या का अवसर नहीं देगा। ऐसे में जीवन का क्या मूल्य? दुख जर्जरित पृथ्वी को छोड़कर अपने स्वार्थ के लिए स्वर्गलोक प्राप्त करके केवल सुख भोगना मोक्ष नहीं है। यह मृत्युलोक ही मेरी कर्मभूमि है, सिद्धिभूमि है।"

राम ने हाथ जोड़कर पुनः कहा, "देवि! तुम्हारा अन्तर्यज्ञ समाप्त हो चुका है। विश्व को सुवासित करने के लिए तुम पवित्र हविः बन चुकी हो। तुम्हारी आत्मा जाग उठी है। तुम विश्व चेतना में समाकर विशाल हो उठी हो। शतसहस्र मृत्यु में तुमने अमरत्व घोषित किया है। देहमयता का विनाश करके तुमने मोक्षानन्द प्राप्त किया है। आज से तुम मोहबन्धन मुक्त हो। सर्वलोक के द्वार तुम्हारे लिए खुले हैं। तुम्हारे अपने ही अन्दर मोक्ष विराजमान है, तो फिर तुम्हें मोक्ष कौन देगा? तुम स्वयं ही अपनी कर्मभूमि और राह चुन लो।"

ब्रह्मलोक से ब्रह्मा का वेदपूत हाथ, विष्णुलोक से विष्णु का अभयकारी हाथ, शिवलोक से शिवजी का मंगलकारी हाथ, इन्द्रलोक से इन्द्र का दानकारी

कृतांजलिबद्ध हाथ बढ़ने लगे थे मेरी ओर। हर दिशा से दुन्दुभित हो रहा है–'आओ–आओ–रथ तैयार है! धन्य करो देवभूमि को...प्रणाम स्वीकार करो देवि।'

अपने प्रार्थनारत हाथ उठाकर भिक्षा माँगी, ''ब्रह्मलोक से आध्यात्मिक चेतना, विष्णुलोक से एकाग्रता, शिवलोक से शुभ संकल्प, इन्द्रलोक से आत्म–ऐश्वर्य प्रदान करो प्रभो, मेरी इस दुख जर्जरित पृथ्वी के लिए। अन्नहीन, भूखी, विपन्न पृथ्वी को सम्पन्न करें अपनी सदिच्छाएँ उड़ेलकर।...यही है मेरी प्रार्थना।''

'तथास्तु, तथास्तु' शब्द से मंत्रित हो उठी तपोभूमि। परन्तु सबके बढ़े हुए हाथ अब भी मेरी प्रतीक्षा में थे। किसका वरण करूँ?

जगत की यही रीति है। जब शापग्रस्त हो पड़ी थी तब सर्वलोक के द्वार मेरे लिए बन्द थे। प्रलयकाल में किसी ने नहीं दिया था आश्रय। कोई मेरे दुख से दुखी नहीं हुआ। अहल्या का कलंक गूँज उठा था सर्वलोक में। आज का यह आडम्बरपूर्ण स्वागत अहल्या के लिए नहीं है, अहल्या की सिद्धि के लिए है। सिद्धि प्राप्ति करने के क्षणभर पहले कहाँ थे ये सभी? मैं जानती हूँ कि अहल्या शापमुक्त हो चुकी है राम की उदार चेतना के उद्‌घोष से। किन्तु क्या अहल्या कलंकमुक्त है? किसी भी लोक में जाने से क्या इन्द्र–अहल्या वृत्तान्त विस्मृत हो जाएगा जनमानस से? मस्तक पर मणि के समान मेरा कलंक हमेशा हहाकार जल रहा होगा मेरी मृत्यु के बाद भी। अहल्या की महानता नहीं, बल्कि राम की ही महानता प्रतिपादित हुई है आज। महानुभाव राम की करुणा और विवेक–पूर्ण निर्णय प्राप्त करने के कारण ही आज मेरी चर्चा हो रही है। तो फिर क्यों जाऊँ अपनी तपस्या भूमि छोड़कर? मेरी तपस्या अभी समाप्त नहीं हुई है...।

मैंने हाथ जोड़कर सबको प्रणाम किया। उनसे विनती की, ''स्वर्ग की आकांक्षा करना भी एक प्रलोभन है। अहल्या को और प्रलोभित न करें...अहल्या के मन में असीम स्पृहा जाग उठी है–अतः वह निर्लिप्त है।''

महाभाव के बारम्बार हविःदान से देवतागण उतरने लगे हैं आश्रण के प्रांगण में। यह महाभाव ही तो अमृत है। तो फिर अब किस अमृत का प्रलोभन बचा है!

तमाल फूल समझकर मधुमक्षिका राम के मनोरम ललाट पर बैठी मधुसंग्रह कर रही है। ओफ्फ! राम को कष्ट हो रहा होगा। मधुमक्षिका के दुस्साहस के लिए उसे अभिशाप देने ही वाली थी कि रुक गई। राम मृदु–मृदु मुस्करा रहे थे। यदि मधुमक्षिका राम–मधु एकत्र कर रही है तो वह जगत को वितरण करने के लिए कर रही है। इसलिए राम उस कष्ट को हँसते हुए सह रहे हैं। मैं स्वार्थी–

सी निष्काम कर्मयोगी मधुमक्षिका को अभिशाप क्यों दे रही थी? वैरागी और परोपकारी मनोभाव के कारण राम परमात्मा की तरह लग रहे हैं पर मर्त्य ही उनकी कर्मभूमि है। तो फिर अहल्या स्वर्ग की आकांक्षा क्यों करे? यह मर्त्यलोक ही अहल्या की कर्मभूमि है। जहाँ राम हैं—वहीं अहल्या है।

हे प्रिय अमिट कलंक! तुम मुझसे जुड़े रहोगे तो मैं राम को नहीं भूल पाऊँगी, तपस्या नहीं भूल पाऊँगी। इसलिए कलंक के लिए अब पछतावा नहीं है।

फिर भी सर्वलोक से अहल्या का आह्वान करनेवाले हाथ बढ़े हुए हैं। किन्तु गौतम चुप क्यों हैं? मुग्ध विभोर अपलक आँखों से देख रहे हैं मेरी ओर। जब नववधू थी, तब ऐसी प्रेम विह्वल दृष्टि नहीं देखी थी गौतम की। ऐसी प्रीतिमुग्ध दृष्टि की दिन-रात प्रतीक्षा में निराश ही हुई हूँ। आज अब तपोदग्ध जराग्रस्त अहल्या में ऐसा कौन-सा सौन्दर्य है कि गौतम मुग्ध हैं?

"आओ, आओ देवि...रथ तैयार है! धन्य करो हमें!"

इस आह्वान का अन्त नहीं था। किन्तु गौतम की बिदाई मुद्रा क्यों है? हाथ जोड़कर प्रणाम कर रहे हैं मुझे जो कभी उनकी शिष्या थी, जिसका कभी स्खलन हुआ था, जो उनके द्वारा वर्जित थी, अभिशप्त थी...जिसने विवाह व्रत तोड़ा था, उसी को पतिदेव का प्रणाम?

अस्पष्ट भाषा में कह रहे हैं, "देवि! प्रणाम। तुम्हारी तपस्या की सिद्धि ने मुझे राम के दर्शन का महार्घ अवसर दिया है। तुम्हारा अपार्थिव सौन्दर्य आज राम-दर्शन की तरह प्रीतिकर है। यौवन में तुम्हारे रूप का जयगान नहीं किया। रूप का जयगान सौन्दर्य की अवमानना करता है। किन्तु आज तुम्हारे अपार्थिव सौन्दर्य का जयगान करने में गौतम ऋषि को कोई झिझक नहीं। सर्वलोक के द्वार तुम्हारे लिए खुले हैं। आज तुम गौतम के अनुशासन से मुक्त हो। इस जन्म में इतनी ही है हमारी पार्थिव मुलाकात। बिदा ले रहा हूँ।"

मैंने हत्प्रभ हो सोचा—'विदाई क्यों? अहल्या की यह सिद्धिभूमि गौतम के लिए तो निषिद्ध नहीं है? क्या गौतम अहल्याश्रम में अहल्या के पति बनकर नहीं रह सकते? क्या सर्वलोक में मान्य पत्नी का पत्नीत्व के अधिकार से वंचित होना नारी की नियति है? क्या मेरे यश और प्रतिष्ठा से गौतम विचलित हो उठे हैं? मेरे पाप ने मुझे गौतम से दूर कर दिया था, अब मेरी सिद्धि मुझे गौतम से अलग कर रही है। पाप की तरह सिद्धि भी नारी के लिए कितनी कठोर है! अब मैं चपल अभिमानी अहल्या नहीं हूँ। मेरा शरीर नारी का है—आत्मा तो मुक्त है। मैं शरीरसर्वस्व अहल्या नहीं हूँ, अतः नारीसुलभ वृथाभिमान का क्या मूल्य?' मैंने स्पष्ट स्वर में प्रश्न किया, "स्वामि, आप ही के कारण मिली है अहल्या को यह प्रतिष्ठा। आपका अभिशाप ही मेरा वरदान है। क्या अब भी अहल्या का कलंक नहीं धुला? इसीलिए आप मेरी उपेक्षा कर रहे हैं?'

गौतम के कातर स्वर ने मुझे मुग्ध-चकित कर दिया। उन्होंने कहा, "तुम कभी भी उपेक्षा की पात्र नहीं थीं। उपेक्षा करता तो तुम्हें इतना बड़ा शाप देकर स्वयं शापग्रस्त न होता। तुम्हारी 'सिद्धि' आज सर्वत्र दुन्दुभित हो रही है। मेरी तपोसिद्धि अब तक भी घोषित नहीं हुई है। अतः अहल्याश्रम में गौतम के लिए स्थान कहाँ?"

कठोर, क्रोधी, तर्कवागीश मेरे वयस्क पति गौतम में कहाँ छिपा था यह कोमल किशोर? यह कैसा अनिर्वचनीय सौन्दर्य है प्रेमाभिमान का?

मधुर उत्कंठा से मैंने पूछा, "किस पाप का प्रायश्चित? कौन करेगा सिद्धि की घोषणा?"

"क्या क्रोधी, कठोर गौतम पति के रूप में अहल्या को स्वीकार्य है? तुम्हें अभिशाप देकर गौतम भी अहल्याभ्रष्ट हो गया था। अहल्या को पुनः पाने के लिए गौतम के प्रीतियोग ने सिद्धि प्राप्त की है या नहीं, यह केवल अहल्या ही बता सकती है।"

गौतम पति के रूप में मुझे स्वीकार्य हैं या नहीं, यदि यह प्रश्न मुझसे पहले कभी पूछा गया होता तो सम्भवतः मैं गौतम को अस्वीकार कर देती। जो पति मेरी दुर्गति का कारण हैं, शापदाता हैं एवं मेरे प्रति निस्पृह हैं, उन्हें अस्वीकार करने की छूट मिली होती तो मेरे समस्त सन्ताप दूर हो जाते। लेकिन राम के दर्शन के बाद मन में अब किसी के प्रति आक्रोश नहीं है। जो कुछ घटित हुआ, उससे स्वयं को अलग करके दूसरों को किस तरह दोषी ठहरा सकती हूँ। अपनी सिद्धि के लिए भी मन में अहंकार नहीं जाग रहा। प्रायश्चित अहंकारयुक्त हो तो मन पापमुक्त कैसे होगा?

गौतम मेरे अनुमोदन की प्रतीक्षा में सिर झुकाए खड़े हैं। मेरी जरा अन्तर्हित है। मेरी आत्मा स्पन्दित है। मैंने कहा, "स्वामि! अहल्या की सिद्धि गौतमकृत है। अतः अहल्या की सिद्धि गौतम की ही प्रतीक्षा कर रही हैं।"

इतने में नारद भैया हम दोनों के बीच अवरुद्धक की तरह आकर खड़े हो गए और गम्भीर स्वर में बोले, "सिद्धि भूमि पर ऋषि का क्या काम? रामार्पित अहल्या को अब गौतम की क्या आवश्यकता? आर्यावर्त्त में हजारों-हजार मुनियों, ऋषियों, सिद्धपुरुषों के निष्काम साधना करने पर भी इतना हाहाकार, बुभुक्षा, वृष्टिहीनता क्यों है? मेरा अनुभव कहता है कि निष्काम साधना, निष्कर्म साधना के कारण ही पृथ्वी पर इतनी बुभुक्षा और अनाहार है। ऋषिगण दूसरों के श्रम से अर्जित अर्थ और अन्न की भीख माँगकर आश्रम में जीवन व्यतीत करते हैं इस कारण सम्भवतः पृथ्वी का काफी हिस्सा जुते बिना शस्यहीन पड़ा है। गृहस्थ जीवन के अनुभव के बाद ऋषिगण गृह त्यागकर अरण्य में शास्त्र अध्ययन और यज्ञकार्य करते हैं भिक्षा वृत्ति पर निर्भर करके। गृहस्थ

जीवन के बाद पच्चीस वर्ष इसी तरह निष्कर्म योग में बीत जाते हैं। अब गौतम का वानप्रस्थ जीवन आ गया है। अब वे ग्राम से ग्राम, नगर से नगर, अरण्य से अरण्य घूम-घूमकर निष्काम कर्मयोग का सन्देश प्रचारित करेंगे, यह उन्होंने निश्चित किया है। बैलों का झुंड लेकर वे यायावर की तरह घूमेंगे और हल्य न हुई अनुर्वर भूमि को जोतकर फसल उपजाने के बाद दूसरे स्थानों के लिए प्रस्थान करेंगे। एक स्थान पर दो फसल नहीं खाएँगे। उनके एक स्थान से चले जाने के बाद दूसरे लोग उस जुती हुई जमीन पर फसल उपजाकर समृद्ध होंगे। यह दीक्षा राजर्षि जनक से गौतम ने ली है और इस मंत्र से उन्होंने समस्त ऋषि-मुनियों को दीक्षित करने की प्रतिज्ञा की है। इसलिए अब वे अहल्या के बन्धन में नहीं रहेंगे। जनक ऋषि राजर्षि होते हुए भी भूमि जोतते हैं। भूमि जोतने के कारण भूमि से जन्मी है सीता और जनकराज को सीता जैसी कन्यारत्न मिली है। अहल्या की सिद्धिभूमि की स्वामिनी अहल्या ही बने। इससे गौतम ऋषि दुखी न होकर गर्व अनुभव करें। अब गौतम के साधना पथ पर अहल्या बाधक न हो।''

अपना शीर्ण, शिरा पूर्ण, जरा-जर्जर एक हाथ अनायास ही बढ़ा दिया गौतम की ओर। कहा, ''परम अन्वेषा-पथ पर मेरे साथी बनो प्रिय। क्या वानप्रस्थ जीवन बिताना नारी के लिए सम्भव नहीं? यदि आप हल जोतेंगे तो मैं पसीना बहाकर भूमि को बनाऊँगी कोमल। आप कोई पौधा रोपेंगे तो मैं अपनी संवेदना उड़ेलकर उसे करूँगी पुष्पवती। आप यज्ञानुष्ठान करेंगे तो मैं समिध बन जाऊँगी। नारी के बिना पुरुष अधूरा है। पुरुष के बिना नारी अधूरी है। नारी और पुरुष के मधुर मिलन से यह सृष्टि रसमय, प्रेममय, अमृतमय है। यह मिलन देहगत नहीं है। यही है अहल्या की उपलब्धि। अहल्या अब गौतम के सिद्धिपथ पर विघ्न नहीं, प्रेरणा है। गौतम भी अहल्या के साधना-पथ पर बाधक नहीं हैं। दोनों के प्रीतियोग से यह पृथ्वी प्रेममय हो उठेगी।''

तपोनिष्ठ गौतम अब भी कुंठित मुद्रा में जड़वत खड़े हैं।

राम ने सहसा प्रश्न किया, ''क्या आप अहल्या की अग्नि-परीक्षा चाहते हैं गौतम?''

''अग्नि परीक्षा!'' नारद भैया ने अस्फुट आर्त्तनाद किया।

विश्वामित्र, गौतम और मैं सभी स्तब्ध रह गए राम के मुख से निकले 'अग्नि-परीक्षा' शब्द से।

विश्वामित्र विमर्ष दिखाई दिए। नारद भैया न जाने किस अज्ञात आशंका से उदास हो उठे। सदा हँसमुख, आमोद प्रिय नारद भैया का ऐसा चिन्तित चेहरा मैंने पहले कभी नहीं देखा था। मेरे अभिशाप से भी नारद भैया इतने दुखी नहीं हुए थे। मेरे शापदाता गौतम के चेहरे पर व्यथा और करुणा छलक रहे थे। पशु,

पक्षी, वनस्पति स्थिर निर्वाक थे। मानव-शरीर पाकर अग्नि-परीक्षा देने का अर्थ है एक जीती-जागती नारी को सर्वग्रासी लपलपाती लपटों में झोंक देना। यह अग्नि-परीक्षा है या जीवन्तदाह!

दिव्यद्रष्टा विश्वामित्र ने गम्भीर स्वर में कहा, ''यह कौन-सा शब्द कह दिया आपने श्रीराम! यह केवल अहल्या पर ही सन्देह का प्रश्न-चिह्न नहीं है, समस्त नारी-जाति पर सन्देह का चिह्न है। तुम जैसे न्यायकर्ता, विवेकशील दिव्य पुरुष के मुँह से निकला यह शब्द भविष्य में नारी-समाज के प्रति घोर संकट पैदा करेगा। नारी की अग्नि-परीक्षा कराने का अधिकार पुरुष को किसने दिया? तुम्हारा यह एक शब्द भविष्य में नारी-जाति को धू-धू जलाएगा, यह मुझे साफ दिखाई दे रहा है। क्या अहल्या की सिद्धि में अब भी किसी को सन्देह है? आज तुम ब्रह्मचारी हो—कल तुम बनोगे गृहस्थ-पति। यदि बात-बात पर...''

विश्वामित्र के मुँह से बात छीनते हुए राम ने कहा, ''मेरी पत्नी कोई भी क्यों न हो—अहल्या के लिए जैसा न्याय हुआ है, समग्र नारी-जाति के लिए वही न्याय होगा। उसमें राजा-प्रजा, आर्य-अनार्य, ब्राह्मण-अब्राह्मण में भेदभाव नहीं होगा। न्याय और दंडविधान सबके लिए समान है। यह सच है कि मेरा दिव्य-अनुभव और आपकी दिव्य-दृष्टि अथवा देवताओं के दिव्य-न्याय से अहल्या का पावन रूप स्पष्ट हो गया। इसमें सन्देह का तिलभर स्पर्श नहीं है। किन्तु आम लोगों की सोच और विवेक में अहल्या का पाप और कलंक सम्भवतः मिटा नहीं है। अहल्या का अपमान करने के लिए नहीं, बल्कि उनकी सिद्धि को दुनिया के सामने स्पष्ट करने के लिए ही मैंने अग्नि-परीक्षा का प्रस्ताव रखा है। देवी अहल्या, मुझे गलत न समझें।''

विश्वामित्र ने दृढ़ स्वर में कहा, ''किसी न्यायकर्त्ता, विवेकशील, ज्ञानदीप्त राजा का निर्णय स्वीकार्य है या सहस्र अज्ञानी, अन्यायी, संकुचित विचारोंवाले लोगों का निर्णय स्वीकार्य है...? यह जानते हुए भी कि वह निर्दोष है, आम लोगों की सन्तुष्टि के लिए किसी को फाँसी पर लटकाकर उसकी निर्दोषता प्रमाणित करना कहाँ का न्याय है?''

''राजतंत्र के निर्णय में पहली बात स्वीकार्य है, लेकिन गणतंत्र के निर्णय में दूसरी बात ही स्वीकार्य हो सकती है, भले ही वह निष्ठुर और दुखदायी हो। प्रजा के प्रति अनुराग भी राजा का धर्म...राजधर्म का निर्वाह करने के लिए व्यक्तिगत स्वार्थ की बलि चढ़ानी होती है। अतः राजा होना ही दुखी होना है इसीलिए मुझे राज सिंहासन का प्रलोभन नहीं है...।''

''ओफ्फ! यह कैसी अशुभ बात मुँह से निकाल रहे हैं दशरथपुत्र! आप तो अयोध्या नरेश के ज्येष्ठ पुत्र हैं—अयोध्या के भावी सम्राट—अयोध्यावासियों

की आशा और भरोसा। यदि आप राज सिंहासन ठुकरा देंगे तो इतना बड़ा दायित्व कौन वहन करेगा? अयोध्या नरेश वृद्ध और अस्वस्थ हैं। आप कर्तव्य के प्रति उदासीन क्यों हैं?'' विश्वामित्र ने गुरुसुलभ स्वर में कहा।

राम ने मृदु मुस्कान के साथ कहा, ''मैं जानता हूँ कि मेरे पिताजी राजा होने पर भी गणतंत्र में विश्वास करते हैं। मैं बड़ा बेटा होने के कारण राजसिंहासन का उत्तराधिकारी मैं नहीं हूँ। मेरे पिता सभासद एवं राज्य की जनता के निर्णय का सम्मान करेंगे और वे लोग जिसे राजा के पद के लिए उपयुक्त समझेंगे, पिताजी उसी का सिंहासन पर अभिषेक करेंगे। अत: बड़ा बेटा होने के कारण मैं यह कैसे मान लूँ कि मैं ही अयोध्या का भावी नरेश हूँ? मेरा कोई भी भाई राजा बनने के अयोग्य नहीं है। कौन जानता है, नियति का विधान क्या है?''

''नियति तो आपके मुख में है!'' नारद भैया ने श्लेषभरे स्वर में कहा। राम मृदु-मृदु मुस्करा रहे थे नारद भैया की खीज और विश्वामित्र के मृदु रोष से।

लेकिन मैं बेसिर-पैर की बातें सोच रही थी। मैं पापमुक्त हूँ या नहीं, उसका प्रमाण है 'अग्नि-परीक्षा!' गौतम सन्देह मुक्त हैं या नहीं, उसका प्रमाण कौन देगा? पुरुष के लिए अग्नि-परीक्षा का विधान नहीं है। 'अग्नि' मानो नारी का दूसरा नाम है। अब तक मैं हाथ फैलाए हुए हूँ गौतम के आगे। गौतम बुत बने खड़े हैं। तो क्या गौतम भी मेरी अग्नि-परीक्षा चाहते हैं? यदि ऐसा है तो अग्नि की लपलपाती लपटों में मैं अपनी जान नहीं दूँगी—गौतम का ही त्याग करूँगी। मुझे ठुकराने के लिए यह प्रहसन क्यों? गौतम सीधे-सीधे क्यों नहीं कह डालते कि मेरी 'सिद्धि' ने मुझे कलंक मुक्त नहीं किया है, अत: मैं स्वीकार्य नहीं हूँ?

मुझसे कोई जबरन अग्नि-परीक्षा नहीं करा सकता। अब मैं पहले वाली अहल्या नहीं रही। तप के बल पर मुझमें आत्मशक्ति जाग उठी है। मेरे चरित्र की कसौटी है मेरा विवेक। रामचन्द्र ने यह कैसी विषम परिस्थिति पैदा कर दी! ठीक है—पहले गौतम अग्नि-परीक्षा देकर मेरे प्रति अपने सन्देहमुक्त निर्मल प्रेम का प्रमाण दें। उसके बाद विश्वामित्र दें अग्नि-परीक्षा। स्वर्ग की वेश्या मेनका का त्याग करके विश्वामित्र ने तप के बल पर सिद्धि प्राप्त की है, लेकिन अग्नि-परीक्षा तो अभी बाकी है!

मैं वाचाल-सी यह सब क्या सोच रही थी? मेरे लिए तो अग्नि-परीक्षा की वेदी तैयार कर चुके हैं नारद भैया। सभी मूक दर्शक बने मेरा दाह-पर्व देखने के लिए खड़े हैं। तो फिर ठीक है—सबकी मनोकामना पूरी हो। मैं जानती हूँ कि मेरा पार्थिव शरीर अग्नि से शक्तिशाली नहीं है। मेरी देह दहनीय है। यदि मेरी आत्माहुति से इन्द्रदेव मेरे निष्कपट आत्मदान की बात स्मरण

करेंगे और पानी बरसाकर आग को बुझा देंगे, तो मेरी सुन्दर देह पर अमिट दग्ध-चिह्न भले ही रह जाएँ, धूप से जलती यह दुनिया तो बच जाएगी अनावृष्टि से! असंख्य निरीह प्राणियों के प्राण तो बच जाएँगे। किन्तु उसके बाद फिर गौतम के सन्दिग्ध वलय से पुनः लौट जाने का प्रयोजन नहीं होगा। सारा जीवन एकाकी कट गया गौतम की कृपणता में। बाकी की उम्र भी कट जाएगी निस्संगता के निस्तब्ध आधी रात-सी। अब अहल्या को इसका भय नहीं। सिर पर पहाड़ टूटने का दुख जिसने एकाकी सह लिया, क्या आज वह एक डाल टूटने के आघात से डर जाएगी?

सूखी लकड़ियाँ इकट्ठी करके अब नारद भैया उन्हें प्रज्वलित करने जा रहे हैं। अन्य सभी मूक बन जाएँ तो दुःख नहीं है—क्या विश्वामित्र भी विरोध नहीं करेंगे? पाप से ऊपर उठने की अनुभूति भले ही यहाँ किसी और को हो न हो—विश्वामित्र को तो है!

लपलपाती शिखाएँ पसारकर अग्नि भड़क उठी है। मैं गौतम की ओर बढ़ाया हुआ अपना हाथ लौटा लाई। दोनों हाथ जोड़कर विश्वामित्र को प्रणाम करते हुए बोली, "महर्षि! आप मेरे पथ-प्रदर्शक हैं। आप ही ने पाप से उद्धार पाने की प्रेरणा दी है। आप पाप, ताप, तप, मोक्ष सबमें अग्रणी हैं। आज पहले आप अग्नि में प्रवेश करें। अहल्या बेझिझक आपका अनुसरण करेगी। हम दोनों की आत्माहुति से सम्पूर्ण जगत पापमुक्त हो, तापमुक्त हो, शापमुक्त हो...।"

नारी के इस दुस्साहसपूर्ण आह्वान से स्तब्ध रह गया जगत। 'सिद्धि' की इतनी बड़ी स्पर्धा! महर्षि पुरुष की अग्नि-परीक्षा। मैंने सोचा, इस बार अभिशाप देने की बारी महर्षि विश्वामित्र की है। लेकिन मुझे चौंकाते हुए विश्वामित्र ने कहा, "धन्य हो तुम नारी! धन्य है तुम्हारी तपस्या और सिद्धि! तुम्हारे आत्मविश्वास ने ही आज महर्षि विश्वामित्र को अग्नि-परीक्षा का आह्वान दिया है; किन्तु मेरी सिद्धि तो देव-मानव द्वारा स्वीकृत हो चुकी है। काम, क्रोध, लोभ, मोह पर विजय प्राप्त करके आज मैं राजर्षि से महर्षि बन चुका हूँ। अब अग्नि-परीक्षा की क्या आवश्यकता है?"

सोचा था कि अन्तिम बेला में मुझे विश्वामित्र का समर्थन प्राप्त होगा। लेकिन विश्वामित्र महर्षि होते हुए भी एक पुरुष हैं। अहल्या नारी है। वे अहल्या के साथ अग्निप्रवेश कैसे करेंगे? वाह रे समाज! धन्य हैं तेरे निर्णय और न्याय। किन्तु क्या मैं चुपचाप मान लूँ यह अन्यायपूर्ण निर्णय?

तापदग्ध जगत जल रहा है। मेरी आँखों में आग है, साँसों में आग है, हृदय में आग है। मेरा दम घुट रहा है अभिमान से। 'मैं यज्ञमयी अहल्या हूँ। इस अग्नि-परीक्षा को मैं स्वीकार नहीं करती।' उदात्त कंठ से इतना कहने जा ही रही थी कि मेरा कंठ अवरुद्ध हो गया गौतम के गुरुगम्भीर स्वर से :

"बुझा दो आग—दूर रहो अग्नि-परीक्षा से। अग्नि का उद्भव जगत कल्याण के लिए हुआ है। अहल्या शव नहीं, शिवा है। उसे जलाने का यह प्रहसन क्यों? अग्नि को साक्षी मानकर सम्पन्न होता है पवित्र विवाह। अग्नि-साक्षी एक-दूसरे में आस्था और विश्वास भरता है। अग्नि-साक्षी मिलन का अवसर देता है जबकि अग्नि-परीक्षा दो लोगों के बीच सन्देह और दूरी पैदा करती है। अग्नि-परीक्षा अनन्त विछोह का करुण अवसर रचता है। हे राम! तुम विवेकशील हो। तुम अहल्या के पैरों की धूल ले चुके हो। मैं जानता हूँ कि यह परीक्षा अहल्या के लिए नहीं है, मेरे लिए है। मेरे मुख से अहल्या की सिद्धि उच्चरित नहीं हुई थी, तभी मैंने अहल्या का बढ़ा हुआ हाथ स्वीकार नहीं किया था, इसीलिए तुमने 'अग्नि-परीक्षा' का यह अवसर पैदा किया है। पश्चाताप की आग में जो तिल-तिल जल चुका है, उसे और जलाने का यह निष्करुण अवसर क्यों? जिसने पहाड़ की चोटी से पतन की खाई में गिरने के बाद फिर से आकाश को छू लिया हो, उसे किस पर्वत से गिराकर उसकी 'सिद्धि' की पराकाष्ठा देखेंगे? जिसने निराशा के सागर में छलाँग लगाकर आशाओं का दिगन्त रचा है, अब उसे किस सागर में डुबोकर उसकी पवित्रता की परीक्षा लोगे? प्रायश्चित के बिच्छू के दंश से जिसके एक-एक भावकोष से रक्त रिसा हो, उसे प्रायश्चित की किस कसौटी में परखोगे? हे मर्यादा पुरुषोत्तम राम! जिसे आपके विचारों ने मोक्ष दे दिया हो, अब भला उसकी कैसी अग्नि-परीक्षा! अहल्या की निष्ठा और उसके उत्तरण को लेकर अब मुझमें कोई सन्देह नहीं है। सिर्फ इतनी-सी घोषणा न करने के कारण उसके लिए यह अग्नि-परीक्षा है। हे रमणीय राम! अब भविष्य में आपके मुँह से ऐसी बात न निकले—इतनी-ही प्रार्थना है।"

राम ने उदास और गम्भीर होते हुए कहा, "मेरा उद्देश्य सफल हो गया। अग्नि-परीक्षा में आप उत्तीर्ण हुए महर्षि गौतम। परन्तु भविष्य पर किसका नियंत्रण है? आचार, विचार, ज्ञान, वृद्धि, शौर्य, ऐश्वर्य और क्षमता के होते हुए भी बहुत-सी बातें मनुष्य के नियंत्रण में नहीं होतीं। यही भाग्य है। कर्तव्य-पथ पर बहते चले जाना ही धर्म है। उस पथ पर बहते हुए सुख-दुख जो भी कुछ आए, उसका वरण करने के सिवा मनुष्य की कोई अन्य गति नहीं है। यही आपके जीवन से शिक्षा मिली है। आपको प्रणाम।"

विश्वामित्र ने भी गौतम को प्रणाम करते हुए जाने की अनुमति माँगी। मिथिला नगर की ओर थी उनकी शुभ यात्रा।

रुद्राक्ष, ऋचा, तक्षक, कर्कोटक, मेरी बेटी गौतमी और अनार्यगण खुशी से हर्षध्वनि करते हुए श्रीराम को चारों ओर से घेरकर उनके प्रति भक्ति प्रकट कर रहे थे। उन सबको गले लगा लिया था श्रीराम ने। मुझे दिख रहा था मानो

श्रीराम के गले में किसी ने श्यामवर्णी तमाल फूलों की माला पहना दी हो। राम का आगमन केवल मेरी सिद्धि का पर्व नहीं था, समन्वय का पर्व भी था।

बीच में अग्नि प्रज्वलित हो उठी है। हमारे मिलन की साक्षी।

अपना शीर्ण हाथ बढ़ाकर पति का वार्धक्यग्रस्त, शुष्क, कर्कश, यज्ञपूत हाथ थाम लिया मैंने। दुन्दुभित हो उठी गौतम की सिद्धि। पुलकित हुई बिजली, रोमांचित हुई वर्षा, कल्लोलित हो उठी तपती पृथ्वी। आज इस मिलन से ईर्ष्या नहीं हो रही थी इन्द्र को–इन्द्र की करुणा बरस गई ऊसर पृथ्वी की छाती पर। इन्द्र स्वयं ही वर्षादान करके स्वयं ही भीग रहे थे करुणाजल से। यह प्रेम का कैसा निष्काम, निर्लिप्त महोत्सव था! यौवन 'भोग' पर्व था–स्वीकारक पर्व था। वार्धक्य आज समर्पण का भाव पर्व था। परमानन्द से आत्मा भिगोकर गौतम का हाथ थामे बढ़ गई अनन्त यात्रा पथ पर, पीछे छूट गए इन्द्र और उनका इन्द्रलोक। आगे विपुला पृथ्वी।

❑❑❑